CHINA REAL ESTATE YEARBOOK

中国房地产年鉴

2025

中国房地产业协会◎编著

中国经济出版社
CHINA ECONOMIC PUBLISHING HOUSE
·北京·

图书在版编目（CIP）数据

2025 中国房地产年鉴 / 中国房地产业协会编著 . 北京 ：中国经济出版社，2025. 6. -- ISBN 978-7-5136-8196-4

Ⅰ. F299. 233-54

中国国家版本馆 CIP 数据核字第 2025QW0912 号

策划编辑　姜　静
责任编辑　李玄璇　王西琨
责任印制　李　伟

出版发行　中国经济出版社
印 刷 者　北京市青云兴业印刷有限公司
经 销 者　各地新华书店
开　　本　889mm×1194mm　1/16
印　　张　39. 25
字　　数　1100 千字
版　　次　2025 年 6 月第 1 版
印　　次　2025 年 6 月第 1 次
定　　价　598. 00 元
广告经营许可证　京西工商广字第 8179 号

中国经济出版社 **网址** http://epc. sinopec. com/epc/ **社址** 北京市东城区安定门外大街 58 号 **邮编** 100011
本版图书如存在印装质量问题，请与本社销售中心联系调换（联系电话：010-57512564）

《2025中国房地产年鉴》编辑委员会

编撰说明

2024年，中国房地产市场整体处于调整筑底与止跌回稳阶段。“9·26”政治局会议释放稳楼市信号，第四季度市场有所回暖，核心城市房价趋稳。优化政策密集出台，推动需求释放与库存去化，但房企资金压力、土地缩量及高库存仍是主要挑战。

为客观记录2024年中国房地产业的发展，中国房地产业协会精心谋篇布局，收录权威成果，推进内容创新，在多年实践经验基础上，全新编撰《2025中国房地产年鉴》。十五年来，尽管行业形势多变，但我们始终脚踏实地做中国房地产行业发展的客观记录者，年鉴成果受到广大读者和用户的认可。在新的形势和行业发展阶段下，我们继续坚持编撰年鉴，不忘初心，努力前行，更好地为政府科学决策建言、为行业健康发展赋能、为企业稳健经营护航。

《2025中国房地产年鉴》共有八个篇章，分别为“政策篇”“宏观篇”“产业篇”“市场篇”“省市篇”“企业篇”“发展篇”和“大事记”。

“政策篇”对近五年全国两会政府工作报告、中共中央及国务院相关工作会议关于房地产发展的表述进行归纳总结。对国务院及有关部委、中国人民银行、最高人民法院发布的与房地产市场相关的核心政策文件概要，重点城市出台的房地产行业政策要点进行总结并列表展示。

“宏观篇”“产业篇”主要是数据表格，收录经济、财政、金融、人口、就业等宏观数据，以及全国各地区及重点城市的房地产投资、建设、交易、存量、信贷等中观数据。

“市场篇”“省市篇”主要是文字及图表综述，前者从行业角度，后者从区域角度反映房地产市场运行层面的现状和特征。“市场篇”新增“商业地产市场”一节，市场分析图景更加丰满。

“企业篇”收录权威机构发布的2024—2025年度中国房地产开发企业综合实力、上市房企百强、品牌价值等测评研究成果。首次收录房地产上市公司的市值管理研究报告。对于优秀房地产企业生产运营情况，主要以指标榜单的形式加以呈现。

“发展篇”新增“存量住宅局改微装更新实践”“房地产REITs”等新内容，体现新形势下房地产领域的新趋势、新动向。

《2025中国房地产年鉴》主要数据基于2024年度房地产市场和产业的发展情况，也有部分指标基于国家统计局最新公布的2023年度数据。根据最新掌握的统计资料以及国家新的统计制度之规定，本年鉴对过去发表的一些重要统计资料重新予以核实，对部分数据进行调整。因此，读者在使用历史资料时，凡与本年鉴有出入的，均以本年鉴为准。

《2025中国房地产年鉴》在成书过程中，住房城乡建设部有关司局，中国宏观经济研究院、吉林省建设发展研究院、辽宁省房地产研究中心、浙江工业大学房地产研究所等专业研究机构，广东省、重庆市等省级市级房地产业协会（开发协会），克而瑞、贝壳研究院、联合资信、信义不动产等市场研究机构共有几十家单位提供了稿件或数据支持。上海易居房地产研究院在谋篇、组稿、审阅等方面提供了重要学术支持。中国房地产估价师与房地产经纪人学会、中国房地产业协会副会长单位在资料提供和年鉴推广方面也给予宝贵支持，在此一并表示感谢！

《2025中国房地产年鉴》编委会

2025年5月

目 录

Ⅰ.政策篇

Ⅱ. 宏观篇

Ⅲ. 产业篇

Ⅳ. 市场篇

Ⅴ. 省市篇

Ⅵ. 企业篇

Ⅶ. 发展篇

Ⅷ. 大事记

I. 政策篇

导 读

本篇对近五年全国两会政府工作报告、中共中央及国务院相关工作会议关于房地产发展的表述进行归纳总结，对国务院及有关部委、中国人民银行、最高人民法院发布的与房地产市场相关的核心政策文件概要，重点城市出台的房地产行业政策要点进行总结并列表展示。

一、国家层面政策内容摘要

（一）党中央、全国人大和国务院重要会议、重要文件

中国共产党第二十届三中全会关于房地产发展的表述

日期	主要内容
2024 年 7 月 18 日	健全推进新型城镇化体制机制。构建产业升级、人口集聚、城镇发展良性互动机制。推行由常住地登记户口提供基本公共服务制度，推动符合条件的农业转移人口社会保险、住房保障、随迁子女义务教育等享有同迁入地户籍人口同等权利，加快农业转移人口市民化。保障进城落户农民合法土地权益，依法维护进城落户农民的土地承包权、宅基地使用权、集体收益分配权，探索建立自愿有偿退出的办法。 深化土地制度改革。改革完善耕地占补平衡制度，各类耕地占用纳入统一管理，完善补充耕地质量验收机制，确保达到平衡标准。完善高标准农田建设、验收、管护机制。健全保障耕地用于种植基本农作物管理体系。允许农户合法拥有的住房通过出租、入股、合作等方式盘活利用。有序推进农村集体经营性建设用地入市改革，健全土地增值收益分配机制。 加快建立租购并举的住房制度，加快构建房地产发展新模式。加大保障性住房建设和供给，满足工薪群体刚性住房需求。支持城乡居民多样化改善性住房需求。充分赋予各城市政府房地产市场调控自主权，因城施策，允许有关城市取消或调减住房限购政策、取消普通住宅和非普通住宅标准。改革房地产开发融资方式和商品房预售制度。完善房地产税收制度。

2021—2025 年全国两会政府工作报告关于房地产发展的表述

日期	主要内容
2021 年	保障好群众住房需求。坚持房子是用来住的、不是用来炒的定位，稳地价、稳房价、稳预期。解决好大城市住房突出问题，通过增加土地供应、安排专项资金、集中建设等办法，切实增加保障性租赁住房和共有产权住房供给，规范发展长租房市场，降低租赁住房税费负担，尽最大努力帮助新市民、青年人等缓解住房困难。
2022 年	着力保障和改善民生，加快发展社会事业。加快发展保障性租赁住房。 继续保障好群众住房需求。坚持房子是用来住的、不是用来炒的定位，探索新的发展模式，坚持租购并举，加快发展长租房市场，推进保障性住房建设，支持商品房市场更好满足购房者的合理住房需求，稳地价、稳房价、稳预期，因城施策促进房地产业良性循环和健康发展。
2023 年	有效防范化解优质头部房企风险，改善资产负债状况，防止无序扩张，促进房地产业平稳发展。 加强住房保障体系建设，支持刚性和改善性住房需求，解决好新市民、青年人等住房问题。
2024 年	坚持以高质量发展促进高水平安全，以高水平安全保障高质量发展，标本兼治化解房地产、地方债务、中小金融机构等风险，维护经济金融大局稳定。 稳妥有序处治风险隐患。优化房地产政策，对不同所有制房地产企业合理融资需求要一视同仁给予支持，促进房地产市场平稳健康发展。 健全风险防控长效机制。适应新型城镇化发展趋势和房地产市场供求关系变化，加快构建房地产发展新模式。加大保障性住房建设和供给，完善商品房相关基础性制度，满足居民刚性住房需求和多样化改善性住房需求。
2025 年	持续用力推动房地产市场止跌回稳。因城施策调减限制性措施，加力实施城中村和危旧房改造，充分释放刚性和改善性住房需求潜力。优化城市空间结构和土地利用方式，合理控制新增房地产用地供应。盘活存量用地和商办用房，推进收购存量商品房，在收购主体、价格和用途方面给予城市政府更大自主权。拓宽保障性住房再贷款使用范围。发挥房地产融资协调机制作用，继续做好保交房工作，有效防范房企债务违约风险。有序搭建相关基础性制度，加快构建房地产发展新模式。适应人民群众高品质居住需要，完善标准规范，推动建设安全、舒适、绿色、智慧的“好房子”。

2020—2024 年中央经济工作会议关于房地产发展的表述

日期	主要内容
2020 年	解决好大城市住房突出问题。住房问题关系民生福祉。要坚持房子是用来住的、不是用来炒的定位，因地制宜、多策并举，促进房地产市场平稳健康发展。要高度重视保障性租赁住房建设，加快完善长租房政策，逐步使租购住房在享受公共服务上具有同等权利，规范发展长租房市场。土地供应要向租赁住房建设倾斜，单列租赁住房用地计划，探索利用集体建设用地和企事业单位自有闲置土地建设租赁住房，国有和民营企业都要发挥功能作用。要降低租赁住房税费负担，整顿租赁市场秩序，规范市场行为，对租金水平进行合理调控。
2021 年	要坚持房子是用来住的、不是用来炒的定位，加强预期引导，探索新的发展模式，坚持租购并举，加快发展长租房市场，推进保障性住房建设，支持商品房市场更好满足购房者的合理住房需求，因城施策促进房地产业良性循环和健康发展。
2022 年	着力扩大国内需求。要把恢复和扩大消费摆在优先位置。增强消费能力，改善消费条件，创新消费场景。多渠道增加城乡居民收入，支持住房改善、新能源汽车、养老服务等消费。 有效防范化解重大经济金融风险。要确保房地产市场平稳发展，扎实做好保交楼、保民生、保稳定各项工作，满足行业合理融资需求，推动行业重组并购，有效防范化解优质头部房企风险，改善资产负债状况，同时要坚决依法打击违法犯罪行为。要因城施策，支持刚性和改善性住房需求，解决好新市民、青年人等住房问题，探索长租房市场建设。要坚持房子是用来住的、不是用来炒的定位，推动房地产业向新发展模式平稳过渡。要防范化解金融风险，压实各方责任，防止形成区域性、系统性金融风险。加强党中央对金融工作集中统一领导。要防范化解地方政府债务风险，坚决遏制增量、化解存量。
2023 年	持续有效防范化解重点领域风险。要统筹化解房地产、地方债务、中小金融机构等风险，严厉打击非法金融活动，坚决守住不发生系统性风险的底线。积极稳妥化解房地产风险，一视同仁满足不同所有制房地产企业的合理融资需求，促进房地产市场平稳健康发展。加快推进保障性住房建设、"平急两用"公共基础设施建设、城中村改造等"三大工程"。完善相关基础性制度，加快构建房地产发展新模式。统筹好地方债务风险化解和稳定发展，经济大省要真正挑起大梁，为稳定全国经济作出更大贡献。
2024 年	有效防范化解重点领域风险，牢牢守住不发生系统性风险底线。持续用力推动房地产市场止跌回稳，加力实施城中村和危旧房改造，充分释放刚性和改善性住房需求潜力。合理控制新增房地产用地供应，盘活存量用地和商办用房，推进处置存量商品房工作。推动构建房地产发展新模式，有序搭建相关基础性制度。稳妥处置地方中小金融机构风险。央地协同合力打击非法金融活动。

2024 年中共中央政治局会议关于房地产发展的表述

日期	主要内容
4 月 30 日	要持续防范化解重点领域风险。继续坚持因城施策，压实地方政府、房地产企业、金融机构各方责任，切实做好保交房工作，保障购房人合法权益。要结合房地产市场供求关系的新变化、人民群众对优质住房的新期待，统筹研究消化存量房产和优化增量住房的政策措施，抓紧构建房地产发展新模式，促进房地产高质量发展。
7 月 30 日	要落实好促进房地产市场平稳健康发展的新政策，坚持消化存量和优化增量相结合，积极支持收购存量商品房用作保障性住房，进一步做好保交房工作，加快构建房地产发展新模式。
9 月 26 日	要促进房地产市场止跌回稳，对商品房建设要严控增量、优化存量、提高质量，加大"白名单"项目贷款投放力度，支持盘活存量闲置土地。要回应群众关切，调整住房限购政策，降低存量房贷利率，抓紧完善土地、财税、金融等政策，推动构建房地产发展新模式。
12 月 9 日	稳住楼市股市，防范化解重点领域风险和外部冲击，稳定预期、激发活力，推动经济持续回升向好，不断提高人民生活水平。

2024 年其他重要会议关于房地产发展的表述

会议名称	日期	主要内容
全国切实做好保交房工作视频会议	5 月 17 日	要认真学习领会习近平总书记重要讲话精神，深入贯彻落实中央政治局会议部署，深刻认识房地产工作的人民性、政治性，继续坚持因城施策，打好商品住房烂尾风险处置攻坚战，扎实推进保交房、消化存量商品房等重点工作。 房地产关系人民群众切身利益和经济社会发展大局。当前，要着力分类推进在建已售难交付商品房项目处置，全力支持应续建项目融资和竣工交付，保障购房人合法权益。相关地方政府应从实际出发，酌情以收回、收购等方式妥善处置已出让的闲置存量住宅用地，以帮助资金困难房企解困。商品房库存较多城市，政府可以按需定购，酌情以合理价格收购部分商品房用作保障性住房。要继续做好房地产企业债务风险防范处置，扎实推进保障性住房建设、城中村改造和“平急两用”公共基础设施建设“三大工程”。 要压实地方政府、房地产企业、金融机构各方责任，加强统筹协调，充分发挥城市房地产融资协调机制、再贷款政策等作用，加强对城市和房地产企业的指导支持，有力有序有效推进保交房各项工作。
十四届全国人大常委会第十二次会议	11 月 8 日	会议表决通过了《全国人民代表大会常务委员会关于批准〈国务院关于提请审议增加地方政府债务限额置换存量隐性债务的议案〉的决议》。议案提出，为贯彻落实党中央决策部署，在压实地方主体责任的基础上，建议增加 6 万亿元地方政府债务限额置换存量隐性债务。
国务院常务会议	3 月 22 日	房地产产业链条长、涉及面广，事关人民群众切身利益，事关经济社会发展大局。要进一步优化房地产政策，持续抓好保交楼、保民生、保稳定工作，进一步推动城市房地产融资协调机制落地见效，系统谋划相关支持政策，有效激发潜在需求，加大高品质住房供给，促进房地产市场平稳健康发展。要适应新型城镇化发展趋势和房地产市场供求关系变化，加快完善“市场+保障”的住房供应体系，改革商品房相关基础性制度，着力构建房地产发展新模式。
	6 月 7 日	房地产业发展关系人民群众切身利益，关系经济运行和金融稳定大局。要充分认识房地产市场供求关系的新变化，顺应人民群众对优质住房的新期待，着力推动已出台政策措施落地见效，继续研究储备新的去库存、稳市场政策措施。对于存量房产、土地的消化、盘活等工作既要解放思想、拓宽思路，又要稳妥把握、扎实推进。要加快构建房地产发展新模式，完善“市场+保障”住房供应体系，改革相关基础性制度，促进房地产市场平稳健康发展。
	12 月 16 日	要实行地方政府专项债券投向领域“负面清单”管理，允许用于土地储备、支持收购存量商品房用作保障性住房，扩大用作项目资本金范围。

2021—2025 年中央一号文件关于农村宅基地、集体建设用地流转的表述

日期	主要内容
2021 年	坚持农村土地农民集体所有制不动摇，坚持家庭承包经营基础性地位不动摇，有序开展第二轮土地承包到期后再延长 30 年试点，保持农村土地承包关系稳定并长久不变，健全土地经营权流转服务体系。积极探索实施农村集体经营性建设用地入市制度。完善盘活农村存量建设用地政策，实行负面清单管理，优先保障乡村产业发展、乡村建设用地。根据乡村休闲观光等产业分散布局的实际需要，探索灵活多样的供地新方式。加强宅基地管理，稳慎推进农村宅基地制度改革试点，探索宅基地所有权、资格权、使用权分置有效实现形式。规范开展房地一体宅基地日常登记颁证工作。规范开展城乡建设用地增减挂钩，完善审批实施程序、节余指标调剂及收益分配机制。2021 年基本完成农村集体产权制度改革阶段性任务，发展壮大新型农村集体经济。保障进城落户农民土地承包权、宅基地使用权、集体收益分配权，研究制定依法自愿有偿转让的具体办法。加强农村产权流转交易和管理信息网络平台建设，提供综合性交易服务。加快农业综合行政执法信息化建设。深入推进农业水价综合改革。继续深化农村集体林权制度改革。
2022 年	开展第二轮土地承包到期后再延长 30 年整县试点。巩固提升农村集体产权制度改革成果，探索建立农村集体资产监督管理服务体系，探索新型农村集体经济发展路径。稳慎推进农村宅基地制度改革试点，规范开展房地一体宅基地确权登记。稳妥有序推进农村集体经营性建设用地入市。推动开展集体经营性建设用地使用权抵押融资。依法依规有序开展全域土地综合整治试点。深化集体林权制度改革。健全农垦国有农用地使用权管理制度。开展农村产权流转交易市场规范化建设试点。制定新阶段深化农村改革实施方案。

续表

日期	主要内容
2023 年	赋予农民更加充分的财产权益。深化农村土地制度改革，扎实搞好确权，稳步推进赋权，有序实现活权，让农民更多分享改革红利。研究制定第二轮土地承包到期后再延长 30 年试点工作指导意见。稳慎推进农村宅基地制度改革试点，切实摸清底数，加快房地一体宅基地确权登记颁证，加强规范管理，妥善化解历史遗留问题，探索宅基地“三权”分置有效实现形式。深化农村集体经营性建设用地入市试点，探索建立兼顾国家、农村集体经济组织和农民利益的土地增值收益有效调节机制。保障进城落户农民合法土地权益，鼓励依法自愿有偿转让。巩固提升农村集体产权制度改革成果，构建产权关系明晰、治理架构科学、经营方式稳健、收益分配合理的运行机制，探索资源发包、物业出租、居间服务、资产参股等多样化途径发展新型农村集体经济。 加强村庄规划建设。坚持县域统筹，支持有条件有需求的村庄分区分类编制村庄规划，合理确定村庄布局和建设边界。将村庄规划纳入村级议事协商目录。规范优化乡村地区行政区划设置，严禁违背农民意愿撤并村庄、搞大社区。推进以乡镇为单元的全域土地综合整治。积极盘活存量集体建设用地，优先保障农民居住、乡村基础设施、公共服务空间和产业用地需求，出台乡村振兴用地政策指南。编制村容村貌提升导则，立足乡土特征、地域特点和民族特色提升村庄风貌，防止大拆大建、盲目建牌楼亭廊“堆盆景”。
2024 年	在耕地总量不减少、永久基本农田布局基本稳定的前提下，综合运用增减挂钩和占补平衡政策，稳妥有序开展以乡镇为基本单元的全域土地综合整治，整合盘活农村零散闲置土地，保障乡村基础设施和产业发展用地。 启动实施第二轮土地承包到期后再延长 30 年整省试点。健全土地流转价格形成机制，探索防止流转费用不合理上涨有效办法。稳慎推进农村宅基地制度改革。
2025 年	稳定和完善农村土地承包关系。坚持“大稳定、小调整”，有序推进第二轮土地承包到期后再延长三十年试点，扩大整省试点范围，妥善化解延包中的矛盾纠纷，确保绝大多数农户承包地总体顺延、保持稳定。健全承包地经营权流转管理服务制度，不得通过下指标、定任务等方式推动土地流转。鼓励通过发布流转价格指数、实物计租等方式，推动流转费用稳定在合理水平。 管好用好农村资源资产。扎实做好房地一体宅基地确权登记颁证。探索农户合法拥有的住房通过出租、入股、合作等方式盘活利用的有效实现形式。不允许城镇居民到农村购买农房、宅基地，不允许退休干部到农村占地建房。有序推进农村集体经营性建设用地入市改革，健全收益分配和权益保护机制。因地制宜发展新型农村集体经济，不对集体收入提硬性目标，严控集体经营风险和债务。持续深化农村集体资金、资产和资源管理专项治理。推进新增耕地规范管理和合理利用。

（二）中华人民共和国国务院及组成部门印发的重要文件

1. 中华人民共和国国务院

文件名称	成文日期	主要内容
关于印发《深入实施以人为本的新型城镇化战略五年行动计划》的通知（国发〔2024〕17 号）	2024 年 7 月 28 日	进一步深化户籍制度改革。放开放宽除个别超大城市外的落户限制，推行以经常居住地登记户口制度。全面落实城区常住人口 300 万以下城市取消落户限制要求，全面放宽城区常住人口 300 万至 500 万城市落户条件。完善城区常住人口 500 万以上超大特大城市积分落户政策，鼓励取消年度落户名额限制。各城市要因地制宜制定具体落户办法，促进在城镇稳定就业和生活的农业转移人口举家进城落户，并与城镇居民享有同等权利、履行同等义务。 完善农业转移人口多元化住房保障体系。鼓励有条件的城市逐步将稳定就业生活的农业转移人口纳入城市住房保障政策范围。加大农业转移人口经济可承受的小户型保障性租赁住房供给。积极培育发展住房租赁市场，支持采取多种措施通过市场化方式满足农业转移人口住房需求。逐步使租购住房群体享有同等公共服务权利。在具备条件的城市推进保障性住房建设。 推进城镇老旧小区改造。扎实推进 2000 年底前建成的需改造城镇老旧小区改造任务，有序实施城镇房屋建筑更新改造和加固工程。 加快推进保障性住房建设、“平急两用”公共基础设施建设、城中村改造。加大保障性住房建设和供给，加快解决工薪收入群体住房困难，稳定工薪收入群体住房预期。

续表

文件名称	成文日期	主要内容
印发《关于加快完善生育支持政策体系推动建设生育友好型社会的若干措施》的通知（国办发〔2024〕48号）	2024年10月19日	加强住房支持政策。鼓励有条件的地方加大对多子女家庭购房的支持力度，可结合实际出台适当提高住房公积金贷款额度等政策。多渠道增加保障性住房有效供给，对符合条件且有未成年子女的家庭，可根据其未成年子女数量，在户型选择方面给予适当照顾。加快发展住房租赁市场，因地制宜逐步使租购住房群体享有同等公共服务权利。
关于推进新型城市基础设施建设打造韧性城市的意见（国务院公报2024年第35号）	2024年11月26日	发展智慧住区。支持有条件的住区结合完整社区建设，实施公共设施数字化、网络化、智能化改造与管理，提高智慧化安全防范、监测预警和应急处置能力。支持智能信包箱（快件箱）等自助服务终端在住区布局。鼓励对出入住区人员、车辆等进行智能服务和秩序维护。创新智慧物业服务模式，引导支持物业服务企业发展线上线下生活服务。实施城市社区嵌入式服务设施建设工程，提高居民服务便利性、可及性。发展智慧商圈。建立健全数字赋能、多方参与的住区安全治理体系，强化对小区电动自行车集中充电设施、住区消防车通道、安全疏散体系等隐患防治，提升城市住区韧性。 提升房屋建筑管理智慧化水平。建立房屋使用全生命周期安全管理制度。依托第一次全国自然灾害综合风险普查数据和底图，全面动态掌握房屋建筑安全隐患底数，重点排查老旧住宅电梯、老旧房屋设施抗震性能、建筑消防设施、消防登高作业面和疏散通道等安全隐患，形成房屋建筑安全隐患数字档案。建立房屋建筑信息动态更新机制，强化数据共享，在城市建设、城市更新过程中同步更新房屋建筑的基础信息与安全隐患信息，逐步建立健全覆盖全面、功能完备、信息准确的城市房屋建筑综合管理平台。健全房屋建筑安全隐患消除机制，提高房屋建筑的抗震、防雷、防火性能，坚决遏制房屋安全事故发生。
关于优化完善地方政府专项债券管理机制的意见（国办发〔2024〕52号）	2024年12月22日	实行专项债券投向领域“负面清单”管理。将完全无收益的项目，楼堂馆所，形象工程和政绩工程，除保障性住房、土地储备以外的房地产开发，主题公园、仿古城（镇、村、街）等商业设施和一般竞争性产业项目纳入专项债券投向领域“负面清单”，未纳入“负面清单”的项目均可申请专项债券资金。专项债券依法不得用于经常性支出，严禁用于发放工资、养老金及支付单位运行经费、债务利息等。 扩大专项债券用作项目资本金范围。在专项债券用作项目资本金范围方面实行“正面清单”管理，其中包括城市更新；城镇老旧小区改造、棚户区改造、城中村改造、老旧街区改造、老旧厂区改造；城市公共空间功能提升及其他城市更新基础设施建设；保障性住房。提高专项债券用作项目资本金的比例，以省份为单位，可用作项目资本金的专项债券规模上限由该省份用于项目建设专项债券规模的25%提高至30%。

2. 中华人民共和国国家发展和改革委员会

文件名称	成文日期	主要内容
促进国家级新区高质量建设行动计划	2024年3月15日	实施人才引进专项政策。支持上海浦东、广州南沙、重庆两江新区深入开展外籍“高精尖缺”人才认定标准试点，探索体现新区特点的标准和服务体系。鼓励相关省（市）结合千亿级产业及主导产业发展需求，赋予更多中、高级专业技术职称认定权限。鼓励在有条件的新区探索依托事业单位通过特设岗位引进急需高层次专业化人才，探索开展外国专家服务保障综合改革试点。 提高新区土地利用效率。指导新区制定实施土地利用效能提升专项方案，探索低效建设用地减量化政策，提高工业用地“标准地”供应比例，支持有条件新区按照功能用途互利的原则实施混合产业用地供给，探索不同产业用地类型合理转换。支持省级单列新区新增建设用地规模和年度计划指标。除党中央、国务院另有规定外，新区国土空间总体规划和跨地市新区的详细规划由所在省（市）组织编制。

续表

文件名称	成文日期	主要内容
促进国家级新区高质量建设行动计划	2024 年 3 月 15 日	加大资金支持保障力度。鼓励金融机构依法合规支持新区保障性住房、“平急两用”公共基础设施、城中村改造等“三大工程”重大项目建设。在严格防范地方政府债务风险的前提下，允许地方安排地方政府专项债券支持符合条件的基础设施项目建设。 深入推进提升城市功能品质的改革创新措施。上海浦东新区全面实施精品城区、优化升级打造现代城镇等专项行动计划，围绕人民城市建设积累一批新的经验做法。四川天府新区探索建立公园城市规划导则、指标评价、价值转化等体系，深入推进公园城市国家标准化综合试点。陕西西咸新区加快实施“西安—咸阳一体化”产业协作、互联互通重大项目建设，探索创新协同、产业协作、公共服务一体化等实现路径。

3. 中华人民共和国住房和城乡建设部

文件名称	成文日期	主要内容
关于建立城市房地产融资协调机制的通知（建房〔2024〕2 号）	2024 年 1 月 5 日	一、建立城市房地产融资协调机制。定期组织各方会商，及时研判本地房地产市场形势和房地产融资需求，协调解决房地产融资中存在的困难和问题。搭建政银企沟通平台，推动房地产开发企业和金融机构精准对接。保障金融机构合法权益，指导金融机构与房地产开发企业平等协商，按照市场化、法治化原则自主决策和实施。 二、筛选确定支持对象。协调机制根据房地产项目的开发建设情况及项目开发企业资质、信用、财务等情况，按照公平公正原则，提出可以给予融资支持的房地产项目名单，向本行政区域内金融机构推送。同时，对存在重大违法违规行为、逃废金融债务等问题的房地产开发企业和项目，要提示金融机构审慎开展授信。 三、满足合理融资需求。金融机构按照市场化、法治化原则评估协调机制推送的支持对象，对正常开发建设、抵押物充足、资产负债合理、还款来源有保障的项目，建立授信绿色通道，优化审批流程、缩短审批时限，积极满足合理融资需求；对开发建设暂时遇到困难但资金基本能够平衡的项目，不盲目抽贷、断贷、压贷，通过存量贷款展期、调整还款安排、新增贷款等方式予以支持。同时，加强贷款资金封闭管理，严防信贷资金被挪用于购地或其他投资。 四、做好融资保障工作。协调机制要加强工作统筹，为金融机构提供有力支持和保障。协调有关部门加快行政许可事项办理，对符合条件的房地产项目要尽快为其办理“四证”；加强信息共享，及时向相关金融机构提供项目建设运行、预售资金监管等信息；为房地产开发企业和金融机构做好在建工程等抵押提供支持，保障金融机构债权安全。要进一步压实房地产开发企业主体责任，指导房地产开发企业通过项目销售、处置存量资产、引入投资者等方式改善自身现金流。督促房地产开发企业依法真实反映资产负债、销售经营等情况，合规使用信贷资金，进一步增强银企互信。
关于做好住房公积金个人住房贷款利率下调相关工作的通知（建办金〔2024〕31 号）	2024 年 5 月 17 日	一、及时调整住房公积金个人住房贷款利率。指导城市住房公积金管理中心及时调整住房公积金个人住房贷款利率。按照《中国人民银行关于下调个人住房公积金贷款利率的通知》要求，自 2024 年 5 月 18 日起，下调个人住房公积金贷款利率 0.25 个百分点，5 年以下（含 5 年）和 5 年以上首套个人住房公积金贷款利率分别调整为 2.35% 和 2.85%，5 年以下（含 5 年）和 5 年以上第二套个人住房公积金贷款利率分别调整为不低于 2.775% 和 3.325%。 二、做好存量住房公积金个人住房贷款政策衔接。指导城市住房公积金管理中心按照《住房公积金个人住房贷款业务规范》（GB/T 51267—2017），做好存量住房公积金个人住房贷款利率调整政策衔接，对贷款期限在 1 年及 1 年以内的，应实行合同利率，不分段计息；对贷款期限在 1 年以上的，应于下年 1 月 1 日开始，按相应利率档次执行新的利率规定，国家另有规定的除外。

续表

文件名称	成文日期	主要内容
通知部署各地进一步做好城中村改造工作	2024年11月15日	一是扩大城中村改造政策支持范围。通知明确，地级城市资金能平衡、征收补偿方案成熟的项目，均可纳入政策支持范围。按照通知要求，城中村改造政策支持范围从最初的35个超大特大城市和城区常住人口300万以上的大城市，进一步扩大到了近300个地级及以上城市。这些城市符合条件的城中村改造项目均可以获得政策支持：纳入地方政府专项债券支持范围，开发性、政策性金融机构提供城中村改造专项借款，适用有关税费优惠政策，鼓励商业银行按照市场化、法治化原则提供城中村改造贷款等，确保项目顺利推进。 二是推进城中村改造货币化安置。通知强调，各地要结合当地房地产市场形势，统筹考虑商品房的存量和增量，从实际出发，稳妥推进城中村改造货币化安置，城市危旧房改造可参照执行。通过货币化安置等方式实施城中村改造，能够更好地满足群众自主选择房型、区位等需求，缩短群众在外过渡时间，让群众尽早住上新房；对城市来讲，可以消除安全隐患，改善居住环境，完善城市功能；同时，在当前房地产市场供求关系发生重大变化的情况下，也有利于消化存量商品房，可谓一举多得。 三是将城中村改造作为城市更新的重要内容有力有序有效推进。当前，我国城市发展已经进入了城市更新的重要时期，由大规模增量建设转为存量提质改造和增量结构调整并重，由外延粗放式发展向内涵集约式发展转变。城中村改造是城市更新的重要内容。通知要求，各地要落实好城中村改造财税、土地、金融等支持政策，严格落实“一项目两方案”，即每个项目都要制定完备的征收补偿方案、资金平衡方案等，这样既能避免新增地方政府债务风险，又能确保征收工作顺利推进、切实维护群众合法权益，推动各项支持政策尽快落地见效。这将充分释放我国新型城镇化的巨大潜力，形成新的经济增长点。
关于加强保障性住房和城中村改造安置房建设质量监管的通知（建办保〔2024〕62号）	2024年12月20日	一、严格依法开工建设 （一）强化工程前期手续管理。保障性住房和城中村改造安置房工程必须严格履行基本建设程序，通过工程建设项目审批管理系统加快推进项目实施。坚持先勘察、后设计、再施工原则，取得规划、施工许可后方可进行施工。鼓励市场信誉好、综合实力强、技术管理水平高的勘察、设计、施工、监理企业参与保障性住房和城中村改造安置房建设工程。对不履行法定建设程序开工建设的，依法追究有关单位和人员的责任。 （二）加强规划和项目选址。坚持以需定建，摸清底数需求，科学确定年度计划、发展规划，做好项目谋划储备，实现“人、房、地、钱”要素联动。各地要充分考虑居民就业、医疗、入学、出行等需要，严格项目选址审查，加强小区和户型设计，建设安全、舒适、绿色、智慧的好房子。相关配套基础设施项目以及与项目直接相关的城市道路、公共交通、通信、供电、供水、供气、供热、停车库（场）、污水与垃圾处理等城市基础设施项目，要与保障性住房、城中村改造安置房同步规划、同步报批、同步建设、同步交付使用。 （三）保证合理工期和造价。各地要在充分论证的基础上科学确定保障性住房、城中村改造安置房项目建设周期，严禁边勘察、边设计、边施工，不得简化工序、降低质量标准。施工单位投标报价时不得低于工程成本，因工期、材料、工程设备价格变化等原因，需要调整合同价款的，应按照法律法规规定和合同约定给予调整。监理单位要按照派驻人员人工成本合理报价，不得恶意低价竞争。 二、全面加强建设质量管理 （一）压实各方主体责任。各地要严格落实工程质量终身责任制，督促各方切实履责，健全质量管理体系。建设单位承担保障性住房和城中村改造安置房工程质量首要责任，不得随意压缩合理工期，不得明示或暗示设计、施工单位降低工程质量标准。施工单位对施工现场工程质量负总责，应健全岗位职责制度，配齐专职质量管理人员，严格按照规范标准和经审查合格的施工图设计文件、专项施工方案组织施工。监理单位对施工现

续表

文件名称	成文日期	主要内容
关于加强保障性住房和城中村改造安置房建设质量监管的通知（建办保〔2024〕62 号）	2024 年 12 月 20 日	场工程质量承担监理责任，应针对工程的具体情况制定监理规划和实施细则，严格执行旁站和见证取样等有关规定，严格落实监理报告制度。勘察设计单位应保障勘察设计质量，严格执行抗震设防和建筑节能等强制性标准，根据项目情况优化设计方案，重点加强防治渗漏、串味、隔音差等影响人民群众居住感受的住宅质量多发问题的措施设计，降低工程风险。 （二）加强施工质量管理。各地要聚焦住宅质量多发问题，督促建设单位开展建材质量信息公示，严控建设过程质量，并严格按照国家有关规定组织竣工验收，将住宅防水、隔音等质量性能作为住宅验收的重要指标，未经验收或验收不合格的，不得投入使用。要督促施工单位强化对预拌混凝土，地基基础、主体结构等重要分部工程和隐蔽工程验收等关键环节的质量管理，因地制宜编制施工组织设计和专项施工方案，科学运用新材料、新技术和新工艺提升质量水平。要加强工程质量检测管理，落实建设单位委托检测规定，严格按照有关规范要求开展建筑材料质量抽检，对涉及结构安全和重要使用功能的，要严格执行见证取样制度。 （三）加强改造项目管理。各地利用存量房源作为保障性住房、城中村改造安置房的，要确保存量房源质量符合有关标准规范。对城中村改造整治提升，以及拆整结合项目中整治提升部分，涉及住房改造的，要确保改造后的结构安全。涉及建筑主体和承重结构变动的，应依法办理规划、建设等审批手续，督促建设单位委托具有相应资质的设计和施工单位，严格按照有关法律法规和工程建设标准进行设计和施工，经竣工验收合格后方可投入使用。严禁违规加层加盖等行为。涉及房屋拆除的，要督促建设单位严格履行拆除工程备案手续，对未经许可擅自进行拆除作业的，要依法依规严肃处理。要督促施工单位编制专项施工方案，并严格按照审批后的方案实施。 三、加大建设质量监管力度 （一）加强监督检查。各地要将保障性住房和城中村改造安置房建设质量监督管理工作作为工程质量监管的重点，纳入重要议事日程。要明确保障性住房、城中村改造安置房工程监管重点，重点加强地基基础、主体结构、分户验收和竣工验收等关键环节质量监督。要加强施工现场管理，及时排查整改重大事故隐患，牢牢守住质量安全底线。 （二）完善房屋保修制度。保障性住房和城中村改造安置房质量保修范围和保修期限严格执行国家有关规定，鼓励建设单位在质量保修期临期半年内，对有防水要求的房间和易渗漏部位进行回访普查，对出现的质量问题进行快速闭环处置。有需求的地方可在政府建设的保障性住房中探索建立质量保险制度，通过市场化手段创新保障性住房保修模式。 （三）创新监管手段。各地要将保障性住房和城中村改造安置房项目纳入本地工程建设监管平台统一管理，探索建立“互联网+监管”模式和辅助决策机制，实现“智慧”监管。充分运用守信激励和失信惩戒手段，加大对守信单位政策支持和失信单位的惩戒力度。对实行告知承诺制的审批事项，发现承诺内容与实际不符的，依法严肃处理。 （四）加强责任追究。各地要建立保障性住房和城中村改造建筑市场和施工现场联动管理机制，依法加大对存在严重质量问题的企业和人员市场清出力度，加大对转包、违法分包等违规企业质量监督检查频次和力度。对存在质量隐患、降低工程建设标准的违法行为，要依法严肃处置，并追究有关人员责任。

4. 中华人民共和国自然资源部

文件名称	成文日期	主要内容
关于做好 2024 年住宅用地供应有关工作的通知（自然资办函〔2024〕918 号）	2024 年 4 月 29 日	一、做好年度住宅用地供应计划与住房发展年度计划的衔接 二、合理控制新增商品住宅用地供应 各地要根据市场需求及时优化商业办公用地和住宅用地的规模、布局和结构，完善对应商品住宅去化周期、住宅用地存量的住宅用地供应调节机制。商品住宅去化周期超过 36 个月的，应暂停新增商品住宅用地出让，同时下大力气盘活存量，直至商品住宅去化周期降至 36 个月以下；商品住宅去化周期在 18 个月（不含）—36 个月之间的城市，要按照“盘活多少、供应多少”的原则，根据本年度内盘活的存量商品住宅用地面积（包括竣工和收回）动态确定其新出让的商品住宅用地面积上限。各地商品住宅去化周期、盘活存量商品住宅用地数据按季度动态更新。 三、继续大力支持保障性住房用地的供应 各地要根据保障性住房建设计划，在供地计划中优先安排、应保尽保。要多措并举，统筹盘活各类存量土地用于保障性住房建设。 对于纳入城中村改造计划的项目涉及的住宅用地，其中确实用于安置房建设的要优先保障土地供应；以市场化方式出让用于建设可售商品住宅的，应按照本通知要求实行供地调控。 四、严格执行住宅用地收回的有关要求 各地要依托土地市场动态监测监管系统，掌握超期未动工两年以上住宅用地底数，持续动态更新，拟订分类型、分步骤的处置方案并组织实施，建立台账，实行销号管理。对于超期未动工两年以上的闲置住宅用地，该收回的要依法收回。 五、层层压实责任
关于进一步加强规划土地政策支持老旧小区改造更新工作的通知（自然资办发〔2024〕25 号）	2024 年 5 月 24 日	一、深化资源资产调查评估，为科学规划奠定基础。纳入老旧小区改造拆除重建范围的，应保证土地、房屋权利清晰、合法、无争议，原则上已办理不动产登记。要深化规划单元及社区层面规划实施评估体检，充分了解改造更新需求和利益相关方意见。细化资源资产调查，基于产权关系，梳理挖掘可利用的存量空间资源资产，综合分析、评估改造工作的可实施性。按照《社区生活圈规划技术指南》（TD/T 1062—2021）规划要求，明确老旧小区改造中应当补足的公共服务设施和基础设施，作为科学编制改造方案的基础。 二、加强规划统筹，促进区域平衡、动态平衡。以市县国土空间总体规划为统领，按需加快编制城市更新相关详细规划，深化近期实施规划和行动计划，系统谋划老旧小区改造项目空间布局，引导实现老旧小区及周边地区城市服务功能的整体提升，激发城市和社区活力。将总体规划相关要求传导至详细规划，以单元详细规划为平台，在单元中统筹空间功能和建筑量，实现总量控制、结构优化、区域平衡、动态平衡。以不突破市县国土空间总体规划明确的空间管控底线和落实强制性内容为前提，地方可明确建筑量跨单元统筹的规则，处理好局部利益与整体利益和长远利益的关系，转移建筑量所得收益应优先用于保障改造资金的平衡。按照《支持城市更新的规划与土地政策指引（2023 版）》要求，核定优化容积率、执行差异化的规划设计技术标准，应突出保障民生和激励公益贡献的政策导向。 三、强化政策支持，激发改造活力。在符合规划、确保安全、保障公共利益、维护合法权益的前提下，鼓励既有城市土地混合使用和存量建筑空间功能转换，由地方自然资源部门制定相应的正负面清单管理办法，积极盘活闲置国有资产用于社区公共服务。老旧小区及周边边角地、夹心地、插花地等零星用地，应优先用于增加公共空间、公共服务设施和基础设施（包括设置电动自行车充电设施和停放场所），此类增强公共安全、公共利益的空间利用如涉及规划调整，应简化程序办理。零星用地经属地自然资源主管部门组织论证不具备单独供地条件的，经有批准权的人民政府批准后，可按划拨或者协议有偿使用土地的有关规定，依法依规确定土地使用权人（商品住宅用地除外），核发国有建设用地划拨书或签订国有建设用地有偿使用合同。涉及新增建设用地的，应按规定先行办理农用地转用和土地征收手续。

续表

文件名称	成文日期	主要内容
关于进一步加强规划土地政策支持老旧小区改造更新工作的通知（自然资办发〔2024〕25 号）	2024 年 5 月 24 日	四、优化审批流程，完善全周期监管机制。鼓励各地按照依法、安全、便利的原则，针对老旧小区改造不同情形优化规划许可办理程序和分类管控规则，依托国土空间基础信息平台简化工作程序，并纳入国土空间规划“一张图”系统实施全生命周期监管。对于充电桩等按照设备管理的相关配套服务设施，以及老旧小区用地范围内的管线等基础设施更新改造，无需办理规划许可手续。涉及新增建设用地、改变土地用途和新增计容建筑面积等改变规划条件的改造，应履行法定程序。不得以专项规划、城市设计方案、更新改造实施方案、工程建设方案等替代法定规划作为规划许可依据实施改造，防范法律、安全和廉政风险。实施拆除重建的老旧小区在改造完成后，当事人应当凭借合法的规划、土地供应和建设手续，以及地价款补缴单据和权利划分协议等，及时办理不动产登记，有效保护权益。 各地应积极引导鼓励注册城乡规划师等规划专业人员进社区，为老旧小区改造提供专业指导和技术服务，促进共治共享。并按照文件要求结合实际细化工作举措推进落实，重要事项及时报告我部。
城中村改造国土空间规划政策指引（自然资办发〔2024〕30 号）	2024 年 6 月 13 日	建立城中村改造配套保障机制，推动落地实施。 1. 强化政府统筹力度，用好用足相关政策 充分发挥政府主导作用，强化主体责任，推动城市核心区域、安全隐患突出的城中村优先改造，保障城市战略意图的贯彻落实。 坚持依法依规、公平公正、守牢底线红线，充分利用低效用地再开发、全域土地综合整治等相关政策，分类实施城中村改造，强化规划统领，实施依法征收，加强土地收储支撑，保障“净地”供应，探索依法实施综合评价出让或带设计方案出让，推进土地混合开发和空间复合利用，依法妥善处理历史遗留用地问题。部将加强政策运用的跟踪指导工作，对于地方工作中被实践证实有效可复制的政策，将加大力度推广。 2. 探索政策激励创新，充分保障相关主体权益 鼓励各地因城施策，探索土地混合开发、空间复合利用、容积率核定优化、跨空间单元统筹、存量资产运营等政策，推动形成规划管控与市场激励良性互动的机制。各地自然资源主管部门可会同有关部门按需制定适合城中村改造的地方性规划标准和规范。 充分保障村民合法权益，先行做好意愿征求、产业搬迁、人员妥善安置、历史文化保护、落实征收补偿安置资金等前期工作，巩固提升村民原有生活水平。为外来人口提供经济可负担的居住空间，着力解决新市民、青年人等群体住房困难。 3. 充分发挥社会综合治理力量 坚持开门编规划，做好城中村改造的意愿征询、协调协商、方案公示等公众参与工作。鼓励引导市场力量开展渐进式整治。依托街道、社区等基层组织，搭建多元协商共治平台，构建党建引领、法治保障、政府统筹、社会协同、公众参与的共建共治共享社会治理格局。
关于运用地方政府专项债券资金收回收购存量闲置土地的通知（自然资发〔2024〕242 号）	2024 年 11 月 7 日	一、运用专项债券资金收回收购存量闲置土地，是减少市场存量土地规模、改善土地供求关系、增强地方政府和企业资金流动性、促进房地产市场止跌回稳的关键举措。各地要提高政治站位，主动担当作为，积极做好地块筛选和项目储备，推动专项债券资金加快落地，切实做到规范操作、有章可循、从严管理、精准高效。 二、使用专项债券资金用于收回收购土地，应由纳入名录管理的土地储备机构具体实施。专项债券对应的土地储备项目中的储备地块，必须在全民所有土地资产管理信息系统中有储备地块标识码。符合条件但尚未纳入名录管理的土地储备机构，应于 2024 年 12 月底前在系统“土地储备机构”模块中填报单位信息及证明材料，部将按程序及时审核并动态更新名录。

续表

文件名称	成文日期	主要内容
关于运用地方政府专项债券资金收回收购存量闲置土地的通知（自然资发〔2024〕242号）	2024年11月7日	三、优先收回收购企业无力或无意愿继续开发、已供应未动工的住宅用地和商服用地。其他用途的土地，进入司法或破产拍卖、变卖程序的土地，因低效用地再开发或基础设施建设等需要收回的土地，以及已动工地块中规划可分割暂未建设的部分，也可以纳入收回收购范围。 四、市、县自然资源主管部门要依托土地市场动态监测监管系统中的处置存量闲置土地清单摸清底数，根据需要向社会发布收回收购土地征集公告，综合考虑企业意愿、市场需求、地块条件等因素，确定拟收回收购意向地块和时序安排，分批纳入土地储备计划，优先申报使用专项债券。处置存量闲置土地清单是安排专项债券的基础，应当根据收回收购土地的情况动态更新。 五、土地储备机构委托经备案的土地估价机构，对拟收回收购地块开展土地市场价格评估，相较企业土地成本，就低确定收地基础价格。市、县处置存量闲置土地协调推进机制或土地出让协调决策机构根据市场形势、合同履约情况等，集体决策确定基础价格下调幅度，经与土地使用权人协商一致并经公示无异议后，报市、县人民政府批准确认。在约定期限内未完成收回收购的，应当按照上述程序重新确定价格。 六、收回收购的土地原则上当年不再供应用于房地产开发。确有需求的，应当严控规模，优化条件实施供应，在落实“五类调控”的同时，供应面积不得超过当年收回收购房地产用地总面积的50%。收回收购土地用于民生领域和实体经济项目的，不受上述限制。
关于印发《自然资源要素支撑产业高质量发展指导目录（2024年本）》的通知（自然资发〔2024〕273号）	2024年12月2日	建设用地要严格控制增量，积极盘活存量，把节约用地放在首位，重点在盘活存量上下功夫。新上建设项目首先要利用现有建设用地，严格控制建设占用耕地、林地、草地和湿地等。各地要严格按照《目录》有关要求，在建设项目批准、核准前或者备案前后，依法依规对建设项目用地事项进行审查，提出建设项目用地预审意见；除依据有关规定不需用地预审的情形外，没有预审意见或预审未通过的，不得批准或核准建设项目。 各地要坚持底线原则，严格治理整顿当前土地市场中仍然存在的圈占土地、乱占滥用耕地等问题。针对养老地产、商业办公、文旅古镇、标准厂房等各类用地中存在的闲置浪费突出问题，要加强对土地供应、用地结构和时序、开发利用和价格变化等指标的分析研判，及时准确把握市场预期，从源头上防止盲目投资和低水平重复建设，切实提升国土空间资源利用效率。 各地要注重适应性和差异性，在符合本《目录》的前提下，可以根据本地区实际情况，制定本地的自然资源要素支撑产业高质量发展指导目录，鼓励和支持发展先进生产能力，限制和淘汰落后生产能力，进一步提高要素保障的精准性和有效性。各地重点生态功能区和农产品主产区产业准入负面清单（或禁止限制目录），应与本《目录》的有关要求做好衔接。

5. 中华人民共和国财政部、国家税务总局

文件名称	成文日期	主要内容
关于农村集体产权制度改革土地增值税政策的公告（财政部　税务总局公告2024年第3号）	2024年4月16日	村民委员会、村民小组按照农村集体产权制度改革要求，将国有土地使用权、地上的建筑物及其附着物转移、变更到农村集体经济组织名下的，暂不征收土地增值税。

续表

文件名称	成文日期	主要内容
关于促进房地产市场平稳健康发展有关税收政策的公告（财政部　税务总局住房城乡建设部公告 2024 年第 16 号）	2024 年 11 月 12 日	一、关于住房交易契税政策 （一）对个人购买家庭唯一住房（家庭成员范围包括购房人、配偶以及未成年子女，下同），面积为 140 平方米及以下的，减按 1%的税率征收契税；面积为 140 平方米以上的，减按 1.5%的税率征收契税。 （二）对个人购买家庭第二套住房，面积为 140 平方米及以下的，减按 1%的税率征收契税；面积为 140 平方米以上的，减按 2%的税率征收契税。 家庭第二套住房是指已拥有一套住房的家庭购买的第二套住房。 （三）纳税人申请享受税收优惠的，应当向主管税务机关提交家庭成员信息证明和购房所在地的房地产管理部门出具的纳税人家庭住房情况书面查询结果。具备部门信息共享条件的，纳税人可授权主管税务机关通过信息共享方式取得相关信息；不具备信息共享条件，且纳税人不能提交相关证明材料的，纳税人可按规定适用告知承诺制办理，报送相应的《税务证明事项告知承诺书》，并对承诺的真实性承担法律责任。 （四）具体操作办法由各省、自治区、直辖市财政、税务、房地产管理部门制定。 二、关于有关城市取消普通住宅和非普通住宅标准后相关土地增值税、增值税政策 （一）取消普通住宅和非普通住宅标准的城市，根据《中华人民共和国土地增值税暂行条例》第八条第一项，纳税人建造普通标准住宅出售，增值额未超过扣除项目金额 20%的，继续免征土地增值税。 根据《中华人民共和国土地增值税暂行条例实施细则》第十一条，有关城市的具体执行标准由各省、自治区、直辖市人民政府规定。具体执行标准公布后，税务机关新受理清算申报的项目，以及在具体执行标准公布前已受理清算申报但未出具清算审核结论的项目，按新公布的标准执行。具体执行标准公布前出具清算审核结论的项目，仍按原标准执行。 （二）北京市、上海市、广州市和深圳市，凡取消普通住宅和非普通住宅标准的，取消普通住宅和非普通住宅标准后，与全国其他地区适用统一的个人销售住房增值税政策，对该城市个人将购买 2 年以上（含 2 年）的住房对外销售的，免征增值税。《财政部　国家税务总局关于全面推开营业税改征增值税试点的通知》（财税〔2016〕36 号）附件 3《营业税改征增值税试点过渡政策的规定》第五条第一款有关内容和第二款相应停止执行。 三、本公告自 2024 年 12 月 1 日起执行。《财政部　国家税务总局　住房城乡建设部关于调整房地产交易环节契税　营业税优惠政策的通知》（财税〔2016〕23 号）同时废止。2024 年 12 月 1 日前，个人销售、购买住房涉及的增值税、契税尚未申报缴纳的，符合本公告规定的可按本公告执行。
关于降低土地增值税预征率下限的公告（国家税务总局公告 2024 年第 10 号）	2024 年 11 月 13 日	为更好发挥土地增值税调节作用，根据《中华人民共和国土地增值税暂行条例》及其实施细则等有关规定，将土地增值税预征率下限降低 0.5 个百分点。调整后，除保障性住房外，东部地区省份预征率下限为 1.5%，中部和东北地区省份预征率下限为 1%，西部地区省份预征率下限为 0.5%（地区的划分按照国务院有关文件的规定执行）。 本公告自 2024 年 12 月 1 日起施行。《国家税务总局关于加强土地增值税征管工作的通知》（国税发〔2010〕53 号）第二条第二款规定同时废止。

6. 中国人民银行、国家金融监督管理总局

文件名称	成文日期	主要内容
关于金融支持住房租赁市场发展的意见（银发〔2024〕2号）	2024年1月5日	一、基本原则和要求 （一）支持住房租赁供给侧结构性改革。金融支持住房租赁市场发展应突出重点、瞄准短板，主要在大城市，围绕解决新市民、青年人等群体住房问题，支持各类主体新建、改建和运营长期租赁住房，盘活存量房屋，有效增加保障性和商业性租赁住房供应。 （二）重点支持自持物业的专业化、规模化住房租赁企业发展。金融支持住房租赁市场发展应坚持房子是用来住的、不是用来炒的定位，重点支持以独立法人运营、业务边界清晰、具备房地产专业投资和管理能力的自持物业型住房租赁企业，促进其规模化、集约化经营，提升长期租赁住房的供给能力和运营水平。 （三）建立健全住房租赁金融支持体系。金融支持住房租赁市场发展应以市场配置为主，按市场化原则自主决策，为租赁住房的投资、开发、建设、运营提供多元化、多层次、全周期的金融产品和金融服务体系，市场功能完备、结构均衡、竞争有序。 ——金融机构分工合理。商业性金融机构要按照依法合规、风险可控、商业可持续的原则，满足各类住房租赁主体合理融资需求。政策性开发性金融机构限于在符合自身职能定位和业务范围的前提下，为保障性租赁住房建设运营提供融资。 ——金融产品创新规范。住房租赁信贷产品应功能明确，期限和利率定价合理，风险评价和贷后管理完善。直接融资产品应结构简单清晰、定价透明，资金用途真实合规，市场约束和运行机制健全有效。 ——信贷和资本市场配置优化。信贷市场主要满足各类主体开发建设、购买租赁住房，以及住房租赁企业流动性和日常运营需求。资本市场侧重于发展住房租赁长期投融资工具。信贷市场和资本市场可根据住房租赁不同环节收益和风险特点，协同配合、合理接续。 二、加强住房租赁信贷产品和服务模式创新 （四）加大住房租赁开发建设信贷支持力度。支持商业银行向房地产开发企业、工业园区、农村集体经济组织、企事业单位等各类主体依法合规新建、改建长期租赁住房发放住房租赁开发建设贷款。住房租赁开发建设贷款期限一般为3年，最长不超过5年，租赁住房建设的项目资本金比例应符合国务院关于固定资产投资项目资本金制度相关要求。 （五）满足团体批量购买租赁住房的合理融资需求。对于企业和符合条件的事业单位依法依规批量购买存量闲置房屋用作宿舍型保障性租赁住房，专业化规模化住房租赁企业依法依规批量购买存量闲置房屋用作保障性或商业性租赁住房长期持有运营的，鼓励商业银行在风险可控、商业可持续、严格不新增地方政府隐性债务的前提下，发放住房租赁团体购房贷款。利用贷款购买的商品住房、商业用房等应为法律关系清晰、已竣工验收的房屋，贷款存续期内，房屋租赁用途不得改变。住房租赁团体购房贷款的期限最长不超过30年，贷款额度原则上不超过物业评估价值的80%，贷款利率由商业银行综合考虑借款人风险状况、风险缓释措施等因素合理确定。 （六）支持发放住房租赁经营性贷款。住房租赁企业运营自有产权长期租赁住房的，住房租赁经营性贷款的期限最长不超过20年，贷款额度原则上不超过物业评估价值的80%。住房租赁企业依法合规改造工业厂房、商业办公用房、城中村等形成的非自有产权租赁住房，住房租赁经营性贷款的期限最长不超过5年，贷款额度原则上不超过贷款期限内应收租金总额的70%。 商业银行应对租赁住房运营管理合法合规情况，租赁住房的租金水平、出租率，以及住房租赁企业的专业能力、财务状况、持续审慎经营等开展尽职调查，并结合住房租赁企业的经营、风险特点和贷款用途，合理审慎设计贷款的额度、期限、利率和还款方式。 住房租赁企业应以租金收入作为第一还款来源。商业银行在依法合规、有效防控风险和商业可持续的前提下，可根据住房租赁企业的资信和经营情况发放信用贷款或质押、抵押贷款。商业银行发放质押、抵押贷款应审慎评估质押、抵押的法律风险，确保质权和抵押权可执行。 对于开发建设和持有运营为同一主体的租赁住房项目，住房租赁经营性贷款可用于置换项目前期的住房租赁开发建设贷款。商业银行在发放住房租赁开发建设贷款时，可同时签订住房租赁经营性贷款合同，与借款人约定后续住房租赁经营性贷款的发放接续条件，将住房租赁经营性贷款纳入住房租赁开发建设贷款的还款资金来源。

续表

文件名称	成文日期	主要内容
关于金融支持住房租赁市场发展的意见（银发〔2024〕2号）	2024年1月5日	（七）完善住房租赁相关企业综合金融服务。鼓励商业银行积极探索适合住房租赁相关企业需求特点的金融服务模式和金融产品，向住房租赁企业、住房租赁经纪机构、住房租赁管理服务平台等提供开户、结算、咨询、现金管理等综合性金融解决方案。 三、拓宽住房租赁市场多元化投融资渠道 （八）增强金融机构住房租赁贷款投放能力。支持商业银行发行用于住房租赁的金融债券，筹集资金专门用于增加住房租赁开发建设贷款、团体购房贷款和经营性贷款的投放。 （九）拓宽住房租赁企业债券融资渠道。支持住房租赁企业发行债券，专项用于租赁住房建设、购买和运营。鼓励优化债券发行流程，提高住房租赁债券发行效率，为住房租赁企业提供融资便利。 （十）支持发行住房租赁担保债券。住房租赁企业持有运营的租赁住房具有持续、稳定现金流的，可将物业抵押作为信用增进，发行住房租赁担保债券。住房租赁担保债券纳入债券管理框架。 （十一）稳步发展房地产投资信托基金。稳步推进房地产投资信托基金试点工作，在把控风险前提下，募集资金用于住房租赁企业持有运营长期租赁住房。支持房地产投资信托基金份额交易流通，促进住房租赁企业长期稳定经营，防范短期炒作。优先支持雄安新区、海南自由贸易港、深圳中国特色社会主义先行示范区等国家政策重点支持区域以及人口净流入的大城市开展房地产投资信托基金试点，为利用各类建设用地（含集体建设用地、企事业单位自有空闲土地等）依法依规建设和持有运营长期租赁住房的企业提供资金支持。 （十二）引导各类社会资金有序投资住房租赁领域。支持金融机构、资产管理机构规范投资住房租赁相关金融产品。鼓励住房租赁企业、专业资产管理机构通过房地产投资信托基金长期持有运营租赁住房。支持保险资金等长期资金投资住房租赁市场。鼓励住房租赁企业和金融机构利用利率衍生工具对冲相关利率风险。 四、加强和完善住房租赁金融管理 （十三）严格住房租赁金融业务边界。住房租赁金融业务要严格定位于支持住房租赁市场发展，不得为短期投机炒作行为提供融资。住房租赁金融产品及服务应与其他住房金融产品及服务明确区别，严禁以支持住房租赁的名义为非租赁住房融资，严禁将住房租赁金融产品违规用于商业性房地产开发。 （十四）加强住房租赁信贷资金管理。商业银行应建立完善的贷款审批机制和风险管理机制，严格住房租赁贷前审查和贷后管理，加强对借款人、项目属性、贷款用途真实性、还款资金来源的跟踪调查，确保贷款资金按照约定用途用于住房租赁建设、购买和运营，切实防范资金挪用、套现等风险。对于贷款期间项目租赁属性或房屋租赁用途发生改变的，应及时收回贷款，并视情况对借款人采取适当的风险防控措施。 （十五）规范住房租赁直接融资产品创新。住房租赁直接融资产品应基础资产质量优良、结构简单、法律关系清晰、信息公开透明、资金用途合法合规。相关部门应明确住房租赁企业的业务模式、募集资金用途等政策及审核要求，完善信息披露和存续期管理，采取有效措施确保募集资金用于租赁住房建设、购买和运营等相关活动，不得挪作他用。 （十六）防范住房租赁金融风险。商业银行等为住房租赁提供融资的金融机构应建立健全相关制度，加强合规性审查和评估，确保审慎合规开展相关业务。对各类住房租赁企业以及持有租赁住房的房地产开发企业负债水平进行上限控制，确保其资产负债率保持在适度区间。加强对住房租赁企业的运营管理、财务状况、资金用途等的监控，对住房租赁企业等借款主体存在违反借款合同约定情形的，要及时采取加速清偿、提前收贷等有效措施化解风险。 金融机构在提供融资前需确保住房租赁企业已按规定向住房城乡建设部门进行开业报告或者备案从事住房租赁经营业务。对住房租赁直接融资产品应充分揭示其与住房租赁业务、房地产市场相关的风险，建立健全风险预警及处置机制，保护投资者合法权益。 （十七）加强住房租赁金融监测评估。中国人民银行牵头住房租赁金融统计，加强对住房租赁金融产品的统计、调查和监测分析。相关部门加强住房租赁相关信息共享，发挥监管合力。

续表

文件名称	成文日期	主要内容
关于做好经营性物业贷款管理的通知	2024 年 1 月 24 日	一、明确业务管理口径 本通知所称经营性物业贷款，是指商业银行向持有已竣工验收合格、办妥不动产权证书并投入运营的综合效益较好的商业性房地产的企业法人发放的，以经营性物业为抵押，实际用途投向物业本身或与房地产相关领域的贷款。商业性房地产包括但不限于商业综合体、购物中心、商务中心、写字楼、酒店、文旅地产项目等，不包括商品住房、租赁住房。除本通知所称经营性物业贷款外，其他贷款仍按现行政策执行。 二、坚持依法合规展业 商业银行要按照市场化、法治化原则，依法合规开展经营性物业贷款业务。符合本通知定义的经营性物业贷款应纳入房地产贷款统计。 经营性物业贷款的借款人须依法成立，承贷物业应产权清晰，无复杂的债权债务关系。经营性物业贷款的借款人可以为房地产开发企业。 经营性物业贷款可用于承贷物业在经营期间的维护、改造、装修等与物业本身相关的经营性资金需求，以及置换借款人为建设或购置该物业形成的贷款、股东借款等，不得用于购地、新建项目或其他限制性领域。经营性物业贷款在发放前应明确贷款用途。2024 年底前，对规范经营、发展前景良好的房地产开发企业，全国性商业银行在风险可控、商业可持续基础上，还可发放经营性物业贷款用于偿还该企业及其集团控股公司（含并表子公司）存量房地产领域相关贷款和公开市场债券。 商业银行要根据承贷物业经营状况、评估价值，以及借款人及其集团公司的偿债能力、信用状况、担保方式等因素，合理确定经营性物业贷款额度。经营性物业贷款额度原则上不得超过承贷物业评估价值的 70%。商业银行应结合承贷物业经营情况等因素，按照市场化原则，与借款人协商确定贷款利率及还本付息方式。经营性物业贷款期限一般不超过 10 年，最长不得超过 15 年，且贷款到期日应早于承贷物业产权证到期日至少 5 年。 经营性物业贷款第一还款来源应为承贷物业本身的经营收入。商业银行应与借款人在贷款合同中约定资金管理账户，承贷物业经营收入原则上均应进入该账户，优先用于偿还当期贷款本息。商业银行要加强对承贷物业经营收支情况的监测，保障信贷资金安全。 商业银行发放经营性物业贷款应以承贷物业作为抵押品。结合第三方评估公司价值评估情况等，审慎确定物业评估价值。借款人与承贷物业实际经营管理主体不一致的，可将承贷物业实际经营管理主体作为共同借款人或连带责任保证担保人。 三、加强风险管理 商业银行应将经营性物业贷款纳入对借款人及其所在集团客户的统一授信管理，强化贷款审批、发放、收回全流程管理，切实保障信贷资金安全，支持通过银团贷款模式分散风险。 商业银行应严格开展贷前调查和贷中审查，科学区分房地产开发企业与集团控股公司风险，承贷物业有共同产权人或第三方权利人的，贷款前应取得其书面同意。 商业银行应加强贷款投放后的管理，严防贷款被挪用；及时对物业经营及价值情况开展跟踪评估，严密监测借款人及集团公司经营、财务、信用、担保、融资变化等重要信息，全面掌握各种影响贷款安全的风险因素，并采取针对性的风险缓释和保全措施。 中国人民银行、金融监管总局各分支机构要加强经营性物业贷款监管，指导督促商业银行严格落实本通知要求，依法合规开展经营性物业贷款业务，一视同仁满足不同所有制房地产企业合理融资需求，促进房地产市场平稳健康发展。
关于调整个人住房贷款最低首付款比例政策的通知	2024 年 5 月 17 日	对于贷款购买商品住房的居民家庭，首套住房商业性个人住房贷款最低首付款比例调整为不低于 15%，二套住房商业性个人住房贷款最低首付款比例调整为不低于 25%。 在此基础上，中国人民银行各省级分行、国家金融监督管理总局各派出机构根据城市政府调控要求，按照因城施策原则，自主确定辖区各城市首套和二套住房商业性个人住房贷款最低首付款比例下限。
关于下调个人住房公积金贷款利率的通知	2024 年 5 月 17 日	中国人民银行决定，自 2024 年 5 月 18 日起，下调个人住房公积金贷款利率 0.25 个百分点，5 年以下（含 5 年）和 5 年以上首套个人住房公积金贷款利率分别调整为 2.35%和 2.85%，5 年以下（含 5 年）和 5 年以上第二套个人住房公积金贷款利率分别调整为不低于 2.775%和 3.325%。

续表

文件名称	成文日期	主要内容
关于调整商业性个人住房贷款利率政策的通知	2024 年 5 月 17 日	一、取消全国层面首套住房和二套住房商业性个人住房贷款利率政策下限。 二、中国人民银行各省级分行按照因城施策原则，指导各省级市场利率定价自律机制，根据辖区内各城市房地产市场形势及当地政府调控要求，自主确定是否设定辖区内各城市商业性个人住房贷款利率下限及下限水平（如有）。 三、银行业金融机构应根据各省级市场利率定价自律机制确定的利率下限（如有），结合本机构经营状况、客户风险状况等因素，合理确定每笔贷款的具体利率水平。
关于延长部分房地产金融政策期限的通知	2024 年 9 月 24 日	一、《中国人民银行中国银行保险监督管理委员会关于做好当前金融支持房地产市场平稳健康发展工作的通知》（银发〔2022〕254 号）中支持开发贷款、信托贷款等存量融资合理展期政策的适用期限延长至 2026 年 12 月 31 日。 二、《中国人民银行办公厅　国家金融监督管理总局办公厅关于做好经营性物业贷款管理的通知》（银办发〔2024〕8 号）中有关政策有适用期限的，将适用期限延长至 2026 年 12 月 31 日。
关于优化个人住房贷款最低首付款比例政策的通知	2024 年 9 月 24 日	对于贷款购买住房的居民家庭，商业性个人住房贷款不再区分首套、二套住房，最低首付款比例统一为不低于 15%。 在全国统一的最低首付款比例基础上，中国人民银行各省级分行、国家金融监督管理总局各派出机构按照因城施策原则，根据辖区各城市政府调控要求，自主确定辖区各城市是否设定差别化的最低首付款比例政策，并确定辖区各城市最低首付款比例下限。
关于优化保障性住房再贷款有关要求的通知	2024 年 9 月 27 日	为支持地方国有企业以合理价格收购已建成未出售商品房用作保障性住房，进一步增强对金融机构和收购主体的市场化激励，中国人民银行决定对保障性住房再贷款有关事项进行调整优化。对于金融机构发放的符合要求的贷款，中国人民银行向金融机构发放再贷款的比例从贷款本金的 60%提升到 100%。 此前相关政策规定与本通知不一致的，以本通知为准。保障性住房再贷款其他要素、操作流程和工作要求继续执行《中国人民银行关于设立保障性住房再贷款有关事宜的通知》（银发〔2024〕110 号）、《中国人民银行　国家金融监督管理总局关于实施保障性住房再贷款的通知》（银发〔2024〕135 号）有关规定。
完善商业性个人住房贷款利率定价机制有关事宜公告（中国人民银行公告〔2024〕第 11 号）	2024 年 9 月 29 日	一、借款人申请商业性个人住房贷款时，可以选择固定利率或浮动利率作为定价方式。合同约定为固定利率的，利率水平在合同期保持不变。合同约定为浮动利率的，利率以最近一个月贷款市场报价利率为定价基准加点形成（加点可为负值），加点幅度应体现市场供求、借款人风险溢价等因素。 二、固定利率商业性个人住房贷款借款人可与银行业金融机构协商，由银行业金融机构新发放浮动利率商业性个人住房贷款置换存量贷款。置换时，利率以最近一个月贷款市场报价利率为定价基准加点形成，加点幅度等于原合同利率水平与最近一个月贷款市场报价利率的差值。 三、自 2024 年 11 月 1 日起，合同约定为浮动利率的，商业性个人住房贷款借款人可与银行业金融机构协商约定重定价周期。在利率重定价日，定价基准调整为最近一个月贷款市场报价利率。利率重定价周期及调整方式应在贷款合同中明确。 四、自 2024 年 11 月 1 日起，浮动利率商业性个人住房贷款与全国新发放商业性个人住房贷款利率偏离达到一定幅度时，借款人可与银行业金融机构协商，由银行业金融机构新发放浮动利率商业性个人住房贷款置换存量贷款。重新约定的加点幅度应体现市场供求、借款人风险溢价等因素变化，加点幅度不得低于置换贷款时所在城市商业性个人住房贷款利率加点下限（如有）。 五、中国人民银行各省级分行应指导各省级市场利率定价自律机制，根据辖区内各城市房地产市场形势及当地政府调控要求，指导辖区内金融机构做好落实工作，规范市场竞争行为，维护市场秩序。 六、银行业金融机构应切实做好政策宣传、解释和咨询服务，依法合规保障借款人合同权利和消费者合法权益，确保有关工作平稳有序进行。 本公告自发布之日起施行，中国人民银行公告〔2019〕第 16 号同时废止。此前相关规定与本公告不一致的，以本公告为准。

（三）中华人民共和国最高人民法院印发的重要文件

文件名称	成文日期	主要内容
关于进一步规范网络司法拍卖工作的指导意见（法〔2024〕238号）	2024年10月29日	尽职调查财产现状。对不动产，应当通过调取登记信息、实地勘察、入户调查等方式，调查权属关系、占有使用情况、户型图、交易税目和税率、已知瑕疵等信息。 严格审查权利负担的真实性。执行法院在财产调查过程中应当加大对虚假权利负担的甄别力度，案外人主张财产上存在租赁权、居住权等权利负担的，重点围绕合同签订时间、租赁或者居住权期限、租金支付、占有使用等情况，对权利负担的真实性进行审查。案外人所提事实和主张有悖日常生活经验、商业交易习惯的，对案外人“带租赁权”“带居住权”处置的请求不予支持。案外人有异议的，可以通过执行异议程序救济。发现被执行人与第三人通过恶意串通倒签租赁合同、虚构长期租约等方式规避或者妨碍执行的，应当依法严肃追究其法律责任。 规范适用询价方式。工业厂房、在建工程、土地使用权、商铺较多的综合市场、装修装饰价值较高的不动产以及股权、采矿权等特殊或者复杂财产，目前尚不具备询价条件，当事人议价不成时，应当适用委托评估。 如实披露拍卖财产信息。拍卖财产为不动产的，执行法院应当在拍卖公告中公示不动产占有使用情况，不得在拍卖公告中使用“占有不明”“他人占用”等表述。决定“带租赁权”或者“带居住权”拍卖的，应当如实披露占有使用情况、租金、期限以及有关权利人情况等重要信息。 加大不动产腾退交付力度。对不动产进行处置，除有法定事由外，执行法院应当负责腾退交付，严禁在拍卖公告中声明“不负责腾退”。

二、地方层面政策内容摘要

（一）北京

时间	主要内容
2024年2月6日	《关于调整通州区商品住房销售政策的通知》（京建发〔2024〕32号） 具有本市购房资格且符合以下条件之一的家庭，可在通州区购买1套商品住房：在本市未拥有住房的本市户籍居民家庭；在本市已拥有1套住房的通州区户籍居民家庭；在本市已拥有1套住房，与在通州区注册或经营的企业、疏解搬迁至通州区的党政机关、企事业单位存在劳动关系的本市户籍居民家庭；在本市未拥有住房，与在通州区注册或经营的企业、疏解搬迁至通州区的企事业单位存在劳动关系的非本市户籍居民家庭。
2024年3月27日	废止《关于进一步完善商品住房限购政策的公告》（京建发〔2021〕243号）。废止内容为“夫妻离异的，原家庭在离异前拥有住房套数不符合本市商品住房限购政策规定的，自离异之日起3年内，任何一方均不得在本市购买商品住房”。
2024年4月30日	《关于优化调整本市住房限购政策的通知》（京建发〔2024〕155号） 在执行现有住房限购政策的基础上，允许以下居民家庭（含夫妻双方及未成年子女，下同）或成年单身人士，在五环外新购买1套商品住房（包括新建商品住房和二手住房）： 1. 本市户籍居民家庭（含驻京部队现役军人和现役武警家庭、持有有效《北京市工作居住证》的家庭），已在京拥有2套住房的； 2. 本市户籍成年单身人士，已在京拥有1套住房的； 3. 连续5年（含）以上在本市缴纳社会保险或个人所得税的非本市户籍居民家庭或成年单身人士，已在京拥有1套住房的。 其中，新购买商品住房位于通州区（不含台湖、马驹桥地区）的居民家庭或成年单身人士，还须为通州区户籍，或与在通州区注册或经营的企业、疏解搬迁至通州区的党政机关、企事业单位存在劳动关系。

续表

时间	主要内容
2024 年 6 月 26 日	《关于优化本市房地产市场平稳健康发展政策措施的通知》（京建发〔2024〕218 号） 1. 按照因城施策原则，调整本市新发放商业性个人住房贷款最低首付款比例及利率下限。 2. 优化本市户籍二孩及以上的多子女家庭在商业性个人住房贷款和公积金个人住房贷款中首套住房认定标准。 3. 调整本市新发放公积金个人住房贷款最低首付款比例。对于申请住房公积金个人住房贷款，购买二星级及以上绿色建筑、装配式建筑或者超低能耗建筑的缴存职工家庭，给予上浮贷款额度支持。 4. 组织开展住房“以旧换新”活动。指导行业协会搭建开发企业、经纪机构、购房家庭三方对接平台，鼓励开发企业、经纪机构提供优质服务，实施优惠措施，支持购房家庭“以旧换新”。
2024 年 6 月 26 日	《关于调整本市公积金个人住房贷款最低首付款比例政策的通知》（京建发〔2024〕219 号） 对于使用贷款购买首套商品住房的居民家庭，最低首付款比例调整为不低于 20%。对于使用贷款购买二套商品住房的居民家庭，所购住房位于五环以内的，最低首付款比例不低于 35%；所购商品住房位于五环以外的，最低首付款比例不低于 30%。
2024 年 6 月 26 日	《关于城市更新过程中对国有土地上私有房屋实施房屋征收有关事项的通知》（京建法〔2024〕5 号） 在城市更新工作中，城市更新项目范围内私有房屋物业权利人腾退协议签约比例达到 95%以上，城市更新项目实施主体与未签约私有房屋物业权利人经申请项目所在地的区人民政府调解后不成，且该城市更新项目实施涉及法律、行政法规规定的公共利益确需征收私有房屋的，城市更新项目实施主体可对未签约的私有房屋向项目所在地的区人民政府提交房屋征收申请。
2024 年 9 月 30 日	《关于进一步优化调整本市房地产相关政策的通知》（京建发〔2024〕400 号） 1. 落实国家关于降低存量房贷利率政策，引导商业银行稳妥有序将存量房贷利率降至新发放贷款利率附近。 2. 居民家庭购买首套商品住房，商业性个人住房贷款最低首付款比例调整为不低于 15%。购买二套商品住房，商业性个人住房贷款最低首付款比例调整为不低于 20%。 3. 非本市户籍居民家庭购买五环内商品住房的，缴纳社会保险或个人所得税的年限，调整为购房之日前连续缴纳满 3 年及以上；购买五环外商品住房的，缴纳社会保险或个人所得税的年限，调整为购房之日前连续缴纳满 2 年及以上。符合本市经济社会发展需要的高层次和急需紧缺人才购买本市商品住房的，缴纳社会保险或个人所得税的年限，调整为购房之日前连续缴纳满 1 年及以上。 4. 居民家庭购买通州区商品住房，按全市统一政策执行。 5. 本市户籍成年单身人士与未成年子女共同生活的，按本市户籍居民家庭执行住房限购政策。 6. 对二孩及以上本市户籍居民家庭购买商品住房，申请公积金个人住房贷款的，可贷款额度上浮 40 万元。 7. 按照国家工作部署，及时取消普通住房和非普通住房标准。 8. 加快构建房地产发展新模式。完善“市场+保障”住房供应体系，抓紧出台支持“好房子”建设的举措，加快推进城中村改造，发挥“白名单”作用满足房地产企业合理的融资需求，持续防范化解房地产风险，稳定市场预期。
2024 年 11 月 18 日	《关于取消普通住房标准有关事项的通知》（京建发〔2024〕488 号） 1. 取消本市普通住房和非普通住房标准。 2. 对个人销售住房涉及的增值税、个人购买住房涉及的契税，按照《关于促进房地产市场平稳健康发展有关税收政策的公告》（财政部　税务总局　住房城乡建设部公告 2024 年第 16 号）有关规定执行。
2024 年 12 月 31 日	《关于调整住房公积金个人住房贷款借款人年龄上限的通知》（京房公积金发〔2024〕65 号） 住房公积金个人住房贷款借款期限可计算到借款申请人法定退休年龄后 5 年，原则上最高不超过 68 周岁，贷款期限最长为 30 年。

（二）天津

时间	主要内容
2024 年 3 月 13 日	《关于调整个人住房公积金贷款首付款比例的通知》（津公积金委〔2024〕2 号） 职工申请个人住房公积金贷款购买家庭首套住房的，应支付不低于住房交易价格 20%的首付款；购买家庭第二套住房的，应支付不低于住房交易价格 30%的首付款。采用住房抵押担保方式的，抵押值最高不得超过抵押物价值的 80%。

续表

时间	主要内容
2024 年 4 月 30 日	《关于进一步优化房地产调控政策的通知》（津住建发〔2024〕1 号） 1. 满足京津冀协同发展住房需求。贯彻落实京津冀协同发展重大国家战略，深入推进区域一体化和京津同城化发展，北京市、河北省户籍居民和在北京市、河北省就业人员在津购买住房的，享受本市户籍居民购房政策。 2. 进一步优化住房限购政策。本市户籍居民在限购区（和平区、河东区、河西区、南开区、河北区、红桥区）购买单套 120 平方米以上新建商品住房的，不再核验购房资格。 3. 完善住房套数认定标准。满足居民职住平衡需求，居民在非限购区购买住房的，核查其在相应区住房情况。对有 60 周岁（含）以上成员的居民家庭或生育二孩及以上的多子女家庭，可凭居民家庭户口簿等材料，在认定住房套数时核减 1 套。 4. 继续鼓励各区因区施策。继续鼓励各区结合本区实际，通过发放购房补贴、企业团购优惠等政策减轻居民购房负担，支持刚性和改善性住房需求。鼓励各区结合城中村改造、城市更新等安置需求，探索房票安置方式，对接本区新建商品房项目，更好满足被安置居民住房需求。
2024 年 5 月 29 日	《关于进一步调整优化天津市差别化住房信贷政策的通知》 1. 对于在天津市贷款购买商品住房的居民家庭，首套住房商业性个人住房贷款最低首付款比例调整为不低于 15%，二套住房商业性个人住房贷款最低首付款比例调整为不低于 25%。 2. 取消天津市首套住房和二套住房商业性个人住房贷款利率政策下限，银行业金融机构结合本机构经营状况、客户风险状况等因素，合理确定每笔贷款的具体利率水平。
2024 年 7 月 5 日	《关于印发天津市非居住存量房屋改建为保障性租赁住房的指导意见的通知》（津住建发〔2024〕2 号） 1. 改建项目重点布局在轨道交通沿线、工业产业园区、商业商务集聚区、高校科研院所周边等人口聚集、交通便利、配套完善、需求旺盛的区域，精准对接租赁住房需求，促进职住平衡，引导产城人融合、人地房联动。 2. 改建项目出租单元建筑面积最大不超过 100 平方米，且 70 平方米以下的占比不低于 80%。租金低于同地段同品质市场租赁住房租金水平，主要解决新市民、青年人等群体的住房困难问题。 非居住存量房屋用作保障性租赁住房期间，不变更土地使用性质、不补缴土地价款，土地使用年限和总建筑面积不变，不改变原有房屋类型和建筑容量控制指标，不改变原不动产登记信息。改建项目不得突破既有建筑外轮廓线，不改变相邻关系。改建后涉及房屋征收、拆除的，按改建前的房屋用途予以补偿。改建项目运营期限不得超过经批准的土地使用年限，涉及划拨用地且未明确划拨土地使用年限的，改建项目运营期限不得超过相应用途国家规定的最高土地使用权使用年限。 3. 改建项目规模原则上不少于 30 套或建筑面积不少于 1500 平方米。其中，商业办公类房屋应当以整幢、整栋或整层为改建单元，厂房、仓储类房屋应当以整幢或整栋为改建单元，旅馆、科研教育类房屋应当以整幢为改建单元。
2024 年 10 月 16 日	《关于进一步优化房地产政策更好满足居民合理住房需求若干措施》（津政办规〔2024〕10 号） 1. 取消本市新建商品住房和二手住房购买、转让等方面的限制性措施。不再对新建商品住房销售价格上限实施指导。取消本市普通住房和非普通住房标准。 2. 调整差别化的最低首付款比例政策，对于在本市贷款购买住房的居民家庭，商业性个人住房贷款不再区分首套、二套住房，最低首付款比例统一为不低于 15%。优化个人住房贷款利率定价，发挥市场利率定价自律机制作用，引导商业银行稳妥有序做好存量房贷利率批量调整工作。基于借款人资信状况、风险水平等因素合理确定新发放二套房贷款利率，减轻居民家庭购房负担。发挥房地产融资协调机制作用，按照市场化、法治化原则，依法加大房地产"白名单"项目贷款投放力度，督促商业银行尽快落实已授信贷款资金，提高新增融资贷款发放比例，积极满足房地产项目合理融资需求。 3. 改革完善房地产开发管理制度，结合各区商品住房去化周期等情况，科学控制增量，合理把握商品住房供应节奏，促进房地产市场供需平衡。进一步优化完善住房设计规范和标准，支持房地产开发企业积极探索建设更多"好房子"，不断满足居民多样化改善性住房需求。
2024 年 10 月 28 日	《关于调整住房公积金有关政策的通知》（津公积金委〔2024〕6 号） 1. 职工及配偶购买我市配售型保障性住房的，购房人及配偶、双方父母可以按照我市现行购买保障性住房提取政策提取住房公积金。 职工符合个人住房公积金贷款条件，申请个人住房公积金贷款购买我市配售型保障性住房的，应支付不低于住房交易价格 15%的首付款，最长贷款期限 30 年，贷款额度计算等其他政策按照我市首套住房贷款政策执行；采用住房抵押担保方式的，抵押值最高不得超过抵押物价值的 85%。 2. 职工及配偶在北京市、河北省购买自有住房，且在我市无购房提取住房公积金及偿还住房贷款本息提取住房公积金记录的，提取住房公积金不再要求职工或配偶具有所购住房城市户籍或在所购住房城市缴存住房公积金。

（三）石家庄

时间	主要内容
2024 年 6 月 6 日	《关于优化当前房地产政策的措施》（石房稳健办〔2024〕1 号） 1. 对购买本市新建商品住房的购房人给予分段定额补贴。外地人员在我市购买新建商品住房，享受本市户籍居民购房补贴政策及教育、医疗同等待遇。 2. 支持个人存量住房通过以旧换新方式换购新建商品住房。 3. 实施“商转公”政策。 4. 降低住房公积金贷款首付款比例。购买我市行政区域内首套住房申请住房公积金贷款的，首付款比例不低于 20%；购买第二套住房的，首付款比例不低于 30%。 5. 提高住房公积金最高贷款额度。家庭购买长安区、新华区、桥西区、裕华区及高新区住房，单缴存人员最高贷款额度提高至 80 万元，双缴存人员最高额度提高至 100 万元。生育二孩、三孩的家庭，最高贷款额度在此基础上，分别提高 10 万元和 20 万元。 6. 提高住房公积金提取频次及额度。
2024 年 12 月 10 日	《关于印发提取住房公积金支付首付款的通知》（石公积金〔2024〕20 号） 提取对象和条件为石家庄市缴存职工及其配偶在本市行政区域内购买新建商品住房的，可申请办理提取住房公积金支付购房首付款业务。

（四）太原

时间	主要内容
2024 年 2 月 2 日	《关于调整优化住房公积金贷款政策的通知》（并公积金〔2024〕3 号） 1. 调整优化住房公积金贷款购房套数认定标准。住房公积金贷款中缴存职工家庭住房套数，调整为依据拟购房家庭成员名下在购房地实际拥有的成套住房数量及在全国范围内的住房公积金贷款次数进行认定。购买非城镇住宅用地上的建筑不计算在住房套数之内，公积金装修贷款不计算在住房公积金贷款次数之内。在太原市六城区购房的，以六城区房屋套数认定；在三县一市和铁路沿线市（县）购房的，以购房市（县）房屋套数认定。 2. 放宽申请“商转公”及“部分商转公”贷款的住房消费行为时间限制。缴存职工于 2024 年 3 月 1 日以前通过商业银行发放的商业住房按揭贷款购买太原市住房的，贷款房屋取得不动产权证书后，符合太原市公积金中心公积金其他贷款条件的，可以申请办理商业住房按揭贷款转公积金贷款及部分转公积金贷款。
2024 年 11 月 20 日	《关于进一步促进房地产市场止跌回稳若干措施的通知》（并房〔2024〕43 号） 1. 取消各项住房限制性措施。继续执行太原市解除住房限购、限售、限贷、限价等限制性措施的有关规定，在该市范围内购买商品住房，无需审核购房人资格；取消商品住房转让限制年限规定（有限制产权转让的除外），自取得不动产权证（房屋所有权证）之日起即可转让。取消普通住宅和非普通住宅标准。优化住房信贷支持政策，在该市范围内购买首套及第二套商品住房，商业性个人住房贷款最低首付款比例统一调整为不低于 15%，取消新发放首套、第二套住房商业性个人住房贷款利率下限。加大住房公积金支持力度。 2. 大力开展住房以旧换新活动。积极开展以住房团购为主的促销活动。全面推进货币化及房票安置工作。 3. 扎实推进保交房工作。 4. 严控新增商品房供应。优化存量土地和商品房供应。加大高品质改善型商品住房供应。 5. 加大住房保障力度。
2024 年 12 月 10 日	《关于调整部分住房公积金贷款政策的通知》（并公积金〔2024〕45 号） 1. 提高住房公积金个人住房贷款额度上限。 2. 优化住房公积金个人住房贷款房屋套数认定标准：对于 2014 年 12 月 31 日前发放并在再次申请贷款前结清住房公积金贷款的，不再计入住房公积金贷款次数；只将拟购房所在区（县、市）的住房公积金贷款次数作为房屋套数认定标准。 3. 缴存职工使用住房公积金贷款购买保障性住房的，最低首付款比例为 15%；购买其他自住住房的，首套住房和二套住房最低首付款比例继续执行 20%。

（五）呼和浩特

时间	主要内容
2024 年 9 月 18 日	《关于支持提取住房公积金支付购房首付款的通知》 在呼和浩特市新城区、回民区、玉泉区、赛罕区辖区内购买新建预售商品住房的呼和浩特市住房公积金中心缴存职工，可以申请将个人住房公积金账户余额划转至房地产开发企业预售资金监管账户，用于支付购房首付款。
2024 年 10 月 16 日	《关于取消新建商品住房销售价格调控措施的通知》 2024 年 10 月 1 日起，我市取消新建商品住房销售价格调控限制，由企业根据市场定价销售，销售过程中可自主调整价格，并以实际销售价格办理网签备案。

（六）沈阳

时间	主要内容
2024 年 2 月 20 日	《关于调整职工现金购买自住住房提取住房公积金政策的通知》 1. 取消职工现金购买自住住房提取时限。取消职工现金购买自住住房须在购房两年内申请提取住房公积金的时间限制。调整为，职工现金购买自住住房，职工本人及其配偶可分别提取一次住房公积金。 2. 调整职工现金购买二手房提取时限。职工现金购买二手房，由“自《不动产权证书》签发日期起申请提取住房公积金”，调整为“自《不动产权证书》签发日期满半年以上申请提取住房公积金”。
2024 年 5 月 10 日	《沈阳市进一步促进外来人口落户若干政策措施》（沈政办发〔2024〕5 号） 1. 在我市购房并取得合法房屋手续的人员，产权人本人及近亲属可在我市落户。 2. 在我市城镇地区租赁房屋的外地居民，其本人及近亲属可在我市落户。
2024 年 5 月 28 日	沈阳人民政府网站发布多项优化政策： 1. 在本市全区域解除限购、限售基础上，不再实施新建商品住房销售价格指导。 2. 对于贷款购买我市商品住房的居民家庭，首套住房商业性个人住房贷款最低首付款比例调整为不低于 15%，二套住房商业性个人住房贷款最低首付款比例调整为不低于 25%。取消我市首套住房和二套住房商业性个人住房贷款利率政策下限。 3. 2024 年 4 月 1 日至 2024 年 9 月 30 日期间，职工在沈阳市行政区域贷款购买自住住房，职工本人及其配偶可申请提取住房公积金余额支付购房首付款，提取时限为 2024 年 11 月 30 日前。 4. 优化住房公积金个人住房贷款中住房套数认定标准，根据缴存人家庭在购房地拥有住房套数和住房公积金贷款次数，确定执行首套或二套最低首付款比例及住房公积金贷款利率档次。 5. 将住房公积金“商转公”贷款申请条件中商贷已偿还 5 年（含）以上调整为商贷已偿还 3 年（含）以上，其他申请条件不变。
2024 年 9 月 25 日	《关于进一步优化“商转公”贷款政策的通知》 1. 取消“商转公”首次申请住房公积金贷款限制条件。将“商转公”贷款申请条件中“借款申请人及共同申请人首次申请住房公积金贷款”调整为“借款申请人及共同申请人首次或二次申请住房公积金贷款”。 2. 拓展“商转公”贷款政策覆盖面。将沈抚改革创新示范区纳入“商转公”贷款政策覆盖范围。符合条件的缴存职工可向沈阳公积金中心申请，将本人购买沈抚改革创新示范区自住住房时已办理且尚未结清的个人住房商业贷款，转为住房公积金个人贷款。
2024 年 9 月 25 日	《关于优化在购房地拥有住房套数认定标准的通知》 将借款申请人及共同申请人在购房地拥有住房套数认定标准由“在沈阳市内九区购房的，以市内九区拥有住房套数认定；在沈阳市四个郊区、县（市）购房的，以购房区、县（市）拥有住房套数认定；铁路职工、电力职工在外市地购房的，以购房当地拥有住房套数认定”调整为“以拟购房所在区、县（市）拥有住房套数认定”。
2024 年 9 月 25 日	《关于住房公积金支持购买保障性住房的通知》 购买保障性住房的缴存人，可提取个人账户住房公积金支付首付款等购房款，同时还可申请使用住房公积金贷款，提取与贷款金额累计不超过所购住房总价。使用住房公积金个人住房贷款购买保障性住房的，最低首付款比例为 15%。

续表

时间	主要内容
2024 年 10 月 28 日	《关于进一步优化住房公积金个人住房贷款政策措施的通知》 1. 缴存人家庭使用住房公积金贷款购买首套或二套新建商品住房或二手住房的，最低首付款比例均为 15%。 2. 购买产权转让住房的，房屋竣工年限超过 50 年（不含 50 年）的住房，不再受理住房公积金贷款。二手房公积金贷款期限为 50 年减房龄，二手房最高贷款期限为 30 年。 3. 已生育二孩及以上的多子女家庭，使用公积金贷款购买自住住房的，贷款限额倍数由当期最高贷款额度的 1.3 倍调整为当期最高贷款额度的 1.5 倍。 4. 缴存人家庭使用公积金贷款购买自住住房的，偿还贷款最高年龄由男 65 周岁、女 60 周岁，调整为男 68 周岁、女 63 周岁，或不超过职工法定退休年龄后 5 年。最高贷款期限不超过 30 年。 5. 借款申请人及其配偶在婚前各自使用过一次住房公积金贷款且均已结清的，可以以家庭为单位再申请一次住房公积金贷款，执行第二次公积金贷款政策。
2024 年 11 月 13 日	《关于印发沈阳市推动经济持续向好增量政策措施的通知》（沈政办发〔2024〕14 号） 1. 降低存量房贷利率。 2. 对于贷款购买我市住房的居民家庭，商业性个人住房贷款不再区分首套、二套住房，最低首付款比例统一为不低于 15%。取消普通住宅和非普通住宅标准，支持改善性住房需求释放。 3. 调整住房公积金贷款最低首付款比例，首套或二套自住住房最低首付款比例均调整为 15%。调整职工偿还贷款最高年龄为男 68 周岁、女 63 周岁，或不超过职工法定退休年龄后 5 年，最高贷款期限仍为 30 年。 4. 完善房地产“白名单”项目融资机制。 5. 支持存量商品房收购。围绕重点功能区、产业园区、公共交通节点周边，收购存量商品房筹集保障性住房，2024 年年底前，通过多种方式加快筹集配售型保障性住房 2200 套、配租型保障性住房 5000 套。加大国有企业收购存量商品房用作配售型保障性住房力度，支持企业和符合条件的事业单位批量购买存量商品房用作宿舍型保障性租赁住房。 6. 实施城中村和危旧房改造。扎实推进 2024 年全市 16 个城中村改造项目。用好国家政策，积极争取资金支持，通过发放房票等安置方式，推进城中村改造。谋划实施 2025 年城中村和危旧房改造，满足城市更新需求。 7. 开展售房促销活动。发挥房地产协会作用，组织冬季房交会，开展促销活动，鼓励企业推出购房优惠。给予消费者 100 元/平方米“卖旧买新”购房补贴。 8. 利用财政资金支持房地产市场发展。梳理摸清全市闲置存量土地底数，积极争取专项债用于回收符合条件的闲置存量土地和新增土地储备项目。加大专项债和保障性安居工程保障资金筹集力度，支持收购存量商品房用作保障性住房，满足广大中低收入人群住房需求。

（七）大连

时间	主要内容
2024 年 4 月 29 日	《关于进一步促进房地产市场平稳健康发展的通知》（大房稳办发〔2024〕1 号） 1. 保障房地产用地供应规模。积极推出优质地块，2024 年全市计划供应房地产用地 316 公顷，其中市本级约 100 公顷。加大土地推介力度，组织品牌房地产开发企业参与竞拍，一对一精准招商，确保土地供应持续性和稳定性。合理确定住宅项目用地出让底价。结合项目地块周边既有商业配套情况，降低出让地块商业配比，持续落实商业服务业用地优惠政策。 2. 支持房屋“卖旧买新”。给予购房补贴、开展“换新购”活动。 3. 适时组织房交会促进商品房销售。 4. 根据资金流动性情况适时调整住房公积金最高贷款额度。 5. 加大金融支持力度。支持房地产项目融资。落实购房金融支持政策。取消 2024 年三、四季度新发放首套住房商业性个人住房贷款利率下限，并由人民银行分支机构和国家金融监督管理总局派出机构指导市场利率定价自律机制配合实施。 6. 发放家电以旧换新消费券。 7. 落实国家住房税收优惠政策。

续表

时间	主要内容
2024 年 9 月 14 日	《关于进一步优化房地产市场平稳健康发展政策措施的通知》（大房稳办发〔2024〕3 号） 1. 实施房交会购房补贴政策。 2. 在本市范围内购买住房，经核实购房家庭（包括借款人、配偶及未成年子女）在拟购住房所在区市县（先导区）范围内无住房的，执行首套房个人住房贷款政策。 3. 多孩家庭（其中至少一名子女未成年）在拟购住房所在区市县（先导区）购买第二套住房的，执行首套房个人住房贷款政策。 4. 进一步优化住房公积金政策。缴存人使用住房公积金贷款在本市范围内购买配售型保障性住房的，最低首付款比例为 15%。缴存人可提取个人账户住房公积金支付保障性住房首付款，提取首付款金额与贷款金额累计不超过购房款总额。其他相关住房公积金提取和贷款政策不变。支持软件人才使用住房公积金贷款。优化软件人才租房提取机制。
2024 年 10 月 30 日	《大连市进一步促进房地产市场平稳健康发展若干政策措施》（大房稳办发〔2024〕4 号） 1. 降低存量房贷利率。 2. 商业性个人住房贷款不再区分首套房和二套房，最低首付比例统一为 15%。取消个人商业性住房贷款利率下限，贷款利率由银行根据客户偿付能力、信用状况等多种因素合理确定。 3. 向高校毕业生等群体发放购房券。 4. 优化高层次人才安家费政策。 5. 优化高校毕业生住房补贴政策。 6. 实施新市民、年青人租房补贴。 7. 持续落实“卖旧买新”政策。 8. 开展团购购房活动。鼓励重点在售项目提供不低于 10% 的购房优惠。 9. 加快推动“白名单”项目融资落地。 10. 加大保障性住房筹集力度。持续完善保障性住房政策体系。 11. 加大城中村改造力度。完善城中村改造“房票”安置系统，加大存量安置力度。 12. 建设更多“好房子”。制定“绿色、健康、低碳、智能、安全”的“大连好房子”标准，试点打造一批“好房子”样板项目。在不改变用地性质和容积率的前提下，可按程序合理调整设计方案。 13. 加快闲置存量土地处置。通过鼓励企业优化开发、促进市场流通转让、精准运用土地储备专项债券支持收回收购闲置存量土地等政策措施，多措并举，加快闲置存量土地处置工作，优化存量，促进房地产市场平稳健康发展。 14. 发挥住房公积金的支撑保障作用。阶段性提高个人住房公积金最高贷款额度。持续落实提取住房公积金支付商品房和保障房购房首付款。

（八）长春

时间	主要内容
2024 年 2 月 27 日	《关于调整长春市住房公积金个人住房贷款政策的通知》（长住金管规字〔2024〕1 号） 1. 借款人及配偶申请住房公积金贷款时，贷款额度和双方住房公积金账户余额关联倍数由原来的 20 倍调整为 30 倍。 2. 对生育抚养二孩及以上的多子女家庭，首次申请住房公积金贷款的，单笔贷款最高额度由原来的可上浮 30% 调整为可上浮 40%。 3. 对符合我市促进来（留）长就业创业政策的高校毕业生，首次申请住房公积金贷款在长春市主城区及开发区（不含双阳区、九台区）购买自住住房的，可不受住房公积金账户余额倍数限制单笔贷款最高额度由原来的 50 万元调整至 60 万元。

续表

时间	主要内容
2024 年 7 月 25 日	《关于调整长春市住房公积金个人住房贷款政策的通知》（长住金管规字〔2024〕3 号） 1. 第二次使用住房公积金贷款的职工家庭，在拟购房所在地无住房的以及办理商转公贷款用于抵押的房屋为在当地唯一住房的，贷款首付款比例不低于 20%、贷款额度不超过抵押物价值的 80%；在拟购房所在地有住房的以及办理商转公贷款用于抵押的房屋不是在当地唯一住房的，贷款首付款比例不低于 25%、贷款额度不超过抵押物价值的 75%。 2. 第二次使用住房公积金贷款的职工家庭，在拟购房所在地无住房的以及办理商转公贷款用于抵押的房屋为在当地唯一住房的，贷款利率按首套个人住房公积金贷款利率执行。 3. 第二次使用住房公积金贷款且生育抚养二孩及以上的多子女家庭，在拟购房所在地无住房的以及办理商转公贷款用于抵押的房屋为在当地唯一住房的，单笔贷款最高额度可上浮 40%。 4. 借款人及配偶如在婚前分别使用过一次住房公积金贷款，结清后双方以家庭为单位可再申请一次住房公积金贷款。 5. 在省内建户缴存住房公积金的高校、职业院校及技工院校毕业生，毕业后两年内申请住房公积金贷款的，金额如不超过单人单笔贷款最高限额（不含政策性上浮额度），可不受住房公积金账户余额倍数限制。 6. 本通知公布之日起至 2024 年 12 月 31 日，购房所在地在长春市主城区及开发区（不含双阳区、九台区），有共同借款人的单笔贷款最高额度由原来的 90 万元提高至 100 万元；无共同借款人的单笔贷款最高额度由原来的 60 万元提高至 80 万元。
2024 年 12 月 18 日	《关于调整住房公积金使用政策的通知》（长住金管规字〔2024〕6 号） 1. 延长提高单笔贷款最高额度的政策期限。2025 年 1 月 1 日起至 2025 年 12 月 31 日。 2. 第二次使用住房公积金贷款购买新建商品房及存量房的，贷款首付款比例不低于 20%，贷款额度不超过抵押物价值的 80%。 3. 支持缴存人提取住房公积金余额支付新建商品住房首付款。 4. 调整住房公积金提取政策。取消购房提取应在具备提取条件的 24 个月内办理的时间限制。购买再交易住房的，应自不动产权证登记日期满半年以上申请提取。房屋所有权人个人婚前购买的自住住房，结婚满半年以上的，配偶可就该套住房申请提取。取消异地购房提取对户籍（地域）的限制。

（九）哈尔滨

时间	主要内容
2024 年 2 月 28 日	《关于支持购买保障性住房家庭申请住房公积金贷款和提取优惠政策的通知》 1. 支持缴存职工利用住房公积金贷款购买保障性住房。建立个人住房公积金账户并连续足额缴存 6 个月（含）以上，即可申请住房公积金贷款；申请贷款额度，按住房公积金账户余额的 40 倍计算；配偶作为共同申请人时享受与借款申请人同等优惠政策。 2. 已申请住房公积金贷款购买保障性住房的借款人及其配偶，可在签订借款合同时，一次性申请提取住房公积金支付购房首付款，合计提取金额不得超过首付款金额。
2024 年 3 月 28 日	《关于进一步推动哈尔滨市房地产市场平稳健康发展若干措施的通知》（哈政规〔2024〕3 号） 1. 惠民方面：支持人才购房需求。鼓励外地户籍人员购买商品房。鼓励“卖旧买新”。支持退役军人购房需求。鼓励企业购买商业、办公用房。优化住房公积金个人住房贷款套数认定标准。规范推动“商转公”贷款。优化公积金贷款政策，二手房公积金贷款房龄年限由 20 年提高至 30 年，且贷款年限与房龄之和不得超过 50 年；单职工贷款最高额度提高至 80 万元，双职工提高至 100 万元。允许异地缴存公积金职工申请公积金贷款在哈购房，且与在哈缴存公积金职工享受同等住房公积金贷款政策。放宽灵活就业人员建户缴存公积金政策。放宽住房公积金组合贷款业务。支持高层次人才公积金贷款，贷款最高额度按照住房公积金账户余额的 40 倍计算。提升存量房交易便捷度、完善工作流程。支持公寓类房屋居住需求。根据公寓类房屋所在区域义务教育学校学位情况，实施“一区一策”统筹安置产权人家庭适龄子女入学。

续表

时间	主要内容
2024 年 3 月 28 日	2. 惠企方面：对拟出让用地，在控制性详细规划编制中增加用地兼容性，支持居住用地、商业商务用地兼容比例灵活处置，在严格落实国务院关于新建社区商业和综合服务设施面积占社区总建筑面积比例不得低于10%标准的基础上，将“按项目配比商业商务”调整为“按同等生活圈内配比商业商务”，经论证可满足“同等生活圈内配比商业商务”要求的前提下，可根据市场需求和区域统筹，在土地出让前核发《规划条件》阶段，科学合理降低容积率和用地强度，适当下调居住公建比例，加大低密度、高品质商品住宅用地供应。对拟出让单宗商住用地面积较大的地块，通过规划调整合理确定多个独立地块。确定住宅开敞阳台及设备平台建筑面积和容积率计算规则。优化不计容积率建筑面积规则。支持分期缴纳土地出让价款。支持分期开发建设。支持分期分区域规划核实。助力企业先行进场施工，有效缩短项目开盘时间。鼓励地下空间开发利用，降低企业开发投资成本。科学调整商业商务配比，有效推进去库存工作。合理调整开竣工时间，妥善解决企业违约问题。调整合同备案管理政策。完善居住区公益性服务设施移交工作。加大金融对房地产行业支持力度。
2024 年 11 月 13 日	《关于推动哈尔滨市房地产市场平稳健康发展的若干措施》（哈住建发〔2024〕339 号） 1. 严格控制增量和新增住房供应节奏。 2. 研究制定闲置土地处置和存量土地盘活等政策措施，促进土地节约集约高效利用。 3. 对购房前在哈用人单位已缴纳社保或医保，以及自主创业，年龄在 40 周岁以下的各类人才给予一次性购房补贴。 4. 对非我市城 9 区户籍的个人购买首套或第二套新建商品住房的给予一次性购房补贴。 5. 对在 9 区出售原自有住房并购买首套或第二套新建商品住房的家庭，在完成原自有住房交易后，凭购买的新建商品住房《不动产权证书》按购买新建商品房建筑面积 100 元/平方米的标准给予一次性购房补贴。 6. 对退役军人在 9 区购买首套或第二套新建商品住房的，给予一次性购房补贴 3 万元。 7. 农业户籍的购房人在 9 区购买首套或第二套新建商品住房的，给予 3 万元一次性购房补贴，补贴资金由市财政承担。 8. 适时取消普通住宅和非普通住宅标准。取消商品房销售价格限价机制。 9. 积极探索出台相关配套政策，鼓励并逐步推广符合条件的保障房运营主体参与“以旧换新”以及收购二手住房，可对外出售、出租或用作保障性住房等。 10. 在推动城中村改造、城市更新过程中涉及对被征迁居民进行安置的，按照先安置、后搬迁的原则，出台相关措施优先采用房票安置或“以购代建”方式。 11. 对拟出让的住宅项目容积率计算规则进行调整，为鼓励公共服务配套设施建设，以下情形的建筑面积可不计入地块容积率核算，但按相关规范应计入建筑密度。 12. 对项目用地地价评估应按地块容积率上限评估测算土地出让金。在核发《建设工程规划许可证》阶段，经批准建筑面积（不含第十一条确定的建筑面积）未到达《规划条件》容积率控制上限的，土地出让金不予调整。 13. 土地不动产登记前应完成权籍调查，在办理不动产首次登记时，不再实施不动产现场踏查的环节。 14. 商业性个人住房贷款不再区分首套、二套住房，最低首付款比例统一为不低于 15%。多子女家庭在申请商业性个人住房贷款购买新建商品住房时，给予核减一套家庭住房套数。 15. 进一步加大住房公积金政策支持力度。一是缩短公积金贷款缴存月份；二是增加公积金贷款余额核定倍数；三是公积金贷款年限可推迟至法定退休年龄后 5 年计算；四是提高多子女家庭公积金个人住房贷款额度上限；五是缴存人购买家庭首套自住住房申请公积金贷款的，计算公积金贷款额度时，可将当年及上一年度租房提取金额与住房公积金账户余额合并计算；六是放宽商转公政策“首次申请公积金贷款”的条件限制，支持缴存人首套住房或第二套改善性住房申请商转公贷款政策；七是扩大商转公贷款受众群体；八是放宽公积金贷款房屋套数认定标准。 16. 切实发挥房地产融资协调机制作用，优化完善房地产“白名单”项目融资机制。 17. 用好、用足人民银行保障性住房再贷款支持的政策，充分发挥国有企业平台作用，参与股权收购、项目盘活等保交楼、保交房重点工作任务。

（十）上海

时间	主要内容
2024 年 1 月 2 日	《关于调整本市住房公积金个人住房贷款政策的通知》（沪公积金管委会〔2024〕1 号） 1. 缴存职工家庭名下在本市已有一套住房，在全国未使用过住房公积金个人住房贷款或首次住房公积金个人住房贷款已经结清的，认定为第二套改善型住房。 2. 对于认定为第二套改善型住房的，最低首付款比例为 50%；对于认定为第二套改善型住房，且贷款所购住房位于中国（上海）自由贸易试验区临港新片区以及嘉定、青浦、松江、奉贤、宝山、金山 6 个行政区全域的，最低首付款比例为 40%。
2024 年 1 月 30 日	《关于优化本市住房限购政策的通知》（沪建房管联〔2024〕58 号） 在本市连续缴纳社会保险或个人所得税已满 5 年及以上的非本市户籍居民，可在外环以外区域（崇明区除外）限购 1 套住房（含新建商品房和二手住房）。
2024 年 5 月 27 日	《关于优化本市房地产市场平稳健康发展政策措施的通知》（沪建房管联〔2024〕258 号） 1. 优化土地和住房供应。 2. 调整优化住房限购政策。非本市户籍居民家庭以及单身人士购房缴纳社会保险或个人所得税的年限，调整为购房之日前连续缴纳满 3 年及以上。新城以及南北转型等重点区域的非本市户籍人才购房缴纳社会保险或个人所得税的年限，调整为购房之日前连续缴纳满 2 年及以上，并将购房范围扩大至所在区全域；自贸区临港新片区的非本市户籍人才，继续执行连续缴纳满 1 年及以上的规定。优化非本市户籍单身人士购房范围，扩大至外环内二手住房。 取消离异购房合并计算住房套数规定。调整住房赠予规定，已赠予住房不再计入赠予人拥有住房套数。优化住房限购相关操作口径，支持居民合理住房需求。 支持企业购买小户型二手住房用于职工租住。 3. 对二孩及以上的多子女家庭（包括本市户籍和非本市户籍居民家庭），在执行现有住房限购政策基础上，可再购买 1 套住房；优化多子女家庭在个人住房贷款中首套住房认定标准。 4. 优化住房信贷政策。 5. 支持居住困难家庭改善居住条件。 6. 加快保障性住房和保障性租赁住房的筹措和建设，探索通过国有平台公司等主体收购、趸租适配房源，优化住房保障供给。积极打造新时代城市建设者管理者之家。 7. 加快推进“两旧一村”改造等城市更新。 8. 多措并举支持建设绿色、低碳、智能、安全的好房子。进一步强化住宅建设质量管理，优化完善质量预看房制度，加强出让、建设、销售、交付等环节的联动监管，让购房人放心购房、安心收房。 9. 科学编制实施住房发展规划和年度计划，完善房地产市场监测平台，正确解读房地产政策和市场运行情况。加强房地产市场监管，维护房地产市场秩序，保障购房人合法权益。
2024 年 5 月 27 日	《关于调整本市住房公积金个人住房贷款最高贷款额度和最低首付款比例的通知》（沪公积金管委会〔2024〕3 号） 1. 关于最高贷款额度 购买首套住房，个人公积金最高贷款额度调整为 65 万元，家庭为 130 万元；缴交补充公积金的，个人最高贷款额度增加 15 万元，家庭增加 30 万元。 购买第二套改善型住房，个人公积金最高贷款额度调整为 50 万元，家庭为 100 万元；缴交补充公积金的，个人最高贷款额度增加 15 万元，家庭增加 30 万元。 多子女家庭购买首套住房的，最高贷款额度在本市最高贷款额度的基础上上浮 20%保持不变。 2. 关于最低首付款比例 购买首套住房的，最低首付款比例调整为 20%。 购买第二套改善型住房的，最低首付款比例调整为 35%，所购住房位于中国（上海）自由贸易试验区临港新片区以及嘉定、青浦、松江、奉贤、宝山、金山 6 个行政区全域的，最低首付款比例调整为 30%。
2024 年 5 月 31 日	《关于本市住房公积金提取偿还长三角异地住房公积金贷款有关政策的通知》（沪公积金管委会〔2024〕2 号） 符合以下条件的，可以申请提取本市住房公积金账户余额用于偿还在江苏省、浙江省或安徽省购房获得的住房公积金贷款：所购住房位于本人、配偶、父母、子女户籍所在地，或者所购住房位于本人、配偶住房公积金缴存地，或者本人及配偶本市无自有住房的；提取申请人为主贷人本人及其配偶；提取申请人本人及配偶在本市无住房公积金贷款、无委托提取住房公积金归还住房贷款。

续表

时间	主要内容
2024 年 8 月 27 日	《关于优化本市新出让商品住房用地套型供应结构的通知》（沪房建管〔2024〕101 号） 1. 优化新出让商品住房用地中小套型住房建筑面积标准。本市多层、小高层、高层建筑的商品住房中小套型住房建筑面积标准分别调整为 100 平方米、110 平方米、120 平方米。提升住房套型配置均衡性，引导套内空间合理布局。 2. 优化新出让商品住房用地中小套型住房供应比例。原则上，中外环间区域不低于 70%，中环以内区域不低于 60%，新城和南北转型重点区域不低于 60%，外环外其他区域不低于 50%。继续将新建各类商品住房用地中配建的 5%保障房和 15%自持租赁房等纳入商品住房用地套型结构统筹范围。 3. 加强新出让商品住房用地套型结构的区域统筹。加强区域协调，相关区（管委会）可根据城市总规、单元规划，对拟规划用作商品住房的地块按照建筑面积总量不变原则，统筹中小套型商品住房；新出让的商品住房地块在一定时间内做好项目统筹平衡；具体地块规划设计条件在土地出让合同中予以明确。
2024 年 8 月 29 日	《关于规范本市住宅维修资金管理的若干规定》（沪房规范〔2024〕7 号） 1. 商品住宅房屋维修资金归集标准，按照每平方米建筑面积成本价计价。公有住房售后房屋维修资金归集标准，按照本市公有住房出售政策中有关规定执行（包括房屋维修资金、电梯水泵大修更新资金、街坊公共设施管理维修资金），三项资金合并使用。非居住房屋维修资金的归集标准，按商品住宅房屋归集标准执行。 2. 区房屋行政管理部门依据建设单位提供的土地权属证明、建设工程规划许可证、房屋土地权属调查报告书和维修资金产业分户清册等资料，出具交款通知书。建设单位凭交款通知向专户银行交款后，凭交款凭证向不动产登记机构申请办理房屋所有权首次登记。小区维修资金余额不足首期筹集金额 30%的，业主应当按照国家和本市的相关规定、专项维修资金管理规约或者业主大会的决定，采取一次性或分期方式再次筹集维修资金。 3. 业主大会可以选择自行管理或者委托区房屋行政管理部门管理账户资金。业主大会决定自行管理账户资金的，业主委员会应当制定资金增值存储方案，也可以委托代理记账等第三方专业机构提供服务。业主大会选择委托区房屋行政管理部门代管业主大会账户中资金的，应当签订委托协议，区房屋行政管理部门应委托专业机构提供资金增值、换届审计、年度审计、工程审计、代理记账等服务。 4. 业主大会可以决定授权物业服务企业、业主委员会直接使用维修资金的金额，直接授权的维修资金使用情况应由业主委员会和受委托的物业服务企业每半年向业主公布。 5. 业主委员会向开户银行支取维修资金时，应当提交下列资料：支付凭证；加盖业主大会公章、业主委员会公章、物业服务企业或第三方机构公章、银行预留个人印鉴章的维修资金支取汇总表。 6. 物业服务企业或第三方机构支取工程款时，除应当提供上一款资料外，首次支取时还应当提供下列资料，金额应当不超过工程合同总价的 30%：业主大会、业主小组决议或业主委员会决议；签订的施工承包合同；需审价工程的委托审价合同。
2024 年 9 月 29 日	《关于进一步优化本市房地产市场政策措施的通知》（沪建房管联〔2024〕502 号） 1. 调整住房限购政策。（1）对非本市户籍居民家庭以及单身人士购买外环外住房的，购房所需缴纳社会保险或个人所得税的年限，调整为购房之日前连续缴纳满 1 年及以上。（2）对持《上海市居住证》且积分达到标准分值、在本市缴纳社会保险或个人所得税满 3 年及以上的非本市户籍居民家庭，在购买住房套数方面享受沪籍居民家庭的购房待遇。（3）在自贸区临港新片区实施更加差异化的购房政策，对在新片区工作、存在职住分离的群体，在执行现有住房限购政策的基础上，可在新片区增购 1 套住房，促进职住平衡。 2. 优化住房信贷政策。（1）落实国家关于降低存量房贷利率政策，引导商业银行稳妥有序将存量房贷利率降至新发放贷款利率附近，进一步减轻购房人房贷利息支出。（2）首套住房商业性个人住房贷款最低首付款比例调整为不低于 15%。二套住房商业性个人住房贷款最低首付款比例调整为不低于 25%；实行差异化政策区域的二套房贷最低首付款比例调整为不低于 20%。住房公积金二套房贷最低首付比例相应调整。 3. 调整住房税收政策。（1）调整增值税征免年限，将个人对外销售住房增值税征免年限从 5 年调整为 2 年。（2）按照国家工作部署，及时取消普通住房标准和非普通住房标准，减少住房交易成本，更好满足居民改善性住房需求。
2024 年 10 月 8 日	《关于本市保障房配建的实施意见》（沪房保障〔2024〕120 号） 凡新出让土地、用于开发建设商品住房的建设项目（租赁住房建设项目除外），均应按照不低于该建设项目住房建筑总面积 5%的比例，配建保障房及相应产权车位；鼓励保障对象较多的区域进一步提高建设项目的配建比例。配建的保障房应无偿移交区政府指定机构用于住房保障，并在建设用地使用权出让条件中予以明确。对旧改地块及其资源地块商品住房项目，可调整保障房配建实施方式，具体办法另行制订。

续表

时间	主要内容
2024 年 10 月 16 日	《关于调整本市住房公积金个人住房贷款政策的通知》（沪公积金管委会〔2024〕8 号） 1. 对于认定为第二套改善型住房的，最低首付款比例调整为 25%。 2. 对于认定为第二套改善型住房，且贷款所购住房位于中国（上海）自由贸易试验区临港新片区以及嘉定、青浦、松江、奉贤、宝山、金山 6 个行政区全域的，最低首付款比例调整为 20%。
2024 年 11 月 18 日	《关于取消普通住房标准有关事项的通知》（沪建房管联〔2024〕585 号） 本市取消普通住房和非普通住房标准，有关个人住房交易税收事项通知如下： 1. 对个人转让住房未提供完整、准确的房屋原值凭证，不能正确计算房屋原值和应纳税额的，根据规定实行个人所得税核定征税，以转让收入的 1%核定应纳个人所得税额。 2. 对个人销售住房涉及的增值税、个人购买住房涉及的契税，按照《关于促进房地产市场平稳健康发展有关税收政策的公告》有关规定执行。

（十一）南京

时间	主要内容
2024 年 5 月 1 日	《关于南京都市圈住房公积金贷款和提取政策的通告》 1. 南京都市圈城市缴存职工在南京市购买自住住房，可以向南京住房公积金管理中心申请住房公积金贷款。 2. 南京市缴存职工在南京都市圈其他城市购买自住住房，可以参照在南京本市购房情况向南京住房公积金管理中心申请办理住房公积金购房提取和还贷提取。
2024 年 5 月 11 日	《关于合法稳定住所落户有关事项的通知》（宁公发〔2024〕149 号） 1. 在南京市城镇地区拥有合法稳定住所（即取得合法产权住房）人员，可以申请本人户口迁入该住房，其配偶、未婚子女、父母（超过法定退休年龄或已办理退休手续）可以申请办理户口随迁。 2. 房屋产权为两人及以上人员共有的，需经所有产权人协商一致确定其中一人申请立户迁入，同时可以申请办理户口随迁。 3. 房屋产权所有人为未成年人的，在申请落户时需要随监护人一并迁入。
2024 年 7 月 5 日	《有关取消商品房项目公证摇号销售要求的通知》 全市取消商品住房项目公证摇号销售要求，由开发企业自主销售。
2024 年 7 月 5 日	《关于实施存量住房“以旧换新”活动住房公积金配套措施的通知》 1. 如原旧房曾经使用住房公积金贷款且已结清，在购买新房使用住房公积金贷款时，按原旧房住房公积金贷款的贷款条件认定结果执行。 2. 参照我市多子女家庭住房公积金贷款额度，新购房住房公积金贷款最高可贷额度上浮 20%。 3. 新购房办理购房和还贷提取住房公积金业务，按购买原旧房时的提取条件认定结果执行。
2024 年 8 月 29 日	公积金贷款政策进一步放松 1. 延长贷款使用年限，住房公积金连续缴存满 5 年，公积金贷款年限由退休后延长 5 年放宽至退休后延长 10 年；公积金贷款申请人已婚的，可贷年限按照申请人夫妻中可贷年限长的计算，不再区分主款人或配偶。 2. 住房公积金贷款的次数，按照贷款时认定的房产套数计算，不再查验历史住房公积金贷款记录；取消“使用住房公积金贷款购买二套房，对于首套房人均建筑面积不超过 40 平方米”的限制。 3. 多子女家庭公积金贷款最高额度上浮，取消首次首套限制关于多子女家庭住房公积金贷款最高额度。
2024 年 11 月 26 日	满足特定条件的二手房可提前解除限售 自 11 月 26 日起，南京二手房限售期 3 年的限制在满足如下任一条件下即可解绑：买房人购买新建商品房后，名下处于限售期的二手房可上市交易；二孩及多孩家庭且有未成年子女的，名下处于限售期的二手房也可上市交易。

（十二）无锡

时间	主要内容
2024 年 5 月 7 日	《关于调整住房公积金相关使用政策的通知》（锡房金规〔2024〕1 号） 1. 在无锡市行政区域购买第二套自住住房申请住房公积金贷款，首付比例不得低于 20%。 2. 在无锡市行政区域内购买自住住房，申请公积金贷款的，借款人本人符合贷款条件的，最高贷款额度调整为 80 万元；借款人及配偶均符合贷款条件的，最高贷款额度调整为 100 万元。 3. 生育二孩或三孩的本市户籍家庭，首次申请公积金贷款购买首套自住住房的，按现行住房公积金个人住房贷款政策，实行贷款额度与借款申请人公积金缴存年限、缴存余额挂钩。借款人本人符合贷款条件的，在可贷额度基础上增加 20 万元，但最高贷款额度不得超过 100 万元；借款人及配偶均符合贷款条件的，在可贷额度基础上增加 30 万元，但最高贷款额度不得超过 130 万元。 4. 签订逐月委托还贷协议的职工，在委托还贷期间，委托还贷的保留余额调整为逐月还贷委托协议签订之日前，最近一个月的住房公积金（不含新职工住房补贴）月实缴额的 6 倍。 5. 偿还异地住房贷款的职工及无法办理住房公积金委托还贷的职工，可每年提取一次住房公积金，用于一次性偿还或分次偿还住房贷款本息，但同一笔贷款单次提取金额不得超过剩余贷款本息，累计提取金额不得超过贷款本息。职工办理柜面还贷提取后，再次申请办理还贷提取的，须在上次还贷提取满一年后。 6. 职工在无锡市行政区域以外城市缴存住房公积金，并且夫妻双方或其直系亲属（父母、子女）任意一方为无锡市户籍的，在无锡市购买自住住房时，持缴存地公积金管理中心出具的《异地贷款职工住房公积金缴存使用证明》，可向我市住房公积金管理中心申请办理公积金异地个人住房贷款。 7. 符合我市住房公积金异地个人住房贷款条件的职工，可按规定向无锡市住房公积金管理中心申请办理商业性住房贷款转住房公积金贷款业务或商业性住房贷款转组合贷款业务。
2024 年 6 月 1 日	《关于市区商品住房“卖旧买新”支持政策实施细则的通知》（锡房调办〔2024〕5 号） 1. 对购买新建商品住房的家庭，出售的原有住房可不受“在取得不动产权证 2 年内不可转让”的限制，按“先买后卖”顺序“卖旧买新”。 2. 在 2023 年 1 月 1 日至 2024 年 12 月 31 日期间，在市区范围内出售自有住房，并于 2024 年 5 月 1 日至 2024 年 12 月 31 日期间，购买新建商品住房的家庭，给予“卖旧买新”契税补贴。
2024 年 9 月 29 日	《关于进一步优化房地产市场平稳健康发展若干政策措施的通知》（锡建房市〔2024〕5 号） 1. 自本通知发布后，在市区范围内新购买商品住房，购房人在拟购住房所在区（含无锡经开区）范围内无商品住房的，可认定为首套房。 2. 加大公积金政策支持力度。申请住房公积金贷款时，可将当年和上一年度租房提取金额与其个人账户余额合并计算家庭住房公积金可贷款金额；支持灵活就业人员缴存使用住房公积金，并对符合条件的灵活就业人员给予一定补贴。 3. 支持银行业金融机构自主确定住房贷款利率水平；银行业金融机构应结合经营情况、客户信用状况等因素，合理确定每笔贷款的具体利率水平。 4. 房地产开发企业与参建方约定出售本项目存量商品房的，对符合条件的，在成交价不低于同类项目市场均价的情况下，允许申请一次注销合同备案免于摇号再销售。 5. 允许房票在购买纳入房源信息库的新建商品房（含住宅及非住宅）外，还可以购买车位；支持房票在同一征收项目被征收人间转让一次；对尚未支持房票购买二手住宅的区域，允许使用房票购买二手住宅，所购二手住宅的原业主在购买新建商品房时可享受房票相关政策。 6. 房地产开发企业在办理商品住房预售许可或现售备案证明前，可根据区位配套、产品定位、销售策略等因素，合理确定申报备案价格；完成价格备案后按规定变更规划方案且还未出售的商品房（如户型、面积、套数等因素发生变化的），可按新项目重新办理价格备案。 7. 支持符合条件的高品质住宅项目，在房地产开发企业按原有 6 个节点申请拨付商品房预售监管资金时，可跨一个节点提前提取商品房预售监管资金。 8. 支持收购存量商品房用作拆迁安置或转为保障性住房。 9. 试点商品住宅共有产权，培育“先租后买”住房消费模式。 10. 加大住房租赁市场发展力度。

（十三）苏州

时间	主要内容
2024 年 1 月 30 日	苏州市住房和城乡建设局表示购买新房、二手房不再审查套数，不做购房资格审核。
2024 年 3 月 7 日	《关于住房公积金支持房票安置、住房“以旧换新”的通知》（苏房金〔2024〕16 号） 1. 房票持有人及其直系亲属符合住房公积金提取、贷款相关条件，凭商品房买卖合同、开发商出具的付款凭证等，可申请办理住房公积金提取、贷款业务。 2. “以旧换新”置换购房人及其直系亲属符合住房公积金提取、贷款相关条件，可申请办理住房公积金提取、贷款业务。
2024 年 6 月 2 日	《关于进一步促进我市房地产市场平稳健康发展若干政策措施的通知》 1. 推动商品住房去库存。坚持“以需定购”，组织地方国有企业以合理价格收购部分存量商品住房用作保障性住房。鼓励和支持有条件的企事业单位、社会主体购买商品住房用于职工租住。 2. 切实做好保交房工作。按照市场化、法治化原则，加强在建已售未交付商品住房项目的分类监管和处置，推动项目建设交付，防范化解楼盘风险，切实保障购房人合法权益。 3. 加大房票推广力度，做好房票通兑工作，提高房票使用效率。建立全市统一的房票房源库，房票房源库可纳入非住宅商品房、车库、地下车位等房源。 4. 全面推广建设改善型住宅，优化建筑设计品质。在住宅设计中主动创新设计理念、应用新技术新材料的设计单位，同等条件下优先给予优秀勘察设计评选获奖资格。合理优化住宅小区配套公共基础设施、底层架空、挑空空间，以及阳台等半开敞空间指标计算规则。实施智能建造、提高绿色建筑标准的新出让住宅地块可给予容积率奖励。引导企业提高在绿色建筑、建筑节能、可再生能源方面的技术应用，提升住宅品质。在城市郊区不具备公共交通条件但景观、区位等条件较好的区域，以及国土空间规划确定的历史城区等，停止执行容积率不得低于 1.0 的供地标准。 5. 动态建立房地产项目“白名单”制度，推动符合“白名单”条件的项目“应进尽进”，商业银行对合规“白名单”项目“应贷尽贷”，满足在建项目合理融资需求。 6. 支持车位与住宅同步销售。合理设置新出让住宅用地车位规划配比。 7. 全市范围内不再审核购房资格。实施换购住房个税退税优惠（执行至 2025 年 12 月 31 日）；实施购房契税补贴（执行至 2024 年 12 月 31 日），对购买新建商品住房的给予 50%契税补贴（最高不超过房屋契税计税依据的 1%），对“卖旧买新”的实施分层次购房契税补贴。 8. 在本市购买或拥有合法产权住房且实际居住的非苏州户籍人员，可以申请办理落户。 9. 取消首套房和二套房个人住房贷款利率下限。首套房最低首付比例由不低于 20%调整为不低于 15%，二套房最低首付比例由不低于 30%调整为不低于 25%。 10. 下调个人住房公积金贷款利率 0.25 个百分点，5 年以下（含 5 年）和 5 年以上首套个人住房公积金贷款利率分别调整为 2.35%和 2.85%。5 年以下（含 5 年）和 5 年以上第二套个人住房公积金贷款利率分别调整为不低于 2.775%和 3.325%。个人和家庭公积金贷款最高限额分别提高至 120 万元和 150 万元；二孩及以上家庭额度上浮 30%；全日制普通高校本科以上学历（在读）、毕业 10 年内的高校毕业生及留学回国人员额度上浮 50%。 11. 建设城市“房产超市”，搭建平台，鼓励房企开展住房团购活动，满足不同人群的购房需求。

（十四）杭州

时间	主要内容
2024 年 3 月 14 日	《关于进一步优化房地产市场调控措施的通知》 1. 加大规划建设保障性住房力度，加快房源筹建，2024 年开工建设配售型保障性住房不少于 6000 套，着力解决工薪收入群体住房困难。 2. 在本市范围内购买二手住房，不再审核购房人资格。 3. 本市范围内个人出售住房的增值税征免年限统一调整为 2 年。 4. 继续加大推进城市有机更新力度，优化房屋征迁补偿安置方式，满足多样化安置需求。 5. 加快建立健全房地产融资协调机制，一视同仁满足不同所有制房地产企业合理融资需求，全力支持房地产在建项目融资和建设交付，保障购房人合法权益。

续表

时间	主要内容
2024 年 5 月 9 日	《关于优化调整房地产市场调控政策的通知》 1. 深化房地联动机制，根据住房市场供求情况动态调整宅地供应的规模和节奏，对住房供应较大、去化速度较慢的区域，优化供地模式，促进供需平衡。 2. 在本市范围内购买住房，不再审核购房资格。 3. 对于购房意向登记家庭数量小于或等于准售房源数量的新建商品住房项目，取消公证摇号销售要求，由开发企业自主销售。 4. 购房人在所购住房城区范围内无住房的，或在所购住房城区范围内仅有一套住房且正在挂牌出售的，办理新购住房的按揭贷款时可按首套住房认定。 5. 在本市取得合法产权住房的非本市户籍人员，可申请落户。 6. 完善出让地块周边配套设施，支持因地制宜开发低密度、高品质住宅产品，鼓励绿色、低碳、科技建筑，更好满足人民群众对“好房子”的多元化需求。
2024 年 10 月 9 日	《关于进一步优化调整房地产相关政策的通知》 1. 引导商业银行稳妥有序降低存量房贷利率。对于贷款购买住房的居民家庭，商业性个人住房贷款不再区分首套、二套住房，最低首付款比例统一为 15%。 2. 职工家庭购买住房申请住房公积金贷款，最高额度提高到 130 万元，保底额度提高到 20 万元；购买经认定为绿色低碳建筑的新建商品住房或“以旧换新”的，贷款额度可上浮 20%；统一首套房和二套房贷款首付款比例不低于 20%；使用 1 次住房公积金贷款已结清的，可按首套房认定。 3. 新出让住宅用地不再设置新建商品房限价要求，已出让用地按原有合同约定执行。 4. 支持鼓励各区、县（市）因地施策加快出台购房补贴、房票安置等措施，进一步推动商品住房“以旧换新”，加大购房支持力度，满足刚性和改善性住房需求。 5. 推动房地产融资协调“白名单”扩容增效，加大“白名单”项目贷款投放力度。
2024 年 10 月 9 日	《关于调整优化住房公积金信贷政策的通知》（杭房公委〔2024〕5 号） 1. 提高住房公积金贷款最高额度。 2. 统一首套房和二套房贷款首付款比例，职工家庭购买新建商品房和二手住房的，首付款比例不低于 20%；购买保障性住房的，首付款比例不低于 15%。 3. 职工家庭住房套数经认定为首套房，有 1 次住房公积金贷款记录且相应贷款已结清的，再次申请住房公积金贷款执行首套房政策。 4. 住房公积金贷款期限最长不超过 30 年，且贷款到期时男性不超过 68 周岁、女性不超过 63 周岁，或不超过职工法定退休年龄延长 5 年。贷款期限可按职工和配偶期限较长的一方确定。 6. 职工家庭购买新建商品房经认定为绿色低碳建筑，“以旧换新”购买住房，多子女家庭，高层次人才职工家庭，住房公积金贷款额度可上浮一定比例计算。
2024 年 12 月 12 日	《关于优化建设项目容积率及相关指标计算规则的通知》（杭规划资源发〔2024〕49 号） 1. 居住用地内符合特定要求的小区主入口门厅不计容；对符合规定的开放式风雨连廊不计容且不计建筑密度；对特定的地下室出地面的有顶盖坡道不计容；对有特殊要求的，在规划条件中明确采用全封闭式阳台的，按照阳台水平投影的 1/2 计算容积率。 2. 地块内建成后移交电力部门的变配电房、开闭所，以及建成后按规定移交相关部门的公共服务配套设施不计容；独立于建筑之外的，出室外地面的楼梯及电梯井，不计容；利用城市公共空间并向公众开放的公共连廊不计容。

（十五）宁波

时间	主要内容
2024 年 7 月 9 日	宁波市住建局发布通知调整个人住房公积金贷款、个人住房贷款套数认定标准等： 职工个人住房公积金可贷额度由借款人及其共同借款人在申请贷款日缴存账户余额的 15 倍调整为 20 倍。下调个人住房公积金贷款利率 0. 25 个百分点。在宁波市购买自住住房的（购房时间以房屋交易管理部门信息系统网上签约的时间为准），购买首套自住住房的，贷款首付比例为不低于 20%；购买第二套自住住房的，贷款首付比例为不低于 25%。
2024 年 7 月 9 日	对于个人住房商业贷款，居民家庭成员（包括借款人、配偶及未成年子女，下同）在购房所在区（县、市）范围名下无成套住房的，不论是否已利用贷款购买过住房，新购住房按首套住房认定。居民家庭在购房所在区（县、市）范围名下仅有一套住房且正挂牌出售的，不计入家庭住房套数，新购住房可按首套住房认定。
2024 年 10 月 6 日	《关于调整宁波市住房公积金贷款及提取等有关政策的通知》 1. 职工按规定连续缴存住房公积金满 2 年，首次申请住房公积金贷款购买家庭首套自住住房的，最高贷款额度提高至 130 万元/户；购买第二套提高至 110 万元/户。 2. 购买保障性住房的缴存职工，可提取个人住房公积金账户余额支付购房首付款，同时还可申请使用住房公积金贷款。使用住房公积金贷款购买首套自住住房为保障性住房首付比例不低于 15%。 3. 在宁波全市范围内购买新建商品住房的缴存职工及其配偶、父母、子女，可以申请提取个人住房公积金账户余额用于支付购房首付款。 4. 缴存职工家庭购买自住住房申请住房公积金贷款时，借款人及其共同借款人申请贷款日前（含当月）近六个月内已提取的住房公积金缴存账户资金可合并计算住房公积金缴存账户余额。 5. 存在住房公积金贷款还贷连续逾期 3 期（含）以上暂停受理公积金贷款申请情形的，逾期记录认定期限由原来的无期限调整为近 5 年（不含）内。 6. 优化灵活就业人员住房公积金开户、签约流程，实现灵活就业人员开设住房公积金账户“线上办”。 7. 缴存职工提前部分偿还住房公积金贷款的，可直接使用个人住房公积金账户余额归还贷款。

（十六）温州

时间	主要内容
2024 年 9 月 25 日	《关于调整我市住房公积金若干业务政策的通知》（温公积金〔2024〕49 号） 1. 进一步提高无房提取月额度，每月可提取额度由 1600 元提高至 1800 元。 2. 职工购买、建造、翻建、大修自住住房申请个人住房公积金贷款的期限，由“申请时购买、建造、翻建、大修的时间在 6 个月以内”调整为“在 12 个月以内”。 3. 优化住房套数认定标准。将原“缴存人家庭（包括借款人、配偶及未成年子女）住房套数认定范围，以不动产登记部门记载的购房所在地县（市）级行政区域范围内房屋信息为准（鹿城区、龙湾区、瓯海区、洞头区作为一个行政区域）”调整为“缴存人家庭（包括借款人、配偶及未成年子女）住房套数认定范围，以不动产登记部门记载的购房所在地县（市、区）级行政区域范围内房屋信息为准”。已拥有的房屋使用土地性质为集体所有的，申请住房公积金贷款时不计入住房套数。 4. 提高全市住房公积金贷款保底额度，单职工缴存家庭贷款保底额度由 20 万元提高至 25 万元，双职工缴存家庭贷款由 30 万元提高至 35 万元。 5. 支持房票安置对象使用住房公积金；加大对职工购买配售型保障性住房贷款支持；支持提取公积金支付新建商品住房首付款；支持商业性住房贷款转个人住房公积金贷款。

（十七）合肥

时间	主要内容
2024 年 4 月 22 日	《关于持续优化住房公积金使用政策的通知》（合金管办〔2024〕1 号） 1. 缴存人在合肥市外购房、还贷申请提取住房公积金，不再查验户籍。 2. 异地缴存人在我市购房申请住房公积金贷款，不再要求具备合肥市本地户籍。

续表

时间	主要内容
2024 年 4 月 22 日	《关于进一步放宽灵活就业人员缴存政策的通知》（合金管办〔2024〕2 号） 1. 取消合肥市户籍限制。 2. 将以个人名义在本市正常连续缴纳城镇基本养老保险满一年以上调整为满六个月。
2024 年 5 月 15 日	《关于进一步调整优化房地产政策措施的通知》（合房联办〔2024〕4 号） 1. 实施购房补贴。单套补贴金额最高不超过 10 万元。 2. 优化销售政策。市区商品住房项目不再执行公证摇号公开销售，由企业自主销售。全面取消楼层差价限制，优化价格调整机制。优化调整企业自持商办比例政策。支持竞自持租赁住房整体转让。支持企业购置办公用房，对总部企业在我市新购办公用房的，按照我市支持总部经济发展若干政策的相关规定给予补助。优化车位（库）与住宅同步销售政策、车位（库）增购政策。 3. 促进二手房市场流通。落实换购住房个人所得税优惠政策，鼓励居民换购住房。 4. 支持“卖旧买新”。指导行业协会探索建立新房与二手房便捷换购通道，帮助购房群众“以旧换新”，引导经纪机构降低居间服务费率；鼓励合房租赁公司等国有企业，根据需要，按照市场化原则，收购有“卖旧买新”需求家庭的二手住房（安置房），用于市场化租赁住房、保障性租赁住房、丰富房票房源超市等。 5. 推广房票安置。搭建房源超市，支持房票跨区域流通。开发房票系统，规范房票核发、使用、兑付。落实优惠政策，给予购房奖励，保障被征收群众合法权益。 6. 提高住房公积金贷款额度。对刚性和改善性需求家庭，夫妻双方正常缴存的，住房公积金最高可贷额度调整为 100 万元，借款人单方正常缴存的调整为 70 万元；多子女家庭购买首套住房，夫妻双方正常缴存的，调整为 120 万元，借款人单方正常缴存的调整为 84 万元。 7. 优化个人住房贷款首套房认定标准。在本市范围内新购买住房，只核查购房家庭所购房屋所在县（市）区、开发区的住房情况，无住房的，办理个人住房贷款时可按首套住房认定。 8. 加大改善性住房供给。集中优质教育、医疗等公共配套资源支持重点区域发展。加大立体生态住宅、低密住宅供给。优化控规导则，调整阳台、层高、架空层等管理要求。优化地块容积率计算规则，提高住宅得房率。
2024 年 10 月 23 日	《关于优化住房公积金政策的通知》（合金管办〔2024〕6 号） 1. 取消以个人名义在本市缴纳城镇职工基本养老保险满半年的条件限制。个体工商户、自由职业者等灵活就业人员可以个人名义缴存住房公积金；调整灵活就业人员缴存基数标准；推出灵活就业人员缴存补贴。 2. 阶段性扩大购房提取范围。2026 年 12 月 31 日（含）前购买合肥市自住住房的，在本人及配偶办理提取住房公积金基础上，支持双方父母、子女提取住房公积金，累计提取金额不大于实际已支付的购房款。 3. 提高缴存保底余额、缴存时间倍数计算标准。计算贷款可贷额度时账户缴存余额由不足 1 万元的按 1 万元计算提高至不足 3 万元的按 3 万元计算。正常连续缴存住房公积金 1 年以内（含 1 年）、超过 1 年且在 2 年以内（含 2 年）的，缴存时间倍数分别由原来的 10 倍、15 倍统一为 15 倍；正常连续缴存住房公积金超过 2 年，缴存时间倍数为 20 倍。

（十八）福州

时间	主要内容
2024 年 10 月 8 日	《关于进一步优化房地产相关政策的通知》 1. 优化住房信贷政策。引导商业银行稳妥有序将存量房贷利率降至新发放商业性个人住房贷款利率附近。商业性个人住房贷款首付比例统一调整为不低于 15%，不再区分首套房和二套房。居民家庭购买住房申请商业性个人住房贷款时，按照居民家庭在购买住房所在区的住房套数进行认定。 2. 促进房地产市场交易。及时取消普通住宅和非普通住宅标准，更好满足居民刚性和多样化改善性住房需求。组织房地产开发企业、房产中介机构、家装建材企业举办住房展销会，集中推介优质商品房项目和二手房源，活跃房地产市场，促进住房消费。 3. 支持商品房营销推广。 4. 调整项目开发条件。商品住宅用地出让前，由属地区政府负责，市教育局指导，确定划片学校；并由市自然资源和规划局在土地出让公告中予以明确。
2024 年 10 月 15 日	《关于调整住房公积金贷款政策的通知》（榕公积金管委规〔2024〕2 号） 1. 缴存人家庭申请住房公积金贷款购买自住住房，按首付款比例不低于 20%执行，其中申请住房公积金贷款购买保障性住房，按首付款比例不低于 15%执行。 2. 缴存人家庭住房公积金最高贷款额度提高至双缴存人 100 万元、单缴存人 60 万元。多子女家庭、各类人才等其他缴存对象，在此基础上继续给予支持政策。

（十九）厦门

时间	主要内容
2024 年 2 月 1 日	《关于优化住房公积金贷款有关事项的通知》 1. 住房公积金贷款申请条件中的“申请贷款时前 12 个月连续足额缴存住房公积金”调整为“申请贷款时前 6 个月连续足额缴存住房公积金”。 2. 阶段性上浮住房公积金贷款流动性调节系数至 1.2，执行至 2024 年 12 月 31 日。
2024 年 4 月 17 日	《关于调整住房公积金贷款首付款比例的通知》 申请住房公积金贷款购买本市首套住房的，最低首付款比例为 20%；申请住房公积金贷款购买本市第二套住房的，最低首付款比例为 30%。
2024 年 5 月 22 日	《关于调整住房公积金贷款首付款比例的通知》 申请住房公积金贷款购买本市首套住房的，最低首付款比例为 15%；申请住房公积金贷款购买本市第二套住房的，最低首付款比例为 25%。
2024 年 6 月 11 日	《关于优化部分住房公积金贷款及提取政策的通知》 1. 符合住房公积金贷款条件的多子女家庭，在我市住房公积金最高贷款额度限额内，其可贷额度可在住房公积金贷款额度计算公式测算金额的基础上增加 20 万元。 2. 符合我市住房公积金贷款条件的异地住房公积金缴存职工家庭，在我市购买自住住房，可向我市申请住房公积金贷款。 3. 阶段性启动商业性住房贷款转住房公积金贷款业务，政策执行至 2025 年 12 月 31 日。 4. 职工购买二手住房提取住房公积金，取消“同一套住房一年内只能一个家庭申请提取住房公积金用于支付购房款”的条件限制。 5. 无房的缴存人租住商品住房提取住房公积金支付房租，提取额提高到每月不超过 1800 元。
2024 年 9 月 30 日	《关于进一步优化我市房地产政策相关事项的通知》（厦房稳办〔2024〕7 号） 1. 在我市购买的商品住房不再限制上市交易时间（土地出让合同另有约定的商品住房项目，以及政策性住房除外）。 2. 二套住房商业性个人住房贷款最低首付款比例调整为 15%，与首套住房商业性个人住房贷款最低首付款比例保持一致。 3. 住房套数按拟购住房所在区辖区范围认定。拟购住房所在区辖区内无住房，或拟购住房所在区辖区内仅有一套住房且正在挂牌出售的，拟购住房认定为首套住房，后续再增购的一套住房认定为二套住房。
2024 年 12 月 31 日	《关于优化住房公积金贷款家庭住房套数认定标准和调整住房公积金贷款首付款比例的通知》 1. 优化住房公积金贷款家庭住房套数认定标准。住房公积金贷款家庭住房套数认定标准与商业性住房贷款家庭住房套数认定标准保持一致，按拟购住房所在区辖区范围认定。拟购住房所在区辖区内无住房，或拟购住房所在区辖区内仅有一套住房且正在挂牌出售的，拟购住房认定为首套住房，后续再增购的一套住房认定为二套住房。 2. 调整住房公积金贷款首付款比例。申请住房公积金贷款购买第二套住房的，最低首付款比例由 25% 下调至 20%；使用住房公积金贷款购买保障性住房的，最低首付款比例为 15%。

（二十）南昌

时间	主要内容
2024 年 6 月 5 日	《关于优化我市个人住房信贷相关措施意见的通知》（洪府办字〔2024〕282 号） 1. 取消我市首套住房和二套住房商业性个人住房贷款利率政策下限。银行业金融机构结合本机构经营状况、客户风险状况等因素，合理确定每笔贷款的具体利率水平。 2. 对于贷款购买商品住房的居民家庭，首套住房商业性个人住房贷款最低首付款比例调整为不低于 15%，二套住房商业性个人住房贷款最低首付款比例调整为不低于 25%。 3. 优化我市个人住房贷款中住房套数认定标准。居民家庭（包括借款人、配偶及未成年子女）在本市范围内申请贷款购买住房时，家庭成员在拟购房所在县区（开发区管委会、湾里管理局）名下无成套住房的，不论是否存在未结清贷款，银行业金融机构均按首套住房执行住房信贷政策。

续表

时间	主要内容
2024 年 6 月 28 日	《关于公积金贷款政策调整的通知》（洪房公〔2024〕13 号） 1. 借款人及共同借款人在购房所在地购买唯一住房的，执行住房公积金首套住房贷款政策；购买第二套住房，执行住房公积金二套住房贷款政策。 2. 不再向购买第三套及以上住房，以及在全国范围内已使用过两次及以上住房公积金个人住房贷款的借款人及共同借款人发放住房公积金贷款。 3. 住房套数以购房所在地不动产登记部门出具的信息为认定依据。
2024 年 7 月 31 日	《关于进一步推动我市房地产市场平稳健康发展若干措施意见》（洪房健字〔2024〕1 号） 1. 优化购房政策，满足市场需求 支持新引进人才购房。鼓励推行分类购房补贴政策。对生育家庭实施差异化购房优惠。对在规定时间、规定范围参与“以旧换新”居民所购新建商品住房，由受益财政按购房合同金额的 2.0%给予补贴。落实交易税费优惠政策。下调存量房交易计税价格。 提高公积金贷款最高额度。全面推行住房公积金异地贷款政策，加大对灵活就业人员自住住房需求的支持力度，实现“既提又贷”；职工家庭在当地无成套住房，在全国范围内第一次使用公积金贷款或者公积金首次贷款已结清并再次申请公积金贷款的，执行首套房贷款政策。明确个人住房套数认定标准。优化调整学位准入政策。 2. 调整供给结构，优化资源配置 科学规划增量优质住房用地。合理调整存量用地规划条件。优化容积率计算规则。调整阳台进深、建筑层高约束条件。支持调整住房套型结构及装修比例。优化住宅项目停车配建标准。优化新增用地供应节奏。推动城中村和危旧房改造。 3. 稳定市场预期，妥善应对风险 优化开发项目“一房一价”。强化融资协调机制。搭合理降低房地产企业开发成本。稳妥处置闲置土地。支持开发用地转让盘活。支持分期办理建设工程规划及施工许可。鼓励收购商品房去库存。加快解决不动产登记历史遗留问题。

（二十一）济南

时间	主要内容
2024 年 2 月 21 日	《关于调整住房公积金贷款最低首付款比例的通知》 在济南市行政区域内购买首套普通自住住房申请住房公积金贷款的，最低首付款比例调整为不低于 20%；购买第二套普通自住住房申请住房公积金贷款的，最低首付款比例调整为不低于 30%。
2024 年 10 月 11 日	《关于促进我市房地产市场止跌回稳相关政策举措的通知》 1. 持续优化住房信贷政策。对于贷款购买住房的居民家庭，商业性个人住房贷款不再区分首套、二套住房，最低首付款比例统一为 15%，取消利率政策下限，住房套数按区（县）认定；落实国家关于降低存量房贷利率政策，进一步减轻购房人房贷利息支出。 2. 优化公积金贷款政策。在济南市行政区域内购买普通自住住房申请住房公积金贷款的，两人及以上缴存住房公积金的职工家庭最高贷款额度 100 万元，多子女及高层次人才职工家庭最高贷款额度提高到 130 万元。 3. 支持住房租赁市场发展。加快建立租购并举的住房制度，支持符合条件的国有企业按照国家保障性住房再贷款政策要求，收购存量商品房用作人才房、长租房、保障性住房等。 4. 推进高品质住宅开发建设。全面落实建筑工程容积率计算细则，明确居住小区公共设施、开放空间等不计入容积率的情形，提高住宅建筑品质；购买高品质住宅申请公积金贷款的职工家庭最高贷款额度提高到 120 万元。 5. 推进“白名单”制度常态化方面，扩大房地产“白名单”机制覆盖范围，推动更多房地产项目进入“白名单”，实现“应进尽进”“应贷尽贷”，满足项目合理融资需求。 6. 全面落实“交房即办证”。维护购房者合法权益，实现新建商品住房“交房即办证”全覆盖。 7. 对于市级及以上确定的高品质住宅试点项目，预售资金监管各拨付节点，留存比例可降低十个百分点；结合开发企业和项目建设情况，研究预售资金使用差异化监管办法。

（二十二）青岛

时间	主要内容
2024 年 10 月 11 日	《关于印发青岛市进一步促进房地产市场平稳健康发展若干政策措施的通知》（青建发〔2024〕42 号） 1. 降低存量房贷利率。引导商业银行稳妥有序对存量房贷利率实施批量调整，对于 LPR 基础上加点幅度高于-30BP 的存量房贷，将其加点幅度调整为不低于-30BP，减轻购房人贷款利息负担。 2. 统一房贷最低首付比例。对于贷款购买住房的居民家庭，商业性个人住房贷款不再区分首套、二套住房，最低首付款比例统一为不低于 15%，住房公积金贷款参照执行。 3. 上调住房公积金贷款额度上限。 4. 加大多子女家庭购房支持。我市二孩及以上家庭新购住房办理商业性个人住房贷款时，如非首套房，在住房套数认定时核减 1 套住房。 5. 发放青年人才购房券。将申请产权型人才住房的学历条件放宽至非全日制专科以上学历。推出人才购房定制化金融产品。 6. 合理调整备案价格。试点团购定制高品质新建商品住房。 7. 优化住宅产品供给。在不改变用地性质和容积率的前提下，住房套型等可按程序进行调整。
2024 年 10 月 12 日	《关于优化调整住房公积金贷款政策的通知》（青住金发〔2024〕8 号） 1. 提高住房公积金贷款额度。在我市购买家庭首套或第二套自住住房的，借款申请人及配偶均符合申贷条件的，公积金贷款最高额度调整为 100 万元；借款申请人仅本人符合申贷条件的，公积金贷款最高额度调整为 60 万元。 2. 在我市缴存住房公积金的多子女家庭购买我市自住住房的，公积金贷款额度可上浮 30%；购买我市新建高品质住宅或达到现行绿色建筑评价标准一星级及以上等级的新建商品住宅的，公积金贷款额度可上浮 30%。上述上浮政策可叠加使用，叠加后最高贷款额度不超过 150 万元。 3. 购买我市首套、二套住房的家庭，住房公积金贷款最低首付款比例统一为 15%。
	《关于支持住房公积金缴存人购买我市保障性住房的通知》（青住金发〔2024〕9 号） 1. 使用住房公积金贷款购买我市保障性住房的，最低首付比例为 15%。按借款申请人及配偶申贷时公积金账户正常缴存余额的 20 倍计算贷款额度。 2. 购买我市保障性住房，可提取购房人及其直系亲属名下的住房公积金支付首付款。同时申请使用住房公积金贷款的，首付款提取金额与贷款金额累计不超过所购住房总价。
	《关于优化职工提取住房公积金支付购房首付款的通知》（青住金发〔2024〕10 号） 购买我市家庭首套或第二套自住新建商品房的，可申请提取购房人及其直系亲属名下的住房公积金用于支付购房首付款。

（二十三）郑州

时间	主要内容
2024 年 6 月 5 日	《关于住房公积金提取和贷款有关事项的通知》 1. 新市民、青年人在郑州市行政区域内无自有住房，承租本市公租房、人才公寓、保障性租赁住房或其他租赁住房的，可按照实际支付的租金在年度内多次提取住房公积金。 2. 因购买住房提取住房公积金的，可于购房后 5 年内，凭房屋交易部门备案的购房合同或不动产登记部门制发的不动产权证书以及税务部门出具的发票、契税完税凭证，办理住房公积金提取，累计提取金额应不超过购房人实际支付的购房款。 3. 家庭首次使用住房公积金贷款或购买首套自住住房的，住房公积金贷款最高限额为 120 万元，执行首套住房公积金贷款利率；家庭第二次使用住房公积金贷款且为购买第二套自住住房的，住房公积金贷款最高限额为 96 万元，执行第二套住房公积金贷款利率。多子女家庭住房公积金贷款最高限额按照对应限额上浮 20%。 4. 家庭住房套数按照拟购住房所在地现有住房认定。住房公积金监管服务平台查询结果显示家庭已有两次住房公积金贷款记录和第一笔住房公积金贷款未结清的，不能再办理住房公积金贷款。 5. 认定还款能力时，家庭收入按照夫妻双方（单身家庭为申请人本人）住房公积金缴存基数或者社保系统记载的工资基数综合认定。 6. 未办理贴息贷款的灵活就业缴存职工，符合住房公积金贷款条件时，可申请住房公积金贷款；已经办理贴息贷款的，符合“商转公贷款”申请条件时，可将贴息贷款转为住房公积金贷款。

续表

时间	主要内容
2024 年 7 月 31 日	《关于取消商品住房销售价格指导的通知》 住房保障部门不再对新建商品住房销售价格进行指导，开发企业按照自主定价进行销售、办理商品房预（销）售许可（备案）手续。
2024 年 9 月 9 日	《关于住房公积金缴存和贷款有关事项的通知》（郑公积金〔2024〕29 号） 1. 家庭首次使用住房公积金贷款或购买首套自住住房的，住房公积金贷款最高额度调整为 130 万元；家庭第二次使用住房公积金贷款且为购买第二套自住住房的，住房公积金贷款最高额度调整为 100 万元。多子女家庭住房公积金贷款最高额度按照对应额度上浮 20%。 2. 在郑州市行政区域内购买配售型保障性住房的，可申请办理住房公积金贷款，配售型保障性住房贷款最低首付比例为 15%。 3. 联合商业银行对新交易的存量房适时开通组合贷款业务。新交易的存量房贷款和“商转公贷款”实行房屋价格评估。存量房贷款年限加房屋建成年限不超过 50 年，且最长贷款年限不超过 30 年。

（二十四）武汉

时间	主要内容
2024 年 5 月 6 日	《关于进一步优化完善促进我市房地产市场平稳健康发展政策措施的通知》（武房发〔2024〕1 号） 1. 2024 年 12 月 31 日前，购买新城区特定商品住房项目的家庭，可通过公共服务平台申请购房消费券用于购房。各新城区可结合辖区实际，对于各类人才、多子女家庭、非本市户籍居民家庭购房，进一步制定支持住房消费措施。东湖高新区、武汉经开（汉南）区、长江新区参照执行。 2. 优化住房公积金个人住房贷款套数认定标准，实行“认房不认首次贷”。阶段性调整异地贷款使用条件，取消住房公积金贷款户籍地和缴存地限制。对武房发〔2023〕8 号文件中关于“阶段性调整住房公积金贷款额度”政策延长至 2024 年 12 月 31 日。 3. 在我市仅有一套住房且正挂牌出售的家庭，办理新购一套个人商业性住房贷款时认定为首套。 4. 认真落实保障性租赁住房配建要求，新供应住宅用地项目可继续采取从土地出让金中计提专项资金方式，异地建设或购买符合条件的存量房源用作保障性租赁住房。 5. 推行“卖旧买新”交易新模式。2024 年 12 月 31 日前，对出售自有住房并在 6 个月内购买新建商品住房，或购买新建商品住房后 12 个月内出售原自有住房的家庭，由购买新建商品住房所在区财政部门对其出售原自有住房已缴纳的增值税按计税价格的 1%给予补助。 6. 对存量商办类开发用地和在建项目，按照规定程序推进“商改租”“商改住”。对商办类房屋库存过大的区域，除有明确招商引资项目需求的，暂停新增商办类开发用地供应。 7. 实施新建商品房预售资金差别化分级管理，根据企业信用等级实行 0.6-0.8 的差别化预售资金监管系数。加大房地产企业开发贷款融资协调力度，对符合“白名单”条件的合规房地产项目应贷尽贷。 8. 优化新建商品房项目审批服务。优化购房落户手续。提升房屋交易服务水平。
2024 年 7 月 11 日	《关于部分恢复二套房商转公贷款业务的通知》 武汉地区缴存人家庭名下在本市仅有两套住房，且从未使用过个人住房公积金贷款的，可以就其中一套住房申请商转公贷款，执行我市第二套个人住房公积金贷款政策。
2024 年 7 月 11 日	《关于调整个人住房公积金贷款最高额度的通知》（武公中规〔2024〕4 号） 1. 首套个人住房公积金贷款最高额度调整为 120 万元。 2. 第二套个人住房公积金贷款最高额度调整为 100 万元。
2024 年 8 月 2 日	《关于优化我市灵活就业人员住房公积金使用政策的通知》（武公中规〔2024〕5 号） 1. 灵活就业人员住房公积金贷款额度计算公式“贷款额度＝灵活就业人员日均缴存余额×10 倍×缴存系数”，调整为“灵活就业人员日均缴存余额×20 倍×缴存系数”。 2. “灵活就业人员在武汉市购买首套住房时，可以申请住房公积金贷款。首套住房的认定按照武汉公积金中心公布的认定标准执行”，调整为“灵活就业人员在武汉市购买首套或第二套住房时，可以申请住房公积金贷款。首套和第二套住房的认定按照武汉公积金中心公布的认定标准执行”。 3. “武汉公积金中心不受理灵活就业人员的个人住房商业贷款转住房公积金个人贷款业务”，调整为“灵活就业人员个人住房商业贷款转住房公积金个人贷款政策参照武汉市单位职工政策执行”。

（二十五）长沙

时间	主要内容
2024 年 4 月 18 日	《关于支持居民购买改善住房的通知》（长住建发〔2024〕32 号） “以旧换新”购买新房的，可按照“认房不认贷”政策，享受首套房首付比和按揭利率优惠。购买新房申请住房公积金贷款的，在原有基础上上调最高贷款额度。不再审查购房者资格条件。
2024 年 4 月 19 日	《关于调整我市新建商品房住房公积金最高贷款额度的通知》（长金管委〔2024〕1 号） 职工在长沙市购买新建商品房申请住房公积金贷款的，其最高贷款额度提高至 80 万元，生育三孩的职工家庭住房公积金最高贷款额度提高至 90 万元。
2024 年 6 月 5 日	《关于鼓励房地产开发企业自愿实施“购房无理由退定”承诺服务指引的通知》（长房交管发〔2024〕16 号） 鼓励开发企业自愿实施“购房无理由退定”承诺，对实行“购房无理由退定”的开发企业实行动态管理，建立“购房无理由退定”诚信名录库。
2024 年 7 月 2 日	《关于支持公寓等类住宅商品房调整为住宅有关事项的通知》（长资规发〔2024〕25 号） 1. 将在长沙市辖区范围停止新的公寓等类住宅项目规划审批。已完成项目总平面图审批，但开发、去化存在困难的公寓等类住宅商品房，经论证可行后可依规依程序调整为住宅。 2. 符合要求的公寓等类住宅商品房，经资规、住建等部门论证方案可行的前提下，由属地政府提出规划修改申请，按程序优化地块规划指标，合理调整规划条件和设计要求并完善土地出让合同后，推动项目继续开发建设。
2024 年 7 月 20 日	《关于推行商品房销售管理清单制度的通知》（长房交管发〔2024〕25 号） 1. 各房地产开发企业需进一步完善商品房销售现场的信息公示内容，通过实施销售管理清单制度，实现销售过程的透明化和规范化。 2. 销售管理清单包括房地产开发企业相关资质文件，在售商品房规划、施工相应文件，预售许可证、预售方案，商品房销售管理法律法规，商品房买卖合同文本，可售房源及一房一价表信息（非住宅项目可不公示），毛坯/全装修房交付标准，商品房配套情况及相关证明材料，房屋不利因素信息等。
2024 年 7 月 24 日	《关于进一步规范住房公积金提取行为的通知》（长金管委〔2024〕6 号） 1. 职工家庭购买二手房和现房的，应在产权过户满 1 年且产权未注销时申请购房提取，提取时限顺延至产权过户满 1 年后的 24 个月内。办理了本套房屋住房贷款的，申请购房提取不受此条限制。 2. 职工不得以配偶婚前购买、建造、翻建、大修自住房为由申请购房和还贷提取，但婚后共同还贷部分除外。
2024 年 8 月 23 日	《关于进一步优化我市个人住房贷款中住房套数认定标准的通知》（长住建发〔2024〕61 号） 居民家庭在拟购新房的区县（市）无住房的，可按首套住房认定，办理商业性个人住房贷款；在长沙市域范围内既有住房贷款已结清的，支持金融机构自行确定首付款比例和利率。
2024 年 11 月 14 日	《关于进一步明确我市房地产交易相关政策的通知》（长住建发〔2024〕83 号） 全市商品住房取得《不动产权证书》即可上市交易。
2024 年 11 月 18 日	《关于调整住房公积金贷款政策的通知》（长金管委〔2024〕7 号） 1. 职工家庭购买首套或者第二套改善性自住房申请公积金贷款的，最低首付款比例统一调整为 20%，组合贷款同步调整。 2. 单身缴存职工购买第二套改善性自住房为新建商品房的可以申请公积金贷款（不含商业银行住房贷款转公积金贷款）。 3. 异地缴存职工购买首套或者第二套改善性自住房为新建商品房的，可向长沙住房公积金管理中心（含省直分中心）申请公积金贷款（不含商业银行住房贷款转公积金贷款）。 4. 长沙市 A、B、C、D 类高层次人才作为主借款人申请公积金贷款的，不受缴存时间的限制，在长沙市行政区域内购买首套自住房，最高贷款额度可放宽至长沙市最高贷款额度的 4 倍。

（二十六）广州

时间	主要内容
2024年1月27日	《关于进一步优化我市房地产市场平稳健康发展政策措施的通知》（穗府办函〔2024〕6号） 1. 进一步完善公共租赁住房、保障性租赁住房和配售型保障性住房供应结构和政策体系，加大供应力度，不断满足各类保障人群住房需求。2024年计划筹建配售型保障性住房1万套、保障性租赁住房10万套，发放住房租赁补贴1.8万户。 2. 建立我市房地产融资协调机制，搭建政银企沟通平台，推动房地产开发企业和金融机构精准对接，提出可以给予融资支持的房地产项目名单，一视同仁满足不同所有制房地产企业合理融资需求。 3. 在限购区域范围内，购买建筑面积120平方米以上（不含120平方米）住房，不纳入限购范围。在限购区域范围内，居民家庭将自有住房用作租赁住房并办理房屋租赁登记备案手续的，或者在我市存量房交易系统取得房源信息编码并挂牌计划出售的，购买住房时相应核减家庭住房套数。对于具备合并不动产权证书条件的房屋，购房人可以申请转移登记业务、合并登记业务一同办理。商服类物业不再限定转让对象。
2024年4月2日	《关于停止审批商务公寓等类住宅项目的通知》 1. 全市范围，停止新的公寓等类住宅项目的规划审批。已经出让且规划审批通过的项目不受影响。 2. 后续的土地出让，原则上需设定商业、办公及新型产业类项目的自持比例和自持年期，写进合同。后续规划许可审查审批时，不能出现“公寓”“卧室”“客厅”等住宅类平面功能描述，不能采用单元式或住宅套型设计形式。
2024年4月8日	《关于调整个人住房公积金贷款最高额度有关事项的通知》（穗公积金中心规字〔2024〕1号） 使用住房公积金贷款购买自住住房的，一人申请贷款的最高额度调整至70万元，两人或两人以上购买同一套自住住房共同申请贷款的最高额度调整至120万元。所购住房为新建一星级绿色建筑或新建装配式建筑的，住房公积金贷款最高额度可上浮10%。所购住房为新建二星及以上星级绿色建筑的，住房公积金贷款最高额度可上浮20%。
2024年5月28日	《关于进一步促进我市房地产市场平稳健康发展的通知》（穗府办函〔2024〕38号） 1. 在越秀、海珠、荔湾、天河、白云（不含江高镇、太和镇、人和镇、钟落潭镇）、南沙等区购买住房的，非本市户籍居民家庭能提供购房之日起前6个月在本市连续缴纳个人所得税缴纳证明或社会保险证明的，享受户籍居民家庭购房待遇。 2. 在非限购区域内，对于拥有2套及以上住房并已结清相应购房贷款的居民家庭，又申请贷款购买住房，银行业金融机构可根据借款人偿付能力、信用状况等因素审慎把握并具体确定首付款比例和贷款利率水平。 3. 居民家庭在购房所在区内无住房且符合购房条件的，新购住房贷款可按首套住房认定；在购房所在区内符合“租一买一”“卖一买一”条件的，新购住房申请住房贷款政策可按核减后名下住房套数认定。 4. 购房人申请住房公积金贷款时缴存年限调整为连续足额缴存住房公积金6个月（含）以上。允许提取公积金支付购买首套新建商品住房首付款。 5. 居民家庭和企事业单位、社会组织等法人单位转让或办理析产名下住房手续时不再审核取得不动产权证时间。 6. 支持鼓励房地产业各协会、房地产企业、中介机构搭建平台实施中介机构代售、旧房换购等多种形式的商品住房“以旧换新”，推动建立交易新模式。鼓励规模化租赁机构收购存量商品住房。
2024年8月1日	《关于支持提取住房公积金支付购房首付款的通知》（穗公积金中心〔2024〕49号） 在我市行政区域内购买新建商品住房的住房公积金缴存人，可申请提取本人及其配偶名下住房公积金支付购房首付款。
2024年8月28日	《关于推行广州市新建商品房“购房即交房、交证”工作的通知》（穗规划资源字〔2024〕14号） 1. 已办理首次登记的新建商品房。自2024年8月26日起，买卖双方购房网签后可在线申办增量房转移登记，缴纳相关税费、登记费后，经资料核验通过的直接核发不动产权证书。 2. 未办理首次登记的新建商品房。在2024年10月底推进对于完成竣工验收、满足交房条件但未办理首次登记的房屋，买卖双方购房网签时可同步在线申办预购商品房预告登记，无需缴纳相关税费、登记费，经资料核验通过的直接核发不动产预告登记证明。
2024年9月29日	《关于调整我市房地产市场平稳健康发展措施的通知》（穗府办函〔2024〕65号） 取消居民家庭在本市购买住房的各项限购政策。

续表

时间	主要内容
2024 年 11 月 26 日	《关于调整住房公积金政策的通知》（穗公积金中心规字〔2024〕2 号） 1. 使用住房公积金贷款购买自住住房的，一人申请贷款的最高额度调整至 80 万元，两人或两人以上购买同一套自住住房共同申请贷款的最高额度调整至 160 万元。购买首套及第二套自住住房申请住房公积金贷款的，最低首付款比例为 20%。购买保障性住房的最低首付款比例为 15%。 2. 二孩及以上的家庭购买首套及第二套自住住房的，住房公积金贷款最高额度上浮 40%。 3. 贷款期限最长可以计算到借款人退休年龄后 5 年，且不得超过 68 岁。 4. 居民家庭在购房所在区内无住房的，新购住房申请住房公积金贷款可按首套住房认定。在购房所在区内符合“租一买一”“卖一买一”条件的，新购住房申请住房公积金贷款可按核减后的名下住房套数认定。 5. 无租赁合同或租赁合同未登记备案的，租房提取限额提高至每人每月 2000 元。
2024 年 12 月 25 日	《关于进一步优化审批服务机制惠企利民促进经济社会发展若干措施（第六批）的通知》 1. 建立低效用地土地管控规则，支持处理低效用地中历史遗留建设用地无需使用新增建设用地指标，推动解决低效用地中历史遗留建设用地问题。同时，支持集体与国有建设用地置换，简化用地置换流程。 2. 支持分期缴纳土地出让金。低效用地再开发需补缴土地出让金的项目经批准后可分期缴纳。用于工业用途的项目，首次缴纳比例不低于应缴土地出让金的 30%，余款可在签订出让合同或相关协议之日起 24 个月内付清。用于除工业用途以外的项目，首次缴纳比例不低于应缴土地出让金的 50%，余款在签订出让合同或相关协议之日起 12 个月内付清。

（二十七）深圳

时间	主要内容
2024 年 2 月 7 日	《关于优化住房限购政策的通知》 1. 本市户籍居民家庭（含部分家庭成员为本市户籍居民的家庭）限购 2 套住房，本市户籍成年单身人士（含离异）限购 1 套住房；取消落户年限以及缴纳个人所得税、社会保险年限要求。 2. 非本市户籍居民家庭及成年单身人士（含离异）能提供购房之日前 3 年在本市连续缴纳个人所得税或社会保险证明的，限购 1 套住房。
2024 年 3 月 25 日	关于停止执行《关于按照国家政策执行住宅户型比例要求的通知》的通知（深规划资源发〔2024〕53 号） 《关于按照国家政策执行住宅户型比例要求的通知》（深规土〔2010〕688 号）已废止。即取消“商品住房总面积中，套型建筑面积 90 平方米以下住房面积所占比重，必须达到 70%以上”的要求。
2024 年 5 月 6 日	《关于进一步优化房地产政策的通知》（深建字〔2024〕99 号） 1. 非本市户籍居民家庭及成年单身人士（含离异）限购 1 套住房。在盐田区、宝安区（不含新安街道、西乡街道）、龙岗区、龙华区、坪山区、光明区、大鹏新区范围内购买住房，需提供购房之日前 1 年在本市连续缴纳个人所得税或社会保险证明。 2. 有两个及以上未成年子女的本市户籍居民家庭，在执行现有住房限购政策的基础上，可在盐田区、宝安区（不含新安街道、西乡街道）、龙岗区、龙华区、坪山区、光明区、大鹏新区范围内再购买 1 套住房。 3. 同时满足设立年限满 1 年、在本市累计缴纳税款金额达 100 万元人民币、员工人数 10 名及以上条件的企事业单位，可在盐田区、宝安区（不含新安街道、西乡街道）、龙岗区、龙华区、坪山区、光明区、大鹏新区购买商品住房，用于解决员工住房等需求。 4. 支持在本市有开发项目的房地产开发企业以及相关房地产中介机构开展商品住房“收旧换新”和“以旧换新”工作。对于实施“收旧换新”的房地产开发企业，收购换房人旧房时不受本市关于企事业单位、社会组织等法人单位购房政策的限制。
2024 年 5 月 28 日	下调个人住房贷款最低首付款比例和利率下限： 1. 自 5 月 29 日起，深圳市内购买首套住房的个人住房贷款最低首付款比例由原先的 30%调整为 20%，购买第二套住房的个人住房贷款最低首付款比例则由原先的 40%降低至 30%。 2. 首套住房商业性个人住房贷款利率下限由原来的 LPR（贷款市场报价利率）减去 10 个基点（BP）调整为 LPR 减去 45 个基点（BP），而二套住房商业性个人住房贷款利率下限则由原来的 LPR 加上 30 个基点（BP）调整为 LPR 减去 5 个基点（BP）。

续表

时间	主要内容
2024 年 9 月 29 日	《关于进一步优化房地产市场平稳健康发展政策措施的通知》（深建字〔2024〕284 号） 1. 本市户籍居民家庭（含部分家庭成员为本市户籍居民的家庭，下同）限购 2 套住房，本市户籍成年单身人士（含离异，下同）限购 1 套住房。在执行上述住房限购政策的基础上，在盐田区、宝安区（不含新安街道、西乡街道）、龙岗区、龙华区、坪山区、光明区、大鹏新区范围内，可再购买 1 套住房。 2. 非本市户籍居民家庭及成年单身人士限购 1 套住房。在福田区、罗湖区、南山区和宝安区新安街道、西乡街道范围内购买住房，需提供购房之日前 1 年在本市连续缴纳个人所得税或社会保险证明。在盐田区、宝安区（不含新安街道、西乡街道）、龙岗区、龙华区、坪山区、光明区、大鹏新区范围内购买住房，无需提供个人所得税或社会保险证明。有两个及以上未成年子女的非本市户籍居民家庭，在执行上述住房限购政策的基础上，可再购买 1 套住房。 3. 商品住房和商务公寓取得不动产权登记证书后，可上市交易。 4. 将个人住房转让增值税征免年限由 5 年调整到 2 年。 5. 首套住房商业性个人住房贷款最低首付款比例调整为 15%，二套住房商业性个人住房贷款最低首付款比例调整为 20%。深汕特别合作区首套住房和二套住房商业性个人住房贷款最低首付款比例统一调整为 15%，取消利率下限。
2024 年 11 月 19 日	《关于取消普通住房标准有关事项的通知》（深建字〔2024〕328 号） 1. 取消普通住房和非普通住房标准。 2. 对个人销售住房涉及的增值税、个人购买住房涉及的契税，按照《关于促进房地产市场平稳健康发展有关税收政策的公告》（财政部　税务总局　住房和城乡建设部公告 2024 年第 16 号）有关规定执行。 3. 对于个人转让住房未提供完整、准确的房屋原值凭证，不能正确计算房屋原值和应纳税额的，根据规定实行个人所得税核定征税，以转让收入的 1%核定应纳个人所得税额。

（二十八）南宁

时间	主要内容
2024 年 6 月 7 日	《关于持续促进房地产市场平稳健康发展的若干措施的通知》（南住建〔2024〕286 号） 1. 居民家庭申请商业贷款购买商品住房时，家庭成员在拟购住房所属城区名下无住房的，不论是否存在未结清贷款，均认定为首套住房。在拟购住房所属城区名下仅有一套住房，且正在南宁市住房服务监管平台挂牌出售的，不论是否存在未结清贷款，均认定为首套住房。 2. 多子女家庭申请商业贷款购买商品住房时，家庭成员在拟购住房所属城区名下已有一套住房，不论是否存在未结清贷款，均认定为首套住房。在拟购住房所属城区名下已有两套住房，有住房贷款未结清的，均认定为二套住房。 3. 加大小区车位去库存力度，继续实施购买新建商品住房、车位财政补贴。 4. 继续支持提取住房公积金支付购买新建预售商品住房首付款。 5. 继续阶段性调整城市基础设施配套费缴纳时间。继续阶段性缓交物业专项维修资金。
2024 年 10 月 8 日	《关于支持缴存人购买保障性住房和加大对缴存人租房需求支持力度的通知》 1. 南宁住房公积金管理中心缴存人在南宁市行政区域内购买配售型保障性住房和南宁公积金中心铁路分中心缴存职工在中国铁路南宁局集团有限公司管辖范围内购买配售型保障性住房申请住房公积金个人住房贷款的，最低首付款比例调整为 15%。 2. 租住保障性租赁住房的缴存人在租赁期间可按照实际房租支出提取住房公积金支付房租。 3. 城镇住房收入困难家庭人员可按实际房租支出提取住房公积金用于支付房租。
2024 年 10 月 25 日	《关于进一步优化房地产市场平稳健康发展政策措施的通知》（南住建〔2024〕563 号） 1. 降低存量个人住房贷款利率。下调居民房贷首付款比例，商业性个人住房贷款不再区分首套、二套住房，最低首付款比例统一为 15%。 2. 推进收购存量商品房用作保障性住房。 3. 住房公积金个人住房贷款首付比例不再区分首套、二套住房，最低首付款比例统一为不低于 20%。在我市行政区域范围内购买新建商品房的，首套房住房公积金贷款最高额度提高至 90 万元，二套房提高至 80 万元。

续表

时间	主要内容
2024 年 10 月 25 日	4. 严格控制去化周期较长区域的土地供应。依法依规收回收购闲置存量土地，用好专项债券回收符合条件的闲置存量土地，引导支持国有资本、国有企业和社会资本参与盘活存量住宅用地。允许存量项目根据土地合同约定的指标调整总体方案，提升项目品质。 5. 制定“好房子”地方建设标准和评价体系，推动绿色、科技住宅建造。对超低能耗、适老化、智能化等“好房子”项目给予政策支持。 6. 加大房地产融资协调工作力度。 7. 搭建完善线上房源超市、云看房平台，建设线下城市展厅、房源超市。支持商品房项目营销推广。加强行业监管和服务。加快新型城镇化建设和城中村改造。 8. 继续执行已实施的政策。

（二十九）北海

时间	主要内容
2024 年 3 月 15 日	《关于购买新建现售商品住房提取住房公积金支付首付款有关事项的通知》（北房金〔2024〕12 号） 在本通知发布之日起至 2024 年 12 月 31 日期间，北海市住房公积金缴存人及配偶在北海市购买新建现售商品住房且符合住房公积金购房提取条件的，可向北海市住房公积金管理中心申请提取住房公积金，并委托北海公积金中心将提取款项转入房地产开发企业账户用于支付首付款。如属于购买保交楼项目、历史遗留问题楼盘现房的，提取的款项须转入相关监管账户。
2024 年 3 月 28 日	《关于提高二套房住房公积金最高贷款额度的通知》 实行二套房与首套房同等最高贷款额度。我市缴存人符合贷款条件购买二套自住住房的，单身职工最高贷款额度由 40 万元调整为 45 万元；已婚职工由 50 万元调整为 55 万元。生育二孩家庭的最高贷款额度由 55 万元调整为 60 万元，生育三孩家庭的由 60 万元调整为 65 万元。
2024 年 7 月 9 日	关于印发《北海市促进房地产市场平稳健康发展的若干优化工作措施》的通知（北政办〔2024〕34 号） 1. 居民家庭申请商业贷款拟在本市城区购买商品住房时，家庭成员在本市城区名下仅有一套住房且正在挂牌出售的，不论是否存在未结清贷款，银行业金融机构按首套住房执行住房信贷政策。多子女家庭申请贷款购买本市城区商品住房时，多子女家庭在本市城区购买的第二套住房认定为首套，购买的第三套住房认定为二套。 2. 支持扩大购房契税补贴范围至车位（库）。 3. 支持本地公积金与异地公积金“互认互贷”。 4. 支持一手现房带押交易过户。 5. 支持优化土地分割程序。因规划调整、企业经营困难或破产等原因无法全部开发利用的土地，对于其中已经部分建设及销售但局部未施工建设的宗地，经市政府批准，按程序公示后，可分割成独立宗地进行抵押融资贷款、转让或政府协商收回。 6. 允许结合项目存在问题的性质、原因、规模等情况，采取妥善措施进行分类处置。 7. 放宽规划建筑设计形式。允许企业根据市场需求采用多层与高层相结合的住宅设计，灵活配置符合需求的高品质多层住宅。优化规划方案调整程序。优化建设项目方案规划调整程序，提高规划调整效率。优化住宅小区配套公共服务设施相关要求和计算规则。
2024 年 9 月 13 日	《关于调整优化住房公积金使用政策的通知》 1. 提高无房缴存人租房提取额度，取消市县划分标准。 2. 提高住房公积金贷款额度，即单身职工最高贷款额度调整为 50 万元，已婚职工调整为 60 万元。生育二孩家庭的调整为 65 万元；生育三孩家庭的调整为 70 万元。 3. 使用住房公积金贷款购买保障性住房的，最低首付款比例为 15%。 4. 申请住房公积金贷款的缴存人由必须连续按月正常缴存住房公积金 12 个月以上，调整为 6 个月以上。调增住房公积金可贷额度计算范围，在原基础上将“个人账户余额”计入可贷额度。
2024 年 12 月 18 日	《关于常态化实施“购买新建商品住房提取住房公积金支付首付款”政策的通知》 现常态化实施“购买新建商品住房提取住房公积金支付首付款”政策。

续表

时间	主要内容
2024 年 12 月 27 日	《关于进一步优化住房公积金政策的通知》 1. 不再对办理异地购房、还贷提取业务的缴存人设置户籍地、工作地等附加条件。 2. 北海市行政区域外其他城市的住房公积金缴存人在我市购买自住住房的，可享受与我市缴存人同等贷款权益。当北海市住房公积金个贷率高于 90%时，可暂停或限制异地贷款业务。 3. 缴存人购买二套住房申请住房公积金贷款的，最低首付款比例不低于 20%。 4. 在单身职工最高贷款额度 50 万元、已婚职工最高贷款额度 60 万元的基础上，属多子女家庭购买自住住房的，住房公积金贷款最高贷款额度可上浮 20%；属引进人才家庭购买自住住房的，住房公积金贷款最高贷款额度可上浮 10%。

（三十）海口

时间	主要内容
2024 年 1 月 28 日	《关于优化人才购房政策的通知》（海住建规字〔2024〕1 号） 1. 与工商登记注册地在我市的下列单位之一签订 1 年以上正式劳动合同且在岗工作的员工，在购买商品住房方面享受本地居民同等待遇：经省、市认定且在有效期内的各类总部企业（含其工商登记注册地在我市的控股公司）；经认定且在有效期内的国家高新技术企业；经认定且在有效期内的创新型中小企业、专精特新企业、专精特新“小巨人”企业；旅游业、现代服务业、高新技术产业、热带特色高效农业重点培育的高成长企业（含重点外资企业）；上一年度在我市营业收入不低于 1 亿元的法人或特殊非法人机构。 2. 经认定的高层次人才、柔性引进的高层次人才及外籍“高精尖缺”人才，在购买商品住房方面享受本地居民同等待遇。 3. 实际引进并在海南工作但尚未落户的人才，在我省累计缴纳 12 个月及以上个人所得税或社会保险，且家庭成员（本人、配偶及未成年子女，下同）在海南无住房的，可购买第 1 套商品住房。在第 1 套住房合同备案满 2 年且人才本人在我省累计缴纳 36 个月及以上个人所得税或社会保险的，可购买第 2 套商品住房。 4. 本省户籍人才家庭及未落户人才家庭在出售本市原有住房后一年内，在现有住房套数基础上，可在本市换购 1 套住房。 5. 引进人才的父母（含配偶父母）随迁落户后，家庭成员在海南无住房的，可购买 1 套商品住房。落户满 2 年后，在购买商品住房方面享受本地居民同等待遇。
2024 年 9 月 4 日	住建局召开房企座谈会发布两项新政： 1. 优化本省户籍居民购房政策。凡落户海南省的人员，自落户之日起享受本地居民同等购房待遇。 2. 鼓励“以旧换新”，满足改善性购房需求。凡是挂牌出售其本人或家庭成员（配偶及未成年子女）在本省的住宅，均可在海口市换购一套商品住宅。

（三十一）三亚

时间	主要内容
2024 年 3 月 6 日	《关于开展商品房代理预（销）售专项整治工作的通知》（三住建〔2024〕227 号） 1. 整治范围：本市行政区域内进行预售、销售的商品房项目案场，重点为委托房地产经纪机构开展代理销售及渠道销售的商品房项目案场，采取房地产开发企业、代理机构自查自纠，以及行业主管部门开展座谈、查看资料、现场检查、重点稽查等方式进行检查。 2. 整治内容：商品房项目未取得商品房预售许可证销售，并开展大规模销售广告宣传、收取预付款、定金等未批先售行为；房地产经纪机构未取得从业资质，并开展商品房代理销售业务，或参与新房渠道分销等房地产经纪相关业务；开发企业、经纪机构垄断房源，垄断市场，捂盘惜售，囤积房源，联合售房人抬高房价，操纵市场价格；在备案价格之外向购房人加价收取其他名目费用，或将委托装修作为购房前置条件等变相涨价行为；违反商品房预售资金监管相关规定，要求购房人将房款转入监管账户之外的其他账户，代理销售经纪机构违规代收购房款、变相加价费用等，以及开发企业随意挪用预售监管资金，超额度、伪造施工量申请资金拨付等违法违规行为。

（三十二）重庆

时间	主要内容
2024 年 1 月 23 日	《关于进一步调整优化房地产政策措施的通知》（渝房市办〔2024〕1 号） 1. 实施购房补贴。 2. 支持买新卖旧改善购房。开展“换新购”服务，组织房地产企业提供商品住房“放心买”、中介机构提供二手住房“优先卖”交易服务，支持“以小换大”“以旧换新”。大力推行二手房“带押交易过户”，促进一二手房联动交易良性循环。 3. 对符合国家生育政策的多子女家庭（二孩及以上）在重庆市中心城区新购的第二套住房享受首套房商业贷款政策。 4. 加大住房公积金支持力度。 5. 促进非住宅销售利用。暂停市、区（县）国有企事业单位新建办公用房。 6. 进一步加大金融支持力度。引导、推动金融机构落实国家政策，对正常开发建设、抵押物充足、资产负债合理、还款来源有保障的项目，建立授信绿色通道，优化审批流程、缩短审批时限，积极满足合理融资需求；对开发建设暂时遇到困难但资金基本能够平衡的项目，不盲目抽贷、断贷、压贷，通过存量贷款展期、调整还款安排、新增贷款等方式予以支持。主动对接、服务“白名单”房地产企业，保持信贷、债券等重点融资渠道稳定；支持银行机构提供中长期贷款，支持在银行间市场注册发行债务融资工具，合理满足“白名单”房地产企业融资需求。 7. 支持提升商品住宅品质。优化地块容积率计算标准。
2024 年 5 月 20 日	《关于支持刚性和改善性购房需求的通知》（渝房市办〔2024〕2 号） 1. 实施多子女家庭购房补贴。即日起至 2024 年 12 月 31 日，对在重庆市中心城区购买新建商品住房并完成网签合同备案的，给予二孩家庭 2 万元、三孩家庭 3 万元的补贴。 2. 给予“换新购”购房补贴。即日起至 2024 年 12 月 31 日，通过“换新购”活动在重庆市中心城区购买新建商品住房并完成网签合同备案的，给予新购商品住房购房款总额 0.5%的补贴。 3. 实施人才购房补贴。发放标准分别按照博士研究生、硕士研究生、本科毕业生补贴 5 万元、3 万元、1 万元。 4. 进一步优化住房套数认定。重庆市中心城区居民将自有存量住房盘活用作租赁住房，且取得租赁合同备案证明的，可不纳入家庭住房套数计算；原则上一个家庭只核减一套。 5. 调整现房再交易管理政策。实行现房销售的新建商品住房，在完成网签合同备案并取得不动产权证后即可上市交易。
2024 年 5 月 25 日	中国人民银行重庆市分行调整住房信贷政策： 1. 将首套住房商业性个人住房贷款最低首付款比例，调整为不低于 15%；将二套住房商业性个人住房贷款最低首付款比例，调整为不低于 25%。 2. 取消首套住房和二套住房商业性个人住房贷款利率政策下限，银行业金融机构可结合本机构经营状况、客户风险状况等因素，合理确定每笔贷款的具体利率水平。
2024 年 8 月 30 日	《关于调整优化房地产交易政策的通知》（渝建市场〔2024〕10 号） 1. 自 2024 年 9 月 1 日起，凡在重庆市中心城区新购新建商品住房和二手住房的（以网签备案时间为准），取得《不动产权证书》后即可上市交易。 2. 优化住房套数认定标准。居民家庭在重庆市申请商业性个人住房贷款购买商品住房时，仅核查家庭成员在拟购住房所在区县（自治县，以下简称区县）的住房情况，家庭成员在拟购住房所在区县无住房的，认定为首套房。居民将重庆市内自有存量住房盘活用作租赁住房，且取得租赁合同备案证明的，在重庆市购买住房时已出租的住房可不纳入家庭住房套数计算。 3. 支持住房“以旧换新”。鼓励各区政府（管委会）加大补贴力度。

续表

时间	主要内容
2024 年 8 月 30 日	4. 加快存量商品房去化。开展收购已建成存量商品房用作保障性住房工作，坚持“以需定购”，组织区县政府和有条件的国有企业加大收购力度，积极争取保障性住房再贷款政策支持，推动条件成熟的项目尽快落地，切实做好保障性住房配租、配售。鼓励区县政府将拟实施国有土地上房屋征收的存量住房纳入收购范围，按照不高于征收评估价和自愿的原则组织收购，支持相关居民“以小换大”“以旧换新”的改善性住房需求。鼓励区县政府组织购买商品住房用于城市 D 级危房房屋调换或安置。 5. 加大住房租赁市场发展力度。进一步完善培育和发展住房租赁市场的支持政策体系，逐步使租购住房群体享有同等公共服务权利。支持灵活就业人员提取住房公积金用于支付租赁住房租金。
2024 年 10 月 14 日	《关于优化调整住房公积金个人住房贷款政策的通知》 1. 住房公积金个人最高贷款额度从 50 万元提高到 80 万元，家庭最高贷款额度从 100 万元提高到 120 万元；多子女家庭个人最高贷款额度从 60 万元提高到 100 万元，家庭最高贷款额度从 120 万元提高到 160 万元。 2. 住房公积金缴存人购买第二套住房申请住房公积金个人住房贷款的，最低首付款比例为 20%。
2024 年 11 月 28 日	《关于优化调整住房公积金使用政策的通知》 1. 缴存人家庭已结清首次住房公积金个人住房贷款且在拟购住房区县（自治县）无住房的，申请住房公积金个人住房贷款时，按首套住房标准执行。 2. 自本通知印发之日起，使用住房公积金个人住房贷款新购住房的，在购房行为发生之日起一年内，可申请提取住房公积金用于支付购房首付款。 3. 缴存人家庭已结清首次住房公积金个人住房贷款，可申请将现有全市唯一住房的商业性住房贷款置换成住房公积金个人住房贷款，贷款利率按首套住房标准执行。 4. 住房公积金个人住房贷款到期时间男性延长到 68 岁、女性延长到 63 岁，或延长到缴存人法定退休年龄后 5 年，最长贷款期限不超过 30 年。
2024 年 11 月 29 日	《关于取消普通住宅标准有关事项的通知》（渝建市场〔2024〕15 号） 取消本市普通住宅和非普通住宅标准。对涉及住房交易的契税政策，以及涉及取消本市普通住宅和非普通住宅标准后相关土地增值税政策，按照《关于促进房地产市场平稳健康发展有关税收政策的公告》（财政部　税务总局　住房城乡建设部公告 2024 年第 16 号）有关规定执行。

（三十三）成都

时间	主要内容
2024 年 4 月 28 日	《关于进一步优化房地产市场平稳健康发展政策措施的通知》 1. 科学精准编制住房发展规划和年度计划，完善“市场+保障”住房供应体系，全面推动建立“人、房、地、钱”联动新机制，着力构建房地产发展新模式。 2. 深化实施经营性建设用地供应“红、橙、绿”三色管理，对住宅及商服类用地供销比偏高的区域，适当减少用地供应。 3. 鼓励市场主体将自有闲置和低效利用的商业办公等非居住存量房屋按相关要求改建为保障性租赁住房，鼓励市、区（市）县国有企业通过租购闲置商业办公用房作为办公、公共服务及产业使用，推动商业办公用房市场良性循环。 4. 全市商品住房项目不再实施公证摇号选房，由企业自主销售。 5. 推动城市房地产融资协调机制走深走实，一视同仁满足不同所有制房地产企业合理融资需求。 6. 支持车位与住宅同步销售；合理设置新出让住宅用地车位规划配比。 7. 全市范围内住房交易不再审核购房资格。 8. 推广首层架空层用于公共服务空间设置，提高住宅阳台等半开敞空间比例，推动郊区（市）县开发低密度、高品质住宅产品，进一步加大高品质住宅供给。

续表

时间	主要内容
2024 年 4 月 28 日	《关于提高多子女家庭首套房住房公积金最高贷款额度的通知》（成公积金委〔2024〕7 号） 符合住房公积金贷款条件的多子女家庭，在我市购买首套住房的，双缴存人家庭最高贷款额度从 80 万元调整为 90 万元，单缴存人家庭最高贷款额度从 40 万元调整为 50 万元。
2024 年 8 月 12 日	《关于支持提取住房公积金支付购房款的通知》（成公积金〔2024〕33 号） 在我市行政区域内购买新建商品住房的住房公积金缴存人，可申请提取本人及其配偶名下住房公积金直付购房款。
2024 年 8 月 12 日	《关于进一步优化住房交易相关政策的通知》（成住建发〔2024〕112 号） 1. 为取得购房资格纳入保障性租赁住房房源库的住房，未出租或租赁合同已终止的，可自愿申请提前退出保障性租赁住房房源库，并解除上市交易时间限制。 2. 在本市范围内新购买住房，只核查购房人在拟购住房所在区（市）县范围内住房情况，无住房的，认定为首套房。在拟购住房区（市）县范围内有住房且正在挂牌出售的，住房套数相应核减。支持商业银行按认定的客户住房套数办理个人住房贷款业务。 3. 在我市拥有 2 套及以上住房且相应购房贷款已结清的，支持金融机构自行确定首付款比例和利率。
2024 年 8 月 13 日	《关于调整住房公积金贷款住房套数认定标准的通知》（成公积金〔2024〕34 号） 缴存人购买成都市行政区域内自住住房，向成都住房公积金管理中心申请住房公积金贷款的，其住房套数以申请贷款时缴存人家庭成员（含未成年子女）在拟购住房所在区（市）县的住房套数为依据：1. 无住房的，认定为购买首套住房，执行首套房住房公积金贷款政策；2. 有一套住房的，认定为购买第二套住房，执行第二套房住房公积金贷款政策；3. 有两套及以上住房的，不予住房公积金贷款。
2024 年 10 月 15 日	《关于成攀住房公积金一体化发展有关政策的通知》（成公积金委〔2024〕12 号） 1. 成攀住房公积金缴存职工在两市区域内异地购房，可向缴存地中心申请住房公积金贷款。其房屋套数认定标准、房屋抵押担保方式等执行缴存地住房公积金中心贷款管理政策，房屋抵押登记在房屋所在地不动产登记机构办理，最高贷款额度不超过房屋所在地限额标准，由两市住房公积金管委会另行公布。 2. 在两市区域内，成攀住房公积金缴存职工异地购房申请提取住房公积金，无需提供职工本人或配偶户籍所在地或工作所在地证明。
2024 年 10 月 15 日	《关于进一步优化住房公积金有关政策促进房地产市场平稳健康发展的通知》（成公积金委〔2024〕9 号） 1. 单缴存人最高贷款额度由 40 万元提高至 60 万元，双缴存人最高贷款额度由 80 万元提高至 100 万元。取消首套住房和二套住房最高贷款额度差异。多子女家庭、“以旧换新”购房最高贷款额度对应上浮 20%。 2. 缴存人可将符合条件的商业性个人住房贷款转为住房公积金个人住房贷款。 3. 缴存人在成都市行政区域内新购住房，在规定时间内可提取本人父母、子女的住房公积金。 4. 取消省内异地购房提取限制。
2024 年 10 月 15 日	《关于促进房地产市场平稳健康发展有关政策的通知》（成住建发〔2024〕146 号） 1. 优化土地出让建设条件。支持不同用途或相同用途的多宗经营性建设用地组合供应，实行同场公告、同场竞买、同时应价、一并竞得。其中，涉及产业用地和住宅类用地组合供应的，应坚持“先产业开发、后住宅建设”的开发时序，产业项目整体并联竣工验收合格前，项目商品住房销售面积不得超过住宅可售面积的 70%。优化商服用地规划布局。 2. 我市范围内新供应经营性用地，签订出让合同之日起 1 个月内须缴清全部土地出让价款的 50%，剩余价款可按出让方案要求，在签订出让合同之日起 1 年以内缴清，须按合同约定支付利息。 3. 我市范围内新供应经营性建设用地不再收取项目开发建设履约保证金。对已收取的存量开发建设履约保证金，各区（市）县政府（管委会）应结合宗地履约情况予以部分退还、全部退还或允许企业以银行保函替换。同时，各区（市）县政府（管委会）应建立企业项目履约践诺及信用分级分类监管机制，将相关违规违约行为纳入信用档案管理。 4. 我市范围内，二孩及以上家庭新购住房办理商业贷款时均认定为购买首套住房，支持商业银行按照认定套数办理住房贷款。 5. 我市范围内新购商品住房（除定向销售项目外）和二手住房的，取得《不动产权证书》后即可上市交易，在此之前已纳入再交易管理范围的住房仍按原政策执行。

（三十四）贵阳

时间	主要内容
2024 年 4 月 1 日	2024 年住房公积金惠民便民十条措施： 支持住房公积金“既提又贷”。取消两次住房公积金贷款间隔时间限制。扩大异地贷款的类型。调整贷款额度计算公式。优化住房公积金贷款套数认定标准。开展建造、翻建、大修自住住房公积金贷款。出台公积金支持人才专项政策。出台支持城中村改造公积金提取、贷款专项政策。全面推行公积金委托还款制度。持续推进减证便民。
2024 年 4 月 22 日	《关于优化住房公积金贷款政策的通知》（筑公积金通字〔2024〕37 号） 1. 贷款条件调整为“申请贷款时住房公积金账户应处于正常缴存状态，且至少应在申请贷款前 6 个月连续缴存住房公积金（含异地缴存时间）”。 2. 住房公积金贷款中住房套数的具体认定标准及执行政策为：缴存人家庭在购房所在区（市、县）、开发区、贵安新区名下无住房且在全国范围内无住房公积金贷款记录的，执行首套住房公积金贷款政策；缴存人家庭存在在购房所在区（市、县）、开发区、贵安新区名下有一套住房，且在全国范围内无住房公积金贷款记录，或在购房所在区（市、县）、开发区、贵安新区名下住房不超过一套，同时在全国范围内有一次住房公积金贷款记录且贷款已结清的情形，执行第二套住房公积金贷款政策；缴存人家庭在购房所在区（市、县）、开发区、贵安新区名下有两套及以上住房，或在全国范围内有两次及以上住房公积金贷款记录的，原则上不予发放住房公积金贷款。 3. 贷款额度计算公式调整为“借款申请人及配偶近 6 个月住房公积金账户月末月均余额×倍数（25）×缴存系数”。 4. 优化二手房贷款期限，在原贷款期限规定基础上，明确贷款期限和贷款所购住房土地使用权已使用年限之和不得超过 55 年。
2024 年 4 月 24 日	《关于优化住房公积金阶段性政策的通知》（筑公积金通字〔2024〕42 号） 1. 执行最低首付款比例。缴存人家庭申请住房公积金贷款购买自住住房的，最低首付款比例为 20%。 2. 支持提取住房公积金支付首付款。缴存人家庭在全国范围内无住房公积金贷款记录或仅有 1 次住房公积金贷款记录且贷款已结清，在贵阳贵安购买自住住房的，可提取住房公积金支付首付款。 3. 首套住房公积金贷款的最高贷款额度为单缴存人家庭 50 万元、双缴存人家庭 70 万元，第二套住房公积金贷款的最高贷款额度为单缴存人家庭 50 万元、双缴存人家庭 60 万元。 4. 多子女家庭首套住房公积金贷款的最高贷款额度为单缴存人家庭 60 万元、双缴存人家庭 80 万元，第二套住房公积金贷款的最高贷款额度为单缴存人家庭 60 万元、双缴存人家庭 70 万元。 5. 持有有效贵阳人才服务绿卡的缴存人，认定为 A、B 类人才的，最高贷款额度为单缴存人家庭 125 万元、双缴存人家庭 150 万元；认定为 C 类人才的，最高贷款额度为单缴存人家庭 100 万元、双缴存人家庭 120 万元；认定为 D、E、F 类人才的，最高贷款额度为单缴存人家庭 75 万元、双缴存人家庭 90 万元。持有有效贵阳人才服务绿卡、筑才卡（高层次人才）、省级优才卡、省级高层次人才服务绿卡的缴存人，租住商品住房提取额度可在现行额度基础上上浮 50%。
2024 年 7 月 18 日	《进一步促进贵阳市房地产市场平稳健康发展若干措施》（筑建通〔2024〕171 号） 1. 发放购房消费券。 2. 鼓励商品住房“以旧换新”。 3. 执行取消首套住房和第二套住房商业性个人住房贷款利率政策下限政策，首套、第二套住房商业性个人住房贷款首付比例分别调整为不低于 15%、25%。 4. 对 5 年以下（含 5 年）和 5 年以上首套个人住房公积金贷款利率分别调整为 2.35%和 2.85%，第二套个人住房公积金贷款利率分别调整为 2.775%和 3.325%；支持提取住房公积金支付新房、二手房首付款；支持住房公积金“既提又贷”；取消两次住房公积金贷款时间间隔限制；支持灵活就业人员使用公积金贷款购房，灵活就业人员在补缴 6 个月公积金后即可申请贷款；阶段性提高住房公积金最高贷款额度。 5. 支持第四代住宅、避暑旅居、康养地产等改善性住房发展。对两层及以上通高的阳台不计入容积率。在景观、区位条件较好的城市郊区，住宅项目容积率可低于 1.0；在交通、配套条件较好的区域，住宅项目建筑密度可高于 43%。 6. 鼓励按照“以需定购”原则收购商品房用作保障性住房、安置房，大力推行“房票”安置，加快推进未建成交付安置房清零。 7. 支持 2023 年 8 月 3 日前签订土地出让合同尚未开工建设的非住宅商品房项目依法申请调整使用性质。执行国有建设用地使用权预告登记转让制度。建立城市协调工作机制，化解土地出让合同矛盾纠纷。支持按土地出让价款缴纳比例分割办理相关手续。支持通过依法签订补充协议引入合作方。 8. 对本文件试行期内签订国有土地出让合同的新建商住项目，取消配建公租房保租房要求，新开工项目，延期一年缴纳城市基础设施配套费，对未纳入土地出让价款的教育配套设施“以资代建”资金允许延期一年缴纳。

续表

时间	主要内容
2024 年 7 月 25 日	《关于阶段性提高住房公积金最高贷款额度的通知》（筑公积金通字〔2024〕80 号） 1. 住房公积金最高贷款额度提高至 80 万元。多子女家庭为 100 万元。 2. 缴存人家庭首次在贵安新区购买自住住房的，即非多子女家庭 96 万元、多子女家庭 120 万元。 3. 持有有效贵阳人才服务绿卡、筑才卡（高层次人才）、省级优才卡、省级高层次人才服务绿卡的缴存人，最高贷款额度提高至 150 万元。
2024 年 11 月 30 日	《关于提高住房公积金最高贷款额度的通知》（筑公积金通字〔2024〕134 号） 1. 住房公积金最高贷款额度提高至 100 万元，多子女家庭提高至 120 万元。 2. 缴存人家庭首次在贵安新区购买自住住房的，非多子女家庭 120 万元、多子女家庭 144 万元。
2024 年 11 月 30 日	《关于优化住房公积金贷款住房套数认定标准的通知》（筑公积金通字〔2024〕135 号） 1. 缴存人家庭在全国范围内无住房公积金贷款记录的，执行首套住房公积金贷款政策。 2. 缴存人家庭在全国范围内有 1 次住房公积金贷款记录且贷款已结清的，执行第二套住房公积金贷款政策。 3. 缴存人家庭在全国范围内有两次及以上住房公积金贷款记录的，原则上不予发放住房公积金贷款。 4. 缴存人家庭住房公积金贷款符合下列情形之一的，可不计住房公积金贷款次数：住房公积金贷款所购住房被政府征收或回购，借款人已结清原住房公积金贷款的；住房公积金贷款所购住房经法院判决解除《商品房买卖合同》《住房公积金借款合同》，借款人已退回提取用于该套住房的住房公积金的；住房公积金贷款所购住房因其他原因解除《商品房买卖合同》，借款人已结清原住房公积金贷款并退回提取用于该套住房的住房公积金的；住房公积金贷款已结清，借款人离异后，贷款所购住房归属原配偶的。
2024 年 12 月 20 日	《关于延长部分住房公积金阶段性政策期限的通知》（筑公积金通字〔2024〕145 号） 1. 执行最低首付款比例。缴存人家庭申请住房公积金贷款购买自住住房的，最低首付款比例为 20%。 2. 支持住房公积金“既提又贷”。 3. 取消两次住房公积金贷款时间间隔限制。 4. 实施人才支持政策。持有有效贵阳人才服务绿卡、筑才卡（高层次人才）、省级优才卡、省级高层次人才服务绿卡的缴存人，租住商品住房提取额度可在现行额度基础上上浮 50%，住房公积金贷款额度可在其根据计算公式计算的可贷额度基础上上浮 50%。

（三十五）昆明

时间	主要内容
2024 年 4 月 26 日	《关于优化调整住房公积金个人住房贷款住房套数认定标准的通知》 1. 首套房认定标准。缴存人家庭（包括购房人及配偶，共有人及配偶）名下无住房，且在全国范围内未使用过住房公积金贷款的。 2. 二套房认定标准。缴存人家庭名下有一套住房的；缴存人家庭名下无住房，且在全国范围内仅使用过一次住房公积金贷款的。
2024 年 7 月 18 日	《关于印发昆明市进一步促进房地产市场平稳健康发展若干措施的通知》 1. 在不影响批而未供和闲置土地处置的前提下，可暂缓供应商业商务用地，结合市场需求合理确定用地供应计划。停止执行“办公用房分割单元建筑面积不得小于 300 平方米/间”及“最小产权分割单元建筑面积不小于 300 平方米/间”的规定。 2. 针对建设体量大、建设周期长的房地产开发项目，在符合相关规范要求、满足分期投入使用功能的前提下，经房地产开发企业申请，可适当增加规划核实分期批次。房地产开发项目预售范围内存在土地抵押的，应将解除土地抵押的期限由 6 个月延长至 12 个月。 3. 居住或商住混合用地地上配建的配电室不计入容积率。保障性租赁住房项目可不配建中小学、养老设施。 4. 本文件印发之日起 1 年内购买新建商品住房并完成商品房网签备案，且取得契税完税凭证的购房者给予契税补贴，最高不超过 3 万元。 5. 生育二孩、三孩的住房公积金缴存职工家庭购买首套自住住房的，住房公积金贷款最高额度分别上浮 20%、30%。 6. 结合“线上+线下”互动模式，围绕“彩云购房节”面向省内各州市、省外购房群体开展系列宣传推广活动，多形式、多渠道加强城市品牌宣传，促进居住消费健康发展。
2024 年 8 月 2 日	《关于调整二套房住房公积金贷款最低首付款比例的通知》 缴存人家庭购买第二套改善型自住住房申请住房公积金贷款的，最低首付款比例为 20%。

（三十六）西安

时间	主要内容
2024 年 5 月 9 日	《关于进一步促进房地产市场平稳健康发展的通知》（市建发〔2024〕69 号） 1. 全面取消住房限购措施，居民家庭在全市范围内购买新建商品住房、二手住房不再审核购房资格。 2. 结合不同区位、不同住房产品调整优化商品住房项目停车位规划配比。商品住房项目可销售的产权车位与商品住房同步办理商品房预售许可，同步公示车位销售价格、销售方案。 3. 商品住房项目销售时，登记家庭数量与住房房源数量比例低于 1.5∶1 的，不再实施公证摇号。建筑面积大于 144 平方米的住房在摇号选房时不再实施“刚需优先”。摇号销售项目的摇号名单公示、摇号结果公示、选房结果公示时间由 3 天缩短为 1 天。 4. 支持房地产企业、经纪机构、金融机构合作建立“以旧换新”购房模式，对房产交易流程开展全链条优化。鼓励经纪机构分类合理降低经纪费用，积极引导交易双方共同承担经纪服务费用。 5. 允许企事业单位、社会主体购买二手住房以及居民家庭登记选房后的剩余新建商品住房。鼓励有条件的企事业单位、社会主体租赁或购买相对集中的二手住房，实施微改造后用于职工宿舍、居家式旅馆、民宿等运营，盘活闲置住房资源，打造多元化住房市场。 6. 建立健全我市房地产融资协调机制，推动“白名单制度”常态化，一视同仁满足不同所有制房地产企业合理融资需求，促进金融与房地产良性循环。 7. 科学计算企业相关费用，对不计容的地下车位、人防工程等在土地出让金分摊时，不计算金额。 8. 原土地出让合同中约定的企业自持租赁住房，由企业提出申请，经住建、资源规划部门审核并核算补缴相关费用后，可转为商品住房上市交易。 9. 首次使用公积金贷款购房的，首付比例不低于 20%；结清首次公积金贷款后，再次使用公积金贷款购房的，首付比例不低于 25%。使用公积金贷款购买二手住房的，房屋建成年限不超过 30 年，贷款期限与房屋建成年限之和延长至不超过 40 年。多子女家庭贷款最高额度提高至 1.2 倍。 10. 鼓励房企在满足规划指标的前提下创新户型设计，提高住宅阳台等半开敞空间比例，更好满足居民品质化住房需求。
2024 年 10 月 17 日	《关于优化我市房地产相关政策的通知》 1. 全市商品住房取得《不动产权证书》即可上市交易。 2. 新建商品住房不再实施价格指导，由房地产开发企业依照市场实际合理确定。企业可根据项目供需情况自主选择是否需要公证摇号。 3. 商业性个人住房贷款不再区分首套、二套住房，最低首付款比例统一为不低于 15%。 4. 取消普通住宅和非普通住宅标准，相关政策按国家规定执行。 5. 使用公积金贷款购买住房的，单缴存职工家庭最高贷款额度不超过 75 万元，双缴存职工家庭不超过 100 万元。缴存职工连续足额缴存住房公积金六个月（含）以上的，可申请住房公积金贷款。 6. 优化用地供应结构、规模，盘活存量闲置土地。提高商品房建设质量，优化商品住房项目阳台计容比例、以户配比车位等规则，增加住房得房率，建设群众满意的好房子。 7. 积极开展以旧换新、百城千企促销等活动，支持企事业等单位利用商品房去库存相关政策购买存量商品住房。 8. 优化预售资金拨付程序。

（三十七）兰州

时间	主要内容
2024 年 6 月 22 日	《关于进一步优化房地产政策措施的通知》 1. 取消限购、限售、价格备案等限制措施。 2. 购房家庭在购房县区、开发区范围内名下无成套住房的，或仅有一套住房且正在挂牌出售的，购买新建商品住房按照首套房认定，享受首套房商业贷款政策。 3. 继续落实个人所得税优惠政策。实施购房补贴。 4. 取消全市首套住房和二套住房商业性个人住房贷款利率下限。 5. 首套住房商业性个人住房贷款最低首付款比例调整为不低于 15%，二套住房商业性个人住房贷款最低首付款比例调整为不低于 25%。合理确定二套以上房贷首付比例和利率。下调个人住房公积金贷款利率。 6. 落实个人住房公积金贷款政策。个人通过公积金贷款购买住房，单身缴存职工公积金贷款可享受最高额度 60 万元，已婚缴存职工可享受最高额度 70 万元。多子女家庭申请住房公积金贷款购买普通自住住房的，公积金贷款最高额度可提高 20%。

续表

时间	主要内容
2024 年 6 月 22 日	7. 阶段性上调公积金实际可贷额度。住房公积金贷款不受缴存地限制。 8. 阶段性放宽公积金贷款首套房的认定标准。本通知印发之日起至 2025 年 5 月 31 日，购买自住住房的，此前已使用一次公积金贷款且已结清的购房家庭，在本市范围内无住房的，再次使用公积金贷款，执行我市首套房公积金贷款政策。 9. 支持公寓类房屋居住需求。加大改善性住房供给。按照规划严格配建教育、医疗等公共配套设施。优化阳台、层高、架空层、停车位等管理要求，提高住宅得房率。 10. 优化房票安置房源，落实安置奖励、价格优惠、金融支持、子女入学、税收减免等措施，引导和鼓励国有土地上房屋被征收人选择房票安置，增加安置渠道，改善供需结构，进一步激发房地产市场活力。 11. 鼓励住房“以旧换新”。
2024 年 11 月 27 日	调整住房公积金政策，新增“商转组合贷”： 1. 新增贷款业务种类“商转组合贷”。 2. 将“商转公”业务以及组合贷款业务的申请主体范围由原来的仅支持兰州公积金中心缴存人，扩大到除甘肃省住房资金管理中心以外的省内各市州公积金中心缴存人均可。 3. 全面调整提前还款政策，取消办理次数和办理业务种类方面的限制。

（三十八）西宁

时间	主要内容
2024 年 9 月 29 日	《西宁市促进房地产市场消费政策措施》 1. 支持个人住房贷款合理需求。对于贷款购买住房的居民家庭，商业性个人住房贷款不再区分首套、二套住房，最低首付款比例统一为不低于 15%。 2. 调整存量房贷利率。各商业银行原则上应于 2024 年 10 月 31 日前统一对存量房贷（包括首套、二套及以上）利率实施批量调整，对于 LPR 基础上加点幅度高于-30BP 的存量房贷，将其加点幅度调整为不低于-30BP。 3. 下调个人住房公积金贷款利率。下调个人住房公积金贷款利率 0. 25 个百分点，5 年以下（含 5 年）和 5 年以上首套个人住房公积金贷款利率分别调整为 2. 35%和 2. 85%，5 年以下（含 5 年）和 5 年以上第二套个人住房公积金贷款利率分别调整为 2. 775%和 3. 325%。2024 年 5 月 18 日以前已经发放的个人住房公积金贷款，自 2025 年 1 月 1 日起执行新的利率标准。 4. 提高公积金购房贷款额度。扩大购房公积金提取范围。提高购房提取住房公积金频次。提高租房提取住房公积金年度上限。扩大加装电梯公积金提取范围并新增更新改造电梯公积金提取业务。 5. 落实好房屋交易退税优惠政策。支持住房“以旧换新”。推动不动产“带押过户”。开展家装焕新活动。

（三十九）银川

时间	主要内容
2024 年 4 月 2 日	《2024 年促进房地产市场平稳健康发展若干措施》 1. 切实落实融资协调机制。科学确定支持项目“白名单”，推动“一项目一方案”支持融资需求，成熟一批，推送一批，一视同仁满足不同所有制企业合理融资需求。对开发建设暂时遇到困难的项目，不盲目抽贷、断贷、压贷，按照市场化、法治化原则，通过存量贷款展期、调整还款安排、新增贷款等方式予以支持。 2. 实施房贷利率动态调整机制。 3. 提高公积金最高贷款额度。延续实施支持居民换购住房有关个人所得税政策至 2025 年 12 月 31 日，对出售自有住房并在现住房出售后 1 年内在市场重新购买住房的纳税人，对其出售现住房已缴纳的个人所得税予以退税优惠。 4. 允许土地出让金分批缴纳。 5. 提高预售资金精细化管理水平。引导企业注重信用建设，根据企业信用情况适当调整商品房预售资金监管额度，实行预售资金差异性监管，在每个拨付节点的最低留存比例可降低 5%。允许因特殊情况出现延期交付风险的项目应急使用预售资金。 6. 推动房地产企业转型升级。引导房地产企业由购地开发投资为主转为购地开发和购地开发与建设改造投资并重。支持房企参与保障性住房建设、“平急两用”公共基础设施建设、城中村改造等“三大工程”。

（四十）乌鲁木齐

时间	主要内容
2024 年 8 月 9 日	《关于进一步促进房地产市场平稳健康发展的 16 条政策措施》（乌政办规〔2024〕5 号） 1. 加大配售型保障性住房供给。加快筹集建设配售型保障性住房，以合理价格收购房地产企业已建成的存量商品住房用作配售型保障性住房，建立轮候机制，面向工薪收入群体公平公正公开分配。多主体多渠道筹集保障性租赁住房。鼓励引导产业园区、企事业单位等主体利用自有或闲置用地筹集建设保障性租赁住房，不设户籍、收入等门槛，低于同地段市场租金。 2. 调整保障性住房配建政策。2024 年 8 月 1 日至 2025 年 7 月 31 日挂牌成交的住宅用地，房地产企业不再配建保障性住房（公共租赁住房、经济适用房等）。对已配建的经济适用房，在满足现有申请群众需求的前提下，房地产企业可缴纳土地出让金转为普通商品住房自主销售。 3. 鼓励建设高品质住房。 4. 调整商业性个人住房贷款利率和最低首付款比例。取消首套住房和二套住房商业性个人住房贷款利率政策下限，银行业金融机构结合实际合理确定利率水平。首套住房商业性个人住房贷款最低首付款比例调整为不低于 15%，二套为不低于 25%。 5. 加大住房公积金支持力度。住房公积金最高贷款额度由购房家庭公积金账户余额的 15 倍提高至 20 倍；允许全额提取配偶、父母、子女的住房公积金支付房款。试点开展住房公积金按月偿还住房商业贷款业务。
2024 年 10 月 16 日	《乌鲁木齐市关于进一步优化房地产市场政策措施》 1. 优化房贷最低首付比例。对于贷款购买住房的居民家庭，商业性个人住房贷款不再区分首套、二套住房，最低首付款比例统一为不低于 15%。 2. 降低存量房贷利率。落实国家关于降低存量房贷利率政策，引导商业银行在 2024 年 10 月 31 日前，对 LPR 基础上加点幅度高于-30BP 的存量房贷（包括首套、二套及以上），将其加点幅度调整为不低于-30BP。 3. 取消新建商品住房销售价格指导。取消新建商品住房销售价格调控限制，由企业根据市场定价销售，销售过程中可自主调整价格，并以实际销售价格办理网签备案。 4. 取消住房公积金贷款房屋面积和销售单价限制。取消申请住房公积金贷款房屋面积不得超过 144 平方米、销售单价不得超过 14960 元/平方米的限制。 5. 推行不动产“商转公”贷款、“带押过户”。购房人可根据自身实际，选择“先还后贷”或“以贷还贷”办理方式，将商业银行住房贷款转为公积金贷款。在目前商业银行新建商品房及二手房已经实现“带押过户”的情况下，全面推进二手房“带押过户”住房公积金贷款。

Ⅱ.宏观篇

导 读

本篇收录2024年宏观经济发展指标，包括国内生产总值、投资、贸易、消费、物价、交通、教育、医疗卫生、主要产业、重要产品、货币金融、财政收支、人口、居民收支、就业等方面的宏观数据（部分指标为最新公布的2023年数据）。数据来源于国家统计局、中国人民银行、财政部及各地方统计局等。

一、国民经济主要数据

表 2-1　2024 年全国宏观经济数据（单月）

类　别	1 月	2 月	3 月	4 月	5 月	6 月	7 月	8 月	9 月	10 月	11 月	12 月
工业增加值同比增幅（%）	—	—	4.5	6.7	5.6	5.3	5.1	4.5	5.4	5.3	5.4	6.2
固定资产投资额（亿元）	—	50847	49195	43359	44605	57385	42220	41774	49593	44244	42617	48535
同比增幅（%）	—	4.2	-8.4	7.9	7.9	5.7	-1.3	1.5	3.3	-0.3	2.9	15.0
进口总额（亿美元）	2223	1806	2211	2201	2197	2088	2159	2176	2220	2133	2149	2308
同比增幅（%）	15.4	-8.2	-1.9	8.4	1.8	-2.3	7.2	0.5	0.3	-2.3	-3.9	1.0
出口总额（亿美元）	3077	2203	2797	2925	3023	3079	3006	3086	3037	3091	3123	3356
同比增幅（%）	8.2	5.6	-7.5	1.5	7.6	8.6	7.0	8.7	2.4	12.7	6.7	10.7
社会消费品零售总额（亿元）	—	81307	39020	35699	39211	40732	37757	38726	41112	45396	43763	45172
同比增幅（%）	—	5.5	3.1	2.3	3.7	2.0	2.7	2.1	3.2	4.8	3.0	3.7
生产者出厂价格指数（PPI）同比增幅（%）	-2.5	-2.7	-2.8	-2.5	-1.4	-0.8	-0.8	-1.8	-2.8	-2.9	-2.5	-2.3
居民消费价格指数（CPI）同比增幅（%）	-0.8	0.7	0.1	0.3	0.3	0.2	0.5	0.6	0.4	0.3	0.2	0.1
制造业采购经理指数（PMI）（%）	49.2	49.1	50.8	50.4	49.5	49.5	49.4	49.1	49.8	50.1	50.3	50.1
城镇调查失业率（%）	5.2	5.3	5.2	5.0	5.0	5.0	5.2	5.3	5.1	5.0	5.0	5.1

数据来源：国家统计局。

注：2 月固定资产投资总额、社会消费品零售总额为 1—2 月累计值。

表 2-2　2024 年全国宏观经济数据（月度累计）

类　别	1—2 月	1—3 月	1—4 月	1—5 月	1—6 月	1—7 月	1—8 月	1—9 月	1—10 月	1—11 月	1—12 月
工业增加值累计增幅（%）	7.0	6.1	6.3	6.2	6.0	5.9	5.8	5.8	5.8	5.8	5.8
固定资产投资额（亿元）	50847	100042	143401	188006	245391	287611	329385	378978	423222	465839	514374
同比增幅（%）	4.2	4.5	4.2	4.0	3.9	3.6	3.4	3.4	3.4	3.3	3.2
进口总额累计（亿美元）	4029	6238	8439	10636	12726	14885	17063	19282	21412	23560	25851
同比增幅（%）	3.5	1.5	3.2	2.9	2.0	2.8	2.5	2.2	1.7	1.2	1.1
出口总额累计（亿美元）	5280	8075	10996	14008	17076	20065	23148	26177	29265	32407	35772
同比增幅（%）	7.1	1.5	1.5	2.7	3.6	4.0	4.6	4.3	5.1	5.4	5.9
社会消费品零售总额（亿元）	81307	120327	156026	195237	235969	273726	312452	353564	398960	442723	487895
同比增幅（%）	5.5	4.7	4.1	4.1	3.7	3.5	3.4	3.3	3.5	3.5	3.5

数据来源：国家统计局。

表 2-3　2024 年国内生产总值及同比增幅数据（单季度）

类　别	绝对值（亿元）				同比增长（%）			
	第一季度	第二季度	第三季度	第四季度	第一季度	第二季度	第三季度	第四季度
国内生产总值	304762	328838	341758	373726	5.3	4.7	4.6	5.4
第一产业	11459	19010	26895	34050	3.3	3.6	3.2	3.7
第二产业	108277	124976	123239	135595	6.0	5.6	4.6	5.2
第三产业	185026	184852	191624	204081	5.0	4.2	4.8	5.8
农林牧渔业	12229	20151	28300	35933	3.5	3.8	3.5	3.9
工业	94876	101635	100671	108260	6.0	5.9	5.1	5.8
制造业	78650	84946	82086	89825	6.4	6.2	5.0	6.2
建筑业	14133	24067	23403	28346	5.8	4.3	3.0	3.4
批发和零售业	31410	33301	34934	38337	6.0	5.3	5.0	5.7
交通运输、仓储和邮政业	13162	14801	16043	15225	7.3	6.5	6.6	7.9
住宿和餐饮业	5368	5418	6597	7345	7.3	5.9	5.9	6.6
金融业	24990	24441	24911	24203	5.2	4.3	6.2	6.5
房地产业	20957	21260	20164	22185	-4.3	-3.8	-1.2	2.0
信息传输、软件和信息技术服务业	16720	16898	14112	15708	13.7	10.2	10.0	9.6
租赁和商务服务业	12768	12299	14398	17111	10.8	8.7	10.8	11.0
其他行业	58149	54569	58224	61073	3.8	3.1	3.0	3.8

数据来源：国家统计局。

表 2-4　2024 年国内生产总值及同比增幅数据（季度累计）

类　别	绝对值（亿元）				同比增长（%）			
	第一季度	上半年	前三季度	全年	第一季度	上半年	前三季度	全年
国内生产总值	304762	633599	975357	1349084	5.3	5.0	4.8	5.0
第一产业	11459	30469	57364	91414	3.3	3.5	3.4	3.5
第二产业	108277	233253	356492	492087	6.0	5.8	5.4	5.3
第三产业	185026	369878	561502	765583	5.0	4.6	4.7	5.0
农林牧渔业	12229	32380	60680	96613	3.5	3.7	3.6	3.7
工业	94876	196511	297182	405442	6.0	6.0	5.7	5.7
制造业	78650	163596	245682	335507	6.4	6.3	5.9	6.0
建筑业	14133	38200	61603	89949	5.8	4.8	4.1	3.8
批发和零售业	31410	64710	99644	137981	6.0	5.7	5.4	5.5
交通运输、仓储和邮政业	13162	27963	44007	59232	7.3	6.9	6.8	7.0
住宿和餐饮业	5368	10787	17384	24729	7.3	6.6	6.3	6.4
金融业	24990	49431	74342	98544	5.2	4.8	5.2	5.6
房地产业	20957	42216	62380	84565	-4.3	-4.0	-3.1	-1.8
信息传输、软件和信息技术服务业	16720	33618	47730	63438	13.7	12.0	11.4	10.9
租赁和商务服务业	12768	25066	39464	56576	10.8	9.8	10.1	10.4
其他行业	58149	112717	170941	232014	3.8	3.5	3.3	3.4

数据来源：国家统计局。

表 2-5 2023 年国内生产总值修订数据与初步核算数据对比表

类 别	现价总量（亿元）		构成（%）	
	修订数	初步核算数	修订数	初步核算数
国内生产总值	1294272	1260582	100.0	100.0
第一产业	89169	89755	6.9	7.1
第二产业	475936	482589	36.8	38.3
第三产业	729167	688238	56.3	54.6

数据来源：国家统计局。

表 2-6 2020—2024 年国内（地区）生产总值

单位：亿元

地 区	2020 年	2021 年	2022 年	2023 年	2024 年
全 国	**1034868**	**1173823**	**1234029**	**1294272**	**1349084**
北 京	35943	41046	41541	43761	49843
天 津	14008	15685	16132	16737	18024
河 北	36014	40397	41988	43944	47527
上 海	38963	43653	44809	47219	53927
江 苏	102808	117392	122089	128222	137008
浙 江	64689	74041	78061	82553	90131
福 建	43609	49566	51765	54355	57761
山 东	72798	82875	87577	92069	98566
广 东	111152	124720	129514	135673	141634
海 南	5566	6504	6890	7551	7936
山 西	17836	22870	25584	25698	25495
安 徽	38062	42565	44608	47051	50625
江 西	25782	29828	31214	32200	34202
河 南	54259	58071	58220	59132	63590
湖 北	43005	50091	52742	55804	60013
湖 南	41543	45714	47559	50013	53231
内蒙古	17258	21166	23389	24627	26315
广 西	22121	25209	26186	27202	28649
重 庆	25041	28077	28576	30146	32193
四 川	48502	54088	56610	60133	64697
贵 州	17860	19459	20010	20913	22667
云 南	24556	27162	28556	30021	31534
西 藏	1903	2080	2150	2393	2765
陕 西	26014	30122	32838	33786	35539
甘 肃	8980	10226	11121	11864	13003

续表

地　区	2020 年	2021 年	2022 年	2023 年	2024 年
青　海	3010	3385	3623	3799	3951
宁　夏	3956	4588	5105	5315	5503
新　疆	13801	16312	18043	19126	20534
辽　宁	25011	27570	28826	30209	32613
吉　林	12256	13164	12818	13531	14361
黑龙江	13633	14858	15832	15884	16477

数据来源：国家统计局。

注：全国生产总值根据最新数据有调整。

表 2-7　2024 年 40 座重点城市经济数据

城　市	GDP（亿元）	同比增幅（%）	进出口总额（亿元）	同比增幅（%）	固定资产投资同比增幅（%）	社会消费品零售总额（亿元）	同比增幅（%）
北　京	49843. 1	5. 2	36083. 5	-1. 0	5. 1	14092. 4	-2. 7
天　津	18024. 3	5. 1	8115. 6	1. 3	3. 1	—	-3. 1
石家庄	8203. 4	5. 5	1319. 2	6. 3	9. 3	2888. 7	5. 0
太　原	5418. 9	1. 2	1295. 6	-3. 8	0. 5	1946. 9	1. 8
呼和浩特	4107. 1	6. 1	226. 7	17. 3	19. 0	1265. 0	5. 2
沈　阳	9027. 1	5. 2	1465. 6	-0. 2	4. 0	4372. 6	3. 9
大　连	9516. 9	5. 2	4496. 7	-1. 3	2. 0	2085. 9	3. 9
长　春	7632. 2	4. 8	1275. 1	4. 0	1. 1	2182. 7	3. 5
哈尔滨	6016. 3	4. 3	483. 2	-2. 6	14. 3	2459. 1	3. 2
上　海	53926. 7	5. 0	42680. 9	1. 3	4. 8	17940. 2	3. 1
南　京	18500. 8	4. 5	5459. 2	-3. 6	—	8552. 75	4. 3
无　锡	16263. 3	5. 8	7709. 5	9. 1	4. 0	4284. 1	4. 5
苏　州	26727. 0	6. 0	26193. 1	6. 8	1. 7	10043. 7	4. 8
杭　州	21860. 0	4. 7	8549. 0	6. 4	-2. 9	9151. 0	2. 8
宁　波	18147. 7	5. 4	14202. 5	11. 1	-1. 4	5605. 1	1. 3
温　州	9718. 8	6. 3	2936. 6	4. 1	-0. 8	4938. 9	4. 9
合　肥	13507. 7	6. 1	3790. 7	5. 7	3. 3	5494. 2	4. 2
福　州	14236. 8	6. 1	3506. 9	2. 1	6. 6	5224. 9	5. 3
厦　门	8589. 0	5. 5	9326. 1	-1. 5	-5. 7	3329. 8	3. 0
南　昌	7800. 4	4. 9	1089. 8	-2. 1	5. 4	2847. 7	3. 7
济　南	13527. 6	5. 4	2324. 3	7. 5	0. 4	5213. 2	0. 3

续表

城　市	GDP（亿元）	同比增幅（%）	进出口总额（亿元）	同比增幅（%）	固定资产投资同比增幅（%）	社会消费品零售总额（亿元）	同比增幅（%）
青　岛	16719.5	5.7	9076.7	3.6	0.8	6584.5	4.2
郑　州	14532.1	5.7	5565.8	0.8	5.3	5308.8	4.6
武　汉	21106.2	5.2	4033.5	11.8	3.1	7931.9	5.3
长　沙	15268.8	5.0	2777.4	1.2	2.3	5524.9	4.2
广　州	31032.5	2.1	11238.4	3.0	0.2	11055.8	0.0
深　圳	36801.9	5.8	45048.2	16.4	2.4	10637.7	1.1
南　宁	5995.4	3.0	930.3	-24.9	-7.8	2432.9	0.3
北　海	1888.0	5.4	378.1	2.0	2.8	—	2.7
海　口	2470.6	4.0	859.7	8.7	1.5	1046.3	-1.8
三　亚	1004.7	3.4	—	—	7.8	408.9	-15.9
重　庆	32193.2	5.7	7154.2	0.4	0.1	16190.4	3.6
成　都	23511.3	5.7	8390.0	12.1	7.3	10835.3	3.3
贵　阳	5777.4	6.0	95.1	15.6	3.6	2588.6	2.4
昆　明	8275.2	4.0	1432.4	6.4	-12.0	3634.4	1.7
西　安	13317.8	4.6	4118.0	14.5	0.2	5435.6	2.5
兰　州	3742.3	5.0	95.9	-18.4	-14.3	1463.6	2.6
西　宁	1862.1	3.1	49.1	26.3	-5.9	618.7	-1.0
银　川	2939.5	5.4	121.8	-6.4	8.6	855.3	6.1
乌鲁木齐	4502.2	5.3	801.1	14.5	0.1	1232.3	0.1

数据来源：各地方统计局。

注：贵阳进出口总额单位为亿美元。

二、金融数据

表 2-8　2024 年新增贷款

单位：亿元

月份	各项贷款							
		境内贷款						
			住户贷款					
				短期贷款			中长期贷款	
					消费贷款	经营贷款		消费贷款	经营贷款
1	49142.52	48612.20	9931.94	3588.82	446.19	3142.63	6343.11	3180.09	3163.04
2	14556.15	13794.19	-5906.34	-4868.13	-4156.66	-711.47	-1038.20	-1628.90	590.68

续表

月份	各项贷款	境内贷款	住户贷款	短期贷款			中长期贷款		
					消费贷款	经营贷款		消费贷款	经营贷款
3	30888.77	30949.96	9423.88	4907.80	999.11	3908.69	4516.07	1579.84	2936.24
4	7324.91	5954.41	-5184.37	-3518.11	-1711.16	-1806.95	-1666.25	-1921.55	255.30
5	9451.89	8568.89	756.83	242.93	1.80	241.13	513.89	-583.75	1097.64
6	21256.91	20523.01	5698.65	2470.84	711.40	1759.44	3227.82	1261.72	1966.10
7	2610.38	1247.39	-2119.06	-2155.48	-804.70	-1350.77	36.40	-101.56	137.96
8	9029.64	9087.07	1962.97	715.43	558.53	156.88	1247.55	476.16	771.39
9	15941.77	17042.29	4941.38	2700.13	1110.52	1589.63	2241.25	935.95	1305.30
10	4935.26	4058.68	1598.14	490.40	1181.11	-690.72	1107.74	1133.71	-25.97
11	5783.22	4515.37	2695.26	-370.02	36.73	-406.74	3065.28	2774.38	290.89
12	9951.42	8975.48	3577.20	587.54	-25.50	613.04	2989.65	1965.96	1023.70

数据来源：中国人民银行。

表 2-9　2024 年货币供应量

单位：亿元

月份	货币和准货币（M_2）	货币（M_1）	流通中货币（M_0）
1	2976250	694198	121399
2	2995573	665916	121010
3	3047952	685809	117211
4	3011942	660066	117311
5	3018507	646842	117063
6	3050162	660611	117737
7	3033061	632297	118840
8	3050461	630238	119473
9	3094798	628237	121830
10	3097092	633357	122447
11	3119587	650904	124180
12	3135322	670959	128194

数据来源：中国人民银行。

表 2-10 2024 年社会融资规模增量

单位：亿元

月份	社会融资规模增量	其中									
		人民币贷款	外币贷款（折合人民币）	委托贷款	信托贷款	未贴现银行承兑汇票	企业债券	政府债券	非金融企业境内股票融资	存款类金融机构资产支持证券	贷款核销
1	64734	48401	989	-359	732	5636	4320	2947	422	-203	474
2	14959	9773	-9	-172	571	-3686	1423	6011	114	-210	488
3	48335	32920	543	-465	681	3552	4237	4626	227	-588	1587
4	-658	3349	-310	89	142	-4490	1707	-937	186	-1967	520
5	20623	8197	-487	-9	224	-1331	285	12266	111	-426	734
6	32985	21927	-807	-3	748	-2045	2100	8476	154	-695	2092
7	7707	-808	-890	345	-26	-1075	2036	6881	231	-490	448
8	30323	10411	-612	25	484	651	1703	16177	132	-466	758
9	37635	19742	-480	392	6	1312	-1926	15357	128	-163	2154
10	14120	2965	-710	-219	172	-1396	987	10495	284	-200	577
11	23288	5216	-468	-183	91	910	2381	13089	428	-112	824
12	28537	8402	-675	-20	151	-1330	-159	17566	484	-117	2637

数据来源：中国人民银行。

表 2-11 2024 年各地区社会融资规模增量

单位：亿元

地区	第一季度	上半年	前三季度	全年
北京	5854	5347	6393	10584
天津	1425	2350	3256	4920
河北	5737	7773	10562	11592
上海	3306	5178	8958	10612
江苏	18214	21914	24422	28852
浙江	14075	16883	21723	26418
福建	3488	4332	6370	8483
山东	9995	13843	18062	22921
广东	12456	15436	20400	24121
海南	366	755	1266	1808
山西	2426	3401	4925	5699
安徽	5859	7886	9956	11827
江西	3772	4951	6405	7838
河南	4636	6739	8557	11609
湖北	4762	6767	8953	11133
湖南	3972	5348	7457	8790
内蒙古	1332	2022	2841	3036

续表

地　区	第一季度	上半年	前三季度	全年
广　西	2282	3257	4664	6058
重　庆	2202	3872	5551	7565
四　川	7063	9628	13242	17031
贵　州	1889	2485	3839	5587
云　南	1561	2278	3757	5086
西　藏	419	958	1486	986
陕　西	2384	3855	5497	6781
甘　肃	1762	1913	2568	3466
青　海	-22	113	79	86
宁　夏	296	369	499	713
新　疆	1217	1689	3179	5421
辽　宁	1113	211	1366	-1399
吉　林	1037	1464	1899	2727
黑龙江	1179	1027	1658	1829

数据来源：中国人民银行。

表 2-12　2024 年官方储备资产

月份	单位	外汇储备	基金组织储备头寸	特别提款权	黄金	其他储备资产
1	亿美元	32193. 20	98. 89	532. 96	1482. 29	3. 36
	亿 SDR	24207. 52	74. 36	400. 76	1114. 60	2. 53
2	亿美元	32258. 17	98. 72	533. 69	1486. 44	-1. 94
	亿 SDR	24298. 76	74. 36	402. 01	1119. 67	-1. 46
3	亿美元	32456. 57	98. 45	532. 03	1610. 69	-3. 37
	亿 SDR	24513. 12	74. 36	401. 82	1216. 49	-2. 55
4	亿美元	32008. 31	97. 69	530. 70	1679. 57	-7. 34
	亿 SDR	24286. 82	74. 12	402. 68	1274. 40	-5. 57
5	亿美元	32320. 39	98. 11	534. 73	1709. 60	-8. 95
	亿 SDR	24419. 67	74. 13	404. 02	1291. 69	-6. 76
6	亿美元	32223. 58	97. 50	531. 64	1696. 97	-11. 16
	亿 SDR	24498. 20	74. 13	404. 18	1290. 13	-8. 48
7	亿美元	32563. 72	98. 47	536. 49	1766. 42	-11. 74
	亿 SDR	24513. 09	74. 13	403. 86	1329. 71	-8. 84
8	亿美元	32882. 15	99. 82	547. 22	1829. 80	-9. 02
	亿 SDR	24418. 55	74. 13	406. 37	1358. 82	-6. 70
9	亿美元	33163. 67	101. 49	548. 64	1914. 69	-10. 46
	亿 SDR	24450. 28	74. 82	404. 49	1411. 63	-7. 71

续表

月份	单位	外汇储备	基金组织储备头寸	特别提款权	黄金	其他储备资产
10	亿美元	32610.50	99.64	538.60	1990.55	-13.98
	亿 SDR	24489.08	74.83	404.47	1494.82	-10.50
11	亿美元	32658.60	98.32	533.03	1934.31	-7.85
	亿 SDR	24856.07	74.83	405.68	1472.18	-5.97
12	亿美元	32023.57	97.58	526.88	1913.37	-5.82
	亿 SDR	24555.42	74.82	404.01	1467.16	-4.46

数据来源：中国人民银行。

注：2016 年 4 月 1 日起，除按美元公布官方储备资产外，增加以国际货币基金组织特别提款权（SDR）公布相关数据，折算汇率来源于国际货币基金组织网站，其中 2024 年 1 月 USD/SDR = 0.751945，2024 年 2 月 USD/SDR = 0.753259，2024 年 3 月 USD/SDR = 0.755259，2024 年 4 月 USD/SDR = 0.758766，2024 年 5 月 USD/SDR = 0.75555，2024 年 6 月 USD/SDR = 0.760257，2024 年 7 月 USD/SDR = 0.752773，2024 年 8 月 USD/SDR = 0.742608，2024 年 9 月 USD/SDR = 0.737261，2024 年 10 月 USD/SDR = 0.750957，2024 年 11 月 USD/SDR = 0.761088，2024 年 12 月 USD/SDR = 0.766792。

表 2-13　2024 年主要外币兑人民币汇率（期末值）

月份	1 特别提款权单位折合人民币	1 美元折合人民币	1 欧元折合人民币	1 英镑折合人民币	100 日元折合人民币	1 澳大利亚元折合人民币	1 加拿大元折合人民币
1	9.5495	7.1039	7.7153	9.0421	4.8322	4.6955	5.3173
2	9.5506	7.1036	7.7249	9.0249	4.7391	4.6345	5.2548
3	9.5656	7.0950	7.6765	9.0004	4.7158	4.6402	5.2738
4	9.5444	7.1063	7.6458	8.9594	4.5770	4.6905	5.2255
5	9.5859	7.1088	7.7322	9.0853	4.5611	4.7402	5.2224
6	9.5577	7.1268	7.6617	9.0430	4.4738	4.7650	5.2274
7	9.5946	7.1346	7.7439	9.1900	4.6958	4.6996	5.1733
8	9.5415	7.1124	7.8807	9.3638	4.9054	4.8345	5.2732
9	9.5116	7.0074	7.8267	9.3761	4.9077	4.8471	5.1868
10	9.4807	7.1250	7.7368	9.2320	4.6480	4.6831	5.1231
11	9.5280	7.1877	7.6087	9.1450	4.7770	4.6908	5.1475
12	9.5191	7.1884	7.5257	9.0765	4.6233	4.5070	5.0498

数据来源：中国人民银行。

表 2-14　2024 年全国银行间同业拆借中心受权公布贷款市场报价利率（LPR）

（%）

报价日期	1~5 年（含）	5 年以上	报价日期	1~5 年（含）	5 年以上
1 月 22 日	3.45	4.20	7 月 22 日	3.35	3.85
2 月 20 日	3.45	3.95	8 月 20 日	3.35	3.85
3 月 20 日	3.45	3.95	9 月 20 日	3.35	3.85
4 月 22 日	3.45	3.95	10 月 21 日	3.10	3.60
5 月 20 日	3.45	3.95	11 月 20 日	3.10	3.60
6 月 20 日	3.45	3.95	12 月 20 日	3.10	3.60

数据来源：中国人民银行。

表 2-15 2024 年新发放贷款加权平均利率

（%）

类 别	3月	6月	9月	12月
新发放贷款加权平均利率	3.99	3.68	3.67	3.28
一般贷款加权平均利率	4.27	4.13	4.15	3.82
其中：企业贷款加权平均利率	3.73	3.63	3.51	3.34
票据融资加权平均利率	2.26	1.60	1.35	1.02
个人住房贷款加权平均利率	3.69	3.45	3.31	3.09

数据来源：中国人民银行。

表 2-16 2020—2024 年末 40 座重点城市住户储蓄余额

单位：亿元

地 区	2020 年	2021 年	2022 年	2023 年	2024 年
北 京	42888.8	47184.3	56915.8	64020.4	72363.8
天 津	14865.7	16244.1	19211.3	21996.8	24300.0
石家庄	8774.6	9858.0	11671.1	13554.0	14831.0
太 原	5896.9	6566.4	7761.9	8825.2	9741.2
呼和浩特	2623.8	2893.1	3372.5	3903.7	4336.4
沈 阳	10330.0	11057.3	12474.0	13894.7	—
大 连	7843.8	8686.1	10070.2	11390.7	—
长 春	6896.3	8257.5	9465.3	10750.1	11036.1
哈尔滨	7311.4	8187.2	9645.7	11005.6	—
上 海	36734.0	41150.4	52638.0	58319.9	65946.1
南 京	9499.2	10636.8	13078.1	15229.0	17091.9
无 锡	7283.7	8218.4	10023.5	11845.0	13396.2
苏 州	12052.0	13555.8	16723.7	19707.8	21899.6
杭 州	14193.6	15623.0	19598.8	23199.4	25833.0
宁 波	8522.1	9387.3	11749.8	14282.0	16362.8
温 州	8550.4	9214.4	11199.9	13177.0	14174.2
合 肥	5589.4	6394.1	7958.0	9387.1	10840.8
福 州	6951.5	7493.0	9029.1	10414.6	11592.7
厦 门	3684.4	4197.8	5213.4	5963.2	6529.8
南 昌	4278.7	4738.0	5750.4	6641.7	7561.0
济 南	7584.1	8558.4	10226.3	11806.4	—
青 岛	8030.9	9028.2	10948.2	12758.6	14168.1
郑 州	8961.8	9829.9	11393.5	12886.1	—
武 汉	10213.2	11498.2	13923.7	16208.1	18248.6

续表

地　区	2020 年	2021 年	2022 年	2023 年	2024 年
长　沙	7501. 6	8245. 9	9703. 4	11132. 4	12423. 9
广　州	20774. 1	22768. 5	26479. 9	29715. 0	32394. 0
深　圳	18674. 4	20532. 3	24610. 1	27342. 4	27250. 6
南　宁	4415. 3	4878. 8	5521. 8	6117. 1	—
北　海	789. 5	868. 1	970. 2	—	—
海　口	2034. 6	2222. 0	2544. 8	2875. 3	—
三　亚	756. 5	827. 3	935. 5	—	—
重　庆	20209. 8	22239. 9	25458. 9	28899. 0	31881. 9
成　都	17085. 0	19020. 5	22403. 0	25768. 9	28992. 0
贵　阳	3634. 6	4008. 8	4646. 5	5195. 8	5664. 6
昆　明	5962. 8	6495. 4	7391. 2	8288. 9	9096. 0
西　安	10913. 1	11996. 5	14505. 4	16568. 7	—
兰　州	3859. 6	4083. 0	4569. 3	5130. 2	5664. 1
西　宁	1723. 9	1895. 2	2204. 3	2512. 8	2774. 3
银　川	2137. 5	2323. 5	2693. 9	3114. 7	3452. 8
乌鲁木齐	3680. 3	4027. 9	4647. 5	5306. 0	5905. 8

数据来源：国家统计局及各地方统计局网站。

注：部分城市 2023 年数据有调整。

三、财政数据

表 2-17　2020—2024 年全国财政收入情况

单位：亿元

类　别	2020 年	2021 年	2022 年	2023 年	2024 年
全国一般公共财政收入	182914	202555	203649	216795	219702
中央一般公共财政收入	82771	91470	94887	99567	100436
地方一般公共财政收入（本级）	100143	111084	108762	117229	119266
税收收入	154312	172736	166620	181136	174972
全国政府性基金收入	93491	98024	77896	70707	62090
中央政府性基金收入	3562	4088	4124	4418	4734
地方政府性基金收入（本级）	89930	93936	73772	66289	57356
国有土地使用权出让收入	84139	87052	66852	57994	48699

数据来源：财政部。

注：（1）国有土地使用权出让金收入、国有土地收益基金收入、农业土地开发资金收入构成国有土地使用权出让收入。（2）2023 年数据根据当年财政决算数据有调整。

表 2-18　2020—2024 年全国财政支出情况

单位：亿元

类　别	2020 年	2021 年	2022 年	2023 年	2024 年
全国一般公共财政支出	245679	245673	260552	274623	284612
中央一般公共财政支出	35096	35050	35571	38219	40720
地方一般公共财政支出	210583	210623	224981	236403	243892
全国政府性基金支出	118058	113390	110608	101278	101478
中央政府性基金支出	2715	3201	5544	5744	4679
地方政府性基金支出	115343	110189	105064	96427	96799
国有土地使用权出让收入相关支出	75552	77520	63856	55609	50812

数据来源：财政部。

注：（1）国有土地使用权出让金收入相关支出、国有土地收益基金相关支出、农业土地开发资金相关支出构成国有土地使用权出让收入相关支出。主要用于征地和拆迁补偿、土地储备开发、城市和农村基础设施建设等支出。（2）2023 年数据根据当年财政决算数据有调整。

表 2-19　2019—2023 年全国住房保障支出情况

单位：亿元

类　别	2019 年	2020 年	2021 年	2022 年	2023 年
住房保障支出	**6401.19**	**7106.08**	**7096.44**	**7498.74**	**8213.56**
保障性安居工程支出	**2941.16**	**3129.33**	**2793.68**	**2717.98**	**2911.16**
其中：廉租住房	33.29	27.38	20.53	15.71	14.91
沉陷区治理	12.01	7.09	12.54	14.03	8.92
棚户区改造	1086.24	922.57	889.54	885.93	871.61
少数民族地区游牧民定居工程	4.84	1.38	0.25	0.66	0.13
农村危房改造	393.6	249.37	131.33	93.44	87.69
公共租赁住房	285.57	297.85	232.59	253.89	288.34
保障性住房租金补贴	50.07	45.01	50.14	80.04	81.15
老旧小区改造	—	669.89	814.20	776.59	857.85
住房租赁市场发展	—	140.24	200.55	116.91	94.58
保障性租赁住房	—	—	—	—	185.35
其他保障性安居工程支出	1075.53	768.56	442.00	480.78	420.63
住房改革支出	**3166.08**	**3731.21**	**4029.71**	**4521.46**	**5015.81**
其中：住房公积金	2244.29	2651.81	2813.23	3242.96	3663.58
提租补贴	274.05	351.78	420.76	450.76	467.97
购房补贴	647.74	727.62	795.73	827.74	884.26

续表

类　别	2019 年	2020 年	2021 年	2022 年	2023 年
城乡社区住宅	**293.95**	**245.54**	**273.05**	**259.30**	**286.59**
其中：公有住房建设和维修改造支出	51.18	30.86	28.88	22.74	24.62
住房公积金管理	82.90	85.16	81.44	89.74	91.31
其他城乡社区住宅支出	159.87	129.53	162.73	146.82	170.66

数据来源：财政部。

表 2-20　2019—2023 年地方住房保障支出情况

单位：亿元

类　别	2019 年	2020 年	2021 年	2022 年	2023 年
住房保障支出	**5839.35**	**6499.50**	**6463.02**	**6881.29**	**7592.09**
保障性安居工程支出	**2930.02**	**3121.93**	**2778.75**	**2718.00**	**2911.16**
其中：廉租住房	33.29	27.38	20.53	15.71	14.91
沉陷区治理	12.01	7.09	12.54	14.03	8.92
棚户区改造	1085.49	921.61	888.43	885.95	871.61
少数民族地区游牧民定居工程	4.84	1.38	0.25	0.66	0.13
农村危房改造	392.10	247.87	130.63	93.44	87.69
公共租赁住房	285.57	297.85	225.39	253.89	288.34
保障性住房租金补贴	50.07	45.01	50.12	80.04	81.15
老旧小区改造	—	664.95	808.72	776.59	857.85
住房租赁市场发展	—	140.24	200.55	116.91	94.58
保障性租赁住房	—	—	—	—	185.35
其他保障性安居工程支出	1066.64	768.56	441.58	480.78	420.63
住房改革支出	**2620.12**	**3132.66**	**3411.92**	**3903.99**	**4394.34**
其中：住房公积金	1980.51	2376.41	2538.00	2964.96	3383.62
提租补贴	267.43	345.08	414.05	443.99	461.26
购房补贴	372.18	411.17	459.88	495.04	549.46
城乡社区住宅	**289.21**	**244.91**	**272.35**	**259.30**	**286.59**
其中：公有住房建设和维修改造支出	46.64	30.40	28.88	22.74	24.62
住房公积金管理	82.76	85.01	81.23	89.74	91.31
其他城乡社区住宅支出	159.81	129.51	162.24	146.82	170.66

数据来源：财政部。

表 2-21　2020—2024 年地方财政收入和土地出让收入比较

年份	地方财政收入（亿元）	同比增长（%）	土地出让收入（亿元）	同比增长（%）	土地出让收入占地方财政收入比重（%）
2020	100143	-0.9	84139	15.9	84.0
2021	111084	10.9	87052	3.5	78.4
2022	108762	-2.1	66852	-23.2	61.5
2023	117229	7.8	57994	-13.2	49.5
2024	119266	1.7	48699	-16.0	40.8

数据来源：财政部。

注：2023 年数据根据当年财政决算数据有调整。

表 2-22　2020—2024 年各地区公共财政收入情况

单位：亿元

地　区	2020 年	2021 年	2022 年	2023 年	2024 年
合　计	**100143.16**	**111084.23**	**108761.94**	**117228.76**	**119266.76**
北　京	5483.89	5932.31	5714.36	6181.10	6372.70
天　津	1923.11	2141.06	1846.69	2027.51	2133.68
河　北	3826.46	4167.62	4056.30	4286.60	4310.00
上　海	7046.30	7771.80	7608.00	8312.50	8374.17
江　苏	9058.99	10015.16	9258.88	9930.18	10038.20
浙　江	7248.24	8262.64	8039.85	8600.51	8706.00
福　建	3079.04	3383.40	3339.21	3592.04	3614.64
山　东	6559.93	7284.46	7104.10	7464.78	7711.50
广　东	12923.85	14105.04	13260.88	13850.78	13533.27
海　南	816.06	921.16	832.43	900.71	890.46
山　西	2296.57	2834.47	3453.99	3479.37	3541.70
安　徽	3216.01	3498.19	3589.14	3939.16	4041.20
江　西	2507.54	2812.23	2948.33	3059.59	3066.60
河　南	4168.84	4353.92	4250.35	4518.10	4398.90
湖　北	2511.54	3283.32	3281.13	3692.79	3937.05
湖　南	3008.66	3250.69	3101.76	3360.51	3448.90
内蒙古	2051.20	2349.95	2824.39	3083.64	3150.30
广　西	1716.94	1800.15	1687.72	1783.80	1837.32
重　庆	2094.85	2285.45	2103.42	2440.77	2595.40
四　川	4260.89	4773.15	4880.55	5529.09	5635.10

续表

地　区	2020 年	2021 年	2022 年	2023 年	2024 年
贵　州	1786. 80	1969. 39	1886. 41	2078. 37	2169. 62
云　南	2116. 69	2278. 29	1949. 46	2149. 44	2193. 20
西　藏	220. 99	215. 62	179. 63	236. 62	277. 20
陕　西	2257. 31	2775. 42	3311. 57	3437. 60	3393. 10
甘　肃	874. 55	1001. 86	907. 65	1003. 58	1051. 40
青　海	297. 99	328. 76	329. 10	381. 34	370. 54
宁　夏	419. 44	460. 01	460. 15	502. 31	516. 50
新　疆	1477. 22	1618. 61	1889. 76	2179. 69	2408. 92
辽　宁	2655. 75	2765. 59	2525. 07	2755. 29	2905. 80
吉　林	1085. 02	1143. 98	851. 00	1074. 84	1191. 39
黑龙江	1152. 51	1300. 51	1290. 66	1396. 15	1452. 00

数据来源：国家统计局、财政部及地方财政厅/局。

注：2023 年根据最新数据有调整。

表 2-23　2020—2024 年各地区公共财政支出情况

单位：亿元

地　区	2020 年	2021 年	2022 年	2023 年	2024 年
合　计	**210583. 46**	**210623. 04**	**223857. 79**	**234886. 10**	**242483. 65**
北　京	7116. 18	7205. 12	7469. 15	7971. 25	8396. 50
天　津	3151. 35	3152. 55	2729. 83	3280. 42	3620. 56
河　北	9022. 79	8848. 21	9305. 64	9606. 21	10326. 00
上　海	8102. 11	8430. 86	9393. 00	9638. 51	9874. 84
江　苏	13681. 55	14585. 26	14901. 37	15242. 28	15293. 90
浙　江	10082. 01	11014. 59	12017. 78	12353. 09	12565. 00
福　建	5216. 10	5204. 72	5691. 22	5859. 39	6081. 11
山　东	11233. 52	11713. 16	12128. 63	12581. 74	13077. 20
广　东	17430. 79	18247. 01	18533. 08	18527. 03	17956. 40
海　南	1972. 46	1971. 37	2097. 37	2248. 96	2293. 57
山　西	5110. 87	5046. 62	5876. 50	6345. 61	6318. 10
安　徽	7473. 59	7591. 05	8379. 78	8643. 57	8995. 20
江　西	6674. 08	6778. 87	7289. 07	7492. 88	7696. 50
河　南	10372. 67	9784. 29	10646. 75	11052. 54	11461. 00
湖　北	8442. 88	7933. 67	8623. 87	9299. 07	9974. 11

续表

地　区	2020 年	2021 年	2022 年	2023 年	2024 年
湖　南	8403.13	8325.50	8991.61	9581.12	9533.80
内蒙古	5270.16	5239.57	5887.70	6836.24	6928.00
广　西	6179.47	5806.54	5893.32	6101.37	6485.35
重　庆	4893.95	4835.06	4892.77	5304.56	5621.30
四　川	11198.54	11215.69	11914.66	12732.79	13445.30
贵　州	5739.50	5590.01	5851.36	6203.70	6522.42
云　南	6974.02	6634.36	6699.79	6730.08	6863.10
西　藏	2210.92	2027.01	2592.98	2809.02	2919.55
陕　西	5930.32	6069.22	6760.98	7175.08	7297.70
甘　肃	4163.40	4032.56	4257.16	4521.82	4781.70
青　海	1932.84	1854.52	1975.10	2188.72	2164.94
宁　夏	1480.36	1427.89	1587.85	1751.38	1769.50
新　疆	5533.16	5376.91	5712.04	6049.60	6240.37
辽　宁	6014.17	5879.21	6261.43	6574.78	6853.20
吉　林	4127.17	3696.84	4044.01	4406.85	4672.93
黑龙江	5449.41	5104.81	5451.99	5776.44	6454.50

数据来源：国家统计局、财政部及地方财政厅/局。

注：新疆 2022 年和 2023 年根据财政决算数据有调整。

表 2-24　2020—2024 年房地产五项税收收入情况

单位：亿元

类　别	2020 年	2021 年	2022 年	2023 年	2024 年
房产税	2842	3278	3590	3994	4705
契税	7061	7428	5794	5910	5170
土地增值税	6469	6896	6349	5294	4869
耕地占用税	1258	1065	1257	1127	1368
城镇土地使用税	2058	2126	2226	2213	2425

数据来源：财政部。

表 2-25　2019—2023 年各地区房产税收入情况

单位：亿元

地　区	2019 年	2020 年	2021 年	2022 年	2023 年
合　计	**2988.43**	**2841.76**	**3277.64**	**3590.35**	**3994.18**
北　京	354.43	308.47	342.86	336.63	368.50
天　津	77.44	72.51	81.88	82.68	92.51

续表

地 区	2019 年	2020 年	2021 年	2022 年	2023 年
河 北	75. 24	79. 28	89. 57	95. 94	107. 30
上 海	216. 83	198. 75	221. 98	237. 11	333. 07
江 苏	322. 91	321. 75	373. 39	393. 43	405. 80
浙 江	207. 25	234. 12	249. 82	322. 36	348. 54
福 建	87. 47	81. 74	93. 64	101. 84	113. 98
山 东	166. 73	165. 57	188. 96	213. 81	229. 61
广 东	356. 76	315. 94	374. 14	430. 69	470. 67
海 南	21. 61	16. 98	24. 31	25. 39	23. 79
山 西	43. 13	45. 71	45. 51	53. 86	60. 72
安 徽	68. 99	72. 57	89. 07	100. 84	103. 51
江 西	41. 38	34. 23	40. 47	51. 27	69. 39
河 南	76. 17	82. 25	87. 01	100. 61	103. 70
湖 北	100. 67	68. 65	98. 83	110. 50	129. 02
湖 南	70. 31	69. 48	89. 49	108. 80	140. 79
内蒙古	51. 32	51. 37	46. 75	55. 61	65. 96
广 西	50. 06	35. 91	47. 96	50. 59	59. 12
重 庆	73. 15	71. 74	86. 11	93. 88	104. 50
四 川	111. 86	112. 48	143. 29	152. 78	165. 40
贵 州	36. 88	37. 38	38. 90	39. 70	43. 49
云 南	47. 49	50. 55	57. 38	54. 66	35. 58
西 藏	—	—	—	—	—
陕 西	65. 80	64. 97	81. 29	84. 85	100. 46
甘 肃	23. 67	24. 92	28. 43	29. 28	34. 03
青 海	7. 46	7. 74	9. 18	9. 11	11. 56
宁 夏	13. 68	11. 34	14. 22	16. 55	16. 52
新 疆	46. 00	42. 56	48. 41	50. 36	59. 09
辽 宁	97. 17	95. 12	104. 88	109. 40	110. 71
吉 林	34. 40	29. 02	35. 04	34. 67	40. 62
黑龙江	42. 18	38. 67	44. 86	43. 16	46. 24

数据来源：国家统计局。

表 2-26　2019—2023 年各地区契税收入情况

单位：亿元

地　区	2019 年	2020 年	2021 年	2022 年	2023 年
合　计	**6212.86**	**7061.02**	**7427.49**	**5793.80**	**5910.43**
北　京	225.19	231.20	245.09	219.91	225.17
天　津	112.96	92.98	98.85	64.45	84.64
河　北	234.51	255.79	267.08	195.24	241.17
上　海	315.18	380.10	410.45	320.14	330.06
江　苏	717.13	918.64	848.29	659.46	668.44
浙　江	571.34	838.16	767.28	605.30	609.13
福　建	193.31	219.72	246.15	207.73	196.00
山　东	455.52	502.83	588.66	435.85	424.57
广　东	640.89	783.82	809.80	597.03	621.88
海　南	52.53	45.22	59.75	47.37	58.72
山　西	75.07	79.02	102.43	85.19	89.64
安　徽	231.90	226.24	262.05	231.56	217.88
江　西	192.69	204.88	222.37	159.09	159.95
河　南	274.94	316.86	320.69	312.15	251.01
湖　北	257.24	198.45	271.48	248.42	221.92
湖　南	289.57	321.15	333.17	293.44	254.47
内蒙古	52.03	62.38	76.45	47.55	64.77
广　西	91.84	101.67	117.86	93.17	89.60
重　庆	190.64	182.67	186.09	97.30	103.18
四　川	289.24	308.80	358.42	306.37	322.92
贵　州	103.66	94.26	98.30	91.33	91.72
云　南	118.66	120.74	120.33	78.60	82.97
西　藏	—	—	0.26	1.15	2.72
陕　西	97.32	113.55	143.33	110.71	139.55
甘　肃	36.23	38.94	49.03	48.44	44.06
青　海	10.51	11.86	14.51	6.55	10.51
宁　夏	18.80	21.95	23.13	19.53	24.56
新　疆	48.87	53.20	58.54	38.66	56.62
辽　宁	153.60	163.64	161.37	113.60	127.22
吉　林	88.25	107.30	103.66	19.23	45.08
黑龙江	73.26	65.01	62.61	39.27	50.30

数据来源：国家统计局。

表 2-27　2019—2023 年各地区土地增值税收入情况

单位：亿元

地　区	2019 年	2020 年	2021 年	2022 年	2023 年
合　计	**6465.14**	**6468.51**	**6896.02**	**6349.11**	**5294.00**
北　京	225.37	259.30	247.43	335.09	223.15
天　津	102.82	90.58	106.06	85.77	77.31
河　北	270.11	269.72	286.93	213.11	173.22
上　海	412.76	497.68	464.16	482.09	566.43
江　苏	558.86	584.00	655.95	596.54	303.15
浙　江	467.69	515.59	698.78	508.99	404.42
福　建	254.53	229.67	256.81	239.86	142.85
山　东	404.28	433.38	487.11	494.59	431.42
广　东	1402.89	1375.09	1392.05	1243.62	1033.79
海　南	172.37	134.65	165.92	123.29	116.14
山　西	60.84	52.85	57.37	43.82	44.10
安　徽	146.84	147.64	142.97	129.29	99.24
江　西	138.86	142.12	118.29	110.54	99.10
河　南	295.81	268.61	216.66	214.21	157.25
湖　北	255.41	159.57	281.44	267.30	252.38
湖　南	221.76	256.05	277.61	321.88	265.98
内蒙古	61.74	75.52	60.06	35.32	35.28
广　西	95.06	94.87	75.35	56.29	56.57
重　庆	129.03	104.44	70.86	86.76	77.93
四　川	244.10	244.38	283.59	348.55	343.93
贵　州	89.23	62.89	54.21	43.67	45.19
云　南	86.92	103.57	128.88	96.95	82.95
西　藏	4.13	5.78	4.64	2.78	4.32
陕　西	80.50	70.76	80.64	83.27	77.06
甘　肃	30.62	34.11	34.10	29.52	22.36
青　海	8.18	8.12	8.37	4.00	4.61
宁　夏	9.23	12.53	11.93	11.00	11.28
新　疆	40.35	37.85	50.07	36.06	41.35
辽　宁	90.11	92.14	91.35	73.55	66.10
吉　林	37.79	38.90	29.14	18.78	19.92
黑龙江	66.93	66.18	57.29	12.62	15.22

数据来源：国家统计局。

表 2-28　2019—2023 年各地区耕地占用税收入情况

单位：亿元

地　区	2019 年	2020 年	2021 年	2022 年	2023 年
合　计	**1389.84**	**1257.57**	**1065.36**	**1256.84**	**1126.52**
北　京	3.23	2.88	4.52	2.74	5.81
天　津	4.60	2.38	4.05	1.70	2.26
河　北	80.86	119.79	103.11	122.52	76.96
上　海	13.29	8.29	2.89	4.88	4.30
江　苏	72.53	61.90	41.18	56.67	61.41
浙　江	121.85	93.32	72.93	61.97	41.60
福　建	15.03	12.42	11.13	15.28	10.94
山　东	97.25	97.67	97.46	91.10	75.59
广　东	58.34	58.71	50.96	59.92	67.01
海　南	14.46	2.98	1.24	3.71	4.09
山　西	10.60	19.70	18.56	20.62	27.61
安　徽	46.81	22.77	22.71	34.35	39.07
江　西	36.58	28.49	21.12	28.32	26.91
河　南	166.87	176.38	162.07	166.63	119.17
湖　北	98.71	29.51	55.53	99.40	77.64
湖　南	66.32	72.26	64.75	68.31	52.66
内蒙古	69.09	73.80	49.53	77.42	110.63
广　西	38.44	37.18	33.37	29.55	27.32
重　庆	30.87	34.79	22.69	27.67	28.16
四　川	90.67	91.19	71.54	107.73	97.09
贵　州	44.71	28.13	11.89	13.98	11.54
云　南	33.32	25.19	20.09	25.91	23.53
西　藏	0.73	1.48	3.04	2.05	3.91
陕　西	45.04	39.28	25.41	36.22	26.58
甘　肃	4.60	4.14	6.82	7.12	8.79
青　海	4.93	2.68	6.44	11.96	15.14
宁　夏	6.96	5.97	6.97	6.84	13.09
新　疆	63.18	48.07	22.20	30.43	36.55
辽　宁	14.62	15.45	17.22	20.42	11.03
吉　林	12.39	20.81	19.88	8.16	8.30
黑龙江	22.96	19.95	14.03	13.27	11.83

数据来源：国家统计局。

表 2-29　2019—2023 年各地区城镇土地使用税收入情况

单位：亿元

地　区	2019 年	2020 年	2021 年	2022 年	2023 年
合　计	**2195.41**	**2058.22**	**2126.28**	**2225.62**	**2212.73**
北　京	20.03	18.51	18.93	18.70	19.45
天　津	15.95	14.19	15.01	14.44	14.44
河　北	139.06	145.90	155.59	158.72	155.04
上　海	22.89	18.10	18.64	15.33	20.62
江　苏	180.44	172.08	170.28	175.90	158.73
浙　江	92.44	110.54	99.52	130.46	130.44
福　建	34.87	31.60	36.83	34.61	36.28
山　东	337.27	299.89	302.53	315.51	315.09
广　东	120.70	93.59	94.41	96.50	85.38
海　南	24.50	17.53	22.00	19.65	18.16
山　西	34.91	28.57	29.12	32.87	37.37
安　徽	102.72	102.30	112.92	113.39	104.25
江　西	50.65	41.19	44.83	49.90	53.12
河　南	153.83	155.12	135.61	150.42	141.54
湖　北	60.10	40.37	59.14	66.93	68.31
湖　南	75.25	68.99	77.95	78.98	85.96
内蒙古	76.24	82.44	64.67	77.39	98.71
广　西	25.16	19.12	22.09	21.73	22.81
重　庆	99.13	81.66	85.42	81.49	91.79
四　川	79.18	78.08	92.82	107.50	99.48
贵　州	31.75	29.42	33.32	33.04	29.46
云　南	39.80	42.83	42.01	39.51	22.90
西　藏	0.18	0.18	0.16	0.22	0.38
陕　西	45.12	46.58	56.16	52.26	56.06
甘　肃	21.65	21.65	22.20	26.50	28.75
青　海	3.62	3.61	4.49	4.51	4.83
宁　夏	12.92	10.76	12.19	12.35	12.29
新　疆	54.87	52.63	50.76	52.62	56.25
辽　宁	132.86	135.66	145.06	146.86	147.12
吉　林	26.47	22.46	25.84	24.00	25.43
黑龙江	80.83	72.66	75.78	73.34	72.29

数据来源：国家统计局。

表 2-30　2020—2024 年 40 座重点城市公共财政收入情况

单位：亿元

地　区	2020 年	2021 年	2022 年	2023 年	2024 年
北　京	5483.9	5932.3	5714.4	6181.1	6372.7
天　津	1923.1	2141.0	1846.6	2027.3	2133.7
石家庄	632.2	681.4	692.2	737.9	746.1
太　原	378.4	423.4	437.5	449.2	440.3
呼和浩特	217.1	228.9	230.9	237.8	255.1
沈　阳	736.1	773.0	713.7	800.9	825.6
大　连	702.7	737.6	669.7	750.2	774.8
长　春	440.4	617.1	459.7	576.5	427.5
哈尔滨	339.6	365.8	262.2	313.1	337.8
上　海	7046.3	7771.8	7608.2	8312.5	8374.2
南　京	1637.7	1729.5	1558.2	1620.0	1596.0
无　锡	1075.7	1200.5	1133.4	1195.4	1210.1
苏　州	2303.0	2510.0	2329.2	2456.8	2459.1
杭　州	2093.4	2386.6	2451.0	2617.0	2640.0
宁　波	1510.8	1723.1	1680.2	1785.9	1790.5
温　州	602.0	657.6	573.9	622.7	632.6
合　肥	762.9	844.2	909.3	929.6	955.0
福　州	675.6	749.9	698.5	754.1	750.5
厦　门	783.9	881.0	883.8	932.1	933.2
南　昌	483.9	484.8	457.7	500.2	526.1
济　南	906.1	1007.6	1001.1	1060.8	1083.0
青　岛	1253.8	1368.3	1273.2	1337.8	1339.3
郑　州	1259.2	1223.6	1130.8	1165.9	1155.0
武　汉	1230.3	1578.7	1504.7	1601.2	1667.3
长　沙	1100.1	1188.3	1202.0	1227.1	1264.5
广　州	1721.6	1883.2	1854.7	1944.2	1954.7
深　圳	3857.4	4257.8	4012.3	4112.8	3914.2
南　宁	372.3	391.8	392.7	400.9	381.2
北　海	79.4	72.1	67.6	73.6	78.2
海　口	186.1	208.3	204.8	266.9	258.3
三　亚	110.4	117.1	98.0	147.4	154.2
重　庆	2094.8	2285.4	2103.4	2440.7	2595.4

续表

地 区	2020 年	2021 年	2022 年	2023 年	2024 年
成 都	1520. 4	1697. 9	1722. 4	1929. 3	1949. 5
贵 阳	398. 1	403. 7	402. 2	446. 2	472. 1
昆 明	650. 5	689. 1	505. 3	558. 0	547. 2
西 安	724. 1	856. 0	834. 1	951. 6	1002. 4
兰 州	247. 1	276. 7	221. 0	255. 3	251. 9
西 宁	133. 5	153. 9	131. 7	144. 1	134. 5
银 川	157. 3	171. 2	168. 9	197. 8	208. 4
乌鲁木齐	392. 6	377. 9	314. 8	369. 8	371. 3

数据来源：各地方财政局网站。

注：部分城市 2023 年数据有调整。

表 2-31 2020—2024 年 40 座重点城市公共财政支出情况

单位：亿元

城 市	2020 年	2021 年	2022 年	2023 年	2024 年
北 京	7116. 2	7205. 1	7469. 2	7971. 3	8396. 5
天 津	3151. 4	3152. 6	2729. 8	3280. 4	3620. 6
石家庄	1142. 2	1152. 7	1250. 4	1274. 8	1274. 7
太 原	647. 4	629. 0	715. 9	777. 3	744. 4
呼和浩特	438. 6	420. 8	421. 0	593. 0	581. 6
沈 阳	1074. 1	1032. 5	1053. 6	1084. 1	1160. 7
大 连	1002. 0	980. 1	991. 1	1013. 5	1085. 1
长 春	1084. 1	966. 5	976. 7	1075. 0	1056. 2
哈尔滨	1162. 2	992. 1	1065. 5	1080. 7	1257. 6
上 海	8102. 1	8430. 9	9393. 2	9638. 5	9874. 8
南 京	1754. 6	1817. 7	1828. 7	1838. 7	1705. 3
无 锡	1214. 9	1357. 9	1365. 8	1390. 5	1341. 5
苏 州	2263. 6	2583. 7	2588. 5	2621. 3	2602. 3
杭 州	2069. 7	2392. 0	2542. 0	2636. 2	2690. 0
宁 波	1767. 9	1944. 4	2187. 8	2235. 1	2230. 4
温 州	1027. 2	1066. 8	1137. 7	1175. 9	1177. 6
合 肥	1164. 8	1223. 7	1380. 2	1411. 3	1581. 1
福 州	951. 4	925. 3	1006. 1	1004. 9	1022. 4
厦 门	976. 9	1060. 0	1088. 7	1084. 7	1059. 2
南 昌	838. 1	870. 0	939. 0	925. 6	940. 1

续表

城　市	2020 年	2021 年	2022 年	2023 年	2024 年
济　南	1288.4	1292.7	1225.6	1365.3	1397.1
青　岛	1584.7	1705.7	1696.2	1718.8	1720.4
郑　州	1721.3	1624.4	1456.4	1519.6	1525.7
武　汉	2407.2	2216.0	2223.2	2204.1	2481.0
长　沙	1501.2	1541.6	1566.3	1626.8	1663.9
广　州	2953.0	3021.2	3022.5	2971.7	2777.4
深　圳	4177.7	4570.2	4997.2	5012.1	4700.9
南　宁	819.9	778.0	838.9	816.5	797.0
北　海	212.7	179.2	190.3	194.1	214.5
海　口	307.1	274.3	332.7	369.5	372.1
三　亚	199.7	202.4	229.0	232.5	252.5
重　庆	4893.9	4835.1	4892.8	5304.6	5621.3
成　都	2158.0	2237.6	2435.0	2586.8	2610.4
贵　阳	676.4	633.4	727.5	778.6	805.7
昆　明	875.1	928.2	863.3	837.8	843.0
西　安	1347.6	1474.6	1569.8	1730.5	1561.7
兰　州	486.2	484.6	498.8	502.9	547.6
西　宁	329.5	343.8	339.0	418.8	401.0
银　川	332.4	291.7	356.6	438.2	444.5
乌鲁木齐	536.9	419.6	455.8	504.1	465.5

数据来源：各地方财政局网站。

注：部分城市 2023 年数据有调整。

四、人口、就业及收支情况数据

（一）人口数据

表 2-32　2020—2024 年全国人口情况

类　别	2020 年	2021 年	2022 年	2023 年	2024 年
总人口（万人）	**141212**	**141260**	**141175**	**140967**	**140828**
男（万人）	72357	72311	72206	72032	71909
比重（%）	51.24	51.19	51.15	51.10	51.06
女（万人）	68855	68949	68969	68935	68919
比重（%）	48.76	48.81	48.85	48.90	48.94
城镇（万人）	90220	91425	92071	93267	94350

续表

类　别	2020 年	2021 年	2022 年	2023 年	2024 年
比重（%）	63.89	64.72	65.22	66.16	67.00
乡村（万人）	50992	49835	49104	47700	46478
比重（%）	36.11	35.28	34.78	33.84	33.00
0~14 岁人口（万人）	25277	24678	23908	23063	23999
比重（%）	17.90	17.47	16.94	16.36	17.04
15~64 岁人口（万人）	96871	96526	96289	96228	94806
比重（%）	68.60	68.33	68.21	68.26	67.32
65 岁及以上（万人）	19064	20056	20978	21676	22023
比重（%）	13.50	14.20	14.86	15.38	15.64
出生率（‰）	8.52	7.52	6.77	6.39	6.77
死亡率（‰）	7.07	7.18	7.37	7.87	7.76
自然增长率（‰）	1.45	0.34	-0.60	-1.48	-0.99

数据来源：国家统计局。

表 2-33　2019—2023 年各地区年末常住人口数

单位：万人

地　区	2019 年	2020 年	2021 年	2022 年	2023 年
北　京	2190	2189	2189	2184	2186
天　津	1385	1387	1373	1363	1364
河　北	7447	7464	7448	7420	7393
上　海	2481	2488	2489	2475	2487
江　苏	8469	8477	8505	8515	8526
浙　江	6375	6468	6540	6577	6627
福　建	4137	4161	4187	4188	4183
山　东	10106	10165	10170	10163	10123
广　东	12489	12624	12684	12657	12706
海　南	995	1012	1020	1027	1043
山　西	3497	3490	3480	3481	3466
安　徽	6092	6105	6113	6127	6121
江　西	4516	4519	4517	4528	4515
河　南	9901	9941	9883	9872	9815
湖　北	5927	5745	5830	5844	5838
湖　南	6640	6645	6622	6604	6568
内蒙古	2415	2403	2400	2401	2396

续表

地 区	2019 年	2020 年	2021 年	2022 年	2023 年
广 西	4982	5019	5037	5047	5027
重 庆	3188	3209	3212	3213	3191
四 川	8351	8371	8372	8374	8368
贵 州	3848	3858	3852	3856	3865
云 南	4714	4722	4690	4693	4673
西 藏	361	366	366	364	365
陕 西	3944	3955	3954	3956	3952
甘 肃	2509	2501	2490	2492	2465
青 海	590	593	594	595	594
宁 夏	717	721	725	728	729
新 疆	2559	2590	2589	2587	2598
辽 宁	4277	4255	4229	4197	4182
吉 林	2448	2399	2375	2348	2339
黑龙江	3255	3171	3125	3099	3062

数据来源：国家统计局。

表 2-34　2023 年各地区年末城乡常住人口数及比重

地 区	城镇		乡村	
	人口数（万人）	比重（%）	人口数（万人）	比重（%）
北 京	1920	87.83	266	12.17
天 津	1166	85.48	198	14.52
河 北	4641	62.78	2752	37.22
上 海	2225	89.47	262	10.53
江 苏	6398	75.04	2128	24.96
浙 江	4919	74.23	1708	25.77
福 建	2972	71.05	1211	28.95
山 东	6634	65.53	3489	34.47
广 东	9583	75.42	3123	24.58
海 南	651	62.42	392	37.58
山 西	2252	64.97	1214	35.03
安 徽	3765	61.51	2356	38.49
江 西	2850	63.12	1665	36.88
河 南	5701	58.08	4114	41.92
湖 北	3822	65.47	2016	34.53

续表

地 区	城镇		乡村	
	人口数（万人）	比重（%）	人口数（万人）	比重（%）
湖 南	4017	61. 16	2551	38. 84
内蒙古	1667	69. 57	729	30. 43
广 西	2854	56. 77	2173	43. 23
重 庆	2287	71. 67	904	28. 33
四 川	4978	59. 49	3390	40. 51
贵 州	2162	55. 94	1703	44. 06
云 南	2473	52. 92	2200	47. 08
西 藏	142	38. 90	223	61. 10
陕 西	2575	65. 16	1377	34. 84
甘 肃	1368	55. 50	1097	44. 50
青 海	373	62. 79	221	37. 21
宁 夏	491	67. 35	238	32. 65
新 疆	1539	59. 24	1059	40. 76
辽 宁	3074	73. 51	1108	26. 49
吉 林	1514	64. 73	825	35. 27
黑龙江	2055	67. 11	1007	32. 89

数据来源：国家统计局。

表 2-35　2023 年各地区年末城乡户数及规模（抽样）

地 区	户数（户）	家庭户（户）	集体户（户）	平均家庭户规模（人/户）
全 国	**522152**	**507031**	**15121**	**2. 80**
北 京	9158	8759	399	2. 46
天 津	5668	5381	288	2. 51
河 北	26612	26078	534	2. 90
上 海	10373	9895	479	2. 45
江 苏	31513	30466	1047	2. 80
浙 江	26431	25309	1121	2. 61
福 建	15006	14500	505	2. 89
山 东	39287	38718	570	2. 69
广 东	45338	43317	2021	2. 92
海 南	3180	3099	80	3. 45
山 西	13257	12941	316	2. 72
安 徽	22919	22175	743	2. 78
江 西	15115	14744	371	3. 10

续表

地　区	户数（户）	家庭户（户）	集体户（户）	平均家庭户规模（人/户）
河　南	34058	33314	745	3.00
湖　北	21204	20686	518	2.86
湖　南	23935	23318	618	2.85
内蒙古	9985	9801	184	2.48
广　西	16686	16094	592	3.12
重　庆	12534	12288	246	2.63
四　川	31420	30629	790	2.77
贵　州	12615	12115	501	3.21
云　南	15412	14887	525	3.15
西　藏	1100	1053	47	3.49
陕　西	15304	14844	460	2.69
甘　肃	8431	8187	244	3.03
青　海	2051	1984	68	3.03
宁　夏	2557	2461	97	2.97
新　疆	8893	8668	225	3.05
辽　宁	18189	17857	332	2.39
吉　林	9964	9685	279	2.45
黑龙江	13956	13781	176	2.28

数据来源：国家统计局。

注：本表是 2023 年全国人口变动情况抽样调查样本数据，抽样比 1.051‰。

（二）居民收支数据

表 2-36　2020—2024 年全国城镇居民可支配收入及构成

类　别	2020 年	2021 年	2022 年	2023 年	2024 年
可支配收入（元）	43834	47412	49283	51821	54188
工资性收入（元）	26381	28481	29578	31321	32899
经营净收入（元）	4711	5382	5584	5903	6244
财产净收入（元）	4627	5052	5238	5392	5455
转移净收入（元）	8116	8497	8882	9205	9590
可支配收入构成（%）	100.0	100.0	100.0	100.0	100.0
工资性收入（%）	60.2	60.1	60.0	60.4	60.7
经营净收入（%）	10.7	11.4	11.3	11.4	11.5
财产净收入（%）	10.6	10.7	10.6	10.4	10.1
转移净收入（%）	18.5	17.9	18.0	17.8	17.7

数据来源：国家统计局。

表 2-37　2020—2024 年各地区城镇居民人均可支配收入

单位：元

地　区	2020 年	2021 年	2022 年	2023 年	2024 年
北　京	75602	81518	84023	88650	92464
天　津	47659	51486	53003	55355	57705
河　北	37286	39791	41278	43631	45610
上　海	76437	82429	84034	89477	93095
江　苏	53102	57743	60178	63211	66173
浙　江	62699	68487	71268	74997	78251
福　建	47160	51140	53817	56153	58763
山　东	43726	47066	49050	51571	54062
广　东	50257	54854	56905	59307	61629
海　南	37097	40213	40118	42661	44307
山　西	34793	37433	39532	41327	43036
安　徽	39442	43009	45133	47446	49539
江　西	38556	41684	43697	45554	47514
河　南	34750	37095	38484	40234	42027
湖　北	36706	40278	42626	44990	46987
湖　南	41698	44866	47301	49243	51243
内蒙古	41353	44377	46295	48676	50888
广　西	35859	38530	39703	41287	43044
重　庆	40006	43502	45509	47435	49778
四　川	38253	41444	43233	45227	47336
贵　州	36096	39211	41086	42772	44558
云　南	37500	40905	42168	43563	45312
西　藏	41156	46503	48753	51900	55444
陕　西	37868	40713	42431	44713	46821
甘　肃	33822	36187	37572	39833	41842
青　海	35506	37745	38736	40408	42191
宁　夏	35720	38291	40194	42395	44449
新　疆	34838	37642	38410	40578	42820
辽　宁	40376	43051	44003	45896	47982
吉　林	33396	35646	35471	37503	39157
黑龙江	31115	33646	35042	36492	38212

数据来源：国家及各地统计局。

表 2-38　2020—2024 年全国城镇居民人均消费支出及构成

类　别	2020 年	2021 年	2022 年	2023 年	2024 年
消费支出（元）	27007	30307	30391	32994	34557
食品烟酒（元）	7881	8678	8958	9495	9957
衣着（元）	1645	1843	1735	1880	1913
居住（元）	6958	7405	7644	7822	8008
生活用品及服务（元）	1640	1820	1800	1910	1903
交通通信（元）	3474	3932	3909	4495	4876
教育文化娱乐（元）	2592	3322	3050	3589	3928
医疗保健（元）	2172	2521	2481	2850	2925
其他用品及服务（元）	646	786	814	953	1047
消费支出构成（%）	100.0	100.0	100.0	100.0	100.0
食品烟酒（%）	29.2	28.6	29.5	28.8	28.8
衣着（%）	6.1	6.1	5.7	5.7	5.5
居住（%）	25.8	24.4	25.2	23.7	23.2
生活用品及服务（%）	6.1	6.0	5.9	5.8	5.5
交通通信（%）	12.9	13.0	12.9	13.6	14.1
教育文化娱乐（%）	9.6	11.0	10.0	10.9	11.4
医疗保健（%）	8.0	8.3	8.2	8.6	8.5
其他用品及服务（%）	2.4	2.6	2.7	2.9	3.0

数据来源：国家统计局。

表 2-39　2020—2024 年各地区城镇居民人均消费支出

单位：元

地　区	2020 年	2021 年	2022 年	2023 年	2024 年
北　京	41726	46776	45617	50897	53214
天　津	30895	36067	33824	37586	38309
河　北	23167	24192	25071	27906	29310
上　海	44839	51295	48111	54919	54980
江　苏	30882	36558	37796	40461	42197
浙　江	36197	42193	44511	47762	50704
福　建	30487	33942	35692	37674	39910
山　东	27291	29314	28555	30251	31625
广　东	33511	36621	36936	39333	41055
海　南	23560	27565	26418	28930	31507
山　西	20332	21965	21923	24524	26089

续表

地　区	2020 年	2021 年	2022 年	2023 年	2024 年
安　徽	22683	26495	26832	27900	29323
江　西	22134	24587	25976	27733	29070
河　南	20645	23178	23539	25570	26507
湖　北	22885	28506	29121	31500	32473
湖　南	26796	28294	29580	31035	32625
内蒙古	23888	27194	26667	32249	33342
广　西	20907	22555	22438	24427	26084
重　庆	26464	29850	30574	31531	32360
四　川	25133	26971	27637	29280	30874
贵　州	20587	25333	24230	27693	28512
云　南	24569	27441	26240	28338	29755
西　藏	24927	28159	28265	28858	31292
陕　西	22866	24784	24766	27303	28543
甘　肃	24615	25757	25207	27044	28013
青　海	24315	24513	21700	25373	26413
宁　夏	22379	25386	24213	27076	28469
新　疆	22952	25724	24142	26134	28248
辽　宁	24849	28438	26652	29091	30350
吉　林	21623	24421	21835	26677	28770
黑龙江	20397	24422	24011	25882	27625

数据来源：国家及各地统计局。

表 2-40　2024 年 40 座重点城市城镇居民人均可支配收入和人均消费支出情况

城　市	人均可支配收入（元）	同比增幅（%）	人均消费支出（元）	同比增幅（%）
北　京	92464	4.3	53214	4.6
天　津	57705	4.2	38309	1.9
石家庄	49990	5.1	—	—
太　原	47930	6.1	28551	8.1
呼和浩特	59540	4.3	39267	3.0
沈　阳	56117	4.6	42829	6.5
大　连	56212	4.7	37237	4.4
长　春	—	—	—	—
哈尔滨	48211	5.3	—	—

续表

城　市	人均可支配收入（元）	同比增幅（%）	人均消费支出（元）	同比增幅（%）
上　海	93095	4.0	54980	0.1
南　京	83084	4.0	47916	2.9
无　锡	80003	4.4	50279	3.9
苏　州	86640	4.4	52677	4.0
杭　州	83356	3.4	56878	5.1
宁　波	83110	3.7	53285	5.8
温　州	81527	4.6	56851	6.6
合　肥	62685	5.2	36135	5.1
福　州	60758	4.7	41510	6.0
厦　门	76118	4.4	50031	5.5
南　昌	57294	4.3	36361	5.2
济　南	65364	4.6	—	—
青　岛	68813	4.7	41438	4.5
郑　州	50494	3.6	33645	5.7
武　汉	64346	4.3	42056	3.4
长　沙	69658	3.5	47201	4.7
广　州	83436	3.6	50496	2.1
深　圳	81123	5.5	—	—
南　宁	46381	4.3	—	—
北　海	45542	4.6	—	—
海　口	48132	3.9	34553	9.2
三　亚	47666	3.9	—	—
重　庆	49778	4.9	32360	2.6
成　都	60178	4.7	35280	5.0
贵　阳	50576	4.6	37387	4.8
昆　明	57444	3.5	—	—
西　安	53678	4.9	32155	3.3
兰　州	50489	5.1	32312	4.3
西　宁	43803	4.5	28626	5.1
银　川	49164	4.8	31658	3.6
乌鲁木齐	51779	5.6	—	—

数据来源：各地方统计局。

（三）就业数据

表 2-41　2019—2023 年全国就业基本情况

项　目	2019 年	2020 年	2021 年	2022 年	2023 年
劳动力（万人）	**78985**	**78392**	**78024**	**76863**	**77216**
就业人员（万人）	**75447**	**75064**	**74652**	**73351**	**74041**
第一产业	18652	17715	17072	17663	16882
第二产业	21234	21543	21712	21105	21520
第三产业	35561	35806	35868	34583	35639
按城乡分就业人员（万人）					
城镇就业人员	45249	46271	46773	45931	47032
乡村就业人员	30198	28793	27879	27420	27009
按登记注册类型分城镇非私营单位就业人员（万人）	**17162**	**17039**	**17015**	**16701**	**16368**
内资单位	14801	14665	14619	14423	14287
国有单位	5473	5563	5633	5612	5400
港澳台投资单位	1157	1159	1175	1114	1093
外商投资单位	1203	1216	1220	1164	988
城镇登记失业人员（万人）	**945**	**1160**	**1040**	**1203**	**1074**
城镇调查失业率（1—12 月均值）（%）	**5.2**	**5.6**	**5.1**	**5.6**	**5.2**

数据来源：国家统计局。

表 2-42　2019—2023 年分行业城镇非私营单位就业人员年末人数

单位：万人

类　别	2019 年	2020 年	2021 年	2022 年	2023 年
合　计	**17161.8**	**17039.1**	**17014.5**	**16700.7**	**16368.3**
农、林、牧、渔业	134.1	85.7	86.8	78.9	69.3
采矿业	367.7	352.1	344.8	340.9	329.3
制造业	3832.0	3805.5	3828.0	3738.4	3577.8
电力、热力、燃气及水生产和供应业	373.1	379.7	382.0	375.3	361.0
建筑业	2270.5	2153.3	1971.9	1835.2	1638.1
批发和零售业	830.0	786.9	797.5	785.3	782.4
交通运输、仓储和邮政业	815.5	812.2	798.1	776.2	767.9
住宿和餐饮业	265.2	256.6	265.3	255.0	288.4
信息传输、软件和信息技术服务业	455.3	487.1	519.2	529.2	529.5
金融业	826.1	859.0	818.5	739.6	692.4
房地产业	510.3	525.4	529.3	511.5	509.4
租赁和商务服务业	660.4	643.6	680.3	738.3	827.8

续表

类　别	2019 年	2020 年	2021 年	2022 年	2023 年
科学研究和技术服务业	434.3	431.2	450.1	455.8	451.7
水利、环境和公共设施管理业	244.5	245.6	252.6	253.6	257.9
居民服务、修理和其他服务业	86.3	82.8	85.9	90.1	85.2
教育	1909.3	1958.9	1971.9	1950.6	1940.5
卫生和社会工作	1006.2	1051.9	1094.7	1114.5	1126.9
文化、体育和娱乐业	151.2	149.5	151.7	146.5	147.0
公共管理、社会保障和社会组织	1989.8	1972.2	1985.8	1985.8	1985.8

数据来源：国家统计局。

表 2-43　2019—2023 年分行业城镇非私营单位就业人员平均工资

单位：元

类　别	2019 年	2020 年	2021 年	2022 年	2023 年
平均工资	**90501**	**97379**	**106837**	**114029**	**120698**
农、林、牧、渔业	39340	48540	53819	58976	62952
采矿业	91068	96674	108467	121522	135025
制造业	78147	82783	92459	97528	103932
电力、热力、燃气及水生产和供应业	107733	116728	125332	132964	143594
建筑业	65580	69986	75762	78295	85804
批发和零售业	89047	96521	107735	115408	124362
交通运输、仓储和邮政业	97050	100642	109851	115345	122705
住宿和餐饮业	50346	48833	53631	53995	58094
信息传输、软件和信息技术服务业	161352	177544	201506	220418	231810
金融业	131405	133390	150843	174341	197663
房地产业	80157	83807	91143	90346	91932
租赁和商务服务业	88190	92924	102537	106500	109264
科学研究和技术服务业	133459	139851	151776	163486	171447
水利、环境和公共设施管理业	61158	63914	65802	68256	68656
居民服务、修理和其他服务业	60232	60722	65193	65478	68919
教育	97681	106474	111392	120422	124067
卫生和社会工作	108903	115449	126828	135222	143818
文化、体育和娱乐业	107708	112081	117329	121151	127334
公共管理、社会保障和社会组织	94369	104487	111361	117440	117108

数据来源：国家统计局。

表 2-44　2019—2023 年各地区城镇非私营单位就业人员平均工资

单位：元

地　区	2019 年	2020 年	2021 年	2022 年	2023 年
北　京	166803	178178	194651	208977	218312
天　津	108002	114682	123528	129522	138007
河　北	72956	77323	82526	90745	94818
上　海	149377	171884	191844	212476	229337
江　苏	96527	103621	115133	121724	125102
浙　江	99654	108645	122309	128825	133045
福　建	81814	88149	98071	103803	108520
山　东	81446	87749	94768	102247	107131
广　东	98889	108045	118133	124916	131418
海　南	82227	86609	97471	104802	114572
山　西	69551	74739	82413	90495	95025
安　徽	79037	85854	93861	98649	103688
江　西	73725	78182	83766	87972	92794
河　南	67268	70239	74872	77627	84156
湖　北	79303	85052	96994	101388	109227
湖　南	74316	79122	85438	91413	97015
内蒙古	80563	85310	90426	100990	108856
广　西	76479	82751	88170	92066	96184
重　庆	86559	93816	101670	107008	113653
四　川	83367	88559	96741	101800	110160
贵　州	83298	89228	94487	95410	102010
云　南	86585	93133	98730	103128	106769
西　藏	118118	121005	140355	154929	165004
陕　西	78361	83520	90996	98843	106969
甘　肃	73607	79730	84500	90870	99124
青　海	90929	101401	109346	115949	121457
宁　夏	83947	97438	105266	114631	117681
新　疆	79421	86343	94281	101764	112305
辽　宁	72891	79472	86062	92573	97330
吉　林	73813	77995	83028	87222	94937
黑龙江	68416	74554	80369	88235	95750

数据来源：国家统计局。

表 2-45　2019—2023 年分行业城镇私营单位就业人员平均工资

单位：元

类　别	2019 年	2020 年	2021 年	2022 年	2023 年
平均工资	**53604**	**57727**	**62884**	**65237**	**68340**
农、林、牧、渔业	37760	38956	41442	42605	44465
采矿业	49675	54563	62665	68509	75648
制造业	52858	57910	63946	67352	71762
电力、热力、燃气及水生产和供应业	49633	54268	59271	61870	64826
建筑业	54167	57309	60430	60918	63857
批发和零售业	48722	53018	58071	60630	63701
交通运输、仓储和邮政业	54006	57313	62411	66059	68051
住宿和餐饮业	42424	42258	46817	47547	51583
信息传输、软件和信息技术服务业	85301	101281	114618	123894	129215
金融业	76107	82930	95416	110304	124812
房地产业	54416	55759	58288	56435	56119
租赁和商务服务业	57248	58155	64490	65731	67107
科学研究和技术服务业	67642	72233	77708	81569	82277
水利、环境和公共设施管理业	44444	43287	43366	44714	47504
居民服务、修理和其他服务业	43926	44536	47193	47760	49907
教育	50761	48443	52579	52771	55775
卫生和社会工作	57140	60689	67750	71060	74462
文化、体育和娱乐业	49289	51300	56171	56769	59407

数据来源：国家统计局。

表 2-46　2019—2023 年各地区城镇私营单位就业人员平均工资

单位：元

地　区	2019 年	2020 年	2021 年	2022 年	2023 年
北　京	85262	90603	100011	104542	105931
天　津	64542	59862	65272	67258	72966
河　北	42919	44942	48185	48494	51281
上　海	64226	80134	96011	104560	111347
江　苏	58322	63830	68868	71835	75088
浙　江	56383	60521	69228	71934	74325
福　建	57141	58631	62433	65392	67651
山　东	55479	55542	56521	57231	61046
广　东	62521	67302	73231	77657	80685
海　南	53442	51388	62284	65519	66059
山　西	37501	42905	45748	47275	50452
安　徽	48461	52582	56154	57095	59498

续表

地 区	2019 年	2020 年	2021 年	2022 年	2023 年
江 西	46341	48864	52667	53650	55201
河 南	43194	46733	48117	47918	48841
湖 北	43536	48295	56429	57043	60583
湖 南	42012	51157	54469	55780	60277
内蒙古	43491	47566	51270	52318	57410
广 西	42949	45238	48494	49951	51527
重 庆	54845	55678	59307	60380	63941
四 川	46974	53338	57399	59121	62105
贵 州	45526	47381	51557	52922	54156
云 南	46830	45897	48940	50338	53944
西 藏	—	60360	66311	62927	70084
陕 西	43477	47724	52331	54557	58022
甘 肃	41715	43771	47212	48108	51380
青 海	39727	46309	50068	50510	56424
宁 夏	43892	49928	55327	57537	61567
新 疆	45859	52590	56123	58128	62220
辽 宁	41821	46011	50169	52183	53333
吉 林	37627	42119	47886	47921	51214
黑龙江	36674	38685	42071	45241	47281

数据来源：国家统计局。

Ⅲ.产 业 篇

导 读

本篇收录2024年房地产投资、建设、交易、信贷数据，并按省、自治区、直辖市分别披露。收录重点城市行业数据、全国住房公积金数据，为最新公布的2023年统计数据。数据主要来源于国家统计局、住房城乡建设部和中国人民银行。港澳台房地产业相关数据来自当地官方机构或企业组织。

一、全国房地产建设和交易数据

（一）房地产业数据概览

表 3-1 2024 年全国房地产开发投资情况（月度累计）

类　别	1—2 月	1—3 月	1—4 月	1—5 月	1—6 月	1—7 月	1—8 月	1—9 月	1—10 月	1—11 月	1—12 月
房地产投资（亿元）	**11842**	**22082**	**30928**	**40632**	**52529**	**60877**	**69284**	**78680**	**86309**	**93634**	**100280**
累计增长（%）	**-9.0**	**-9.5**	**-9.8**	**-10.1**	**-10.1**	**-10.2**	**-10.2**	**-10.1**	**-10.3**	**-10.4**	**-10.6**
一、按工程用途分											
住宅投资（亿元）	8823	16585	23392	30824	39883	46230	52627	59701	65644	71190	76040
累计增长（%）	-9.7	-10.5	-10.5	-10.6	-10.4	-10.6	-10.5	-10.5	-10.4	-10.5	-10.5
办公楼投资（亿元）	579	990	1336	1693	2160	2493	2807	3178	3487	3803	4160
累计增长（%）	-3.2	-0.4	-0.8	-5.1	-5.6	-5.7	-6.4	-6.5	-7.0	-7.4	-9.0
商业营业用房投资（亿元）	894	1597	2172	2800	3611	4175	4731	5389	5895	6430	6944
累计增长（%）	-7.0	-10.5	-11.9	-12.2	-13.2	-12.8	-13.2	-13.4	-13.9	-13.6	-13.9
其他房地产投资（亿元）	1546	2911	4027	5315	6874	7979	9118	10412	11282	12212	13136
累计增长（%）	-8.1	-5.9	-7.3	-7.3	-8.4	-7.6	-7.8	-7.3	-8.9	-9.5	-9.7
二、按构成分											
建筑工程投资（亿元）	7126	12577	17060	21970	28322	32703	37291	42755	46931	51187	55810
累计增长（%）	-9.0	-9.6	-10.7	-11.5	-11.3	-11.6	-11.5	-10.9	-10.8	-10.8	-10.3
安装工程投资（亿元）	384	705	972	1259	1616	1872	2130	2446	2709	2972	3220
累计增长（%）	-18.2	-16.6	-16.8	-17.0	-16.7	-17.3	-17.5	-17.2	-16.8	-16.7	-17.2
设备工器具购置投资（亿元）	85	165	223	280	349	403	457	534	589	654	724
累计增长（%）	-24.4	-16.3	-18.8	-20.2	-23.0	-23.5	-24.0	-23.3	-26.1	-27.1	-26.6
其他费用投资（亿元）	4246	8635	12674	17124	22241	25900	29406	32946	36080	38821	40526
累计增长（%）	-7.6	-8.6	-7.9	-7.4	-7.8	-7.5	-7.5	-8.3	-8.9	-9.1	-10.1
土地购置费（亿元）	3709	7517	11214	15290	19813	23166	26408	29409	32232	34617	35655
累计增长（%）	-5.9	-6.5	-6.1	-5.7	-6.1	-5.8	-5.8	-6.9	-7.4	-7.8	-8.7
计划总投资（亿元）	**902657**	**918336**	**929956**	**912167**	**919832**	**927392**	**933577**	**941135**	**946800**	**953297**	**961721**
累计增长（%）	**-2.3**	**-2.3**	**-1.9**	**-3.9**	**-4.3**	**-4.3**	**-4.4**	**-4.6**	**-4.9**	**-5.3**	**-5.5**

数据来源：国家统计局。

表 3-2　2024 年全国房地产开发投资实际到位资金情况（月度累计）

类　别	1—2 月	1—3 月	1—4 月	1—5 月	1—6 月	1—7 月	1—8 月	1—9 月	1—10 月	1—11 月	1—12 月
一、2024 年实际到位资金合计（亿元）	**59936**	**72607**	**82089**	**91883**	**104006**	**113967**	**123231**	**132669**	**141694**	**151768**	**163502**
累计增长（%）	**-15.9**	**-17.4**	**-17.8**	**-18.1**	**-17.9**	**-17.0**	**-16.2**	**-16.6**	**-16.3**	**-15.7**	**-15.7**
1. 2023 年末结余资金（亿元）	43743	46917	48053	49312	50468	52066	53299	53771	54459	55193	55841
累计增长（%）	-12.4	-11.8	-11.9	-11.9	-12.3	-11.3	-10.4	-11.1	-11.2	-11.4	-13.1
2. 2024 年实际到位资金（亿元）	16193	25689	34036	42571	53538	61901	69932	78898	87235	96575	107661
累计增长（%）	-24.1	-26.0	-24.9	-24.3	-22.6	-21.3	-20.2	-20.0	-19.2	-18.0	-17.0
国内贷款（亿元）	3144	4554	5583	6810	8207	9216	10229	11466	12400	13476	15217
累计增长（%）	-10.3	-9.1	-10.1	-6.2	-6.6	-6.3	-5.1	-6.2	-6.4	-6.2	-6.1
利用外资（亿元）	5	7	9	11	13	17	20	29	30	30	32
累计增长（%）	7.4	-11.9	-46.7	-20.3	-51.7	-45.0	-42.4	-19.9	-19.1	-29.2	-26.7
自筹资金（亿元）	5374	8681	11736	14816	18862	22057	25150	28680	31483	34676	37746
累计增长（%）	-15.2	-14.6	-10.1	-9.8	-9.1	-8.7	-8.4	-9.1	-10.5	-11.0	-11.6
其他到位资金（亿元）	826	1369	1753	2159	2707	3169	3536	4050	4442	4857	5435
累计增长（%）	-7.7	-5.9	-9.1	-7.6	-6.9	-4.8	-4.6	-2.8	-0.6	-0.5	-0.9
二、2024 年各项应付款合计（亿元）	**13215**	**15828**	**17965**	**20135**	**23041**	**25266**	**27195**	**29466**	**31359**	**33053**	**35868**
累计增长（%）	**-13.2**	**-12.5**	**-12.4**	**-11.2**	**-11.2**	**-11.8**	**-11.5**	**-12.2**	**-12.3**	**-13.3**	**-15.2**
工程款（亿元）	7546	8840	9913	11110	12518	13892	15000	16203	17182	18050	19315
累计增长（%）	-11.9	-14.4	-14.7	-13.5	-14.8	-12.8	-12.7	-12.9	-13.0	-13.6	-16.6

数据来源：国家统计局。

表 3-3　2024 年全国房地产建设情况（月度累计）

类　别	1—2 月	1—3 月	1—4 月	1—5 月	1—6 月	1—7 月	1—8 月	1—9 月	1—10 月	1—11 月	1—12 月
商品房施工面积（万平方米）	666902	678501	687544	688896	696818	703286	709421	715968	720660	726014	733247
累计增长（%）	-11.0	-11.1	-10.8	-11.6	-12.0	-12.1	-12.0	-12.2	-12.4	-12.7	-12.7
商品房新开工面积（万平方米）	9429	17283	23510	30090	38023	43733	49465	56051	61227	67308	73893
累计增长（%）	-29.7	-27.8	-24.6	-24.2	-23.7	-23.2	-22.5	-22.2	-22.6	-23.0	-23.0
商品房竣工面积（万平方米）	10395	15259	18860	22245	26519	30017	33394	36816	41995	48152	73743
累计增长（%）	-20.2	-20.7	-20.4	-20.1	-21.8	-21.8	-23.6	-24.4	-23.9	-26.2	-27.7
住宅施工面积（万平方米）	466636	474580	480647	481557	487437	491532	496052	501051	504493	508389	513330

续表

类　别	1—2 月	1—3 月	1—4 月	1—5 月	1—6 月	1—7 月	1—8 月	1—9 月	1—10 月	1—11 月	1—12 月
累计增长（%）	-11.4	-11.7	-11.4	-12.2	-12.5	-12.7	-12.6	-12.7	-12.9	-13.1	-13.1
住宅新开工面积（万平方米）	6796	12534	17006	21760	27748	31684	35909	40745	44569	48989	53660
累计增长（%）	-30.6	-28.7	-25.6	-25.0	-23.6	-23.7	-23.0	-22.4	-22.7	-23.1	-23.0
住宅竣工面积（万平方米）	7694	11148	13746	16199	19259	21867	24393	26871	30702	35197	53741
累计增长（%）	-20.2	-21.9	-21.0	-19.8	-21.7	-21.8	-23.2	-23.9	-23.4	-26.0	-27.4
办公楼施工面积（万平方米）	27574	28114	28473	28470	28595	28977	29084	29317	29371	29521	29858
累计增长（%）	-9.7	-8.6	-8.0	-9.1	-9.3	-8.7	-9.0	-9.1	-9.5	-9.6	-10.1
办公楼新开工面积（万平方米）	327	546	708	822	964	1179	1279	1454	1577	1724	1893
累计增长（%）	-12.2	-10.9	-14.3	-24.9	-28.7	-22.1	-23.0	-25.0	-26.4	-25.6	-27.7
办公楼竣工面积（万平方米）	275	448	521	598	733	799	854	945	1030	1200	1940
累计增长（%）	-14.5	-6.8	-19.5	-32.2	-28.1	-31.4	-33.7	-35.3	-34.6	-33.5	-35.2
商业营业用房施工面积（万平方米）	58618	59247	60227	60142	60690	61284	61734	61908	62210	62553	63195
累计增长（%）	-11.5	-11.8	-11.0	-12.0	-12.3	-12.1	-12.1	-12.6	-12.9	-13.1	-12.6
商业营业用房新开工面积（万平方米）	602	1043	1442	1919	2381	2883	3288	3716	4058	4517	4980
累计增长（%）	-30.6	-32.8	-31.4	-27.0	-29.3	-25.0	-24.4	-24.3	-24.4	-23.3	-23.3
商业营业用房竣工面积（万平方米）	741	1103	1375	1653	2007	2246	2408	2618	2924	3272	4894
累计增长（%）	-23.4	-23.6	-23.1	-20.5	-18.9	-20.0	-24.4	-24.5	-24.7	-27.9	-31.6

数据来源：国家统计局。

表 3-4　2024 年全国商品房销售情况（月度累计）

类　别	1—2 月	1—3 月	1—4 月	1—5 月	1—6 月	1—7 月	1—8 月	1—9 月	1—10 月	1—11 月	1—12 月
商品房销售面积（万平方米）	11369	22668	29252	36642	47916	54149	60602	70284	77930	86118	97385
累计增长（%）	-20.5	-19.4	-20.2	-20.3	-19.0	-18.6	-18.0	-17.1	-15.8	-14.3	-12.9
现房（万平方米）	3469	6938	8975	11211	14610	16427	18325	21376	23670	26147	30032
累计增长（%）	27.0	22.6	22.8	23.0	21.7	20.5	18.6	18.1	18.8	19.4	19.1
期房（万平方米）	7899	15729	20276	25431	33306	37722	42277	48908	54261	59971	67353
累计增长（%）	-31.8	-30.0	-30.9	-31.0	-29.4	-28.6	-27.7	-26.7	-25.3	-23.7	-22.2
商品房销售额（亿元）	10566	21355	28067	35665	47133	53330	59723	68880	76855	85125	96750
累计增长（%）	-29.3	-27.6	-28.3	-27.9	-25.0	-24.3	-23.6	-22.7	-20.9	-19.2	-17.1
现房（亿元）	2857	5567	7290	9128	11791	13298	14805	17205	19122	21077	24266

续表

类　别	1—2月	1—3月	1—4月	1—5月	1—6月	1—7月	1—8月	1—9月	1—10月	1—11月	1—12月
累计增长（%）	22.8	15.7	16.8	16.0	15.7	15.9	13.5	13.9	14.7	14.7	14.1
期房（亿元）	7709	15788	20777	26537	35343	40032	44918	51676	57733	64048	72484
累计增长（%）	-38.9	-36.0	-36.9	-36.2	-32.9	-32.1	-31.0	-30.1	-28.3	-26.3	-24.0
商品住宅房销售面积（万平方米）	9559	18942	24507	30744	40114	45401	50812	58788	65368	72224	81450
累计增长（%）	-24.8	-23.4	-23.8	-23.6	-21.9	-21.1	-20.4	-19.2	-17.7	-16.0	-14.1
其中：现房（万平方米）	2530	5096	6595	8239	10703	12066	13436	15616	17350	19115	21967
累计增长（%）	22.3	21.2	22.6	23.8	23.3	22.5	21.0	20.2	21.4	22.2	23.4
期房（万平方米）	7029	13846	17913	22505	29411	33334	37376	43172	48018	53109	59483
累计增长（%）	-33.9	-32.6	-33.1	-33.0	-31.1	-30.2	-29.1	-27.8	-26.2	-24.5	-22.8
商品住宅房销售额（亿元）	9227	18523	24453	31163	41270	46787	52425	60240	67486	74871	84864
累计增长（%）	-32.7	-30.7	-31.1	-30.5	-26.9	-25.9	-25.0	-24.0	-22.0	-20.0	-17.6
现房（亿元）	2210	4253	5568	7014	9042	10228	11371	13093	14615	16120	18570
累计增长（%）	20.3	15.7	16.7	17.0	18.0	18.8	16.6	16.3	17.7	18.0	19.1
期房（亿元）	7018	14270	18885	24150	32228	36560	41054	47147	52871	58751	66294
累计增长（%）	-40.9	-38.1	-38.5	-37.9	-34.0	-33.0	-31.8	-30.7	-28.6	-26.5	-24.2
办公楼销售面积（万平方米）	268	581	715	879	1202	1327	1490	1757	1891	2081	2403
累计增长（%）	14.9	11.9	0.5	-2.5	-4.8	-6.9	-9.2	-9.8	-9.9	-8.8	-11.5
现房（万平方米）	132	252	330	409	552	609	690	836	915	1032	1193
累计增长（%）	53.3	21.8	17.0	16.1	9.1	5.6	2.2	4.9	6.2	9.7	3.7
期房（万平方米）	136	329	385	470	649	718	800	921	976	1049	1210
累计增长（%）	-7.7	5.4	-10.4	-14.5	-14.1	-15.5	-17.1	-20.0	-21.2	-21.7	-22.7
办公楼销售额（亿元）	332	759	958	1160	1567	1722	1934	2304	2469	2688	3208
累计增长（%）	9.9	6.3	0.6	-4.8	-9.0	-10.4	-13.0	-12.7	-12.8	-13.0	-14.3
现房（亿元）	164	343	469	563	745	815	914	1121	1226	1360	1578
累计增长（%）	39.2	11.2	18.6	12.4	7.6	5.4	-0.7	3.4	3.9	3.7	-5.0
期房（亿元）	167	416	489	597	822	907	1020	1183	1243	1328	1630
累计增长（%）	-8.9	2.6	-12.3	-16.8	-20.2	-21.0	-21.7	-24.0	-24.8	-25.2	-21.7
商业营业用房销售面积（万平方米）	697	1378	1767	2192	2853	3220	3601	4286	4673	5204	5986
累计增长（%）	17.3	4.8	2.9	1.8	-3.5	-5.7	-6.2	-4.8	-6.0	-5.3	-5.9
其中：现房（万平方米）	351	678	886	1093	1444	1621	1816	2171	2373	2673	3073

续表

类　别	1—2月	1—3月	1—4月	1—5月	1—6月	1—7月	1—8月	1—9月	1—10月	1—11月	1—12月
累计增长（%）	41.3	18.8	18.5	14.7	12.7	10.4	9.4	12.7	11.2	12.6	10.6
期房（万平方米）	345	700	881	1099	1408	1599	1784	2115	2300	2531	2913
累计增长（%）	0.0	−5.9	−9.1	−8.5	−15.9	−17.9	−18.1	−17.8	−19.0	−18.9	−18.6
商业营业用房销售额（亿元）	689	1386	1762	2220	2833	3181	3528	4200	4543	4996	5728
累计增长（%）	12.5	1.5	−2.3	−2.2	−9.7	−12.0	−13.1	−12.2	−13.7	−13.4	−13.6
现房（亿元）	317	631	812	1006	1305	1470	1641	1983	2150	2377	2701
累计增长（%）	34.2	15.3	14.5	10.7	6.1	5.2	4.8	9.8	7.2	6.7	3.6
期房（亿元）	371	754	950	1215	1528	1712	1887	2217	2393	2619	3027
累计增长（%）	−1.1	−7.7	−13.1	−10.8	−19.9	−22.8	−24.3	−25.6	−26.5	−26.1	−24.7

数据来源：国家统计局。

（二）各地区房地产开发投资数据

表 3-5　2020—2024 年全国及各地区房地产开发投资

单位：亿元

地　区	2020 年	2021 年	2022 年	2023 年	2024 年
全　国	**141442.97**	**147602.08**	**132895.42**	**110912.89**	**100280.23**
东部地区	**74563.76**	**77695.45**	**72478.01**	**66704.56**	**60243.19**
北　京	3938.71	4139.03	4178.46	4195.67	3758.29
天　津	2608.54	2769.98	2127.94	1231.55	1262.23
河　北	4601.13	5023.87	4982.97	3093.51	2885.40
上　海	4698.75	5035.18	4979.54	5885.79	6228.91
江　苏	13171.27	13477.45	12406.88	11891.28	10701.86
浙　江	11413.66	12389.11	12939.52	13197.92	11982.67
福　建	6026.80	6195.61	5515.45	4403.37	3474.08
山　东	9450.49	9819.75	9225.91	8168.86	7544.15
广　东	17312.74	17465.85	14962.97	13465.88	11197.97
海　南	1341.67	1379.62	1158.37	1170.73	1207.63
中部地区	**28802.33**	**31161.39**	**28930.86**	**21423.06**	**19562.85**
山　西	1830.36	1945.23	1764.20	1751.49	1670.92
安　徽	7042.29	7263.22	6811.72	4659.36	4016.10
江　西	2378.08	2528.83	2209.27	1580.70	1470.15
河　南	7782.29	7874.35	6793.36	4189.40	3908.41
湖　北	4888.87	6121.93	6172.01	5409.05	5146.68
湖　南	4880.44	5427.83	5180.30	3833.06	3350.59
西部地区	**32654.32**	**33367.63**	**27481.07**	**19759.74**	**18109.63**
内蒙古	1176.48	1234.13	978.28	963.37	937.38
广　西	3845.62	3733.93	2307.38	1337.02	1163.02
重　庆	4351.96	4354.96	3467.60	2792.42	2565.79

续表

地　区	2020 年	2021 年	2022 年	2023 年	2024 年
四　川	7315. 31	7831. 88	7500. 01	5320. 60	4793. 53
贵　州	3418. 75	3383. 06	2403. 69	1188. 31	1191. 32
云　南	4505. 19	4309. 93	3152. 02	2066. 55	1228. 59
西　藏	165. 47	141. 97	60. 68	79. 16	45. 25
陕　西	4404. 39	4441. 00	4254. 79	2943. 30	3294. 52
甘　肃	1355. 64	1525. 88	1481. 66	1263. 07	1166. 75
青　海	421. 35	442. 51	296. 15	201. 35	146. 10
宁　夏	433. 27	466. 95	419. 95	436. 06	422. 52
新　疆	1260. 89	1501. 43	1158. 86	1168. 53	1154. 86
东北地区	**5422. 56**	**5377. 61**	**4005. 48**	**3025. 53**	**2364. 56**
辽　宁	2978. 86	2900. 72	2362. 00	1744. 75	1393. 67
吉　林	1460. 78	1540. 92	1014. 84	823. 82	640. 53
黑龙江	982. 92	935. 97	628. 64	456. 96	330. 36

数据来源：国家统计局。

表 3-6　2024 年全国及各地区房地产开发投资（月度累计）

单位：亿元

地　区	1—2 月	1—3 月	1—4 月	1—5 月	1—6 月	1—7 月	1—8 月	1—9 月	1—10 月	1—11 月	1—12 月
全　国	**11841. 72**	**22082. 36**	**30927. 77**	**40632. 35**	**52528. 84**	**60877. 43**	**69283. 56**	**78680. 28**	**86308. 86**	**93634. 08**	**100280. 23**
东部地区	**7824. 42**	**13904. 54**	**19126. 37**	**24893. 55**	**31761. 08**	**36879. 19**	**41900. 39**	**47380. 29**	**51871. 33**	**56228. 34**	**60243. 19**
北　京	462. 39	942. 86	1248. 37	1684. 74	2228. 03	2537. 52	2906. 18	3306. 27	3466. 51	3619. 67	3758. 29
天　津	186. 87	320. 38	404. 35	500. 24	641. 16	731. 49	822. 96	938. 96	1030. 74	1125. 94	1262. 23
河　北	150. 55	420. 85	691. 42	927. 37	1303. 84	1556. 96	1829. 84	2120. 74	2445. 38	2671. 37	2885. 40
上　海	928. 87	1350. 80	1805. 91	2272. 79	2775. 09	3359. 22	3889. 22	4413. 13	4941. 09	5488. 92	6228. 91
江　苏	1629. 68	2830. 53	3852. 30	4947. 92	6045. 91	6969. 51	7814. 78	8699. 24	9486. 59	10176. 35	10701. 86
浙　江	1508. 14	2590. 49	3569. 26	4666. 40	6098. 95	7201. 98	8323. 92	9559. 66	10379. 81	11270. 32	11982. 67
福　建	581. 61	999. 53	1323. 61	1645. 01	2070. 00	2298. 77	2543. 35	2819. 16	3059. 39	3281. 02	3474. 08
山　东	817. 96	1660. 60	2339. 35	3182. 83	4145. 89	4816. 29	5405. 14	5997. 30	6620. 77	7196. 83	7544. 15
广　东	1416. 84	2506. 22	3532. 56	4619. 18	5893. 40	6746. 22	7613. 10	8665. 38	9491. 64	10320. 22	11197. 97
海　南	141. 51	282. 28	359. 24	447. 07	558. 81	661. 23	751. 90	860. 45	949. 41	1077. 70	1207. 63
中部地区	**2093. 96**	**4259. 25**	**6182. 40**	**8052. 52**	**10432. 39**	**11953. 93**	**13539. 40**	**15325. 89**	**16794. 12**	**18186. 01**	**19562. 85**
山　西	92. 82	277. 57	415. 29	549. 24	829. 21	986. 94	1131. 20	1322. 63	1444. 04	1554. 65	1670. 92
安　徽	518. 54	926. 75	1328. 72	1733. 15	2191. 81	2514. 08	2860. 75	3197. 56	3491. 92	3768. 52	4016. 10
江　西	230. 21	400. 28	565. 69	729. 28	898. 82	1013. 21	1111. 02	1239. 32	1320. 22	1401. 86	1470. 15
河　南	445. 14	970. 57	1340. 00	1673. 35	2133. 04	2417. 78	2731. 29	3055. 29	3321. 38	3589. 40	3908. 41
湖　北	470. 07	1035. 27	1553. 57	2112. 64	2758. 75	3161. 06	3580. 75	4053. 01	4458. 69	4811. 73	5146. 68

续表

地 区	1—2月	1—3月	1—4月	1—5月	1—6月	1—7月	1—8月	1—9月	1—10月	1—11月	1—12月
湖 南	337.18	648.81	979.13	1254.86	1620.76	1860.86	2124.39	2458.08	2757.87	3059.85	3350.59
西部地区	**1801.39**	**3560.42**	**5091.58**	**6894.86**	**9128.65**	**10654.66**	**12205.41**	**14024.95**	**15538.45**	**16966.57**	**18109.63**
内蒙古	31.56	98.94	160.78	258.63	419.16	532.98	643.31	772.07	845.48	910.29	937.38
广 西	151.63	306.16	402.10	494.57	622.34	706.90	785.53	895.17	960.28	1034.88	1163.02
重 庆	303.56	633.30	828.66	1034.33	1357.32	1533.98	1750.09	2026.68	2221.88	2388.44	2565.79
四 川	700.71	1084.50	1519.28	1977.51	2473.39	2901.53	3325.13	3718.45	4114.39	4502.70	4793.53
贵 州	178.88	277.61	379.49	524.96	667.50	734.93	789.09	893.04	996.05	1097.03	1191.32
云 南	144.69	311.61	434.22	548.33	690.92	776.32	859.98	973.87	1055.00	1158.76	1228.59
西 藏	1.78	6.26	10.26	15.34	22.52	26.64	31.60	35.79	39.28	42.92	45.25
陕 西	228.68	584.12	865.11	1227.01	1606.93	1872.64	2151.13	2449.97	2779.12	3080.63	3294.52
甘 肃	35.58	128.93	229.04	365.63	549.33	668.00	779.80	920.18	1021.58	1108.25	1166.75
青 海	0.03	15.66	31.14	49.67	70.41	91.20	107.27	123.74	137.16	141.58	146.10
宁 夏	10.63	53.40	83.32	120.79	184.15	219.31	258.88	328.00	361.81	396.95	422.52
新 疆	13.66	59.93	148.18	278.09	464.68	590.23	723.60	887.99	1006.42	1104.14	1154.86
东北地区	**121.95**	**358.15**	**527.42**	**791.42**	**1206.72**	**1389.65**	**1638.36**	**1949.15**	**2104.96**	**2253.16**	**2364.56**
辽 宁	99.36	276.99	387.83	542.43	774.04	879.89	1018.42	1175.85	1255.26	1332.94	1393.67
吉 林	19.54	49.26	81.76	158.27	292.46	340.30	421.08	526.56	572.14	615.40	640.53
黑龙江	3.05	31.90	57.83	90.72	140.22	169.46	198.86	246.74	277.56	304.82	330.36

数据来源：国家统计局。

表 3-7 2020—2024 年全国及各地区住宅开发投资

单位：亿元

地 区	2020 年	2021 年	2022 年	2023 年	2024 年
全 国	**104445.72**	**111173.01**	**100646.38**	**83820.02**	**76039.93**
东部地区	**53598.35**	**56635.53**	**53066.15**	**48778.18**	**44228.51**
北 京	2317.08	2522.18	2667.30	2713.21	2456.66
天 津	2084.80	2168.35	1682.49	973.63	984.02
河 北	3746.74	4092.68	4116.86	2605.48	2410.46
上 海	2418.79	2673.95	2771.80	3403.21	3686.98
江 苏	10416.03	10786.21	9923.81	9583.63	8560.04
浙 江	8089.57	8801.51	9086.55	9179.71	8519.97
福 建	4372.10	4560.71	4112.37	3203.92	2587.04
山 东	7296.40	7694.50	7211.64	6562.25	6147.94
广 东	11910.43	12438.31	10700.28	9711.47	8015.52

续表

地　区	2020 年	2021 年	2022 年	2023 年	2024 年
海　南	946.41	897.13	793.05	841.67	859.88
中部地区	**22660.83**	**25247.84**	**23461.54**	**17540.98**	**16021.40**
山　西	1431.80	1556.08	1395.42	1416.55	1368.94
安　徽	5636.78	5976.82	5595.64	3753.62	3274.02
江　西	1808.76	1994.94	1763.34	1318.15	1232.83
河　南	6453.00	6696.09	5802.16	3637.20	3372.52
湖　北	3715.43	4859.30	4852.00	4297.26	3993.50
湖　南	3615.06	4164.61	4052.98	3118.20	2779.59
西部地区	**24133.35**	**25149.75**	**20911.29**	**15135.74**	**13921.71**
内蒙古	907.23	971.36	771.00	753.00	715.30
广　西	2983.51	2902.89	1815.85	1057.17	829.01
重　庆	3189.05	3288.11	2608.98	2105.89	2035.81
四　川	5330.14	5767.25	5577.70	4002.00	3572.29
贵　州	2572.34	2624.94	1936.03	981.34	968.30
云　南	3317.55	3175.11	2371.40	1542.89	918.75
西　藏	118.47	87.46	45.31	60.44	31.59
陕　西	3225.45	3411.03	3249.75	2276.77	2684.11
甘　肃	1010.28	1159.12	1160.79	1028.60	939.74
青　海	292.32	350.57	230.00	158.50	117.45
宁　夏	308.59	344.24	316.17	346.09	336.85
新　疆	878.42	1067.67	828.31	823.05	772.51
东北地区	**4053.19**	**4139.89**	**3207.40**	**2365.12**	**1868.31**
辽　宁	2303.23	2321.00	1905.87	1379.20	1114.56
吉　林	1047.87	1094.84	804.34	614.19	492.48
黑龙江	702.09	724.05	497.19	371.73	261.27

数据来源：国家统计局。

表 3-8　2024 年全国及各地区住宅开发投资（月度累计）

单位：亿元

地　区	1—2 月	1—3 月	1—4 月	1—5 月	1—6 月	1—7 月	1—8 月	1—9 月	1—10 月	1—11 月	1—12 月
全　国	**8823.13**	**16584.78**	**23392.47**	**30824.14**	**39882.92**	**46230.04**	**52627.12**	**59701.20**	**65644.30**	**71189.55**	**76039.93**
东部地区	**5664.22**	**10133.36**	**14033.16**	**18383.87**	**23490.94**	**27245.02**	**30914.92**	**34854.59**	**38250.15**	**41443.67**	**44228.51**
北　京	307.13	631.40	846.02	1147.98	1535.78	1721.28	1953.54	2205.95	2300.30	2379.76	2456.66
天　津	142.83	247.67	313.39	388.89	501.20	573.64	645.85	737.77	809.92	883.58	984.02

续表

地　区	1—2 月	1—3 月	1—4 月	1—5 月	1—6 月	1—7 月	1—8 月	1—9 月	1—10 月	1—11 月	1—12 月
河　北	128.05	351.48	583.94	786.50	1104.33	1310.27	1541.27	1791.75	2055.28	2232.20	2410.46
上　海	544.07	792.04	1066.29	1359.22	1663.15	2037.01	2339.85	2646.23	2969.11	3298.52	3686.98
江　苏	1283.63	2258.84	3072.84	3980.39	4862.06	5599.52	6278.52	6972.79	7597.14	8145.59	8560.04
浙　江	1047.43	1797.41	2495.13	3276.23	4309.21	5102.01	5904.25	6798.64	7386.88	8041.63	8519.97
福　建	438.24	722.95	964.87	1192.47	1491.60	1657.23	1833.84	2021.00	2272.84	2445.46	2587.04
山　东	656.44	1333.18	1885.26	2594.87	3382.89	3924.76	4402.05	4869.34	5375.38	5845.03	6147.94
广　东	1005.48	1796.10	2544.97	3333.51	4233.91	4835.48	5473.52	6185.03	6802.70	7399.52	8015.52
海　南	110.92	202.29	260.45	323.81	406.81	483.82	542.23	626.09	680.60	772.38	859.88
中部地区	**1696.30**	**3452.86**	**5043.73**	**6558.68**	**8516.22**	**9776.37**	**11087.75**	**12552.87**	**13772.67**	**14914.37**	**16021.40**
山　西	74.75	228.32	340.48	450.25	684.20	812.21	931.05	1082.31	1183.79	1275.04	1368.94
安　徽	417.97	749.73	1081.00	1407.43	1781.69	2042.31	2319.46	2603.02	2843.88	3090.34	3274.02
江　西	189.22	329.22	470.45	605.72	747.99	847.47	931.65	1041.01	1105.66	1172.48	1232.83
河　南	377.16	823.54	1154.46	1441.84	1840.00	2088.17	2363.39	2638.83	2862.45	3083.49	3372.52
湖　北	366.78	796.57	1195.34	1624.01	2125.98	2450.95	2786.05	3153.68	3487.90	3753.95	3993.50
湖　南	270.42	525.48	802.00	1029.43	1336.36	1535.26	1756.15	2034.02	2288.99	2539.07	2779.59
西部地区	**1369.08**	**2715.08**	**3898.16**	**5252.78**	**6927.47**	**8117.72**	**9330.78**	**10752.94**	**11956.77**	**13054.12**	**13921.71**
内蒙古	23.27	73.99	119.22	192.67	308.71	401.69	489.34	591.25	649.61	696.57	715.30
广　西	120.93	232.81	306.18	367.30	444.23	502.12	562.91	642.38	692.22	747.12	829.01
重　庆	228.37	485.00	639.58	786.74	1031.37	1183.76	1363.68	1593.31	1753.25	1889.54	2035.81
四　川	515.80	798.26	1121.69	1465.39	1829.94	2151.79	2472.59	2759.60	3061.88	3355.97	3572.29
贵　州	144.02	223.00	306.90	419.65	526.72	584.72	628.46	714.75	809.62	890.79	968.30
云　南	106.45	227.95	321.35	404.42	512.03	576.71	638.69	724.11	787.24	865.22	918.75
西　藏	0.38	2.64	5.18	9.30	14.71	17.40	20.88	24.20	27.58	29.91	31.59
陕　西	183.88	474.03	705.14	994.72	1301.15	1521.86	1749.28	1999.58	2271.15	2512.73	2684.11
甘　肃	28.50	103.26	184.82	294.77	445.48	536.58	627.46	744.13	822.61	892.09	939.74
青　海	0.01	12.92	25.26	39.23	57.03	72.15	85.36	98.52	110.18	113.26	117.45
宁　夏	8.46	42.33	67.02	97.74	147.41	175.40	206.26	262.47	289.73	317.03	336.85
新　疆	9.01	38.89	95.82	180.85	308.69	393.54	485.87	598.64	681.70	743.89	772.51
东北地区	**93.53**	**283.48**	**417.42**	**628.81**	**948.29**	**1090.93**	**1293.67**	**1540.80**	**1664.71**	**1777.39**	**1868.31**
辽　宁	78.11	221.56	308.66	431.80	612.97	695.56	810.06	939.46	1005.45	1064.80	1114.56
吉　林	13.07	37.14	63.25	125.13	224.79	261.35	325.80	406.14	439.90	472.50	492.48
黑龙江	2.35	24.78	45.51	71.88	110.53	134.02	157.81	195.20	219.36	240.09	261.27

数据来源：国家统计局。

（三）各地区房地产建设数据

1. 各地区房屋施工面积

表 3-9　2020—2024 年全国及各地区房屋施工面积

单位：万平方米

地　区	2020 年	2021 年	2022 年	2023 年	2024 年
全　国	**926759.21**	**975386.52**	**904999.28**	**838364.47**	**733247.34**
东部地区	**412296.43**	**426915.84**	**398468.36**	**375182.17**	**327678.87**
北　京	13918.64	14055.32	13333.15	12531.34	11309.53
天　津	12034.51	12627.78	11085.10	9718.32	7676.99
河　北	31408.39	35681.38	33651.79	31674.68	29333.62
上　海	15740.34	16627.90	16678.19	17215.73	16818.02
江　苏	67889.46	68479.63	62511.57	57385.92	50061.20
浙　江	56725.08	58818.94	55955.15	55610.77	46075.23
福　建	34556.77	34667.18	31734.98	27664.36	22301.63
山　东	79791.89	82771.67	75798.58	71308.25	63099.73
广　东	91642.42	94247.53	88662.69	82982.25	72573.69
海　南	8588.93	8938.51	9057.16	9090.55	8429.23
中部地区	**225108.25**	**240053.26**	**219904.00**	**196711.57**	**172407.11**
山　西	21937.83	24930.37	25350.51	24534.87	22167.32
安　徽	44974.60	46812.59	40841.84	34993.68	28142.55
江　西	23580.80	25219.87	22714.76	21609.08	19272.36
河　南	58438.21	62688.17	57696.54	52065.61	46311.06
湖　北	35419.40	37741.37	34933.35	31569.53	29393.40
湖　南	40757.41	42660.89	38367.00	31938.80	27120.42
西部地区	**241749.20**	**259191.31**	**242105.46**	**226001.87**	**198098.10**
内蒙古	15310.96	16394.65	15311.89	13648.75	12009.66
广　西	32184.05	34175.70	32203.25	29531.87	24881.42
重　庆	27368.16	26893.17	22699.34	20529.50	17107.13
四　川	50755.54	54248.70	52210.78	47770.15	41980.73
贵　州	26922.73	28749.89	26256.24	24784.55	21726.20
云　南	25801.30	29148.14	27403.46	25039.31	20731.66
西　藏	945.33	945.37	697.56	645.99	545.34
陕　西	28358.31	29978.08	28711.61	28573.06	25719.43
甘　肃	11328.26	13197.55	12268.44	12102.49	11196.09
青　海	2943.51	3398.79	3348.78	3149.59	2621.71

续表

地　区	2020 年	2021 年	2022 年	2023 年	2024 年
宁　夏	5562. 65	5606. 88	4918. 44	4850. 93	3933. 04
新　疆	14268. 40	16454. 39	16075. 67	15375. 68	15645. 69
东北地区	**47605. 33**	**49226. 11**	**44521. 46**	**40468. 86**	**35063. 26**
辽　宁	24002. 81	25423. 54	22973. 60	20859. 60	17457. 23
吉　林	12340. 61	13061. 62	11579. 54	10528. 83	9869. 58
黑龙江	11261. 91	10740. 95	9968. 32	9080. 43	7736. 45

数据来源：国家统计局。

表 3-10　2024 年全国及各地区房屋施工面积（月度累计）

单位：万平方米

地　区	1—2 月	1—3 月	1—4 月	1—5 月	1—6 月	1—7 月	1—8 月	1—9 月	1—10 月	1—11 月	1—12 月
全　国	**666901. 62**	**678500. 98**	**687544. 45**	**688895. 67**	**696817. 85**	**703285. 76**	**709420. 49**	**715967. 60**	**720659. 81**	**726013. 92**	**733247. 34**
东部地区	**295961. 11**	**302128. 07**	**306571. 94**	**308212. 87**	**311472. 13**	**315459. 08**	**318121. 01**	**321107. 25**	**323015. 18**	**326019. 62**	**327678. 87**
北　京	10038. 24	10322. 96	10359. 80	10580. 89	10755. 14	10823. 85	10870. 28	11004. 00	11078. 46	11201. 55	11309. 53
天　津	7032. 99	7190. 38	7184. 46	7283. 25	7384. 72	7418. 37	7442. 72	7495. 16	7595. 44	7644. 19	7676. 99
河　北	24964. 53	25880. 95	26328. 72	26278. 97	27106. 66	27497. 37	27909. 53	28251. 67	28401. 05	28735. 90	29333. 62
上　海	12818. 64	13820. 49	14283. 27	14729. 91	14677. 71	15239. 16	15426. 16	15581. 46	15986. 61	16196. 18	16818. 02
江　苏	44335. 76	45012. 17	46239. 90	46767. 34	47427. 25	47816. 95	48243. 88	48583. 44	49024. 59	49540. 88	50061. 20
浙　江	39896. 11	41417. 95	42362. 62	42602. 70	42547. 88	44003. 83	44466. 73	45077. 79	45420. 16	45701. 31	46075. 23
福　建	21166. 01	21391. 08	21495. 09	21472. 54	21613. 01	21658. 40	21852. 28	21998. 65	21977. 28	22131. 32	22301. 63
山　东	57994. 23	58681. 55	59304. 22	59485. 44	60269. 51	60735. 27	61272. 23	61854. 85	62029. 82	62668. 10	63099. 73
广　东	70262. 19	70767. 87	71264. 70	71315. 75	71899. 89	72361. 74	72631. 06	73098. 36	73253. 45	73812. 91	72573. 69
海　南	7452. 41	7642. 67	7749. 16	7696. 08	7790. 36	7904. 14	8006. 14	8161. 87	8248. 32	8387. 28	8429. 23
中部地区	**155104. 82**	**158180. 85**	**159891. 08**	**159165. 73**	**161049. 30**	**162469. 59**	**164027. 88**	**165607. 94**	**166975. 98**	**168231. 07**	**172407. 11**
山　西	19459. 89	20828. 55	21082. 46	20499. 59	20971. 94	21357. 56	21491. 81	21677. 63	21834. 27	21689. 13	22167. 32
安　徽	24887. 08	25531. 84	25907. 64	26229. 18	26586. 49	26839. 56	27040. 31	27311. 44	27519. 68	27756. 99	28142. 55
江　西	17835. 41	18036. 74	18177. 16	18242. 81	18389. 90	18545. 41	18654. 45	18880. 67	19014. 67	19162. 69	19272. 36
河　南	43057. 07	43483. 89	43868. 23	43629. 58	44064. 29	44337. 10	44806. 55	45170. 18	45520. 36	45860. 53	46311. 06
湖　北	24691. 07	24963. 46	25125. 98	24882. 67	25114. 25	25359. 13	25783. 53	26049. 80	26385. 71	26813. 83	29393. 40
湖　南	25174. 30	25336. 37	25729. 61	25681. 90	25922. 43	26030. 83	26251. 23	26518. 22	26701. 29	26947. 90	27120. 42
西部地区	**182992. 33**	**185477. 62**	**187888. 05**	**187997. 17**	**190372. 96**	**191261. 02**	**192950. 25**	**194612. 15**	**195760. 92**	**196843. 04**	**198098. 10**
内蒙古	10566. 84	10418. 58	10782. 19	10950. 53	11220. 02	11294. 50	11421. 49	11628. 38	11843. 40	11905. 11	12009. 66
广　西	24555. 39	24625. 53	24656. 62	24551. 32	24595. 86	24662. 29	24832. 65	24997. 01	25114. 35	25149. 35	24881. 42
重　庆	16361. 26	16545. 30	16590. 33	16512. 30	16605. 25	16639. 21	16812. 75	16945. 51	17047. 27	17103. 62	17107. 13

续表

地　区	1—2 月	1—3 月	1—4 月	1—5 月	1—6 月	1—7 月	1—8 月	1—9 月	1—10 月	1—11 月	1—12 月
四　川	38903.49	39245.33	39714.74	39779.98	40213.56	40455.61	40769.74	40977.09	41205.84	41585.36	41980.73
贵　州	20627.57	20908.13	21065.02	21139.31	21329.31	21426.72	21601.46	21627.00	21311.79	21507.62	21726.20
云　南	20330.82	20571.86	20660.65	20369.26	20451.04	20408.30	20426.81	20526.30	20599.27	20755.55	20731.66
西　藏	552.61	557.84	552.36	531.37	535.17	530.79	539.73	545.93	548.32	548.32	545.34
陕　西	21722.73	23236.31	23574.62	23775.75	24272.56	24354.92	24655.73	24879.12	25212.72	25419.94	25719.43
甘　肃	9769.59	9979.42	10040.43	10034.35	10318.39	10436.89	10630.32	10900.42	10993.36	11124.33	11196.09
青　海	2506.70	2424.11	2551.43	2561.83	2568.38	2573.74	2592.84	2604.10	2626.00	2620.11	2621.71
宁　夏	3676.40	3704.93	3767.02	3739.25	3775.83	3812.18	3845.94	3883.64	3929.82	3934.43	3933.04
新　疆	13418.93	13260.28	13932.64	14051.92	14487.59	14665.87	14820.79	15097.65	15328.78	15189.30	15645.69
东北地区	**32843.36**	**32714.44**	**33193.38**	**33519.90**	**33923.46**	**34096.07**	**34321.35**	**34640.26**	**34907.73**	**34920.19**	**35063.26**
辽　宁	16366.27	16542.97	16617.37	16733.93	16906.31	17006.95	17086.74	17206.32	17318.82	17403.45	17457.23
吉　林	8952.95	8657.03	8969.89	9300.15	9433.18	9553.63	9601.51	9716.28	9791.48	9791.06	9869.58
黑龙江	7524.14	7514.44	7606.12	7485.82	7583.97	7535.49	7633.10	7717.66	7797.43	7725.68	7736.45

数据来源：国家统计局。

表 3-11　2020—2024 年全国及各地区住宅施工面积

单位：万平方米

地　区	2020 年	2021 年	2022 年	2023 年	2024 年
全　国	**655557.72**	**690319.37**	**639695.93**	**589884.27**	**513329.60**
东部地区	**284746.55**	**292810.60**	**271478.79**	**253042.82**	**218877.26**
北　京	6715.26	6895.64	6713.60	6255.50	5663.62
天　津	8518.17	8781.75	7733.55	6728.94	5251.49
河　北	24276.14	27646.06	26140.77	24774.92	22798.46
上　海	7712.25	7603.14	7759.31	8020.72	7768.11
江　苏	51020.11	51068.75	46154.98	41789.47	35815.49
浙　江	36070.35	36911.51	34773.39	33749.14	27524.47
福　建	22929.82	23458.10	21402.88	18386.19	14628.08
山　东	58913.61	60712.62	55318.78	52050.69	45848.18
广　东	62695.09	63828.96	59483.86	55396.64	48156.01
海　南	5895.75	5904.07	5997.67	5890.61	5423.35
中部地区	**169556.01**	**181870.46**	**167394.78**	**150132.32**	**131597.73**
山　西	16419.90	18600.48	19068.62	18479.55	16825.13
安　徽	33686.67	35151.05	30610.18	26135.21	20669.53
江　西	17891.22	19284.34	17604.24	16743.40	14944.10

续表

地　区	2020 年	2021 年	2022 年	2023 年	2024 年
河　南	44943. 22	48580. 05	45097. 08	40876. 00	36625. 86
湖　北	26598. 05	28451. 25	26076. 54	23477. 85	21620. 53
湖　南	30016. 95	31803. 29	28938. 12	24420. 31	20912. 58
西部地区	**166798. 13**	**179826. 13**	**168306. 43**	**157179. 39**	**137318. 82**
内蒙古	10780. 02	11693. 85	10988. 27	9833. 22	8572. 77
广　西	23779. 14	25219. 48	23818. 31	21684. 80	18373. 57
重　庆	18241. 78	17709. 78	15033. 09	13608. 20	11271. 07
四　川	33706. 21	36153. 61	34778. 90	31909. 94	27762. 86
贵　州	18390. 09	20033. 09	18369. 63	17432. 36	15306. 16
云　南	17482. 38	19720. 94	18509. 16	16805. 83	13889. 86
西　藏	684. 04	658. 42	483. 08	466. 94	408. 68
陕　西	20702. 43	21923. 15	20656. 45	20467. 39	18358. 65
甘　肃	7824. 44	9337. 42	8953. 59	8874. 30	8261. 85
青　海	2021. 89	2418. 69	2377. 54	2250. 51	1878. 64
宁　夏	3633. 11	3760. 32	3402. 57	3378. 11	2732. 49
新　疆	9552. 60	11197. 38	10935. 84	10467. 79	10502. 22
东北地区	**34457. 03**	**35812. 18**	**32515. 93**	**29529. 74**	**25535. 79**
辽　宁	17800. 29	18823. 30	17043. 82	15408. 13	12878. 60
吉　林	8524. 10	9157. 73	8172. 35	7499. 03	6997. 22
黑龙江	8132. 64	7831. 15	7299. 76	6622. 58	5659. 97

数据来源：国家统计局。

表 3-12　2024 年全国及各地区住宅施工面积（月度累计）

单位：万平方米

地　区	1—2 月	1—3 月	1—4 月	1—5 月	1—6 月	1—7 月	1—8 月	1—9 月	1—10 月	1—11 月	1—12 月
全　国	**466635. 97**	**474580. 41**	**480646. 61**	**481557. 09**	**487436. 65**	**491532. 42**	**496052. 44**	**501050. 69**	**504492. 68**	**508388. 75**	**513329. 60**
东部地区	**198252. 62**	**202008. 91**	**204703. 12**	**205906. 12**	**208234. 10**	**210523. 64**	**212357. 55**	**214598. 93**	**215865. 09**	**217975. 72**	**218877. 26**
北　京	4930. 81	5066. 46	5091. 95	5270. 01	5377. 41	5413. 11	5434. 90	5517. 13	5577. 85	5642. 62	5663. 62
天　津	4771. 31	4876. 02	4867. 14	4950. 72	5027. 43	5052. 87	5071. 46	5105. 99	5198. 57	5235. 90	5251. 49
河　北	19493. 42	20003. 13	20373. 41	20484. 85	21044. 29	21337. 78	21629. 26	21890. 99	22031. 21	22301. 91	22798. 46
上　海	5791. 59	6273. 59	6460. 95	6680. 33	6700. 42	6991. 04	7113. 69	7175. 89	7390. 68	7508. 03	7768. 11
江　苏	31844. 57	32345. 94	33005. 79	33353. 77	33757. 17	33976. 19	34347. 17	34840. 54	35162. 23	35528. 85	35815. 49
浙　江	23712. 63	24684. 34	25213. 88	25353. 23	25446. 18	26248. 73	26519. 35	26902. 96	27101. 71	27283. 05	27524. 47
福　建	13886. 86	14052. 33	14105. 87	14075. 56	14174. 98	14191. 18	14296. 64	14407. 97	14372. 35	14476. 34	14628. 08

续表

地　区	1—2 月	1—3 月	1—4 月	1—5 月	1—6 月	1—7 月	1—8 月	1—9 月	1—10 月	1—11 月	1—12 月
山　东	42334.69	42819.69	43263.22	43390.50	43922.74	44173.96	44571.77	44933.12	45043.98	45530.58	45848.18
广　东	46686.21	46972.65	47331.74	47375.42	47733.38	48036.94	48224.20	48562.95	48688.62	49070.25	48156.01
海　南	4800.53	4914.76	4989.17	4971.73	5050.10	5101.84	5149.11	5261.39	5297.89	5398.19	5423.35
中部地区	**118254.98**	**120648.82**	**121991.89**	**121406.79**	**122956.85**	**124035.04**	**125277.00**	**126534.45**	**127593.18**	**128564.76**	**131597.73**
山　西	14745.40	15762.05	15975.87	15545.48	15917.46	16199.78	16300.78	16457.98	16573.94	16466.09	16825.13
安　徽	18360.63	18871.14	19139.22	19345.59	19626.68	19771.58	19925.47	20122.82	20266.56	20399.88	20669.53
江　西	13793.12	13958.34	14068.45	14140.82	14261.59	14378.80	14473.65	14647.93	14737.40	14862.59	14944.10
河　南	33814.18	34187.12	34509.74	34330.96	34707.93	34925.46	35326.01	35620.05	35940.95	36249.67	36625.86
湖　北	18161.61	18381.63	18511.60	18338.24	18529.76	18720.14	19037.15	19251.92	19495.59	19843.08	21620.53
湖　南	19380.04	19488.54	19787.01	19705.70	19913.43	20039.28	20213.94	20433.75	20578.74	20743.45	20912.58
西部地区	**126464.41**	**128309.55**	**129940.25**	**130008.92**	**131701.44**	**132302.77**	**133559.59**	**134791.43**	**135684.29**	**136453.12**	**137318.82**
内蒙古	7593.54	7480.49	7747.75	7841.45	8037.15	8087.63	8171.93	8317.29	8459.69	8500.80	8572.77
广　西	18012.53	18096.72	18120.70	18039.22	18076.04	18111.44	18270.04	18392.42	18507.07	18548.45	18373.57
重　庆	10701.00	10812.04	10835.66	10802.62	10867.64	10897.96	11032.19	11142.50	11243.96	11272.08	11271.07
四　川	25768.46	26008.38	26284.63	26289.08	26587.90	26721.74	26953.15	27080.93	27231.18	27480.97	27762.86
贵　州	14460.80	14662.52	14785.81	14830.72	14931.62	14997.16	15120.63	15182.49	14996.17	15142.59	15306.16
云　南	13582.41	13731.59	13796.74	13594.69	13691.20	13668.54	13683.52	13762.83	13811.06	13917.06	13889.86
西　藏	411.27	413.32	412.80	397.68	399.60	393.81	401.19	407.12	409.22	409.22	408.68
陕　西	15518.50	16590.92	16833.89	17007.26	17359.32	17437.80	17634.84	17807.41	18017.75	18147.96	18358.65
甘　肃	7123.58	7302.87	7346.78	7353.99	7578.48	7664.36	7820.55	8021.32	8094.82	8202.22	8261.85
青　海	1772.17	1734.00	1808.90	1817.80	1822.99	1823.13	1841.89	1852.74	1872.55	1862.61	1878.64
宁　夏	2514.25	2532.61	2578.35	2566.07	2595.21	2629.95	2656.49	2688.41	2726.38	2735.22	2732.49
新　疆	9005.90	8944.09	9388.24	9468.34	9754.29	9869.25	9973.17	10135.97	10314.44	10233.94	10502.22
东北地区	**23663.96**	**23613.13**	**24011.35**	**24235.26**	**24544.26**	**24670.97**	**24858.30**	**25125.88**	**25350.12**	**25395.15**	**25535.79**
辽　宁	11981.74	12121.51	12192.08	12265.97	12416.50	12485.57	12554.94	12661.26	12755.38	12827.97	12878.60
吉　林	6269.19	6067.91	6315.80	6571.03	6634.53	6742.76	6777.51	6864.65	6928.05	6924.63	6997.22
黑龙江	5413.03	5423.71	5503.47	5398.26	5493.23	5442.64	5525.85	5599.97	5666.69	5642.55	5659.97

数据来源：国家统计局。

表 3-13　2020—2024 年全国及各地区办公楼施工面积

单位：万平方米

地　区	2020 年	2021 年	2022 年	2023 年	2024 年
全　国	**37083.57**	**37729.60**	**34917.11**	**33131.76**	**23850.94**
东部地区	**21250.52**	**21564.79**	**20313.78**	**19542.12**	**17821.32**
北　京	1654.23	1461.39	1307.26	1197.17	1005.33

续表

地　区	2020 年	2021 年	2022 年	2023 年	2024 年
天　津	586. 48	516. 61	403. 38	346. 83	291. 57
河　北	657. 22	685. 35	615. 79	505. 47	539. 19
上　海	2282. 65	2615. 02	2494. 76	2531. 61	2450. 92
江　苏	2384. 36	2327. 19	2223. 62	2030. 92	1938. 65
浙　江	2841. 13	2895. 91	2805. 55	2953. 45	2644. 74
福　建	1848. 05	1525. 72	1372. 54	1259. 76	1132. 28
山　东	2891. 17	2959. 61	2811. 00	2719. 42	2402. 98
广　东	5737. 68	6103. 22	5751. 13	5430. 67	4885. 43
海　南	367. 55	474. 77	528. 75	566. 82	530. 23
中部地区	**6546. 89**	**6854. 94**	**6209. 67**	**5601. 83**	**4803. 90**
山　西	501. 44	575. 70	526. 99	512. 36	389. 03
安　徽	1211. 92	1236. 31	1046. 85	851. 28	744. 50
江　西	622. 77	654. 26	493. 30	506. 41	399. 91
河　南	1755. 06	1856. 89	1704. 94	1574. 26	1294. 49
湖　北	1436. 88	1576. 18	1635. 23	1523. 67	1484. 86
湖　南	1018. 82	955. 60	802. 36	633. 85	491. 11
西部地区	**8020. 43**	**7956. 92**	**7157. 89**	**6831. 68**	**6171. 88**
内蒙古	243. 01	209. 62	178. 85	163. 58	164. 48
广　西	864. 93	813. 58	710. 21	647. 95	545. 03
重　庆	701. 86	738. 76	538. 01	469. 38	426. 63
四　川	2173. 66	2162. 03	2037. 67	2005. 43	1933. 65
贵　州	627. 19	568. 14	507. 01	441. 37	356. 83
云　南	855. 66	1007. 27	919. 11	862. 99	716. 33
西　藏	30. 22	47. 28	29. 17	18. 36	11. 15
陕　西	1470. 57	1373. 08	1358. 33	1446. 54	1251. 13
甘　肃	327. 07	316. 00	262. 88	258. 27	234. 25
青　海	67. 47	73. 32	81. 38	72. 69	63. 17
宁　夏	187. 98	151. 13	114. 83	98. 49	97. 36
新　疆	470. 81	496. 71	420. 44	346. 63	371. 87
东北地区	**1265. 73**	**1352. 95**	**1235. 77**	**1156. 13**	**1061. 24**
辽　宁	468. 59	516. 54	480. 30	463. 31	423. 78
吉　林	581. 81	625. 87	553. 16	495. 76	470. 00
黑龙江	215. 33	210. 54	202. 31	197. 06	167. 46

数据来源：国家统计局。

表 3-14 2024 年全国及各地区办公楼施工面积（月度累计）

单位：万平方米

地 区	1—2 月	1—3 月	1—4 月	1—5 月	1—6 月	1—7 月	1—8 月	1—9 月	1—10 月	1—11 月	1—12 月
全 国	**21812. 76**	**22241. 19**	**22556. 09**	**22554. 13**	**22636. 48**	**22973. 48**	**23058. 81**	**23305. 52**	**23384. 17**	**23521. 53**	**23850. 94**
东部地区	**16238. 20**	**16594. 24**	**16878. 56**	**16882. 10**	**16937. 22**	**17201. 85**	**17284. 77**	**17499. 90**	**17562. 11**	**17647. 97**	**17821. 32**
北 京	959. 76	975. 84	972. 79	973. 71	980. 30	979. 90	979. 65	979. 72	980. 32	984. 11	1005. 33
天 津	283. 98	291. 83	284. 65	285. 08	285. 08	285. 08	285. 08	286. 08	286. 08	286. 27	291. 57
河 北	456. 45	497. 05	496. 45	506. 61	486. 04	510. 25	524. 24	539. 63	538. 66	538. 93	539. 19
上 海	1995. 30	2075. 41	2206. 24	2215. 24	2236. 60	2274. 12	2261. 10	2318. 33	2338. 96	2359. 51	2450. 92
江 苏	1753. 15	1763. 31	1785. 63	1805. 82	1832. 64	1849. 52	1861. 32	1864. 23	1873. 36	1882. 33	1938. 65
浙 江	2350. 63	2424. 20	2499. 69	2506. 25	2438. 65	2554. 84	2574. 48	2609. 28	2616. 90	2614. 67	2644. 74
福 建	1056. 44	1062. 90	1064. 92	1059. 17	1056. 83	1077. 22	1100. 69	1110. 99	1101. 98	1108. 28	1132. 28
山 东	2200. 73	2224. 58	2250. 35	2266. 78	2304. 20	2306. 18	2321. 24	2391. 72	2400. 83	2401. 49	2402. 98
广 东	4700. 82	4780. 32	4817. 80	4781. 03	4832. 04	4873. 97	4882. 24	4899. 27	4897. 82	4942. 76	4885. 43
海 南	480. 94	498. 80	500. 04	482. 41	484. 84	490. 77	494. 73	500. 65	527. 20	529. 62	530. 23
中部地区	**4412. 49**	**4490. 62**	**4506. 60**	**4501. 77**	**4521. 24**	**4566. 42**	**4567. 98**	**4594. 03**	**4610. 10**	**4656. 70**	**4803. 90**
山 西	324. 63	351. 32	354. 59	361. 15	366. 20	372. 64	373. 12	374. 59	383. 60	381. 03	389. 03
安 徽	625. 72	632. 10	633. 70	640. 38	643. 61	685. 32	685. 82	701. 66	703. 78	744. 10	744. 50
江 西	399. 37	400. 60	401. 66	399. 24	399. 87	399. 35	399. 49	401. 68	402. 06	405. 08	399. 91
河 南	1300. 51	1307. 36	1309. 40	1303. 84	1304. 96	1299. 66	1298. 71	1298. 99	1293. 77	1294. 14	1294. 49
湖 北	1302. 31	1311. 48	1318. 66	1312. 95	1321. 58	1323. 65	1324. 66	1332. 07	1341. 09	1342. 92	1484. 86
湖 南	459. 95	487. 76	488. 59	484. 21	485. 02	485. 80	486. 18	485. 04	485. 80	489. 43	491. 11
西部地区	**5896. 13**	**6012. 19**	**6058. 14**	**6057. 45**	**6107. 27**	**6153. 76**	**6176. 07**	**6167. 57**	**6142. 57**	**6158. 87**	**6171. 88**
内蒙古	134. 62	139. 59	141. 55	141. 83	148. 90	150. 11	150. 96	156. 12	156. 12	159. 46	164. 48
广 西	580. 66	560. 34	561. 83	548. 95	556. 72	572. 32	572. 96	573. 34	559. 37	547. 23	545. 03
重 庆	415. 88	431. 52	431. 53	431. 79	433. 98	430. 65	430. 75	432. 42	425. 15	423. 18	426. 63
四 川	1834. 76	1831. 54	1834. 86	1863. 65	1875. 82	1893. 59	1903. 28	1906. 24	1914. 00	1930. 59	1933. 65
贵 州	399. 23	400. 18	403. 15	409. 08	407. 00	408. 30	427. 82	392. 73	354. 90	354. 97	356. 83
云 南	724. 71	736. 90	733. 35	723. 76	716. 95	716. 37	707. 06	707. 24	707. 24	707. 79	716. 33
西 藏	11. 43	11. 95	10. 26	10. 24	10. 24	11. 15	11. 15	11. 15	11. 15	11. 15	11. 15
陕 西	1082. 58	1169. 15	1178. 15	1177. 10	1185. 67	1200. 85	1203. 06	1209. 69	1239. 50	1245. 66	1251. 13
甘 肃	217. 88	229. 27	229. 34	220. 75	227. 09	227. 62	228. 83	232. 61	232. 85	233. 86	234. 25
青 海	62. 97	62. 97	63. 16	63. 17	63. 17	63. 17	63. 17	63. 17	63. 17	63. 17	63. 17
宁 夏	96. 98	96. 98	96. 98	96. 66	97. 90	97. 90	97. 96	98. 07	98. 07	98. 07	97. 36
新 疆	334. 43	341. 80	373. 98	370. 47	383. 83	381. 73	379. 07	384. 79	381. 05	383. 74	371. 87

续表

地　区	1—2月	1—3月	1—4月	1—5月	1—6月	1—7月	1—8月	1—9月	1—10月	1—11月	1—12月
东北地区	**1027.45**	**1016.74**	**1029.38**	**1028.43**	**1029.12**	**1055.10**	**1055.10**	**1055.47**	**1055.84**	**1057.40**	**1061.24**
辽　宁	393.82	392.41	392.43	396.44	397.58	423.31	423.31	423.38	423.75	423.83	423.78
吉　林	467.58	457.94	470.56	467.37	466.88	467.08	467.08	467.08	467.08	466.31	470.00
黑龙江	166.05	166.39	166.39	164.62	164.66	164.71	164.71	165.01	165.01	167.26	167.46

数据来源：国家统计局。

表 3-15　2020—2024 年全国及各地区商业营业用房施工面积

单位：万平方米

地　区	2020 年	2021 年	2022 年	2023 年	2024 年
全　国	**93197.67**	**90676.77**	**79966.12**	**72180.71**	**63194.62**
东部地区	**36102.23**	**35018.92**	**31533.57**	**29322.01**	**25807.61**
北　京	1092.06	1006.65	832.96	825.20	802.60
天　津	1127.65	1171.01	1039.69	919.29	695.30
河　北	2407.74	2376.69	2150.56	1828.72	1717.31
上　海	1820.52	1866.67	1698.50	1618.66	1535.41
江　苏	6082.26	5490.81	4822.00	4306.97	3808.74
浙　江	4846.71	4799.69	4450.93	4570.29	3913.09
福　建	2997.92	2746.59	2378.14	2133.98	1781.77
山　东	6611.86	6458.29	5824.48	5204.35	4641.90
广　东	7937.75	7828.19	7185.81	6705.64	5861.57
海　南	1177.76	1274.33	1150.50	1208.91	1049.92
中部地区	**22898.01**	**22090.01**	**18650.68**	**15924.55**	**13858.35**
山　西	1825.93	1972.27	1836.01	1717.77	1497.16
安　徽	4899.12	4477.86	3544.15	2967.66	2491.22
江　西	2741.61	2757.86	2364.30	2188.82	1881.74
河　南	5549.57	5260.70	4349.42	3694.73	3215.56
湖　北	3205.14	3057.72	2744.03	2403.51	2331.80
湖　南	4676.64	4563.60	3812.77	2952.06	2440.87
西部地区	**27611.53**	**27276.64**	**24400.95**	**22106.10**	**19350.32**
内蒙古	2247.27	2241.08	1912.08	1609.85	1404.49
广　西	2742.82	2745.10	2473.50	2306.64	1942.21
重　庆	3041.00	2900.18	2446.77	2170.08	1763.13
四　川	5010.34	4918.26	4576.75	3852.55	3319.72
贵　州	3533.80	3370.84	2957.85	2699.38	2389.92

续表

地　区	2020 年	2021 年	2022 年	2023 年	2024 年
云　南	2959.76	2894.32	2706.77	2466.34	2083.96
西　藏	129.07	126.10	88.30	89.75	68.87
陕　西	2784.71	2737.62	2477.13	2336.69	2048.62
甘　肃	1322.63	1363.32	1027.12	998.13	887.99
青　海	420.14	412.04	387.10	360.66	300.06
宁　夏	833.19	762.70	591.41	583.27	468.98
新　疆	2586.80	2805.08	2756.17	2632.76	2672.37
东北地区	**6585.90**	**6291.20**	**5380.92**	**4828.05**	**4178.34**
辽　宁	3342.00	3239.17	2699.28	2440.01	2083.98
吉　林	1646.84	1585.46	1373.15	1222.46	1114.15
黑龙江	1597.06	1466.57	1308.49	1165.58	980.21

数据来源：国家统计局。

表 3-16　2024 年全国及各地区商业营业用房施工面积（月度累计）

单位：万平方米

地　区	1—2 月	1—3 月	1—4 月	1—5 月	1—6 月	1—7 月	1—8 月	1—9 月	1—10 月	1—11 月	1—12 月
全　国	**58618.46**	**59247.43**	**60226.63**	**60141.66**	**60689.54**	**61283.91**	**61733.70**	**61908.21**	**62209.82**	**62552.69**	**63194.62**
东部地区	**23549.64**	**24076.76**	**24649.09**	**24536.45**	**24825.45**	**25286.48**	**25499.48**	**25377.50**	**25495.11**	**25706.60**	**25807.61**
北　京	718.12	719.66	717.14	719.76	736.28	739.20	742.51	760.35	765.44	769.06	802.60
天　津	675.31	674.97	679.70	683.60	692.96	693.32	693.69	696.47	696.82	697.26	695.30
河　北	1414.03	1617.80	1628.60	1451.42	1635.89	1650.60	1676.28	1699.59	1698.28	1712.36	1717.31
上　海	1200.39	1310.16	1343.36	1395.24	1353.86	1393.78	1391.00	1405.43	1439.89	1468.15	1535.41
江　苏	3429.00	3456.42	3830.42	3875.37	3954.35	3974.98	3992.87	3735.18	3753.09	3783.99	3808.74
浙　江	3512.20	3606.79	3684.14	3697.61	3611.49	3778.58	3816.85	3850.72	3888.48	3905.91	3913.09
福　建	1724.89	1733.68	1735.94	1721.71	1734.21	1738.73	1757.84	1752.55	1761.87	1776.97	1781.77
山　东	4213.13	4268.54	4302.55	4290.04	4375.84	4500.30	4542.72	4580.01	4599.98	4621.73	4641.90
广　东	5716.52	5731.94	5766.41	5746.69	5771.16	5820.79	5864.31	5869.55	5863.52	5925.25	5861.57
海　南	946.05	956.80	960.83	955.01	959.41	996.20	1021.41	1027.65	1027.74	1045.92	1049.92
中部地区	**12707.39**	**12865.07**	**13019.06**	**12961.24**	**13054.09**	**13097.95**	**13196.40**	**13295.66**	**13382.01**	**13475.61**	**13858.35**
山　西	1336.61	1443.91	1450.88	1400.94	1427.07	1453.07	1463.18	1468.21	1477.31	1469.76	1497.16
安　徽	2294.43	2310.14	2358.24	2372.48	2406.04	2410.57	2426.72	2448.95	2463.54	2479.44	2491.22
江　西	1812.35	1822.21	1830.65	1829.59	1837.49	1844.10	1852.36	1869.46	1883.07	1896.07	1881.74
河　南	3086.50	3085.32	3111.48	3090.99	3106.03	3132.67	3156.23	3181.56	3189.73	3196.59	3215.56
湖　北	1881.94	1906.67	1922.09	1878.71	1879.95	1895.29	1926.38	1941.87	1965.85	2000.66	2331.80

续表

地 区	1—2 月	1—3 月	1—4 月	1—5 月	1—6 月	1—7 月	1—8 月	1—9 月	1—10 月	1—11 月	1—12 月
湖 南	2295.56	2296.82	2345.72	2388.53	2397.51	2362.25	2371.53	2385.61	2402.51	2433.09	2440.87
西部地区	**18267.21**	**18279.43**	**18494.70**	**18541.09**	**18644.70**	**18741.71**	**18869.42**	**19048.29**	**19123.23**	**19181.77**	**19350.32**
内蒙古	1267.99	1251.51	1279.68	1276.03	1296.21	1297.57	1320.91	1340.84	1379.62	1391.65	1404.49
广 西	1926.07	1917.46	1928.10	1924.56	1928.97	1932.82	1936.96	1946.72	1950.81	1950.16	1942.21
重 庆	1759.94	1773.72	1783.01	1765.64	1764.64	1771.28	1776.91	1782.74	1764.34	1753.48	1763.13
四 川	3089.41	3120.99	3159.55	3165.53	3175.71	3210.07	3220.63	3239.78	3249.61	3283.43	3319.72
贵 州	2277.41	2301.54	2304.27	2312.23	2332.22	2338.89	2349.93	2385.31	2356.25	2377.00	2389.92
云 南	2044.67	2067.58	2075.65	2083.00	2061.75	2041.92	2054.65	2052.88	2060.26	2078.00	2083.96
西 藏	69.56	71.73	73.11	69.44	69.21	69.65	69.77	69.98	70.16	70.16	68.87
陕 西	1890.07	1938.25	1934.15	1940.70	1956.09	1955.42	1975.38	1982.72	2022.04	2034.54	2048.62
甘 肃	791.97	800.57	806.98	804.92	823.77	841.63	848.67	869.21	876.84	882.61	887.99
青 海	311.93	269.13	312.73	312.54	312.63	312.20	312.62	312.78	314.37	316.01	300.06
宁 夏	473.38	472.90	473.83	477.14	474.87	469.17	468.84	471.74	470.28	469.22	468.98
新 疆	2364.81	2294.05	2363.64	2409.36	2448.63	2501.09	2534.15	2593.59	2608.65	2575.51	2672.37
东北地区	**4094.22**	**4026.17**	**4063.78**	**4102.88**	**4165.30**	**4157.77**	**4168.40**	**4186.76**	**4209.47**	**4188.71**	**4178.34**
辽 宁	2000.33	2015.33	2016.57	2043.73	2063.54	2057.61	2060.82	2066.12	2078.30	2082.37	2083.98
吉 林	1054.25	997.53	1031.45	1054.89	1097.86	1102.01	1101.14	1107.99	1112.33	1116.53	1114.15
黑龙江	1039.64	1013.31	1015.76	1004.26	1003.90	998.15	1006.44	1012.65	1018.84	989.81	980.21

数据来源：国家统计局。

2. 各地区房屋新开工面积

表 3-17　2020—2024 年全国及各地区房屋新开工面积

单位：万平方米

地 区	2020 年	2021 年	2022 年	2023 年	2024 年
全 国	**224433.15**	**198895.05**	**120587.08**	**95375.54**	**73892.86**
东部地区	**98704.39**	**86324.75**	**52928.87**	**44774.73**	**33595.88**
北 京	3006.62	1895.93	1774.41	1257.14	1286.90
天 津	2161.86	1885.36	667.20	1031.83	784.92
河 北	10232.19	9069.19	5395.28	4953.35	4172.21
上 海	3440.62	3845.97	2939.74	2373.60	2186.22
江 苏	17672.82	16873.29	9907.30	8234.48	5869.11
浙 江	15875.49	12305.31	7988.56	7537.25	4893.64
福 建	6637.99	6439.20	4142.36	3526.23	2348.80
山 东	20204.08	16572.10	10520.58	7928.39	5822.93

续表

地　区	2020 年	2021 年	2022 年	2023 年	2024 年
广　东	18407. 77	16097. 26	8535. 40	6879. 83	5227. 09
海　南	1064. 95	1341. 14	1058. 04	1052. 63	1004. 06
中部地区	**56366. 03**	**51729. 46**	**32672. 31**	**23468. 25**	**18238. 46**
山　西	5795. 65	4347. 74	3453. 91	2498. 87	1971. 40
安　徽	11785. 64	10434. 89	6843. 01	5174. 98	3589. 33
江　西	5301. 79	5282. 04	3629. 35	2687. 54	1877. 50
河　南	14114. 24	13652. 89	8948. 68	5627. 85	4620. 88
湖　北	8452. 55	7843. 69	4274. 82	3599. 09	3337. 17
湖　南	10916. 16	10168. 21	5522. 54	3879. 92	2842. 18
西部地区	**60074. 23**	**51383. 47**	**30746. 66**	**23869. 97**	**19437. 61**
内蒙古	3287. 84	2911. 77	1629. 07	1427. 84	1374. 55
广　西	7877. 62	5329. 29	3033. 98	1862. 88	1619. 28
重　庆	5947. 70	4873. 36	2224. 17	1970. 51	1431. 95
四　川	13939. 74	11493. 57	8313. 94	5818. 60	4621. 40
贵　州	5441. 06	4528. 09	2211. 46	1809. 31	1802. 42
云　南	7538. 09	6462. 21	2922. 93	2154. 85	1469. 05
西　藏	222. 83	222. 34	80. 60	44. 24	33. 87
陕　西	5796. 94	5970. 37	4413. 39	4270. 16	2953. 61
甘　肃	3534. 11	3369. 78	2105. 32	1577. 93	1449. 54
青　海	923. 17	790. 89	422. 52	232. 89	161. 70
宁　夏	1039. 16	1396. 73	766. 18	754. 45	508. 46
新　疆	4525. 97	4035. 07	2623. 10	1946. 31	2011. 78
东北地区	**9288. 50**	**9457. 37**	**4239. 24**	**3262. 59**	**2620. 91**
辽　宁	4404. 14	4598. 19	2378. 60	1578. 03	1035. 47
吉　林	2662. 39	3120. 87	869. 50	949. 24	859. 31
黑龙江	2221. 97	1738. 31	991. 14	735. 32	726. 13

数据来源：国家统计局。

表 3-18　2024 年全国及各地区房屋新开工面积（月度累计）

单位：万平方米

地　区	1—2 月	1—3 月	1—4 月	1—5 月	1—6 月	1—7 月	1—8 月	1—9 月	1—10 月	1—11 月	1—12 月
全　国	**9428. 95**	**17282. 83**	**23509. 75**	**30089. 54**	**38022. 51**	**43732. 89**	**49464. 91**	**56050. 75**	**61226. 94**	**67308. 43**	**73892. 86**
东部地区	**4430. 29**	**8212. 39**	**11234. 25**	**13965. 72**	**17522. 46**	**20227. 27**	**22545. 93**	**25719. 92**	**27755. 02**	**30607. 07**	**33595. 88**
北　京	115. 49	266. 96	312. 81	590. 53	725. 43	790. 34	857. 10	984. 34	1030. 59	1153. 68	1286. 90
天　津	95. 71	306. 21	346. 92	387. 40	470. 55	514. 68	538. 62	583. 95	684. 23	735. 85	784. 92

续表

地区	1—2月	1—3月	1—4月	1—5月	1—6月	1—7月	1—8月	1—9月	1—10月	1—11月	1—12月
河北	171.42	575.55	935.09	1388.98	1930.06	2241.63	2628.30	3029.65	3340.52	3718.69	4172.21
上海	107.50	342.62	605.11	800.54	924.09	1213.04	1347.40	1492.25	1755.22	1968.50	2186.22
江苏	1092.89	1702.13	2257.52	2642.36	3182.47	3514.05	3957.45	4506.31	4937.73	5424.15	5869.11
浙江	519.92	1114.09	1555.03	1960.47	2551.70	3110.06	3392.54	4023.71	4267.72	4558.12	4893.64
福建	633.74	925.79	1051.31	1279.59	1498.53	1628.14	1823.92	1951.93	2026.21	2170.37	2348.80
山东	643.95	1259.75	1787.37	2307.44	3079.35	3566.42	3988.45	4501.84	4799.54	5337.33	5822.93
广东	872.08	1471.95	2026.53	2224.90	2707.34	3089.80	3367.37	3886.26	4054.68	4591.72	5227.09
海南	177.59	247.34	356.56	383.51	452.94	559.11	644.78	759.68	858.58	948.66	1004.06
中部地区	**2873.06**	**4533.86**	**5954.82**	**7590.61**	**9329.81**	**10615.22**	**11982.55**	**13395.64**	**14729.71**	**16222.54**	**18238.46**
山西	81.20	287.13	441.30	598.10	891.27	1177.99	1298.74	1457.66	1604.46	1697.39	1971.40
安徽	725.02	1090.44	1333.92	1675.46	2064.16	2311.96	2506.71	2776.48	2986.49	3232.86	3589.33
江西	460.52	641.76	850.18	1040.71	1198.51	1307.52	1409.57	1518.43	1629.71	1744.96	1877.50
河南	886.57	1323.45	1710.86	2056.07	2493.31	2751.42	3211.68	3552.61	3904.78	4258.83	4620.88
湖北	309.85	519.76	726.90	1035.69	1246.55	1501.54	1776.67	2044.29	2374.88	2783.42	3337.17
湖南	409.90	671.32	891.66	1184.58	1436.01	1564.79	1779.18	2046.17	2229.39	2505.08	2842.18
西部地区	**2074.83**	**4253.85**	**5769.13**	**7684.99**	**9878.75**	**11304.73**	**13091.67**	**14783.30**	**16382.05**	**17950.81**	**19437.61**
内蒙古	10.06	63.04	202.40	382.75	637.10	745.37	839.27	1000.64	1217.92	1331.70	1374.55
广西	262.15	389.16	475.33	710.99	776.11	877.89	1079.07	1214.58	1343.10	1430.35	1619.28
重庆	294.19	480.69	550.88	645.13	772.49	852.17	1036.98	1171.30	1289.91	1369.47	1431.95
四川	723.85	1264.64	1681.37	2067.35	2562.34	2886.97	3272.50	3515.01	3834.90	4196.54	4621.40
贵州	193.99	421.03	554.57	686.15	857.17	976.91	1106.57	1271.15	1423.07	1600.24	1802.42
云南	253.99	483.14	598.79	684.95	892.50	954.02	1053.12	1163.12	1241.25	1397.00	1469.05
西藏	—	1.02	8.90	9.35	13.16	15.66	24.60	30.80	33.20	33.20	33.87
陕西	259.99	713.52	963.49	1282.99	1595.32	1792.13	2085.81	2264.45	2515.04	2701.24	2953.61
甘肃	61.07	222.17	257.78	388.51	634.85	782.15	941.67	1175.21	1250.49	1381.46	1449.54
青海	—	10.89	49.50	65.47	70.03	86.77	106.36	116.77	131.59	149.41	161.70
宁夏	11.12	89.38	151.92	193.04	275.10	335.75	369.74	410.47	449.74	494.92	508.46
新疆	4.42	115.17	274.20	568.31	792.58	998.94	1175.98	1449.80	1651.84	1865.28	2011.78
东北地区	**50.77**	**282.73**	**551.55**	**848.22**	**1291.49**	**1585.67**	**1844.76**	**2151.89**	**2360.16**	**2528.01**	**2620.91**
辽宁	50.72	177.03	256.25	352.64	559.89	645.30	734.62	843.55	911.05	991.78	1035.47
吉林	0.05	81.92	185.64	291.84	431.97	515.75	585.29	700.09	771.08	828.36	859.31
黑龙江	—	23.78	109.66	203.74	299.63	424.62	524.85	608.25	678.03	707.87	726.13

数据来源：国家统计局。

表 3-19 2020—2024 年全国及各地区住宅新开工面积

单位：万平方米

地 区	2020 年	2021 年	2022 年	2023 年	2024 年
全 国	**164328.53**	**146378.54**	**88135.09**	**69285.61**	**53660.37**
东部地区	**69864.21**	**60929.58**	**36682.89**	**30768.61**	**23054.95**
北 京	1716.36	1025.91	978.36	715.06	762.27
天 津	1566.72	1324.17	501.12	730.44	576.10
河 北	7979.05	7146.19	4300.12	3972.93	3331.76
上 海	1756.37	1682.49	1602.02	1356.33	1215.07
江 苏	13538.15	12794.45	7298.02	5802.45	4143.61
浙 江	10443.67	7663.61	4988.31	4627.83	3165.48
福 建	4549.05	4587.40	2822.50	2295.10	1536.15
山 东	15063.71	12500.82	7765.74	5804.45	4125.30
广 东	12573.97	11392.51	5688.99	4740.89	3490.12
海 南	677.16	812.03	737.71	723.13	709.09
中部地区	**44074.58**	**41134.36**	**26000.30**	**18739.57**	**14495.02**
山 西	4468.38	3392.09	2734.91	2013.06	1536.61
安 徽	9243.72	8140.41	5237.57	3843.99	2579.55
江 西	4170.08	4196.73	2946.66	2149.18	1466.05
河 南	11371.00	11297.67	7367.47	4786.86	3977.20
湖 北	6514.21	6115.22	3168.39	2835.61	2639.00
湖 南	8307.19	7992.24	4545.30	3110.87	2296.61
西部地区	**43412.80**	**37087.32**	**22152.13**	**17185.05**	**13990.48**
内蒙古	2485.53	2261.80	1137.06	1082.25	983.05
广 西	5912.31	4016.51	2347.79	1426.01	1314.57
重 庆	4106.57	3231.19	1540.96	1359.84	1006.23
四 川	9631.06	7959.91	5818.96	3916.07	3109.11
贵 州	4009.19	3311.51	1636.82	1331.22	1359.72
云 南	5286.82	4578.33	2076.48	1516.23	1064.40
西 藏	145.72	147.23	55.96	31.64	25.43
陕 西	4488.42	4484.90	3075.58	3217.55	2217.70
甘 肃	2620.69	2553.45	1660.79	1210.61	1121.12
青 海	652.29	630.65	310.68	195.64	128.52
宁 夏	784.84	1015.07	598.19	593.25	405.42
新 疆	3289.36	2896.77	1892.86	1304.74	1255.21

续表

地　区	2020 年	2021 年	2022 年	2023 年	2024 年
东北地区	**6976.94**	**7227.28**	**3299.77**	**2592.38**	**2119.92**
辽　宁	3396.87	3457.72	1799.40	1254.84	844.84
吉　林	1906.76	2409.22	699.99	722.93	686.73
黑龙江	1673.31	1360.34	800.38	614.61	588.35

数据来源：国家统计局。

表 3-20　2024 年全国及各地区住宅新开工面积（月度累计）

单位：万平方米

地　区	1—2 月	1—3 月	1—4 月	1—5 月	1—6 月	1—7 月	1—8 月	1—9 月	1—10 月	1—11 月	1—12 月
全　国	**6795.70**	**12534.04**	**17005.67**	**21759.92**	**27747.84**	**31683.97**	**35908.83**	**40745.04**	**44568.66**	**48989.50**	**53660.37**
东部地区	**2937.90**	**5552.76**	**7613.97**	**9566.73**	**12109.56**	**13793.57**	**15390.10**	**17649.56**	**19060.74**	**21065.14**	**23054.95**
北　京	63.66	145.37	161.99	376.31	459.43	495.88	529.88	613.46	646.99	711.59	762.27
天　津	55.18	210.48	240.65	270.08	331.81	367.74	382.55	412.52	504.81	545.27	576.10
河　北	144.01	451.83	743.36	1110.33	1550.93	1788.15	2070.71	2383.32	2650.94	2955.40	3331.76
上　海	56.16	217.30	337.60	423.56	531.80	688.78	767.51	867.67	1003.94	1106.35	1215.07
江　苏	690.38	1115.80	1502.56	1764.67	2133.82	2370.08	2734.23	3173.75	3491.55	3851.67	4143.61
浙　江	333.20	759.75	1045.25	1305.12	1715.77	2040.23	2214.93	2615.82	2767.24	2948.50	3165.48
福　建	406.08	607.12	696.89	840.28	1003.94	1080.26	1188.46	1277.18	1332.14	1432.84	1536.15
山　东	479.40	941.45	1329.28	1721.23	2252.92	2522.53	2816.33	3143.26	3350.21	3769.61	4125.30
广　东	572.50	931.34	1298.16	1478.07	1799.38	2040.12	2231.03	2621.88	2715.61	3078.72	3490.12
海　南	137.33	172.32	258.23	277.08	329.76	399.80	454.47	540.70	597.31	665.19	709.09
中部地区	**2261.76**	**3607.21**	**4749.83**	**5970.92**	**7419.69**	**8445.95**	**9529.57**	**10677.94**	**11736.68**	**12965.80**	**14495.02**
山　西	58.60	218.59	349.82	463.81	702.11	926.54	1016.73	1150.54	1261.68	1336.83	1536.61
安　徽	513.63	806.60	978.73	1212.65	1516.75	1671.85	1818.41	2020.47	2167.23	2347.63	2579.55
江　西	341.82	494.66	666.27	815.88	941.18	1024.32	1117.29	1205.74	1292.57	1387.43	1466.05
河　南	777.65	1155.45	1478.07	1758.88	2144.18	2364.06	2754.71	3041.61	3353.16	3673.96	3977.20
湖　北	243.68	408.70	583.07	832.65	1014.62	1216.55	1403.57	1617.84	1865.43	2202.85	2639.00
湖　南	326.38	523.21	693.87	887.05	1100.85	1242.63	1418.86	1641.74	1796.61	2017.10	2296.61
西部地区	**1550.69**	**3150.07**	**4191.91**	**5560.15**	**7193.62**	**8187.44**	**9520.56**	**10691.22**	**11870.69**	**12922.06**	**13990.48**
内蒙古	9.50	49.04	157.17	282.23	474.84	558.03	619.06	729.15	874.19	955.68	983.05
广　西	211.69	309.64	372.71	567.58	619.11	696.56	883.59	983.16	1091.73	1159.88	1314.57
重　庆	183.03	313.40	364.93	438.59	528.69	581.77	720.26	829.37	920.53	966.37	1006.23
四　川	516.14	886.61	1133.03	1358.59	1704.96	1917.01	2205.35	2349.84	2581.60	2819.27	3109.11
贵　州	164.16	330.70	435.22	539.93	670.55	763.79	848.37	960.44	1079.06	1202.58	1359.72

续表

地　区	1—2 月	1—3 月	1—4 月	1—5 月	1—6 月	1—7 月	1—8 月	1—9 月	1—10 月	1—11 月	1—12 月
云　南	198.09	360.25	444.25	499.01	652.84	696.20	763.19	851.13	904.78	1020.92	1064.40
西　藏	—	—	5.95	6.35	8.28	9.37	16.75	22.68	24.77	24.77	25.43
陕　西	206.84	553.90	733.33	986.00	1237.58	1380.50	1589.89	1716.50	1902.04	2016.93	2217.70
甘　肃	46.88	183.08	205.36	308.71	491.57	596.15	722.92	899.01	955.02	1062.47	1121.12
青　海	—	9.97	36.19	50.01	53.18	64.45	81.06	91.10	103.91	116.51	128.52
宁　夏	10.12	71.01	117.20	157.63	221.78	270.69	296.09	324.73	355.55	394.05	405.42
新　疆	4.24	82.47	186.57	365.52	530.24	652.92	774.03	934.11	1077.51	1182.63	1255.21
东北地区	**45.35**	**224.00**	**449.96**	**662.12**	**1024.97**	**1257.01**	**1468.60**	**1726.32**	**1900.55**	**2036.50**	**2119.92**
辽　宁	45.30	137.42	199.82	264.56	433.40	506.24	579.94	677.17	734.21	803.63	844.84
吉　林	0.05	68.59	157.94	228.33	340.78	408.78	464.68	552.05	612.49	658.46	686.73
黑龙江	—	17.99	92.20	169.23	250.79	341.99	423.98	497.10	553.85	574.41	588.35

数据来源：国家统计局。

表 3-21　2020—2024 年全国及各地区办公楼新开工面积

单位：万平方米

地　区	2020 年	2021 年	2022 年	2023 年	2024 年
全　国	**6603.73**	**5223.90**	**3180.14**	**2589.28**	**1596.70**
东部地区	**3877.87**	**3098.57**	**2034.86**	**1695.84**	**1312.77**
北　京	130.53	74.58	64.47	73.24	58.79
天　津	57.02	30.15	11.88	15.27	13.42
河　北	207.19	140.78	64.13	44.02	62.25
上　海	421.09	629.45	314.01	195.64	167.42
江　苏	453.81	413.57	292.45	244.46	192.44
浙　江	506.53	548.53	332.52	353.11	142.17
福　建	277.49	126.36	127.79	113.41	149.49
山　东	598.03	429.17	307.80	244.56	193.89
广　东	1133.75	584.57	465.10	357.10	283.50
海　南	92.43	121.41	54.71	55.03	49.40
中部地区	**1145.38**	**916.55**	**511.32**	**350.11**	**250.41**
山　西	83.24	68.61	29.58	27.37	28.66
安　徽	181.56	219.04	89.05	104.28	106.43
江　西	111.31	131.99	30.61	68.75	13.83
河　南	199.63	148.62	132.12	43.71	23.61
湖　北	358.50	201.69	176.46	72.27	55.37

续表

地　区	2020 年	2021 年	2022 年	2023 年	2024 年
湖　南	211.14	146.60	53.50	33.73	22.51
西部地区	**1431.64**	**1027.98**	**563.84**	**511.64**	**318.17**
内蒙古	13.60	10.89	23.09	21.38	21.92
广　西	146.73	86.96	28.87	14.41	18.94
重　庆	110.69	104.52	35.07	11.36	21.77
四　川	477.06	290.90	147.10	248.32	122.27
贵　州	51.27	29.49	44.28	21.86	4.13
云　南	224.29	161.84	48.57	39.13	11.14
西　藏	12.53	17.18	0.75	0.80	1.43
陕　西	203.52	189.98	191.16	118.46	66.17
甘　肃	94.45	45.40	5.09	10.74	24.62
青　海	30.00	6.93	14.54	0.33	0.20
宁　夏	5.79	8.15	11.35	0.75	1.62
新　疆	61.71	75.74	13.97	24.10	23.96
东北地区	**148.84**	**180.80**	**70.12**	**31.69**	**11.60**
辽　宁	39.18	64.31	50.70	17.36	5.76
吉　林	79.20	95.15	16.90	9.67	1.17
黑龙江	30.46	21.34	2.52	4.66	4.67

数据来源：国家统计局。

表 3-22　2024 年全国及各地区办公楼新开工面积（月度累计）

单位：万平方米

地　区	1—2 月	1—3 月	1—4 月	1—5 月	1—6 月	1—7 月	1—8 月	1—9 月	1—10 月	1—11 月	1—12 月
全　国	**310.08**	**491.83**	**634.00**	**708.60**	**814.59**	**994.20**	**1086.68**	**1240.93**	**1338.93**	**1451.94**	**1596.70**
东部地区	**253.45**	**405.95**	**536.30**	**579.28**	**669.04**	**801.08**	**887.97**	**1014.67**	**1092.45**	**1180.98**	**1312.77**
北　京	2.60	11.57	11.57	12.48	19.08	19.08	19.11	19.18	19.78	23.57	58.79
天　津	6.08	10.88	10.88	10.88	10.88	10.88	10.88	10.88	10.88	12.32	13.42
河　北	0.64	11.16	11.47	27.21	31.68	35.44	45.88	61.12	61.57	61.93	62.25
上　海	8.56	9.95	45.52	69.77	65.31	92.50	103.66	110.32	128.80	150.16	167.42
江　苏	86.25	95.46	105.01	123.94	142.03	158.53	162.23	163.71	175.21	175.72	192.44
浙　江	8.56	13.82	31.16	42.55	55.79	74.99	90.92	112.87	120.59	127.44	142.17
福　建	52.29	64.16	66.18	71.72	73.38	93.77	117.24	129.25	120.24	126.67	149.49
山　东	27.90	41.17	64.33	69.54	104.32	105.83	120.70	176.56	189.27	189.93	193.89
广　东	53.26	131.26	172.43	132.15	145.35	182.00	187.93	200.18	219.89	264.45	283.50

续表

地　区	1—2 月	1—3 月	1—4 月	1—5 月	1—6 月	1—7 月	1—8 月	1—9 月	1—10 月	1—11 月	1—12 月
海　南	7.31	16.52	17.75	19.04	21.22	28.06	29.42	30.60	46.22	48.79	49.40
中部地区	**56.61**	**85.38**	**97.08**	**122.85**	**132.33**	**178.72**	**183.46**	**205.53**	**225.36**	**242.54**	**250.41**
山　西	0.15	0.34	0.42	15.25	16.23	17.72	17.89	19.11	26.27	26.28	28.66
安　徽	26.18	29.18	30.32	33.37	36.60	77.61	78.11	88.35	90.48	100.88	106.43
江　西	6.38	7.77	8.83	9.99	10.61	11.30	11.44	12.81	13.10	13.48	13.83
河　南	7.17	13.64	15.64	17.02	18.12	18.54	21.38	21.66	22.61	23.36	23.61
湖　北	15.54	21.05	28.23	33.23	36.19	38.18	39.07	47.39	56.03	58.21	55.37
湖　南	1.19	13.40	13.64	13.99	14.58	15.37	15.57	16.21	16.87	20.33	22.51
西部地区	**17.10**	**54.54**	**74.66**	**113.68**	**155.62**	**192.39**	**200.16**	**225.85**	**250.92**	**288.77**	**318.17**
内蒙古	0.01	0.16	0.27	0.77	6.24	7.26	8.11	13.22	13.22	17.01	21.92
广　西	0.47	0.71	2.65	3.13	8.19	17.46	18.09	18.45	18.65	18.85	18.94
重　庆	2.25	7.57	7.58	10.23	12.37	13.01	13.11	14.74	15.24	17.87	21.77
四　川	12.94	19.79	25.02	52.83	65.00	80.66	85.71	89.59	94.26	110.87	122.27
贵　州	—	0.94	0.94	0.94	1.55	2.83	2.99	2.99	4.11	4.19	4.13
云　南	0.19	4.75	8.21	9.55	10.25	10.30	10.33	10.52	10.52	10.97	11.14
西　藏	—	0.52	0.52	0.52	0.52	1.43	1.43	1.43	1.43	1.43	1.43
陕　西	1.17	8.58	16.38	18.05	20.77	28.97	29.37	36.00	55.91	62.07	66.17
甘　肃	0.02	11.42	11.43	11.65	17.46	17.96	19.18	22.96	23.19	24.20	24.62
青　海	—	—	0.18	0.20	0.20	0.20	0.20	0.20	0.20	0.20	0.20
宁　夏	—	—	—	—	1.44	1.44	1.50	1.62	1.62	1.62	1.62
新　疆	0.05	0.10	1.48	5.81	11.63	10.87	10.14	14.13	12.57	19.49	23.96
东北地区	**0.01**	**0.34**	**0.35**	**5.70**	**6.98**	**7.14**	**7.14**	**7.51**	**7.90**	**11.41**	**11.60**
辽　宁	0.01	0.02	0.03	4.10	5.12	5.23	5.23	5.30	5.68	5.76	5.76
吉　林	—	—	—	0.97	0.97	0.97	0.97	0.97	0.98	0.98	1.17
黑龙江	—	0.32	0.32	0.63	0.89	0.94	0.94	1.24	1.24	4.67	4.67

数据来源：国家统计局。

表 3-23　2020—2024 年全国及各地区商业营业用房新开工面积

单位：万平方米

地　区	2020 年	2021 年	2022 年	2023 年	2024 年
全　国	**18012.31**	**14105.48**	**8194.55**	**6458.63**	**4980.33**
东部地区	**7206.24**	**5595.36**	**3337.26**	**2839.03**	**2094.79**
北　京	124.56	107.63	71.80	59.15	65.34
天　津	238.76	145.18	38.32	54.49	35.44

续表

地　区	2020 年	2021 年	2022 年	2023 年	2024 年
河　北	726.80	428.55	263.44	173.55	156.53
上　海	331.70	347.73	162.29	124.51	135.25
江　苏	1407.88	1039.60	659.10	542.41	372.59
浙　江	1059.94	890.25	569.00	539.30	288.08
福　建	446.88	382.51	220.70	218.72	126.94
山　东	1346.74	1027.85	644.91	532.29	459.28
广　东	1388.11	1009.17	601.35	512.44	384.27
海　南	134.87	216.89	106.35	82.17	71.07
中部地区	**4563.00**	**3513.26**	**2140.32**	**1465.84**	**1011.12**
山　西	353.39	246.28	170.40	126.32	112.38
安　徽	964.66	651.98	430.36	305.56	214.28
江　西	507.92	414.40	259.84	219.55	143.61
河　南	1051.15	895.23	558.52	305.79	187.76
湖　北	619.59	453.92	335.65	220.63	195.28
湖　南	1066.29	851.45	385.55	287.99	157.81
西部地区	**5306.69**	**4176.27**	**2383.14**	**1909.19**	**1695.53**
内蒙古	296.77	199.86	149.59	87.37	135.36
广　西	516.37	315.69	174.34	97.66	89.77
重　庆	453.36	470.78	167.39	164.22	130.05
四　川	1221.75	868.07	587.01	458.31	368.60
贵　州	541.58	402.68	143.59	125.70	125.72
云　南	686.57	439.61	229.88	187.15	113.35
西　藏	29.24	31.02	11.92	8.22	2.64
陕　西	414.27	391.29	279.76	223.42	130.95
甘　肃	300.46	246.14	119.60	117.98	108.88
青　海	118.36	56.08	42.02	16.09	5.65
宁　夏	77.84	106.79	44.40	46.02	21.38
新　疆	650.12	648.26	433.64	377.05	463.18
东北地区	**936.38**	**820.59**	**333.83**	**244.57**	**178.89**
辽　宁	447.77	423.27	189.30	103.70	69.95
吉　林	266.98	221.96	55.26	88.85	58.26
黑龙江	221.63	175.36	89.27	52.02	50.68

数据来源：国家统计局。

表 3-24　2024 年全国及各地区商业营业用房新开工面积（月度累计）

单位：万平方米

地　区	1—2 月	1—3 月	1—4 月	1—5 月	1—6 月	1—7 月	1—8 月	1—9 月	1—10 月	1—11 月	1—12 月
全　国	**602. 36**	**1043. 11**	**1441. 95**	**1919. 45**	**2381. 43**	**2882. 63**	**3288. 18**	**3716. 21**	**4057. 95**	**4516. 58**	**4980. 33**
东部地区	**283. 98**	**464. 03**	**623. 62**	**766. 84**	**981. 03**	**1269. 15**	**1450. 24**	**1619. 17**	**1732. 54**	**1911. 41**	**2094. 79**
北　京	0. 22	3. 49	11. 13	14. 04	30. 56	31. 53	34. 22	45. 60	48. 49	52. 10	65. 34
天　津	14. 17	18. 64	20. 62	23. 29	27. 25	27. 61	30. 44	33. 64	34. 56	35. 01	35. 44
河　北	7. 28	26. 95	33. 36	45. 68	63. 96	80. 50	100. 59	122. 44	138. 50	152. 79	156. 53
上　海	9. 20	13. 80	36. 66	56. 43	54. 69	60. 27	63. 65	71. 11	85. 94	116. 88	135. 25
江　苏	91. 45	134. 91	170. 92	202. 91	240. 78	264. 43	271. 66	296. 24	315. 67	346. 53	372. 59
浙　江	34. 02	59. 55	74. 61	105. 49	125. 49	174. 94	193. 35	242. 83	256. 09	271. 55	288. 08
福　建	26. 98	44. 95	47. 17	60. 42	73. 40	80. 95	98. 91	102. 35	105. 26	114. 90	126. 94
山　东	26. 43	64. 11	92. 86	113. 52	198. 97	322. 56	365. 70	392. 75	420. 94	440. 46	459. 28
广　东	68. 03	84. 46	121. 35	126. 60	144. 25	198. 19	242. 76	257. 82	266. 79	313. 04	384. 27
海　南	6. 20	13. 17	14. 94	18. 46	21. 68	28. 17	48. 96	54. 39	60. 30	68. 15	71. 07
中部地区	**169. 17**	**248. 62**	**348. 63**	**479. 96**	**563. 34**	**583. 73**	**663. 32**	**730. 98**	**803. 26**	**886. 24**	**1011. 12**
山　西	8. 76	22. 04	25. 43	33. 08	52. 01	66. 28	75. 03	78. 71	85. 80	91. 95	112. 38
安　徽	34. 15	47. 57	72. 95	88. 20	106. 44	115. 33	131. 82	152. 01	168. 13	184. 58	214. 28
江　西	45. 13	55. 50	70. 32	91. 13	103. 83	108. 14	112. 34	118. 43	130. 16	138. 70	143. 61
河　南	38. 95	48. 70	75. 18	92. 69	107. 21	119. 80	142. 44	156. 81	163. 81	171. 90	187. 76
湖　北	14. 18	28. 52	40. 67	49. 34	58. 85	73. 13	91. 77	105. 86	127. 59	157. 19	195. 28
湖　南	28. 00	46. 29	64. 08	125. 52	135. 00	101. 05	109. 92	119. 16	127. 77	141. 92	157. 81
西部地区	**144. 49**	**302. 45**	**428. 77**	**598. 44**	**738. 50**	**912. 74**	**1042. 75**	**1217. 33**	**1358. 93**	**1541. 71**	**1695. 53**
内蒙古	0. 37	4. 30	11. 39	21. 00	36. 57	41. 75	61. 07	82. 41	121. 21	133. 36	135. 36
广　西	18. 28	23. 29	32. 04	41. 74	48. 20	52. 61	57. 45	64. 70	69. 61	73. 71	89. 77
重　庆	40. 44	53. 99	63. 20	68. 19	73. 12	91. 33	97. 70	104. 61	105. 90	115. 16	130. 05
四　川	51. 20	94. 41	133. 73	171. 97	195. 10	225. 78	242. 03	266. 51	288. 62	325. 40	368. 60
贵　州	9. 25	30. 36	34. 83	41. 74	52. 68	60. 44	72. 85	83. 28	91. 97	114. 94	125. 72
云　南	14. 26	37. 05	43. 28	57. 10	67. 87	73. 62	86. 46	86. 77	95. 44	106. 93	113. 35
西　藏	—	—	1. 91	1. 91	1. 68	2. 12	2. 24	2. 45	2. 63	2. 63	2. 64
陕　西	6. 61	23. 95	34. 56	48. 46	56. 79	69. 97	83. 58	88. 60	103. 16	117. 94	130. 95
甘　肃	3. 02	9. 92	15. 89	21. 07	40. 83	64. 46	71. 55	90. 97	98. 62	104. 41	108. 88
青　海	—	0. 26	0. 80	1. 23	1. 35	1. 62	2. 04	2. 20	3. 80	5. 39	5. 65
宁　夏	1. 00	3. 71	5. 24	9. 08	13. 00	15. 00	16. 13	18. 52	19. 99	21. 01	21. 38
新　疆	0. 06	21. 21	51. 90	114. 95	151. 31	214. 04	249. 65	326. 31	357. 98	420. 83	463. 18

续表

地　区	1—2月	1—3月	1—4月	1—5月	1—6月	1—7月	1—8月	1—9月	1—10月	1—11月	1—12月
东北地区	**4.72**	**28.01**	**40.93**	**74.21**	**98.56**	**117.01**	**131.87**	**148.73**	**163.22**	**177.22**	**178.89**
辽　宁	4.72	22.83	30.60	40.88	50.00	53.85	58.61	63.07	67.32	70.71	69.95
吉　林	—	4.62	7.45	26.37	35.85	38.64	40.29	46.54	50.60	57.21	58.26
黑龙江	—	0.56	2.88	6.96	12.71	24.52	32.97	39.12	45.30	49.30	50.68

数据来源：国家统计局。

3. 各地区房屋竣工面积

表 3-25　2020—2024 年全国及各地区房屋竣工面积

单位：万平方米

地　区	2020年	2021年	2022年	2023年	2024年
全　国	**91218.22**	**101411.95**	**86222.22**	**99831.07**	**73743.25**
东部地区	**47850.01**	**48600.13**	**41325.07**	**50008.96**	**37221.95**
北　京	1545.72	1983.86	1938.48	2042.25	1652.53
天　津	1634.47	1892.82	1503.65	1813.99	814.23
河　北	2367.17	2522.55	2522.65	3420.97	2174.73
上　海	2877.78	2739.55	1676.40	2096.36	1709.22
江　苏	11151.04	9140.70	7892.16	8816.86	7325.31
浙　江	6692.70	6387.14	6130.27	9933.66	7682.08
福　建	3804.07	4041.68	4063.38	4264.91	3205.13
山　东	9325.86	11373.68	6686.02	8861.53	5277.91
广　东	7763.75	8043.47	8161.12	8017.13	6561.68
海　南	687.45	474.68	750.94	741.30	819.13
中部地区	**20844.08**	**27014.12**	**22703.47**	**24011.73**	**16618.31**
山　西	1481.18	2639.30	2126.82	2345.01	2096.28
安　徽	5100.86	7012.89	5945.19	5634.09	4548.32
江　西	2238.50	2517.44	1462.76	1935.31	1420.61
河　南	5412.77	6841.90	6451.78	6043.89	3437.08
湖　北	2646.83	3398.36	3281.21	3779.16	2406.56
湖　南	3963.94	4604.23	3435.71	4274.27	2709.46
西部地区	**18273.03**	**21645.07**	**18791.85**	**22068.54**	**17019.61**
内蒙古	841.28	1052.25	1100.98	1216.54	847.60
广　西	2129.16	2433.25	2345.43	2614.86	1488.50
重　庆	3774.33	4196.21	2795.66	3257.26	1668.48
四　川	4545.86	4379.25	4071.88	4118.38	4370.21

续表

地　区	2020 年	2021 年	2022 年	2023 年	2024 年
贵　州	862.28	916.35	966.78	1579.10	857.34
云　南	1637.76	2540.97	2565.30	3195.49	1727.41
西　藏	28.00	87.97	35.79	66.59	8.48
陕　西	1745.62	1769.88	1976.20	2172.16	2340.36
甘　肃	881.36	1463.07	917.80	1241.19	791.20
青　海	153.60	159.71	247.88	269.82	142.75
宁　夏	772.25	1144.42	627.13	1039.27	812.52
新　疆	901.53	1501.74	1141.02	1297.88	1964.76
东北地区	**4251.10**	**4152.63**	**3401.83**	**3741.84**	**2883.38**
辽　宁	1848.18	2339.06	1946.07	2242.43	1675.29
吉　林	964.94	845.45	724.10	670.85	606.79
黑龙江	1437.98	968.12	731.66	828.56	601.30

数据来源：国家统计局。

表 3-26　2024 年全国及各地区房屋竣工面积（月度累计）

单位：万平方米

地　区	1—2 月	1—3 月	1—4 月	1—5 月	1—6 月	1—7 月	1—8 月	1—9 月	1—10 月	1—11 月	1—12 月
全　国	**10394.65**	**15258.62**	**18860.35**	**22245.03**	**26518.91**	**30016.52**	**33393.53**	**36815.54**	**41995.12**	**48151.69**	**73743.25**
东部地区	**4824.45**	**7471.15**	**9093.94**	**10847.43**	**13247.60**	**15147.05**	**16891.00**	**18646.38**	**21231.54**	**24170.19**	**37221.95**
北　京	119.79	204.49	302.06	343.80	409.54	509.14	555.49	742.69	892.63	1129.33	1652.53
天　津	121.89	196.47	211.18	242.20	329.78	359.49	456.20	478.88	543.68	610.25	814.23
河　北	175.51	257.43	337.53	355.21	488.27	560.06	615.79	680.53	779.96	1047.54	2174.73
上　海	377.33	534.34	644.86	674.23	716.77	782.04	886.62	899.10	1048.36	1202.47	1709.22
江　苏	871.86	1296.51	1592.89	2043.51	2622.50	3090.04	3340.83	3698.54	4340.53	4808.92	7325.31
浙　江	661.23	1428.25	1662.06	2086.02	2833.00	3312.17	3669.56	4174.85	4643.31	5138.54	7682.08
福　建	514.36	668.98	861.72	1043.92	1213.78	1307.23	1462.25	1621.97	1792.66	2037.84	3205.13
山　东	863.42	1271.90	1445.20	1576.69	1785.75	2035.93	2306.39	2516.32	2734.42	3027.84	5277.91
广　东	1060.25	1458.74	1852.19	2240.96	2565.94	2834.06	3206.97	3393.62	3946.94	4558.90	6561.68
海　南	58.81	154.04	184.25	240.89	282.27	356.89	390.90	439.88	509.05	608.56	819.13
中部地区	**2823.27**	**3714.93**	**4594.63**	**5221.21**	**6186.90**	**6895.07**	**7487.53**	**8150.89**	**9091.93**	**10589.85**	**16618.31**
山　西	67.26	161.75	210.54	335.02	478.40	605.36	721.14	734.97	853.92	1171.92	2096.28
安　徽	709.33	854.80	1062.92	1225.52	1405.59	1588.38	1731.17	1933.38	2091.03	2675.13	4548.32
江　西	434.09	573.07	567.78	723.89	744.99	804.91	882.23	939.02	979.45	1058.02	1420.61
河　南	665.34	898.20	1119.14	1243.44	1469.33	1640.62	1726.32	1904.34	2004.52	2208.17	3437.08

续表

地　区	1—2月	1—3月	1—4月	1—5月	1—6月	1—7月	1—8月	1—9月	1—10月	1—11月	1—12月
湖　北	406.89	544.66	788.17	818.90	951.87	1026.11	1076.18	1179.31	1468.95	1581.37	2406.56
湖　南	540.36	682.45	846.08	874.44	1136.72	1229.69	1350.49	1459.87	1694.06	1895.24	2709.46
西部地区	**2486.33**	**3684.44**	**4648.63**	**5519.62**	**6259.03**	**6983.30**	**7916.28**	**8776.80**	**10203.52**	**11655.60**	**17019.61**
内蒙古	61.29	143.33	164.50	190.68	257.63	318.43	394.55	408.14	467.05	538.14	847.60
广　西	365.46	534.38	662.18	862.21	935.53	976.68	1024.89	1110.64	1157.81	1255.59	1488.50
重　庆	320.65	473.72	622.75	698.67	817.96	878.39	1012.22	1099.60	1374.59	1478.47	1668.48
四　川	870.26	1177.26	1369.70	1482.58	1664.33	1789.78	1944.86	2160.16	2547.50	3037.09	4370.21
贵　州	116.05	173.42	234.73	256.29	281.62	334.46	388.73	403.34	506.43	559.88	857.34
云　南	315.69	420.25	578.27	668.51	766.91	893.48	988.83	1048.48	1136.54	1256.23	1727.41
西　藏	2.43	2.43	4.50	6.84	8.11	8.11	8.11	8.11	8.11	8.11	8.48
陕　西	190.71	275.23	343.61	382.82	434.55	537.03	586.02	647.69	888.36	1097.24	2340.36
甘　肃	28.63	89.51	123.44	145.75	168.99	202.76	278.42	334.98	360.97	413.36	791.20
青　海	22.57	37.03	37.43	37.43	43.16	47.24	61.17	80.77	115.95	139.76	142.75
宁　夏	63.06	102.74	156.23	164.93	206.94	231.67	291.19	460.63	571.75	686.43	812.52
新　疆	129.53	255.14	351.29	622.91	673.30	765.27	937.29	1014.26	1068.46	1185.30	1964.76
东北地区	**260.60**	**388.10**	**523.15**	**656.77**	**825.38**	**991.10**	**1098.72**	**1241.47**	**1468.13**	**1736.05**	**2883.38**
辽　宁	159.68	251.88	316.77	415.28	531.56	657.30	720.70	816.78	882.75	997.32	1675.29
吉　林	52.08	62.75	90.16	121.65	145.38	166.39	185.98	211.38	261.76	316.00	606.79
黑龙江	48.84	73.47	116.22	119.84	148.44	167.41	192.04	213.31	323.62	422.73	601.30

数据来源：国家统计局。

表3-27　2020—2024年全国及各地区住宅竣工面积

单位：万平方米

地　区	2020年	2021年	2022年	2023年	2024年
全　国	**65910.03**	**73016.20**	**62539.23**	**72432.60**	**53741.24**
东部地区	**33719.05**	**33700.08**	**28985.42**	**34647.43**	**26019.95**
北　京	728.48	981.05	1096.22	1135.88	912.76
天　津	1256.43	1445.60	1086.13	1433.83	612.01
河　北	1871.19	1950.42	1901.95	2720.89	1690.56
上　海	1627.61	1421.43	934.69	1173.45	836.61
江　苏	8272.63	6693.68	5901.62	6514.72	5450.06
浙　江	4266.78	4015.48	4064.23	6315.54	4933.67
福　建	2403.09	2699.13	2848.15	2911.24	2210.23
山　东	7172.55	8596.69	4909.83	6517.62	4005.77

续表

地　区	2020 年	2021 年	2022 年	2023 年	2024 年
广　东	5573. 29	5587. 55	5641. 97	5408. 39	4753. 05
海　南	547. 00	309. 05	600. 63	515. 87	615. 23
中部地区	**16156. 75**	**20921. 06**	**17391. 45**	**18733. 43**	**13233. 84**
山　西	1131. 67	2020. 82	1636. 59	1872. 74	1604. 86
安　徽	3874. 40	5349. 76	4315. 37	4205. 67	3526. 76
江　西	1744. 48	1926. 35	1114. 71	1507. 99	1099. 41
河　南	4278. 13	5374. 78	5235. 26	4833. 41	2894. 37
湖　北	2166. 11	2712. 36	2516. 63	3015. 38	1903. 89
湖　南	2961. 96	3536. 99	2572. 89	3298. 24	2204. 55
西部地区	**12780. 18**	**15118. 56**	**13525. 52**	**16153. 31**	**12263. 45**
内蒙古	614. 19	789. 82	838. 16	938. 43	638. 02
广　西	1561. 89	1887. 69	1847. 65	2018. 25	1162. 67
重　庆	2585. 26	2724. 39	1920. 10	2279. 87	1123. 39
四　川	3073. 73	2965. 13	2725. 07	2770. 40	2930. 50
贵　州	568. 12	626. 36	689. 59	1190. 18	656. 86
云　南	1163. 01	1681. 30	1758. 45	2352. 18	1263. 73
西　藏	15. 52	44. 97	24. 58	41. 20	5. 51
陕　西	1301. 25	1344. 00	1545. 82	1654. 40	1767. 53
甘　肃	654. 99	1074. 64	727. 86	977. 01	586. 00
青　海	99. 46	118. 54	186. 92	200. 12	122. 94
宁　夏	513. 53	762. 80	483. 13	781. 27	621. 01
新　疆	629. 23	1098. 92	778. 19	950. 00	1385. 29
东北地区	**3254. 05**	**3276. 50**	**2636. 84**	**2898. 43**	**2224. 00**
辽　宁	1440. 82	1909. 42	1567. 01	1735. 98	1303. 49
吉　林	697. 29	635. 44	516. 97	507. 10	463. 73
黑龙江	1115. 94	731. 64	552. 86	655. 35	456. 78

数据来源：国家统计局。

表 3-28　2024 年全国及各地区住宅竣工面积（月度累计）

单位：万平方米

地　区	1—2 月	1—3 月	1—4 月	1—5 月	1—6 月	1—7 月	1—8 月	1—9 月	1—10 月	1—11 月	1—12 月
全　国	**7694. 01**	**11147. 96**	**13745. 78**	**16199. 38**	**19259. 01**	**21866. 71**	**24393. 11**	**26870. 56**	**30702. 04**	**35197. 35**	**53741. 24**
东部地区	**3384. 90**	**5217. 56**	**6387. 79**	**7650. 04**	**9214. 99**	**10590. 49**	**11848. 27**	**13036. 33**	**14874. 58**	**16868. 31**	**26019. 95**
北　京	48. 04	90. 97	157. 51	190. 28	232. 61	293. 93	318. 66	409. 37	499. 72	636. 54	912. 76
天　津	92. 53	144. 68	158. 77	182. 08	256. 95	278. 98	350. 13	360. 96	397. 95	447. 48	612. 01

续表

地　区	1—2月	1—3月	1—4月	1—5月	1—6月	1—7月	1—8月	1—9月	1—10月	1—11月	1—12月
河　北	144.00	205.59	257.41	278.01	319.89	376.87	420.02	461.16	542.83	756.16	1690.56
上　海	165.53	242.37	298.74	320.80	351.36	380.67	460.23	460.25	547.51	619.05	836.61
江　苏	673.91	984.72	1220.51	1550.93	1960.92	2303.76	2519.74	2781.14	3283.86	3588.44	5450.06
浙　江	440.82	957.29	1123.26	1401.92	1843.67	2155.67	2389.57	2712.61	2986.32	3309.00	4933.67
福　建	357.84	475.12	610.07	737.30	835.04	916.42	1023.78	1144.02	1257.80	1419.05	2210.23
山　东	613.21	921.38	1047.82	1158.42	1331.67	1540.32	1748.61	1902.20	2080.19	2299.18	4005.77
广　东	808.50	1064.98	1362.35	1651.05	1879.23	2096.28	2348.35	2499.69	2913.99	3354.03	4753.05
海　南	40.52	130.46	151.35	179.25	203.65	247.59	269.18	304.93	364.41	439.38	615.23
中部地区	**2278.70**	**2961.11**	**3657.02**	**4139.62**	**4934.85**	**5516.24**	**6007.79**	**6526.19**	**7287.10**	**8496.04**	**13233.84**
山　西	51.31	118.63	156.63	256.84	368.16	442.66	526.08	532.91	618.00	884.08	1604.86
安　徽	541.20	659.43	808.47	938.84	1076.19	1229.00	1348.31	1484.87	1614.71	2079.24	3526.76
江　西	388.80	456.92	450.37	559.21	579.79	635.96	700.47	747.74	773.78	840.97	1099.41
河　南	548.54	749.59	944.74	1059.75	1268.20	1420.90	1500.00	1649.92	1735.20	1887.32	2894.37
湖　北	314.37	431.40	632.13	642.24	738.95	802.96	845.59	937.99	1181.24	1286.37	1903.89
湖　南	434.48	545.14	664.68	682.74	903.56	984.76	1087.34	1172.76	1364.17	1518.06	2204.55
西部地区	**1813.20**	**2673.05**	**3309.80**	**3931.89**	**4479.65**	**5031.56**	**5718.22**	**6365.89**	**7416.17**	**8497.77**	**12263.45**
内蒙古	46.17	102.30	120.15	140.38	189.49	235.26	291.02	305.31	357.76	418.70	638.02
广　西	301.68	433.82	545.21	677.01	732.70	765.02	812.05	870.50	910.87	999.01	1162.67
重　庆	214.97	317.05	393.31	432.36	523.44	583.48	683.15	737.86	930.90	996.46	1123.39
四　川	610.98	810.70	930.66	1009.21	1136.04	1226.16	1316.45	1478.70	1739.48	2089.56	2930.50
贵　州	77.26	120.41	164.49	181.37	211.25	251.63	291.59	302.70	389.14	429.94	656.86
云　南	241.10	315.73	421.14	491.94	553.90	656.38	727.60	768.89	834.59	921.10	1263.73
西　藏	2.37	2.37	3.85	5.15	5.15	5.15	5.15	5.15	5.15	5.15	5.51
陕　西	142.47	204.50	243.06	275.59	333.16	410.46	443.06	496.57	676.69	837.37	1767.53
甘　肃	25.26	72.66	95.00	113.58	130.25	157.69	217.11	263.93	285.98	322.07	586.00
青　海	19.41	31.33	31.73	31.73	37.19	39.62	51.98	67.96	96.99	120.02	122.94
宁　夏	41.19	68.56	102.79	111.60	138.57	160.45	211.92	341.99	432.19	522.47	621.01
新　疆	90.34	193.62	258.41	461.97	488.51	540.26	667.14	726.33	756.43	835.92	1385.29
东北地区	**217.21**	**296.24**	**391.17**	**477.83**	**629.52**	**728.42**	**818.83**	**942.15**	**1124.19**	**1335.23**	**2224.00**
辽　宁	129.95	201.85	257.87	321.96	426.01	513.61	565.75	646.99	699.98	791.20	1303.49
吉　林	47.04	33.48	51.76	71.82	95.61	114.32	132.48	155.88	201.58	236.48	463.73
黑龙江	40.22	60.91	81.54	84.05	107.90	100.49	120.60	139.28	222.63	307.55	456.78

数据来源：国家统计局。

表 3-29　2020—2024 年全国及各地区办公楼竣工面积

单位：万平方米

地　区	2020 年	2021 年	2022 年	2023 年	2024 年
全　国	**3041.59**	**3375.74**	**2611.80**	**2889.92**	**1588.54**
东部地区	**2049.23**	**2115.20**	**1627.45**	**1918.25**	**1251.12**
北　京	242.21	142.91	177.79	161.64	82.16
天　津	32.44	29.79	24.14	9.09	19.17
河　北	24.98	37.74	61.63	32.26	16.94
上　海	259.14	342.11	197.82	227.86	224.37
江　苏	351.65	322.68	281.74	224.77	199.99
浙　江	348.75	326.11	190.51	306.43	246.27
福　建	226.57	199.47	120.31	154.39	126.16
山　东	219.51	268.08	162.58	289.38	71.09
广　东	326.47	419.80	378.22	452.29	224.32
海　南	17.51	26.51	32.71	60.14	40.65
中部地区	**418.97**	**625.31**	**568.93**	**567.84**	**244.50**
山　西	19.49	72.73	29.79	12.91	22.34
安　徽	146.44	178.64	225.67	176.02	88.46
江　西	66.20	69.02	27.10	42.29	11.45
河　南	88.47	171.65	105.98	201.50	48.16
湖　北	45.73	54.26	73.40	66.52	51.38
湖　南	52.64	79.01	106.99	68.60	22.71
西部地区	**473.68**	**567.26**	**364.21**	**327.95**	**353.64**
内蒙古	8.90	11.17	14.25	3.23	1.93
广　西	129.60	31.15	86.55	16.47	20.48
重　庆	62.17	141.53	44.09	55.12	33.00
四　川	109.89	158.91	75.55	118.71	201.61
贵　州	45.18	26.86	24.31	10.82	7.35
云　南	29.16	96.04	68.01	44.32	9.49
西　藏	—	3.96	0.50	0.92	—
陕　西	43.45	30.98	15.59	38.61	54.81
甘　肃	3.40	20.03	18.25	19.74	2.12
青　海	3.42	—	0.77	6.83	1.00
宁　夏	18.77	17.00	3.56	0.13	1.43
新　疆	19.74	29.63	12.78	13.05	20.42

续表

地　区	2020 年	2021 年	2022 年	2023 年	2024 年
东北地区	**99.71**	**67.97**	**51.21**	**75.88**	**90.99**
辽　宁	31.68	20.05	16.28	39.89	52.07
吉　林	45.02	44.03	17.48	15.03	23.69
黑龙江	23.01	3.89	17.45	20.96	15.23

数据来源：国家统计局。

表 3-30　2024 年全国及各地区办公楼竣工面积（月度累计）

单位：万平方米

地　区	1—2 月	1—3 月	1—4 月	1—5 月	1—6 月	1—7 月	1—8 月	1—9 月	1—10 月	1—11 月	1—12 月
全　国	**208.93**	**362.04**	**419.14**	**466.49**	**592.26**	**641.75**	**684.91**	**766.63**	**819.49**	**965.09**	**1588.54**
东部地区	**169.83**	**282.66**	**313.98**	**350.77**	**466.29**	**503.87**	**542.28**	**599.34**	**649.10**	**755.12**	**1251.12**
北　京	6.09	8.71	14.52	14.88	19.67	19.67	19.67	34.59	34.67	39.44	82.16
天　津	—	—	—	—	—	—	—	1.30	12.36	13.99	19.17
河　北	4.13	5.05	5.05	1.03	3.08	3.63	5.64	7.91	10.23	11.21	16.94
上　海	44.12	80.46	83.80	81.22	81.22	88.99	89.98	89.98	101.34	123.93	224.37
江　苏	11.73	23.65	35.23	41.45	66.16	73.64	72.18	77.41	90.38	130.65	199.99
浙　江	30.04	48.59	45.32	57.12	103.65	113.17	131.46	151.46	168.25	170.24	246.27
福　建	21.38	24.57	29.35	32.23	53.16	53.68	55.85	66.75	60.24	70.66	126.16
山　东	19.07	21.35	25.78	31.09	32.14	32.68	32.86	34.91	36.01	40.72	71.09
广　东	20.72	63.81	68.46	73.48	80.49	82.56	96.18	96.57	97.16	115.82	224.32
海　南	12.55	6.47	6.47	18.27	26.72	35.85	38.46	38.46	38.46	38.46	40.65
中部地区	**37.91**	**64.58**	**78.91**	**81.20**	**90.74**	**92.55**	**97.25**	**121.82**	**122.96**	**155.11**	**244.50**
山　西	0.36	0.56	1.07	3.57	4.34	8.73	9.06	9.06	9.14	9.69	22.34
安　徽	13.29	17.34	19.66	20.21	24.30	21.35	23.83	47.74	48.02	61.48	88.46
江　西	5.46	16.17	12.91	9.50	9.50	9.50	9.50	9.68	9.68	9.74	11.45
河　南	8.04	13.32	16.27	16.57	16.67	16.67	16.67	16.81	16.81	33.64	48.16
湖　北	9.37	15.60	19.52	19.52	23.63	23.63	23.63	23.87	24.35	24.85	51.38
湖　南	1.39	1.59	9.48	11.83	12.30	12.67	14.56	14.66	14.96	15.71	22.71
西部地区	**66.14**	**86.85**	**102.42**	**132.65**	**141.11**	**157.94**	**170.02**	**179.74**	**212.14**	**236.67**	**353.64**
内蒙古	0.05	0.72	0.82	0.73	0.83	1.10	1.10	1.19	1.28	1.28	1.93
广　西	0.88	0.88	1.14	15.38	19.69	19.69	19.69	19.70	19.70	19.72	20.48
重　庆	13.63	15.17	21.72	25.70	25.70	21.72	21.72	21.72	21.72	25.63	33.00
四　川	38.89	50.65	55.15	65.70	71.74	73.19	78.97	85.75	111.34	130.06	201.61
贵　州	2.53	2.53	2.53	2.53	2.53	2.53	2.53	2.55	2.55	2.55	7.35

续表

地　区	1—2 月	1—3 月	1—4 月	1—5 月	1—6 月	1—7 月	1—8 月	1—9 月	1—10 月	1—11 月	1—12 月
云　南	0.24	0.33	0.53	0.67	0.67	1.09	5.51	6.55	8.88	9.32	9.49
西　藏	—	—	—	—	—	—	—	—	—	—	—
陕　西	8.45	15.03	15.03	14.16	11.89	22.80	24.50	24.50	29.89	30.04	54.81
甘　肃	—	0.04	0.13	0.31	0.31	0.31	0.43	0.45	0.49	1.78	2.12
青　海	—	—	—	—	—	1.00	1.00	1.00	1.00	1.00	1.00
宁　夏	—	—	—	0.31	0.47	0.91	0.91	1.43	1.43	1.43	1.43
新　疆	1.47	1.50	5.37	7.16	7.28	13.60	13.66	14.90	13.86	13.86	20.42
东北地区	**1.14**	**14.08**	**25.43**	**33.79**	**34.40**	**44.23**	**44.28**	**44.28**	**46.15**	**53.58**	**90.99**
辽　宁	1.05	1.18	1.18	9.88	10.14	17.29	17.29	17.29	17.81	18.07	52.07
吉　林	0.06	12.87	13.32	12.99	13.32	13.32	13.37	13.37	13.37	20.54	23.69
黑龙江	0.03	0.03	10.93	10.92	10.94	13.62	13.62	13.62	14.97	14.97	15.23

数据来源：国家统计局。

表 3-31　2020—2024 年全国及各地区商业营业用房竣工面积

单位：万平方米

地　区	2020 年	2021 年	2022 年	2023 年	2024 年
全　国	**8620.62**	**8717.91**	**6799.55**	**7022.99**	**4893.81**
东部地区	**4065.71**	**3823.51**	**3021.60**	**3253.26**	**2247.00**
北　京	95.08	191.61	106.66	69.91	62.47
天　津	135.70	65.00	86.01	79.97	56.67
河　北	191.95	178.67	209.49	158.63	151.37
上　海	286.38	294.05	153.26	128.57	115.69
江　苏	1059.52	763.27	618.70	639.64	435.53
浙　江	541.59	551.85	370.77	611.48	447.07
福　建	391.51	299.16	231.31	260.55	180.74
山　东	706.32	779.55	540.32	598.46	323.39
广　东	593.35	627.82	668.40	631.28	412.16
海　南	64.31	72.53	36.68	74.77	61.91
中部地区	**2057.74**	**2372.49**	**1764.50**	**1676.93**	**1058.87**
山　西	85.44	196.98	141.06	136.51	135.24
安　徽	484.55	592.19	404.91	358.11	282.55
江　西	207.52	242.04	160.48	206.05	152.30
河　南	603.47	593.83	453.99	348.31	147.43
湖　北	192.80	270.97	275.39	246.24	150.68

续表

地　区	2020 年	2021 年	2022 年	2023 年	2024 年
湖　南	483.96	476.48	328.67	381.71	190.67
西部地区	**1998.39**	**2103.96**	**1646.96**	**1755.25**	**1325.86**
内蒙古	91.24	109.58	95.28	82.59	68.79
广　西	158.22	174.40	124.72	168.85	89.08
重　庆	366.37	398.93	240.35	299.18	138.18
四　川	445.98	321.76	382.63	356.57	290.32
贵　州	104.25	94.58	114.11	146.71	64.13
云　南	185.67	258.26	208.60	187.52	139.76
西　藏	12.48	31.30	4.47	15.83	2.70
陕　西	184.14	152.57	154.21	123.79	119.22
甘　肃	113.44	163.95	51.81	79.91	74.44
青　海	23.57	17.20	26.81	20.28	13.71
宁　夏	113.80	181.58	37.59	91.96	51.54
新　疆	199.23	199.85	206.38	182.06	273.99
东北地区	**498.78**	**417.95**	**366.49**	**337.55**	**262.08**
辽　宁	216.87	192.47	167.03	185.73	145.82
吉　林	121.53	81.20	106.05	93.53	58.42
黑龙江	160.38	144.28	93.41	58.29	57.84

数据来源：国家统计局。

表 3-32　2024 年全国及各地区商业营业用房竣工面积（月度累计）

单位：万平方米

地　区	1—2 月	1—3 月	1—4 月	1—5 月	1—6 月	1—7 月	1—8 月	1—9 月	1—10 月	1—11 月	1—12 月
全　国	**741.04**	**1103.01**	**1374.57**	**1653.21**	**2006.68**	**2245.78**	**2408.41**	**2617.88**	**2923.57**	**3272.04**	**4893.81**
东部地区	**355.54**	**510.23**	**590.07**	**699.73**	**916.47**	**1041.20**	**1110.54**	**1225.88**	**1367.44**	**1517.40**	**2247.00**
北　京	27.71	28.13	22.09	23.22	23.84	26.29	26.47	36.58	37.93	40.11	62.47
天　津	12.77	23.47	23.47	29.37	30.31	33.96	35.35	35.48	37.35	39.56	56.67
河　北	5.49	8.32	21.70	23.36	95.92	100.72	101.98	114.49	117.77	124.63	151.37
上　海	43.72	45.67	55.28	53.84	54.14	54.87	55.65	58.24	70.82	86.86	115.69
江　苏	60.78	102.02	113.72	161.48	204.16	239.82	243.82	261.02	286.06	329.14	435.53
浙　江	52.87	81.18	85.26	103.46	142.45	177.67	187.56	225.27	257.87	277.16	447.07
福　建	34.33	45.86	54.68	61.67	71.37	73.89	78.87	81.17	97.16	106.05	180.74
山　东	61.63	84.99	97.11	95.98	107.34	116.40	122.87	153.72	172.75	191.46	323.39
广　东	55.49	86.65	112.76	128.54	162.05	177.42	211.87	213.19	240.04	270.09	412.16

续表

地 区	1—2 月	1—3 月	1—4 月	1—5 月	1—6 月	1—7 月	1—8 月	1—9 月	1—10 月	1—11 月	1—12 月
海 南	0.75	3.94	4.00	18.81	24.89	40.16	46.10	46.72	49.69	52.34	61.91
中部地区	**198.77**	**282.99**	**357.75**	**411.88**	**466.70**	**506.98**	**545.53**	**583.04**	**640.68**	**721.40**	**1058.87**
山 西	5.85	15.23	17.61	23.50	32.58	48.44	54.84	61.10	68.65	82.49	135.24
安 徽	68.70	71.42	85.06	87.97	108.78	115.21	128.40	139.16	147.88	173.48	282.55
江 西	16.52	45.35	53.65	90.88	92.60	94.52	100.03	106.95	116.37	122.89	152.30
河 南	23.55	45.34	59.51	61.19	66.08	73.20	75.95	81.99	85.12	96.41	147.43
湖 北	36.06	43.76	58.68	60.83	67.97	70.32	73.66	76.19	83.35	85.37	150.68
湖 南	48.09	61.89	83.24	87.51	98.69	105.29	112.65	117.65	139.31	160.76	190.67
西部地区	**172.21**	**278.95**	**384.47**	**486.08**	**556.85**	**605.99**	**653.78**	**702.68**	**794.70**	**888.34**	**1325.86**
内蒙古	3.70	11.52	12.97	16.38	19.29	22.35	24.97	25.66	28.22	31.10	68.79
广 西	22.52	31.29	36.85	44.97	50.74	55.06	56.59	58.84	60.88	65.70	89.08
重 庆	25.12	31.67	39.89	62.78	76.67	73.52	77.75	84.70	114.68	122.05	138.18
四 川	38.92	66.66	82.05	92.34	104.64	109.53	115.67	123.49	142.63	173.32	290.32
贵 州	19.40	22.79	26.13	30.80	22.16	27.48	32.14	34.29	39.50	43.50	64.13
云 南	18.54	26.90	48.61	59.05	74.37	80.25	82.16	88.90	92.26	100.66	139.76
西 藏	0.07	0.07	0.64	1.43	2.70	2.70	2.70	2.70	2.70	2.70	2.70
陕 西	9.95	16.35	38.71	41.22	40.40	42.67	46.73	48.60	59.21	66.61	119.22
甘 肃	1.85	4.63	9.32	9.85	15.76	17.75	20.76	24.45	25.12	30.62	74.44
青 海	1.93	5.14	5.14	5.14	5.40	6.06	7.07	10.58	12.86	13.64	13.71
宁 夏	10.62	16.23	24.70	25.49	26.86	26.06	26.67	33.05	36.02	41.94	51.54
新 疆	19.59	45.70	59.46	96.63	117.86	142.56	160.57	167.42	180.62	196.50	273.99
东北地区	**14.52**	**30.84**	**42.28**	**55.52**	**66.66**	**91.61**	**98.56**	**106.28**	**120.75**	**144.90**	**262.08**
辽 宁	10.47	17.35	21.17	27.65	32.41	36.38	41.97	46.39	51.59	60.04	145.82
吉 林	0.97	8.31	15.01	21.51	26.15	27.05	28.03	29.22	33.12	39.09	58.42
黑龙江	3.08	5.18	6.10	6.36	8.10	28.18	28.56	30.67	36.04	45.77	57.84

数据来源：国家统计局。

（四）各地区房地产销售数据

1. 各地区商品房销售面积

表 3-33　2020—2024 年全国及各地区商品房销售面积

单位：万平方米

地 区	2020 年	2021 年	2022 年	2023 年	2024 年
全 国	**176086.20**	**179433.43**	**135836.86**	**111735.19**	**97385.02**
东部地区	**71311.41**	**73248.03**	**56387.84**	**51589.70**	**45055.03**

续表

地　区	2020 年	2021 年	2022 年	2023 年	2024 年
北　京	970.88	1107.07	1039.98	1122.64	1118.65
天　津	1306.96	1435.42	973.77	1177.40	1183.81
河　北	6028.41	6133.15	4615.74	4323.05	4103.13
上　海	1789.16	1880.45	1852.88	1808.03	1656.86
江　苏	15426.99	16551.82	12115.15	11019.43	10387.58
浙　江	10250.30	9990.65	6815.33	6106.35	5116.05
福　建	6607.18	6976.44	6054.33	4224.55	3229.01
山　东	13271.74	14272.85	11685.56	11286.82	9833.17
广　东	14908.25	14011.26	10591.11	9621.74	7488.48
海　南	751.54	888.92	643.99	899.69	938.29
中部地区	**49078.06**	**51748.28**	**40749.59**	**28330.07**	**24910.80**
山　西	2685.29	3204.41	2256.71	2352.92	1948.70
安　徽	9534.13	10460.90	7471.29	4677.64	3841.12
江　西	6732.71	7676.21	6702.65	3432.94	2912.87
河　南	14100.66	13277.19	11141.00	6965.29	6202.80
湖　北	6587.83	7940.78	6385.07	5264.77	5286.07
湖　南	9437.44	9188.79	6792.87	5636.51	4719.24
西部地区	**48627.99**	**47818.84**	**34590.31**	**27829.43**	**23834.14**
内蒙古	2045.89	1858.95	1380.53	1511.89	1408.82
广　西	6729.02	6178.26	4370.89	2916.73	2467.31
重　庆	6143.47	6197.71	4438.98	3572.35	2980.17
四　川	13257.75	13692.91	10339.54	8005.79	6393.61
贵　州	5552.51	5585.99	3847.01	2214.68	2066.18
云　南	4857.26	3880.84	2938.37	2490.86	1967.22
西　藏	93.26	140.81	59.59	79.69	75.18
陕　西	4452.07	4260.06	3308.72	2711.33	2487.57
甘　肃	1967.92	2224.09	1470.42	1496.73	1410.20
青　海	469.66	386.16	204.42	235.90	242.78
宁　夏	1095.49	1014.45	715.60	690.25	548.81
新　疆	1963.69	2398.61	1516.24	1903.23	1786.29
东北地区	**7068.74**	**6618.28**	**4109.12**	**3985.99**	**3585.05**
辽　宁	3743.16	3433.87	2182.47	2070.96	1921.37
吉　林	1831.22	1836.32	1001.14	1057.27	912.29
黑龙江	1494.36	1348.09	925.51	857.76	751.39

数据来源：国家统计局。

表 3-34 2024 年全国及各地区商品房销售面积（月度累计）

单位：万平方米

地 区	1—2 月	1—3 月	1—4 月	1—5 月	1—6 月	1—7 月	1—8 月	1—9 月	1—10 月	1—11 月	1—12 月
全 国	**11368.87**	**22667.50**	**29251.83**	**36642.05**	**47916.21**	**54148.95**	**60601.91**	**70284.04**	**77930.14**	**86117.98**	**97385.02**
东部地区	**4937.86**	**10192.36**	**13114.51**	**16603.27**	**22325.27**	**25202.73**	**28108.79**	**32820.47**	**36201.44**	**39829.06**	**45055.03**
北 京	115.17	232.81	303.46	373.83	509.86	586.53	658.05	766.78	847.26	937.96	1118.65
天 津	107.92	324.98	392.68	490.64	656.17	730.17	802.84	900.64	998.83	1072.28	1183.81
河 北	314.64	792.27	1051.85	1339.14	1855.43	2117.65	2384.98	2786.10	3092.71	3444.88	4103.13
上 海	200.82	394.28	505.15	611.27	783.23	920.32	1038.12	1205.88	1327.74	1469.86	1656.86
江 苏	1030.80	1995.03	2650.83	3471.62	4712.73	5296.20	5978.27	7124.32	7990.33	8994.09	10387.58
浙 江	643.89	1403.07	1719.17	2079.31	2768.43	3053.40	3332.94	3925.55	4249.04	4582.12	5116.05
福 建	552.95	1003.77	1242.67	1512.07	1863.45	2034.06	2205.41	2453.75	2672.73	2912.53	3229.01
山 东	979.77	2164.58	2770.39	3570.89	5098.93	5804.19	6497.28	7699.14	8330.78	9007.39	9833.17
广 东	901.26	1716.90	2252.78	2846.08	3663.47	4160.56	4623.78	5302.00	5974.05	6606.61	7488.48
海 南	90.64	164.67	225.53	308.42	413.57	499.65	587.12	656.31	717.97	801.34	938.29
中部地区	**2813.46**	**5638.24**	**7412.47**	**9174.92**	**12067.96**	**13661.45**	**15314.71**	**17680.41**	**19735.64**	**21899.14**	**24910.80**
山 西	137.10	397.72	551.90	708.50	940.32	1075.25	1214.01	1393.10	1544.87	1716.24	1948.70
安 徽	516.99	960.81	1269.65	1600.46	2095.79	2303.72	2569.84	2930.29	3175.55	3484.38	3841.12
江 西	337.16	624.08	808.55	1026.42	1297.90	1533.56	1766.32	2067.99	2314.68	2578.25	2912.87
河 南	739.08	1492.48	1981.53	2355.84	3223.02	3636.45	4072.94	4565.65	5031.14	5523.73	6202.80
湖 北	599.36	1162.46	1510.18	1885.17	2374.41	2683.81	3002.73	3436.24	3917.87	4427.07	5286.07
湖 南	483.77	1000.69	1290.66	1598.53	2136.52	2428.66	2688.87	3287.14	3751.53	4169.47	4719.24
西部地区	**3311.62**	**6102.65**	**7731.24**	**9560.33**	**11811.27**	**13330.83**	**14962.48**	**17157.59**	**19085.06**	**21184.90**	**23834.14**
内蒙古	116.67	282.60	375.35	472.34	616.41	706.59	839.04	966.81	1082.38	1218.18	1408.82
广 西	339.86	744.88	884.31	1081.51	1342.88	1464.60	1603.93	1843.14	2013.53	2182.47	2467.31
重 庆	412.89	865.96	1088.00	1330.97	1645.88	1836.06	2069.04	2365.28	2569.44	2770.34	2980.17
四 川	1127.15	1782.41	2205.09	2688.31	3304.21	3664.50	4030.58	4598.00	5103.42	5671.96	6393.61
贵 州	367.99	585.75	730.11	883.64	1061.08	1214.39	1368.97	1541.09	1712.58	1878.81	2066.18
云 南	292.91	504.02	643.68	793.05	940.49	1078.62	1224.45	1370.69	1536.07	1707.58	1967.22
西 藏	3.39	5.81	9.15	14.84	27.97	31.81	38.73	43.15	52.29	57.66	75.18
陕 西	250.98	503.78	676.03	862.62	1062.01	1232.55	1380.22	1624.97	1843.28	2146.45	2487.57
甘 肃	158.05	339.94	441.26	556.97	723.74	820.08	921.18	1062.41	1169.54	1276.89	1410.20
青 海	22.00	42.82	57.93	71.38	88.05	108.34	127.57	157.52	185.54	209.42	242.78
宁 夏	59.45	124.39	160.90	196.76	235.39	269.96	318.36	368.93	421.99	486.25	548.81
新 疆	160.28	320.29	459.43	607.94	763.16	903.33	1040.41	1215.60	1395.00	1578.89	1786.29

续表

地　区	1—2 月	1—3 月	1—4 月	1—5 月	1—6 月	1—7 月	1—8 月	1—9 月	1—10 月	1—11 月	1—12 月
东北地区	**305. 93**	**734. 25**	**993. 61**	**1303. 53**	**1711. 71**	**1953. 94**	**2215. 93**	**2625. 57**	**2908. 00**	**3204. 88**	**3585. 05**
辽　宁	168. 04	412. 49	547. 61	698. 91	958. 55	1080. 02	1218. 77	1448. 25	1597. 32	1745. 14	1921. 37
吉　林	80. 53	172. 63	235. 47	331. 70	422. 85	488. 48	546. 88	656. 61	727. 28	805. 18	912. 29
黑龙江	57. 36	149. 13	210. 53	272. 92	330. 31	385. 44	450. 28	520. 71	583. 40	654. 56	751. 39

数据来源：国家统计局。

表 3-35　2020—2024 年全国及各地区商品房现房销售面积

单位：万平方米

地　区	2020 年	2021 年	2022 年	2023 年	2024 年
全　国	**22386. 51**	**23312. 67**	**23509. 14**	**25156. 02**	**30031. 92**
东部地区	**10080. 77**	**10475. 91**	**11039. 03**	**12932. 09**	**15316. 08**
北　京	267. 04	299. 10	362. 52	495. 50	546. 08
天　津	201. 12	388. 96	359. 30	503. 50	617. 63
河　北	520. 24	423. 69	393. 03	550. 90	702. 33
上　海	743. 60	715. 52	537. 49	545. 10	650. 33
江　苏	2862. 65	2942. 82	2702. 09	3098. 11	4021. 62
浙　江	821. 11	915. 13	1073. 59	1070. 56	1346. 76
福　建	862. 63	782. 65	1156. 65	960. 10	945. 21
山　东	1148. 19	1438. 99	1797. 64	2335. 07	2838. 67
广　东	2506. 43	2363. 05	2402. 44	2968. 30	3021. 76
海　南	147. 76	206. 00	254. 28	404. 95	625. 69
中部地区	**5807. 57**	**6048. 55**	**5917. 13**	**4950. 17**	**6441. 59**
山　西	243. 11	278. 54	240. 12	270. 20	320. 81
安　徽	927. 67	1077. 65	1192. 32	811. 20	1015. 36
江　西	640. 54	912. 62	923. 54	595. 60	811. 10
河　南	2333. 78	2046. 73	1753. 20	988. 68	1192. 50
湖　北	728. 95	849. 69	1113. 06	1378. 21	1819. 09
湖　南	933. 52	883. 32	694. 89	906. 28	1282. 73
西部地区	**4937. 35**	**5206. 65**	**5420. 72**	**5865. 10**	**6758. 88**
内蒙古	471. 81	302. 73	257. 89	363. 56	459. 52
广　西	577. 07	628. 48	749. 71	751. 90	818. 83
重　庆	1060. 66	1223. 60	1267. 23	1257. 04	1356. 41
四　川	983. 93	982. 35	1111. 50	1149. 03	1329. 71
贵　州	345. 27	454. 55	430. 54	386. 81	470. 56

续表

地　区	2020 年	2021 年	2022 年	2023 年	2024 年
云　南	414.98	472.71	600.19	809.55	784.81
西　藏	10.90	21.83	15.85	25.57	32.22
陕　西	396.57	296.85	366.05	324.82	445.48
甘　肃	198.60	313.41	228.23	312.35	337.16
青　海	41.78	40.41	11.50	28.00	41.38
宁　夏	194.65	210.66	126.63	131.13	150.15
新　疆	241.13	259.07	255.40	325.34	532.65
东北地区	**1560.82**	**1581.56**	**1132.26**	**1408.66**	**1515.37**
辽　宁	676.75	698.62	486.59	672.26	778.26
吉　林	430.92	416.56	276.74	365.25	381.52
黑龙江	453.15	466.38	368.93	371.15	355.59

数据来源：国家统计局。

表 3-36　2024 年全国及各地区商品房现房销售面积（月度累计）

单位：万平方米

地　区	1—2 月	1—3 月	1—4 月	1—5 月	1—6 月	1—7 月	1—8 月	1—9 月	1—10 月	1—11 月	1—12 月
全　国	**3469.46**	**6938.33**	**8975.47**	**11211.20**	**14610.29**	**16427.03**	**18324.88**	**21375.90**	**23669.64**	**26147.23**	**30031.92**
东部地区	**1700.66**	**3469.84**	**4476.04**	**5626.59**	**7528.12**	**8479.80**	**9427.31**	**10985.40**	**12114.72**	**13314.31**	**15316.08**
北　京	60.83	109.09	149.13	180.51	255.24	294.85	325.79	382.32	415.89	456.04	546.08
天　津	54.85	199.82	232.65	285.12	394.35	425.84	463.99	501.45	535.26	559.89	617.63
河　北	43.66	122.66	156.87	191.71	284.83	318.13	349.01	406.43	457.88	523.12	702.33
上　海	96.25	184.01	237.45	286.70	347.15	392.77	434.83	514.32	541.57	565.13	650.33
江　苏	409.51	804.57	1066.10	1355.45	1826.25	2035.96	2296.91	2731.78	3068.20	3467.29	4021.62
浙　江	188.52	383.35	467.85	560.08	706.15	781.36	844.36	994.92	1085.21	1169.99	1346.76
福　建	151.39	276.49	349.70	428.83	521.23	580.40	637.08	714.36	771.23	848.04	945.21
山　东	274.20	606.33	783.49	1033.78	1500.13	1695.73	1889.92	2240.65	2416.51	2596.53	2838.67
广　东	367.08	680.95	894.12	1110.60	1439.38	1644.58	1815.95	2075.20	2359.03	2611.09	3021.76
海　南	54.37	102.57	138.68	193.81	253.41	310.18	369.47	423.97	463.94	517.19	625.69
中部地区	**721.96**	**1440.36**	**1874.14**	**2329.68**	**3005.18**	**3372.73**	**3765.27**	**4443.05**	**4993.17**	**5588.03**	**6441.59**
山　西	21.41	58.64	87.70	115.48	149.45	171.84	191.77	215.77	238.99	267.85	320.81
安　徽	130.40	240.10	321.67	421.75	537.12	600.83	663.02	758.11	827.81	912.47	1015.36
江　西	93.59	166.46	211.60	264.08	334.86	390.53	450.95	544.03	614.97	699.61	811.10
河　南	136.39	296.74	383.26	470.70	647.20	700.60	783.21	879.67	965.94	1060.20	1192.50
湖　北	223.05	436.06	558.90	684.60	844.63	946.19	1045.27	1199.67	1352.37	1546.12	1819.09

续表

地 区	1—2 月	1—3 月	1—4 月	1—5 月	1—6 月	1—7 月	1—8 月	1—9 月	1—10 月	1—11 月	1—12 月
湖 南	117.12	242.36	311.01	373.07	491.92	562.74	631.05	845.80	993.09	1101.78	1282.73
西部地区	**907.94**	**1711.10**	**2191.72**	**2692.75**	**3334.32**	**3721.96**	**4173.39**	**4826.65**	**5332.12**	**5890.94**	**6758.88**
内蒙古	39.95	89.83	122.88	151.83	196.22	220.82	263.19	304.53	340.96	390.75	459.52
广 西	107.40	240.90	291.47	363.41	439.41	478.75	523.34	608.29	660.66	719.79	818.83
重 庆	178.53	396.19	518.18	636.92	798.42	869.96	957.42	1092.48	1183.61	1262.66	1356.41
四 川	242.76	373.24	466.27	555.18	695.22	759.64	836.21	967.73	1051.63	1162.82	1329.71
贵 州	82.20	128.47	158.90	193.73	234.63	266.50	302.81	343.12	385.93	421.32	470.56
云 南	113.84	188.45	236.04	291.55	345.67	402.35	465.89	521.60	580.06	653.38	784.81
西 藏	0.55	1.72	3.57	5.93	13.41	15.62	19.00	20.85	22.40	23.32	32.22
陕 西	35.86	78.20	101.57	125.94	152.93	178.55	202.99	255.09	304.05	343.07	445.48
甘 肃	43.85	97.39	123.48	147.95	184.80	208.24	233.97	269.34	294.22	313.45	337.16
青 海	3.10	6.02	8.20	10.82	13.52	16.55	21.13	26.79	31.00	37.06	41.38
宁 夏	12.79	25.62	35.78	44.75	56.01	64.22	73.65	88.38	103.83	123.25	150.15
新 疆	47.11	85.07	125.38	164.74	204.08	240.76	273.79	328.45	373.77	440.07	532.65
东北地区	**138.90**	**317.03**	**433.57**	**562.18**	**742.67**	**852.54**	**958.91**	**1120.80**	**1229.63**	**1353.95**	**1515.37**
辽 宁	73.80	166.95	217.25	278.12	399.02	450.51	506.97	591.31	644.71	701.87	778.26
吉 林	35.81	72.51	105.52	143.66	174.44	205.04	227.41	276.29	303.08	338.48	381.52
黑龙江	29.29	77.57	110.80	140.40	169.21	196.99	224.53	253.20	281.84	313.60	355.59

数据来源：国家统计局。

表 3-37 2020—2024 年全国及各地区住宅销售面积

单位：万平方米

地 区	2020 年	2021 年	2022 年	2023 年	2024 年
全 国	**154878.45**	**156532.19**	**114630.64**	**94796.35**	**81449.61**
东部地区	**62320.37**	**62993.86**	**46428.72**	**42623.48**	**36898.73**
北 京	733.59	877.10	741.93	811.11	785.72
天 津	1220.74	1333.97	895.54	1109.33	1108.39
河 北	5572.25	5779.60	4317.51	4070.64	3836.51
上 海	1434.07	1489.95	1561.51	1454.02	1356.73
江 苏	13855.72	14361.50	10165.13	9072.75	8294.19
浙 江	8832.38	8423.68	5466.95	5112.17	4319.39
福 建	5210.03	5597.61	4359.25	3078.00	2429.51
山 东	11904.74	12632.05	9821.68	9443.69	8038.85
广 东	12930.66	11826.26	8568.72	7697.87	5891.01

续表

地　区	2020 年	2021 年	2022 年	2023 年	2024 年
海　南	626.19	672.14	530.50	773.90	838.43
中部地区	**44395.80**	**47131.00**	**36368.90**	**25534.92**	**22089.79**
山　西	2549.49	3034.92	2152.16	2254.90	1865.88
安　徽	8695.35	9507.67	6448.06	4214.38	3379.46
江　西	5853.05	6681.26	5663.06	2911.07	2474.18
河　南	12831.18	12258.83	10310.29	6519.98	5784.48
湖　北	5960.08	7331.61	5709.92	4537.10	4497.59
湖　南	8506.65	8316.71	6085.41	5097.49	4088.20
西部地区	**41711.52**	**40381.38**	**28104.91**	**23011.22**	**19219.03**
内蒙古	1867.46	1713.36	1289.04	1396.23	1280.88
广　西	6007.45	5281.50	3322.88	2342.28	1930.69
重　庆	4814.49	4945.42	2968.97	2268.89	1925.63
四　川	10902.37	10912.14	8060.89	6364.44	4692.19
贵　州	4929.93	4825.53	3391.34	2028.46	1867.49
云　南	4175.88	3208.60	2469.58	2100.16	1652.80
西　藏	81.62	115.50	53.52	68.74	65.63
陕　西	3902.39	3886.63	2954.14	2446.14	2213.51
甘　肃	1863.81	2118.38	1388.16	1426.81	1344.77
青　海	420.64	329.06	177.76	221.20	226.20
宁　夏	971.87	845.77	650.74	636.58	489.11
新　疆	1773.61	2199.49	1377.89	1711.29	1530.13
东北地区	**6450.76**	**6025.95**	**3728.11**	**3626.73**	**3242.06**
辽　宁	3447.26	3148.63	1983.20	1866.80	1725.18
吉　林	1653.64	1672.77	905.36	988.05	846.58
黑龙江	1349.86	1204.55	839.55	771.88	670.30

数据来源：国家统计局。

表 3-38　2024 年全国及各地区住宅销售面积（月度累计）

单位：万平方米

地　区	1—2 月	1—3 月	1—4 月	1—5 月	1—6 月	1—7 月	1—8 月	1—9 月	1—10 月	1—11 月	1—12 月
全　国	**9558.82**	**18941.89**	**24507.14**	**30744.15**	**40114.17**	**45400.63**	**50811.84**	**58787.86**	**65367.93**	**72223.76**	**81449.61**
东部地区	**4041.38**	**8360.66**	**10771.53**	**13645.14**	**18313.11**	**20701.78**	**23046.53**	**26855.16**	**29732.64**	**32729.73**	**36898.73**
北　京	82.95	160.30	210.84	262.68	355.26	418.01	466.57	535.56	598.18	663.58	785.72
天　津	100.76	305.18	370.47	460.66	618.45	688.53	757.19	851.68	947.85	1017.06	1108.39

续表

地 区	1—2 月	1—3 月	1—4 月	1—5 月	1—6 月	1—7 月	1—8 月	1—9 月	1—10 月	1—11 月	1—12 月
河 北	292. 72	732. 87	973. 77	1244. 28	1733. 15	1979. 62	2228. 46	2604. 00	2888. 81	3218. 93	3836. 51
上 海	168. 69	322. 57	418. 75	502. 01	648. 49	759. 86	847. 80	994. 91	1102. 57	1221. 57	1356. 73
江 苏	859. 79	1629. 20	2159. 43	2821. 56	3814. 25	4285. 58	4809. 70	5705. 20	6397. 29	7183. 92	8294. 19
浙 江	532. 32	1169. 79	1440. 45	1748. 05	2337. 77	2574. 92	2805. 01	3317. 62	3605. 99	3894. 94	4319. 39
福 建	429. 87	794. 66	958. 60	1157. 16	1419. 35	1546. 52	1669. 60	1851. 49	2016. 49	2191. 61	2429. 51
山 东	807. 28	1790. 34	2306. 11	2975. 84	4190. 97	4771. 21	5337. 22	6282. 80	6820. 63	7383. 90	8038. 85
广 东	689. 85	1311. 11	1735. 09	2203. 93	2832. 81	3236. 27	3604. 78	4131. 05	4715. 25	5241. 14	5891. 01
海 南	77. 15	144. 64	198. 02	268. 97	362. 61	441. 26	520. 20	580. 85	639. 58	713. 08	838. 43
中部地区	**2538. 00**	**5053. 72**	**6649. 81**	**8240. 65**	**10794. 88**	**12218. 37**	**13692. 24**	**15775. 26**	**17582. 58**	**19461. 45**	**22089. 79**
山 西	131. 47	384. 29	531. 92	681. 00	899. 09	1032. 12	1163. 64	1333. 07	1480. 50	1646. 54	1865. 88
安 徽	473. 29	868. 14	1139. 96	1433. 56	1859. 21	2043. 83	2275. 03	2594. 39	2808. 85	3076. 83	3379. 46
江 西	290. 12	538. 78	695. 30	887. 22	1116. 97	1318. 83	1518. 67	1768. 44	1978. 72	2195. 62	2474. 18
河 南	702. 57	1404. 63	1865. 82	2214. 27	3010. 20	3397. 38	3808. 24	4265. 45	4699. 07	5157. 84	5784. 48
湖 北	505. 62	967. 88	1267. 55	1602. 65	2027. 30	2287. 70	2561. 95	2929. 55	3338. 98	3765. 48	4497. 59
湖 南	434. 93	890. 00	1149. 26	1421. 95	1882. 11	2138. 51	2364. 71	2884. 36	3276. 46	3619. 14	4088. 20
西部地区	**2701. 36**	**4859. 19**	**6179. 60**	**7666. 27**	**9447. 77**	**10701. 50**	**12057. 06**	**13770. 24**	**15407. 24**	**17125. 89**	**19219. 03**
内蒙古	107. 98	258. 86	344. 72	434. 37	566. 55	652. 05	772. 56	890. 06	999. 67	1120. 07	1280. 88
广 西	283. 97	553. 72	665. 19	810. 59	1016. 14	1118. 42	1235. 55	1423. 72	1571. 06	1706. 10	1930. 69
重 庆	269. 56	549. 30	692. 03	848. 30	1045. 72	1177. 89	1341. 54	1533. 44	1670. 36	1793. 01	1925. 63
四 川	860. 41	1344. 19	1652. 83	2017. 20	2447. 03	2708. 40	2987. 54	3358. 92	3757. 43	4186. 44	4692. 19
贵 州	341. 06	541. 34	664. 42	808. 35	975. 52	1116. 12	1256. 30	1409. 37	1565. 59	1712. 98	1867. 49
云 南	245. 22	418. 53	538. 98	661. 92	786. 18	900. 34	1019. 98	1143. 38	1283. 96	1429. 82	1652. 80
西 藏	3. 05	4. 93	7. 76	12. 40	22. 91	25. 74	32. 34	36. 17	45. 13	50. 36	65. 63
陕 西	234. 59	448. 41	607. 66	780. 26	955. 44	1107. 41	1234. 17	1444. 31	1640. 33	1918. 37	2213. 51
甘 肃	148. 22	320. 35	417. 50	528. 23	681. 23	772. 32	870. 00	1003. 03	1106. 19	1212. 89	1344. 77
青 海	21. 19	41. 50	55. 55	68. 43	83. 64	102. 21	120. 88	147. 46	173. 03	195. 28	226. 20
宁 夏	53. 66	103. 62	137. 03	170. 02	205. 16	237. 12	281. 54	326. 44	375. 65	432. 65	489. 11
新 疆	132. 45	274. 44	395. 93	526. 20	662. 25	783. 48	904. 66	1053. 94	1218. 84	1367. 92	1530. 13
东北地区	**278. 08**	**668. 32**	**906. 20**	**1192. 09**	**1558. 41**	**1778. 98**	**2016. 01**	**2387. 20**	**2645. 47**	**2906. 69**	**3242. 06**
辽 宁	151. 02	374. 27	498. 14	634. 14	862. 44	970. 32	1093. 70	1299. 70	1437. 60	1569. 45	1725. 18
吉 林	75. 46	160. 65	218. 14	309. 55	394. 40	456. 73	510. 41	613. 37	680. 34	747. 95	846. 58
黑龙江	51. 60	133. 40	189. 92	248. 40	301. 57	351. 93	411. 90	474. 13	527. 53	589. 29	670. 30

数据来源：国家统计局。

表 3-39　2020—2024 年全国及各地区住宅现房销售面积

单位：万平方米

地　区	2020 年	2021 年	2022 年	2023 年	2024 年
全　国	**15736.49**	**16356.75**	**15974.37**	**17765.23**	**21967.01**
东部地区	**6981.46**	**7094.89**	**7294.30**	**8932.69**	**11078.96**
北　京	154.07	183.02	167.45	268.98	322.81
天　津	163.44	325.33	308.26	457.70	551.08
河　北	443.72	361.78	337.48	498.51	633.34
上　海	484.03	391.75	310.95	280.72	416.85
江　苏	2175.88	2054.00	1942.32	2196.98	2941.69
浙　江	480.88	569.31	616.61	703.25	986.64
福　建	413.37	433.28	577.71	594.95	605.86
山　东	918.05	1116.44	1322.09	1694.49	2090.88
广　东	1625.64	1496.09	1502.56	1879.25	1960.76
海　南	122.38	163.89	208.87	357.86	569.05
中部地区	**4501.96**	**4792.81**	**4655.40**	**3913.82**	**5126.44**
山　西	215.54	247.67	213.78	235.58	289.26
安　徽	664.05	773.41	834.59	625.18	793.71
江　西	486.37	686.77	651.56	404.53	582.55
河　南	1900.50	1746.45	1555.22	852.77	1044.99
湖　北	537.73	661.30	874.47	1068.11	1412.10
湖　南	697.77	677.21	525.78	727.65	1003.83
西部地区	**2966.16**	**3117.48**	**3047.57**	**3680.83**	**4453.53**
内蒙古	388.17	254.02	214.91	300.50	387.89
广　西	437.46	434.40	418.43	525.54	572.04
重　庆	363.82	525.50	394.97	440.56	619.20
四　川	468.08	447.44	496.49	637.01	690.48
贵　州	205.37	299.24	307.74	294.72	354.60
云　南	285.15	301.61	424.69	580.87	599.57
西　藏	8.24	10.67	12.63	19.23	25.23
陕　西	297.13	233.10	276.53	226.24	341.57
甘　肃	169.37	281.08	206.05	288.02	314.72
青　海	35.94	24.44	7.78	23.11	38.33
宁　夏	129.78	111.99	80.73	93.12	113.49
新　疆	177.65	193.99	206.62	251.91	396.41

续表

地　区	2020 年	2021 年	2022 年	2023 年	2024 年
东北地区	**1286.91**	**1351.57**	**977.10**	**1237.89**	**1308.08**
辽　宁	551.10	588.06	412.78	575.97	657.25
吉　林	356.83	358.94	238.28	338.78	345.84
黑龙江	378.98	404.57	326.04	323.14	304.99

数据来源：国家统计局。

表 3-40　2024 年全国及各地区住宅现房销售面积（月度累计）

单位：万平方米

地　区	1—2 月	1—3 月	1—4 月	1—5 月	1—6 月	1—7 月	1—8 月	1—9 月	1—10 月	1—11 月	1—12 月
全　国	**2530.30**	**5095.61**	**6594.57**	**8239.07**	**10703.46**	**12066.31**	**13436.19**	**15615.83**	**17349.88**	**19114.94**	**21967.01**
东部地区	**1214.74**	**2541.32**	**3265.59**	**4103.67**	**5491.05**	**6196.16**	**6863.98**	**7962.21**	**8820.18**	**9649.66**	**11078.96**
北　京	39.77	74.90	95.58	113.94	159.62	187.35	200.18	227.13	252.40	274.52	322.81
天　津	48.78	182.09	212.89	258.64	361.60	389.76	424.40	458.94	491.27	512.30	551.08
河　北	38.76	109.88	140.52	172.16	256.53	287.22	314.08	366.76	411.24	464.94	633.34
上　海	69.43	123.48	163.24	193.75	232.43	258.29	286.12	348.52	364.21	369.56	416.85
江　苏	310.83	612.88	802.11	1021.79	1369.12	1525.20	1711.82	2026.70	2266.83	2530.43	2941.69
浙　江	135.13	289.66	347.39	412.45	523.97	576.96	620.47	731.72	804.66	862.71	986.64
福　建	99.03	188.34	235.81	288.80	346.26	383.31	412.94	458.96	490.74	540.69	605.86
山　东	198.30	448.53	582.66	770.51	1113.88	1264.42	1405.36	1640.51	1783.88	1917.97	2090.88
广　东	227.26	419.56	561.09	699.37	903.76	1046.64	1156.06	1320.79	1533.14	1707.62	1960.76
海　南	47.45	92.00	124.30	172.26	223.88	277.01	332.55	382.18	421.81	468.92	569.05
中部地区	**584.78**	**1157.62**	**1508.33**	**1884.79**	**2422.56**	**2717.87**	**3025.21**	**3569.85**	**3999.64**	**4446.29**	**5126.44**
山　西	19.68	54.27	79.97	105.90	136.75	156.74	173.20	194.70	216.30	243.26	289.26
安　徽	108.84	192.40	255.65	336.56	426.06	478.86	525.57	600.14	654.34	713.00	793.71
江　西	68.41	119.04	150.16	190.04	237.94	277.75	320.56	387.02	436.87	494.79	582.55
河　南	122.21	268.37	345.14	421.14	572.82	618.70	692.74	776.29	849.50	930.58	1044.99
湖　北	168.18	324.01	422.58	525.40	651.15	731.15	805.54	925.92	1048.01	1200.08	1412.10
湖　南	97.46	199.53	254.83	305.75	397.84	454.67	507.60	685.78	794.62	864.58	1003.83
西部地区	**608.92**	**1118.12**	**1436.80**	**1753.38**	**2138.26**	**2403.54**	**2706.29**	**3105.86**	**3460.20**	**3847.40**	**4453.53**
内蒙古	35.09	72.21	102.07	127.44	165.76	187.93	222.39	258.62	292.51	334.53	387.89
广　西	81.21	167.05	205.09	246.24	297.58	328.56	364.18	415.73	454.96	501.78	572.04
重　庆	79.57	180.92	240.58	290.96	363.20	400.10	438.07	496.18	535.42	569.81	619.20
四　川	146.11	214.74	262.81	310.69	366.21	397.99	442.51	499.24	541.96	605.06	690.48
贵　州	67.23	107.16	131.47	161.16	192.49	217.80	244.86	271.59	304.53	328.63	354.60

续表

地　区	1—2 月	1—3 月	1—4 月	1—5 月	1—6 月	1—7 月	1—8 月	1—9 月	1—10 月	1—11 月	1—12 月
云　南	87. 80	140. 96	177. 64	218. 10	258. 28	299. 86	344. 18	386. 10	429. 73	486. 90	599. 57
西　藏	0. 45	1. 32	2. 92	4. 53	9. 91	11. 59	14. 76	16. 13	17. 53	18. 37	25. 23
陕　西	30. 91	63. 36	80. 02	97. 34	115. 75	132. 37	146. 21	186. 44	229. 02	261. 11	341. 57
甘　肃	38. 00	86. 35	110. 07	133. 12	164. 20	185. 74	209. 71	242. 81	265. 40	288. 83	314. 72
青　海	2. 94	5. 76	7. 77	10. 23	12. 84	15. 79	20. 26	24. 89	28. 70	34. 30	38. 33
宁　夏	10. 15	19. 39	27. 29	33. 90	42. 28	48. 51	55. 00	66. 44	79. 11	91. 48	113. 49
新　疆	29. 46	58. 90	89. 07	119. 67	149. 76	177. 30	204. 16	241. 69	281. 33	326. 60	396. 41
东北地区	**121. 86**	**278. 55**	**383. 85**	**497. 23**	**651. 59**	**748. 74**	**840. 71**	**977. 91**	**1069. 86**	**1171. 59**	**1308. 08**
辽　宁	62. 45	142. 95	189. 10	239. 64	339. 25	382. 48	430. 25	499. 05	546. 26	593. 92	657. 25
吉　林	33. 86	68. 77	97. 78	133. 32	161. 97	191. 44	211. 15	256. 60	280. 14	307. 68	345. 84
黑龙江	25. 55	66. 83	96. 97	124. 27	150. 37	174. 82	199. 31	222. 26	243. 46	269. 99	304. 99

数据来源：国家统计局。

2. 各地区商品房销售金额

表 3-41　2020—2024 年全国及各地区商品房销售金额

单位：亿元

地　区	2020 年	2021 年	2022 年	2023 年	2024 年
全　国	**173612. 66**	**181929. 96**	**133307. 83**	**116622. 19**	**96750. 33**
东部地区	**95689. 66**	**103316. 81**	**77413. 27**	**71938. 74**	**59373. 18**
北　京	3656. 85	4486. 47	3976. 92	4233. 19	3576. 95
天　津	2113. 61	2322. 76	1516. 37	1893. 39	1754. 34
河　北	4950. 38	5052. 90	3702. 12	3538. 64	3332. 30
上　海	6046. 97	6788. 73	7467. 53	7259. 99	6873. 32
江　苏	19408. 89	21361. 32	14811. 63	12682. 14	10775. 43
浙　江	17145. 01	19052. 24	12660. 14	11503. 82	8608. 67
福　建	7497. 74	8217. 26	6502. 37	4656. 74	3324. 05
山　东	11065. 62	12155. 62	9807. 70	9541. 50	7823. 91
广　东	22572. 51	22320. 27	15870. 47	15135. 53	11894. 57
海　南	1232. 08	1559. 24	1098. 02	1493. 80	1409. 64
中部地区	**35854. 19**	**38156. 71**	**28358. 35**	**20809. 53**	**17380. 25**
山　西	1885. 94	2170. 91	1514. 98	1588. 22	1358. 52
安　徽	7346. 15	8143. 19	5487. 88	3872. 85	2874. 00
江　西	5222. 78	5894. 13	4905. 16	2482. 38	2024. 05
河　南	9364. 36	8657. 71	6724. 82	4546. 49	3918. 39

续表

地 区	2020 年	2021 年	2022 年	2023 年	2024 年
湖 北	6087.90	7250.26	5413.25	4619.46	4296.52
湖 南	5947.06	6040.51	4312.26	3700.13	2908.77
西部地区	**36256.78**	**35240.99**	**24455.83**	**21032.26**	**17484.76**
内蒙古	1365.48	1214.77	868.02	993.13	927.77
广 西	4251.47	3672.49	2390.11	1685.57	1349.30
重 庆	5071.34	5391.26	3101.59	2475.02	2055.80
四 川	10394.25	10796.73	8215.92	7170.18	5495.45
贵 州	3224.23	3243.93	2193.59	1251.66	1161.72
云 南	3969.91	2962.52	1999.37	1702.20	1331.27
西 藏	83.93	121.73	50.72	66.76	68.28
陕 西	4375.33	4146.26	3270.48	2973.52	2655.43
甘 肃	1293.41	1344.89	835.48	900.81	837.96
青 海	383.25	294.37	144.99	166.55	163.59
宁 夏	698.39	675.13	502.07	479.40	367.68
新 疆	1145.79	1376.91	883.49	1167.46	1070.51
东北地区	**5812.03**	**5215.45**	**3080.38**	**2841.66**	**2512.14**
辽 宁	3366.28	3066.38	1814.74	1557.03	1435.10
吉 林	1381.55	1290.99	696.27	730.20	602.81
黑龙江	1064.20	858.08	569.37	554.43	474.23

数据来源：国家统计局。

表 3-42 2024 年全国及各地区商品房销售金额（月度累计）

单位：亿元

地 区	1—2 月	1—3 月	1—4 月	1—5 月	1—6 月	1—7 月	1—8 月	1—9 月	1—10 月	1—11 月	1—12 月
全 国	**10566.35**	**21354.96**	**28066.59**	**35665.09**	**47133.34**	**53330.40**	**59723.46**	**68880.06**	**76854.91**	**85124.76**	**96750.33**
东部地区	**6201.21**	**12725.64**	**16789.91**	**21480.93**	**28924.32**	**32727.93**	**36592.57**	**42328.87**	**47163.34**	**52104.63**	**59373.18**
北 京	355.43	690.83	965.62	1222.00	1642.57	1885.43	2116.69	2374.49	2683.56	3022.85	3576.95
天 津	177.76	427.52	532.27	693.89	914.07	1017.70	1125.68	1266.21	1442.38	1570.18	1754.34
河 北	245.27	653.16	862.58	1092.41	1511.75	1734.92	1944.95	2259.65	2515.81	2798.87	3332.30
上 海	613.47	1443.95	2009.31	2480.84	3261.21	3705.35	4232.72	4825.29	5427.78	6076.08	6873.32
江 苏	1065.48	2047.51	2738.34	3616.70	4905.30	5556.00	6259.66	7383.80	8296.77	9314.37	10775.43
浙 江	1054.84	2059.10	2656.51	3330.05	4475.36	5022.44	5522.26	6400.08	7029.70	7722.39	8608.67
福 建	590.62	994.03	1212.59	1473.41	1842.41	2008.36	2174.91	2404.04	2657.94	2953.75	3324.05
山 东	757.39	1674.18	2169.99	2850.23	4079.11	4610.99	5148.39	6099.64	6607.86	7135.37	7823.91

续表

地　区	1—2月	1—3月	1—4月	1—5月	1—6月	1—7月	1—8月	1—9月	1—10月	1—11月	1—12月
广　东	1194.50	2474.63	3282.05	4252.85	5642.19	6412.56	7157.61	8310.76	9411.44	10287.51	11894.57
海　南	146.45	260.73	360.65	468.55	650.35	774.18	909.70	1004.91	1090.10	1223.26	1409.64
中部地区	**1930.76**	**3877.71**	**5131.34**	**6426.96**	**8480.87**	**9574.85**	**10731.50**	**12258.54**	**13680.74**	**15181.52**	**17380.25**
山　西	93.97	272.89	383.83	496.88	660.94	754.32	851.92	975.86	1082.84	1200.76	1358.52
安　徽	382.49	692.28	930.12	1168.79	1505.57	1669.18	1858.98	2088.06	2291.26	2573.66	2874.00
江　西	237.46	445.52	577.46	736.96	926.88	1099.41	1266.18	1471.07	1636.65	1804.96	2024.05
河　南	451.57	917.93	1235.58	1471.35	2026.60	2279.80	2548.59	2845.08	3150.98	3470.19	3918.39
湖　北	467.76	943.28	1225.59	1557.79	2000.57	2231.82	2484.93	2820.19	3186.23	3550.39	4296.52
湖　南	297.51	605.81	778.76	995.19	1360.31	1540.32	1720.90	2058.28	2332.78	2581.56	2908.77
西部地区	**2223.76**	**4226.61**	**5455.58**	**6837.72**	**8527.77**	**9654.71**	**10848.79**	**12459.49**	**13976.44**	**15591.29**	**17484.76**
内蒙古	75.07	199.03	258.43	317.74	413.94	473.24	557.09	636.39	716.54	802.48	927.77
广　西	183.47	399.20	468.59	577.61	731.67	796.84	872.72	1014.14	1102.88	1194.62	1349.30
重　庆	275.12	564.93	721.95	897.56	1111.65	1260.00	1426.36	1616.59	1776.12	1917.61	2055.80
四　川	777.02	1330.48	1709.11	2126.32	2654.98	2964.78	3297.22	3788.93	4292.92	4868.07	5495.45
贵　州	190.97	313.51	398.79	489.29	588.16	677.23	764.10	865.94	965.43	1061.96	1161.72
云　南	190.20	328.50	427.54	531.45	629.81	723.35	819.43	916.46	1038.91	1161.89	1331.27
西　藏	2.84	4.70	8.14	13.25	23.39	26.69	32.66	36.57	45.46	51.58	68.28
陕　西	289.33	576.42	780.55	1014.85	1260.40	1442.41	1600.31	1864.76	2087.75	2357.33	2655.43
甘　肃	88.23	196.72	256.77	325.24	427.78	481.47	542.33	627.52	692.77	756.31	837.96
青　海	14.85	29.93	41.39	50.19	62.12	77.75	90.00	108.32	127.96	141.26	163.59
宁　夏	37.68	86.63	111.14	136.08	163.16	186.73	219.32	250.81	288.27	329.48	367.68
新　疆	98.98	196.56	273.18	358.14	460.71	544.22	627.25	733.06	841.43	948.70	1070.51
东北地区	**210.62**	**525.00**	**689.76**	**919.48**	**1200.38**	**1372.91**	**1550.60**	**1833.16**	**2034.39**	**2247.32**	**2512.14**
辽　宁	123.16	309.06	403.61	522.70	707.49	806.62	906.58	1071.88	1184.10	1300.71	1435.10
吉　林	51.23	122.90	154.90	222.81	284.95	324.95	363.28	431.82	479.58	530.93	602.81
黑龙江	36.23	93.04	131.25	173.97	207.94	241.34	280.74	329.46	370.71	415.68	474.23

数据来源：国家统计局。

表 3-43　2020—2024 年全国及各地区住宅销售金额

单位：亿元

地　区	2020 年	2021 年	2022 年	2023 年	2024 年
全　国	**154566.93**	**162729.90**	**116746.96**	**102989.59**	**84864.11**
东部地区	**85942.64**	**92783.07**	**67750.62**	**63377.16**	**52205.37**
北　京	3131.31	4117.23	3545.26	3809.29	3038.63

续表

地　区	2020 年	2021 年	2022 年	2023 年	2024 年
天　津	2000. 98	2183. 74	1421. 55	1810. 22	1658. 91
河　北	4597. 91	4814. 32	3488. 78	3374. 11	3146. 44
上　海	5268. 85	6104. 95	6937. 77	6685. 19	6406. 87
江　苏	18027. 33	19626. 09	13176. 99	11269. 71	9258. 79
浙　江	15584. 82	17172. 79	11061. 36	10147. 36	7668. 26
福　建	6343. 34	7082. 59	5284. 26	3811. 28	2803. 23
山　东	10109. 55	11044. 14	8481. 28	8174. 22	6647. 36
广　东	19829. 63	19457. 63	13428. 51	13005. 47	10338. 88
海　南	1048. 92	1179. 59	924. 86	1290. 31	1238. 00
中部地区	**32012. 82**	**34609. 09**	**25295. 36**	**18649. 56**	**15450. 70**
山　西	1753. 36	2030. 10	1418. 42	1505. 14	1282. 08
安　徽	6760. 86	7514. 62	4964. 26	3563. 8	2626. 56
江　西	4425. 19	5109. 97	4138. 59	2100. 71	1731. 65
河　南	8402. 53	7892. 03	6152. 32	4209. 77	3632. 65
湖　北	5447. 32	6671. 93	4821. 65	3970. 49	3709. 22
湖　南	5223. 56	5390. 44	3800. 12	3299. 65	2468. 54
西部地区	**31312. 98**	**30557. 28**	**20903. 53**	**18397. 63**	**14941. 31**
内蒙古	1242. 58	1116. 38	808. 70	902. 77	838. 53
广　西	3803. 55	3164. 41	1907. 99	1438. 51	1144. 19
重　庆	4293. 18	4786. 06	2448. 75	1953. 26	1587. 33
四　川	8766. 96	9061. 34	6966. 69	6286. 11	4584. 11
贵　州	2760. 73	2713. 37	1909. 02	1123. 59	1034. 22
云　南	3452. 00	2524. 74	1736. 07	1486. 09	1158. 33
西　藏	72. 03	97. 51	43. 66	55. 42	59. 63
陕　西	3755. 77	3762. 14	2958. 75	2721. 10	2428. 82
甘　肃	1205. 42	1267. 78	780. 54	845. 67	778. 54
青　海	343. 42	258. 35	127. 73	154. 38	150. 37
宁　夏	626. 26	584. 93	450. 95	441. 03	321. 77
新　疆	991. 08	1220. 27	764. 68	989. 70	855. 47
东北地区	**5298. 49**	**4780. 46**	**2797. 45**	**2565. 24**	**2266. 73**
辽　宁	3114. 11	2849. 28	1659. 71	1404. 85	1295. 47
吉　林	1238. 23	1179. 29	631. 05	671. 92	558. 54
黑龙江	946. 15	751. 89	506. 69	488. 47	412. 72

数据来源：国家统计局。

表 3-44　2024 年全国及各地区住宅销售金额（月度累计）

单位：亿元

地　区	1—2 月	1—3 月	1—4 月	1—5 月	1—6 月	1—7 月	1—8 月	1—9 月	1—10 月	1—11 月	1—12 月
全　国	**9227.09**	**18522.81**	**24453.16**	**31163.28**	**41269.73**	**46787.06**	**52425.02**	**60239.72**	**67485.79**	**74870.57**	**84864.11**
东部地区	**5399.34**	**11008.57**	**14601.08**	**18742.18**	**25330.28**	**28743.33**	**32133.57**	**37060.18**	**41498.92**	**45974.80**	**52205.37**
北　京	310.72	575.55	765.44	1006.25	1368.84	1598.22	1804.68	1987.99	2285.26	2598.26	3038.63
天　津	166.49	400.11	501.27	653.55	860.69	958.58	1060.85	1196.67	1369.57	1493.33	1658.91
河　北	230.25	606.57	804.27	1020.94	1419.53	1632.06	1832.97	2131.09	2372.33	2640.59	3146.44
上　海	563.98	1307.38	1857.10	2290.96	3036.14	3450.34	3925.15	4487.03	5061.04	5692.12	6406.87
江　苏	937.65	1762.02	2376.09	3127.86	4243.57	4820.33	5409.78	6347.57	7141.42	7998.86	9258.79
浙　江	907.57	1795.55	2327.54	2929.72	3966.78	4439.47	4886.77	5679.95	6265.83	6902.39	7668.26
福　建	515.28	862.10	1038.29	1254.08	1560.18	1696.64	1831.47	2012.81	2234.10	2481.56	2803.23
山　东	645.30	1428.32	1866.49	2427.90	3448.53	3914.59	4371.36	5158.30	5614.69	6075.36	6647.36
广　东	999.65	2047.54	2757.66	3633.27	4863.18	5555.69	6219.44	7185.85	8200.60	9021.12	10338.88
海　南	122.45	223.43	306.93	397.65	562.84	677.41	791.10	872.92	954.08	1071.21	1238.00
中部地区	**1728.13**	**3463.58**	**4598.84**	**5771.11**	**7603.39**	**8574.66**	**9619.49**	**10955.12**	**12212.17**	**13517.24**	**15450.70**
山　西	88.44	260.57	365.93	471.17	619.50	711.41	804.66	919.38	1022.34	1135.63	1282.08
安　徽	351.77	637.66	854.08	1071.01	1378.80	1527.69	1698.27	1907.28	2092.63	2353.31	2626.56
江　西	206.40	385.42	499.07	640.05	805.72	949.13	1093.69	1267.55	1409.44	1545.95	1731.65
河　南	425.63	857.79	1156.19	1374.88	1883.92	2118.63	2371.25	2644.31	2924.49	3218.29	3632.65
湖　北	393.40	793.70	1042.16	1342.74	1740.29	1938.96	2169.57	2457.30	2775.32	3071.71	3709.22
湖　南	262.49	528.44	681.41	871.26	1175.16	1328.84	1482.05	1759.30	1987.95	2192.35	2468.54
西部地区	**1909.72**	**3577.31**	**4629.88**	**5813.93**	**7244.97**	**8221.63**	**9264.48**	**10562.32**	**11927.41**	**13341.99**	**14941.31**
内蒙古	67.96	180.13	235.11	289.77	377.62	433.56	510.75	583.61	659.46	735.09	838.53
广　西	160.12	328.76	388.63	475.06	605.88	663.38	730.69	859.13	938.90	1015.88	1144.19
重　庆	215.59	434.38	551.91	681.71	834.89	956.50	1085.97	1229.72	1369.41	1477.99	1587.33
四　川	649.47	1104.10	1415.65	1768.03	2199.93	2457.90	2748.36	3085.48	3542.91	4057.43	4584.11
贵　州	173.28	284.30	354.61	438.30	531.62	610.90	689.08	778.88	867.41	952.48	1034.22
云　南	162.91	280.27	369.87	458.75	543.77	624.75	708.15	793.61	901.79	1010.76	1158.33
西　藏	2.55	3.93	6.86	10.88	19.22	21.62	27.24	30.71	39.48	45.45	59.63
陕　西	270.54	522.94	714.61	935.88	1165.95	1334.22	1476.39	1710.74	1914.50	2162.36	2428.82
甘　肃	83.93	184.53	241.23	304.52	396.05	447.25	505.47	580.51	641.33	701.66	778.54
青　海	14.01	28.66	39.08	47.33	58.07	71.25	82.95	98.76	116.69	128.51	150.37
宁　夏	33.70	68.19	90.02	112.86	137.34	158.97	188.59	215.90	249.62	286.99	321.77

续表

地　区	1—2月	1—3月	1—4月	1—5月	1—6月	1—7月	1—8月	1—9月	1—10月	1—11月	1—12月
新　疆	75.66	157.12	222.30	290.84	374.63	441.33	510.84	595.27	685.91	767.39	855.47
东北地区	**189.90**	**473.35**	**623.36**	**836.06**	**1091.09**	**1247.44**	**1407.48**	**1662.10**	**1847.29**	**2036.54**	**2266.73**
辽　宁	110.55	278.75	365.42	474.30	640.09	728.54	817.26	966.01	1070.17	1176.02	1295.47
吉　林	47.24	113.46	142.10	205.95	263.68	301.54	337.23	400.86	446.49	493.04	558.54
黑龙江	32.11	81.14	115.84	155.81	187.32	217.36	252.99	295.23	330.63	367.48	412.72

数据来源：国家统计局。

（五）各地区成套住宅竣工与销售数据

表 3-45　2019—2023 年全国及各地区住宅竣工套数

单位：套

地　区	2019 年	2020 年	2021 年	2022 年	2023 年
全　国	**6452838**	**5976595**	**6468266**	**6502402**	**6606549**
北　京	62367	76869	97830	108978	113479
天　津	131137	117031	134435	97353	133526
河　北	186404	173246	177856	168330	235905
上　海	142001	175500	155789	299847	123857
江　苏	592808	794618	560241	476689	548567
浙　江	292944	376975	332493	337133	762357
福　建	164317	217966	247572	256447	270801
山　东	634381	587809	709801	392006	558894
广　东	586849	492470	587425	1202867	492875
海　南	143822	56629	32701	108732	51639
山　西	173581	97800	171508	137528	155035
安　徽	707369	336749	467192	464655	375560
江　西	149213	153272	162992	93456	129493
河　南	451982	362425	468147	426226	419267
湖　北	174301	187178	230773	278332	268090
湖　南	238493	240398	281294	202436	260151
内蒙古	62638	50106	64966	68728	81733
广　西	130016	137514	164119	161039	170692
重　庆	322022	237523	254762	188346	229601
四　川	296444	290046	271925	265300	259230
贵　州	56685	45370	49867	60075	92788

续表

地　区	2019 年	2020 年	2021 年	2022 年	2023 年
云　南	95110	81256	127515	142741	203834
西　藏	328	1561	4233	2553	4054
陕　西	115123	159772	111025	128045	143662
甘　肃	43568	54533	92097	58920	83062
青　海	7644	8052	9377	17308	19402
宁　夏	63710	42470	59794	38981	60171
新　疆	86342	53242	92659	62462	82899
辽　宁	140321	161513	212279	147966	162195
吉　林	98228	81777	61845	49426	48276
黑龙江	102690	124925	73754	59497	65454

数据来源：国家统计局。

表 3-46　2019—2023 年全国及各地区住宅销售套数

单位：套

地　区	2019 年	2020 年	2021 年	2022 年	2023 年
全　国	**13216466**	**13555925**	**13690713**	**9597561**	**8258625**
北　京	75557	68943	78423	67160	76747
天　津	129196	113545	126656	84728	105709
河　北	436573	503193	514668	378643	348077
上　海	138412	145572	149010	155726	145839
江　苏	1064427	1159388	1211487	859761	767360
浙　江	661470	762918	726441	463337	429315
福　建	471476	489468	525671	362727	283444
山　东	930841	963273	1019878	794187	765593
广　东	1106045	1180557	1085027	789720	707378
海　南	77954	61228	62992	50156	72699
山　西	182563	213622	255450	187048	194539
安　徽	733434	760693	840451	523163	394920
江　西	482939	498752	578776	474845	244339
河　南	1130247	1106544	1040934	738413	558590
湖　北	678139	512012	631742	480140	388566
湖　南	654565	687391	662990	494600	396537
内蒙古	153962	157453	142302	106660	116174

续表

地　区	2019 年	2020 年	2021 年	2022 年	2023 年
广　西	542579	530605	474525	279231	212084
重　庆	484681	451736	469809	261624	226898
四　川	979682	1028190	1049442	706761	588412
贵　州	395143	425432	406454	224019	176230
云　南	323079	337296	257765	200218	174600
西　藏	9173	6985	9616	4137	5900
陕　西	323359	333128	320167	248594	200762
甘　肃	139465	162380	185193	117834	122274
青　海	34908	35088	28361	15747	18985
宁　夏	71521	77373	67459	50494	50413
新　疆	128599	148283	187460	116073	149161
辽　宁	345715	341764	302092	190692	170353
吉　林	181291	156928	161515	87388	92634
黑龙江	149471	136185	117957	83735	74093

数据来源：国家统计局。

（六）各地区房地产待售数据

表 3-47　2020—2024 年全国商品房待售面积

单位：万平方米

类　别	2020 年	2021 年	2022 年	2023 年	2024 年
商品房待售面积	**49850**	**51023**	**56392**	**68102**	**75327**
住宅	22379	22761	26945	33643	39088
办公楼	3796	3795	4074	4892	5313
商业营业用房	12934	12767	12558	14357	14437

数据来源：国家统计局。

表 3-48　2024 年全国商品房待售面积（月度累计）

单位：万平方米

类　别	1—2 月	1—3 月	1—4 月	1—5 月	1—6 月	1—7 月	1—8 月	1—9 月	1—10 月	1—11 月	1—12 月
商品房待售面积	**75969**	**74833**	**74553**	**74256**	**73894**	**73926**	**73783**	**73177**	**73057**	**73286**	**75327**
住宅	40500	39458	39088	38712	38287	38238	38103	37679	37523	37652	39088
办公楼	5113	5204	5217	5214	5211	5242	5215	5175	5180	5197	5313
商业营业用房	14437	14246	14219	14308	14273	14311	14270	14234	14232	14269	14437

数据来源：国家统计局。

表 3-49 2019—2023 年全国及各地区商品房待售面积

单位：万平方米

地 区	2019 年	2020 年	2021 年	2022 年	2023 年
全 国	**49820.70**	**49849.82**	**51023.02**	**56392.15**	**68102.28**
北 京	2489.52	2454.16	2396.29	2617.03	2992.57
天 津	657.80	823.60	922.08	1072.68	1301.18
河 北	996.14	905.17	768.77	1027.14	1277.47
上 海	2360.46	2535.73	2683.78	2646.90	2891.42
江 苏	4612.13	4285.86	3893.67	3851.01	4279.62
浙 江	2266.06	2214.85	1899.75	1999.60	2851.93
福 建	1862.04	1807.37	1958.37	2054.27	2325.92
山 东	2433.80	2533.38	2765.26	3014.86	3584.74
广 东	5716.44	5978.54	6696.98	8189.07	10705.49
海 南	589.65	570.57	527.41	723.15	1119.29
山 西	966.25	785.40	861.54	801.89	904.32
安 徽	1531.69	1541.72	1713.44	1881.95	2423.12
江 西	818.32	803.45	737.49	683.61	751.61
河 南	2529.37	2628.52	2766.98	2751.95	2709.08
湖 北	1417.88	1198.17	1258.27	1832.37	2308.01
湖 南	1410.73	1333.79	1146.31	1221.28	1314.12
内蒙古	1068.72	970.38	944.14	1027.21	1209.66
广 西	1268.96	1281.21	1461.10	1745.49	2485.76
重 庆	1959.11	2082.10	2343.06	2760.68	3092.45
四 川	2021.21	2093.46	2038.50	2339.22	2842.26
贵 州	571.63	557.43	564.70	653.01	1185.60
云 南	1089.50	1159.47	1393.16	2033.58	2527.94
西 藏	38.51	31.70	69.79	86.35	96.50
陕 西	650.28	592.81	579.58	658.92	1121.44
甘 肃	704.08	598.91	619.89	583.00	683.29
青 海	120.23	134.12	141.14	187.06	195.91
宁 夏	957.57	993.05	1027.40	817.55	749.03
新 疆	1219.94	1342.10	1447.42	1603.77	1975.06
辽 宁	2909.27	2902.00	2764.23	2726.21	3240.09
吉 林	1077.59	1112.72	1036.82	1215.62	1396.49
黑龙江	1505.83	1598.07	1595.74	1585.74	1560.92

数据来源：国家统计局。

表 3-50　2019—2023 年全国及各地区住宅待售面积

单位：万平方米

地　区	2019 年	2020 年	2021 年	2022 年	2023 年
全　国	**22472.83**	**22379.22**	**22760.56**	**26944.76**	**33643.40**
北　京	893.12	881.89	830.81	854.44	1079.76
天　津	313.56	437.69	517.14	623.45	768.48
河　北	648.93	599.84	499.11	717.51	993.17
上　海	734.87	688.94	720.19	673.43	790.34
江　苏	2131.29	1987.30	1723.27	1788.36	2227.32
浙　江	706.04	680.64	540.98	766.18	1329.42
福　建	532.54	479.44	569.13	738.96	893.17
山　东	1284.28	1435.21	1630.93	1819.72	2253.83
广　东	2666.41	2625.38	2894.08	3657.34	4847.82
海　南	415.65	411.54	396.09	565.12	703.47
山　西	571.15	464.46	517.37	533.64	625.65
安　徽	650.26	666.09	704.90	898.45	1175.32
江　西	397.60	408.92	324.63	338.68	371.01
河　南	1694.00	1721.68	1837.27	1832.88	1841.49
湖　北	724.34	617.58	677.34	1110.11	1471.02
湖　南	654.79	641.24	578.29	677.96	713.63
内蒙古	599.15	552.08	586.73	683.17	753.63
广　西	702.44	668.82	730.03	937.77	1291.89
重　庆	356.63	390.37	433.80	566.78	623.97
四　川	360.98	478.38	504.40	729.33	750.68
贵　州	178.75	186.26	175.01	262.14	562.54
云　南	422.12	470.76	529.94	938.80	1172.55
西　藏	14.76	7.08	31.64	45.40	56.67
陕　西	280.66	262.43	263.72	330.16	589.01
甘　肃	375.66	312.28	327.76	332.41	401.16
青　海	53.71	53.25	62.02	104.63	125.93
宁　夏	344.51	330.83	309.98	258.49	281.17
新　疆	458.93	526.22	575.47	718.01	996.33
辽　宁	1877.08	1863.90	1718.51	1726.21	2097.73
吉　林	587.05	608.76	624.49	782.43	933.83
黑龙江	841.56	919.96	925.54	932.82	921.43

数据来源：国家统计局。

表 3-51　2019—2023 年全国及各地区办公楼待售面积

单位：万平方米

地　区	2019 年	2020 年	2021 年	2022 年	2023 年
全　国	**3800. 01**	**3795. 64**	**3795. 43**	**4073. 69**	**4891. 66**
北　京	569. 01	530. 49	555. 51	567. 86	641. 94
天　津	112. 49	104. 94	104. 32	112. 31	163. 24
河　北	55. 33	46. 88	29. 98	33. 22	34. 97
上　海	406. 03	450. 25	485. 30	496. 09	536. 55
江　苏	442. 45	416. 27	389. 15	372. 36	348. 15
浙　江	347. 81	386. 05	335. 17	304. 51	376. 68
福　建	145. 52	155. 19	143. 59	154. 48	200. 57
山　东	198. 88	177. 53	162. 02	176. 15	224. 04
广　东	337. 64	430. 87	532. 10	686. 01	845. 68
海　南	9. 49	10. 62	14. 61	17. 17	75. 27
山　西	33. 07	24. 16	21. 20	24. 47	16. 32
安　徽	95. 40	114. 33	99. 21	109. 77	145. 43
江　西	32. 28	19. 38	36. 37	27. 10	31. 44
河　南	128. 42	120. 38	124. 59	129. 32	149. 49
湖　北	85. 76	75. 09	66. 30	79. 83	103. 51
湖　南	67. 38	70. 29	33. 38	37. 89	59. 08
内蒙古	54. 03	43. 20	26. 32	18. 74	14. 05
广　西	17. 90	28. 69	45. 01	77. 13	96. 12
重　庆	103. 22	76. 04	97. 59	137. 63	157. 43
四　川	69. 63	81. 32	88. 72	77. 79	136. 73
贵　州	36. 82	29. 92	20. 76	23. 81	30. 07
云　南	49. 41	41. 53	58. 34	74. 99	101. 09
西　藏	0. 41	2. 23	4. 20	5. 08	6. 72
陕　西	34. 19	26. 74	34. 04	34. 30	80. 01
甘　肃	30. 96	12. 53	8. 61	14. 75	18. 41
青　海	3. 57	11. 81	2. 09	4. 48	8. 22
宁　夏	77. 04	75. 14	65. 97	60. 94	47. 97
新　疆	53. 33	48. 37	52. 61	51. 13	80. 01
辽　宁	86. 27	81. 55	82. 48	74. 67	69. 54
吉　林	73. 29	61. 06	44. 80	63. 88	57. 48
黑龙江	42. 97	42. 83	31. 09	25. 83	35. 44

数据来源：国家统计局。

表 3-52　2019—2023 年全国及各地区商业营业用房待售面积

单位：万平方米

地　区	2019 年	2020 年	2021 年	2022 年	2023 年
全　国	**13281.95**	**12934.28**	**12766.71**	**12557.97**	**14357.45**
北　京	369.91	383.55	402.04	423.10	374.51
天　津	139.72	163.54	174.15	189.43	236.53
河　北	148.02	132.94	117.23	119.64	144.15
上　海	430.68	436.43	433.23	446.99	440.19
江　苏	1413.89	1324.32	1163.75	1044.96	955.38
浙　江	794.86	734.63	655.08	565.78	665.59
福　建	482.23	463.01	479.08	407.56	417.79
山　东	694.68	616.62	589.18	587.50	631.06
广　东	1119.54	1156.13	1301.76	1470.99	1806.22
海　南	92.22	86.82	73.34	81.94	180.15
山　西	216.52	167.93	187.45	161.77	198.14
安　徽	554.27	533.49	594.77	538.62	651.45
江　西	317.15	280.65	285.01	225.53	267.63
河　南	492.36	534.09	478.36	465.57	431.79
湖　北	435.24	363.73	344.30	387.16	449.58
湖　南	457.92	434.63	361.67	354.35	401.93
内蒙古	302.40	263.12	214.52	210.83	277.48
广　西	322.75	345.52	378.10	378.97	523.26
重　庆	535.70	548.21	535.56	582.14	688.93
四　川	602.00	534.78	456.63	445.09	575.15
贵　州	236.23	183.36	187.77	217.24	405.16
云　南	337.38	369.34	388.86	433.04	511.42
西　藏	13.90	16.65	27.20	27.25	29.42
陕　西	230.13	199.68	174.10	173.71	258.77
甘　肃	219.46	199.75	194.48	151.13	157.90
青　海	57.65	59.42	64.47	60.68	44.97
宁　夏	382.17	395.53	458.99	403.93	381.72
新　疆	512.56	593.38	624.92	644.04	762.72
辽　宁	704.28	715.96	732.02	699.25	805.64
吉　林	287.64	295.90	271.53	244.36	273.93
黑龙江	378.52	401.18	417.15	415.42	408.91

数据来源：国家统计局。

表 3-53　2019—2023 年全国及各地区其他房屋待售面积

单位：万平方米

地 区	2019 年	2020 年	2021 年	2022 年	2023 年
全 国	**10265.92**	**10740.69**	**11700.32**	**12815.74**	**15209.78**
北 京	657.48	658.23	607.93	771.64	896.37
天 津	92.02	117.43	126.47	147.49	132.93
河 北	143.85	125.50	122.45	156.76	105.18
上 海	788.89	960.12	1045.07	1030.39	1124.34
江 苏	624.50	557.98	617.50	645.34	748.76
浙 江	417.34	413.53	368.52	363.12	480.24
福 建	701.75	709.72	766.56	753.27	814.40
山 东	255.96	304.03	383.13	431.50	475.80
广 东	1592.85	1766.16	1969.04	2374.72	3205.77
海 南	72.28	61.59	43.37	58.91	160.40
山 西	145.52	128.84	135.52	82.02	64.22
安 徽	231.76	227.81	314.57	335.12	450.93
江 西	71.30	94.51	91.49	92.31	81.53
河 南	214.59	252.38	326.75	324.17	286.31
湖 北	172.54	141.78	170.33	255.27	283.91
湖 南	230.63	187.63	172.97	151.08	139.48
内蒙古	113.14	111.98	116.57	114.47	164.50
广 西	225.86	238.18	307.95	351.63	574.50
重 庆	963.56	1067.49	1276.10	1474.14	1622.12
四 川	988.60	998.98	988.76	1087.02	1379.71
贵 州	119.83	157.89	181.15	149.82	187.83
云 南	280.60	277.84	416.01	586.75	742.88
西 藏	9.45	5.74	6.75	8.62	3.68
陕 西	105.30	103.96	107.71	120.74	193.66
甘 肃	78.00	74.35	89.04	84.71	105.82
青 海	5.31	9.64	12.56	17.26	16.79
宁 夏	153.86	191.55	192.46	94.20	38.17
新 疆	195.13	174.13	194.42	190.59	136.00
辽 宁	241.64	240.59	231.22	226.07	267.18
吉 林	129.61	147.01	95.99	124.96	131.26
黑龙江	242.78	234.11	221.96	211.66	195.14

数据来源：国家统计局。

（七）各地区房地产开发企业房屋出租面积

表 3-54　2019—2023 年全国及各地区房地产开发企业房屋出租面积

单位：万平方米

地　区	2019 年	2020 年	2021 年	2022 年	2023 年
全　国	**3617. 82**	**3498. 33**	**3574. 80**	**3300. 32**	**3288. 59**
北　京	265. 14	300. 84	285. 91	351. 04	256. 77
天　津	35. 98	46. 71	59. 21	77. 92	89. 76
河　北	11. 88	3. 98	4. 66	5. 28	2. 86
上　海	2035. 94	2053. 33	2074. 37	1931. 08	1865. 57
江　苏	134. 54	138. 43	140. 40	69. 19	77. 28
浙　江	118. 89	107. 22	93. 52	55. 20	62. 34
福　建	113. 89	99. 60	68. 14	65. 75	67. 65
山　东	132. 27	104. 41	99. 63	61. 20	61. 66
广　东	197. 12	190. 40	269. 79	262. 32	319. 90
海　南	15. 64	3. 64	13. 91	15. 32	10. 38
山　西	7. 03	9. 20	12. 97	0. 25	3. 34
安　徽	29. 75	26. 10	48. 82	15. 50	38. 15
江　西	1. 21	4. 11	1. 87	9. 52	13. 53
河　南	2. 29	14. 14	29. 34	0. 81	2. 56
湖　北	37. 21	10. 70	13. 93	15. 28	43. 49
湖　南	27. 85	36. 65	37. 11	12. 20	14. 47
内蒙古	3. 78	3. 48	3. 46	3. 42	6. 81
广　西	26. 41	17. 46	15. 83	75. 54	77. 50
重　庆	30. 90	40. 91	64. 02	75. 11	70. 79
四　川	20. 94	38. 21	16. 85	19. 64	11. 28
贵　州	8. 43	5. 28	1. 43	11. 10	19. 40
云　南	112. 22	55. 14	60. 61	53. 79	9. 86
西　藏	0. 48	0. 48	3. 79	0. 65	1. 22
陕　西	61. 00	52. 69	5. 87	14. 10	21. 19
甘　肃	9. 63	5. 89	4. 78	2. 96	3. 45
青　海	—	1. 22	—	0. 13	0. 92
宁　夏	44. 80	38. 88	38. 38	31. 22	80. 73
新　疆	29. 09	41. 20	67. 75	30. 77	40. 60
辽　宁	15. 01	23. 78	26. 58	23. 78	13. 97
吉　林	50. 76	1. 91	0. 92	2. 28	1. 12
黑龙江	37. 74	22. 33	10. 93	7. 98	0. 05

数据来源：国家统计局。

表 3-55　2019—2023 年全国及各地区房地产开发企业住宅出租面积

单位：万平方米

地　区	2019 年	2020 年	2021 年	2022 年	2023 年
全　国	**248.15**	**272.85**	**274.67**	**365.57**	**360.48**
北　京	6.81	7.66	9.92	63.67	32.13
天　津	0.25	1.76	0.19	5.35	11.33
河　北	—	—	0.04	1.03	0.25
上　海	129.62	134.27	141.95	151.90	176.64
江　苏	2.56	0.63	0.59	2.57	4.19
浙　江	11.72	—	8.26	1.46	1.66
福　建	11.52	0.50	0.08	1.73	1.05
山　东	2.58	3.29	2.11	10.71	14.64
广　东	10.86	24.31	13.72	66.35	83.70
海　南	1.38	1.43	0.96	1.33	0.80
山　西	—	7.64	8.63	—	0.04
安　徽	0.10	0.51	4.31	0.10	1.96
江　西	—	—	0.60	—	1.99
河　南	—	5.15	15.81	—	—
湖　北	1.03	0.55	1.28	7.73	12.84
湖　南	0.80	0.55	2.18	—	—
内蒙古	—	—	0.33	—	—
广　西	11.92	6.76	5.54	2.81	13.60
重　庆	0.57	21.11	—	—	—
四　川	0.04	1.14	—	—	—
贵　州	1.02	0.93	—	—	—
云　南	40.75	41.07	53.70	40.75	0.02
西　藏	—	—	0.12	0.14	—
陕　西	—	—	0.58	—	0.06
甘　肃	—	—	1.45	—	—
青　海	—	—	—	—	—
宁　夏	2.09	1.72	2.17	1.91	3.06
新　疆	—	—	—	3.69	0.32
辽　宁	0.05	11.36	0.14	0.58	0.20
吉　林	—	—	—	1.77	—
黑龙江	12.48	0.51	—	—	—

数据来源：国家统计局。

表 3-56　2019—2023 年全国及各地区房地产开发企业办公楼出租面积

单位：万平方米

地　区	2019 年	2020 年	2021 年	2022 年	2023 年
全　国	**1155.03**	**1170.84**	**1225.97**	**1125.66**	**1106.78**
北　京	102.68	161.47	123.39	114.99	102.50
天　津	14.20	19.09	37.44	41.15	40.19
河　北	—	0.38	—	1.80	—
上　海	809.85	775.87	774.63	759.27	731.87
江　苏	23.73	32.38	23.78	18.46	16.71
浙　江	45.67	33.85	9.24	12.54	20.18
福　建	14.16	14.34	9.16	8.36	11.06
山　东	28.11	16.59	45.06	11.45	12.06
广　东	50.78	61.31	134.62	100.88	91.98
海　南	1.69	—	0.24	3.96	0.54
山　西	—	0.38	3.18	—	0.29
安　徽	8.96	6.21	14.58	0.40	7.25
江　西	—	—	—	—	0.01
河　南	1.02	8.99	4.96	—	2.54
湖　北	—	6.85	6.03	1.14	26.49
湖　南	6.74	0.67	17.97	0.25	2.67
内蒙古	0.35	—	—	—	—
广　西	4.27	0.68	3.06	18.96	6.52
重　庆	—	1.42	1.62	10.73	6.36
四　川	2.95	4.62	2.80	6.51	4.62
贵　州	1.00	—	—	0.09	0.09
云　南	22.51	1.49	1.36	—	2.43
西　藏	—	—	—	—	—
陕　西	3.03	3.02	1.18	1.38	3.04
甘　肃	—	—	0.51	—	—
青　海	—	0.27	—	—	0.06
宁　夏	2.71	6.05	4.14	3.39	7.98
新　疆	3.07	5.92	3.29	4.62	3.83
辽　宁	4.64	2.79	3.71	2.94	4.76
吉　林	2.17	—	—	—	0.76
黑龙江	0.75	6.20	0.04	2.37	—

数据来源：国家统计局。

表 3-57 2019—2023 年全国及各地区房地产开发企业商业营业用房出租面积

单位：万平方米

地 区	2019 年	2020 年	2021 年	2022 年	2023 年
全 国	**1624.81**	**1459.65**	**1443.68**	**1297.09**	**1270.87**
北 京	118.15	82.03	107.85	124.75	78.72
天 津	16.32	22.00	16.81	28.46	27.00
河 北	6.44	3.20	4.61	0.21	2.11
上 海	707.89	751.08	734.76	667.73	627.75
江 苏	97.80	84.79	94.50	36.72	36.65
浙 江	55.40	62.55	47.21	35.28	32.36
福 建	62.80	58.61	41.15	31.41	38.08
山 东	81.33	67.99	42.92	27.66	30.55
广 东	117.62	94.08	98.63	74.44	90.23
海 南	10.37	2.13	11.84	9.95	7.73
山 西	5.70	0.72	0.63	0.25	1.52
安 徽	6.92	11.05	15.26	11.58	9.76
江 西	0.30	3.72	1.21	9.24	11.53
河 南	1.27	—	6.47	0.54	0.02
湖 北	34.19	3.28	3.35	5.67	4.16
湖 南	13.93	32.50	16.81	11.95	10.28
内蒙古	3.43	2.87	2.49	3.41	6.81
广 西	10.07	7.45	6.37	51.39	54.39
重 庆	25.25	16.66	44.03	63.82	60.38
四 川	15.04	25.93	12.82	10.14	4.94
贵 州	5.62	4.03	1.24	4.76	10.66
云 南	42.35	6.28	5.55	9.82	5.18
西 藏	—	—	3.19	0.03	0.74
陕 西	48.83	49.04	3.95	8.19	9.97
甘 肃	9.43	5.02	2.82	2.96	0.91
青 海	—	0.95	—	0.13	0.82
宁 夏	38.37	25.09	29.40	25.67	69.69
新 疆	24.29	18.80	53.29	21.71	29.18
辽 宁	10.32	9.05	22.74	17.44	8.33
吉 林	36.36	1.25	0.92	0.41	0.36
黑龙江	19.02	7.51	10.89	1.37	0.05

数据来源：国家统计局。

表 3-58　2019—2023 年全国及各地区房地产开发企业其他房屋出租面积

单位：万平方米

地　区	2019 年	2020 年	2021 年	2022 年	2023 年
全　国	**589.83**	**594.99**	**630.47**	**512.00**	**550.46**
北　京	37.50	49.68	44.76	47.63	43.43
天　津	5.21	3.86	4.78	2.97	11.24
河　北	5.44	0.40	—	2.25	0.50
上　海	388.57	392.10	423.04	352.17	329.32
江　苏	10.45	20.62	21.52	11.44	19.73
浙　江	6.12	10.82	28.81	5.91	8.14
福　建	25.40	26.16	17.76	24.25	17.46
山　东	20.25	16.53	9.53	11.38	4.40
广　东	17.86	10.71	22.82	20.66	53.99
海　南	2.21	0.08	0.87	0.08	1.31
山　西	1.33	0.46	0.53	—	1.50
安　徽	13.77	8.33	14.68	3.42	19.18
江　西	0.90	0.39	0.06	0.28	—
河　南	—	—	2.11	0.27	—
湖　北	1.98	0.03	3.27	0.74	—
湖　南	6.38	2.93	0.15	—	1.52
内蒙古	—	0.62	0.64	0.01	—
广　西	0.15	2.57	0.86	2.38	2.99
重　庆	5.09	1.73	18.37	0.56	4.05
四　川	2.91	6.52	1.23	2.98	1.72
贵　州	0.80	0.32	0.19	6.25	8.64
云　南	6.61	6.30	—	3.21	2.22
西　藏	0.48	0.48	0.48	0.48	0.48
陕　西	9.14	0.62	0.16	4.52	8.13
甘　肃	0.20	0.87	—	—	2.54
青　海	—	—	—	—	0.04
宁　夏	1.64	6.03	2.66	0.24	—
新　疆	1.73	16.48	11.17	0.76	7.27
辽　宁	—	0.57	—	2.82	0.67
吉　林	12.23	0.66	—	0.11	—
黑龙江	5.49	8.12	—	4.23	—

数据来源：国家统计局。

二、重点城市房地产建设和交易数据

（一）40 座重点城市商品房投资、建设、销售数据

表 3-59 2019—2023 年 40 座重点城市房地产开发投资额

单位：亿元

地 区	2019 年	2020 年	2021 年	2022 年	2023 年
北 京	3838.38	3938.71	4139.03	4178.46	4202.41
天 津	2727.82	2608.54	2769.98	2127.94	1232.04
石家庄	887.64	926.49	951.32	767.20	521.01
太 原	696.54	714.82	665.47	541.41	518.23
呼和浩特	175.22	246.89	270.72	219.09	234.58
沈 阳	1174.80	1235.89	1222.61	940.31	610.86
大 连	711.06	753.06	728.95	608.84	458.13
长 春	876.79	996.07	1052.34	661.96	551.16
哈尔滨	620.45	622.05	531.37	341.05	228.21
上 海	4231.38	4698.75	5035.18	4979.54	6062.04
南 京	2501.26	2631.40	2719.80	2758.77	2764.36
无 锡	1355.32	1350.02	1568.06	1386.79	1275.32
苏 州	2686.47	2673.66	2869.78	2691.38	2591.91
杭 州	3396.75	3575.33	3628.33	3889.10	4400.69
宁 波	1703.59	1818.88	2075.59	2131.68	2218.61
温 州	1199.85	1218.16	1441.23	1540.67	1550.85
合 肥	1556.08	1546.99	1466.42	1457.09	1544.63
福 州	1812.77	2070.23	2248.81	1663.87	1085.97
厦 门	899.53	1055.76	1069.66	1064.78	1435.60
南 昌	913.04	971.57	975.84	787.42	496.63
济 南	1489.38	1707.63	1928.00	1830.80	1489.24
青 岛	1803.81	2045.12	1982.34	1789.87	1729.32
郑 州	3349.86	3428.78	3088.88	2158.59	1863.87
武 汉	2966.21	2777.15	3254.62	3366.79	3446.88
长 沙	1672.96	1869.88	2236.88	2281.48	1888.70
广 州	3102.26	3293.95	3626.44	3431.90	3311.45
深 圳	3041.65	3537.84	2979.08	3391.54	3787.46
南 宁	1461.08	1378.20	1359.95	743.83	496.41
北 海	203.88	166.93	144.84	75.92	60.57

续表

地　区	2019 年	2020 年	2021 年	2022 年	2023 年
海　口	480.73	443.67	452.45	438.09	482.25
三　亚	299.93	339.89	382.90	264.02	—
重　庆	4439.30	4351.96	4354.96	3216.87	2796.71
成　都	2611.71	2847.64	3142.38	3271.72	2449.59
贵　阳	1175.37	1291.37	1120.05	753.02	417.78
昆　明	2096.25	2263.71	2149.06	1487.00	634.26
西　安	2008.30	2064.63	1975.28	2061.85	2052.03
兰　州	550.67	553.77	602.76	486.45	401.54
西　宁	290.99	270.40	265.78	169.93	113.17
银　川	275.35	311.43	325.79	273.80	266.42
乌鲁木齐	544.13	550.40	537.77	311.95	358.08

数据来源：国家统计局。

表 3-60　2019—2023 年 40 座重点城市住宅开发投资额

单位：亿元

地　区	2019 年	2020 年	2021 年	2022 年	2023 年
北　京	2039.76	2317.08	2522.18	2667.30	2714.42
天　津	2200.01	2084.80	2168.35	1682.49	973.70
石家庄	672.02	751.31	762.62	641.84	446.61
太　原	536.58	564.25	525.44	413.23	408.26
呼和浩特	129.47	178.45	201.93	167.00	171.78
沈　阳	956.16	989.83	999.85	797.40	492.75
大　连	513.86	563.44	547.28	443.08	331.41
长　春	631.32	691.27	735.75	508.04	394.61
哈尔滨	442.61	446.85	401.43	261.84	178.57
上　海	2318.13	2418.79	2673.95	2771.80	3466.79
南　京	1735.85	1862.72	1932.13	2052.38	2076.61
无　锡	1112.21	1117.72	1327.41	1117.98	1020.87
苏　州	2209.27	2171.62	2379.89	2330.90	2220.78
杭　州	2198.70	2215.60	2300.16	2441.88	2829.59
宁　波	1201.35	1204.01	1399.66	1432.85	1503.79
温　州	937.75	940.99	1114.01	1168.19	1124.94
合　肥	1242.88	1237.37	1193.17	1148.76	1197.82
福　州	1288.84	1493.95	1637.84	1271.88	791.23

续表

地　区	2019 年	2020 年	2021 年	2022 年	2023 年
厦　门	559. 24	687. 85	709. 89	726. 73	1034. 62
南　昌	656. 38	683. 19	721. 24	577. 72	393. 61
济　南	1065. 99	1204. 31	1351. 39	1247. 63	1084. 29
青　岛	1239. 07	1479. 17	1481. 18	1316. 94	1376. 68
郑　州	2555. 02	2700. 29	2544. 96	1779. 26	1546. 88
武　汉	2183. 31	1959. 01	2417. 55	2426. 01	2581. 16
长　沙	1021. 43	1205. 91	1575. 16	1660. 08	1473. 96
广　州	2087. 07	2155. 21	2538. 80	2433. 03	2411. 91
深　圳	1504. 35	1916. 09	1602. 60	2011. 97	2410. 43
南　宁	1034. 06	988. 63	975. 17	526. 85	363. 79
北　海	162. 48	147. 49	121. 32	65. 28	48. 77
海　口	352. 68	286. 48	243. 20	276. 38	345. 08
三　亚	217. 74	—	—	—	—
重　庆	3246. 77	3189. 05	3288. 11	2411. 04	2109. 64
成　都	1575. 49	1870. 91	2108. 89	2276. 51	1721. 27
贵　阳	745. 80	934. 14	864. 13	608. 40	354. 77
昆　明	1498. 32	1648. 96	1545. 86	1055. 28	452. 31
西　安	1414. 19	1342. 97	1426. 60	1428. 95	1593. 68
兰　州	345. 00	395. 19	444. 31	348. 59	314. 36
西　宁	200. 24	176. 18	210. 92	128. 37	88. 34
银　川	191. 88	220. 99	234. 13	198. 11	209. 41
乌鲁木齐	377. 45	366. 95	380. 72	222. 92	261. 01

数据来源：国家统计局。

表 3-61　2019—2023 年 40 座重点城市房屋施工面积

单位：万平方米

地　区	2019 年	2020 年	2021 年	2022 年	2023 年
北　京	12514. 99	13918. 64	14055. 32	13333. 15	12531. 34
天　津	11453. 43	12034. 51	12627. 78	11085. 10	9587. 14
石家庄	3891. 35	3702. 60	4543. 16	4338. 26	3806. 50
太　原	7063. 71	7659. 31	8473. 83	8110. 60	7723. 63
呼和浩特	3464. 82	3152. 40	3318. 21	3110. 87	2919. 84
沈　阳	6626. 56	7111. 84	8120. 52	6901. 03	6061. 97
大　连	3855. 62	3711. 92	4099. 94	3739. 93	3383. 46
长　春	7551. 80	7614. 30	8496. 34	7201. 86	6409. 17

续表

地　区	2019 年	2020 年	2021 年	2022 年	2023 年
哈尔滨	5509. 27	5490. 29	5406. 34	5134. 83	4933. 32
上　海	14802. 97	15740. 34	16627. 90	16678. 19	17618. 37
南　京	9001. 67	8663. 99	8597. 29	7845. 46	7467. 23
无　锡	6323. 97	6363. 12	6076. 26	5648. 89	5003. 29
苏　州	12148. 01	12385. 55	11921. 28	10807. 79	9811. 53
杭　州	12000. 92	13315. 09	13291. 26	13281. 27	14362. 92
宁　波	8347. 74	10575. 61	10778. 64	9660. 77	9569. 29
温　州	5404. 70	5871. 42	6724. 33	6346. 68	6314. 37
合　肥	7874. 20	7998. 95	8284. 96	8106. 44	7412. 33
福　州	8480. 51	8662. 60	8427. 23	7478. 88	6152. 58
厦　门	4089. 16	3616. 04	3661. 02	3514. 91	3443. 31
南　昌	6611. 93	6068. 95	5927. 10	4982. 65	4728. 09
济　南	9431. 52	10353. 04	10156. 54	8678. 88	8137. 75
青　岛	11579. 57	12528. 40	13022. 24	12056. 28	10443. 78
郑　州	19583. 60	19444. 77	20503. 04	18651. 25	17151. 32
武　汉	13556. 46	15565. 89	16251. 62	15842. 60	14456. 27
长　沙	11878. 61	12746. 11	12958. 76	11720. 07	9763. 72
广　州	11985. 91	11878. 29	12750. 78	12946. 25	12676. 79
深　圳	7907. 85	9537. 94	10319. 29	10774. 80	10995. 05
南　宁	9704. 05	10712. 49	11246. 52	10381. 45	9555. 77
北　海	1651. 70	1610. 54	1637. 06	1606. 66	1614. 48
海　口	3439. 31	3370. 64	3369. 06	3542. 17	3810. 50
三　亚	1227. 42	1345. 43	1460. 04	1339. 35	1258. 34
重　庆	27986. 64	27368. 16	26893. 17	22646. 90	20497. 57
成　都	20619. 90	19122. 23	19544. 10	19338. 18	17764. 84
贵　阳	7961. 95	7875. 40	8178. 96	7504. 29	6930. 79
昆　明	12236. 93	11359. 07	12826. 85	12051. 99	10361. 00
西　安	15870. 82	14472. 23	14452. 47	13735. 56	13712. 30
兰　州	5137. 89	5058. 56	5576. 37	4794. 19	4351. 16
西　宁	2084. 14	1824. 51	2036. 39	2009. 58	1909. 76
银　川	3799. 45	3756. 64	3704. 85	3320. 35	3094. 76
乌鲁木齐	4862. 05	5230. 52	6056. 27	5529. 36	5465. 92

数据来源：国家统计局。

表 3-62　2019—2023 年 40 座重点城市商品房新开工面积

单位：万平方米

地　区	2019 年	2020 年	2021 年	2022 年	2023 年
北　京	2073.21	3006.62	1895.93	1774.41	1257.14
天　津	2544.84	2161.86	1885.36	667.20	1037.28
石家庄	1560.86	1475.91	1242.35	689.57	648.92
太　原	1750.63	1360.13	906.92	418.39	342.31
呼和浩特	638.28	599.53	546.42	267.85	150.54
沈　阳	1309.50	1630.20	1577.32	525.06	318.59
大　连	668.96	818.93	995.88	462.51	208.32
长　春	1565.50	1534.81	2133.84	402.68	466.19
哈尔滨	1399.54	1265.11	634.68	311.67	162.47
上　海	3063.44	3440.62	3845.97	2939.74	2388.19
南　京	1989.30	2114.90	1957.63	1302.65	1073.47
无　锡	1435.56	1634.81	1494.95	898.30	767.65
苏　州	2761.18	2398.65	2728.26	1187.75	1565.30
杭　州	2434.89	3542.84	2446.79	2048.48	1942.32
宁　波	2101.59	3254.17	2150.63	1149.19	1158.92
温　州	1503.06	1683.55	1521.67	788.61	909.52
合　肥	1619.72	1732.18	1825.13	1533.60	1586.41
福　州	1743.02	1941.02	1512.73	740.36	676.87
厦　门	505.22	405.68	566.33	687.82	538.13
南　昌	1425.79	1087.85	1241.53	456.42	430.91
济　南	2163.38	2131.09	1745.62	1201.85	921.24
青　岛	3473.49	3312.41	2190.96	1499.34	1024.08
郑　州	4669.30	3289.84	3169.03	1655.03	813.22
武　汉	3430.84	3668.79	2599.74	1554.27	1167.68
长　沙	3478.86	3068.35	2698.10	1442.49	1267.20
广　州	2220.51	2620.61	2164.81	1351.52	1096.34
深　圳	1447.19	1818.51	1539.93	1332.32	1001.67
南　宁	2156.19	2079.58	1363.67	629.37	514.81
北　海	536.77	345.93	167.70	100.66	93.14
海　口	510.16	325.71	310.65	448.11	342.61
三　亚	125.69	249.90	217.54	107.68	219.20
重　庆	6725.40	5947.70	4873.36	2222.44	1974.78
成　都	4602.29	3844.19	3103.74	2715.64	1813.36
贵　阳	1974.44	1787.56	1375.12	420.80	324.45

续表

地　区	2019 年	2020 年	2021 年	2022 年	2023 年
昆　明	3163.27	2814.65	2382.31	688.17	591.00
西　安	2363.65	1863.69	2041.32	1679.24	1764.58
兰　州	1435.77	1184.54	1106.92	437.72	203.20
西　宁	556.40	520.42	397.98	179.72	98.15
银　川	748.52	741.81	944.69	395.31	354.51
乌鲁木齐	832.50	1731.86	1094.51	342.61	294.98

数据来源：国家统计局。

表 3-63　2019—2023 年 40 座重点城市商品房竣工面积

单位：万平方米

地　区	2019 年	2020 年	2021 年	2022 年	2023 年
北　京	1343.28	1545.72	1983.86	1938.48	2112.42
天　津	1655.50	1634.47	1892.82	1503.65	1864.41
石家庄	266.93	244.25	348.29	357.64	604.72
太　原	457.12	348.48	607.99	148.55	196.74
呼和浩特	85.59	158.76	45.28	218.21	345.07
沈　阳	666.40	649.45	1137.25	737.36	867.39
大　连	292.91	167.25	406.03	217.09	324.60
长　春	924.41	658.15	479.24	436.66	300.94
哈尔滨	682.37	469.23	308.82	252.82	366.57
上　海	2669.67	2877.78	2739.55	1676.40	2112.35
南　京	1587.06	1448.42	1171.18	690.79	997.50
无　锡	1317.77	1517.30	1037.35	965.57	838.08
苏　州	1283.75	1545.69	1238.95	1360.65	1785.34
杭　州	1727.56	1799.08	1732.56	1028.18	1662.21
宁　波	712.14	1706.92	1499.99	1628.41	2972.07
温　州	604.01	434.34	568.72	524.15	1667.25
合　肥	1481.60	1613.70	1896.80	2333.59	2345.19
福　州	389.85	1092.27	899.62	1193.12	1002.43
厦　门	370.73	348.79	385.85	269.53	332.71
南　昌	830.49	846.27	628.37	333.71	510.64
济　南	1043.40	1272.97	1115.66	714.99	985.50
青　岛	1602.01	1153.89	1656.88	1610.00	2104.47
郑　州	2107.40	1462.93	2193.13	1783.80	2012.79
武　汉	697.50	777.86	771.17	835.72	1195.35
长　沙	1280.87	1259.09	1246.32	1386.00	1356.65

续表

地　区	2019 年	2020 年	2021 年	2022 年	2023 年
广　州	2899. 19	1389. 79	1093. 13	1351. 74	1013. 04
深　圳	572. 11	640. 88	664. 38	707. 03	970. 65
南　宁	710. 77	799. 91	986. 97	1043. 52	1065. 72
北　海	91. 58	90. 39	69. 57	89. 84	119. 31
海　口	190. 18	190. 29	189. 45	83. 23	110. 37
三　亚	141. 18	88. 52	88. 97	159. 80	236. 83
重　庆	5069. 17	3774. 33	4196. 21	2792. 57	3302. 02
成　都	1823. 13	1430. 24	1460. 76	1235. 10	1746. 16
贵　阳	308. 59	359. 33	348. 67	336. 27	529. 06
昆　明	485. 88	293. 04	710. 27	965. 08	1018. 63
西　安	1020. 25	651. 31	370. 01	623. 84	710. 84
兰　州	131. 10	179. 35	423. 60	482. 34	387. 05
西　宁	102. 59	93. 33	43. 68	151. 70	189. 78
银　川	545. 70	498. 97	666. 23	476. 93	736. 12
乌鲁木齐	480. 68	99. 94	518. 87	158. 04	295. 09

数据来源：国家统计局。

表 3-64　2019—2023 年 40 座重点城市住宅竣工面积

单位：万平方米

地　区	2019 年	2020 年	2021 年	2022 年	2023 年
北　京	583. 20	728. 48	981. 05	1096. 22	1164. 89
天　津	1186. 69	1256. 43	1445. 60	1086. 13	1462. 18
石家庄	212. 37	204. 34	249. 34	294. 19	505. 72
太　原	317. 28	263. 25	448. 80	103. 52	178. 03
呼和浩特	65. 10	89. 57	31. 49	156. 13	248. 35
沈　阳	533. 53	514. 37	945. 79	585. 40	617. 55
大　连	203. 19	122. 63	320. 27	162. 04	241. 58
长　春	648. 15	459. 09	341. 47	271. 24	236. 85
哈尔滨	519. 56	340. 48	205. 39	148. 48	275. 57
上　海	1453. 28	1627. 61	1421. 43	934. 69	1186. 19
南　京	1091. 73	1004. 90	706. 24	420. 75	641. 72
无　锡	982. 70	1175. 27	752. 93	754. 22	600. 84
苏　州	1002. 31	1191. 53	904. 86	1015. 98	1314. 32
杭　州	963. 88	933. 73	897. 43	596. 83	939. 12
宁　波	421. 34	1075. 19	939. 39	1078. 20	1814. 90
温　州	392. 97	300. 02	430. 94	377. 68	1123. 02

续表

地　区	2019 年	2020 年	2021 年	2022 年	2023 年
合　肥	1044.20	1130.21	1337.93	1514.26	1523.13
福　州	246.61	658.31	557.08	806.66	632.09
厦　门	153.28	107.43	171.82	159.92	138.42
南　昌	634.94	622.90	407.89	249.16	361.43
济　南	747.11	913.57	787.62	488.03	692.47
青　岛	1063.15	782.71	1110.74	1092.16	1384.06
郑　州	1478.08	1032.04	1520.31	1247.91	1476.10
武　汉	479.16	611.73	591.23	541.01	869.83
长　沙	896.98	846.59	883.15	885.37	957.36
广　州	1645.77	923.91	656.77	851.84	510.07
深　圳	303.76	341.00	377.45	365.64	531.04
南　宁	466.90	500.85	712.26	746.70	786.29
北　海	72.70	81.29	53.16	72.78	99.91
海　口	142.48	126.89	80.81	61.89	47.32
三　亚	112.66	51.80	72.92	97.52	165.33
重　庆	3400.08	2585.26	2724.39	1914.99	2285.46
成　都	1003.00	851.87	897.52	782.32	1019.95
贵　阳	185.60	221.15	223.86	205.61	428.41
昆　明	262.42	195.04	401.01	618.80	680.15
西　安	729.22	478.15	292.72	470.64	486.57
兰　州	88.06	147.09	313.01	368.11	277.40
西　宁	61.79	53.52	32.99	117.18	136.95
银　川	385.66	319.18	445.06	361.10	539.88
乌鲁木齐	324.25	57.69	387.63	111.07	183.27

数据来源：国家统计局。

表 3-65　2019—2023 年 40 座重点城市商品房销售面积

单位：万平方米

地　区	2019 年	2020 年	2021 年	2022 年	2023 年
北　京	938.86	970.88	1107.07	1039.98	1131.82
天　津	1478.68	1306.96	1435.42	973.77	1178.51
石家庄	782.28	656.26	720.29	606.06	586.75
太　原	741.10	781.36	821.78	507.37	532.78
呼和浩特	326.00	413.76	309.66	145.83	187.79
沈　阳	1453.53	1381.32	1092.70	648.89	530.33
大　连	658.87	714.84	687.71	434.33	309.03

续表

地　区	2019 年	2020 年	2021 年	2022 年	2023 年
长　春	1342. 37	1054. 41	1027. 25	540. 77	570. 74
哈尔滨	964. 78	768. 50	609. 45	408. 97	388. 65
上　海	1696. 34	1789. 16	1880. 45	1852. 88	1811. 71
南　京	1320. 65	1324. 67	1510. 95	942. 32	906. 77
无　锡	1366. 48	1550. 56	1550. 86	1159. 81	1081. 83
苏　州	2178. 22	2192. 17	2275. 42	2050. 25	1704. 06
杭　州	1513. 62	1699. 34	2236. 25	1393. 66	1447. 34
宁　波	1714. 64	1858. 20	1606. 23	1128. 80	901. 56
温　州	1139. 87	1204. 71	886. 31	673. 27	703. 42
合　肥	1321. 87	1486. 11	1836. 59	1459. 18	1109. 25
福　州	1708. 19	1888. 10	2138. 49	1419. 70	877. 41
厦　门	540. 77	621. 82	593. 04	607. 63	603. 79
南　昌	1906. 13	1770. 83	2019. 49	1390. 70	717. 77
济　南	1151. 00	1335. 75	1548. 20	1241. 95	1170. 22
青　岛	1651. 83	1653. 59	1644. 52	1563. 73	1454. 85
郑　州	3593. 27	3426. 06	2699. 38	1999. 36	2027. 80
武　汉	3332. 34	2646. 37	2759. 39	2122. 34	1972. 96
长　沙	2335. 15	2377. 43	2606. 17	1699. 36	1556. 78
广　州	1464. 64	1539. 40	1736. 31	1374. 07	1404. 49
深　圳	806. 56	908. 80	799. 59	679. 11	762. 00
南　宁	1805. 23	1837. 59	1494. 08	1324. 72	952. 23
北　海	403. 25	313. 55	315. 22	213. 75	145. 90
海　口	440. 56	463. 74	484. 60	269. 44	325. 79
三　亚	121. 15	77. 05	127. 18	118. 31	206. 44
重　庆	6104. 68	6143. 47	6197. 71	4142. 92	3557. 25
成　都	3543. 28	3680. 30	3644. 11	2549. 40	2204. 57
贵　阳	1099. 27	1235. 75	1407. 55	829. 14	478. 21
昆　明	1916. 23	1878. 80	1297. 56	822. 50	749. 49
西　安	2375. 41	2081. 48	1492. 92	1382. 76	1265. 33
兰　州	718. 44	846. 48	799. 58	282. 23	335. 75
西　宁	321. 24	298. 97	226. 64	100. 21	106. 15
银　川	679. 38	751. 75	641. 57	403. 71	350. 85
乌鲁木齐	657. 42	716. 09	764. 16	449. 43	549. 00

数据来源：国家统计局。

表 3-66　2019—2023 年 40 座重点城市住宅销售面积

单位：万平方米

地　区	2019 年	2020 年	2021 年	2022 年	2023 年
北　京	789.02	733.59	877.10	741.93	818.25
天　津	1382.63	1220.74	1333.97	895.54	1110.25
石家庄	673.94	618.00	677.52	567.91	565.93
太　原	645.48	701.24	728.26	468.74	511.32
呼和浩特	296.28	382.27	264.05	137.31	180.43
沈　阳	1361.13	1285.50	985.08	594.85	461.22
大　连	602.74	629.08	627.24	386.99	266.74
长　春	1156.13	936.39	930.21	470.31	534.14
哈尔滨	824.78	679.32	517.07	359.21	343.05
上　海	1353.70	1434.07	1489.95	1561.51	1456.96
南　京	1137.19	1213.81	1371.39	791.96	797.08
无　锡	1239.56	1364.33	1344.94	919.28	793.38
苏　州	1983.56	1993.90	2088.27	1842.27	1515.89
杭　州	1284.27	1471.62	1954.30	1168.22	1202.16
宁　波	1438.89	1571.44	1280.80	835.15	730.46
温　州	917.69	1045.04	768.28	570.29	626.18
合　肥	1155.72	1297.40	1562.76	1237.83	937.61
福　州	1330.07	1519.17	1686.26	980.08	628.17
厦　门	274.70	379.13	413.24	394.95	346.73
南　昌	1580.89	1367.24	1562.29	1056.88	548.17
济　南	934.00	1145.24	1300.20	907.09	825.52
青　岛	1475.58	1430.37	1419.63	1264.08	1209.64
郑　州	3241.97	3025.68	2480.01	1865.24	1823.13
武　汉	2981.79	2252.39	2470.53	1742.42	1583.96
长　沙	2005.91	2046.55	2304.86	1472.97	1363.06
广　州	1106.58	1223.21	1371.01	1026.53	1067.71
深　圳	638.42	752.27	623.30	489.98	584.33
南　宁	1550.33	1486.19	1125.51	678.52	574.74
北　海	380.43	290.00	287.22	193.05	135.14
海　口	373.49	371.52	349.09	205.67	263.35
三　亚	102.28	65.06	78.74	104.28	179.38
重　庆	5149.08	4814.49	4945.42	2723.02	2258.06

续表

地　区	2019 年	2020 年	2021 年	2022 年	2023 年
成　都	2564.86	2826.74	2614.48	1885.61	1786.19
贵　阳	869.40	1105.76	1185.52	695.63	412.06
昆　明	1484.84	1527.10	965.17	603.10	528.88
西　安	1903.90	1635.78	1238.56	1114.77	1045.51
兰　州	673.48	796.79	761.54	259.16	315.22
西　宁	259.58	259.05	176.85	80.26	96.36
银　川	606.16	674.20	528.20	365.17	324.44
乌鲁木齐	566.85	636.84	703.06	421.07	497.93

数据来源：国家统计局。

表 3-67　2019—2023 年 40 座重点城市商品房销售金额

单位：亿元

地　区	2019 年	2020 年	2021 年	2022 年	2023 年
北　京	3370.98	3656.85	4486.47	3976.92	4255.10
天　津	2274.14	2113.61	2322.76	1516.37	1895.87
石家庄	728.19	647.69	739.70	601.53	621.87
太　原	828.58	840.68	841.84	499.02	543.04
呼和浩特	327.37	455.18	334.35	161.47	203.85
沈　阳	1481.46	1571.42	1266.57	700.67	570.07
大　连	788.79	950.91	945.32	543.17	360.83
长　春	1178.19	957.51	865.59	462.62	482.57
哈尔滨	957.10	727.56	533.88	343.85	333.67
上　海	5203.82	6046.97	6788.73	7467.53	7277.69
南　京	2510.15	3269.50	4063.84	2428.14	2049.21
无　锡	1919.55	2361.75	2658.96	1961.99	1701.36
苏　州	3728.98	3918.08	4210.93	3506.30	2842.64
杭　州	3923.64	4595.49	6589.11	4532.41	4564.37
宁　波	2583.12	3049.52	3016.89	1937.58	1625.05
温　州	1625.13	1905.53	1658.77	1056.56	1062.35
合　肥	1766.62	2128.29	2457.72	1811.56	1593.46
福　州	2332.72	2552.74	3025.84	1757.76	1108.04
厦　门	1223.32	1521.39	1482.84	1240.99	1270.11
南　昌	1817.33	1943.94	2076.27	1437.30	749.83

续表

地　区	2019 年	2020 年	2021 年	2022 年	2023 年
济　南	1316.56	1571.95	1956.97	1514.57	1553.48
青　岛	2247.00	2216.85	2267.30	2180.82	2026.08
郑　州	3403.56	3369.17	2608.58	1629.43	1747.83
武　汉	4751.24	3769.49	4157.55	2981.53	2822.41
长　沙	2021.46	2196.25	2620.58	1789.72	1726.59
广　州	3275.35	3857.08	4867.54	3621.50	4078.66
深　圳	4500.34	5164.58	4685.00	3502.87	3468.95
南　宁	1517.49	1581.21	1240.28	884.98	723.86
北　海	287.05	200.58	185.18	117.97	—
海　口	677.82	734.42	766.87	431.61	515.61
三　亚	306.77	212.73	397.40	315.24	478.29
重　庆	5129.42	5071.34	5391.26	2954.87	2450.32
成　都	3850.62	4470.71	4685.76	3631.02	3820.20
贵　阳	1148.85	1151.14	1274.05	736.17	440.33
昆　明	2145.60	2127.82	1408.13	799.51	695.12
西　安	2726.98	2780.44	2188.24	2034.41	2003.77
兰　州	547.91	711.16	634.97	225.13	290.62
西　宁	288.77	287.84	207.90	89.62	94.29
银　川	437.51	544.14	490.67	338.77	300.50
乌鲁木齐	571.28	578.65	620.19	371.58	491.87

数据来源：国家统计局。

表 3-68　2019—2023 年 40 座重点城市住宅销售金额

单位：亿元

地　区	2019 年	2020 年	2021 年	2022 年	2023 年
北　京	3032.40	3131.31	4117.23	3545.26	3828.00
天　津	2132.48	2000.98	2183.74	1421.55	1812.37
石家庄	622.29	611.41	712.57	575.05	607.95
太　原	718.81	758.35	757.02	461.61	516.68
呼和浩特	297.13	423.03	298.74	152.41	195.67
沈　阳	1395.32	1493.39	1181.84	654.63	517.46
大　连	725.76	849.30	883.13	494.23	317.40
长　春	1009.44	854.71	791.21	413.80	443.34

续表

地 区	2019 年	2020 年	2021 年	2022 年	2023 年
哈尔滨	806.61	642.67	453.87	299.13	289.34
上 海	4457.16	5268.85	6104.95	6937.77	6701.64
南 京	2209.35	3055.72	3831.39	2203.69	1884.51
无 锡	1776.22	2180.65	2459.12	1695.58	1426.90
苏 州	3491.97	3692.41	4024.17	3283.27	2662.05
杭 州	3406.10	4039.27	5820.01	3933.22	3972.78
宁 波	2295.92	2774.66	2709.13	1598.16	1427.71
温 州	1447.75	1784.94	1546.33	961.31	976.16
合 肥	1628.00	1980.43	2257.01	1668.11	1456.08
福 州	1886.82	2184.01	2577.54	1348.69	898.08
厦 门	929.31	1280.67	1298.59	1087.03	1076.75
南 昌	1478.88	1485.60	1652.28	1143.99	588.34
济 南	1115.81	1406.53	1721.65	1221.72	1218.29
青 岛	2017.72	2010.82	2039.24	1825.27	1687.69
郑 州	3025.45	2978.81	2397.02	1501.15	1570.36
武 汉	4125.07	3304.62	3830.38	2574.66	2357.43
长 沙	1650.21	1864.76	2332.31	1576.52	1531.90
广 州	2657.47	3316.33	4192.57	3023.64	3462.91
深 圳	3560.43	4276.22	3839.57	2732.03	2922.22
南 宁	1329.23	1367.28	1008.43	605.75	569.98
北 海	267.75	—	—	—	—
海 口	581.23	612.79	572.50	341.30	436.12
三 亚	243.08	177.09	244.05	267.59	387.61
重 庆	4457.78	4293.18	4786.06	2321.69	1932.37
成 都	3008.44	3740.10	3846.65	3169.87	3486.19
贵 阳	851.97	1012.58	1068.69	644.91	389.91
昆 明	1800.07	1864.95	1192.23	684.16	582.05
西 安	2213.71	2248.10	1885.16	1773.46	1786.18
兰 州	493.80	659.86	593.64	202.91	266.46
西 宁	226.64	255.09	177.30	75.77	86.00
银 川	390.37	495.75	430.11	307.12	276.07
乌鲁木齐	494.73	506.84	563.37	337.91	427.52

数据来源：国家统计局。

表 3-69　2019—2023 年 40 座重点城市商品房销售均价

单位：元/米^2

地　区	2019 年	2020 年	2021 年	2022 年	2023 年
北　京	35905	37665	40526	38240	37595
天　津	15380	16172	16182	15572	16087
石家庄	9309	9869	10269	9925	10599
太　原	11180	10759	10244	9835	10193
呼和浩特	10042	11001	10797	11072	10855
沈　阳	10192	11376	11591	10798	10749
大　连	11972	13302	13746	12506	11676
长　春	8777	9081	8426	8555	8455
哈尔滨	9920	9467	8760	8408	8586
上　海	30677	33798	36102	40302	40170
南　京	19007	24682	26896	25768	22599
无　锡	14047	15232	17145	16916	15727
苏　州	17119	17873	18506	17102	16682
杭　州	25922	27043	29465	32522	31536
宁　波	15065	16411	18782	17165	18025
温　州	14257	15817	18716	15693	15103
合　肥	13365	14321	13382	12415	14365
福　州	13656	13520	14149	12381	12629
厦　门	22622	24467	25004	20423	21035
南　昌	9534	10978	10281	10335	10447
济　南	11438	11768	12640	12195	13275
青　岛	13603	13406	13787	13946	13926
郑　州	9472	9834	9664	8150	8619
武　汉	14258	14244	15067	14048	14305
长　沙	8657	9238	10055	10532	11091
广　州	22363	25056	28034	26356	29040
深　圳	55797	56829	58593	51580	45524
南　宁	8406	8605	8301	6680	7602
北　海	7118	6397	5875	5519	—
海　口	15385	15837	15825	16018	15826
三　亚	25322	27609	31247	26645	23169
重　庆	8402	8255	8699	7132	6888

续表

地　区	2019 年	2020 年	2021 年	2022 年	2023 年
成　都	10867	12148	12858	14243	17329
贵　阳	10451	9315	9052	8879	9208
昆　明	11197	11325	10852	9720	9275
西　安	11480	13358	14657	14713	15836
兰　州	7626	8401	7941	7977	8656
西　宁	8989	9628	9173	8943	8882
银　川	6440	7238	7648	8392	8565
乌鲁木齐	8690	8081	8116	8268	8959

数据来源：根据国家统计局数据整理。

表 3-70　2019—2023 年 40 座重点城市住宅销售均价

单位：元/米^2

地　区	2019 年	2020 年	2021 年	2022 年	2023 年
北　京	38432	42684	46941	47784	46783
天　津	15423	16391	16370	15874	16324
石家庄	9234	9893	10517	10126	10743
太　原	11136	10815	10395	9848	10105
呼和浩特	10029	11066	11314	11100	10845
沈　阳	10251	11617	11997	11005	11219
大　连	12041	13501	14080	12771	11899
长　春	8731	9128	8506	8799	8300
哈尔滨	9780	9460	8778	8327	8434
上　海	32926	36741	40974	44430	45997
南　京	19428	25175	27938	27826	23643
无　锡	14329	15983	18284	18445	17985
苏　州	17605	18519	19270	17822	17561
杭　州	26522	27448	29781	33669	33047
宁　波	15956	17657	21152	19136	19546
温　州	15776	17080	20127	16856	15589
合　肥	14086	15265	14443	13476	15530
福　州	14186	14376	15286	13761	14297
厦　门	33830	33779	31425	27523	31054
南　昌	9355	10866	10576	10824	10733
济　南	11947	12282	13241	13469	14758

续表

地 区	2019 年	2020 年	2021 年	2022 年	2023 年
青 岛	13674	14058	14365	14440	13952
郑 州	9332	9845	9665	8048	8614
武 汉	13834	14672	15504	14776	14883
长 沙	8227	9112	10119	10703	11239
广 州	24015	27112	30580	29455	32433
深 圳	55769	56844	61601	55758	50010
南 宁	8574	9200	8960	8927	9917
北 海	7038	—	—	—	—
海 口	15562	16494	16400	16594	16561
三 亚	23766	27220	30994	25662	21609
重 庆	8657	8917	9678	8526	8558
成 都	11729	13231	14713	16811	19517
贵 阳	9800	9157	9015	9271	9463
昆 明	12123	12212	12353	11344	11005
西 安	11627	13743	15221	15909	17084
兰 州	7332	8281	7795	7830	8453
西 宁	8731	9847	10025	9440	8925
银 川	6440	7353	8143	8410	8509
乌鲁木齐	8728	7959	8013	8025	8586

数据来源：根据国家统计局数据整理。

（二）35 座重点城市商品房待售数据

表 3-71　2019—2023 年 35 座重点城市商品房待售面积

单位：万平方米

地 区	2019 年	2020 年	2021 年	2022 年	2023 年
总 计	**18725.11**	**19149.97**	**19766.66**	**22133.68**	**27385.46**
北 京	2489.52	2454.16	2396.29	2617.03	2992.57
天 津	657.80	823.60	922.08	1072.68	1301.18
石家庄	76.84	121.44	111.15	144.82	173.09
太 原	98.65	81.76	83.11	114.63	69.51
呼和浩特	190.35	190.31	146.25	175.18	134.96
沈 阳	404.51	396.00	389.95	383.18	508.14
大 连	640.84	544.72	534.80	517.35	613.80
长 春	594.26	558.63	520.84	640.03	665.80

续表

地　区	2019 年	2020 年	2021 年	2022 年	2023 年
哈尔滨	645.81	629.45	579.05	601.11	650.28
上　海	2360.46	2535.73	2683.78	2646.90	2891.42
南　京	400.16	237.27	274.39	263.67	489.72
杭　州	451.43	490.50	389.44	438.16	554.78
宁　波	417.75	409.78	395.25	419.96	639.56
合　肥	226.29	273.73	357.27	406.00	536.39
福　州	375.04	353.25	383.70	459.36	532.03
厦　门	226.92	263.52	315.70	292.99	395.59
南　昌	162.95	132.05	119.92	116.39	118.80
济　南	80.69	147.42	210.02	248.17	452.35
青　岛	459.10	509.71	576.76	655.91	762.87
郑　州	616.71	758.04	806.81	867.64	1145.89
武　汉	192.29	183.85	236.35	438.60	611.61
长　沙	517.97	440.96	360.64	373.86	352.57
广　州	886.85	976.82	969.55	1158.80	1527.98
深　圳	396.15	352.18	406.63	461.98	744.93
南　宁	251.38	230.73	325.19	453.86	831.34
海　口	146.66	148.62	84.86	135.13	377.70
重　庆	1959.11	2082.10	2343.06	2760.68	3092.45
成　都	957.04	1059.45	1027.75	1136.21	1598.54
贵　阳	105.70	106.75	89.43	161.37	236.48
昆　明	463.82	401.87	489.67	898.98	1044.96
西　安	170.88	143.62	142.52	131.00	308.36
兰　州	115.10	83.48	59.48	81.69	120.66
西　宁	16.84	40.80	15.28	15.20	50.25
银　川	600.97	636.03	649.77	530.21	459.52
乌鲁木齐	368.32	351.64	369.88	314.94	399.40

数据来源：国家统计局。

表 3-72　2019—2023 年 35 座重点城市住宅待售面积

单位：万平方米

地　区	2019 年	2020 年	2021 年	2022 年	2023 年
总　计	**6746.00**	**6707.75**	**6766.16**	**8004.72**	**10557.73**
北　京	893.12	881.89	830.81	854.44	1079.76

续表

地 区	2019 年	2020 年	2021 年	2022 年	2023 年
天 津	313.56	437.69	517.14	623.45	768.48
石家庄	34.39	64.84	69.28	85.74	125.50
太 原	63.04	60.75	60.63	77.17	47.12
呼和浩特	97.63	93.35	89.46	126.79	91.67
沈 阳	277.64	280.25	256.97	249.88	318.11
大 连	430.24	350.03	329.60	321.74	401.59
长 春	254.96	250.33	285.63	374.60	433.73
哈尔滨	302.71	297.56	263.16	283.56	318.15
上 海	734.87	688.94	720.19	673.43	790.34
南 京	229.86	145.57	117.26	96.72	211.17
杭 州	116.52	118.22	87.44	112.61	173.47
宁 波	98.45	84.21	70.73	96.24	226.56
合 肥	47.18	50.72	61.19	74.93	82.71
福 州	94.39	70.96	71.77	142.95	184.13
厦 门	37.80	35.17	66.67	76.69	109.74
南 昌	83.73	65.95	35.11	32.54	47.07
济 南	44.10	90.63	120.37	138.22	227.08
青 岛	164.10	188.73	264.23	321.71	466.19
郑 州	374.17	470.63	485.38	510.48	773.75
武 汉	70.97	71.71	106.61	206.57	326.42
长 沙	184.82	145.76	132.76	156.26	137.82
广 州	334.63	376.19	362.35	452.32	577.54
深 圳	224.42	149.95	134.47	159.94	288.55
南 宁	120.31	68.26	99.84	165.02	305.03
海 口	57.82	65.56	37.66	68.65	123.62
重 庆	356.63	390.37	433.80	566.78	623.97
成 都	107.19	136.74	154.84	234.68	314.61
贵 阳	34.68	54.40	25.18	59.10	126.87
昆 明	144.34	112.65	94.02	301.27	328.01
西 安	32.11	27.81	34.49	37.18	67.61
兰 州	37.83	30.35	24.65	39.09	62.44
西 宁	8.23	10.58	8.51	6.73	35.86
银 川	217.18	199.04	174.16	151.98	165.55
乌鲁木齐	122.38	141.95	139.82	125.26	197.51

数据来源：国家统计局。

表 3-73　2019—2023 年 35 座重点城市办公楼待售面积

单位：万平方米

地　区	2019 年	2020 年	2021 年	2022 年	2023 年
总　计	**2394.60**	**2467.48**	**2479.69**	**2752.55**	**3483.29**
北　京	569.01	530.49	555.51	567.86	641.94
天　津	112.49	104.94	104.32	112.31	163.24
石家庄	26.06	33.52	17.01	16.88	9.58
太　原	13.77	6.61	7.19	9.15	3.33
呼和浩特	12.84	13.94	9.31	7.20	5.06
沈　阳	14.23	11.15	12.67	17.21	16.73
大　连	42.33	36.97	33.75	35.63	36.11
长　春	63.69	50.29	37.15	53.70	47.36
哈尔滨	23.03	24.47	24.76	19.75	23.62
上　海	406.03	450.25	485.30	496.09	536.55
南　京	37.06	29.77	31.75	31.19	80.32
杭　州	116.95	153.40	122.53	138.66	173.97
宁　波	77.08	81.87	81.30	65.52	88.37
合　肥	40.89	60.86	45.76	57.29	93.66
福　州	10.25	12.29	14.72	48.43	43.05
厦　门	45.42	57.64	51.34	42.83	79.89
南　昌	20.13	11.73	21.02	18.93	17.64
济　南	5.36	4.91	4.84	14.74	17.78
青　岛	90.52	98.24	93.09	96.81	121.26
郑　州	74.93	79.00	85.08	106.68	124.31
武　汉	43.17	42.75	41.20	55.64	91.73
长　沙	58.95	53.64	24.55	28.86	42.40
广　州	63.75	100.34	91.39	97.21	165.39
深　圳	62.71	87.66	123.82	165.54	205.93
南　宁	4.34	11.85	14.91	43.16	57.17
海　口	3.66	4.65	3.73	8.85	47.92
重　庆	103.22	76.04	97.59	137.63	157.43
成　都	54.39	67.67	64.57	61.59	121.51
贵　阳	18.02	10.77	8.84	16.38	19.30
昆　明	40.71	34.72	51.18	67.99	91.41
西　安	26.67	19.23	26.68	26.62	64.03

续表

地　区	2019 年	2020 年	2021 年	2022 年	2023 年
兰　州	15.89	2.39	—	6.91	9.41
西　宁	1.09	10.18	0.85	0.78	5.33
银　川	67.64	69.29	63.81	59.66	47.28
乌鲁木齐	28.30	24.00	28.17	18.90	33.28

数据来源：国家统计局。

表 3-74　2019—2023 年 35 座重点城市商业营业用房待售面积

单位：万平方米

地　区	2019 年	2020 年	2021 年	2022 年	2023 年
总　计	**4406.27**	**4358.23**	**4377.63**	**4524.24**	**5134.16**
北　京	369.91	383.55	402.04	423.10	374.51
天　津	139.72	163.54	174.15	189.43	236.53
石家庄	6.37	6.08	4.99	6.40	20.19
太　原	15.81	8.99	6.76	6.80	14.40
呼和浩特	61.66	58.62	32.61	34.59	29.42
沈　阳	95.86	89.13	102.89	100.18	130.81
大　连	101.71	92.97	105.86	99.25	112.14
长　春	181.78	172.96	141.97	134.07	119.72
哈尔滨	179.76	176.96	185.92	199.25	208.63
上　海	430.68	436.43	433.23	446.99	440.19
南　京	50.06	30.77	55.83	66.88	88.57
杭　州	160.90	166.09	136.02	154.06	164.82
宁　波	142.87	130.62	128.28	112.93	131.89
合　肥	44.93	53.97	83.29	97.50	117.01
福　州	61.00	58.20	86.61	79.90	84.12
厦　门	79.92	76.04	74.50	51.90	67.91
南　昌	46.90	45.18	49.71	41.15	41.67
济　南	14.66	14.73	30.57	35.09	51.41
青　岛	166.07	169.45	152.20	160.52	166.83
郑　州	111.43	115.52	117.47	132.59	131.55
武　汉	53.49	47.90	52.26	70.71	82.22
长　沙	170.99	166.79	140.26	140.81	145.79
广　州	162.86	165.42	159.61	186.46	200.02
深　圳	79.41	74.85	98.36	99.11	148.10

续表

地　区	2019 年	2020 年	2021 年	2022 年	2023 年
南　宁	47.96	47.07	69.07	70.92	139.46
海　口	33.84	34.04	15.52	24.00	66.17
重　庆	535.70	548.21	535.56	582.14	688.93
成　都	269.65	263.35	227.86	206.75	288.57
贵　阳	33.15	21.53	40.40	68.24	72.17
昆　明	117.67	108.70	109.42	130.02	135.18
西　安	73.22	62.27	48.90	39.22	83.11
兰　州	50.38	39.64	27.12	15.65	19.99
西　宁	7.51	14.07	5.77	7.57	8.95
银　川	203.50	225.72	259.28	233.92	220.68
乌鲁木齐	104.93	88.87	83.33	76.14	102.53

数据来源：国家统计局。

表 3-75　2019—2023 年 35 座重点城市其他房屋待售面积

单位：万平方米

地　区	2019 年	2020 年	2021 年	2022 年	2023 年
总　计	**5178.25**	**5616.51**	**6143.17**	**6852.17**	**8210.27**
北　京	657.48	658.23	607.93	771.64	896.37
天　津	92.02	117.43	126.47	147.49	132.93
石家庄	10.03	17.01	19.88	35.81	17.82
太　原	6.02	5.41	8.53	21.51	4.66
呼和浩特	18.21	24.40	14.86	6.60	8.82
沈　阳	16.78	15.47	17.43	15.91	42.49
大　连	66.56	64.75	65.59	60.74	63.95
长　春	93.81	85.05	56.10	77.66	64.98
哈尔滨	140.30	130.46	105.21	98.55	99.88
上　海	788.89	960.12	1045.07	1030.39	1124.34
南　京	83.19	31.15	69.55	68.89	109.66
杭　州	57.06	52.78	43.46	32.83	42.53
宁　波	99.35	113.09	114.94	145.27	192.74
合　肥	93.29	108.18	167.03	176.27	243.02
福　州	209.40	211.80	210.60	188.09	220.72
厦　门	63.77	94.68	123.19	121.57	138.05
南　昌	12.19	9.19	14.08	23.77	12.42

续表

地　区	2019 年	2020 年	2021 年	2022 年	2023 年
济　南	16.57	37.15	54.23	60.12	156.08
青　岛	38.41	53.29	67.24	76.88	8.59
郑　州	56.18	92.89	118.89	117.88	116.29
武　汉	24.66	21.49	36.28	105.68	111.25
长　沙	103.21	74.77	63.07	47.93	26.56
广　州	325.61	334.87	356.21	422.81	585.03
深　圳	29.61	39.71	49.98	37.39	102.34
南　宁	78.77	103.55	141.37	174.76	329.67
海　口	51.34	44.36	27.96	33.64	139.99
重　庆	963.56	1067.49	1276.10	1474.14	1622.12
成　都	525.80	591.70	580.48	633.19	873.84
贵　阳	19.86	20.05	15.00	17.65	18.14
昆　明	161.09	145.79	235.06	399.70	490.36
西　安	38.87	34.32	32.44	27.98	93.61
兰　州	11.00	11.10	7.71	20.05	28.82
西　宁	0.00	5.98	0.15	0.12	0.11
银　川	112.65	141.98	152.52	84.65	26.01
乌鲁木齐	112.71	96.82	118.55	94.65	66.09

数据来源：国家统计局。

（三）35 座重点城市房地产开发企业房屋出租面积

表 3-76　2019—2023 年 35 座重点城市房地产开发企业房屋出租面积

单位：万平方米

地　区	2019 年	2020 年	2021 年	2022 年	2023 年
总　计	**2985.03**	**2919.24**	**3021.62**	**2886.96**	**2911.94**
北　京	265.14	300.84	285.91	351.04	256.77
天　津	35.98	46.71	59.21	77.92	89.76
石家庄	0.26	1.57	1.24	1.12	2.40
太　原	0.09	—	0.11	—	0.43
呼和浩特	1.18	0.24	—	0.07	—
沈　阳	1.93	17.70	5.38	9.84	2.28
大　连	6.91	2.15	10.27	9.11	10.02
长　春	50.69	1.25	—	—	1.12
哈尔滨	35.59	9.71	2.82	7.33	—

续表

地 区	2019 年	2020 年	2021 年	2022 年	2023 年
上 海	2035.94	2053.33	2074.37	1931.08	1865.57
南 京	11.03	14.21	25.80	3.46	15.40
杭 州	35.64	36.00	31.56	37.21	24.77
宁 波	40.70	36.60	43.48	2.57	22.02
合 肥	21.02	14.36	32.57	3.81	35.87
福 州	8.58	—	0.15	1.73	7.34
厦 门	35.04	19.26	9.80	13.59	9.85
南 昌	—	2.63	—	0.74	2.60
济 南	3.91	0.24	0.12	7.62	7.63
青 岛	48.45	61.45	54.19	23.41	28.97
郑 州	—	12.17	21.69	0.54	2.54
武 汉	24.35	4.75	10.92	12.97	37.99
长 沙	13.35	2.26	26.72	8.84	8.31
广 州	38.22	31.11	63.81	103.15	154.07
深 圳	63.28	101.50	117.61	95.95	98.55
南 宁	16.38	13.10	3.22	54.82	44.51
海 口	13.21	1.93	11.68	12.67	1.97
重 庆	30.90	40.91	64.02	75.11	70.79
成 都	8.25	15.76	5.32	11.50	7.13
贵 阳	0.55	1.49	—	—	1.20
昆 明	54.18	6.23	2.16	—	9.26
西 安	26.97	10.15	2.57	2.04	15.56
兰 州	5.20	—	—	—	2.54
西 宁	—	1.22	—	—	0.36
银 川	34.74	27.64	32.17	25.35	68.30
乌鲁木齐	17.38	30.78	22.73	2.36	6.06

数据来源：国家统计局。

表 3-77　2019—2023 年 35 座重点城市房地产开发企业住宅出租面积

单位：万平方米

地 区	2019 年	2020 年	2021 年	2022 年	2023 年
总 计	**190.31**	**216.22**	**193.13**	**298.34**	**322.28**
北 京	6.81	7.66	9.92	63.67	32.13
天 津	0.25	1.76	0.19	5.35	11.33

续表

地 区	2019 年	2020 年	2021 年	2022 年	2023 年
石家庄	—	—	—	1.03	—
太 原	—	—	—	—	—
呼和浩特	—	—	—	—	—
沈 阳	—	11.36	—	—	—
大 连	0.05	—	—	0.17	0.20
长 春	—	—	—	—	—
哈尔滨	12.48	0.51	—	—	—
上 海	129.62	134.27	141.95	151.90	176.64
南 京	0.07	—	—	—	0.43
杭 州	9.20	—	8.14	1.46	1.43
宁 波	2.52	—	0.12	—	—
合 肥	—	—	—	—	1.96
福 州	—	—	—	1.73	—
厦 门	11.46	—	—	—	—
南 昌	—	—	—	—	—
济 南	—	—	—	—	—
青 岛	0.02	2.46	0.72	—	3.93
郑 州	—	4.78	15.81	—	—
武 汉	1.03	0.55	0.23	7.73	10.51
长 沙	0.70	—	—	—	—
广 州	0.86	3.84	3.50	57.26	58.20
深 圳	0.39	19.66	7.69	6.17	22.45
南 宁	11.73	6.75	2.84	—	—
海 口	0.77	—	0.24	—	—
重 庆	0.57	21.11	—	—	—
成 都	—	—	—	—	—
贵 阳	0.05	—	—	—	—
昆 明	—	—	—	—	—
西 安	—	—	0.58	—	—
兰 州	—	—	—	—	—
西 宁	—	—	—	—	—
银 川	1.74	1.53	1.22	1.88	3.06
乌鲁木齐	—	—	—	—	—

数据来源：国家统计局。

表 3-78　2019—2023 年 35 座重点城市房地产开发企业办公楼出租面积

单位：万平方米

地　区	2019 年	2020 年	2021 年	2022 年	2023 年
总　计	**1093.59**	**1088.15**	**1143.93**	**1057.15**	**1050.95**
北　京	102.68	161.47	123.39	114.99	102.50
天　津	14.20	19.09	37.44	41.15	40.19
石家庄	—	—	—	—	—
太　原	—	—	—	—	—
呼和浩特	0.35	—	—	—	—
沈　阳	1.93	2.14	—	2.94	—
大　连	2.70	0.65	3.71	—	4.76
长　春	2.17	—	—	—	0.76
哈尔滨	0.75	0.70	—	2.37	—
上　海	809.85	775.87	774.63	759.27	731.87
南　京	—	3.69	2.91	3.46	4.13
杭　州	20.77	5.82	4.87	11.47	9.20
宁　波	18.43	15.62	1.25	0.32	6.63
合　肥	8.96	6.21	14.58	0.28	7.25
福　州	—	—	0.15	—	—
厦　门	7.80	9.19	3.86	2.11	3.81
南　昌	—	—	—	—	0.01
济　南	1.86	—	—	0.04	—
青　岛	16.36	14.77	36.37	10.05	10.14
郑　州	—	7.39	4.87	—	2.54
武　汉	—	2.16	6.03	1.14	26.49
长　沙	6.74	0.67	17.43	0.25	2.67
广　州	6.63	7.22	33.12	21.09	33.91
深　圳	33.76	36.66	66.79	47.87	35.19
南　宁	3.16	0.66	—	11.92	1.06
海　口	1.69	—	0.24	3.85	0.54
重　庆	0.00	1.42	1.62	10.73	6.36
成　都	2.95	4.37	1.96	6.51	4.62
贵　阳	0.03	—	—	—	—
昆　明	22.32	1.30	1.29	—	2.43
西　安	2.97	2.24	—	1.28	2.73

续表

地　区	2019 年	2020 年	2021 年	2022 年	2023 年
兰　州	—	—	—	—	—
西　宁	—	0.27	—	—	0.06
银　川	2.44	5.22	4.14	3.09	7.38
乌鲁木齐	2.07	3.32	3.29	0.95	3.74

数据来源：国家统计局。

表 3-79　2019—2023 年 35 座重点城市房地产开发企业商业营业用房出租面积

单位：万平方米

地　区	2019 年	2020 年	2021 年	2022 年	2023 年
总　计	**1208.03**	**1099.69**	**1109.07**	**1083.41**	**1042.11**
北　京	118.15	82.03	107.85	124.75	78.72
天　津	16.32	22.00	16.81	28.46	27.00
石家庄	0.26	1.57	1.24	0.10	1.90
太　原	0.09	—	0.11	—	0.43
呼和浩特	0.83	0.24	—	—	—
沈　阳	—	4.08	5.38	6.90	2.28
大　连	4.15	1.26	6.56	6.13	4.76
长　春	36.36	1.25	—	—	0.36
哈尔滨	16.87	5.45	2.82	0.72	—
上　海	707.89	751.08	734.76	667.73	627.75
南　京	10.97	10.52	22.54	—	2.29
杭　州	5.68	22.43	10.27	24.29	14.14
宁　波	17.21	19.30	21.65	2.25	7.69
合　肥	4.02	0.45	3.31	0.21	7.48
福　州	8.58	—	—	—	7.34
厦　门	11.50	4.42	3.35	3.38	1.94
南　昌	—	2.63	—	0.74	2.60
济　南	1.55	0.24	0.12	3.18	3.23
青　岛	24.01	37.18	14.64	13.37	14.91
郑　州	—	—	0.15	0.54	—
武　汉	23.31	2.04	1.96	3.36	0.99
长　沙	3.86	1.58	9.29	8.59	4.13
广　州	25.60	17.43	14.66	10.18	19.01
深　圳	27.41	43.92	38.27	39.53	35.09

续表

地　区	2019 年	2020 年	2021 年	2022 年	2023 年
南　宁	1. 50	3. 21	0. 38	40. 52	43. 45
海　口	8. 90	1. 93	10. 41	8. 82	0. 93
重　庆	25. 25	16. 66	44. 03	63. 82	60. 38
成　都	2. 79	7. 47	2. 22	3. 74	2. 51
贵　阳	0. 46	1. 17	—	—	1. 15
昆　明	31. 86	2. 94	0. 87	—	4. 60
西　安	24. 00	7. 91	1. 99	0. 76	4. 85
兰　州	5. 20	—	—	—	—
西　宁	—	0. 95	—	—	0. 30
银　川	29. 87	14. 85	24. 44	20. 13	57. 86
乌鲁木齐	13. 58	11. 50	9. 00	1. 16	2. 07

数据来源：国家统计局。

表 3-80　2019—2023 年 35 座重点城市房地产开发企业其他房屋出租面积

单位：万平方米

地　区	2019 年	2020 年	2021 年	2022 年	2023 年
总　计	**493. 11**	**515. 18**	**575. 48**	**448. 06**	**496. 60**
北　京	37. 50	49. 68	44. 76	47. 63	43. 43
天　津	5. 21	3. 86	4. 78	2. 97	11. 24
石家庄	—	—	—	—	0. 50
太　原	—	—	—	—	—
呼和浩特	—	—	—	—	—
沈　阳	—	0. 12	—	—	—
大　连	—	0. 24	—	2. 82	0. 30
长　春	12. 16	—	—	—	—
哈尔滨	5. 49	3. 05	—	4. 23	—
上　海	388. 57	392. 10	423. 04	352. 17	329. 32
南　京	—	—	0. 35	—	8. 55
杭　州	—	7. 75	8. 29	—	—
宁　波	2. 53	1. 68	20. 45	—	7. 70
合　肥	8. 04	7. 69	14. 68	3. 33	19. 18
福　州	—	—	—	—	—
厦　门	4. 29	5. 66	2. 60	8. 10	4. 10
南　昌	—	—	—	—	—

续表

地　区	2019 年	2020 年	2021 年	2022 年	2023 年
济　南	0.50	—	—	4.40	4.40
青　岛	8.06	7.04	2.46	—	—
郑　州	—	—	0.86	—	—
武　汉	—	—	2.71	0.74	—
长　沙	2.05	—	—	—	1.52
广　州	5.13	2.63	12.53	14.62	42.95
深　圳	1.71	1.25	4.86	2.37	5.83
南　宁	—	2.48	—	2.38	—
海　口	1.85	—	0.79	0.00	0.50
重　庆	5.09	1.73	18.37	0.56	4.05
成　都	2.51	3.92	1.13	1.24	—
贵　阳	—	0.32	—	—	0.05
昆　明	—	1.98	—	—	2.22
西　安	—	—	—	—	7.98
兰　州	—	—	—	—	2.54
西　宁	—	—	—	—	—
银　川	0.70	6.03	2.37	0.24	—
乌鲁木齐	1.73	15.96	10.44	0.25	0.25

数据来源：国家统计局。

（四）90 座城市存量商品房交易面积

表 3-81　2024 年 90 座城市存量商品房交易面积

单位：万平方米

地　区	存量房	存量住宅	地　区	存量房	存量住宅
北京市	1699.80	1587.83	淄博市	129.69	127.93
天津市	1497.88	1334.86	烟台市	316.12	260.77
石家庄市	640.79	600.92	潍坊市	58.07	42.06
唐山市	474.83	435.28	泰安市	204.53	185.01
秦皇岛市	170.31	155.60	郑州市	1010.50	951.45
太原市	396.94	381.48	洛阳市	306.97	287.24
大同市	234.77	219.41	平顶山市	123.09	120.12
呼和浩特市	230.04	214.24	南阳市	169.77	157.39
包头市	268.57	240.54	武汉市	1149.66	1020.62
沈阳市	930.96	847.56	宜昌市	165.28	157.98
大连市	472.32	415.15	襄阳市	20.32	17.30

续表

地　区	存量房	存量住宅	地　区	存量房	存量住宅
本溪市	74.79	73.69	长沙市	373.12	358.81
丹东市	81.45	77.49	株洲市	48.14	45.32
锦州市	142.46	137.60	岳阳市	132.48	128.97
长春市	760.09	672.07	常德市	64.52	63.92
吉林市	338.16	282.51	广州市	1539.63	1399.18
哈尔滨市	695.52	654.96	韶关市	217.48	197.63
齐齐哈尔市	186.46	175.51	深圳市	623.13	542.99
大庆市	329.25	297.66	汕头市	152.21	140.39
牡丹江市	113.99	102.98	佛山市	874.00	710.67
上海市	1995.50	1782.48	江门市	364.35	285.96
南京市	1074.21	999.93	湛江市	180.77	168.46
无锡市	730.31	667.53	惠州市	591.40	530.47
徐州市	561.58	461.49	中山市	601.47	455.11
常州市	469.24	413.12	南宁市	459.11	420.65
苏州市	1589.65	1259.90	桂林市	33.73	32.41
扬州市	476.02	346.87	北海市	138.32	134.48
杭州市	1026.03	955.86	海口市	200.86	187.93
宁波市	929.66	744.03	三亚市	35.09	29.93
温州市	500.85	433.78	重庆市	3193.75	2540.89
绍兴市	569.64	295.13	成都市	2526.21	2215.52
金华市	526.83	291.24	泸州市	110.64	100.97
合肥市	990.20	862.58	绵阳市	262.22	224.75
芜湖市	249.53	240.62	南充市	212.68	195.20
蚌埠市	148.65	140.63	贵阳市	275.00	258.03
安庆市	71.96	62.66	遵义市	51.01	49.22
宣城市	113.36	108.23	昆明市	729.94	589.65
福州市	538.40	460.54	大理白族自治州	75.74	65.96
厦门市	398.04	243.32	西安市	1084.27	996.60
泉州市	442.50	323.68	宝鸡市	47.56	46.69
南昌市	319.23	284.18	兰州市	366.43	321.59
九江市	87.17	81.79	天水市	45.18	44.70
赣州市	355.27	188.37	西宁市	180.25	157.00
济南市	699.64	595.33	银川市	447.03	418.51
青岛市	754.40	713.94	乌鲁木齐市	932.05	890.48

数据来源：中房研协研究中心收集整理。

三、房地产信贷数据

（一）全国住房公积金

表 3-82　2023 年末全国公积金机构情况

类别		2023 年
机构数量（个）	全国住房公积金管理中心	341
	未纳入设区城市统一管理的分支机构	99
	服务网点	3675
从业人员（万人）	全国总数	4. 42
	在编	2. 66
	非在编	1. 76

数据来源：《全国住房公积金 2023 年年度报告》。

表 3-83　2023 年全国及各地区住房公积金缴存情况

地　区	实缴单位（万个）	实缴职工（万人）	缴存额（亿元）	累计缴存总额（亿元）	缴存余额（亿元）
全　国	**494. 76**	**17454. 68**	**34697. 69**	**291623. 52**	**100589. 80**
北　京	47. 46	946. 82	3154. 35	26609. 27	7591. 80
天　津	10. 93	322. 97	670. 32	6979. 86	2055. 17
河　北	9. 24	572. 18	942. 59	8342. 26	3402. 70
山　西	5. 73	376. 68	633. 44	5300. 01	2068. 04
内蒙古	5. 46	301. 41	623. 16	5148. 38	2065. 65
辽　宁	12. 21	513. 65	998. 32	10882. 73	3430. 26
吉　林	5. 05	257. 01	445. 01	4476. 27	1687. 32
黑龙江	4. 61	294. 86	576. 46	5763. 15	2125. 72
上　海	56. 01	944. 26	2473. 10	19418. 42	7745. 01
江　苏	54. 58	1631. 80	3037. 47	24605. 22	7934. 02
浙　江	44. 53	1152. 88	2467. 11	19602. 24	5590. 46
安　徽	9. 97	547. 06	1033. 50	9059. 68	2743. 12
福　建	18. 01	493. 74	987. 97	8253. 67	2593. 34
江　西	6. 75	346. 49	668. 06	5143. 80	2155. 81
山　东	29. 34	1170. 51	1990. 35	16205. 57	5910. 68
河　南	11. 65	731. 91	1115. 29	9379. 36	3951. 97
湖　北	13. 07	588. 90	1239. 87	10000. 17	4119. 72
湖　南	9. 77	547. 28	966. 13	7915. 41	3405. 32
广　东	64. 07	2258. 04	3894. 19	31532. 94	9648. 24

续表

地　区	实缴单位（万个）	实缴职工（万人）	缴存额（亿元）	累计缴存总额（亿元）	缴存余额（亿元）
广　西	7.97	369.10	692.78	5851.09	1904.90
海　南	5.72	135.57	211.72	1663.74	683.40
重　庆	6.34	323.32	575.74	5039.63	1708.33
四　川	19.05	845.57	1594.73	13107.45	4774.47
贵　州	7.19	307.45	569.29	4531.98	1680.55
云　南	7.06	312.85	711.29	6595.74	2066.43
西　藏	0.72	46.61	160.98	1149.75	540.46
陕　西	10.13	494.45	850.86	6644.52	2650.93
甘　肃	4.12	210.90	424.17	3730.44	1467.81
青　海	1.34	61.64	167.54	1468.88	477.53
宁　夏	1.42	78.56	164.53	1461.88	475.04
新　疆	4.60	239.80	589.51	5233.35	1725.69
新疆兵团	0.66	30.41	67.84	526.68	209.91

数据来源：《全国住房公积金2023年年度报告》。

表3-84　2023年全国及各地区住房公积金提取情况

地　区	提取额（亿元）	提取率（%）	住房消费类提取额（亿元）	非住房消费类提取额（亿元）	累计提取总额（亿元）
全　国	**26562.71**	**76.55**	**19780.29**	**6782.42**	**191033.72**
北　京	2554.76	80.99	2138.21	416.55	19017.47
天　津	579.45	86.44	415.61	163.84	4924.68
河　北	679.21	72.06	417.66	261.55	4939.55
山　西	464.76	73.37	329.83	134.93	3231.97
内蒙古	462.22	74.17	299.92	162.30	3082.73
辽　宁	851.80	85.32	545.27	306.53	7452.47
吉　林	352.55	79.22	214.95	137.61	2788.96
黑龙江	454.32	78.81	253.72	200.60	3637.43
上　海	1644.51	66.50	1293.13	351.38	11673.41
江　苏	2269.64	74.72	1748.51	521.13	16671.20
浙　江	1896.91	76.89	1557.57	339.34	14011.78
安　徽	798.28	77.24	585.19	213.10	6316.55
福　建	764.60	77.39	582.92	181.68	5660.33

续表

地　区	提取额（亿元）	提取率（%）	住房消费类提取额（亿元）	非住房消费类提取额（亿元）	累计提取总额（亿元）
江　西	461. 29	69. 05	315. 87	145. 42	2987. 99
山　东	1478. 04	74. 26	1085. 06	392. 99	10294. 89
河　南	840. 64	75. 37	536. 15	304. 49	5427. 39
湖　北	941. 97	75. 97	618. 39	323. 57	5880. 45
湖　南	704. 96	72. 97	434. 34	270. 63	4510. 09
广　东	2992. 17	76. 84	2475. 30	516. 87	21884. 70
广　西	527. 84	76. 19	394. 24	133. 60	3946. 19
海　南	150. 76	71. 21	108. 13	42. 62	980. 34
重　庆	462. 51	80. 33	338. 19	124. 32	3331. 30
四　川	1273. 78	79. 87	923. 02	350. 76	8332. 98
贵　州	464. 49	81. 59	355. 07	109. 42	2851. 43
云　南	597. 92	84. 06	443. 72	154. 19	4529. 30
西　藏	109. 45	67. 99	85. 54	23. 91	609. 29
陕　西	587. 91	69. 10	432. 12	155. 80	3993. 59
甘　肃	355. 38	83. 78	247. 42	107. 95	2262. 64
青　海	135. 90	81. 11	90. 42	45. 48	991. 35
宁　夏	136. 36	82. 88	97. 35	39. 01	986. 84
新　疆	517. 10	87. 72	384. 64	132. 46	3507. 66
新疆兵团	51. 21	75. 48	32. 84	18. 37	316. 77

数据来源：《全国住房公积金 2023 年年度报告》。

表 3-85　2023 年全国及各地区住房公积金个人住房贷款情况

地　区	放贷笔数（万笔）	贷款发放额（亿元）	累计放贷笔数（万笔）	累计贷款总额（亿元）	贷款余额（亿元）	个人住房贷款率（%）
全　国	**286. 09**	**14713. 06**	**4768. 54**	**151858. 01**	**78060. 74**	**77. 60**
北　京	7. 63	592. 35	151. 52	9491. 64	5108. 40	67. 29
天　津	5. 64	332. 01	122. 71	4235. 41	1692. 53	82. 35
河　北	8. 77	445. 25	142. 53	4280. 57	2344. 31	68. 90
山　西	7. 04	296. 70	88. 87	2658. 84	1520. 79	73. 54
内蒙古	6. 82	298. 74	135. 01	3157. 02	1329. 20	64. 35
辽　宁	8. 84	376. 16	218. 46	5566. 82	2424. 82	70. 69
吉　林	4. 44	190. 58	91. 72	2418. 00	1170. 84	69. 39

续表

地　区	放贷笔数（万笔）	贷款发放额（亿元）	累计放贷笔数（万笔）	累计贷款总额（亿元）	贷款余额（亿元）	个人住房贷款率（%）
黑龙江	4.16	154.98	110.06	2694.72	1098.78	51.69
上　海	11.02	832.46	322.14	12584.01	6022.29	77.76
江　苏	30.09	1625.27	437.48	14174.93	6918.03	87.19
浙　江	16.25	981.67	266.09	10075.55	4985.80	89.18
安　徽	9.48	395.63	179.29	4731.69	2234.14	81.45
福　建	8.16	446.30	132.98	4455.72	2273.16	87.65
江　西	8.08	399.97	107.47	3184.45	1719.54	79.76
山　东	20.19	896.54	306.72	8906.28	4620.29	78.17
河　南	11.57	508.93	179.83	5122.95	2831.63	71.65
湖　北	14.80	820.53	191.50	6248.23	3378.48	82.01
湖　南	10.72	507.01	178.28	4774.65	2631.61	77.28
广　东	20.20	1191.30	290.68	12077.26	7172.49	74.34
广　西	6.44	280.38	100.33	2742.39	1648.43	86.54
海　南	2.48	145.59	25.69	989.28	648.38	94.88
重　庆	6.78	343.60	85.16	2732.72	1634.74	95.69
四　川	14.57	644.10	226.92	6782.12	3713.72	77.78
贵　州	6.53	274.29	101.95	2859.68	1576.76	93.82
云　南	7.16	353.66	151.95	3722.52	1608.73	77.85
西　藏	0.63	43.45	12.43	566.56	277.54	51.35
陕　西	9.74	548.57	113.02	3593.90	2208.09	83.30
甘　肃	5.19	223.25	97.28	2234.61	1004.04	68.40
青　海	1.41	67.89	33.25	808.11	345.72	72.40
宁　夏	1.50	76.03	33.79	836.37	302.34	63.65
新　疆	8.79	381.33	123.56	2881.01	1445.86	83.78
新疆兵团	0.96	38.53	9.91	269.98	169.26	80.64

数据来源：《全国住房公积金 2023 年年度报告》。

表 3-86　2023 年全国及各地区住房公积金增值收益及分配情况

地　区	业务收入（亿元）	业务支出（亿元）	增值收益（亿元）	增值收益率（%）	提取贷款风险准备金（亿元）	提取管理费用（亿元）	提取公租房（廉租房）建设补充资金（亿元）
全　国	**3029.68**	**1589.08**	**1440.60**	**1.49**	**276.90**	**127.64**	**1036.19**
北　京	231.30	115.25	116.05	1.59	-1.59	5.31	112.33

续表

地 区	业务收入（亿元）	业务支出（亿元）	增值收益（亿元）	增值收益率（%）	提取贷款风险准备金（亿元）	提取管理费用（亿元）	提取公租房（廉租房）建设补充资金（亿元）
天 津	56.00	34.14	21.86	1.09	1.16	3.96	16.76
河 北	101.03	52.37	48.66	1.49	2.38	7.70	38.57
山 西	63.53	32.35	31.18	1.57	3.14	3.48	24.56
内蒙古	59.49	30.80	28.69	1.44	11.45	4.07	13.13
辽 宁	102.81	54.02	48.78	1.45	5.80	5.04	37.94
吉 林	50.40	26.24	24.16	1.47	3.62	3.42	17.11
黑龙江	61.33	32.00	29.33	1.42	0.01	2.90	26.42
上 海	245.25	119.43	125.82	1.71	98.94	2.00	24.87
江 苏	237.17	129.20	107.97	1.43	44.35	8.02	55.42
浙 江	170.22	91.52	78.69	1.48	36.11	4.66	37.92
安 徽	77.53	43.06	34.47	1.31	1.70	3.48	29.29
福 建	78.84	49.80	29.04	1.17	7.15	1.94	20.08
江 西	65.23	32.49	32.74	1.59	2.62	3.21	26.92
山 东	177.26	93.81	83.46	1.48	0.96	6.56	75.93
河 南	114.44	61.95	52.48	1.38	1.34	4.66	46.48
湖 北	127.67	63.93	63.74	1.60	10.65	7.67	45.42
湖 南	104.93	51.50	53.43	1.62	3.73	6.57	43.14
广 东	298.39	154.11	144.28	1.56	6.48	8.08	129.72
广 西	56.33	28.84	27.50	1.51	1.70	2.79	23.04
海 南	21.31	10.89	10.42	1.58	6.25	0.99	3.18
重 庆	51.87	29.30	22.57	1.36	1.83	2.44	18.30
四 川	148.45	73.64	74.82	1.62	8.31	7.60	58.89
贵 州	50.60	27.89	22.71	1.39	0.89	2.45	19.37
云 南	62.24	32.88	29.35	1.46	1.30	5.65	22.40
西 藏	10.47	6.97	3.50	0.68	2.19	0.15	1.38
陕 西	77.33	41.66	35.67	1.42	7.11	5.06	23.45
甘 肃	42.61	24.26	18.36	1.28	1.42	3.10	13.85
青 海	14.13	6.57	7.57	1.64	3.65	0.76	3.16

续表

地　区	业务收入（亿元）	业务支出（亿元）	增值收益（亿元）	增值收益率（%）	提取贷款风险准备金（亿元）	提取管理费用（亿元）	提取公租房（廉租房）建设补充资金（亿元）
宁　夏	13.08	7.18	5.91	1.28	0.14	0.76	5.00
新　疆	52.34	27.78	24.57	1.46	1.50	2.89	20.18
新疆兵团	6.11	3.28	2.83	1.41	0.59	0.27	1.97

数据来源：《全国住房公积金 2023 年年度报告》。

（二）房地产贷款

表 3-87　2020—2024 年各季度房地产相关贷款情况

季　度	人民币房地产贷款余额		房地产开发贷款余额		个人住房贷款余额	
	绝对值（万亿元）	同比（%）	绝对值（万亿元）	同比（%）	绝对值（万亿元）	同比（%）
2024Q4	52.80	-0.2	13.56	3.2	37.68	-1.3
2024Q3	52.90	-1.0	13.79	2.7	37.56	-2.3
2024Q2	53.10	-1.0	13.77	2.8	37.79	-2.1
2024Q1	53.52	-1.1	13.76	1.7	38.19	-1.9
2023Q4	52.63	-1.0	12.88	1.5	38.17	-1.6
2023Q3	53.19	-0.2	13.17	4.0	38.42	-1.2
2023Q2	53.37	0.5	13.10	5.3	38.60	-0.7
2023Q1	53.89	1.3	13.30	5.9	38.94	0.3
2022Q4	53.16	1.5	12.69	3.7	38.8	1.2
2022Q3	53.29	3.2	12.67	2.2	38.91	4.1
2022Q2	53.11	4.2	12.49	-0.2	38.86	6.2
2022Q1	53.22	6.0	12.56	-0.4	38.84	8.9
2021Q4	52.17	7.9	12.01	0.9	38.32	11.3
2021Q3	51.40	7.6	12.16	0.0	37.37	11.3
2021Q2	50.78	9.5	12.30	2.8	36.58	13.0
2021Q1	50.03	10.9	12.42	4.4	35.67	14.5
2020Q4	49.58	11.7	11.91	6.1	34.44	14.6
2020Q3	48.83	12.8	12.16	8.2	33.59	15.7
2020Q2	47.4	13.1	11.97	8.5	32.36	15.7
2020Q1	46.16	13.9	11.89	9.6	31.15	15.9

数据来源：中国人民银行。

注：自 2021 年起，房地产贷款统计口径不再包含证券化的房地产贷款，相关增量和增速数据已进行可比口径处理。

四、港澳台地区房地产数据①

（一）香港

表 3-88　2020—2024 年香港地区新落成私人楼宇

年份	住宅		商住两用			商业		工业	
	楼宇数目（个）	实用楼面面积（万平方米）	楼宇数目（个）	住宅实用楼面面积（万平方米）	非住宅实用楼面面积（万平方米）	楼宇数目（个）	实用楼面面积（万平方米）	楼宇数目（个）	实用楼面面积（万平方米）
2020	310	48.37	72	20.82	64.6	15	6.92	8	5.88
2021	116	26.64	49	18.39	17.1	17	9.84	7	3.42
2022	256	64.68	13	3.88	8.7	28	61.90	19	27.28
2023	213	23.10	32	15.21	22.3	30	40.48	21	24.76
2024	161	35.90	90	39.02	53.6	16	18.96	3	1.81

年份	其他			所有种类			
	楼宇数目（个）	住宅实用楼面面积（万平方米）	非住宅实用楼面面积（万平方米）	楼宇数目（个）	住宅实用楼面面积（万平方米）	非住宅实用楼面面积（万平方米）	统计（万平方米）
2020	223	1.31	19.06	628	70.50	38.32	108.82
2021	172	0.24	12.86	361	45.27	27.83	73.10
2022	174	2.60	19.04	490	71.16	109.10	180.27
2023	237	1.17	13.62	533	39.49	81.08	120.57
2024	214	4.17	16.08	484	79.09	42.22	121.31

数据来源：香港房屋署，香港房屋协会。

表 3-89　2020—2024 年香港地区获批可动工兴建私人楼宇

年份	住宅				商住两用					
	楼宇数目（个）		实用楼面面积（万平方米）		楼宇数目（个）		住宅实用楼面面积（万平方米）		非住宅实用楼面面积（万平方米）	
	初次呈交图则	重大修改	初次呈交图则	重大修改	初次呈交图则	重大修改	初次呈交图则	重大修改	初次呈交图则	重大修改
2020	128	125	13.16	12.57	31	25	9.60	17.14	1.39	0.45
2021	47	72	26.06	18.17	39	39	17.34	17.81	2.11	0.80
2022	58	65	22.80	2.19	22	11	11.05	7.59	4.14	0.42
2023	15	114	4.62	23.73	25	9	9.60	3.42	1.68	1.43
2024	152	128	2.72	8.75	17	15	5.71	8.60	1.13	1.95

① 注：港澳台地区数据货币均为当地货币。

年 份	商业				工业			
	楼宇数目（个）		实用楼面面积（万平方米）		楼宇数目（个）		实用楼面面积（万平方米）	
	初次呈交图则	重大修改	初次呈交图则	重大修改	初次呈交图则	重大修改	初次呈交图则	重大修改
2020	8	8	3.79	17.26	3	8	8.53	9.73
2021	20	8	41.98	29.41	5	0	3.98	0.00
2022	9	1	4.40	1.59	2	6	1.11	5.01
2023	10	9	22.79	12.64	6	1	2.95	1.64
2024	18	1	10.21	0.72	3	7	2.29	3.98

年 份	其他					
	楼宇数目（个）		住宅实用楼面面积（万平方米）		非住宅实用楼面面积（万平方米）	
	初次呈交图则	重大修改	初次呈交图则	重大修改	初次呈交图则	重大修改
2020	35	8	0.61	0.11	39.22	1.74
2021	53	29	5.25	2.02	15.54	3.21
2022	45	4	4.68	0.00	2.23	22.06
2023	45	9	0.65	0.00	17.54	3.27
2024	73	7	0.33	0.74	6.68	4.20

年 份	所有统计							
	楼宇数目（个）		住宅实用楼面面积（万平方米）		非住宅实用楼面面积（万平方米）		合计实用楼面面积（万平方米）	
	初次呈交图则	重大修改	初次呈交图则	重大修改	初次呈交图则	重大修改	初次呈交图则	重大修改
2020	205	174	23.37	29.82	52.93	29.17	76.30	58.99
2021	164	148	48.65	37.99	63.61	33.43	112.25	71.42
2022	136	87	38.53	9.77	11.87	29.08	50.41	38.85
2023	101	142	14.87	27.15	44.97	18.98	59.84	46.13
2024	263	158	8.77	18.08	20.31	10.85	29.08	28.94

数据来源：香港房屋署，香港房屋协会。

表 3-90　2020—2024 年香港地区私人住宅楼宇平均售价

单位：元/米^2

年 份	小于 40 平方米			40~69.9 平方米			70~99.9 平方米		
	香港	九龙	新界	香港	九龙	新界	香港	九龙	新界
2020	187016	163262	149776	182458	160379	132070	211410	187737	129358
2021	189596	165828	152765	184591	161225	136451	214633	188801	137408
2022	173084	152260	143498	173777	152257	130830	202838	171881	134988
2023	154081	134643	130015	159637	142388	121824	192755	161681	130707
2024	133876	116006	111939	141278	126422	108685	166516	159331	118107

年 份	100~159.9 平方米			160 平方米及以上		
	香港	九龙	新界	香港	九龙	新界
2020	235949	196482	120542	273586	253027	101667
2021	246482	210657	126010	286286	228699	115907
2022	229316	187999	119067	250055	217737	108214
2023	214961	187330	121622	265142	201804	108807
2024	205911	177259	110692	248796	198794	96197

数据来源：香港房屋署，香港房屋协会。

注：2023 年根据最新数据有调整。

表 3-91 2020—2024 年香港地区私人住宅楼宇新订租约平均租金

单位：元/（米^2·月）

年 份	小于 40 平方米			40~69.9 平方米			70~99.9 平方米		
	香港	九龙	新界	香港	九龙	新界	香港	九龙	新界
2020	445	370	299	394	330	254	409	347	256
2021	446	377	307	392	331	260	408	350	263
2022	445	376	307	382	323	255	400	340	257
2023	456	398	313	380	337	257	413	349	256
2024	480	430	329	396	364	270	426	369	269

年 份	100~159.9 平方米			160 平方米及以上		
	香港	九龙	新界	香港	九龙	新界
2020	417	340	254	423	351	230
2021	418	349	259	422	381	241
2022	413	331	253	427	340	227
2023	424	353	249	435	378	224
2024	436	359	253	445	383	221

数据来源：香港房屋署，香港房屋协会。

注：2023 年根据最新数据有调整。

表 3-92 2020—2024 年香港特区政府土地拍卖/投标（市区）

年 份	住宅		商业		商业/住宅	
	面积（平方米）	已征收的地价（亿元）	面积（平方米）	已征收的地价（亿元）	面积（平方米）	已征收的地价（亿元）
2020	40253	231.10	0	0	0	0
2021	18232	191.38	62769	705.78	0	0
2022	24149	128.43	0	0	0	0
2023	15759	70.70	11537	47.29	0	0
2024	0	0	0	0	0	0

年 份	工业/货仓		其他用途		统计	
	面积（平方米）	已征收的地价（亿元）	面积（平方米）	已征收的地价（亿元）	面积（平方米）	已征收的地价（亿元）
2020	0	0	1554	8.17	41807	239.27
2021	0	0	0	0	81001	897.16
2022	0	0	4090	6.08	28239	134.51
2023	0	0	1650	0.80	28946	118.79
2024	0	0	1127	0.82	1127	0.82

数据来源：香港房屋署，香港房屋协会。

表 3-93　2020—2024 年香港特区政府土地拍卖/投标（新界）

年 份	住宅		商业		商业/住宅	
	面积（平方米）	已征收的地价（亿元）	面积（平方米）	已征收的地价（亿元）	面积（平方米）	已征收的地价（亿元）
2020	45947	81.88	0	0	0	0
2021	59801	175.00	0	0	0	0
2022	38976	64.87	23545	38.40	0	0
2023	27360	16.43	0	0	0	0
2024	8077	16.40	0	0	0	0

年 份	工业/货仓		其他用途		统计	
	面积（平方米）	已征收的地价（亿元）	面积（平方米）	已征收的地价（亿元）	面积（平方米）	已征收的地价（亿元）
2020	9178	56.00	1405	10.58	56530	148.46
2021	4028	8.13	0	0	63829	183.13
2022	1631	2.97	55245	52.57	119397	158.81
2023	0	0	0	0	27360	16.43
2024	0	0	370	21	8447	16.61

数据来源：香港房屋署，香港房屋协会。

表 3-94　2020—2024 年香港特区政府土地批租（私人协约方式批地）

单位：平方米

年 份	市区				
	工业/仓库	住宅	公用事业/团体用途	其他用途	统计
2020	0	26518	11779	386488	424785
2021	0	60831	20466	19877	101174
2022	0	41724	13730	30069	85523
2023	0	32865	10875	0	43740
2024	0	39496	0	0	39496

年份	新界				
	工业/仓库	住宅	公用事业/团体用途	其他用途	统计
2020	0	102220	54912	0	157132
2021	0	48306	60164	6657000	6765470
2022	0	49558	3717	8456	61731
2023	0	85215	2128	0	87343
2024	0	32003	4089	2200	38292

数据来源：香港房屋署，香港房屋协会。

（二）澳门

表 3-95　2020—2024 年澳门地区新动工及建成楼宇

年份	新动工楼宇			建成楼宇		
	楼宇数目（个）	单位数目（个）	建筑面积（平方米）	楼宇数目（个）	单位数目（个）	建筑面积（平方米）
2020	55	233	881296	57	2521	287170
2021	35	1407	556595	103	2545	953667
2022	31	458	66755	52	569	373226
2023	19	464	48508	58	254	373735
2024	18	136	12288	28	711	122716

数据来源：澳门统计暨普查局。

表 3-96　2020—2024 年澳门地区楼宇单位买卖数目

单位：个

年份	总数	住宅（总数）	商铺	办公室	工业	停车位	其他用途
2020	9002	6483	341	156	66	1928	28
2021	8802	6001	392	146	67	2176	20
2022	4544	2809	357	100	50	1215	13
2023	4416	2879	260	59	39	1148	31
2024	5197	3380	362	113	65	1257	20

数据来源：澳门统计暨普查局。

表 3-97　2020—2024 年澳门地区楼宇单位买卖价值

单位：百万元

年份	总数	住宅（总数）	商铺	办公室	工业	停车位	其他用途
2020	51111	42957	3260	1186	944	2432	332
2021	49772	40800	4023	1067	989	2584	309
2022	24692	17972	3777	710	690	1363	181
2023	23230	18301	2542	410	540	1170	267
2024	28037	20333	4967	490	818	1086	344

数据来源：澳门统计暨普查局。

表 3-98　2020—2024 年澳门地区楼宇单位买卖实用面积

单位：平方米

年　份	住宅	商铺	办公室	工业
2020	417773	17495	11968	20136
2021	400521	24612	10385	18248
2022	193943	19463	8587	14902
2023	200630	14302	4710	11829
2024	249508	44053	7827	20378

数据来源：澳门统计暨普查局。

表 3-99　2020—2024 年澳门地区楼宇单位买卖平均成交价

单位：元/米^2

年　份	住宅（全澳）	办公室	工业
2020	105064	110973	47855
2021	103859	106137	52105
2022	93795	84499	48172
2023	93500	89035	47238
2024	85114	69729	39268

数据来源：澳门统计暨普查局。

表 3-100　2020—2024 年澳门地区楼宇单位平均租金

单位：元/（米^2·月）

年　份	住宅（全澳）	商铺	办公室	工业
2020	161	509	331	126
2021	148	500	328	124
2022	135	474	318	122
2023	131	485	302	123
2024	137	479	293	123

数据来源：澳门统计暨普查局。

（三）台湾

表 3-101　2020—2024 年台湾地区建筑物所有权登记

年　份	第一次登记		移转登记			
	栋数（栋）	面积（万平方米）	栋数（栋）	面积（万平方米）	买卖登记	
					栋数（栋）	面积（万平方米）
2020	117363	2936.0	474579	5683.7	326589	3484.8
2021	125779	3134.1	501807	5887.5	348194	3761.4
2022	130922	3127.7	481959	5629.0	318101	3305.1
2023	149253	3368.2	488053	5456.2	306971	3013.4
2024	163025	3491.5	541498	5929.3	350525	3458.7

数据来源：信义不动产第四季度报告。

表 3-102　2024 年台湾地区住宅交易指标

月　份	成交天数（中位数）	住宅屋龄（年）	住宅面积（坪①）
1	47.0	24.0	38.0
2	50.0	23.7	38.4
3	47.0	23.5	38.7
4	41.0	23.8	38.3
5	38.0	24.2	38.2
6	38.0	24.2	38.5
7	36.0	24.5	38.4
8	35.0	24.7	38.2
9	33.0	25.2	37.7
10	33.0	25.3	37.6
11	37.0	25.5	37.0
12	44.5	25.7	36.7

数据来源：信义不动产第四季度报告。

表 3-103　2024 年台湾地区各类产品交易占比变化

（%）

月　份	公寓	大楼	店面	办公室	套房	别墅+透天
1	14.9	67.5	3.5	3.2	1.6	6.6
2	13.9	68.1	3.8	3.0	1.6	6.8
3	13.1	68.8	3.9	3.0	1.6	6.9
4	14.4	67.5	3.5	2.8	1.9	7.3
5	15.1	67.1	3.4	2.9	1.9	6.8
6	15.0	66.6	3.7	2.7	1.8	6.9
7	14.2	66.5	4.0	3.1	1.9	6.6
8	14.3	65.3	3.9	3.3	2.0	7.3
9	14.5	64.9	4.3	3.7	2.1	7.2
10	14.3	66.2	4.2	2.9	2.2	7.3
11	14.9	66.3	4.5	2.6	2.0	6.8
12	15.1	65.9	4.0	2.6	2.1	6.9

数据来源：信义不动产第四季度报告。

① 注：坪原为日本面积单位，1 日坪（台坪）= 3.305785123967 平方公尺（平方米），下同。

表 3-104　2024 年台湾地区住宅产品总价分布变化

（%）

月　份	300 万元以下	300 万~500 万元	500 万~700 万元	700 万~1000 万元	1000 万~1500 万元	1500 万~2000 万元	2000 万~2500 万元	2500 万~3000 万元	3000 万~5000 万元	5000 万元以上
1	2.4	3.8	6.3	14.8	25.6	19.1	10.8	6.2	9.1	1.8
2	2.5	3.5	5.9	14.2	27.4	18.7	10.8	6.3	8.8	1.9
3	2.1	3.6	5.8	14.3	26.9	18.9	11.0	6.3	9.1	2.1
4	2.0	3.4	5.7	14.3	27.2	19.7	10.4	6.0	9.0	2.3
5	2.1	3.4	5.6	14.1	25.9	20.1	10.6	6.6	9.2	2.4
6	1.9	3.3	4.8	13.9	26.2	19.8	10.9	6.5	10.1	2.5
7	2.0	3.4	4.8	13.6	25.3	19.5	11.1	7.0	10.3	3.0
8	2.1	3.2	4.8	13.1	25.6	19.9	10.9	6.5	11.0	2.8
9	2.1	2.7	5.3	12.5	24.9	20.9	11.3	6.5	10.4	3.3
10	2.2	3.0	5.6	11.7	24.9	21.0	10.9	6.8	10.9	3.0
11	2.0	3.3	6.4	12.8	25.3	20.2	10.7	6.6	9.4	3.2
12	2.3	3.9	7.1	13.0	25.5	19.0	10.1	6.7	9.2	3.3

数据来源：信义不动产第四季度报告。

表 3-105　2024 年台湾地区住宅产品面积分布变化

（%）

月　份	15 坪以下	15~25 坪	25~35 坪	35~45 坪	45~55 坪	55 坪以上
1	7.1	16.2	27.5	21.2	13.8	14.2
2	7.0	16.5	26.0	21.8	14.0	14.7
3	7.0	15.9	25.8	22.0	14.7	14.6
4	7.8	16.2	24.8	22.1	15.4	13.7
5	8.1	15.6	25.4	22.0	15.4	13.4
6	8.1	16.4	24.3	22.3	14.4	14.3
7	8.6	16.0	25.0	21.9	13.2	15.2
8	8.3	17.0	25.8	21.1	12.8	15.0
9	8.0	17.0	27.1	20.8	13.2	13.9
10	7.5	17.5	26.7	20.9	14.1	13.4
11	7.9	17.9	27.6	20.4	13.1	13.0
12	9.4	17.7	26.7	20.0	12.9	13.3

数据来源：信义不动产第四季度报告。

表 3-106　2024 年台北市住宅成交均价表现

月　份	成交天数（中位数）	住宅屋龄（年）	住宅面积（坪）	住宅总价（万元）	公寓单价（万元/坪）	大楼单价（万元/坪）	住宅单价（万元/坪）
1	49.5	31.6	34.2	2，520	64.9	80.6	76.9
2	53.5	30.9	34.0	2，547	65.9	82.8	78.8
3	51.0	31.1	34.4	2，623	66.0	84.3	80.0

续表

月　份	成交天数（中位数）	住宅屋龄（年）	住宅面积（坪）	住宅总价（万元）	公寓单价（万元/坪）	大楼单价（万元/坪）	住宅单价（万元/坪）
4	51.0	31.0	35.0	2，700	67.7	84.7	80.8
5	44.0	31.2	35.7	2，794	67.8	84.9	80.7
6	40.0	30.0	36.1	2，895	67.6	86.7	82.4
7	35.0	29.9	36.1	2，938	68.8	86.5	82.5
8	35.0	30.5	35.4	2，898	70.0	86.8	82.9
9	31.5	31.8	35.3	2，903	72.5	85.1	81.9
10	32.0	31.7	35.3	2，888	71.6	85.4	81.9
11	33.0	31.3	35.2	2，854	70.9	84.9	81.4
12	40.5	30.9	34.7	2，821	72.9	84.7	81.8

数据来源：信义不动产第四季度报告。

Ⅳ.市场篇

导 读

本篇包括全国房地产市场、存量住房市场、住房租赁市场、城市住房价格指数、商业地产市场等五部分内容。文章或数据来源于房地产相关研究机构和国家统计局。

一、全国房地产市场

2024 年，房地产市场持续下行，主要供求指标、房价、房租均继续下降，年内中央出台“5·17”政策和“9·26”政策以稳定房地产市场，明确止跌回稳的政策目标。第四季度房地产市场出现积极变化，一线城市住房价格止跌。12 月中央经济工作会议明确，2025 年将持续用力推动房地产市场止跌回稳。

（一）房地产市场供给继续大幅减少

1. 房地产用地成交数量继续减少，降幅收窄

2024 年，100 座大中城市房地产用地成交面积继续减少，降幅收窄；其中，商服用地和其他用地增加。100 座大中城市成交土地面积 8.7 万公顷，同比减少 3.3%，降幅比上年收窄近 20 个百分点。其中，住宅类用地、工业用地成交面积分别同比减少 12%、6.7%，商服用地、其他用地成交面积分别同比增加 8.9%、55.2%（见表 4-1-1）。

表 4-1-1　2020—2024 年 100 座大中城市土地成交面积和增幅

年份	成交土地面积（公顷）					成交土地面积同比增长（%）				
	100 座大中城市成交土地	住宅类用地	商服用地	工业用地	其他用地	100 座大中城市成交土地	住宅类用地	商服用地	工业用地	其他用地
2020	120308.1	45884.0	12417.0	56463.4	5543.6	-5.3	-2.2	-9.8	-7.4	2.1
2021	108369.5	35774.8	10555.8	56676.5	5362.4	-9.9	-22.0	-15.0	0.4	-3.3
2022	117188.4	28556.0	10773.5	72103.6	5755.3	8.1	-20.2	2.1	27.2	7.3
2023	90075.6	21658.5	8321.5	55398.9	4696.7	-23.1	-24.2	-22.8	-23.2	-18.4
2024	87106.0	19052.7	9062.4	51700.4	7290.5	-3.3	-12.0	8.9	-6.7	55.2

数据来源：Wind 数据库。

分区域看，2024 年各线城市土地成交面积均同比减少，一线、二线、三线城市土地成交面积降幅分别为 20.5%、1.8%、3.1%，二线、三线城市降幅收窄。

2024 年，100 座大中城市成交土地溢价率全年维持 5%以下的低位。全国土地出让收入 4.87 万亿元，同比减少 16%，比上年减少 0.93 万亿元，相比 2021 年峰值减少 44%。

2. 房地产开发投资继续减少

2024 年，全国房地产开发投资 100280.2 亿元，同比减少 10.6%，房地产开发投资连续三年维持在 10%左右的较大降幅。各类型物业投资均为负增长，其中住宅投资连续三年减少，降幅为 10.6%；商业用房投资自 2017 年以来连续八年负增长，降幅为 13.9%；办公楼投资连续四年下降，降幅为 9%；其他物业投资连续三年下降，降幅为 9.7%，降幅比上年扩大 2.5 个百分点（见表 4-1-2）。

表 4-1-2　2020—2024 年各类房地产开发投资额及增幅变化

年份	各类房地产开发投资额（亿元）					各类房地产开发投资增长（%）				
	房地产开发投资	住宅投资	办公楼投资	商业营业用房投资	其他投资	房地产开发投资同比增长	住宅投资同比增长	办公楼投资同比增长	商业营业用房投资同比增长	其他物业投资同比增长
2020	141443.0	104445.7	6494.1	13076.1	17427.1	7.0	7.6	5.4	-1.1	10.8
2021	147602.0	111173.0	5974.0	12445.0	18010.0	4.4	6.4	-8.0	-4.8	3.3
2022	132895.4	100646.4	5290.8	10647.4	16310.9	-10.0	-9.5	-11.4	-14.4	-9.4
2023	110912.9	83820.0	4530.8	8054.8	14507.2	-9.6	-9.3	-9.4	-16.9	-7.2
2024	100280.2	76039.9	4159.9	6944.0	13136.4	-10.6	-10.5	-9.0	-13.9	-9.7

数据来源：国家统计局。

从月度数据看，2024 年房地产开发投资各月降幅均在 10%左右。

2024 年，房地产开发资金来源 10.8 万亿元，同比减少 17%，降幅大于房地产开发投资降幅 7 个百分点，房企资金压力持续加大。分来源看，2024 年，房地产开发资金来源的四个构成部分均延续上年负增长态势，降幅分别为国内贷款 6.1%、利用外资 26.7%、自筹资金 11.6%、其他资金 21.7%（见表 4-1-3）。

表 4-1-3　2020—2024 年房地产开发资金来源结构变化

年份	房地产开发资金来源（亿元）				房地产开发资金来源同比增长（%）			
	国内贷款	利用外资	自筹资金	其他资金	国内贷款	利用外资	自筹资金	其他资金
2020	26675.9	192.0	63376.7	102870.3	5.7	9.3	9.0	8.2
2021	23296.0	107.0	65428.0	112301.0	-12.7	-44.1	3.2	9.2
2022	17387.6	78.0	52940.2	78573.5	-25.4	-27.4	-19.1	-30.0
2023	15595.0	47.5	41989.1	69827.5	-9.9	-39.1	-19.1	-11.1
2024	15217.1	31.6	37745.8	54666.7	-6.1	-26.7	-11.6	-21.7

数据来源：国家统计局。

其他资金主要为房屋销售回款，包括定金及预收款、个人住房按揭贷款，房屋销售回款降幅较大。房屋销售回款占房地产开发资金来源的 45.7%，占比同比下降 5 个百分点，其中定金和预收款同比减少 23%，个人按揭贷款同比减少 27.9%，降幅均较上年扩大。

3. 商品房屋各项建设指标降幅扩大

2024 年，商品房屋施工面积、新开工面积、竣工面积降幅扩大，连续三年下降。其中，商品房施工面积 73.3 亿平方米，同比减少 12.7%；商品房新开工面积 7.4 亿平方米，同比减少 23%，商品房新开工面积连续五年下降，相比峰值 2019 年降幅达到 67%；商品房竣工面积 7.4 亿平方米，同比减少 27.7%（见表 4-1-4）。

表 4-1-4　2020—2024 年商品房建设指标变化

年份	施工面积（万平方米）	新开工面积（万平方米）	竣工面积（万平方米）	施工面积增长（%）	新开工面积增长（%）	竣工面积增长（%）
2020	926759.2	224433.1	91218.2	3.7	-1.2	-4.9
2021	975386.5	198895	101411.9	5.2	-11.4	11.2
2022	904999.3	120587.07	86222.22	-7.2	-39.4	-15
2023	838364.5	95375.53	99831.09	-7.2	-20.4	17
2024	733247.4	73892.8408	73743.211	-12.7	-23	-27.7

数据来源：国家统计局。

2024 年，商品住宅新开工面积 5.4 亿平方米，同比减少 23%，回到 2008 年新开工水平。

（二）房屋销售降幅逐季收窄

1. 商品房销售连续三年减少

2024 年，商品房销售面积连续第三年减少，降幅较上年有所扩大。其中，商品房销售面积 9.7 亿平方米，同比减少 12.9%，降幅扩大 4.4 个百分点；商品住宅销售面积 8.1 亿平方米，同比减少 14.1%；商品房销售额 9.7 万亿元，同比下降 17.1%，降幅扩大 11 个百分点。

2024 年，各类型物业销售面积均有所减少，商品住宅、办公楼、商业用房、其他用房的销售面积分别同比减少 14.1%、11.5%、5.9%、4.1%，商品住宅销售面积降幅最大（见表 4-1-5）。

表 4-1-5　2020—2024 年各类商品房屋销售面积和增幅变化

年份	销售面积（万平方米）					销售面积同比增长（%）				
	商品房	商品住宅	办公楼	商业营业用房	其他用房	商品房	商品住宅	办公楼	商业营业用房	其他用房
2020	176086.2	154878.5	3334.3	9288.5	8585.0	2.6	3.2	-10.4	-8.7	14.2
2021	179433.4	156532.2	3374.7	9045.6	10481.0	1.9	1.1	1.2	-2.6	22.1
2022	129766.4	109564.4	3191.8	7815.8	9194.4	-27.7	-30.0	-5.4	-13.6	-12.3
2023	111735.1	94796.4	2717.1	6356.0	7865.6	-8.5	-8.2	-9.0	-12.0	-14.4
2024	97385.0	81449.6	2402.8	5986.3	7546.3	-12.9	-14.1	-11.5	-5.9	-4.1

数据来源：国家统计局。

2024 年，二手房交易网签面积 7.2 亿平方米，同比增加 1.3%。

2. 第四季度商品房销售面积同比增加

2024 年第四季度房地产市场出现积极变化。第一季度至第三季度商品房销售面积同比降幅分别为 24%、15%和 12%，降幅逐季收窄；第四季度商品房销售面积同比增加 1%，扭转之前连续下滑的态势（见图 4-1-1）。其中，40 个重点城市 12 月新建商品房销售面积、销售额同比分别增长 0.3%、4.1%。

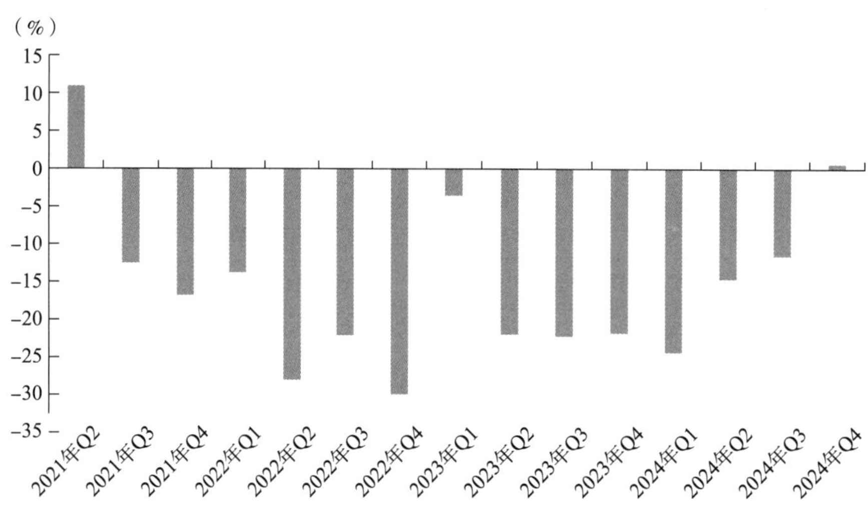

图 4-1-1　2021—2024 年各季度商品房销售面积同比变化

数据来源：国家统计局。

（三）房价降幅收窄，一线城市住房价格止跌

1. 第四季度房价降幅收窄，一线城市房价止跌

2024 年，70 大中城市商品住房价格（70 大中城市住房价格指数中位数，下同）同比下降 4.9%，二手住房价格同比下降 7.5%，降幅连续两年扩大。前三季度房价降幅持续加大，第四季度房价降幅收窄，房价上涨城市数量增多。9 月，70 大中城市二手住房价格上涨城市数量降为零，新建住房价格上涨城市数量降至 3 个，10 月开始房价上涨城市逐渐增加，12 月新建住房价格上涨城市数量增加至 23 个，二手住房价格上涨城市增加至 9 个（见图 4-1-2）。

2024 年，在“5·17”政策和“9·26”政策作用下，一线城市在 6—7 月住房价格降幅收窄，10—12 月连续三个月住房价格环比上涨；二线、三线城市 10—12 月住房价格降幅持续收窄（见图 4-1-3）。

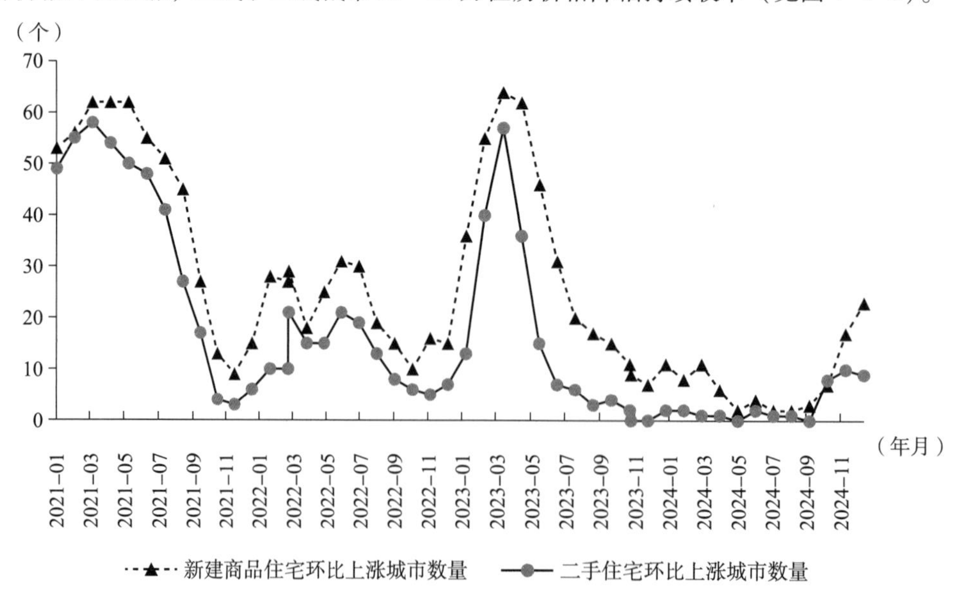

图 4-1-2　2021—2024 年 70 大中城市房价上涨城市数量变化

数据来源：国家统计局。

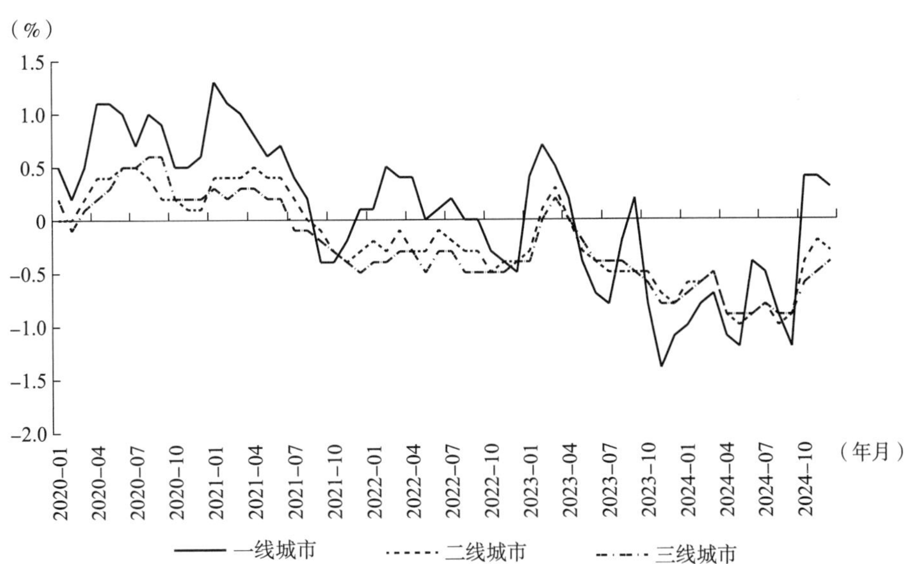

图 4-1-3　2020—2024 年 70 大中城市二手住宅价格指数环比变化

数据来源：国家统计局。

2. 房租下降

2020 年以来，住房租赁需求出现下降，除 2021 年和 2023 年房租短暂上涨以外，其他时期房租均出现下降。2024 年 4—12 月，租赁房房租持续下降，9 月房租降幅最大，为 0.4%，10—12 月房租降幅小幅收窄至平稳，12 月降幅为 0.3%（见图 4-1-4）。

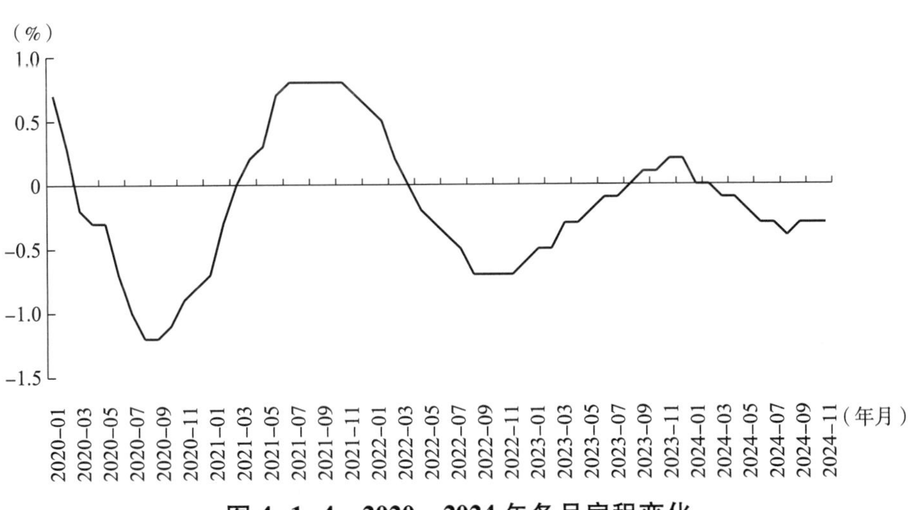

图 4-1-4　2020—2024 年各月房租变化

数据来源：国家统计局。

（四）房屋库存压力大

1. 商品房竣工待售库存持续增加

2024 年，各类物业商品房待售面积继续较大幅度增加。商品房待售面积 7.5 亿平方米，同比增长 10.6%。其中，商品住宅待售面积 3.9 亿平方米，同比增长 16.2%，增幅最大；办公楼待售面积同比增加 8.6%；商业营业用房待售面积同比增加 0.6%；其他用房待售面积同比增加 8.5%（见表 4-1-6）。

表 4-1-6　2020—2024 年各类商品房屋待售面积和增幅变化

年份	待售面积（万平方米）					待售面积同比增长（%）				
	商品房	住宅	办公楼	商业营业用房	其他用房	商品房	住宅	办公楼	商业营业用房	其他用房
2020	49850	22379	3796	12934	10741	0.06	-0.4	-0.1	-2.6	4.6
2021	51023	22761	3795	12767	11700	2.4	1.7	-0.03	-1.3	8.9
2022	56366	26947	4073	12558	12778	10.5	18.4	7.3	-1.6	9.3
2023	67295	33119	4854	14231	15091	19.4	22.9	19.2	13.3	18.0
2024	75327	39088	5313	14437	16489	10.6	16.2	8.6	0.6	8.5

数据来源：国家统计局。

商品房待售面积按不同物业类型占比的结构分布为：住宅占比 52%，办公楼占比 7%，商业营业用房占比 19%，其他用房占比 22%。

2. 商品房已开工未租售库存中非住宅压力远大于住宅

以 1999 年以来的累计商品房新开工面积减去累计商品房租售面积，计算商品房已开工未租售库存。截至 2024 年末，商品房已开工未租售库存为 45.6 亿平方米，其中商品住宅、办公楼、商业用房、车库等其他物业的未租售库存分别为 10.6 亿平方米、2.8 亿平方米、13.8 亿平方米、18.4 亿平方米。

非住宅库存去化压力远大于商品住宅，其中，商业用房去化压力最大。按 2024 年的租售面积计算去化周期，各类物业的去化周期分别为商品房 4.7 年、商品住宅 1.3 年、办公楼 11.7 年、商业用房 23.1 年、车库等其他物业 24.3 年。

（五）持续推动房地产市场止跌回稳

房地产市场是宏观经济发展的风向标，做好房地产工作对推动经济持续回升向好、维护人民群众切身利益至关重要。2024 年中央高度重视房地产市场风险化解，先后出台“5·17”政策和“9·26”政策推动市场止跌回稳。

1. “5·17”政策聚焦保交楼

5 月 17 日，在全国切实做好保交房工作视频会议上，国务院副总理何立峰指出：“要深刻认识房地产工作的人民性、政治性，继续坚持因城施策，打好商品住房烂尾风险处置攻坚战，扎实推进保交房、消化存量商品房等重点工作，房地产关系人民群众切身利益和经济社会发展大局。”随后，人民银行、金融监管总局、住房城乡建设部、自然资源部发布多项优化政策。

人民银行：取消个人住房贷款利率政策下限，实行省级市场利率定价自律机制。下调个人住房公积金贷款利率 0.25 个百分点。首套住房商业性个人住房贷款最低首付款比例调整为不低于 15%，二套住房商业性个人住房贷款最低首付款比例调整为不低于 25%。设立 3000 亿元保障性住房再贷款，支持地方国有企业以合理价格收购已建成未出售商品房，用作配售型或配租型保障性住房，预计带动银行贷款 5000 亿元。

金融监管总局：建立城市房地产融资协调机制。对于不同所有制房企的“白名单”项目一视同仁。在控制风险的前提下，可以采取新增贷款、存量贷款展期，以及发放并购贷款等多种方式予以融资支持。贷款金额要与项目建设周期匹配，要覆盖项目建成交付的资金缺口，推动项目竣工交付，切实保障购房人的合法权益。

住房城乡建设部：一是打好商品住房项目保交房攻坚战，防范处置烂尾风险。二是进一步发挥城市房地产融资协调机制作用，满足房地产项目合理融资需求。三是推动消化存量商品住房。城市政府坚持“以需定购”，可以组织地方国有企业以合理价格收购一部分存量商品住房用作保障性住房。四是妥善处置盘活存量土地。目前尚未开发或已开工未竣工的存量土地，通过政府收回收购、市场流通转让、企业继续开发等方式妥善处置盘活。

自然资源部：准备出台妥善处置闲置土地、盘活存量土地的政策措施，支持地方政府从实际出发，酌情以收回、收购等方式妥善处置已经出让的闲置存量住宅用地，帮助企业解困。

2. “9・26”政策是稳增长一揽子增量政策中的重要构成

9 月 26 日，习近平总书记主持中共中央政治局会议，强调“要抓住重点、主动作为，有效落实存量政策，加力推出增量政策，进一步提高政策措施的针对性、有效性，努力完成全年经济社会发展目标任务”。中央出台一揽子增量政策促进经济增长，包括五方面内容：加大宏观政策逆周期调节、扩大国内有效需求、加大助企帮扶力度、推动房地产市场止跌回稳、提振资本市场。房地产市场调控政策是一揽子增量政策的重要构成。

“9・26”政策将房地产市场调控目标由之前的保交房转为稳房价稳预期，明确要促进房地产市场止跌回稳。政策以组合拳的形式密集发布，调控政策思路为：

一是鼓励购房，加快释放需求。主要政策包括降准、政策利率下调、存量房贷降息、下调二套首付比例、放松限购、取消限价、取消限贷、增值税“5 改 2”、统一普宅非普宅标准、降低契税、城改货币化安置等。

二是严控增量、优化存量。主要政策包括回购商品房、回购土地、控制土地供应。

三是化解房企风险，支持保交房。包括续期“金融 16 条”和经营性物业贷款、加大“白名单”项目贷款投放力度等政策。

“9・26”政策出台以后，相关部委和地方政府积极推动政策落地，实现“四个取消”，即取消限购、限售、限价、普通住宅和非普通住宅标准；推动“四个降低”，即降低住房公积金贷款利率，统一首套、二套房贷最低首付比例降低到 15%，统一降低存量贷款利率，降低“卖旧买新”换购住房税费负担；规划“两个增加”，即通过货币化安置等方式，新增实施 100 万套城中村和危旧房改造，年底前将“白名单”项目的信贷规模增加到 4 万亿元。运用专项债券回购存量土地政策也获得积极进展。

3. 中央经济工作会议明确持续用力推动房地产市场止跌回稳

2024 年 12 月，中央经济工作会议提出，“持续用力推动房地产市场止跌回稳，加力实施城中村和危旧房改造，充分释放刚性和改善性住房需求潜力。合理控制新增房地产用地供应，盘活存量用地和商办用房，推进处置存量商品房工作。推动构建房地产发展新模式，有序搭建相关基础性制度”，对 2025 年房地产调控政策提出明确要求。

随后召开的全国住房和城乡建设会议提出 2025 年调控总体思路：更加充分释放住房城乡建设稳增长巨大潜力，更加有力保障和改善民生，更加系统防范化解风险隐患，统筹推进好房子、好小区、好社区、好城区“四好”建设，稳住楼市，加快构建房地产发展新模式，大力推进城市更新，促进建筑业转型升级，坚决完成“十四五”规划目标任务，奋力推进住房城乡建设事业高质量发展。

2025 年的首项工作任务是持续用力推动房地产市场止跌回稳。一是着力释放需求。把“四个取消、四个降低、两个增加”各项存量政策和增量政策坚决落实到位，大力支持刚性和改善性住房需求。有效发挥住房公积金支持作用。加力实施城中村和危旧房改造，推进货币化安置，在新增 100 万套的基础上继续扩大城中村改造规模，消除安全隐患，改善居住条件。对群众改造意愿强烈、条件比较成熟的项目重点支持。二是着力改善供给。商品房建设要严控增量、优化存量、提高质量。以需定购、以需定建，增加保障性住房供给，配售型保障房要加大力度，再帮助一大批新市民、青年人、农民工等实现安居。

（刘　琳　中国宏观经济研究院）

二、存量住房市场

2024 年，存量住房交易量同比增长，价格同比下跌，市场预期减弱，房源成交周期拉长。分结构看，改善型房源成交占比提升。存量住房金融方面，贷款利率下降，贷款成数提高。①

（一）存量房交易情况

交易量增长。贝壳研究院初步测算，2024 年全国存量住房市场成交套数约 685 万套，面积约 6.7 亿平方米，成交金额约 7.2 万亿元，成交面积和成交金额比 2023 年分别增长 18%和 2%。

价格前期下行，第四季度趋稳。2024 年前三季度存量住房价格指数持续下行，9 月下旬起中央及地方多项政策出台，政策效果释放带动 10 月、11 月价格指数环比短期止跌，12 月价格环比再次转跌，但仍超过 9 月水平。同比看，10—12 月存量住房价格指数同比跌幅持续收窄（见图 4-2-1）。

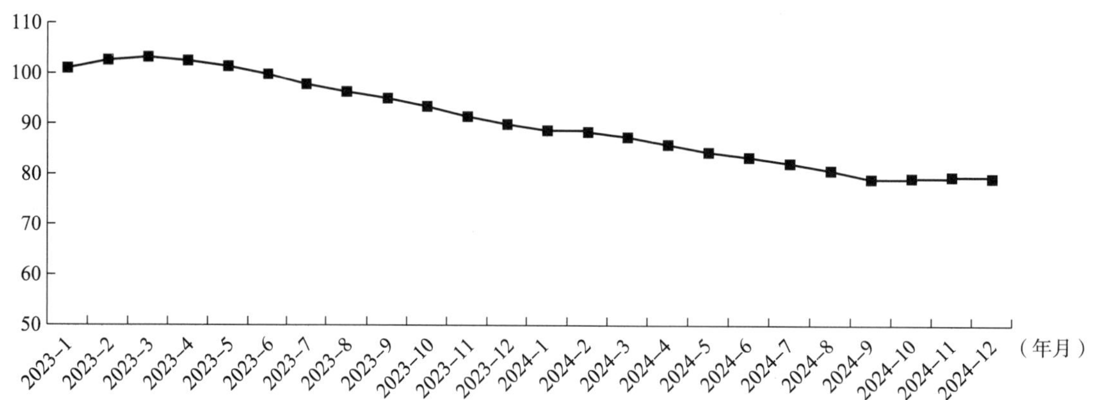

图 4-2-1　2023 年 1 月—2024 年 12 月重点 50 城②存量住房价格指数③走势

数据来源：贝壳研究院。

市场预期略有改善。2024 年前三季度存量住房市场景气指数④保持低位，政策激励下 10 月有所改善，景气指数短暂回升至 14，11 月起再度回落，至 12 月景气指数为 11，超过 2023 年同期水平。分城市看，截至 12 月，重点 50 城中所有城市存量住房景气指数均在 20 以内，其中六成城市景气指数在 10 以下（见图 4-2-2、表 4-2-1）。

① 因资料数据搜集和调查所限，本文涉及存量住房市场的各个方面，分别界定在不同城市数量范围中。

② 贝壳重点 50 城包括：北京、上海、深圳、广州、成都、大连、福州、贵阳、哈尔滨、杭州、合肥、呼和浩特、济南、昆明、兰州、南昌、南京、宁波、青岛、厦门、沈阳、石家庄、苏州、太原、天津、温州、武汉、西安、银川、长春、长沙、郑州、重庆、常州、东莞、佛山、绵阳、惠州、嘉兴、廊坊、洛阳、南通、泉州、绍兴、无锡、芜湖、徐州、烟台、中山、珠海。

③ 存量住房价格指数：即在城市选择固定样本小区，以贝壳真实的存量住房成交数据为基础，利用重复交易法，反映城市住宅市场价格走势。

④ 存量住房市场景气指数：基于贝壳平台上业主挂牌和调价行为数据，计算挂牌房源调价中调升的次数比例来反映当前市场预期，能够预测未来短期房价走势，景气指数=调涨次数/调价次数×100。景气指数在 40 以上为市场预期景气，涨价预期强，20~40 为市场预期相对平稳，20 以下为市场预期低迷。

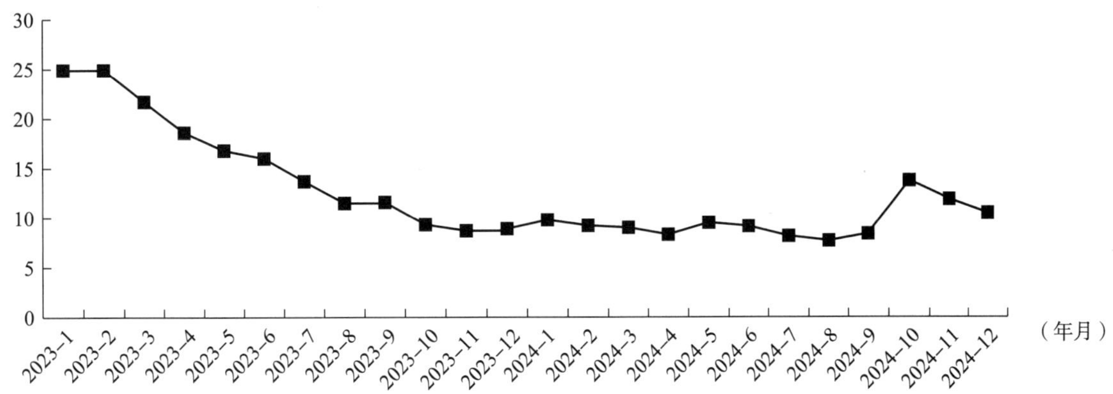

图 4-2-2　2023 年 1 月—2024 年 12 月重点 50 城存量住房景气指数走势

数据来源：贝壳研究院。

表 4-2-1　2024 年 12 月重点城市存量住房景气指数及变化

城　市	2023 年 12 月	2024 年 12 月	较 2023 年 12 月变化
北京市	7	10	3
上海市	8	12	4
广州市	9	9	0
深圳市	11	19	8
福州市	7	8	1
武汉市	8	8	0
厦门市	11	16	5
大连市	11	10	-1
重庆市	8	8	0
沈阳市	10	10	0
合肥市	10	10	0
苏州市	8	9	1
南昌市	8	8	0
天津市	8	8	0
长沙市	9	8	-1
南京市	7	9	2
宁波市	9	11	2
杭州市	14	15	1
佛山市	9	8	-1
东莞市	10	10	0
成都市	10	18	8

续表

城　市	2023 年 12 月	2024 年 12 月	较 2023 年 12 月变化
郑州市	9	10	1
昆明市	9	10	1
无锡市	8	10	2
青岛市	8	10	2
济南市	9	9	0
石家庄市	8	11	3
长春市	7	8	1
西安市	11	10	-1
哈尔滨市	8	10	2

数据来源：贝壳研究院。

房源成交周期①延长。2024 年重点城市存量住房房源平均成交周期为 206 天，较 2023 年延长 6 天（见表 4-2-2）。

表 4-2-2　2024 年重点城市存量住房房源成交周期较 2023 年变化

单位：天

城　市	房源成交周期变化	城　市	房源成交周期变化
北京市	11	南京市	15
上海市	24	宁波市	25
广州市	14	杭州市	23
深圳市	21	佛山市	38
福州市	17	东莞市	47
武汉市	17	成都市	32
厦门市	15	郑州市	29
大连市	26	昆明市	7
重庆市	50	无锡市	44
沈阳市	24	青岛市	10
合肥市	36	济南市	18
苏州市	22	石家庄市	-6
南昌市	22	长春市	3
天津市	9	西安市	13
长沙市	21	哈尔滨市	12

数据来源：贝壳研究院。

① 房源成交周期=所有房源成交总天数/房源成交套数。

（二）成交结构特征

改善型房源成交占比提高。分户型看，2024 年存量住房成交中，三居室户型房源成交占比为 42.8%，较 2023 年提高 2.4 个百分点；四居室及以上大户型房源成交占比为 11.9%，较 2023 年提高 1.9 个百分点；一居室和二居室房源成交占比分别降低 1.4 个和 2.9 个百分点（见表 4-2-3）。

表 4-2-3　2023 年和 2024 年贝壳 50 城不同居室房源成交占比

（%）

年份	一居室	二居室	三居室	四居室及以上
2023	11.3	38.4	40.4	10.0
2024	9.9	35.5	42.8	11.9

数据来源：贝壳研究院。

（三）存量房交易金融环境

房贷利率下降。截至 2024 年 12 月，贝壳 103 城①存量住房首套主流利率②为 3.12%、二套主流利率为 3.19%（重点城市主流房贷利率见表 4-2-4），分别较 2023 年 12 月累计降低 74 个基点、122 个基点（见图 4-2-3）。

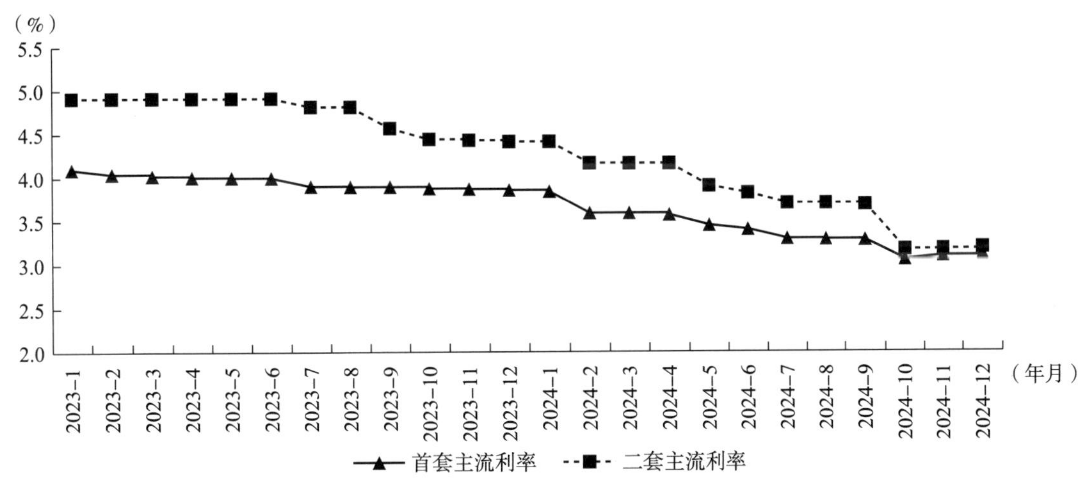

图 4-2-3　2023 年 1 月—2024 年 12 月贝壳 103 城存量住房主流房贷利率走势

数据来源：贝壳研究院。

根据贝壳城市平均房贷放款周期③数据，2024 年 103 城平均放款周期稳中有升，12 月平均放款周期为 28 天，较 2023 年 12 月延长 9 天（见图 4-2-4）。

① 103 城包括：安庆、包头、宝鸡、北海、北京、常州、成都、达州、大理、大连、丹东、东莞、佛山、福州、赣州、广州、贵阳、桂林、哈尔滨、海口、杭州、合肥、呼和浩特、湖州、淮安、黄石、惠州、吉林、济南、济宁、嘉兴、江门、金华、九江、开封、昆明、兰州、廊坊、临沂、柳州、洛阳、鞍山、绵阳、南昌、南充、南京、南宁、南通、宁波、青岛、泉州、厦门、上海、上饶、绍兴、深圳、沈阳、石家庄、苏州、太原、泰安、唐山、天津、潍坊、温州、无锡、芜湖、武汉、西安、咸阳、襄阳、新乡、徐州、许昌、烟台、盐城、宜昌、银川、漳州、长春、长沙、镇江、郑州、中山、重庆、珠海、株洲、淄博、眉山、德阳、常德、邯郸、晋中、汉中、景德镇、清远、衢州、台州、威海、乌鲁木齐、宜春、驻马店、遵义。

② 主流房贷利率指统计期内存量住房房贷成交最集中的利率点。

③ 房贷放款周期指签订存量住房贷款合同到最终放款的自然日数。

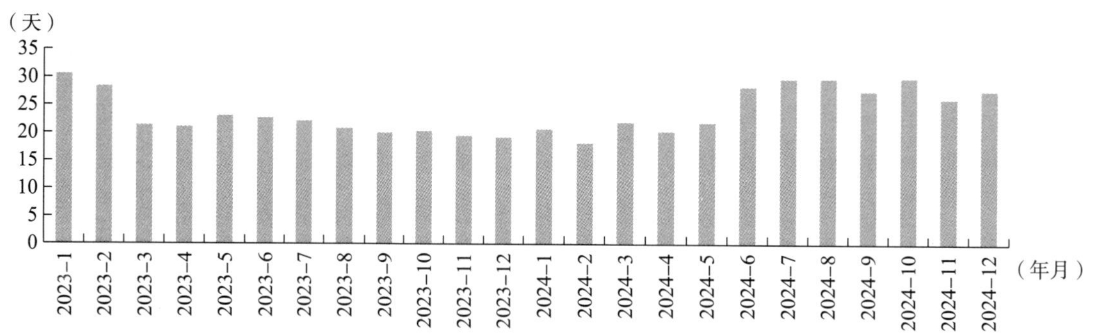

图 4-2-4　2023 年 1 月—2024 年 12 月贝壳 103 城存量住房平均房贷放款周期

数据来源：贝壳研究院。

2023 年 12 月重点城市主流房贷利率如表 4-2-4 所示。

表 4-2-4　2023 年 12 月重点城市主流房贷利率

（%）

城　市	首套利率	二套利率
北京市	3. 15	3. 35
上海市	3. 15	3. 35
广州市	3. 00	3. 10
深圳市	3. 15	3. 55
福州市	3. 10	3. 10
武汉市	3. 10	3. 33
厦门市	3. 05	3. 05
大连市	3. 10	3. 10
重庆市	3. 20	3. 20
沈阳市	3. 20	3. 30
合肥市	3. 00	3. 00
苏州市	3. 00	3. 25
南昌市	3. 30	3. 30
天津市	3. 15	3. 15
长沙市	3. 10	3. 10
南京市	3. 00	3. 30
宁波市	3. 10	3. 20
杭州市	3. 10	3. 10
佛山市	3. 00	3. 00
东莞市	3. 10	3. 10
成都市	3. 00	3. 30

续表

城　市	首套利率	二套利率
郑州市	3.00	3.00
昆明市	3.05	3.05
无锡市	3.05	3.30
青岛市	3.10	3.10
济南市	3.10	3.10
石家庄市	3.10	3.10
长春市	3.05	3.05
西安市	3.20	3.20
哈尔滨市	3.10	3.10

数据来源：贝壳研究院。

注：北京统计的是城六区以外，上海统计的是外围区域，厦门统计岛外区域。

贷款成数提高。2024 年贝壳 60 城①存量住房购房贷款成数②为 65.6%，较 2023 年提高 3.4 个百分点（见图 4-2-5）。

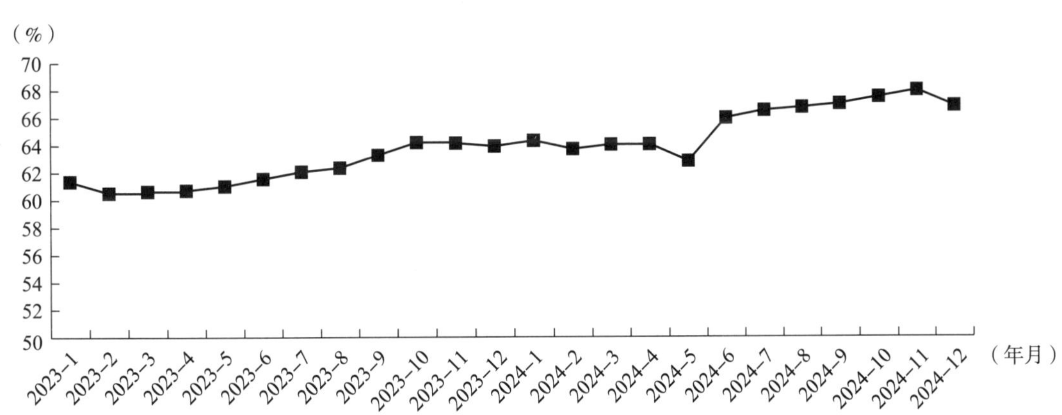

图 4-2-5　2023 年 1 月—2024 年 12 月贝壳 60 城存量住房贷款成数

数据来源：贝壳研究院。

（刘丽杰　贝壳研究院）

三、住房租赁市场

随着我国房地产行业由商品房主导的旧模式转变至“租购并行”新模式，保障性租赁住房逐步成为保障房和租赁行业发展的双主体。在此背景下，国家及地方各级相关部门，从政策规范、管理办法、金融支持等多个维度，持续全方位发力，切实落实各项举措，大力推动住房租赁行业朝着专业化、规模化方向发展。

---

① 60 城包含：安庆、包头、北京、长春、长沙、常州、成都、大连、东莞、佛山、福州、广州、贵阳、哈尔滨、杭州、合肥、呼和浩特、淮安、惠州、济南、嘉兴、开封、昆明、兰州、廊坊、临沂、洛阳、马鞍山、绵阳、南昌、南充、南京、南通、宁波、青岛、泉州、上海、绍兴、深圳、沈阳、石家庄、苏州、太原、天津、潍坊、温州、无锡、芜湖、武汉、西安、厦门、咸阳、襄阳、徐州、烟台、银川、郑州、中山、重庆、珠海。

② 贷款成数指使用按揭贷款的购房客户贷款额与其房屋成交额的比值。

（一）政策动向

近年来，住房租赁领域政策发布频繁，政策体系也在持续迭代中不断趋于完善，各项政策“组合拳”的叠加效应正逐步显现并释放出强劲动能。监测研究显示，2024 年，全国各地共计出台 192 条住房租赁相关政策。这些政策广泛涵盖政策指导、发展目标设定、行业各类规范管控、细则要求制定、建设规范明确、金融支持举措以及金融监管强化等多个关键维度。意味着行业已从前一阶段侧重房源供应数量的增长，逐步迈向城市供应精准匹配市场需求与客户需求的新阶段，通过供需双侧协同发力，为住房租赁行业的可持续发展提供双向保障。

在众多政策类型中，规范类政策占比最高，约达 54%，旨在通过明确行业标准规范市场行为，为住房租赁市场的健康有序发展筑牢根基。其次为指导类政策，占比约 36%，此类政策为行业发展指明方向，引导市场主体顺应政策导向，合理配置资源，推动行业朝着预定目标稳步前行（见图 4-3-1）。

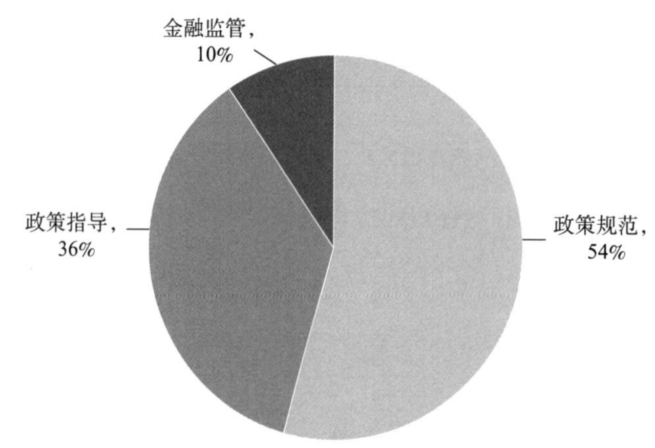

图 4-3-1　2024 年各类型租赁住房政策占比情况

数据来源：公开资料，克而瑞长租整理。

从中央层面来看，年度政策的核心聚焦于金融支持与存量盘活两大关键举措协同推进。央行、财政部、金融监管局等多个关键部门在不同场合频繁强调，要通过一系列多元化的金融支持政策，全面优化住房租赁行业的融资环境，进一步完善住房租赁金融支持体系。这一系列金融政策旨在拓宽住房租赁企业的融资渠道，降低融资成本，提升企业的资金流动性与运营能力，为行业发展注入强大的资金动力。与此同时，中共中央政治局、国务院等顶层决策部门多次明确表态，大力支持存量资产盘活工作，积极鼓励将存量物业收购并改造用作保障性住房等相关举措，以此助力房地产市场去库存、保交楼等重点任务的完成（见表 4-3-1）。

表 4-3-1　2024 年中央各部门有关住房租赁的典型政策或会议梳理

类型	部门	时间	政策/会议	主要内容
金融监管	央行、国家金融监督管理总局	1 月	《关于金融支持住房租赁市场发展的意见》	加强住房租赁信贷产品和服务模式创新、拓宽住房租赁市场多元化投融资渠道等
	央行	5 月	国务院政策例行吹风会	设立 3000 亿元保障性住房再贷款，支持地方国企以合理价格收购存量商品房用作配售或配租型保障房
	央行	8 月	《2024 年第二季度中国货币政策执行报告》	引导金融机构强化金融保障，加大保障房建设和供给，加大住房租赁金融支持，推动加快建立租购并举的住房制度，加快构建房地产发展新模式

续表

类型	部门	时间	政策/会议	主要内容
金融监管	央行	9月	《关于优化保障性住房再贷款有关要求的通知》	中国人民银行向金融机构发放再贷款的比例从贷款本金的60%提升到100%
	财政部	10月	国新办新闻发布会	聚焦促进房地产市场供需平衡，不断优化财税政策
	财政部	11月	中央财政城镇保障性安居工程补助资金预算会议	提前下达2025年部分中央财政城镇保障性安居工程补助资金预算，支持更多通过消化存量房的方式筹集保障性住房
	上交所、深交所	11月	—	充分吸收基础设施REITs试点以来的信息披露实践和监管经验，进一步规范基础设施REITs定期报告披露，突出基础设施REITs特性，强化信息披露事务管理
存量收购	中共中央政治局	4月	政治局会议	统筹研究消化存量房产和优化增量住房政策措施，抓紧构建房地产发展新模式，促进房地产高质量发展
	中共中央政治局、国务院	5月	全国切实做好保交房工作视频会议	坚持因城施策，打好商品住房烂尾风险处置攻坚战，扎实推进保交房、消化存量商品房等重点工作
	住房城乡建设部	6月	工作视频会议	将收储范围扩大至县级以上城市
	中共中央政治局	7月	政治局会议	坚持消化存量和优化增量相结合，积极支持收购存量商品房用作保障性住房，进一步做好保交房工作，加快构建房地产发展新模式
	中共中央政治局	12月	中央经济工作会议	盘活存量用地和商办用房，推进处置存量商品房工作

数据来源：公开资料，克而瑞长租整理。

在地方层面，核心一线、二线城市始终是住房租赁政策的重要发力点。2024年全年，4个一线城市合计出台住房租赁政策超过40次，展现出一线城市在引领住房租赁市场改革与发展方面的积极作为。在二线城市中，重庆、郑州、杭州、天津、青岛等城市也纷纷紧锣密鼓地制定相关政策内容，自上而下形成多方协同的工作格局，全力推动城市住房租赁服务切实落地，提升城市居民的居住品质与幸福感。具体而言，广州于2月，在《广州面向2049的城市发展战略》中提出："为保持城市吸引力，广州将增进民生福祉作为重点，其中包括住房领域。该战略计划到2049年，将城镇常住人口人均住房面积提升至35平方米以上，旨在实现从'住有所居'到'住有宜居'的转变。为实现这一目标，广州将采取阶梯化住房供给策略，包括针对短居和长租群体的不同需求推广短期居住服务和扩大租赁住房供给，并完善相关政策。"厦门于1月发布《厦门市保障性租赁房优先、适当优先、单列分配及低收入家庭常态化申请分配方案》，提到："2024年1月10日起，符合我市保障性租赁房申请条件的优先、适当优先、单列分配及低收入家庭，可以常态化申请配租保障性租赁住房。"（见表4-3-2）

表4-3-2　2024年各地方有关住房租赁的典型政策梳理

城市	时间	政策文件	主要内容
厦门	1月	《厦门市保障性租赁房优先、适当优先、单列分配及低收入家庭常态化申请分配方案》	2024年1月10日起，符合我市保障性租赁房申请条件的优先、适当优先、单列分配及低收入家庭，可以常态化申请配租保障性租赁住房

续表

城市	时间	政策文件	主要内容
济南	1月	《关于明确保障性租赁住房保障范围及申请程序有关问题的通知》（征求意见稿）	保障性租赁住房指导租金定价原则上不高于同地段同品质租赁住房市场租金的90%，具体租金标准可由运营管理机构委托专业房地产估价机构，依据本项目实际享受的支持政策逐项测算，经评估测算的市场租金及保障性租赁住房租金标准通过泉城安居平台向社会公布
北京	2月	《北京市住房租赁押金托管和租金监管暂行办法》	明确将住房租金纳入监管。对于单次收取超3个月租金的住房租赁企业，需将超收租金存入第三方专用账户，且租客可自行查询租金监管账户内金额
大理	5月	《关于进一步促进房地产业平稳健康发展的实施意见（试行）》	鼓励收购存量房作为保障性租赁住房或人才住房，住宅商品房去化周期超24个月的县市、大理经开区，除产业园区内部配套和离县城（主城区）较远的镇区外，不再新建保障性租赁住房
深圳	5月	《关于既有非居住房屋改建保障性租赁住房的通知（修订征求意见稿）》	进一步优化深圳“非居改保”工作机制，适度放宽非居住房屋改建条件，优化改建消防标准等，为加快发展保障性租赁住房提供支撑
广州	6月	《关于开展住房租赁资金监管工作的通知》	明确指出对于通过受托经营、转租方式开展业务，并向承租人收取较大月数押金和较长周期租金的住房租赁企业，将对其租金资金进行监管。这将有助于防止企业滥用资金，保障承租人的权益，同时也有利于维护市场秩序
苏州	11月	《苏州市保障性租赁住房建设实施办法》（征求意见稿）	保障性租赁住房以小户型为主，原则上每套（间）建筑面积不超过70平方米

数据来源：公开资料，克而瑞长租整理。

（二）行业发展

1. 土地供应：租赁新建供给源头控量，22城拿地面积较2021年峰值下滑83%

在过去五年间，全国重点22城累计供应涉租用地1318宗，用地总面积达5839万平方米（此为包含非租赁部分面积的合计统计口径）。供应态势呈现明显的阶段性特征，其中2021年达到供应峰值，该年度的用地面积在五年供应总量中占比高达50%。自2021年之后，涉租用地供应量逐年递减，2024年全年，涉租土地成交共计196宗，合计用地面积为507万平方米，同比下降22.4%（见图4-3-2）。

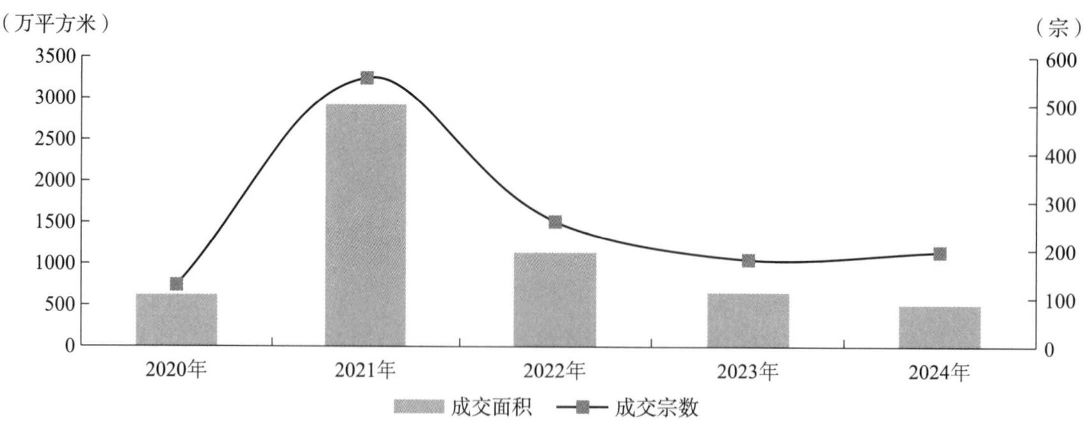

图4-3-2 2020—2024年重点22城涉租土地成交情况

数据来源：公开资料，克而瑞长租整理。

口径说明：成交面积即土地占地面积，涉租土地计算时包含非租赁部分，下同。

从单城市的表现来看，各城差异显著。上海市以 70 宗涉租地、合计 186 万平方米的成交规模，在 22 座城市中独占鳌头，领先优势极为突出，相较于位居第二名的北京市，上海的成交宗数高出 42 宗。

供给格局中，拿地配建成为主要的供给方式。2024 年，鉴于房地产市场整体处于下行周期，全国土地市场呈现出较为疲软的态势。各地在招拍挂土地出让过程中，已从前些年所采用的“竞配建、竞自持”等相关土拍规则，转变为“价高者得”的模式。在此背景之下，全年未出现竞配建及竞自持土地成交的情况，取而代之的是，拿地配建租赁用地方式成为市场主导，按宗数计算，其占比高达 68%。这一现象在很大程度上受到上海市住房城乡建设管理委于 2024 年 10 月发布的《关于本市保障房配建的实施意见》的影响。该意见明确规定，“凡新出让土地、用于开发建设商品住房的建设项目（租赁住房建设项目除外），均应按照不低于该建设项目住房建筑总面积 5%的比例，配建保障房及相应产权车位，鼓励保障对象较多的区域进一步提高建设项目的配建比例”。而纯租赁用地占比约为 29%，合计成交面积达 160 万平方米，若按照拿地主体进行拆分，央国企担当“主力军”角色，占比约 83%，进一步分析发现，这些央国企以地方国企平台/安居公司为主，它们在推动住房租赁市场发展、保障租赁房源供给等方面发挥着关键作用（见图 4-3-3）。

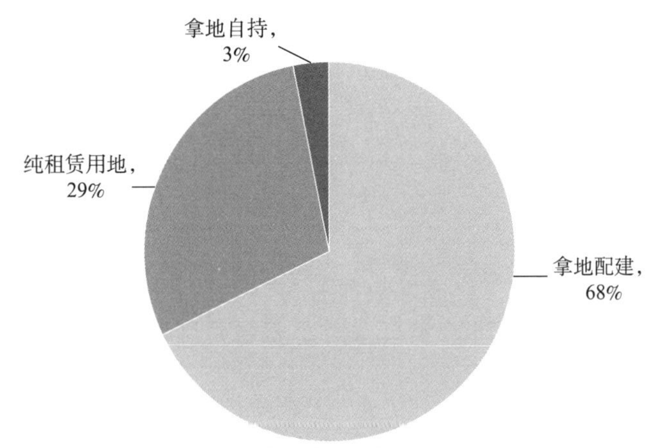

图 4-3-3　2024 年涉租用地整体成交宗数占比情况

数据来源：公开资料，克而瑞长租整理。

2. 市场表现：个人房源量涨价跌，集中式公寓规模稳步提升，租金分化承压

（1）个人租赁房源。

①规模：个人房东“以租待售”，助力供应同比涨两成。

2024 年，全国 55 个城市的个人租赁房源供应量约达 592 万套。在楼市持续处于回调阶段的背景下，存量房去化难题越发凸显。鉴于此，个人房源业主普遍采取“以租待售”策略，致使全年个人租赁房源供应量相较于上一年度增长 21%。

从月度供应视角剖析，1 月与 2 月市场活跃度处于低位，新增挂牌房源量均未达 40 万套，进入 3 月，市场供应呈现出显著的上扬趋势，新增挂牌量迅速攀升至 59 万套，然而这一高位供应状态持续时长较短。自下半年伊始，个人租赁房源供应量再度呈现出逐月下行态势。截至 12 月底，单月供应量滑落至 45 万套，相较于年内供应峰值，降幅约 24%（见图 4-3-4）。

②租金：小幅下滑，下半年更显疲态。

2024 年，全国 55 城个人房源的平均租金水平为 32.7 元/（米^2 · 月），同比下滑 1.1 个百分点。即便处于春节后换租潮以及毕业季等传统租赁旺季，市场仍显疲态，租金持续呈现逐月下跌走势，至年末 12 月，租金相较于年内峰值所在的 2 月，下滑幅度约达 5.7%（见图 4-3-5）。

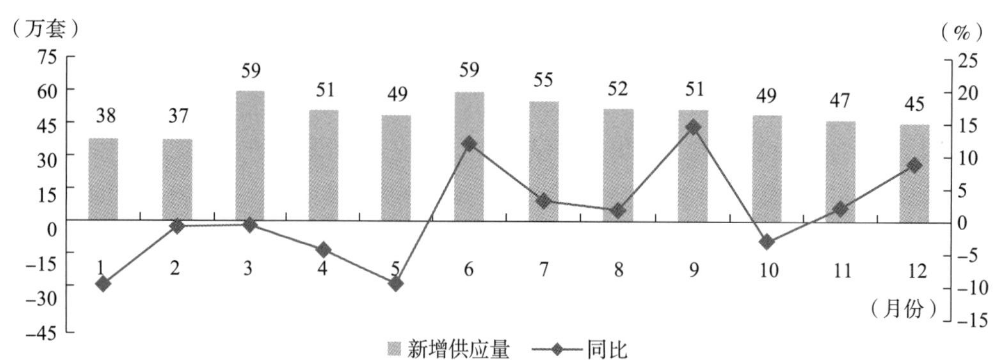

图 4-3-4　2024 年全国 55 城个人房源月度新增供应变动

数据来源：CRIC 城市租售系统。

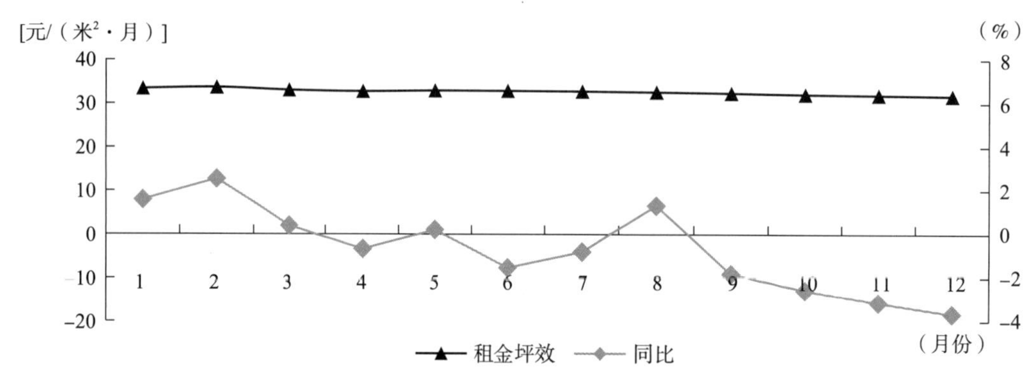

图 4-3-5　2024 年 55 城个人房源月度租金及变动

数据来源：CRIC 城市租售系统。

深入探究租金下跌原因，一方面，整体租赁房源数量的持续增长，使得市场供应基数发生显著变化，大量房源涌入市场，加剧市场竞争的激烈程度。另一方面，优质机构化房源，如租赁社区等，凭借其出色的产品力在市场中形成降维打击之势，这类房源在居住品质、配套设施、物业服务等方面具备明显优势，吸引大量租客，给个人房源租赁带来较大压力。在此市场背景下，个人房东对市场预期逐渐降低，为应对激烈的市场竞争，提升自身房源在市场中的竞争力，纷纷采取降价策略，以价格优势吸引租客，从而在一定程度上导致租金水平的持续下滑。

（2）集中式长租公寓。

①规模：整体稳步提升，一线势头强劲，沪深“市场化+保租房”双轨模式初显。

截至 2024 年末，核心 8 座城市整体供应规模总计约 115 万套，同比增长 12.4%，集中式公寓规模呈现出稳健扩张的态势。

从横向维度对各城市进行比较，其规模差异较为显著。一线城市在房源规模的扩张进程中彰显出强劲动力，其中上海市表现尤为突出，当前已供应房源数量接近 37 万套；紧随其后的是深圳市，供应房源达 27 万套，二者在 8 城中处于领先地位。在二线城市里，杭州市表现卓越，合计供应房源 15.7 万套，其规模超过北京市与广州市。

供应房源的性质结构方面，保障性租赁住房持续发挥重要作用，上海和深圳两地稳步朝着“市场化房源与保租房并驾齐驱”的格局迈进，具体而言，上海市保障性租赁住房在集中式公寓中的占比约为 54%，深圳市的这一比例则达到 39%（见图 4-3-6）。

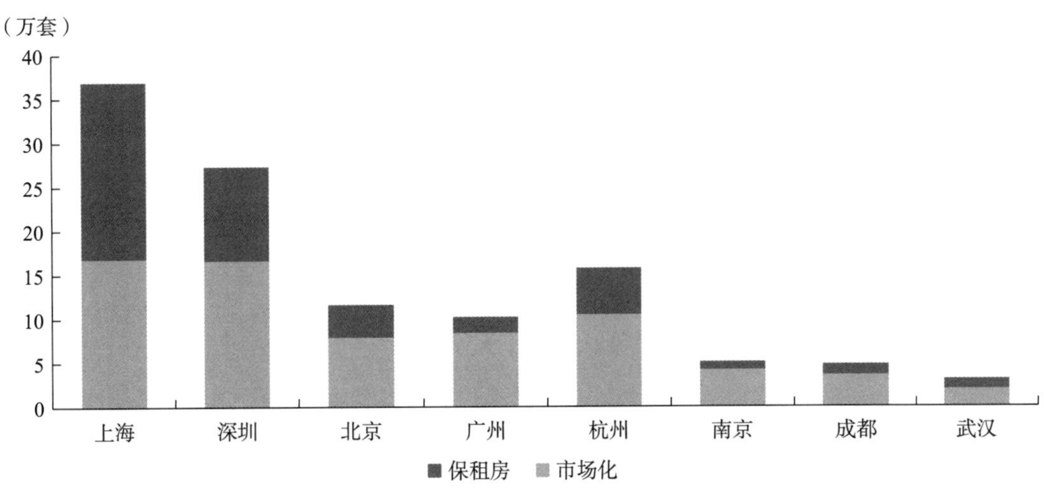

图 4-3-6　2024 年重点城市保租房及市场化集中式公寓开业规模

数据来源：CRIC 城市租售系统。

②租金：城市分化显著，但下滑承压趋同。

2024 年，集中式公寓方面，核心 8 城的租金坪效呈现出较大差异，范围在 64～191 元/（米^2·月），城市间分化态势极为显著。其中，北京的租金坪效在 8 城中居首位，这主要归因于当前北京城市集中式公寓供应量相对较少，而租赁需求持续稳定且有保障影响，这种供需关系使得北京成为 2024 年所有核心城市中唯一租金逆势上涨的城市，涨幅约 5%。上海紧随其后，租金坪效为 157.4 元/（米^2·月），尽管该数值低于北京，但显著高于其余 6 城。然而，上海年内租金同比下降 7%。究其原因，一方面，2024 年以来上海有大量保障性租赁住房集中供应，其在集中式公寓中的结构占比已超过半数，对城市整体租金水平形成下拉作用；另一方面，上海城市内部房源供应分布不均衡，约 80%集中于中外环区域，由于中外环区域本身租金水平低于城市核心区及整体平均水平，进一步从结构上拉低城市租金均价。

除北京和上海外的其余 6 城，租金同样呈现下滑态势。这主要是受到保租房大量供应所引发的市场竞争因素影响。此外，部分城市如成都等，还受到租金政策管控力度影响，具体表现为，成都每个季度均会出台相应的保障性租赁住房租金指导价，对租金水平起到调控作用（见图 4-3-7）。

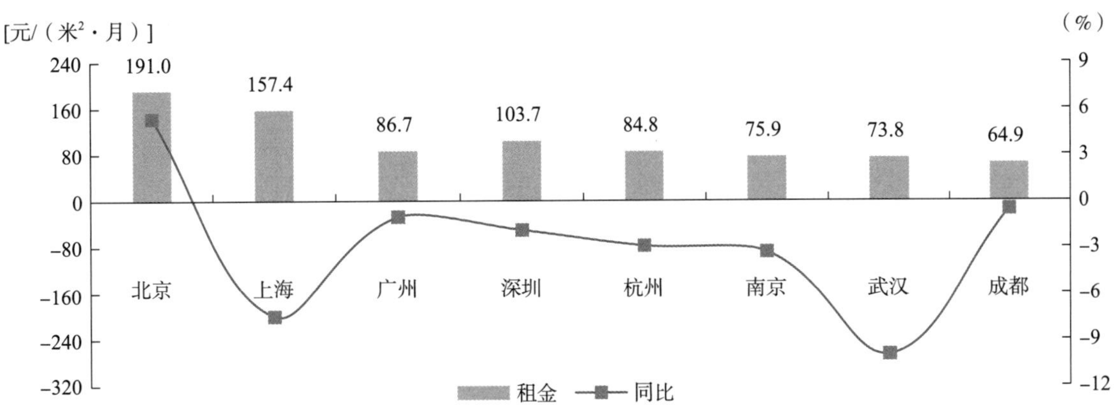

图 4-3-7　2024 年重点城市集中式公寓租金及同比

数据来源：CRIC 城市租售系统。

3. 企业运营情况：行业规模提升、参与主体多元，市场格局向均衡化迈进

（1）规模：TOP30 开业规模合计 125 万间，同比上涨 19%。

2024 年，中国住房租赁企业开业规模持续增长，TOP30 合计已接近 125 万间，同比上涨 19%（见图 4-3-8）。这一显著增长态势主要归因于各地大型租赁社区和人才公寓项目的集中入市。

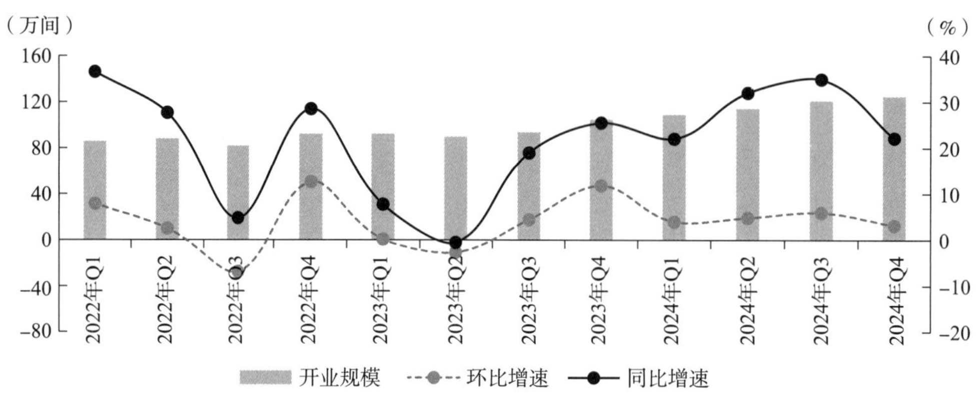

图 4-3-8　2022—2024 年 TOP30 集中式公寓开业规模情况

数据来源：CRIC 城市租售系统。

（2）排名：泊寓超 18 万间稳居榜首，冠寓 13 万间紧随其后。

在住房租赁企业开业规模 TOP30 榜单中，万科泊寓以超过 18 万间稳居榜首，龙湖冠寓以 13 万间的开业规模紧随其后，同样展现出较强的市场竞争力，这两家企业在榜单中与其他企业相比，领先态势十分明显。此外，安歆集团在 2024 年第四季度表现突出，新开业 4 个项目，新增规模达 3604 间，凭借这一成绩，其在全年榜单中的名次跃升 8 位至第 11 名（见表 4-3-3）。

2024 年度 TOP10 企业的门槛为 4. 1 万间，同比提升 7998 间。随着行业整体规模的持续增长，头部企业凭借自身在品牌影响力、资金实力、运营管理经验等方面的优势，呈现出更为迅猛的拓展势头，在市场份额争夺中占据有利地位，进一步巩固和强化其在行业内的领先地位。

表 4-3-3　2024 年 TOP30 住房租赁企业开业规模榜

单位：间

排名	品牌	开业规模	排名	品牌	开业规模
1	万科泊寓	188577	16	抱家公寓	25942
2	龙湖冠寓	131943	17	合肥安居集团	24000
3	魔方生活服务集团	83338	18	乐璟生活社区	22776
4	乐乎集团	79773	19	保利和寓	22575
5	瓴寓国际	74193	20	恒泰星寓	21402
6	美寓	52208	21	碧家	20819
7	百瑞纪集团	49911	22	华发优生活	19191
8	城家	48929	23	雅诗阁	17847
9	自如寓	46911	24	金地草莓社区	17788
10	上海城方	41034	25	联投新青年	17550
11	安歆集团	37848	26	宁巢公寓	15965

续表

排名	品牌	开业规模	排名	品牌	开业规模
12	华润有巢	35945	27	微领地集团	14408
13	朗诗寓	34405	28	贝壳新青年	14340
14	招商伊敦公寓	32900	29	城投宽庭	13549
15	城市家	30554	30	中海长租公寓（海堂、友里）	12484

数据来源：克而瑞长租整理。

（3）竞争格局：集中度逐年下降，国企发力、新品牌涌现，整体格局更均衡。

截至 2024 年末，行业 TOP3 企业开业规模超 40 万间，在 TOP30 整体规模中占比 32.3%，同比下滑 4 个百分点，头部集中度呈现回落态势。TOP4～10 企业和 TOP11～20 企业开业规模分别占 TOP30 总规模的 31.5%和 23.1%，同比分别上涨 1.2 个和 0.4 个百分点；TOP21～30 企业市场占有率提升 2.4 个百分点（见图 4-3-9）。实际上，导致这一数据现象的背后逻辑，主要在于自 2023 年起，央国企不断加大对长租公寓领域的投入力度，致力于扩大企业房源规模，充分发挥其在市场中的稳定器作用，并同步成立住房租赁品牌，积极寻求更多发展机遇，这一举措有效地分散了市场集中份额，推动行业竞争格局朝着更为均衡的方向发展。

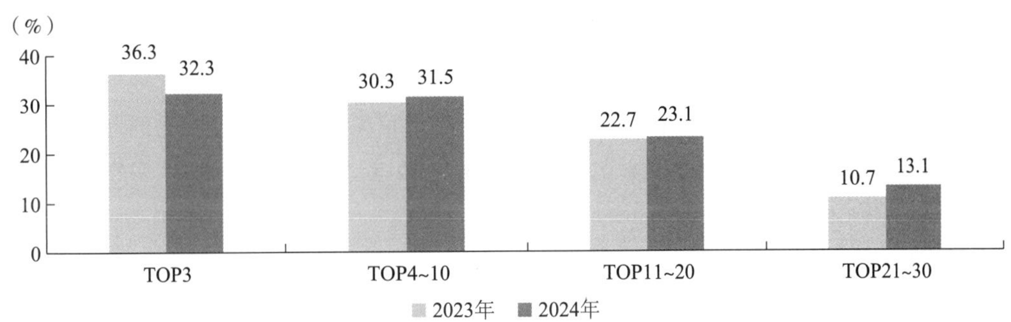

图 4-3-9　2023 年和 2024 年 TOP30 分梯队集中式公寓开业占比

数据来源：克而瑞长租整理。

受住房租赁市场参与主体多元化趋势的影响，房企系的市场份额占比相较于上年同期下滑 3.9 个百分点（见图 4-3-10），尽管如此，其在市场中仍占据主导地位。而国企系受相关政策推动，侧重于采用重资产模式实现规模扩张，企业旗下保障性租赁住房持续加速入市，年内开业规模增幅达 26%，彰显出强劲的增长势头以及日益扩大的市场影响力。在此过程中，资产管理系企业承接国有企业轻资产服务的机会不断增多，这为轻资产资管企业的规模快速扩张提供有力支撑，数据显示，2024 年资管类企业开业规模同比上升 29%（见表 4-3-4）。

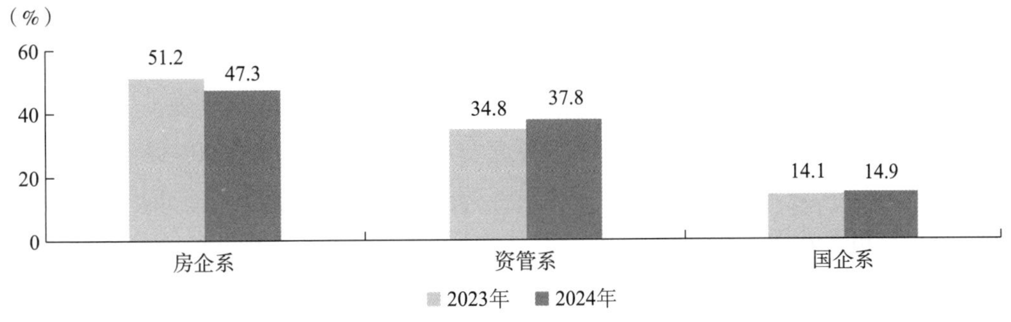

图 4-3-10　2023 年和 2024 年 TOP30 分企业类型开业规模占比

数据来源：克而瑞长租整理。

表 4-3-4 2023 年和 2024 年 TOP30 各类型企业开业规模表现

企业类型	2023 年开业规模（间）	2024 年开业规模（间）	2024 年开业规模同比（%）
房企系	536757	590820	↑10
资管系	365136	472577	↑29
国企系	147448	185708	↑26

数据来源：克而瑞长租整理。

4. 融资表现：传统融资常态延续，公募 REITs 发行提速

当前，住房租赁企业的传统融资方式涵盖资产支持专项债、银行贷款、类 REITs、中期票据、股权转让以及大宗交易等多个类别。其中，银行贷款与专项债等融资方式，因契合宏观政策导向，获得政策层面的大力扶持，呈现出常态化延续的态势。例如，2024 年 12 月，国家开发银行天津市分行成功发放天津市首笔配售型保障性住房贷款，金额高达 2.16 亿元，该笔贷款专项用于支持红桥区丽水苑二期地块保障性住房项目，融资主体为天津轨道交通集团。

此外，昆明安居集团于 2024 年 10 月发行“24 昆明安居 MTN003A”与“24 昆明安居 MTN003B”两期中长期票据。其中，品种一期限为 370 日，发行利率 4.0%，发行总额 15 亿元；品种二期限为 3 年，发行利率 5.5%，发行总额 1.3 亿元。

在大宗交易领域，由于投资机构在当前市场环境下行为越发审慎，自 2023 年交易高峰过后，市场趋势出现回调，据不完全统计，2024 年住房租赁企业大宗交易数量为 15 笔，与 2023 年的 28 宗交易（合计交易金额约 141.4 亿元）相比，总交易量下滑幅度近 69%（见图 4-3-11）。

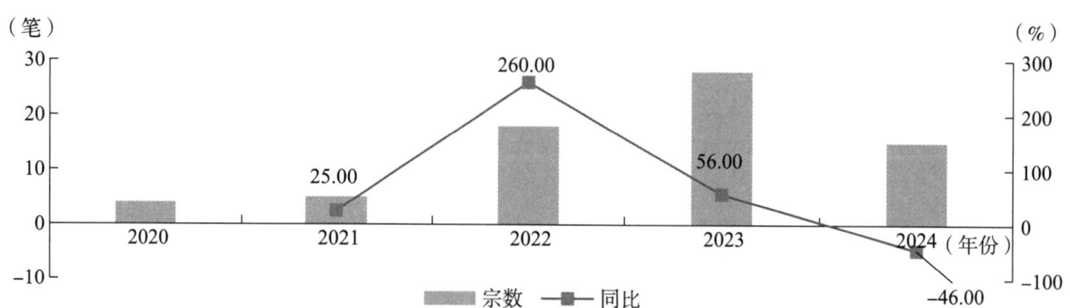

图 4-3-11 2020—2024 年租赁住房大宗交易成交宗数及同比表现

数据来源：根据公开资料整理。

在创新金融模式领域，公募 REITs 的发行提速成为住房租赁行业的一大显著特征。截至 2024 年底，我国已成功发行 6 只保障性租赁住房公募 REITs，合计发行规模达到 95.5 亿元。其中，国泰君安城投宽庭保租房 REIT 与招商蛇口租赁住房 REIT 在 2024 年内顺利实现上市，进一步丰富市场产品供给。

从经营表现层面分析，2024 年第四季度，大部分底层资产的出租率均保持在 90%以上的较高水平。以中金厦门安居 REIT 为例，其底层资产出租率已接近满租状态，充分彰显保障性租赁住房市场的稳健需求。在收入方面，已上市的 6 只保租房 REITs 合计实现收入 1.39 亿元，展现出良好的盈利能力。在分红方面，6 只租赁住房 REITs 合计实现经营性现金流净额 1.13 亿元，合计实现可供分配金额 1.01 亿元，为投资者提供较为可观的回报，也进一步增强市场对保租房公募 REITs 的信心（见表 4-3-5）。

表 4-3-5　2024 年第四季度 6 只保租房 REITs 业绩表现情况

基金名称	收入（万元）	EBITDA（万元）	可供分配金额（万元）	2024Q4 出租率（%）
红土创新深圳安居 REIT	1333	1099	1202	96.3
中金厦门安居 REIT	2010	1476	1439	99.7
华夏北京保障房 REIT	1817	1433	1355	94.4
华夏基金华润有巢 REIT	1978	1247	1232	94.3
国泰君安城投宽庭保租房 REIT	4678	3351	3458	92.5
招商蛇口租赁住房 REIT	2069	1315	1463	79.0

数据来源：公开资料整理。

与此同时，已经成功上市的 6 只保租房公募 REITs 中，有 4 只提出扩募计划。这一举措意味着将有更多优质底层资产得以实现“退出”，从而为企业筹集更为充裕的资金，进而投入保障性租赁住房的建设之中。当然，多样化投资组合的构建，也有助于有效分散特定项目或区域所可能带来的风险，增强投资稳定性，促进市场的良性循环与健康发展，进一步激发保租房公募 REITs 的市场活力与潜力（见表 4-3-6）。

表 4-3-6　截至 2024 年末已上市 6 只保租房 REITs 扩募计划统计

公告日期	企业/REITs 名称	原始权益人	基金管理人	资产项目
2024-5-23	华夏北京保障房 REIT	北京保障房中心	华夏基金	北京：房山区朗悦嘉园项目 京通州区光机电项目、 大兴区盛悦家园、 海淀区温泉凯盛家园
2024-5-30	华夏基金华润有巢 REIT	有巢住房租赁（深圳）有限公司	华夏基金	位于上海市的项目
2024-5-31	红土创新深圳安居 REIT	深圳市人才安居集团有限公司、 福田人才安居有限公司、 罗湖人才安居有限公司	红土创新基金	深圳：福田区承福苑、 南山区南馨苑、 宝安区空港花园
2024-8-30	中金厦门安居 REIT	厦门安居集团有限公司	中金基金	厦门林边公寓、 厦门仁和公寓

数据来源：公开资料整理。

除已开展的扩募计划外，在首发准备工作方面，截至 2024 年末，已有近 20 家企业积极着手推进（见表 4-3-7）。建信建融家园租赁住房 REIT 已获监管机构受理，上海地产租赁住房 REIT 等也已正式向上交所申报。另有多家企业对外宣布正大力推进保障性租赁住房 REITs 的申报事宜。这一系列动向表明，保租房 REITs 的发行节奏显著加快，预计 2025 年保租房 REITs 的累计发行规模有望超过 250 亿元。鉴于当前的发展态势，未来公募 REITs 极有可能成为保障性租赁住房的主要融资路径，为行业注入源源不断的资金动力，推动保障性租赁住房市场实现更为稳健、高效的发展。

表 4-3-7　截至 2024 年末典型企业保租房 REITs 首发计划统计

进度	原始权益人	REITs 项目/底层资产	项目/资产所在地
已启动发行招标流程，公布中标结果	临港集团	上海临港科技城 D03-01 地块保障性租赁住房公募 REITs 基金管理服务项目	上海
	青岛公共住房建设投资有限公司	青岛房投保障性租赁住房基础设施公募 REITs 项目	青岛
	天津泰达人才安居有限公司	天津滨海新区经济技术开发区保租房公募 REITs 项目	天津
	北京市昌平保障房建设投资管理有限公司	北京昌平保障房公募 REITs 项目	北京
	西安高新区保障房投资建设发展有限公司	西安高新区保障房公募 REITs	西安
	贵阳市投资控股有限公司	贵阳投控保障性租赁住房公募 REITs	贵阳
	雄安集团	中国雄安集团有限公司租赁住房基础设施公募 REITs	雄安新区
	南京软件谷菁英公寓公募 REIT	南京软件谷菁英公寓公募 REITs	南京
准备阶段	万科集团	重点城市表现优异的保障性租赁住房项目	北京/天津/杭州等
	昆明安居集团	2 个保障性租赁住房项目	昆明
正在申报	上海新黄浦实业集团股份有限公司	新黄浦・筑梦城梅陇租赁社区项目	上海
	上海地产房屋租赁有限公司	虹桥璟智社区、城方社区・江月路店	上海
	苏州工业园区公租房管理有限公司	菁英公寓项目	苏州
已经受理	建信住房服务有限责任公司	建信建融家园租赁住房 REITs	北京/上海/苏州

数据来源：根据公开资料整理。

（三）租赁行业发展小结

2024 年，我国住房租赁行业备受各方瞩目，国家及地方政府给予大力扶持，吸引众多市场主体深度参与。在政策推进进程中，政府积极履行职责，相继出台一系列政策举措，全力为住房租赁行业的稳健发展夯实基础。一方面，逐步完善金融支持体系，通过政策引导与融资优惠扶持，充分调动市场化机构参与住房租赁领域的积极性，为行业发展注入充裕资金。另一方面，大力倡导存量盘活策略，借助对闲置房产资源的有效整合与再利用，为保障性租赁住房的筹集工作拓展多元渠道，推动行业发展步入高速增长轨道。在此背景下，行业规模呈现稳健增长态势，各大城市住房租赁房源供应速度得以稳固提升，以上海、深圳为典型，基本构建起“保障性租赁住房与市场化房源协同发展”的行业格局。与此同时，公募 REITs 相关实践案例不断落地实施，促使企业经营逻辑闭环逐步形成。“投资—融资—建设—管理—退出”的实施路径越发清晰，有力推动企业发展信心提升，为行业长远发展注入强劲动力。展望未来，随着政策体系的持续健全以及市场环境的稳步优化，我国住房租赁市场有望延续强劲发展势头，稳步朝着“住有所居”“住有宜居”的目标迈进，为改善民生福祉、推动社会和谐稳定发展贡献关键力量。

（王　伟　钟　俐　郭　沛　克而瑞长租）

四、70 座大中城市住房价格指数

（一）新建商品住宅销售价格指数（见表 4-4-1～表 4-4-3）

表 4-4-1　2024 年 70 座大中城市新建商品住宅价格环比指数

城　市	1月	2月	3月	4月	5月	6月	7月	8月	9月	10月	11月	12月
北　京	99.9	99.9	100.0	99.3	98.9	99.4	99.5	99.5	99.3	99.3	99.5	99.9
天　津	100.1	100.4	99.7	100.1	99.6	99.7	99.8	99.4	98.8	99.5	100.3	100.2
石家庄	100.1	100.1	99.9	99.5	99.3	99.5	99.6	99.8	99.7	99.5	99.9	99.6
太　原	99.5	99.9	100.3	100.2	100.1	99.7	100.0	99.8	100.3	100.2	100.1	100.0
呼和浩特	99.3	99.7	99.6	99.5	99.5	99.4	99.9	99.6	99.4	99.2	99.3	99.2
沈　阳	99.4	99.3	99.7	99.8	99.6	99.0	99.8	99.3	99.6	100.1	99.9	100.2
大　连	100.1	99.5	99.6	99.4	99.5	98.9	99.5	99.7	99.3	99.4	99.2	99.9
长　春	100.2	99.5	99.5	99.7	99.8	99.4	99.9	99.3	99.4	99.8	100.2	99.5
哈尔滨	99.8	99.4	99.6	99.6	99.4	99.1	99.3	99.6	99.1	99.4	99.6	99.5
上　海	100.4	100.2	100.5	100.3	100.6	100.4	100.2	100.6	100.6	100.3	100.6	100.5
南　京	99.5	98.9	98.8	99.2	98.9	98.8	99.3	100.3	100.0	99.4	100.1	100.6
杭　州	99.7	99.8	100.0	99.5	99.4	99.7	99.7	99.9	99.4	99.6	100.9	100.4
宁　波	99.6	99.6	99.4	98.2	98.7	98.4	99.3	99.3	99.4	98.9	100.2	100.5
合　肥	99.4	99.7	99.8	99.3	99.7	99.3	99.0	99.4	99.2	99.6	99.4	99.8
福　州	99.6	99.3	99.8	99.5	99.2	99.3	98.9	98.1	98.6	99.3	99.7	100.1
厦　门	99.2	99.3	99.4	98.7	98.9	98.1	98.7	99.0	98.8	100.2	100.5	100.3
南　昌	99.0	99.6	99.6	99.7	99.5	99.5	99.4	99.3	98.7	99.6	99.9	99.8
济　南	99.8	99.6	99.6	99.8	99.4	99.4	99.5	99.2	98.2	99.3	99.8	99.9
青　岛	99.3	99.7	99.7	99.2	99.3	99.2	99.3	99.4	99.3	99.4	99.8	100.3
郑　州	99.6	99.5	99.3	99.2	99.5	99.3	99.2	99.6	99.3	99.1	99.7	100.4
武　汉	99.4	99.5	99.2	99.0	98.5	98.9	99.6	99.2	98.7	99.0	100.4	100.4
长　沙	99.9	99.7	99.5	99.4	99.0	99.6	99.2	98.9	99.2	99.1	99.4	100.1
广　州	99.2	99.2	99.3	98.7	98.6	98.8	99.2	99.5	99.1	99.3	99.7	99.9
深　圳	99.3	99.5	99.6	99.0	99.2	99.3	99.1	99.2	99.0	100.1	100.3	100.2
南　宁	99.4	99.3	99.2	99.3	98.5	99.5	99.4	99.2	98.9	99.1	100.0	100.3
海　口	99.3	99.5	99.9	99.7	99.9	99.6	99.5	99.4	99.4	99.2	99.8	99.5
重　庆	100.1	100.0	100.3	98.7	98.6	99.1	98.7	99.6	99.4	99.8	100.3	99.7
成　都	100.0	99.9	99.9	99.7	99.3	99.0	99.4	98.8	99.2	99.6	100.5	100.6
贵　阳	99.6	99.7	99.7	99.9	99.4	99.6	99.0	99.2	99.3	99.4	100.0	99.9
昆　明	100.0	100.2	99.1	99.3	98.5	99.3	99.7	98.0	99.0	99.0	99.7	99.8
西　安	100.2	100.3	100.4	100.1	99.9	100.2	100.2	100.0	99.4	99.4	99.8	99.7

续表

城市	1月	2月	3月	4月	5月	6月	7月	8月	9月	10月	11月	12月
兰州	99.5	99.4	99.9	99.4	99.5	98.5	98.7	98.3	99.5	99.2	99.9	99.8
西宁	98.9	99.8	99.7	99.6	99.6	99.2	99.6	99.5	99.7	99.3	99.5	99.3
银川	99.8	99.4	99.6	99.5	99.2	99.3	99.6	99.4	99.8	99.9	99.8	100.0
乌鲁木齐	99.6	100.0	99.7	99.5	99.8	99.3	99.5	99.8	99.7	99.9	100.0	100.1
唐山	99.8	99.6	99.6	99.3	99.2	99.4	99.0	99.0	99.1	99.2	99.3	99.6
秦皇岛	99.7	99.7	99.5	99.3	99.0	98.9	99.2	99.2	99.3	99.6	99.4	99.7
包头	99.7	99.4	99.6	99.4	99.5	99.1	99.1	99.4	99.2	99.3	99.6	99.7
丹东	99.5	99.7	99.6	99.0	99.2	99.5	99.8	99.4	99.2	99.6	99.5	99.6
锦州	99.6	99.9	99.9	99.3	99.6	99.4	99.6	99.3	99.4	99.4	100.3	99.6
吉林	100.3	99.6	100.2	98.8	98.7	100.2	100.0	98.8	99.6	99.5	99.7	99.5
牡丹江	99.7	99.9	99.6	99.4	98.9	99.4	98.7	99.4	99.3	99.2	99.5	99.8
无锡	100.3	100.4	99.7	99.3	99.4	100.0	99.7	99.3	99.5	99.5	99.2	100.2
徐州	98.8	99.5	99.2	99.7	99.3	98.9	99.4	99.6	100.1	98.9	99.5	99.9
扬州	100.2	99.9	99.4	99.6	98.8	99.8	99.5	99.2	99.6	98.6	99.6	100.0
温州	99.5	99.4	99.2	99.3	99.4	98.6	98.1	98.2	98.6	99.4	99.9	99.6
金华	99.1	99.2	98.6	99.3	99.0	99.2	98.6	98.3	98.5	99.5	99.4	99.8
蚌埠	99.4	99.3	99.6	99.2	99.5	99.3	99.5	99.2	99.1	99.6	99.5	99.8
安庆	99.6	99.4	99.4	99.0	99.4	99.7	99.2	99.1	99.4	99.8	99.8	99.5
泉州	100.3	100.1	99.8	99.3	99.2	98.4	98.6	98.1	99.2	99.6	98.7	100.4
九江	99.2	99.3	99.4	99.2	98.3	98.9	99.1	99.9	99.8	99.7	99.0	99.7
赣州	99.6	99.8	99.9	99.5	99.2	99.1	98.6	98.7	99.3	99.9	100.0	100.3
烟台	99.7	99.7	99.6	98.8	99.3	99.4	99.5	99.6	99.3	99.8	99.7	99.7
济宁	99.4	99.5	99.6	99.7	99.0	99.5	99.4	99.4	99.6	99.6	99.9	99.6
洛阳	99.6	99.5	99.7	99.8	99.7	99.1	99.1	99.2	98.5	99.6	99.8	99.9
平顶山	99.7	99.8	100.1	100.1	99.6	99.5	99.9	99.9	99.3	100.2	100.1	100.2
宜昌	99.8	99.6	99.4	99.2	99.3	99.8	99.6	99.2	99.4	99.5	100.3	99.8
襄阳	99.4	99.1	99.3	99.5	99.2	99.6	99.3	99.4	99.4	99.1	99.5	99.8
岳阳	99.4	99.6	99.7	99.5	99.5	99.3	99.1	98.9	99.2	99.5	99.8	99.5
常德	99.1	99.4	99.6	99.2	98.4	99.7	98.8	99.5	99.1	99.0	99.3	100.0
韶关	99.6	99.4	99.7	99.5	99.1	100.0	99.1	99.0	99.7	99.7	99.5	99.4
湛江	98.7	99.0	99.4	99.0	99.5	99.3	98.7	99.6	99.2	99.2	100.9	99.4
惠州	99.6	100.0	99.4	99.1	99.4	99.2	99.6	98.7	99.4	99.2	99.4	100.1
桂林	99.8	99.5	100.1	99.4	99.5	99.6	99.8	99.5	99.3	100.2	99.8	99.7
北海	99.6	100.4	100.4	99.4	99.5	99.6	99.7	98.7	99.0	99.3	99.5	99.8
三亚	100.0	99.7	99.7	99.6	99.3	100.1	99.3	99.5	99.2	99.6	99.6	100.6

续表

城　市	1月	2月	3月	4月	5月	6月	7月	8月	9月	10月	11月	12月
泸　州	99.2	99.1	99.3	99.4	99.3	99.3	99.5	99.3	98.5	99.2	99.8	99.8
南　充	99.9	99.8	100.1	99.9	99.6	99.2	99.3	99.5	99.7	99.7	100.3	100.4
遵　义	99.8	99.6	100.2	100.2	99.7	99.2	99.7	99.7	99.3	99.4	99.5	99.9
大　理	99.9	99.7	100.2	99.5	99.2	99.0	99.4	98.3	99.6	99.5	99.6	99.9

数据来源：国家统计局。

注：环比以上月价格为100。

表4-4-2　2024年70座大中城市新建商品住宅价格同比指数

城　市	1月	2月	3月	4月	5月	6月	7月	8月	9月	10月	11月	12月
北　京	101.3	101.0	100.8	99.5	98.2	97.6	96.7	96.4	95.4	95.1	94.7	94.6
天　津	102.1	101.5	100.5	100.0	99.3	98.8	98.8	98.6	97.7	97.2	97.1	97.7
石家庄	100.9	100.8	100.0	98.8	97.7	97.3	97.1	97.6	97.8	97.0	97.3	96.6
太　原	100.5	99.9	100.1	100.0	99.5	99.4	99.3	98.9	99.5	100.2	100.5	100.2
呼和浩特	99.6	98.8	97.9	97.2	96.7	95.9	95.8	95.6	95.3	94.8	94.6	94.1
沈　阳	98.6	98.1	97.3	96.9	96.2	95.6	96.0	95.2	94.7	94.9	95.6	95.9
大　连	96.1	95.9	95.9	95.7	95.5	94.3	94.5	93.9	93.8	93.5	93.6	94.1
长　春	98.6	98.4	97.6	97.0	97.0	95.9	96.6	96.7	96.5	96.1	96.8	96.2
哈尔滨	98.6	97.9	97.1	96.1	95.2	94.1	93.8	94.0	93.7	93.3	93.3	93.6
上　海	104.2	104.2	104.3	104.2	104.5	104.4	104.4	104.9	104.9	105.0	105.0	105.3
南　京	96.4	95.2	93.5	92.3	91.5	90.6	90.0	90.6	91.3	91.4	92.4	94.0
杭　州	101.6	101.2	101.0	100.4	99.6	98.8	98.5	98.3	97.6	97.0	97.4	98.0
宁　波	100.2	98.9	97.7	95.8	94.1	92.3	92.1	91.6	90.8	90.6	91.2	91.8
合　肥	99.4	98.8	98.3	97.5	97.0	96.4	95.7	95.3	94.6	94.0	93.7	93.7
福　州	97.6	96.5	96.0	95.3	94.4	93.9	93.3	91.8	91.0	90.9	91.0	91.7
厦　门	96.2	95.4	94.4	93.0	92.1	90.6	89.9	89.3	88.7	89.1	90.0	91.3
南　昌	97.6	96.9	95.9	95.1	94.2	93.7	93.4	93.3	92.6	92.5	93.2	93.6
济　南	101.8	100.5	99.5	98.8	97.5	96.8	96.2	95.5	94.1	93.5	93.5	93.7
青　岛	98.7	97.9	97.1	96.2	95.3	94.4	93.8	93.4	93.2	92.8	93.1	94.1
郑　州	97.8	96.7	95.1	93.9	93.5	93.2	93.1	93.1	93.0	93.0	93.1	93.9
武　汉	99.5	98.4	96.4	94.8	93.2	92.1	91.9	91.6	90.7	89.9	90.6	92.0
长　沙	102.0	101.7	100.7	99.6	98.3	97.8	96.9	95.6	94.8	93.6	93.3	93.4
广　州	96.4	95.4	94.5	93.1	91.7	90.7	90.1	89.9	89.7	89.6	90.1	90.9
深　圳	95.9	95.2	94.5	93.3	92.6	92.3	92.0	91.8	91.4	91.9	92.9	93.9
南　宁	98.3	97.1	95.4	94.5	92.7	92.5	92.7	92.4	91.8	91.4	92.3	92.3

续表

城　市	1月	2月	3月	4月	5月	6月	7月	8月	9月	10月	11月	12月
海　口	101.5	100.7	100.1	99.2	98.7	97.8	97.2	96.3	95.4	94.5	94.7	94.8
重　庆	102.0	101.2	100.5	98.6	97.3	96.6	95.1	94.6	93.8	93.7	94.2	94.5
成　都	104.4	103.6	102.7	101.4	100.2	99.0	98.2	96.8	95.9	95.3	95.5	96.0
贵　阳	99.3	99.3	98.3	98.1	97.1	97.0	96.5	95.8	95.3	94.3	94.9	94.9
昆　明	99.1	98.4	96.3	95.6	94.6	94.4	94.2	93.0	92.6	92.5	91.8	92.1
西　安	104.5	104.8	104.8	104.3	103.8	103.7	103.4	102.9	101.9	100.7	100.3	99.6
兰　州	98.9	97.8	97.1	96.2	95.2	93.5	92.2	91.2	91.2	91.6	91.5	91.9
西　宁	96.2	95.7	95.2	94.5	93.9	93.1	93.1	93.6	93.7	93.4	93.4	93.8
银　川	100.2	99.1	98.1	96.8	95.8	94.7	94.8	94.0	94.2	94.7	94.7	95.5
乌鲁木齐	99.5	99.1	98.1	97.4	96.9	96.7	96.4	96.1	96.1	96.3	96.4	97.0
唐　山	98.0	97.2	96.5	95.2	94.5	93.9	93.3	92.6	92.2	92.1	92.1	92.4
秦皇岛	97.0	96.9	96.2	95.8	94.8	94.1	93.9	93.3	93.1	92.8	92.8	92.7
包　头	96.9	95.9	95.6	94.7	94.5	94.0	93.7	93.7	93.6	93.3	93.1	93.2
丹　东	97.3	97.3	97.5	96.2	95.8	95.3	94.9	94.6	94.4	94.2	94.0	94.0
锦　州	99.2	99.3	99.0	98.0	97.5	96.7	96.2	95.5	94.6	94.3	95.0	95.4
吉　林	100.4	99.8	99.2	98.0	96.0	96.0	96.7	96.0	96.0	95.3	94.7	95.0
牡丹江	96.4	96.5	96.7	96.0	94.8	94.0	93.0	92.7	93.1	92.9	92.8	92.9
无　锡	98.1	98.2	97.6	96.5	96.1	96.5	96.8	96.4	95.8	95.9	95.7	96.4
徐　州	96.5	95.5	93.9	93.0	92.2	91.2	90.4	90.9	91.5	92.0	92.3	93.2
扬　州	97.1	96.6	95.5	95.0	93.6	93.3	93.0	93.2	93.8	93.3	93.7	94.3
温　州	97.5	96.6	95.8	94.8	94.5	93.0	91.5	90.2	89.4	89.1	89.4	89.7
金　华	95.4	94.1	92.6	92.3	91.7	91.1	90.6	90.0	88.6	88.5	88.5	88.8
蚌　埠	98.6	97.7	97.0	95.9	95.2	94.8	94.5	93.8	93.3	93.1	92.9	93.1
安　庆	97.8	96.8	95.6	94.5	93.8	93.7	93.0	92.4	92.1	92.7	93.2	93.4
泉　州	99.0	99.5	99.9	99.4	98.4	97.2	95.8	93.9	92.9	92.8	91.6	92.2
九　江	97.3	96.4	95.5	94.3	92.6	91.8	91.1	91.4	91.6	92.4	91.8	91.9
赣　州	96.5	96.4	96.3	95.5	95.0	94.5	93.6	93.0	92.6	93.2	93.8	94.1
烟　台	98.8	98.0	97.1	96.0	95.2	94.6	94.5	93.9	93.4	93.5	93.9	94.2
济　宁	97.3	96.9	96.1	95.6	95.1	94.5	93.8	93.3	93.1	93.5	93.9	94.3
洛　阳	98.3	97.4	96.7	96.0	95.6	95.0	94.4	94.4	93.3	93.3	93.5	93.7
平顶山	97.9	97.8	97.5	97.5	96.9	96.7	97.0	97.5	97.1	97.5	97.8	98.4
宜　昌	97.7	96.7	95.8	95.2	95.3	95.3	95.8	95.0	94.9	94.8	94.9	94.8
襄　阳	98.3	97.3	96.3	95.6	94.7	93.9	93.8	93.5	93.2	92.8	92.6	93.0

续表

城　市	1月	2月	3月	4月	5月	6月	7月	8月	9月	10月	11月	12月
岳　阳	97.1	96.7	95.9	95.2	95.0	94.5	94.3	94.1	93.4	93.0	93.3	93.2
常　德	97.3	96.6	95.7	94.8	93.4	93.5	92.2	92.0	91.5	90.8	90.9	91.4
韶　关	97.3	96.5	95.6	94.8	93.3	93.6	93.1	92.7	93.1	93.8	94.1	94.1
湛　江	98.3	95.9	94.5	93.0	91.7	90.9	90.0	90.3	90.1	90.4	91.8	92.2
惠　州	95.3	95.0	94.2	92.7	92.6	92.9	93.1	92.2	92.0	92.7	92.8	93.3
桂　林	97.7	96.5	96.5	95.5	95.4	95.5	95.9	95.8	95.8	96.3	96.2	96.3
北　海	100.6	100.4	99.8	98.9	97.8	97.2	96.7	95.2	94.6	94.7	94.6	95.0
三　亚	102.8	101.9	101.0	100.4	99.2	99.0	98.1	97.2	96.3	95.8	95.5	96.3
泸　州	97.6	96.6	95.5	94.5	93.4	93.2	93.2	93.1	91.9	91.5	91.7	92.0
南　充	98.5	98.5	98.0	97.6	97.7	97.0	96.6	96.5	96.5	96.3	96.7	97.3
遵　义	99.5	98.4	97.7	97.4	97.6	96.9	96.4	96.6	96.1	96.1	96.0	96.3
大　理	98.1	97.5	97.2	97.2	97.1	96.9	96.0	94.9	94.4	94.5	93.9	93.9

数据来源：国家统计局。

注：同比以上年同月价格为100。

表4-4-3　2023年70座大中城市新建商品住宅价格同比指数（月度累计）

城　市	1—2月	1—3月	1—4月	1—5月	1—6月	1—7月	1—8月	1—9月	1—10月	1—11月	1—12月
北　京	101.1	101.0	100.6	100.1	99.7	99.3	98.9	98.5	98.2	97.9	97.6
天　津	101.8	101.3	101.0	100.7	100.3	100.1	99.9	99.7	99.4	99.2	99.1
石家庄	100.9	100.6	100.2	99.7	99.3	99.0	98.8	98.7	98.5	98.4	98.3
太　原	100.2	100.2	100.1	100.0	99.9	99.8	99.7	99.7	99.7	99.8	99.8
呼和浩特	99.2	98.8	98.4	98.0	97.7	97.4	97.2	97.0	96.8	96.6	96.4
沈　阳	98.4	98.0	97.7	97.4	97.1	97.0	96.7	96.5	96.4	96.3	96.3
大　连	96.0	96.0	95.9	95.8	95.6	95.4	95.2	95.1	94.9	94.8	94.8
长　春	98.5	98.2	97.9	97.7	97.4	97.3	97.2	97.1	97.0	97.0	96.9
哈尔滨	98.3	97.9	97.4	97.0	96.5	96.1	95.8	95.6	95.4	95.2	95.1
上　海	104.2	104.2	104.2	104.3	104.3	104.3	104.4	104.4	104.5	104.5	104.6
南　京	95.8	95.0	94.3	93.7	93.2	92.8	92.5	92.4	92.3	92.3	92.4
杭　州	101.4	101.3	101.0	100.7	100.4	100.1	99.9	99.7	99.4	99.2	99.1
宁　波	99.5	98.9	98.1	97.3	96.5	95.8	95.3	94.8	94.4	94.1	93.9
合　肥	99.1	98.8	98.5	98.2	97.9	97.6	97.3	97.0	96.7	96.4	96.2
福　州	97.0	96.7	96.3	96.0	95.6	95.3	94.9	94.4	94.1	93.8	93.6
厦　门	95.8	95.3	94.7	94.2	93.6	93.1	92.6	92.2	91.9	91.7	91.7
南　昌	97.3	96.8	96.4	96.0	95.6	95.3	95.0	94.8	94.5	94.4	94.4
济　南	101.2	100.6	100.2	99.6	99.1	98.7	98.3	97.8	97.4	97.0	96.8

续表

城　市	1—2 月	1—3 月	1—4 月	1—5 月	1—6 月	1—7 月	1—8 月	1—9 月	1—10 月	1—11 月	1—12 月
青　岛	98.3	97.9	97.5	97.1	96.6	96.2	95.9	95.6	95.3	95.1	95.0
郑　州	97.2	96.5	95.9	95.4	95.0	94.7	94.5	94.4	94.2	94.1	94.1
武　汉	98.9	98.1	97.2	96.4	95.7	95.1	94.7	94.3	93.8	93.5	93.4
长　沙	101.9	101.5	101.0	100.5	100.0	99.6	99.1	98.6	98.1	97.6	97.3
广　州	95.9	95.5	94.9	94.2	93.7	93.2	92.8	92.4	92.1	92.0	91.9
深　圳	95.6	95.2	94.7	94.3	94.0	93.7	93.5	93.2	93.1	93.1	93.2
南　宁	97.7	96.9	96.3	95.6	95.1	94.7	94.4	94.1	93.9	93.7	93.6
海　口	101.1	100.8	100.4	100.0	99.7	99.3	98.9	98.5	98.1	97.8	97.6
重　庆	101.6	101.2	100.6	99.9	99.4	98.7	98.2	97.7	97.3	97.0	96.8
成　都	104.0	103.5	103.0	102.4	101.9	101.3	100.8	100.2	99.7	99.3	99.0
贵　阳	99.3	99.0	98.8	98.4	98.2	97.9	97.7	97.4	97.1	96.9	96.7
昆　明	98.7	97.9	97.3	96.8	96.4	96.1	95.7	95.3	95.1	94.8	94.5
西　安	104.7	104.7	104.6	104.4	104.3	104.2	104.0	103.8	103.5	103.2	102.9
兰　州	98.4	98.0	97.5	97.0	96.4	95.8	95.3	94.8	94.5	94.2	94.0
西　宁	96.0	95.7	95.4	95.1	94.8	94.5	94.4	94.3	94.2	94.2	94.1
银　川	99.7	99.1	98.5	98.0	97.4	97.1	96.7	96.4	96.2	96.1	96.0
乌鲁木齐	99.3	98.9	98.5	98.2	98.0	97.7	97.5	97.4	97.3	97.2	97.2
唐　山	97.6	97.2	96.7	96.3	95.9	95.5	95.1	94.8	94.5	94.3	94.2
秦皇岛	96.9	96.7	96.5	96.1	95.8	95.5	95.3	95.0	94.8	94.6	94.5
包　头	96.4	96.1	95.8	95.5	95.3	95.0	94.9	94.7	94.6	94.5	94.4
丹　东	97.3	97.4	97.1	96.8	96.6	96.3	96.1	95.9	95.7	95.6	95.5
锦　州	99.3	99.2	98.9	98.6	98.3	98.0	97.7	97.3	97.0	96.8	96.7
吉　林	100.1	99.8	99.3	98.7	98.2	98.0	97.7	97.6	97.3	97.1	96.9
牡丹江	96.4	96.5	96.4	96.1	95.7	95.3	95.0	94.8	94.6	94.4	94.3
无　锡	98.2	98.0	97.6	97.3	97.2	97.1	97.0	96.9	96.8	96.7	96.7
徐　州	96.0	95.3	94.7	94.2	93.7	93.2	92.9	92.8	92.7	92.7	92.7
扬　州	96.8	96.4	96.0	95.5	95.2	94.9	94.7	94.6	94.4	94.4	94.4
温　州	97.1	96.6	96.2	95.9	95.4	94.8	94.2	93.7	93.2	92.9	92.6
金　华	94.8	94.0	93.6	93.2	92.9	92.5	92.2	91.8	91.5	91.2	91.1
蚌　埠	98.1	97.7	97.3	96.9	96.5	96.2	95.9	95.6	95.4	95.2	95.0
安　庆	97.3	96.7	96.2	95.7	95.4	95.0	94.7	94.4	94.2	94.1	94.1
泉　州	99.3	99.5	99.5	99.2	98.9	98.5	97.9	97.3	96.9	96.4	96.1
九　江	96.8	96.4	95.9	95.2	94.6	94.1	93.8	93.6	93.4	93.3	93.2
赣　州	96.5	96.4	96.2	95.9	95.7	95.4	95.1	94.8	94.7	94.6	94.6
烟　台	98.4	97.9	97.4	97.0	96.6	96.3	96.0	95.7	95.5	95.3	95.2

续表

城 市	1—2月	1—3月	1—4月	1—5月	1—6月	1—7月	1—8月	1—9月	1—10月	1—11月	1—12月
济 宁	97.1	96.8	96.5	96.2	95.9	95.6	95.3	95.1	94.9	94.8	94.8
洛 阳	97.8	97.4	97.1	96.8	96.5	96.2	96.0	95.7	95.4	95.3	95.1
平顶山	97.9	97.8	97.7	97.5	97.4	97.3	97.4	97.3	97.4	97.4	97.5
宜 昌	97.2	96.7	96.4	96.1	96.0	96.0	95.9	95.8	95.7	95.6	95.5
襄 阳	97.8	97.3	96.9	96.4	96.0	95.7	95.4	95.2	94.9	94.7	94.6
岳 阳	96.9	96.6	96.2	96.0	95.7	95.5	95.3	95.1	94.9	94.8	94.6
常 德	96.9	96.5	96.1	95.5	95.2	94.8	94.4	94.1	93.8	93.5	93.4
韶 关	96.9	96.5	96.1	95.5	95.2	94.9	94.6	94.4	94.4	94.3	94.3
湛 江	97.1	96.2	95.4	94.7	94.0	93.4	93.0	92.7	92.5	92.4	92.4
惠 州	95.2	94.8	94.3	94.0	93.8	93.7	93.5	93.3	93.3	93.2	93.3
桂 林	97.1	96.9	96.5	96.3	96.2	96.1	96.1	96.1	96.1	96.1	96.1
北 海	100.5	100.3	99.9	99.5	99.1	98.8	98.3	97.9	97.6	97.3	97.1
三 亚	102.4	101.9	101.5	101.0	100.7	100.3	99.9	99.5	99.1	98.8	98.6
泸 州	97.1	96.6	96.1	95.5	95.1	94.9	94.6	94.3	94.1	93.8	93.7
南 充	98.5	98.3	98.1	98.0	97.9	97.7	97.5	97.4	97.3	97.3	97.3
遵 义	99.0	98.5	98.3	98.1	97.9	97.7	97.6	97.4	97.3	97.2	97.1
大 理	97.8	97.6	97.5	97.4	97.3	97.2	96.9	96.6	96.4	96.2	96.0

数据来源：国家统计局。

注：同比以上年同期价格为100。

（二）二手住宅销售价格指数（见表4-4-4~表4-4-6）

表4-4-4 2024年70座大中城市二手住宅价格环比指数

城 市	1月	2月	3月	4月	5月	6月	7月	8月	9月	10月	11月	12月
北 京	99.3	99.1	99.6	98.4	98.8	100.2	100.0	99.0	98.7	101.0	100.9	100.5
天 津	99.5	99.4	99.3	98.7	98.9	99.6	99.2	99.4	99.5	99.7	100.2	100.1
石家庄	99.5	99.4	99.8	99.4	98.9	98.9	99.7	98.6	99.2	99.4	99.8	99.5
太 原	99.7	99.5	99.9	99.8	99.4	99.5	99.7	99.5	99.8	99.3	99.7	99.8
呼和浩特	99.5	99.4	99.5	98.9	98.8	98.7	99.0	99.1	98.8	98.8	98.9	99.0
沈 阳	99.3	99.0	99.4	98.9	99.4	99.4	99.3	99.2	98.9	100.0	99.8	99.6
大 连	99.3	99.5	99.2	98.4	99.1	99.1	98.9	99.3	98.8	99.0	99.6	99.7
长 春	99.5	99.1	99.4	99.4	99.5	99.5	99.6	99.2	99.2	99.5	99.8	99.2
哈尔滨	99.6	99.6	99.3	99.5	99.3	98.6	99.2	99.5	99.3	99.3	99.1	99.6
上 海	99.2	99.4	99.7	99.2	98.7	100.5	100.1	99.4	98.8	100.2	100.4	100.9
南 京	99.1	99.2	99.5	98.6	99.4	100.1	99.9	99.4	98.8	99.6	100.0	99.9
杭 州	98.8	99.3	99.5	98.9	99.0	100.3	99.6	99.3	98.6	100.8	100.8	99.8

续表

城　市	1月	2月	3月	4月	5月	6月	7月	8月	9月	10月	11月	12月
宁　波	99.4	99.2	99.4	99.0	98.4	98.6	99.4	98.4	99.3	99.8	100.1	99.4
合　肥	98.9	99.4	99.7	98.8	99.1	99.4	99.1	98.9	98.8	99.3	99.6	99.5
福　州	99.6	99.1	100.1	98.9	98.6	98.8	99.0	98.0	98.8	100.0	99.6	99.7
厦　门	98.9	98.9	99.3	98.3	98.0	99.0	98.2	97.8	98.3	100.1	100.4	100.4
南　昌	99.5	99.4	99.9	98.7	98.1	98.4	98.3	99.2	98.4	99.7	99.6	99.6
济　南	99.8	99.3	99.2	99.4	98.4	98.8	98.9	98.1	99.4	99.2	99.3	99.8
青　岛	99.2	99.4	99.5	98.8	98.8	99.4	99.2	99.0	98.9	99.5	99.6	99.7
郑　州	99.3	99.3	99.5	99.4	99.1	99.5	99.1	99.3	99.0	99.2	99.5	99.6
武　汉	99.0	98.5	99.1	98.5	98.7	98.1	98.4	99.3	99.6	100.1	99.8	100.2
长　沙	99.3	99.5	98.9	99.0	98.8	98.4	99.5	99.1	99.1	99.5	99.6	99.9
广　州	98.8	99.0	99.0	98.6	98.4	98.5	99.1	99.3	98.9	99.6	99.6	99.7
深　圳	98.4	99.5	99.0	99.3	99.0	99.0	98.8	98.7	98.7	100.7	100.5	100.1
南　宁	99.4	99.2	99.5	98.5	99.2	99.4	99.1	99.1	98.8	99.0	99.5	99.5
海　口	98.9	99.4	99.3	99.3	99.2	99.1	99.1	98.4	99.5	99.6	100.0	100.2
重　庆	99.0	99.7	99.7	99.1	99.3	99.2	99.4	98.8	98.9	100.5	100.4	99.6
成　都	99.1	99.1	99.3	99.2	98.9	98.9	99.3	99.5	99.3	100.4	100.7	100.3
贵　阳	99.5	99.4	99.6	99.5	99.4	99.4	99.3	99.5	99.6	99.5	99.7	99.6
昆　明	100.3	100.4	99.5	100.2	98.8	99.1	100.0	98.8	99.1	99.0	99.5	99.3
西　安	99.5	99.6	99.7	99.4	99.0	99.2	99.4	98.9	99.2	99.1	99.7	99.8
兰　州	99.3	99.5	99.2	99.0	99.3	98.7	99.1	98.4	99.6	98.6	99.7	99.9
西　宁	99.3	99.5	99.7	99.4	99.3	99.4	98.6	99.4	99.5	99.6	99.2	99.1
银　川	99.8	99.2	99.4	99.2	99.1	99.1	99.7	99.6	99.7	99.8	99.6	99.9
乌鲁木齐	99.7	99.6	99.4	99.5	99.4	99.0	99.7	99.9	99.1	99.5	99.6	99.6
唐　山	99.5	99.3	99.4	99.1	98.4	98.8	98.4	98.9	98.8	98.9	99.0	99.5
秦皇岛	99.0	98.9	99.4	99.0	99.1	98.3	99.1	98.7	99.1	98.8	99.1	99.4
包　头	99.4	99.2	99.3	99.1	99.0	98.7	98.6	98.5	98.7	98.7	99.2	99.5
丹　东	99.4	99.7	99.1	98.8	98.7	99.4	98.6	98.8	99.1	98.5	98.7	99.8
锦　州	99.8	99.4	99.5	98.9	99.5	99.3	99.1	99.4	99.2	99.0	99.1	99.3
吉　林	99.3	99.7	99.4	99.1	99.0	99.7	99.5	100.1	99.5	99.3	99.5	99.7
牡丹江	99.6	99.4	99.4	99.6	99.1	99.3	98.9	99.2	98.9	99.6	99.3	99.5
无　锡	99.2	100.2	99.2	98.4	99.3	99.1	99.4	99.0	98.8	100.0	99.7	99.6
徐　州	98.5	99.4	99.2	99.0	98.8	99.3	99.5	99.2	99.0	99.5	100.2	100.0
扬　州	99.4	99.5	99.7	99.1	99.7	99.5	99.4	98.4	98.6	99.7	99.1	99.4
温　州	99.1	99.0	99.5	98.3	99.1	99.2	99.1	98.3	98.5	99.5	98.7	99.4
金　华	99.0	99.0	99.1	99.1	98.5	98.6	98.5	98.1	98.3	99.4	99.5	99.5

续表

城 市	1月	2月	3月	4月	5月	6月	7月	8月	9月	10月	11月	12月
蚌 埠	99.2	99.1	99.3	99.0	99.2	99.1	99.4	99.0	99.6	99.8	99.7	99.6
安 庆	99.1	99.2	99.4	99.1	98.7	98.9	99.1	98.9	99.3	99.7	99.6	99.4
泉 州	99.3	99.6	99.3	99.6	99.1	98.0	98.4	98.4	98.6	98.8	99.1	99.5
九 江	98.9	99.5	99.7	98.5	98.8	99.4	98.6	99.3	98.5	99.4	99.6	99.6
赣 州	99.3	99.5	99.5	98.8	98.9	99.0	99.5	99.7	99.8	99.7	99.9	100.4
烟 台	99.4	99.7	99.6	98.2	99.1	98.2	99.0	99.2	99.4	99.7	99.6	99.4
济 宁	99.0	99.6	99.7	98.9	98.8	99.5	99.6	99.3	99.7	99.9	99.8	99.9
洛 阳	98.9	99.0	99.6	99.5	99.0	99.5	99.3	99.5	98.9	99.4	99.5	99.7
平顶山	99.0	98.9	99.3	99.7	99.4	99.4	99.6	99.3	99.4	99.7	99.8	99.9
宜 昌	99.4	99.5	99.5	99.4	98.7	99.1	99.3	99.3	99.5	98.7	99.7	99.9
襄 阳	99.3	99.4	99.2	98.8	98.8	99.2	99.1	98.7	99.1	99.0	99.4	99.5
岳 阳	99.5	99.7	99.8	99.3	99.4	99.4	99.6	99.0	99.4	99.2	99.6	99.6
常 德	99.6	99.1	99.0	98.8	98.8	99.1	99.3	99.8	98.2	99.5	99.6	99.5
韶 关	99.7	99.2	99.9	99.7	99.2	99.2	99.3	99.1	99.3	99.6	99.4	99.2
湛 江	99.0	99.3	99.6	98.9	99.2	99.5	98.8	99.2	99.1	99.6	99.7	99.3
惠 州	99.0	99.2	99.7	98.8	98.9	98.6	98.9	97.8	99.1	99.4	99.6	99.6
桂 林	99.6	99.6	99.5	98.4	99.6	99.5	99.7	99.9	99.5	99.6	99.7	99.6
北 海	99.7	99.5	99.8	99.6	99.4	99.8	99.5	98.8	99.4	99.8	99.6	99.7
三 亚	100.2	99.6	99.7	99.5	99.3	99.5	99.4	99.6	98.2	99.2	99.4	99.4
泸 州	99.8	99.8	99.6	99.0	98.9	98.9	99.2	99.5	98.8	99.0	99.5	99.7
南 充	99.3	99.6	99.8	99.7	98.9	98.6	98.9	99.1	99.2	99.8	99.7	99.8
遵 义	99.5	99.7	99.8	99.5	99.8	99.3	99.4	99.4	99.1	99.5	99.6	99.5
大 理	99.5	99.3	99.6	99.0	98.5	99.5	99.1	99.0	99.4	99.3	99.7	99.7

数据来源：国家统计局。

注：环比以上月价格为100。

表4-4-5 2024年70座大中城市二手住宅价格同比指数

城 市	1月	2月	3月	4月	5月	6月	7月	8月	9月	10月	11月	12月
北 京	96.3	94.7	93.6	92.0	91.4	92.2	92.8	91.5	89.7	91.6	93.8	95.5
天 津	98.0	96.9	96.1	95.0	93.8	93.6	93.2	93.3	92.8	92.8	93.3	93.7
石家庄	98.2	97.5	97.1	96.7	95.8	95.0	94.7	93.8	92.9	92.5	92.7	92.4
太 原	97.1	96.4	96.1	96.3	95.5	95.5	95.2	95.1	95.6	95.2	95.3	95.8
呼和浩特	95.1	94.6	94.3	93.3	92.7	91.7	91.0	90.6	90.0	89.5	89.1	88.8
沈 阳	94.7	94.1	93.2	92.6	92.6	92.5	92.4	92.1	91.7	92.0	92.5	92.4
大 连	94.8	94.1	93.1	92.1	91.7	91.5	91.1	91.1	90.5	90.0	90.2	90.4
长 春	94.8	94.4	94.0	93.6	93.6	93.5	93.5	93.0	93.4	93.3	93.8	93.3

续表

城　市	1月	2月	3月	4月	5月	6月	7月	8月	9月	10月	11月	12月
哈尔滨	95.5	95.4	94.0	93.1	92.8	92.0	91.8	92.0	92.0	92.2	91.9	92.1
上　海	95.5	94.0	93.1	92.5	92.1	93.7	94.4	94.2	92.4	93.3	95.1	96.6
南　京	92.6	91.3	90.5	89.3	89.3	90.3	91.0	91.0	90.7	91.2	92.6	93.5
杭　州	96.9	95.8	94.9	93.5	93.1	93.9	94.1	93.8	92.8	93.1	93.9	94.7
宁　波	94.5	93.6	92.7	91.6	90.5	89.9	89.8	89.1	89.2	90.0	90.6	90.7
合　肥	95.1	94.1	93.6	92.6	92.1	92.0	91.7	90.9	90.2	90.0	90.5	91.0
福　州	94.4	93.2	93.1	92.3	91.3	90.7	90.4	89.1	88.7	89.4	89.8	90.7
厦　门	92.1	91.2	90.4	89.3	88.1	87.9	86.8	85.4	84.6	85.5	86.9	88.3
南　昌	95.1	94.6	94.6	93.7	92.1	90.8	89.5	89.4	88.2	88.3	88.5	89.3
济　南	97.2	96.3	95.1	94.4	93.0	92.1	91.2	90.0	90.5	90.0	89.9	90.0
青　岛	94.6	93.8	93.1	92.3	91.4	91.2	91.2	91.1	90.3	90.4	91.2	91.5
郑　州	93.7	92.7	91.8	91.5	91.1	91.4	91.4	91.6	91.1	91.1	91.5	92.3
武　汉	93.9	92.4	91.1	89.4	88.7	87.5	86.6	86.7	86.8	87.1	88.1	89.7
长　沙	97.8	97.3	95.8	94.6	93.3	91.8	91.6	91.2	90.7	90.5	90.6	91.1
广　州	93.9	92.5	91.4	89.8	88.6	87.6	87.6	87.5	87.2	87.5	88.1	89.1
深　圳	94.8	93.9	92.6	91.5	90.8	90.5	90.2	89.2	88.0	89.1	91.0	92.0
南　宁	94.3	94.0	93.2	91.6	91.1	91.2	90.8	90.4	89.7	90.0	90.6	90.5
海　口	94.2	93.6	92.6	92.4	91.8	91.3	90.9	89.9	89.8	90.1	90.9	92.2
重　庆	94.1	93.6	93.0	91.7	91.5	91.3	91.5	91.0	90.9	92.0	92.9	93.8
成　都	99.0	97.2	95.7	94.3	93.0	91.8	91.4	91.3	90.8	91.3	92.4	94.1
贵　阳	96.1	95.1	94.3	93.5	93.3	93.1	93.2	93.3	93.3	93.2	93.6	94.3
昆　明	97.0	97.9	96.7	96.5	94.9	94.7	94.3	93.8	93.3	93.6	94.0	94.1
西　安	98.0	96.9	95.8	94.9	94.4	94.1	94.1	93.4	93.1	92.3	92.5	92.8
兰　州	94.6	94.5	93.4	92.6	92.5	91.2	90.8	89.9	90.3	89.7	90.3	90.7
西　宁	97.1	96.6	96.0	95.3	94.5	93.8	92.7	92.5	92.5	92.4	92.3	92.3
银　川	97.7	96.6	95.5	94.6	94.0	93.4	93.8	93.8	93.7	94.2	94.2	94.3
乌鲁木齐	96.5	96.1	95.7	95.4	95.0	94.6	94.9	95.3	94.7	94.4	94.2	94.1
唐　山	94.2	93.9	93.6	92.3	91.2	91.1	90.3	89.8	88.9	88.4	88.2	88.7
秦皇岛	95.6	94.5	93.8	93.0	92.3	91.2	90.9	89.9	89.5	88.5	88.4	88.6
包　头	95.5	94.9	94.3	93.3	92.5	91.5	90.9	90.0	89.4	88.8	88.6	88.7
丹　东	94.2	94.3	94.0	92.7	91.6	91.6	90.7	90.5	90.1	89.3	88.9	89.1
锦　州	95.3	95.0	94.7	93.6	93.4	93.3	92.8	92.9	92.5	92.1	92.1	91.9
吉　林	93.4	93.5	93.2	92.6	92.1	92.5	93.1	93.6	93.6	93.5	93.7	93.9
牡丹江	94.2	94.0	93.6	93.1	92.6	92.5	92.2	91.4	90.9	91.4	91.7	92.0
无　锡	95.6	94.9	93.5	92.3	92.0	91.8	91.9	91.6	90.7	90.8	91.5	92.1

续表

城　市	1月	2月	3月	4月	5月	6月	7月	8月	9月	10月	11月	12月
徐　州	91.0	89.7	88.7	88.1	87.6	87.8	88.1	87.9	88.2	88.8	90.6	91.9
扬　州	93.7	93.4	92.6	91.9	91.9	91.8	91.6	90.8	90.2	90.9	91.1	91.8
温　州	93.8	92.3	91.4	90.3	90.0	89.4	89.3	88.4	87.9	87.7	87.8	88.3
金　华	94.6	93.8	92.6	91.9	90.8	89.9	89.2	88.4	87.1	87.1	87.4	87.3
蚌　埠	96.4	95.3	94.5	93.7	93.1	92.6	92.3	91.5	91.5	91.8	91.9	92.2
安　庆	95.5	94.7	93.9	93.1	92.5	91.9	91.3	90.5	90.0	90.3	90.5	90.8
泉　州	93.8	93.8	93.3	93.4	92.7	91.4	90.2	89.6	88.8	88.5	88.4	88.4
九　江	94.7	94.4	93.9	92.2	91.3	91.0	90.3	90.1	89.1	89.2	89.9	90.3
赣　州	98.9	98.7	97.8	96.4	95.2	93.9	93.4	93.2	93.2	93.1	93.5	94.1
烟　台	94.2	93.6	93.0	91.8	91.3	89.9	89.8	89.3	89.4	90.1	90.9	90.8
济　宁	94.8	94.6	93.9	92.6	92.1	91.9	91.6	91.1	91.6	92.3	93.2	93.8
洛　阳	94.9	94.1	93.6	93.2	92.7	92.6	92.1	92.1	91.4	91.0	91.2	92.0
平顶山	96.0	95.1	94.3	94.0	93.5	93.4	93.2	92.8	92.6	92.9	93.0	93.4
宜　昌	94.7	94.5	94.1	93.9	93.2	93.2	93.3	93.0	93.0	92.3	92.3	92.5
襄　阳	93.9	93.4	92.5	91.2	90.4	89.9	89.9	89.3	88.8	88.8	89.2	90.0
岳　阳	96.8	95.8	96.2	95.0	95.0	94.6	94.6	94.4	93.9	93.8	93.7	93.6
常　德	97.1	95.9	94.9	93.5	92.3	91.9	91.1	90.8	89.8	89.4	90.1	90.8
韶　关	96.4	96.2	95.6	94.7	93.5	93.2	93.1	92.5	92.8	93.0	93.1	92.9
湛　江	96.4	95.3	94.7	93.3	92.4	92.2	91.5	91.3	91.1	91.1	91.6	91.7
惠　州	96.0	95.4	95.0	93.5	92.9	92.4	91.3	89.5	89.1	89.2	89.0	89.2
桂　林	96.0	95.2	94.4	93.2	92.5	92.7	93.0	93.5	93.5	93.8	93.8	94.5
北　海	96.7	96.3	95.8	95.2	94.4	94.8	94.0	93.6	93.5	94.0	94.2	94.8
三　亚	99.3	98.8	97.9	97.4	96.4	95.7	95.5	95.3	93.8	92.9	93.0	93.3
泸　州	97.7	97.3	96.8	95.7	94.5	93.7	93.5	93.6	92.9	92.3	92.1	92.1
南　充	98.0	97.2	96.6	96.1	94.7	93.2	92.5	91.9	91.6	92.0	92.2	92.6
遵　义	97.3	96.5	95.4	95.3	95.5	95.3	95.1	95.1	94.5	94.7	94.5	94.2
大　理	96.9	96.4	95.7	95.2	93.9	94.0	92.9	91.9	91.7	91.3	91.9	92.0

数据来源：国家统计局。

注：同比以上年同月价格为100。

表4-4-6　2024年70座大中城市二手住宅价格同比指数（月度累计）

城　市	1—2月	1—3月	1—4月	1—5月	1—6月	1—7月	1—8月	1—9月	1—10月	1—11月	1—12月
北　京	95.5	94.8	94.1	93.6	93.3	93.3	93.1	92.7	92.6	92.7	92.9
天　津	97.4	97.0	96.5	96.0	95.6	95.2	95.0	94.7	94.6	94.4	94.4
石家庄	97.9	97.6	97.4	97.1	96.7	96.4	96.1	95.7	95.4	95.2	95.0
太　原	96.8	96.5	96.5	96.3	96.2	96.0	95.9	95.9	95.8	95.8	95.8

续表

城　市	1—2月	1—3月	1—4月	1—5月	1—6月	1—7月	1—8月	1—9月	1—10月	1—11月	1—12月
呼和浩特	94.8	94.6	94.3	94.0	93.6	93.3	92.9	92.6	92.3	92.0	91.8
沈　阳	94.4	94.0	93.7	93.4	93.3	93.2	93.0	92.9	92.8	92.8	92.7
大　连	94.4	94.0	93.5	93.2	92.9	92.6	92.4	92.2	92.0	91.8	91.7
长　春	94.6	94.4	94.2	94.1	94.0	93.9	93.8	93.8	93.7	93.7	93.7
哈尔滨	95.4	94.9	94.5	94.1	93.8	93.5	93.3	93.2	93.1	93.0	92.9
上　海	94.7	94.2	93.7	93.4	93.5	93.6	93.7	93.5	93.5	93.7	93.9
南　京	92.0	91.5	90.9	90.6	90.5	90.6	90.6	90.7	90.7	90.9	91.1
杭　州	96.4	95.9	95.3	94.8	94.7	94.6	94.5	94.3	94.2	94.2	94.2
宁　波	94.0	93.6	93.1	92.6	92.1	91.8	91.5	91.2	91.1	91.1	91.0
合　肥	94.6	94.3	93.9	93.5	93.3	93.0	92.8	92.5	92.2	92.1	92.0
福　州	93.8	93.6	93.2	92.9	92.5	92.2	91.8	91.5	91.3	91.1	91.1
厦　门	91.6	91.2	90.7	90.2	89.8	89.4	88.9	88.4	88.2	88.1	88.1
南　昌	94.9	94.8	94.5	94.0	93.5	92.9	92.5	92.0	91.7	91.4	91.2
济　南	96.8	96.2	95.7	95.2	94.7	94.2	93.7	93.3	93.0	92.7	92.5
青　岛	94.2	93.8	93.5	93.1	92.7	92.5	92.3	92.1	92.0	91.9	91.9
郑　州	93.2	92.7	92.4	92.2	92.0	91.9	91.9	91.8	91.7	91.7	91.8
武　汉	93.2	92.5	91.7	91.1	90.5	90.0	89.6	89.2	89.0	89.0	89.0
长　沙	97.6	97.0	96.4	95.8	95.1	94.6	94.2	93.8	93.5	93.2	93.0
广　州	93.2	92.6	91.9	91.2	90.6	90.2	89.9	89.6	89.4	89.3	89.3
深　圳	94.4	93.8	93.2	92.7	92.3	92.0	91.7	91.3	91.1	91.1	91.1
南　宁	94.1	93.8	93.3	92.8	92.6	92.3	92.1	91.8	91.6	91.5	91.5
海　口	93.9	93.4	93.2	92.9	92.7	92.4	92.1	91.8	91.7	91.6	91.6
重　庆	93.9	93.6	93.1	92.8	92.5	92.4	92.2	92.1	92.1	92.1	92.3
成　都	98.1	97.3	96.5	95.8	95.1	94.6	94.2	93.8	93.6	93.5	93.5
贵　阳	95.6	95.2	94.8	94.5	94.2	94.1	94.0	93.9	93.8	93.8	93.9
昆　明	97.4	97.2	97.0	96.6	96.3	96.0	95.7	95.5	95.3	95.2	95.1
西　安	97.5	96.9	96.4	96.0	95.7	95.5	95.2	95.0	94.7	94.5	94.4
兰　州	94.5	94.1	93.7	93.5	93.1	92.8	92.4	92.2	92.0	91.8	91.7
西　宁	96.8	96.6	96.3	95.9	95.6	95.1	94.8	94.6	94.3	94.2	94.0
银　川	97.2	96.6	96.1	95.7	95.3	95.1	94.9	94.8	94.7	94.7	94.7
乌鲁木齐	96.3	96.1	95.9	95.7	95.6	95.5	95.4	95.4	95.3	95.2	95.1
唐　山	94.1	93.9	93.5	93.0	92.7	92.4	92.1	91.7	91.4	91.1	90.9
秦皇岛	95.0	94.6	94.2	93.9	93.4	93.1	92.7	92.3	91.9	91.6	91.4
包　头	95.2	94.9	94.5	94.1	93.7	93.3	92.9	92.5	92.1	91.8	91.5
丹　东	94.3	94.2	93.8	93.4	93.1	92.8	92.5	92.2	91.9	91.7	91.5

续表

城市	1—2月	1—3月	1—4月	1—5月	1—6月	1—7月	1—8月	1—9月	1—10月	1—11月	1—12月
锦州	95.2	95.0	94.7	94.4	94.2	94.0	93.9	93.7	93.6	93.4	93.3
吉林	93.4	93.3	93.2	93.0	92.9	92.9	93.0	93.1	93.1	93.2	93.2
牡丹江	94.1	93.9	93.7	93.5	93.3	93.2	92.9	92.7	92.6	92.5	92.5
无锡	95.3	94.7	94.1	93.7	93.4	93.2	93.0	92.7	92.5	92.4	92.4
徐州	90.3	89.8	89.4	89.0	88.8	88.7	88.6	88.6	88.6	88.8	89.0
扬州	93.6	93.2	92.9	92.7	92.5	92.4	92.2	92.0	91.9	91.8	91.8
温州	93.0	92.5	91.9	91.6	91.2	90.9	90.6	90.3	90.1	89.9	89.7
金华	94.2	93.7	93.2	92.8	92.3	91.8	91.4	90.9	90.6	90.3	90.1
蚌埠	95.8	95.4	95.0	94.6	94.3	94.0	93.7	93.4	93.3	93.1	93.1
安庆	95.1	94.7	94.3	93.9	93.6	93.3	92.9	92.6	92.4	92.2	92.1
泉州	93.8	93.7	93.6	93.4	93.1	92.7	92.3	91.9	91.6	91.3	91.1
九江	94.6	94.4	93.8	93.3	92.9	92.6	92.3	91.9	91.6	91.5	91.4
赣州	98.8	98.5	98.0	97.4	96.8	96.3	95.9	95.6	95.4	95.2	95.1
烟台	93.9	93.6	93.2	92.8	92.3	91.9	91.6	91.4	91.3	91.2	91.2
济宁	94.7	94.4	94.0	93.6	93.3	93.1	92.8	92.7	92.6	92.7	92.8
洛阳	94.5	94.2	93.9	93.7	93.5	93.3	93.2	93.0	92.8	92.6	92.6
平顶山	95.5	95.1	94.8	94.6	94.4	94.2	94.0	93.9	93.8	93.7	93.7
宜昌	94.6	94.4	94.3	94.1	93.9	93.8	93.7	93.7	93.5	93.4	93.3
襄阳	93.6	93.3	92.7	92.3	91.9	91.6	91.3	91.0	90.8	90.7	90.6
岳阳	96.3	96.3	95.9	95.7	95.6	95.4	95.3	95.1	95.0	94.9	94.8
常德	96.5	96.0	95.4	94.8	94.3	93.8	93.4	93.0	92.7	92.4	92.3
韶关	96.3	96.1	95.7	95.3	94.9	94.7	94.4	94.2	94.1	94.0	93.9
湛江	95.9	95.5	94.9	94.4	94.0	93.7	93.4	93.1	92.9	92.8	92.7
惠州	95.7	95.5	95.0	94.6	94.2	93.8	93.3	92.8	92.5	92.1	91.9
桂林	95.6	95.2	94.7	94.3	94.0	93.9	93.8	93.8	93.8	93.8	93.8
北海	96.5	96.3	96.0	95.7	95.5	95.3	95.1	94.9	94.8	94.8	94.8
三亚	99.0	98.7	98.4	98.0	97.6	97.3	97.0	96.7	96.3	96.0	95.8
泸州	97.5	97.2	96.9	96.4	95.9	95.6	95.3	95.1	94.8	94.6	94.4
南充	97.6	97.3	97.0	96.5	96.0	95.5	95.0	94.7	94.4	94.2	94.1
遵义	96.9	96.4	96.1	96.0	95.9	95.8	95.7	95.5	95.5	95.4	95.3
大理	96.6	96.3	96.0	95.6	95.3	95.0	94.6	94.3	94.0	93.8	93.6

数据来源：国家统计局。

注：同比以上年同期价格为100。

五、商业地产市场

2024 年，中国商业地产在销售端延续去库存态势，新增供应持续缩减，开发投资完成额降幅有所收窄。运营方面，部分一线城市商场类物业出现企稳改善迹象，但办公楼物业出租率和租金水平均仍处于下行通道。

（一）商业地产 2024 年运行概况

2024 年，中国宏观经济延续恢复向好态势，外需有所回暖，但内需仍面临较大挑战，房地产市场于第四季度在核心城市出现一定回暖迹象，但整体仍处于调整转型过程中。在商业地产领域，新开工面积进一步走低，但开发投资完成额降幅有所收窄，办公楼销售额降幅基本稳定但商业营业用房销售降幅扩大，随着新增供应的整体缩减，延续去库存态势。

1. 开发投资

2024 年，商业营业用房及办公楼开发投资完成额延续下行趋势但降幅有所收窄，新开工面积降幅扩大，未来几年商业地产新增供应量预计将显著下滑。

商业地产作为经营性物业，其发展主要受到国民经济整体发展速度、城市化水平以及社会消费能力的影响；同时，由于商业地产的投资属性突出，其发展速度短期内受社会融资成本和通货膨胀率的影响较大。2024 年，我国国内生产总值同比增长 5.0%（按不变价计算），经济总体运行平稳，但依然面临着国内有效需求不足、企业经营压力较大的挑战。从商业地产细分行业来看，全年商业营业用房开发投资完成额 6943.97 亿元，同比下降 13.9%；新开工面积 4980.32 万平方米，同比下降 23.30%。同期，办公楼开发投资完成额 4159.88 亿元，同比下降 9.0%；新开工面积 1892.93 万平方米，同比下降 27.7%。商业营业用房和办公楼开发投资完成额降幅有所收窄，但新开工面积降幅均有所扩大（见图 4-5-1、图 4-5-2）。

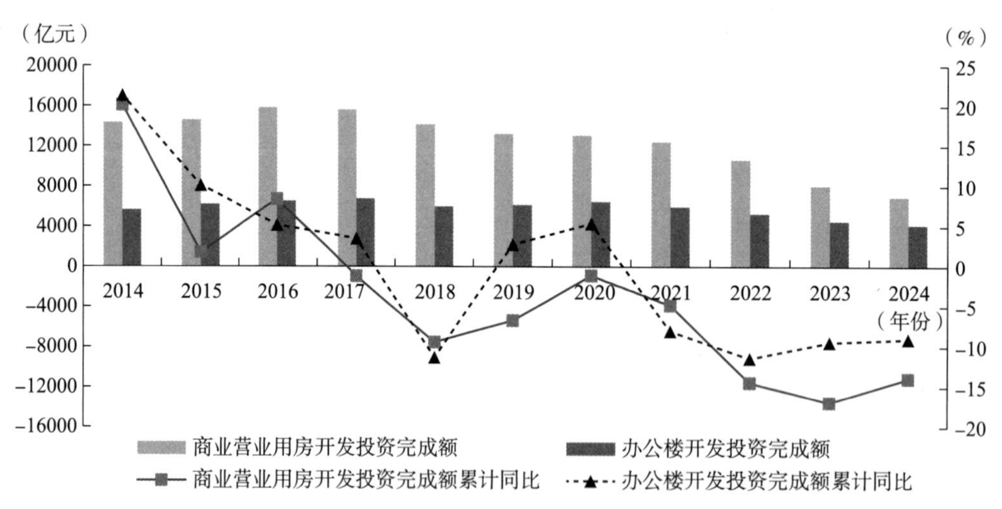

图 4-5-1　2014—2024 年全国商业地产开发投资情况

数据来源：国家统计局。

2. 市场供需

2024 年，实体商业运营仍面临较大挑战，宏观经济增速影响办公楼需求，商业营业用房和办公楼销售额降幅均在 10%以上，新增供应量创近年来的新低。

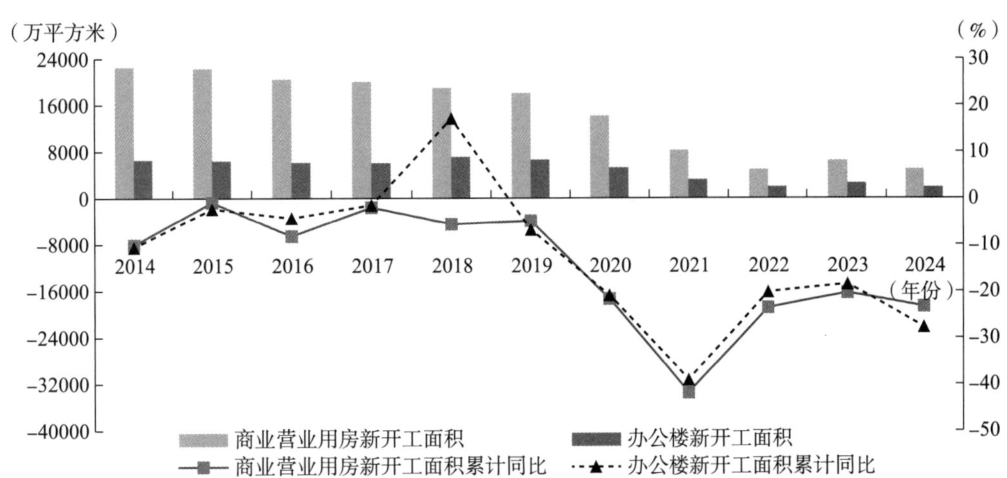

图 4-5-2　2014—2024 年全国商业地产新开工面积情况

数据来源：国家统计局。

2024 年，全国消费市场整体有所复苏，商品零售额和餐饮收入同比分别增长 3.2%和 5.3%。从不同业态来看，限额以上零售业单位中，百货店和品牌专卖店零售额同比分别下降 2.4%和 0.4%，实物商品网上零售额同比增长 6.5%（占社会消费品零售总额的 26.8%），实体商业运营在电商冲击下仍面临较大挑战，商业营业用房销售额 5728.15 亿元，同比下降 13.6%，降幅显著扩大。办公楼方面，宏观经济景气度和租金水平的整体持续下调对办公楼销售形成较大压力，2024 年办公楼销售额 3207.64 亿元，同比下降 14.3%，降幅有所扩大。

近年来商业地产供需规模持续缩减，同时受房地产企业流动性压力等因素影响，供需格局存在较大波动。2024 年，商业地产新增供应量创近年来的新低，商业营业用房和办公楼的竣工销售比均在 0.8 倍左右，行业处于大量存量项目去库存阶段（见图 4-5-3、图 4-5-4）。后续商业地产供求矛盾的缓解仍有赖于宏观经济提振需求，加之当前商业地产项目投资回报率处于较低水平，行业仍将持续面临库存消化及优胜劣汰的压力。

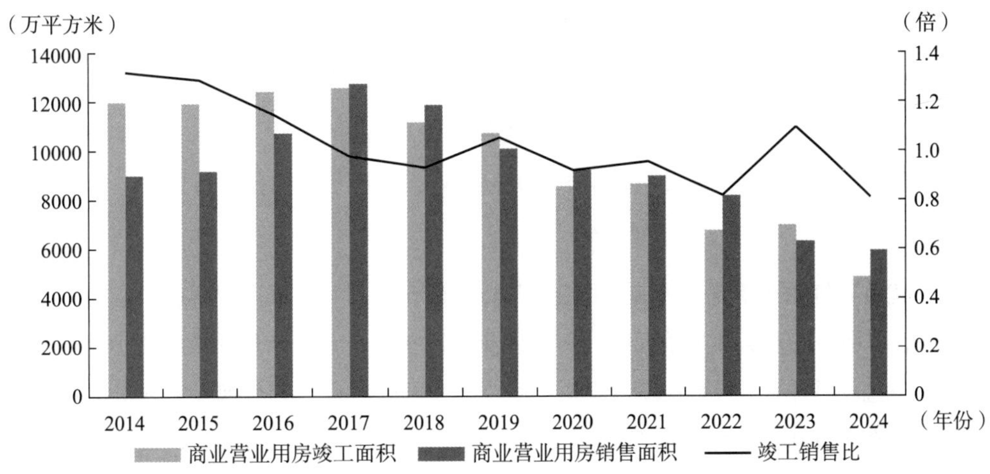

图 4-5-3　2014—2024 年全国商业营业用房供求情况

数据来源：根据国家统计局数据整理。

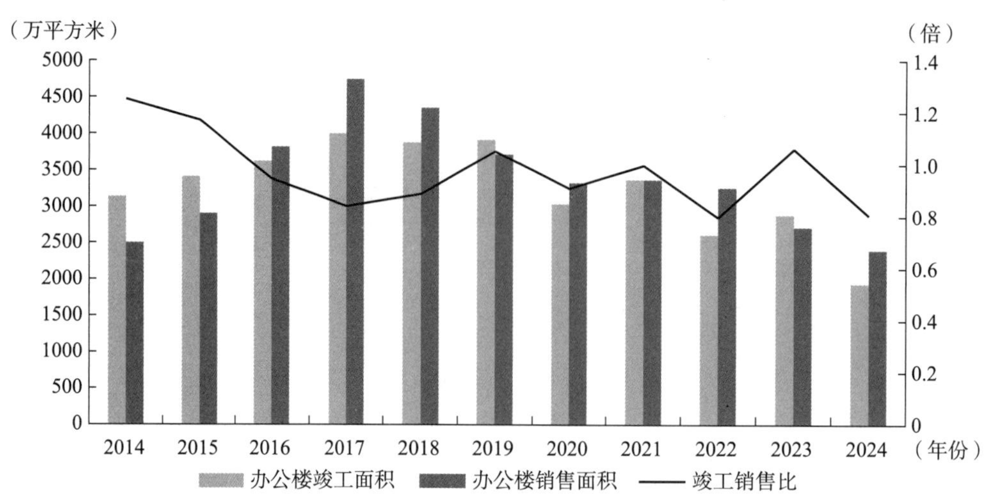

图 4-5-4　2014—2024 年全国办公楼供求情况

数据来源：根据国家统计局数据整理。

3. 行业政策

基础设施 REITs 进入常态化发行阶段，消费基础设施资产可申报项目范围进一步明确，发行效率有望提升。

2024 年 7 月 26 日，国家发展改革委发布《关于全面推动基础设施领域不动产投资信托基金（REITs）项目常态化发行的通知》（以下简称 1014 号文），标志着基础设施 REITs 进入常态化发行阶段。在消费基础设施资产方面，1014 号文规定可申报的项目包括百货商场、购物中心、商业街区、商业综合体、农贸市场等城乡商业网点项目，家居、建材、纺织等各类专业市场项目，以及保障基本民生的社区商业项目。与消费基础设施物理上不可分割、产权上归属于同一发起人（原始权益人）的酒店和商业办公用房，可纳入项目底层资产，其建筑面积占底层资产总建筑面积比例合计原则上不得超过 30%，特殊情况下最高不得超过 50%。此外，1014 号文进一步规范相关申报推荐和审核发行程序，有利于提升审核质量与效率。未来随着消费基础设施 REITs 逐步发展完善，将有望成为商业地产企业的重要退出途径，有利于行业的健康发展。

（二）重点城市商业地产运行情况

2024 年，一线城市零售物业出租率有一定的企稳改善迹象，租金水平缓步下行；写字楼出租率和租金水平整体下降态势仍较显著，其中北京市通过租金水平的大幅下调实现出租率的企稳回升。

1. 北京

2024 年，北京优质零售物业空置率和首层租金均持续下降；优质写字楼空置率有一定的企稳回落态势，但租金水平仍未止跌，写字楼运营仍面临较大压力。2024 年第四季度，北京市优质零售物业空置率同比下降 0.7 个百分点至 7.3%，租金水平同比下降 5.9%至 30.4 元/（米^2・天），通过以价换量实现出租率的改善；北京市优质写字楼空置率同比下降 0.7 个百分点至 21.0%，租金水平同比下降 11.3%至 256.6 元/（米^2・月）（见图 4-5-5、图 4-5-6）。过去几年北京市写字楼租金水平显著高于其他一线城市租金水平，但在行业下行的显著冲击下，目前租金水平与上海市基本齐平，空置率有所下降。

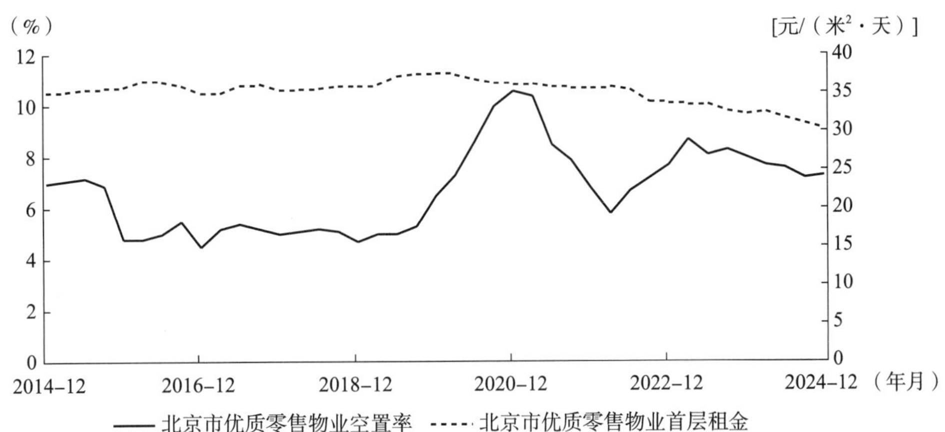

图 4-5-5　2014—2024 年北京市优质零售物业空置率及租金水平

数据来源：世邦魏理仕。

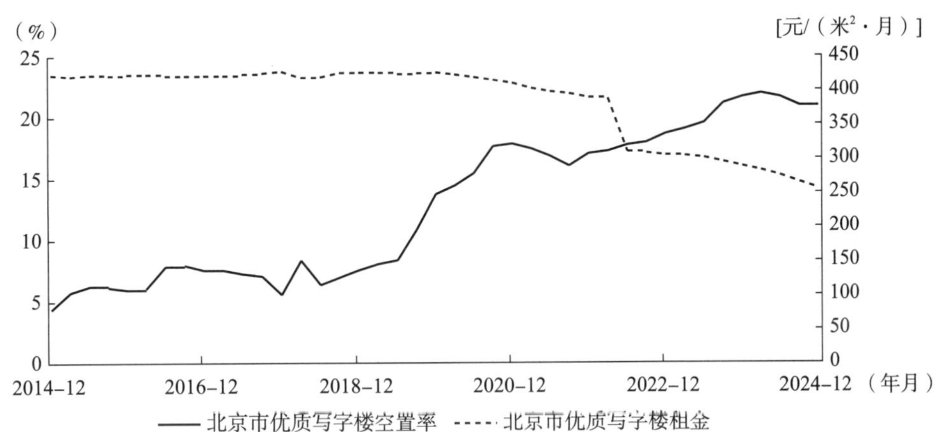

图 4-5-6　2014—2024 年北京市优质写字楼空置率及租金水平

数据来源：世邦魏理仕。

2. 上海

2024 年，上海市优质零售物业运营较为平稳，租金水平波动幅度相对较小。写字楼方面，上海市优质写字楼空置率仍持续走高，超过历史峰值，且租金水平仍呈小幅下跌趋势。2024 年第四季度，上海市优质零售物业空置率同比小幅上升 0.1 个百分点至 8.2%，租金水平同比下降 3.3%至 32.4 元/（米²·天）；上海市优质写字楼空置率同比上升 2.3 个百分点至 22.1%，租金水平同比下降 4.7%至 255.9 元/（米²·月），运营表现仍持续恶化（见图 4-5-7、图 4-5-8）。

3. 广州

2024 年，广州市优质零售物业空置率基本企稳，租金水平延续下跌态势；优质写字楼空置率自 2020 年以来大幅上升，当前有一定的企稳态势，但租金水平下跌幅度较大，整体呈现以价换量的走势。2024 年第四季度，广州市优质零售物业空置率同比下降 0.9 个百分点至 7.4%，租金水平同比下降 6.4%至 23.3 元/（米²·天），零售物业运营表现受区域经济和消费增速下滑的影响较大；广州市优质写字楼空置同比上升 0.5 个百分点至 18.7%，租金水平同比下降 6.5%至 135.0 元/（米²·月），2019 年以来的大量新增供应入市以及区域经济增速下降对写字楼运营表现造成较大压力（见图 4-5-9、图 4-5-10）。

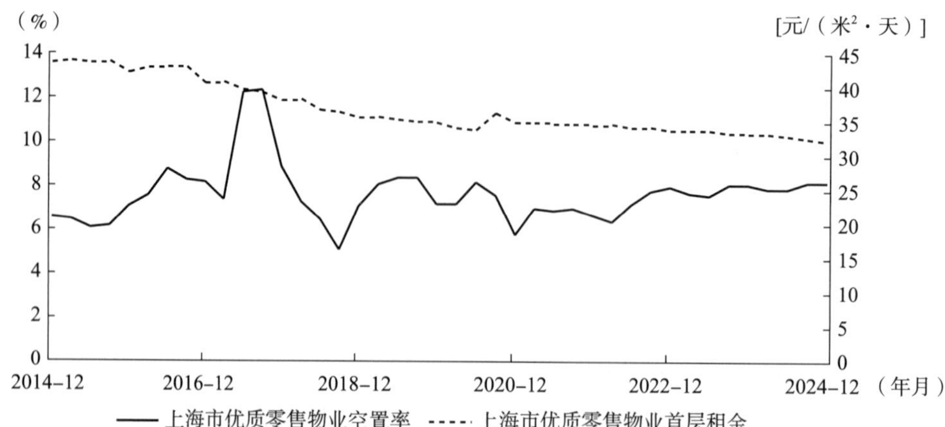

图 4-5-7　2014—2024 年上海市优质零售物业空置率及租金水平

数据来源：世邦魏理仕。

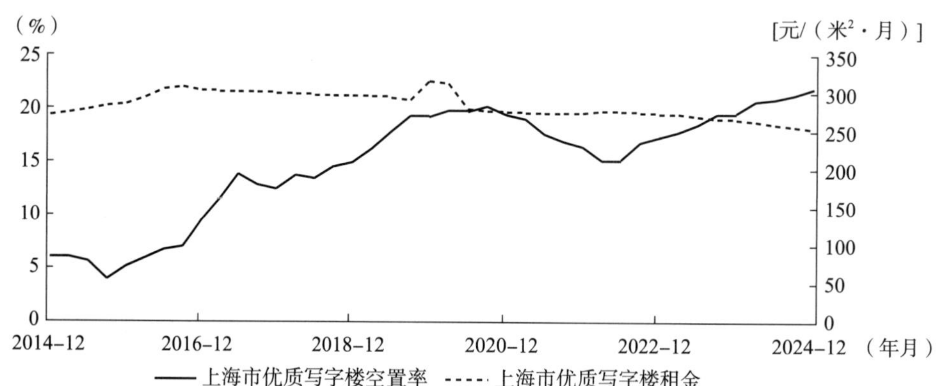

图 4-5-8　2014—2024 年上海市优质写字楼空置率及租金水平

数据来源：世邦魏理仕。

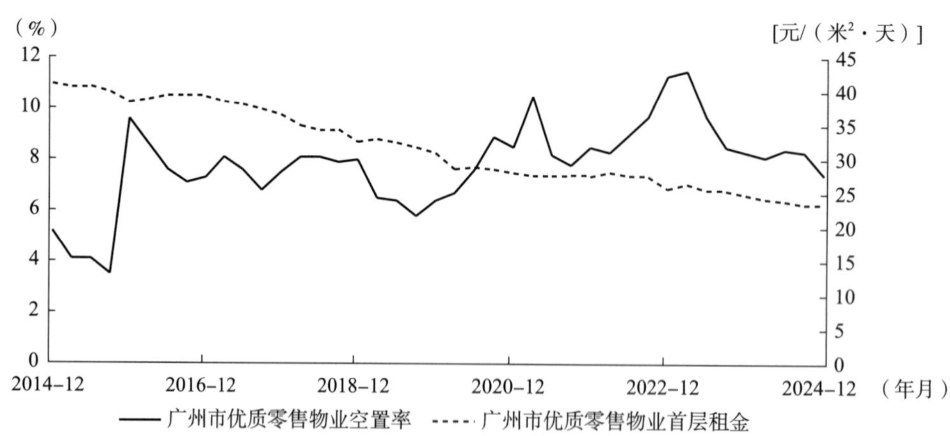

图 4-5-9　2014—2024 年广州市优质零售物业空置率及租金水平

数据来源：世邦魏理仕。

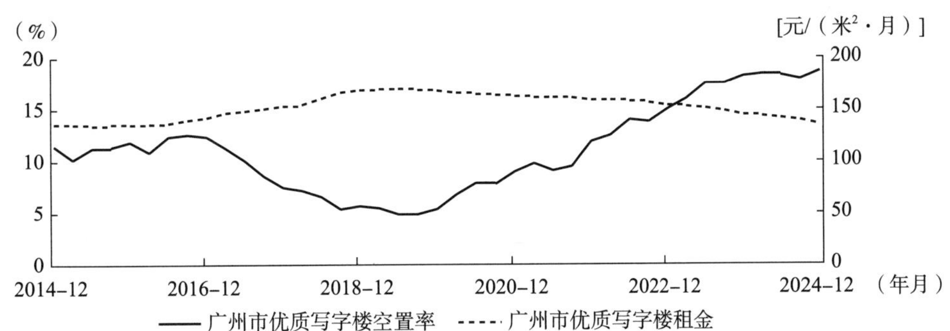

图 4-5-10　2014—2024 年广州市优质写字楼空置率及租金水平

数据来源：世邦魏理仕。

4. 深圳

2024 年，深圳市优质零售物业空置率小幅回落，租金水平基本保持稳定，运营状况有所改善；优质写字楼运营压力仍在加大，空置率进一步上升，租金水平仍处于持续下行通道，写字楼整体供大于求的竞争态势较为显著。2024 年第四季度，深圳市优质零售物业空置率同比下降 1.2 个百分点至 3.8%，租金水平较上年同期下降 3.6%至 18.5 元/（米²·天），租金水平相对较低，区域消费市场活力较强；深圳市优质写字楼空置率同比上升 1.3 个百分点至 22.2%，租金水平同比下降 6.6%至 164.5 元/（米²·月），呈持续下滑态势（见图 4-5-11、图 4-5-12）。

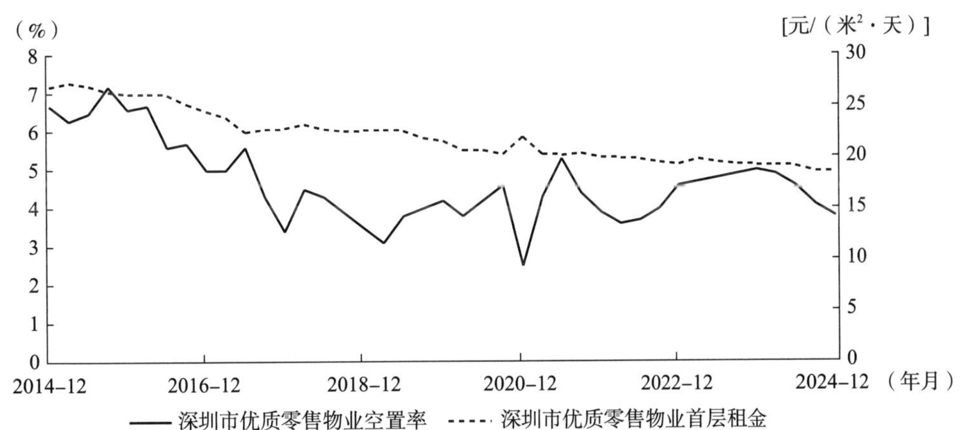

图 4-5-11　2014—2024 年深圳市优质零售物业空置率及租金水平

数据来源：世邦魏理仕。

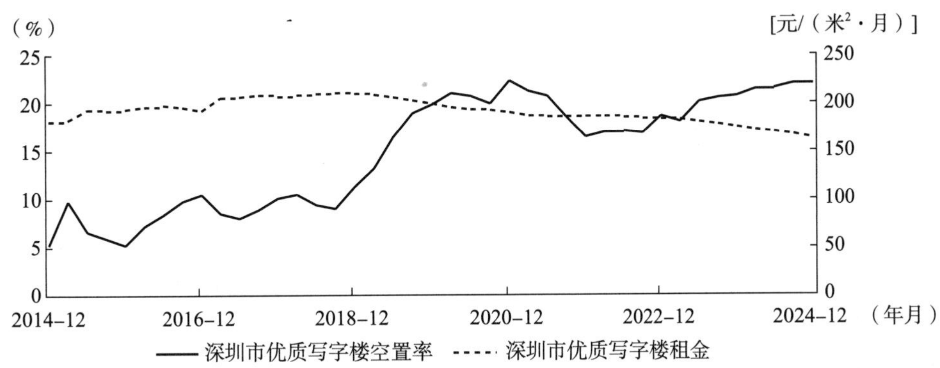

图 4-5-12　2014—2024 年深圳市优质写字楼空置率及租金水平

数据来源：世邦魏理仕。

（三）商业地产企业发债情况

本书采用的商业地产发债企业样本主要为租金收入占其营业总收入 60%以上或持有型物业租赁收益贡献及经营活动现金流入量不低于上述各项总额 50%的境内尚有存续信用债券的发行主体，共计 17 家。

1. 存续债券情况

从商业地产发债企业情况看，目前存续的发债主体评级均在 AA+以上，整体信用水平较高，其中 AAA 级共 8 家，AA+级共 5 家，企业性质以大型央国企为主，部分发债主体近一年内无公开市场评级（见表 4-5-1）。商业地产存续债券余额前三位分别为陆家嘴系企业、普洛斯和张江高科，其债券余额占存续债券总余额的比重分别为 31.57%、12.42%和 10.57%。

表 4-5-1　境内主要商业地产发债企业概况

企业名称	企业性质	是否上市	最新主体评级	存续债券规模（亿元）
上海陆家嘴（集团）有限公司	国企	非上市	AAA	175.85
上海陆家嘴金融贸易区开发股份有限公司	国企	上市（A+B 股）	AAA	157.10
普洛斯中国控股有限公司	外资	非上市	AAA	130.97
上海张江高科技园区开发股份有限公司	国企	上市	AAA	111.50
上海新长宁（集团）有限公司	国企	非上市	—	86.50
义乌中国小商品城控股有限责任公司	国企	非上市	AA+	75.80
浙江中国小商品城集团股份有限公司	国企	上市	AAA	65.00
红星美凯龙家居集团股份有限公司	国企	上市（A+H 股）	—	54.12
中粮置业投资有限公司	央企	非上市	AAA	51.00
上海金外滩（集团）发展有限公司	国企	非上市	AAA	45.00
大连万达商业管理集团股份有限公司	民企	非上市	—	37.11
中国金茂（集团）有限公司	央企	非上市	—	21.00
宝湾物流控股有限公司	国企	非上市	AA+	20.62
海宁中国皮革城股份有限公司	国企	上市	AA+	12.70
中国国际贸易中心有限公司	中外合资	非上市	AAA	5.00
上海浦东软件园股份有限公司	央企	非上市	AA+	3.50
星河实业（深圳）有限公司	民企	非上市	AA+	2.00

数据来源：根据 Wind 数据整理。

注：（1）“—”表示该发行人近一年内无公开市场评级；（2）表中数据统计时间节点为 2025 年 4 月 10 日，海外美元债余额按当天汇率折算为人民币。

2. 债券发行情况

从融资渠道看，商业地产发债企业的发债品种以公司债和中期票据为主，证监会主管 ABS 规模也较大；从发行期限看，中期票据发行期限以 3 年期为主，公司债发行期限主要集中在 3~5 年期。截至 2025 年 4 月 10 日，主要商业地产发债企业存续债券余额合计约 1054.77 亿元，其中存续中期票据、公司债和证监会主管 ABS 余额的比重分别为 28.53%、28.61%和 17.92%（见图 4-5-13）。

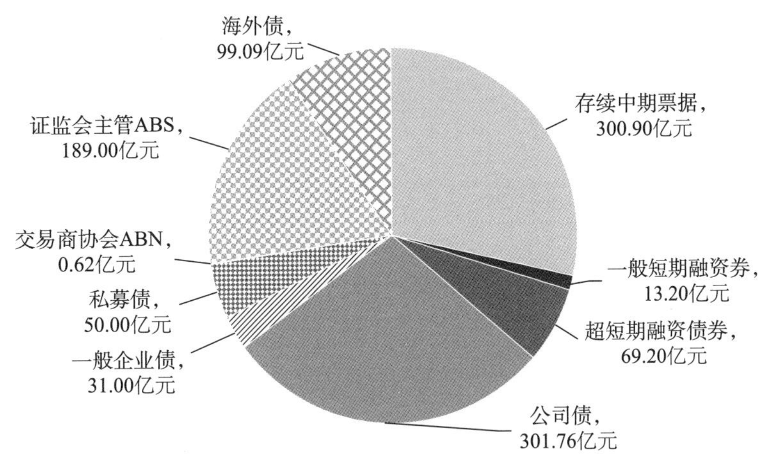

图 4-5-13　主要商业地产发债企业存续债券融资渠道构成

数据来源：根据 Wind 数据整理。

注：图中数据统计时间节点为 2025 年 4 月 10 日，海外美元债余额按当天汇率折算为人民币。

3. 债券到期情况

从商业地产发债企业存续债券到期情况看，经过 2024 年及 2025 年第一季度债券到期高峰，未来三年到期债券分布较为均衡，每年到期债券规模约占总规模的 20%，行业集中偿付压力不大（见图 4-5-14）。

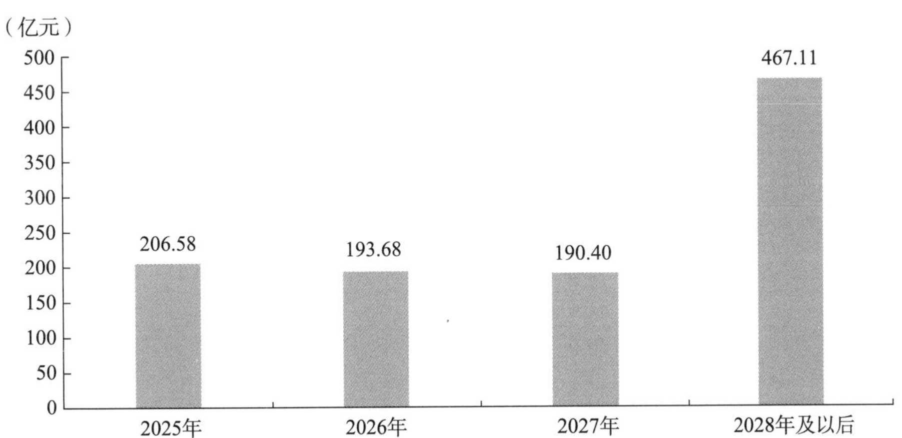

图 4-5-14　主要商业地产发债企业存续债券余额到期分布情况

数据来源：根据 Wind 数据整理。

注：图中数据统计时间节点为 2025 年 4 月 10 日，海外美元债余额按当天汇率折算为人民币。

（罗星驰　曹梦茹　联合资信评估股份有限公司）

V. 省市篇

导　读

本篇收录22份省（自治区、直辖市）及部分重点城市房地产市场报告，内容包括当地的开发投资、土地交易、市场销售、房屋价格、存量房交易、住房保障工作等各方面情况。稿件来源于各地住建委（局）、地方统计局、房地产业协会（开发协会）、政府及高校房地产研究机构等。

一、北京市房地产市场

（一）房地产市场基本情况

1. 房地产开发投资情况

2024 年，北京市完成房地产开发投资 3758.3 亿元，同比下降 10.6%（见图 5-1-1）。其中，住宅投资 2456.66 亿元，同比下降 9.46%。

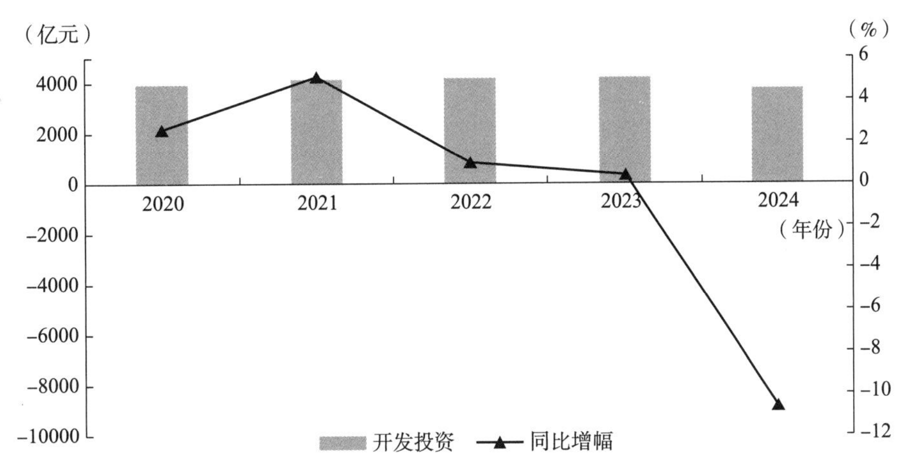

图 5-1-1　2020—2024 年北京市房地产投资情况

数据来源：北京市统计局。

2. 土地供求情况

2024 年，北京市土地招拍挂市场土地供应 91 幅，同比下降 19.47%；土地成交 85 幅，同比下降 24.78%；土地供应总建筑面积 895.81 万平方米，同比下降 20.48%；土地成交总建筑面积 886.67 万平方米，同比下降 23.94%；土地成交总价达到 1751.86 亿元，同比下降 13.68%；成交楼板价 19758 元/米^2，同比上升 13.49%；土地平均成交溢价率 2.75%，同比下降 3.67 个百分点（见表 5-1-1）。

表 5-1-1　2024 年北京市土地市场月度供求情况

月份	供应总建筑面积（万平方米）	成交总建筑面积（万平方米）	成交总价（亿元）	出让底价（亿元）	楼板价（元/米^2）	溢价率（%）
1	82.46	77.47	197.18	187.14	25451	5.36
2	50.50	108.93	209.90	199.39	19270	5.27
3	40.54	48.31	78.43	72.87	16234	7.63
4	107.14	21.09	18.54	18.54	8791	0
5	79.08	46.90	101.48	101.48	21637	0
6	111.97	130.94	273.54	272.37	20890	0.43
7	24.06	130.96	177.25	173.57	13534	2.12
8	83.71	33.11	42.81	42.81	12930	0

续表

月份	供应总建筑面积（万平方米）	成交总建筑面积（万平方米）	成交总价（亿元）	出让底价（亿元）	楼板价（元/米^2）	溢价率（%）
9	76.81	46.45	91.85	91.85	19776	0
10	58.65	57.12	108.53	108.53	19000	0
11	108.38	88.31	308.43	292.69	34926	5.38
12	72.51	97.07	143.92	141.96	14826	0.05
全年	895.81	886.66	1751.86	1703.20	19758	2.75

数据来源：CRIC。

供地的14个行政区当中，以供地宗数来统计，大兴区20宗为之最，通州区以13宗居其次，海淀区和昌平区各10宗持平，顺义区9宗，丰台和平谷各6宗，其余区供应都在5宗以下。

从成交总价来看，海淀区以428.12亿元位列第一，成交总规划建筑面积119.27万平方米；丰台区以301.25亿元位列第二，成交总规划建筑面积58.2万平方米；大兴区以144.8亿元位列第三，成交总规划建筑面积117.2万平方米（见表5-1-2）。

表5-1-2　北京市各区域土地供求情况

供地区域	供应幅数（幅）	成交幅数（幅）	供应总建筑面积（平方米）	成交总建筑面积（平方米）	成交总价（亿元）	楼板价（元/米^2）	溢价率（%）
大兴区	20	16	146.15	117.17	144.83	12360	4.91
门头沟区	1	1	8.55	8.55	16.36	19135	0
怀柔区	3	3	30.81	30.81	22.97	7456	0
昌平区	10	11	84.62	88.48	136.55	15433	3.10
顺义区	9	7	58.10	45.91	88.98	19380	1.74
丰台区	6	7	56.35	58.16	301.25	51797	3.45
平谷区	6	6	44.08	44.08	10.15	2303	0
延庆区	2	2	5.57	5.57	3.76	6752	0
东城区	1	1	0.56	0.56	3.38	60811	25
海淀区	10	9	110.48	119.27	428.12	35896	5.68
石景山区	2	2	30.85	28.37	64.00	22560	0
通州区	13	12	185.82	212.19	139.85	6591	0.27
房山区	4	4	36.30	45.51	58.77	12914	0
朝阳区	4	4	97.58	82.04	332.89	40575	0.10
北京市	91	85	895.80	886.67	1751.86	19758	2.75

数据来源：CRIC。

从拿地房企来看，国央企仍然是拿地主力军，拿地金额占比高达88%。2024年北京创新性推出组团地块，

6 月，中建智地以 112 亿元底价竞得朝阳区酒仙桥街道、孙河乡前苇沟组团、中关村朝阳园北区组团地块；11 月底，中海以 153.32 亿元价格拿下朝阳酒仙桥、小红门、十八里店地块组团地块；12 月，中海又以 110.54 亿元底价竞得丰台区万泉寺村棚户区改造土地开发项目 FT00-0613-0024 地块。

3. 房屋建设情况

2024 年，北京市房地产开发企业房屋新开工面积 1286.9 万平方米，同比增长 2.4%（见图 5-1-2）。其中，住宅新开工面积 762.3 万平方米，同比增长 6.6%；办公楼新开工面积 58.8 万平方米，同比下降 19.7%；商业营业用房新开工面积 65.3 万平方米，同比增长 10.5%。房屋竣工面积 1652.5 万平方米，同比下降 21.8%。其中，住宅竣工面积 912.8 万平方米，同比下降 21.6%；办公楼竣工面积 82.2 万平方米，同比下降 50.6%；商业营业用房竣工面积 62.5 万平方米，同比下降 19.3%。

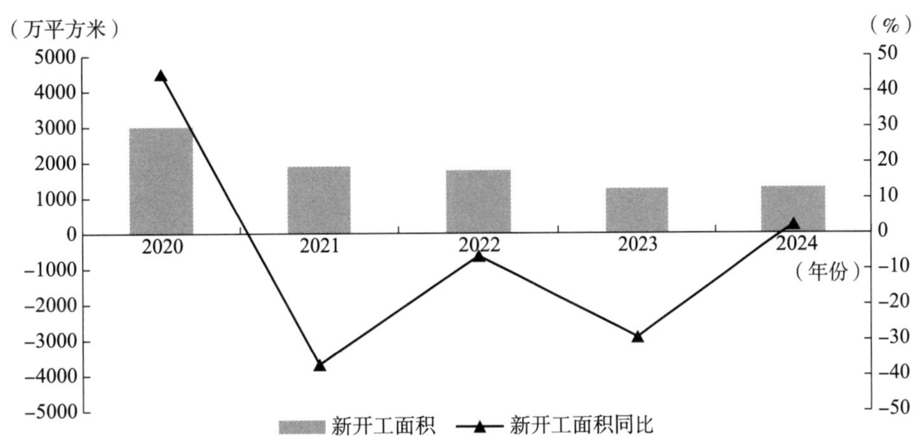

图 5-1-2　2020—2024 年北京市房屋新开工情况

数据来源：北京市统计局。

4. 房地产开发企业到位资金情况

2024 年，北京市房地产开发企业到位资金 4518.6 亿元，同比下降 22.7%。其中，国内贷款 612.1 亿元，同比下降 17.4%；自筹资金 1191.1 亿元，同比下降 2.2%；定金及预收款 1782.2 亿元，同比下降 37.4%；个人按揭贷款 559.1 亿元，同比增长 7.1%。

5. 新房供应和销售情况

据统计部门数据，2024 年，北京市新建商品房销售面积 1118.7 万平方米，同比下降 1.2%。其中，住宅销售面积 785.7 万平方米，同比下降 4.0%；办公楼销售面积 77.9 万平方米，同比增长 3.0%；商业营业用房销售面积 65.3 万平方米，同比增长 26.1%。

2024 年底，北京市商品房待售面积 3251.8 万平方米，同比增长 8.7%。其中，住宅待售面积 1067.7 万平方米，同比下降 1.1%；办公楼待售面积 634.8 万平方米，同比下降 1.1%；商业营业用房待售面积 428.8 万平方米，同比增长 14.5%。

另据克而瑞 CRIC 系统数据，北京市全年新建商品住宅供应 3.37 万套、成交 4.35 万套，成交均价 5.41 万元/米^2。

6. 二手房销售情况

据克而瑞 CRIC 系统数据，2024 年，北京市二手房成交 1707.7 万平方米、19.6 万套，同比分别增长 11.19%、10.40%。其中，二手住房成交 1594.5 万平方米、17.7 万套，同比分别增长 13.33%、13.03%。

（二）住房保障和城市更新情况

1. 保障性租赁住房发展情况

北京市 2024 年国民经济和社会发展统计公报显示，全年建设筹集保障性租赁住房 7.1 万套（间）、竣工各类保障性住房 8.3 万套（间）。

2. 城市更新改造推进情况

2024 年，北京市累计出台城市更新条例配套政策 46 个，完成核心区平房申请式退租 2008 户，试点开展整院申请式退租、形成整院 161 个；完成 548 个老旧小区改造攻坚，启动危旧楼房改建和简易楼腾退 20.6 万平方米；更新改造 71 处老旧厂房、超 450 万平方米老旧低效楼宇；编制完成城中村改造五年规划，有序实施 20 个城中村改造项目。

（中房研协　测评研究中心）

二、上海市房地产市场

（一）2024 年房地产市场回顾

2024 年 9 月，中央政治局会议强调要促进房地产市场止跌回稳，推动构建房地产发展新模式。上海积极贯彻党中央决策部署，落实国家出台的一系列政策，因城施策，持续优化调整各项房地产政策，更好满足居民刚性住房需求和多样化改善性住房需求，促进房地产市场平稳健康发展。

1. 土地市场

2024 年，上海供应各类用地 219 宗共 693.5 万平方米，同比下降 28.4%。其中，住宅用地 69 宗共 180 万平方米，商服用地 32 宗共 123.4 万平方米，工业用地 85 宗共 307.8 万平方米，其他用地 33 宗共 82.3 万平方米。

2024 年，上海土地市场共计成交 88 幅经营性用地，总出让面积 272.49 万平方米，总成交金额 1508.26 亿元。从地块性质来看，含住宅用地共计成交 56 幅，总成交面积 161.86 万平方米，总成交金额 1317.86 亿元，成交楼板价均价 39564.5 元/米^2。23 幅底价成交，32 幅溢价成交，平均溢价率 9.86%。

2024 年，共有 40 家房企通过独立或联合方式拿地，从拿地房企性质看，央国企仍为拿地主力，其中约 85%的地块由央国企独立或联合竞得。民企方面也有一些新面孔拿地，如宸嘉、贝壳、盘古等。拿地最多房企为保利发展，共 6 幅地块；拿地权益金额最多的房企为华润，4 幅地块共花费 144 亿元。另外头部房企拿地资金有所减少，拿地金额 TOP10 房企总成交金额为 779 亿元（权益），占全年出让金（1322 亿元）的 59%，TOP10 房企拿地金额较上年的 1392 亿元减少 44%。

2. 房地产开发投资全年增长 2.8%

2024 年，在全国房地产开发投资下降的背景下，上海房地产开发投资保持一定韧性，延续增长态势。全年完成投资 6228.91 亿元，比上年增长 2.8%，占全市固定资产投资的比重为 54.4%。

从年内走势看，年初房地产开发投资在上年快速增长（18.2%）的惯性作用下保持较快增速，1—2 月同比增长 9.1%；随后，增速在 8%左右小幅波动。第四季度起，在上年同期基数抬高的影响下，增速逐月回落至 2.8%（见图 5-2-1）。全年房地产开发投资增速明显快于全国（-10.6%），位列全国各省区市第二，在 4 个一线城市中居首。

从房屋类型看，住宅投资增速快于全部投资增速，商办投资呈下降趋势。2024 年，全市住宅投资 3686.84 亿元，同比增长 6.3%，占全部房地产开发投资的 59.2%，占比提高 2.0 个百分点。受商办供地减少影响，商办投资1114.15亿元，同比下降11.8%。其中，办公楼投资684.40亿元，同比下降11.4%，占全部投资的11.0%；商业营业用房投资429.74亿元，同比下降12.3%，占6.9%。

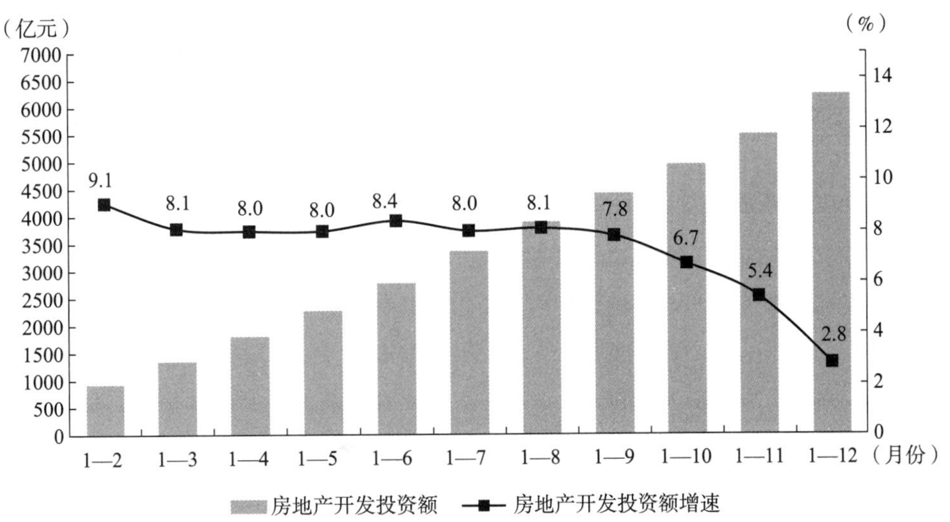

图5-2-1　2024年上海市房地产开发投资情况

数据来源：上海市统计局。

从投资构成看，土地购置费对全部投资增长的支撑作用较为明显。尽管近两年土地出让规模缩减，但质优价高的住宅用地占比提高，土地购置费占项目计划总投资的比重趋高；同时，中心城区成片旧改发生的动迁补偿款随着项目开工逐步纳入。因此，土地购置费对投资增长的支撑作用明显。2024年，全市土地购置费3440.32亿元，同比增长12.2%，占全部房地产开发投资的比重为55.2%。受上年基数增长、新开工项目减少等因素影响，全市建安工程投资2278.47亿元，同比下降7.1%。

3. 房屋在建规模下降

2024年，全市房地产项目开工建设稳步推进，但在上年房地产项目集中竣工，且近两年土地出让规模总体缩减的影响下，房屋在建规模略有下降。2024年，全市房屋施工面积16818.02万平方米，同比下降4.5%；其中，住宅施工面积7768.11万平方米，同比下降5.2%。

2024年，全市房屋新开工面积2186.22万平方米，同比下降8.5%。其中，住宅新开工面积1215.07万平方米，同比下降11.4%；商办新开工面积302.67万平方米，同比下降5.5%。近年来，全市住宅和商服类用地出让规模较2020年、2021年高位相比，呈明显收缩态势，2024年规模继续缩减，因此新开工面积处于低位，连续三年呈下降态势。

2024年，全市房屋竣工面积1709.22万平方米，同比下降19.1%。其中，住宅竣工面积836.61万平方米，同比下降29.5%，保障性住宅和市场化住宅竣工面积分别同比下降37.4%和22.2%；商办竣工面积340.06万平方米，同比下降5.1%（见表5-2-1）。

表5-2-1　2024年上海市房屋新开工、竣工面积情况

房屋类型	新开工面积（万平方米）	增速（%）	竣工面积（万平方米）	增速（%）
全部房屋	2186.22	-8.5	1709.22	-19.1
住宅	1215.07	-11.4	836.61	-29.5

续表

房屋类型	新开工面积（万平方米）	增速（%）	竣工面积（万平方米）	增速（%）
办公楼	167.42	-14.4	224.37	-2.3
商业营业用房	135.25	8.6	115.69	-10.1

数据来源：上海市统计局。

4. 楼市成交回稳态势有所显现

2024 年，上海市深入贯彻落实《关于加快构建房地产发展新模式推动房地产高质量发展的意见》，坚持稳中求进，坚持把宜居安居放在首位，统筹租赁与购置、市场与保障，完善租购并举的超大城市住房制度体系，不断适应房地产市场供求关系变化，因城施策，优化住房供应结构，持续调整房地产政策，满足居民刚性和多样化改善性住房需求，推动上海房地产市场平稳运行。在综合施策叠加国家出台一揽子利好政策的“组合拳”作用下，上海房地产市场年内回稳态势有所显现。

（1）新建商品房销售面积下降，但回稳态势有所显现。

2024 年，上海市新建商品房销售面积 1656.86 万平方米，同比下降 8.5%；其中住宅销售面积 1356.73 万平方米，下降 6.9%。从年内走势看，年初受供应短缺影响，1—2 月新建商品房销售面积同比下降 7.4%。随后，中心城区楼盘（如黄浦顺昌玖里）上市热销，给新房市场带来一定热度，新建商品房销售面积保持小幅微增。年中以后，市场成交规模依赖于政策驱动。“5・27 沪九条”后首月，政策拉动效果明显，当月成交环比大幅增长，但后两个月效应减弱，新建商品房销售面积转为同比下降，且降幅持续扩大。“9・29 沪七条”后，楼市活跃度再次提升，叠加全国一揽子利好政策，市场出现积极变化，政策效应持续时间延长。尽管全年新建商品房销售面积受上年同期基数影响，同比下降 8.5%，但市场呈回稳态势（见图 5-2-2）。

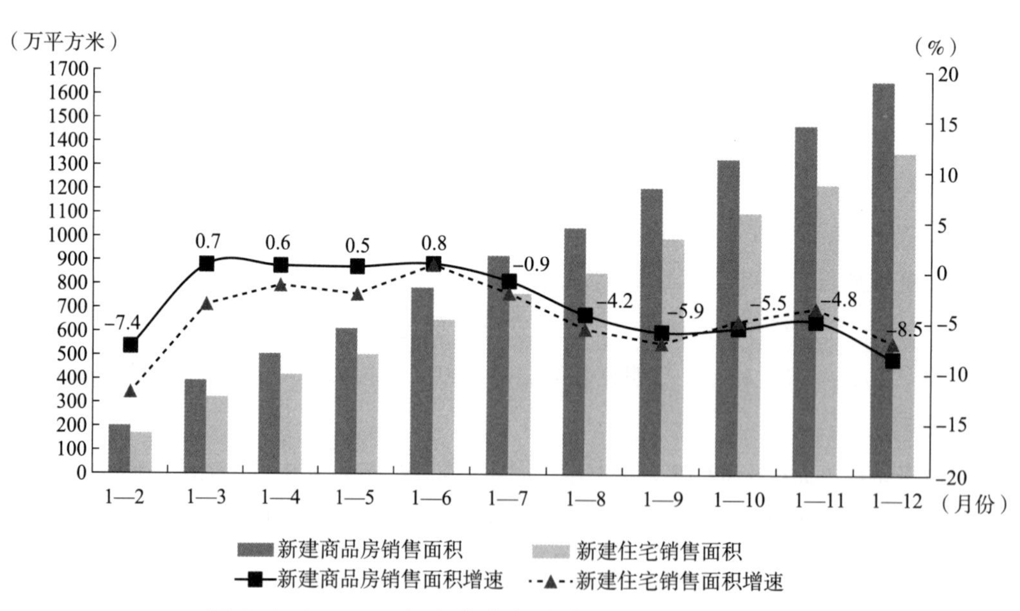

图 5-2-2　2024 年上海市新建房屋及住宅销售情况

数据来源：上海市统计局。

从住宅销售结构看，2024 年市场化住宅销售面积 720.62 万平方米，同比下降 20.4%，占全部新建住宅销售面积的 53.1%；保障性住宅销售面积 636.11 万平方米，同比增长 15.4%。2024 年，上海市商办销售面积

125.80 万平方米，同比下降 11.2%。其中，办公楼销售 69.82 万平方米，同比下降 19.2%；商业营业用房销售 55.98 万平方米，同比增长 1.4%。

（2）存量住宅成交规模回升较快。

2024 年，上海市存量住房挂牌量延续增长态势，在供大于求的情况下，成交均价有所回落。国家统计局发布的 70 个大中城市商品住宅销售价格变动情况显示，2024 年上海市二手住宅销售价格环比累计下降 3.5%。价格回落致使“一二手倒挂”现象逐步消失，部分需求流入存量住房市场；同时，在各种利好政策刺激下，年末存量住宅市场逐步回暖，成交量回升，价格趋于稳定。

据上海市房地产交易中心统计，2024 年全年存量网签面积 1994.71 万平方米，同比增长 24.3%。其中，存量住房网签面积 1821.94 万平方米，增长 27.2%。从近六年看，2024 年月均成交面积 151.83 万平方米，与 2019 年基本持平，约占近五年成交高峰 2021 年月均成交量 191 万平方米的 80%（见图 5-2-3）。

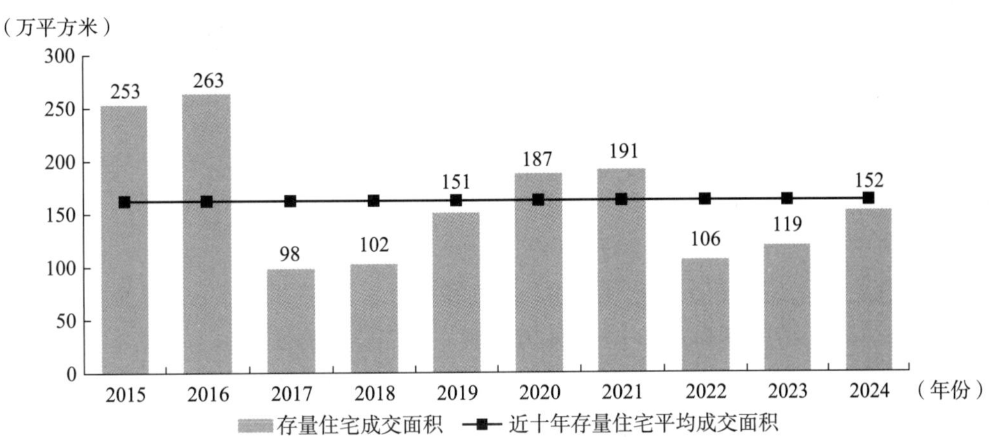

图 5-2-3　2015—2024 年上海市存量住宅网签成交规模情况

数据来源：上海市统计局。

5. 上海楼市成交特征

（1）供应减少但中心城区比例增加。

2024 年，上海市新建市场化住宅供应规模较前几年高位有所回落，供应减少是市场化成交下滑的主要原因之一。据上海市房地产交易中心统计，全年市场化住宅新增供应面积 751 万平方米，同比下降 23.2%。

尽管全部供应缩量，但中心城区楼盘供应比例明显增加。分区域看，中心城区新增供应 197 万平方米，增长 35.4%，占 26.2%，比重同比提高 14.8 个百分点；郊区新增供应 396 万平方米，同比下降 28.7%；浦东新区新增供应 158 万平方米，同比下降 42.7%。分价格段看，均价超过 10 万元/米^2 的新增供应 207 万平方米，占 27.5%，比重同比提高 11.4 个百分点；其中，均价超过 15 万元/米^2 的新增供应 86 万平方米，其规模超过上年 10 倍（见图 5-2-4）。

（2）市场化住宅冷热不均。

成交结构区域分化明显。2024 年上市楼盘中，参加摇号客户组数占准售房源套数比例①超过 200% 的楼盘均位于外环线以内（最高为徐汇中海领邸：272%），而外环线以外仅 17 个楼盘该比例超过 130%（最高为浦东

① 2021 年起，上海新盘认购采取“计分制”，项目认购比（认购组数/准售房源套数）高于入围比（入围组数/准售房源套数）的，触发计分排序规则，达到分数线的认购人，纳入公证摇号名单。所有项目中，凡是认购比高于 1.3 的，实行“5 年限售”政策。各楼盘入围比根据环线和楼盘热度，分为 2.5、2.0、1.8 和 1.3 四档。

唐镇安高申宸名邸：183%）。在中心区域楼盘去化率较高的带动下，全市新房市场保持一定热度。分区域看，中心城区市场化住宅销售面积 174. 93 万平方米，同比增长 11. 6%；郊区市场化住宅销售面积 383. 12 万平方米，同比下降 27. 5%；浦东新区市场化住宅销售面积 162. 57 万平方米，同比下降 26. 2%。

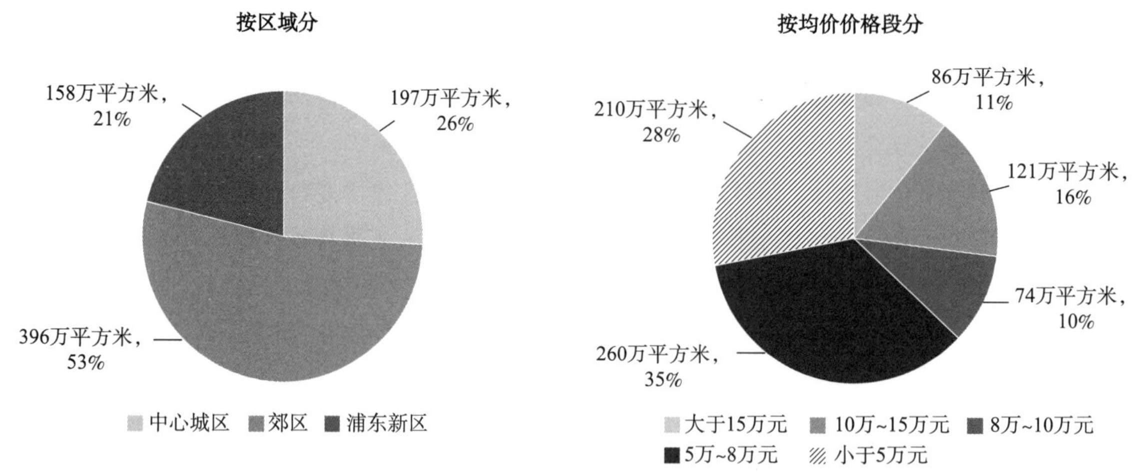

图 5-2-4　2024 年上海市新建市场化住宅供应结构

数据来源：上海市统计局。

高端住宅市场表现突出。2024 年市场化住宅中，按面积段分，90 平方米以下销售面积 64. 68 万平方米，同比下降 14. 3%；90~144 平方米销售面积 472. 24 万平方米，同比下降 29. 4%；144 平方米以上销售面积 183. 70 万平方米，同比增长 14. 1%。由此可见，大户型住宅销售面积的快速增长对市场化住宅的支撑作用显著。往年土地出让政策对中小套型占比限制严格，市场实际供应中以 90~110 平方米户型居多，此类户型同质化较为严重、产品竞争激烈；而大户型的稀缺性以及优越的功能性和舒适度，则更好地匹配改善性需求的增长。

去化周期有所增加。随着房地产市场供求关系的变化，全市新建市场化住宅去化周期有所加长。2024 年末，新建市场化住宅网上可售面积 792 万平方米，比年初增加 21 万平方米，去化周期约 13. 4 个月（年末可售面积/当年月均成交量），同比增加 3. 2 个月，但比 2024 年 9 月末的 14. 6 个月缩短。

据中原地产统计，2024 年新房市场累计认购 4. 6 万组，同比下降 59%，项目平均认购率为 78%。全年共计触发积分 39 次，下降近六成，触发积分项目基本集中全市热门板块，入围最高分为黄浦凯德茂名公馆 114. 72 分。2024 年全年共计开盘 322 次，开盘供应 5. 9 万套房源，当日成交 3. 1 万套，共计 61 个项目当日售罄，其中均价超过 10 万元以上的豪宅“日光盘”32 个。整体开盘当日去化率持续走低，全年去化率为 64%。全市共有 149 个项目开盘当日去化率不足 50%。

（3）保障性住宅起支撑作用。

2024 年，上海市持续推进住房保障工作，全市保障性住宅销售面积 636. 11 万平方米，同比增长 15. 4%，占全部住宅销售面积的 46. 9%，比重提高 9. 1 个百分点，对稳定全市新建商品房销售规模起到良好支撑作用。一方面，尽管成片二级旧里以下房屋改造已全面完成，但作为城市更新的重要环节，“两旧一村”改造仍在持续推进中。其中零星旧改和城中村改造过程中，受益居民对动迁安置房存在一定需求。另一方面，2024 年保障性租赁住房完成大宗交易约 30 万平方米，这不仅是完善引进人才住房保障体系的新要求，也是对保障性租赁住房规模化经营的全新探索。

（4）存量住房对政策反应敏感。

2024年，上海市存量住房市场的热度与政策调整的力度、频次紧密相关。从月度成交看，年初尤其是2月，在没有明显利好政策的情况下，市场观望情绪较浓，叠加春节因素，成交处于历史低位。但挂牌量增长和均价回调，促使成交规模低位企稳。1—5月月均成交120万平方米，累计成交面积下降9.0%。6月在“5·27沪九条”拉动下，购房需求迅速释放，当月成交197.59万平方米，创2021年7月以来最高。但政策效用时间较短，第三季度成交量逐月回落至新政前水平。9月底中央释放“促进房地产市场止跌回稳”信号，“9·29沪七条”出台，同时，取消普通非普通住宅标准、降低契税等政策密集出台，对降低存量住宅交易成本较新房更为有效和直接。第四季度起，政策效应持续作用，各月成交量环比连续增长，12月成交规模攀升至229.70万平方米，创2021年3月（309万平方米）以来的新高（见图5-2-5）。

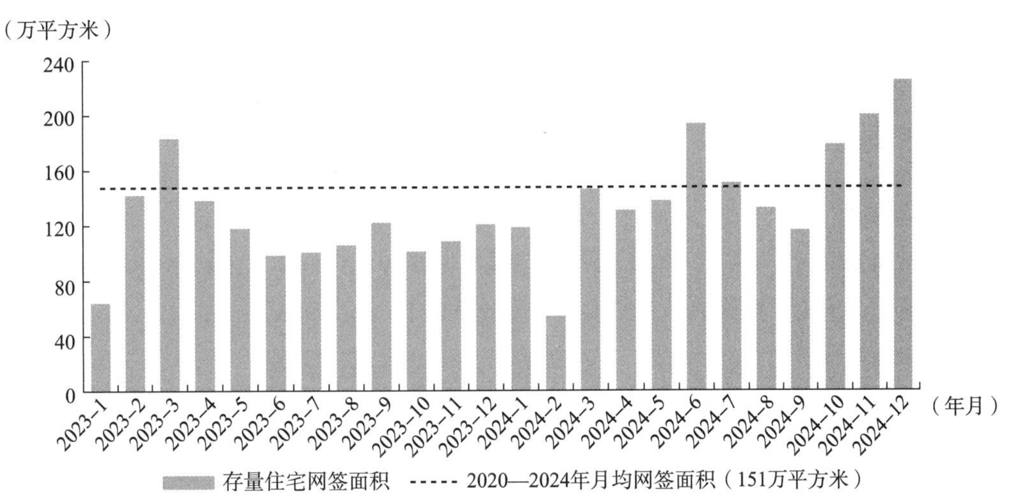

图5-2-5　2023—2024年上海市存量住宅网签月度成交量

数据来源：上海市统计局。

（二）对房地产市场平稳发展有关政策建议

1. 加强市场监测

上海作为一线城市，政策调整始终以精准化和区域化为特征，2024年，上海持续优化调整各类房地产政策，前期市场表现为“脉冲式效应”，但随着叠加政策密集出台，年末市场信心出现积极转变，政策效应期加长，这也为2025年的政策导向奠定基础。展望2025年，上海新房市场在止跌回稳的态势中迎来开局，建议保持现有政策的稳定性和连续性，分地区、多层次加强市场监测，关注各重点区域新房去化情况，观察政策的中长期效果；同时，做好政策工具箱储备，根据市场供需变化，适时因区施策、精准施策，持续推动房地产市场回稳向好，促进市场平稳健康运行。

2. 提高住宅品质

存量住宅市场交易活跃度的提升，使得采取预售制的新房面临需求被挤占的压力；同时，随着住房回归居住属性，也迫使新房市场进入结构优化和品质提升的新时期，从解决“有没有”转向解决“好不好”。一是针对近年来新房交付后矛盾较为集中的问题，不断加强住宅工程关键节点质量审查和监督，严格执行“房屋质量预看房”制度，减少交付验收环节存在的质量问题，提前化解矛盾，提升购房者的获得感和满意度。二是鼓励房地产企业开发高品质住宅，提升区域居住价值，满足市场对“好房子”的需求，如引导企业创新户型设计，注重产品升级，避免同质化；适当调整相关住宅建设标准，如优化容积率计算规则、放宽阳台进深等方面的限制，提高住宅实用率。通过政策引导和市场激励，推动行业向高质量发展转型，提升城市人居品质，助力房地产市场从“政策驱动”转向“内生复苏”。

3. 优化土地供应

2025 年，面对当前新房市场冷热不均的情况，一是控制库存高、去化慢区域的土地供应，在此类区域逐步推行现房销售制度、国有企业收购现房用作保障房等；同时，扩大房票安置试点范围，为区域内新房销售提供新的机会，也有助于去库存、稳市场。二是增加核心区域住宅地块的供应。无论是中心城区还是五大新城、南北重点转型区域，优质地块普遍具有交通便捷、配套完善、周边供应稀缺等特点，各类购房人群尤其是改善性，对此类地块住宅的需求较为迫切。因此，增加核心区域优质地块的供应，将是解决市场供需矛盾的重要途径。三是优化新房供应结构和上市节奏，同区域、同户型、同总价区间的楼盘错峰上市，精准匹配市场需求；中心城区热门楼盘和郊区楼盘搭配供应，因势利导，将优质楼盘的热度逐步向外递延。

（罗欣蟾）

三、广东省房地产市场

（一）投资建设情况

受商品房销售市场持续下行、行业资金状况持续紧张等因素影响，2024 年市场主体投资意愿和能力依旧疲弱，全年广东省累计完成房地产投资 11197.97 亿元，同比下降 18.2%，降幅同比扩大 8.2 个百分点，较年初扩大 4.6 个百分点（见图 5-3-1）。

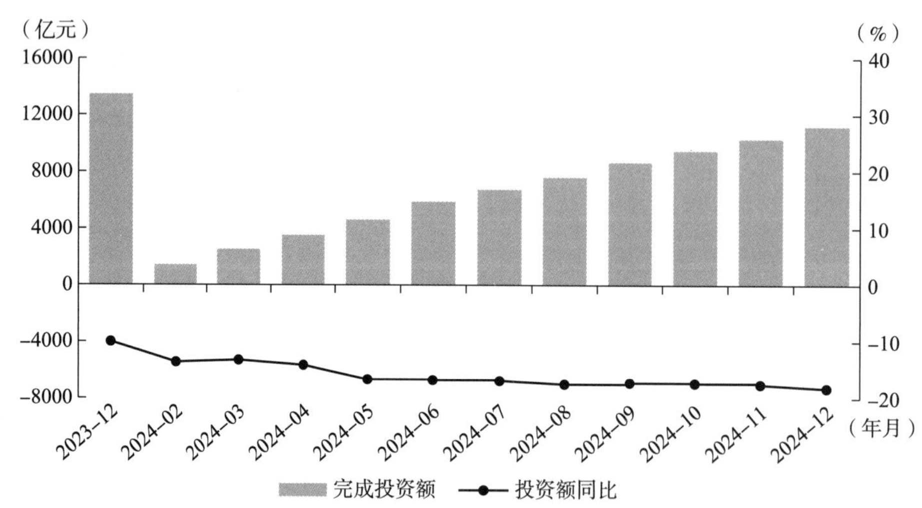

图 5-3-1　2024 年广东省房地产企业累计投资额同比走势

数据来源：广东省统计局。

从建设指标看，截至 2024 年末，广东省商品房施工面积约 7.26 亿平方米，同比下降 12.5%。2024 年新开工面积 5227.09 万平方米、竣工面积 6561.68 万平方米，同比分别下降 24.1%、20.8%（见图 5-3-2）。其中，商品住宅新开工面积 3490.12 万平方米，同比下降 26.4%；竣工面积 4753.05 万平方米，同比下降 12.1%，降幅比新开工面积低 14.3 个百分点。

数据显示，随着 2022 年国家提出“保交楼”任务要求，广东商品住宅竣工面积与同期销售面积的比值明显提升，2024 年升至 0.81，为近 20 年来最高（见图 5-3-3）。

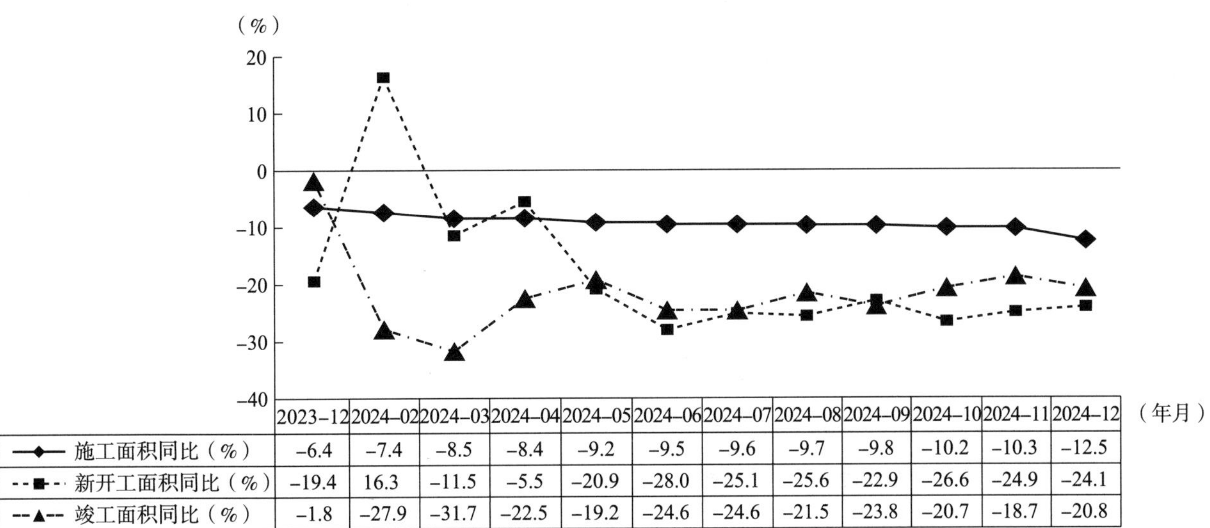

	2023-12	2024-02	2024-03	2024-04	2024-05	2024-06	2024-07	2024-08	2024-09	2024-10	2024-11	2024-12
施工面积同比（%）	-6.4	-7.4	-8.5	-8.4	-9.2	-9.5	-9.6	-9.7	-9.8	-10.2	-10.3	-12.5
新开工面积同比（%）	-19.4	16.3	-11.5	-5.5	-20.9	-28.0	-25.1	-25.6	-22.9	-26.6	-24.9	-24.1
竣工面积同比（%）	-1.8	-27.9	-31.7	-22.5	-19.2	-24.6	-24.6	-21.5	-23.8	-20.7	-18.7	-20.8

图 5-3-2　2024 年广东省商品房累计施工、新开工、竣工面积同比走势

数据来源：广东省统计局。

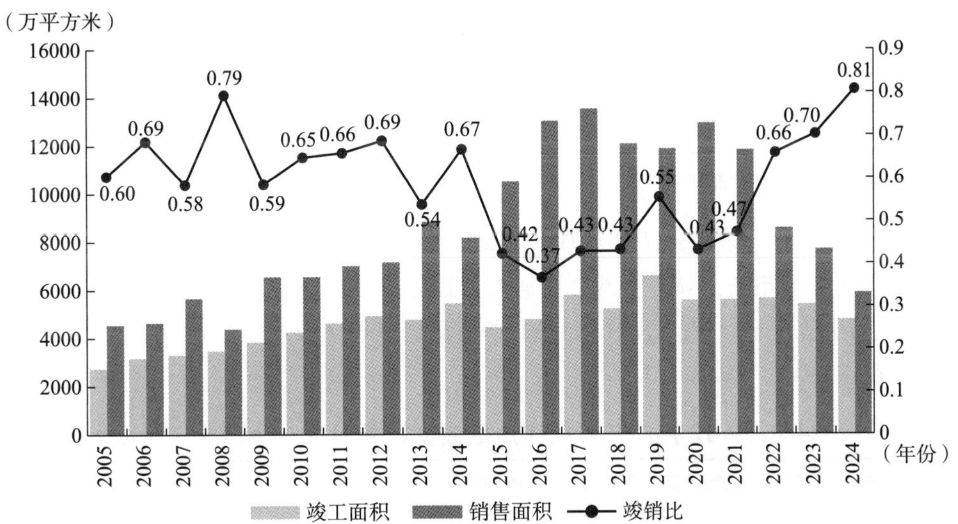

图 5-3-3　2005—2024 年广东省商品住宅竣工面积与销售面积比值走势

数据来源：广东省统计局。

（二）土地供应与成交情况

据监测，2024 年广东省经营性用地挂牌面积 9383.30 万平方米，同比下降 15.6%；成交面积 7755.26 万平方米、成交金额 2459.87 亿元，同比分别下降 18.3%、28.2%。其中，居住用地挂牌面积 1265.28 万平方米，同比下降 36.4%；成交面积 941.31 万平方米、成交金额 1674.63 亿元，同比分别下降 29.8%、30.4%（见表 5-3-1、表 5-3-2）。

表 5-3-1　2023 年和 2024 年广东经营性用地挂牌情况

年份	挂牌宗数（宗）				挂牌面积（万平方米）			
	合计	居住用地	商服用地	工业用地	合计	居住用地	商服用地	工业用地
2023	3258	632	354	2272	11115.80	1989.49	614.01	8512.29
2024	3223	456	484	2283	9383.30	1265.28	734.78	7383.24
同比（%）	-1.1	-27.8	36.7	0.5	-15.6	-36.4	19.7	-13.3

数据来源：广东省房协土地与产业研究中心。

表 5-3-2　2024 年广东经营性用地出让成交情况

指标	数值				同比（%）			
	合计	居住用地	商服用地	工业用地	合计	居住用地	商服用地	工业用地
成交宗数（宗）	2674	284	385	2005	-1.8	-24.1	32.3	-2.6
用地面积（万平方米）	7755.26	941.31	556.01	6257.94	-18.3	-29.8	19.7	-18.5
可建面积（万平方米）	20062.41	2296.93	1252.76	16512.72	-18.0	-31.4	13.4	-17.5
成交金额（亿元）	2459.87	1674.63	226.95	558.29	-28.2	-30.4	-34.9	-17.0

数据来源：广东省房协土地与产业研究中心。

从居住用地成交走势看，2024 年前 7 个月月均成交金额仅 39.38 亿元，合计成交金额 275.65 亿元，同比大幅下降 77.6%。8 月起，随着重点城市推地力度加大，且优质地块增多，成交金额明显回升。8—12 月合计成交 1398.98 亿元，同比增长 19.1%；月均成交 182.15 亿元，是前 7 个月月均水平的 7.1 倍，呈现先抑后扬态势（见表 5-3-3、图 5-3-4）。

表 5-3-3　2024 年 8—12 月广东省居住用地成交及单月成交金额 5 亿元以上城市列表

月份	城市	宗数（宗）	占地面积（万平方米）	建筑面积（万平方米）	成交金额（亿元）	溢价率（%）
8	全省	11	66.01	141.39	104.14	0.0
	广州	5	49.30	96.60	97.06	0.1
9	全省	24	49.22	140.10	230.60	19.7
	广州	5	17.39	45.19	177.45	20.8
	深圳	1	1.00	5.40	28.20	35.6
	佛山	2	5.60	14.80	13.25	0.0
10	全省	22	73.52	161.56	208.28	0.0
	广州	6	15.83	30.29	89.32	0.0
	深圳	1	18.16	28.99	66.65	0.0
	佛山	4	21.49	60.16	44.43	0.0

续表

月份	城市	宗数（宗）	占地面积（万平方米）	建筑面积（万平方米）	成交金额（亿元）	溢价率（%）
11	全省	42	135.48	362.58	185.60	1.1
	广州	6	24.96	75.14	83.66	0.1
	江门	4	8.37	17.41	5.41	0.0
	深圳	1	1.37	3.82	14.35	16.5
	佛山	8	29.18	66.59	53.06	0.0
	湛江	6	23.97	71.33	10.26	0.1
	肇庆	4	14.22	35.80	7.89	0.0
12	全省	96	387.55	909.06	670.36	9.7
	潮州	2	6.58	19.73	6.51	0.0
	东莞	3	32.36	52.13	28.76	0.2
	广州	22	85.81	159.23	254.55	0.1
	江门	15	52.54	113.72	23.92	0.0
	茂名	7	44.86	136.27	16.75	0.0
	清远	9	25.98	54.30	8.34	0.1
	汕头	4	19.25	58.33	24.37	1.0
	深圳	2	4.61	28.94	185.22	46.3
	佛山	9	51.46	109.86	56.74	0.0
	肇庆	7	30.76	90.42	9.24	0.0
	中山	2	7.36	16.80	11.74	0.0
	珠海	2	9.93	27.57	38.47	0.0

数据来源：广东省房协土地与产业研究中心。

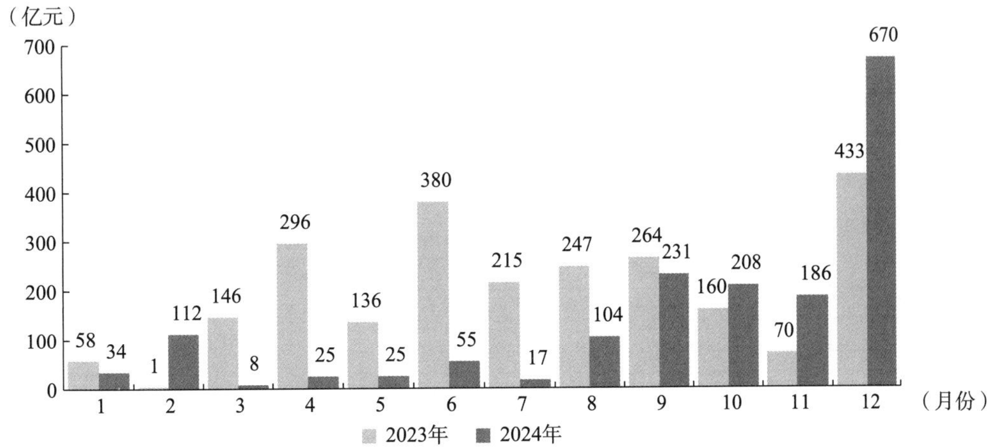

图 5-3-4　2023 年和 2024 年各月广东省居住用地成交金额走势

数据来源：广东省房协土地与产业研究中心。

从 2024 年广东省各市居住用地成交金额看，广州、深圳和佛山分列前三名，分别为 772.74 亿元、346.21 亿元和 243.67 亿元，合计占全省的 81.4%；珠海、江门、东莞、肇庆、汕头和茂名等 6 市分别为 68.50 亿元、

42.92 亿元、28.76 亿元、26.00 亿元、27.74 亿元和 34.88 亿元，合计占全省的 13.7%；其余 12 个城市合计 83.23 亿元，合计占全省的 5.0%，各市占比均不足 1%（见图 5-3-5）。

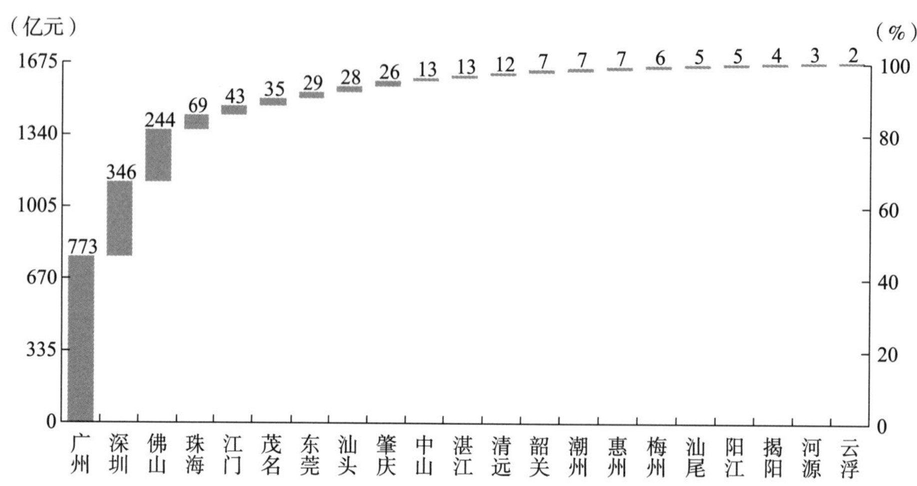

图 5-3-5　2024 年广东各市居住用地成交金额情况

数据来源：广东省房协土地与产业研究中心。

（三）开发企业资金情况

2024 年，广东省房地产企业到位资金 1.42 万亿元，同比下降 22.1%，降幅与 1—11 月持平。其中，国内贷款和自筹资金同比分别下降 22.6%和 24.0%，降幅比 1—11 月分别扩大 1.6 个和 2.8 个百分点，反映出企业的外部融资渠道仍较有限；定金及预收款、个人按揭贷款分别同比下降 23.3%、18.6%，降幅自 3 月起总体上逐月收窄，与商品房销售量的同比走势基本一致，是带动总体到位资金降幅趋于收窄的主要动力（见图 5-3-6、表 5-3-4）。

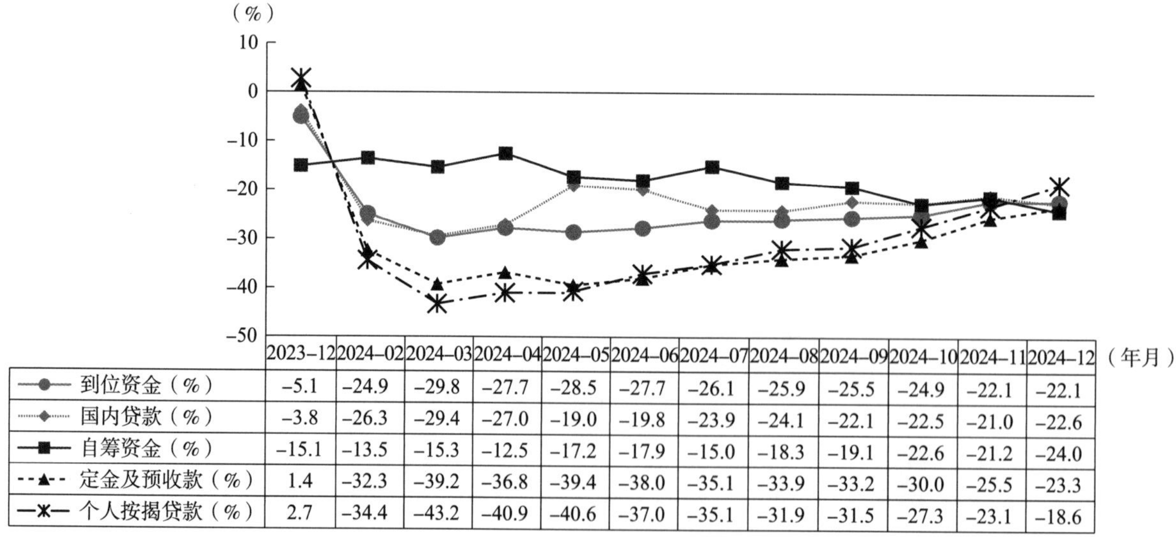

	2023-12	2024-02	2024-03	2024-04	2024-05	2024-06	2024-07	2024-08	2024-09	2024-10	2024-11	2024-12
到位资金（%）	-5.1	-24.9	-29.8	-27.7	-28.5	-27.7	-26.1	-25.9	-25.5	-24.9	-22.1	-22.1
国内贷款（%）	-3.8	-26.3	-29.4	-27.0	-19.0	-19.8	-23.9	-24.1	-22.1	-22.5	-21.0	-22.6
自筹资金（%）	-15.1	-13.5	-15.3	-12.5	-17.2	-17.9	-15.0	-18.3	-19.1	-22.6	-21.2	-24.0
定金及预收款（%）	1.4	-32.3	-39.2	-36.8	-39.4	-38.0	-35.1	-33.9	-33.2	-30.0	-25.5	-23.3
个人按揭贷款（%）	2.7	-34.4	-43.2	-40.9	-40.6	-37.0	-35.1	-31.9	-31.5	-27.3	-23.1	-18.6

图 5-3-6　2024 年广东省房地产开发到位资金及主要来源资金累计同比增速走势

数据来源：广东省统计局。

表 5-3-4　2023 年和 2024 年广东省房地产开发资金来源及同比情况

年份	到位资金小计（亿元）	国内贷款（亿元）	利用外资（亿元）	自筹资金（亿元）	定金及预收款（亿元）	个人按揭贷款（亿元）	其他资金（亿元）
2023	18186. 79	2857. 43	17. 89	5993. 29	6020. 35	2775. 16	522. 68
2024	14173. 69	2212. 74	8. 09	4552. 53	4619. 11	2259. 73	521. 50
同比（%）	-22. 1	-22. 6	-54. 8	-24. 0	-23. 3	-18. 6	-0. 2

数据来源：广东省统计局。

从单月看，12 月到位资金 1434. 37 亿元，同比下降 21. 8%，环比增长 2. 1%，为 3 月以来单月次高（见图 5-3-7）。其中，国内贷款 159. 98 亿元，同比、环比分别下降 38. 5%、5. 6%；自筹资金 318. 62 亿元，同比、环比分别下降 48. 7%、25. 3%，均处于年内较低水平。定金及预收款、个人按揭贷款则分别达 628. 89 亿元、287. 91 亿元，环比分别增长 21. 2%、11. 8%，均创年内单月最高；其中个人按揭贷款同比增长 37. 2%，而定金及预收款同比下降 5. 7%，这与“9・24”新政将首套和二套住房最低首付统一降至 15%及降低房贷利率有关，购房者加杠杆的空间、能力和意愿得到提升（见表 5-3-5）。

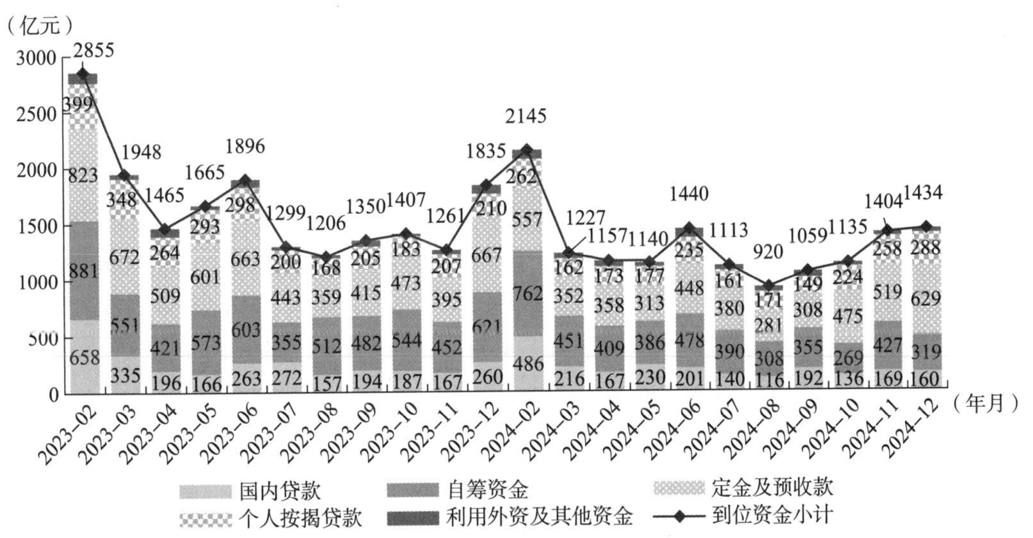

图 5-3-7　2023—2024 年广东省房地产企业到位资金单月走势

数据来源：广东省统计局。

表 5-3-5　2024 年 12 月广东省房地产开发资金来源及同比、环比情况

时间	当年到位资金小计（亿元）	国内贷款（亿元）	利用外资（亿元）	自筹资金（亿元）	定金及预收款（亿元）	个人按揭贷款（亿元）	其他资金（亿元）
2023 年 12 月	1834. 57	260. 24	0. 71	620. 55	667. 13	209. 87	76. 07
2024 年 11 月	1404. 37	169. 43	0. 04	426. 68	518. 79	257. 58	31. 85
2024 年 12 月	1434. 37	159. 98	0. 51	318. 62	628. 89	287. 91	38. 47
同比（%）	-21. 8	-38. 5	-28. 9	-48. 7	-5. 7	37. 2	-49. 4
环比（%）	2. 1	-5. 6	1348. 9	-25. 3	21. 2	11. 8	20. 8

数据来源：广东省统计局。

从广东省房地产开发贷款情况看，截至 2024 年末，全省中外资银行业机构房地产开发贷款余额 1. 79 万亿元，比年初增加 498. 44 亿元，同比多增 248. 78 亿元，但比 2022 年则少增 548. 97 亿元。其中，2024 年上半年合计增加 961. 31 亿元，下半年合计减少 462. 88 亿元，反映出城市房地产融资协调机制仍有进一步完善空间（见图 5-3-8）。

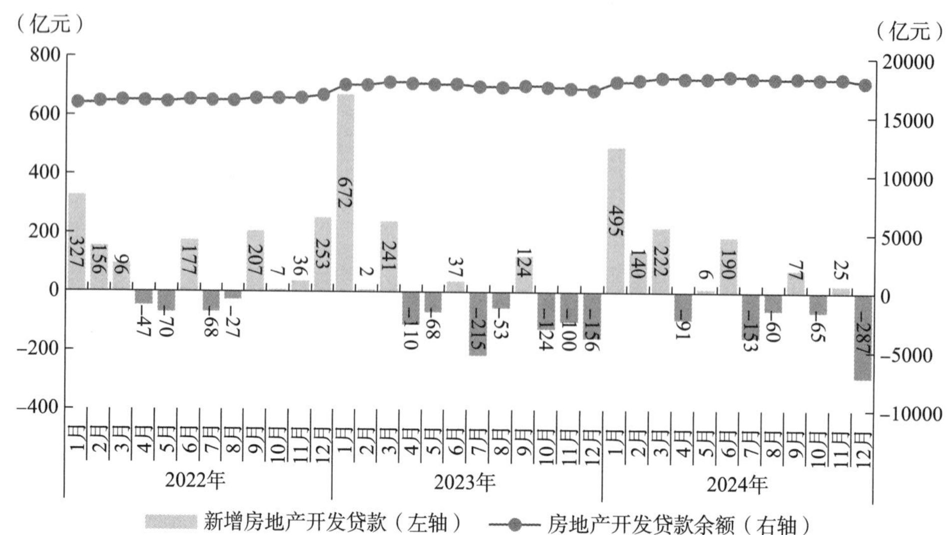

图 5-3-8　2022—2024 年广东省新增房地产开发贷款及贷款余额走势

数据来源：中国人民银行广东省分行。

（四）商品房销售情况

在各项政策作用下，广东省商品房销售量同比降幅自 4 月起逐月收窄。第一季度，全省新建商品住宅销售面积 1311. 11 万平方米，同比下降 42. 8%，降幅比 1—2 月扩大 0. 6 个百分点。“5・17” 组合新政促使 5 月、6 月销售面积环比连续增长，上半年累计销售 2832. 81 万平方米，同比下降 35. 9%，降幅比第一季度缩窄 6. 9 个百分点。但随后政策效应有所减弱，前三季度累计销售 4131. 05 万平方米，同比下降 30. 8%，降幅比上半年收窄 5. 1 个百分点。随着 9 月下旬新一轮增量政策的持续加力，第四季度各月销售面积同比均由负转正，单季度销售面积 1759. 96 万平方米，同比增长 3. 6%，环比增长 35. 6%，市场明显回暖。全年全省商品房、商品住宅分别销售 7488. 48 万平方米、5891. 01 万平方米，同比分别下降 21. 8%、23. 1%，降幅比第一季度分别收窄 12. 8 个、19. 7 个百分点，市场止跌回稳初现端倪（见图 5-3-9、图 5-3-10）。

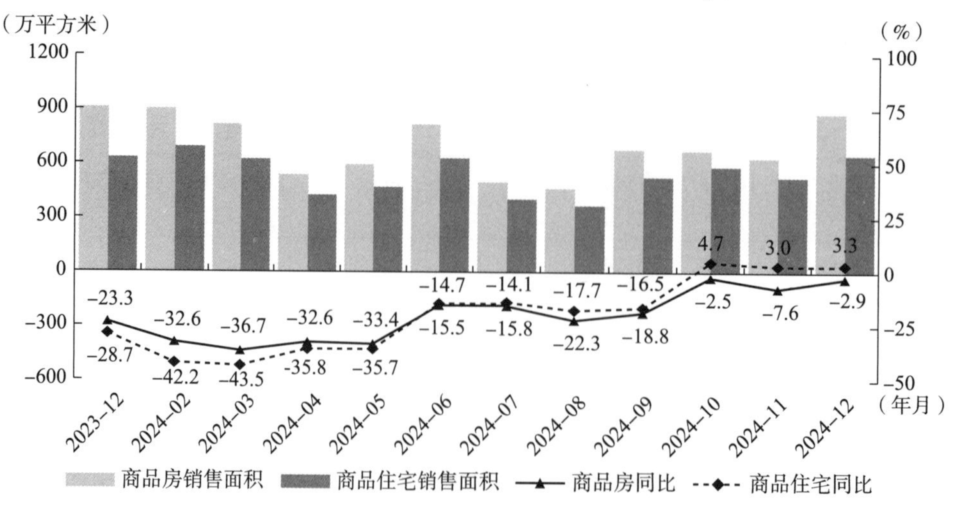

图 5-3-9　2023—2024 年广东省商品房、商品住宅销售面积走势

数据来源：广东省统计局。

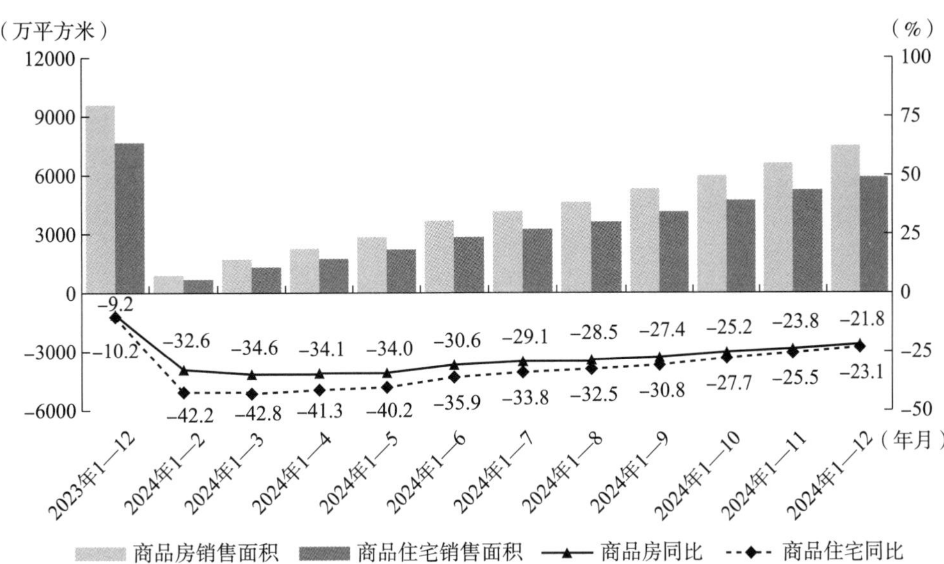

图 5-3-10　2023—2024 年广东省商品房、商品住宅销售面积累计走势

数据来源：广东省统计局。

与往年相比，2024 年广东省商品房销售面积为 2011 年以来同期最低，较 2017 年的历史同期峰值下降 53.1%；其中商品住宅销售面积为 2010 年以来同期最低，较峰值下降 56.4%，反映出当前市场活跃度依然偏弱，政策仍需持续用力（见图 5-3-11）。

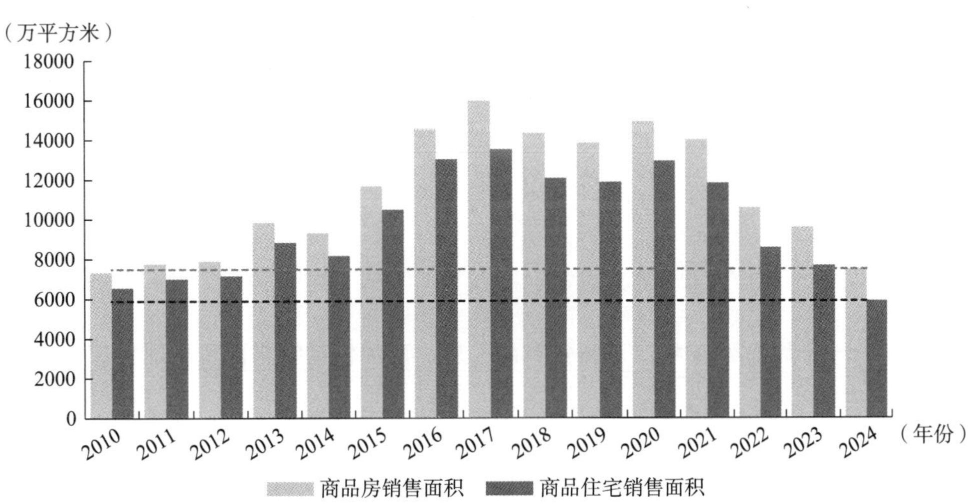

图 5-3-11　2010—2024 年广东省商品房、商品住宅销售面积比较

数据来源：广东省统计局。

从 2024 年各市商品住宅销售面积看，广州、深圳、惠州和佛山 4 市位居前四，在 549 万～846 万平方米，合计 2718.92 万平方米，占全省的 46.0%；江门、东莞、茂名、中山、湛江、汕头、清远、肇庆和珠海等 9 市分列第五至第十三，在 203 万～322 万平方米，合计 2195.99 万平方米，占 37.3%；其余 8 市合计 976.10 万平方米，占 16.7%（见图 5-3-12）。从同比情况看，深圳增长 10.6%，是全省唯一实现正增长的城市；东莞、珠海分别下降 5.8%、6.2%，其余城市降幅超过 10%（见图 5-3-13）。

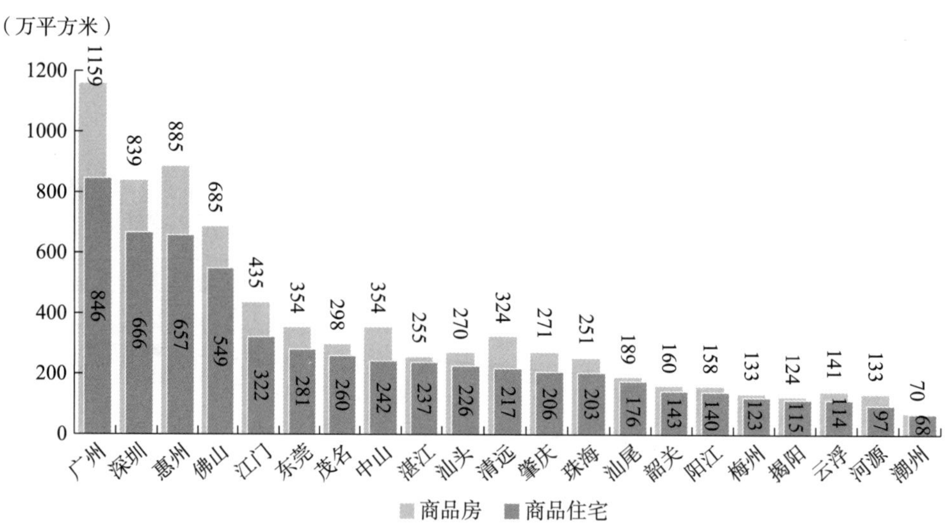

图 5-3-12　2024 年广东省各市商品房、商品住宅销售面积情况

数据来源：广东省统计局。

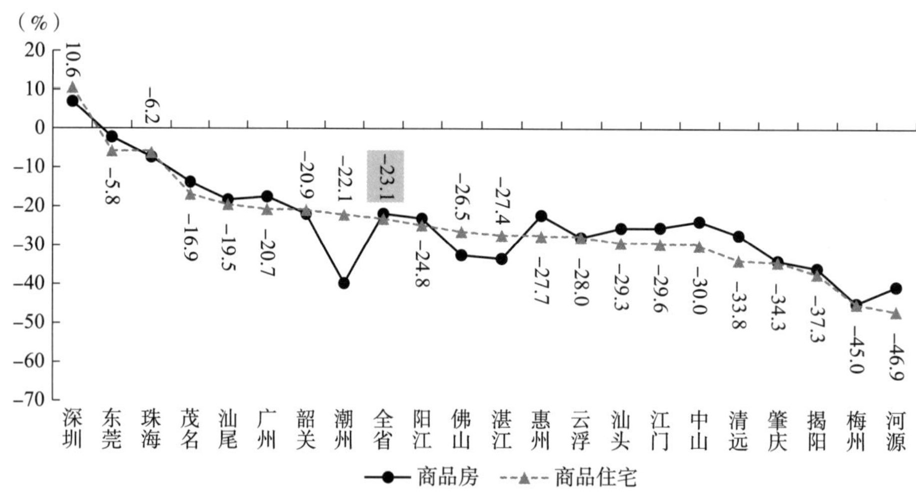

图 5-3-13　2024 年广东省各市商品房、商品住宅销售面积同比情况

数据来源：广东省统计局。

从商品房已竣工尚未出售或出租的待售面积（即现房库存）看，截至 2024 年末，广东省商品房待售面积 1.17 亿平方米，其中商品住宅 5346.73 万平方米，全年呈稳中趋降态势。按最近一年月均销售面积计算，商品房总体去化周期 18.7 个月，比上月末延长 0.5 个月，总体逐月小幅上行；其中，商品住宅去化周期 10.9 个月，延长 0.3 个月（见图 5-3-14）。

从已获得销售（预售）许可尚未售出的可售面积（期房库存+现房库存）看，2024 年末广东省商品房可售面积 2.02 亿平方米，其中商品住宅可售面积 1.20 亿平方米，比 3 月末的高点分别减少 818.56 万平方米和 1008.76 万平方米；商品房去化周期为 32.4 个月，比上月末延长 0.2 个月，再创新高；其中商品住宅去化周期为 24.4 个月，连续 3 个月小幅下降，累计缩短 1 个月，出现一定的积极信号，但去化周期仍处于高位，去化压力暂未明显减缓（见图 5-3-15）。

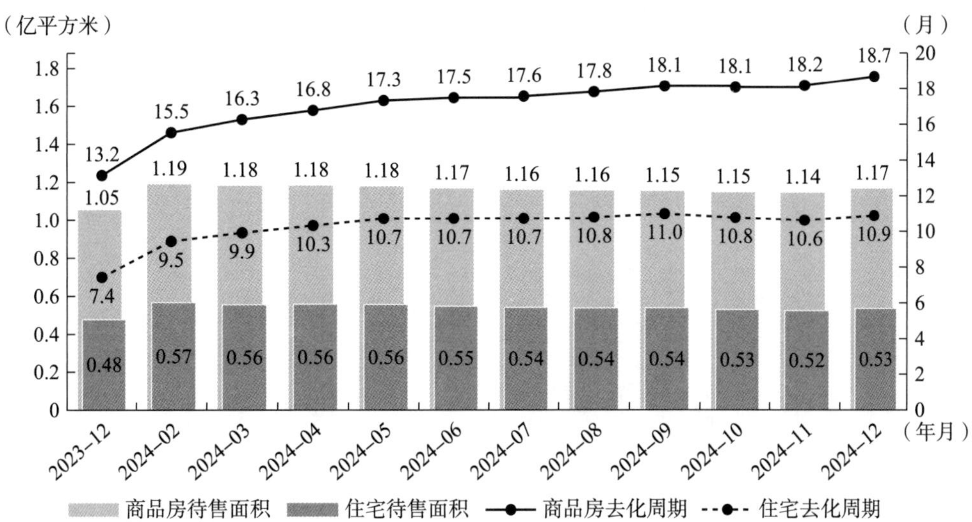

图 5-3-14　2023—2024 年广东省商品房、商品住宅待售面积及去化周期走势

数据来源：广东省统计局。

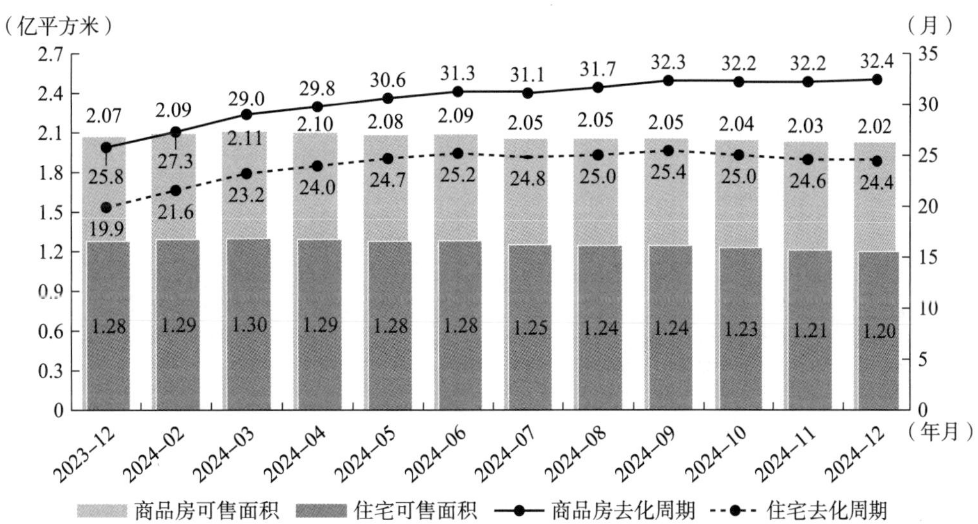

图 5-3-15　2023—2024 年广东省商品房、商品住宅可售面积及去化周期走势

数据来源：广东省统计局。

从各市商品住宅库存情况看，截至 2024 年末，广州的可售面积 1632 万平方米，为各市最多；其后的深圳、惠州在 1000 万平方米左右，佛山约 840 万平方米；清远、中山、江门大致相当，在 608 万~631 万平方米；珠海、汕头、茂名、梅州 4 市在 510 万~578 万平方米，肇庆、湛江、韶关、东莞、揭阳、阳江 6 市在 395 万~481 万平方米，规模也较为接近；河源、云浮、汕尾和潮州在 118 万~213 万平方米，规模最小（见图 5-3-16）。

从去化周期看，2024 年末，各市商品住宅可售面积去化周期均超过 1 年，最短为 12.6 个月，最长则接近 50 个月。其中，有 13 个城市的商品住宅待售面积去化周期超过 10 个月，最长 25.5 个月（见图 5-3-17）。

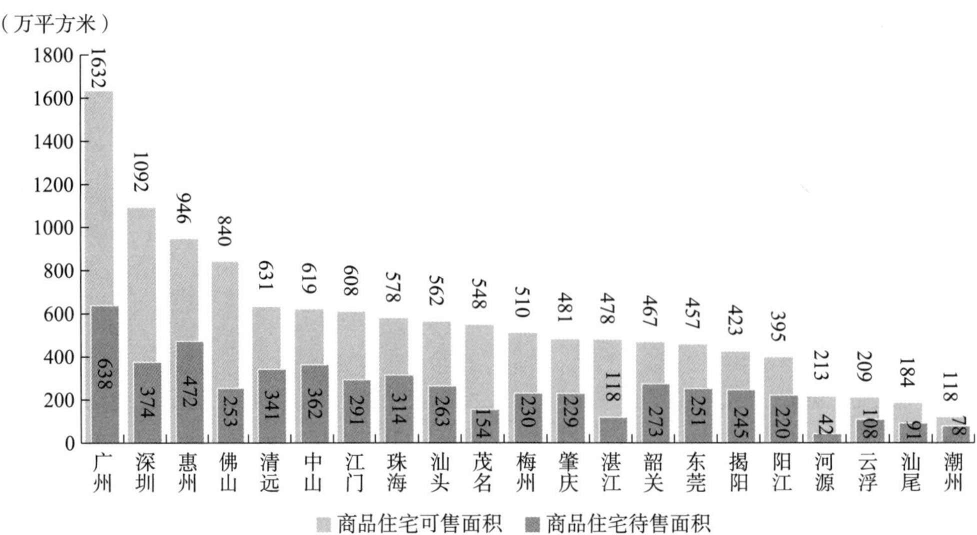

图 5-3-16　2024 年 12 月末广东省各市商品住宅可售及待售面积情况

数据来源：广东省统计局。

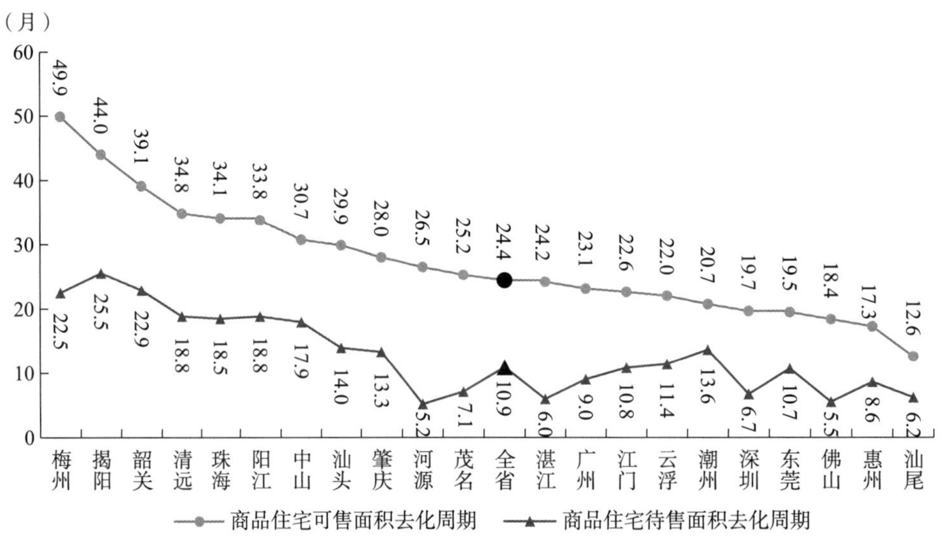

图 5-3-17　2024 年末广东省各市商品住宅可售、待售面积去化周期情况

数据来源：广东省统计局。

（五）广东省房地产市场主要指标数据

表 5-3-6　2024 年广东省各用途商品房销售情况

类型	销售面积（万平方米）	占比（%）	同比（%）	销售额（亿元）	占比（%）	同比（%）	销售均价（元/米^2）	同比（%）
商品房合计	7488.48	100	-21.8	11894.57	100	-21.2	15884	0.8
商品住宅	5891.01	78.7	-23.1	10338.88	86.9	-20.3	17550	3.7
办公楼	340.74	4.6	2.5	652.50	5.5	-10.0	19150	-12.2

续表

类型	销售面积（万平方米）	占比（%）	同比（%）	销售额（亿元）	占比（%）	同比（%）	销售均价（元/米²）	同比（%）
商业营业用房	410.76	5.5	-29.3	518.17	4.4	-40.1	12615	-15.3
其他	845.97	11.3	-15.7	385.02	3.2	-28.2	4551	-14.9

数据来源：广东省统计局。

表 5-3-7　2024 年广东省各市商品房销售情况

地区	销售面积（万平方米）		面积同比（%）		销售金额（亿元）		金额同比（%）	
		住宅		住宅		住宅		住宅
广东省	7488.48	5891.01	-21.8	-23.1	11894.57	10338.88	-21.2	-20.3
广州市	1159.25	846.48	-17.5	-20.7	3114.32	2660.26	-23.6	-23.2
深圳市	838.72	666.49	7.0	10.6	3572.85	3102.71	2.3	5.5
珠海市	251.17	203.46	-7.3	-6.2	520.31	455.01	-18.6	-16.1
汕头市	270.37	225.86	-25.5	-29.3	254.53	207.33	-26.1	-29.6
佛山市	685.17	548.63	-32.5	-26.5	976.28	894.65	-34.9	-31.2
韶关市	159.98	143.27	-21.9	-20.9	87.42	76.10	-26.3	-25.8
河源市	132.59	96.66	-40.6	-46.9	65.66	55.25	-44.7	-47.5
梅州市	133.25	122.53	-44.8	-45.0	70.69	64.49	-48.6	-48.8
惠州市	885.04	657.32	-22.3	-27.7	772.71	665.71	-32.4	-33.6
汕尾市	188.77	175.64	-18.3	-19.5	128.58	120.07	-22.4	-20.0
东莞市	353.55	281.30	-2.2	-5.8	639.88	566.66	-30.1	-32.5
中山市	354.28	241.88	-23.8	-30.0	346.95	302.83	-35.3	-33.8
江门市	434.89	322.37	-25.4	-29.6	307.48	263.55	-27.9	-29.0
阳江市	158.01	140.27	-23.1	-24.8	85.89	78.10	-24.2	-24.7
湛江市	255.40	237.42	-33.4	-27.4	229.04	214.79	-34.4	-28.7
茂名市	297.71	260.23	-13.7	-16.9	180.81	159.93	-19.6	-20.9
肇庆市	271.34	206.17	-33.9	-34.3	153.64	125.54	-33.6	-32.3
清远市	323.70	217.29	-27.4	-33.8	185.33	144.17	-32.3	-35.3
潮州市	70.38	68.34	-39.7	-22.1	44.84	42.66	-32.4	-28.5
揭阳市	124.29	115.31	-35.9	-37.3	88.89	81.41	-33.7	-34.6
云浮市	140.63	114.08	-28.0	-28.0	68.47	57.66	-25.8	-28.0
按经济区域分								
珠三角	5233.41	3974.10	-18.6	-19.8	10404.42	9036.91	-19.7	-18.6
东翼	653.80	585.15	-27.7	-27.7	516.84	451.48	-27.3	-28.2
西翼	711.12	637.93	-23.9	-22.8	495.73	452.83	-27.9	-25.4
山区	890.15	693.83	-32.1	-35.3	477.57	397.67	-35.5	-37.5

数据来源：广东省统计局。

表 5-3-8　2024 年广东省各市商品房施工、新开工面积情况

地区	施工面积（万平方米）		施工同比（%）		新开工面积（万平方米）		新开工同比（%）	
		住宅		住宅		住宅		住宅
广东省	72573.69	48156.01	-12.5	-13.1	5227.09	3490.12	-24.0	-26.4
广州市	12589.25	7359.63	-1.2	-0.2	1068.49	669.60	-5.2	9.9
深圳市	10010.52	5444.77	-10.6	-9.0	783.49	514.69	-25.3	-25.6
珠海市	2928.69	1551.05	-8.5	-10.0	198.69	128.39	-3.9	-13.4
汕头市	2709.72	1791.17	-18.1	-19.1	172.92	111.21	-11.4	-23.0
佛山市	5793.47	3985.29	-18.1	-17.7	374.05	204.26	-21.5	-39.1
韶关市	1436.43	1101.19	-25.5	-26.5	92.57	72.26	-56.1	-57.1
河源市	1276.34	969.41	-29.3	-29.5	40.41	31.90	-78.0	-76.7
梅州市	1666.98	1290.25	-18.1	-18.3	119.90	104.67	-35.7	-29.5
惠州市	6439.54	4896.61	-16.8	-17.5	241.29	147.40	-37.7	-44.1
汕尾市	1018.89	792.83	-17.4	-16.3	187.42	151.44	58.0	73.6
东莞市	3396.65	2202.39	-13.4	-15.5	230.23	140.60	-42.4	-46.8
中山市	3258.02	2163.80	-8.3	-7.1	186.86	107.52	-0.1	-23.1
江门市	3392.50	2520.53	-9.9	-10.0	333.14	239.85	-8.3	-3.1
阳江市	1203.72	1023.73	-15.2	-14.0	125.11	112.82	12.0	30.2
湛江市	3255.96	2341.99	-14.9	-14.7	174.28	115.18	-60.1	-65.7
茂名市	3099.19	2258.79	-11.4	-10.7	224.60	161.46	-30.2	-30.9
肇庆市	2679.81	1959.74	-16.3	-17.0	131.89	95.18	-45.6	-49.3
清远市	3441.77	2333.79	-13.7	-14.7	230.72	140.48	-3.7	-15.7
潮州市	536.07	395.53	-27.2	-29.0	61.64	51.47	-7.4	20.0
揭阳市	1181.11	881.73	-7.5	-8.0	146.28	115.19	-16.6	-27.1
云浮市	1259.07	891.79	-18.1	-19.5	103.13	74.57	-46.8	-48.0
按经济区域分								
珠三角	50488.44	32083.81	-10.5	-10.8	3548.12	2247.48	-20.1	-22.2
东翼	5445.79	3861.26	-16.9	-17.4	568.25	429.31	2.3	-0.8
西翼	7558.87	5624.51	-13.5	-13.0	523.99	389.46	-39.8	-40.6
山区	9080.59	6586.43	-19.6	-20.6	586.73	423.87	-42.2	-44.5

数据来源：广东省统计局。

（钟武贞　广东省房地产行业协会）

四、广州市房地产市场

（一）2024 年广州市房地产市场发展现状及特点

2024 年，为促进房地产市场止跌回稳，广州市积极适应市场供求关系变化新形势，用好用活中央一揽子增量政策，打好“四个取消、四个降低、两个增加”政策“组合拳”。其中，三次优化调整限购政策，成为全国唯一全面取消限购的一线城市；两次上调公积金贷款最高额度，多孩家庭购买首套及二套住房的最高贷款额度可上浮 40%至 224 万元（见表 5-4-1）。在政策持续优化下，房地产市场初步呈现止跌回稳态势。

表 5-4-1　2024 年广州市出台的主要房地产政策

时间	文件	主要内容
1 月 27 日	《关于进一步优化我市房地产市场平稳健康发展政策措施的通知》（穗府办函〔2024〕6 号）	继续加大住房保障力度。精准支持房地产项目合理融资需求。优化调整限购政策，限购区域内 120m^2 以上住房不限购；出租/挂牌并备案，可相应核减家庭住房套数；允许“双证/多证合一”；商服物业不再限定转让对象
4 月 8 日	《关于调整个人住房公积金贷款最高额度有关事项的通知》（穗公积金中心规字〔2024〕1 号）	上调公积金贷款最高额度，一人最高升至 70 万元，两人或以上最高至 120 万元；购买新建一星级绿色建筑或新建装配式建筑的最高额度可上浮 10%；购买新建二星及以上星级绿色建筑的可上浮 20%
5 月 28 日	《关于进一步促进我市房地产市场平稳健康发展的通知》（穗府办函〔2024〕38 号）	限购区域社保或个税从 2 年降至 6 个月；在购房所在区内无住房且符合购房条件的，新购住房贷款可按首套住房认定；商贷最低首付首套 15%、二套 25%，取消贷款利率下限；符合“租一买一”“卖一买一”条件的，可按核减后名下住房套数认定；允许提取公积金支付购买首套新建商品住房首付款；全面取消限售；支持鼓励商品住房“以旧换新”，鼓励规模化租赁机构收购存量商品住房
9 月 29 日	《关于调整我市房地产市场平稳健康发展措施的通知》（穗府办函〔2024〕65 号）	取消居民家庭在本市购买住房的各项限购政策
11 月 26 日	《关于调整住房公积金政策的通知》（穗公积金中心规字〔2024〕2 号）	再度上调公积金贷款最高额度，一人最高额调至 80 万元，两人或以上调至 160 万元，多孩家庭购买首套及二套的最高额度上浮 40%至 224 万元；购买首套及二套公积金最低首付款比例均为 20%，其中购买保障性住房的最低首付 15%

数据来源：广州市政府网站。

1. 投资建设情况

2024 年，广州市房地产开发企业本年到位资金 4293. 93 亿元，同比下降 9. 4%。其中，随着城市房地产融资协调机制的建立和实施，国内贷款同比增长 15. 8%，占全年到位资金的 19. 6%，同比提高 4. 2 个百分点，占比达到 2021 年以来最高。得益于广州市较大力度调降购房首付比例和房贷利率，居民购房加杠杆的空间、能力和意愿均得到提升，2024 年定金及预收款同比下降 4. 6%，占比略升 1. 5 个百分点；而个人按揭贷款同比增长 21. 0%，占比达 18. 1%，显著高于近十年其他年份水平。自筹资金同比大幅下降 35. 5%，占比下降 11. 7 个百分点至 29. 1%，是导致 2024 年到位资金下降的主要项目，也反映出企业外部融资环境尚未改善（见表 5-4-2、图 5-4-1）。

表 5-4-2　2023 年、2024 年广州市房地房地产项目本年到位资金情况

类别	2023 年		2024 年		
	金额（亿元）	占比（%）	金额（亿元）	同比（%）	占比（%）
当年到位资金	4738.80	100	4293.93	-9.4	100
国内贷款	727.94	15.4	842.80	15.8	19.6
利用外资	0.50	0.01	0.00	-100.0	0.0
自筹资金	1934.55	40.8	1247.97	-35.5	29.1
定金及预收款	1386.37	29.3	1322.85	-4.6	30.8
个人按揭贷款	641.33	13.5	776.23	21.0	18.1
其他到位资金	48.11	1.0	104.08	116.4	2.4

数据来源：广东省统计局。

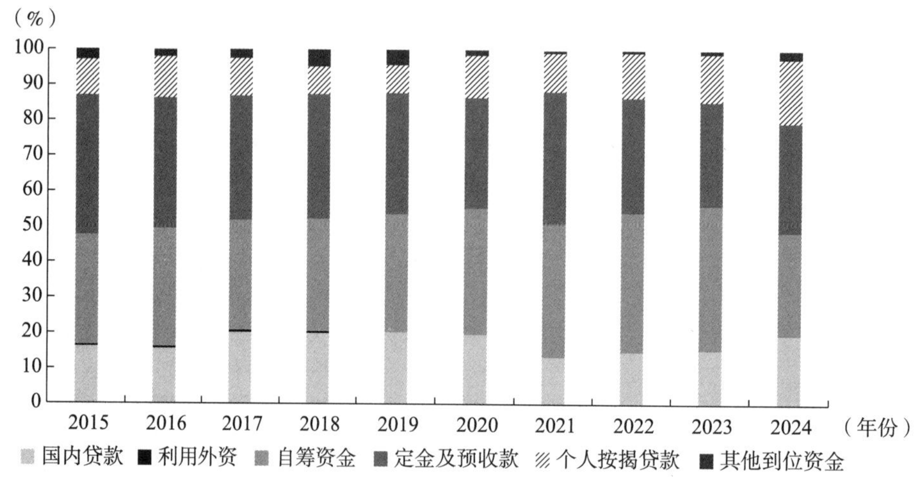

图 5-4-1　2015—2024 年广州市房地产到位资金结构走势

数据来源：广东省统计局。

2024 年，广州市完成房地产投资 3066.03 亿元，同比下降 7.4%。从走势看，上半年同比降幅持续扩大，自 8 月起逐月收窄（见图 5-4-2）。

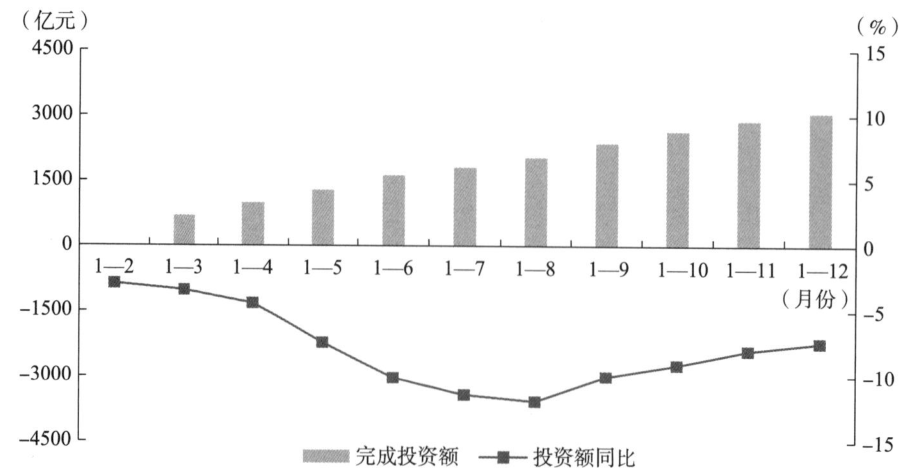

图 5-4-2　2024 年广州市房地产开发投资走势

数据来源：广东省统计局。

截至2024年末，广州市商品房施工面积12589.25万平方米，同比下降1.2%。其中，2024年新开工面积1068.49万平方米，同比下降5.2%；竣工面积822.77万平方米，同比下降9.4%。2024年新开工面积按用途分，商品住宅669.60万平方米，同比增长9.9%；办公楼、商业营业用房和其他用房则有不同幅度下降（见表5-4-3、图5-4-3）。

表5-4-3　2024年广州市商品房建设情况

类别	施工面积（万平方米）	同比（%）	新开工面积（万平方米）	同比（%）	竣工面积（万平方米）	同比（%）
商品房	12589.25	-1.2	1068.49	-5.2	822.77	-9.4
商品住宅	7359.63	-0.2	669.60	9.9	523.70	10.3
办公楼	1454.68	-1.9	123.91	-12.1	62.27	-59.6
商业营业用房	997.90	-6.1	39.36	-68.8	48.67	-36.1
其他	2777.03	-1.4	235.61	-6.0	188.13	-7.3

数据来源：广东省统计局。

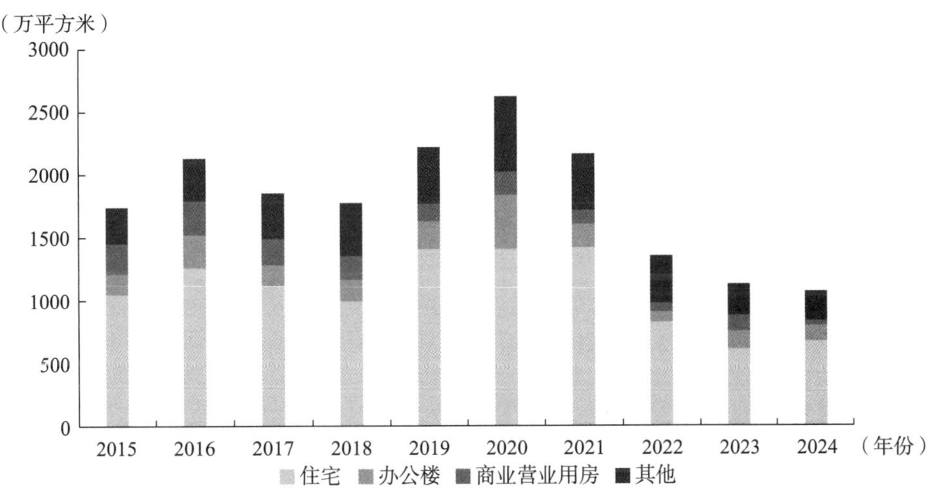

图5-4-3　2015—2024年广州市商品房新开工面积按用途走势

数据来源：广东省统计局。

2. 土地供应与成交情况

据监测，2024年广州经营性建设用地挂牌341宗，同比增长13.7%；挂牌用地面积1097.01万平方米，同比下降29.2%。成交298宗，同比增长8.8%；成交用地面积1045.24万平方米，成交金额958.37亿元，同比分别下降19.0%、37.7%（见表5-4-4）。

表5-4-4　广州市经营性建设用地挂牌及成交情况

年份	土地供应			土地成交		
	挂牌宗数（宗）	挂牌面积（万平方米）	挂牌金额（亿元）	成交宗数（宗）	成交面积（万平方米）	成交金额（亿元）
2023	300	1548.71	1845.88	274	1290.69	1538.83
2024	341	1097.01	1256.96	298	1045.24	958.37
同比（%）	13.7	-29.2	-31.9	8.8	-19.0	-37.7

数据来源：广东省房协土地与产业研究中心。

其中，居住用地挂牌 66 宗，同比增长 3.1%；用地面积 277.21 万平方米，同比下降 40.8%。从地块分布看，主城区供应占比有所增加，挂牌宗数和面积分别占全市的 56.1%和 49.5%，同比分别提高 6.1 个和 5.8 个百分点（见表 5-4-5）。同时，在 2023 年 11 月实施《广州市建筑工程容积率计算办法》的基础上，部分供应地块进一步放宽阳台等计容规则，助力好房子建设。如 8 月挂牌的天河区南方面粉厂地块（AT080722），规划特批半计容的阳台面积占比首次从 20%扩大到 30%，实用率可达 130%，且不计容的公共开放空间面积从 5%扩大到 10%。同月挂牌的南沙区横沥岛地块（2024NJY-3），规定该项目试点立体园林住宅，允许半计容的半开敞空间水平投影面积占住宅套内面积的占比从新规的 20%提高到 25%；不计容的户属空中花园水平投影面积占住宅套内达 40%的部分，实用率直冲 150%。

表 5-4-5　广州市居住用地挂牌宗数、面积情况

地区		2023 年				2024 年			
		宗数（宗）	占比（%）	用地面积（万平方米）	占比（%）	宗数（宗）	占比（%）	用地面积（万平方米）	占比（%）
主城区	荔湾	6	9.4	23.99	5.1	4	6.1	7.55	2.7
	越秀	0	0	0	0	1	1.5	0.57	0.2
	海珠	5	7.8	28.97	6.2	11	16.7	27.37	9.9
	天河	9	14.1	69.66	14.9	11	16.7	37.91	13.7
	白云	6	9.4	36.19	7.7	7	10.6	48.16	17.4
	黄埔	6	9.4	45.80	9.8	3	4.5	15.70	5.7
	小计	32	50.0	204.61	43.7	37	56.1	137.25	49.5
非主城区	番禺	9	14.1	90.10	19.3	7	10.6	39.02	14.1
	花都	8	12.5	57.76	12.3	11	16.7	50.84	18.3
	南沙	8	12.5	45.59	9.7	8	12.1	30.23	10.9
	从化	2	3.1	11.43	2.4	1	1.5	2.00	0.7
	增城	5	7.8	58.40	12.5	2	3.0	17.87	6.4
	小计	32	50.0	263.28	56.3	29	43.9	139.96	50.5
全市合计		64	100	467.90	100	66	100	277.21	100

数据来源：广东省房协土地与产业研究中心。

从居住用地成交走势看，2024 年上半年市场较为低迷，仅 2 月、4 月和 6 月合计成交 4 宗居住用地，成交金额 64.78 亿元。随着利好政策接连出台，加之政府加大优质地块供应，下半年各月均有宅地成交，8 月起成交量显著提高，8—12 月合计成交 44 宗，成交金额超过 702 亿元，均占全年的 90%左右（见图 5-4-4）。

2024 年，居住用地成交 49 宗，同比增长 14.0%；用地面积 209.61 万平方米、可建面积 441.65 万平方米、成交金额 772.74 亿元，同比分别下降 32.0%、30.9%、34.7%（见表 5-4-6、表 5-4-7）。其中，天河区成交金额 287.34 亿元，海珠区 205.46 亿元，南沙区 78.76 亿元，三区合计 571.55 亿元，占全市总成交金额的 74.0%。成功出让的宅地中大部分都以底价成交，仅 8 宗溢价成交。

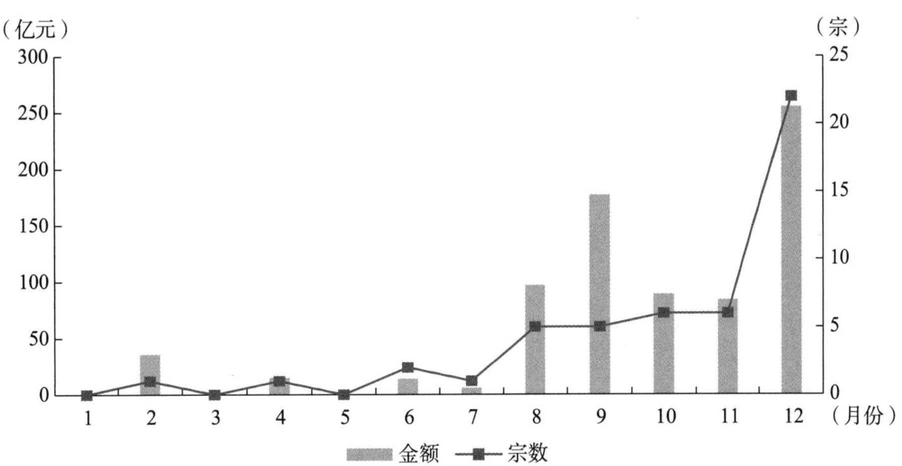

图 5-4-4 2024 年各月广州居住用地成交走势

数据来源：广东省房协土地与产业研究中心。

表 5-4-6 广州市居住用地成交金额、面积情况

地区		2023 年				2024 年			
		金额（亿元）	占比（%）	面积（万平方米）	占比（%）	金额（亿元）	占比（%）	面积（万平方米）	占比（%）
主城区	荔湾	157.90	13.4	23.45	7.6	13.11	1.7	3.48	1.7
	越秀	0	0	0	0	5.96	0.8	0.57	0.3
	海珠	190.73	16.1	26.93	8.7	205.46	26.6	22.79	10.9
	天河	326.22	27.6	60.59	19.7	287.34	37.2	30.84	14.7
	白云	61.89	5.2	12.89	4.2	34.26	4.4	23.39	11.2
	黄埔	87.28	7.4	26.92	8.7	36.07	4.7	15.70	7.5
	小计	824.02	69.7	150.78	48.9	582.20	75.3	96.77	46.2
非主城区	番禺	224.19	19.0	38.61	12.5	66.22	8.6	39.02	18.6
	花都	42.98	3.6	46.38	15.1	30.82	4.0	23.71	11.3
	南沙	48.67	4.1	28.02	9.1	78.76	10.2	30.23	14.4
	从化	1.95	0.2	1.74	0.6	0.97	0.1	2.00	1.0
	增城	40.72	3.4	42.53	13.8	13.77	1.8	17.87	8.5
	小计	358.52	30.3	157.27	51.1	190.54	24.7	112.84	53.8
全市合计		1182.54	100	308.06	100	772.74	100	209.61	100

数据来源：广东省房协土地与产业研究中心。

表 5-4-7 2024 年广州市溢价成交居住用地简况

区域	地块编号	地块位置	占地面积（万平方米）	建筑面积（万平方米）	起始金额（亿元）	成交金额（亿元）	溢价率（%）	竞得企业
天河区	AT080722	临江大道北侧	5.61	17.56	88.15	117.55	33.4	保利发展
白云区	AB3101046	怡新路以南	4.74	3.28	8.65	9.80	13.3	越秀地产
荔湾区	AF040134	鹤洞路以南	1.29	2.58	6.45	7.00	8.5	保利发展

续表

区域	地块编号	地块位置	占地面积（万平方米）	建筑面积（万平方米）	起始金额（亿元）	成交金额（亿元）	溢价率（%）	竞得企业
南沙区	2024NJY-8	蔡新路北侧	1.23	3.94	1.59	1.65	3.8	中交四航局
番禺区	BC0612015	中银大厦南侧	1.42	3.01	4.98	5.08	2.0	绿城
南沙区	2024NJY-9	涌岭路南侧	0.95	3.05	2.03	2.06	1.5	中建国际
番禺区	BA0104082	新光快速东侧	4.54	8.41	12.25	12.35	0.8	南通亚伦
南沙区	2024NJY-4	灵山岛尖西侧	4.78	17.01	9.41	9.46	0.5	中建国际

数据来源：广东省房协土地与产业研究中心。

3. 新房供应与销售情况

2024 年，广州新建商品房批准预售面积 684.73 万平方米，同比下降 19.7%。其中，商品住宅和商业用房分别批准预售 577.65 万平方米和 24.65 万平方米，同比分别下降 23.0%和 43.4%；办公用房 82.43 万平方米，同比增长 39.2%。数据显示，2021 年以来，广州商品住宅新增供应面积逐年大幅下降，近两年连创同期新低（见图 5-4-5）。

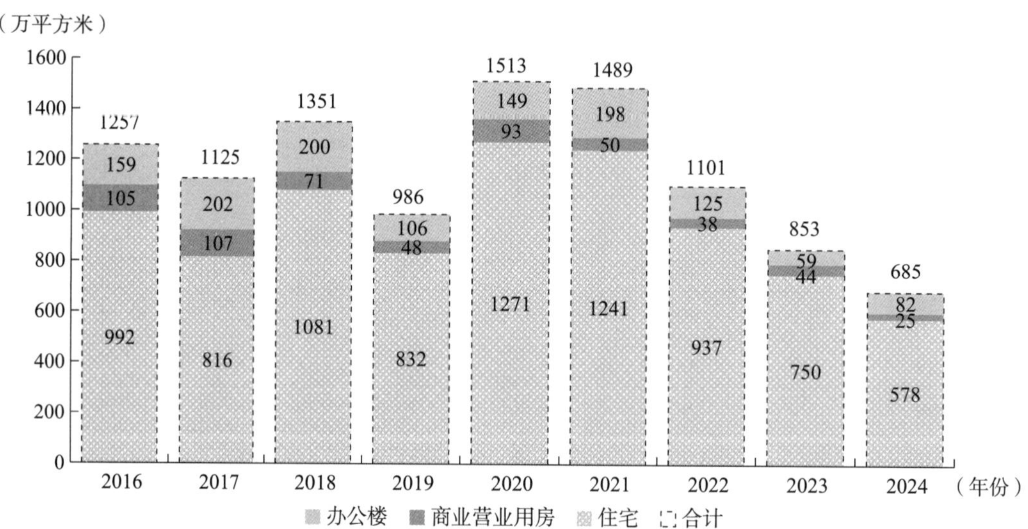

图 5-4-5　2016—2024 年广州市商品房批准预售面积走势

数据来源：阳光家缘网。

从商品房批准预售面积地区分布结构看，白云、黄埔和番禺位列前三，分别约为 94 万平方米、93 万平方米和 92 万平方米，规模基本相当，各占全市的 13%；其后的增城批准预售面积约 80 万平方米，占全市的 11.8%；天河、南沙、海珠在 64 万~68 万平方米，位列第 5~8 位，合计占 28.1%；花都、荔湾在 51 万~58 万平方米，从化和越秀分别约 15 万平方米和 9 万平方米（见表 5-4-8）。

表 5-4-8　2024 年广州市各区新建商品房批准预售面积情况

行政区	住宅（万平方米）	同比（%）	商业（万平方米）	同比（%）	办公（万平方米）	同比（%）	合计（万平方米）	同比（%）
越秀	9.10	67.9	0.21	250.0	0.00	-100.0	9.31	31.3
海珠	44.03	11.2	0.22	-92.0	17.18	67.6	61.43	16.8
荔湾	48.61	-32.3	1.50	328.6	0.79	—	50.90	-29.5

续表

行政区	住宅（万平方米）	同比（%）	商业（万平方米）	同比（%）	办公（万平方米）	同比（%）	合计（万平方米）	同比（%）
天河	57.39	-13.2	2.27	-69.2	7.70	-9.6	67.36	-17.9
白云	59.25	-18.1	1.87	71.6	32.42	85.8	93.54	2.9
黄埔	77.76	-12.2	1.74	-41.6	13.50	122.8	93.00	-4.7
花都	56.48	-12.5	1.15	-64.4	0.00	—	57.63	-15.0
番禺	75.48	-44.2	8.85	265.7	7.75	30.5	92.08	-35.9
南沙	56.95	-24.9	3.77	-61.3	3.09	-15.1	63.81	-28.5
从化	14.62	-26.9	0.58	5.5	0.00	-100.0	15.20	-30.7
增城	77.98	-29.5	2.49	-80.8	0.00	-100.0	80.47	-37.1
合计	577.65	-23.0	24.65	-43.4	82.43	39.3	684.73	-19.7

数据来源：阳光家缘网。

2024 年，广州市新建商品房销售面积 1159.25 万平方米、销售额 3114.32 亿元，同比分别下降 17.5%、23.6%。其中，商品住宅销售面积 846.48 万平方米、销售额 2660.26 亿元，同比分别下降 20.7%、23.2%，销售面积创下 2005 年以来最低；办公楼销售面积 122.15 万平方米，同比增长 49.5%；商业营业用房和其他用房销售面积分别为 82.30 万平方米和 108.33 万平方米，同比分别下降 28.5%和 22.6%（见图 5-4-6、表 5-4-9）。

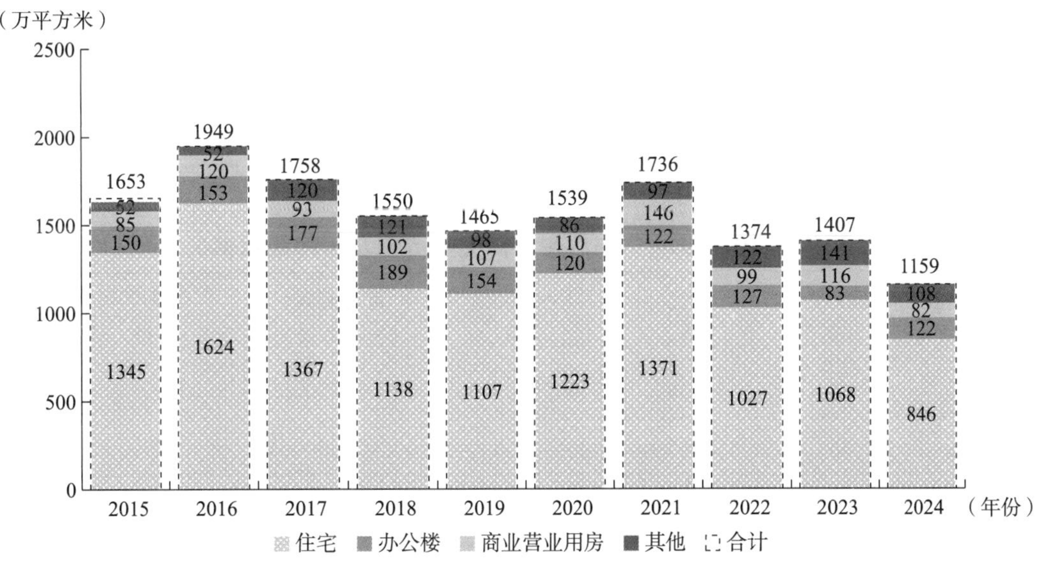

图 5-4-6　2015—2024 年广州市新建商品房销售面积走势

数据来源：广东省统计局。

表 5-4-9　2024 年广州市新建商品房销售面积、销售金额

指标	商品房合计	同比（%）	商品住宅	同比（%）	办公楼	同比（%）	商业营业用房	同比（%）	其他用房	同比（%）
面积（万平方米）	1159.25	-17.5	846.48	-20.7	122.15	49.5	82.30	-28.5	108.33	-22.6
金额（亿元）	3114.32	-23.6	2660.26	-23.2	219.28	9.6	154.83	-48.1	79.96	-31.9

数据来源：广东省统计局。

从新建商品住宅网签走势看，在 1 月、5 月和 9 月接连出台宽松政策等影响下，网签套数总体震荡上行。尤其是进入第四季度，市场热度持续复苏，月均网签套数达 9792 套，比全年月均水平高 64.4%（见图 5-4-7）。

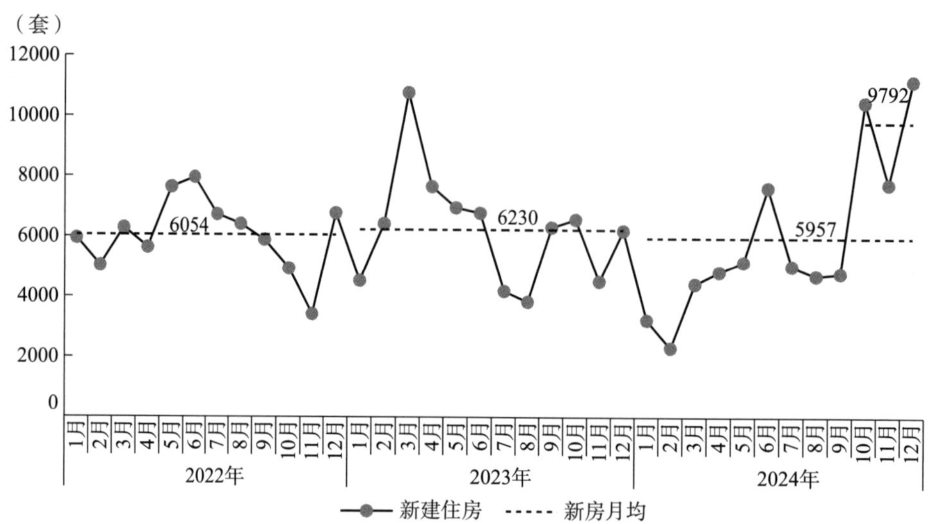

图 5-4-7　2022—2024 年广州市新建商品住宅网签套数走势

数据来源：阳光家缘网。

从库存情况看，2024 年末商品房待售面积（已竣工尚未出售或出租）为 1666.98 万平方米，其中商品住宅 637.88 万平方米，同比分别增长 12.8%、15.9%（见表 5-4-10）。按最近 1 年月均销售面积计算，商品房待售面积总体去化周期 17.3 个月，其中商品住宅去化周期 9.0 个月，同比分别延长 4.7 个月、2.9 个月。商品房和商品住宅可售面积（已获得销售/预售许可尚未售出）则分别为 2932.87 万平方米和 1631.65 万平方米，可售面积去化周期分别为 30.4 个月和 23.1 个月，同比分别延长 6.0 个月和 4.7 个月，均处于高位水平。

表 5-4-10　2024 年末广州市商品房待售及可售面积情况

项目	待售面积（万平方米）	同比（%）	去化周期（月）	可售面积（万平方米）	同比（%）	去化周期（月）
商品房	1666.98	12.8	17.3	2932.87	2.5	30.4
#商品住宅	637.88	15.9	9.0	1631.65	-0.5	23.1

数据来源：广东省统计局。

4. 存量房销售情况

2024 年，广州市存量商品房成交面积 1027.94 万平方米，同比增长 10.3%；其中存量住宅成交 9.60 万套、成交面积 925.32 万平方米，同比分别增长 10.4%、11.3%，销售量同比连续两年增长，恢复至历史较高位水平（见图 5-4-8）。

其中，随着 12 月 1 日取消普通住宅和非普通住宅标准，对个人购买 140 平方米及以下住房的，首套和二套均减按 1%的税率征收契税。相比原先契税首套 90 平方米及以内减按 1%、90 平方米以上减按 1.5%，二套统一按 3%的税率，调整后对于购买首套 90～140 平方米住房及购买二套住房，契税负担明显下降。在契税新政利好之下，12 月存量住宅网签量明显上扬，达 1.17 万套，合计 114.89 万平方米，创下 2021 年 7 月以来单月最高水平（见图 5-4-9）。

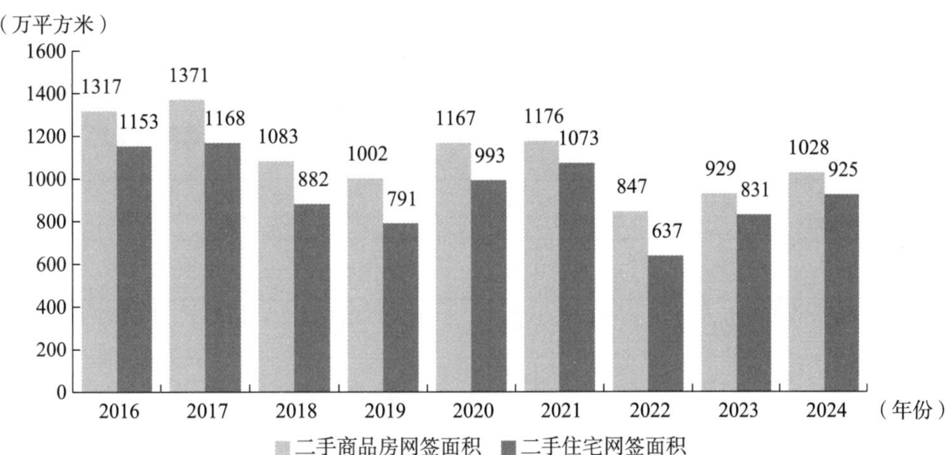

图 5-4-8　2016—2024 年广州市二手商品房、二手住宅交易网签面积走势

数据来源：阳光家缘网。

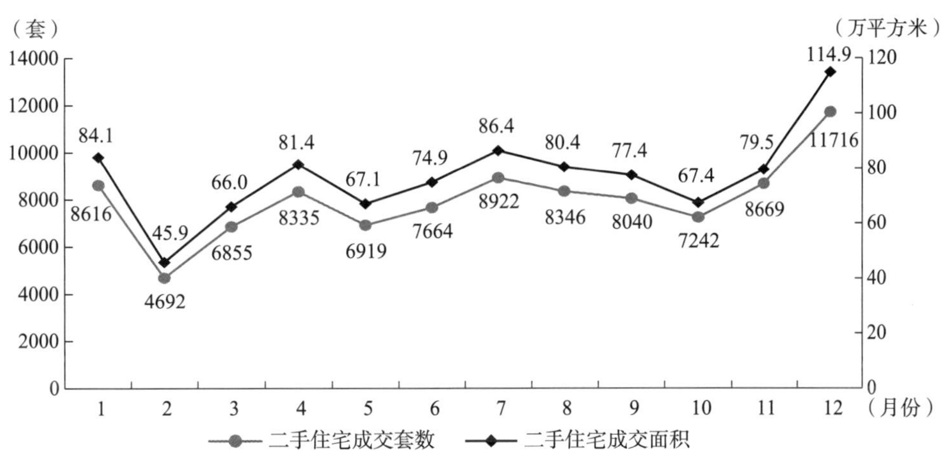

图 5-4-9　2024 年各月广州市二手住宅成交套数、成交面积走势

数据来源：阳光家缘网。

从各区存量住宅成交情况看，成交面积前三名分别为番禺、增城和花都区，均超过 100 万平方米；成交面积同比增速前三名为南沙、黄埔和荔湾区，分别为 45.8%、34.5%和 18.4%（见表 5-4-11）。

表 5-4-11　2023 年、2024 年广州市各区存量住宅成交情况

行政区	2023 年		2024 年		同比	
	套数（套）	面积（万平方米）	套数（套）	面积（万平方米）	套数（%）	面积（%）
番禺	1.20	130.60	1.36	149.38	13.8	14.4
增城	0.89	104.00	1.03	120.59	15.7	16.0
花都	1.00	110.78	0.94	103.86	-6.6	-6.2
海珠	1.12	89.88	1.22	96.47	8.9	7.3

续表

行政区	2023 年		2024 年		同比	
	套数（套）	面积（万平方米）	套数（套）	面积（万平方米）	套数（%）	面积（%）
天河	0.94	87.59	0.99	92.34	4.9	5.4
白云	0.86	75.00	0.91	79.55	5.4	6.1
越秀	0.85	61.76	0.95	71.73	12.2	16.1
荔湾	0.70	53.15	0.80	62.93	14.3	18.4
黄埔	0.44	40.86	0.58	54.96	30.7	34.5
南沙	0.29	33.96	0.44	49.50	49.7	45.8
从化	0.41	43.47	0.40	44.01	-1.8	1.2
全市合计	8.69	831.05	9.60	925.32	10.4	11.3

数据来源：阳光家缘网。

5. 住宅销售价格

根据国家统计局发布的 70 个大中城市商品住宅销售价格变动情况数据，2024 年广州市新建商品住宅和二手住宅销售价格同比指数总体均延续上一年的下行态势，但自下半年降幅逐渐企稳回升，至 12 月同比分别下降 9.1%和 10.9%（见图 5-4-10）。

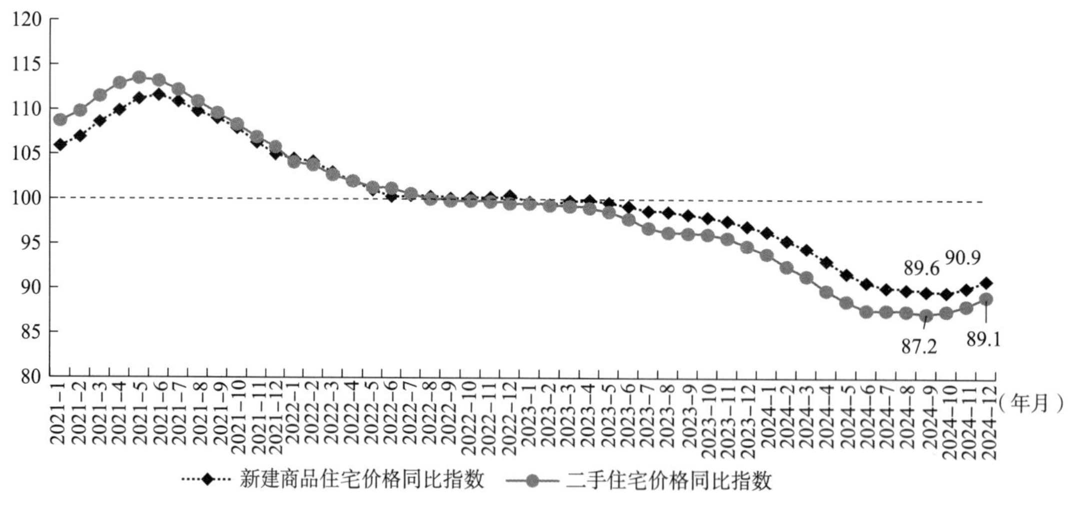

图 5-4-10　2021—2024 年广州市住宅价格同比指数走势

数据来源：国家统计局。

从销售价格环比走势看，新房和二手房价格指数均处于下降区间，但降幅均呈震荡收窄态势，自 5 月的分别下降 1.4%和 1.6%的最低点，至 12 月分别下降 0.1%和 0.3%，呈现止跌回稳迹象（见图 5-4-11）。

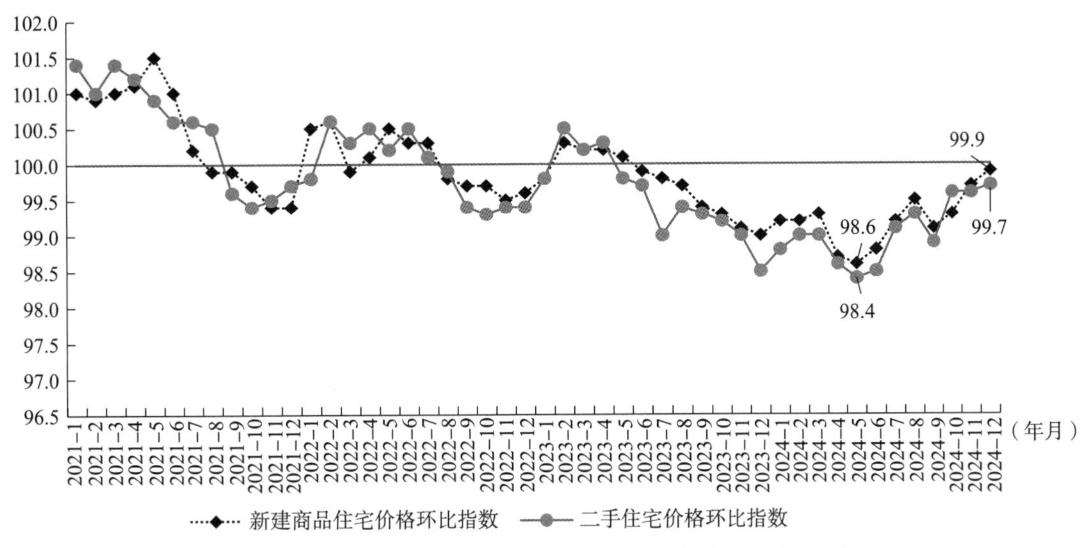

图 5-4-11　2021—2024 年广州市住宅价格环比指数走势

数据来源：国家统计局。

（二）2024 年广州市住房保障工作进展

2024 年，广州市持续加大住房保障力度，进一步完善公共租赁住房、保障性租赁住房和配售型保障性住房供应结构和政策体系，加大供应力度，不断满足各类保障人群住房需求。

1. 住房保障工作总体情况

2024 年，广州市建立健全以公租房、保障性租赁住房和配售型保障性住房为主体的住房保障体系，推动完善多主体供给、多渠道保障、租购并举的住房保障制度，满足城镇住房困难工薪群体刚性住房需求。把握做好公租房兜底保障，积极筹集保障性租赁住房，出台配售型保障性住房建设管理办法及实施意见、工作导则；修订《广州市人民政府办公厅关于进一步加强户籍家庭住房保障工作的通知》（穗府办规〔2021〕5 号），调高户籍家庭收入准入限额基准和租赁补贴标准，完善公租房保障方式和租金缴交标准，优化审核及监管机制，等等。

2024 年，广州市计划筹建保障性租赁住房 10 万套、配售型保障性住房 1 万套，发放住房租赁补贴 1.8 万户。最终全年全市筹建保障性租赁住房 10.79 万套（间），筹建配售型保障性住房 1.02 万套，发放公租房租赁补贴 2.19 万户，均超额完成年度计划任务。

2. 地方收储商品房进展情况

继 5 月 17 日央行提出支持地方国企以合理价格收购已建成未出售的商品房用作配售型或配租型保障性住房后，广州市增城区新塘镇率先响应，于 5 月 30 日发布《关于广州（新塘）至汕尾铁路项目（新塘段）征集符合条件商品性安置房源报名的公告》。公告显示，报名需同时满足以下条件：房源在增城区新塘镇范围内；房源已取得预售许可证、满足签约条件，项目安置需求总建筑面积不低于 2.07 万平方米；房源交易单价以成本法评估方式确定，原则上为“土地成本+建安成本”。

8 月 30 日，广州市增城区住房保障办公室发布《增城区中心城区公共租赁住房筹建项目采购需求征求意见公告》。公告显示，项目预算总金额为 2000 万元，收购房源条件包括：须在增城区中心城区范围内，且全部集中在一个新建房地产开发项目内；为已竣工未销售的带装修新建商品房；提供不少于 27 套房屋，总建筑面积不少于 1898.07 平方米；40 平方米≤单套房屋建筑面积≤80 平方米，单套面积大于 70 平方米的房屋套数不超过 15%；平均单价上限不超过 10537 元/米²（依据增城区中心城区单套面积 40~80 平方米的商品房近半年实际成交均价下浮 8%计算）；每套户型均应至少要求为一厅两房一厨一卫一阳台；厨、卫等功能区域应为封闭空间，互相独立使用；等等。

11 月 18 日，广州安居集团发布《关于收购已建成存量商品房用作保障性住房的征集通告》。征集范围为广州市行政区域内已建成的存量商品房房源，房源所属项目周边交通便利、配套设施较为齐全。并明确五项征集条件：一是资产负债和法律关系清晰；二是已取得竣工联合验收意见书；三是面积在 90 平方米以下；四是房源权属清晰可交易，不存在查封登记、异议登记等限制，存在抵押等权利限制的，应取得相关权利人书面同意；五是优先选取整栋或整单元未售、可实现封闭管理的楼栋项目。

但截至 2024 年末，仅增城区住房保障办公室披露房源征集结果情况。《广州市增城区住房保障管理服务中心增城区中心城区公共租赁住房筹建项目采购实行单一来源采购方式的公示》显示，只有广州星宏房地产开发有限公司在广东政府采购智慧云平台线上递交投标文件，最终采用单一来源采购方式采购。即最终项目采购住宅总面积 1997 平方米，采购金额 2000 万元。

3. 城市更新推进情况

2024 年，广州市公布实施《广州市城市更新专项规划（2021—2035 年）》和《广州市城中村改造专项规划（2021—2035 年）》，扎实有序实施城市更新行动；出台实施全国首部城中村改造条例，制定《广州市旧村庄旧厂房旧城镇改造实施办法》及《广州市旧村庄改造实施细则》《广州市旧厂房改造实施细则》《广州市旧城镇改造实施细则》等配套文件，印发《广州市关于积极稳步推进城中村改造的实施意见》《进一步加快城中村改造的若干措施》，构建城中村改造政策体系。

其中，出台《广州市城市体检工作规定》，开展城中村专项体检。加快项目推进，成功申报城中村改造专项借款项目 52 个、授信金额 4096 亿元。有序推进四大重点片区改造，罗冲围、新中轴海珠片区、火车站片区、环五山创新策源区实现首开区动工建设。

积极落实国家相关政策，在 13 个城中村改造项目中试点使用城中村改造专项借款购买存量商品房用作安置房。2024 年城中村改造完成固定资产投资 1035 亿元，超额完成年度任务。

探索“原拆原建”危旧房改造新模式，出台《广州市城镇危旧房改造实施办法（试行）》和工作指引，正推进 25 个试点项目，花都区集群街 2 号居民楼成为全省首例多业主筹资的危旧房拆危建新项目。打造老旧小区成片连片高质量品质提升示范区，14 个片区已开工建设。2024 年推进老旧小区改造项目 523 个，惠及 19.53 万户家庭，62.5 万居民。2024 年广东省各市居住用地成交情况见表 5-4-12。

表 5-4-12　2024 年广东省各市居住用地成交情况

地区	占地面积（万平方米）	占比（%）	可建面积（万平方米）	占比（%）	成交金额（亿元）	占比（%）	楼面地价（元/米²）		溢价率（%）
							起拍价	成交价	
全省合计	941.31	100	2296.93	100	1674.63	100	7563	8151	7.8
珠三角	636.41	67.6	1453.43	63.3	1548.82	92.5	9971	10656	6.9
广州	209.61	22.3	441.65	19.2	772.74	46.1	16785	17497	4.2
深圳	29.81	3.2	88.80	3.9	346.21	20.7	31316	38988	24.5
佛山	159.38	16.9	376.51	16.4	243.67	14.6	6472	6472	0.0
珠海	32.47	3.4	71.45	3.1	68.50	4.1	9587	9587	0.0
江门	84.17	8.9	183.24	8.0	42.92	2.6	2343	2343	0.0
东莞	32.36	3.4	52.13	2.3	28.76	1.7	5504	5516	0.2

续表

地区	占地面积（万平方米）	占比（%）	可建面积（万平方米）	占比（%）	成交金额（亿元）	占比（%）	楼面地价（元/米²）		溢价率（%）
							起拍价	成交价	
肇庆	66.56	7.1	186.86	8.1	26.00	1.6	1391	1391	0.0
中山	8.24	0.9	18.99	0.8	13.39	0.8	7049	7049	0.0
惠州	13.81	1.5	33.78	1.5	6.65	0.4	1968	1968	0.0
粤东	53.67	5.7	161.79	7.0	43.56	2.6	2665	2692	1.0
汕头	22.72	2.4	70.21	3.1	27.74	1.7	3888	3951	1.6
潮州	7.42	0.8	23.54	1.0	7.22	0.4	3067	3067	0.0
汕尾	18.76	2.0	51.53	2.2	4.52	0.3	877	877	0.0
揭阳	4.76	0.5	16.51	0.7	4.08	0.2	2470	2470	0.0
粤西	147.00	15.6	428.94	18.7	52.12	3.1	1196	1215	1.6
茂名	100.94	10.7	294.17	12.8	34.88	2.1	1183	1186	0.2
湛江	31.96	3.4	96.88	4.2	12.73	0.8	1265	1314	3.8
阳江	14.09	1.5	37.90	1.6	4.51	0.3	1114	1189	6.8
粤北	104.23	11.1	252.77	11.0	30.14	1.8	1176	1192	1.3
清远	38.75	4.1	83.75	3.6	12.33	0.7	1471	1472	0.1
韶关	26.07	2.8	67.61	2.9	7.24	0.4	1016	1071	5.4
梅州	20.78	2.2	50.46	2.2	5.72	0.3	1134	1134	0.0
河源	12.96	1.4	34.09	1.5	3.04	0.2	893	893	0.0
云浮	5.68	0.6	16.86	0.7	1.80	0.1	1058	1069	1.0

数据来源：广东省房协土地与产业研究中心。

（钟武贞　广东省房地产行业协会）

五、深圳市房地产市场

（一）2024 年深圳市房地产市场基本情况

2024 年是深圳楼市的“政策大年”，政策力度和密度前所未有。据统计，2024 年，深圳楼市的相关调控政策总共出台 16 次，围绕“稳楼市”的目标，打出包括降首付、松绑限购、降税费、降利率、存量房收储、以旧换新、城中村改造、控土地供应等在内的组合拳。这些政策不仅降低购房门槛，加快审批流程，还释放大量的刚需和改善型需求，为市场注入新的活力。还通过组织开展“好房节”“房交会”等形式多样的宣传推广活动，房地产市场活跃度显著提升。

深圳房地产市场在 2024 年经历一场显著的回暖之旅，一手住宅预售网签量达到 37972 套，二手住宅网签量更是高达 54487 套，共计成交 92459 套，相比 2023 年一、二手住宅的 64389 套，同比上涨 44%。其中，一手住宅预售网签量同比上涨 20%，达到近 3 年最高点；二手住宅网签量同比上涨 66%，为近 4 年最高，远超 2021 年。尤其是 9 月 29 日新政实施后，第四季度深圳一、二手住宅市场呈现出全面“止跌回稳”的趋势，部分区域销售出现“井喷”行情，多年未曾出现的日光盘场景再度回归。如 12 月 14 日位于深圳龙华区的中建鹏宸云筑开盘，推出 368 套房，仅 3.5 小时后即告售罄。深圳房地产市场成交量的大幅增长成为市场复苏和经济持续向上的最强音。

1. 开发投资情况

截至 2023 年 12 月 31 日，深圳市共有房地产开发企业 1995 家，同比增长 20%。其中一级资质 31 家，二级资质 1463 家，三级资质 227 家、四级资质 274 家。

2024 年，新开工建设筹集住房 14.5 万套（间）。其中，新开工建设商品住房 4.5 万套；保障性住房建设筹集 10 万套（间），包括配售型保障性住房 1.5 万套、公共租赁住房 1.5 万套（间）（实物建设不少于 1 万套）、保障性租赁住房 7 万套（间）。建立年度新建续建重点项目库，345 个项目已全部开工，已完工 94 个。

2024 年，全市新增绿色建筑 2300 万平方米，绿色建筑总面积突破 2 亿平方米，建筑光伏一体化和“光储直柔”建筑试点项目 31 个；新开工装配式建筑占新建建筑面积比例达 54.5%，装配式建筑建设总规模超过 1.1 亿平方米，建设规模居全国前列。全国智能建造试点工作推进会在深圳成功举行，深圳市智能建造综合评估成绩位列全国第一，累计 28 条举措纳入全国发展智能建造可复制经验做法清单，智能建造试点项目 124 个，项目数量居全国第一。

2. 土地供应与成交情况

2024 年，深圳市土地市场整体呈现供应缩量提质的态势。全年共挂牌出让 56 宗土地，成交 53 宗，未成交 1 宗，交易中止 2 宗。其中，住宅用地出让 6 宗，全部成交，总收金额 346.21 亿元，较 2023 年的 14 宗宅用地收金 312.47 亿元有所增加。

2024 年，深圳土地出让的 6 宗住宅用地，1 宗为深汕合作区的三类居住用地，5 宗为二类居住用地，相较于 2023 年的宅用地供应数量减少近七成（见表 5-5-1）。

表 5-5-1　2024 年深圳宅地成交情况

序号	成交日期	宗地号	地块位置	土地用途	土地面积（平方米）	建筑面积（平方米）	成交价（万元）	综合楼面价（元/米^2）	竞得人
1	2024-12-24	E2024-0002	深汕特别合作区	三类居住用地	7542.00	58200	970	367.47	深汕国际汽车城
2	2024-12-2	T107-0107	南山粤海	二类居住用地商业用地、道路用地	38566.56	263000	1851200	70387.83	华润、中海
3	2024-11-13	K104-0049	前海招商街道	居住用地	13657.28	38155	143500	37609.75	天健
4	2024-10-8	A219-0080	宝安航城福永	二类居住用地公园绿地+交通用地	181551.54	289854	666500	22994.34	深铁
5	2024-9-26	A001-0219	宝安新安	二类居住用地	9997.80	54000	282000	52222.22	保利
6	2024-2-29	A808-0025	龙华民治	二类居住用地道路用地	46763.51	216570	517900	23913.75	中建壹品、湖北文旅建发

数据来源：深圳市房地产信息平台。

商业用地方面，2024 年成交 5 宗，地段优质，多为总部用地。1 宗位于福田香蜜湖，1 宗位于宝安新安，2 宗位于南山，南山的 1 个是在后海，1 个是在深湾超总，而福田园岭商地是深圳体育中心的配套酒店用地（见表 5-5-2）。其中中国华西在宝安新安拿下总部用地，嘉立创科技（全球独角兽 500 强企业）在香蜜湖拿下总部用地，迪阿股份（DR 钻戒）在南山后海拿下总部用地。深铁+百硕迎海（大沙河投资）拿的是万科深湾超总地块。

表 5-5-2　2024 年深圳市商业用地成交情况

序号	成交日期	宗地号	地块位置	土地用途	土地面积（平方米）	建筑面积（平方米）	成交价（万元）	楼面价（元/米²）	竞得人
1	2024-12-31	B401-0139	福田香蜜湖	商业用地	4443.27	32885.6	30500	9274.58	深圳嘉立创科技集团股份有限公司
2	2024-12-9	A002-0096	宝安新安	商业用地	5043.96	40352	43200	10705.79	中国华西企业有限公司
3	2024-11-14	K602-0014	南山粤海	商业用地	3361.64	26800	46600	17388.06	迪阿股份有限公司
4	2024-5-27	G15401-1551	南山深湾超总	商业服务业用地道路用地	19227.53	167000	223500	13383.23	深圳市百硕迎海投资有限公司、深圳市地铁集团有限公司
5	2024-4-7	B309-0025	福田园岭	商业	6236.08	23946	14900	6222.33	深圳市体育产业集团有限公司

数据来源：深圳市房地产信息平台。

3. 新房供应与销售情况

2024 年，深圳市预售 54819 套住宅，新房住宅供应面积 574.80 万平方米。其中，龙岗、龙华、宝安、光明等是主力供应区域，龙岗区预售 8157 套新房住宅，龙华区预售 7890 套新房住宅，宝安区预售 7244 套新房住宅，光明区预售 6683 套新房住宅（见图 5-5-1、表 5-5-3）。

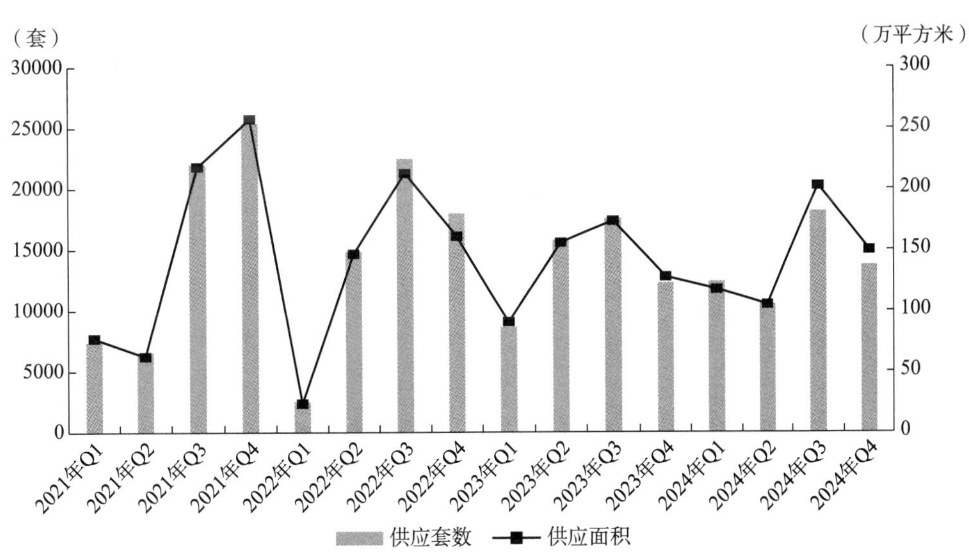

图 5-5-1　2021—2024 年深圳市商品房季度新增供应（预售）情况

数据来源：深圳市房地产信息平台。

表 5-5-3　2024 年深圳市各区一手住宅预售情况

区域	预售面积（万平方米）	同比（%）	预售套数（套）	同比（%）
福田	25.66	-2.06	1939	3.58
罗湖	2.21	-77.45	211	-77.02

续表

区域	预售面积（万平方米）	同比（%）	预售套数（套）	同比（%）
南山	66. 30	40. 76	5196	40. 81
盐田	1. 72	-89. 45	181	-91. 17
宝安	106. 22	56. 90	11072	48. 86
龙岗	88. 35	-36. 07	9670	-39. 54
龙华	99. 20	-12. 60	9519	-22. 87
坪山	42. 03	4. 81	4668	3. 34
光明	93. 85	52. 85	9648	46. 25
大鹏	2. 98	-36. 60	342	-39. 58
深汕	18. 86	-0. 74	1738	-4. 92
总和	547. 40	0. 62	54184	-6. 28

数据来源：深圳市房地产信息平台。

成交方面，2024 年，深圳市成交一手商品住宅 37972 套，同比上涨 20%，是近 3 年的最高点，月均成交 3164 套；成交面积约 390 万平方米，同比上涨 17%；深圳一手住宅成交均价在第四季度有明显的“止跌回稳”，连续 2 个月小幅上涨，重回“5 字头”，以 12 月的 5. 09 万元/米^2 收官（见图 5-5-2）。区域方面，宝安成交量 9538 套，宝安、龙华、龙岗、光明、南山成交量上涨（见表 5-5-4）。库存方面，截至 2024 年末，深圳新房住宅存量 380. 0 万平方米，较 2023 年减少约 137. 9 万平方米，库存量处于近三年来较低水平。

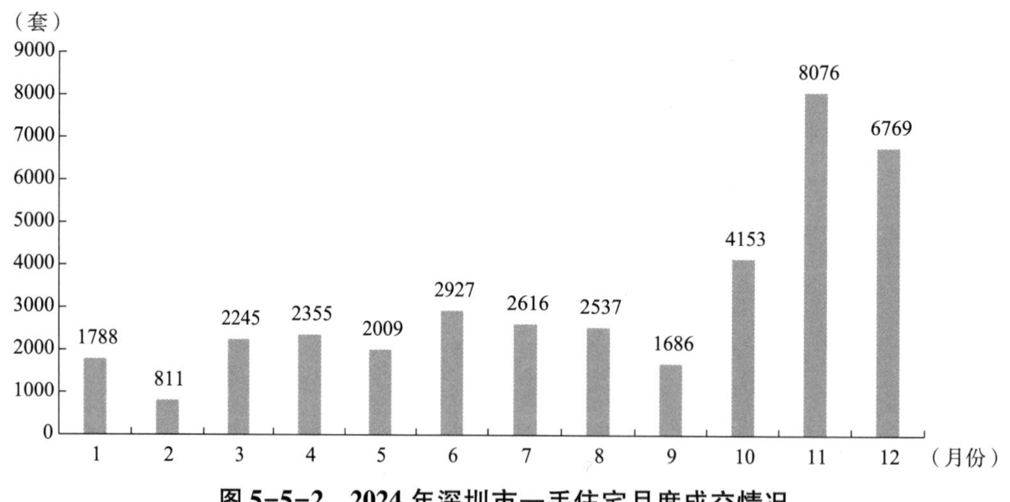

图 5-5-2　2024 年深圳市一手住宅月度成交情况

数据来源：深圳市房地产信息平台。

表 5-5-4　2024 年深圳市各区一手住宅成交情况

区域	预售网签（套）	同比（%）	四季度成交均价（万元/米^2）
宝安	9538	7. 3	5. 1
龙华	7709	33. 0	5. 5
龙岗	7531	50. 7	3. 2
光明	6186	45. 5	3. 6
南山	2151	149. 0	9. 6

续表

区域	预售网签（套）	同比（%）	四季度成交均价（万元/米²）
坪山	2018	-20.5	2.8
福田	1081	-32.0	8.9
罗湖	940	-8.8	6.4
深汕	433	-61.2	1.0
盐田	285	-18.3	3.5
大鹏	100	-50.0	2.0

数据来源：深圳市房地产信息平台。

4. 存量房供应与销售情况

截至 2024 年 12 月 31 日，深圳市存量住宅项目总数 613 个，存量用地总面积 1192.09 万平方米。未动工面积 331.00 万平方米，已动工土地面积 862.28 万平方米，其中未销售土地面积 861.09 万平方米。具体到各区，福田区存量宅地项目共 28 个，罗湖区 28 个，南山区超过 60 个，宝安区 82 个，龙岗区 137 个，龙华区 97 个，光明区超过 60 个。2024 年，全市建设筹集保障性住房 10.5 万套（间），供应分配 8 万套（间）。

二手住宅方面，2024 年，深圳二手住宅网签 54487 套，同比上涨 66%，也是近 4 年的最高点，远超 2021 年，势头良好（见图 5-5-3）。其中 10—12 月深圳二手房成交量有明显的复苏，网签及录得量"三连涨"，一路回升至 8000 套"繁荣线"之上。12 月全市二手房录得量更是超过 9000 套，达到 9115 套的高点，刷新 2021 年以来的最高值；二手住宅网签量 8282 套，是 2020 年 10 月以来的最高值。

价格方面，据乐有家门店签约数据，2024 年深圳二手房成交均价 6.3 万元/米²，同比跌幅 3%。而 2023 年时，深圳二手房价同比跌幅达到 12%，减少近 1 万元/米²。对比之下，2024 年二手房价的回稳趋势也十分明显。其中 10 月价格上涨 7%回到"6 字头"，第四季度稳定在 6.3 万元/米² 左右。

区域方面，深圳市各区二手网签量同比均大幅上涨，其中第一名龙岗网签 12802 套，同比涨幅 72%。第二、三名的福田与南山网签量均超过 9000 套，同比涨幅 50%～60%。南山与龙华第四季度二手成交均价同比"止跌"（见表 5-5-5）。

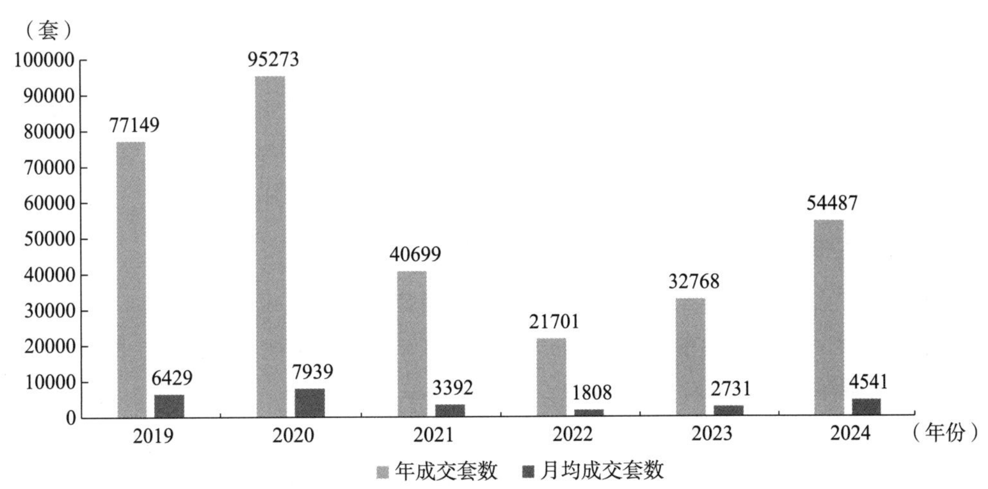

图 5-5-3　2019—2024 年深圳市二手住宅成交情况

数据来源：深圳市房地产信息平台。

表 5-5-5　2024 年深圳市各区二手住宅成交情况

区域	网签量（套）	同比（%）	四季度成交均价（万元/米^2）	同比（%）
龙岗	12802	72.0	3.9	-2.5
福田	9813	51.2	7.8	-1.3
南山	9014	61.8	8.7	0.0
罗湖	7732	57.2	5.0	-2.0
宝安	7041	84.8	6.2	-3.1
龙华	4616	61.5	5.6	0.0
盐田	1268	80.6	3.5	-5.4
坪山	1190	117.6	3.0	-3.2
光明	767	133.8	4.3	-4.4
大鹏	244	144.0	2.4	-17.0

数据来源：深圳市房地产信息平台。

（二）2024 年深圳市住房保障工作进展

1. 保障房各项指标任务及达成情况

2024 年，深圳市保障性住房计划建设的重点项目共 189 个，保障性住房建设筹集 10 万套（间），包括配售型保障性住房 1.5 万套，公共租赁住房 1.5 万套（间）（实物建设不少于 1 万套），保障性租赁住房 7 万套（间），供应 8 万套（间）。

2024 年，深圳市加快构建“一张床、一间房、一套房”多层次住房供应结构，创新开展“深梦启航”“深梦扬帆”系列公益行动，预计可分批提供超过 1 万套居住房源，已累计服务应届高校毕业生 6000 余人次。向地铁（公交）、环卫等为城市提供基本公共服务的一线职工配租 8700 多套保障性住房。保障性住房凤凰英荟城项目获得第二十届中国土木工程詹天佑奖。

2. 城市更新改造推进情况

截至 2024 年 12 月 31 日，深圳市拆除重建类城市更新项目累计已列入城市更新计划项目 1048 个，拆除范围面积累计 8846 万平方米；已通过城市更新专规批复项目 730 个，实施主体公示项目 538 个。

2024 年，全市共发布拆除重建类城市更新单元实施主体公示项目 26 个，拆除范围 304.42 万平方米，其中福田规模最大，为 142.34 万平方米（7 个），其次为罗湖 131.3 万平方米（6 个）。2023 年，全市共发布拆除重建类城市更新单元实施主体公示项目 43 个，拆除范围 301.50 万平方米，其中龙华规模最大，为 114.13 万平方米（13 个），其次为宝安 63.16 万平方米（6 个）（见图 5-5-4）。

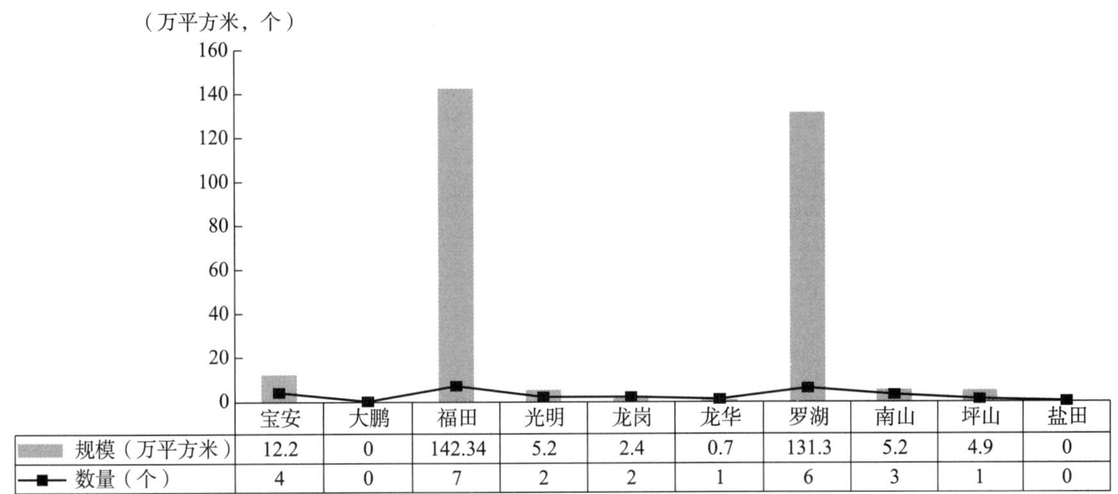

图 5-5-4　2024 年深圳市拆除重建类城市更新实施主体公示项目数量及规模统计

数据来源：深圳市房地产信息平台。

（程文霖　深圳市房地产业协会）

六、重庆市房地产市场

（一）2024 年重庆市房地产市场发展现状及特点

1. 开发投资情况

2024 年，重庆市（含中心城区、主城新区、渝东北三峡库区和渝东南武陵山区共 38 个区县）完成房地产开发投资 2565. 8 亿元。

按照区域分布来看，中心城区完成投资 1424. 3 亿元，主城新区完成投资 771. 3 亿元，渝东北三峡库区完成投资 266. 2 亿元，渝东南武陵山区完成投资 103. 9 亿元（见表 5-6-1）。中心城区出现投资贡献下降，主要是由于前期对照基数过高，在原有项目建设完毕之后没有与之规模相当的新项目及时补位，造成开发规模减小，投资下滑。而部分自身开发规模不大的区县，2024 年在区属国有企业开发的保障性住房项目支撑下，稳住中心城区投资下滑的态势，但对全市投资的贡献较弱。

表 5-6-1　2023 年和 2024 年重庆市各地区房地产开发投资情况

区域	2023 年（亿元）	2024 年（亿元）	同比增速（%）
中心城区	1663. 1	1424. 3	-14. 4
主城新区	694. 9	771. 3	11. 0
渝东北三峡库区	324. 0	266. 2	-17. 8
渝东南武陵山区	110. 5	103. 9	-5. 9
合计	2792. 4	2565. 8	-8. 3

数据来源：重庆市统计局。

按物业类型来看，2024 年，重庆市住宅完成投资 2035. 8 亿元，办公楼完成投资 56. 2 亿元，商业完成投资 221. 5 亿元，其他物业完成投资 252. 3 亿元（见表 5-6-2）。住宅投资表现明显好于非住宅，住宅投资占比从

2023 年的 75.4%提高到 2024 年的 79.3%，企业更加愿意开发建设住宅，对非住宅持明显的回避态度。

表 5-6-2　2023 年和 2024 年重庆市房地产开发投资构成情况

物业类型	2023 年（亿元）	2024 年（亿元）	同比增速（%）
住宅	2105.9	2035.8	-3.3
办公楼	45.1	56.2	24.6
商业营业用房	294.0	221.5	-24.7
其他	347.4	252.3	-27.4
合计	2792.4	2565.8	-8.3

数据来源：重庆市统计局。

从 2024 全年投资走势来看，3 月和 6 月的单月投资额超过 300 亿元（1—2 月合并统计），全年有 5 个月份的单月投资额度低于 200 亿元。下半年投资低于上半年，显示出房地产企业资金紧张的态势存在，越临近年底，资金使用越趋于紧张。从房地产开发投资降幅来看，7 月份降幅下探到 11.2%的全年最低值，随后降幅逐步收窄，主要是得益于 2024 年下半年以来系列“组合拳”政策的有效提振，市场预期有所好转，发展意愿强烈的民营企业开始继续拿地，同时配售型（配租型）保障性住房建设加快，有效地止住房地产开发投资降幅继续扩大的态势（见图 5-6-1）。

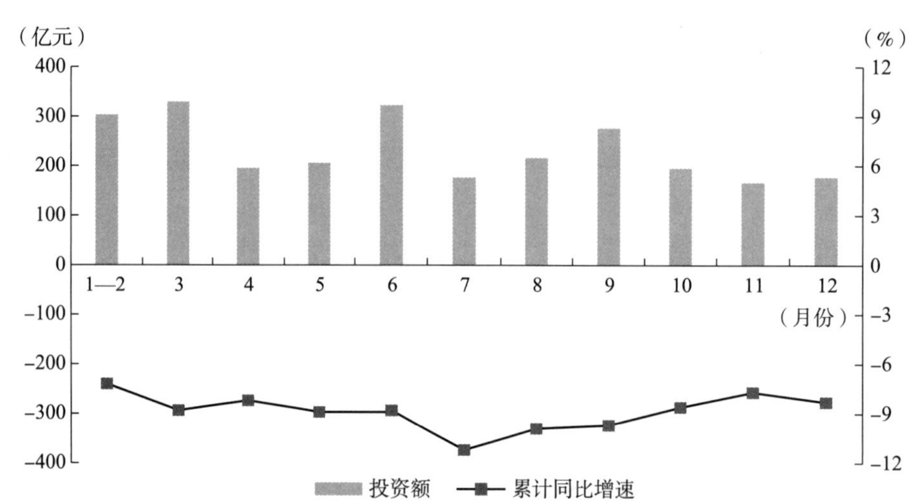

图 5-6-1　2024 年重庆市房地产开发投资月度走势

数据来源：重庆市统计局。

2. 土地供应与成交情况

2024 年，全市房地产类土地出让 319 宗，较 2023 年增加 12 宗，出让面积 860.5 万平方米，可建规模 1483.6 万平方米，出让金额 300.8 亿元，出让楼面价 2027.3 元/米^2。土地出让宗数有小幅增多，出让面积走低，单宗土地规模由 2023 年的 64.5 亩①缩小到 2024 年的 40.5 亩，降幅达到 37.2%，新出让土地小型化的趋势越来越明显。按区域来看，中心城区新出让土地规模减少 53.4%，主城新区减少 30.9%，渝东北减少 37.0%，渝东南减少 34.8%，各片区土地出让规模均超过 30%（见表 5-6-3）。

① 注：1 亩≈666.67 平方米。

表 5-6-3　2023 年和 2024 年重庆市房地产类用地出让情况

时间	区域	宗数（宗）	面积（万平方米）	可建面积（万平方米）	金额（亿元）	楼面价（元/米²）
2023 年	中心城区	52	236.2	459	283.3	6173.2
	主城新区	139	639.9	1111.9	189.8	1707.4
	渝东北三峡库区	67	271.4	495.2	72.5	1463.4
	渝东南武陵山区	49	171.7	322.7	37.3	1154.6
	合计	307	1319.3	2388.8	582.9	2440.1
2024 年	中心城区	33	110.1	192.3	107.9	5611.7
	主城新区	167	442.1	766.5	129.0	1682.7
	渝东北三峡库区	68	171.1	277.5	39.3	1416.6
	渝东南武陵山区	51	137.2	247.3	24.6	994.4
	合计	319	860.5	1483.6	300.8	2027.3

数据来源：重庆市统计局。

2024 年，重庆市新出让的土地仍以国有平台公司摘牌为主，尤其是非核心区地块，以国有平台公司购地为主。房地产企业总体表现为不愿意购置土地，一是当前房地产开发企业已无规模方面的诉求，更加注重财务安全与稳健，对新拿地的决策较为慎重；二是由于市场销售不畅，项目滞销甚至亏损风险高，在“以销定产”的思路下，企业投资动力不强；三是企业开发资金不足，资金筹集渠道变窄，相应压缩开发规模。

3. 房屋新开工、竣工情况

2024 年，全市房地产新开工面积 1432.0 万平方米，全市房地产开发建设规模继续回落。当前，房地产企业更加坚定以销定产的思路，严格按照各片区的实际销售去化情况来配置开发资源，因此在房地产销售情况较好的地区试探性地开启新一轮的补库存行动，而在其他销售去化难度较大的片区开发节奏继续放缓，只有个别项目有小规模的开工建设，造成新开工总规模持续走低。

从全市房地产新开工面积年度走势来看，2024 年新开工面积是最近十年来的低谷水平，显示出房地产开发企业当前开发建设积极性总体不高，但新开工项目的整体品质却在不断提档，2024 年新开工面积超过 10 万平方米以上的中環万象城、华润香港置地观宸、电建重庆之丘、中铁西派城等项目，均是位置优越、设计新颖、配置齐全的标杆项目，具有高赠送率、高得房率、高性价比等亮点，更加贴切市民对“好房子”的新期待，带动全市住房产品加快迭代升级。

从全年新开工月度走势来看，2024 年有 5 个月份的新开工面积低于 100 万平方米，其中上半年新开工面积明显高于下半年（见图 5-6-2）。按照房地产项目正常的开发节奏来看，项目开工后至少需要 4~6 个月的工期才能达到预售条件，因此下半年开工的项目在年内一般不能实现销售回款，而当前行业内卷度高，企业旗下各项目或各分公司之间的竞争比拼激烈，各项目对年内不能实现销售回款的房源新开工积极性不高，使得下半年新开工面积少于上半年的规律更加强化（见图 5-6-3）。

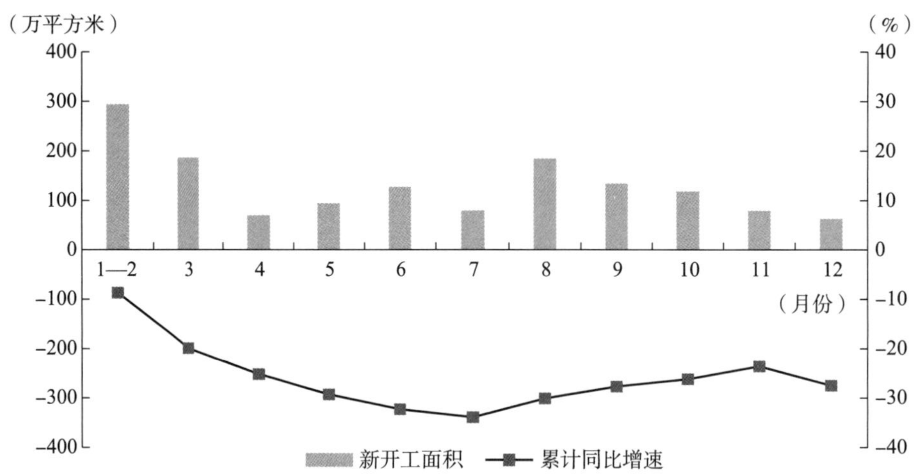

图 5-6-2　2024 年重庆市房地产新开工面积月度走势

数据来源：重庆市统计局。

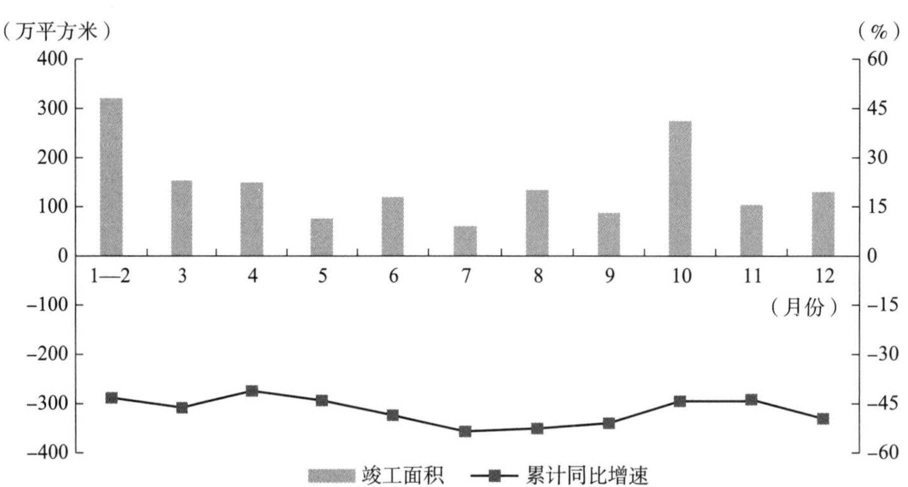

图 5-6-3　2024 年重庆市房地产竣工面积月度走势

数据来源：重庆市统计局。

从物业类型来看，2024 年重庆市住宅新开工 1006. 2 万平方米，办公楼新开工 21. 8 万平方米，商业新开工 130. 1 万平方米，其他物业新开工 273. 9 万平方米（见表 5-6-4）。整体来看，住宅与非住宅新开工面积均出现一定程度的下滑。

表 5-6-4　2023 年和 2024 年重庆市房地产新开工情况

物业类型	2023 年（万平方米）	2024 年（万平方米）	同比增速（%）
住宅	1359. 8	1006. 2	-26. 2
办公楼	11. 4	21. 8	91. 5
商业营业用房	164. 2	130. 1	-21. 0
其他	435. 1	273. 9	-37. 0
合计	1970. 5	1432. 0	-27. 5

数据来源：重庆市统计局。

2024 年，重庆市房地产施工面积 17107. 1 万平方米。2024 年以来，随着“保交房”纾困措施、“两久项目”处置等政策的协同发力和精准实施，有效地盘活存量项目，并保障存量项目顺利建成，也帮助相应的市场主体摆脱困境，项目最终实现竣工交付，并且全年竣工面积高于新开工面积，因此使得房地产施工面积出现回落（见表 5-6-5、表 5-6-6）。

表 5-6-5　2023 年和 2024 年重庆市房地产竣工情况

物业类型	2023 年（万平方米）	2024 年（万平方米）	同比增速（%）
住宅	1006. 2	1123. 4	-50. 8
办公楼	21. 8	33. 0	-56. 0
商业营业用房	130. 1	138. 2	-55. 0
其他	638. 5	373. 9	-41. 4
合计	1432. 0	1668. 5	-49. 5

数据来源：重庆市统计局。

表 5-6-6　2023 年和 2024 年重庆市房地产施工情况

物业类型	2023 年（万平方米）	2024 年（万平方米）	同比增速（%）
住宅	13579. 6	11271. 1	-17. 0
办公楼	469. 3	426. 6	-9. 1
商业营业用房	2171. 3	1763. 1	-18. 8
其他	4267. 3	3646. 3	-14. 6
合计	20487. 5	17107. 1	-16. 5

数据来源：重庆市统计局。

4. 新房供应与销售情况

2024 年，重庆市房地产销售面积 2980. 1 万平方米，其中住宅销售面积 1925. 6 万平方米，办公楼销售面积 86. 9 万平方米，商业销售面积 299. 3 万平方米，其他房屋销售面积 668. 3 万平方米（见表 5-6-7）。

表 5-6-7　2023 年和 2024 年重庆市房地产销售情况

物业类型	2023 年（万平方米）	2024 年（万平方米）	同比增速（%）
住宅	2257. 5	1925. 6	-14. 7
办公楼	71. 1	86. 9	22. 3
商业营业用房	323. 9	299. 3	-7. 6
其他	903. 8	668. 3	-26. 1
合计	3556. 3	2980. 1	-16. 2

数据来源：重庆市统计局。

2024 年以来，重庆市积极对接中央政策，持续多轮优化房地产需求端支持政策措施，其中包括降低 LPR 利率、降低存量住房贷款利率、降低二套房首付比例、降低公积金贷款利率、提升公积金贷款额度、发放购房补贴等。这些措施大大地降低购房成本和购房门槛，增强市场信心，有利于促进房地产市场止住跌势。不过，当前房地产销售去化难最关键的制约在于住房需求总量减少、市民收入预期下降，住房需求恢复的基础并不牢固。市民对房地产市场的预期并未完全扭转，加上居民对房地产项目交付存在顾虑，更愿意购买现房或二手房，而有的区县新房仍以中小户型为主，潜在客户与二手房客群有所重叠，新房与二手房之间的竞争加大，使得新房销售表现较为乏力。

5. 存量房供应与销售情况

2024 年，重庆中心城区二手房成交 1564.2 万平方米，二手房交易量基本保持稳定（见图 5-6-4、表 5-6-8）。二手房套均面积从 2023 年的 97 平方米提高到 100 平方米，二手房户型以三室户型为主，部分改善型需求也流向二手房，其中 5~7 年内的次新房交易较为活跃。2024 年重庆全面取消二手房限售措施，全面实行二手房带押过户，取消普通住宅和非普通住宅标准（调低契税标准），继续执行好二手房个人所得税退税等政策，大幅减少二手房供需双方的交易成本。为二手房市场保持较高热度提供坚实基础。

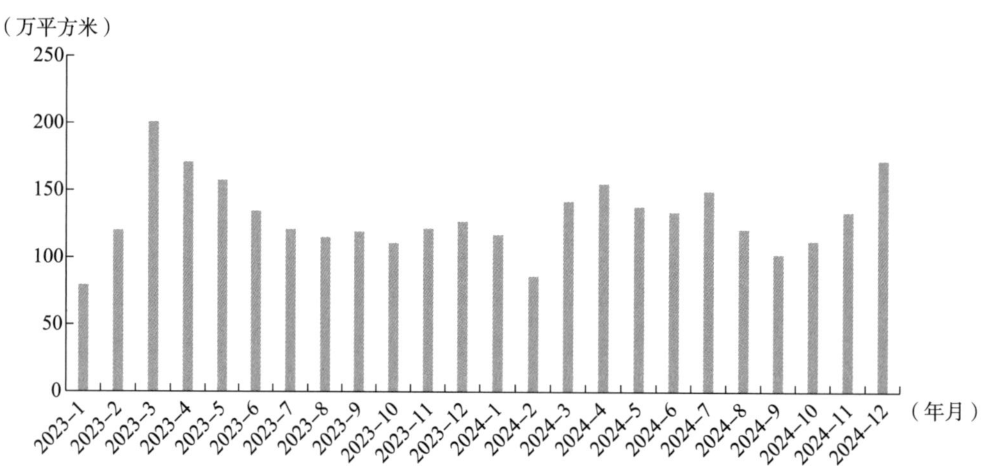

图 5-6-4 2023—2024 年重庆市中心城区存量房成交面积情况

数据来源：重庆市统计局。

表 5-6-8 2024 年重庆市中心城区二手房成交套数排名 TOP10

排名	项目	区域	成交套数（套）	成交面积（万平方米）	成交价格（元/米²）
1	重庆融创文旅城	沙坪坝区	1451	15.5	9208
2	富力城	沙坪坝区	980	9.6	8822
3	鲁能星城	渝北区	757	8.5	12678
4	金辉城	南岸区	732	9.0	12877
5	万科重庆天地	渝中区	581	7.2	17322
6	融汇半岛	巴南区	579	5.5	8743
7	融创欧麓花园城	巴南区	547	5.7	9788
8	中海国际社区	南岸区	488	5.1	12877
9	恒大照母山	渝北区	481	4.5	12881
10	龙湖两江新宸	渝北区	474	6.4	14253
合计			7070	77.0	11614

数据来源：重庆市统计局。

6. 商品房销售价格情况

2024 年，重庆市商品房销售均价 6898.2 元/米^2，其中住宅销售均价 8243.1 元/米^2、办公楼销售均价 8143.8 元/米^2、商业营业用房销售均价 7980.6 元/米^2、其他物业销售均价 2377.2 元/米^2（见表 5-6-9）。2024 年，重庆市多个立体绿化住宅（第四代）项目上市，该类户型设计产品赠送面积大，市民认可度高，其售价比同位置同档次的普通设计住宅高约 2000 元/米^2，抵消部分项目打折促销对房价的影响，在一定程度上稳住房价的下跌态势，因此全年房价走势相对平稳，波动较小。

表 5-6-9　2023 年和 2024 年重庆市房地产销售均价情况

物业类型	2023 年（元/米^2）	2024 年（元/米^2）	同比增速（%）
住宅	8564.2	8243.1	-3.7
办公楼	8428.1	8143.8	-3.4
商业营业用房	7697.8	7980.6	3.7
其他	2297.7	2377.2	3.5
平均	6890.0	6898.2	0.1

数据来源：重庆市统计局。

（二）2024 年重庆市住房保障工作进展

1. 住房保障政策变化

（1）开展公租房转配售型保障性住房改革试点。

2024 年，重庆市开展公共租赁住房转配售型保障性住房改革试点，在保持保障属性不变，符合条件的人可购买，购买后可继承，但不能上市交易。幸福华庭、空港佳园、碚都佳园、民心佳园、美丽阳光家园 5 个公租房项目已于 2024 年开放申购通道，销售价格为 4000~6000 元/米^2（见表 5-6-10）。

表 5-6-10　公租房转配售型保障性住房项目名单

单位：元/米^2

项目名称	所在区域	销售均价
幸福华庭配售型保障性住房	大渡口区	4060
空港佳园配售型保障性住房	渝北区	4920
碚都佳园配售型保障性住房	北碚区	5360
民心佳园配售型保障性住房	渝北区	5820
美丽阳光家园配售型保障性住房	沙坪坝区	4560

数据来源：重庆市统计局。

（2）优化公租房申请对象的收入标准。

明确 3 人及以上家庭人均收入不高于本市上年度城镇居民人均可支配收入，2 人家庭人均收入不高于本市上年度城镇居民人均可支配收入的 1.1 倍，单身人士收入不高于重庆市上年度城镇居民人均可支配收入的 1.2 倍。

（3）增加公租房腾退房源的按序轮候配租方式的规定。

按照申请时间，综合申请人实际情况（如优抚对象、残疾人员、见义勇为人员、老龄化家庭、多子女家庭等），确定轮候顺序，充分利用税务、人力社保、公积金管理等横向部门的政务大数据，精准核验申请人的租住资格，加强准入退出管理，确保所有房源公平善用。

（4）建立公租房租金动态调整机制。

依据统计部门公布的本市城镇居民人均可支配收入、居民消费价格指数、居住价格指数等为基础，建立动态调整机制，每 3 年调整 1 次，在定价时。公租房租金标准原则上不超过同地段、同品质房屋市场租金的 60%。

（5）租赁补贴向环卫工人、公交司机等群体倾斜。

2024 年 10 月 24 日，重庆市发布《重庆市城镇住房保障家庭租赁补贴暂行办法》，对相关内容进行修订，其主要修订的内容为保障对象向环卫工人、公交司机等群体倾斜。

2. 保障房各项指标任务及达成情况

重庆保障性住房包含配租型和配售型两大类，配租型包括公租房、保障性租赁住房。其中，全市公租房累计分配 56.6 万套，帮助 140 余万人解决住房困难问题。保障性租赁住房已累计筹集 28.9 万套（间），已投用 17.7 万套（间），解决约 37.5 万新市民、青年人等群体住房困难。配售型保障性住房 2024 年已开工建设 14 个项目、7000 套房屋，包括九龙宸曦等多个项目即将进入配售阶段。

3. 地方收储商品房进展情况

2024 年，重庆共进行两轮收购存量商品房用作保障性住房项目，其中 2 月收购 7 个项目、4207 套房源，8 月收购 7 个项目、2600 套房源。

【收购项目案例——尚成半山郡保障性租赁住房项目】

尚成半山郡保障性租赁住房项目位于重庆市九龙坡区华龙大道 50 号 7 幢，占地面积约 700 平方米，总建设规模约 7623 平方米，规划性质为批发零售用地，房源共计 104 套，套均面积 56 平方米。项目采用批量收购商品房后重新装修投用的方式，由重庆嘉寓房屋租赁有限责任公司负责实施收购，建设周期约 75 天，于 2024 年 10 月对新市民、新青年正式开放，其租金不高于同地段同品质市场租赁住房租金。

项目周边配套成熟，距离轨道交通 5 号线华城站 3B 出口仅 20 米，项目配有幼儿园，周边有华岩小学、人和中学、重庆外国语实验学校；周边有雅马哈摩托车工业园区、隆鑫工业园区；4 千米以内有重庆市大渡口区人民医院和九龙坡区第二人民医院。项目一层建筑面积 361 平方米，主要功能为接待大堂，快递柜间；二层建筑面积 700 平方米，主要功能为共享咖啡吧，共享厨房，阅读区、台球室以及瑜伽室；三层建筑面积 702 平方米，主要功能为共享商务办公，可为新青年新市民提供舒适的创业环境；四至十一层每层建筑面积 733 平方米，每层含 13 套（间）租赁住房，均达到“拎包入住”的标准，通过精心的软装设计和合理的家具家电布局，为租户提供舒适、时尚、实用的居住环境。

4. 城市更新改造推进情况

2024 年，重庆市实施 150 个城市更新项目，累计更新改造面积近 2700 万平方米。其中发行政府专项债支持城市更新、通过专业化运营提升城市公共空间活力两项措施效果显著，并成功入围住房城乡建设部印发的《实施城市更新行动可复制经验做法清单（第三批）》。

2024 年，重庆市新开工改造城镇老旧小区 1835 个、4186 万平方米，还同步改造提升养老托幼、文化体育等配套设施，对传统社区进行艺术和商业定位，并以文旅为切入点，吸引本地及外地游客，实现社会效益与经济效益的平衡，通过老旧小区改造赋能社区产业升级，持续提升社区活力，坚持项目化、清单化、事项化把老旧小区改造做好，成功打造“民主村”“北仓里”等标杆项目。

（王　芳　傅　强　重庆市房地产开发协会）

七、河北省房地产市场

2024 年，河北省制定出台政策措施，积极促进房地产市场止跌回稳。房地产开发投资同比下降 6.8%，房地产施工面积同比下降 7.5%，新开工面积同比下降 16.0%，商品房销售面积同比下降 6.1%，销售额同比下降 9.2%，但以上指标跌幅均有所收窄。土地出让面积同比下降 8.62%，石家庄、唐山、秦皇岛新房及二手房价格均下跌，其中二手房价格下跌调整更为明显。

（一）2024 年河北省房地产市场发展现状及特点

1. 全省及各市开发投资情况

2024 年，河北省固定资产投资同比增长 6.8%，增速比上年加快 0.5 个百分点。其中，建设项目投资增长 11.2%；房地产开发投资 2885.40 亿元，同比下降 6.8%，房地产住宅投资 2410.46 亿元，同比下降 7.6%，办公楼投资上涨 1.6%，商业营业用房投资下降 4.1%。按月来看，投资累计增速已连续 26 个月为负，2024 年河北省房地产开发投资水平为近 14 年来新低（见图 5-7-1、图 5-7-2）。

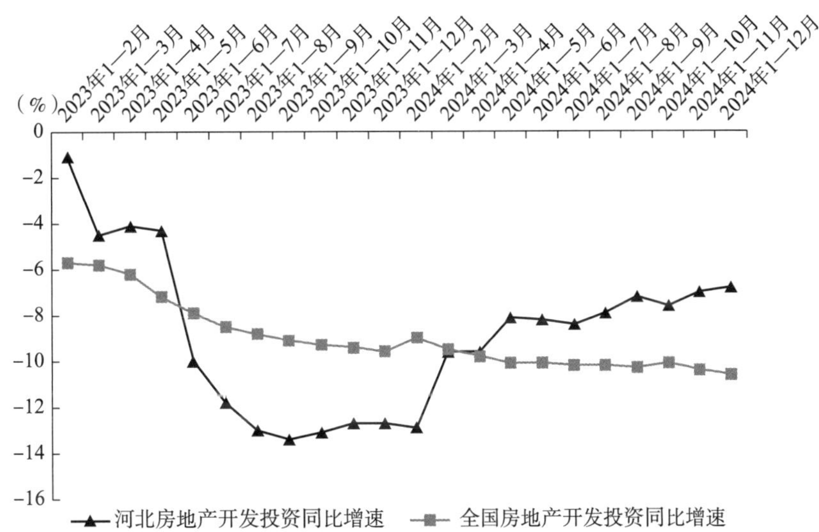

图 5-7-1　2023—2024 年全国及河北省房地产开发投资累计同比增速对比

数据来源：国家统计局。

从各市来看，2024 年石家庄市固定资产投资同比增长 9.3%，其中，建设项目投资同比增长 12.0%，房地产开发投资同比增长 2.4%。承德市固定资产投资同比增长 13.7%，房地产开发投资同比下降 28.7%。张家口市固定资产投资同比增长 17.2%，房地产开发投资同比下降 13.2%。秦皇岛市固定资产投资同比增长 8.9%，房地产开发投资同比下降 2.1%。唐山市固定资产投资同比下降 13.5%，房地产开发投资同比下降 19.7%。廊坊市固定资产投资同比增长 8.3%，同比提高 1.8 个百分点。建设项目投资增长 12.8%，占全市投资的 78.9%；房地产开发投资下降 5.7%，占全市投资的 21.1%。保定市固定资产投资比上年增长 8.3%。分类别看，建设项目投资增长 19.7%，房地产开发投资下降 17.6%。沧州市固定资产投资同比增长 8.9%，房地产开发投资同比下降 21.6%。衡水市固定资产投资同比增长 7.2%，房地产开发投资同比下降 2.0%。邢台市固定资产投资同比增长 9.8%，其中，建设项目投资（占全部固投比重 67.5%）同比增长 20.0%，房地产投资（占全部固投比重 32.5%）同比下降 6.7%。邯郸市 2024 年房地产业完成生产总值 306.2 亿元，占全市 GDP 比重 6.5%，同比增长 1.3%，全市固定资产投资同比增长 8.3%，房地产投资同比下降 6.8%（见表 5-7-1）。

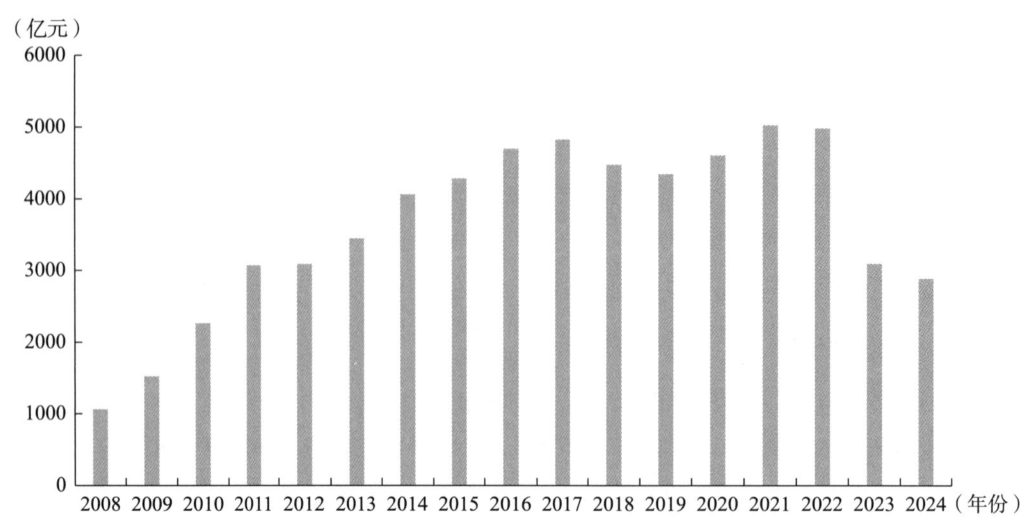

图 5-7-2　2008—2024 年河北省房地产开发投资情况

数据来源：国家统计局。

表 5-7-1　2024 年河北省各市固定资产和房地产投资增速

（%）

地区	固定资产投资增速	房地产投资增速
全国	3.2	-10.6
全省	6.8	-6.8
石家庄市	9.3	2.4
承德市	13.7	-28.7
张家口市	17.2	-13.2
秦皇岛市	8.9	-2.1
唐山市	-13.5	-19.7
廊坊市	8.3	-5.7
保定市	8.3	-17.6
沧州市	8.9	-14.6
衡水市	7.2	-2.0
邢台市	9.8	-6.7
邯郸市	8.3	-6.8

数据来源：河北省统计局。

当前河北省房地产开发投资整体不断下滑，降幅有所收窄，其中，2023 年石家庄房地产投资增速同比下降 23.5%，2024 年转负为正同比上涨 2.4%，在全省率先企稳。

2. 土地供应与成交情况

2024 年，河北省土地出让 5386 宗（2023 年出让 5980 宗），同比下降 9.93%；土地出让面积 15607.06 万平方米，同比下降 8.62%。其中，住宅用地出让 1035 宗，面积 2788.62 万平方米，同比下降 32.31%；商服办公用地出让 805 宗，面积 1285.32 万平方米，同比下降 16.59%；工业仓储用地出让 2979 宗，面积 9692.73 万平方米，同比下降 5.44%。

2024 年，河北省土地出让成交价款 1531.38 亿元。其中，住宅用地的成交价款 941.81 亿元，商服办公用地的成交价款 220.53 亿元，工业仓储用地的成交价款 272.39 亿元。2024 年河北省土地出让的出让地面均价为 1268 元/米^2。

3. 开发企业拿地情况

2024 年，河北省拿地金额最高的企业为石家庄城发投，拿地面积 223 万平方米，同比增长 59.29%，拿地金额 108 亿元，同比减少 29.87%；其次是保定国控，拿地面积 192 万平方米，同比增长 92.11%，金额 53 亿元，同比增长 60.61%。从石家庄市土地市场来看，2024 年保利地产在石家庄拿地 3 宗，面积 7.65 万平方米，金额 15.71 亿元；中海地产拿地 1 宗，面积 6.38 万平方米，金额 11.54 亿元；中交地产拿地 3 宗，面积 15.59 万平方米，金额 26.45 亿元。

全省土地市场以国央企和城投拿地为主，各市城投公司为拿地主力，全国品牌房企主要在核心城市的优质地块，如保利、中海所拿地块均位于石家庄主城区优质地段，定位高端改善楼盘。民企参与拿地明显减少，这与房地产市场下行、融资环境不同、民营房企违约事件频发相关。

4. 房屋建设情况

2024 年，河北省房地产施工面积 29333.62 万平方米，同比下降 7.5%。其中，住宅施工面积 22798.46 万平方米，同比下降 8.1%；办公楼施工面积 539.19 万平方米，同比上涨 6.7%；商业营业用房施工面积 1717.31 万平方米，同比下降 5.7%。

房地产新开工施工面积 4172.21 万平方米，同比下降 16.0%。其中，住宅新开工面积 3331.76 万平方米，同比下降 16.4%；办公楼新开工面积 62.25 万平方米，同比上涨 41.4%；商业营业用房新开工面积 156.53 万平方米，同比下降 9.8%。

房地产竣工面积 2174.73 万平方米，同比下降 36.9%。其中，住宅竣工面积 1690.56 万平方米，同比下降 38.4%；办公楼竣工面积 16.94 万平方米，同比下降 47.5%；商业营业用房竣工面积 151.37 万平方米，同比下降 4.7%（见图 5-7-3）。

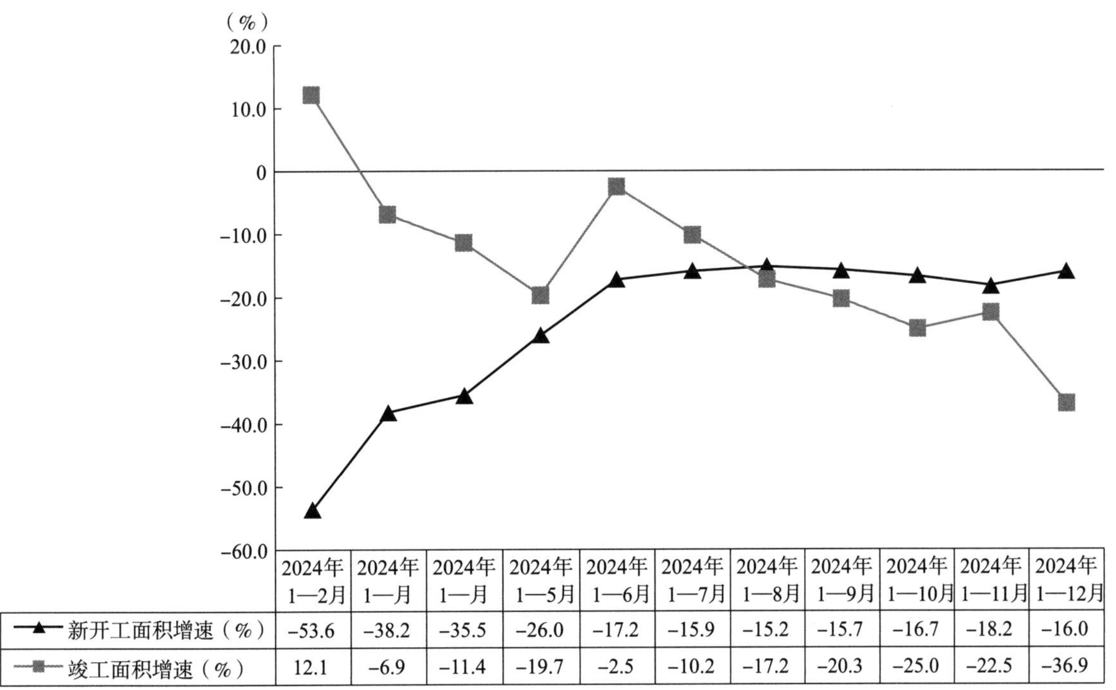

	2024年1—2月	2024年1—月	2024年1—月	2024年1—5月	2024年1—6月	2024年1—7月	2024年1—8月	2024年1—9月	2024年1—10月	2024年1—11月	2024年1—12月
新开工面积增速（%）	-53.6	-38.2	-35.5	-26.0	-17.2	-15.9	-15.2	-15.7	-16.7	-18.2	-16.0
竣工面积增速（%）	12.1	-6.9	-11.4	-19.7	-2.5	-10.2	-17.2	-20.3	-25.0	-22.5	-36.9

图 5-7-3　2024 年河北省房地产施工新开工和竣工面积累计同比增速对比

数据来源：国家统计局。

5. 商品房销售情况

2024 年，河北省商品房销售面积 4103. 13 万平方米，同比下降 5. 4%。其中，商品房现房销售面积 702. 33 万平方米，同比增长 27. 8%；商品住宅销售面积 3836. 51 万平方米，同比下降 6. 1%，其中商品住宅现房销售面积 633. 34 万平方米，同比上涨 27. 5%；商品房销售额 3332. 30 亿元，同比下降 6. 1%，其中商品住宅销售额 3146. 44 亿元，同比下降 7. 0%。2021 年以来河北省商品房销售面积不断下降，但降幅在不断收窄（见图 5-7-4、图 5-7-5）。

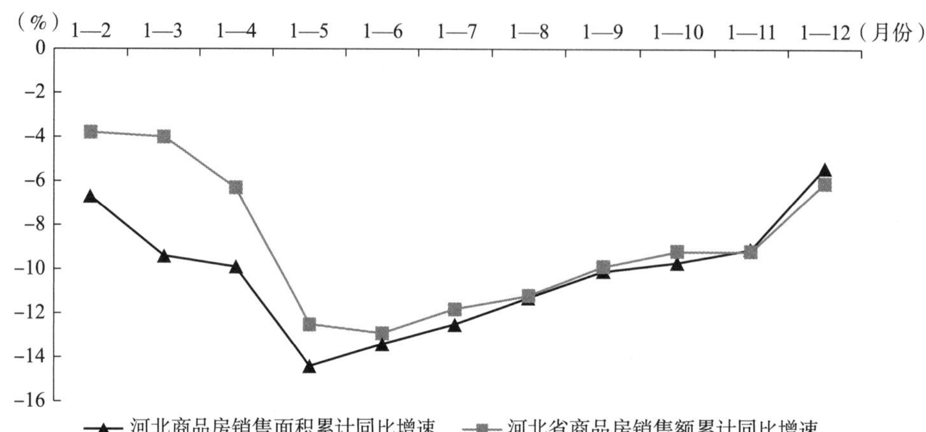

图 5-7-4　2024 年河北省商品房销售面积与销售额累计同比增速

数据来源：国家统计局。

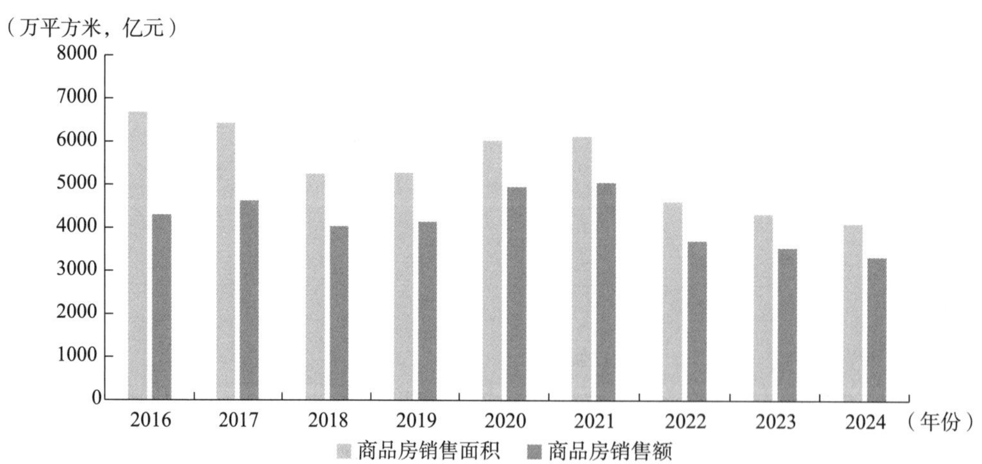

图 5-7-5　2016—2024 年河北省商品房销售情况

数据来源：国家统计局。

2024 年，河北省商品房待售面积同比上涨 26. 3%，其中住宅待售面积同比上涨 18. 7%，办公楼待售面积同比上涨 110. 7%，商业营业用房待售面积同比上涨 38. 8%。

6. 商品房销售价格情况

国家统计局发布的 2024 年 12 月 70 个大中城市商品住宅销售价格变动情况。70 个大中城市中，一线城市商品住宅销售价格环比上涨，二、三线城市环比总体降幅收窄；一、二、三线城市同比降幅均继续收窄。

数据显示，石家庄、唐山、秦皇岛新房及二手房价格均下跌，其中二手房价格下跌调整更为明显。石家庄新房价格环比下降0.4%，同比下降3.4%；二手房价格环比下降0.5%，同比下降7.6%。唐山新房价格环比下降0.4%，同比下降7.6%；二手房价格环比下降0.5%，同比下降11.3%。秦皇岛新房价格环比下降0.3%，同比下降7.2%；二手房价格环比下降0.6%，同比下降11.4%。

（二）2024年河北省住房保障工作进展

1. 全省及各市保障房工作进展情况

加快发展保障性租赁住房，是国家为主要解决符合条件的新市民、青年人等群体住房困难问题的一项重要举措。河北省优化保障性租赁住房筹集方式，将存量商品房作为重要筹集渠道，鼓励通过既有房屋改建、改造等方式筹集房源，推动企业和园区建设宿舍型保租房。同时加快续建项目建设进度，确保早日交付。对于竣工项目，尽快组织分配，让新市民、青年人、农民工等群体享受到实实在在的好处。

2024年，河北省加大保障性住房建设和供给，筹集保租房2.3万套，发放租赁补贴2.6万户，完成农村危房改造任务4592户，有力改善城乡居民居住条件。石家庄、廊坊、邢台三市还将发展保障性租赁住房与人才引进工作相结合，把人才公寓项目纳入保障性租赁住房规范管理，助力人才安居。河北省共有五批20项保障性租赁住房经验做法在全国推广，为全国保障性租赁住房发展提供河北经验。

2024年，石家庄市建成棚改安置房23595套，实际筹集保障性租赁住房5490套投入使用，超额完成年度任务111%；承德市共发放住房租赁补贴2992户，筹集保障性租赁住房150套；张家口市共筹集保租房2270套，筹集完成率107%；唐山市组织国企按照“以需定购”原则，收购已建成存量商品房用作保障性住房，组织开展全市保障性住房需求摸底，限价商品房销售，并重启经济适用住房销售，2024年共建设棚户区（城中村）改造安置房15593套，建设（筹集）保租房2573套；廊坊市筹集保障性租赁住房1667套，争取中央财政补助资金1360万元，发放公租房补贴198户、资金23万元；保定市建设（筹集）保障性租赁住房1815套，其中竞秀区660套、高新区549套、高碑店市200套、蠡县294套、易县112套；沧州市中心城区2024年新开工建设保障性租赁住房1421套，主要为企业单位购买以及利用自有闲置土地进行建设；衡水市共筹集保障性租赁住房454套，涉及2个县区、4个项目，其中冀州区82套、阜城县372套；邢台市建成棚改安置房3149套，筹集保障性租赁住房862套，发放租赁补贴2452户；邯郸市筹集保租房3122套；雄安新区为2024年筹集的5个保障性租赁住房项目共2374套，其中包括启动区首批政府产权保租房1359套，政府产权保租房的投运旨在满足疏解人员等群体的住房需求。

2. 房地产融资情况和保交房情况

为精准支持房地产项目合理融资需求，河北省建立省市两级房地产融资协调机制，将合规房地产项目纳入“白名单”。截至2024年底，全省通过审核和备案两种形式，将1054个房地产项目纳入“白名单”，授信1486.6亿元，已放款1243.9亿元；全省保交房攻坚战项目已交付超过22万套，既维护购房人的合法权益，也提振市场预期和信心。

3. 住房公积金工作开展情况

2024年，河北省住房公积金缴存运行情况：

新开户单位13342家，净增单位7420家；新开户职工46.48万人，净减职工3.5万人；实缴单位99866家，实缴职工568.68万人，缴存额962.28亿元，分别同比增长8.03%、-0.61%、2.09%。2024年末，缴存总额9304.54亿元，比上年末增加11.54%；缴存余额3679.38亿元，同比增长8.13%。

提取运行情况：

185.18万名缴存职工提取住房公积金；提取额685.61亿元，同比增长0.94%；提取额占当年缴存额的71.25%，比上年减少0.81个百分点。2024年末，提取总额5625.16亿元，比上年末增加13.88%。

贷款运行情况：

（1）住房公积金个人住房贷款。2024 年，发放个人住房贷款 6. 33 万笔 312. 61 亿元，同比减少 27. 82%、29. 79%。回收个人住房贷款 328. 84 亿元。

2024 年末，累计发放个人住房贷款 148. 85 万笔 4593. 18 亿元，贷款余额 2328. 07 亿元，分别比上年末增加 4. 43%、7. 3%、-0. 69%。个人住房贷款余额占缴存余额的 63. 27%，比上年末减少 5. 63 个百分点。

2024 年，支持职工购建房 740. 36 万平方米。年末个人住房贷款市场占有率（含公转商贴息贷款）为 11. 89%，比上年末减少 0. 13 个百分点。通过申请住房公积金个人住房贷款，可节约职工购房利息支出 28. 16 亿元。

（2）异地贷款。2024 年，发放异地贷款 1. 05 万笔 51. 52 亿元。2024 年末，发放异地贷款总额 397. 94 亿元，异地贷款余额 266. 46 亿元。

4. 全省及各市城市更新改造推进情况

2024 年，河北省实施城市更新项目 2562 个、完成投资 1519. 6 亿元。石家庄市入选全国首批城市更新行动示范城市，沧州市获批老旧火车站及周边街区改造试点，石家庄市、唐山市、沧州市、衡水市、雄安新区入选国家首批再生水利用重点城市，评选出 40 个省级城市更新范例。推进燕赵宜居县城建设，谋划实施项目 2342 个、完成投资 1203 亿元。全省改造老旧小区 827 个，建成棚改安置房 9 万套，开工城中村改造安置房 12628 套，改造供排水和供热老旧管网 467 千米，提升管网安全运行水平。全面提升城市管理水平，强制分类区域居民小区垃圾分类覆盖率达到 96%，建成大件垃圾投放点 907 个。建成口袋公园 157 个。邯郸市中华大街、馆陶县陶山老街被省政府划定为历史文化街区。

石家庄市六大片区建设稳步推进，17 个城中村回迁房进入主体施工阶段，44 个“烂尾楼”项目完成整治，243 个老旧小区改造全部完工，东南退水明渠启动建设。

承德市改造老旧小区 29 个，建成棚户区安置房 2520 套。老旧小区改造 29 个项目惠及居民 3660 户，改造面积 46 万平方米；推动全市既有住宅小区加装电梯 13 部，加装电动自行车充电端口 3. 17 万个。2018—2024 年，全市已累计改造老旧小区 1116 个，改造面积 981 万平方米，11. 9 万余户居民居住环境得到明显改善。

张家口市老旧小区改造工程涉及 7 个区县，改造完成 41 个老旧小区，93 栋楼，3369 户，建筑面积 31. 47 万平方米，完成投资约 1. 4 亿元，惠及居民约 8500 人。建成棚户区改造安置房 252 套。

秦皇岛市建成棚改安置房 9344 套，改造老旧小区 85 个，实施海绵城市建设示范项目 39 个。

唐山市实施城市更新项目 822 个，改造老旧小区 50 个，唐通路立交桥主线通车。建成省级和美乡村 304 个，新建改造高标准农田 14. 8 万亩。共建设棚户区（城中村）改造安置房 15593 套，改造城市危旧房 387 套。全市累计改造棚户区 572 个片区，建设安置房项目 318 个、34. 49 万套，60 余万居民喜迁新居；全市共有公租房 39066 套，保租房 6459 套，其中配租公租房 37726 套，配租保租房 5515 套。

廊坊市在建城市更新项目 124 个、完成投资 40. 57 亿元；推进燕赵宜居县城建设，8 个县（市）谋划实施项目 89 个、完成投资 42. 12 亿元；改造城镇老旧小区 49 个，建成棚改安置房 2446 套；推动住宅小区充电端口建设，新增充电端口 148976 个，车口比例达到 5：1 配建要求；被动式超低能耗建筑新开工 16. 51 万平方米，全省排名第二。

保定市完成棚户区改造 14727 套、新改造老旧小区 38 个。西大街历史文化街区保护更新入选“中国城市更新和既有建筑改造典型案例”。打通断头路 14 条，改造易堵路口 29 个，新建设绿波道路 45 条。建设郊野公园、城市公园、社区公园、口袋公园 460 余座。

沧州市基本建成棚户区改造房屋 7167 套，“四好农村路”提升工程完成建设 448. 5 千米。城镇老旧小区改造工程 110 个老旧小区已完工，14 个口袋公园建设已完工，完成适老化改造 3090 户。实施房地产市场平稳健康发展 16 条措施，保交房攻坚战项目交付 4. 16 万套。

衡水市老旧小区改造项目 51 个，惠及居民 5294 户，改造面积 69 万平方米；稳步推进棚户区改造建成任务，完成8个棚改建成计划项目，共计2172套；积极督导21个城中村改造进度，11个完成改造安置房建设并交付，剩余主体均已完工；同时，积极筹集保障性租赁住房454套，涉及冀州区、阜城县共4个项目，着力解决新市民、青年人和困难群众的住房难题。

邢台市改造老旧管网248.89千米，新增供热面积119万平方米，实施老旧小区改造项目124个，新增充电端口12.3万个。全国首创燃气“三级防控”模式、完成智能化改造10万户。建成口袋公园18个，新增人防停车位1.3万个，好南关、府前街、南北长街修缮一新，开元历史文化片区改造提升等4个项目入选全省城市更新范例。

邯郸市推进城市更新，交付“烂尾楼”项目56个3.5万套，解决“办证难”项目164个2.94万套，近30万名群众圆“安居梦”；打通“断头路”28条41段，深度治理老旧小区368个，新增供热面积421万平方米。县域特色产业集群发展壮大。制定“一县一特”工作方案，实施“领跑者”企业培育行动，13家企业跻身中国民营企业500强、全省第一（见表5-7-2）。

表5-7-2　2024年河北省各市城市更新改造推进情况

地区	完成老旧小区改造（个）	建成棚改安置房（套）	其他
全省	827	90000	开工城中村改造安置房12628套，改造供排水和供热老旧管网467千米，建成口袋公园157个
石家庄市	243	23595	中华大街、平安大街等4条主街主路完成改造提升，新建地下综合管廊11.4千米、总量达到92.8千米，新增绿地8895亩、同比增长11.3%
承德市	29	2520	打造精品示范街道24条，建设高品质口袋公园14个
张家口市	41	252	新建口袋公园19个，指导帮助群众完成799户灾后农房恢复重建
秦皇岛市	85	9344	实施海绵城市建设示范项目39个
唐山市	50	15593	实施城市更新项目822个，唐通路立交桥主线通车。建成省级和美乡村304个，新建改造高标准农田14.8万亩
廊坊市	49	2446	推动住宅小区充电端口建设，新增充电端口148976个
保定市	38	14727	打通断头路14条，改造易堵路口29个。建设郊野公园、城市公园、社区公园、口袋公园460余座
沧州市	110	7167	“四好农村路”提升工程完成建设448.5千米，14个口袋公园建设已完工，完成适老化改造3090户
衡水市	51	2172	新建口袋公园10个，建设改造农村公路227千米
邢台市	124	3149（计划）	改造老旧管网248.89千米，新增供热面积119万平方米，建成口袋公园18个，新增人防停车位1.3万个
邯郸市	32（计划）	1450（计划）	全市新建、改造口袋公园36个，建设改造农村公路470千米，新建、改扩建义务教育学校15所

数据来源：各地市住建局。

（曲俊义　李明波　王玉凤　河北省住宅与房地产业协会）

八、山东省房地产市场

（一）2024年山东房地产市场发展现状及特点

2024年，山东省房地产市场在政策调控与市场调整的双重作用下，呈现出“整体趋稳、结构分化、品质升级”的特点。

1. 政策调控成效显著，市场逐步止跌回稳

政策组合拳推动市场回稳。山东省通过“止跌回稳30条”“金融支持19条”等政策，实施“四个取消、四个降低、两个增加”措施，包括取消部分限购限贷政策、降低首付比例和贷款利率、增加公积金支持力度等，有效缓解市场下行压力。2024年，全省新建商品房网签面积居全国首位，政策效果显著。

促销活动与创新模式激活需求。政府组织线上线下房交会、群团购活动，推出购房补贴、“房票”安置、“以旧换新”等举措，并鼓励建立“房产超市”和线上选房系统，拓宽外销市场，吸引省外购房者。例如，威海、烟台、青岛、日照等沿海城市通过举办城市推介会等形式在省外城市进行项目推介，取得良好效果。

2. 市场供需两端呈现结构性调整

供给侧持续结构优化品质升级。积极推动高品质住宅建设，新建商品房以高品质住宅为主导，筛选111个省级高品质住宅试点项目，推广“五心好房”品牌，要求新出让优质地块全部建设高品质住宅。保障房建设被列为重点，率先建成“好房子”，并推动老旧小区改造，提升既有住宅品质。

需求侧呈现多元化与分化。改善型需求逐步成为主流，高端住宅市场回暖，而低端住宅面临去库存压力。租赁市场活跃，保障性租赁住房筹建4.8万套，发放租赁补贴9.7万户，公积金缴存额首次突破2000亿元，支持刚需购房。

3. 区域与城市层级差异显著

济南、青岛等核心城市市场率先回暖。济南自10月起商品房网签销售量回升，价格下跌趋势放缓，全市房地产市场下行势头开始扭转，呈现“止跌回稳”趋势。青岛第四季度受政策利好及市场预期改善推动，房地产企业加大房源推量，形成下半年小高峰，12月成交量环比增长27.6%，市场筑底逐渐形成。

三、四线城市压力与潜力并存。潍坊、济宁、菏泽等城市宅地成交面积居前，但部分区域因供应过剩面临去库存压力。中小城市通过城市更新和乡村振兴政策释放新需求，但整体增速低于核心城市。

（二）2024年山东房地产市场运行情况

2024年，山东省房地产开发投资7544.2亿元，同比下降11.7%，其中住宅投资6147.9亿元，同比下降11.3%。商品房施工面积63099.7万平方米，同比下降11.5%，其中住宅施工面积45848.2万平方米，同比下降11.9%。商品房销售面积9833.2万平方米，同比下降12.9%，其中住宅销售面积8038.8万平方米，同比下降14.9%。商品房销售额7823.9亿元，同比下降17.9%，其中住宅销售额6647.4亿元，同比下降18.6%。

重点城市济南、青岛情况：

2024年，济南全市房地产开发投资1557.55亿元，同比增长4.2%，其中住宅1143.20亿元、同比增长4.8%；新开工商品房面积1363.69万平方米，同比增长48.0%，其中住宅737.15万平方米，同比增长35.5%；房屋施工面积8042.65万平方米，同比下降1.2%，其中住宅4766.98万平方米，同比下降4.4%。2024年到位资金1693.35亿元，同比增长4.3%。全市新建商品房网签面积1102.49万平方米、金额1273.61亿元。其中，住宅网签4.98万套、面积655.28万平方米、均价为13953.24元/米^2、金额914.33亿元。二手房网签面积717.45万平方米、二手住宅网签5.80万套、面积611.38万平方米。

2024年，青岛全市房地产完成开发投资1511.8亿元，同比减少11.8%。各类房屋施工面积8119.8万平方米、新开工面积386.7万平方米、竣工面积1111.8万平方米，同比分别下降22.2%、62.2%、47.2%。房地产企业资金来源合计1511亿元，同比减少21.6%，整体规模处于历史低位。新建商品房成交12.17万套、面积1504.79万平方米，同比分别下降21.8%、18.7%。其中，住宅成交9.12万套，同比下降24%。商品房网签数据显示，全市新建商品住房（已扣除政策性住房影响，下同）成交均价14152元/米^2，同比上升6.36%。二手房成交 73405 套，同比增长 8.45%，其中住宅成交 69326 套，同比增长 9.44%。

（三）2024 年山东住房保障与城市更新工作进展

2024 年，山东省开工改造老旧小区 70 万户，加装电梯 1551 部。开工城中村改造安置住房 30.7 万套，保障房开工 1.2 万套。全省公积金年缴存额首次突破 2000 亿元。村镇建设力度持续加大，动态管理试点镇重点项目库，入库项目 910 个、完成投资 1007 亿元。实施危房和抗震改造 1.2 万户，农村地区清洁取暖改造 34.5 万户。

2024 年，山东省新改建城市道路 1013 千米、供排水管网 2823 千米，新建成综合管廊 27.8 千米、海绵城市 145 平方千米。改造燃气老化管网 2497 千米。新增 28 个县（市、区）整县制雨污合流管网清零，城市建成区黑臭水体动态清零，54%的城市生活污水处理厂完成提标改造。新增城市绿道 668 千米、城市大型公园 98 个、口袋公园 559 个，累计开放共享公园绿地 1442 万平方米。

（井　坤　高　健　山东省房地产业协会）

九、河南省房地产市场

（一）市场总体态势

2024 年，河南省房地产市场整体依然呈现调整态势，市场供应和销售均继续下滑，但第四季度降幅有所收窄，特别是 12 个月月环比均出现正增长。各地房地产市场分化明显，具有产业基础的城市，人口吸附能力较强，房地产市场修复较快；成交结构上，120～140 平方米的住宅产品需求稳定，市场趋向大面积、改善型产品。在当前经济大环境下，房企都在努力提升产品品质，增强自身的竞争力，不断在向房地产的高质量发展转型，同时也在寻求新的增长点和产品的升级。

（二）房地产市场运行情况

1. 新建商品房供应情况

商品房批准预售面积降幅进一步扩大。2024 年，河南省商品房批准预售面积 4731.5 万平方米，同比下降 26.1%，降幅较第三季度扩大 2.8 个百分点。其中住宅批准预售面积 4173.1 万平方米，同比下降 25.3%，降幅较第三季度扩大 3.4 个百分点；非住宅批准预售面积 558.4 万平方米，同比下降 31.7%，降幅较第三季度收窄 15.4 个百分点。

2. 商品房销售情况

2024 年，河南省商品房销售面积 6390.5 万平方米，同比下降 24.5%，降幅较第三季度收窄 5.8 个百分点。其中住宅销售面积 5484.2 万平方米，同比下降 24.6%，降幅较第三季度收窄 7 个百分点；非住宅销售面积 906.3 万平方米，同比下降 23.8%，降幅较第三季度扩大 1.9 个百分点。

2024 年，河南省商品房销售额 4049.6 亿元，同比下降 26.2%，降幅较第三季度收窄 4.8 个百分点。其中住宅销售额 3408.1 亿元，同比下降 26.2%，降幅较第三季度收窄 7.4 个百分点；非住宅销售 641.5 亿元，同比下降 26.5%，降幅较第三季度扩大 4 个百分点。

3. 商品房平均价格情况

2024 年，河南省商品房销售平均价格 6337 元/米^2，同比下降 2.3%，降幅较第三季度收窄 0.1 个百分点。其中，商品住宅销售平均价格 6214 元/米^2，同比下降 2.1%，降幅较第三季度收窄 0.9 个百分点；非住宅销售平均价格 7078 元/米^2，同比下降 3.5%，降幅较第三季度扩大 2.8 个百分点。

4. 二手房交易情况

2024 年，河南省二手房销售面积 3491.4 万平方米，同比下降 6.4%，降幅较第三季度收窄 2.2 个百分点。

其中，二手住宅销售面积 3247.8 万平方米，同比下降 7.0%，降幅较第三季度收窄 3.1 个百分点；二手非住宅销售面积 243.6 万平方米，同比增长 3.7%，增速较第三季度下降 11.2 个百分点。

5. 二手房价格情况

2024 年，河南省二手房销售价格 5293 元/米^2，同比下降 3.1%，降幅较第三季度扩大 0.8 个百分点。其中，二手住宅销售价格 5295 元/米^2，同比下降 3.6%，降幅较第三季度扩大 0.7 个百分点；二手非住宅销售价格 5271 元/米^2，同比增长 3.9%，增速较第三季度下降 5.5 个百分点。

（三）房地产市场分区域情况

1. 郑州市情况（含所辖县）

从分地市情况看，郑州市（含所辖县）2024 年新建商品房批准预售面积 544.9 万平方米，总量占全省 11.5%，同比下降 35.7%；新建商品房销售面积 1129.1 万平方米，占全省 17.7%，同比下降 25.6%；新建商品房销售额 1170.9 亿元，占全省 28.9%，同比下降 27.6%。

2024 年，郑州市二手房销售面积 1042.6 万平方米，占全省 29.9%，同比下降 5.6%；二手房销售价格 9428 元/米^2，同比下降 7.1%。

2. 其他地市情况（含所辖县）

除郑州市外，其他地市（含所辖县）2024 年商品房销售面积 5261.4 万平方米，同比下降 24.2%，其他各地市新建商品房销售面积同比均为负增长，最高降幅 43%。商品房销售额 2878.7 亿元，同比下降 25.7%，其他各地市商品房销售额同比均为负增长，最高降 45%。商品房销售平均价格 5471 元/米^2，同比下降 1.9%，商品房销售价格保持正增长的仅有 5 个市，最高增速 5.7%。

（姜鹏飞　河南省房地产业协会）

十、合肥市房地产市场

（一）2024 年合肥市房地产市场发展现状及特点

1. 房地产开发投资情况

2024 年，合肥市房地产投资额 1524.06 亿元，同比增长 2.4%，其中住宅投资额 1284.23 亿元，同比增加 108.07 亿元，同比增长 7.2%（见图 5-10-1）。

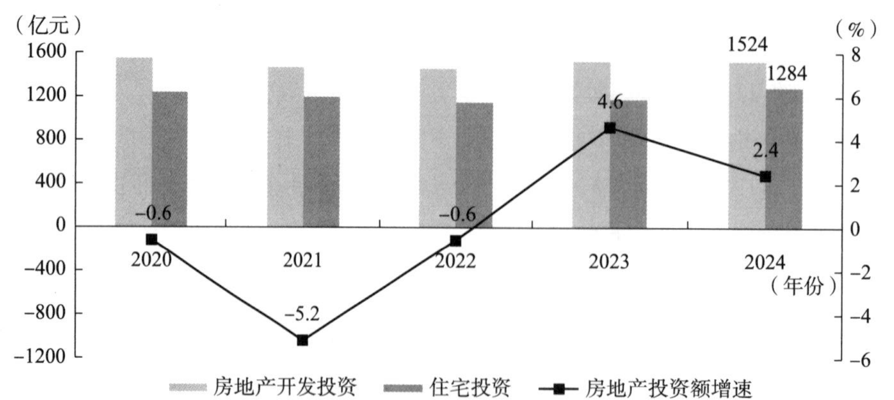

图 5-10-1　2020—2024 年合肥市房地产开发投资额

数据来源：合肥市统计局。

2. 土地供应与成交情况分析

土地市场年底冲刺，规模同比上涨。2024 年，合肥九区供应 566 万平方米，同比上涨 17%；成交 450 万平方米，同比上涨 18%；成交楼面价 11651 元/米^2，相比 2023 年持稳（见图 5-10-2）。

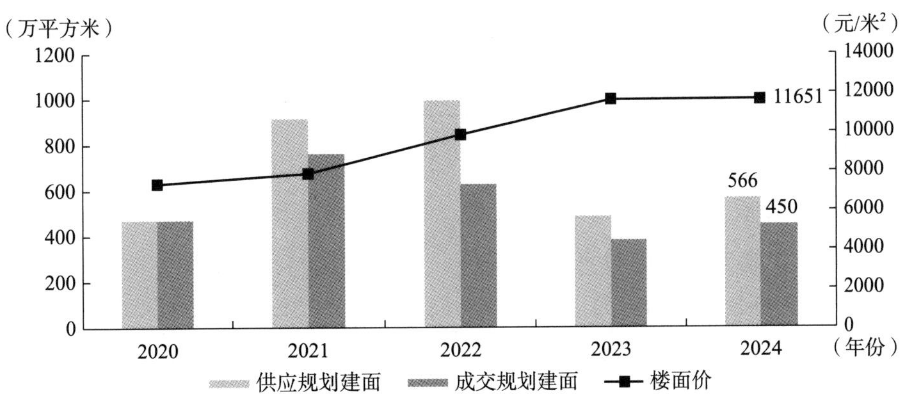

图 5-10-2　2020—2024 年合肥市九区土地供应成交情况

数据来源：合肥市统计局。

3. 开发企业拿地情况

2024 年，合肥市开发企业拿地金额榜单前 20 企业中，城投类企业占七成。其中合肥轨道以成交 9 宗、拿地总价 131.58 亿元为榜首，头部品牌房企平均仅成交 1~2 宗，随着头部企业存货枯寂，企业以城投类为主（见表 5-10-1）。

表 5-10-1　2024 年合肥市房企拿地金额 TOP20 排行榜

序号	房企	金额（亿元）	拿地宗数（宗）	建筑面积（万平方米）
1	合肥轨道	131.58	9	76.43
2	合肥城投	117.32	12	108.25
3	合肥城建	59.56	8	62.63
4	合肥滨投	36.92	5	41.14
5	安徽置地	21.20	2	24.22
6	四川邦泰	16.10	2	14.39
7	中海地产	15.06	2	13.33
8	绿城中国	14.17	2	9.25
9	越秀地产	14.14	1	7.87
10	伟星置业	13.73	2	6.85
11	庐阳城更	13.51	4	17.77
12	招商蛇口	12.99	1	5.18
13	保利发展	12.26	1	9.73
14	意禾集团	9.72	1	7.90
15	合肥高新股份	9.08	1	7.45
16	安徽高速集团	7.44	1	4.81

续表

序号	房企	金额（亿元）	拿地宗数（宗）	建筑面积（万平方米）
17	中建国际	6.96	1	13.66
18	瑶海城更	6.96	1	13.66
19	蜀山城投	5.97	1	5.62
20	天阜集团	5.81	1	4.42

数据来源：克而瑞合肥机构。

4. 房屋新开工、竣工情况

2024 年，合肥市房地产施工面积 6490.91 万平方米，同比减少 939.23 万平方米，同比下降 12.4%；新开工面积 1122.04 万平方米，同比减少 464.71 万平方米，同比下降 29.3%；竣工面积 1633.67 万平方米，同比减少 647.78 万平方米，同比下降 30.3%（见图 5-10-3）。

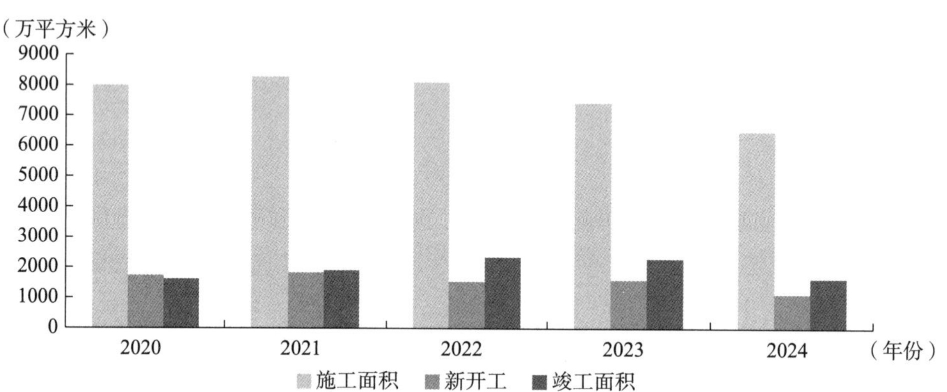

图 5-10-3　2020—2024 年合肥市房地产施工、新开工及竣工面积

数据来源：合肥市统计局。

5. 新房供应与销售情况

2024 年，合肥市九区新房供应 255.94 万平方米，同比减少 199.80 万平方米，同比下降 43.84%，近五年平均供应 477.70 万平方米。成交 260.23 万平方米，同比减少 174.43 万平方米，同比下降 40.13%。新房市场供应成交为近五年最低水平（见图 5-10-4）。

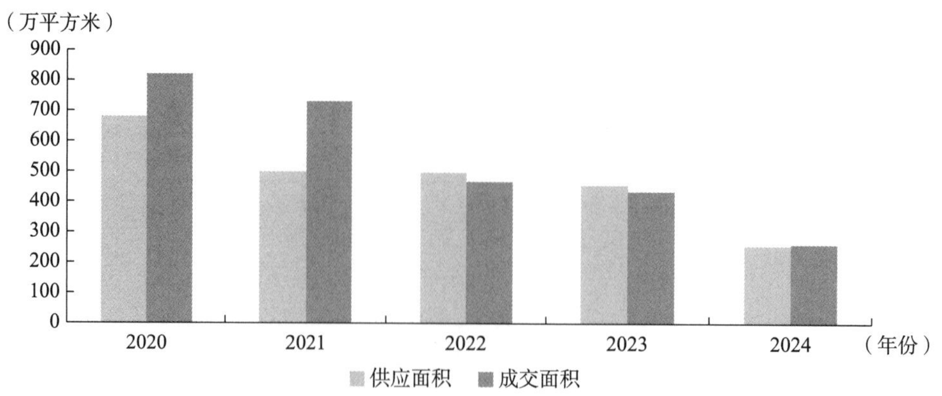

图 5-10-4　2020—2024 年合肥市九区房地产新房供应与销售情况

数据来源：克而瑞合肥机构。

6. 存量房成交情况

二手房以价换量显著，市场规模韧性坚挺。2024 年，合肥市九区二手房成交量约 6.2 万套，同比上涨 6%，成交均价 16883 元/米²，同比下跌 11%，量涨价跌，市场成交主要依赖于以价换量（见图 5-10-5）。

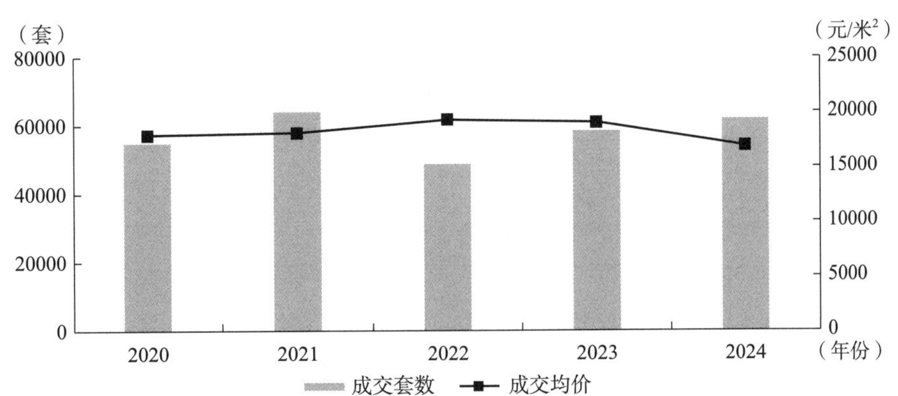

图 5-10-5　2020—2024 年合肥市九区二手房年度成交量价

数据来源：克而瑞合肥机构。

7. 商品房价格情况

2024 年，合肥市新房成交均价 21936 元/米²，同比下滑 2.66%。2023 年新房成交均价 22535 元/米²，为近年最高水平，2024 年受成交结构及市场下行综合影响，成交水平有所回落。

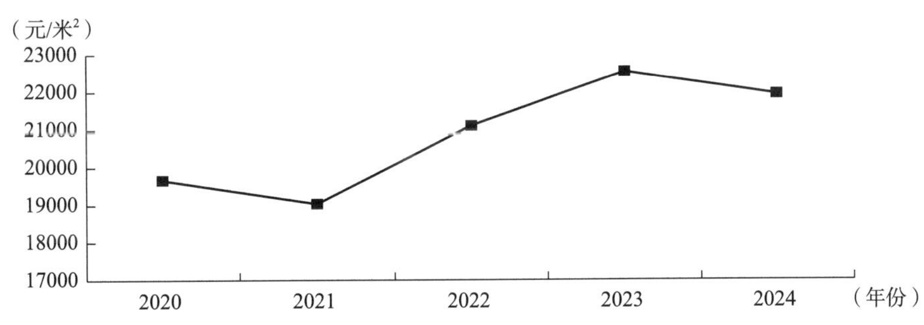

图 5-10-6　2020—2024 年合肥市房地产新房价格情况

数据来源：克而瑞合肥机构。

（二）2024 年安徽省合肥市住房保障工作进展

1. 住房保障政策变化

合肥自 2024 年 5 月起陆续出台政策，明确鼓励国有企业以市场化方式收购存量商品房。2024 年 9 月，合肥安居集团发布《收购通告》，细化房源征集条件，要求房源区位合理、配套完善、户型面积适配（以 100 平方米以下为主），并优先整栋或整单元收购。

存量商品房的收购价格不超过同地段保障性住房重置价格（其中土地使用权按划拨计价）。其中，配租型保障性住房以专业评估机构的评估价作为收购价格的参考上限。

2. 保障房指标任务及达成情况

总体进展：合肥市 2024 年保障房建设超额完成多项指标，尤其在配售型保障房落地、存量房收购转化及装配式建筑推广方面表现突出。

（1）2024 年合肥市保障房主要指标任务。

配售型保障房：计划新开工 3000 套，重点面向中低收入工薪家庭、引进人才等群体，以成本价销售且限制上市交易。

保障性租赁住房：新增 7 万套（间），通过新建、改建、收购存量商品房等多种方式筹集房源。

公租房租赁补贴：计划发放 2 万户，覆盖最低收入、低收入及中等偏下收入家庭。

棚户区改造与危旧房改造：合肥市 2024 年拟改造提升城镇老旧小区 110 个，涉及总建筑面积 148.34 万平方米、599 栋、17466 户、5.1 万余人。其中庐阳区 19 个、包河区 19 个、瑶海区 12 个、蜀山区 18 个、肥西县 12 个、庐江县 29 个、巢湖市 1 个。

装配式建筑推广：要求新建保障性住房（含棚改房、安置房等）100%采用装配式建筑，装配率需达到省级标准，推动绿色建筑与智能建造结合。

（2）2024 年合肥市保障房任务达成情况。

配售型保障房建设进展：合肥市首个配售型保障房项目——紫云湖保障房项目于 2024 年 3 月获国开行 2.24 亿元贷款支持，计划新建 420 套住房，惠及 1452 人。

全市推进：截至 2024 年底，合肥市累计收购存量商品房 5733 套（58.9 万平方米），部分转化为配售型保障房并投入使用。

保障性租赁住房及公租房：改造城市危旧房 1085 间、完成率 100%；大力发展保障性租赁住房，2024 年新增保障性租赁住房 3835 套、完成率 100%。推进“难安置”问题专项治理，完成解决 7630 套房屋安置问题。

装配式建筑实施情况：2024 年合肥市新开工的装配式建筑面积 1096.5 万平方米，占新开工建筑面积的比例为 46.9%。其中新站高新区磨店家园三期保障房项目为合肥市在建体量最大的装配式安置房项目，总建筑面积约 107 万平方米，共 75 栋高层住宅、配套商业及幼儿园等。建成后可提供安置房 7480 套，将与已安置的磨店家园一、二期片区，形成完整的生态宜居区，实现公共配套服务设施的共建共享。

3. 地方收储商品房进展情况

合肥市通过国企主导、政策支持、市场化运作，已初步形成商品房收储与保障房供应的良性循环。

（1）商品房收储。

2024 年 11 月，合肥城建旗下企业通过三家国有租赁公司（合美租赁、宾享家租赁、承悦租赁）完成 2318 套存量商品房的收购，总金额 33.32 亿元。这些房源来自新站区菁华里、瑶海区东樾里和长丰县尚阳里项目，主要用于保障性租赁住房和人才住房。

截至 2024 年底，合肥市累计收购存量商品房 5733 套、58.9 万平方米，部分房源已改造为保障性住房并投入使用（见表 5-10-2）。

表 5-10-2　2024 年合肥市存量房收储部分明细

区域	项目名称	房企	收购套数（套）	收购房企
包河区	棠悦风华	合肥轨道	313	安居集团
肥西县	年华云湖一期	合肥轨道	666	轨道子公司
肥西县	年华璟城	合肥轨道	1064	轨道子公司
瑶海区	招商雲起东方	复兴置业	113	安居集团
包河区	尚颐庭	包河城更	250	—

续表

区域	项目名称	房企	收购套数（套）	收购房企
新站区	琥珀菁华里	合肥城建	869	合美租赁
瑶海区	琥珀东樾里	合肥城建	665	宾享家租
长丰县	琥珀尚阳里	合肥城建	784	承悦租赁

数据来源：克而瑞合肥机构。

（2）配售型保障房项目落地。

合肥市共有 4 个配售型保障住房项目，且建设标准也符合市场高品质需求，遵循保本微利的原则，置业成本远低于市场水平（见表 5-10-3）。

表 5-10-3　2024 年合肥配售型保障房明细

项目名称	区域	开发企业	建筑面积	套数
城改云庐府	高新区	合肥城改	16.62 万平方米	1140 套
紫云湖项目	肥西县	合肥轨道	5.29 万平方米	约 420 套
中安创谷项目	高新区	合肥城改	4 栋	—
怀宁路项目	蜀山区	合肥城改	7 栋	—

数据来源：克而瑞合肥机构。

4. 城市更新推进情况

总体进展：2024 年合肥城市更新成效显著，老旧小区改造、城中村拆迁、重点片区开发等任务超额推进，基础设施和住房保障水平明显提升。

（1）重点片区城市更新项目。

瑶海铜陵路片区：作为 2024 年重点城市更新项目，已完成房屋征迁任务总量的 70%（563.58 万平方米），并优化片区开发模式，计划通过城中村改造提升区域功能。

卫岗王卫片区：合肥首个“TOD+城市更新”项目，规划建设 9 栋住宅、1 栋商业办公楼及下沉广场，安置房已进入主体施工阶段，预计提升片区公共服务配套能力。

园博小镇、大铺头片区：打造为城市更新亮点工程，推动片区功能升级与形象提升。

和平路片区：更新规划方案已通过审议，由瑶海区城更公司开展前期工作。

大东门、龙岗片区：更新方案正在优化，计划采用整片开发模式，提升居住和商业配套。

（2）城中村改造与土地资源整合。

2024 年，合肥市启动十大片区、53 个城中村改造，涉及庐阳区、瑶海区、包河区等区域，释放土地资源超过 570 亩，重点包括庐阳区六大片区：龙王片区、上东片区、桃花南片区等，拟征收土地 38 万平方米，推动基础设施和城市形象升级。

（周开拓　克而瑞江苏区域）

十一、苏州市房地产市场

2024 年，苏州房地产政策大幅放松。供给端在产品规范方面放松限制，允许楼盘规划建设“四代宅”项目，同时大力推进“两智一全”项目建设，带来增量优化；需求端限制性政策基本应放尽放，限购全面解除、公积金额度上调、认房不认贷等，助力需求释放。全市房地产开发投资降幅有所收窄，新开工面积、竣工面积跌幅近三成，房屋施工面积逐年下降，商品住宅成交规模低位，市场信心尚未全面恢复，2025 年苏州房地产市场仍面临诸多挑战。

（一）苏州市房地产开发投资情况

1. 房地产开发投资连续三年下跌

2024 年，苏州市完成房地产开发投资 2509 亿元，同比下降 3.4%，投资总量较 2018 年下降 1.9%；房地产开发投资占固定资产投资的比重为 41.0%，占比连续 6 年下降，从 2018 年 56.1%的高点回落 15.1 个百分点（见表 5-11-1）。

表 5-11-1　2011—2024 年苏州市房地产开发投资规模、增速及占比

年份	房地产开发投资（亿元）	同比增长（%）	占固定资产投资比重（%）
2011	1199	28.1	26.6
2012	1263	5.4	24.0
2013	1476	16.8	24.6
2014	1764	19.6	28.3
2015	1865	5.7	30.5
2016	2163	16.0	38.3
2017	2306	6.6	41.0
2018	2558	10.9	56.1
2019	2686	5.0	54.5
2020	2674	-0.5	51.2
2021	2870	7.3	50.7
2022	2691	-6.2	46.9
2023	2592	-3.7	43.0
2024	2509	-3.4	41.0

数据来源：苏州市统计局。

2. 住宅投资占比优势明显

从投资类型看，住宅投资、商业用房及办公楼投资合计占房地产开发投资的 92.2%。其中住宅投资占房地产开发投资的比重从“十二五”的平均 72.0%提升至“十三五”的平均 80.5%，占据绝对优势。2024 年，住宅投资 2080 亿元（占房地产开发投资的 82.9%），同比下降 2.8%，降幅高于房地产开发投资 0.6 个百分点；商办投资 234 亿元，同比增长 2.4%，占房地产开发投资的比重从 2012 年 20.8%的高点下降至 2024 年的 9.3%（见表 5-11-2）。

表 5-11-2　2011—2024 年苏州市房地产开发投资分投资类型比重

（%）

年份	住宅	商办	其中	
			商业用房	办公楼
2011	73.6	16.3	12.5	3.8
2012	67.4	20.8	17.2	3.6

续表

年份	住宅	商办	其中	
			商业用房	办公楼
2013	69.2	20.0	16.1	3.9
2014	73.9	17.4	13.7	3.7
2015	76.1	16.1	12.8	3.3
2016	76.5	14.2	10.5	3.7
2017	79.8	13.0	8.8	4.2
2018	82.6	9.1	5.9	3.2
2019	82.2	8.7	5.9	2.8
2020	81.2	7.8	5.4	2.4
2021	82.9	7.4	5.1	2.3
2022	86.6	6.5	4.9	1.6
2023	85.7	6.9	5.1	1.9
2024	82.9	9.3	6.2	3.1

数据来源：苏州市统计局。

（二）房屋建设情况

1. 房屋建设表现低迷，住宅施工面积占比跌破七成

从施工规模看，2016—2021年苏州市房屋施工面积一直保持在1.2亿平方米左右。2021年以来，施工面积逐年下降，2024年全市房屋施工面积0.88亿平方米，同比下降10.7%，施工规模连续两年降至1亿平方米以下。从构成用途看，住宅施工面积占比首次跌破七成（见表5-11-3）。

表5-11-3　2011—2024年苏州市房屋施工面积规模、增速及构成情况

年份	房屋施工面积（亿平方米）	比上年增长（%）	住宅占比（%）
2011	0.79	-1.2	73.5
2012	0.84	5.8	72.0
2013	0.96	14.2	71.4
2014	1.09	13.7	70.1
2015	1.13	3.5	70.3
2016	1.21	7.4	70.6
2017	1.19	-1.9	70.6
2018	1.17	-2.0	71.5
2019	1.21	4.2	74.2
2020	1.24	2.0	73.7
2021	1.19	-3.7	72.0

续表

年份	房屋施工面积（亿平方米）	比上年增长（%）	住宅占比（%）
2022	1.08	-9.3	71.7
2023	0.98	-9.2	70.8
2024	0.88	-10.7	68.9

数据来源：苏州市统计局。

2. 开竣工面积同比下跌近三成，楼市步入消耗库存周期

2024 年，苏州市房屋新开工面积 1110 万平方米，同比减少 28.6%，其中住宅新开工面积 741 万平方米，同比减少 35%；房屋竣工面积 1326 万平方米，同比减少 26.2%，其中住宅竣工面积 1033 万平方米，同比减少 22%（见图 5-11-1）。

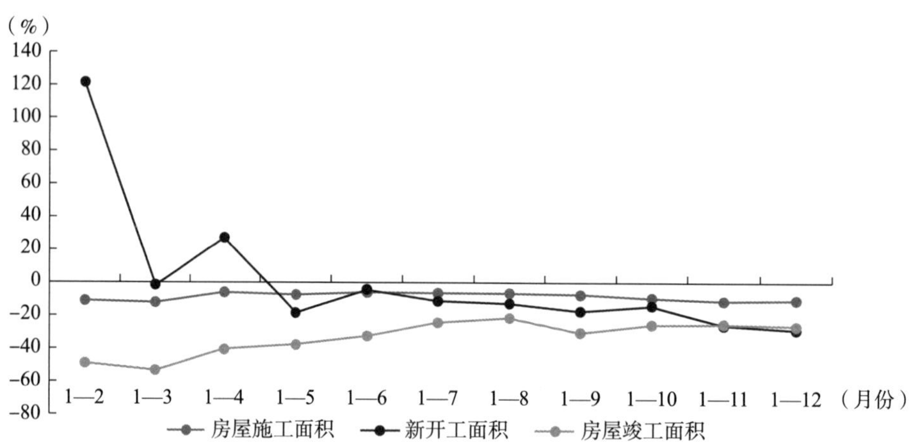

图 5-11-1　2024 年苏州市房屋建设情况

数据来源：苏州市统计局。

（三）苏州市区涉宅用地成交情况

2024 年，苏州市区全年成交涉宅用地 48 宗，成交总建筑面积 224 万平方米，成交总建筑面积同比下跌 59%；成交综合楼板价 16879 元/米^2，同比上涨 2%，主要是"小而美"及低容地块占比增加推动楼板价结构性上涨（见图 5-11-2）。

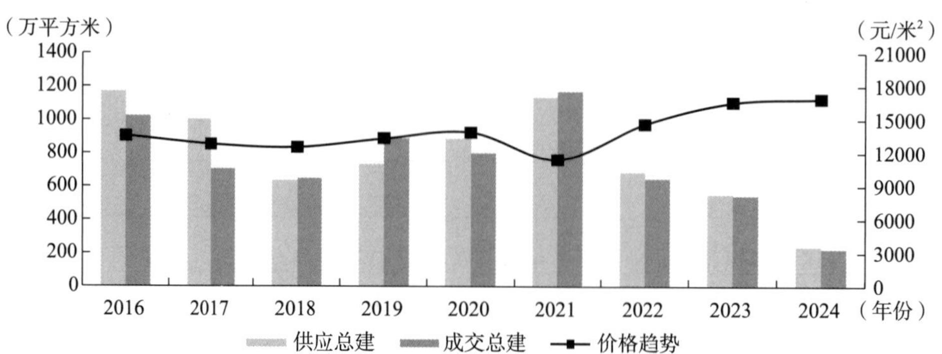

图 5-11-2　2016—2024 年苏州商品住宅用地供求量价走势

数据来源：CRIC。

从溢价率来看，土地市场低迷，全年仅 6 宗地块产生溢价，整体溢价率下降至 2.05%，仅 2 宗地块溢价超过 15%，溢价地块历史最少，楼板价核心板块结构性拉升，实际亩地价全线下跌。

从供地结构来看，2022—2024 年，苏州涉宅用地平均总建、平均用地规模逐年下滑，供地趋向"小而精"。2024 年，48 宗涉宅地块平均总建筑面积 4.66 万平方米，平均用地面积 3.81 万平方米，平均容积率 1.2，其中容积率 1.5 以下地块数量占比 88%，同比增加 12 宗；容积率 1.2 及以下地块占比 65%，同比增加 16 宗。

（四）苏州市区商品住宅成交情况

2024 年，苏州市住宅量价齐跌，规模低位。苏州商品住宅成交量在 2019 年达到高峰，随后受到疫情管控、经济遇冷和市场下滑等多重因素影响，2022 年后，成交量跌回 800 万平方米以下。2024 年，苏州商品住宅供应面积 278 万平方米，同比减少 46%；成交面积 423 万平方米，同比下降 25%，供应和成交均是历史低位，均连续五年下滑，均价 26647 元/米²，同比下降 4.8%（见图 5-11-3）。

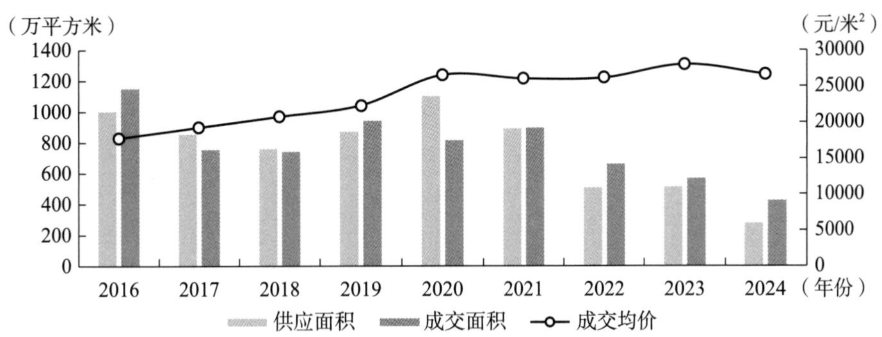

图 5-11-3　2016—2024 年苏州市区商品住宅年度供求量价走势

数据来源：CRIC。

（戈文问　克而瑞苏常机构）

十二、浙江省房地产市场

（一）2024 浙江省房地产市场发展现状及特点

1. 房地产开发投资情况

（1）全省房地产开发投资额下降，市场波动滞后于全国市场。

2024 年，浙江省房地产开发投资总额 11983 亿元，位列全国第一，较上年减少 1215 亿元，同比下降 9.2%（见图 5-12-1）。自 2019 年起，浙江省房地产开发投资持续增长，2024 年有所回落。从增幅来看，自 2021 年起，浙江省房地产开发投资额增幅高于全国水平，并逐渐放缓，于 2024 年出现负增长。与全国房地产开发投资情况相比，浙江省市场表现略有滞后。

逐月来看，2024 年度房地产开发投资呈现"年中高，两端低"的波动状态，6 月房地产开发投资额最高，约为 1433 亿元，较上月增长 30.6%，增幅最大。10 月房地产开发投资额较 9 月下降 33.6%，降幅最大。12 月房地产开发投资额最少，约为 712 亿元（见图 5-12-2）。

（2）各类型房屋投资额均下降，改善型住宅开发投资额大幅增长。

整体来看，各类型房屋投资额均有不同程度的下降。分类型来看，2024 年浙江省住宅开发投资实际完成额约为 8520 亿元，同比下降 7.2%；商业营业用房开发投资额同比下降 19.0%，在各类房屋中降幅最大。对于住宅投资，仅 144 平方米的大户型住宅开发投资额同比上升，且涨幅巨大，达 112.8%，已连续四年保持增长；90 平方米以下小户型住宅和 90~144 平方米的中户型住宅延续上年的下降趋势且降幅进一步增大（见表 5-12-1）。

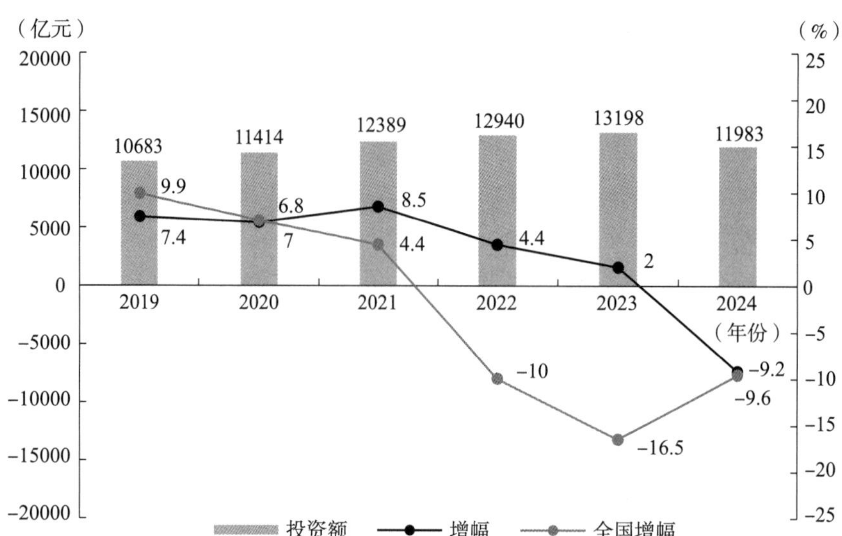

图 5-12-1　2019—2024 年浙江省房地产开发投资额及其同比增幅

数据来源：国家统计局。

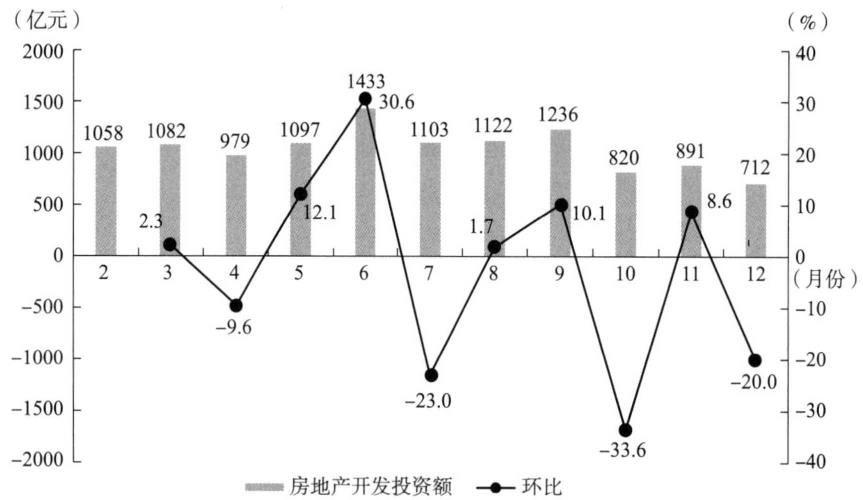

图 5-12-2　2024 年浙江省月度房地产开发投资及环比情况

数据来源：浙江省统计局。

表 5-12-1　2024 年浙江省分类型房地产开发投资额及同比增幅

类型		开发投资额（亿元）	同比（%）
住宅		8520	-7.2
面积段	90 平方米以下	1013	-24.9
	90~144 平方米	2680	-52.1
	144 平方米以上	4757	112.8
办公楼		484	-14.8

续表

类型	开发投资额（亿元）	同比（%）
商业营业用房	680	-19.0
其他房屋	2299	-11.9

数据来源：浙江省统计局。

（3）各市开发投资额整体下降，负增长态势延续。

从区域来看，11个地级市房地产开发投资额分化显著（见图5-12-3）。杭州市房地产开发投资额依旧断层第一，占全省开发投资额的35.2%。仅金华、丽水两市房地产开发投资额较上年增加，分别同比上升3.1%、2.8%。其余地市的房地产开发投资额均出现负增长，其中嘉兴市和舟山市延续上年度的下降态势，已连续4年负增长。

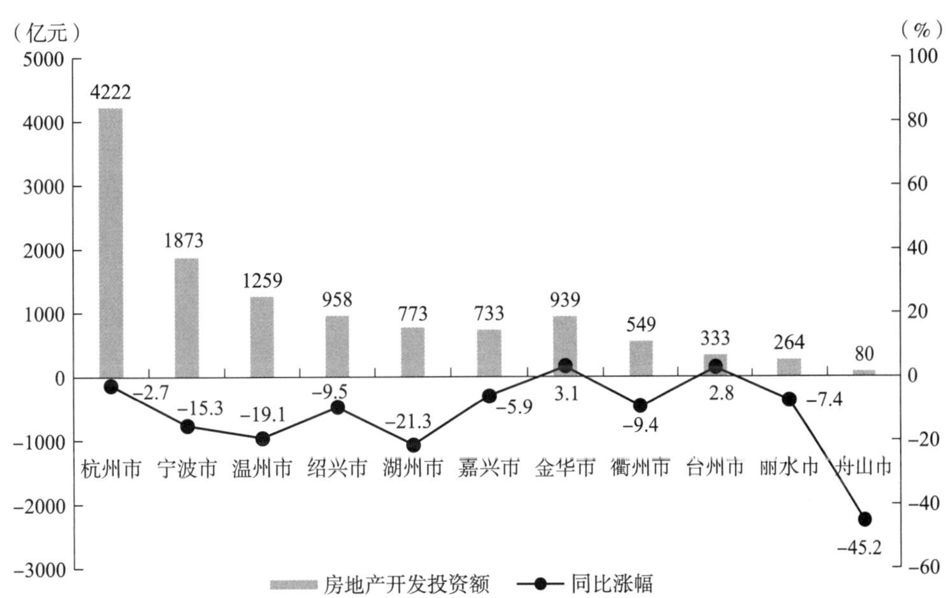

图5-12-3　2024年浙江省11个地级市房地产开发投资额及其同比涨幅

数据来源：浙江省统计局。

2. 土地供应与成交情况

（1）土地数量与面积。

2024年，浙江省11个地级市共供应土地4811宗，同比减少5.6%；成交土地4482宗，同比增加5.8%，其中工业用地占比最高，为62.8%。供应土地面积和成交土地面积分别为12272.18万平方米和11408.71万平方米，同比分别下降17.6%和6.2%。成交总价为4106.14亿元，同比下降27.3%（见图5-12-4）。与2023年相比，2024年浙江省土地市场的供应规模与成交规模均有小幅度的下跌。此外，2024年的未成交土地数量仅占供应土地数量的7.9%，相比2023年的14.7%有所减少。

按用地类型分析，与2023年相比，住宅用地的成交宗数较上年减少474宗，降幅44.6%。成交土地面积和成交土地规划建筑面积分别同比下降34.9%和37.6%。商服用地的成交土地面积和成交土地规划建筑面积涨幅最大，分别为63.4%和61.5%；其他用地的成交数量涨幅最大，为39.5%。工业用地的成交数量增加但成交土地面积略有下降（见表5-12-2）。

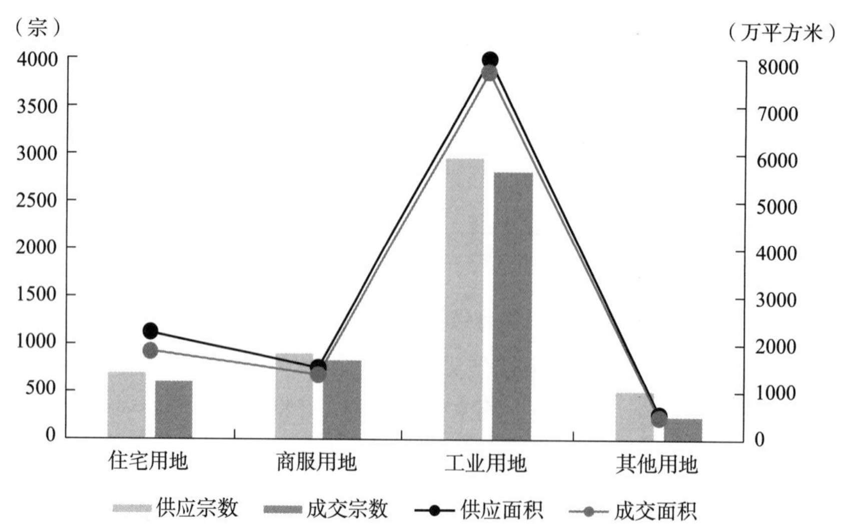

图 5-12-4　2024 年浙江省各类用地类型总成交宗数及成交面积

数据来源：Wind 数据库。

表 5-12-2　2024 年浙江省各类用地成交宗数、土地面积与规划建筑面积同比涨幅

类型	成交宗数（宗）	同比涨幅（%）	成交土地面积（万平方米）	同比涨幅（%）	成交土地规划建筑面积（万平方米）	同比涨幅（%）
住宅用地	598	-44.6	1864.09	-34.9	3421.32	-37.6
商服用地	830	20.3	1364.50	63.4	2687.55	61.5
工业用地	2814	22.6	7713.58	-4.1	18997.92	7.0
其他用地	240	39.5	466.54	53.4	529.50	29.6
合计	4482	5.8	11408.71	-6.2	25636.29	1.3

数据来源：Wind 数据库。

从年内土地市场整体表现来看，下半年土地市场表现优于上半年，土地成交宗数和成交面积较上半年分别上涨 11.1%和 20.7%。其中，仅商服用地下半年成交土地数量低于上半年。住宅用地下半年的土地市场表现尤其出色，成交数量和成交面积分别较上半年增长 60.0%和 109.5%（见表 5-12-3）。

表 5-12-3　2024 年浙江省各类用地上下半年土地成交情况

用地类型	成交宗数			成交面积		
	上半年（宗）	下半年（宗）	与上半年相比（%）	上半年（万平方米）	下半年（万平方米）	与上半年相比（%）
住宅用地	230	368	60.0	602.24	1261.87	109.5
商服用地	436	394	-9.6	587.79	776.69	32.1
工业用地	1348	1466	8.8	3788.26	3925.29	3.6
其他用地	109	131	20.2	191.37	275.17	43.8
合计	2123	2359	11.1	5169.66	6239.02	20.7

数据来源：Wind 数据库。

分区域来看，2024 年浙江省 11 个地级市土地成交宗数增减各异，杭州、宁波、湖州、金华、舟山等市土地成交数量同比减少，其余各市同比上升。2024 年度金华市土地出让宗数依然最高，达到 704 宗，但同比降幅最大。舟山市土地成交数量依旧最少，仅 96 宗。嘉兴市逆转下降趋势，同比增长 45.5%，涨幅在各地市中最大（见图 5-12-5）。

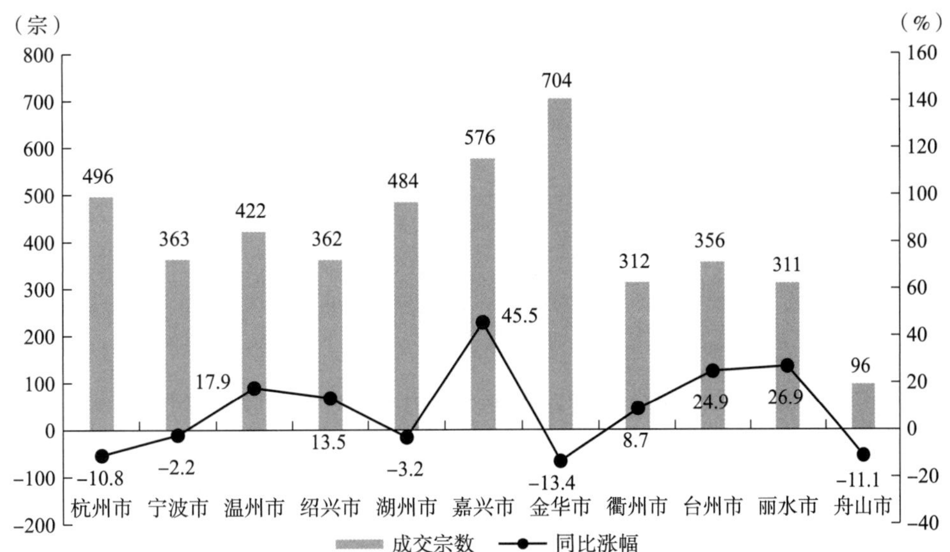

图 5-12-5　2024 年浙江 11 个地级市土地成交宗数及变动情况

数据来源：Wind 数据库。

从 11 个地级市的土地成交面积来看，金华市土地成交面积最高，为 1469 万平方米；舟山市成交土地面积最小，仅 355 万平方米。相较于 2023 年，温州、嘉兴、金华和丽水等市的土地成交面积呈现同比增长，其中丽水市涨幅最大，为 34.8%，舟山市降幅最大，达 34.1%（见图 5-12-6）。

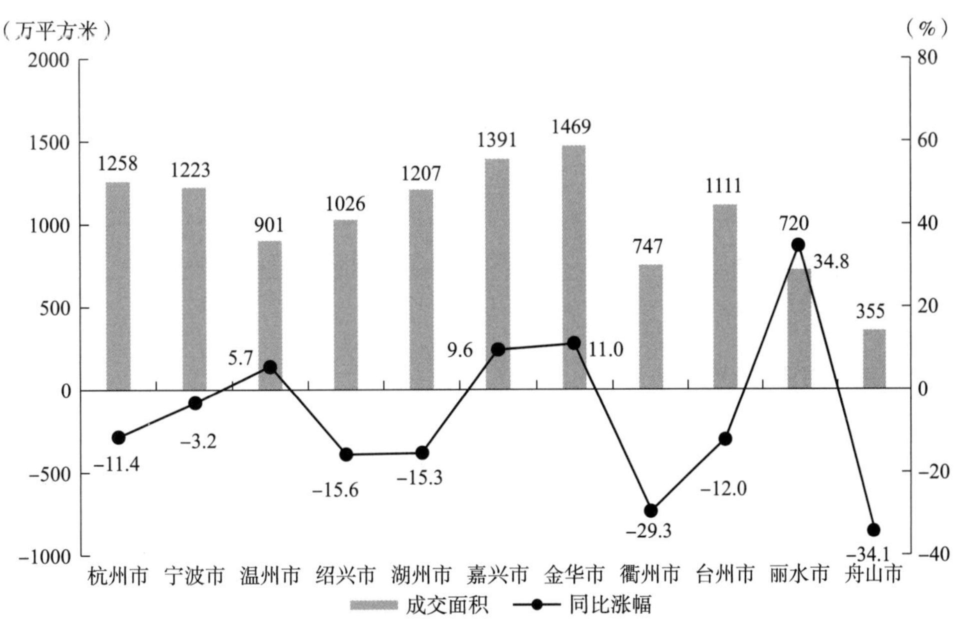

图 5-12-6　2024 年浙江 11 个地级市土地成交面积及变动情况

数据来源：Wind 数据库。

（2）成交金额。

2024 年，浙江省 11 个地级市土地成交总金额为 4106.14 亿元，同比下降 27.3%。其中，住宅用地成交金额最高，达 2845. 46 亿元，但相比 2023 年有所下降，占土地成交总金额的 69. 3%（见图 5-12-7）。工业用地和商服用地的成交金额和占比较 2023 年均有所增加（见图 5-12-8）。

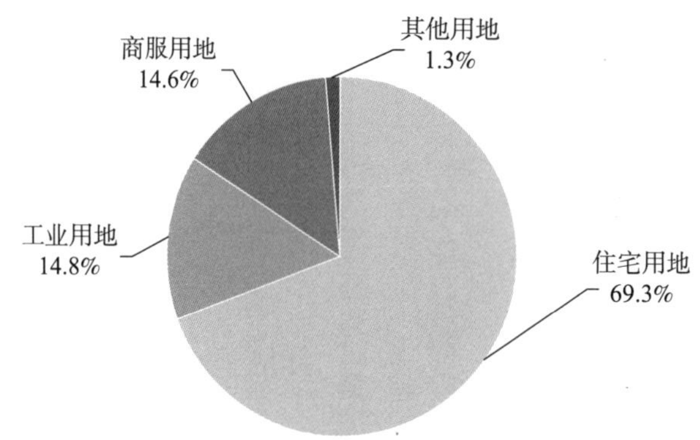

图 5-12-7　2024 年浙江省各类用地土地成交金额分布情况

数据来源：Wind 数据库。

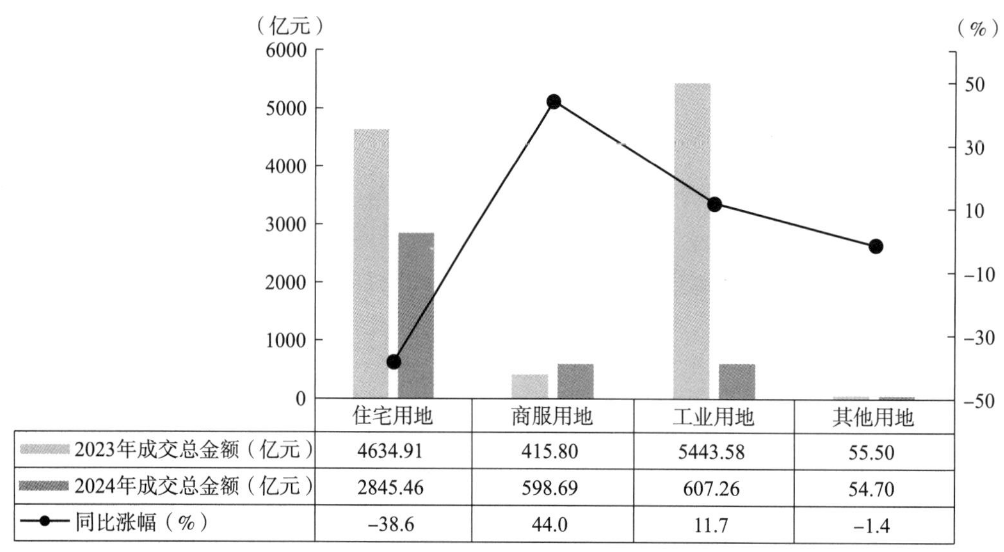

	住宅用地	商服用地	工业用地	其他用地
2023年成交总金额（亿元）	4634.91	415.80	5443.58	55.50
2024年成交总金额（亿元）	2845.46	598.69	607.26	54.70
同比涨幅（%）	-38.6	44.0	11.7	-1.4

图 5-12-8　2024 年浙江省各类用地土地成交金额及变动情况

数据来源：Wind 数据库。

按月来看，12 月四类用地成交金额均达到年内最高。住宅用地、商服用地、工业用地和其他用地的最低成交金额分别出现在 5 月、11 月、4 月和 8 月（见表 5-12-4）。与成交宗数和成交面积情况类似，2024 年各类用地下半年成交金额均高于上半年。

表 5-12-4　2024 年浙江省各类用地月度土地成交金额

单位：亿元

月份	住宅用地	商服用地	工业用地	其他用地
1	114. 25	33. 84	52. 21	3. 14
2	163. 56	40. 67	63. 87	3. 31
3	204. 61	57. 51	60. 54	2. 93

续表

月份	住宅用地	商服用地	工业用地	其他用地
4	314.30	50.51	24.28	2.91
5	107.78	36.69	36.78	2.76
6	165.39	48.01	44.86	3.80
7	192.81	49.46	39.47	1.94
8	234.21	32.94	24.90	1.57
9	148.99	49.16	63.90	6.02
10	356.35	40.24	36.37	2.96
11	289.18	31.73	34.83	4.32
12	554.03	127.94	125.26	19.07

数据来源：Wind 数据库。

分区域来看，2024 年浙江省 11 个地级市土地成交金额差距明显，杭州市断层领先，占浙江省土地成交总金额的 34.5%，位列全国第三，但同比下降 29.6%。与 2023 年相比，全省 9 个地级市的土地成交金额均延续上年的负增长状态，其中衢州市的下降幅度最大，达 38.7%。仅丽水和舟山两市成交金额同比增加，分别增长 35.8%和 5.9%（见图 5-12-9）。

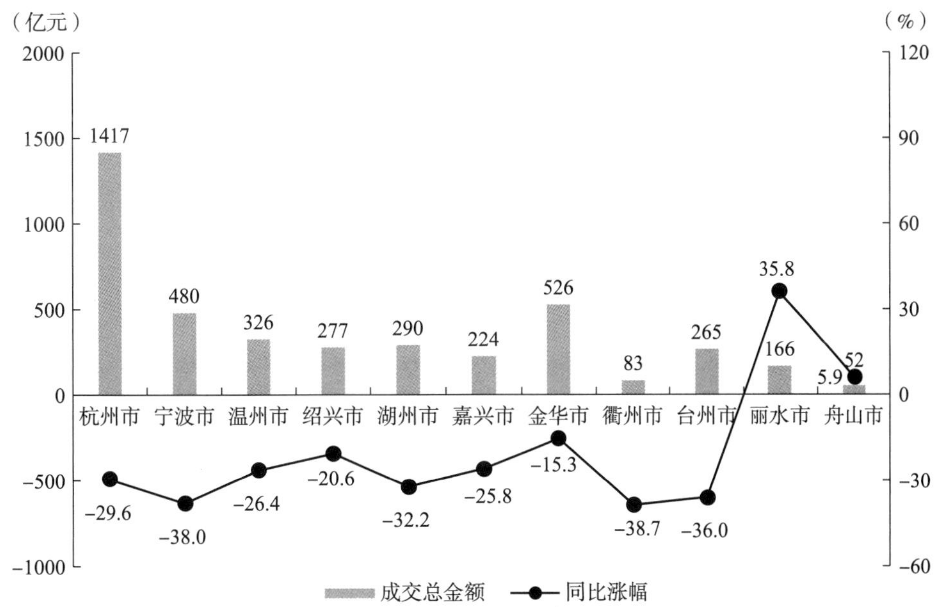

图 5-12-9　浙江省 11 个地级市土地成交金额及变动情况

数据来源：Wind 数据库。

2024 年，浙江省 11 个地级市的土地成交金额大部分来源于住宅用地和工业用地，除嘉兴市、台州市和舟山市外，其余城市的住宅用地成交金额占比均超过 50%，杭州市达到 82.5%。舟山市是浙江省唯一一个工业用地成交金额超过住宅用地成交金额的城市，其工业用地占比达 67.6%，较上年的 52.4%再创新高。从土地成交金额看，住宅用地贡献最大，其次为工业用地，其他用地贡献最小（见图 5-12-10）。

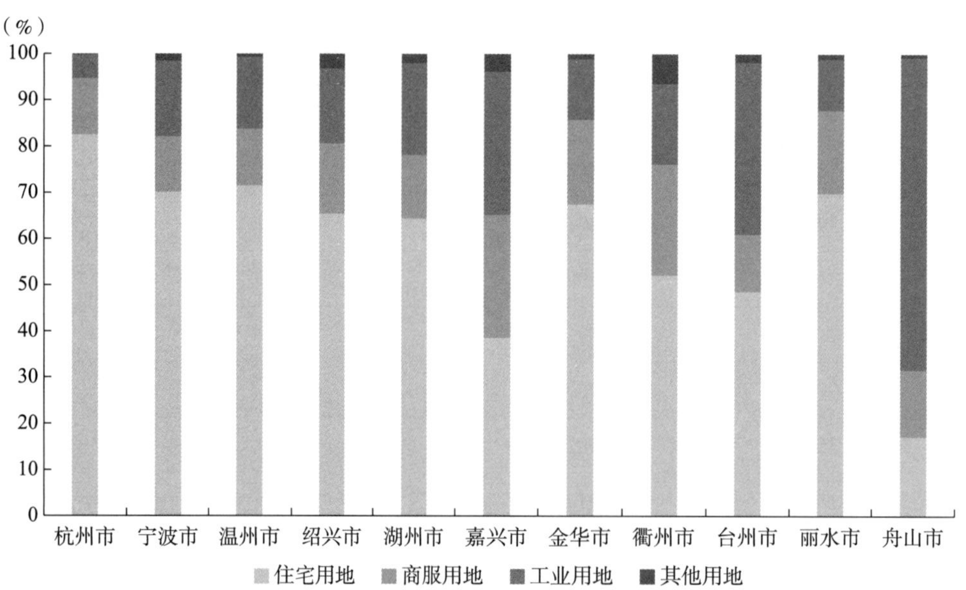

图 5-12-10　2024 年浙江省 11 个地级市不同用地类型土地成交金额占比情况

数据来源：Wind 数据库。

（3）价格水平。

2024 年，浙江省四类用地中，住宅用地楼面价最高，达 8316.86 元/米^2，同比下降 1.6%。商服用地和其他用地的楼面价分别同比下降 10.8%和 23.9%，仅工业用地的楼面价相比上年有所增加。2024 年住宅用地的溢价率依旧最高，为 3.68%。除其他用地，其余三类用地的溢价率均较上年有所下降（见图 5-12-11）。

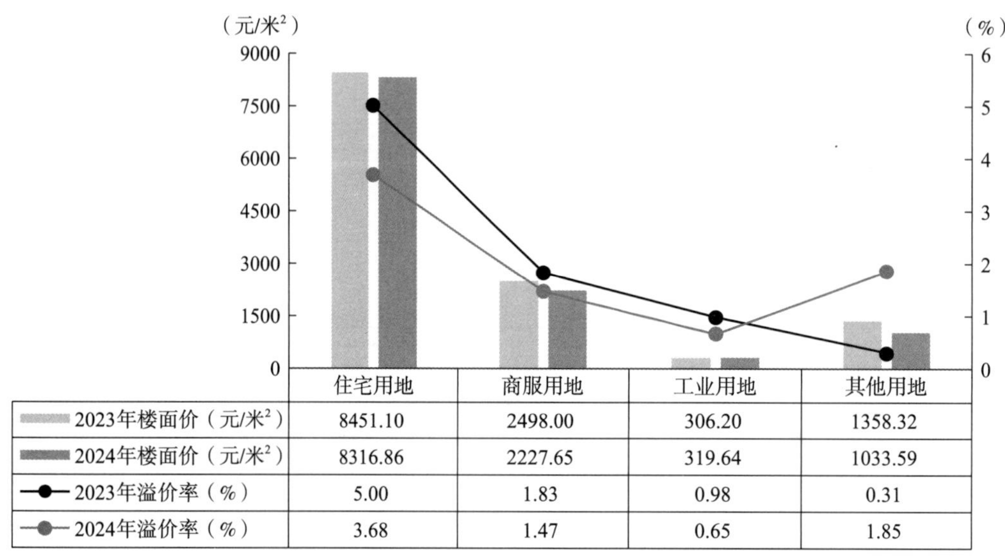

	住宅用地	商服用地	工业用地	其他用地
2023年楼面价（元/米^2）	8451.10	2498.00	306.20	1358.32
2024年楼面价（元/米^2）	8316.86	2227.65	319.64	1033.59
2023年溢价率（%）	5.00	1.83	0.98	0.31
2024年溢价率（%）	3.68	1.47	0.65	1.85

图 5-12-11　2024 年浙江省土地价格及溢价率变动情况

数据来源：Wind 数据库。

2024 年，浙江省 11 个地级市的土地价格均出现不同变动。以住宅用地为例，大多地级市的楼面均价均呈现同比下降，其中以温州市的降幅最大，达 37.8%；金华市的楼面均价增幅最大，为 23.3%（见表 5-12-5）。

表 5-12-5　2023 年和 2024 年浙江省 11 个地级市四类用地楼面均价波动情况

城市	住宅用地			商服用地			工业用地			其他用地		
	2023 年（元/米²）	2024 年（元/米²）	同比（%）	2023 年（元/米²）	2024 年（元/米²）	同比（%）	2023 年（元/米²）	2024 年（元/米²）	同比（%）	2023 年（元/米²）	2024 年（元/米²）	同比（%）
杭州	17712.21	21147.43	19.4	4299.66	4737.16	10.2	337.45	339.53	0.6	1291.59	1006.45	-22.1
宁波	8583.23	7939.13	-7.5	2452.40	2068.35	-15.7	477.54	384.26	-19.5	1195.12	1202.73	0.6
温州	7201.35	4480.81	-37.8	2145.80	1469.14	-31.5	298.36	339.76	13.9	1595.24	902.78	-43.4
绍兴	5463.16	5716.01	4.6	1753.39	1830.56	4.4	352.36	299.65	-15.0	2778.36	2190.22	-21.2
湖州	5688.69	6340.38	11.5	1895.12	1765.20	-6.9	284.49	277.16	-2.6	1030.01	1387.36	34.7
嘉兴	5710.48	4531.93	-20.6	2093.77	1712.29	-18.2	237.24	226.63	-4.5	1009.00	615.74	-39.0
金华	6837.77	8430.40	23.3	3018.37	2202.88	-27.0	237.79	240.93	1.3	1427.54	1132.00	-20.7
衢州	4408.55	3667.47	-16.8	853.45	1387.45	62.6	278.94	222.80	-20.1	618.33	947.01	53.2
台州	5422.37	4349.77	-19.8	1911.19	1836.57	-3.9	260.60	536.96	106.0	1348.87	1311.47	-2.8
丽水	4734.73	4437.31	-6.3	1466.82	2051.64	39.9	356.75	216.36	-39.4	980.66	564.57	-42.4
舟山	3994.59	3582.35	-10.3	1102.79	1163.08	5.5	406.76	627.08	54.2	2455.71	505.31	-79.4

数据来源：Wind 数据库。

3. 开发企业拿地、融资情况

（1）拿地金额与面积整体萎缩，本土企业是核心主力。

2024 年，绿城中国在浙江省的拿地金额和拿地面积分别为 266 亿元和 120 万平方米，分别占其总拿地金额和总拿地面积的 50.3%和 50.4%，在浙江省权益拿地金额与面积排名中分别位列第一和第二。滨江集团在浙江省的拿地金额为 214 亿元，占其总拿地金额的 97.7%。与 2023 年不同，在浙江省权益拿地金额和面积 TOP10 企业中，本土企业是核心主力，仅有建发房产、中海地产、招商蛇口和鸿腾实业为外来企业，其中建发房产的拿地表现最为强劲（见表 5-12-6）。

表 5-12-6　2024 年中国房地产企业浙江省权益拿地金额与拿地面积 TOP10

排名	企业	拿地金额（亿元）	排名	企业	拿地面积（万平方米）
1	绿城中国	266	1	温州瓯港城建	124
2	滨江集团	214	2	绿城中国	120
3	建发房产	158	3	龙港国资	107
4	兴耀房产集团	71	4	建发房产	88
5	宁波江山万里置业	65	5	滨江集团	85
6	东阳城建	61	6	义务国资	84
7	永康城投集团	50	7	鸿腾实业	67
8	中海地产	45	8	衢州国资	66
9	招商蛇口	45	9	兰溪国资运营	65
10	宁波城建	44	10	东阳城建	57

数据来源：中指数据 CREIS。

（2）TOP30 企业拿地金额持续减少。

2024 年，浙江省权益拿地金额 TOP30 企业拿地总金额 1532 亿元，较上年减少 807 亿元，同比下降 34.5%。TOP30 企业拿地金额占浙江省土地总出让金额的 43.7%，同比下降 1.3%（见图 5-12-12），未能延续 2023 年的小幅回升走势。

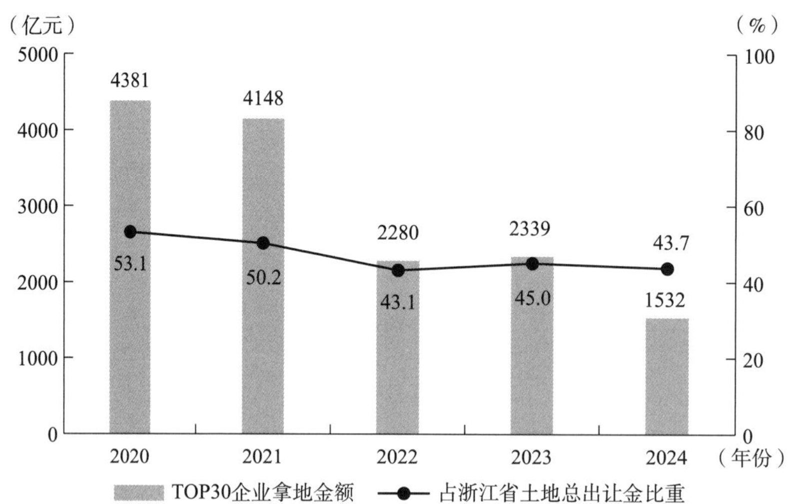

图 5-12-12　2020—2024 年浙江省 TOP30 企业拿地金额及份额占比

数据来源：中指数据 CREIS。

4. 房屋新开工、竣工情况

（1）房屋新开工规模持续下滑。

2024 年，浙江省房屋新开工面积 4893.64 万平方米，同比减少 35.1%，连续 4 年下降。住宅新开工面积 3165.48 万平方米，同比下降 31.6%，在各类房屋新开工总面积中占比最大，为 64.7%（见图 5-12-13），占比较上年有所增加。

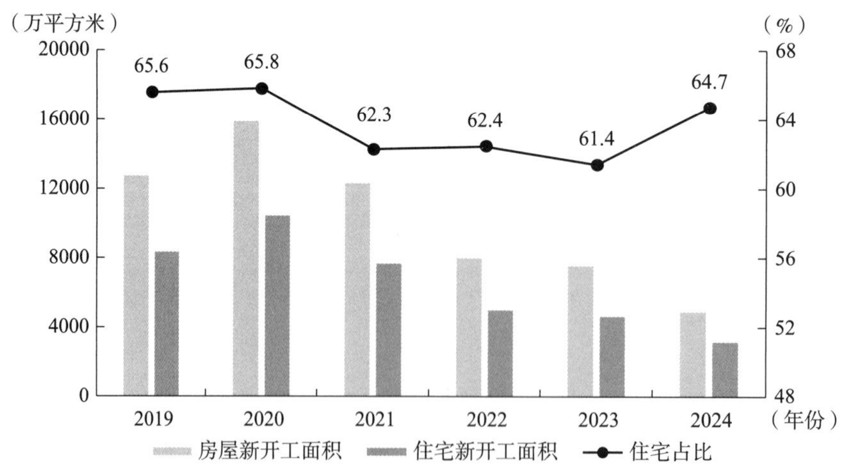

图 5-12-13　2019—2024 年浙江省房屋新开工面积、住宅新开工面积及住宅占比

数据来源：浙江省统计局。

（2）房屋竣工面积减少。

2024 年，浙江省房屋竣工面积约 7682 万平方米，同比下降 22.7%。其中，住宅竣工面积约 4934 万平方米，同比下降 21.9%（见表 5-12-7）。

表 5-12-7　2019—2024 年浙江省房屋和住宅竣工面积及其增幅

类别	2019 年	2020 年	2021 年	2022 年	2023 年	2024 年
房屋竣工面积（万平方米）	5739	6693	6387	6130	9934	7682
同比（%）	10.6	16.6	-4.6	-4.0	62.0	-22.7
住宅竣工面积（万平方米）	3551	4267	4016	4046	6316	4934
同比（%）	16.5	20.2	-5.9	1.2	55.4	-21.9

数据来源：浙江省统计局。

5. 商品房供应与销售情况

（1）商品住宅销售面积同比下降，全年楼市波动明显。

2024 年，浙江省新建商品房销售面积约 5116 万平方米，同比下降 16.2%，其中现房销售面积约 1347 万平方米，占比 26.3%，较上年的 17.5%有所上升。住宅销售面积约 4319 万平方米，同比下降 15.5%，占商品房总销售面积的 84.4%。

从年内市场表现来看，和 2023 年类似，市场开局表现良好，3 月达到 2024 年商品房销售面积峰值——759 万平方米，同比下降 16.4%。4 月、5 月销售规模下跌超半数，直至 6 月楼市交易呈现回暖势头。进入第三季度，市场呈下行趋势，9 月市场回暖未能维持热度。10 月、11 月商品房销售市场依旧冷淡，直至 12 月市场又呈现回暖迹象（见图 5-12-14）。

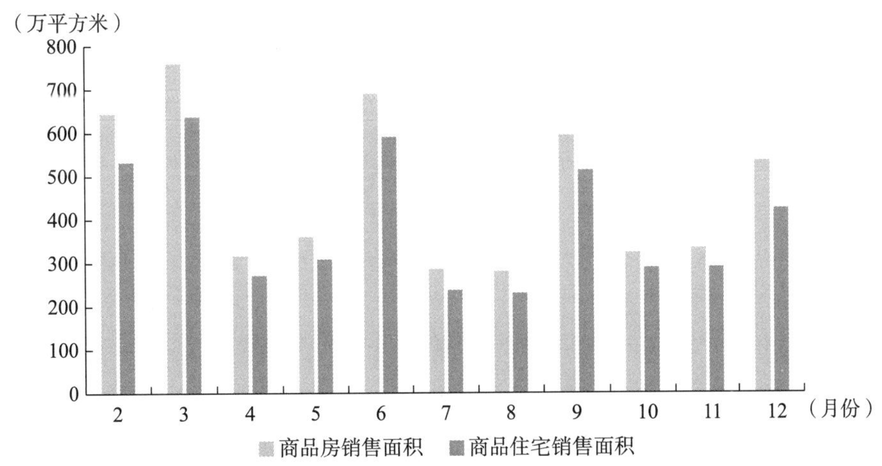

图 5-12-14　2024 年 2—12 月浙江省商品房和商品住宅销售面积月度数据

数据来源：浙江省统计局。

（2）商品房销售额持续下跌。

2024 年，浙江省新建商品房销售额约 8609 亿元，同比降低 25.2%，自 2022 年起连续三年下降。住宅销售额约 7668 亿元，同比降低 24.4%，回落到新冠疫情前水平。自 2021 年起，商品住宅销售额变化情况与全省商品房销售情况高度重合（见图 5-12-15）。

分月度来看，商品房销售额增速全年呈现大幅度波动态势，5 月、6 月、9 月、11 月和 12 月商品房销售额增速为正，分别为 12.7%、70.0%、75.6%、10.0%和 27.9%，其余月份均为负增长（见图 5-12-16）。

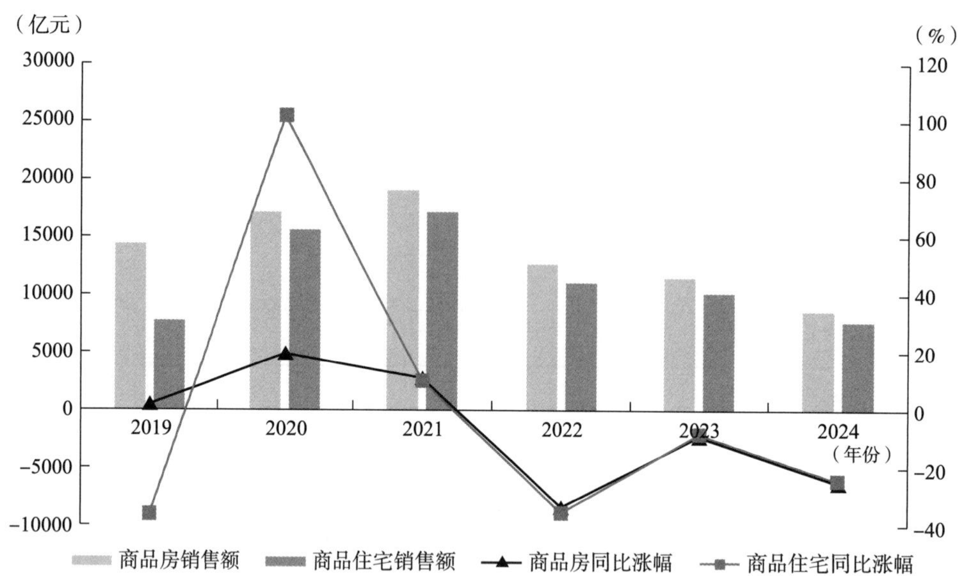

图 5-12-15　2019—2024 年浙江省商品房销售额、商品住宅销售额及同比变化情况

数据来源：浙江省统计局。

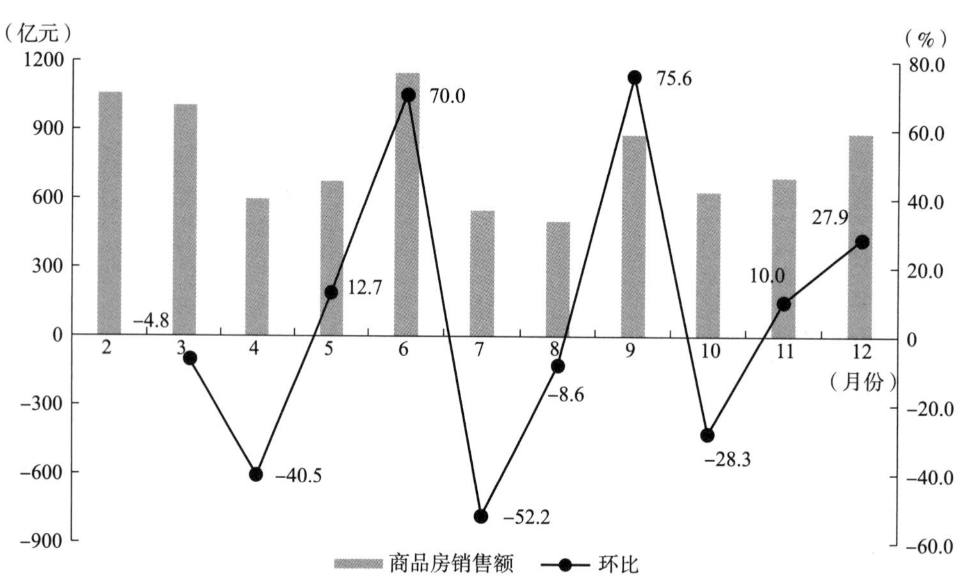

图 5-12-16　2024 年浙江省商品房销售额及其环比

数据来源：浙江省统计局。

6. 存量房成交情况

2024 年，杭州市、宁波市和温州市的商品住宅（不包括保障房）广义存量均减少 300 万平方米以上，其中杭州市剩余广义存量最多，达 5265 万平方米（见图 5-12-17）。

以杭州市为例，2024 年，杭州市共成交二手房 88580 套，同比增长 25. 2%，其中二手普通住宅共成交 84598 套，同比增长 30. 96%，二手房市场表现优异。按月来看，1 月二手房整体成交量同比涨幅和普通住宅二手房成交量同比涨幅均达到最高，分别为 147. 1%和 161. 1%；其次为 7 月。仅 2 月和 3 月成交量同比下降（见图 5-12-18）。

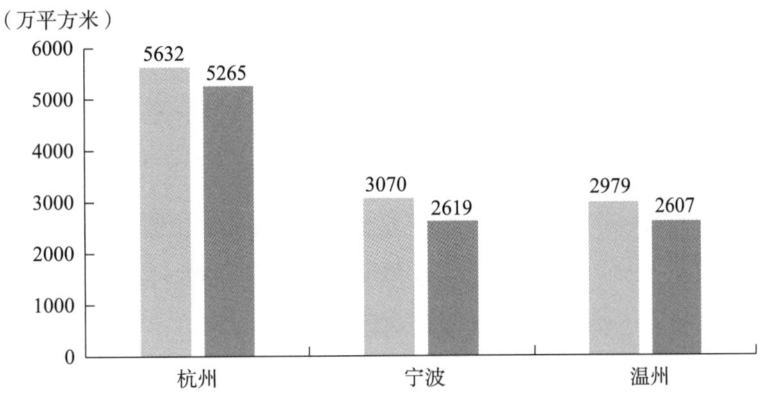

图 5-12-17 浙江省部分地级市 2024 年商品住宅广义存量变化情况

数据来源：中指数据 CREIS。

注：广义存量=拿地未成项目+项目未批证+狭义存量。拿地未成项目指已成交但未成项目的住宅用地、综合用地中商品住宅规划建筑面积（剔除保障房）；项目未批证指已成项目未领取预售证面积的部分；狭义存量指项目已领取预售证面积中，未销售的部分（即可售面积）。

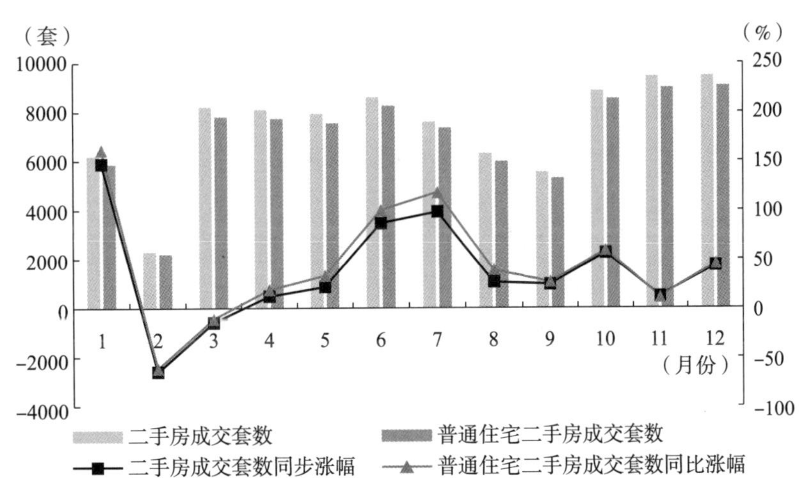

图 5-12-18 2024 年杭州市二手房和二手普通住宅成交情况及其环比

数据来源：中指数据 CREIS。

7. 商品房价格情况

（1）各类商品房销售价格均有不同幅度下跌。

2024 年，浙江省商品房、商品住宅和非住宅商品房的平均价格分别为 16828 元/米²、17754 元/米² 和 11807 元/米²，分别同比下降 10.7%、10.6%和 13.5%（见表 5-12-8）。

表 5-12-8 2023 年和 2024 年浙江省商品房、商品住宅、非住宅商品房销售主要指标

类型	2023 年			2024 年			平均价格同比增长（%）
	销售额（亿元）	销售面积（万平方米）	平均价格（元/米²）	销售额（亿元）	销售面积（万平方米）	平均价格（元/米²）	
商品房	11504	6106	18840	8609	5116	16828	-10.7
商品住宅	10147	5112	19849	7668	4319	17754	-10.6
非住宅商品房	1356	994	13642	941	797	11807	-13.5

数据来源：国家统计局。

（2）区域住宅价格分化严重，杭州市稳居第一。

分区域来看，2024 年，杭州市的新建普通住宅，价格和二手普通住宅平均价格分别为 33891 元/米^2 和 32247 元/米^2，实现断层式领先，其中新建普通住宅平均价格高于上年，而二手普通住宅平均价格较上年有所下降，其次是宁波市。温州市普通住宅价格降幅较大，被绍兴市超越（见图 5-12-19）。

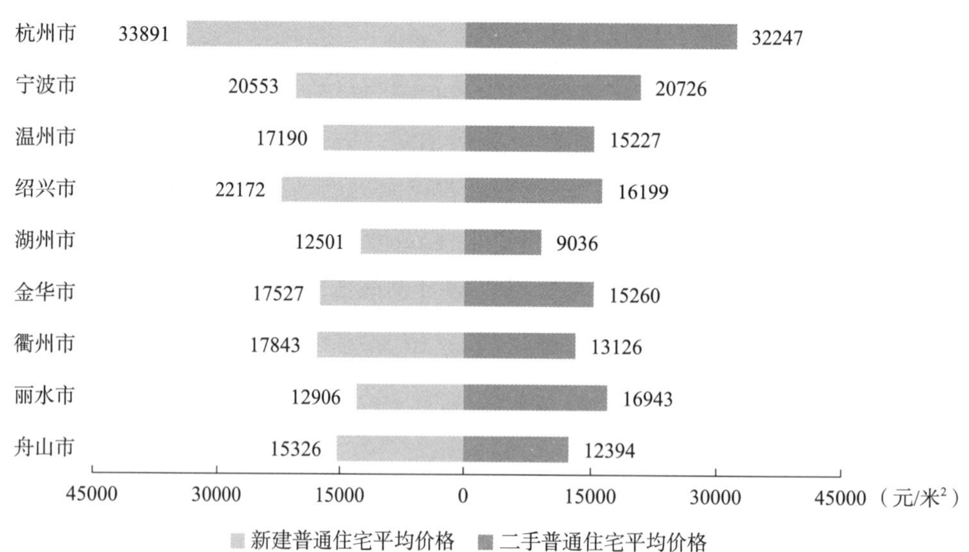

图 5-12-19　2024 年浙江省主要地级市新建普通住宅与二手普通住宅平均销售价格

数据来源：中指数据 CREIS、安居客（嘉兴市、台州市数据缺失）。

（二）2024 年浙江省住房保障工作进展

2024 年，浙江省各地陆续出台和进一步完善有关保障性住房的相关政策（见表 5-12-9），为建立健全住房保障体系、切实解决低收入家庭住房困难问题提供制度支持。

表 5-12-9　2024 年浙江省部分地市保障性住房推进计划梳理

城市	保障性住房推进计划
杭州市	新推出公租房实物配租房源不少于 6000 套，发放公租房货币补贴 15 万户。加快发展保障性租赁住房，拓宽保障性租赁住房筹集渠道，全年筹集保障性租赁住房 6 万套（间），推出 8000 套
宁波市	对保障性住房用地的选址、配套以及销售预期等进行可行性研究，规划建设配售型保障性住房 4000 套以上
温州市	计划 2024 年全年建设筹集公租房 1212 套，开工建设保障性租赁住房 2.4 万套、配售型保障性住房 1400 套以上，争取国家保障房再贷款政策
湖州市	2024 年全市计划供应保障性住房用地 39.20 万平方米，新开工（筹集、发放）保障性租赁住房 1.69 万套，建成（竣工）保障性租赁住房 1.52 万套（间）。计划发放公租房租赁补贴 7000 户，共计 3545 万元
嘉兴市	2024 年全市计划筹集保障性租赁住房 25991 套，其中市本级 8880 套（间）、嘉善县 3952 套（间）、平湖市 1388 套（间）、海盐县 1613 套（间）、海宁市 2553 套（间）、桐乡市 7605 套（间）。计划发放公租房租赁补贴 9090 户，其中市本级 3090 户、嘉善县 850 户、平湖市 770 户（含港区）、海盐县 2000 户、海宁市 1500 户、桐乡市 880 户
衢州市	2024 年保障性租赁住房计划建设项目共 5287 套，其中市级 4647 套、江山市 400 套、开化县 240 套
丽水市	2024 年计划发放公租房货币补贴 3464 户，筹集保障性租赁住房 10000 套（间），提供青年公寓（租赁）房源 500 套
舟山市	保障性住房中，棚户区改造安置房计划新开工建筑面积约 30000 平方米，约 300 套。保障性租赁住房计划新开工建筑面积约 14397 平方米，276 套

数据来源：浙江省各地市住建局。

1. 保障房各项指标任务及达成情况

2024 年，浙江省住房和城乡建设工作依旧紧密围绕让群众“住有所居”这一目标，深度融入共同富裕战略布局，全面推动房地产市场稳健发展。2024 年 1 月 11 日，浙江全省住房和城乡建设工作会议在杭州召开。会议明确 2024 年住房保障的重点任务：开工筹备公租房 5000 套以上，建设筹集保障性租赁住房 20 万套（间），规划建设配售型保障性住房 1 万套，实施城中村改造 2.7 万户。全省各地各自发力，制定一系列目标。

经过这一年的协同奋进，浙江省的公租房基本保障持续巩固，保障性租赁住房供给显著增加，配售型保障性住房建设稳步推进，实际建设筹集保障性租赁住房 25.1 万套（间），完成城中村改造 3.6 万户，均超额完成年初目标，为全省住房保障事业增添浓墨重彩的一笔。

2. 地方收储商品房进展情况

在完善住房保障体系的进程中，将收储的商品房转化为公租房、保障性租赁住房等保障性住房房源，这一举措能够有效扩充保障性住房的供给规模，以相对低廉的租金，将这些房源出租给中低收入家庭、新就业无房职工以及外来务工人员等住房困难群体。

2024 年，浙江省各地积极探索收储商品房用作保障性住房的路径，为住房保障事业注入新活力。5 月 14 日，杭州市临安区住房和城乡建设局发布重要公告，在临安区全域范围内开启商品住房收购行动，旨在收购一批符合标准的商品住房，用作公共租赁住房。这一举措精准定位，有效利用市场房源，为临安区住房困难群体提供更多保障。10 月 31 日，杭州市安居集团有限公司发布《关于收购已建成存量商品房用作保障性住房的征集通告》，征集范围覆盖杭州市上城、拱墅、西湖、滨江、萧山、余杭、临平、钱塘八个城区已建成的存量商品房（含自持商品住房）项目。在房源条件上，着重考量区位优势，优先选择交通便利、配套设施较为齐全的区域，并要求满足一定车位配比，以面积不超过 70 平方米的小户型为主。在收购价格方面，以同地段重置价格为参考上限，涵盖划拨土地成本、建安成本以及不超过 5%的利润。通过细致规划与严格要求，确保收购的商品房能高效转化为优质保障性住房。

3. 城市更新推进情况

（1）聚焦“两新”工作，持续推动城市改造更新。

在城市更新领域，浙江省再次展现出先行先试的创新精神与实干担当。2024 年 5 月 1 日，全国首个推进城镇老旧小区自主更新的指导意见——《关于稳步推进城镇老旧小区自主更新试点工作的指导意见（试行）》正式试行。该意见的出台，为浙江城镇老旧小区改造注入全新生机，开启城市更新的新篇章。

2024 年，浙江省投资 380 亿元启动老旧小区“3.0 版”计划，致力于实现加装电梯“应装尽装”，解决老旧小区居民上下楼难题；推动养老设施“标配化”，满足日益增长的养老需求，实现从“住有所居”到“住有优居”的跃迁。2024 年全省开工改造城镇老旧小区 576 个，涉及基础设施的修缮和公共空间的优化。截至 2025 年 3 月，全省累计改造老旧小区 4320 个，惠及 143.2 万户家庭。

浙江省在住建领域持续聚焦住宅老旧电梯更新、燃气设施设备更新及旧房装修（厨卫换新）这三项关键任务。2024 年，全省更新开工电梯 10025 台，其中 8894 台获得超长期特别国债 13.3 亿元支持。旧房装修累计补贴达 10.6 亿元，成功拉动消费 55.9 亿元，有效激发市场活力。金华市积极推进三项关键工作，2024 年申请到电梯 965 台，资金 1.4475 亿元。绍兴市自 2024 年 9 月起开展电梯更新“百日攻坚”行动，目标是至 2025 年底，全面实现使用 20 年以上的住宅老旧电梯“愿更新尽更新”。在城中村改造方面，2024 年 4 月，浙江省政府办公厅印发实施《关于积极稳步推进城中村改造的实施意见》，明确全省城中村改造基本原则、总体目标、重点任务和组织实施要求，要求杭州、宁波、温州、绍兴等大城市到 2027 年底前全面完成现有城中村改造，其他城市基本完成。2024 年 5 月，浙江省印发《关于科学编制城中村改造项目资金平衡方案推动项目高质量实施的通知》，引导各地主动承接城中村改造财税、金融等配套政策，积极争取政府专项债券、专项借款等额度支持，为城中村改造提供坚实的资金保障。2024 年，全省实施城中村改造 3.6 万户。其中，杭州市实施城中村改造项目 59 个，建设安置房 24857 套。绍兴市基本完成 2000 年前老旧小区改造任务，完成加装电梯，做法获得《住建部工作简报》专刊推广。

（2）新征程，新目标。

2025 年，浙江省将以城市更新为综合载体，持续推进“两重”“两新”工作，促进城乡融合发展，并制定一系列切实可行的目标：实施城中村改造 6 万户、完成投资 1000 亿元以上；对已改造小区开展“回头看”，新开工改造老旧小区 196 个。在电梯更新方面，全力争取国债支持，全面完成 20 年以上电梯更新、15~20 年电梯实现应更新尽更新，全年计划完成电梯更新 1.5 万台。此外，在城乡风貌品质提升方面，浙江省目标建成 80 个城乡风貌样板区，其中重点打造 10 个综合品质样板区；建成 200 个未来社区、200 个现代化美丽城镇；推出共富风貌驿 100 个，桥下空间 100 处，省级共富风貌游线 50 条。在保障性住房领域，浙江省将持续强化公租房基本保障，增加公租房实物供给，切实增强低保、低收入家庭实物保障能力，让困难群众住有所安。在配售型保障性住房建设上，杭州市、宁波市等城市将按照以需定建的原则制定实施方案，完善配套制度，从解决最困难群体住房问题入手，逐步扩大覆盖范围，不断满足中低收入群体的基本住房需求。金华市计划 2025 年筹集保租房 3.3 万套（间），发放公租房租赁补贴近 1.45 万户，对符合公租房保障条件的申请家庭实现“应保尽保”。推进城中村改造和老旧小区改造，拟实施拆除新建城中村改造项目 44 个，基本完成 2000 年底前建成的需改造城镇老旧小区改造任务，做到应改尽改。

（张娟锋　钱丽杨　任　琳　浙江工业大学管理学院　浙江省房地产业协会）

十三、福建省房地产市场

（一）福建省房地产市场发展情况

根据福建省统计局发布的简报，房地产市场发展情况如下。

1. 房地产开发投资完成情况

2024 年，全省房地产开发投资同比下降 21.3%，其中住宅投资同比下降 19.3%。

2024 年，房地产开发企业房屋施工面积同比下降 19.5%，其中住宅施工面积同比下降 20.5%。房屋新开工面积同比下降 33.6%，其中住宅新开工面积同比下降 33.3%。房屋竣工面积同比下降 25.6%，其中住宅竣工面积同比下降 24.9%。

2. 新建商品房销售和待售情况

2024 年，新建商品房销售面积同比下降 23.6%，其中住宅销售面积同比下降 20.9%。新建商品房销售额同比下降 28.6%，其中住宅销售额同比下降 26.3%。

2024 年末，商品房待售面积同比增长 6.6%，其中住宅待售面积同比增长 21.7%。

3. 房地产开发企业到位资金情况

2024 年，房地产开发企业到位资金同比下降 21.0%。其中，国内贷款同比下降 22.3%，自筹资金同比下降 16.6%，定金及预收款同比下降 32.9%，个人按揭贷款同比下降 31.0%。

（二）重点城市房地产发展情况

根据克而瑞数据监测，2024 年福建省重点城市商品房供应和成交均出现不同程度的下降（见表 5-13-1、表 5-13-2）。

表 5-13-1　2024 年福建省主要城市商品房供应情况

城市	时间	商品房供应面积（万平方米）	商品房供应面积同比（%）	商品房供应套数（套）	商品房供应套数同比（%）
福州	第一季度	38. 11	-59. 22	5549	-64. 28
	第二季度	53. 16	-57	5960	-70. 16
	第三季度	80. 35	13. 65	11040	-11. 71
	第四季度	85. 32	25. 77	10869	-14. 44
	2024 年	256. 94	-27. 74	33418	-44. 96
厦门	第一季度	31. 43	-60. 89	5219	-52. 61
	第二季度	39. 14	-61. 33	5495	-62. 73
	第三季度	56. 36	14. 16	6174	-8. 72
	第四季度	52. 4	-40. 57	6571	-26. 63
	2024 年	179. 34	-43. 8	23459	-43. 44
泉州	第一季度	19. 62	—	3251	—
	第二季度	26. 68	18. 64	3510	31. 76
	第三季度	14. 48	-40. 51	3180	-0. 09
	第四季度	29. 59	-3. 23	3631	53. 27
	2024 年	90. 37	16. 74	13572	65. 19
漳州	第一季度	19. 46	58. 37	2821	148. 98
	第二季度	15. 18	-72. 69	1681	-81. 03
	第三季度	37. 53	92. 22	7101	303. 47
	第四季度	30. 48	-31. 51	3156	-50. 02
	2024 年	102. 65	-22. 19	14759	-18. 32
晋江	第一季度	32. 98	-2. 24	4235	33. 01
	第二季度	13. 16	-25. 93	1100	-61. 47
	第三季度	2. 73	-84. 16	490	-82. 01
	第四季度	2. 04	-90. 44	151	-93. 54
	2024 年	50. 91	-43. 49	5976	-46. 17

数据来源：CRIC。

表 5-13-2　2024 年福建省主要城市商品房成交及均价情况

城市	时间	商品房成交面积（万平方米）	商品房成交面积同比（%）	商品房成交套数（套）	商品房成交套数同比（%）	商品房成交均价（元/米^2）	商品房成交均价同比（%）
福州	第一季度	110. 23	-4. 42	14745	-15. 94	14447	-18. 8
	第二季度	108. 25	-19. 58	15624	-20. 63	14377	-8. 47
	第三季度	139. 97	6. 2	20194	1. 72	13067	-19. 45
	第四季度	116. 24	-3. 83	15597	-16. 65	18026	2. 1
	2024 年	474. 69	-5. 55	66160	-12. 7	14900	-11. 25

续表

城市	时间	商品房成交面积（万平方米）	商品房成交面积同比（%）	商品房成交套数（套）	商品房成交套数同比（%）	商品房成交均价（元/米²）	商品房成交均价同比（%）
厦门	第一季度	42.54	-51.23	6209	-50.49	22788	-19.64
	第二季度	62.23	-46.2	8330	-41.65	24263	-20.57
	第三季度	44.93	-30.91	6311	-24.82	22681	-1.44
	第四季度	115.76	35.62	15814	49.26	25618	-20.76
	2024 年	265.46	-24.86	36664	-19.96	24350	-16.18
泉州	第一季度	21.34	-19.18	2468	-51.45	16180	50.48
	第二季度	16.85	-36.04	2812	-39.23	16036	31.59
	第三季度	14.22	-49.25	2633	-28.12	14895	11.98
	第四季度	31.44	20.32	4221	10.12	14421	3.74
	2024 年	83.85	-21.56	12134	-29.48	15273	21.77
漳州	第一季度	17.09	-32.05	2282	-32.86	10167	-1.10
	第二季度	23.85	-41.02	3022	-39.50	10912	-7.03
	第三季度	19.97	0.97	2876	-6.93	9187	-8.68
	第四季度	29.04	-26.86	3475	-30.51	10079	-4.19
	2024 年	89.95	-28.08	11655	-29.3	10118	-6.24
晋江	第一季度	21.49	-26.74	2669	-18.58	10471	-14.46
	第二季度	17.45	-19.33	2556	-10.28	9079	-11.52
	第三季度	19.29	41.27	2404	35.44	8713	-13.3
	第四季度	17.17	-7.73	1894	-22.15	11289	19.76
	2024 年	75.40	-9.41	9523	-7.86	9885	-7.94

数据来源：CRIC。

（三）福建省住房保障工作

2024 年，福建省计划开工城中村改造项目 10.6 万户，安置房、各类保障性住房 7.3 万套，截至 12 月底，全省已启动改造城中村 10.6 万户，开工城中村改造安置房、各类保障性住房 7.3 万套。2024 年福建省国民经济和社会发展统计公报显示，2024 年基本建成城镇保障性安居工程住房 12 万套（户）。

（福建省统计局　克而瑞集团）

十四、厦门市房地产市场

（一）2024 年厦门市房地产市场发展现状及特点

2024 年，厦门市房地产市场仍呈调整态势，前三季度新房供销处于低位徘徊，成交 94 万平方米。随着 9 月 26 日中央政治局会议提出“要促进房地产市场止跌回稳”，在多重利好政策的叠加影响下，厦门市第四季度房地产成交出现明显回升，新房成交 79 万平方米，市场信心有所恢复。

面对复杂多变的经济环境以及房地产市场供求关系发生重大变化的新形势，厦门市坚定不移贯彻国家、省相关决策部署，压实城市主体责任，坚持因城施策、精准施策，持续抓好保交楼、保民生、保稳定工作，积极满足刚性和改善性住房需求，积极推动房地产市场回稳，率先在全省100%完成保交房任务。

1. 房地产开发投资情况

2024年，房地产开发投资完成976.06亿元，同比下降32%。其中，住宅投资709.14亿元，同比下降31%；办公楼投资37.51亿元，同比增长12.5%；商业营业用房投资49.87亿元，同比下降25.75%。全市房地产房屋施工面积3234.48万平方米，同比下降6.06%；房屋新开工面积410.95万平方米，同比下降23.63%。

2. 土地供应与成交情况

2024年，厦门市共成交43宗土地，建筑面积308万平方米，总成交金额320亿元。其中，商办用地成交14宗，总建筑面积89.5万平方米，占比29%；商住用地成交13宗，总建筑面积100万平方米，占比33%。

2024年，厦门市商住用地成交共计13宗，成交土地面积40.83万平方米，同比下降0.66%，成交计价建筑面积100.391万平方米，同比下降19.87%，商住用地出让金291.8亿元，同比下降19.94%，平均成交楼面价29884元/米^2，同比下降0.33%。

岛内两区全年成交商住用地5宗，成交土地面积16.74万平方米，总建筑面积46.68万平方米，平均成交楼面价42800元/米^2。

岛外四区全年成交商住用地8宗，土地面积24.09万平方米，建筑面积53.71万平方米。其中，同安区全年零成交；海沧区成交2宗商住用地，成交建筑面积15.245万平方米，平均楼面价21187/米^2；集美区成交2宗商住用地，成交建筑面积9.863万平方米，平均楼面价17540元/米^2；翔安区成交4宗商住用地，成交建筑面积28.599万平方米，平均楼面价14826元/米^2。

3. 开发企业拿地、融资情况

2024年，厦门市商住用地成交13宗，从拿地开发企业所有制来看，全部为本地国企。其中，建发拿地6宗，总建筑面积51.15万平方米，总建筑面积占比50.9%，拿地金额188.6亿元，占比64.6%；国贸拿地4宗，总建筑面积28.41万平方米，总建筑面积占比28.3%，拿地金额64亿元，占比21.9%；轨道拿地1宗，总建筑面积9.2万平方米，总建筑面积占比9.2%，拿地金额18.3亿元，占比6.3%；象屿拿地1宗，总建筑面积5.83万平方米，总建筑面积占比5.8%，拿地金额10.5亿元，占比3.6%；联发拿地1宗，总建筑面积5.81万平方米，总建筑面积占比5.8%，拿地金额10.4亿元，占比3.6%。

4. 房屋建设情况

2024年，厦门市房屋施工面积3234.48万平方米，同比减少6.06%。其中，住宅施工面积1628.27万平方米，同比减少6.25%，占施工面积比重50.34%；办公写字楼施工面积460.17万平方米，同比减少5.08%，占施工面积比重14.23%；商业营业用房施工面积208.94万平方米，同比减少1.19%，占施工面积比重6.46%；其他用房施工面积937.09万平方米，同比减少7.23%，占施工面积比重28.97%。

2024年，厦门市房屋新开工面积410.95万平方米，同比减少23.63%。其中，住宅新开工面积182.92万平方米，同比减少40.31%，占房屋新开工面积的44.51%；办公写字楼新开工面积90.93万平方米，同比增长232.96%，占房屋新开工面积的22.13%；商业营业用房新开工面积20.44万平方米，同比减少38.43%，占房屋新开工面积的4.97%；其他用房新开工面积116.66万平方米，同比减少31.86%，占房屋新开工面积的28.39%。

2024年，厦门市房屋竣工面积368.47万平方米，同比增长10.75%。其中，住宅竣工面积217.12万平方米，同比增长56.89%，占竣工面积比重58.92%；办公写字楼竣工面积34.62万平方米，同比减少57.01%，占竣工面积比重9.40%；商业营业房竣工面积13.57万平方米，同比增长173.10%，占竣工面积比重3.68%；

其他用房竣工面积 103.16 万平方米，同比减少 5.21%，占竣工面积比重 28%。

5. 新房供应、供销与价格情况

（1）全市新建商品房供销情况。

2024 年，商品房新增供应 191.3 万平方米，同比下跌 39.5%，成交面积 268.7 万平方米，同比下跌 24.0%，整体供销比为 0.7，供小于求；商品房成交总金额 649.1 亿元，同比下跌 37.3%，成交均价 24156 元/米^2，同比下跌 17.6%。

（2）分区新建商品房住宅供销情况。

岛内：2024 年，住宅新增供应 36.5 万平方米，同比下跌 50%；成交面积 44.3 万平方米，同比下跌 34%；商品住宅成交均价 61344 元/米^2，同比下跌 14%。

岛外：2024 年，住宅新增供应 76.1 万平方米，同比下跌 35%；成交面积 128.3 万平方米，同比下跌 8%；商品住宅成交均价 24435 元/米^2，同比下跌 15%。

6. 存量房供应与销售情况

截至 2024 年 12 月，商品住宅在售存量面积 224.6 万平方米，根据 2024 年月均销售 14.4 万平方米计算，商品住宅在售存量需 16 个月可去化完毕。

全市总存量（在售存量、待推存量、地块存量）517.8 万平方米，按近三年年均 187.5 万平方米去化速度计算，去化周期约 2.8 年。

（二）2024 年厦门市住房保障工作情况

1. 住房保障政策变化

近年来，厦门市不断完善住房保障政策，形成一整套符合厦门实际的分层次、全覆盖、租购并举的住房保障体系。厦门市出台免费住宿保障政策，将来厦求职和见习实习大学生纳入保障体系，力求解决大学生过渡性居住需求，与公租房、保障性商品房、大学生“5 年 5 折租房”等住房保障政策相衔接，拓展保障范围、延长保障链条，完善由“一张床”，到“一间房”，再到“一套房”的全链条保障体系。

2. 保障房各项指标任务和达成情况

厦门市坚持以人民为中心的发展思想，立足新发展阶段、贯彻新发展理念，统筹考虑经济社会发展与基本民生保障，统筹做好各类保障性住房的建设工作，以深化住房供给侧结构性改革为主线，着力扩大住房保障覆盖面，扩大保障性租赁住房供给，加快构建多主体供给、多渠道保障、租购并举住房制度，不断提升住房保障水平，促进解决群众住房困难问题。

自 2017 年以来，厦门市陆续开工及续建共计 44 个市级项目。9 个在建市级项目进度如下：

（1）马銮湾地铁社区二期。项目位于海沧区孚莲路东侧，地铁社区一期工程西侧，A01-09 地块总用地面积约 13.34 万平方米，总建筑面积约 50.22 万平方米，建设保障性住房 4334 套，配套建设幼儿园、小学、生鲜超市、商业等设施。截至 12 月底，A01-07 地块已完成验收，A08-09 地块在进行室内装修工程施工。

（2）祥露小区。项目位于海沧区新阳街道马銮湾新城规划祥露路西侧，总用地面积约 4.8 万平方米，项目总建筑面积约 27.79 万平方米，建设保障性住房 2334 套，配套有停车位 2393 个、商业、社区服务中心、老年人日间照料中心等设施。截至 12 月底，项目在进行外立面施工、室内装修和地下室工程施工。

（3）洪茂居住区一期。项目位于集美区软件园三期，地铁 4 号线集美软件园站西侧，总用地面积约 6.79 万平方米，总建筑面积约 31.2 万平方米，建设保障性住房 5744 套，配套建设商业、公共社区用房等设施。截至 12 月底，项目已取得竣工验收备案手续。

（4）龙泉公寓一期。项目位于同安区同翔高新产业基地，城东中路东侧，郭山南路南侧，总用地面积约

6.15 万平方米，总建筑面积约 24.16 万平方米，建设保障性住房 3252 套，配套建设幼儿园、商业、公共社区用房等设施。截至 12 月底，项目在进行各专项验收。

（5）龙泉公寓二期。项目位于同安区同翔高新产业基地，城东中路东侧，郭山南路南侧，总用地面积约 3.32 万平方米，总建筑面积约 18.66 万平方米，建设保障性住房 1920 套，配套商业、公共社区用房等设施。截至 12 月底，项目在进行主体结构工程施工。

（6）同安城北小区 A 地块。项目位于同安区朝洋路与新丰路交叉口西北侧，总建筑面积约 18.5 万平方米，建设保障性住房 1690 套，配套建设社区服务中心、老年人日间照料中心、幼儿园、生鲜超市等设施。截至 12 月底，项目在准备竣工验收备案手续。

（7）祥平地铁社区三期 D17 和 D20 地块。项目位于同安区、西湖路以东，同丙路以西，卿朴中路以南，卿朴路以北。总用地面积约 27.78 万平方米，总建筑面积约 10.94 万平方米。建设保障性住房 916 套，配套幼儿园、社区商业、生鲜超市、社区服务中心等设施。截至 12 月底，项目已取得竣工验收备案手续。

（8）珩边居住区。项目位于翔安南路以南，城场路以北，项目总用地面积约 14.7 万平方米，总建筑面积约 59.3 万平方米，建设保障性住房约 4888 套，配套建设社区服务中心、老年人日间照料中心、幼儿园、生鲜超市、商业等设施。截至 12 月底，项目在准备竣工备案相关工作。

（9）东园公寓二期。项目位于翔安区东园村南侧，总用地面积约 2.5 万平方米，总建筑面积约 9.27 万平方米，建设保障性住房 484 套，配套建设商业等设施。截至 12 月底，项目在进行室内外装修工程施工。

3. 城市更新改造推进情况

厦门市城市更新稳步实施，第二批 2024 年城中村现代化治理 46 个试点村共生成项目 636 个、完工 404 个，启动前埔片区等城中村改造项目；改造老旧小区楼房 1906 栋，惠及 7.8 万户居民；推动首批住宅老旧电梯更新改造。

（数据出处：厦门市发展和改革委员会官网、厦门市住房和建设局官网、厦门市自然资源和规划局官网、厦门中原地产研究中心数据库，仅供参考。）

（颜木森　厦门市房地产业协会）

十五、武汉市房地产市场

（一）2024 年武汉市房地产市场发展现状及特点

1. 开发投资情况

2024 年，武汉市延续 2023 年以来增速放缓的趋势，房地产开发投资同比下降 5.9%，降幅较年初收窄 3.5 个百分点，与国家房地产行业整体转型背景一致，市场对库存消化、政策调整呈现短期观望情绪。

2. 土地供应与成交情况

2024 年，武汉市指导各区围绕优化土地供应因区精准施策，进一步满足城市发展需求，促进房地产市场平稳健康发展，同时优化土地资源配置，提高土地利用效率，积极推行“商改住”政策，盘活存量土地，增加住宅用地供应。

2024 年，武汉市共挂牌出让地块 227 宗，推出土地面积 929.84 万平方米，总建筑面积 1657.64 万平方米。成交土地 201 宗，成交土地面积 855.28 万平方米、建筑面积 1499.71 万平方米；土地出让金 699 亿元，同比下降 15.3%；成交楼面均价 4661 元/米^2，同比下降 29.3%，整体平均溢价率 0.8%，高于 2023 年的 0.5%（见表 5-15-1）。

表 5-15-1 武汉市 2024 年土地成交情况表

用途	宗数（宗）	土地面积（万平方米）	建筑面积（万平方米）	成交价（亿元）	楼面地价（元/米²）
住宅	95	484.85	911.92	563.69	6181
商业	64	127.75	233.20	86.36	3703
工业	19	140.93	171.67	11.90	693
其他	23	101.75	182.92	37.13	2030
合计	201	855.28	1499.71	699.08	4661

数据来源：武汉市统计局。

住宅用地方面，2024 年武汉推出住宅用地 108 宗，成交 95 宗，出让宗数较 2023 年减少 3 宗，成交宗数增加 8 宗；推出住宅土地面积 523 万平方米、建筑面积 1007 万平方米；成交住宅土地面积 485 万平方米、建筑面积 912 万平方米，建筑面积同比降低 12.55%；土地出让金 564 亿元，同比降低 28.62%；成交楼面均价为 6181 元/米²，同比降低 19.7%。

行政区方面，东湖新技术开发区供应放量，全年供应住宅用地 19 宗，主城区青山区、洪山区及远城区黄陂区、新洲区住宅土地供应量较大，成交最高楼面地价（19575 元/米²）出现在武昌区，其次为青山区一宗（17500 元/米²），成交最低楼面地价（1148 元/米²）出现在蔡甸区，平均溢价率武昌区最高（6.78%）（见图 5-15-1）。

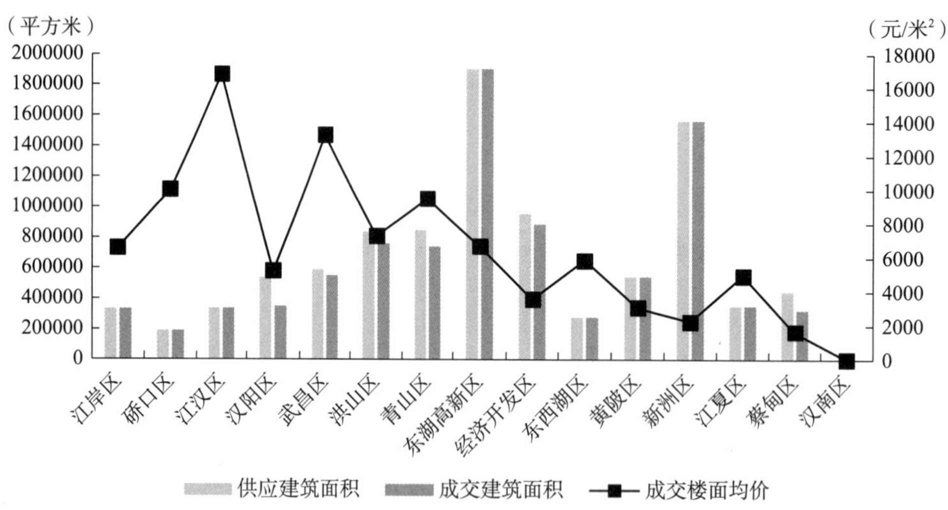

图 5-15-1 2024 年武汉市分区住宅用地土地供求量价

数据来源：武汉市统计局。

商办用地方面，2024 年，武汉推出商业用地 78 宗，其中成交 64 宗，成交宗数较 2023 年增加 42 宗；推出商业土地面积 162.92 万平方米、建筑面积 292.57 万平方米；成交商办土地面积 127.75 万平方米、建筑面积 233.20 万平方米，建筑面积同比上涨 92.62%；商办土地出让金 86.36 亿元，同比上涨 158.43%；成交楼面均价为 3703.17 元/米²，同比上涨 34.16%，整体平均溢价率为 1.84%，高于 2023 年的 0.52%；行政区方面，远城区商办用地整体供应量大于中心城区商办用地供应量，其中江夏区供应量最大，东湖高新区为中心城区商办用地供应最大的区域（见图 5-15-2）。

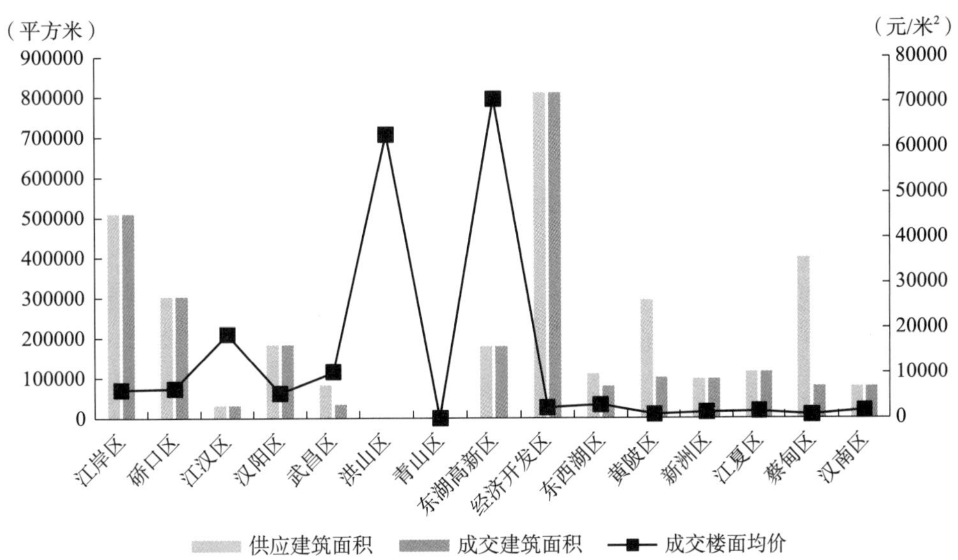

图 5-15-2　2024 年武汉市分区商业用地土地供求量价

数据来源：武汉市统计局。

3. 开发企业拿地、融资情况

国央企拿地为主，湖北省科投位居拿地金额榜首。2024 年，国央企合计摘得 88 宗住宅地块，拿地金额 484.89 亿元，占比下降至 86%。民企拿地宗数和金额占比均和上年保持一致。从企业拿地榜来看，国央企仍为主力，其中湖北省科投拍得 16 宗地块，以 88.2 亿元权益拿地金额位于榜单首位。

4. 房屋新开工、竣工情况

2024 年，武汉市房地产新开工面积在政策推动下保持稳定，但竣工面积受需求收缩和高基数影响显著承压。市场呈现“核心稳健、外围承压”的分化格局。

2024 年，武汉市新房供应面积 1071 万平方米，同比增加 4.6%，整体供应规模保持稳定。中心城区（如武昌、汉口）新盘入市频繁，供应占比提升；远城区以老盘补货为主，市场热度相对较低。12 月单月土地成交 424 亿元，多家房企集中拿地，为后续新开工提供储备。

2024 年 1—11 月，湖北省房地产竣工面积 1581.37 万平方米，同比下降 47%；其中商品住宅竣工面积 1286.37 万平方米，同比下降 46.3%。受全省趋势影响，武汉市竣工面积继续承压，增速显著放缓。

2024 年，武汉市房地产市场的开工与竣工表现呈现“结构性分化”特征：新开工依赖政策驱动逆势增长，竣工则受益于保交楼和资金支持加速放量。

5. 新房供应与销售情况

2024 年，武汉新房成交 135142 套，同比微降 1.6%。第四季度，在政策刺激下，新房成交量激增，特别是 12 月单月成交 33959 套，创历史新高，环比增长 76.33%。

整体来看，下半年供应面积有所增加，但全年新增供应面积仍处于历史较低水平。相关数据显示，2024 年下半年，武汉新房成交面积 535 万平方米，占全年成交量的 64%，而新增供应面积仅 374 万平方米，达到历史最低点。

随着市场需求的变化和居民生活水平的提高和消费观念的转变，武汉市新房供应结构也在不断优化。高品质、改善型住宅项目逐渐成为市场主流。武汉市多个高品质住宅项目相继入市并热销，满足居民对优质居住空间的追求。自 2024 年 3 月起，武汉全面实施新型住宅设计创新试点，多个高品质住宅项目相继入市，满足居民对优质居住空间的追求。

6. 存量房成交情况

2024 年，武汉二手房全年成交超过 8.58 万套，全年成交均价约为 14641 元/米^2，同比下降 6.23%。在整体市场环境下，二手房价格承受一定的压力。虽然二手房均价有所下降，但部分核心板块如东湖高新区等价格韧性较强，部分次新房成交活跃。契税减免、增值税优惠等政策推动二手房交易活跃，年末出现“以价换量”的现象，即部分房东通过降价来促进成交。

武汉市房地产市场呈现一定的区域分化特征。核心区域如武昌区、江岸区等依托优质教育资源和滨江资源，房价抗跌性显著；而外围区域如蔡甸区、新洲区等则面临较大的库存压力和价格下行压力。

武汉市在 2024 年持续优化房地产政策，包括降利率、降首付、购房补贴、上调贷款额度等优惠政策，这些措施对存量房市场也产生一定的刺激作用。

武汉市通过推行“商改住”政策、探索利用专项债券资金收购存量闲置地块等措施，积极缓解库存压力。同时，还通过存量房收购等方式，将部分存量房转化为保障房等用途，进一步促进市场供需平衡。

7. 商品房价格情况

2024 年，武汉新房价格经历一段时间的下降后，年底出现回升。1—11 月，武汉新房价格环比下降的月份较多，但降幅逐渐收窄。12 月，武汉新房价格环比上涨 0.4%，结束连续多月的下降趋势，显示出市场回暖的迹象。

全年新房均价呈现缓慢下降趋势，2024 年 12 月，武汉新房平均价格为 13279 元/米^2，环比微跌 0.16%。核心区域如武昌区、江岸区依托优质教育资源和滨江资源，房价抗跌性显著，武昌区（19555 元/米^2）、江岸区（18596 元/米^2）价格环比小幅上涨。外围区域如青山区、蔡甸区、新洲区价格承压，新房均价不足 8000 元/米^2，库存压力大，去化周期超 24 个月。老旧房源市场受到次新房供应增加的影响，价格压力较大。

2024 年，武汉二手房价格经历较长时间的下降。11 月，武汉二手房价格环比下降 0.2%，结束连续 16 个月的环比下降态势。12 月，武汉二手房价格环比上涨 0.2%，与新房市场同步回暖。

（二）2024 年武汉市住房保障工作进展

1. 住房保障政策变化

（1）加大对新城区的支持力度。

统筹推动新城区城市基础配套设施建设，集中优质教育、医疗等公共配套资源支持新城区重点区域发展，区域包括东西湖区、黄陂区、江夏区、新洲区、蔡甸区以及东湖高新区、武汉经开（汉南）区、长江新区等。2024 年 12 月 31 日前，购买新城区特定商品住房项目的家庭，可通过公共服务平台申请领取 5 万~10 万元的购房消费券，直接抵扣房屋总价款。

（2）强化住房公积金贷款措施。

优化住房公积金个人住房贷款套数认定标准，阶段性调整异地贷款使用条件。实行“认房不认首次贷”，即仅使用一次公积金贷款的缴存人家庭，名下无房再次贷款时按首套房政策执行。2025 年 4 月 30 日前，取消公积金贷款户籍地和缴存地限制，全国范围内缴存职工均可申请。2024 年 12 月 31 日前，公积金贷款额度上浮 20%，同时不超过最高贷款额度。

（3）调整家庭首套住房贷款套数认定标准。

在武汉市仅有一套住房且正挂牌出售的家庭，购买新建商品住房时，商业性个人住房贷款按首套房认定。购房人须在“武汉市二手房交易服务网”办理挂牌出售手续，并委托商业银行查询家庭住房套数。

（4）推行“卖旧买新”交易新模式。

鼓励居民出售自有住房后购买新建商品住房，给予增值税补助。2024 年 12 月 31 日前，出售自有住房并在

6个月内购买新建商品住房，或购买新建商品住房后12个月内出售原自有住房的家庭，按出售住房已缴纳增值税的1%给予补助。组织金融机构提供长期低息贷款，支持企业收购置换购房家庭的自有住房。

（5）调整保障性租赁住房配建方式。

新供应住宅用地项目不再配建保障性租赁住房，改为从土地出让金中计提专项资金，异地建设或购买存量房源。确保保障性租赁住房的供应，同时优化土地资源配置。

（6）优化房地产开发企业“白名单”管理。

实施新建商品房预售资金差别化分级管理，加大对合规房地产项目的金融支持。根据企业信用等级实行0.6~0.8的差别化预售资金监管系数。对符合“白名单”条件的房地产项目，加大开发贷款融资协调力度。

（7）优化新建商品房项目审批服务。

简化审批流程，加快项目上市速度。大力推行“拿地即开工”，试行单独核发基坑支护和土方开挖阶段施工许可证。优化预售许可办理流程，房地产开发企业可增加申请预售许可次数，预售许可最低规模不小于1栋。

（8）优化购房落户手续。

家庭购买新建商品住房，暂不具备办理房屋所有权证条件的，可凭备案的商品房买卖合同及缴费凭证等材料申请提前办理购房落户手续。

（9）提升房屋交易服务水平。

通过安居链公共服务平台提供商品房销售全流程服务，推行“放心购”“安心购”“省心购”服务。持续举办线上线下房交会，促进供需精准对接。开展“15天无理由退房”试点，保障购房者权益。

（10）其他优惠政策。

2024年10月1日至12月31日，购买新建商品住房的家庭，按契税实缴额度给予全额或50%的补助优惠。对符合国家生育政策的多子女家庭，在新城区购买新建商品住房的，给予一次性购房补贴。

2. 保障房指标任务及达成情况

2024年，武汉市在保障性住房建设方面取得显著成效，超额完成部分目标任务，有效缓解中低收入家庭的住房困难问题。通过新建、配建、改建、盘活等多种方式，武汉市多渠道筹集保障性租赁住房，提高配租质效。同时，开工建设配售型保障性住房也进一步丰富住房保障体系，为不同需求的家庭提供多样化的住房选择。

2024年，武汉市建设筹集保障性租赁住房目标5.1万套（间），开工建设配售型保障性住房目标3500套，发放公租房租赁补贴目标5000户。

武汉市多个区域均完成建设筹集任务。东湖高新区完成13499套（间），江岸区计划筹集4000套（间），洪山区新开工目标项目合计5795套（间），汉阳区完成2600套，蔡甸区提前完成1409间，筹集完成率117.42%。

东湖高新区开工建设配售型保障性住房完成1874套，超额完成目标任务；汉阳区开工建设1700套，其中向阳村保障性租赁住房项目1438套已开工，同时该区发放公租房租赁补贴256户，接近达到目标任务要求。各区均在积极推进相关工作，武汉市整体完成情况良好。

3. 地方收储商品房进展情况

为有效缓解房地产市场库存压力，推动房地产市场平稳健康发展，武汉市积极响应国家关于收购存量住房用作保障性住房的政策导向。2024年7月10日，武汉市收储主体武汉安家保障性住房有限公司注册成立，注册资本5亿元，由武汉市国资委全资控股。该公司的成立标志着武汉市收储商品房工作的正式启动。

2024年8月17日，武汉市收储的首个项目正式落地。武汉安家保障性住房有限公司与招商愉樾项目、空港中心三期项目签订收购协议，收购面积超过 2 万平方米。经过改造装修，将为全市提供 500 余套保障性租赁住房。此后，武汉市继续推进商品房收储工作，多个项目相继落地。例如，华侨城旗下位于武汉市洪山区的 TOD 项目土地也被政府拟通过“收、调、供”联动方式进行收储，并调整建设指标，用于保障性住房建设。

截至 2024 年底，武汉市已收购多批商品房项目，用于保障性住房建设。这些项目的落地不仅有效缓解房地产市场的库存压力，还提高保障性住房的供给量，满足更多中低收入家庭的住房需求。商品房收储政策的实施对武汉市房地产市场产生积极影响。一方面，通过收购商品房作为保障性住房，政府可以直接减少市场上的商品房供应，有助于稳定房价；另一方面，保障性住房的增加也提高住房市场的多样性，满足不同群体的住房需求。

4. 城市更新推进情况

2024 年，在武汉市委、市政府的领导下，市住房和城市更新局肩负新使命、展现新作为，各项工作部署落地见效。武汉市城市更新工作全面推进，城市面貌焕然一新。

（1）重点任务与成果。

①老旧小区改造。

2024 年，武汉市完成老旧小区改造 284 个，加装电梯 510 台，全省排名第一。江汉区八古墩社区试点选入国家级完整社区建设优秀案例。

②老旧片区更新改造。

武汉市印发全市城市更新计划，推进危旧房合作化改造试点扩面。如青山区 21 街坊、湖北大学项目稳步推进；硚口区崇仁健康生活片城市更新启动，包含 5 个子项目，占地面积 3. 07 平方千米。

③历史文化街区保护利用。

统筹编制《武汉市历史文化名城保护规划（2021—2035 年）》，推进青岛路等 16 片历史街区保护利用。民众乐园、巴公房子等焕新开放，昙华林历史文化街区建设做法、优秀历史建筑不动产登记做法被住房城乡建设部全国推广。

④市政项目建设。

多措并举推进 810 个市政项目建设，全市轨道交通运营里程达 578 千米，居全国第六。如华中地区首座升降式开启桥—右岸大道开启桥主桥正式合龙；江汉关广场一期建成投用。

⑤基础设施提升。

建成海绵城市 84. 6 平方千米，建成地下综合管廊 14. 3 千米。完成 53. 7 千米架空线入地，打通 26 条断头路，建成 121 条微循环道路。

（2）城市更新政策与机制创新。

武汉市编制实施《武汉市城镇住房发展三年行动计划（2024—2026 年）》，颁布实施首部副省级城市住房租赁条例。

通过创新合作化改造模式，实现全过程贯通，青山区 21 街坊、湖北大学项目稳步推进。积极探索推进住房“以旧换新”新模式，满足居民改善居住条件的需求。

（3）城市更新资金支持。

武汉市入选首批中央财政支持城市更新行动城市，中央财政补助 10 亿元。同时积极吸引社会资本参与城市更新项目，形成多元化投资机制。

2024 年，武汉市城市更新工作成效显著，不仅改善居民居住条件，提升城市功能品质，还促进历史文化街区的保护与利用，增强城市发展的内生动力。

（郭　华　邱　丽　张晓芃　湖北省房地产业协会）

十六、湖南省房地产市场

2024 年，湖南省坚决贯彻党中央、国务院决策部署和省委、省政府工作要求，认真贯彻落实党中央、国务院，省委、省政府的决策部署，坚定信心、精准施策，积极推动房地产市场企稳、推动市场“止跌回稳”。2024 年，全省房地产开发投资降幅小幅收窄，房企新开工面积较 2023 年降幅收窄，经济运行“稳中有进”，全省房地产向高质量发展扎实推进。

（一）湖南省房地产市场政策环境

2024 年，湖南省积极响应国家促进房地产市场平稳健康发展的号召，行业主管部门推出政策工具箱，为各市州提供有力政策支撑。各市州依据自身实际情况，纷纷出台一系列举措，力求让房地产市场发展重回正轨。

在信贷政策上，各市州积极落实全省统一要求，自 2024 年 9 月 30 日起，商业性个人住房贷款不再区分首套、二套，最低首付款比例统一降至 15%，5 月 21 日起取消首套和二套商业性个人住房贷款利率下限。长沙市自政策调整后，部分银行首套房贷款利率低至 3. 1%，二套房为 3. 3%，大大减轻购房者的贷款压力，刺激购房需求。

在购房限制与补贴方面，各地政策亮点频出。省会长沙市 4 月取消限购，“以旧换新”购买新房可享首套房优惠，购买新房公积金贷款额度最高提至 80 万元，三孩家庭提至 90 万元；11 月限售取消，商品住房取得《不动产权证书》即可上市交易。例如：岳阳市为吸引人才，规定本科及以上学历人才购房给予每平方米 200 元补贴；湘潭市则对购买新建商品房的购房者给予契税全额补贴。

为提升市场活力，各市州开展丰富的房产推介促销活动。衡阳市在房地产展示交易会上，27 家房企近 50 个楼盘参展，推出免契税、“以旧换新”补贴、团购优惠等措施，15 天累计网签商品房 2554 套，成交金额达 11. 44 亿元。全省在 2024 年开展“百城千企”“方便看房”等房产推介促销活动 110 余场（次），有效激发购房需求。

2024 年，长沙市楼市出台利好政策不断。下半年，一方面出台建筑新规，“放宽平面积控比”“放宽飘窗、设备平台限制要求”切实提高实际得房率，另一方面率先明确商改住政策，存量公寓去库存纾困，对开发端的政策进行优化。其他三、四线城市也相继出台优化公积金贷款、发放契税补贴、支持团购新建商品住房等“真金白银”政策，这些政策组合拳多管齐下，从降低购房门槛、减轻购房成本到提升市场热度，促进湖南省房地产市场的健康平稳发展。尽管市场整体仍处于调整阶段，但政策利好持续发酵，部分城市已出现市场回暖和止跌回稳的积极态势。

（二）湖南省房地产市场基本情况

1. 房地产开发投资降幅小幅收窄

1—12 月，全省完成房地产开发投资 3350. 6 亿元，同比减少 13%，降幅较 1—11 月收窄 0. 6 个百分点，低于全国增速 2. 4 个百分点，其中，住宅投资 2779. 6 亿元，同比下降 11. 5%。

2. 新开工面积降幅收窄

1—12 月，全省房屋施工面积 27120. 4 万平方米，同比减少 15. 1%，其中住宅施工面积 20912. 6 万平方米，同比减少 14. 4%。房屋新开工面积 2842. 2 万平方米，同比减少 26. 8%，其中住宅新开工面积 2296. 6 万平方米，同比减少 26. 3%，低于全国平均增速 3. 8 个百分点，较 1—11 月收窄 2. 6 个百分点。

3. 商品房销售面积降幅收窄

1—12 月，全省新建商品房销售面积 4719. 2 万平方米，同比减少 16. 1%，低于全国 3. 2 个百分点，降幅较 1—11 月收窄 2. 5 个百分点。其中，住宅销售面积 4088. 2 万平方米，同比减少 19. 7%。

4. 商品房销售额同比减少

1—12 月，全省商品房销售额 2908.8 亿元，同比下降 21.1%。其中，住宅销售额 2468.5 亿元，同比下降 25.0%。

5. 待售面积同比增长

1—12 月，全省商品房待售面积 1920.5 万平方米，同比增长 48.1%。其中商品住宅待售面积 1213.5 万平方米，同比增长 70.1%。

6. 土地供应量降幅扩大

1—12 月，全省房地产用地供应 1571.8 万平方米，同比减少 25.01%，降幅较 1—11 月扩大 3.1 个百分点。（文中数据来源：湖南省统计局或根据公开信息整理。）

（宋　泷　冯智敏　李　婷　湖南省房地产业协会）

十七、江西省房地产市场

2024 年，江西省房地产业增加值占 GDP 比重为 5.6%，略高于全国平均水平（5.5%），房地产业入库税收占总税收比重为 8.8%，仅次于制造业、批发零售业。全年商品房销售同比降幅大幅收窄，增速在全国排位持续前移。房地产市场整体发展态势趋稳，对全省经济增长支撑作用持续增强。

（一）江西省房地产市场运行情况

2024 年，江西省房地产市场趋势与全国基本一致，仍处筑底进程。上半年市场各项指标呈低位运行态势，江西省委、省政府提前谋划，7 月初出台 20 条重磅调控政策，随着国家一揽子止跌回稳政策的实施和“省 20 条”逐步落地，下半年全省商品房销售面积、土地出让面积较上半年均大幅增长，呈“前低后升”的特点。

1. 开发投资情况

据统计部门数据，2024 年，江西省房地产开发投资 1470.15 亿元，同比下降 8.4%，降幅低于全国平均水平（-10.6%），居全国第 15 位，较上半年前移 2 位。房地产住宅开发投资 1232.83 亿元，同比下降 8%。

各设区市开发投资同比增幅分别为：鹰潭市 13.2%、新余市-0.8%、赣州市-1.0%、上饶市-2.3%、南昌市-4.7%、吉安市-11.6%、萍乡市-12.0%、抚州市-14.7%、宜春市-18.3%、九江市-25.4%、景德镇市-28.7%。

2. 土地供应与成交情况

据自然资源部门数据，2024 年，全省商品房用地供应面积 38639.6 亩，同比下降 26.4%，其中下半年供应面积 28753.8 亩，较上半年增长 190.9%；商品房用地出让成交价款 885.3 亿元，同比下降 33.1%，其中下半年用地成交价款 689 亿元，较上半年增长 251%。

从重点城市看，南昌市商品住宅用地出让 1399.2 亩，同比下降 58.3%；住宅用地出让金 49.7 亿元，同比下降 71.8%。九江市商品住宅用地出让 2239.8 亩，同比下降 6.3%；住宅用地出让金 39.2 亿元，同比下降 26.2%。赣州市商品住宅用地出让 3081.1 亩，同比下降 43.6%；住宅用地出让金 70 亿元，同比下降 45.8%。

3. 房屋新开工、竣工情况

据统计部门数据，2024 年，江西省房屋新开工面积 1877.5 万平方米，同比下降 30.3%，降幅高于全国平均水平（-23%），居全国第 23 位，较上半年前移 1 位。其中，住宅新开工面积 1466.05 万平方米，同比下降 32%。全省房屋竣工面积 1420.61 万平方米，同比下降 28.8%，降幅高于全国平均水平（-27.7%），居全国第 17 位。其中，住宅竣工面积 1099.41 万平方米，同比下降 29.5%。

4. 新房供应与销售情况

据统计部门数据，2024年，江西省商品房销售面积2912.9万平方米，同比下降14.8%，较2023年收窄6.1个百分点，增速居全国第21位，较2023年前移9位。其中，住宅销售面积2474.2万平方米，同比下降14.7%。

从重点城市看，南昌市新建商品房销售面积690万平方米，同比下降3.9%，占全省比重23.7%。其中，商品住宅销售面积568.3万平方米，同比增长3.7%，占全省比重23%。九江市新建商品房销售面积221.8万平方米，同比下降29.5%，占全省比重7.6%。其中，商品住宅销售面积190.7万平方米，同比下降32.8%，占全省比重7.7%。赣州市新建商品房销售面积617.4万平方米，同比下降11.7%，占全省比重21.2%。其中，商品住宅销售面积488.1万平方米，同比下降13.1%，占全省比重19.7%（见表5-17-1）。

表5-17-1　2024年江西省及主要城市新建商品房销售情况

地区	商品房销售面积（万平方米）	同比（%）	住宅销售面积（万平方米）	同比（%）
江西省	2912.9	-14.8	2474.2	-14.7
南昌市	690.0	-3.9	568.3	3.7
九江市	221.8	-29.5	190.7	-32.8
景德镇市	94.0	-18.1	75.9	-21.1
萍乡市	76.1	-26.6	66.5	-26.7
新余市	72.5	-10.5	64.7	-14.3
鹰潭市	74.1	-20.8	66.9	-24.5
赣州市	617.4	-11.7	488.1	-13.1
宜春市	278.3	-6.4	233.8	-10.2
上饶市	389.6	-17.5	364.6	-14.3
吉安市	198.0	-26.9	166.4	-28.0
抚州市	201.1	-20.7	188.3	-21.6

数据来源：江西省统计局。

5. 商品房价格情况

根据江西省住建厅网签数据，2024年，江西省新建商品房销售均价6943元/米^2，同比下降2.4%；住宅销售价格6957元/米^2，同比下降3.7%（见表5-17-2）。

表5-17-2　2024年江西省及主要城市新建商品房销售价格

地区	商品房销售均价（元/米^2）	同比（%）	住宅销售价格（元/米^2）	同比（%）
江西省	6943	-2.4	6957	-3.7
南昌市	9331	-1.3	10027	1.6
九江市	6435	0.1	6313	-6.1
景德镇市	6404	0.6	6255	-2.7
萍乡市	6043	15.0	5227	6.3

续表

地区	商品房销售均价（元/米²）	同比（%）	住宅销售价格（元/米²）	同比（%）
新余市	5891	-11.3	6133	-9.4
鹰潭市	6180	-6.2	5811	-11.0
赣州市	6548	-2.2	6623	-3.4
宜春市	6306	2.6	5988	-0.1
上饶市	6511	-4.5	6695	-4.5
吉安市	6254	-5.5	6576	-3.3
抚州市	5752	-13.8	5660	-15.3

数据来源：江西省住房和城乡建设厅。

（二）2024 年江西省住房保障工作进展

1. 住房保障政策变化

城镇居民住房保障工作是一项重大的民生工程、发展工程。按照国家统一部署，江西省加快推进保障性住房建设，不断完善住房保障体系，推动建立多主体供给、多渠道保障、租购并举的住房制度，从单一的公租房实物保障和租赁补贴相结合的方式，优先保障符合条件的城镇低收入住房困难家庭、住房救助对象、城镇中等偏下收入家庭、在城镇稳定就业的外来务工人员、新就业大学生和青年医生、教师等专业技术人员，以及进城落户农民、农民工等其他住房困难群体，到构建以配租型（公租房、保障性租赁住房）和配售型保障性住房为主体的新型住房保障体系，将新市民、青年人、乡村教师、工薪收入群体和城市确有需要引进人才等纳入保障范围，进一步满足人民群众多样化的住房需求。

2. 保障房指标任务及达成情况

一是规范发展公租房。2024 年计划开工公租房 1357 套，已开工 1357 套，开工率 100%。计划发放租赁补贴 6.53 万户，已发放 7.14 万户，发放率 109.33%。

二是加快发展保障性租赁住房。2024 年计划建设筹集保障性租赁住房 7.51 万套（间），截至 2024 年 12 月，已开工（筹集）7.7 万套（间），开工率 102.53%。

三是稳步推进城中村改造。2024 年江西省计划城中村改造项目 51 个，开工改造 2.57 万户，已启动改造 2.57 万户，启动率 100%，开工建设安置房 2.4 万套。

四是大力推动棚户区（城市危旧房）改造。2024 年，全省计划改造棚户区（城市危旧房）4538 套，已启动改造 4943 套，启动率 108.92%。

3. 地方收储商品房进展情况

国务院出台《关于规划建设保障性住房的指导意见》，主要针对住房有困难且收入不高的工薪群体及城市需要引进人才等群体，实施严格的封闭管理，按保本微利原则配售。2024 年江西省开始建设筹集配售型保障性住房，南昌市、赣州市建设筹集配售型保障性住房项目 25 个 5682 套。其中，新建筹集 3803 套，收购已建成存量商品房 1879 套。赣州市建设筹集配售型保障性住房 3582 套，发展数量居扩围城市第 1 位。

4. 城市更新推进情况

江西省紧紧围绕打造宜居、韧性、智慧城市目标和“走在前、勇争先、善作为”要求，坚持以城市体检评估为路径、以城市更新行动为载体、以功能品质提升为目标，扎实推进城市高质量发展。

一是因城施策，做实做细城市体检。下发《2024 年江西省城市体检工作方案》和《江西省城市体检工作技术指南（2024 版）》，全过程跟踪指导地市开展城市体检工作。

二是省市共为，多方出台城市更新政策法规。加快推进《江西省城市更新条例》立法工作。各地针对老旧小区改造、社区补短板、更新项目审批、消防审验协同、存量资源统筹协调等问题，陆续出台城市更新政策法规 270 余项，推进项目实施。

三是项目带动，大力实施城市更新。2024 年，全省各设区市实施城市更新项目 4266 个，完成投资额近 3566 亿元。项目类型涵盖既有建筑改造，完整社区建设，城镇老旧小区、街区、厂区及城中村改造，城市基础设施改造、城市功能完善、城市生态系统修复、城市历史文化保护传承等方面。

（李　玮　丁锦琳　江西省房地产业协会）

十八、四川省房地产市场

2024 年，四川省房地产市场运行情况逐步好转：虽然年末除房屋竣工面积外的其他指标总量同比仍然处于下降区间，但多数指标年内降幅均呈现收窄走势。与 1—11 月时相比，全年开发完成投资、商品房销售面积、土地购置费用和开发企业到位资金降幅继续收窄，但房屋施工、新开工和竣工面积降幅出现一定的反复。与全国平均水平相比，我省除商品房销售面积降幅大于全国平均水平外，其他指标的表现均好于全国平均水平。

（一）开发投资情况

2024 年 1—12 月，四川省房地产开发完成投资 4793.53 亿元，同比下降 9.9%；降幅较上年同期收窄 13.4 个百分点，与 1—11 月持平（见图 5-18-1）。其中，住宅 3572.29 亿元，同比下降 10.8%；降幅较上年同期收窄 11.5 个百分点，较 1—11 月收窄 0.1 个百分点。

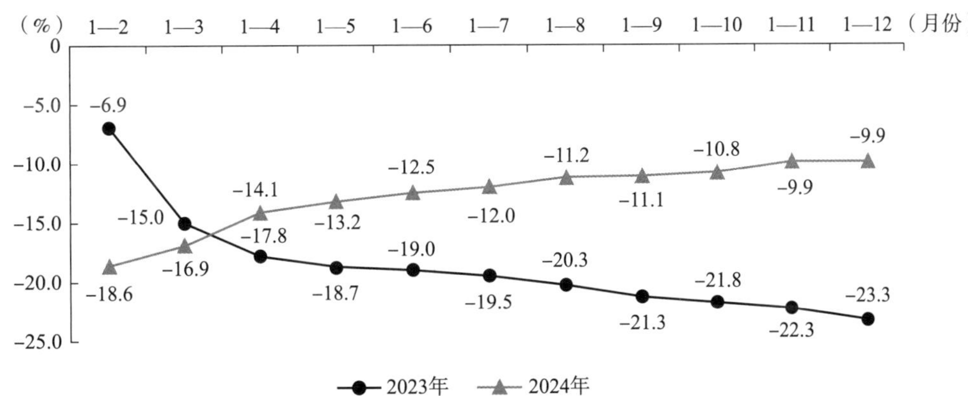

图 5-18-1　2023—2024 年四川省房地产开发完成投资增速月度走势

数据来源：四川省统计局。

分地区来看，雅安、凉山、乐山和眉山 4 个市（州）的开发完成投资同比为正增长，分别增长 12.8%、7.5%、4.0%和 1.6%。17 个市（州）同比均为负增长，其中降幅小于全省平均的有成都、宜宾 2 个市；降幅大于全省平均的有自贡、巴中、遂宁、南充、广安、德阳、达州、泸州、内江、攀枝花、绵阳、资阳、阿坝、甘孜和广元 15 个市（州），降幅居前的甘孜、广元和阿坝分别下降 39.0%、37.0%和 34.2%。

（二）房屋建设情况

1. 施工面积情况

2024 年 1—12 月，四川省房屋施工面积 41980.73 万平方米，同比下降 12.1%；降幅较上年同期扩大 3.9

个百分点，较1—11月扩大0.3个百分点（见图5-18-2）。其中，住宅27762.86万平方米，同比下降13.0%；降幅较上年同期扩大5.1个百分点，较1—11月扩大0.2个百分点。

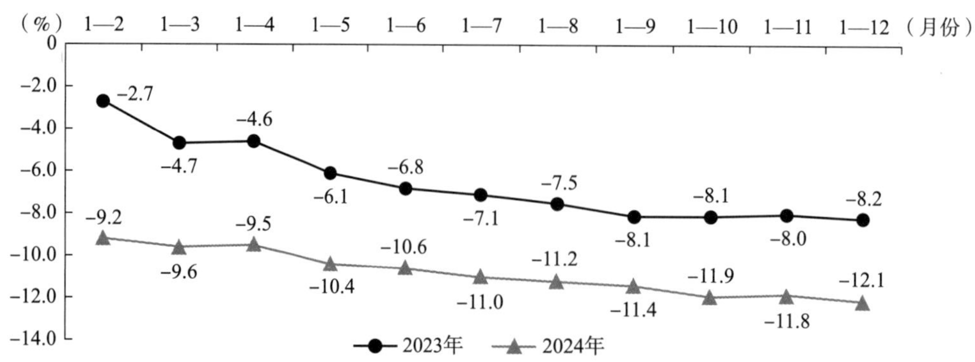

图5-18-2　2023—2024年四川省房屋施工面积增速月度走势

数据来源：四川省统计局。

分地区来看，自贡、资阳2个市的施工面积同比为正增长，分别增长12.8%、7.1%。19个市（州）同比均为负增长，其中降幅小于全省平均的有雅安、凉山、成都、南充、攀枝花和达州6个市（州）；降幅大于全省平均的有阿坝、眉山、巴中、宜宾、广安、绵阳、乐山、甘孜、泸州、德阳、遂宁、内江和广元13个市（州），降幅居前的广元、内江和遂宁分别下降35.2%、28.2%和26.4%。

2. 新开工面积情况

2024年1—12月，四川省房屋新开工面积4621.40万平方米，同比下降20.4%；降幅较上年同期收窄9.4个百分点，但较1—11月扩大0.8个百分点（见图5-18-3）。其中，住宅3109.11万平方米，同比下降20.2%；降幅较上年同期收窄12.3个百分点，但较1—11月扩大0.3个百分点。

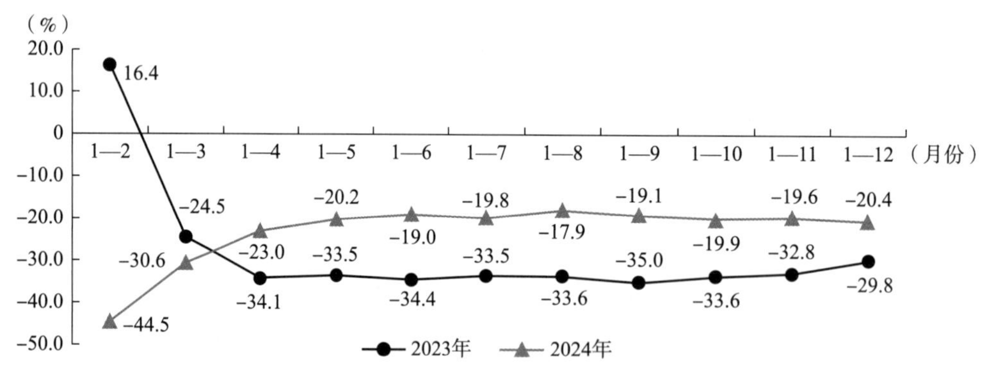

图5-18-3　2023—2024年四川省房屋新开工面积增速月度走势

数据来源：四川省统计局。

分地区来看，新开工面积同比为正增长的有甘孜、凉山、阿坝、自贡、雅安、达州、乐山和遂宁8个市（州），增速较高的甘孜、凉山和阿坝分别增长116.0%、88.7%和87.3%。13个市同比均为负增长，其中降幅低于全省平均的有巴中、成都2个市；降幅大于全省平均的有南充、广安、宜宾、广元、泸州、攀枝花、德阳、内江、眉山、资阳和绵阳11个市，降幅居前的绵阳、资阳和眉山分别下降54.3%、53.8和45.8%。

3. 竣工面积情况

2024年1—12月，四川省房屋竣工面积4370.21万平方米，同比持平，增幅较上年同期下降1.6百分点，较1—11月下降0.6个百分点（见图5-18-4）。其中，住宅2930.50万平方米，同比持平；增幅较上年同期下降1.8个百分点，较1—11月下降1.8个百分点。

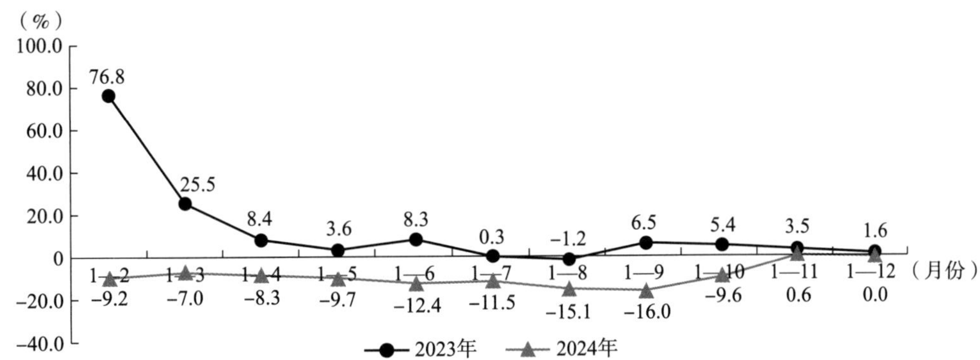

图5-18-4 2023—2024年四川省房屋竣工面积增速月度走势

数据来源：四川省统计局。

分地区来看，竣工面积同比为正增长且增速高于全省平均的有遂宁、达州、广安、南充、广元、德阳、资阳、泸州和绵阳9个市，前三位的遂宁、达州和广安分别增长394.6%、246.4%和173.8%。同比下降的有眉山、凉山、成都、内江、宜宾、巴中、自贡、雅安、乐山、攀枝花和甘孜11个市（州），降幅居前的甘孜、攀枝花和乐山分别下降90.4%、87.0%和61.1%（阿坝无数据）。

（三）销售市场情况

1. 销售面积情况

2024年1—12月，四川省商品房销售面积6393.61万平方米，同比下降20.1%；降幅较上年同期扩大15.2个百分点，但较1—11月收窄0.2个百分点（见图5-18-5）。其中，住宅4692.19万平方米，同比下降26.3%；降幅较上年同期扩大21.8个百分点，但较1—11月收窄1个百分点。

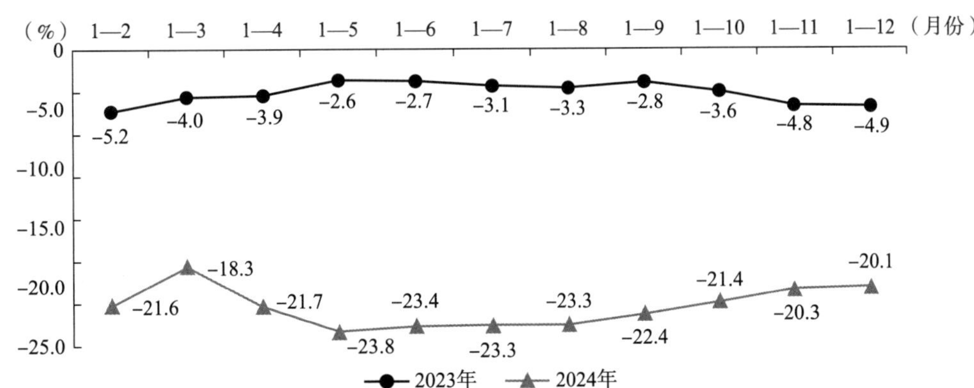

图5-18-5 2023—2024年四川省商品房销售面积增速月度走势

数据来源：四川省统计局。

分地区来看，甘孜州销售面积同比为正增长，增长1.1%。20个市（州）销售面积同比负增长，其中降幅小于全省平均的有雅安、成都、巴中、广安、凉山、攀枝花、乐山、内江、绵阳、资阳、南充和遂宁12个市（州）；降幅大于全省平均的有阿坝、眉山、德阳、达州、广元、宜宾、自贡和泸州8个市（州），降幅居前的泸州、自贡和宜宾分别下降39.9%、35.7%和30.7%。

2. 住宅销售均价情况

2024 年 1—12 月，四川省商品住宅销售均价为 9770 元/米^2，同比下降 1.1%，但较 1—11 月上涨 0.8%。

12 月，四川省 3 个列入国家重点监控的大中城市：成都市新建商品住宅价格指数同比下降 4%，环比增长 0.6%；泸州市同比下降 8%，环比下降 0.2%；南充市同比下降 2.7%，环比增长 0.4%。成都市二手住宅价格指数同比下降 5.9%，环比增长 0.3%；泸州市同比下降 7.9%，环比下降 0.3%；南充市同比下降 7.4%，环比下降 0.2%。

3. 待售面积情况

截至 12 月末，四川省商品房待售面积 3408.63 万平方米，较 11 月末增加 87.69 万平方米；同比增长 19.9%，增速较 11 月上升 2 个百分点。其中，住宅 1101.93 万平方米，较 10 月末增加 43.84 万平方米；同比增长 46.8%，增速较 10 月上升 2.2 个百分点。

4. 二手房销售情况

据房地产交易系统统计，2024 年 1—12 月，四川省二手房成交面积 5016.1 万平方米，同比增长 4.9%，增速较 1—11 月提高 3.4 个百分点。其中，二手住宅成交面积 4362.2 万平方米，同比增长 3.7%。

（四）到位资金情况

2024 年 1—12 月，四川省房地产开发企业到位资金 6201.15 亿元，同比下降 15.3%；降幅较上年同期扩大 1.2 个百分点，但较 1—11 月收窄 0.4 个百分点（见图 5-18-6）。

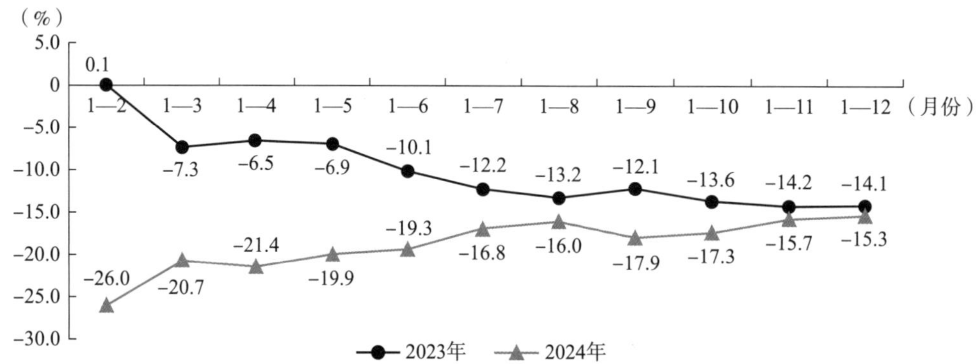

图 5-18-6　2023—2024 年四川省房地产开发企业到位资金增速月度走势

数据来源：四川省统计局。

从资金来源构成看，国内贷款 728.058 亿元，同比增长 3.5%，自筹资金 1711.52 亿元，同比减少 21.1%；定金及预收款 2386.10 亿元，同比减少 17.5%，个人按揭贷款 1303.65 亿元，同比减少 10.9%。

（五）土地市场情况

1. 土地供应面积情况

据自然资源部门统计，2024 年 1—12 月四川省房地产开发用地供应面积 5124.7 万平方米，同比下降 7.8%，降幅较 1—11 月收窄 14.8 个百分点。房地产用地供应中，商服用地供应面积 1690.9 万平方米、占比 33%，同比下降 8.4%；住宅用地供应面积 3433.8 万平方米、占比 67%，同比下降 7.5%。

成都市房地产开发用地供应面积 1289.6 万平方米，占全省的 25.2%，同比增长 4.2%，增速较 1—11 月提高 15 个百分点；成都以外的其他市（州）房地产开发用地供应面积 3835 万平方米，同比下降 11.2%，降幅较 1—11 月收窄 15.4 个百分点。土地购置费用同比下降。

2. 土地购置费用情况

2024 年 1—12 月，四川省房地产开发企业土地购置费用 1359.28 亿元，同比下降 13.9%；降幅较上年同期扩大 7.5 百分点，但较 1—11 月收窄 1.5 个百分点（见图 5-18-7）。

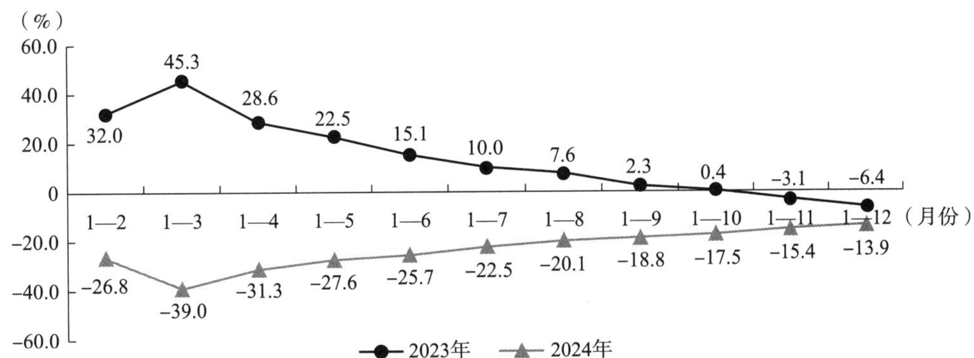

图 5-18-7　2023—2024 年四川省房地产开发企业土地购置费用增速月度走势

数据来源：四川省统计局。

（郑友才　四川省房地产业协会）

十九、广西壮族自治区房地产市场

2024 年，在党中央、国务院以及自治区党委、政府的坚强领导下，广西锚定“保交楼、保交房，去库存、强信心”目标，主动适应房地产市场供求关系发生重大变化的新形势，打好政策“组合拳”，综合施策稳市场，推动全区房地产市场连续两年回稳。

（一）2024 年广西壮族自治区房地产市场发展现状及特点

1. 房地产开发投资情况

2024 年，全区房地产开发投资 1163.02 亿元，增速同比下降 13%，在 2023 年回升 7 个百分点的基础上进一步逆势回升 18.2 个百分点，与全国的差距缩小至 2.4 个百分点（见图 5-19-1、图 5-19-2）。

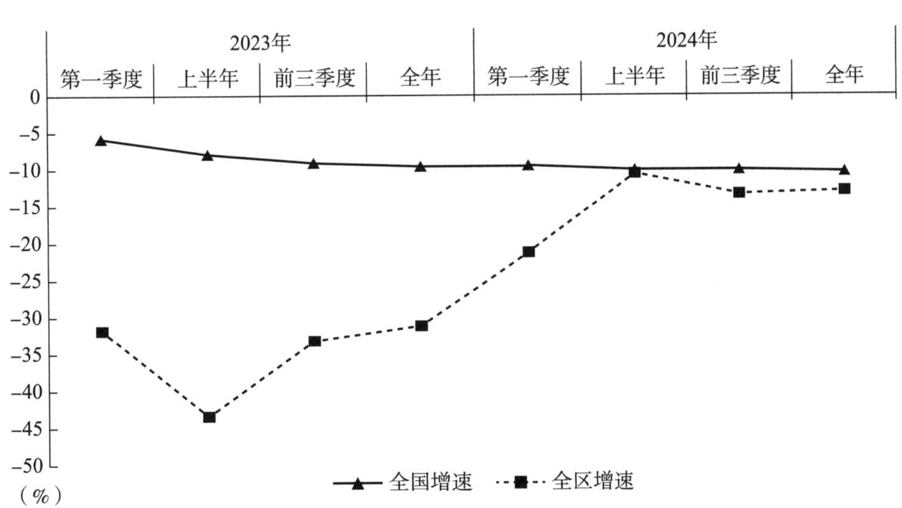

图 5-19-1　2023—2024 年全国和广西房地产开发投资增速走势

数据来源：国家和自治区统计局。

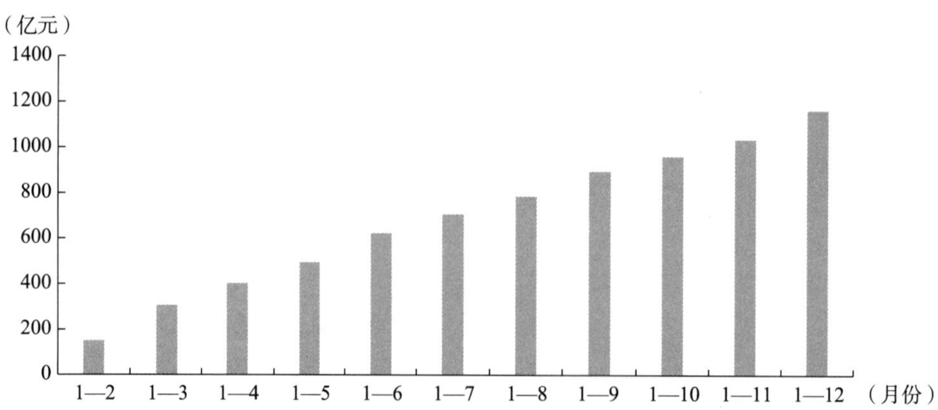

图 5-19-2　2024 年广西房地产开发投资完成额累计月度走势

数据来源：国家和自治区统计局。

2. 土地供应与成交情况

2024 年，广西经营性建设用地供应缩量提质，优质地块供求增加，拉动平均楼板价及溢价率有所上调。

全区市本级共计供应经营性用地 766 幅，同比微涨 0.66%，用地面积 39433.7 亩，同比下降 21.58%。其中，居住用地供应 307 幅，同比上涨 40.83%，用地面积 5575.7 亩，同比下降 44.93%（见表 5-19-1）。

表 5-19-1　2024 年广西市本级经营性建设用地供应情况

指标	供应幅数（幅）				供应面积（亩）			
		居住用地	商服用地	工业用地		居住用地	商服用地	工业用地
2024 年	766	307	116	343	39433.7	5575.7	5728.3	28129.8
同比（%）	0.66	40.83	-20.00	-11.83	-21.58	-44.93	6.87	-19.17

数据来源：克而瑞。

注：覆盖广西各地级市市本级，南宁不含武鸣；居住用地为纯住宅、商住用地，商服用地为商办用地。

2024 年，广西通过招拍挂成交经营性用地 538 幅、用地面积 32052 亩、可建建筑面积 4032.5 万平方米、总出让金额 245.4 亿元，同比分别下降 6.92%、23.23%、22.68%、30.56%；平均楼面地价 608.5 元/米^2，同比下降 10.2%；平均溢价率 8.74%，同比提升 4.18 个百分点。其中，居住用地成交 164 幅，用地面积 4790.8 亩，可建建筑面积 845.2 万平方米，出让金额 133.6 亿元，楼面地价 1580.6 元/米^2，平均溢价率 15.22%，成交面积下降，溢价率上涨，主要得益于小体量、核心区优质地块成交增多（见表 5-19-2）。

表 5-19-2　2024 年广西经营性建设用地成交情况

指标	数值				同比（%）			
	经营性用地	居住用地	商服用地	工业用地	经营性用地	居住用地	商服用地	工业用地
成交幅数（幅）	538	164	81	293	-6.92	22.39	-25.00	-12.80
用地面积（亩）	32052.0	4790.8	3977.1	23284.2	-23.23	-22.26	8.24	-27.04
可建面积（万平方米）	4032.5	845.2	699.7	2487.7	-22.68	-22.22	52.97	-32.23
成交金额（亿元）	245.4	133.6	57.7	54.1	-30.56	-35.85	-25.22	-20.44

续表

指标	数值				同比（%）			
	经营性用地	居住用地	商服用地	工业用地	经营性用地	居住用地	商服用地	工业用地
楼面地价（元/米^2）	608.5	1580.6	824.6	217.5	-10.20	-17.51	-51.12	17.57
溢价率（%）	8.74	15.22	2.93	0.80	+4.18 个百分点	+10.42 个百分点	-5.19 个百分点	+0.77 个百分点

数据来源：克而瑞。

注：覆盖广西各地级市市本级，南宁不含武鸣；居住用地为纯住宅、商住用地，商服用地为商办用地。

2024 年，各城市经营性用地成交中，成交面积前三城市分别为钦州、防城港、南宁，主要是工业用地成交占比高。虽然南宁市商住用地成交呈下降趋势，但市场热度高，主要得益于小规模+低总价+核心区叠加的优质地块的供应及成交，平均溢价率 20.89%，并且出现 2 幅“万元地”，成交楼板价分别为 13269 元/米^2、12762 元/米^2，均由邦泰集团拿下。梧州以城投托底拿地为主，钦州则受滨海新城及钦州港片区商办地块成交带动（见表 5-19-3）。

表 5-19-3　2024 年广西各城市经营性建设用地成交情况

地区	居住用地				商服用地				工业用地				合计	
	成交幅数（幅）	同比（%）	成交面积（亩）	同比（%）	成交幅数（幅）	同比（%）	成交面积（亩）	同比（%）	成交幅数（幅）	同比（%）	成交面积（亩）	同比（%）	成交幅数（幅）	成交面积（亩）
全区	164	6.5	4790.8	-26.1	81	21.4	3977.1	32.3	293	13.6	23284	27.3	538	32052
南宁	22	-42.1	585.2	-65.1	10	42.9	816.9	185.6	69	91.7	3052.1	16.0	101	4454.2
柳州	13	-48.0	584.0	-71.3	8	33.3	72.8	83.3	15	31.8	998.5	33.8	36	1655.2
桂林	4	-50.0	263.7	-33.8	3	57.1	39.2	92.5	9	40.0	389.6	54.0	16	692.5
北海	5	150	54.2	-77.9	3	50.0	144.2	888.4	9	80.0	743.2	35.3	17	941.6
玉林	33	-21.4	596.1	37.8	0	0.0	0.0	0.0	9	12.5	407.8	30.2	42	1003.9
梧州	12	140	983.7	135	7	0.0	375.2	52.9	11	31.3	1490.5	43.8	30	2849.4
钦州	9	28.6	562.3	382	15	114	1237.9	392.2	35	34.0	4353.2	36.0	59	6153.4
防城港	1	-66.7	54.8	-32.7	2	33.3	315.9	225.5	18	10.0	4561.7	22.0	21	4932.4
百色	6	20.0	300.0	-1.5	5	64.3	358.7	3251	4	33.3	351.5	46.1	15	1010.2
贺州	12	9.1	160.7	-60.5	20	11.1	345.6	42.4	36	46.3	1612.2	43.0	68	2118.4
来宾	5	—	404.2	—	4	60.0	15.1	50.9	9	10.0	1608.0	165	18	2027.3
河池	3	50.0	81.4	-43.9	1	0.0	4.4	91.6	3	200	83.9	435	7	169.7
崇左	3	50.0	100.5	85.2	2	50.0	249.6	134.0	6	14.3	341.1	0.6	11	691.2
贵港	36	800	60.1	-64.7	1	80.0	1.5	95.5	60	17.8	3291.1	28.0	97	3352.7

数据来源：克而瑞。

注：覆盖广西各地级市市本级，南宁不含武鸣；居住用地为纯住宅、商住用地，商服用地为商办、综合用地。

3. 开发企业拿地、融资情况

拿地方面，地方民营企业拿地比重明显回升，市场信心逐步恢复。2024 年广西各城市本级居住及商服用地成交总建筑面积共计 833.51 万平方米，按拿地企业分类来看，广西各城市房企拿地格局高度集中，以本土国企及平台公司兜底为拿地主力，拿地总金额占比达 51.8%（其中城投 42.5%、本土国企 9.3%），本土中小民企为辅，占比 44.5%，占比较上年同期大幅提升；全国性企业除在南宁核心城市拿地外较少投资，全区占比 0.4%（见图 5-19-3）。

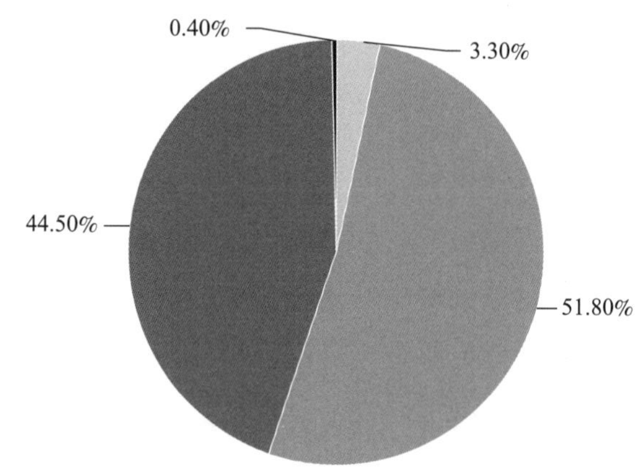

图 5-19-3　广西典型房企拿地规模占比

数据来源：克而瑞。

注：覆盖广西各地级市市本级，南宁不含武鸣；居住用地为纯住宅、商住用地，商服用地为商办、综合用地。

融资方面，据自治区统计局数据，2024 年全区房地产开发企业到位资金 1614.8 亿元，同比下降 19.6%。其中，国内贷款 358.4 亿元，上涨 91.9%；自筹资金 381.1 亿元，下降 23.1%；定金及预收款 420.8 亿元，下降 30.8%；个人按揭贷款 312.4 亿元，下降 37.7%。在房地产项目“白名单”的支持下，企业资金压力有所放缓。

4. 房屋新开工、竣工情况

2024 年，据全国统计局数据，广西全区房地产开发施工面积 24881.4 万平方米，同比下降 15.8%。其中，住宅施工面积 18373.6 万平方米，同比下降 15.4%。房地产新开工施工面积 1619.3 万平方米，同比下降 13.4%。其中，住宅新开工面积 1314.6 万平方米，同比下降 8.2%。房地产竣工面积 1488.5 万平方米，同比下降 43.8%。其中，住宅竣工面积 1162.7 万平方米，同比下降 43.3%。总体而言，房地产开发意愿仍偏低迷，以销定产及去库存、保交楼为核心主基调，施工面积持续下降。但新开工面积降幅大幅收窄，由 2023 年的-39.3%收窄至-8.2%，收窄 31.1 个百分点。新开工面积是房地产开发投资、销售的先行指标，其指标大幅收窄也说明市场在持续出清的同时，新的项目也陆续开工，市场信心逐步恢复，同时新的产品也将逐步推动房地产市场转型升级。

5. 新房供应与销售情况

（1）全区商品房及住宅销售面积持续收缩。

全区商品房销售面积 2467.31 万平方米，增速-14.3%，在 2023 年回升 10.7 个百分点的基础上进一步回升 4.3 个百分点，与全国的差距缩小至 1.4 个百分点（见图 5-19-4、图 5-19-5）。

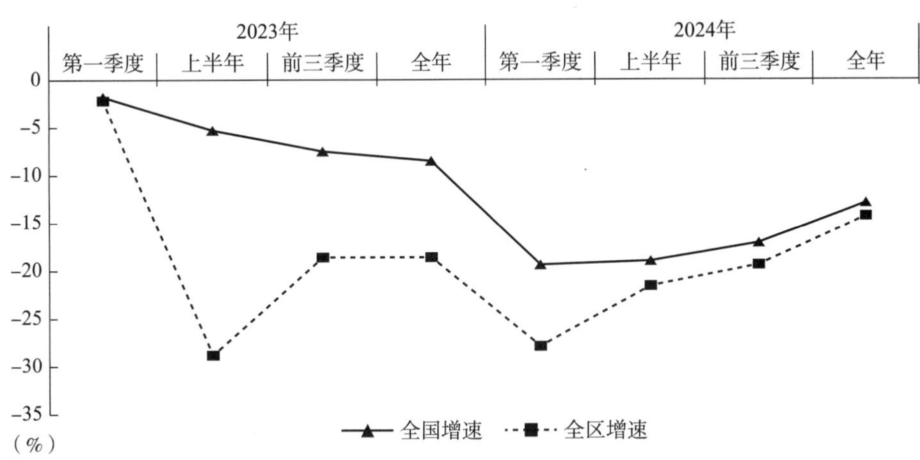

图 5-19-4　2023—2024 年全国和广西商品房销售面积增速走势

数据来源：国家和自治区统计局。

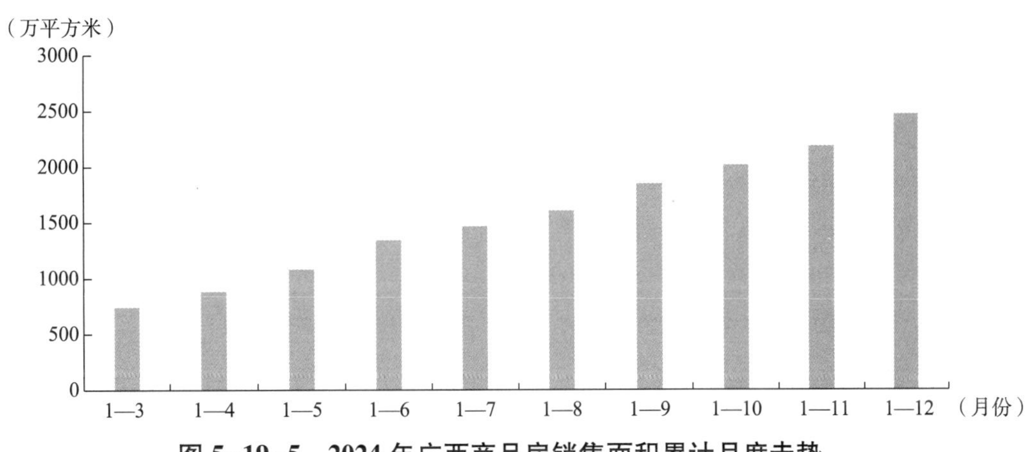

图 5-19-5　2024 年广西商品房销售面积累计月度走势

数据来源：国家统计局，含全区数据（包括县份）。

（2）商品房市场供应：持续放缓，5 城住宅同比收缩超三成。

2024 年，广西主要城市商品房供应 1021.22 万平方米，同比下降 25.91%，其中住宅供应 693.82 万平方米，同比下降 27.38%。从各城市商品住宅供应来看，防城港、来宾正增长，防城港 2024 年新项目开工入市之下供应虽提升至 20.81 万平方米，但仍在历史低位。来宾则在裕达、海景等企业项目活跃下供应提振。南宁、贺州、崇左、北海、河池 5 城供应同比收缩超三成，加大力度去库存仍是主旋律（见表 5-19-4）。

表 5-19-4　2024 年广西各城市商品房及商品住宅供应情况

序号	城市	商品房供应面积（万平方米）	同比（%）	商品住宅供应面积（万平方米）	同比（%）
1	南宁	360.83	-34.99	233.78	-30.95
2	柳州	141.56	16.28	70.34	-16.34
3	桂林	27.37	-26.92	25.91	-24.49
4	北海	37.26	-60.77	32.98	-58.71
5	玉林	57.52	-5.49	46.05	-12.45

续表

序号	城市	商品房供应面积（万平方米）	同比（%）	商品住宅供应面积（万平方米）	同比（%）
6	梧州	43.37	-26.89	35.41	-10.72
7	钦州	69.8	-10.66	58.77	-21.37
8	防城港	60.73	77.08	20.81	80.28
9	百色	33.13	-37.39	29.54	-3.13
10	贺州	41.92	-48.86	29.06	-43.44
11	来宾	33.32	9.88	30.94	12.9
12	河池	21.64	-58.34	14.81	-65.98
13	崇左	21.78	-36.86	14.47	-49.91
14	贵港	70.99	-16.43	50.95	-12.67
合计		1021.22	-25.91	693.82	-27.38

数据来源：克而瑞。

（3）商品房成交：各市分化加剧，止跌回稳压力仍在。

2024 年，广西主城区商品房成交 1209.88 万平方米，同比下降 21.2%，其中住宅成交 929.59 万平方米，同比下降23%（见表5-19-5）。从各城市规模来看，南柳规模仍然领先，住宅分别成交294 万平方米、95 万平方米，其余城市规模皆在 70 万平方米以内。同比维度中，广西 14 市中 6 城 2024 年住宅成交同比降幅有所收窄，分别是柳州、梧州、崇左、贵港、百色、来宾。其中百色是唯一正增长城市，核心区优质项目促进作用明显，来宾、崇左、贺州 3 城的降幅在 10%内。但仍有 7 个城市降幅超 20%，止跌回稳压力仍在。

表 5-19-5　2024 年广西各城市商品房及商品住宅成交情况

序号	城市	商品房销售面积（万平方米）	同比（%）	商品住宅销售面积（万平方米）	同比（%）
1	南宁	446.51	-22.2	294.41	-24.5
2	柳州	125.50	-9.6	94.91	-16.6
3	北海	80.00	-41.7	67.36	-40.6
4	钦州	68.07	-21.6	65.71	-21.6
5	玉林	61.58	-29.6	58.97	-29.2
6	梧州	70.33	-15.9	58.63	-17.6
7	贵港	66.17	-36.7	51.49	-34.6
8	贺州	59.95	-12.3	47.22	-7.6
9	防城港	56.32	6.0	38.23	-10.1
10	百色	43.07	7.4	37.01	22.6
11	来宾	37.06	-5.6	34.02	-3.6
12	崇左	35.07	-4.4	28.61	-6.8

续表

序号	城市	商品房销售面积（万平方米）	同比（%）	商品住宅销售面积（万平方米）	同比（%）
13	桂林（五城区）	28.70	-34.6	27.31	-35.5
14	河池	31.56	-25.4	25.70	-34.8
合计		1209.88	-21.2	929.59	-23.0

数据来源：克而瑞。

（4）商品房价格：总体低位维稳，部分仍在调整。

2024 年，广西主城区商品房成交均价 7141 元/米^2，同比下降 3.41%，受商办车位等成交影响，部分城市如柳州、百色、防城港、崇左价格出现一定结构性波动。2024 年，广西主城区商品住宅成交均价 7644 元/米^2，同比下降 2.3%，总体低位维稳为主，各城房价同比波动幅度基本在 3%幅度内。其中南宁均价 11565 元/米^2，持续领先全区，柳州、桂林维持“8”字头，位于第二梯队。北海低价项目逐步出清，加上外销型小户型高单价海景房热销，均价小幅上扬 2.5%至 6835 元/米^2。贺州房价下降幅度最大，达 10.1%，主要是受市场结构性影响，相对低价的保障性住房成交较多（见表 5-19-6）。

表 5-19-6　2024 年广西各城市商品房及商品住宅成交情况

序号	城市	商品房成交均价（元/米^2）	同比（%）	商品住宅成交均价（元/米^2）	同比（%）
1	南宁	9471	-4.55	11565	-3.3
2	桂林（五城区）	8750	1.28	8587	0.3
3	柳州	7502	-8.66	8110	-0.1
4	北海	6910	3.92	6835	2.5
5	百色	6134	10.94	5676	2.3
6	贵港	5196	1.69	5669	6.2
7	防城港	5209	-15.11	5279	-0.9
8	玉林	5493	5.09	5386	4.2
9	梧州	4802	0.88	4961	2.6
10	钦州	4936	0.20	4869	0.3
11	贺州	4696	-0.16	4687	-10.1
12	河池	4754	3.70	4447	-2.4
13	崇左	3983	-10.26	4190	-6.1
14	来宾	4731	-0.81	4161	-0.8
合计		7141	-3.41	7644	-2.3

数据来源：克而瑞。

（5）住宅产品结构中 100~140 平方米内刚改及改善占比接近六成。

在各面积段产品成交中，100~140 平方米刚改及改善型产品成交套数占全区的 58.2%，其中 100~120 平方米、120~140 平方米分别占比为 24.9%、33.4%。140 平方米以上大户型产品成交套数占全区约 24%（见图 5-19-6）。

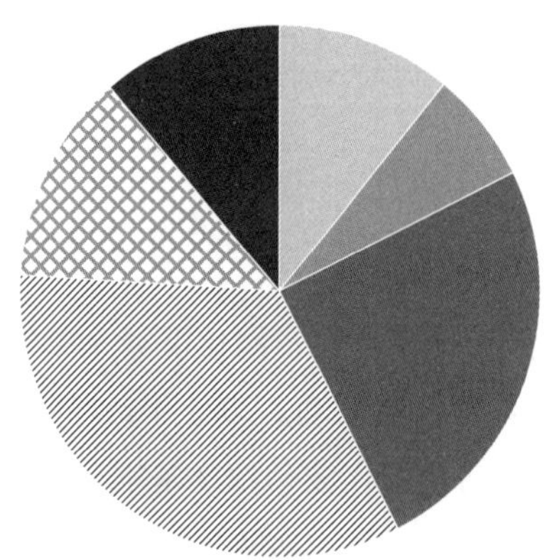

图 5-19-6　2024 年全区住宅各面积段成交套数占比

数据来源：克而瑞，覆盖广西 14 地市市本级，南宁不含武鸣、不含桂林市。

（6）存量房供应与销售情况。

二手房领域新房市场呈现逐月回升态势。以典型城市为例，南宁 2024 年成交共计 36785 套，同比增加 13138 套，同比上涨 55.6%。从月度情况来看，自 3 月起成交呈现波动上涨态势，月均套数保持在 2300~3000 套，尤其是第四季度二手房逐月上涨，占全年成交比重近四成，其中 12 月成交 6508 套，环比上涨 67.5%（见图 5-19-7）。

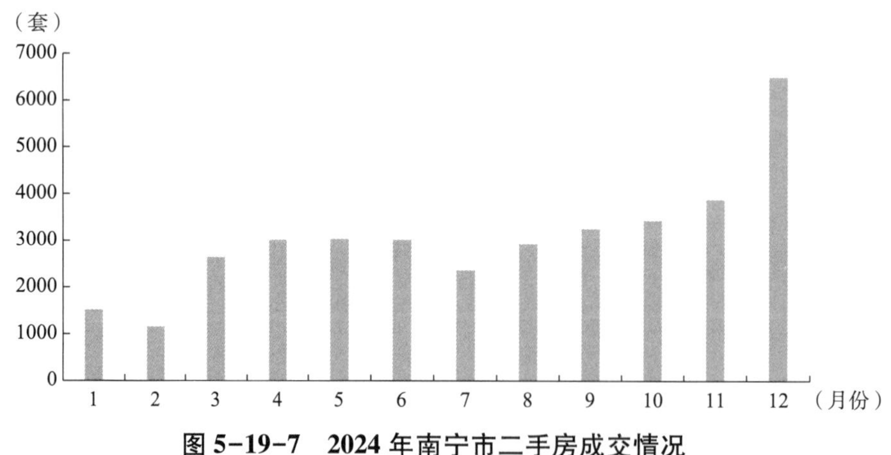

图 5-19-7　2024 年南宁市二手房成交情况

数据来源：南宁住建局，覆盖南宁市本级六城区。

（7）二手住宅以价换量。

与成交大幅上涨不同，二手房价格呈现持续下降趋势。国家统计局发布的 70 个大中城市二手住宅销售价格变动情况显示，广西有三个城市在统计范围中，分别是南宁、桂林和北海。其中，南宁市二手住宅价格在 2023 年下降 5.4%的基础上继续下降至 8.5%，下降 3.1 个百分点；桂林二手住宅价格在 2023 年下降 4.5%的基础上继续下降至 6.2%，下降 1.7 个百分点。北海二手住宅价格同比下降 5.2%，与 2023 年同期基本持平。二手房住宅价格总体仍处在下探调整状态，呈现以价换量态势。

（二）2024 年广西住房保障工作进展

1. 保障房各项指标任务及达成情况

广西壮族自治区住房和城乡建设厅印发《2024 年全区保障性住房建设工作实施方案》。2024 年新开工目标为：配售型保障性住房新开工（筹集）5440 套；实施城中村改造项目 19 个，安置住房新开工（筹集）26517 套；保障性租赁住房新开工（筹集）40002 套；公租房新开工 420 套；实施棚户区（城市危旧房）改造 13620 套。保障性租赁住房基本建成 6284 套，城镇棚户区改造基本建成 3.89 万套。配售型保障性住房、保障性租赁住房、公租房和棚户区（城市危旧房）改造等完成投资 178 亿元；城中村改造确保完成投资 100 亿元，力争完成投资 150 亿元。发放公租房租赁补贴 22492 户。

2024 年，全区保障性租赁住房新开工 6.58 万套，其中建设筹集配售型保障性住房约 5000 套、建设筹集配租型保障性住房约 40000 套（间）；推进实施 19 个城中村改造项目，落实专项借款授信额度 803.3 亿元，惠及居民约 2.4 万户；支持改造 1366 个城镇老旧小区项目，惠及居民约 13 万户。

2. 保障性租赁住房进展情况

在积极推进住房租赁市场发展试点、坚持“按需定建”、大力增加保障性租赁住房供给大背景下，广西重点聚焦产业园区、教育、医疗等企事业单位外来务工人员、新就业人员住房需求，积极推进收购存量商品房用作保障房，实现“三个全国第一”，即：第一批落地收购项目、第一批落地配售型保障性住房收购贷款、发放第一份配售型保障性住房不动产权证。全区 2024 年保障性租赁住房新开工 6.58 万套，全区协议收购超 8000 套，存量商品住房、建设筹集配售型保障性住房约 5000 套，建设筹集配租型保障性住房约 40000 套（间），切实帮助工薪收入阶层、新市民、青年人等群体解决住房困难问题。通过实物配租和发放住房补贴不断强化公租房保障，截至 2024 年底，全区实施公租房保障的家庭已超过 45 万户，初步实现城镇低保低收入家庭、中等偏下收入住房困难家庭基本住房需求应保尽保。

公租房方面亦有进一步规范发展，在做好城镇低保低收入家庭、中等偏下收入住房困难家庭住房保障的同时，广西将新就业无房职工、外来务工人员和大中专毕业生等群体纳入保障范围，实物配租和货币补贴并举，全区共实施公租房保障家庭 46.85 万户。

3. 城市更新改造推进情况

广西强化城中村和城市危旧房改造项目支持。2024 年，全区将城中村改造和城市危旧房改造项目新增纳入自治区财政补助资金支持范围，全年统筹投入财政补助资金 6.84 亿元，落实专项借款授信额度 803.3 亿元，推进实施城中村改造项目 19 个，惠及居民约 2.4 万户。推进实施城市危旧房分类改造 1.36 万套，消除风险隐患，提升住房安全性。大规模的城中村和危旧房改造项目实施，为优化城市功能布局、提升居住品质、推动城市高质量发展提供有力支撑。

广西还深入推进城镇老旧小区改造工作，2024 年，筹措下达财政补助资金 11.54 亿元、中央预算内投资 18.01 亿元，支持改造城镇老旧小区项目 1366 个，惠及居民约 13 万户。重点支持城镇老旧小区项目实施楼道革命、环境革命、管理革命，更新改造老化和有隐患的燃气、供水、排水、供电等管线管道，完善停车、充电、绿化等设施，补齐老旧小区基础设施和公共服务短板。据统计，老旧小区改造项目实施以来，已累计新增停车位超过 5000 个，新增电动汽车充电桩超过 600 个，355 个小区完善照明设施，109 个小区实施适老化、无障碍改造，大幅改善群众的居住条件和生活环境。

（梁立新　李景新　唐星云　广西壮族自治区房地产业协会）

二十、拉萨市房地产市场

（一）政策背景

2024 年，我国房地产市场整体仍呈现调整态势，前三季度新房销售同比下降明显。9 月 26 日政治局会议提出“要促进房地产市场止跌回稳”，释放强烈维稳信号，政策目标直指扭转行业下行态势，为市场注入信心，第四季度以来，核心城市市场出现明显升温。

为推动全市房地产业良性循环和平稳健康发展，拉萨市委、市政府推出房地产融资、购房补贴、贷款利率下调等政策“组合拳”，持续支持房地产平稳发展。如发挥城市房地产融资协调机制作用，将合规房地产项目纳入“白名单”，应进尽进，应贷尽贷；个人在拉萨市购买市场价出售的新建商品住房，给予房屋实际成交价 8.2%的补贴，最高不超过 20 万元；优化个人住房贷款最低首付款比例，商业性个人住房贷款不再区分首套和二套住房，统一对存量房贷利率实施批量调整；合理提高住房公积金贷款额度上限，支持缴存人提取住房公积金支付首付款、房租和购买保障性住房，深化实施“商转公、组合贷、异地贷”等政策，扩大灵活就业人员参加住房公积金制度覆盖面等，从需求和供给两端支持政策购房者和房企。

（二）市场情况

1. 新建商品房销售情况

（1）销售面积。

2024 年，拉萨市商品房销售面积 90.72 万平方米，同比下降 28.4%。其中，住宅销售面积 73.4 万平方米，同比下降 31.2%；非住宅类销售面积 17.32 万平方米，同比下降 14%（含车位、商业、办公类等）。

2024 年第四季度，拉萨市商品房销售面积 35.64 万平方米，同比上升 54.6%。其中，住宅销售面积 30.33 万平方米，同比上升 64.7%；非住宅类销售面积 5.31 万平方米，同比上升 14.4%（含车位、商业、办公类等）。

（2）销售套数。

2024 年，拉萨市商品房销售 6911 套，同比下降 36%。其中，住宅销售 5583 套，同比下降 34.3%；非住宅销售 1328 套，同比下降 42.4%。

2024 年第四季度，拉萨市商品房销售 2559 套，同比上升 26.1%。其中，住宅销售 2210 套，同比上升 52.7%；非住宅销售 349 套，同比下降 40%。

（3）销售金额。

2024 年，拉萨市商品房销售额 90.85 亿元，同比下降 14.9%。其中，住宅销售 70.36 亿元，同比下降 17%；非住宅销售 20.49 亿元，同比下降 7.2%。

2024 年第四季度，拉萨市商品房销售额 37.78 亿元，同比上升 70.3%。其中，住宅销售 31.21 亿元，同比上升 80.9%；非住宅销售 6.57 亿元，同比上升 33%。

（4）销售价格。

2024 年，拉萨市商品房销售均价：住宅 9586 元/米^2，同比上升 20.6%；商业 12522 元/米^2，同比下降 0.3%。

2024 年第四季度，拉萨市商品房销售均价：住宅 10291 元/米^2，同比上升 9.9%；商业 13149 元/米^2，同比下降 5.9%。

2. 二手房交易情况

（1）销售面积。

2024 年，拉萨市二手房成交面积 108.64 万平方米，同比上升 21.8%。其中，住宅成交 103.92 万平方米，同比上升23.6%；非住宅类成交4.72万平方米，同比下降7.5%。

2024年第四季度，拉萨市二手房成交面积26.76万平方米，同比上升9.5%。其中，住宅成交25.6万平方米，同比上升10.6%；非住宅类成交1.16万平方米，同比下降10.1%。

（2）销售套数。

2024年，拉萨市二手房成交8193套，同比上升17.6%。其中，住宅成交7780套，同比上升19.5%；非住宅类成交413套，同比下降9.2%。

2024年第四季度，拉萨市二手房成交2109套，同比上升11.4%。其中，住宅成交1964套，同比上升11.7%；非住宅类成交145套，同比上升7.4%。

3. 新建商品房库存情况

根据拉萨市智慧房产系统查询并与开发企业核实统计，截至2024年12月底，拉萨市新建商品房库存面积3457405平方米，其中住宅库存面积1623800平方米，13477套。

（三）市场分析

1. 房地产市场止跌回稳已见成效

相关政策发布以来，市场反馈良好，新建商品房销售指标同比降幅继续收窄，第四季度同比已连续三个月出现增长态势，房地产市场出现企稳势头。特别是6月实施8.2%购房补贴政策以来，一手房的看房量、签约量明显增加，二手房的交易量持续上升，市场出现积极变化。

2. 消费者购买期房信心仍未恢复

总的来看，新建商品房销量下滑，而二手房销量上升，说明消费者更愿意购买现房。购房者在收入预期下滑及交房时间一再延迟的双重影响下，购买期房信心仍未恢复。基于此，拉萨市要继续力推保交房工作，从而持续助推市场信心修复和楼市企稳回升。

（四）存在的问题

1. 住房发展系统规划不足

拉萨市住宅用地供给总量缺乏科学管控，空间分布缺乏合理引导，存在东西供给失衡现象。同时，引导房地产开发企业调整优化住房供应套型方面能力不足，统筹谋划不够，不能适应市场发展需要。

2. 新建商品住宅库存去化周期长

截至2024年底，拉萨市新建商品住宅待售面积为162.38万平方米，近12个月月均销量6.12万平方米（2024年1月1日至2024年12月31日拉萨市新建商品住宅销售面积73.4万平方米），库存消化周期约26.5个月，超出合理范围，须采取适当措施加速去化。

3. 房地产市场监管水平有待提高

一是信息化建设等基础工作薄弱。如预售资金监管尚未实现出入账信息动态监测，无法及时发现处理预售资金抽挪问题。拉萨市智慧房产信息平台尚不完善，暂未实现分面积段、分总价段、分户型等统计成交情况及库存出清周期动态监测，急需配套升级维保经费，对信息平台进行更新完善。二是现行预售制度导致市场监管难度大。商品房预售制度允许开发商在项目建设初期就获得购房款，但这可能导致开发商将风险转嫁给消费者。三是专业人员短缺。房地产市场监管工作人员既无专业知识，又缺乏学习渠道和培训机会，而房地产市场行情及政策又在不断变化，边干边学、现干现学已不能满足工作需要。

（拉萨市住房和城乡建设局）

二十一、辽宁省房地产市场

房地产业是我国重要的经济产业，与经济发展、民生改善有着紧密联系。"9·26"中央政治局会议明确提出"促进房地产市场止跌回稳"，辽宁省多个部门抓紧完善土地、财税、金融等政策，取消限购、限售、限价等一揽子政策连续落地，各市也因城施策、一城一策、精准施策，政策的效果正在不断地显现。2024 年第四季度，辽宁省新建商品房销售面积同比降幅低于全国 5.9 个百分点，较第三季度降幅缩小 3.9 个百分点，房地产市场成交有活跃迹象。2024 年，辽宁省新建商品房成交均价 6975 元/米^2，同比下降仅 0.4 个百分点，较上年同期降幅缩小 1.4 个百分点，较前三季度缩小 0.6 个百分点，房价逐步回稳。据辽宁省统计数据，2024 年辽宁省居民对居住消费价格指数同比增加 0.2 个百分点，建筑及装潢材料类零售额较前三季度降幅缩小 1.5 个百分点，房地产相关领域有所好转。2024 年辽宁省及主要城市房地产市场运行情况，则从数据方面反映辽宁省房地产市场出现筑底稳定迹象。

（一）辽宁省新建商品房市场

1. 房地产开发投资情况

2024 年 1—12 月，辽宁省房地产开发投资额同比下降 20.0%，降幅高于全国 9.4 个百分点，低于东北地区 1.8 个百分点，较 1—11 月降幅扩大 0.1 个百分点，较前三季度降幅扩大 2.7 个百分点。辽宁省房地产开发投资仍在底部区间运行，但在东北地区表现出较强韧性。

2. 新建商品房供给情况

响应国家"严控增量、优化存量"的调控方针，以及受近年项目停缓建、房地产开发投资力度减弱的影响，2024 年辽宁省新建商品房批准预售面积 1055 万平方米，同比下降 38.1%，降幅较上年扩大 20 个百分点，市场供销比降到 0.5。其中，沈阳、大连两市供给量占全省总量的46%，鞍山占 10%、丹东与营口各占 7%、盘锦占 6%，其余城市占比 5%及以下（见图 5-21-1）。

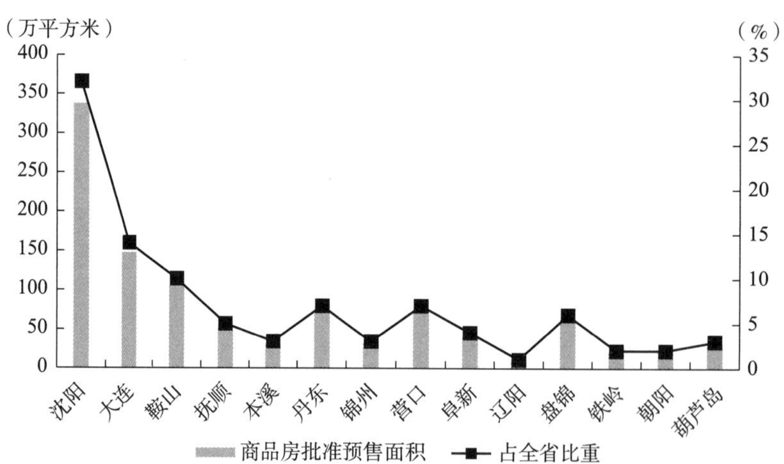

图 5-21-1 2024 年辽宁省各市新建商品房批准预售面积及占比情况

数据来源：各市房产交易中心备案数据。

3. 新建商品房销售面积与销售额

2024 年，辽宁省新建商品房销售面积 2105.6 万平方米，同比下降 24.3%，较前三季度缩小 3.9 个百分点，低于东北地区 4.4 个百分点。其中，沈阳、大连销售面积占辽宁省总销售面积的 44%，鞍山占 7%，锦州、营口、葫芦岛占比为 6%，其余城市占比 5%及以下（见图 5-21-2）。

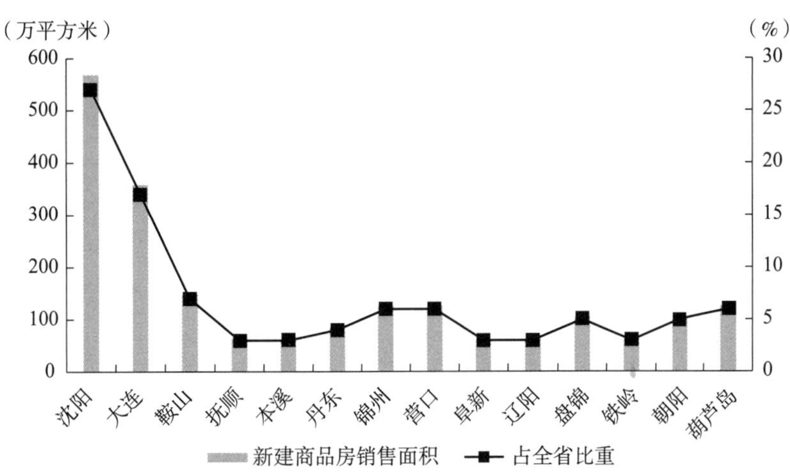

图 5-21-2　2024 年辽宁省各市新建商品房销售面积及占比情况

数据来源：各市房产交易中心备案数据。

2024 年，辽宁省新建商品房销售额 1468 亿元，同比下降 24.6%，较前三季度缩小 4.9 个百分点。其中，沈阳、大连销售额占辽宁省总销售额的 62%，鞍山占 6%，其余城市占比 4%及以下，本溪是辽宁省内唯一一个销售额同比上涨的城市（见图 5-21-3）。

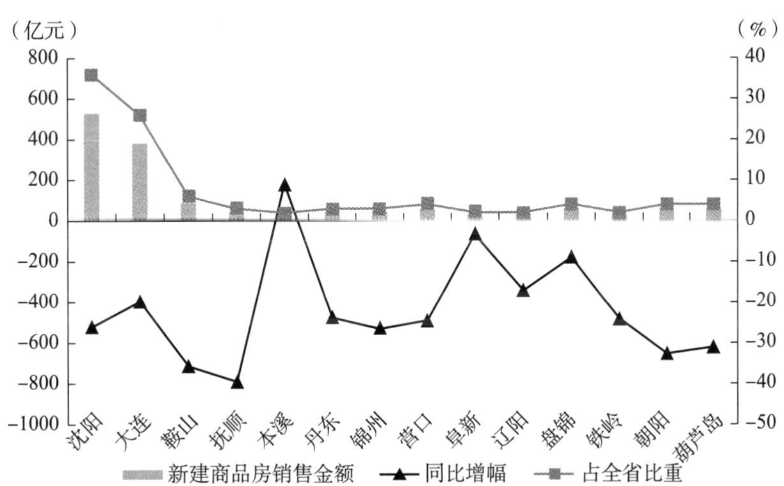

图 5-21-3　2024 年辽宁省各市新建商品房交易额及占比情况

数据来源：各市房产交易中心备案数据。

4. 新建商品房销售套数与套均面积

2024 年，辽宁省新建商品房销售套数 19.34 万套，同比下降 26.8%，较前三季度缩小 3.7 个百分点，各市销售套数同比均降（见图 5-21-4）。其中，沈阳、大连销售套数占辽宁省总销售套数的 45%，鞍山、锦州各占 7%，营口占 6%，其余城市占 5%及以下。

2024 年，辽宁省新建商品房套均交易面积 108.9 平方米，同比增长 3.5%，涨幅较上年扩大 1.7 个百分点。新建商品房套均面积除锦州、阜新两市以外，省内其他城市同比均涨或基本持平（见图 5-21-5），居民改善意愿普遍增强。

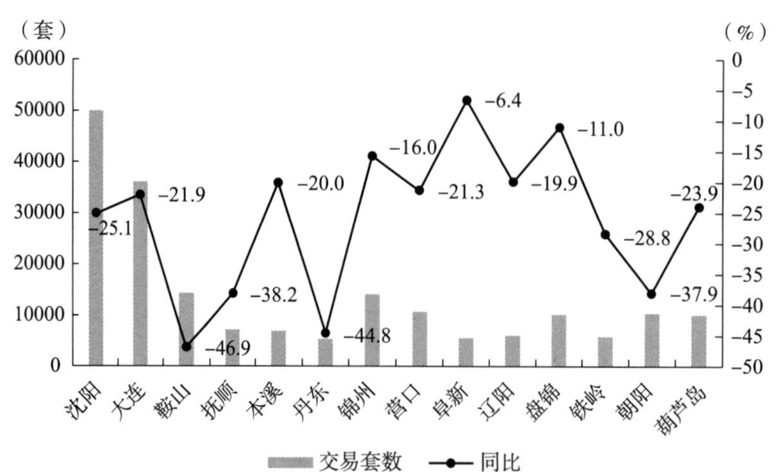

图 5-21-4　2024 年辽宁省各市新建商品房交易套数及同比变化情况

数据来源：各市房产交易中心备案数据。

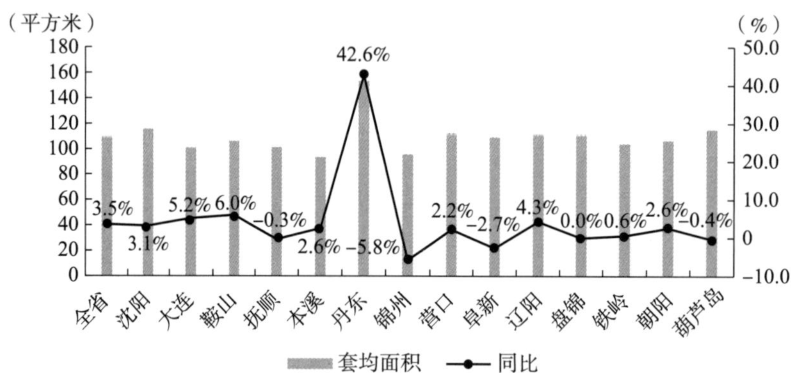

图 5-21-5　2024 年辽宁省各市新建商品房套均面积及同比变化情况

数据来源：各市房产交易中心备案数据。

5. 新建商品房销售均价

2024 年，辽宁省新建商品房销售均价 6975 元/米^2，同比下降 0.4%，较前三季度缩小 0.6 个百分点。其中，本溪同比上涨 32.7%，鞍山同比上涨 14.1%，阜新、铁岭、朝阳、盘锦同比上涨 6%以内，其余城市同比均下降（见图 5-21-6）。

综上所述，2024 年，辽宁省房地产市场总体仍处于探底筑底阶段，开发投资低位运行，控供给去库存，但新建商品房销售面积、销售额、销售套数、销售均价年底降幅收窄，在东北地区表现出较强的韧性。除锦州、阜新两市外，其他城市新建商品房套均面积均上涨或持平，改善型市场需求释放明显。

（二）辽宁省存量房市场

1. 存量房销售面积与销售额

2024 年，辽宁省存量房销售面积 3198 万平方米（阜新、葫芦岛没有数据），是新建商品房销售面积的 1.5 倍。存量房销售面积同比下降 14.2%，降幅小于新建商品房 10 个百分点，较前三季度缩小 0.1 个百分点。其中，沈阳、大连销售面积合计占辽宁省总销售面积的 56%，锦州占 9.1%、鞍山占 8%、营口占 6.4%，其余城市占比 5%及以下（见图 5-21-7）。

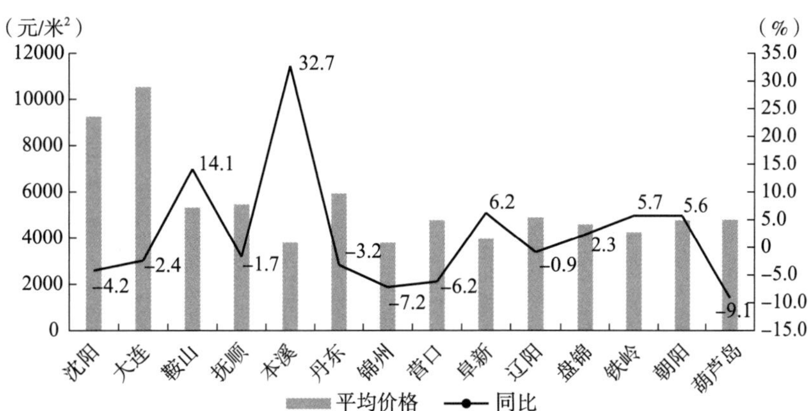

图 5-21-6　2024 年辽宁省各市新建商品房交易平均价格及同比变化情况

数据来源：各市房产交易中心备案数据。

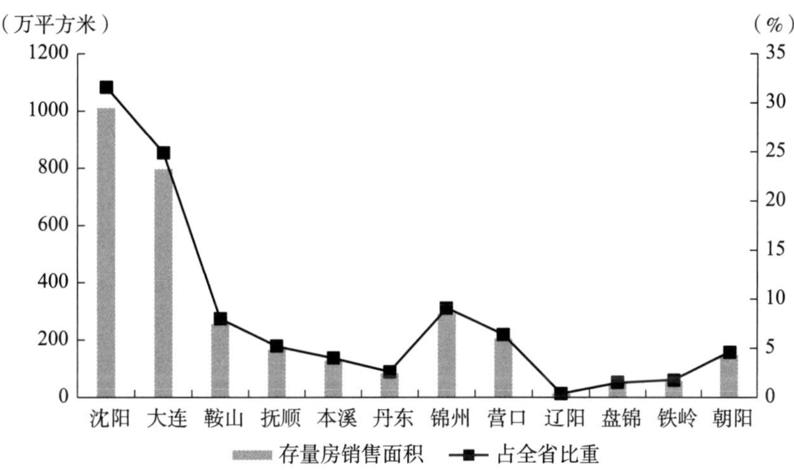

图 5-21-7　2024 年各市存量房成交面积及占比情况

数据来源：各市房产交易中心备案数据。

2024 年，辽宁省存量房销售额 1236 亿元（阜新、葫芦岛没有数据），同比下降 18.7%，较前三季度扩大 0.9 个百分点。其中，沈阳、大连存量房销售额合计占辽宁省总销售额的 71%，其余城市占比 5%及以下，除本溪外其余城市销售额同比均下降（见图 5-21-8）。

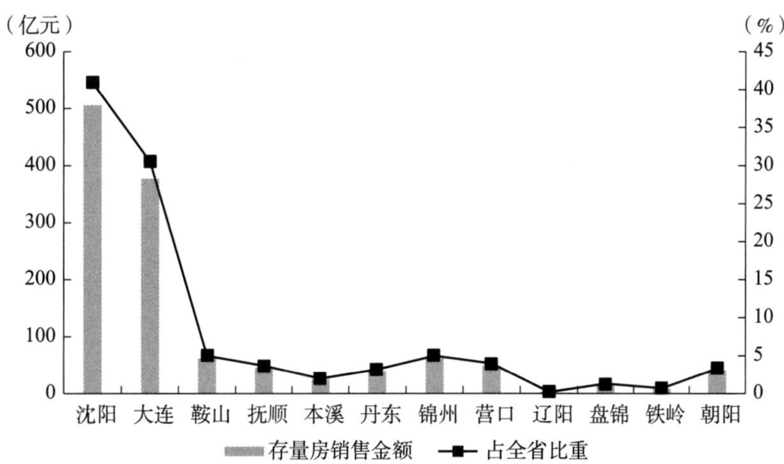

图 5-21-8　2024 年辽宁省各市存量房成交额及占比情况

数据来源：各市房产交易中心备案数据。

2. 存量房销售套数与套均面积

2024 年，辽宁省存量房销售套数 11.58 万套（阜新、葫芦岛没有数据），同比下降 19.8%，较前三季度增加 4.7 个百分点，除大连销售套数同比上涨 3.5%以外，其余各市销售套数同比均降（见图 5-21-9）。其中，沈阳、大连销售套数合计占辽宁省总销售套数的 54%，鞍山、锦州各占 8%，营口、抚顺各占 6%，其余城市占 5%及以下。

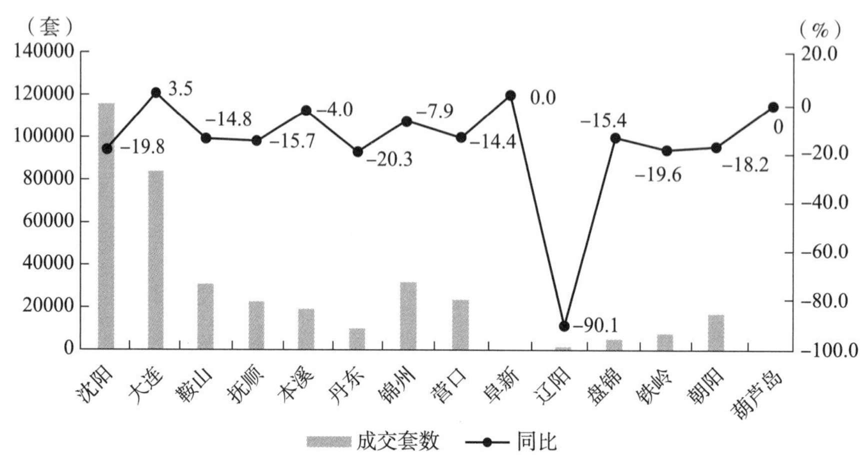

图 5-21-9　2024 年辽宁省各市存量房成交套数及同比变化情况

数据来源：各市房产交易中心备案数据。

2024 年，辽宁省存量商品房套均交易面积 86.6 平方米，同比增长 1.1%，低于新建商品房套均面积 22.3 平方米。新建商品房套均面积除沈阳、辽阳、朝阳、铁岭以外，省内其他城市同比上涨或基本持平（见图 5-21-10），涨幅 7%以内，居民改善意愿普遍增强。

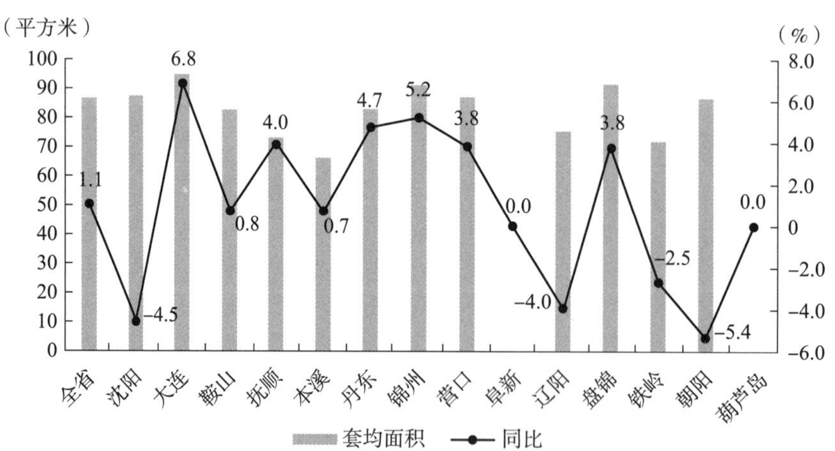

图 5-21-10　2024 年辽宁省各市存量房套均面积及同比变化情况

数据来源：各市房产交易中心备案数据。

3. 存量房销售均价

为加快去库存，房企以价换量，2024 年辽宁省存量商品房销售均价 3865 元/米^2，同比下降 5.3%，降幅较新建商品房扩大 5 个百分点。其中，辽阳同比涨幅最大为 10.9%，鞍山同比上涨 7%，营口、本溪、盘锦、抚顺同比上涨 5%以内，其余城市同比均降（见图 5-21-11）。

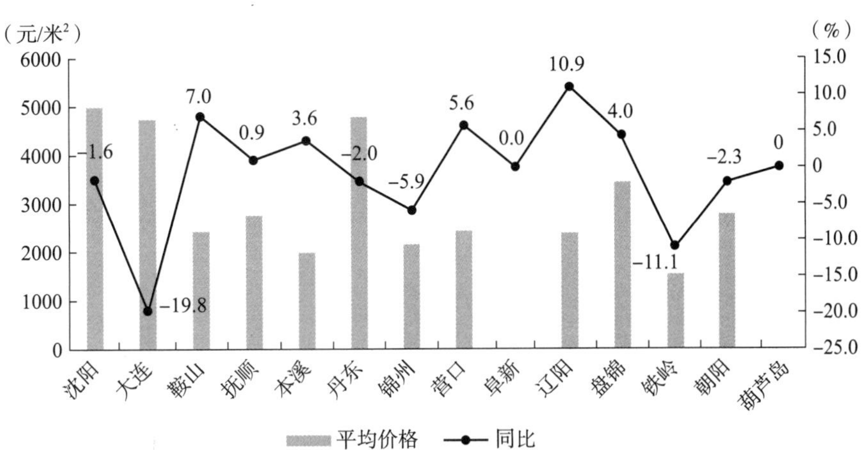

图 5-21-11　2024 年辽宁省各市存量房交易平均价格及同比变化情况

数据来源：各市房产交易中心备案数据。

综上所述，2024 年，辽宁省存量房市场已经成为当前房地产市场交易主体，市场成交份额约是新房 1.5 倍。且业主急于资金回流，存量房以价换量更为明显，均价降幅高于新建商品房，且市场需求以刚需为主、改善为辅。

（三）沈阳、大连新建商品房市场

1. 新建商品房供给情况

2024 年，沈阳和大连新建商品房批准预售面积同比分别下降 17.1%和 40.9%（见图 5-21-12），较上年同期分别扩大 14.8 个和 18.9 个百分点。其中，沈阳较全省同比降幅低 21 个百分点、大连高 2.8 个百分点。两市预售面积合计占全省总量的 46.2%。

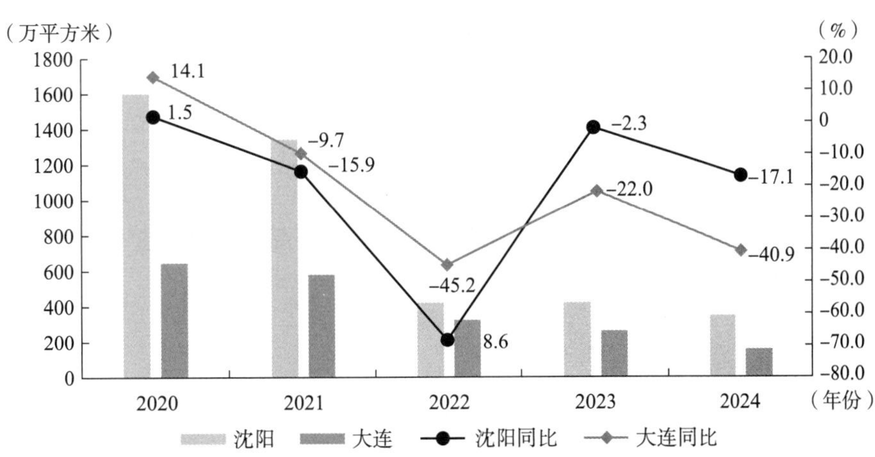

图 5-21-12　2020—2024 年沈阳、大连新建商品房批准预售面积变化情况

数据来源：各市房产交易中心备案数据。

2. 新建商品房销售面积与销售额

2024 年，沈阳和大连新建商品房销售面积同比分别下降 22.8%和 17.9%（见图 5-21-13），降幅较上年同期分别扩大 1.6 和 2.2 个百分点，低于全省同比降幅 1.5 个百分点和 6.4 个百分点。两市销售面积合计占全省总量的 44.8%，占比低于 2021 年之前（约 50%）但高于 2023 年 42.9%，市场占有率有所提升。

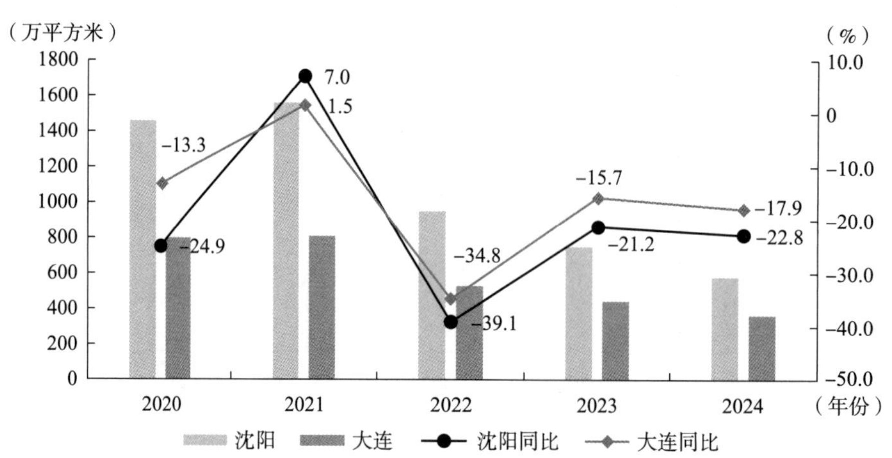

图 5-21-13　2020—2024 年沈阳、大连新建商品房交易面积变化情况

数据来源：各市房产交易中心备案数据。

2024 年，沈阳和大连新建商品房交易额同比分别下降 26.1%和 19.8%（见图 5-21-14）。其中，沈阳降幅高于全省同期降幅 1.5 个百分点，较上年同期扩大 8.2 个百分点；大连降幅低于全省同期降幅 4.8 个百分点，较上年同期缩小 2.8 个百分点。

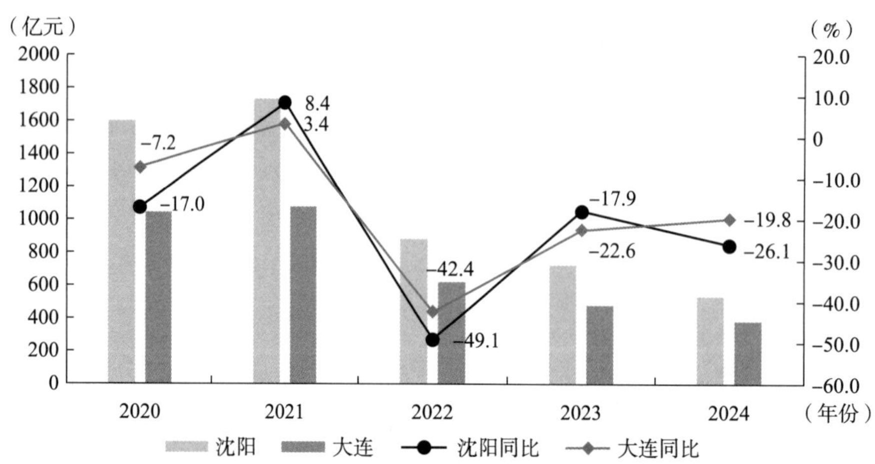

图 5-21-14　2020—2024 年沈阳、大连新建商品房交易额变化情况

数据来源：各市房产交易中心备案数据。

3. 新建商品房销售套数与套均面积

2024 年，沈阳和大连新建商品房交易套数同比分别下降 25.1%和 21.9%（见图 5-21-15），低于全省同比降幅 1.7 个百分点和 4.9 个百分点。其中，沈阳降幅较上年同期缩小 0.8 个百分点、大连扩大 6.7 个百分点。沈阳新建商品房交易套数占全省总量 25.9%，低于 2021 年之前占比（31%），但大连新建商品房交易套数占全省总量 18.7%，是 2020 年至今占比最高年份。

2024 年，沈阳和大连新建商品房套均面积同比分别增长 3.1%和 5.2%（见图 5-21-16）。其中，较 2022 年而言，沈阳新建商品房套均面积上涨 10.2 平方米、大连上涨 4.3 平方米。

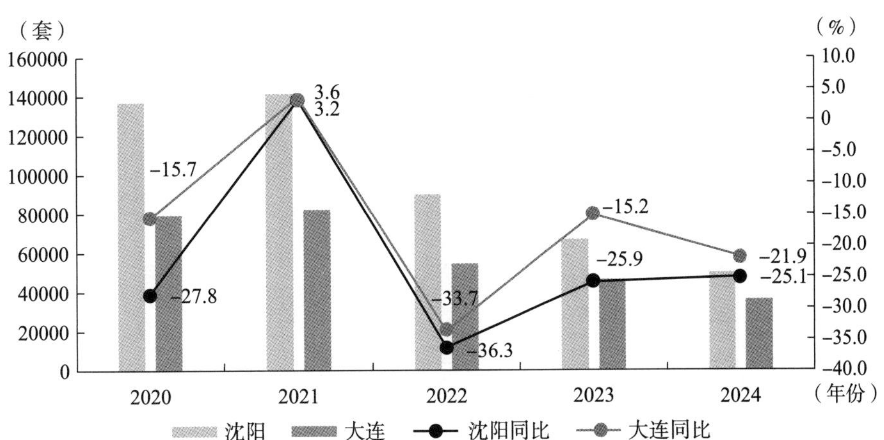

图 5-21-15　2020—2024 年沈阳、大连新建商品房交易套数变化情况

数据来源：各市房产交易中心备案数据。

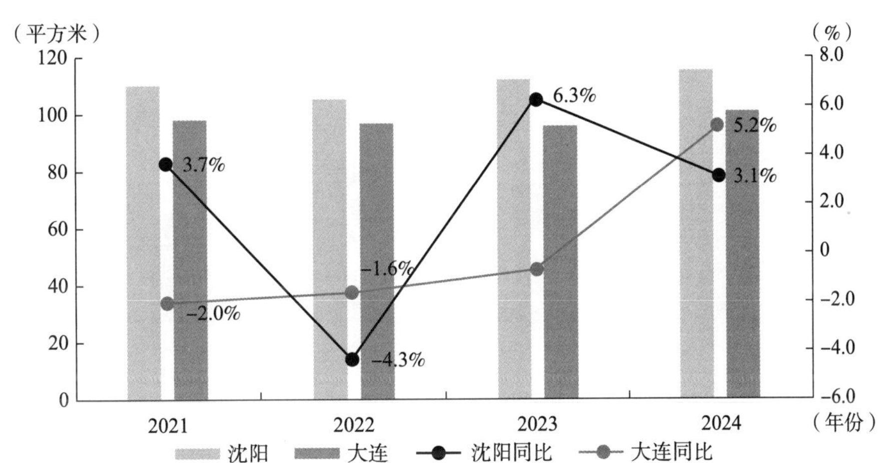

图 5-21-16　2021—2024 年沈阳、大连新建商品房套均交易面积变化情况

数据来源：各市房产交易中心备案数据。

4. 新建商品房销售均价

2024 年，沈阳和大连新建商品房套平均交易价格同比分别下降 4.2%和 2.4%（见图 5-21-17），分别高于全省同期降幅 3.8 个百分点和 2 个百分点。相比于前三季度新建商品房交易均价，沈阳和大连分别同比上涨 3.3%和下降 3.3%。

5. 新建商品房供销比

2024 年，沈阳和大连新建商品房供销比分别为 0.59 和 0.40（见图 5-21-18）。其中，沈阳新建商品房销售面积降幅明显，供销比连续两年上涨；大连市严控市场供给，供销比连续下降。

综上所述，沈阳、大连两市严格落实“控增量、优存量”，2021—2024 年新建商品房批准预售面积连续下降，但 2024 年新建商品房交易面积占全省比重有所回升，说明两市对于宽松的市场调控策的敏感度好于其他城市。大连新建商品房交易套数占全省比重的趋势好于沈阳，沈阳的平均交易价格相对于大连率先有回稳趋势（相对于前三季度），且改善型需求释放更加明显。

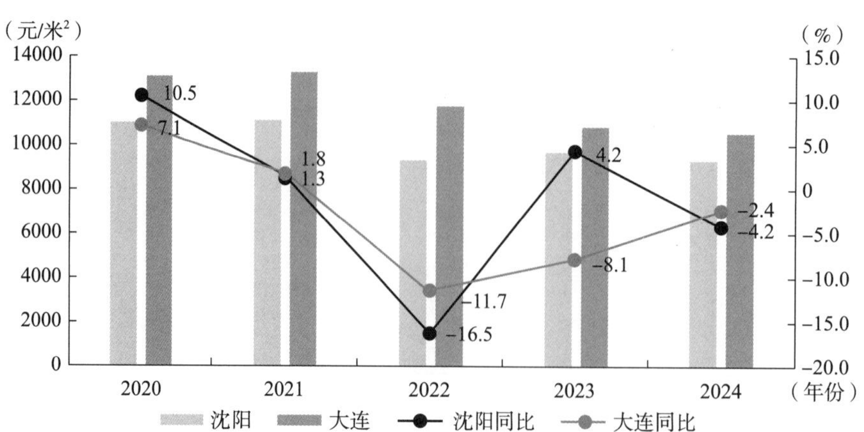

图 5-21-17　2020—2024 年沈阳、大连新建商品房交易均价变化情况

数据来源：各市房产交易中心备案数据。

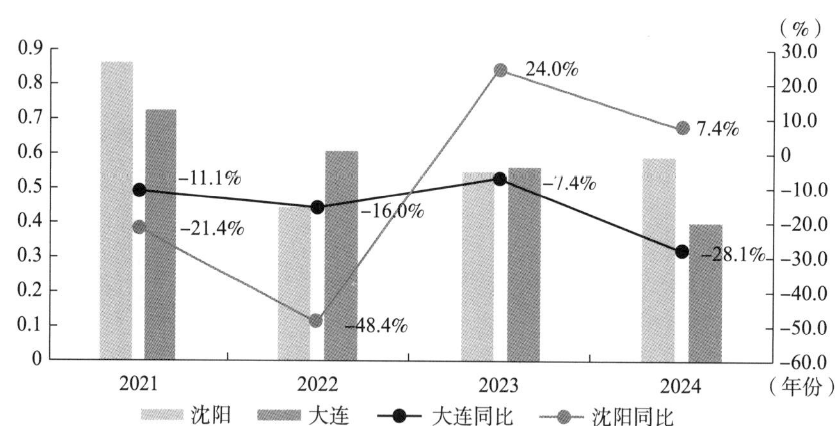

图 5-21-18　2021—2024 年沈阳、大连新建商品房供销比变化情况

数据来源：各市房产交易中心备案数据。

（四）沈阳、大连存量房市场

1. 存量房成交面积与成交额

2024 年，沈阳和大连存量房销售面积同比分别下降 23.5%和增加 10.5%（见图 5-21-19），沈阳同比下降主要原因是 2023 年存量房成交面积基数较大，两市占全省总成交面积的 56.5%，高于新建商品房成交面积占比 12 个百分点。而且从 2020 年到 2024 年，沈阳、大连存量房成交面积与新建商品房销售面积之比分别从 0.83 增加到 1.75、1.14 增加到 2.18，大连市存量房成交量占本地市场份额高于沈阳。

2024 年，沈阳和大连存量房销售额同比分别下降 24.7%和 11.3%（见图 5-21-20），沈阳同比下降主要原因是 2023 年存量房成交额基数较大，两市占全省总成交额的七成，其中沈阳占四成，大连占三成，高于新建商品房成交额占比。

2. 存量房销售套数与套均面积

2024 年，沈阳和大连存量房销售套数同比分别下降 19.8%和增长 3.5%（见图 5-21-21）。相较于 2022 年，沈阳存量房销售套数同比增长 15.4%，大连同比增长 24.9%，大连市存量房市场活跃度好于沈阳。

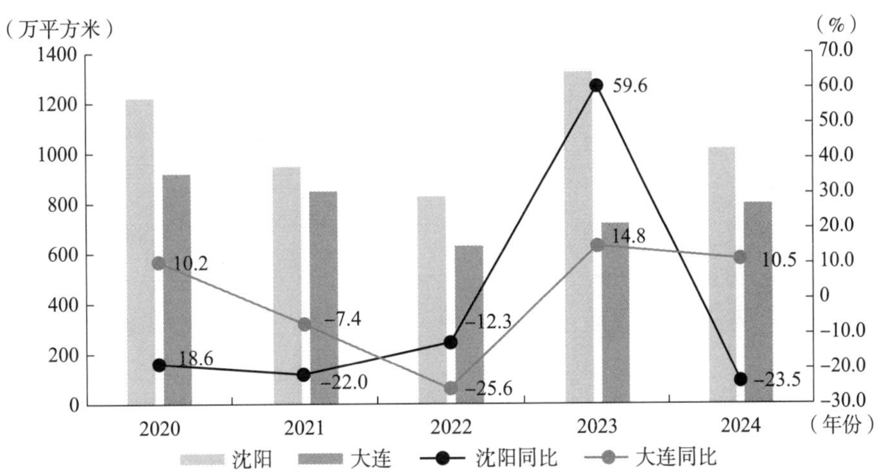

图 5-21-19　2020—2024 年沈阳、大连存量房成交面积及同比变化情况

数据来源：各市房产交易中心备案数据。

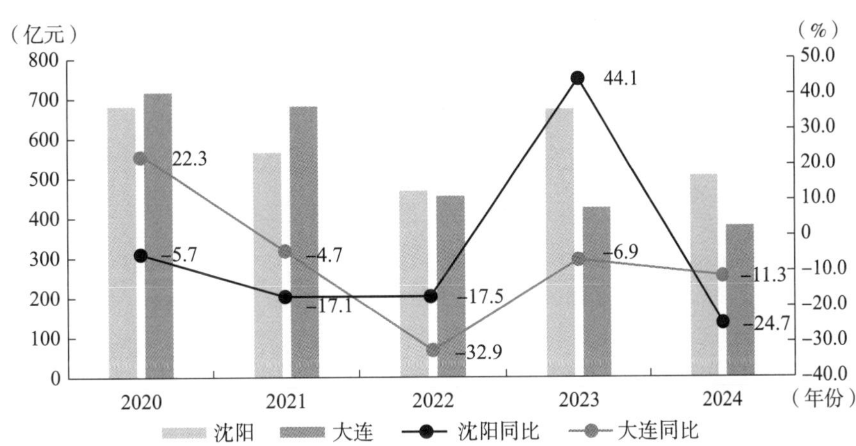

图 5-21-20　2020—2024 年沈阳、大连存量房成交额及同比变化情况

数据来源：各市房产交易中心备案数据。

2024 年，沈阳和大连存量房套均面积分别为 87. 4 平方米和 94. 9 平方米，同比分别下降 4. 5%和增长 6. 8%（见图 5-21-22）。相比于 2021 年，二者套均面积均增长约 10 平方米。以新建商品房与存量房的套均成交面积相比较，沈阳新建商品房与存量房套均面积差值约 28 平方米，大连差值约为 6 平方米，以此预判沈阳存量房主打刚需，大连存量房则是改善+刚需。

3. 存量房销售均价

2024 年，沈阳和大连存量房销售均价分别同比分别下降 1. 6%和 19. 8%（见图 5-21-23）。相比于 2024 年前三季度，大连存量房销售均价降幅缩窄 2. 2 个百分点，沈阳扩大 3. 1 个百分点。相比于 2020 年，沈阳与大连存量房均价已降 11. 2%和 39. 7%，大连降幅高于沈阳，以价换量的市场表现更为明显。

综述，2024 年，沈阳、大连两市房地产市场已进入存量时代，存量房成交量约是新建商品房成交量的近两倍，且大连市存量市场相对于沈阳表现更为活跃，以价换量更为明显，存量市场先于沈阳探底筑底。

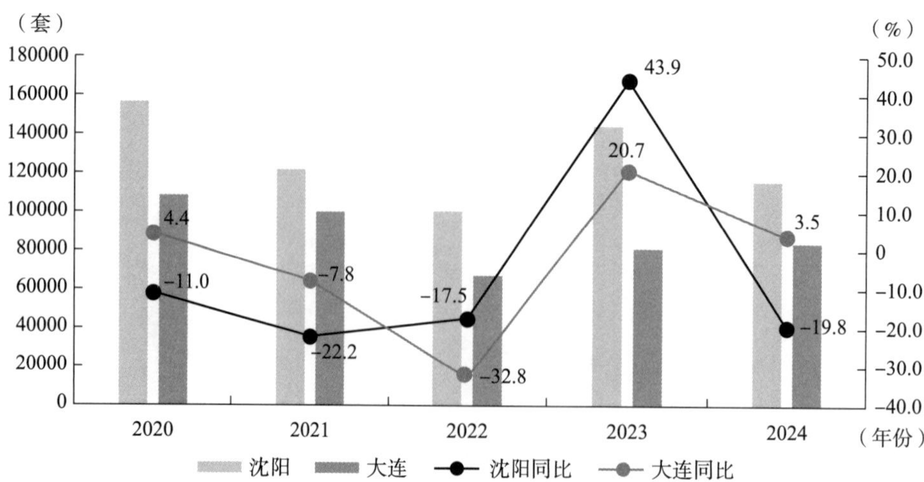

图 5-21-21　2020—2024 年沈阳、大连存量房成交套数及同比变化情况

数据来源：各市房产交易中心备案数据。

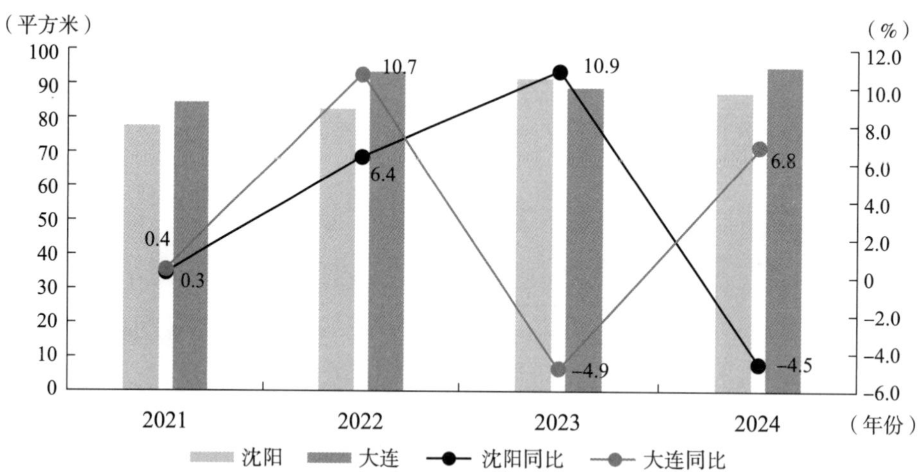

图 5-21-22　2021—2024 年沈阳、大连存量房套均成交面积及同比变化情况

数据来源：各市房产交易中心备案数据。

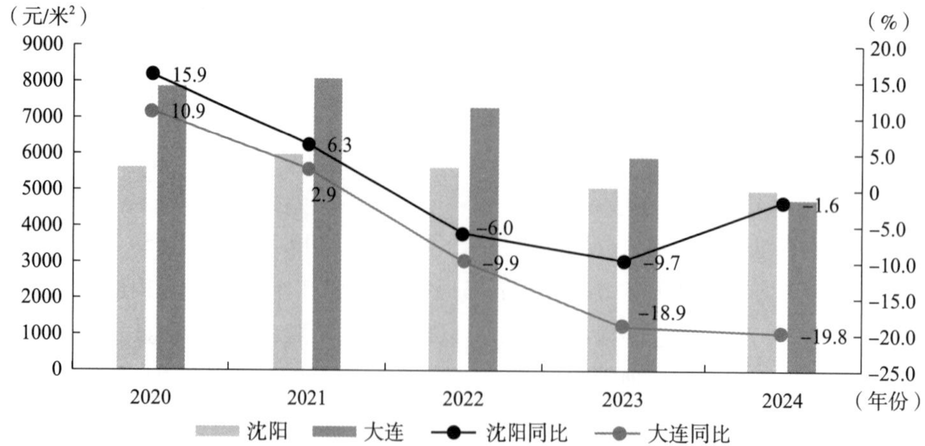

图 5-21-23　2020—2024 年沈阳、大连存量房成交均价及同比变化情况

数据来源：各市房产交易中心备案数据。

（五）辽宁省房地产市场总体分析

1. 严控增量，持续降低供给

2020—2024 年，辽宁省新建商品房供销比呈现持续下降态势，从 0.96 逐步降至 0.50。2024 年辽宁省商品住房的去化周期为 19.7 个月，相较于 2024 年全国百城新建商品住宅的去化周期 25.2 个月短 5.3 个月。严格控制新增供应量，对于降低库存水平、避免库存压力的进一步累积，以及有效推动房地产市场供需平衡具有重要意义。

2. 交易回暖，政策执行显成效

2024 年，辽宁省新建商品房成交面积同比下降 24.3%、交易额同比下降 24.6%、交易套数同比下降 26.8%、交易均价同比下降 0.4%，较前三季度降幅同比缩小 4.5、4.9、3.7、0.6 个百分点，市场交易量价降幅明显缩小，“9·26”托底政策效果明显。

3. 优化存量，改善需求渐次开

2024 年，辽宁省新建商品房套均交易面积 108.9 平方米，同比上涨 3.5%，涨幅较上年同期增加 1.7 个百分点；存量房套均交易面积 86.6 平方米，同比上涨 1.1%，居民改善性需求释放显著，对住房品质和功能的要求不断提高。在辽宁省持续加大力度收购存量商品房，并且积极推进城中村改造、保障性住房建设以及人才安居工程等项目实施的背景下，住房需求有望得到持续改善，促进房地产市场实现平稳健康的发展态势。

4. 存量时代，存量交易更活跃

2024 年，辽宁省存量房销售面积（不包括阜新、葫芦岛）是新建商品房销售面积的 1.5 倍，存量房销售面积同比降幅小于新建商品房 10 个百分点，较前三季度缩小 0.1 个百分点，市场成交活跃，且交易量的平稳度好于新建商品房市场。

5. 核心地位，沈大交易显韧性

沈阳、大连等核心城市在全省房地产市场中占据重要地位，其交易规模对全省市场影响显著。2024 年，沈阳、大连商品房交易规模在全省占比较大，两市交易面积占比 45%，交易额占比 60%。这表明核心城市的房地产市场更具韧性，对政策调整的响应更为敏感。

（田　天　辽宁省房地产研究中心）

二十二、长春市房地产市场

2024 年，长春市房地产市场呈现“稳中承压，分化显著”的复杂格局。在政策调控与市场自发调整的双重作用下，供需关系逐步优化，但结构性矛盾依然突出。政策层面延续“宽松与调控并重”的基调，通过限购、限价和土地供应优化平衡市场，同时鼓励房企参与城市更新，推动行业向集约化、高质量发展转型。整体而言，长春楼市在区域价值重构与消费升级的驱动下，逐步迈入以品质竞争和结构性机遇为主导的新阶段。

（一）2024 年长春市房地产市场基本情况

1. 房地产开发投资边际改善，政策托底效应逐步显现

2024 年，呈“前低后稳”态势。房地产开发投资额总额 6 月达到峰值后，未能保持持续增长，快速波动下行，伴随“9·27”新政显效，于年底实现“筑底回稳”（见图 5-22-1）。6 月单月投资峰值与年末“翘尾”态势表明政策刺激效果逐步释放，政策托举效应促使房地产开发投资预期呈现边际改善状态。

2024 年，长春市房地产投资 412.51 亿元，比上年下降 25.2%，全省各市州完成房地产开发投资排名第一。

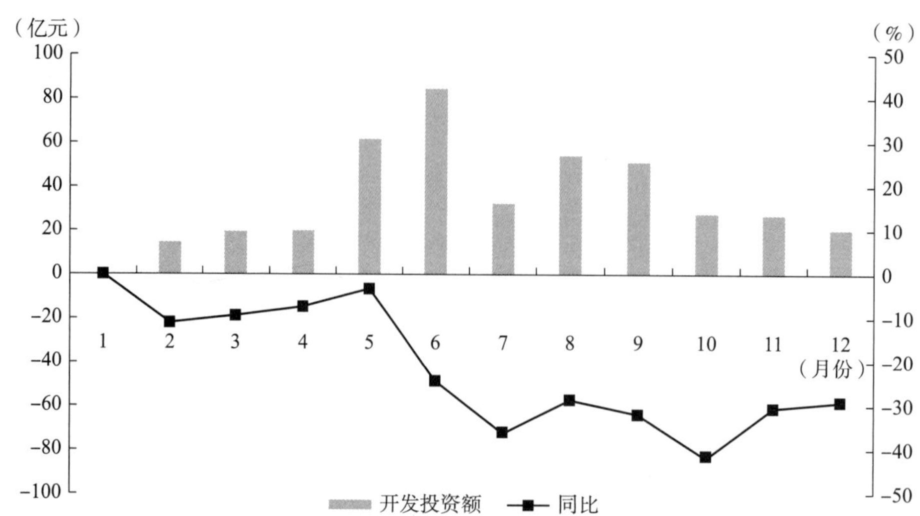

图 5-22-1　2024 年各月长春市房地产开发投资情况

数据来源：吉林省统计局。

2. 土地供应收缩成交回升，地价微涨显回暖迹象

1—12 月，长春市累计供应土地 54 宗，供应面积 245.47 万平方米，同比下降 40.4%，降幅比 1—11 月收窄 8.3 个百分点，占吉林省总供应量的 64.4%，排名第一。

1—12 月，长春市成交土地 46 宗，成交面积为 208.10 万平方米，相比上年增长 8.1%，增速比上年下降 192.2 个百分点。供求比 1.17，比 2023 年降低 0.97，从总体上看，长春市 2024 年土地供求关系相对稳定（见图 5-22-2）。12 月，长春市住宅和商服用地成交 138.62 万平方米，同比增长 299.6%；1—12 月，长春市土地市场平均楼面价格 3170 元/米^2，相比上年由降转升，增速为 2.5%。长春市商住用地成交量同比由降转升，平均楼面地价同比增速略涨。

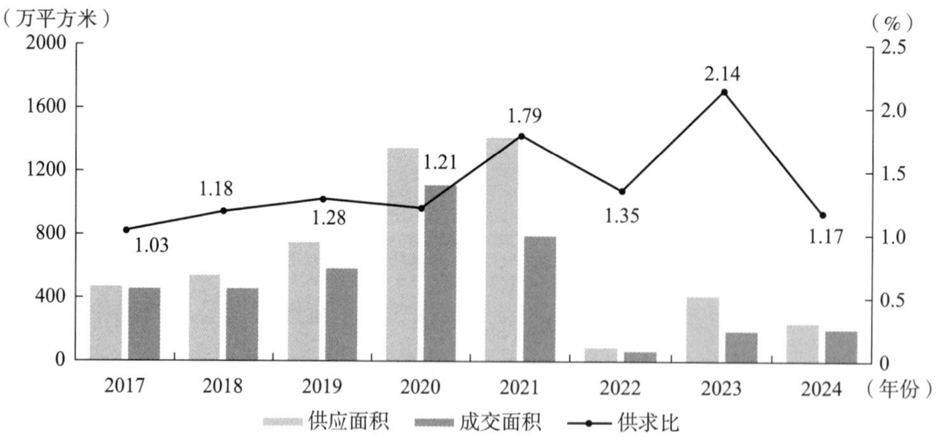

图 5-22-2　2017—2024 年长春市土地市场供求情况

数据来源：吉林省统计局。

3. 建设规模调整积极，“保交楼”成效显著

2024 年，长春市房屋建设规模小幅缩减，房屋施工面积 6208.31 万平方米，同比下滑 6.3%，体现企业主动优化施工节奏，匹配市场需求节奏。长春市新开工面积 433.14 万平方米，同比下降 7.1%，但竣工面积同比增长 8.9%，表明行业重心向竣工交付转移，有效缓解市场交付风险。总体施工规模下滑将有效降低市场供应量，客观上缓解市场供需矛盾，拉升市场预期。

4. 需求结构持续优化，销售筑底回稳在即

2024 年，长春市商品房销售面积为 530.41 万平方米，同比下降 7.3%，降幅比 1—11 月收窄 2.5 个百分点。其中，商品住宅销售面积为 491.81 万平方米，同比下降 8.6%，降幅比 1—11 月收窄 2 个百分点，市场在经过一定调整后逐步回暖，但仍面临一定的购房需求低迷和市场信心恢复的挑战。2024 年，长春市商品房批准预售面积为 261.40 万平方米，比上年下降 30.2%。其中，商品住宅批准预售面积为 205.98 万平方米，比上年下降 36.5%。

随着房地产市场积极因素不断累积和展现，市场信心和购房预期也在逐渐增强。伴随政策效果逐步显现，预计商品房销售表现将持续企稳，商品房销售金额、面积同比降幅的逐月收窄即验证这一趋势判断。2025 年行业有望正式步入销售回稳、信心修复的新周期。

从各区县数据来看，在长春市各城区中，高新区在商品房销售面积上表现尤为突出。高新区商品房销售面积 81.25 万平方米，净月区商品房销售面积 67.71 万平方米，二道区商品房销售面积 52.15 万平方米，分列长春各区商品房销售面积前三名，三个区销售面积总和占全市总销售面积的 37.9%（见图 5-22-3）。

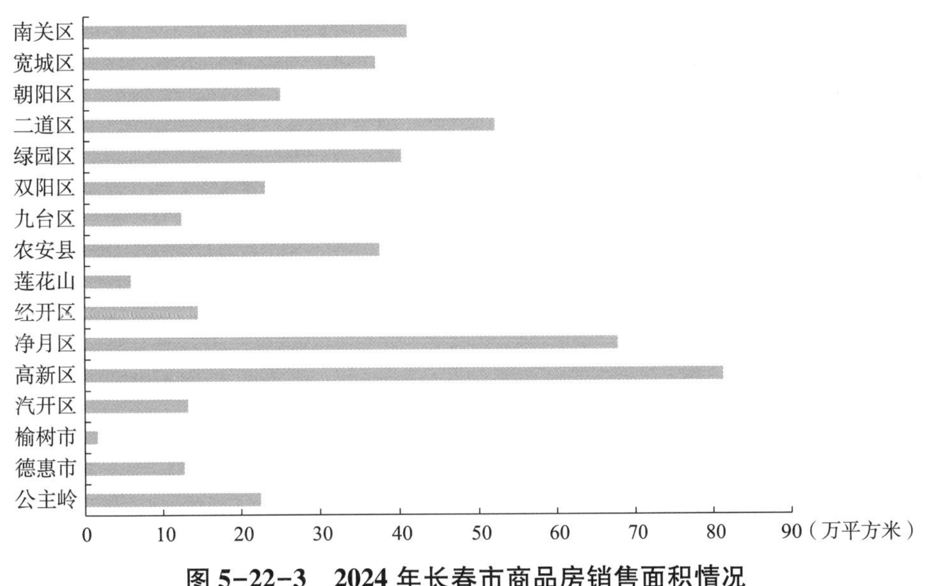

图 5-22-3　2024 年长春市商品房销售面积情况

数据来源：吉林省统计局。

从整体的销售数据看，朝阳、南关、绿园、二道、宽城等中心城区的累计销售面积仍高于外围城区，这说明商品房消费需求主要钟情于主城区核心配套优势。

5. 住宅价格降幅收窄，政策托底改善预期

1—12 月，长春市商品房销售均价为 7807 元/米^2，同比下降 7.7%，降幅比 1—11 月扩大 0.8 个百分点，反映出商品房市场持续承压（见图 5-22-4）。商品住宅销售均价为 7812 元/米^2，同比下降 6.0%，降幅比 1—11 月收窄 0.8 个百分点，长春市商品住宅市场在"保交楼"与差别化信贷以及人才引进举措等组合政策持续发力下筑底企稳，印证新政精准调控在积极显效，也凸显住房领域政策组合拳对市场信心的托底作用。

各城区中，商品房最高销售均价出现在经开区，达到 10440 元/米^2，净月区和南关区紧随其后，分别为 10428 元/米^2 和 9921 元/米^2（见图 5-22-5）。

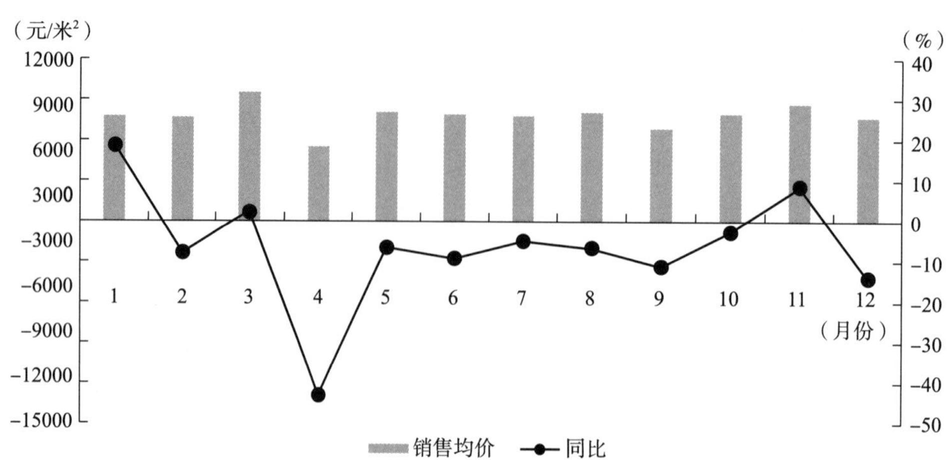

图 5-22-4　2024 年各月长春市商品房销售均价

数据来源：吉林省统计局。

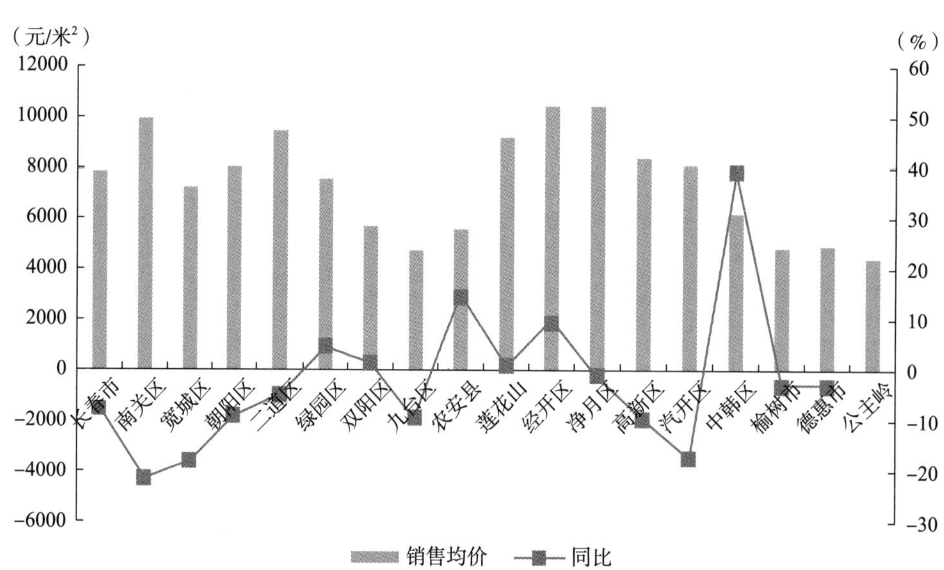

图 5-22-5　2024 年各月长春市及各行政分区商品房销售均价

数据来源：吉林省统计局。

6. 二手房挂牌量增价降，存量市场活跃度上涨

截至 2024 年末，长春市二手房挂牌套数为 77587 套。年内挂牌套数呈现波动上涨态势，年末挂牌套数比年初增长 11081 套，反映出在“带押过户”政策全面落地、存量房增值税免征年限调整等制度红利释放下，居民“以旧换新”置换需求加速释放。2024 年长春市二手房挂牌均价为 7826 元/米²，比新房价格高出 19 元/米²，既体现央行房贷利率“三连降”对二手房交易信心的提振效应，也折射出“租购并举”政策深化背景下，购房者更趋理性选择现房资源，倒逼新房市场加快现房销售改革步伐（见图 5-22-6）。

2024 年，长春市二手房成交面积 76.86 万平方米，低于新房销售面积 453.55 万平方米。长春市二手房成交均价 8098 元/米²，高出新房价格 291 元/米²，高出挂牌均价 272 元/米²（见图 5-22-7）。二手房市场的价格存在一定的溢价空间，可能是由于优质二手房资源稀缺或某些区域的市场热度较高所致。

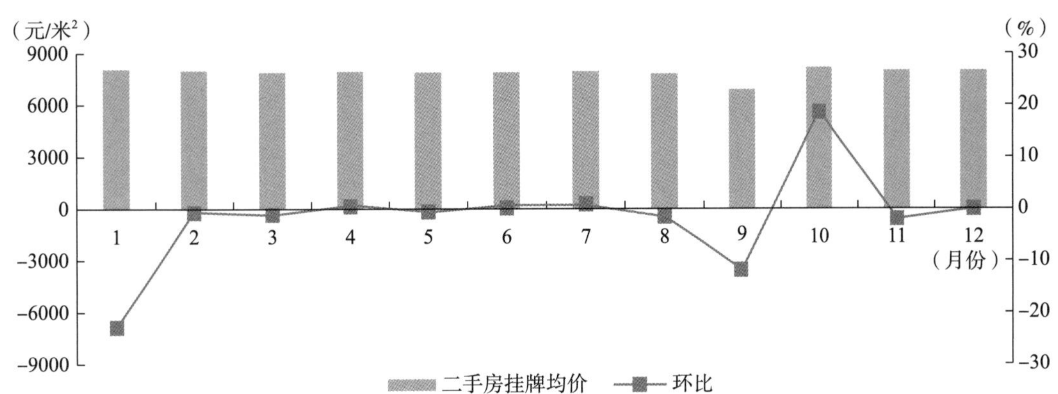

图 5-22-6　2024 年各月长春市二手房挂牌均价情况

数据来源：吉林省统计局。

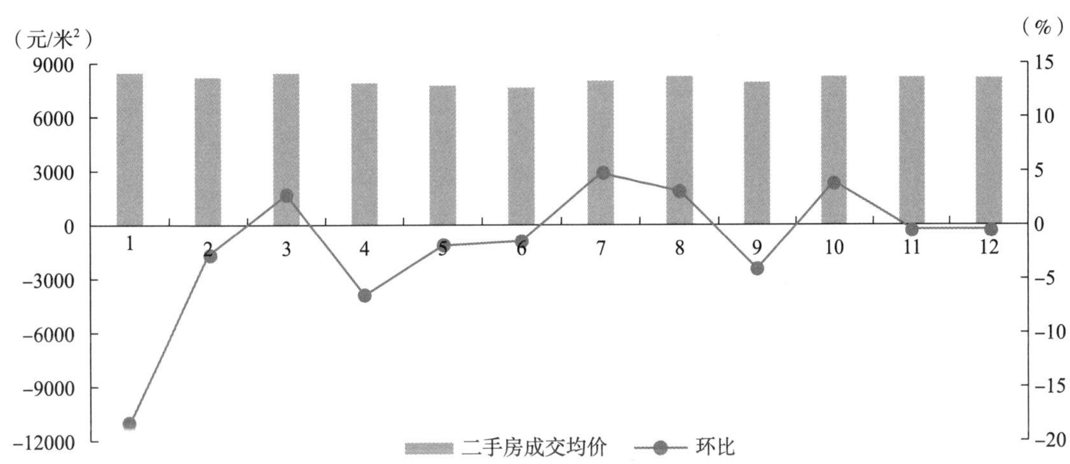

图 5-22-7　2024 年各月长春市二手房成交均价情况

数据来源：吉林省统计局。

（二）2024 年长春市住房保障工作进展

1. 住房保障工作平稳推进

截至 2024 年底，长春市总计发放困难群众救助金 73827.55 万元。为解决住房问题，长春市筹集保障性住房 1 万套以上，为低收入家庭提供安全、舒适的居住环境，改善困难群众的生活条件。

为满足留长高校毕业生的住房需求和生活保障，2024 年，长春市实施高校毕业生租房和生活补贴政策，为毕业生减轻经济负担，大学生留在长春达 10 万人以上。

2. 持续推进棚户区改造任务

2024 年，长春市棚户区改造情况有序推进，大幅改善居民的住房条件，消除安全隐患，提升基础设施水平，并满足群众的改造意愿，共计改造老旧小区 747 个、棚户区 4893 户。

（崔　琦　吴晓宇　于若清　吉林省建设发展研究院）

Ⅵ.企 业 篇

导 读

本篇收录由中国房地产业协会和上海易居房地产研究院联合发布的2024—2025年中国房地产行业重要测评榜单及分析、2024年中国房地产开发企业信用评价成果、2024年上市房企市值研究、房地产企业相关运营数据等。

一、2024—2025 年度房地产开发企业测评分析

（一）2025 年房地产开发企业综合实力测评

发布机构：中国房地产业协会　上海易居房地产研究院

发布时间：2025 年 3 月 19 日

发布地点：北京

1. 测评榜单（见表 6-1-1）

表 6-1-1　2025 年房地产开发企业综合实力 TOP500

2025 年排名	企业名称	2025 年排名	企业名称
1	保利发展控股集团股份有限公司	32	卓越置业集团有限公司
2	中国海外发展有限公司	33	融创中国控股有限公司
3	华润置地有限公司	34	星河控股集团有限公司
4	招商局蛇口工业区控股股份有限公司	35	合生创展集团有限公司
5	绿城中国控股有限公司	36	大连万达商业管理集团股份有限公司
6	龙湖集团控股有限公司	37	北京城建投资发展股份有限公司
7	越秀地产股份有限公司	38	杭州市城建开发集团有限公司
8	万科企业股份有限公司	39	重庆华宇集团有限公司
9	珠海华发实业股份有限公司	40	仁恒置地有限公司
10	新城控股集团股份有限公司	41	中建壹品投资发展有限公司
11	建发房地产集团有限公司	42	深圳市鸿荣源企业发展（集团）有限公司
12	中国金茂控股集团有限公司	43	上海建工房产有限公司
13	中国铁建房地产集团有限公司	44	新希望五新实业集团有限公司
14	杭州滨江房产集团股份有限公司	45	上海城投控股股份有限公司
15	金地（集团）股份有限公司	46	金融街控股股份有限公司
16	中铁置业集团有限公司	47	上海城建置业发展有限公司
17	大悦城控股集团股份有限公司	48	四川邦泰置业有限公司
18	中国电建地产集团有限公司	49	广州市敏捷投资有限公司
19	美的置业集团有限公司	50	雅居乐集团控股有限公司
20	厦门国贸地产集团有限公司	51	香港置地有限公司
21	北京首都开发股份有限公司	52	中能建城市投资发展有限公司
22	保利置业集团有限公司	53	中国绿发投资集团有限公司
23	大华（集团）有限公司	54	深圳华侨城股份有限公司
24	安徽伟星置业有限公司	55	中建智地置业有限公司
25	上海中建东孚投资发展有限公司	56	厦门轨道交通集团有限公司
26	联发集团有限公司	57	青岛海信房地产股份有限公司
27	深圳控股有限公司	58	象屿地产集团有限公司
28	中交地产股份有限公司	59	金辉集团股份有限公司
29	路劲地产集团有限公司	60	深圳地铁置业集团有限公司
30	武汉城市建设集团有限公司	61	新世界中国地产有限公司
31	远洋集团控股有限公司	62	广州地铁集团有限公司

续表

2025 年排名	企业名称	2025 年排名	企业名称
63	青岛君一控股集团有限公司	103	武汉市城市建设投资开发集团有限公司
64	上海浦东开发（集团）有限公司	104	深圳市金众地产集团有限公司
65	中国旅游集团投资运营有限公司	105	上海实业城市开发集团有限公司
66	广东珠江投资股份有限公司	106	龙记泰信
67	中信泰富（中国）投资有限公司	107	深圳市宏发投资集团有限公司
68	中建信和地产有限公司	108	广西北投产城投资集团有限公司
69	瑞安房地产有限公司	109	江苏华建地产集团有限公司
70	中天美好集团有限公司	110	京基集团有限公司
71	中骏集团控股有限公司	111	深圳市中洲投资控股股份有限公司
72	中建玖合发展集团有限公司	112	天津城市基础设施建设投资集团有限公司
73	信达地产股份有限公司	113	山东银丰投资集团有限公司
74	北京金隅地产开发集团有限公司	114	上海金桥出口加工区开发股份有限公司
75	复地（集团）股份有限公司	115	浙江龙盛集团股份有限公司
76	杭州兴耀房地产开发集团有限公司	116	上海新静安（集团）有限公司
77	北京首创城市发展集团有限公司	117	深圳市鹏瑞发展控股集团有限公司
78	中冶置业集团有限公司	118	广西荣和企业集团有限责任公司
79	上海浦东发展（集团）有限公司	119	青岛青特产城集团有限公司
80	重庆新鸥鹏地产（集团）有限公司	120	成都城投置地集团有限公司
81	浙江建杭置业有限公司	121	上海港城开发（集团）有限公司
82	广州珠实地产有限公司	122	深圳市颐安投资集团有限公司
83	石家庄国控城市发展投资集团有限责任公司	123	北京东亚新华投资集团有限公司
84	广东星河湾房地产（集团）有限公司	124	众安集团有限公司
85	绿景控股股份有限公司	125	浙江金帝房地产集团有限公司
86	浙江得力房地产开发有限公司	126	深圳市信义控股集团有限公司
87	安徽省高速地产集团有限公司	127	上海南房（集团）有限公司
88	成都兴城人居地产投资集团股份有限公司	128	山东中建城市发展有限公司
89	凯德置地（中国）投资有限公司	129	保亿置业集团有限公司
90	广州市城市建设投资集团有限公司	130	粤海置地控股有限公司
91	上海陆家嘴金融贸易区开发股份有限公司	131	深圳市新润园房地产开发有限公司
92	湖北联投集团有限公司	132	成都高投置业有限公司
93	北京建工集团有限责任公司	133	阳光大地置业集团有限公司
94	中建七局地产集团有限公司	134	北京北辰实业股份有限公司
95	苏州苏高新集团有限公司	135	云星集团
96	苏州恒泰商用置业有限公司	136	荣安地产股份有限公司
97	重庆海成实业（集团）有限公司	137	光明房地产集团股份有限公司
98	成都万华投资集团有限公司	138	世纪金源投资集团有限公司
99	南京金基控股（集团）有限公司	139	青岛天一仁和控股集团有限公司
100	天安中国投资有限公司	140	广西地产集团有限公司
101	成都天府新区投资集团有限公司	141	内蒙古巨华房地产开发集团有限公司
102	五矿地产有限公司	142	成都轨道城市投资集团有限公司

续表

2025 年排名	企业名称	2025 年排名	企业名称
143	北京懋源控股股份有限公司	183	鸿翔房地产有限公司
144	杭州地铁开发集团有限公司	184	宸嘉发展集团有限公司
145	福州市建设发展集团有限公司	185	东建集团
146	新湖中宝股份有限公司	186	深圳市海岸投资集团有限公司
147	天地源股份有限公司	187	泉州城建集团有限公司
148	深圳市新南山控股（集团）股份有限公司	188	湖南运达房地产开发有限公司
149	深圳金光华实业集团有限公司	189	北京未来科学城置业有限公司
150	京投发展股份有限公司	190	济南高新控股集团有限公司
151	浙江省交投控股集团有限公司	191	常熟市城市经营投资有限公司
152	安徽置地投资有限公司	192	陕西建工房地产开发集团有限公司
153	东原房地产开发集团有限公司	193	北京兴创房地产开发有限公司
154	福星惠誉控股有限公司	194	京能置业股份有限公司
155	青岛和达置业有限公司	195	湖南建投地产集团有限公司
156	苏州工业园区建屋发展集团有限公司	196	宁波江山万里置业有限公司
157	中国国际贸易中心股份有限公司	197	合肥滨湖投资控股集团有限公司
158	无锡新都房产开发有限公司	198	福州左海控股集团有限公司
159	上海西岸开发（集团）有限公司	199	宁波城建投资集团有限公司
160	海威控股有限公司	200	北京海开控股（集团）股份有限公司
161	北京天恒置业集团有限公司	201	九龙仓集团有限公司
162	天津泰达建设集团有限公司	202	深圳市振业（集团）股份有限公司
163	合肥市轨道交通集团有限公司	203	中华企业股份有限公司
164	上海香印城市建设投资发展有限公司	204	上海紫江（集团）有限公司
165	北京住总集团有限责任公司	205	杭州华元房地产集团有限公司
166	深圳市天健地产集团有限公司	206	成都市锦江区统一建设有限公司
167	广东联泰地产有限公司	207	坤和建设集团股份有限公司
168	中建地产（天津）有限公司	208	天津滨海新区建设投资集团有限公司
169	南宁轨道地产集团有限责任公司	209	华盛建设集团有限公司
170	杭州西湖房地产集团有限公司	210	东莞市光大房地产开发有限公司
171	济南城投置业有限公司	211	北京首钢房地产开发有限公司
172	北京大兴发展集地开发有限公司	212	云南省建设投资控股集团有限公司
173	合肥城建发展股份有限公司	213	厦门安居控股集团有限公司
174	河南信友置业集团有限公司	214	中国武夷实业股份有限公司
175	保定市爱情地产集团有限公司	215	山东万城集团有限公司
176	杭州开元房地产集团有限公司	216	郑州美盛房地产开发有限公司
177	天津天保基建股份有限公司	217	四川省远达集团有限公司
178	南京颐居建设集团有限公司	218	江苏吴中地产集团有限公司
179	华鸿嘉信控股集团有限公司	219	上海大名城企业股份有限公司
180	长江实业集团有限公司	220	嘉华国际集团有限公司
181	广东珠光集团有限公司	221	青岛北岸置业集团有限公司
182	宁波市轨道交通集团有限公司	222	雅戈尔集团股份有限公司

续表

2025 年排名	企业名称
223	宁波维科置业有限公司
224	山东省城乡发展集团有限公司
225	青岛华新园置业集团有限公司
226	梁城美景科技发展（江苏）有限公司
227	江苏亚伦集团股份有限公司
228	上海宝华企业集团有限公司
229	龙翔投资控股集团有限公司
230	深圳市特发集团有限公司
231	北京科技园建设（集团）股份有限公司
232	江苏嘉宏投资集团
233	河南亚星置业集团有限公司
234	云南省康旅控股集团有限公司
235	天津生态城投资开发有限公司
236	湖南梦想置业开发有限公司
237	长沙城发恒伟置业有限公司
238	山西建设投资集团有限公司
239	浙江万固实业集团有限公司
240	厦门海沧投资集团有限公司
241	文一地产有限公司
242	长沙房产（集团）有限公司
243	广州市方圆房地产发展有限公司
244	深圳市合正房地产集团有限公司
245	杭州澳海控股集团有限公司
246	上海外高桥集团股份有限公司
247	华远地产股份有限公司
248	天津津投城市开发股份有限公司
249	深圳市新世界集团有限公司
250	安徽新华房地产集团
251	青岛地铁集团有限公司
252	太古地产有限公司
253	福州市城乡建总集团有限公司
254	安徽皖投置业有限责任公司
255	天成晟和地产集团有限公司
256	上海张江高科技园区开发股份有限公司
257	河南省郑新科创有限公司
258	广州市番禺区得宝立房产实业有限公司
259	云南筑友房地产开发有限公司
260	宝业集团股份有限公司
261	和昌地产集团有限公司
262	天阳地产有限公司
263	山东汉唐置业有限公司
264	北京北投置业有限公司
265	中车科技园发展有限公司
266	吉林大众置业集团有限公司
267	侨鑫集团有限公司
268	义乌市建设投资集团有限公司
269	天津贻成集团有限公司
270	华景川集团有限公司
271	时代大地控股有限公司
272	祥源控股集团有限责任公司
273	苏宁环球股份有限公司
274	重庆昕晖房地产开发（集团）有限公司
275	长春润德投资集团有限公司
276	湖北天创房地产开发集团有限公司
277	南京交通投资置业有限公司
278	广东顺德控股集团有限公司
279	中建四局城市发展投资有限公司
280	浙江国鸿新瑞房地产集团有限公司
281	江苏新能源置业集团有限公司
282	永威置业集团有限公司
283	广西悦恒置业投资集团有限公司
284	浙江中豪房屋建设开发有限公司
285	瑞源控股集团有限公司
286	佛山建发城市发展有限公司
287	运城市金鑫房地产有限公司
288	浙江省赞成集团有限公司
289	杭州宋都房地产集团有限公司
290	广州市番禺祈福新邨房地产有限公司
291	广西裕达控股集团有限公司
292	中锐控股集团有限公司
293	长春高新房地产开发有限责任公司
294	经纬置地有限公司
295	南益地产集团有限公司
296	新鸿隆祥地产集团有限公司
297	南京奥体建设开发有限责任公司
298	上海同济科技实业股份有限公司
299	长春市万龙房地产开发有限责任公司
300	上海奉贤发展（集团）有限公司
301	翔顺控股集团有限公司
302	河北华中房地产开发有限公司

续表

2025 年排名	企业名称	2025 年排名	企业名称
303	北京泽信控股集团有限公司	343	苏州安和广悦置业有限公司
304	东莞市三正房地产开发有限公司	344	天正地产集团有限公司
305	南宁威宁房地产开发有限公司	345	厦门弘桥集团有限公司
306	济南历城控股集团有限公司	346	广东骏景湾地产集团有限公司
307	保定市国控置地开发有限责任公司	347	首铸（广东）集团有限公司
308	上海临港控股股份有限公司	348	苏州城投地产发展有限公司
309	重庆两江新区产城建设有限公司	349	江苏通银实业集团有限公司
310	山东恒堃控股集团有限公司	350	成都德商置业有限公司
311	安徽尚泽投资集团有限公司	351	杭州市房地产开发集团有限公司
312	天津住宅建设发展集团有限公司	352	广西凯誉汇投资有限公司
313	云南子元房地产开发股份有限公司	353	南京栖霞建设股份有限公司
314	广西兴进实业集团有限责任公司	354	长春豪邦房地产开发集团有限公司
315	浙江方正房地产开发有限公司	355	广西盛邦投资集团有限公司
316	上海中环投资开发（集团）有限公司	356	河南振兴房地产（集团）有限公司
317	海南机场设施股份有限公司	357	江苏凤凰置业投资股份有限公司
318	西安经发地产有限公司	358	杭州市西站枢纽开发有限公司
319	上海佳运置业有限公司	359	深圳香江控股股份有限公司
320	福建茂华置业有限公司	360	金华金开城市建设投资集团有限公司
321	悦达地产集团有限公司	361	广宇集团股份有限公司
322	珑远投资发展集团有限公司	362	福建省凯景投资集团有限公司
323	广东筠城置业有限公司	363	润达丰控股集团有限公司
324	杭州新天地集团有限公司	364	厦门源昌房地产开发有限公司
325	浙江祥新科技控股集团有限公司	365	天鸿集团
326	中核兴业控股有限公司	366	长春锦溢房地产开发有限公司
327	湖北恒泰天纵控股集团有限公司	367	上海爱建集团股份有限公司
328	青岛城市建设集团股份有限公司	368	北京中关村科学城建设股份有限公司
329	山东兴华建设集团有限公司	369	重庆两江新区置业发展有限公司
330	黑牡丹（集团）股份有限公司	370	广西恒力地产集团有限公司
331	苏州天鸿伟业置地有限公司	371	恒基兆业地产有限公司
332	格力地产股份有限公司	372	吉林亚泰房地产开发有限公司
333	九颂山河置业集团有限公司	373	青岛海发国有资本投资运营集团有限公司
334	东莞松山湖科学城发展集团有限公司	374	苏州市吴江城市投资发展集团有限公司
335	江西江铃房地产股份有限公司	375	大汉城镇建设有限公司
336	湖北华生房地产开发有限公司	376	苏州市吴江滨湖投资集团有限公司
337	嘉里建设有限公司	377	无锡市安居投资发展有限公司
338	江苏水利房地产开发有限公司	378	淮安市国联置地有限公司
339	湖州市城市投资发展集团有限公司	379	河南常绿集团置业有限公司
340	河南正弘置业有限公司	380	广东世荣兆业股份有限公司
341	长兴城市建设投资集团有限公司	381	南京高科股份有限公司
342	四川省清风现代房地产开发有限责任公司	382	浙江苏嘉房地产实业股份有限公司

续表

2025 年排名	企业名称	2025 年排名	企业名称
383	深圳 TCL 房地产有限公司	423	吉宝置业集团
384	美林基业集团有限公司	424	湖南鑫远投资集团有限公司
385	广东中天实业投资集团有限公司	425	长春新星宇房地产开发有限责任公司
386	力旺集团有限公司	426	佛山市恒福兴达投资集团有限公司
387	西藏城市发展投资股份有限公司	427	张家港市金联置业有限公司
388	重庆融汇地产（集团）有限公司	428	江苏创想实业有限公司
389	江东控股集团有限责任公司	429	中浩德控股集团有限公司
390	深圳市特区建设发展集团有限公司	430	菲莉（福建）投资有限公司
391	太仓市城市建设投资集团有限公司	431	长沙开福城投集团有限责任公司
392	东莞宏远工业区股份有限公司	432	甘肃建总置业发展有限公司
393	浙江钱江房地产开发集团有限公司	433	山东儒辰控股集团有限公司
394	苏州高铁新城国有资产控股（集团）有限公司	434	河南省中成房地产开发集团有限公司
395	北京三元嘉业集团有限公司	435	河北中鼎房地产开发股份有限公司
396	郑州普罗房地产开发有限公司	436	吉林省伟峰实业有限公司
397	上海市北高新股份有限公司	437	中垠地产有限公司
398	苏州相城经济技术开发区漕湖置地有限公司	438	上海金臣房地产发展有限公司
399	青岛啤酒地产发展有限公司	439	广西地矿建设集团有限公司
400	昆山高新集团有限公司	440	张家港市金厦房地产开发有限公司
401	粤港湾控股有限公司	441	武汉交通工程建设投资集团有限公司
402	合能投资有限公司	442	广州尚东置业有限公司
403	上海徐汇城市建设投资（集团）有限公司	443	江阴市长江房地产开发有限公司
404	深圳市勤诚达集团有限公司	444	烟建集团有限公司
405	重庆俊豪实业（集团）有限责任公司	445	江苏常发实业集团有限公司
406	苏州和恒置地有限公司	446	山东信华发展有限公司
407	无锡红豆置业有限公司	447	上海东苑房地产开发（集团）有限公司
408	常州市橙龙置业有限公司	448	中山市世光创建集团有限公司
409	太仓市城市发展集团有限公司	449	南宁建宁地产集团有限公司
410	武汉地铁集团有限公司	450	厦门港务地产有限公司
411	宁波奥克斯置业有限公司	451	青岛康大时代房地产开发有限公司
412	卧龙资源集团股份有限公司	452	长沙华实领峰企业发展有限公司
413	深圳市前海建设投资控股集团有限公司	453	福建正祥投资集团有限公司
414	武汉市江夏城投集团有限公司	454	阳光郡置地集团有限公司
415	江苏龙信置业有限公司	455	六安远大房地产开发有限公司
416	青岛鑫江置业集团有限公司	456	苏州太湖香山置地发展有限公司
417	沙河实业股份有限公司	457	山东众成地产集团有限公司
418	上海新黄浦实业集团股份有限公司	458	湖南融华房地产开发有限公司
419	福建漳龙集团有限公司	459	江西省赣房投资集团有限公司
420	龙城产业投资控股集团有限公司	460	湖南天嘉置业发展有限公司
421	苏州轨道交通资产经营有限公司	461	衡阳融冠房地产开发集团有限公司
422	深圳市恒裕实业（集团）有限公司	462	江西省投资房地产开发有限责任公司

续表

2025 年排名	企业名称	2025 年排名	企业名称
463	福建中联房地产开发集团有限公司	482	南宁大西洋置业有限公司
464	远创置业集团有限公司	483	武汉伟鹏控股集团有限公司
465	常州市晋陵投资集团有限公司	484	无锡金领房地产开发有限公司
466	厦门信息集团有限公司	485	永州市嘉信房地产开发有限公司
467	重庆飞洋控股（集团）有限公司	486	浙江骏宏集团有限公司
468	广西嘉和置业集团有限公司	487	江苏新睿城市发展集团有限公司
469	福建大东海实业集团有限公司	488	安徽金大地投资控股有限公司
470	佰昌集团有限公司	489	惠州市隆生房地产有限公司
471	湖南同发投资有限公司	490	金桥房地产开发股份有限公司
472	浙江金昌房地产集团有限公司	491	江西恒茂房地产开发有限公司
473	上海鹏欣房地产（集团）有限公司	492	深圳经济特区房地产（集团）股份有限公司
474	广东海骏达置业投资集团有限公司	493	江苏铂悦建设有限公司
475	湖南麓谷发展集团有限公司	494	三河雷捷房地产开发有限公司
476	河北德福房地产开发有限公司	495	金为集团有限公司
477	上海新长宁（集团）有限公司	496	烟台飞龙集团有限公司
478	广西大都投资有限公司	497	福建汇泉投资有限公司
479	深圳市物业发展（集团）股份有限公司	498	沈阳市城建房地产开发集团有限公司
480	大百汇实业集团有限公司	499	重庆渝开发股份有限公司
481	厦门古龙房地产有限公司	500	郑州朗悦置业有限公司

2. 测评分析

（1）年度特征分析。

①市场进入筑底攻坚阶段，供需两侧政策应出尽出。

2024 年，我国房地产市场延续调整态势。新建商品房销售面积及销售金额累计同比全年均处于负增长区间，但在中央稳地产政策持续升级下，市场筑底趋稳态势渐显。地方层面，2024 年，地方房地产调控政策延续高频和持续加力，尤其表现在释放和提振刚性和改善性住房需求上。一方面，房地产交易行政限制类政策加速取消或放宽，商品房市场逐渐回归高度市场化运行；另一方面，加大住房公积金贷款支持、推进住房“以旧换新”、实行城中村和危旧房改造货币化安置、发放购房换房财税补贴、降低首付比例和房贷利率等需求刺激性政策层出不穷。供给侧，主要聚焦建立并完善房地产融资协调机制、扩大房地产“白名单”覆盖范围、加大“白名单”贷款力度、优化房企预售监管等。此外，收购存量房用作保障性住房成为地方发力去库存的重要方向。根据克而瑞统计，2024 年地方累计出台房地产调控政策 754 条，其中，宽松性政策 683 条，占比高达 90.6%（见图 6-1-1）。

2025 年 1 月，中共中央、国务院印发《乡村全面振兴规划（2024—2027 年）》，提出实施新一轮农业转移人口市民化行动，推行由常住地登记户口提供基本公共服务制度，完善“人地钱挂钩”政策，保障进城落户农民合法土地权益。2 月，中共中央、国务院印发《关于进一步深化农村改革　扎实推进乡村全面振兴的意见》，明确不允许城镇居民到农村购买农房、宅基地，不允许退休干部到农村占地建房，有序推进农村集体经营性建设用地入市改革。3 月，政府工作报告重申“持续用力推动房地产市场止跌回稳”，并从需求侧、供给侧、行业转型与房地产发展新模式构建等多方面作出具体的工作部署，主要包括：因城施策调减限制性措施，加力实

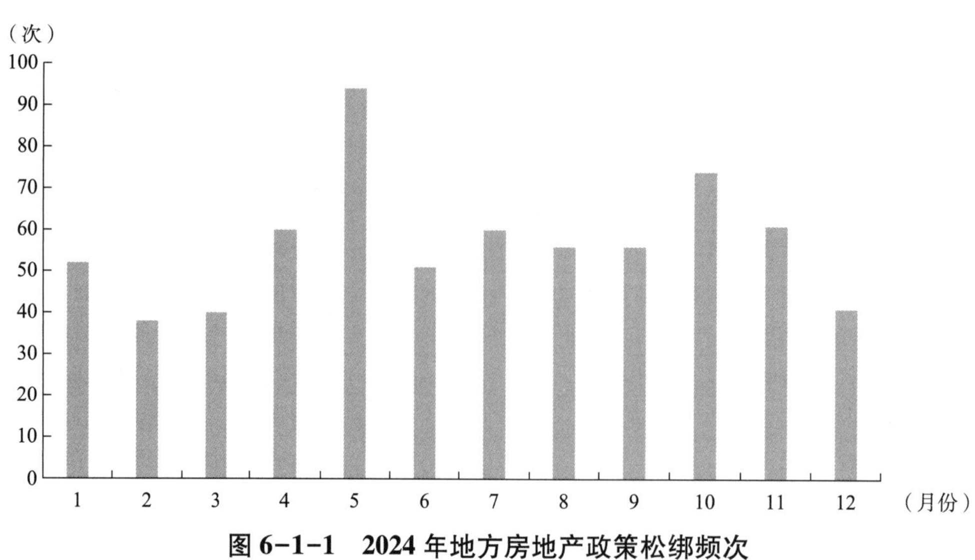

图 6-1-1　2024 年地方房地产政策松绑频次

数据来源：CRIC、上海易居房地产研究院。

施城中村和危旧房改造；盘活存量用地和商办用房，推进收购存量商品房，在收购主体、价格和用途方面给予城市政府更大自主；拓宽保障性住房再贷款使用范围；发挥房地产融资协调机制作用，继续做好保交房工作；有序搭建相关基础性制度，加快构建房地产发展新模式；适应人民群众高品质居住需要，完善标准规范，推动建设安全、舒适、绿色、智慧的好房子等。

2024 年，全国商品房销售面积和销售金额延续下滑走势。其中，前 5 个月，商品房累计销售面积同比降幅均在 20%左右，商品房累计销售额同比降幅均超过 27%。随着 5 月 17 日央行、国家金融监管总局等部门发布下调首套和二套住房商业贷款最低首付比例、取消首套和二套房房贷政策利率下限等一系列重磅政策，市场信心逐渐回暖。自 6 月起，商品房累计销售面积和累计销售金额同比降幅持续收窄。最终，全年商品房销售面积同比下跌 12.9%，跌幅较上年扩大 4.4 个百分点；销售金额同比下跌 17.1%，跌幅较上年扩大 10.6 个百分点（见图 6-1-2）。

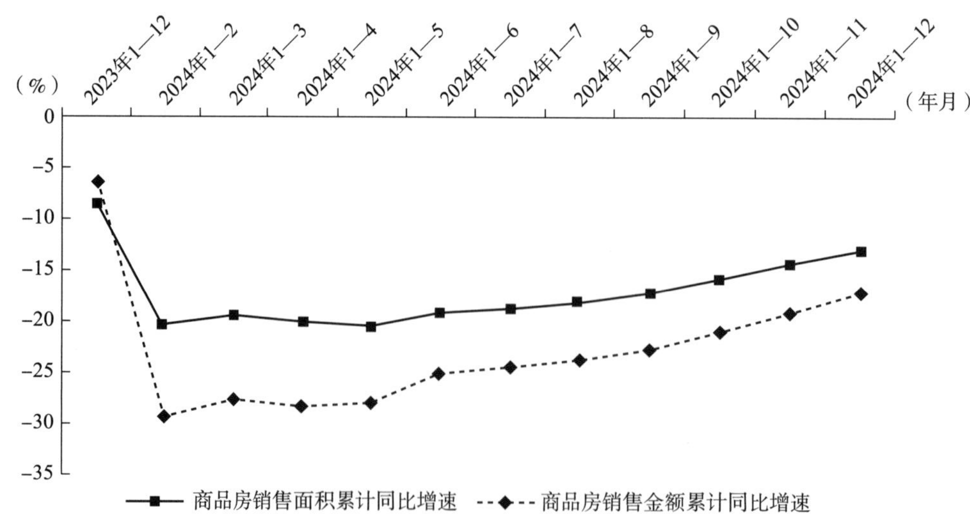

图 6-1-2　2023—2024 年全国商品房销售面积及销售金额累计同比增速

数据来源：国家统计局。

综上所述，2024 年，房地产行业延续调整态势。政策方面，宽松基调贯穿全年，供需两侧政策应出尽出，房地产政策环境已进入历史最宽松区间。其间，出现两个重要节点，一是 5 月 17 日央行、金融监管总局等部门发布降首付比例、降房贷利率、支持地方收购存量房用作保障性住房等系列举措；二是9月26日中央政治局会议首次明确“要促进房地产市场止跌回稳”，住房城乡建设部等多部门迅速响应，打出“四个取消、四个降低、两个增加”政策组合拳。两者均带动地方稳市救市政策加速出台并落地，提升市场信心和活跃度，在推动房地产市场“止跌回稳”过程中作用显著。销售方面，全年商品房销售面积和销售金额总体仍保持下行探底走势，但在房地产政策持续加码刺激下，同比降幅自6月起持续收窄，市场“止跌回稳”成效初显。

②综合实力保利第一，排名变动率有所缩小。

上海易居房地产研究院经过客观、公正、专业和科学的测评研究，形成2025年房地产开发企业综合实力TOP500测评成果。前三位由保利发展、中海、华润占据。其中，保利发展、中海分别保持第一、第二位，华润上升至第三位，招商蛇口、绿城、龙湖、越秀、万科、华发、新城分列第四至第十位（见表6-1-2）。

表6-1-2　2024年和2025年TOP10房企名次变化

房企名称	2024年排名	2025年排名	排名变化
保利发展	1	1	—
中海	2	2	—
华润	4	3	↑（1）
招商蛇口	5	4	↑（1）
绿城	7	5	↑（2）
龙湖	6	6	—
越秀	9	7	↑（2）
万科	3	8	↓（5）
华发	13	9	↑（4）
新城	10	10	—

数据来源：CRIC、上海易居房地产研究院。

2025年，榜单变动率有所缩小，头部房企排名相对稳定。相较于2024年，TOP10、TOP50变动率均为10%，TOP100、TOP500变动率均为17%（见图6-1-3）。排名提升的房企普遍经营稳健、产品力强、资金链稳定，国贸地产、华发、中交地产等国资背景房企排名提升幅度相对较大。

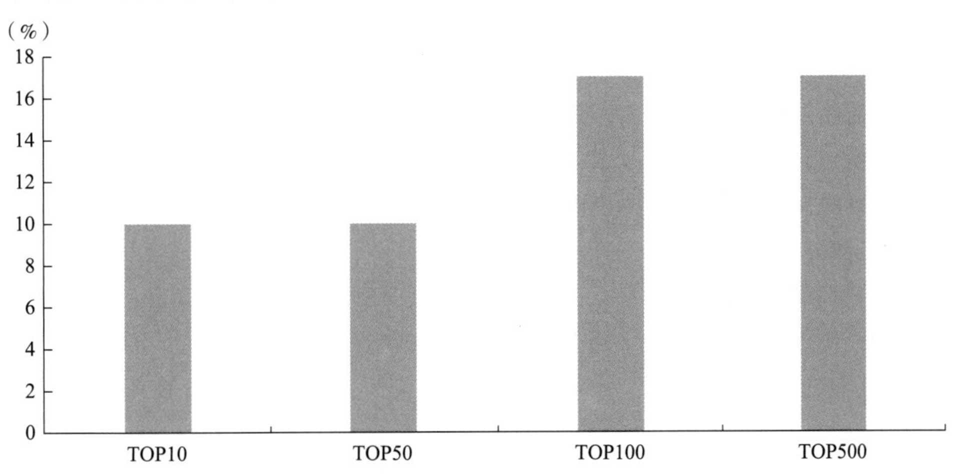

图6-1-3　2025年各梯队房企相对2024年变动率

数据来源：上海易居房地产研究院。

从企业性质来看，TOP100 房企中，央国企数量占比达到 61%，较上年提升 3 个百分点，TOP10 房企中仅有龙湖和新城两家民营房企，其余均为央国企或混合所有制房企。2024 年，多数民营房企聚焦化债维稳，央国企是拿地和销售主力，逐渐占据市场主导地位。

③华东中部占比提升，华北占比降幅最大。

以 TOP500 房企总部所在地区域为标准进行划分，其中，华东地区占比 42.0%，中部地区占比 12.2%，东北地区占比 2.6%，比重较上年有所上升；华北地区占比 13.6%，西部地区占比 7.0%，比重较上年有所下降；华南地区占比 22.4%，与上年持平（见图 6-1-4）。华东、中部地区房企数量占比均较上年上升 0.6 个百分点，华北房企数量占比较上年下降 0.8 个百分点，降幅最大。

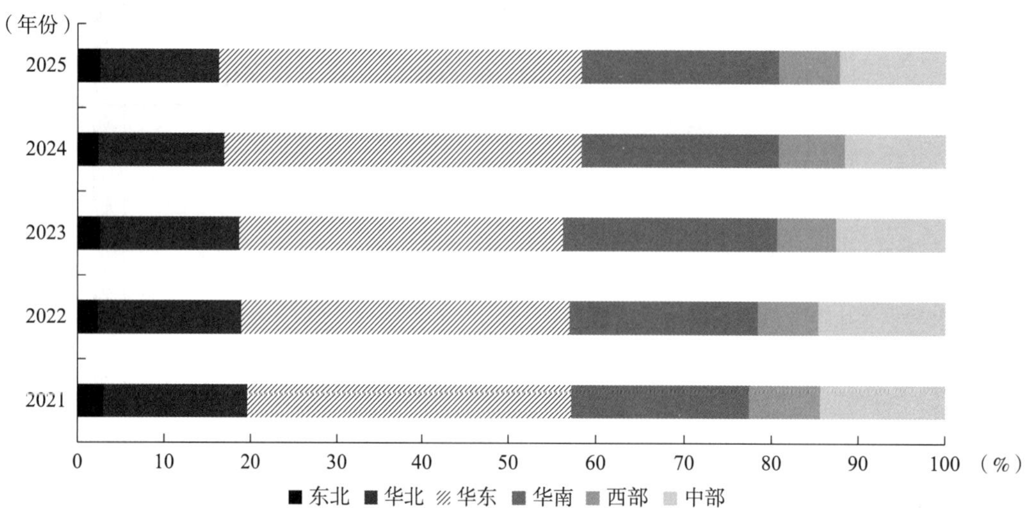

图 6-1-4　2021—2025 年房地产开发企业综合实力 TOP500 区域分布

数据来源：CRIC、上海易居房地产研究院。

（2）企业规模分析。

①资产规模持续下降，房企缩表维持稳健经营。

2024 年，TOP500 房地产开发企业总资产均值为 768.02 亿元，同比下降 9.42%；净资产均值为 185.36 亿元，同比下降 1.49%（见图 6-1-5）。2024 年 TOP500 房企继续缩表，总资产、净资产规模继续下降，且同比降幅较上年有所扩大。

2024 年房企继续缩表维持稳健经营，拿地投资态度更加谨慎和聚焦，积极去库存回笼资金。市场持续走弱，销售端未实现普遍性止跌回稳，房企持续亏损侵蚀净资产规模。企业层面，民营及混合所有制房企缩表态势明显，央企资产规模与上年基本持平，少数地方国资房企总资产规模有小幅增长。2024 年房企的投资表现更加谨慎，投资相对积极的头部国央企投资力度同比也有明显下降。

②销售规模持续走低，千亿房企数量下降。

2024 年，全国新建商品房销售面积 97385 万平方米，同比下降 12.9%；新建商品房销售额 96750 亿元，同比下降 17.1%。其中，住宅销售面积同比下降 14.1%，办公楼销售面积同比下降 11.5%，商业营业用房销售面积同比下降 5.9%；住宅销售额同比下降 17.6%，办公楼销售额同比下降 14.3%，商业营业用房销售额同比下降 13.6%。

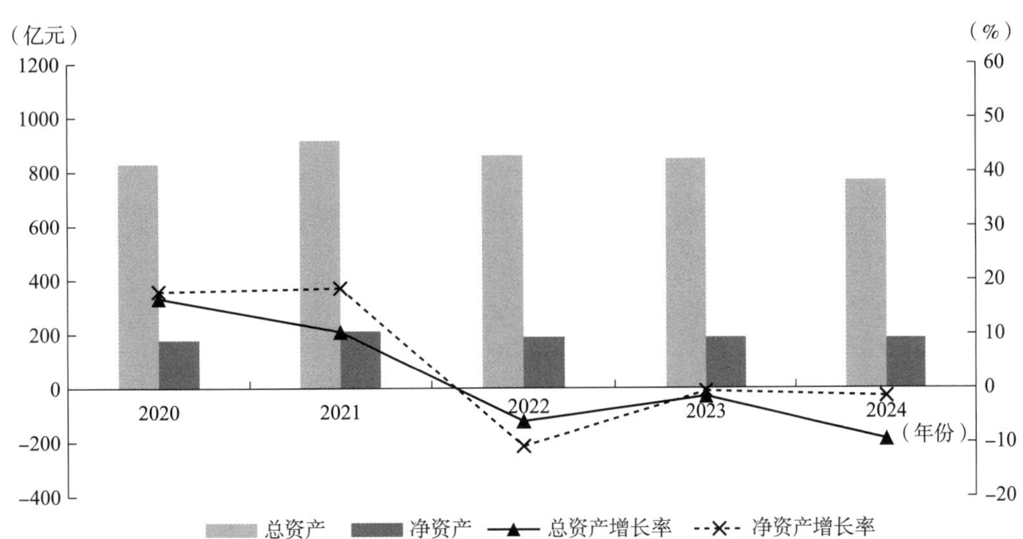

图 6-1-5　2020—2024 年 TOP500 房企平均资产规模水平及其变化

数据来源：CRIC、上海易居房地产研究院。

2024 年，TOP500 房企全年销售金额同比下降 27.74%，TOP100 房企全年销售金额同比下降 24.56%，TOP10 房企全年销售金额同比下降 22.79%（见表 6-1-3）。2024 年房地产市场处于弱势整理阶段，前三季度宽松的房地产政策未对销售产生有效刺激，销售额同比大幅下降，第四季度得益于 9 月底连续的新政利好，房企销售有所回升。企业方面，TOP100 房企中，有超过八成房企销售金额同比下降，不仅民企业绩明显受损，央国企业绩也大幅下滑。仅有少数央国企及优质民企表现出相对较强的抗周期韧性，例如深铁置业、中建壹品、鸿荣源等房企销售金额同比增长超过 10%。

表 6-1-3　2024 年全国商品房与 TOP500 房企销售情况对比

指　标	全国商品房销售	TOP500 销售	TOP100 销售	TOP10 销售
销售面积（万平方米）	97385	21873	18485	9593
同比增长率（%）	-12.90	-31.02	-29.70	-24.18
销售金额（亿元）	96750	35910	29078	13843
同比增长率（%）	-17.10	-27.74	-24.56	-22.79

数据来源：国家统计局、CRIC、上海易居房地产研究院。

具体到各梯队，TOP10 房企销售金额同比集中在-20%～0%区间，企业间业绩分化现象明显，有 1 家房企销售金额实现同比增长，2 家房企销售金额同比降幅超过 40%。TOP11～20、TOP21～30 房企销售金额同比集中在-40%～-20%区间（见图 6-1-6）。

克而瑞数据显示，2024 年销售规模（全口径）超过 1000 亿元的房企总计 11 家，数量较上年减少 5 家（见图 6-1-7）。能保持千亿销售规模的房企均为财务稳健的大型房企，其中 8 家为国央企，3 家为民企。2024 年销售规模超过 3000 亿元的房企数量较上年减少 2 家，仅有保利发展、中海 2 家房企跻身“三千亿阵营”。“五千亿阵营”消失，已连续三年没有房企销售规模超过 5000 亿元。

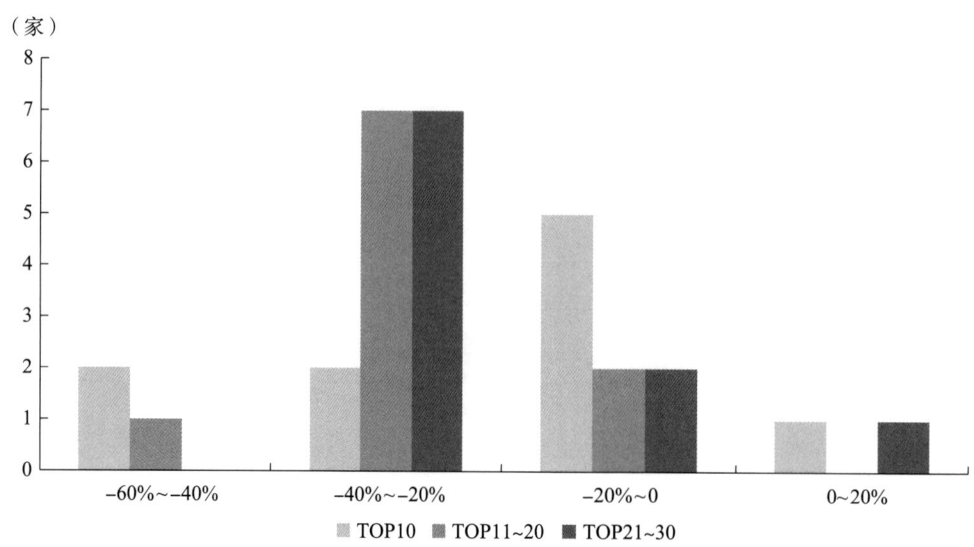

图 6-1-6　各梯队房企 2024 年业绩同比增速分布

数据来源：企业公告、上海易居房地产研究院。

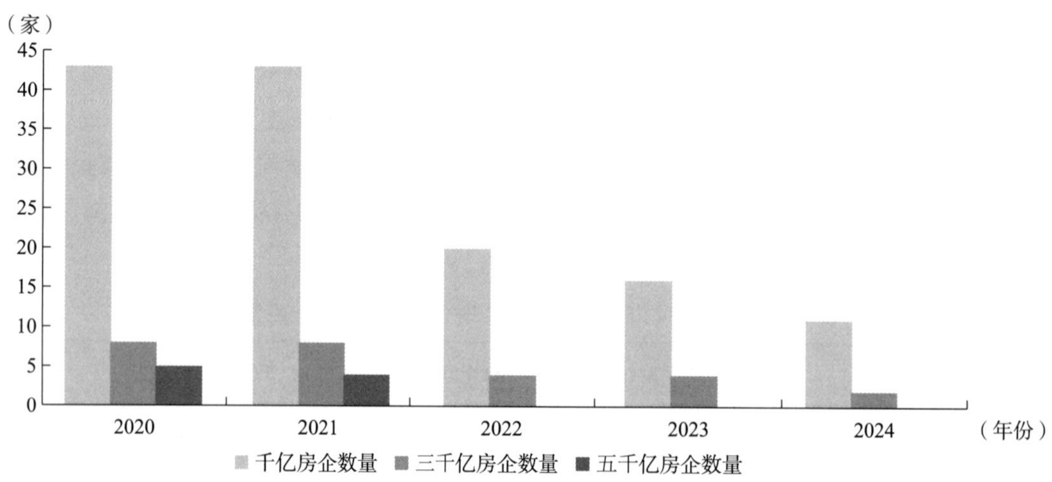

图 6-1-7　2020—2024 年千亿房企数量统计

数据来源：CRIC、上海易居房地产研究院。

③各梯队集中度上升，行业头部效应凸显。

从此次测评结果来看，2024 年 TOP10、TOP50、TOP100、TOP200 销售金额分别约占 TOP500 销售金额的 38.55%、68.87%、80.97%、91.60%（见图 6-1-8）。相较于 2023 年的 36%、67%、78%、90%，各梯度房企集中度均有所提升，其中 TOP10 房企集中度上升幅度较大，市场份额持续向头部房企集中。

（3）风险管理分析。

①融资难问题依然存在，房企偿债压力增加。

2024 年，房地产行业政策主基调宽松，上半年房地产融资协调机制建立并加速推进，各地白名单项目逐步推出，金融机构对房地产行业的支持力度扩大。下半年，房企融资相关政策迎来多项调整，包括 LPR 及房贷利率、首付比例、存量房贷降息等方面，需求端调控继续放松。中央政治局会议首次定调“促进房地产市场止跌回稳”，房企融资政策得到边际改善，但多数民营房企，尤其是出险房企，融资难的问题依然突出。

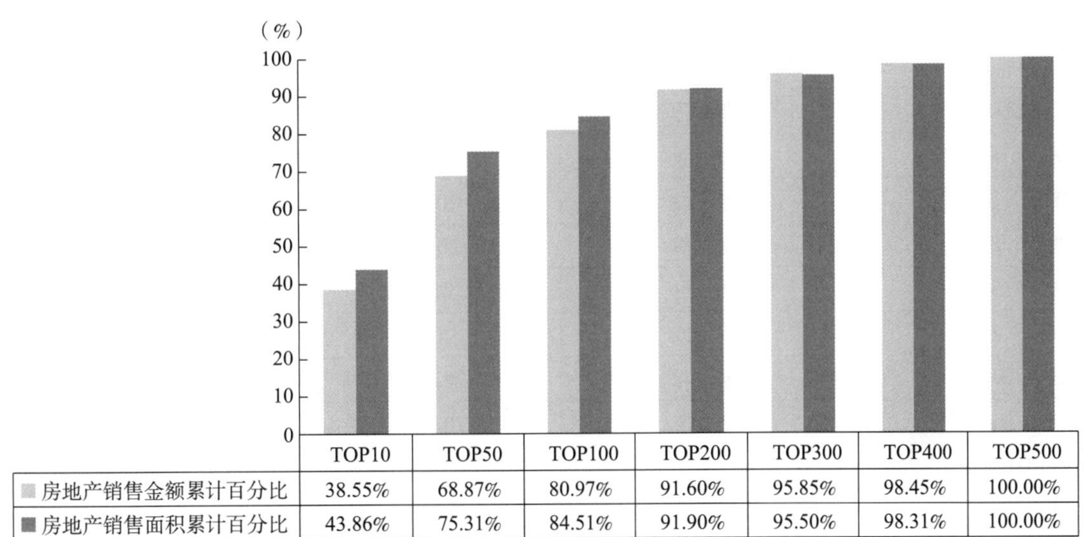

	TOP10	TOP50	TOP100	TOP200	TOP300	TOP400	TOP500
房地产销售金额累计百分比	38.55%	68.87%	80.97%	91.60%	95.85%	98.45%	100.00%
房地产销售面积累计百分比	43.86%	75.31%	84.51%	91.90%	95.50%	98.31%	100.00%

图 6-1-8　2024 年 TOP500 房企销售金额和销售面积累计百分比

数据来源：CRIC、上海易居房地产研究院。

长期偿债能力方面，TOP500 房企 2024 年资产负债率均值为 60.72%，较上年下降 3.12 个百分点；净负债率均值为 102.50%，较上年上升 5.58 个百分点（见图 6-1-9），净负债率连续三年上涨。在总有息负债规模下降的背景下，净负债率持续上涨，主要原因在于现金总额的下滑。2024 年房地产销售市场表现疲软，销售受阻回款降低，同时外部融资难问题依然存在，房企账面现金消耗较快。短期偿债能力方面，2024 年 TOP500 房企流动比率均值为 1.70，较上年下降 0.04；速动比率均值为 0.75，较上年下降 0.01，二者较上年均有小幅下滑。有八成的房企速动比率小于 1，可变现的流动资产无法覆盖流动债务，短期偿债压力较大。

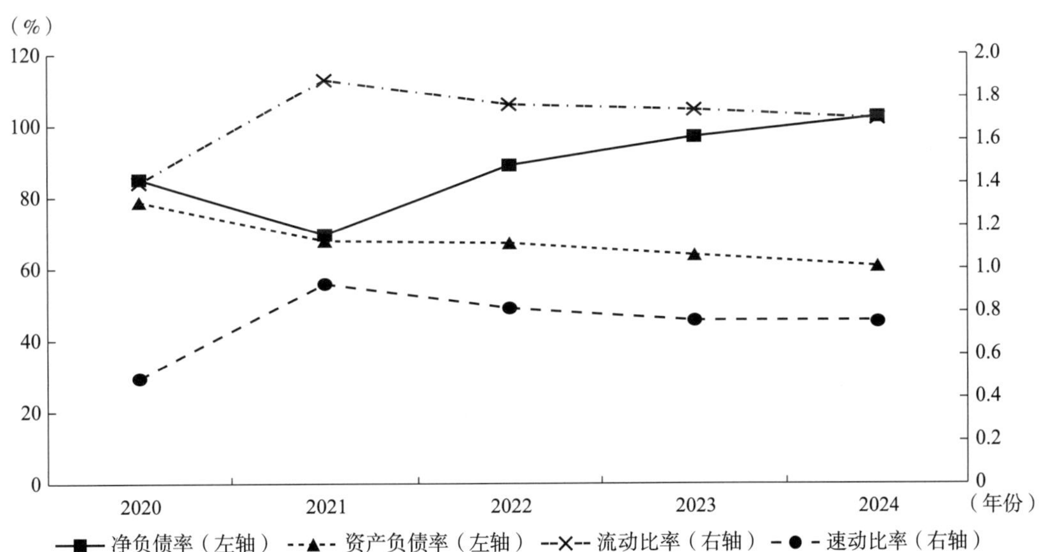

图 6-1-9　2020—2024 年 TOP500 房企偿债能力指标均值对比

数据来源：Wind、企业年报。

2024 年，9 家房企从 A 股和港股退市，其中泛海控股、中南建设、世茂股份等房企因为面值退市，佳源国际、大发地产、大唐地产等房企因停牌超 18 个月退市（见表 6-1-4）。2021 年下半年以来，行业持续下行，房企流动性危机显现，部分在港上市房企因为无法公布年报而开始停牌。若企业无法在规定期限内成功发布年报完成复牌，将触发退市条件。

表 6-1-4　2024 年 A 股和 H 股退市房企

证券代码	证券简称	退市时间	退市原因
000046. SZ	泛海控股	2024-2-27	面值退市
000961. SZ	中南建设	2024-5-13	面值退市
600823. SH	世茂股份	2024-6-14	面值退市
600565. SH	迪马股份	2024-8-7	面值退市
000023. SZ	深圳天地	2024-9-2	市值退市
2768. HK	佳源国际	2024-10-29	停牌超 18 个月
6111. HK	大发地产	2024-10-29	停牌超 18 个月
2117. HK	大唐地产	2024-10-29	停牌超 18 个月
2599. HK	祥生控股	2024-11-11	停牌超 18 个月

资料来源：企业公告、上海易居房地产研究院。

2024 年以来，房地产利好政策的接连释放让房地产行业信心开始回暖，上市房企股价有所上涨。截至 2025 年 3 月 13 日，A 股上市房企收盘价最低的＊ST 金科，最新收盘价为 1.43 元，脱离面值退市危险区。截至 2025 年 3 月 13 日，H 股共有 8 家内房企或房企旗下企业在停牌中，若没有在规定时间内复牌，则可能被取消上市地位。银城国际控股的 18 个月停牌期限于 2025 年 3 月 3 日届满，未能于届满日期前达成复牌指引及额外复牌指引所载的所有条件，上市地位将被取消。

②到位资金降幅扩大，国内贷款占比提升。

国家统计局数据显示，2024 年 1—12 月，房地产开发企业到位资金 107661 亿元，同比下降 17.0%。从资金来源看，国内贷款 15217 亿元，同比下降 6.1%；利用外资 32 亿元，同比下降 26.7%；自筹资金 37746 亿元，同比下降 11.6%；定金及预收款 33571 亿元，同比下降 23.0%；个人按揭贷款 15661 亿元，同比下降 27.9%（见表 6-1-5）。

2024 年以来，虽然房企融资支持政策持续宽松，但市场对房地产行业复苏的不确定性依然较强，实际融资环境未显著回暖。从到位资金来看，房地产开发企业到位资金总额同比持续下降，且降幅较上年扩大。其中，随着一系列放松政策的落地，年内国内贷款同比有所下降，但资金占比较上年有所提升；对于多数民企而言，境外融资依然处于冰封期，利用外资同比大幅下降，利用外资金额占比持续下滑；商品房销售金额大幅下降，以定金及预收款和个人按揭贷款为主的其他资金同比下滑，其他资金占比下滑（见图 6-1-10）。

表 6-1-5　2024 年房地产开发企业资金来源及同比变化

指　标	2024 年（亿元）	同比（%）
开发企业到位资金总额	107661	-17.0
国内贷款	15217	-6.1
利用外资	32	-26.7
自筹资金	37746	-11.6
其他资金	54666	-21.7
其中：定金及预收款	33571	-23.0
个人按揭贷款	15661	-27.9

数据来源：国家统计局。

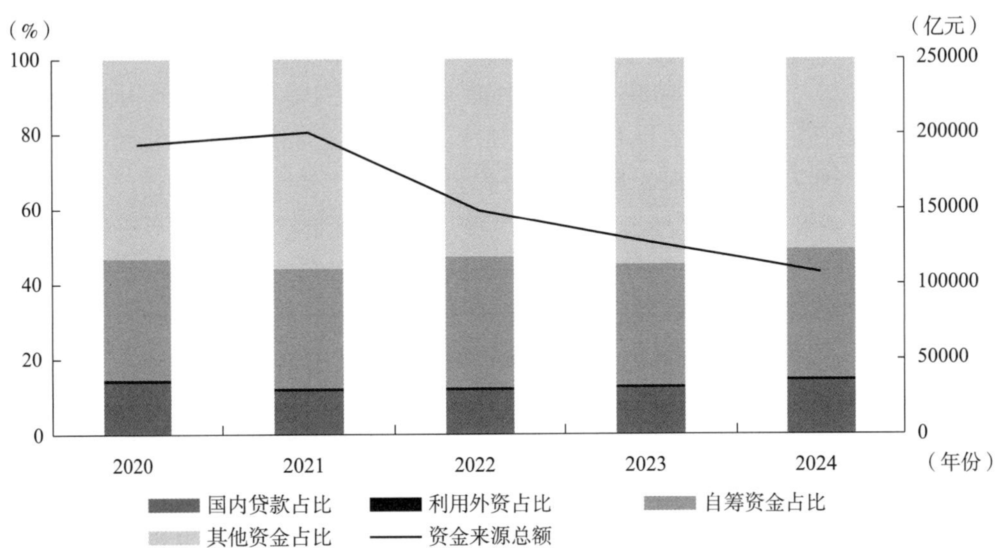

图 6-1-10　2020—2024 年全国房地产开发企业资金到位情况

数据来源：国家统计局。

③融资政策持续宽松，境内融资占比扩大。

2024 年，房地产融资政策进一步宽松。1 月，中央推行房地产融资协调机制，此后各地政府纷纷推进落实；3 月，国务院常务会议指出进一步优化房地产政策，释放房地产行业政策持续放松信号；9 月，央行推出多项重磅政策，包括降准、降息、下调存量房贷利率、降二套首付比例等，提振房地产市场信心；10 月，央行表示允许政策性银行、商业银行向有条件的企业发放贷款，收购存量土地，由央行提供必要的再贷款支持；11 月，财政部上调地方政府专项债务限额，支持地方用于置换各类隐性债务，帮助地方政府借新还旧，降低融资成本。

2024 年，TOP50 房企融资总额 4091.02 亿元，较 2023 年下降 17.97%。分季度来看，第一季度融资规模全年最低，同比下降 45.15%；第二季度随着融资协调机制“白名单”的推广，房企融资规模较上季度有所增长，同比仍处于下降阶段；第三季度融资规模处于年内高峰，同比下降 9.76%，降幅有所收窄，主要原因在于第三季度万科向金融机构申请较大规模的贷款；第四季度房地产贷款投放速度加快，房企融资规模同比增长（见图 6-1-11）。2024 年以来，房企融资支持政策边际改善，各城市推广融资协调机制，但非银融资规模仍处于下滑趋势，民营房企融资难问题依然突出。

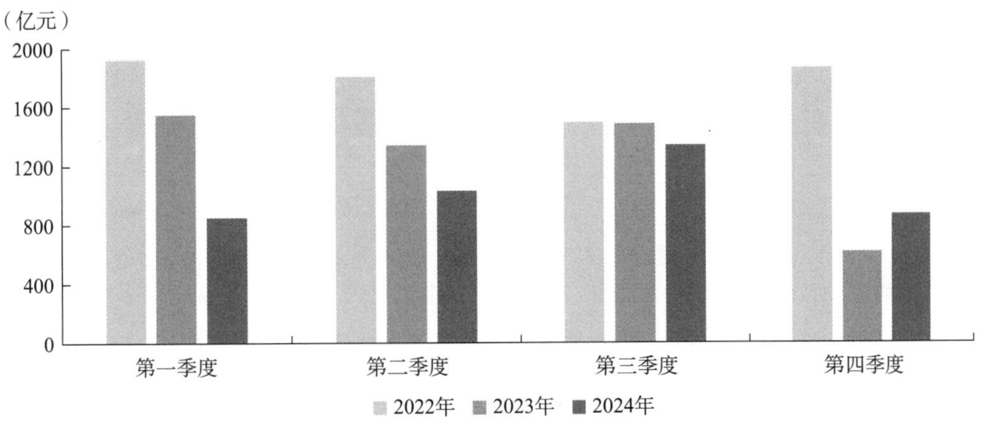

图 6-1-11　2022—2024 年 TOP50 房企季度融资额

数据来源：上海易居房地产研究院。

从融资结构来看，2024 年 TOP50 房企境内债权融资总量为 3678. 76 亿元，同比下降 4. 95%，融资量占比达到 89. 92%，同比上升 12. 33 个百分点。境外债权融资总量为 157. 23 亿元，同比下降 51. 57%，境外债权融资占比为 3. 84%，同比下降 2. 67 个百分点。2024 年房企境外融资渠道仍处于冰封状态，境内债权融资仍为 TOP50 房企融资主要渠道。股权融资方面，2024 年 TOP50 房企股权融资金额总量仅有 15. 30 亿元，同比下降 95. 14%，2024 年仅有中交地产和融创完成增发配股，多数上市房企定增推进较为缓慢，国贸地产、金科等房企宣布终止定增。房企配股融资推进困难，主要原因在于资本市场对于房地产行业信心不足。资产证券化融资额同比下滑 49. 77%至 239. 72 亿元，占比也下降 3. 71 个百分点至 5. 86%。随着永续债纳入负债监管，房企发行热情持续消退，自 2022 年以来，TOP50 房企已连续三年没有发行新的永续债。2025 年 2 月，绿城计划发行 3. 5 亿美元的优先票据，年利率 8. 45%，这是中国大型房企两年来首次发行美元债，有望打破“房企美元债市场冻结”的悲观预期，带动更多优质房企重启境外融资。

从融资成本来看，2024 年 TOP50 房企新增融资成本为 3. 01%，同比下降 0. 55 个百分点，其中，境内债券加权平均融资成本为 2. 99%，同比下降 0. 41 个百分点；境外债券加权平均融资成本为 4. 07%，同比下降 3. 97 个百分点；资产证券化加权平均成本为 3. 35%，同比下降 0. 47 个百分点。境内融资成本下降，一方面，由于 2024 年货币环境相对宽松，LPR 利率下调，市场整体利率下降；另一方面，房地产行业中发债主体大多数为央国企及优质民企，企业融资优势较为明显。境外融资方面，对于多数房企而言，境外融资渠道仍处于停滞状态，仅有华润、越秀、保利置业等央国企完成境外融资，因此统计基数较小，融资成本与往期偏差较大。

（4）盈利能力分析。

①营收同比降幅扩大，房企重视费用管理。

2024 年，房地产行业政策延续宽松基调，政策着力点聚焦于去库存，但市场信心尚未恢复，房企结算规模受到影响，利润空间持续收窄。TOP500 房地产开发企业营业收入均值 95. 08 亿元，同比下降 11. 57%，降幅较上年有所扩大。营业成本均值 80. 93 亿元，同比下降 6. 72%（见图 6-1-12）。净利润均值 2. 25 亿元，同比下降 29. 46%，现金及现金等价物余额均值 60. 71 亿元，同比下降 12. 21%（见图 6-1-13），行业整体销售持续回落，同时外部融资难问题依然存在，房企持有现金规模持续萎缩。

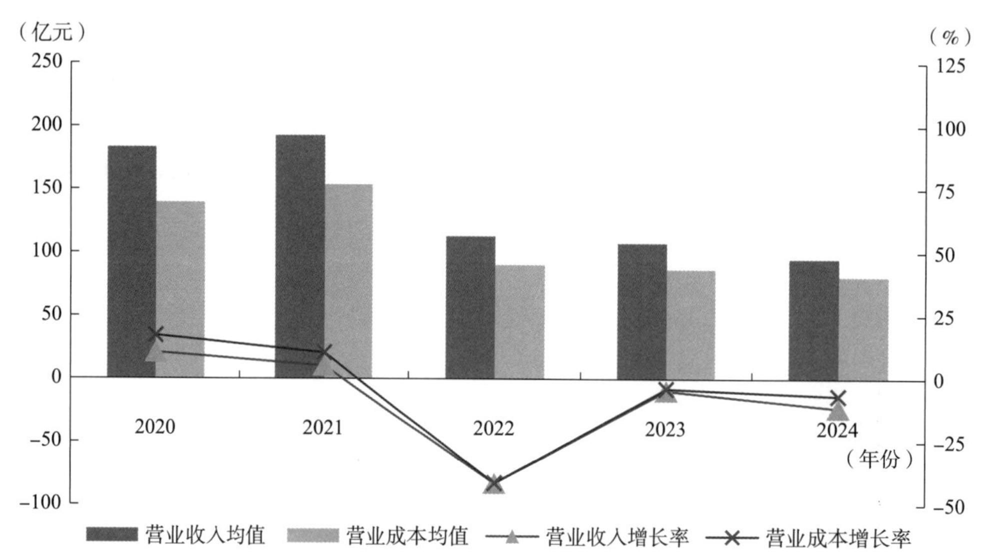

图 6-1-12　2020—2024 年 TOP500 房企营业收入与营业成本

数据来源：企业公告、Wind、上海易居房地产研究院。

房企利润空间持续收窄主要包括几方面原因，从营收端看，房企销售的持续承压，营销端“以价换量”，采取打折促销的方式加速去化；从成本端看，高地价项目结转影响仍在传导，低利润项目集中结算；从资产减值角度看，近年来房企存货及投资物业账面价值缩水，以致存货计提大额减值侵蚀企业利润。

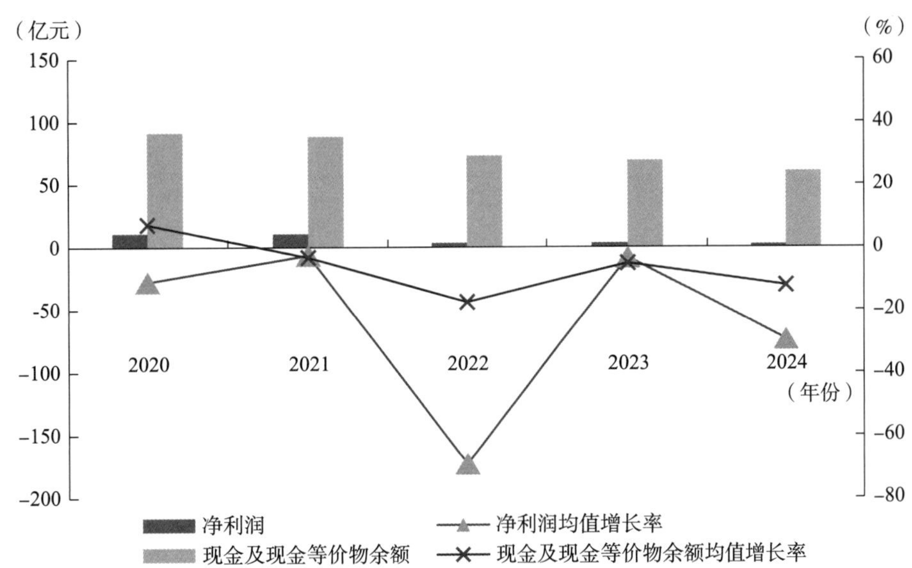

图 6-1-13　2020—2024 年 TOP500 房企绝对盈利能力指标均值变动

数据来源：企业公告、Wind、上海易居房地产研究院。

2024 年，TOP500 房地产开发企业三费均值达 11.59 亿元，其中销售费用均值 3.25 亿元，同比下降 11.50%；管理费用均值 3.54 亿元，同比下降 14.14%；财务费用均值 4.80 亿元，同比下降 0.62%。三费占营业收入的比重为 12.19%（见图 6-1-14）。

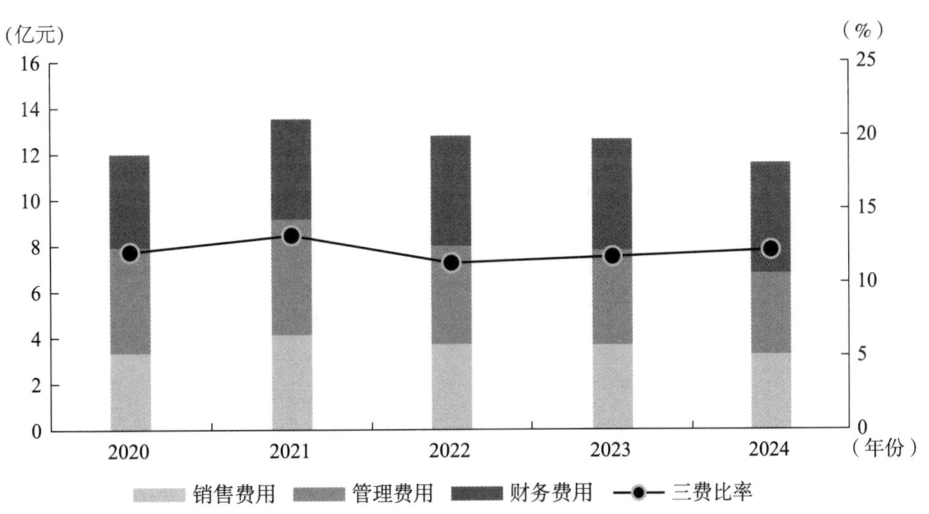

图 6-1-14　2020—2024 年 TOP500 房企三费比率均值变动

数据来源：企业公告、Wind、上海易居房地产研究院。

房地产市场疲软，多家房企营销活动放缓并减少促销开支预算，销售费用持续下降；管理方面，房企在提高管理效率、降低行政开支方面取得成效，管理费用继续下降；2024 年以来城市房地产融资协调机制、经营性物业贷等相关融资政策持续落地，财务费用均值有小幅下降，但对多数民营房企而言，融资难度大、成本高的问题依然存在。总体来看，2024 年房企三费总额持续下降，中海、滨江等房企费用管控能力较强，在市场竞争加剧、融资环境变化等因素影响下，房企费用管控能力也成为衡量市场竞争力的重要指标之一。

②利润空间受到挤压，资产收益率持续下滑。

2024 年，TOP500 房地产开发企业总资产收益率均值为 0. 41%，同比下降 0. 15 个百分点；净资产收益率均值为 1. 22%，同比下降 1. 27 个百分点；成本费用利润率均值为 3. 25%，同比下降 0. 81 个百分点（见图 6-1-15）。2024 年房地产市场信心不足，企业利润空间收窄，总资产规模持续负增长，TOP500 房企总资产收益率继续下降。从净资产收益率构成来看，2024 年房企总资产周转率下降，降杠杆工作持续进行，权益乘数有小幅下降，销售净利率下降，在三个指标共同作用下，净资产收益率继续下滑（见图 6-1-16）。行业深度调整期房企利润空间受到挤压，整体成本费用利润率继续下滑。

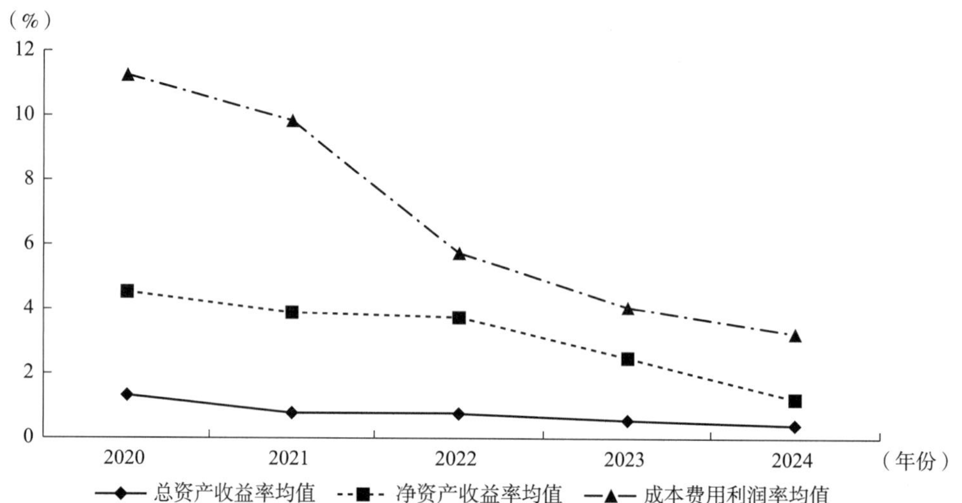

图 6-1-15　2020—2024 年 TOP500 房企相对盈利能力指标均值变动

数据来源：企业公告、Wind、上海易居房地产研究院。

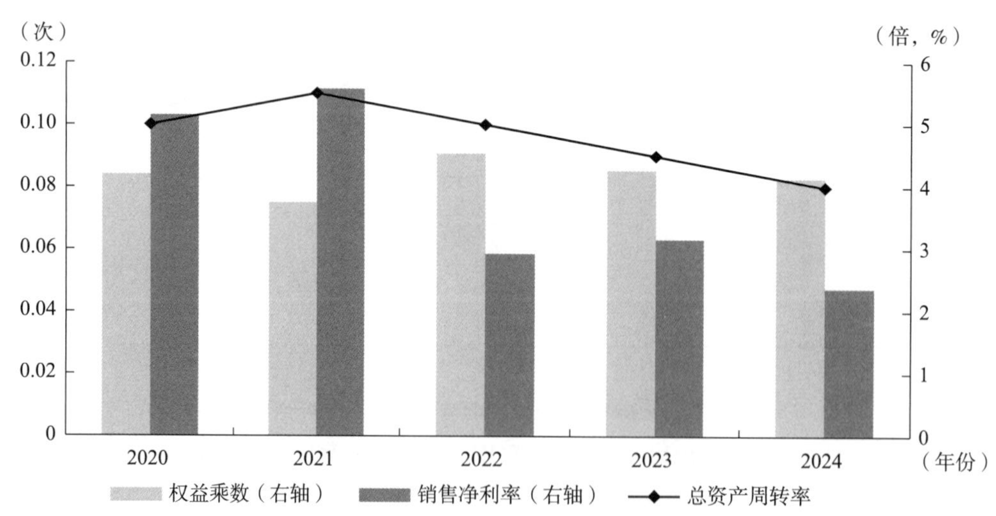

图 6-1-16　2020—2024 年 TOP500 房企净资产收益率影响因素变动

数据来源：企业公告、Wind、上海易居房地产研究院。

③各梯队营收利润双降，头部房企具备相对优势。

此次测评将 TOP10、TOP30、TOP50 房企按各类指标进行计算，用以研究不同位次房企在盈利能力方面的特点。

在营业收入方面，2024 年，TOP10 房企营业收入均值最高，达 1974 亿元，同比下降 12. 49%；TOP30 房企营业收入均值为1221亿元，同比下降4.17%；TOP50房企营业收入均值为843亿元，同比下降13.46%。各梯队中TOP50房企营业收入同比降幅最大，近年来需求端的显著疲软导致销售结转面积大幅下滑，是房企营业收入下降的主要原因，TOP10房企营业收入均值也有明显下降，主要受到万科营业收入大幅下降的影响。

净利润方面，2024年，TOP10房企净利润均值为100亿元，同比下降26.86%；TOP30房企净利润均值约48亿元，同比下降13.96%；TOP50房企净利润均值约19亿元，同比下降50.30%（见图6-1-17）。各梯队房企净利润降幅远超营业收入降幅，其中TOP50房企的净利润均值降幅最大，企业整体利润率持续下行探底，行业进入微利时代。

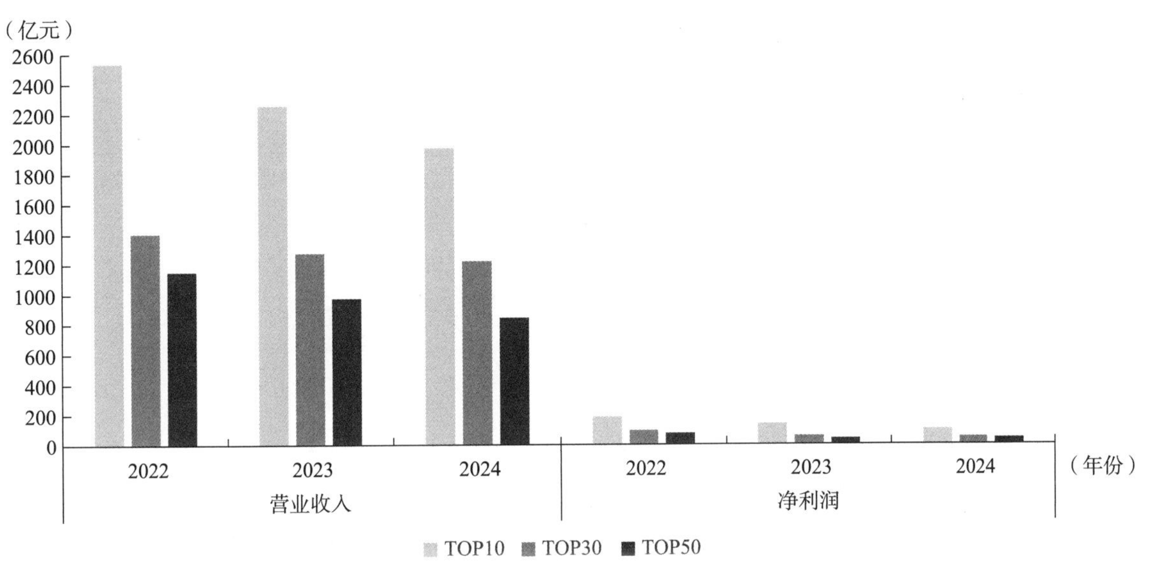

图6-1-17　2022—2024年头部房企绝对盈利能力指标均值情况对比

数据来源：企业公告、Wind、上海易居房地产研究院。

2024年，房地产市场持续调整，TOP10房企在各相对盈利能力指标上均占据优势，规模效应显现。净资产收益率方面，TOP10房企均值最高，约3.29%；TOP30房企均值为3.19%；TOP50房企最低，约0.63%。总资产收益率及成本费用利润率方面，各梯队房企均值较上年均有所下降，各梯队中，TOP10房企表现最优，TOP50房企均值最低，头部房企盈利优势显现（见图6-1-18）。

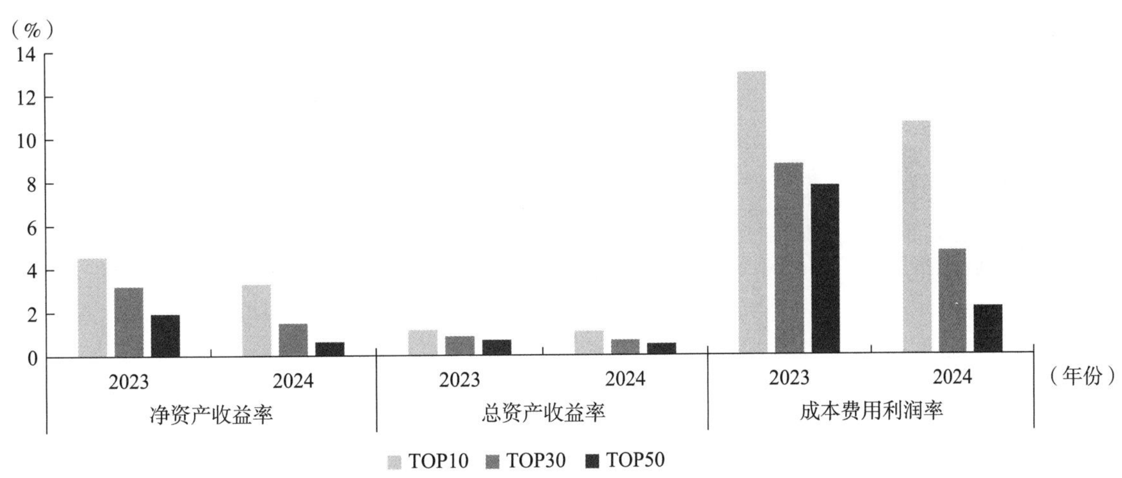

图6-1-18　2023—2024年头部房企相对盈利能力指标均值情况对比

数据来源：企业公告、Wind、上海易居房地产研究院。

（5）成长潜力分析。

①销售规模加速下滑，房企延续分化格局。

2024 年，TOP500 房地产企业销售面积同比下降 31.02%，降幅较上年有所扩大；销售金额同比下降 27.74%，连续四年增长率为负（见图 6-1-19）。2024 年行业销售持续回落，尽管政策面不断优化，持续向购房者释放利好信号，但市场反应并不积极，复苏动能依旧不足。年底中央经济工作会议再次强调，2025 年重点任务之一是“持续用力推动房地产市场止跌回稳”，预期更加积极的财政政策和适度宽松的货币政策，有望对房地产市场复苏提供有力支撑。

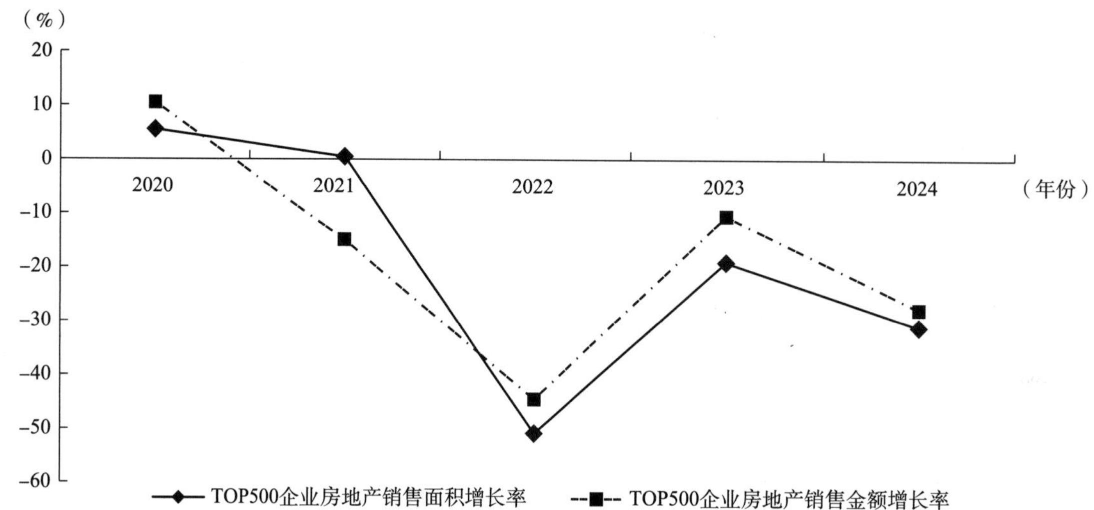

图 6-1-19　2020—2024 年 TOP500 房企销售增长性指标变化情况

数据来源：CRIC、Wind。

2024 年 TOP10 房企中，仅有中海销售金额实现小幅正增长，其余 9 家房企全年销售金额同比下降（见图 6-1-20）。在市场持续下行期，企业间分化现象更加明显，民营房企同比降幅远高于央国企，龙湖、新城销售金额同比降幅超四成，华润、绿城销售金额同比降幅不超过 15%。2024 年销售金额超过 3000 亿元的仅有中海、保利发展两家房企，数量较上年减少两家。当前市场对头部房企的投资能力提出更高的要求，在核心城市优质地块出让带动下，头部房企拿地竞争激烈，房企维持销售规模存在较大压力。

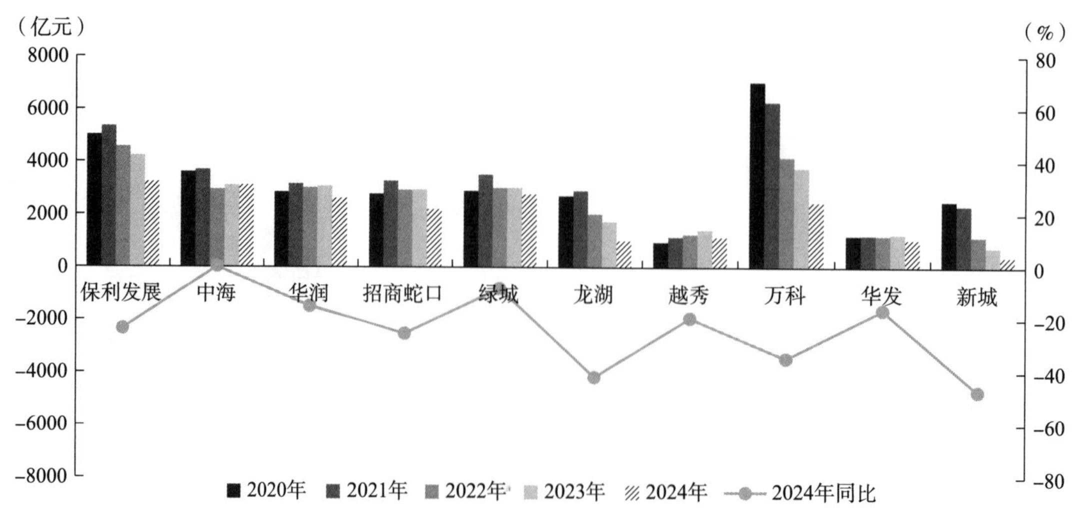

图 6-1-20　2020—2024 年 TOP10 房企销售金额和同比变化情况

数据来源：公开资料。

②城市土地成交缩水，企业拿地持续收缩。

2024 年，全国 400 个市县土地成交金额 33000 亿元，同比下降 19.45%（见图 6-1-21）。土地市场持续遇冷，供给端政府供应量下降，需求端企业拿地意愿持续收缩，土地成交金额同比下降。分能级来看，各能级城市的土地成交金额均表现为同比下降，一线城市土地成交金额同比下降 27.05%，二线城市同比下降 22.21%，三、四、五线城市同比下降 15.52%。2024 年一、二线城市土地出让策略聚焦高溢价优质地块，整体供应量大幅收缩。一线城市中，上海 2024 年涉宅地块出让数量，是实行集中土拍以来最少的一年，虽然土拍过程中保持了较高的热度，但土地成交金额回落幅度较大。

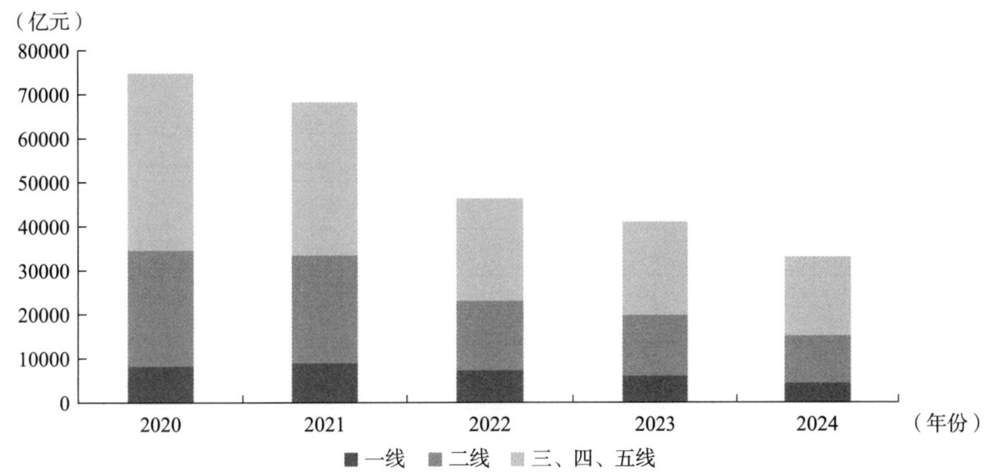

图 6-1-21　2020—2024 年全国 400 个市县土地成交金额

数据来源：CRIC。

各能级城市土地成交金额分布与上年相比基本保持稳定。2024 年，一线城市土地成交金额占比 14%，同比下降 1 个百分点；二线城市占比 30%，同比下降 3 个百分点；三、四、五线城市占比 56%，同比上升 4 个百分点（见图 6-1-22）。

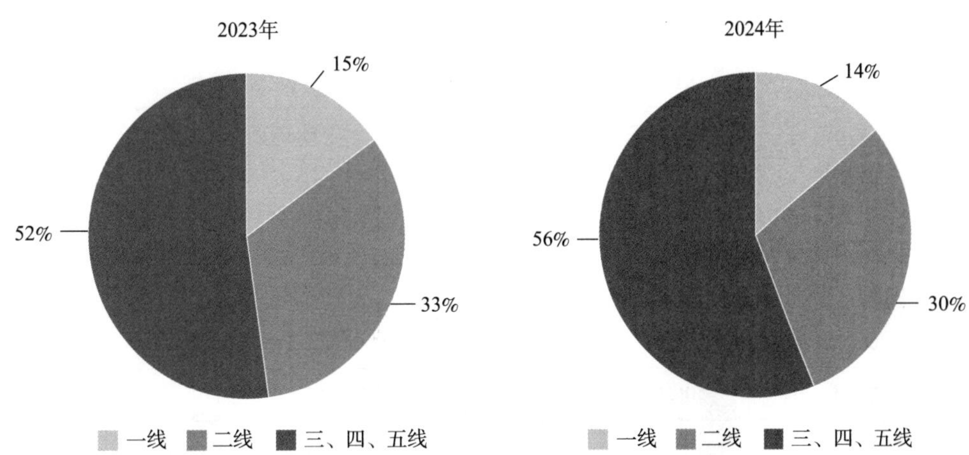

图 6-1-22　2023 年和 2024 年全国土地成交各能级城市分布（按金额）

数据来源：CRIC。

2024 年，TOP30 房企新增拿地金额 6502 亿元，同比下降 39.09%（见图 6-1-23），拿地金额较上年大幅下降，有超过两成房企暂停拿地。房企在高昂的土地成本和市场需求疲软的双重压力下，普遍采取保守策略，拿地更为谨慎，暂停拿地成为常态，以“安全经营”为主已成为房企的共识。大型央国企的投资规模保持领先，但拿地金额相较上年缩水幅度较大，例如保利发展新增土地价值同比下降 46.08%，招商蛇口同比下降 42.04%，华润同比下降 37.22%。地方国企中，部分企业在积极走出大本营持续拓展核心城市，其中越秀地产表现突出，新增拿地金额同比增长 28.61%。民营房企中，尚存拿地能力的仅有龙湖、滨江等少数规模化房企。拿地区域方面，2024 年各企业拿地选择高度趋同，一、二线城市核心地块是多数房企的共同选择，房企布局城市数量进一步减少，新增拿地金额前十的房企投资城市数量均少于 20 个。民营房企主要在重点深耕区域补充土储，例如滨江集团在“大本营”杭州稳居拿地金额榜首，占据杭州土拍市场超三成的份额，凭借稳定的供应商体系和精简的管理体系，继续保持区域领先地位。

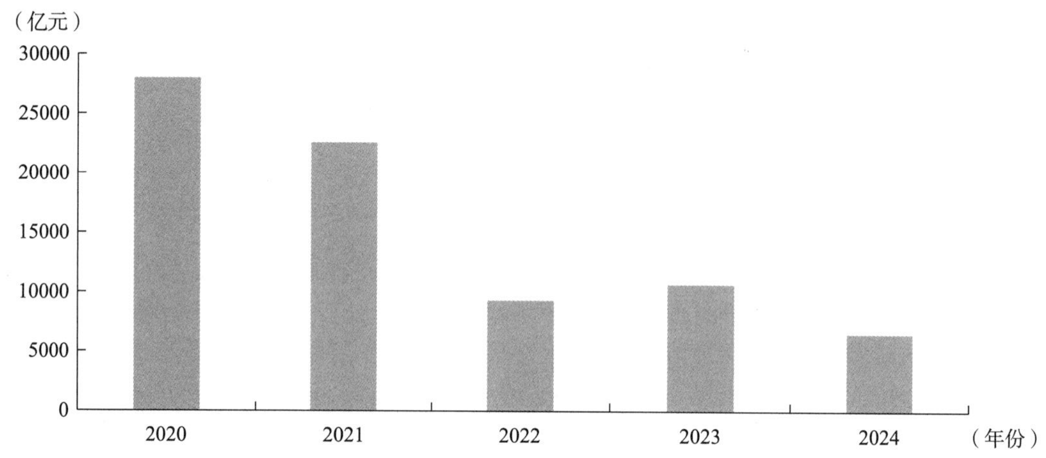

图 6-1-23　2020—2024 年 TOP30 房企新增土地价值

数据来源：CRIC、上海易居房地产研究院。

2024 年以来，房企投资方面态度谨慎，拿地格局保持前期“大型央国企占主导、城投房企托底、民营房企持续萎靡”的状态，分化现象持续。近五年拿地金额 TOP20 的房企中，央国企数量占比从 2020 年的 30%增长到 2024 年的 85%（见图 6-1-24），土地市场由央国企占主导的格局在当下表现明显。

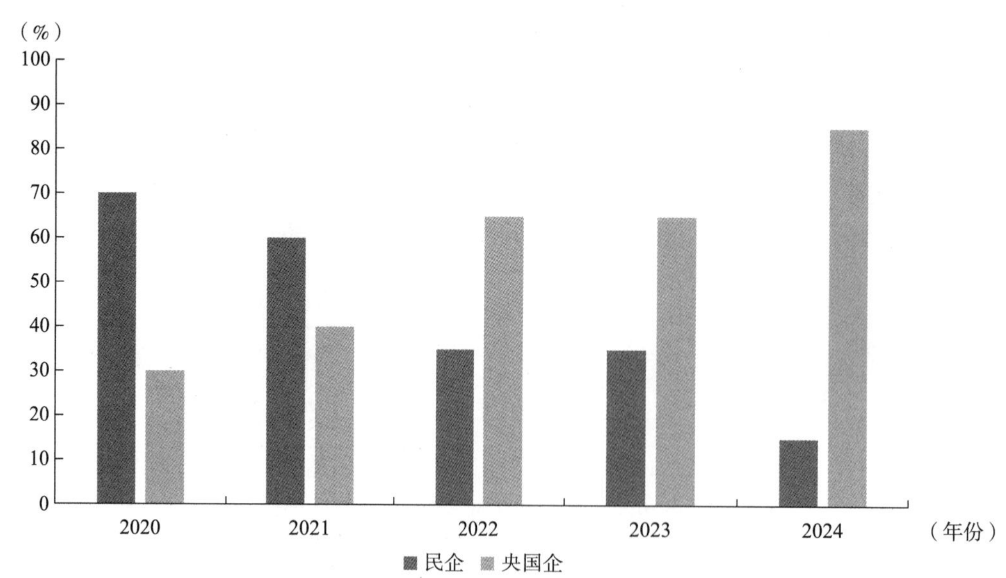

图 6-1-24　2020—2024 年拿地金额 TOP20 的房企类型占比

数据来源：CRIC、上海易居房地产研究院。

③行业并购由需求驱动，险资投资持续加码。

2024 年的房地产市场环境复杂，房企仍在努力应对资金紧张、市场需求变化等问题，让房企在并购时更加谨慎，导致并购活动放缓，行业收并购主要由出售资产回流资金、多元业务剥离、AMC 纾困房企、长期价值投资等需求驱动。地产开发业务方面，出险房企出售项目股权偿还债务，例如旭辉集团出售澳大利亚悉尼相关物业 60%权益，缓解境外流动资金压力，荣盛发展转让项目公司股权，华夏幸福转让子公司 100%股权及出售资产，盘活自身资产实现资金回收。多元业务方面，近年来多家房企选择聚焦主业，提升企业的运营效率，降低试错成本，例如万科聚焦综合住区开发、物业服务以及租赁公寓三大主业，清理和转让非主业的财务投资。

AMC 对房企的纾困主要可以分为集团和项目两个方面，在集团层面的纾困，AMC 主要是通过参与房企破产重整，对于部分严重资不抵债、净资产为负的房企，在进入破产重组程序后，AMC 机构作为债权人参与重整方案设计，化解其债务风险。如 2024 年 3 月新华联受盈新资产、招商平安资产两家 AMC 支持重整成功，获取 55 亿元资金支持用于偿债，债务风险得到化解。在项目层面的纾困，AMC 主要是对项目进行重组再开发，对不良债权的债务偿还金额、期限、利率和方式等进行重组，再通过参与追加投资、跟踪管理，使得问题项目转为正常并完成后续建造。例如东方资产收购俊发彩云城项目 2 宗地块，引入绿城管理作为代建方，重启彩云城项目。

长期投资方面，保险资金投资期限长、体量大，追求稳定的收益率，与不动产投资的资金需求量大、回报周期长等特征相契合。当前不动产资产价格持续调整，同时市场利率呈下降趋势，实力雄厚的长期资金积极寻找优质的不动产项目作为投资标的。2024 年险资频繁加码商业、写字楼、产业园区与养老社区等不动产投资。例如友邦人寿以 24 亿元的总对价收购北京朝阳区中央商务区的办公楼项目控股权，中邮保险收购西安启迪中心项目，中国人寿认购约 6.86 亿元华夏华润商业 REIT，接近总募集规模的 10%，成为第一大外部投资人，新华保险和中金资本联合成立的不动产投资基金，收购北京万达广场。

2024 年，房地产行业整体的收并购热度回落，收并购市场主要集中在一线城市及二线核心城市，企业对收并购的态度和资产选择上更加谨慎。Wind 数据显示，2024 年四个季度房企并购数量均低于上年同期，并购金额持续低位（见图 6-1-25）。随着资产价格的下调和可售优质资产数量的增多，有望吸引更多资本投资和配置高性价比优质资产。

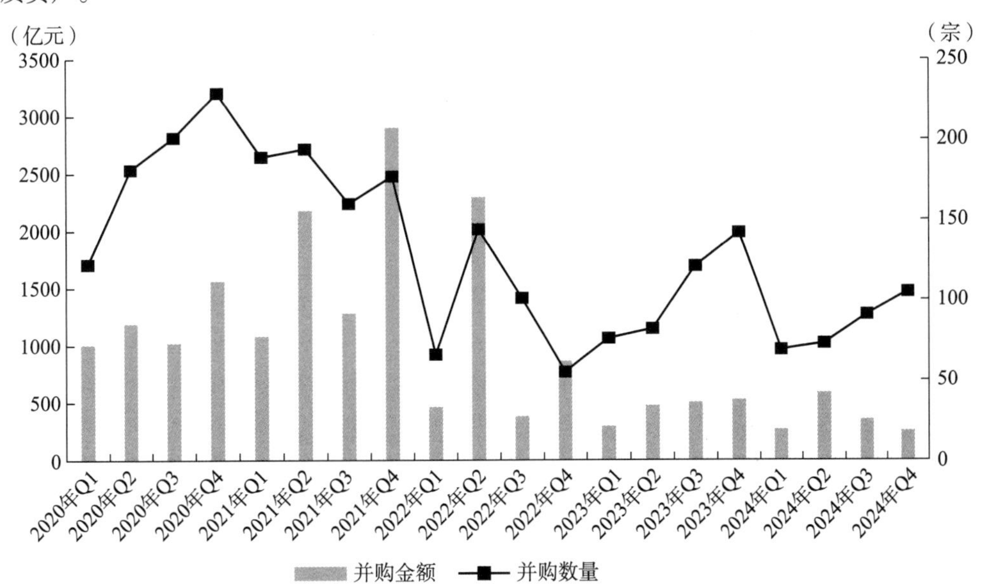

图 6-1-25　2020—2024 年各季度房企并购变动

数据来源：Wind、上海易居房地产研究院。

（6）运营绩效分析。

①存货周转速度提升，销售下行资产周转承压。

2024 年，TOP500 房地产开发企业存货周转率均值为 0.14，同比上升 0.01；流动资产周转率均值为 0.14，同比下降 0.01；总资产周转率均值为 0.08，同比下降 0.01（见图 6-1-26）。在保交付的压力及降杠杆的迫切需求下，房企加快周转速度，同时部分企业存货减值损失计提增加，存货规模缩水，TOP500 房企存货周转率持续上升。市场信心低迷销售遇阻，TOP500 房企营业收入下降，总资产周转率均值继续下滑。

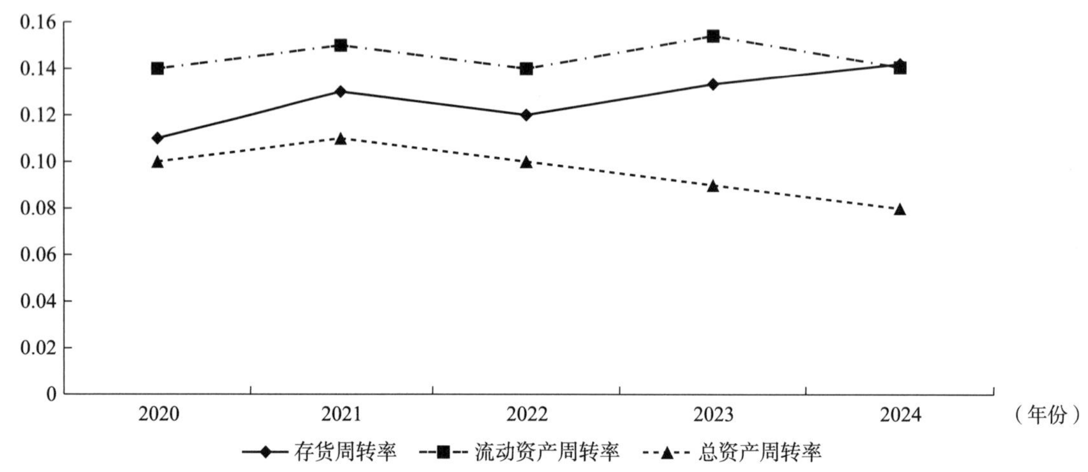

图 6-1-26　2020—2024 年 TOP500 房企运营效率指标变动

数据来源：CRIC、企业公告、上海易居房地产研究院。

2021—2024 年，存货周转率呈现先下降再上升的趋势。2022 年，由于上半年疫情多点散发，房企销售受阻，在建项目建设进度延迟，存货周转率均值下降。2023 年以来，在“保交楼”任务要求下，房企积极推动已售项目的竣工交付，同时部分房企存货减值损失计提增加，存货周转率同比上升。流动资产周转率前期与存货周转率同步变动，2024 年受房企营业收入大幅下降的影响，流动资产周转率同比下降。总资产周转率持续下降，自 2021 年下半年以来，房地产行业销售金额持续下滑，销售结转影响营业收入，带动总资产周转率下降。

②存货规模持续下降，行业库存压力减轻。

2024 年，全国房屋新开工面积 7.39 亿平方米，同比下降 23.0%（见图 6-1-27）。2020 年以来，新开工面积已连续 5 年下降，新开工面积的收缩有助于减轻市场的库存压力。2024 年房屋竣工面积 7.37 亿平方米，同比下降 27.7%，降幅较大的主要原因是上年保交楼政策推动下指标基数较高。2024 年房屋竣工面积与新开工面积已几乎持平，2025 年在盘活闲置土地、收购存量商品房用作保障房等举措的推进下，有望促进行业施工规模继续下降，行业库存压力持续减轻。

2024 年，TOP500 房企平均存货货值为 394.82 亿元，同比减少 13.46%（见图 6-1-28），平均存货规模连续 3 年呈现负增长趋势。2024 年房地产市场低位运行，房企投资保持谨慎，TOP500 房企中有超七成房企存货总量下滑。从企业性质上看，部分国企存货货值较上年同期有所增加，而民营房企、混合所有制房企受到投资收缩、市场预期较低等因素的影响，存货货值降幅较大。

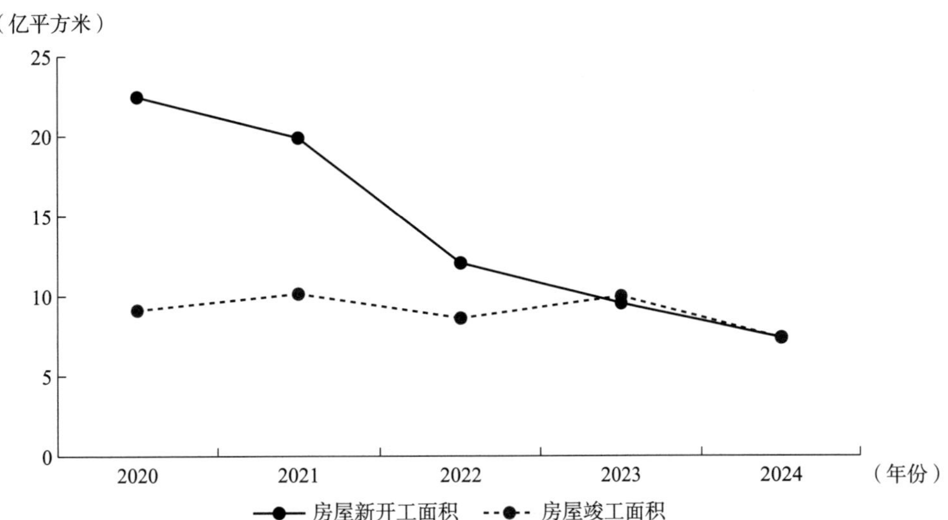

图 6-1-27　2020—2024 年全国房屋新开工面积与房屋竣工面积走势

数据来源：国家统计局。

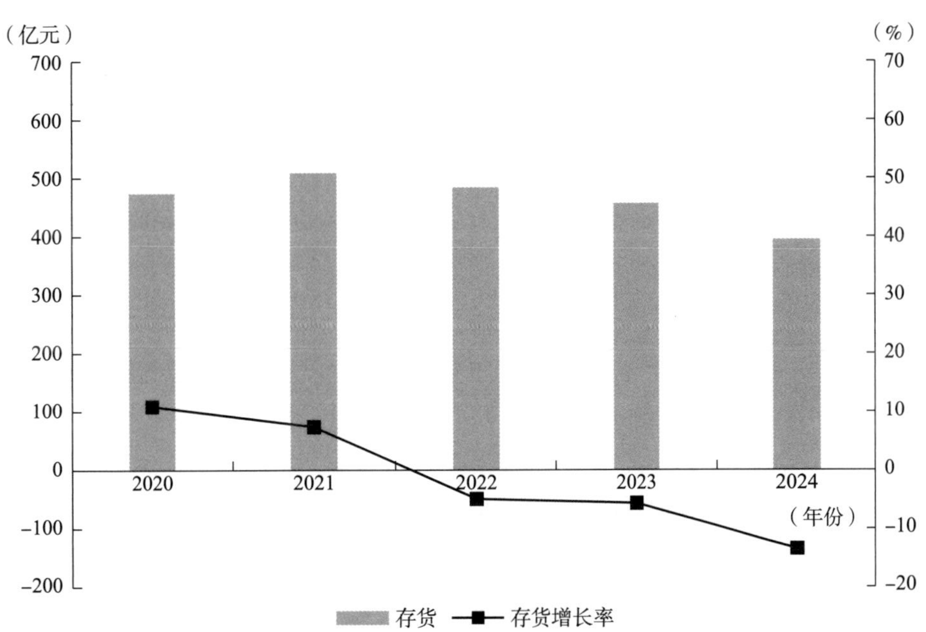

图 6-1-28　2020—2024 年 TOP500 房企存货均值变动情况

数据来源：CRIC、Wind。

自 2021 年以来，由于市场处于低位调整，销售持续承压，房企结合市场风险对部分存货计提资产减值损失。2024 上半年，TOP500 房企中的上市房企有八成计提存货跌价准备，在 2024 年中报中，万科、金地、深振业、大悦城等房企均提到计提资产减值损失。短期来看，存货跌价及投资物业账面价值缩水，对房企利润表现产生较大的负面影响。长期来看，合理计提资产减值有利于提升企业的经营效率和风险管理能力，适度释放风险，提升资产质量，为未来的业绩增长打下基础。

③组织架构密集调整，区域合并成主流趋势。

随着房地产市场进入新的发展阶段，房企组织架构调整已成为行业常态。2024 年，包括万科、华润、招商蛇口、龙湖、中海等在内的多家房企均进行组织架构调整。调整方式主要有两种，其一是区域合并，撤销或合并项目较少的区域，优化资源配置提升管理效能，例如招商蛇口将 7 个区域公司合并为 5 个，龙湖将南京、合肥公司合并，新成立合宁公司。其二是压缩管控层级，实现管理扁平化。例如华润削弱大区管理权，未来大区主要承担业务督导职责，片区公司直接向总部汇报。中交地产撤销 7 个区域公司，同时将 16 个城市公司重组为 9 个，由集团总部直接管理（见表 6-1-6）。

表 6-1-6　2024 年起典型房企组织架构调整主要内容

<table>
<tr><th>组织架构调整方向</th><th>房企名称</th><th>组织架构调整主要内容</th></tr>
<tr><td rowspan="9">区域合并</td><td>万科</td><td>2024 年 3 月，万科南方区域由原来的 12 个城市公司改为 8 个城市公司；4 月，万科北京区域开始城市合并；10 月，万科将原来的七大区域公司缩减为 5 个，原本的东北区域、西北区域调整为总公司，总公司只设置一套管理职能，对片区内各城市项目进行集约管理</td></tr>
<tr><td>招商蛇口</td><td>2024 年 2 月，将 7 个区域公司合并为 5 个，深圳区域和华南区域被合并成新区，华中区域、西南区域则被撤销并入其他区域。2025 年 1 月，华东区域内部合并，杭州公司更名为浙江公司，宁波公司调整为事业部、划入浙江公司管理。调整后，华东区域下属城市公司包括上海公司、浙江公司、福建公司</td></tr>
<tr><td>龙湖</td><td>2024 年 2 月，将南京、合肥公司合并，新成立合宁公司</td></tr>
<tr><td>大悦城</td><td>2024 年 4 月，将东北区域公司、浙江区域公司和华中区域公司裁撤。2025 年 1 月，区域公司由 7 个收缩至 4 个，裁撤南京区域公司、西北区域公司和海南区域公司，仅留下北方区域、华东区域、华南区域和西南区域</td></tr>
<tr><td>金地</td><td>2024 年 7 月，将七大区域合并为五大区域，华北区域合并东北区域，成立北方区域，华中区域合并西部区域，成立中西部区域</td></tr>
<tr><td>保利发展</td><td>2025 年 1 月，将江苏、浙江、山东、辽宁等区域旗下的城市公司进行合并，其中保利江苏与淮海公司合并为江苏公司，保利浙江与浙南公司合并为浙江公司，保利山东与齐鲁公司合并为山东公司，保利辽宁与大连公司合并为辽宁公司</td></tr>
<tr><td>中海</td><td>2025 年 1 月，将沈阳和大连 2 个分公司合并为辽宁公司</td></tr>
<tr><td>建发</td><td>2025 年 1 月，调整华东、海西、东南三大集群版图，原华东集群的武汉和黄石，以及原海西集群的南昌，都被划入东南集群，华东集群旗下部分事业部被取消合并</td></tr>
<tr><td>绿地</td><td>2025 年 1 月，将江苏房地产事业部和安徽房地产事业部合并，更名为苏皖房地产事业部；浙江房地产事业部和江西房地产事业部合并，更名为浙赣房地产事业部</td></tr>
<tr><td rowspan="2">缩减管理层级</td><td>华润</td><td>2024 年 2 月，将原有 7 个大区，重组为 5 个大区，原有 28 个地区公司重组为 20 个地区公司，管理模式由之前的总部-大区-地区三级架构，简化为总部—地区两级管控</td></tr>
<tr><td>中交地产</td><td>2024 年 2 月，中交撤销 7 个区域公司，由集团总部直管城市公司，16 个城市公司重组为 9 个</td></tr>
</table>

资料来源：公开资料整理。

进入 2025 年，房企组织架构调整持续进行，1 月保利发展对江苏、浙江、山东、辽宁等区域旗下的城市公司进行合并；中海将沈阳和大连公司合并为辽宁公司；招商蛇口华东区域内部合并；建发调整华东、海西、东南三大集群版图；大悦城七大区域公司调整为 4 个大区；绿地将江苏、安徽、浙江、江西 4 个事业部合并为 2 个。随着房地产市场收缩，越来越多的房企不再追求规模化发展，转而重视聚焦核心区域，区域合并有助于房企减少新开发项目，将投资资源集中于回款有保障的安全区域，实现平稳发展。

伴随着房企组织架构调整，企业管理层也出现适应性变动。据乐居财经统计，2024 年共有 134 位地产高管职务发生变动。高管变动的原因，有的是出于主观原因，也有的是被迫出局。在房地产市场调整过程中，资金实力强劲的央国企是大家的首要选择，随着行业的企稳，优质民营房企也成为高管的选择对象。当前行业发展模式全面回归产品本质，“卷产品、竞品质”成为市场竞争的核心，区域合并和人事任免越来越趋向于以业绩为导向，产品和营销成为各大房企的重要岗位，据统计2024年至少有25位营销高管职务发生变动。

（7）产品品质分析。

①保交付取得持续进展，现房销售占比提升。

2024年，全国保交楼工作取得积极进展，各城市因城施策，通过加强政府调度、督促企业“瘦身自救”、鼓励银行支持房企融资等措施，加快推进保交楼工作。全国31个省份和新疆生产建设兵团均已建立省级房地产融资协调机制，推动项目按时保质交付，切实保障购房人的合法权益。2024年4月，中共中央政治局会议中强调，坚持因城施策，压实地方政府、房地产企业、金融机构各方责任，切实做好保交房工作。相比于保交楼，保交房工作要求更全、范围更广、任务更加精准，更加重视房屋层面的全过程全功能交付。住房城乡建设部披露的资料显示，2024年11月，江西新余、甘肃金昌等6个城市保交房项目交付率已达100%，贵州六盘水、福建厦门、湖北鄂州等24个城市超九成，上海、福建、甘肃等74个省、市交付率超八成。

于房企而言，交付力成为展示企业经营能力的重要窗口，积极披露交付数据，有利于提升行业下行期间的企业公信力，增强消费者信心，缓解企业生存压力。2024年交付规模最大的房企依然是碧桂园，全年交付约38万套，中海、融创、保利、绿地等交付超过10万套，头部房企是交付主力（见表6-1-7）。与上年相比，房企交付数量普遍下行，主要受到前期销售规模下降的影响，经过两年的大规模交付行动后，预计后续房企的批量交付压力有所下降。

表6-1-7　2023年和2024年典型房企交付量

房企名称	2024年交付量	2023年交付量
碧桂园	38万套	60万套
融创中国	17万套	31万套
中海	超10万套	超20万套
保利发展	14万套	29.1万套
绿地	14万套，1400万平方米	28万套，2927万平方米
新城	超10万套	14万套
龙湖	10万套	14万套
建业	9.31万套	10.84万套
金科	7.2万套	14.53万套
旭辉	6.2万套	11.8万套
世茂	5.11万套	9.1万套
远洋	4.18万套	5.4万套
卓越	3.55万套	5.6万套
滨江	52个项目	37个项目
龙光	2.80万套	5.3万套
金辉	2.7万套	4万套
正荣	2.69万套	4.36万套
新希望地产	2.5万套	3.7万套

续表

房企名称	2024 年交付量	2023 年交付量
越秀	2.23 万套	3.62 万套
弘阳	2.18 万套	4.35 万套
中国奥园	1.86 万套	3.54 万套
禹洲	1.2 万套	3 万套
佳兆业	1 万套	4.6 万套

数据来源：上海易居房地产研究院。

随着全国保交房工作的有力推进，房企不仅保证项目的如期交付，还将交付品质放到重要位置，在住房城乡建设部的“好房子”政策指引下，头部房企重新审视、梳理自己的产品战略体系，适时推进具备自身特色的“好房子”战略，例如华发发布“新一代好房子华发科技+产品体系技术标准”并推出新一代好房子新品；华润从人本观、自然观、城市观、美学观、性能观、适配观、工艺观、智慧观、服务观 9 个维度重新定义“好房子”；电建地产发布《中国电建好房子产品标准》，通过科技赋能、精工建造、配合优质的物业服务，迈入高品质建设的新阶段。中海 Living OS 系统将在北京、上海双城首发落地，依托中海 40 余年精密智造基因，以客户需求为原点，搭建“高性能+好服务”的技术体系，把安全、舒适、绿色、智慧的“好房子”变成千家万户的日常。绿城提出“好房子”要具备“高颜值、极贤惠、最聪明、房低碳、全周期、人健康”六大要素，并以这六大要素为基准编制《绿城好房子标准》。保利发展、招商蛇口等房企也持续升级产品和服务，向定制化服务、儿童服务、老人守护等细分领域延伸。

现房销售方面，受新房交付后维权事件影响，购房者对现房偏好增加，同时市场转冷，多个在期房时期滞销的项目，最终转为现房降价销售，从预售卖到现售，现房销售占比有所提升。2024 年，全国商品房现房销售面积 30031.92 万平方米，占总销售面积的 30.84%，较 2023 年增长 8.32 个百分点（见图 6-1-29）。2024 年以来，全国超过 30 个城发布推进现房销售试点相关文件，深圳、郑州等城市首次推出现房销售地块，泉州、江门等三、四线城市推出实质性支持举措，例如现房销售项目融资支持、缓缴土地出让金等，降低现房开发的资金成本，减轻开发商财务负担和现金流压力。当前绝大多数的现房销售试点项目还在建设施工阶段，未来随着现房试点项目从拿地到竣工，再到集中入市，现房销售在市场的占比有望进一步提升。

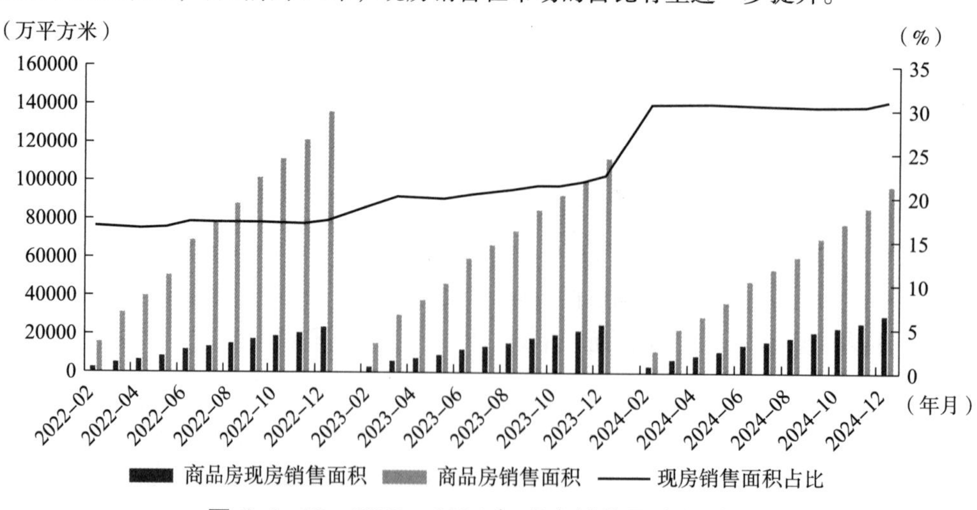

图 6-1-29　2022—2024 年现房销售面积及占比

数据来源：国家统计局。

户型方面，克而瑞数据显示，三居室户型成交套数占比54%，与上年相比减少1.9个百分点，四居室户型的成交套数占比较上年继续增加2.8个百分点至29.2%，而两居室户型的成交占比降至12.0%。于购房者而言，为避免未来的置换成本，更倾向于选择能够满足长期居住需求的房子，四房产品符合一步到位的置业理念。于房企而言，随着新房市场需求日益倾向于改善型住宅，企业发展战略也随之调整，更多地推出大面积、高配置的中高端产品，重视改善产品的升级和优化。分城市能级看，一线城市成交结构有所分化，刚性需求依旧强劲，90平方米以下产品成交占比较上年增加2.9个百分点，是市场份额增长最快的面积段，同时，市场对于豪宅的需求也在增加，180平方米以上产品成交占比较上年增长1.5个百分点。二线城市改善型住宅的偏好稳步提升，110~140平方米面积段产品保持市场主体地位，140~180平方米和180平方米以上的大面积产品市场份额持续提升，三、四线城市面积需求更为集中，110~140平方米产品成交占比逐年上升。

产品风格方面，新中式住宅凭借其深厚的文化底蕴和前瞻的设计理念在市场上独树一帜。在当前激烈的市场竞争中，产品的差异性成为吸引购房者的重要因素，新中式住宅设计将中国传统建筑文化与现代建筑理念相融合，既承载中国传统文化精髓，又形成符合现代生活方式的居住空间。多家房企加大对新中式产品的投入与布局，各城市新中式住宅产品的数量呈现增长态势（见表6-1-8）。保利发展、招商蛇口、建发、金地等房企成功打造一系列特色鲜明的新中式住宅产品，满足消费者对高品质生活的追求，也赢得市场的广泛认可。

表6-1-8　典型房企新中式产品系梳理

房企名称	新中式风格产品系
建发	建发通过多年对新中式的精研，形成“王府中式”“禅境中式”“盛世唐风”“风雅宋韵”“诗意东方”五大产品系，每一个产品系都展现出建发房产对新中式风格的独到理解
保利发展	悦字系作为保利新中式产品系，注重审美风尚和文化温度，主要面向品质改善型客户。这一系列包括璞悦、琅悦、瑧悦等子品牌，强调意韵、趣活、邻里、智造等元素，创造互动空间
招商蛇口	天青系为招商蛇口首次打造的具有独特风格的现代中式产品，天青系列产品弱化传统符号还原空间意境，让现代中式产品向简洁低调的方向进化。长沙天青府项目首开实现约3000组来访，去化率超九成，成为长沙当月销售套数最多的项目
金地	风华系是金地TOP级产品系，秉承“意致东方，情致现代”的价值观，以现代艺术融汇东方美学，将在地文化融入社区之中，在中式居住哲学之下重构人居体验

资料来源：上海易居房地产研究院。

精装交付方面，随着全装修指导政策逐步出台，精装项目渗透率有所提升。室内精装修作为产品的重要组成部分，已经成为房企竞争的重要方向。自住房城乡建设部提出“好房子”概念后，典型房企已对“好房子”理念付诸实践，加大在室内精装领域的投入与革新力度。精细化设计成为室内精装修的核心要素。例如万科北京东庐项目中创新M1.0满装方案，以“功能场景设计先行，户型空间设计后置”的原则，配齐业主生活所需的家电和收纳柜，涵盖居家生活各类场景，全方位满足业主收纳需求，入住后无须再添置家用电器。随着消费者需求的多样化，房企开始主动探索差异化的竞争优势，精装个性化定制受到重视，场景化成为房企探索精装定制服务的一种选择。例如厦门国贸海上鸣樾项目，从烹饪、洗浴等习惯分化较为明显的场景出发，让购房者根据个人偏好、生活习惯来配置西厨、卫生间的装修格局。绿城杭州丽澜轩项目中，在基本精装的基础上，整合收纳包、颜值包、品牌包三项选装内容，作为定制精装的主要服务内容。金地沈阳江山风华为购房者提供菜单式的定制精装加载项，在电器方面，能够满足不同客户对家居电器的个性化需求，实现从实用到高端的全方位覆盖。

小区规划方面，房企开始重视居住环境氛围感的营造，探索更加开放和融合的社区设计，创造出丰富的场景与生活体验，打造精致的“烟火气”社区、儿童自然友好社区、宠物友好社区等特色主题。例如在杭州龙湖·金沙御湖境项目中，在社区内部利用架空层空间，打造出仿佛置身于真实街道的场景，提升空间的沉浸式体验感，营造别具一格的生活体验。在探索儿童自然友好社区方面，万科、华润等房企推出各自独特的设计理念和实际运营，万科注重增强植物的探索价值，打造家门口的自然学习环境，在社区中，万科的植物配置策略顾及四季交替，让孩子能直观体验到自然界的四季更迭，万科已在多个城市与当地植物园达成战略合作协议，在各个城市的社区中引入植物园的概念。华润为儿童设计达尔文营地的体系，以各种可爱的动物为主角，通过故事引导孩子们在自然环境中进行探索和学习。当前养宠新观念催生的精细化养宠需求，推动宠物消费市场的繁荣，也促使房企重视社区环境和居住空间的宠物友好性，以满足养宠家庭的需求。上海绿城探索“宠爱有家”美好生活场景实践，在上海春晓园，绿城以宠物为载体，通过蔷薇猫咖空间营造、卡拉福 IP 形象概念、宠物社交社群活动等形式，营造人与宠物和谐共融的生活空间。上海万科中興儆舍项目设置宠物友好动线，为住户及其宠物提供多样化的出游选择。

②多城扶持绿色建筑，绿色金融助力绿色发展。

“十四五”时期是我国实现“双碳”目标的重要时期，目标的完成需要不同行业间协调配合。房地产行业的绿色发展是实现国家可持续发展目标的关键之一，大力发展绿色建筑是实现建筑领域节能减排的重要方式。根据国家发展改革委、住房城乡建设部《加快推动建筑领域节能降碳工作方案》提出的目标，到 2025 年，城镇新建超低能耗、近零能耗建筑面积比 2023 年增长 0.2 亿平方米以上，完成既有建筑节能改造面积比 2023 年增长 2 亿平方米以上，城镇建筑可再生能源替代率达到 8%。为推动绿色建筑的发展，多城出台与绿色建筑相关扶持政策（见表 6-1-9），以鼓励开发和建设绿色建筑，提高资源利用效率，改善居住环境。

表 6-1-9　2024 年部分城市与绿色建筑相关扶持政策

城市	时间	与绿色建筑相关扶持政策	政策主要内容
深圳	1 月 12 日	《盐田区绿色建筑与装配式建筑发展专项扶持办法（征求意见稿）》	达到现行国家或深圳市超低能耗或（近）零能耗相关标准，并获得国家或广东省或深圳市超低能耗建筑或（近）零碳零能耗建筑标识的项目，按建筑面积每平方米补贴 75 元
合肥	3 月 15 日	《关于开展 2023 年度支持智能建造转型升级和既有建筑改造及绿色建筑和建筑节能奖补资金申报工作的通知》	对新建民用建筑达到超低能耗建筑、近零能耗建筑、三星级绿色建筑标准的，根据建筑面积分别按 100 元/米^2、150 元/米^2、50 元/米^2 标准，给予最高不超过 300 万元奖励
广州	6 月 14 日	《广州市花都区扶持和促进建筑业高质量发展的实施意见》	新立项的政府投资和以政府投资为主的新建公共建筑项目应满足《近零能耗建筑技术标准》（GB/T 51350-2019）中超低能耗建筑相关的技术要求，达到超低能耗建筑以上标准
北京	6 月 21 日	《2024 年朝阳区节能减碳专项资金申报指南》	对于获得市级奖励资金的高标准超低能耗建筑项目，按照所获市级奖励资金的 50%，给予每平方米 100 元的奖励。对执行一般标准超低能耗建筑的项目，给予每平方米 50 元的奖励
青岛	6 月 21 日	《青岛市城乡建设领域碳达峰工作方案》	城镇新建民用建筑严格执行建筑节能标准，逐步提高建筑能效水平，新建居住建筑执行 83% 节能标准，到 2025 年新建公共建筑达到 78% 节能标准。大力推广超低能耗建筑，鼓励政府投资的公益性建筑按超低能耗建筑标准建设
广州	10 月 22 日	《广州市促进绿色建筑和建筑节能发展资金支持实施办法》	超低能耗建筑示范项目按照 50 元/米^2 予以补助；近零能耗建筑示范项目按照 80 元/米^2 予以补助；零能耗建筑和零碳建筑示范项目按照 100 元/米^2 予以补助。单个超低能耗建筑、（近）零能耗建筑、零碳建筑示范项目补助金额上限为 200 万元

资料来源：公开资料、上海易居房地产研究院。

在多项激励政策的推动下，我国绿色建筑正迎来新的发展机遇。多家房企在全业务流程中践行绿色发展理念，大力推动绿色建筑设计与研发，积极推广绿色施工，为客户打造安全、健康、舒适的建筑和居住环境，最大限度地实现人与自然和谐共生。万科新建项目连续 11 年满足绿色建筑评价标准，2024 年上半年新增 3 个绿色建筑二星级认证项目，1 个 LEED 金级认证，绿色建筑评价标准的面积累计达 3.31 亿平方米。保利发展 2024 年上半年新建项目建筑面积 100%达到绿色建筑设计标准。中海 2024 年上半年新增符合绿色建筑标准项目 17 个，其相应面积 222 万平方米，累计绿建项目 653 个，总建筑面积 1.09 亿平方米。中海已成功打造多个绿色建筑行业标杆，其中深圳中国海外大厦作为中国首批 5A 级高层写字楼近零能耗建筑，已于 2024 年 2 月正式启用。招商蛇口 2024 年上半年新增绿色建筑项目 19 个，新增建筑面积 250 万平方米，累计建设绿色建筑项目 505 个，建筑面积 6043 万平方米。

我国绿色建筑起步较晚但发展迅速，近年来绿色建筑的设计、施工和运营水平有较大提升。但绿色建筑开发成本相对较高，项目周期相对更长，如何将环保理念转化为实际的商业收益，是当前企业绿色发展的挑战之一。绿色金融在一定程度上解决绿色建筑融资难以及期限错配的问题，有力推动绿色建筑的发展。保利发展于 2024 年 6 月发行 2024 年度第五期绿色中期票据，发行总额 6 亿元，募集资金将用于绿色建筑项目开发建设。越秀地产 7 月成功发行 16.90 亿元离岸人民币点心债券，期限 3 年，票面利率为 4.10%。此次发行是越秀地产首单绿色债券发行，是 2024 年地产行业最大规模的境外债券发行，募集资金将用于绿色建筑等项目。招商蛇口 10 月发行 2024 年度第一期绿色中期票，发行金额 2.6 亿元，募集资金拟全部用于绿色项目开发建设。绿城 11 月发行 2024 年度第二期绿色中票，发行规模 10 亿元，募集资金全部用于绿色建筑项目的建设。对房企而言，随着房地产行业步入高质量发展时代，打造高品质的绿色住宅产品不仅能塑造企业形象、抢占市场份额，也能得到政府的支持。知悉并充分利用绿色建筑相关补贴政策和信贷支持政策，打造更多的绿色低碳好房子，提升居民居住品质和幸福感，有利于助力企业实现高质量发展。

③科技赋能智慧住宅，优质服务助力产品保值。

2024 年，住房城乡建设部确立“好房子”的评价标准为绿色、低碳、智能、安全。各地纷纷开展好房子建设探索，编制高品质住宅标准。同时房企也着力加强新一代住宅产品的研发，房地产行业正经历着从规模扩张到产品质量、配套服务、科技创新等多维度全面竞争的跃迁。科技赋能成为住宅产品品质提升的聚焦方向之一，智慧城市建设成为房地产行业的重要主题。

头部房企纷纷与华为等科技企业展开合作（见表 6-1-10），围绕家居生活、交通出行、社交等场景打造智慧解决方案，探求更智能、更美好的人居未来，提升居住的便捷性和安全性。华发完成“新一代好房子华发科技+产品体系技术标准”，2024 年华发与华为、顺丰、亿航等公司合作，将鸿蒙系统、无人机配送等科技元素应用到新一代好房子中，探索智慧住宅新模式，华发珠海湾项目成为全国首个实现无人机配送的智慧住宅小区。越秀围绕“品质、温度、智慧、成长”的产品理念，依托先进技术实现绿色生产与数字化智慧运行。在“智慧社区”探索方面，越秀观樾项目与华为深度合作，引入华为全屋智能解决方案，拓展丰富的鸿蒙生态，覆盖智能办公、智能家居、智慧出行等多个生活场景，构建差异化智慧社区新模式。联发与华为全面合作，共同打造优总价、强运营、高品质、有文化的新青年智慧社区，象屿联发·金海汀雲台是上海首批采用华为全屋智能系统的科技住宅项目之一，为业主带来科技赋能的智慧生活体验。绿城与华为已于 2023 年 12 月起在全屋智能领域全面开展合作，2024 年落地的台州凤起潮鸣与义乌凤起潮鸣，是绿城浙江与华为全屋智能的高端智能化样板。

表 6-1-10　2024 年典型房企与科技企业合作

房企名称	时间	合作相关内容
万科	1 月 16 日	万科与华为技术有限公司在深圳举行全屋智能战略合作协议签署仪式。双方将就智慧城市、智慧社区、全屋智能解决方案等前沿科技、产品、技术展开充分交流与合作
华发	4 月 2 日	华发集团与华为战略签约，围绕智慧城市、智慧社区、智慧园区、智慧建筑、全屋智能、智慧办公、智慧出行等多个领域开展合作，打造智慧化体系标杆。此外，华发还与顺丰、亿航、海康威视、格力电器等科技企业合作，共同构建华发科技+新一代“好房子”标准体系与技术实施路径
华润	5 月 22 日	华润置地与华为终端有限公司签署全屋智能战略合作协议，双方将发挥各自在行业内的资源和技术优势，在华为终端全屋智能业务及其他相关领域展开合作，实现数字空间技术运用，提升建筑品质
联发	9 月 19 日	联发与华为签订全面合作协议，双方将在智慧社区、全屋智能、人工智能、数字化基础设施、新能源等领域展开合作，共同推进智慧建筑与数字家庭产业生态的发展，以提升居住品质和生活便利
保利发展	10 月 12 日	保利发展与华为签署战略合作协议。双方将围绕全屋智能、智慧社区等领域开展全面合作，为行业打造具有前瞻性的智慧解决方案，探求更智能、更美好的人居未来
绿城	10 月 30 日	绿城与华为签署全屋智能战略合作协议，双方将进一步深化战略合作关系，基于让更多人住上“绿色、低碳、智能、安全”的好房子的理念与实践，共同打造智慧化体系标杆

资料来源：公开资料、上海易居房地产研究院。

优质的物业服务是“好房子”产品力的延伸，在美好生活的需求迭代之下，产品交付不是终点，而是置业者美好生活的起点。2024 年政府工作报告中提到推进服务业数字化，为物业服务行业的转型升级指明方向。智慧物业管理系统利用人工智能、物联网、云计算等高新技术，全面提升物业管理的效率、质量和用户体验。在硬件运行状况监测方面，可视化大数据技术，对小区内电梯、消防设备、供水供电设施等实行实时监控。例如路劲物业的智慧运维系统，利用智能传感器监测对设备房的设备、环境参数等进行 24 小时不间断监控，发现异常状况将及时捕捉并报警，减短故障反应时间，保障业主的生活品质。在智慧安防方面，物企利用数字化技术，提升外来人员的管理效率，增强社区的公共安全保障，有效提升社区安全保障。例如万科物业将人行出入口的主要通行人群分为住户、访客、外卖和快递四类，借助“黑猫系列”智慧通行系统，对出入口进行智慧化管理，满足不同人群通行需求。在智慧清洁方面，物业企业广泛开拓智能设备的应用范围，万科物业在彩虹天空之城项目中配备适应多种清洁场景的智能清洁设备，保洁车辆的行进路线由 AI 大数据根据园区实际情况制定，保洁人员按照标准动线驾驶，清洁车辆上配有定位系统，后台人员可通过在线管理大屏，实时监督清洁效率。

住宅产品作为固定资产，在当前仍具备一定的保值力。住宅产品的保值能力除与地段、户型、装修、智慧建筑等硬性指标相关外，还与物业服务等软性指标密切相关。优质的物业服务是打造高品质居住体验的重要组成部分，形成“好房子+好服务”的完整链条对保值力至关重要。当前房企在物业方面，重视用智慧化方案来深化客户服务，推进“好服务”向更高标准迈进，助力实现业主的资产保值增值。

（8）创新能力和社会责任分析。

①多城落地四代住宅，数字营销加速去库存。

2024 年，房地产行业发展模式全面回归产品本质，房企积极贯彻产品主义精神，在各个维度优化迭代产品，提升居住体验以抢占新房市场份额，“良币驱逐劣币”成为趋势。2024 年，多家房企在产品、营销、智能建造等方面积极进行创新升级，推动好房子的标准不断进化，高品质的住宅产品不断涌现。

产品创新方面，当前房地产市场持续下行，顺利实现销售去化成为判断衡量产品力是否实现突破的关键因素。随着现代人对生活品质、环境和健康的多维度需求增长，融合自然、科技与人性化理念的第四代住宅应运而生。第四代住宅最显著的特征是，引入空中露台，使得每家每户都能拥有私家庭院，将自然元素融入城市生活。同时引入先进的科技手段，在住宅内部实现智能化的家居管理，住宅外部设置共享空间，增加社区内的社交场景。2024 年苏州、武汉、合肥多个高能级城市出台第四代住宅的相关政策，第四代住宅进入政策红利期。在改善型大户型市场中，第四代住宅出彩的室内户型设计、露台花园空间赠送实现的超高得房率等元素，成为项目的重要卖点，对促进项目去化起到重要作用。在刚需项目中，第四代住宅也展现出项目优化潜力，第四代住宅凭借其独特的优势，成为住宅产品升级的重要方向。在北京龙湖观萃项目中，对 77~129 平方米、二至四房的多种户型，每户赠送约 6 米挑高的空中浮岛阳台，刚需、刚改家庭也能体验到第四代住宅的产品优势。

营销创新方面，2024 年房企现房库存占比有所增长，短期营销目标将去库存作为重点方向。以价换量仍是有效的营销方式之一，房企根据市场反馈和库存情况，灵活调整价格策略，以更具竞争力的价格吸引购房者。如保利发展在“7·15”保利日司庆活动期间，分别在江西、湖北、河南等地推出 100 套特价房源，招商蛇口华北区域在“中秋安心购”期间拿出超 100 套的特价房营销。为在降本增效的同时争夺稀缺的客户资源，房企营销线上化、直播化已成趋势。绿城为有效推进新媒体获客，设置数字营销相关新岗位，如主播（数字经纪人）、新媒体运营、商机管理等。对数字经纪人进行系列培训，一方面联合外部专业机构提供培训和指导，另一方面积极孵化内部讲师，起到标杆效应，带动内部经纪人转型。龙湖将策划中心拆分为策略中心和 COE 线上能力中心，线上能力中心分别设置运营、投手、主播等岗位，重点赋能线上获客。近年来房企之间的竞争到了比拼产品力与服务力的阶段，多家房企在社群运营方面发力，搭建以客户为核心的社群运营体系，加大老业主维护力度，利用口碑传播和社交网络扩大影响力，激活存量客户并吸引新客户。例如越秀打造社群文化共创平台，为业主们营造丰富的社交与生活场景，强化社群凝聚力，实现社群运营可持续发展。招商蛇口升级一站式智慧服务平台“One 蛇口”，整合旗下多个业态，通过线上线下联动，为客户呈现多元化、多场景的生活体验。平台邀请业主、客户、合作伙伴等多方打造共同的朋友圈，将拥有共同价值观的人聚集。

智能建造方面，当前房地产行业，高排放、低效率、低品质的传统建造方式，已经不适合新的发展需要，在建造过程中通过科技创新实现数字赋能，释放新质生产力，推动建造方式的变革，有利于推动房地产业的实现可持续和高质量发展。2024 年，多个省市陆续出台相关政策，推动建筑业工业化、数字化、智能化升级，多家房企已将智能建造作为推动企业实现高质量发展的新路径。例如华发在业内率先提出“优+5g 高质量建造体系”，建造过程中积极探索并实践智慧工地、智能建造工程，推动智能实测机器人、腻子涂料机器人、抹灰机器人等在多个项目试点应用，提升施工质量与效率。碧桂园组建科技建筑集团，打造由建筑机器人、新型装配式、智能装备、BIM 数字化等构成的智慧建造体系，努力实现安全、质量、效率、环保和科技的完美结合，引领和推动传统建筑业变革。金地打造智慧工地平台，平台是支撑现场管理、互联协同、智能决策、数据共享的信息化系统，当前金地智慧工地覆盖率已达 100%。

②税收贡献持续下降，积极承担社会责任。

房地产行业整体规模庞大，房企经过多年快速发展，创造大量的社会财富，也承担更多的社会责任，在税收上的贡献较为突出。近年来，房地产市场整体低迷导致房企营业收入持续下滑，盈利空间持续收窄，房企纳税规模呈下滑趋势，典型房企超七成所得税负增长。2024 年，TOP500 房企所得税均值 1.46 亿元，同比下降 46.89%；税金及附加均值 2.99 亿元，同比下降 25.94%（见图 6-1-30）。

当前，“高质量发展”和“可持续发展”成为新时代我国企业发展的关键词，国家、社会公众和企业都十分重视企业社会责任的履行。房地产行业进入“新周期”，房企在追求经济效益同时，也注重社会效益的实现，积极承担社会责任已成为房企高质量发展中的共同选择。服务乡村振兴战略是履行社会责任的重要内容之一，多家头部房企围绕教育帮扶、消费帮扶、产业帮扶等方向，多措并举推进乡村振兴事业稳健发展（见表 6-1-11）。

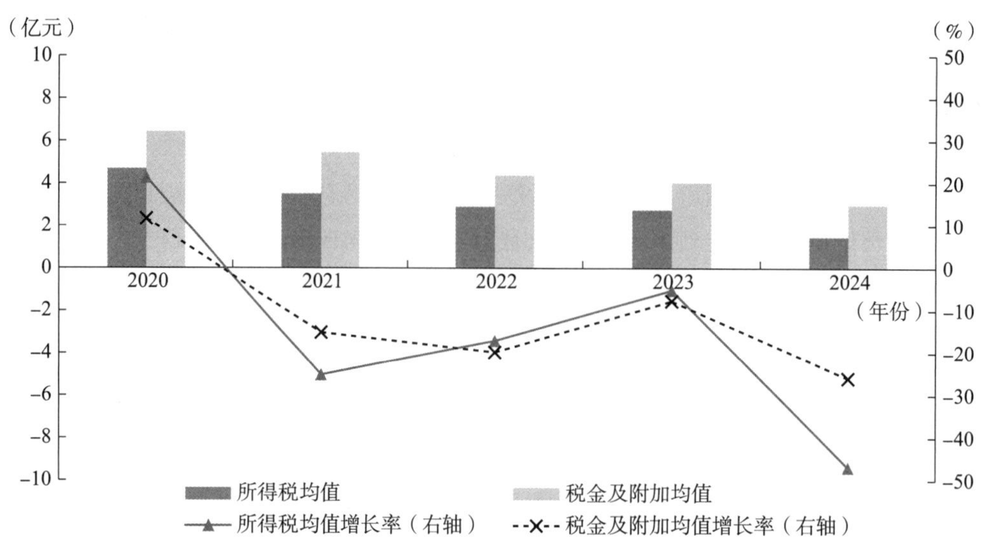

图 6-1-30　2020—2024 年 TOP500 房企税金及附加均值、所得税均值、增幅变化

数据来源：CRIC、上海易居房地产研究院。

表 6-1-11　典型房企乡村振兴案例

房企名称	乡村振兴案例
华润	2024 年已参与山东沂蒙、内蒙古阿尔山华润希望小镇建设，累计建成及新建的希望小镇共 14 座，另有 4 座在规划中
中海	2024 年持续助力甘肃三县乡村振兴，甄选当地优质农产品，深度参与特色农产品品牌创立、包装设计、营销策划、生产加工、质量监测、“海惠万家”活动等全过程打造，累计消费帮扶投入及带动销售逾千万元
万科	继续实施韶关市乳源瑶族自治县多镇连片乡村振兴示范带项目，2024 年初全部完工并移交当地使用，同时，万科继续在四川遵道、湖南永顺等地通过专项资金和专业资源导入，帮助学生和教师成长，持续推动乡村地区教育发展
华发	响应消费扶贫号召，发动全公司体系内部力量，引入社会力量，联系工会积极开展“以购代捐”“以买代帮”的消费扶贫项目，2024 年上半年，公司工会以购代捐购买贫困地区的多种特色农副产品共计 787.6 万元
招商蛇口	以招商局慈善基金会为统一的专业公益平台，2024 年重点助力新疆叶城、莎车县和贵州威宁全面推进乡村振兴，包括支持莎车县特殊教育学校升级教学设备，支持贵州威宁县开展“家庭牧场”项目，提升群众发展养殖产业的热情，支持新疆叶城结合古核桃树资源禀赋，充分发挥比较优势，开展“七仙园”文旅融合项目等
保利发展	参与中国保利集团有限公司对口帮扶山西省河曲县和五台县、云南省宁蒗县、巧家县等地区的文旅产业建设、地区建设、教育项目建设，2024 年上半年已投入 1210 万元；积极响应广东省“百千万工程”部署，与广东省委宣传部结对纵向帮扶揭阳普宁

资料来源：企业公告、上海易居房地产研究院。

③ESG 体系逐步完善，助力房企转型升级。

2024 年 4 月，四大交易所出台可持续发展报告指引，引导和规范上市公司发布可持续发展报告，我国 ESG 体系建设再进一步。作为国民经济支柱产业，能耗大、排放高的房地产行业也在积极布局绿色低碳转型。当前房地产行业规模增速放缓，行业整体正经历从传统粗放型开发模式，向精细化、科技化方向转变。ESG 理念为房企的转型带来了新的发展机遇，企业通过绿色融资、智慧建筑、提升公司治理水平等措施，优化运营管理效率并减少环境污染，增强企业的竞争力。随着“双碳”目标的持续推进，ESG 体系有望成为推动房企实现高质量发展的重要动力之一，积极拥抱转型的房企，在未来的市场竞争中或将更具优势。

ESG环境维度，房企通过制定相关环境保护政策及目标，大力推动绿色建筑设计与研发，积极推广绿色施工，来降低对环境的负面影响。例如保利发展在设计、建造、办公、设施运营等方面持续落地节能低碳技术措施，新建项目建筑面积100%达到绿色建筑设计标准，在建项目生产区、办公区、生活区推广应用多项节能环保措施，稳步实现企业运营经济效益和环境效益的协同提升。新城控股携手中国建筑科学研究院有限公司，对标中国香港、中国内地及美国等地产企业碳排放信息，研究温室气体排放核算方法，建立新城控股碳排放核算方法学，助力建筑领域实现碳中和。落实节能减排计划，在既有建筑和新建项目中推动节能改造和增加清洁能源使用，持续推进能源绿色低碳转型。金地建立碳盘查工作小组，分析企业碳排放结构并识别减排潜力，通过绿色设计与建造、既有建筑节能改造、清洁能源利用、绿色办公、碳管理能力建设等举措实现节能减排，持续全面推动“双碳”工作。绿地打造全新“绿健百科”产品技术体系，相继推出“健康宅”及“健康宅2.0”升级版，为中国大规模宜居社区发展创建全新的模式和标准。

ESG社会维度，要求房企在关注自身利益的同时，也关心员工、社区和其他利益相关者的福利，多家房企主动参与公益活动，积极履行社会责任。例如新城控股深入参与乡村振兴等公益帮扶工作，2024年上半年公司累计投入公益捐赠费用459万元，用于支持各类公益项目。金融街筹集爱心款用于慈善助老、帮扶生活困难员工、临时救助及慈善体系建设等领域，在“雷锋日”组织志愿服务队开展“学雷锋”志愿服务活动。同时持续关注员工成长和后备人才建设，2024年上半年组织“金鹏/金翼计划”培训1次，参训人数113人次，组织“金羽计划”培训3次，参训人数52人次，全力推进“金”序列后备人才培养计划，加强人才梯队建设，帮助员工成长。华发积极组织员工参与职工运动会等各类体育赛事和积极向上的文娱活动，丰富员工业余生活，做好员工关怀慰问工作，协助员工做好重大疾病补助申请，为员工提供多维度关心、关怀。

ESG公司治理维度，要求房企在风险管理、资金管理、决策透明度等方面提升治理水平。过去部分房企在资金使用、信息披露等方面存在不透明、不规范等问题，是导致风险事件发生的原因之一。在行业调整期，市场对房企的公司治理水平提出更高的要求。健全的公司治理结构，有利于降低企业经营风险，增强市场信任。保利发展多年管理经验沉淀出“总部+城市平台”扁平的两级管理架构，并得以长期稳定和坚持，既保障总部敏锐的市场触觉和对公司业务全局的把控，又保障公司上下步调一致的强大执行力和快速的应变调整能力。中交地产加强风险管控，重视资金预算管理，保障公司资金链安全，强化审计监督，构建集中统一、全面覆盖、权威高效的审计监督体系，抓牢项目安全生产，坚持统筹好发展和安全。万科根据实际需求差异化设定组织架构，减少组织层级，缩短决策链条，提高决策效率和质量，全力推进降本增效。

（二）2024年房地产上市公司综合实力百强测评

发布机构：中国房地产业协会　上海易居房地产研究院

发布时间：2024年5月22日

发布地点：深圳

1. 测评榜单（见表6-1-12）

表6-1-12　2024年中国房地产上市公司综合实力榜

排名	证券代码	证券简称
1	01109. HK	华润置地
2	600048. SH	保利发展
3	00688. HK	中国海外发展
4	000002. SZ	万科A

续表

排名	证券代码	证券简称
5	001979. SZ	招商蛇口
6	00960. HK	龙湖集团
7	03900. HK	绿城中国
8	600153. SH	建发股份
9	00123. HK	越秀地产
10	601155. SH	新城控股
11	600325. SH	华发股份
12	002244. SZ	滨江集团
13	600383. SH	金地集团
14	03990. HK	美的置业
15	00817. HK	中国金茂
16	00119. HK	保利置业集团
17	601992. SH	金隅集团
18	000031. SZ	大悦城
19	600376. SH	首开股份
20	000402. SZ	金融街
21	600266. SH	城建发展
22	00754. HK	合生创展集团
23	000517. SZ	荣安地产
24	600657. SH	信达地产
25	00272. HK	瑞安房地产
26	Z25. SI	仁恒置地集团
27	600663. SH	陆家嘴
28	601588. SH	北辰实业
29	01918. HK	融创中国
30	000736. SZ	中交地产
31	000069. SZ	华侨城 A
32	600208. SH	新湖中宝
33	09993. HK	金辉控股
34	00604. HK	深圳控股
35	01098. HK	路劲
36	00563. HK	上实城开
37	600639. SH	浦东金桥
38	002208. SZ	合肥城建
39	002314. SZ	南山控股

续表

排名	证券代码	证券简称
40	00672. HK	众安集团
41	00173. HK	嘉华国际
42	600649. SH	城投控股
43	600094. SH	大名城
44	000090. SZ	天健集团
45	600736. SH	苏州高新
46	600708. SH	光明地产
47	600675. SH	中华企业
48	600665. SH	天地源
49	00230. HK	五矿地产
50	600683. SH	京投发展

2. 测评分析

（1）入榜企业分析。

2024 年，中国房地产上市公司测评的研究对象共 120 家上市房企，同比减少 10 家。剔除原因主要为企业出现实质性债务违约、经营风险较大、逐步退出房地产行业、退市等。从核心测评指标来看，2023 年，上市房企总资产规模均值为 1429. 20 亿元，房地产开发业务收入均值为 257. 94 亿元，同比均小幅下降；盈利能力方面，上市房企净利润均值为 9. 57 亿元，净资产收益率均值为 1. 42%，同比均有所下降；偿债指标方面，上市房企净负债率均值同比上升 3. 90 个百分点至 76. 75%；经营效率方面，存货周转率均值同比小幅提升，总资产周转率均值继续下滑（见表 6-1-13）。

表 6-1-13　2019—2023 年上市房企部分核心测评指标均值比较

指标	2019 年均值	2020 年均值	2021 年均值	2022 年均值	2023 年均值
总资产（亿元）	1409. 37	1577. 89	1549. 12	1461. 36	1429. 20
房地产开发业务收入（亿元）	270. 00	274. 96	294. 79	273. 62	257. 94
净利润（亿元）	28. 68	32. 17	25. 19	10. 75	9. 57
净资产收益率（%）	9. 50	8. 78	3. 04	2. 51	1. 42
净负债率（%）	95. 77	95. 07	87. 68	72. 85	76. 75
总资产周转率（次）	0. 20	0. 20	0. 21	0. 20	0. 18
存货周转率（次）	0. 33	0. 38	0. 40	0. 37	0. 39

数据来源：企业年报、CRIC、上海易居房地产研究院。

榜单显示，10 强上市房企排名出现变化，榜单变动率为 20%。其中，华润置地排名升至榜首，保利发展保持第二名，中国海外发展第三名，较上年提升 1 个位次；万科 A、招商蛇口、龙湖集团、绿城中国、建发股份、越秀地产、新城控股分列第四至第十名，建发股份和越秀地产为 2024 年新晋 10 强（见表 6-1-14）。

表 6-1-14　2020—2024 年入榜企业名次变化

证券代码	证券简称	2020 年排名	2021 年排名	2022 年排名	2023 年排名	2024 年排名
01109. HK	华润置地	7	7	5	3	1
600048. SH	保利发展	6	5	2	2	2
00688. HK	中国海外发展	5	6	3	4	3
000002. SZ	万科 A	1	1	1	1	4
001979. SZ	招商蛇口	12	9	7	7	5
00960. HK	龙湖集团	8	8	6	5	6
03900. HK	绿城中国	31	26	11	9	7
600153. SH	建发股份	35	40	48	11	8
00123. HK	越秀地产	43	41	21	14	9
601155. SH	新城控股	9	10	8	10	10

数据来源：CRIC、上海易居房地产研究院。

2023 年，50 强上市房企榜单变动率为 12%，同比下降 10 个百分点。有 6 家新进榜企业，分别为融创中国、浦东金桥、合肥城建、众安集团、嘉华国际、京投发展，国有企业数量略占优势。

（2）资本市场表现。

以 2023 年 12 月 29 日收盘价计算，沪深 300 指数全年累计下跌 11. 38%，申万房地产行业指数全年累计下跌 26. 39%，跑输沪深 300 指数 15. 01 个百分点，在申万 31 个一级行业内排名靠后。恒生中国（香港上市）100 指数全年累计下跌 14. 61%，恒生中国内地地产指数全年累计下跌 39. 63%，跑输大盘 25. 02 个百分点，内地房地产板块与港股房地产板块整体走势均大幅度弱于大盘。2023 年 A 股市场进入调整的深水期，资金承压下房地产行业持续出清，行业信心处于低位。

2024 年第一季度，房地产市场整体保持低位运行，企业销售持续承压。尽管政策面持续优化、释放利好，一线及部分强二线核心城市调控政策松绑，但购房者信心处于低位，行业预期尚未得到明显修复，申万房地产行业指数震荡运行。总体来看，房地产板块政策敏感度较高，在调控政策放松的预期下，板块能够出现上涨。但 2023 年以来，地产股对调控放松政策的敏感度在逐渐下降，随着放松政策出台频率逐步增加，地产股出现普遍大涨的次数在减少。反之，对负面信息的敏感度增加，每当有负面信息出现，地产股往往呈现全面下跌态势。

2023 年，上市房企的每股收益平均值有所下降。房地产销售规模持续缩水，房企销售结转收入下降，同时在毛利率下降、计提资产减值、投资收益减少等因素共同作用下，营业利润减少，房企盈利空间收缩，从而影响每股平均收益。从具体数据看，2023 年末，沪深上市房企每股收益平均值为 0. 44 元，较沪深全市场每股收益平均值低约 45%；在港上市房企每股收益平均值为 0. 39 元，较港股全市场每股收益平均值低约 22%（见图 6-1-31）。

2023 年，上市房企估值水平与上年基本持平，市盈率和市净率指标仍低于全市场平均水平，表明市场对于房地产行业前景较为悲观。具体来看，2023 年末，沪深上市房企平均市盈率为 10. 70，较沪深全市场平均市盈率低约 20. 49%；在港上市房企平均市盈率为 7. 01，较港股全市场平均市盈率低约 10. 03%（见图 6-1-32）；市净率方面，沪深上市房企平均市净率为 0. 71，较沪深全市场平均市净率低约 51. 35%；在港上市房企平均市净率为 0. 27，较港股全市场平均市净率低约 57. 63%（见图 6-1-33）。

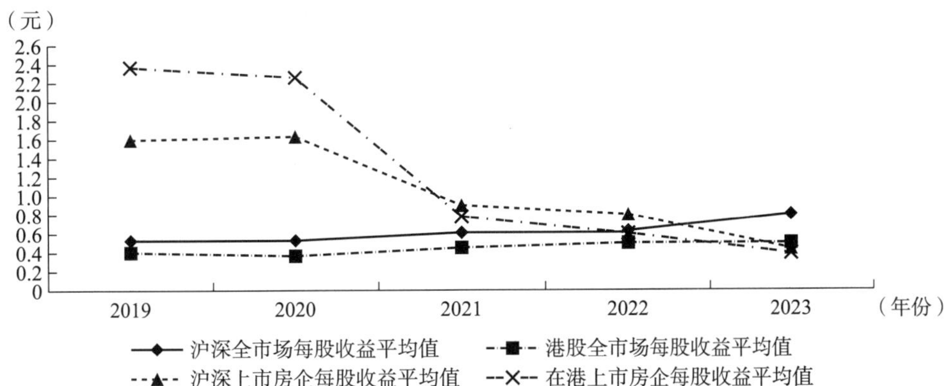

图 6-1-31　2019—2023 年上市房企每股收益与全市场比较

数据来源：Wind、上海易居房地产研究院。

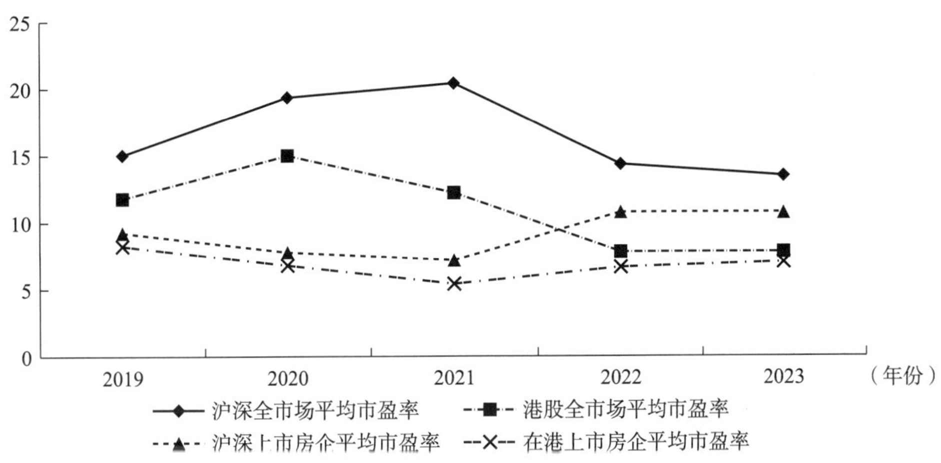

图 6-1-32　2019—2023 年上市房企市盈率比较

数据来源：Wind、上海易居房地产研究院。

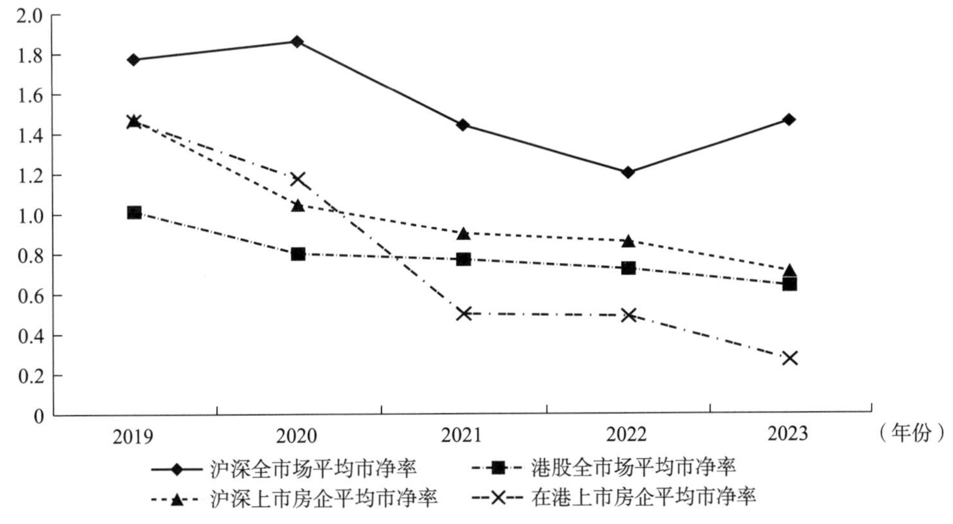

图 6-1-33　2019—2023 年上市房企市净率比较

数据来源：Wind、上海易居房地产研究院。

2023 年，上市房企盈利能力大幅下滑，多家房企仍面临债务化解、融资困难等挑战，房企分红总额继续下降，股息率创新低。从具体数据看，2023 年，上市房企分红总额约 467.99 亿元，同比下滑 46.75%；股息率 2.55%，同比下降 0.75 个百分点（见图 6-1-34）。

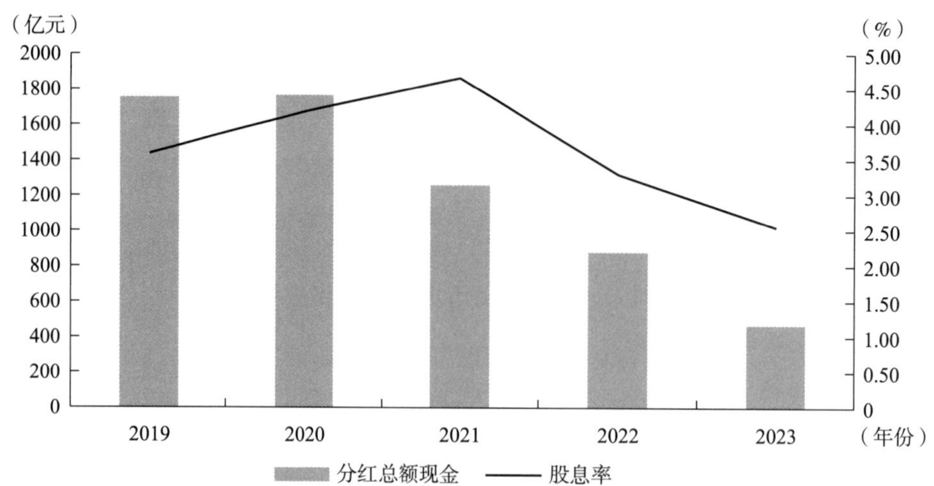

图 6-1-34　2019—2023 年上市房企分红及股息率

数据来源：Wind、上海易居房地产研究院。

从股价表现看，2023 年，仅有 21%的上市房企股价上涨，其中 16%的房企股价涨幅处于 0～20%。79%的房企股价出现下跌，其中 41%的房企跌幅处于-20%～0，31%的房企跌幅处于-50%～-20%，7%的房企跌幅超过 50%（见图 6-1-35）。2023 年股价涨幅前十的个股有 7 家为沪深上市的房企，全年跌幅前十的个股有 8 家为在港上市房企。截至 2023 年末，上市房企较各自股价最高点跌幅均值约为 68.78%。截至 2024 年 4 月 30 日，上市房企较各自股价最高点跌幅均值约为 71.51%。

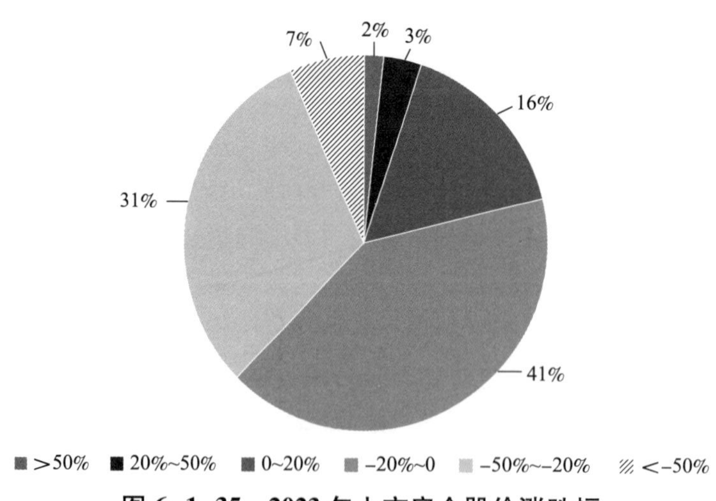

图 6-1-35　2023 年上市房企股价涨跌幅

数据来源：Wind、上海易居房地产研究院。

2023 年，有 15 家房企从 A 股和港股退市，其中包括新力控股、阳光城、泰禾集团等曾经的千亿房企（见表 6-1-15）。进入 2024 年，＊ST 泛海被终止上市，还有一些房企面临退市危机。ST 中南股价连续 20 个交易日低于 1 元，已经触发 A 股面值退市规则，5 月 10 日停牌面临强制退市。截至 5 月 10 日，＊ST 世茂连续 18 个交易日收盘价低于 1 元，已经锁定面值退市。ST 迪马 5 月 10 日收盘价格为 0.86 元，低于 1 元，未来有触及面值退市的风险。另外，弘阳地产、时代中国、德信中国等房企已被提出清盘呈请，房企风险正在加速出清。

表 6-1-15　2023 年 A 股和 H 股退市房企

证券代码	企业名称	退市时间（亿元）
02103. HK	新力控股	2023 年 4 月 13 日
600466. SH	*ST 蓝光	2023 年 6 月 6 日
000540. SZ	*ST 中天	2023 年 6 月 30 日
000667. SZ	ST 美置	2023 年 7 月 14 日
600393. SH	ST 粤泰	2023 年 7 月 18 日
600077. SH	*ST 宋都	2023 年 7 月 25 日
000918. SZ	*ST 嘉凯	2023 年 7 月 28 日
000732. SZ	ST 泰禾	2023 年 8 月 4 日
000671. SZ	ST 阳光城	2023 年 8 月 16 日
000616. SZ	*ST 海投	2023 年 8 月 23 日
02118. HK	天山发展控股	2023 年 10 月 31 日
00680. HK	南海控股	2023 年 11 月 16 日
00278. HK	海蓝控股	2023 年 11 月 21 日
00996. HK	嘉年华国际	2023 年 12 月 7 日
02183. HK	三盛控股	2023 年 12 月 27 日

资料来源：Wind、上海易居房地产研究院。

（3）运营规模分析。

2023 年，中国房地产市场处于调整转型的过程中，商品房销售面积和销售金额持续下降。国家统计局数据显示，2023 年，全国商品房销售面积 111735 万平方米，同比下降 8.5%，销售面积规模回落至 2012 年水平；商品房销售额 116622 亿元，同比下降 6.5%，跌幅较上年收窄 20.2 个百分点，销售金额规模与 2016 年水平基本持平。

2023 年，上市房企总资产均值为 1429.20 亿元，同比下降 2.2%；净资产均值为 412.84 亿元，同比上涨 7.61%；房地产开发业务收入均值为 257.94 亿元，同比下降 5.73%；营业利润均值为 21.95 亿元，同比下降 17.86%（见图 6-1-36）。增速方面，净资产均值持续增长，增幅较上年有所扩大，房地产开发业务收入、总资产、营业利润均值继续下跌，跌幅较上年有所收窄。

此次测评根据企业总资产、净资产、房地产开发业务收入、营业利润等规模指标，将上市房企划分为四种类型：

规模优势型：该类企业运营规模明显超过行业平均水平，具有较强的规模优势。

规模稳健型：该类企业规模大致处于行业平均水平之上，且规模增长速度较平稳，具有一定的规模优势。

规模追赶型：该类企业规模低于行业平均水平，但增长速度较快，规模持续增长能力较强。

规模滞后型：该类企业规模远低于行业平均水平，且规模增长速度波动较大，缺乏后劲。

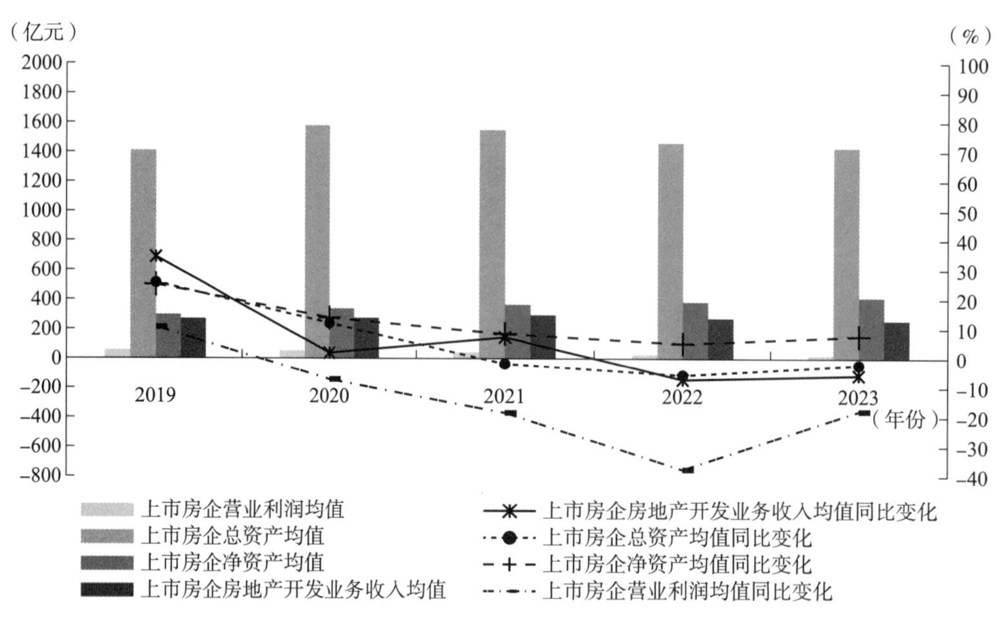

图 6-1-36　2019—2023 年上市房企规模指标

数据来源：企业年报、上海易居房地产研究院。

2023 年，上市房企中，规模优势型、规模滞后型企业仍然占比较高，各约 29%，两类企业占比均较上年有所上升。规模稳健型、规模追赶型企业均占比约 21%，两类企业占比较上年有所下降（见图 6-1-37）。

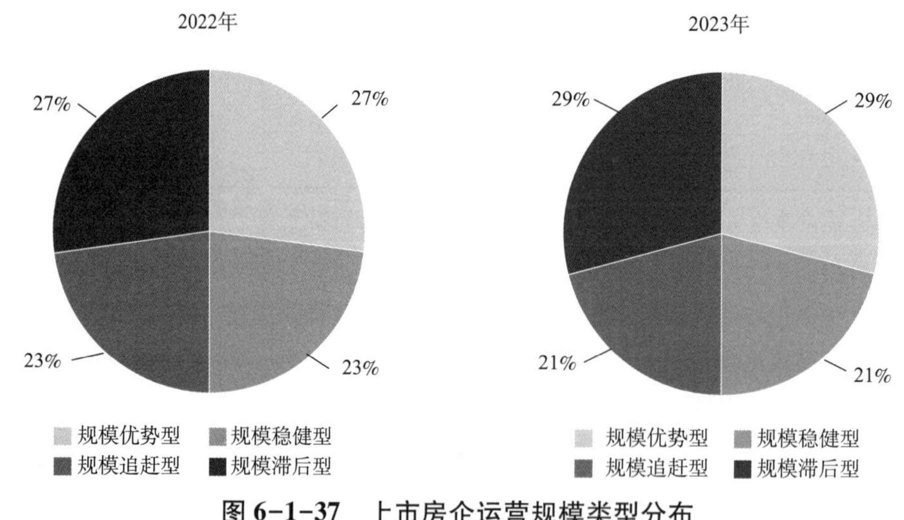

图 6-1-37　上市房企运营规模类型分布

数据来源：企业年报、上海易居房地产研究院。

四类企业中，规模优势型企业的各类指标均值均在行业均值之上，规模稳健型企业除营业利润均值低于行业均值外，其余三项指标均高于行业均值。规模追赶型和规模滞后型企业的指标均值与行业平均仍有较大差距，行业内部分化明显（见图 6-1-38）。

将不同位次上市房企进行比较，结果显示，10 强上市房企全部为规模优势型，11~30 强、31~50 强上市房企中大多数为规模稳健型。总体看来，50 强上市房企中，规模优势型和规模稳健型企业占据优势地位（见图 6-1-39）。

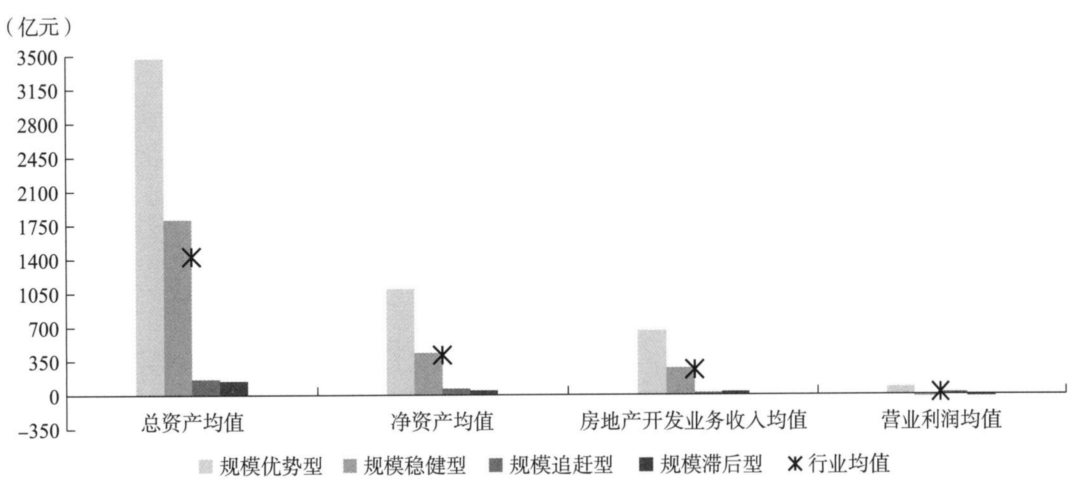

图 6-1-38　2023 年各类型上市房企规模指标均值分布

数据来源：企业年报、上海易居房地产研究院。

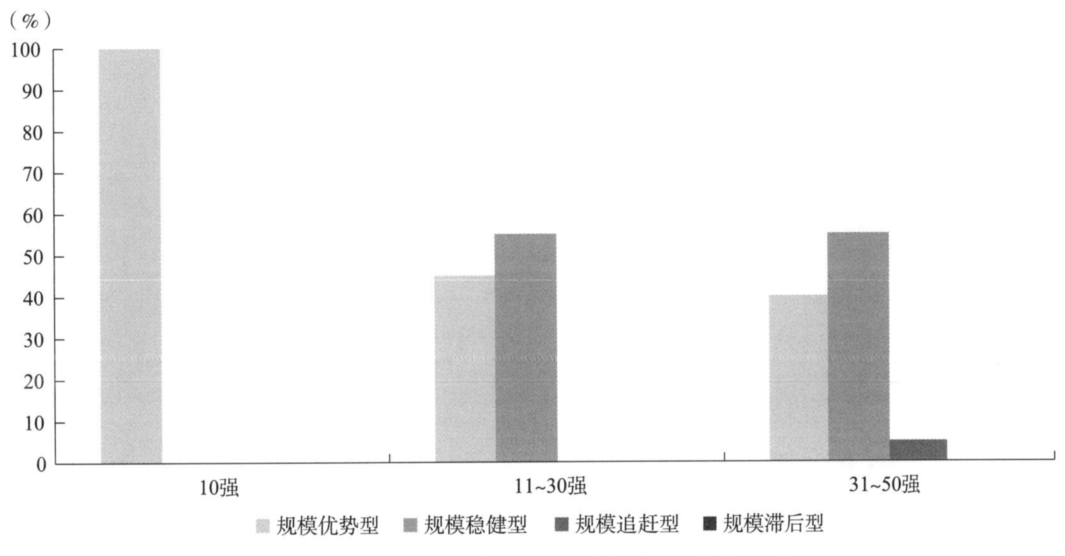

图 6-1-39　各位次上市房企各规模类型占比

数据来源：企业年报、上海易居房地产研究院。

从销售规模来看，权益销售金额方面，2023 年，10 强上市房企均值约为 1784. 88 亿元，同比下降 1. 71%；11~30 强上市房企均值约 335. 10 亿元，同比下降 17. 63%；31~50 强上市房企均值约 167. 73 亿元，同比下降 12. 46%（见图 6-1-40）。上市房企 50 强的销售规模均值整体持续下滑，其中，10 强上市房企的权益销售金额均值降幅最小，31~50 强上市房企的降幅最大。

操盘面积方面，2023 年，10 强上市房企均值约 1212. 51 万平方米，同比下降 5. 17%；11~30 强上市房企均值约 226. 25 万平方米，同比下降 19. 29%；31~50 强上市房企均值约 119. 55 万平方米，同比下降 23. 69%。31~50 强上市房企的操盘面积均值降幅最大，10 强降幅最小。

从业务占比情况看，房地产开发依然是房企的核心业务。2023 年，50 强上市房企中，44%房企的房地产开发业务收入占营业收入比重超过九成，同比下降 12 个百分点；36%的房企开发业务收入占比在七成至九成，同比上升 12 个百分点，比重在五成到七成的房企占比为 10%，同比下降 2 个百分点（见图 6-1-41）。总体来看，房地产开发收入比重较大的企业数量有所减少，主要原因包括两点：一是房企正面临行业发展困境，被迫收缩开发业务；二是部分房企积极强化已经成熟的多元化业务布局，为企业提供稳定的收入来源。

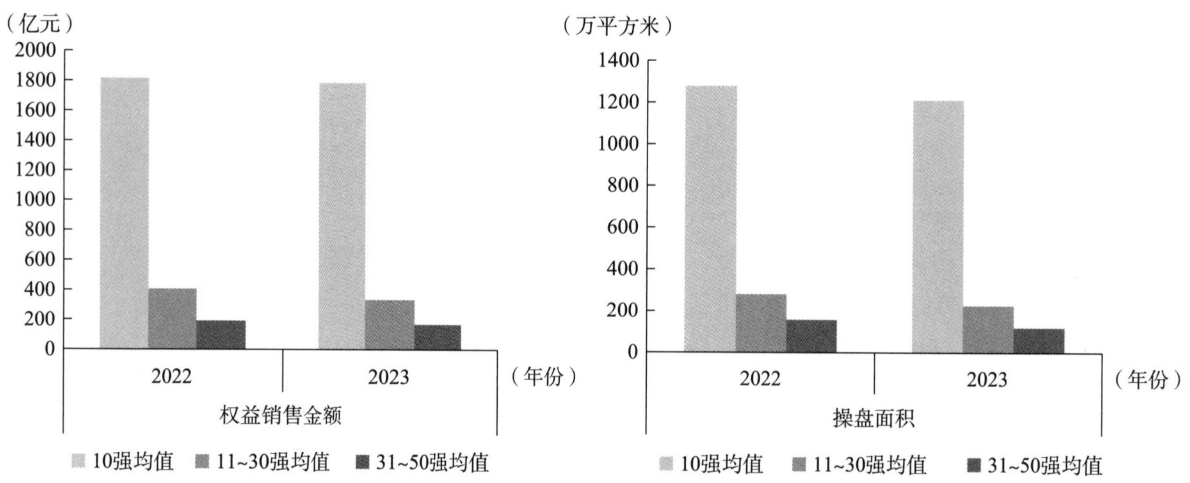

图 6-1-40　2022 年和 2023 年 50 强上市房企销售规模对比

数据来源：CRIC、上海易居房地产研究院。

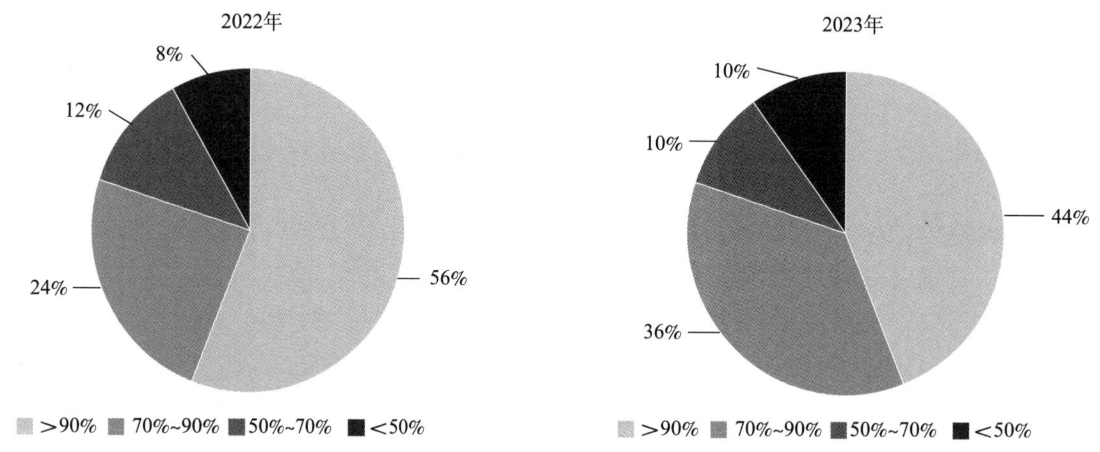

图 6-1-41　2022 年和 2023 年 50 强上市房企房地产开发业务占比

数据来源：企业年报、上海易居房地产研究院。

（4）偿债能力分析。

2023 年，房地产行业供给端金融支持政策发力。上半年，融资利好政策偏向支持财务状况较为良好的优质房企。1 月，有关部门起草《改善优质房企资产负债表计划行动方案》。2 月，证监会启动不动产私募投资基金试点，支持不动产市场平稳健康发展。下半年，政治局会议定调“行业供求关系发生重大转变”，之后融资政策支持力度有所加强。8 月，证监会明确上市房企再融资不受破发、破净、亏损限制。10 月，中央金融工作会议强调，要完善房地产金融宏观审慎管理，一视同仁满足不同所有制房地产企业合理融资需求。11 月，央行、金融监管总局、证监会三部门召开座谈会，提出“三个不低于”的目标，随后多家银行召开房地产企业代表座谈会，明确将更好地支持房地产企业合理融资需求。

2023 年，30 强上市房企融资总额为 3856. 84 亿元，同比下降 34. 17%。从融资结构来看，2023 年 30 强上市房企境内债权融资 2876. 16 亿元，同比下降 37. 26%；融资量占比 74. 57%，同比下降 3. 67 个百分点；境外债权融资总量为 162. 80 亿元，同比下降 23. 21%；境外债权融资占比 4. 22%，同比上升 0. 06 个百分点；股权融资总量 304. 63 亿元，同比增长 109. 64%；股权融资占比 7. 90%，同比上升 5. 42 个百分点（见图 6-1-42）。

2023 年证监会发布消息，房地产上市公司再融资不受破发、破净和亏损限制，多家上市房企完成股权融资。

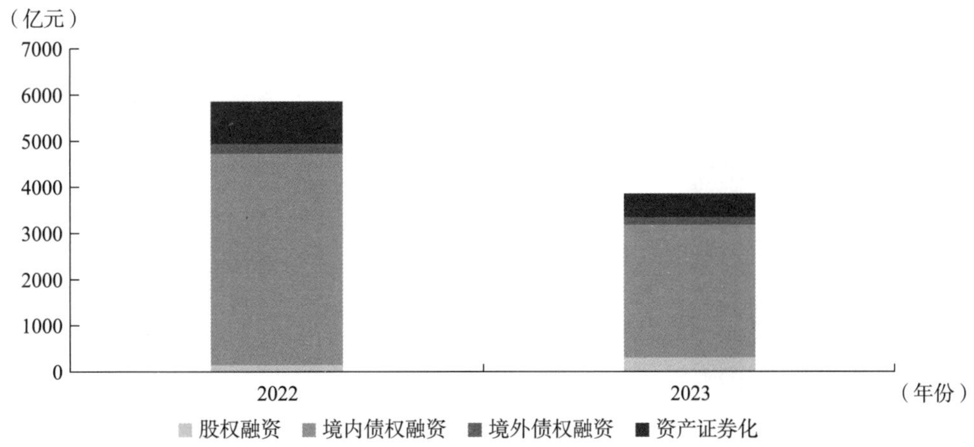

图 6-1-42　2022 年和 2023 年 30 强上市房企融资结构

数据来源：CRIC、上海易居房地产研究院。

长期偿债能力方面，2023 年，上市房企剔除预收账款后的资产负债率均值为 61.05%，与上年基本持平，净负债率均值为 76.75%，同比上升 3.90 个百分点。2023 年房地产销售市场表现疲软，房企资金面压力较大，现金总额下滑是净负债率上涨的重要原因之一。

短期偿债能力方面，2023 年，上市房企流动比率均值为 1.61，速动比率均值为 0.65，两者与上年相比，基本保持稳定。现金短债比中位数为 1.15，同比下降 0.04，总体来看，上市房企短期偿债能力有小幅下滑（见图 6-1-43）。

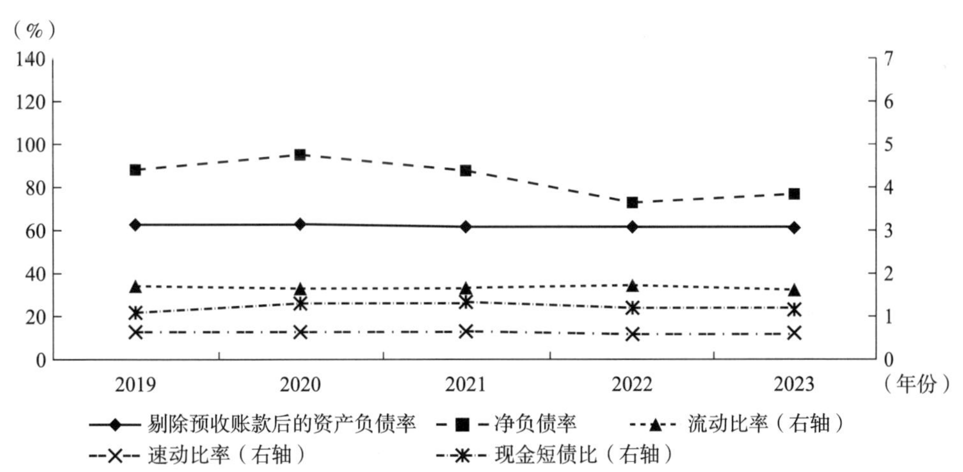

图 6-1-43　2019—2023 年上市房企偿债能力指标

数据来源：企业年报、上海易居房地产研究院。

从 2023 年上市房企“三道红线”达标率来看，剔除预收账款后的资产负债率的达标率达到 71%，同比上升 2 个百分点；净负债率达标率为 76%，同比上升 20 个百分点；现金短债比达标率最低，约为 55%，同比下降 2 个百分点。分梯队来看，10 强上市房企剔除预收账款后的资产负债率、净负债率、现金短债比的达标率分别为 100%、100%、90%，均为梯队中最高。10 强有超过一半为央企或有国资背景的房企，该类房企有较强的去化能力和稳定的财务状况。11~30 强上市房企“三道红线”达标率分别为 55%、70%、60%，剔除预收账款后的资产负债率和净负债率的达标率较上年度有所下降，31~50 强上市房企达标率分别为 60%、60%、55%，各指标达标率较上年有所提升（见图 6-1-44）。

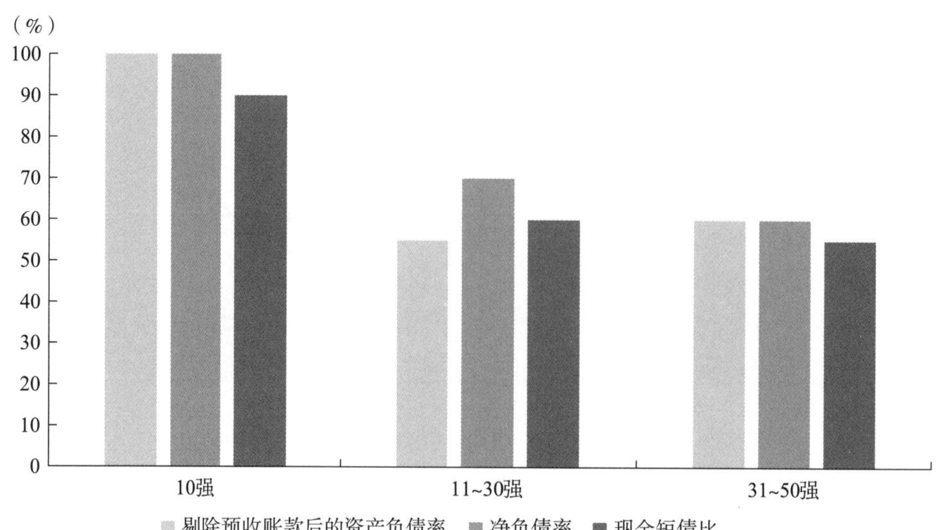

图 6-1-44　2023 年 50 强上市房企“三道红线”指标达标率比较

数据来源：Wind、上海易居房地产研究院。

> 此次测评根据行业特征，将上市房企划分为四个抗风险层级：
>
> 强抗风险层级：此类企业拥有较强的适应市场波动的能力；能够规避较强风险，并保持业务的相对稳定性。
>
> 中抗风险层级：此类企业具备一定适应市场波动的能力，能够规避一定的风险。
>
> 低抗风险层级：此类企业适应市场波动能力一般，风险规避能力一般。
>
> 弱抗风险层级：此类企业适应市场波动能力较弱，难以规避市场风险。

2023 年，综合剔除预收账款后的资产负债率、净负债率、现金短债比、流动比率、速动比率等指标分析得出，强抗风险层级和中抗风险层级的企业分别约占上市房企总量的 17%和 24%，合计占 41%；低抗风险层级和弱抗风险层级企业占比分别约 25%和 34%，合计占 59%。与上年相比，强抗风险层级企业占比下降，中抗风险层级、低抗风险层级和弱抗风险层级企业占比均有上升。主要原因在于：一方面，2023 年经济持续复苏的动能有所减弱，置业者对未来收入预期下降购房需求降低，房企销售受阻；另一方面，融资端政策利好频出但对房企的流动性修复有限，境外融资渠道仍处于冰封时代，境内融资倾向于有国资背景的房企及优质民营房企，房企偿债压力较大，抗风险能力整体下滑（见图 6-1-45）。

从净负债率看，强抗风险层级、中抗风险层级和低抗风险层级净负债率均值均低于上市房企均值；从剔除预收账款后的资产负债率看，强抗风险层级与中抗风险层级企业均值低于行业上市房企均值；从现金短债比来看，强抗风险层级、中抗风险层级、低抗风险层级企业均值高于行业上市房企均值，其中强抗风险层级企业的现金充裕；从流动比率和速动比率来看，强抗风险层级企业均值分别为 3. 21 和 1. 73，明显优于上市房企均值（见图 6-1-46）。

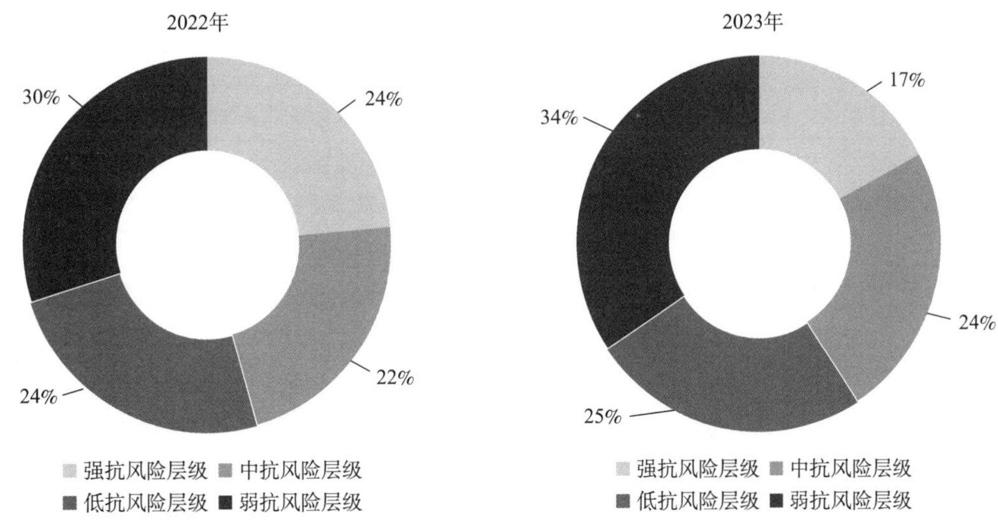

图 6-1-45　2022 年和 2023 年上市房企抗风险能力类型分布

数据来源：企业年报、上海易居房地产研究院。

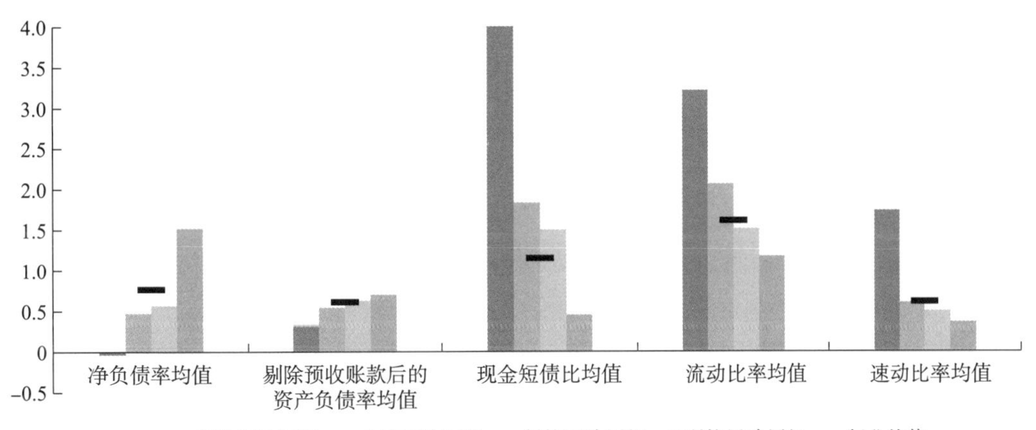

图 6-1-46　2023 年各类型上市房企偿债能力指标均值比较

数据来源：企业年报、上海易居房地产研究院。

从违约情况来看，随着行业风险陆续出清，房企债券违约规模有所下降。Wind 数据显示，2023 年共有 72 只境内信用债违约，数量同比下降 43. 31%；40 只中资海外债违约或展期，数量同比下降 59. 18%。2023 年房地产行业面临新旧模式的转换，政策端支持力度加大，积极稳妥化解房地产行业风险，债券违约规模有所收缩。2024 年以来，出险房企积极自救，多家房企境内债务展期得到有效推进，境外债务重组也取得重要进展（见表 6-1-16），4 月金科已拟定司法重整计划草案，积极推动风险化解工作。政策端 2024 年两会等定调房地产政策持续宽松主基调不变，地方房地产调控政策继续优化，因城施策空间进一步打开。尽管政策面持续优化、释放利好，但购房者信心和预期难于修复，房地产销售市场整体仍处于弱势整理阶段。于房企而言，“活下去”的关键在于销售端的回暖和自身造血能力的恢复，2024 年房企债券展期、违约风险依然存在。

表 6-1-16　2024 年以来部分房企债务重组进展

企业名称	时间	债务重组进展
正荣	2024 年 1 月 2 日	正荣发布公告称，公司与债权人特别小组成员签订了重组支持协议书
龙光	2024 年 1 月 12 日	龙光发布公告称，公司已经与若干现有美元优先票据持有人组成的债权人小组（AHG）及其顾问就有关票据重组的条款达成一致，并于 2024 年 1 月 12 日与 AHG 签署了附有该等条款的债权人支持协议
中梁控股	2024 年 3 月 19 日	中梁发布公告，宣布境外债务重组所有条件已获满足，3 月 20 日起正式生效。从此中梁境外债务压力已全部化解
中国奥园	2024 年 3 月 21 日	中国奥园宣布，境外债务重组计划已达成所有条件，已于 3 月 20 日生效。根据先前披露的方案，奥园将发行新融资工具，置换约 61 亿美元的境外债务
宝龙地产	2024 年 4 月 28 日	宝龙地产宣布，于同意费用截止日期［即 2024 年 4 月 26 日下午五时（香港时间）］，持有范围内债务未偿还本金总额 88%以上的计划债权人已签署重组支持协议
旭辉	2024 年 4 月 29 日	旭辉控股公告称，已与债券持有人小组就全面方案原则上达成一致，债券持有人小组的持有人合共持有或控制旭辉各类债务本金总额约 43%
花样年	2024 年 4 月 29 日	花样年控股发布境外债务重组建议条款更新公告，重组方案主要包括以新换旧、债转股两部分

资料来源：公开资料、上海易居房地产研究院。

（5）盈利能力分析。

2023 年，房企利润空间持续收窄。一方面在市场下行压力下，营销端多采用打折促销等方式加速去化，压缩项目的利润空间；另一方面，前期高地价项目结转影响仍在传导，低利润项目集中结算。另外，房地产市场整体下行，上市房企结合市场变化对存货计提资产减值，也在冲击房企的盈利能力。

2023 年，上市房企营业利润均值 21.95 亿元，同比下降 17.85%；净利润均值 9.57 亿元，同比下降 10.98%；净资产收益率均值 1.42%，同比下降 1.09 个百分点；总资产报酬率均值 1.15%，同比下降 1.03 个百分点。总体来看，各项盈利能力指标均较上年有不同程度的下滑（见图 6-1-47）。

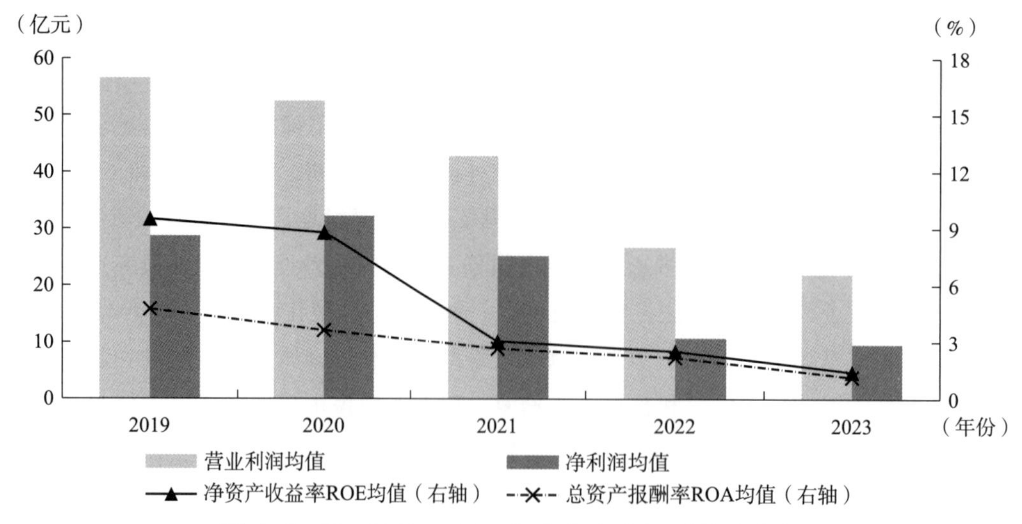

图 6-1-47　2019—2023 年上市房企盈利能力指标

数据来源：企业年报、上海易居房地产研究院。

净资产收益率由总资产周转率、销售净利率、权益乘数三项指标构成。随着近年来房地产行业持续下行，房企销售收入同比下降，总资产周转速度下降。在项目打折促销、大额计提资产减值等多重负面因素影响下，上市房企销售净利率处于下降通道。房企融资难问题依然存在，有息负债规模增长受到限制，上市房企权益乘数均值有所下降（见图 6-1-48）。在三个指标共同作用下，上市房企净资产收益率均值继续下滑。

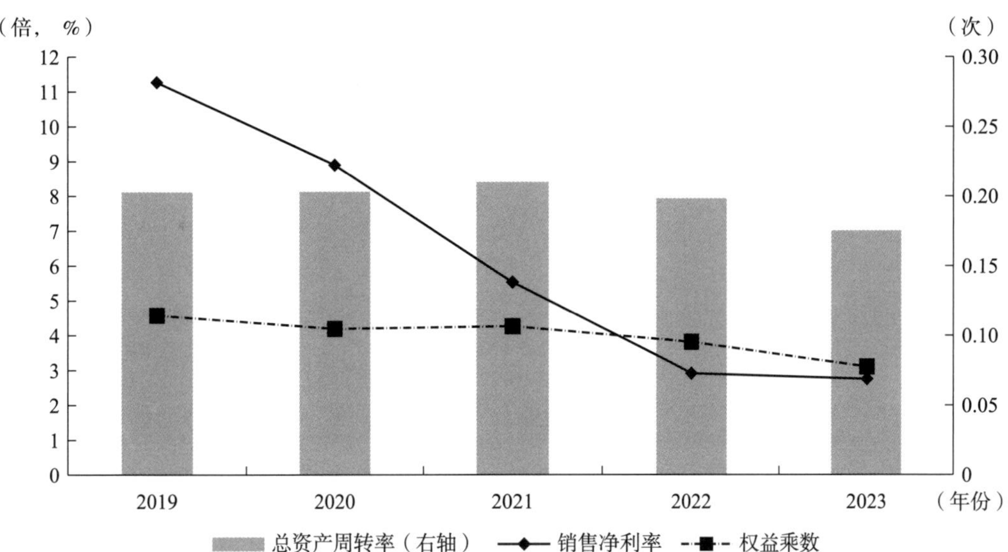

图 6-1-48　2019—2023 年上市房企净资产收益率影响因素变动情况

数据来源：企业年报、上海易居房地产研究院。

2023 年，上市房企息税前利润均值为 21.68 亿元，同比下降 27%（见图 6-1-49），受到息税前利润大幅下降影响，上市房企总资产报酬率均值同比下降 1.03 个百分点。

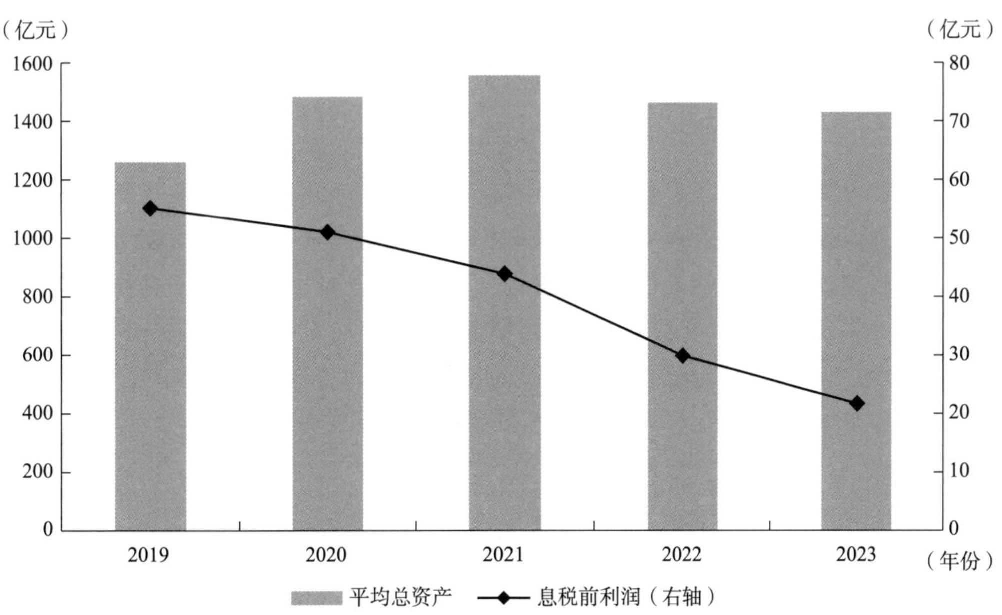

图 6-1-49　2019—2023 年上市房企总资产报酬率影响因素变动情况

数据来源：企业年报、上海易居房地产研究院。

从绝对盈利能力来看，有 6 家上市房企净利润超过 100 亿元，占比 4.96%；47 家上市房企出现亏损，占比

38.84%。从相对盈利能力来看，仅 2 家上市房企总资产报酬率高于 10%，占比 1.65%；总资产报酬率介于 5%~10%的上市房企占比为 6.61%，同比下降 3.39 个百分点；介于 0%~5%的上市房企占比为 63.64%，同比下降 6.36 个百分点；小于 0 的上市房企占比为 28.10%，连续三年明显增加（见图 6-1-50）。总体来看，上市房企总资产报酬率主要集中在 0~5%区间，整体盈利水平较上年有所下降。

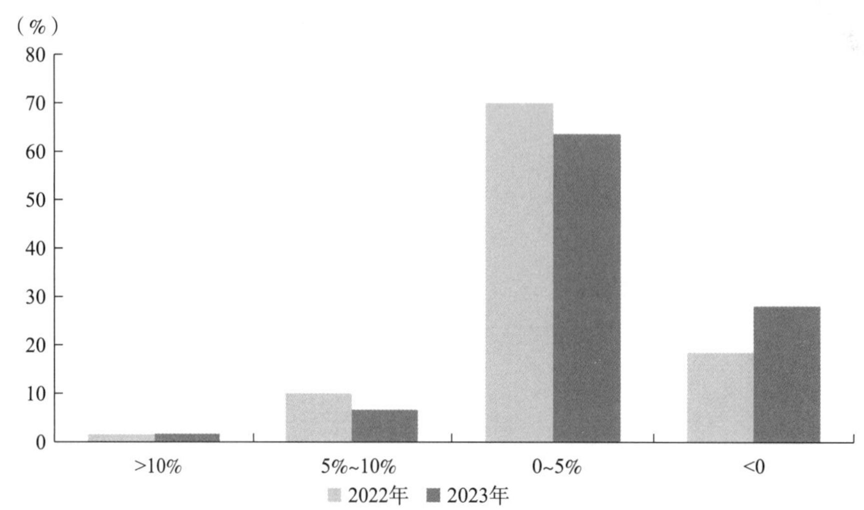

图 6-1-50　2022 年和 2023 年上市房企总资产报酬率情况分布

数据来源：企业年报、上海易居房地产研究院。

此次测评根据房地产行业特点及盈利特征，将上市房企划分为四种类型：

盈利突出型企业：利润率水平超过行业平均水平，且近几年保持持续增长或低于行业波动幅度，盈利前景可观。

盈利稳健型企业：利润率水平处于行业平均水平上下，且近几年波动幅度较小，能够维持现有盈利水平。

盈利追赶型企业：利润率水平低于行业平均水平，但增速靠前，短期内盈利可能实现突破。

盈利乏力型企业：利润率水平远低于行业平均水平，缺乏盈利增长点，近几年净利润持续下滑甚至亏损，中长期盈利状况存在较大的不确定性。

从上市房企盈利能力类型分布来看，盈利突出型和盈利乏力型企业占比提升，盈利稳健型企业和盈利追赶型企业占比减少，企业间盈利能力分化现象加剧。2023 年，20%的上市房企盈利能力表现突出，部分房企如华润、保利、中海等凭借其投资节奏的精准把控和精细化、数字化管理能力，保持较好的增长。20%的房企属于盈利稳健型企业，占比同比下降 5 个百分点；20%的房企属于盈利追赶型企业，占比同比下降 5 个百分点；40%的房企属于盈利乏力型房企，同比增加 9 个百分点（见图 6-1-51）。2023 年房地产市场处于筑底盘整、负面出清的过程中，行业整体盈利能力下行，中小房企利润率指标普降态势加剧。

（6）成长能力分析。

2023 年，上市房企的房地产开发业务收入、营业收入和净利润均值同比下降，仅净资产均值有小幅上涨（见图 6-1-52）。具体来看，房地产开发业务收入均值同比下降 5.73%，营业收入均值同比下降 2.18%，净利润均值同比下降 11.02%；净资产均值同比增长 6.85%，增速同比下降 2.56 个百分点。总体来看，2023 年，上市房企利润规模延续下降趋势，但降幅有所收窄，多家上市房企营业收入与净利润同时降低，“减收减利”现象较为普遍。净资产规模有小幅上涨，原因部分在于本次测评对象删除了有违约行为的房企。

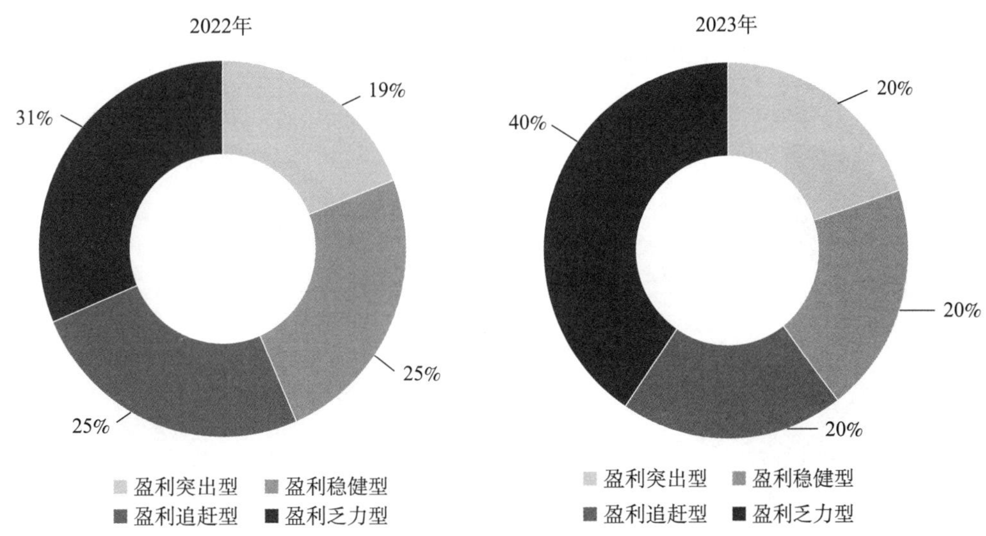

图 6-1-51 2022 年和 2023 年上市房企盈利能力类型分布

数据来源：企业年报、上海易居房地产研究院。

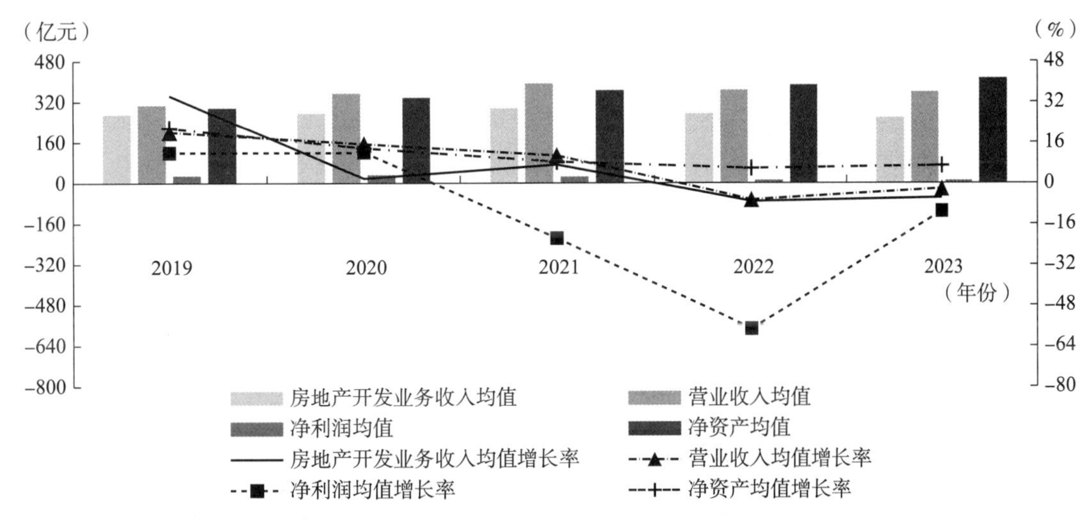

图 6-1-52 2019—2023 年上市房企成长能力指标

数据来源：企业年报、上海易居房地产研究院。

此次测评根据主营业务收入增长率、主营业务利润增长率、净资产增长率等业绩成长能力指标，将上市房企的成长能力划分为四个层级：

高成长型：具备较快的收入和利润增长速度，净资产持续高速增长，为企业未来持续发展奠定了坚实的基础。

中成长型：具备中等业绩成长能力，增速略高于行业平均成长水平，能够为企业未来发展提供一定的基础。

低成长型：具有一定业绩成长能力，增速略低于行业平均水平，企业未来发展受到一定限制。

弱成长型：业绩成长能力远低于行业平均水平，增速与行业平均水平差距显著，企业未来发展受阻。

从成长能力类型来看，2023 年，高成长型和中成长型企业占比分别为 17% 和 20%，低成长型和弱成长型企业占比分别为 27% 和 36%（见图 6-1-53）。与上年相比，高成长型、中成长型和低成长型房企数量占比均有所下降，弱成长型房企数量占比提升。2023 年房地产市场深度调整，市场信心偏弱，房企成长空间受到普遍限制。高成长型房企以中小型地方国资背景房企为主，该类型房企在区域深耕方面表现突出，同时在资金成本和土地获取方面得到政府支持，具备较好的成长性。中成长型房企以平稳发展的大型国企央企为主，该类型房企在融资成本和销售去化方面优势明显，正在成为行业的主导力量。

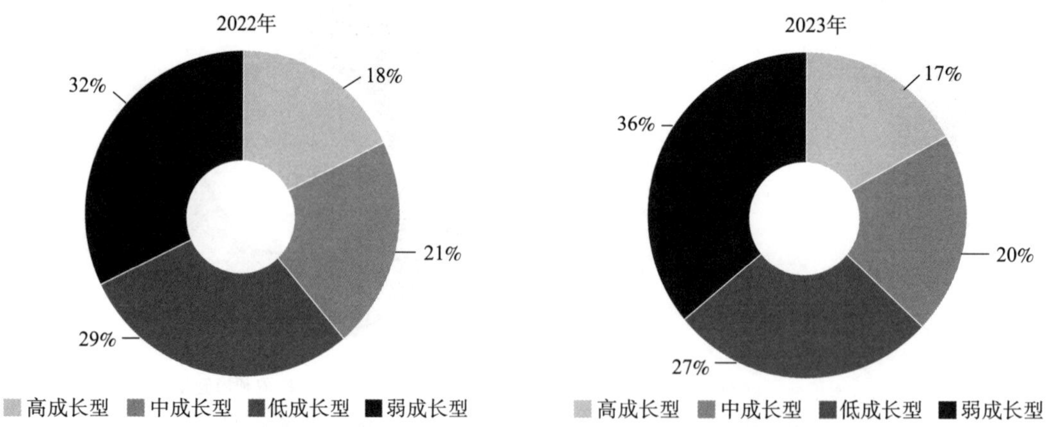

图 6-1-53 2022 年和 2023 年上市房企盈利能力类型分布

数据来源：企业年报、上海易居房地产研究院。

从营业收入同比变化情况看，2023 年，上市房企营收同比主要集中在-20%~20%，占比为 42.96%。营收同比为正的房企占比为 47.93%，其中增幅超过 40%的房企占比较上年有明显增长；营收同比为负的房企占比为 52.07%，其中降幅超 40%的房企占比较上年有所下降（见图 6-1-54）。主要原因：一方面是在上年低基数的影响下，部分房企营收有较大幅度上涨；另一方面此次测评对象剔除有违约行为的房企。

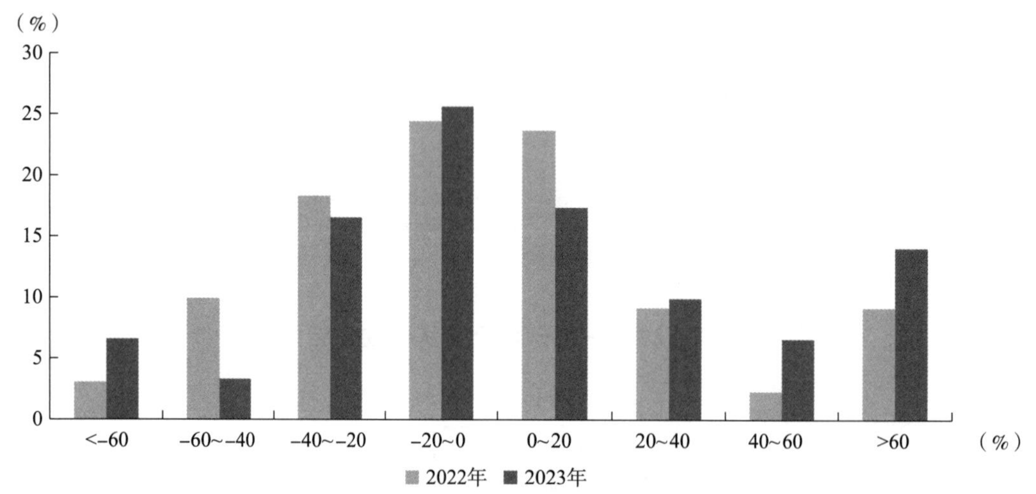

图 6-1-54 2022 年和 2023 年上市房企营业收入同比变化情况分布

数据来源：企业年报、上海易居房地产研究院。

从净利润同比变化情况看，2023 年，上市房企净利润同比表现不佳，但相较上年有所改善，净利润同比为负值的房企占比为 66.12%，同比减少 10.98 个百分点。其中净利润同比大于 40%区间的房企占比有明显增长。此外，净利润同比超过 100%以及低于-100%的房企占比均较上年有所增长，分化明显（见图 6-1-55）。

从净资产同比变化情况看，2023 年，净资产同比为负值的房企占比为 52.89%，同比增加 7.85 个百分点，其中净资产同比降幅集中在-20%~0 区间内，小于-20%区间的房企占比有所下降。净资产同比正向增长区间中，增幅在 0~10%区间内的房企占比最大，但同比有所下降，净资产同比增幅超过 20%的房企占比较上年有所提升（见图 6-1-56）。

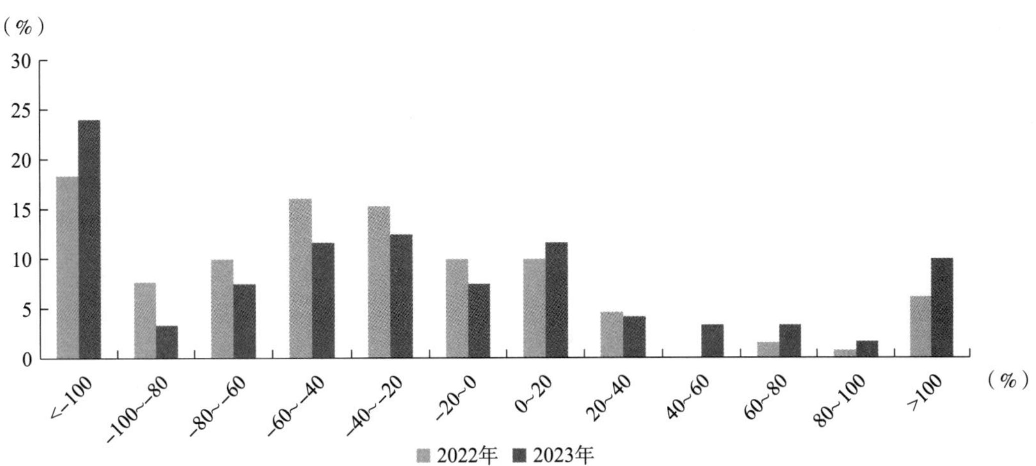

图 6-1-55　2022 年和 2023 年上市房企净利润同比变化情况分布

数据来源：企业年报、上海易居房地产研究院。

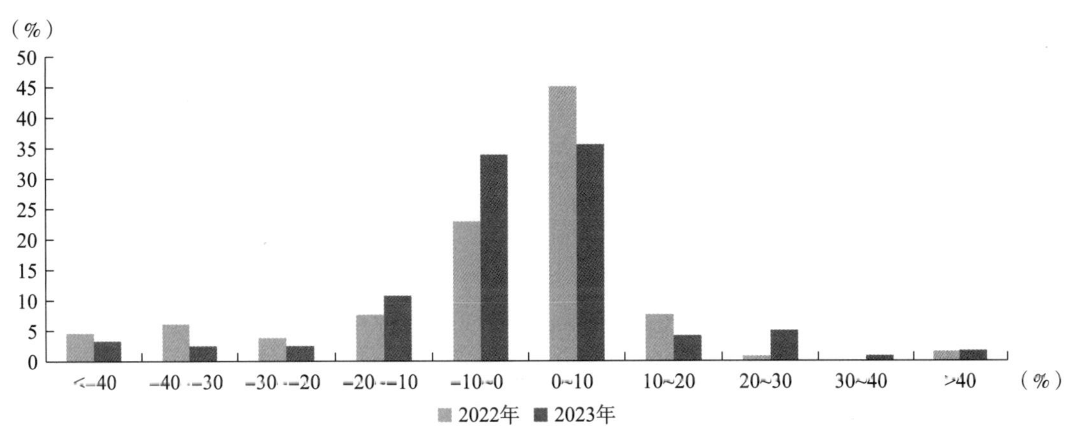

图 6-1-56　2022 年和 2023 年上市房企净资产同比变化情况分布

数据来源：企业年报、上海易居房地产研究院。

从拿地情况看，2023 年，在土地市场有意愿、有能力拿地的房企主要聚焦在头部的央国企，10 强上市房企全年新增土储货值为 15334 亿元，同比上升 12.29%，华润、保利发展、中海全年新增货值超 2000 亿元。拿地区域方面，上市房企愿意投资的城市范围不断收窄，多数房企拿地城市不超过 20 个，且拿地区域主要向一、二线城市聚集。例如招商蛇口在北、上、广、深的投资占公司全部投资额的 51%，华润 2023 年在一、二线城市的投资占比为 92.8%，绿城一、二线城市的货值占比 84%，建发 2023 年在一、二线城市拿地金额占比超 90%（见表 6-1-17）。2024 年房企拿地策略延续上年向一、二线城市集中的策略，第一季度中海地产、保利发展、招商蛇口、华润、越秀等央国企在核心城市积极拍地，民营房企投资力度较弱。

表 6-1-17　2023 年典型上市房企拿地投资特征

企业名称	2023 年典型上市房企拿地投资特征
保利发展	坚持聚焦核心城市，核心 38 城面积储备占比近七成，提升 2.4 个百分点，资源结构不断优化
中海	聚焦高能级城市的优质资产，精准投资
招商蛇口	在“强心 30 城”“核心 6+10 城”的投资金额占比分别达 99%和 88%，其中在北、上、广、深的投资占公司全部投资额的 51%

续表

企业名称	2023 年典型上市房企拿地投资特征
华润	2023 年新获取项目 68 个，一、二线城市投资占比 92.8%
龙湖	公司土储重点布局一、二线核心城市
绿城	新拓项目持续向高能级城市的高能级板块集中，一、二线城市货值占比 84%，北上杭三城新增货值约 823 亿元，占比 58%；同时在西安、宁波、苏州、南京、成都等优质城市核心板块多有斩获
越秀	总土地储备中 95%位于一线城市和重点二线城市
建发	聚焦高能级城市和优质地段。2023 年一、二线城市拿地金额占比超 90%，重点在上海、厦门、杭州、北京、苏州等地获取多个优质项目。截至 2023 年末，公司在一、二线城市的全口径土地储备（未售口径）货值占比约 73.57%，较上年末提高 5.48 个百分点
万科	2023 年新获取资源以住宅品类为主，并主要分布在北京、上海、杭州、成都等主要城市
新城	以上海为中枢、长三角为核心，布局全国重点城市群及重点城市

资料来源：企业年报、上海易居房地产研究院。

（7）经营效率分析。

2023 年，上市房企存货周转率均值为 0.39，同比提升 0.02；流动资产周转率均值为 0.27，同比下降 0.01；总资产周转率均值为 0.18，同比下降 0.02。在保交付的压力下，房企加快周转速度，同时投资态度谨慎，存货总量下降，上市房企存货周转率均值同比小幅提升。受销售金额下降影响，流动资产周转率均值、总资产周转率均值继续下滑（见图 6-1-57）。

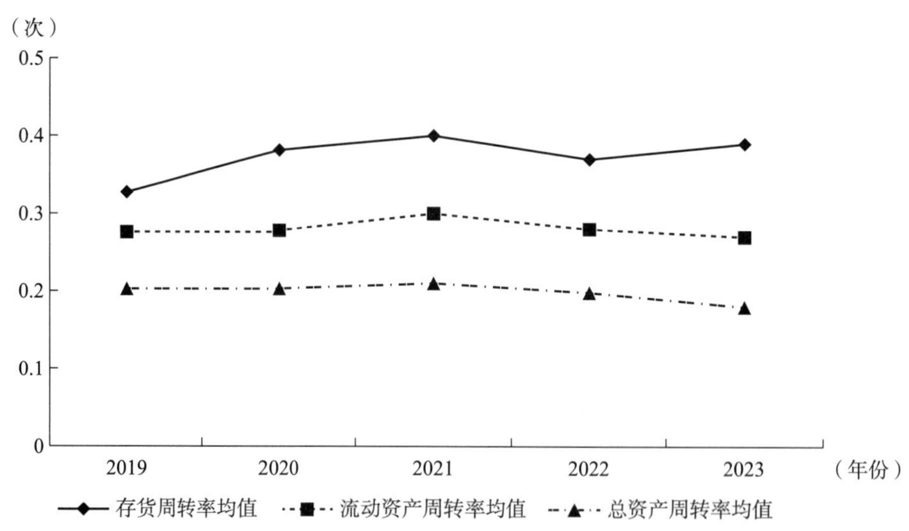

图 6-1-57　2019—2023 年上市房企经营效率指标

数据来源：企业年报、上海易居房地产研究院。

此次测评使用总资产周转率、流动资产周转率和存货周转率等指标来衡量房地产上市公司的经营效率，将上市房企划分为四种类型：

高速周转型：资产经营效率超过行业平均水平，企业内部资源得到高效的利用，具有很强的经营效率优势。

平稳经营型：资产经营效率大致处于行业平均水平，企业能有效利用内部资源，具有较强的经营效率。

低速周转型：资产经营效率低于行业平均水平，企业利用内部资源的能力一般，具备一定的经营效率。

落后经营型：资产经营效率远低于行业平均水平，企业利用内部资源的能力相当有限，经营效率相对较低。

从经营效率类型看，2023 年，落后经营型企业占比 54%，同比增加 8 个百分点。高速周转型企业占比 17%，与上年持平（见图 6-1-58）。2023 年，房地产行业在销售下滑和融资受阻双重压力之下，房企强化库存管理加速去化，企业间竞争激烈，经营效率分化态势明显。

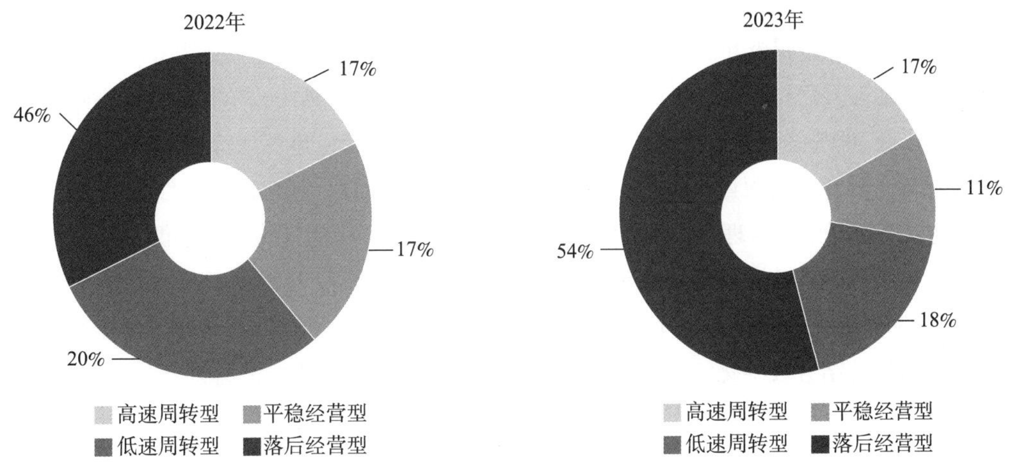

图 6-1-58　2022 年和 2023 年上市房企经营效率类型分布

数据来源：企业年报、上海易居房地产研究院。

2023 年，存货同比下降的上市房企占比约为 65%，下降幅度大多集中在 20% 以内，10 强房企中万科、龙湖、新城存货同比降幅较大，均超过 20%。存货同比上升的上市房企占比约 35%，增幅大多在 10% 以内，10 强房企中华润、越秀地产存货同比增幅超过 5%（见图 6-1-59）。

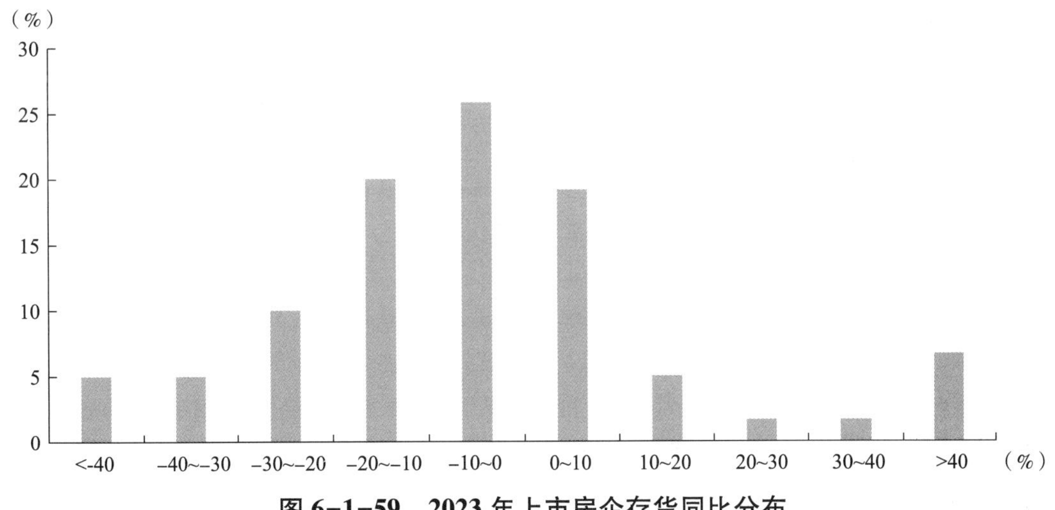

图 6-1-59　2023 年上市房企存货同比分布

数据来源：企业年报、上海易居房地产研究院。

（8）社会责任分析。

2023 年，房地产市场继续经历深度调整，行业信心处在低位，市场需求和购买力不足。房地产金融属性下降，逐渐回归居住属性，购房者更加关注生活品质。“好房子”的定义不再局限于房子产品本身，产品设计、建造工艺和物业服务都是美好住宅的重要组成部分。房企积极履行社会责任，从品质交付、风险管控、服务跟进等多个维度，提升综合交付能力，构筑改善时代的核心竞争力。

在国家“双碳”目标指引下，经济逐渐告别粗放型发展模式。房地产行业由高速发展阶段转向平稳发展新周期，高质量可持续发展成为房企关注重点，环境、社会和治理（ESG）概念也随之越来越受市场关注。截至2024年5月10日，10强上市房企全部发布2023年社会责任相关报告，50强上市房企中有44家发布2023年社会责任相关报告。当前房企ESG发展水平尚处于早期阶段，龙头房企在规模效应下有更多的动力与资源投入其中，以提升ESG发展水平，积极发布ESG报告向资本市场展示其贯彻可持续发展理念的决心与成果。

环境资源层面，上市房企积极开展环境保护方面的探索和尝试，结合自身业务优势向环境友好的高质量发展转型。万科以绿色建筑研究和建筑产业化为主要方向，不断探索超低能耗、净零能耗、零碳建筑体系。2023年，万科所有新建项目100%达到国家绿色建筑评价标准，新增满足绿色建筑评价标准面积1963.66万平方米。2023年起，万科物流高标仓新建项目100%按照行业绿色三星仓库建设，新建冷库项目100%达到LEED金级标准的目标。招商蛇口坚持绿色人居理念，推动绿色建筑、绿色运营、绿色科技、绿色供应链全面融入日常经营管理中，2023年新增绿色建筑认证项目数量55个，新增装配式建筑面积462.70万平方米，占新增建筑面积比例为90%。截至2023年底，累计实施26个超低能耗建筑、2个近零能耗建筑、1个零能耗建筑。新城控股坚持以“双碳”目标为引领，结合数字化、智能化等手段，践行生态环保、节能减排降耗，2023年新城控股所有在建项目均满足国家绿色建筑相关要求。

社会责任层面，在消费者权益保护上，上市房企重视企业产品质量安全，稳步推进“保交付”进程。在员工培养方面，上市房企为员工发展提供广阔平台，支持员工提升自己。社会公益实践方面，近年来房企深入探索公益模式，兼顾“短期+长期”帮扶，公益行动更加富有成效和价值。在税收方面，房地产行业整体规模庞大，经过多年快速发展，房企响应高质量发展号召，积极履行纳税义务。近年来，房地产市场整体低迷导致房企营业收入持续下滑，经营层面的压力直接传导到了纳税表现，上市房企中超过六成出现所得税负增长情况。2023年，上市房企纳税额均值为12.25亿元，同比下降约8.62%。

此次测评以企业纳税额、参与保障房建设情况及企业捐款等为主要指标，将上市房企划分为四个层级：

高贡献度型：主动纳税，积极投身社会公益事业，参建保障房的领军企业，获得多方社会认同。

中贡献度型：与行业平均相近的纳税额度，比较重视参加公益活动和保障房项目的建设，积极拓展企业的社会认知度。

低贡献度型：纳税额较低，有一定的积极性投身于公益活动和保障房建设。

弱贡献度型：与行业平均水平有一定距离，亟待企业加强重视程度。

从上市房企社会责任类型分布来看，2023年，约18%的上市房企属于高贡献度型，同比上升3个百分点；弱贡献度型上市房企数量最多，约占78%，与上年持平；中贡献度型企业、低贡献度型企业占比均有所下降（见图6-1-60）。整体来看，随着行业进入下行周期，上市房企平均利润下降，房企社会责任整体贡献度有所下滑。

公司治理层面，上市房企积极提升公司治理效能，深化治理责任，提高公司的发展质量。金融街建立健全以“股东大会、董事会及其专业委员会和经营管理层”为核心的公司治理结构，形成了权责明确、运作规范的协调和制衡机制，保障公司高效合规运营。2023年金融街结合最新风险监控动态修订《风险监测指标体系》，将公司经营管理过程中的各类风险事项分为战略风险、市场风险、运营风险、财务风险和合规风险五大类，保证各类风险事项能够全面、及时发现、预警与应对，减少可能的风险损失。招商蛇口2023年修订《招商蛇口风险管理与内部控制工作流程》《招商蛇口内部控制管理工作指引》等制度，调整并补充内控监督检查、流动性风险预警等工作要求及标准，进一步完善风控内控管理。华侨城健全完善“1333”工作体系，即1个目标、3大原则、3个重点和3层架构。不断完善公司“三会一层”法人治理结构，全面深化精益管理，建立权责清晰、管控透明、协调运转、有效制衡的现代企业治理体制机制，着力构建与现代化经济体系和高质量发展要求相适应的治理体系，持续提高公司治理水平，促进公司规范运作。

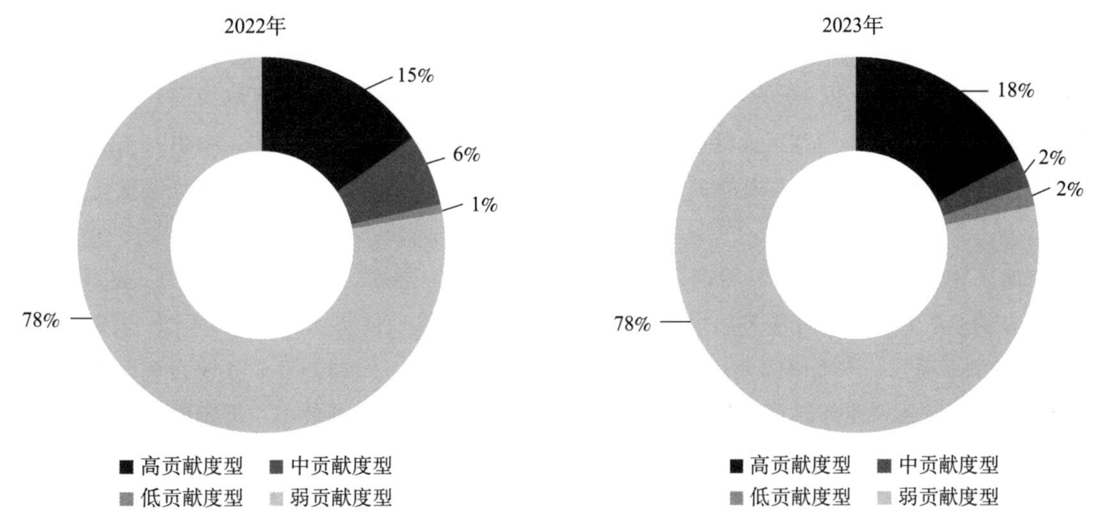

图 6-1-60　2022 年和 2023 年上市房企社会责任类型分布

数据来源：企业年报、上海易居房地产研究院。

（9）创新能力分析。

2023 年，房地产市场供求关系发生重大转变，房地产行业进入新旧模式交替之年，住宅需求向“居者优其屋”过渡，房地产行业发展回归本质。上市房企积极调整发展战略，对产品、营销、管控体系等方面进行创新升级，以客户为中心建造好的房子，打造完善的配套，提供好的服务，满足多元化的住房需求。

产品创新方面，随着消费者购房逻辑发生明显变化，改善性住房需求得以释放，购房者对居住品质的诉求细化，房企对传统住宅产品不断优化创新，产品力竞争时代全面开启。招商蛇口设立专业化的客研体系，提升产品定位精确性，将客研模块标准化细化至城市微板块分级分类管理。围绕客户导向推行产品创新，强化项目开发全周期的品质管控，推动基于客户体验的产品线迭代升级，打造“璀璨系”“天青系”“序系”等特色产品系。越秀地产将绿色、低碳、智能、安全等现代理念，融入多个品质型高端楼盘中。针对高阶人群的生活需求与方式，推出高端人居系列“樾”系产品，通过科技赋能品质住宅，实现产品力的持续提升。新城控股通过开展“质控战役”“景观战役”等专项工作，实现建造品质与景观呈现的突破性进展。2023 年，新城控股根据“让业主不仅拥有一套房，更拥有一种生活方式”的产品理念，推出了新一代高端产品系——品悦系，漳州吾悦品悦是新城控股“品悦系”的首个落地作品，项目聚焦“品质建筑、六有景观、悦享生活、科技住宅”四大核心价值，创新打造度假式酒店公园社区，为业主营造幸福生活。

营销创新方面，2023 年，随着“认房不认贷”“带押过户”等政策的落地，多城打通楼市置换链条，出台“以旧换新”政策，部分房企也跟进推出“无忧置换计划”。招商蛇口 2023 年 9 月底推出“以旧换新招商无忧购”活动，整体市场反响良好，国庆双节期间项目约成交 22 套房源，其中以旧换新的成交占比约 50%。2024 年，武汉、深圳、无锡、上海等多地密集出台住房“以旧换新”政策，未来预计将有更多城市出台相关配套政策，进一步促进置换需求释放。为稳定购房者信心，2023 年部分房企推出保价、买贵退差价、无理由退房等营销举措，例如 2023 年“双十一”活动中，重庆保利旗下项目，认购可保价至次年元宵节，且可享一次无理由换房，江西万科九盘联合推出特价房、购房券等活动，并保价至年底。随着线下获客效率越来越低，多家房企转战线上平台，直播成为需求收集、客户触达、成交转化的重要渠道，多家上市房企通过直播选拔、陪跑计划提升直播专业度。例如保利推出的“保利新声代”主播选拔活动，入围半决赛的选手可参加专业技能特训营。

管控体系创新方面，上市房企积极推动技术创新和变革管理工具，提升项目的生产建设效率。招商蛇口积极推广应用 AIGC 装配式设计系统，基于“一城一策”模板生成最优方案，构件做法最大标准化，实现精细化统一管控，助力住宅产品的高质量发展。金地智慧工地平台基于物联网、大数据等技术，以“发现问题、分析问题、处理问题”的产品理念，立足于施工现场的“人、物、环境、管理”四大安全监管要素，以构建智慧工地物联网硬件监测技术为主，以工地软件轻量化监管为辅，建立支撑现场管理、互联协同、智能决策、数据共享的信息化系统，2023 年金地智慧工地覆盖率 100%。新城控股“芯智造”建造体系中引入工厂化加工、超市化配送的管理理念，在可视化区域内规范所有流程，标准化管控各项质量，以智慧工地等信息化手段提高现场管理质量。

当前上市房企在逆境中积极求变，将现金流安全放在发展第一要位，对多元化业务模式的探索。一方面，对沉淀资金较多的业务方向，或者业务回报周期过长的业务板块减少投资。如融创中国出售臻华府项目公司 100%股权、金沙酒店项目、秀场酒店项目公司 100%股权。另一方面，对与开发业务较为垂直的物业管理、商业运营及管理、城市服务等业务方面则更加聚焦，在现有的基础上强化运营效率。近年来，上市房企多元化业务收入占比持续提升，2023 年多元化业务收入占比达到 38.75%，同比提升 4.86 个百分点（见图 6-1-61）。

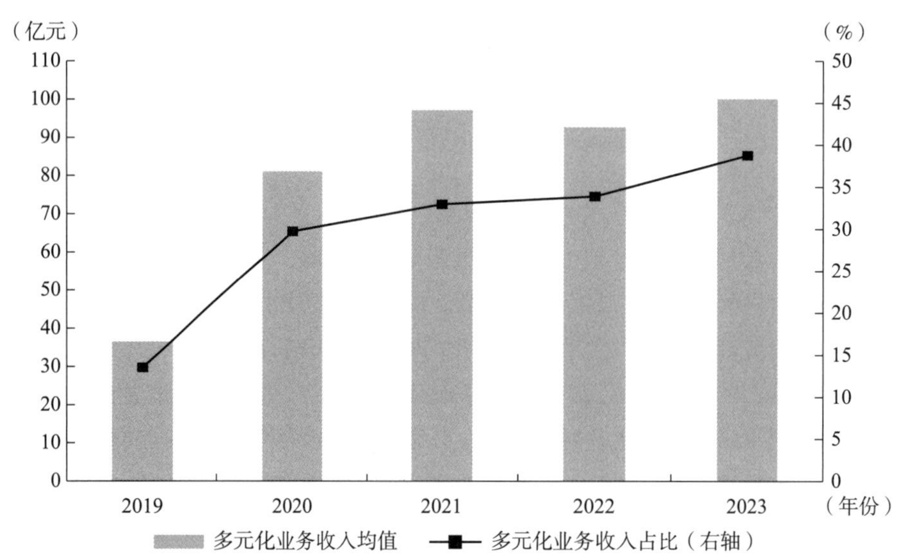

图 6-1-61　2019—2023 年上市房企多元化收入占比变化

数据来源：企业公告、上海易居房地产研究院。

注：上市房企多元化业务收入均值=上市房企营业收入均值-上市房企房地产开发业务收入均值

2023 年，10 强上市房企的多元化业务方向主要包括商办、长租公寓、酒店、物业管理、代建等方面。例如保利发展转让和乐教育、艺术教育、保利小贷公司股权，剥离边缘资产。龙湖聚焦开发、运营、服务三大业务板块，已形成地产开发、商业运营、长租公寓、物业管理、智慧营造等多航道业务协同发展。2023 年，商业运营和长租公寓都实现经营性现金流为正，未来将通过自身现金流的平衡去解决业务发展问题，不再依赖集团、地产或融资现金流的支持。两大业务对利润的贡献占比已至六成以上，其持续健康发展，成为龙湖利润企稳，重回增长的重要引擎。华润置地坚持“城市投资开发运营商”战略定位，持续巩固“3+1”一体化业务模式，即开发销售型业务、经营性不动产+资管业务、轻资产管理业务以及生态圈要素型业务。在经营性不动产+资管业务方面，2023 年华润置地购物中心租金收入 179 亿元，同比增长 29.7%，旗下在营购物中心实现零售额 1639 亿元，同比增长 44.2%。随着消费类基础设施公募 REITs 获得政策支持，华润置地积极向大资管业务转型，目标在“十四五”之内把资管业务培育成为企业的第二增长曲线。

代建业务方面，2023 年，代建市场快速扩张，重点区域累计中标的代建项目同比增长 50%。2024 年第一季度，重点区域中标项目占 2023 年 33%，布局代建的企业已超过 90 家。代建细分赛道初步形成，部分上市房企专攻不同领域增强市场竞争力，例如绿城管理立志做最大的房产开发服务商，顺应行业形势变化不断拓宽业务边界，业务范围从传统的住宅开发扩展到产业园区、公租房、人才公寓、共有产权房、商业、酒店等多元化业务。龙湖龙智造将数字化手段与房地产开发相结合，提出并实践“龙湖智造未来城市”的理念等。2024 年在保障房政策加速推进下，双轨制下建设需求增加，代建企业会迎来更多机会，“城中村”改造加速落地，也给代建企业拓展带来新方向。同时，在保交楼工作的持续推进下，纾困代建迎来风口。此外，此轮地产下行周期中大量城投平台托底拿地，而他们操盘能力相对较弱，项目开工率低，也将带动相关项目代建需求的增加。总之，在开发业务利润水平持续下滑，同时新房开发规模基本见顶的背景下，多元化经营是当前房地产行业的重要趋势。房企需从市场需求、自身能力、政策环境等多方面因素出发，积极培育业绩增长第二曲线，积极探索房地产发展新模式，推动业绩长期可持续增长。

（三）2024 年房地产企业品牌价值测评

发布机构：上海易居房地产研究院

发布时间：2024 年 9 月 20 日

发布地点：杭州

1. 测评榜单（见表 6-1-18）

表 6-1-18　2024 年房地产开发企业品牌价值 50 强

排名	企业名称	品牌价值（亿元）
1	中海企业发展集团有限公司	815
2	保利发展控股集团股份有限公司	612
3	华润置地有限公司	581
4	万科企业股份有限公司	563
5	龙湖集团控股有限公司	435
6	招商局蛇口工业区控股股份有限公司	430
7	绿城中国控股有限公司	369
8	建发房地产集团有限公司	311
9	中国金茂控股集团有限公司	302
10	越秀地产股份有限公司	276
11	杭州滨江房产集团股份有限公司	271
12	新城控股集团股份有限公司	269
13	中国铁建房地产集团有限公司	256
14	珠海华发实业股份有限公司	254
15	金地（集团）股份有限公司	251
16	大悦城控股集团股份有限公司	242
17	上海中建东孚投资发展有限公司	241
18	中建壹品投资发展有限公司	195
19	北京首都开发股份有限公司	190

续表

排名	企业名称	品牌价值（亿元）
20	联发集团有限公司	188
21	厦门国贸地产集团有限公司	185
22	路劲地产集团有限公司	183
23	中国电建地产集团有限公司	172
24	中交地产股份有限公司	161
25	北京城建投资发展股份有限公司	150
26	金融街控股股份有限公司	149
27	中铁置业集团有限公司	147
28	卓越置业集团有限公司	146
29	保利置业集团有限公司	145
30	仁恒置地有限公司	143
31	北京金隅地产开发集团有限公司	139
32	武汉城市建设集团有限公司	137
33	重庆华宇集团有限公司	136
34	合生创展集团有限公司	135
35	大连万达商业管理集团股份有限公司	133
36	象屿地产集团有限公司	132
37	深圳华侨城股份有限公司	130
38	星河控股集团有限公司	125
39	上海陆家嘴金融贸易区开发股份有限公司	124
40	杭州市城建开发集团有限公司（大家房产）	120
41	新希望五新实业集团有限公司	119
42	五矿地产有限公司	118
43	上海建工房产有限公司	114
44	大华（集团）有限公司	103
45	青岛君一控股集团有限公司	101
46	安徽伟星置业有限公司	99
47	信达地产股份有限公司	98
48	中建智地置业有限公司	95
49	上海城投控股股份有限公司	94
50	北京首创城市发展集团有限公司	89

2. 测评分析

（1）入榜企业分析。

①50 强变动幅度缩小，整体格局趋于稳定。

上海易居房地产研究院经过客观、公正、专业和科学的测评研究，形成 2024 房地产企业品牌价值榜单。

2024 年，50 强品牌房企位次变动幅度整体缩小，其中，50 强榜单变动率为 14%，较上年下降 2 个百分点；20 强榜单变动率为 15%，与上年持平；10 强榜单变动率为 10%，较上年下降 10 个百分点（见图 6-1-62）。10 强榜单中，中海继续位居榜首，保利发展、华润分列第 2、3 名。新晋 10 强的品牌房企为越秀，越秀坚守“成就美好生活”品牌使命，践行“商住并举”发展战略，深入推进多元化业务和高质量发展，公司排名从 2023 年的第 13 位上升到第 10 位（见表 6-1-19）。

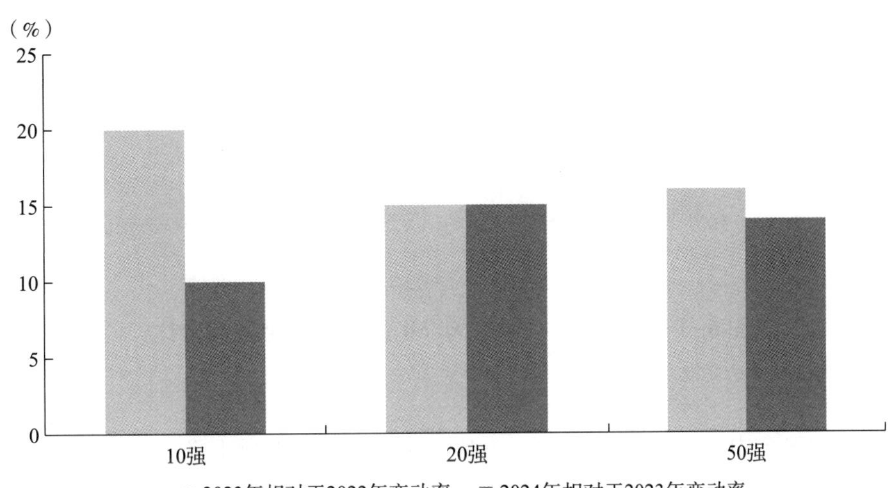

图 6-1-62　2023—2024 年 10 强、20 强及 50 强品牌房企变动率对比情况

数据来源：上海易居房地产研究院。

表 6-1-19　2024 年品牌 10 强房企名次变化

企业名称	2024 年排名	2023 年排名	2022 年排名
中海	1	1	1
保利发展	2	4	3
华润	3	3	4
万科	4	2	2
龙湖	5	6	7
招商蛇口	6	5	6
绿城	7	7	11
建发	8	9	13
金茂	9	8	9
越秀	10	13	16

数据来源：CRIC、上海易居房地产研究院。

②华东区域房企占比最高，国资背景优势依然存在。

从 50 强品牌房企总部所在区域来看，华南房企占比为 32%，华东房企占比为 34%，华北房企占比为 28%，西南、华中房企占比分别为 2%、4%，西北房企未入榜。相较于 2023 年，华北、西南房企占比有所减少，华南、华中房企占比有所增加，华东房企占比保持不变（见图 6-1-63）。10 强品牌房企中，华南区域依旧占据最高份额，总计有 6 家，华东区域房企 2 家，华北区域房企 2 家。

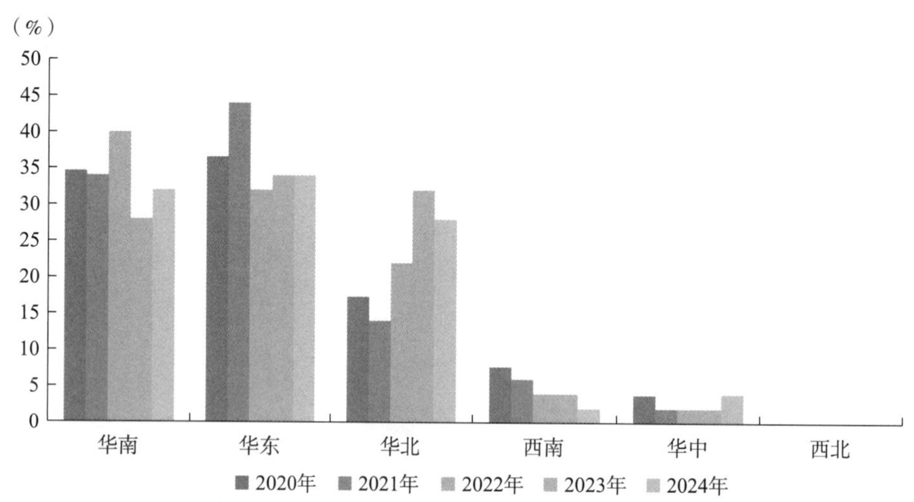

图 6-1-63　2020—2024 年 50 强品牌房企区域占比

数据来源：上海易居房地产研究院。

2024 年，50 强品牌房企中，上市房企 29 家，占比 58%，较上年有所下降（见图 6-1-64）。近年来房企 IPO 进程放缓，2023 年仅有嘉创地产 1 家开发企业上市。

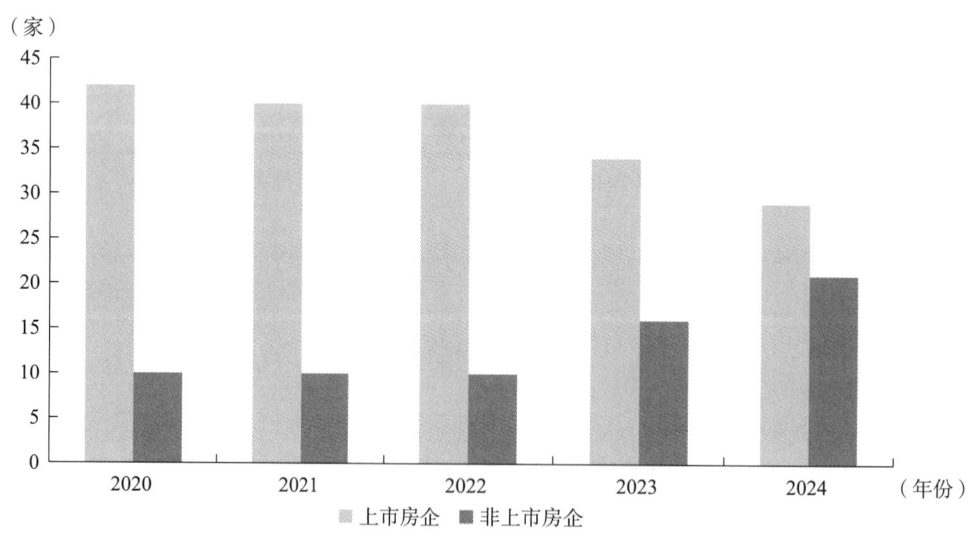

图 6-1-64　2020—2024 年 50 强品牌房企上市公司数量情况

数据来源：上海易居房地产研究院。

从企业性质来看，50 强品牌房企中，有国资背景的占比为 72%，同比上升 4 个百分点；民企占比 28%，同比下降 4 个百分点。其中，10 强房企中有国资背景的房企为 9 家，民营房企为 1 家。2023 年房地产行业景气度下行，有国企背景的房企品牌效应明显，销售韧性较强，流动性持续改善，整体投资、开发及运营能力具有相对优势。

（2）品牌成长分析。

①利润均值继续下滑，头部品牌房企超额收益回升。

2023 年，面对复杂严峻的国际环境和艰巨繁重的国内改革发展稳定任务，国民经济回升向好，高质量发展扎实推进。全年国内生产总值 126.06 万亿元，按不变价格计算，比上年增长 5.2%。房地产市场方面，全年商品房销售金额 11.66 万亿元，比上年下降 6.5%，商品房销售面积 11.17 亿平方米，比上年下降 8.5%。行业政策方面，中央政策以 7 月中央政治局会议定调“我国房地产市场供求关系发生重大变化”为分水岭，由“托而不举”向“托举并用”转变，政策频率及力度具有明显的递进性。各地政府积极响应，供需两端支持性政策持续加码，致力于推动房地产市场企稳复苏和平稳健康运行。

2024 年 1—7 月，全国新建商品房销售面积 54149 万平方米，同比下降 18.6%；新建商品房销售额 53330 亿元，同比下降 24.3%，销售规模维持在低位。全国房地产开发投资 60877 亿元，同比下降 10.2%，房企投资信心严重不足。从统计局 70 个大中城市价格环比情况来看，7 月新房价格环比下跌的城市 66 个，下跌城市个数处于历史高位水平。2023 年房企利润继续下滑，主要原因包括：第一，房企前期在行业上行阶段获取的高地价地块持续结算，拉升结转出清的成本水平；第二，市场下行房企承受较大去化压力，营销端口多采取打折促销的方式加速去化，营业收入规模增长动力不足；第三，房企结合市场变化对存货计提减值，一定程度上侵蚀企业利润。2023 年品牌房企各梯队营业利润均值均有下降，10 强、20 强和 50 强的营业利润均值分别为 201.67 亿元、150.69 亿元和 79.26 亿元（见图 6-1-65），同比分别下降 20.54%、14.81%和 8.66%。2024 年上半年，各梯队品牌房企营业利润较上年大幅下滑，多家房企出现“增收不增利”现象，随着市场持续调整，部分头部规模房企的盈利能力也有明显下滑。

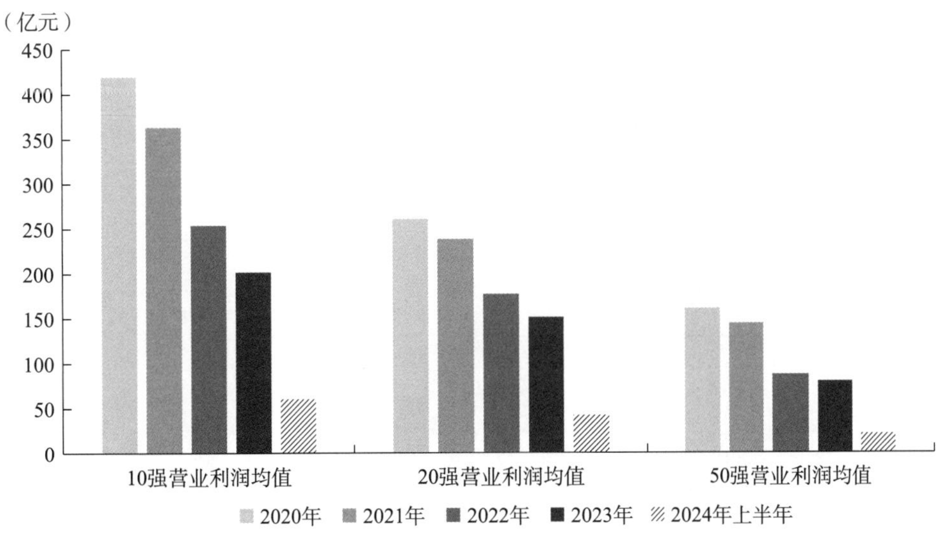

图 6-1-65　2020 年至 2024 年上半年品牌房企营业利润均值情况

数据来源：Wind、上海易居房地产研究院。

2023 年，10 强品牌房企平均净利率 5.34%，平均毛利率 15.84%，同比分别下滑 4.22 和 4.24 个百分点，降幅较上年有所扩大（见图 6-1-66）。2024 年上半年，10 强品牌房企平均净利率为 6.61%，同比下降 4.04 个百分点；平均毛利率为 15.67%，同比下降 3.01 个百分点。2023 年以来，销售回落影响房企结转收入规模，成交价格疲软影响房企利润，叠加扩大计提资产减值规模，房企盈利能力大幅下降。2024 年上半年，在楼市持续大调整下，有品牌房企业绩出现亏损，也有部分品牌房企表现突出，稳住盈利。例如 2024 年上半年保利发展营业总收入 1392. 49 亿元，归母净利润 74. 2 亿元；招商蛇口营业总收入 512. 73 亿元，归母净利润 14. 17 亿元；新城控股营业总收入 339. 04 亿元，归母净利润 13. 18 亿元。

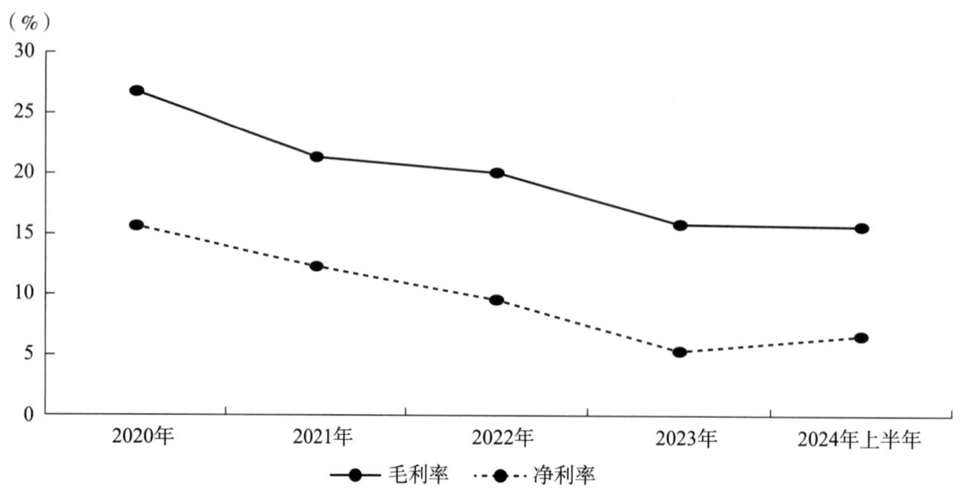

图 6-1-66　2020 年至 2024 年上半年 10 强品牌房企盈利能力变化

数据来源：上海易居房地产研究院。

从超额收益情况看，2023 年，10 强、20 强和 50 强品牌房企超额收益均值分别为 84. 14 亿元、37. 23 亿元和 13. 67 亿元（见图 6-1-67）。10 强品牌房企超额收益同比增长 3. 89%，20 强、50 强房企超额收益同比分别下降 2. 13%、11. 25%。头部品牌房企的品牌效应显现，在营销、产品等各方面均占据优势，虽然盈利能力有下滑，但下滑速度低于行业平均水平，超额收益同比有小幅回升。

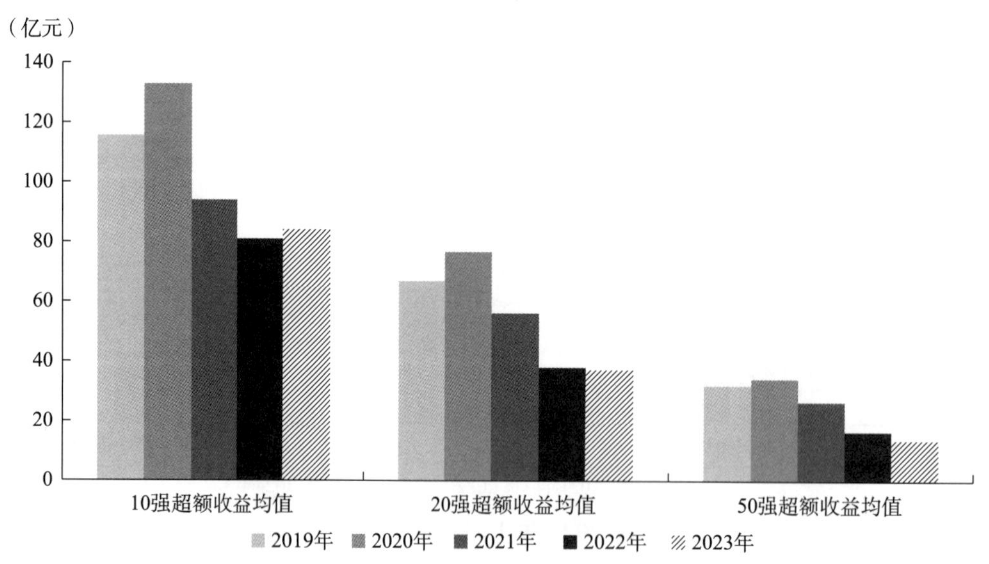

图 6-1-67　2019—2023 年品牌房企超额收益均值情况

数据来源：CRIC、上海易居房地产研究院。

②品牌价值均值总体回落，企业间增速分化。

从 2020—2024 年房地产企业品牌价值测评结果看，企业品牌价值总体继续下降，但降幅收窄。具体来看，2024 年 50 强品牌价值均值由上年的 225 亿元回落至 219 亿元，同比下降 2. 51%；20 强的品牌价值均值由上年的 360 亿元回落至 353 亿元，同比下降 1. 95%；10 强的品牌价值均值由上年的 470 亿元回落至 469 亿元，同比下降 0.17%（见图 6-1-68）。2023 年以来，房地产行业销售处于探底阶段，房企面临流动性危机，行业出清持续进行，给房地产企业整体品牌形象带来负面影响。

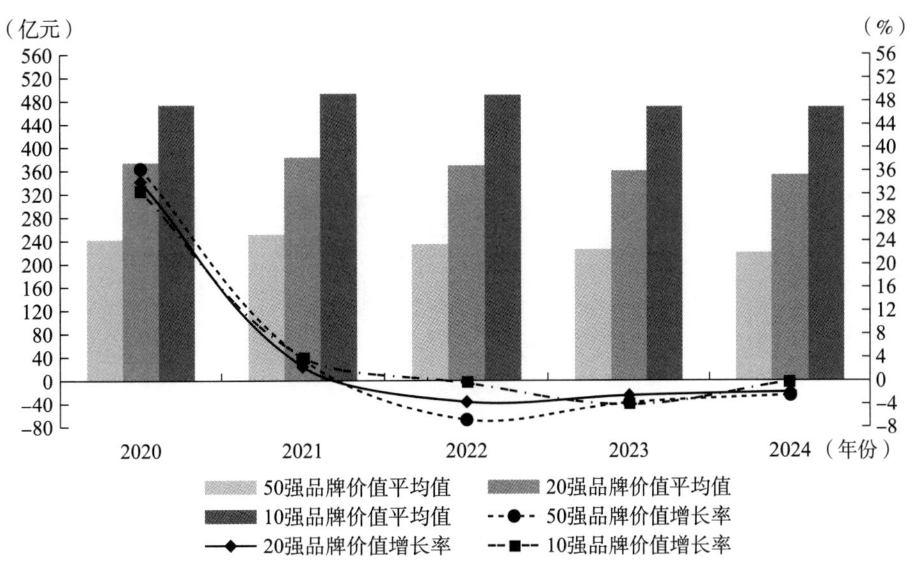

图 6-1-68　2020—2024 年房企品牌价值平均值及增长情况

数据来源：CRIC、上海易居房地产研究院。

从 2020—2024 年连续入榜企业的品牌价值测评结果来看，品牌价值变动情况有所分化。多家头部房企在行业下行趋势中扛住压力，保持稳健经营，不断提升品牌价值。而部分去化压力较大的房企，拿地投资更趋谨慎，品牌宣传策略偏向“一项一策”，而非集中打造企业品牌，品牌价值有所下滑。数据显示，2023—2024 年连续入榜的企业中，企业品牌价值实现正增长的房企占比约为 56%，中海、保利发展、华润的品牌价值继续保持领先。有 44%的企业由于销售去化受阻、融资难度增加、拿地投资收缩等问题，品牌价值出现负增长（见图 6-1-69）。

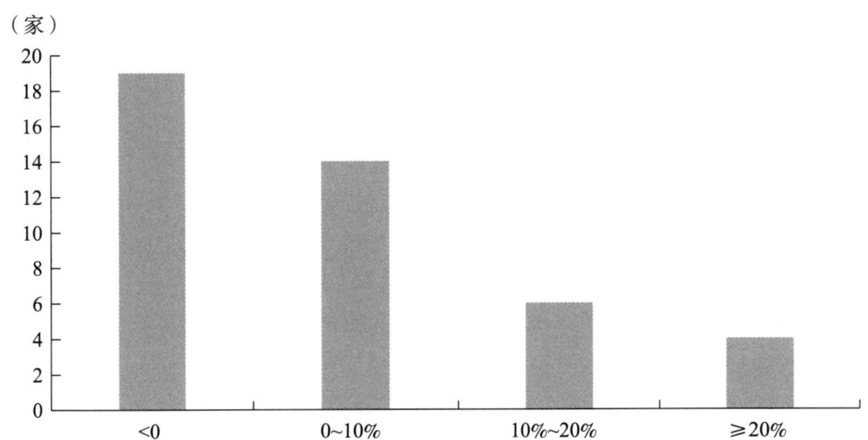

图 6-1-69　2023—2024 年连续两年入榜房企品牌价值增长率分布情况

数据来源：CRIC、上海易居房地产研究院。

③品牌门槛向下调整，第一梯队占比继续下降。

从近五年的情况看，品牌 10 强和 50 强的进入门槛均在 2021 年达到顶峰后持续下降。其中，品牌价值 50 强门槛由 2021 年的 113 亿元下降至 89 亿元；品牌价值 10 强门槛由 327 亿元降至 276 亿元。

2024 年，虽然品牌价值总体继续回落，但仍有 90%的入榜企业均进入第一、第二梯队。其中，品牌价值在 200 亿元以上的第一梯队房企数量为 17 家，占比 34%，同比下降 10 个百分点（见图 6-1-70）；第一梯队房企品牌价值均值为 383 亿元，同比上升 11.08%。品牌价值在 100 亿元到 200 亿元之间的第二梯队房企数量为 28 家，占比 56%，同比上升 4 个百分点；第二梯队品牌价值均值为 144 亿元，同比上升 8.80%（见图 6-1-71）。

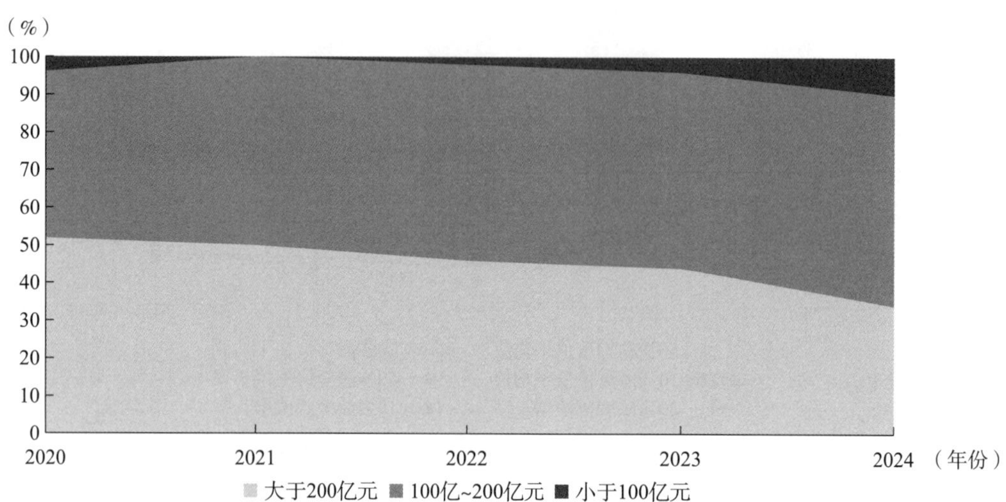

图 6-1-70　2020—2024 年 50 强房企品牌价值区间占比变化

数据来源：CRIC、上海易居房地产研究院。

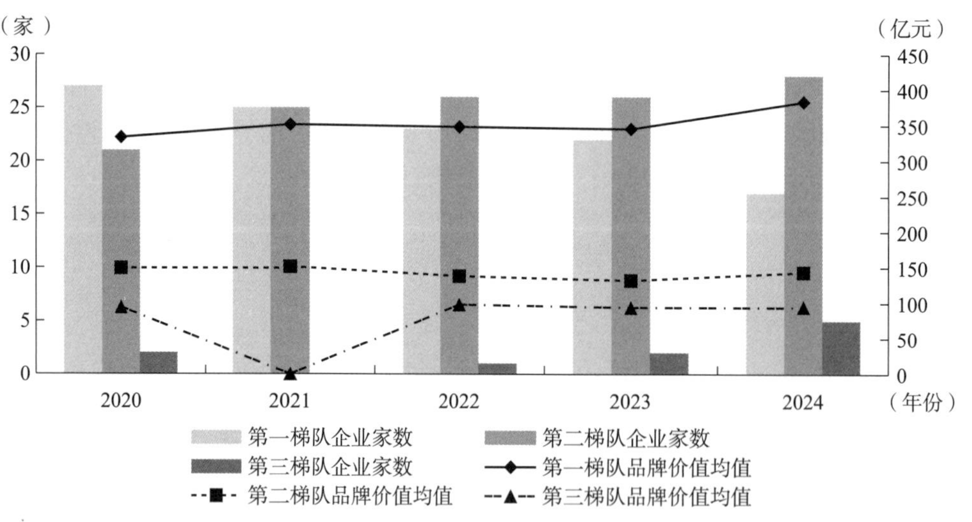

图 6-1-71　2020—2024 年 50 强房企品牌价值区间数量及均值情况

数据来源：CRIC、上海易居房地产研究院。

（3）品牌特征分析。

①三度均值持续下降，企业间分化明显。

上海易居房地产研究院连续五年通过消费者调研，从认知度、美誉度和忠诚度三个维度分析房企的品牌特征。2024 年，各梯队房企三度平均值均为认知度较高，美誉度次之，忠诚度最低（见图 6-1-72）。2024 年，50 强品牌房企的平均认知度、美誉度和忠诚度均有所下降，10 强品牌房企三度平均值则均有提升，房企间分化进一步加大。在当前产品力竞争时代，加大科技投入，提升服务效率，从物理层面和精神层面等提升业主居住体验，进而提升品牌满意度与忠诚度，是品牌房企重要发展方向。

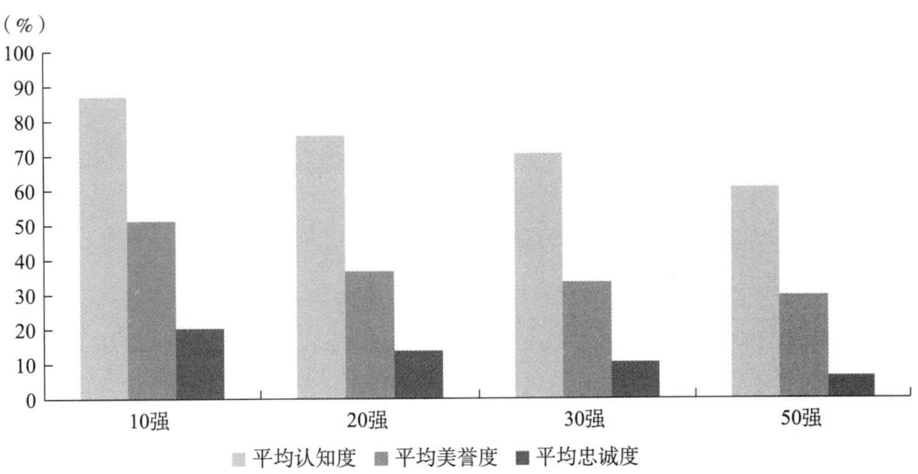

图 6-1-72　2024 年各梯队品牌房企平均认知度、平均美誉度、平均忠诚度对比情况

数据来源：上海易居房地产研究院房企品牌调研。

调研结果显示，2024 年 50 强品牌房企平均认知度为 60.62%，较上年减少 4.75 个百分点。主要原因在于测评范围剔除部分有违约记录的全国化房企，增加部分认知度相对不高但运营较好的区域性国资房企。具体分布上，多数集中在 50%～75%，但此区间的房企数量较上年有所减少，认知度在 0～25%及 75%～100%范围内的房企数量有所增加，企业间分化现象愈加明显（见图 6-1-73）。近年来，龙头房企加强线上线下等品牌宣传活动，知名度持续提升。2024 年 10 强品牌房企平均认知度为 87.04%，较 50 强平均水平高出 26.42 个百分点，两者差距进一步扩大。具体到房企，中海以 92.26%的认知度排名第一，华润、绿城、万科、龙湖分列二到五位（见表 6-1-20）。

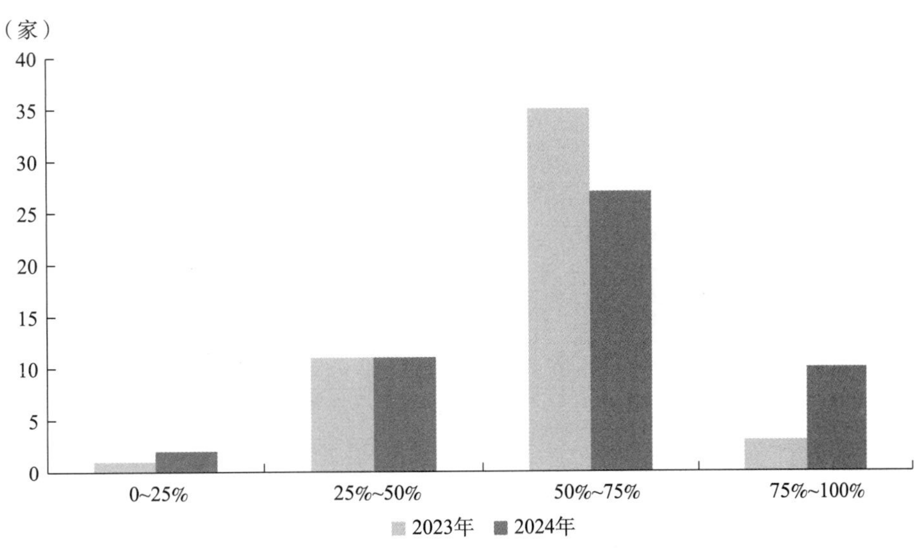

图 6-1-73　2023 年和 2024 年 50 强品牌房企认知度分布情况

数据来源：上海易居房地产研究院房企品牌调研。

表 6-1-20　2023 年品牌房企认知度调查排名前 10 房企

企业名称	认知度（%）
中海	92.26
华润	92.17
绿城	91.68
万科	90.85
龙湖	89.79
金茂	88.61
保利发展	85.62
越秀	85.46
招商蛇口	83.94
华发	83.06

数据来源：上海易居房地产研究院房企品牌调研。

品牌美誉度方面，随着房地产行业进入深度调整期，购房者对与居住体验相关的内容愈加关注，楼盘质量较差、降标减配、交付延期甚至无法交房等问题频发，业主对房企的美誉度整体有所下滑。2024 年，50 强品牌房企平均美誉度为 29.61%，同比减少 0.06 个百分点。具体来看，美誉度低于 30%的房企数量最多，同比减少 4 家；美誉度在 50%~70%的房企数量最少，同比增加 2 家（见图 6-1-74）。龙头房企积极履行交付责任，建造高品质产品，为企业口碑提供载体，10 强品牌房企平均美誉度为 51.22%，较上年有所提升，较 50 强平均水平高出 21.61 个百分点，差距较上年继续加大，企业间美誉度分化明显。其中，在 90%认知的基础上，62.46%的受访者对龙湖做出“非常喜欢”和“喜欢”的评价，排名第一，中海和华润分列二、三位（见表 6-1-21）。

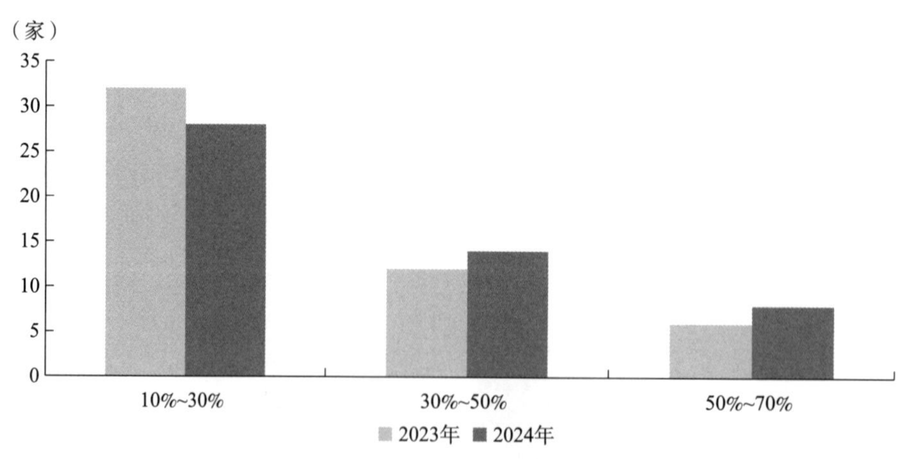

图 6-1-74　2023 年和 2024 年 50 强品牌房企美誉度分布情况

数据来源：上海易居房地产研究院房企品牌调研。

表 6-1-21　2024 年品牌美誉度调查排名前 10 房企

企业名称	美誉度（%）
龙湖	62.46

续表

企业名称	美誉度（%）
中海	58. 34
华润	55. 95
绿城	55. 17
滨江	54. 31
保利发展	51. 26
金茂	50. 36
万科	50. 31
招商蛇口	48. 47
越秀	47. 34

数据来源：上海易居房地产研究院房企品牌调研。

2024 年，房企运营环境未有明显改善，居民购房信心持续不足，置业需求被推迟，购房意愿下降，50 强品牌房企的平均忠诚度继续下降，仅为 6. 37%。其中，忠诚度低于 20%的品牌房企数量最多，仅有 4 家品牌房企忠诚度超过 20%（见图 6-1-75）。10 强品牌房企平均忠诚度为 20. 25%，较 50 强平均水平高出 13. 89 个百分点，品牌房企忠诚度分化明显。综合实力较强的央国企、稳健型民营及区域深耕型房企，全力保障项目交付工作的顺利推进，获得购房者的信任，同时提升交付后的服务力，增加客户黏性，购房者对其忠诚度相对较高。华润以 32. 56%的忠诚度排名第一。其次是金茂，忠诚度为 26. 36%，中海、绿城、越秀分列三到五位（见表 6-1-22）。

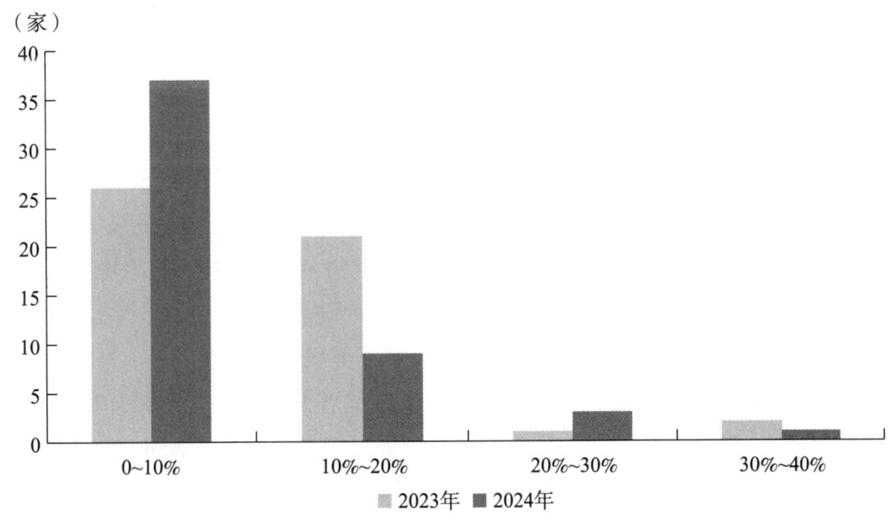

图 6-1-75　2023 年和 2024 年 50 强品牌房企忠诚度分布情况

数据来源：上海易居房地产研究院房企品牌调研。

表 6-1-22　2024 年品牌忠诚度调查排名前 10 房企

企业名称	忠诚度（%）
华润	32. 56
金茂	26. 36

续表

企业名称	忠诚度（%）
中海	25.34
绿城	23.17
越秀	18.54
龙湖	17.67
保利发展	17.22
万科	15.46
招商蛇口	15.21
滨江	14.48

数据来源：上海易居房地产研究院房企品牌调研。

②ESG 受重视程度不断提升，品牌房企发力绿色建筑。

随着房地产市场发展环境变化，可持续发展理念深入人心，品牌房企对 ESG 发展的重视度不断提升，信息披露更加丰富，内容更加翔实，披露 ESG 信息的企业数量有所增长。2024 年，申万房地产开发板块中，有近六成房企发布独立 ESG 报告。在环境方面，报告注重碳排放量、废弃物排放、水资源消耗以及绿色建筑的发展；在社会责任方面，以保障房建设、乡村振兴、公益行动等内容为主；在公司治理方面，主要关注公司的董事会结构、股权结构、管理层薪酬及商业道德等问题。

环境层面，绿色建筑是品牌房企践行环境责任的重要领域，发展绿色建筑符合行业转型趋势和政策导向。品牌房企加快减碳增绿的步伐，大力推进绿色建筑、绿色运营、节能减排等措施，践行绿色发展。中海 2023 年累计绿色建筑认证项目 636 个，其中北京中海金融中心在 2023 年 9 月已通过专家评审团论证，该项目为北京首个商业办公零碳建筑，实现建筑全过程节能降碳，为寒冷地区近零能耗建筑、零碳建筑和光储直柔的推广实施提供了技术集成创新应用示范。龙湖建立“双碳数字化管理体系”，从低碳绿色建造、节能减碳改造、新能源实践等不同维度，构建一体化管理模式，通过数字化管理切实推动减碳目标的达成。华润坚持新建项目 100%按绿色建筑标准设计的企业要求，逐步提高新开发物业按照高星级绿色建筑标准设计的数量，设立绿色建筑发展中长期目标，计划在 2025—2030 年新建持有经营性项目 70%以上获得绿色建筑高星级认证。

社会层面，品牌房企重视客户服务，招商蛇口每年委托第三方机构对开发业务、持有运营等业态开展客户满意度调研，全年开展客户服务类培训 30 场，培训对象覆盖全体客服人员，全年累计参训 3224 人次。华润置地坚持客户至上的服务理念，遵循《华润置地住宅客户投诉处理管理规范》《华润万象生活住宅客户投诉处理作业指引》等制度文件，针对因产品或服务质量可能导致的客户损失，设置专门的赔付授权和赔付流程，旨在快速、公正和高效地回应客户诉求，及时、公正地补偿客户损失。保利发展致力打造规范化的客户服务体系，通过全面的满意度调查、运营高效的呼叫中心服务和闭环的客户投诉管理分析，为各业务线提供管理优化建议，确保服务质量持续提升。

社会公益方面，品牌房企主要投身在乡村振兴和传统的公益项目，万科充分利用自身优势，深入实践绿色兴农，为乡村注入新的活力，以实际行动美化乡村村容村貌、增强乡村人民生态意识。保利发展积极履行央企责任，巩固拓展脱贫攻坚成果，围绕产业帮扶、就业帮扶、教育帮扶、消费帮扶等方向多措并举投身乡村振兴。中海在山西、甘肃、重庆、福建、海南、贵州、湖南、广东等省（市）和定点帮扶县开展消费帮扶工作，成功打造 7 款销量超百万的特色农产品，并创立“海惠万家”品牌，以自持续自循环模式开展常态化产业和消费帮扶。龙湖依托全生命周期项目矩阵，聚焦不同年龄段人群的实际需求，精准且全面的帮扶。2023 年，龙湖集团及创始人、龙湖公益基金会公益捐赠总金额近 1 亿元，截至 2023 年底，捐赠总额超过 19 亿元。新城积极响应“全面实施乡村振兴战略”的号召，通过消费帮扶、产业帮扶、教育帮扶、生态振兴等举措，助力乡村振兴，2023 年对乡村振兴资金帮扶共计投入 1952 万元（见表 6-1-23）。品牌房企通过“短期”的紧急救助和“长期”的持续帮扶，积极肩负起乡村振兴、教育慈善等社会责任。

表 6-1-23　2023 年典型房企社会公益履行情况

企业名称	社会公益情况
万科	在广东省内少数民族地区支持乡村振兴，围绕乳源县全线 27 公里的乳桂公路，通过一条绿道连接乳城、一六、游溪、桂头四个镇区，为当地村民出行提供便利，并设置亚锡坪、一六、瑶客共生、双桥、桂头五个驿站，串联周边多个风景节点，助力打造乡村绿色生态
保利发展	2023 年乡村振兴投入 1771 万元，惠及人口超 8000 人。累计消费帮扶约 300 万元农特产品，覆盖山西省河曲县、五台县，内蒙古自治区喀喇沁旗等定点帮扶地区。关注乡村困境儿童成长，截至 2023 年 12 月，“保利星火奖学金”已累计惠及 195 名学生及 50 名教师
中海	在山西、甘肃、贵州、湖南、广东等省份定点开展消费帮扶工作，成功打造 7 款销量超百万的特色农产品。2023 年，在甘肃消费帮扶投入达 453.32 万元
龙湖	在 2023 年，龙湖公益基金会持续开展大病儿童救助、乡村教育提升、城镇老旧小区适老化改造、乡村振兴、“一老一小”友好社区建设等多类帮扶项目，累计帮扶人数超 226 万人，龙湖集团及其创始人、龙湖公益基金会累计捐款超 19 亿元
新城控股	以可持续发展理念为牵引，推动行业进步及发展；积极响应国家乡村振兴战略，组织“七色光计划”公益活动，“七色光计划”在教育平权、儿童健康、绿色社区、环境保护、人道救助、文化工程、体育运动等版块持续公益创新，致力于搭建一个连接全社会的公益平台

资料来源：企业公众号、企业公告。

公司治理层面，品牌房企不断优化企业治理结构、提升企业治理水平。龙湖设立“董事会—审核委员会—风险管理小组”的风险管理组织架构，并采用“三道防线”的风险管理模式。越秀形成由董事会领导、“审计职能机构—风险管理职能机构—各职能部门、各附属公司”的三级风险管理架构，并明确各部门职责。万科风险管理工作已覆盖万科所有业务范围，由业务部门、职能部门以及内部监督部门构成的风险管理的“三道防线”，实施全面的风险管理。

③土地市场低位运行，品牌房企投资谨慎聚焦。

2023 年，土地市场持续低位运行，土地供应成交双双下滑，房企谨慎收敛的投资态度贯穿全年，拿地总量同比持续走低。财政部数据显示，2023 年国有土地使用权出让收入约 5.8 万亿元，同比下降 13.2%（见图 6-1-76）。2024 年以来政策主基调延续宽松，融资协调机制加速推进，居民住房信贷政策的全方位松绑，但房企整体投资额仍在低位运行，投资主要聚焦在核心一、二线城市的优质板块。2024 年上半年，国有土地使用权出让收入约 15263 亿元，同比下降 18.3%。

成交金额方面，2023 年各能级城市成交量同比均降，一线城市土地成交金额下降 17.45%，降幅最大，二线城市成交金额同比下降 10.34%，其他城市成交金额同比下降 11.30%。成交均价方面，受到供应收缩同时优质地块供应占比提升的影响，各能级城市平均成交楼板价有所上涨，其中一线城市平均成交楼板价涨幅最大，为 8.70%，二线城市、其他城市平均成交楼板价涨幅分别为 2.35%、5.48%（见图 6-1-77）。

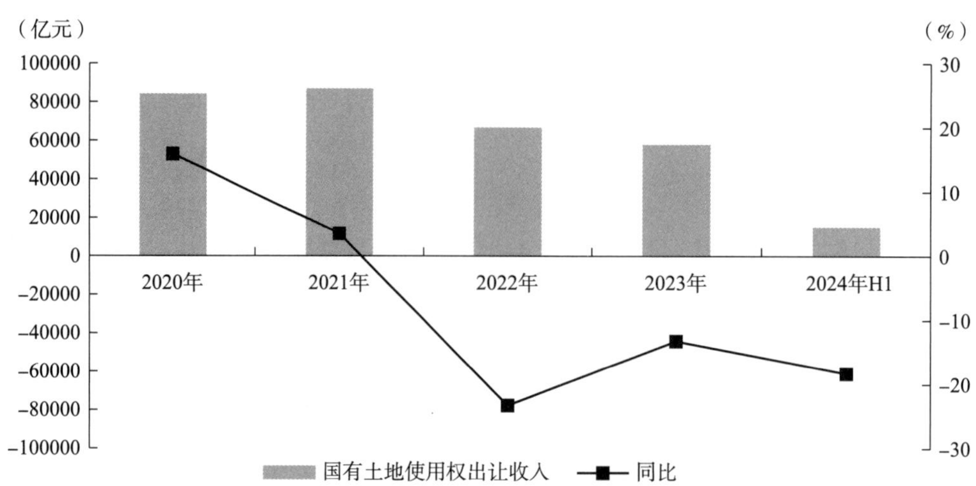

图 6-1-76　2020—2024 年上半年国有土地使用权出让收入情况

数据来源：国家统计局。

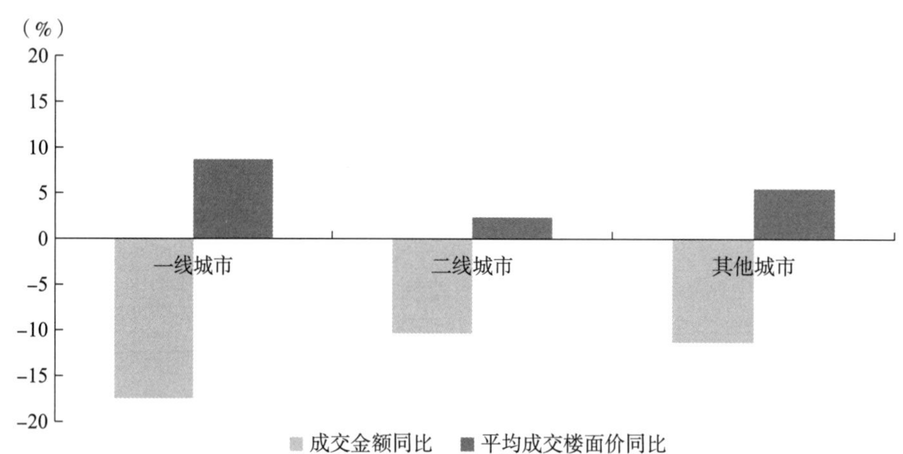

图 6-1-77　2023 年各线城市土地成交金额及平均楼面价变动情况

数据来源：CRIC。

2024 年上半年，品牌房企投资越发谨慎，销售金额排名靠前的房企，在土地市场参与度相对较高，但相较上年拿地金额也有较大降幅。如万科、招商蛇口、中海等房企拿地金额同比降幅超 70%，华润、越秀拿地金额同比下降五成左右，仅建发、龙湖等拿地金额跌幅小于 10%，房企投资意愿普遍不强（见表 6-1-24）。2024 年以来，从中央到地方房地产调控放松政策密集出台，一定程度上提振了市场信心，但政策落地的效果仍需时间检验，短期内房企投资意愿难有大力度的提升，谨慎和聚焦是主旋律。在调整土地质量、优化供地结构、精准供地的背景下，房企投资战略高度聚焦，核心地块竞争或将越发激烈。

表 6-1-24　2024 年 1—6 月 10 强品牌房企拿地情况

企业名称	拿地金额（亿元）	同比（%）	拿地销售比
中海	111.5	-73	0.08
保利发展	115.8	-70	0.07
华润	238.8	-55	0.19

续表

企业名称	拿地金额（亿元）	同比（%）	拿地销售比
万科	28.6	-94	0.02
龙湖	89.0	-7	0.17
招商蛇口	84.0	-74	0.08
绿城	207.0	-34	0.24
建发	321.8	-8	0.49
金茂	28.3	-77	0.06
越秀	110.7	-45	0.20

数据来源：上海易居房地产研究院、CRIC。

在投资策略方面，安全成为首要考虑因素，聚焦一、二线城市拿地已经成为房企共识。例如2023年，招商蛇口在北、上、广、深的投资占公司全部投资额的51%，华润在一、二线城市的投资占比为92.8%，绿城一、二线城市的货值占比为84%，建发在一、二线城市拿地金额占比超过90%（见表6-1-25）。2024年，房企拿地延续上年向一、二线城市集中的策略，上半年中海地产、保利、招商蛇口等央国企在核心城市积极拍地，民营房企投资力度较弱。

表6-1-25　2023年典型房企拿地投资特征

企业名称	2023年拿地投资特征
保利发展	坚持聚焦核心城市，核心38城面积储备占比近七成，提升2.4个百分点，资源结构不断优化
招商蛇口	在“强心30城”“核心6+10城”的投资金额占比分别达99%和88%，其中在北、上、广、深的投资占公司全部投资额的51%
华润	新获取项目68个，一、二线城市投资占比为92.8%
绿城	新拓项目向高能级城市的高能级板块集中，一、二线货值占比为84%，北上杭三城新增货值约人民币823亿元，占比为58%；同时在西安、宁波、苏州、南京、成都等优质城市核心板块多有斩获
越秀	总土地储备中95%位于一线城市和重点二线城市
建发	一、二线城市拿地金额占比超90%，重点在上海、厦门、杭州、北京、苏州等地获取多个优质项目

数据来源：企业年报、上海易居房地产研究院。

（4）品牌效应分析。

①品牌房企销售溢价下降，品牌效应助力项目去化。

2024年，房地产销售规模持续下滑，部分品牌房企有较高品牌认可度和较好的客群基础，通过稳健的财务运营、聚焦核心城市布局以及积极地推盘去化，表现出较强的抗周期性。2024年1—7月，10强品牌房企项目开盘首月平均去化率为57%，高于43%的行业平均水平，良好的品牌效应有助于提升房企项目的竞争力。绿城、建发、越秀等房企重视品牌打造，绿城围绕“好房子”这一主题举办多次活动，打造“好房子”品牌IP，建发将其对新中式产品的独特理解打造成品牌名片，越秀将“好品牌、好产品、好服务、好团队”作为企业战略。2024年1—7月，绿城、建发、越秀项目开盘首月平均去化率分别达到81%、62%、62%（见图6-1-78）。

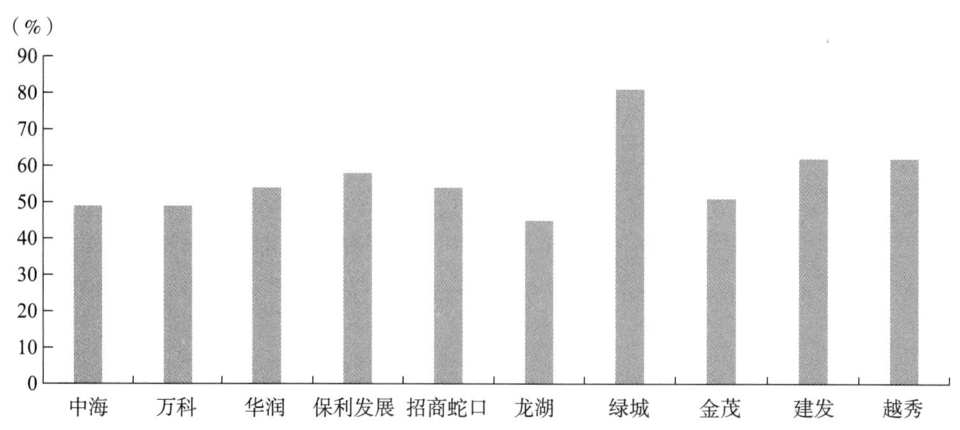

图 6-1-78　2024 年 1—7 月 10 强品牌房企项目开盘首月平均去化率

数据来源：上海易居房地产研究院。

2024 年，消费端调研结果显示，品牌在消费者购房行为中起着重大的影响。2024 年，在消费者对房企品牌重视程度方面，选择非常重要的占 58.28%，选择重要的占 37.70%，两者之和同比提升 4.09 个百分点，选择一般的占 4.02%，同比下降 1.39 个百分点，选择不太重要、很不重要的占比均为 0（见图 6-1-79）。总体看来，房企品牌依然是消费者购房行为中的重要考量因素。2024 年房企"保交付"工作持续推进，交付力已成为展示房企经营能力的重要窗口，多家品牌房企通过高品质交付直接触达消费者，展示良性经营样本，提高了消费者信心，树立了积极的企业品牌形象。

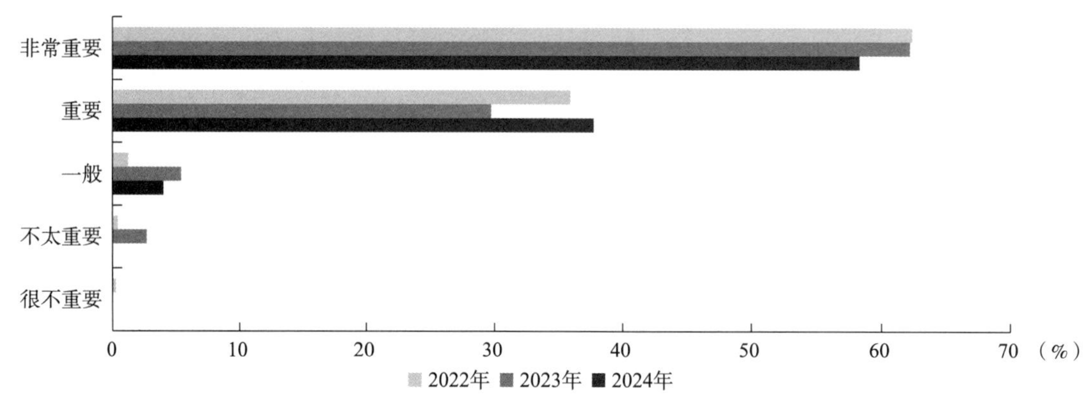

图 6-1-79　2022—2024 年品牌在消费者购房考虑中的重要程度

数据来源：上海易居房地产研究院房企品牌调研。

从消费者是否愿意支付溢价的调研结果来看，消费者可接受的品牌溢价空间也和房企的品牌竞争力相契合，多数消费者愿意为具有良好品牌的房企付出溢价，但消费意愿更加理性，愿意支付溢价的消费者占 62.07%，同比下降 2.79 个百分点。其中，愿意付出 0~10%溢价的消费者占比最高，达 51.72%，同比上升 13.88 个百分点；愿意付出 10%~20%溢价的消费者占 10.35%，同比下降 8.57 个百分点（见图 6-1-80）。

②融资总量持续下降，融资通道以境内为主。

2023 年，房地产行业金融支持政策发力，上半年，有多个部门陆续强调，促进金融与房地产正常循环、落实"金融 16 条"等，融资利好政策偏向支持财务状况较为良好的优质房企。下半年，政治局会议定调"行业供需关系发生重大转变"，中央金融工作会议要求一视同仁满足不同所有制房地产企业合理融资需求，对民营房企的融资支持力度有所增强。

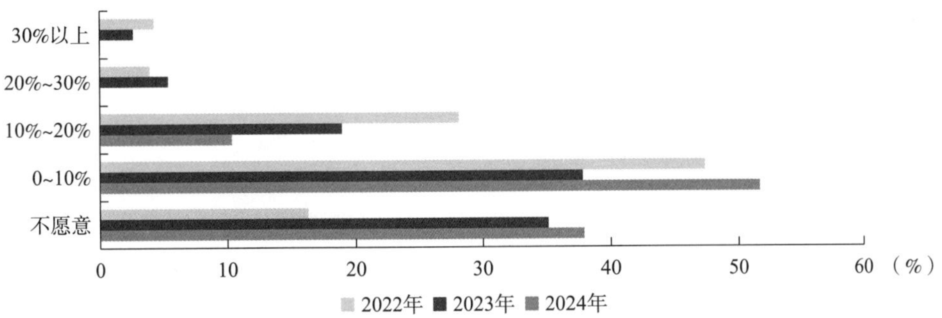

图 6-1-80　2022—2024 年消费者愿意为品牌房企支付溢价情况

数据来源：上海易居房地产研究院房企品牌调研。

2023 年，50 强品牌房企融资总额为 4913.90 亿元，同比下降 26.20%。分季度来看，2023 年第一季度融资总额虽同比大幅下滑，但仍是年度融资相对高峰期；第二季度房地产融资发行主体继续向央国企集中，融资总额同比下降 20.99%；第三季度融资环比回升，总量与上年基本持平；第四季度融资总量大幅下滑，同比下降 63.02%。虽然自 2023 年以来，先后有多部门强调，要促进金融与房地产正常循环，但前期融资开闸仅限于优质房企，民营房企尤其是出险房企融资难的问题依然突出，下半年融资利好政策力度加大，但政策落地效果存在滞后性，第四季度品牌房企融资规模处于低谷（见图 6-1-81）。

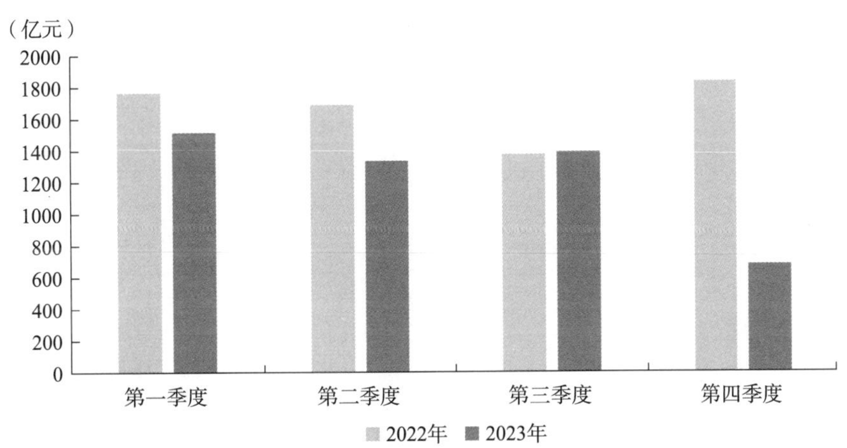

图 6-1-81　2022—2023 年 50 强品牌房企季度融资额

数据来源：上海易居房地产研究院。

从融资结构来看，2023 年，50 强品牌房企境内债权融资 3864.36 亿元，同比下降 25.65%；融资量占比为 78.64%，同比增加 0.58 个百分点；境外债权融资总量为 218.83 亿元，同比下降 8.67%；融资量占比为 4.45%，同比增加 0.85 个百分点，2023 年房企境外融资渠道基本停滞，境内债权融资仍为品牌房企融资主要渠道。股权融资方面，2023 年品牌房企股权融资金额总量为 304.63 亿元，同比增长 109.64%；融资量占比为 6.20%，同比上升 4.02 个百分点。2023 年金融支持房地产行业“第三支箭”成效显现，万科、招商蛇口、华发等多家品牌房企通过增发配股的方式完成融资。资产证券化募集资金 526.09 亿元，占比为 10.71%，同比下降 5.45 个百分点。另外，随着永续债纳入负债监管，房企发行热情消退，2023 年品牌房企依然没有新发行永续债（见图 6-1-82）。

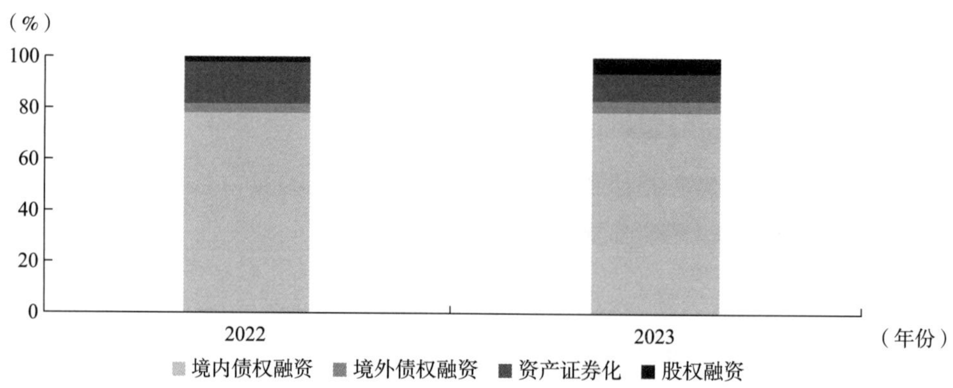

图 6-1-82　2022 年和 2023 年 50 强品牌房企融资结构

数据来源：上海易居房地产研究院

从融资成本来看，2023 年，50 强品牌房企的新增债权类加权平均融资成本为 3.56%，同比上升 0.10 个百分点。其中，境内债权融资成本为 3.39%，同比下降 0.07 个百分点；境外债权融资成本为 8.05%，同比上升 3.66 个百分点；资产证券化融资成本为 3.85%，同比上升 0.49 个百分点（见图 6-1-83）。2023 年境内债券发行主体以规模较大、基本面良好、信用资质较高的优质房企为主，招商蛇口、万科、华润等国资背景的品牌房企发行规模靠前，带动整体融资成本下降。境外融资方面，境外融资环境依然处于冰封期，仅有少数品牌房企完成境外融资，其中万达发行的境外债券成本达 11%，拉高整体融资成本。

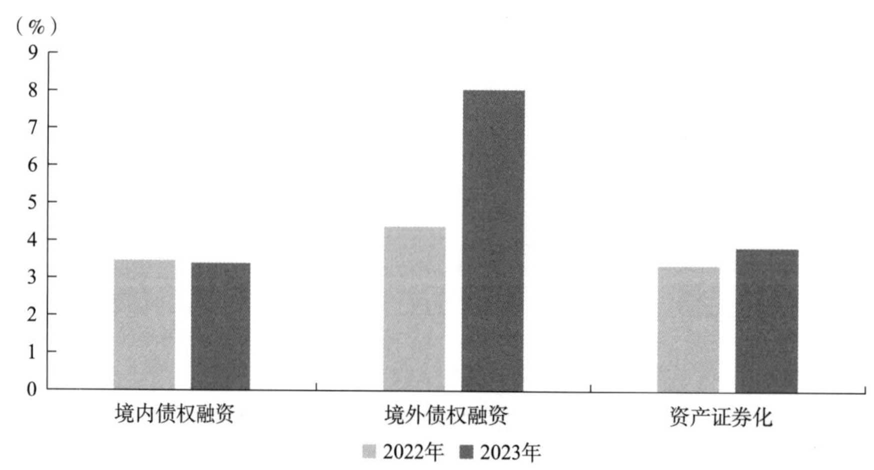

图 6-1-83　2022 年和 2023 年 50 强品牌房企新增融资成本

数据来源：上海易居房地产研究院。

③销售同比降幅收窄，头部房企韧性较强。

2023 年，房地产市场维持低位运行，全国商品房销售金额约 11.66 万亿元，同比下降 6.5%。10 强、50 强品牌房企 2023 年销售额同比分别下降 5.99%、5.12%（见图 6-1-84），降幅较上年大幅收窄。市场调整背景下，行业成交持续下滑，但部分头部房企展现出相对较强的韧性和修复能力，把握市场窗口机会，积极推进销售去化，表现稳健。

10 强品牌房企中，有 6 家房企 2023 年销售金额实现正增长，其中中海、建发、越秀销售金额同比增长均超过 5%，保利发展、万科、龙湖、金茂 4 家房企销售金额同比下滑（见图 6-1-85）。

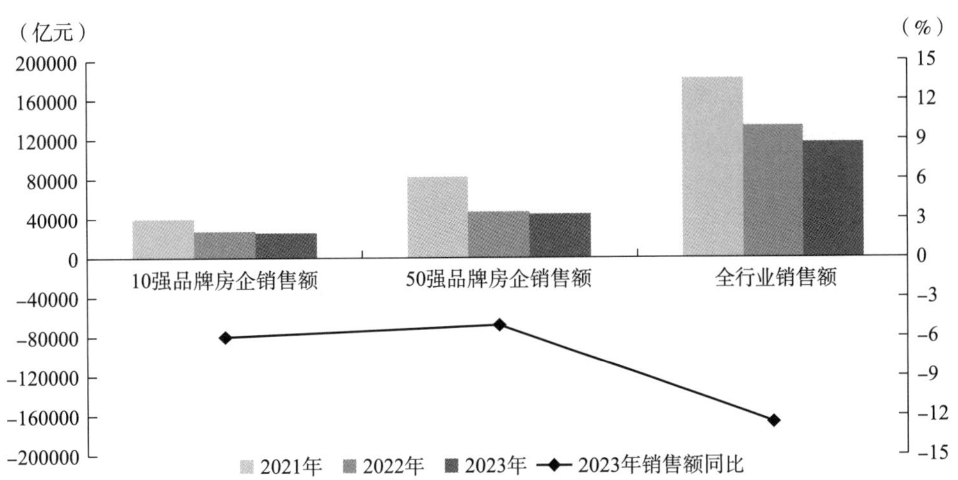

图 6-1-84　2021—2023 年 10 强、50 强品牌房企与全行业销售额情况比较

数据来源：上海易居房地产研究院。

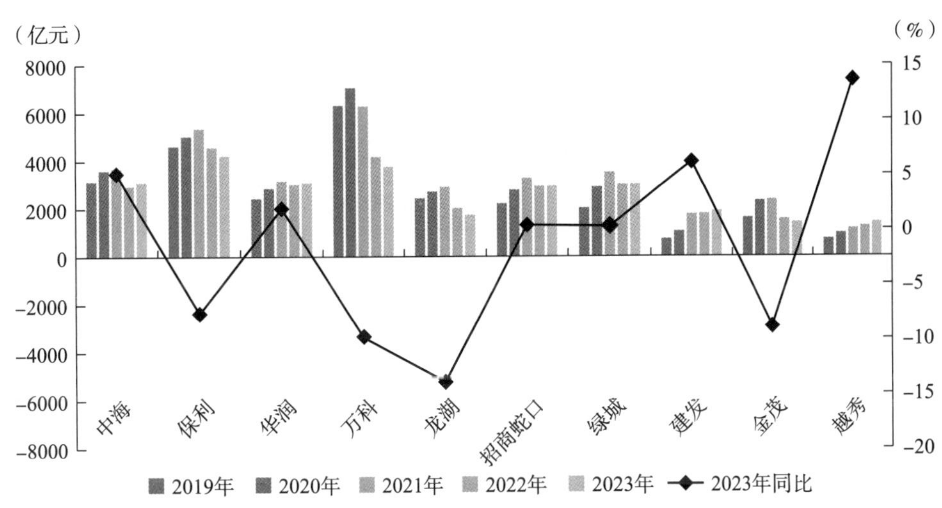

图 6-1-85　2019—2023 年 10 强品牌房企销售金额

数据来源：上海易居房地产研究院。

2023 年，房地产行业整体深陷负增长困局，消费者购房决策更倾向于具有良好品牌影响力的房企，信用良好的龙头房企融资优势明显，大型央国企在销售、投资方面表现相对较好。中小型房企销售去化压力增大，销售、投资方面持续下行，品牌房企销售额集中度有所提升。具体来看，2023 年 10 强品牌房企销售金额集中度为 21.88%，同比上升 1.52 个百分点；20 强品牌房企销售金额集中度为 29.29%，同比上升 1.53 个百分点；50 强品牌房企销售金额集中度为 38.09%，同比上升 2.97 个百分点。

2024 年 1—7 月，房地产行业整体下行趋势未改，房企销售疲软趋势有所显现。各梯队品牌房企销售金额集中度较上年末均有所下滑，其中 50 强房企销售金额集中度降幅最大（见图 6-1-86）。

（5）品牌策略分析。

①品牌房企战略分化，多元业务成未来业绩重要抓手。

随着人民日益增长的美好生活需要，消费者对住房品质有了更高要求。锚定人民对美好生活的向往，提供居住条件更舒适、环境更优美的住宅产品，是品牌房企的共同目标。中海地产以“精筑幸福，创领潮流”为品牌理念，以丰富的细节设计、高阶的品质保障、领先的人居理念，打造符合客户需求的产品。华润置地秉承

“品质给城市更多改变”的品牌理念，作为综合实力领先的城市投资开发运营商，华润置地持续提升品牌价值，始终与城市同频共进，以品质引领城市高质量发展，共创美好城市生活。招商蛇口品牌愿景为“中国领先的城市和园区开发运营服务商”，传承“蛇口精神”，大胆创新积极求变，顺应行业变化和社会需求，为人民美好生活和城市发展提供更多、优质的服务（见表 6-1-26）。

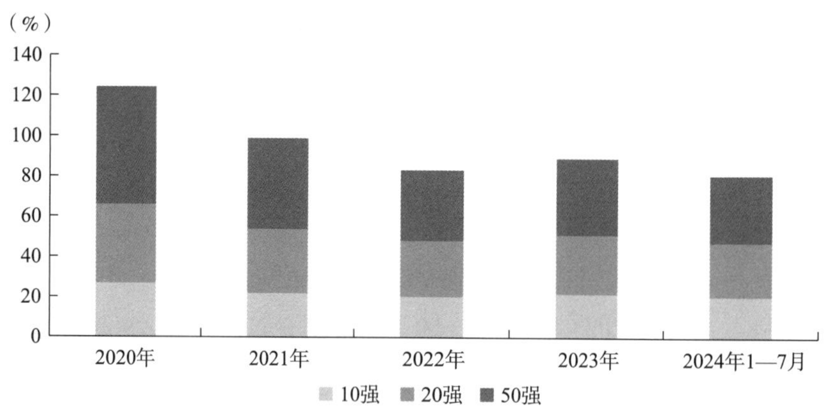

图 6-1-86　2020 年至 2024 年 1—7 月 50 强品牌房企集中度

数据来源：上海易居房地产研究院。

表 6-1-26　典型房企品牌理念或品牌愿景

企业名称	品牌理念或品牌愿景
中海	精筑幸福，创领潮流
华润	品质给城市更多改变
保利发展	美好生活领创者
招商蛇口	中国领先的城市和园区综合开发运营服务商
建发	打造钻石人生

资料来源：上海易居房地产研究院。

近年来，品牌房企战略布局有明显分化。在经营业务方面，部分品牌房企轻重并举，公司发展模式从开发为主，向开发与经营并重转变，推进多元业务协同发展（见表 6-1-27）。中海发展住宅开发业务的同时，坚定不移地发展商业物业，建立以写字楼与购物中心为核心，长租公寓、酒店、物流及产业园、养老等为要素的综合城市运营服务平台，2023 年商业物业收入为 63.6 亿元，同比上升 20.9%。华润构建开发销售型业务、经营性不动产与资管业务、轻资产管理业务与生态圈要素型业务有机联动的“3+1”业务模式，2023 年经常性业务收入为 39.06 亿元，同比增长 26.4%；经常性业务核心净利润为 9.56 亿元，利润贡献占比 34.4%。2024 年上半年，华润经常性收入业务的核心净利润 5.52 亿元，利润贡献占比为 51.4%，首次超过开发销售型业务。龙湖“开发+运营+服务”三大业务协同发力，2023 年，龙湖运营及服务业务全年实现 249 亿元可持续性收入，同比增长近 6%，两大业务在核心权益利润中的贡献占比超六成，2024 年上半年，运营及服务业务收入为 131.0 亿元，同比增长 7.6%，在核心权益净利中的贡献占比达到 80%以上。新城持续践行地产开发与商业管理“双轮驱动”的战略模式，2023 年实现商业运营总收入 113.24 亿元，同比增长 13.17%。2024 年上半年新城实现商业运营总收入 62.12 亿元，同比增长 19.44%。

表 6-1-27　2023 年典型房企多元化业务及业绩

企业名称	多元化领域	2023 年多元化领域业绩
中海	写字楼，购物中心，长租公寓，酒店及其他商业物业	集团商业物业收入为人民币 63.6 亿元，同比上升 20.9%，其中写字楼收入为人民币 34.3 亿元，购物中心收入为人民币 16.8 亿元，长租公寓收入为人民币 1.9 亿元，酒店及其他商业物业收入为人民币 10.6 亿元
华润	购物中心，写字楼，酒店，轻资产管理	公司经营性不动产业务营业额人民币 222.3 亿元，同比增长 30.6%。轻资产管理业务营业额达人民币 106.4 亿元，生态圈要素型业务营业额人民币 61.9 亿元
龙湖	商业运营，长租公寓	集团运营业务不含税租金收入为人民币 129.4 亿元，同比增长 8.9%
新城	商业运营	公司物业出租及管理实现营业收入 106.31 亿元，同比增长 15.26%，主要由于公司开业吾悦广场数量的增加所致

资料来源：企业年报、上海易居房地产研究院。

多元业务中，代建业务成为品牌房企轻资产转型和管理服务输出的重要方向。代建细分赛道初步形成，市场内既有老牌企业稳居前列，也有新兴企业迅速崛起。例如绿城管理维持多年代建龙头地位，2016 年以来连续 8 年保持 20%以上的市占率。截至 2023 年末，代建项目覆盖 122 个城市，合约项目建筑面积 1.196 亿平方米。龙湖 2022 年正式对外发布龙智造代建平台，平台基于数字科技之上的策划、设计、建造、管理、运营等环节，既保证了整体项目的交付质量，也实现龙湖龙智造的业务生态闭环，截至 2023 年末已累计获取代建项目 90 余个，总建筑面积超过 1600 万平方米。旭辉自 2021 年起布局代建业务，2023 年实现新增在管总建筑面积超 980 万平方米、累计在管项目超过 100 个。当前房企将轻资产的代建业务作为业绩增长的突破口，行业内竞争加剧，品牌力成为关键的竞争因素。据克而瑞统计，截至 2024 年 8 月已有 30 余家房企设置代建平台专用公众号，以提升代建的品牌传播力和影响力。代建业务面对的客户与开发投资业务有所不同，相较于开发业务的标准化程度，代建业务具有更强的服务属性，需要对每个项目、每个客户进行定制化服务。代建企业的品牌力是获取客户信任的基础，强大的品牌影响力是企业能力的背书，房企对内提升代建水平，对外同步增强品牌建设能力，有助于企业在激烈的市场竞争中实现突围。

部分品牌房企聚焦开发主业，对沉淀资金较多或业务回报周期过长的业务板块减少投资，出售持有的办公、商业、酒店、文旅等多元业务以换取流动资金。例如 2023 年，融创出售望金沙酒店、合肥秀场酒店等项目，世茂出售英国伦敦金融城写字楼，绿地将上海绿地万豪酒店出售给北京银行。2024 年 1 月，碧桂园挂牌出让酒店、写字楼、商业物业、办公楼、公寓楼等多项资产，资产价格合计 38.18 亿元。2 月，万科向领展出售上海七宝万科广场余下 50%权益，交易完成后领展成为该物业的唯一拥有人。7 月，万科出售上海南翔印象城 MEGA 48%的股权，仅保留 2%的股份。

也有房企在行业深度调整期，选择剥离地产业务，向轻资产模式转型。例如 2023 年珠江股份完成重组，未来主营业务将变成物业管理与文体运营业务。2024 年 4 月，华远地产将公司持有的房地产开发业务相关资产及负债，转让至华远集团有限公司，交易完成后，华远地产将聚焦代建、酒店经营、资产管理与运营、物业管理、城市运营服务等业务，实现战略转型。6 月，美的置业剥离房地产开发业务，完成重组后美的置业将专注于轻资产的经营性业务。7 月，格力地产宣布退出房地产开发业务，主业转至免税业务。

②多样化改善性需求释放，做“好房子”成为行业共识。

随着市场持续降温，房子作为刚性需求的本质被重新强调，购房者在置业决策时，从只看地段和配套的刚需时代，过渡到更加重视房屋本身的品质和居住体验等方面，实用性和舒适性成为购房者考虑的关键因素。房企品牌调研结果显示，2024 年，影响消费者购房决策因素中，最重要的因素是品牌房企交房有保障，其次是小区环境好、物业服务优质、工程质量好，占比分别为 91.10%、80.95%、68.73%、66.60%。与上年相比，消费者对交房保障和小区环境的关注度提升 0.94 和 3.11 个百分点。另外，随着住房品质改善需求的释放，购房者更加重视住宅的实际居住体验，物业服务同样是重要考虑因素。当前新一代年轻客群拥有更开放的视野和更丰富的阅历，在服务和审美的需求上有大幅提升。

购房者对居住品质的重视带来用户需求转型，改善型产品的需求走强。克而瑞数据显示，2024 年上半年，三房产品成交套数依旧占据市场主导地位，占比 54.1%，但同比下滑 1.8 个百分点；四房产品成交套数占比进一步提升至 28.1%，同比增长 1.7 个百分点。二房产品成交占比 13%，稳中微降。整体来看，市场需求持续向改善方向偏移，这种趋势与当前的政策导向、市场供求、产品趋势均有一定关系。一方面住房保障体系解决一部分无房群体的居住需求，同时，二手房市场价格持续向下调整，也吸引一部分刚需客群；另一方面，近年来高端改善产品的热度升高，政策端也大力推动“好房子”建设，房企越发注重产品力打造，推出高端改善类新产品，受到市场青睐。

2024 年以来，多地出台品质住宅相关政策（见表 6-1-28）。3 月，江苏省住房和城乡建设厅编制《江苏省改善型住宅设计与建造导则》，旨在促进房地产市场平稳健康发展，更好满足居民改善性住房需求，推动安全耐久、功能完善、性能优良、绿色宜居的改善型住宅建设。4 月，南京印发《南京市住宅品质提升设计指引》，要求适当提高住宅层高，规定住宅层高不应小于 3.00 米，带地暖等设施住宅层高不应小于 3.15 米，同时增设关爱老人和儿童的设计指引。5 月，北京发布住房发展年度计划，总结推广在绿色建筑行动、装配式建筑、全装修成品交房等方面的经验做法，支持建筑师精心设计全龄友好住房和住区，加大高品质住房供给。深圳市规划和自然资源局发布 2024 版《深圳市建筑设计规则》，修订内容包括备受市民关注的减少住宅公摊面积、有效提高得房率、住宅和宿舍实行 150 米限高等内容。6 月，福建省住房和城乡建设厅印发《福建省高品质住宅设计导则（试行）》，推进福建省高品质住宅开发建设，用高品质、新科技、好服务引领住房发展。7 月，山东省住房和城乡建设厅印发《山东省高品质住宅开发建设指导意见》，旨在加快推进全省高品质住宅开发建设，推动“住有所居”向“住有宜居”迈进，促进房地产业良性循环和健康发展。

表 6-1-28　2024 年品质住宅相关政策

发布时间	发布机构	文件名称
3 月 5 日	江苏省住房和城乡建设厅	《江苏省改善型住宅设计与建造导则》
4 月 26 日	南京市城乡建设委员会	《南京市住宅品质提升设计指引》
5 月 11 日	北京市住房和城乡建设委员会	《2024 年北京市住房发展年度计划》
5 月 17 日	深圳市规划和自然资源局	《深圳市建筑设计规则》（2024 年修订版）
5 月 27 日	烟台市人民政府办公室	《烟台市高品质住宅开发建设实施方案》
5 月 31 日	青岛市住房和城乡建设局、青岛市自然资源和规划局、青岛市城市管理局	《青岛市“好房子”建设技术导则（试行）》
6 月 12 日	淮安市自然资源和规划局	《改善型高品质住区规划指引（试行）》
6 月 27 日	福建省住房和城乡建设厅	《福建省高品质住宅设计导则（试行）》
7 月 8 日	苏州市住房和城乡建设局	《关于公开征求〈苏州市住宅品质提升设计指引 2.0（征求意见稿）〉意见的通知》
7 月 12 日	山东省住房和城乡建设厅	《山东省高品质住宅开发建设指导意见》

资料来源：上海易居房地产研究院。

在品质住宅相关政策推动下，改善性需求进一步释放，多家品牌房企梳理自己的产品战略体系，推进具备自身特色的好房子战略。例如2023年招商蛇口升级健康科技“4+X”体系，并将其与主动式全屋智能和智慧社区2.0相融合，用健康、安全、智慧定制化科技场景去满足不同人群的需求。华润置地升级高品质产品标准，从人本观、自然观、城市观、美学观、性能观、适配观、工艺观、智慧观、服务观九个维度重新定义“好房子”。2024年，华发发布“新一代好房子华发科技+产品体系技术标准”，将数字智慧、绿色低碳、建筑产业化等前沿科技与产品深度融合，从数字化底盘到产品智能互联再到生活场景实现产品全面提升，为业主提供智能绿色低碳健康生活。绿城以“高颜值、极贤惠、最聪明，房低碳、全周期、人健康”六大要素为基准，以“聚焦、传承、务实”为目标，将《绿城好房子标准》编制成册，成为绿城产品力战略纲领，2024年《绿城好房子标准》通过专家组严格评审，成为行业首个企业“好房子”标准。

做“好房子”成为行业共识，品牌房企也在持续关注客户的需求变化，并以发布新产品作为积极回应，满足更高的置业要求和更多个性化的需求，巩固自身的发展优势（见表6-1-29）。例如招商蛇口在成都发布三大“臻”系新品，凭借优秀的“择址力+产品力”赢得了市场和客户的高度认可。金茂在“向美而新、金玉满堂”战略发布会上，推出四大新产品系，包括“金茂府系”“璞系”“M系”和“棠系”，针对不同客户需求提供高品质人居解决方案。建发发布新中式产品“诗意东方”，产品将“当代艺术与时代精神”和“中式建筑文化”相结合，为业主打造“诗情画意”的建筑空间和生活场景。新希望地产在重庆、武汉、沈阳三座城市举办“D10天系春季新品发布show”，展示其在建筑理念、产品设计、艺术美学和生活方式等方面的创新。中海品牌发布会暨金地中海时光里产品发布会，发布湛江首个“儿童友好社区”，打造有趣有益、寓教于乐、自然探索的“儿童友好社区”。保利华南“质敬美好”2024品牌焕新暨新品发布会中，展示保利天瓒、保利湖光里、保利湖映琅悦三大新品，展现保利对美好生活的深度解读和匠心独运的设计。

表6-1-29　2024年典型房企产品相关发布会

企业名称	发布时间	产品相关发布会
招商蛇口	2月6日	招商蛇口发布三大“臻系”项目，中环臻邸、麓湖西派臻境、武侯西派臻境，“臻”系产品有着严苛的择址要求及打造标准，凭借优秀的“择址力+产品力”，赢得了市场和客户的广泛关注
金茂	3月22日	金茂以“向美而新、金玉满堂”为主题举办新产品战略发布，聚焦四类画像清晰的高潜客群，为其提供品质产品解决方案，从而形成“金茂府系”“璞系”“M系”和“棠系”四大产品系
建发	4月8日	建发新品发布会发布新中式产品“诗意东方”，产品汲取中国传统诗词文化精髓，将“当代艺术与时代精神”和“中式建筑文化”相结合，为业主打造“诗情画意”的建筑空间和生活场景
新希望地产	4月25—26日	新希望地产在重庆、武汉、沈阳三城分别召开D10天系春季新品发布。D10以时代领袖的审美主张与私享志趣为出发点，让居住拥有更多包容性和可能性，让建筑拥有独特的艺术韵味，铸就风尚的“中国时尚豪宅”
华发	4月26日	华发举行华发“科技+”新一代好房子新品发布会。旗下横琴玺、湾玺壹号、天銮、四季云山、金湾府等“新一代好房子”项目亮相。新品特色中的智能家居，采用开放式设计，能够实现与各类品牌智能设备的互联互通，可以满足业主的定制化需求
中海	4月28日	湛江中海地产品牌发布会暨金地中海时光里产品发布会，金地中海时光里是湛江首个“儿童友好社区”，将“儿童友好”的理念融入作品，打造有趣有益、寓教于乐、自然探索的“儿童友好社区”

续表

企业名称	发布时间	产品相关发布会
保利发展	5 月 11 日	保利华南“质敬美好”2024 品牌焕新暨新品发布会中发布三大新品，保利天瓒是佛山首个使用华为智能家居 5.0 的项目，也是佛山首个实现恒温、恒湿、恒氧、恒洁、恒净的“全屋五恒”项目。保利湖光里项目降低容积率，提升更大楼间距，加大花园的规划，项目三面临湖，享湖光山色，与自然共生。保利湖映琅悦打造纯改善大平层社区，其新中式园林以东方精神为内核，营造符合现代生活的居住感

资料来源：上海易居房地产研究院。

③品牌推广趋于多样化，线上营销未来仍需更多探索。

房企品牌调研结果显示，获取购房信息方面，2024 年，通过实地考察获取信息的方式依然占比最高，为 75.86%；房产中介推荐，微信、抖音、小红书等网络平台，家人朋友推荐同样是消费者信息来源的重要途径，占比分别为 62.07%、58.62%、48.28%（见图 6-1-87）。

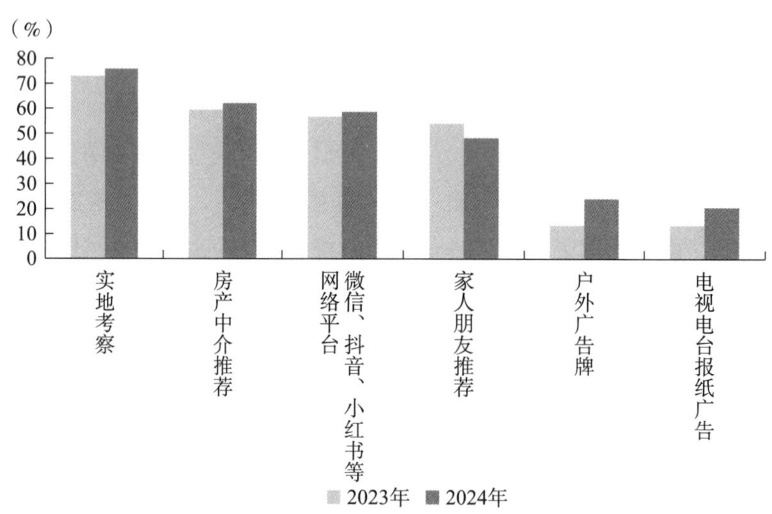

图 6-1-87　2023 年和 2024 年消费者获取购房信息来源

数据来源：上海易居房地产研究院房企品牌调研。

近两年，房企品牌宣传方式愈加多样化。线下方面，2024 年品牌房企通过周年庆、品牌周、法定节假日等推进节日营销，例如保利发展为庆祝“保利日”，在全国多个城市举行了形式多样的线下活动，海南全岛 4 城十大项目开展促销优惠活动，在甘肃邀请各项目业主，联合举办“热爱不止逐梦绿茵”2024 第一届“保利杯”足球赛。绿地、龙光、敏捷等多家品牌房企举办购房节，推出好房好价等多重购房优惠活动。妇女节给企业带来契机去展现女性员工的独特力量以及关注女性客群的消费需求。旭辉发布“致敬为保交付全力以赴的她”，契合行业和企业热点“保交付”，通过照片记录在保交付中的女性身影。绿城盘点住宅产品中呵护女性日常生活的各种细节，包括美妆冰箱、社交厨房、元气梳妆台等，在关注“她需求”的表述上，企业品牌营销呈现更加感性、颗粒度更细腻的趋势。

随着用户需求进一步升级，住宅产品不再是一次性销售，而是包含了长期服务在内的生活方式的构建。存量市场方面，品牌房企从客户需求出发，不断创造与业主的情感连接。例如举办社区活动如新春晚会、除雪破冰服务、植树活动、赏春活动等，重视业主体验及后续服务，增强存量客户对品牌的忠诚度及满意度，为企业的长期发展带来助力。2024 年初招商蛇口以业主为主角打造专属舞台举办业主春晚，中国铁建地产与上海美琪大戏院合作呈现百老汇经典音乐剧《音乐之声》，让业主体验文化与生活之美。在 2 月暴雪冻雨等灾害性天气中，碧桂园、越秀、招商蛇口等房企快速响应，为项目社区扫雪除冰，为业主安全出行尽责，体现了企业社会责任与担当，对塑造企业形象起到积极正面的作用。

线上传播方面，2024 年线上营销已成为品牌房企重要营销方向。部分品牌房企着重发力数字化营销，通过营销系统改革，构建全渠道营销，在行业筑底阶段获得竞争优势。例如越秀地产自 2010 年开始信息化建设，2017 年开始数字化探索，2021 年在年报中明确深化数字营销战略，2022 年实现自渠营销占比四成左右，节省营销成本。2023 年，越秀地产实现合同销售金额 1420.3 亿元，同比增长 13.1%，销售表现好于行业均值，数字化营销战略助力企业保持较强的经营韧性。

近年来抖音、小红书、微信视频号等平台的活跃用户规模迅速扩大，自媒体已成为房企的重要获客阵地。《2023 抖音房产生态白皮书》显示，2022 年超过 200 万个房产创作者在抖音直播，在抖音平台中，账号搜索“万科”“龙湖”“中海”等关键词，诸多城市账号被检测到。房企线上营销多由集团层面牵头提供系统工具、方法，数字化获客方案，区域层具体执行，取得获客指标。例如 2023 年万科集团下达指令，让各城市项目公司学习直播营销卖房。卓越集团鼓励全民直播，支持置业顾问、策划或物业人员积极尝试，通过短视频或直播卖房进行线上获客。

房企线上营销已取得阶段性成果，但由于房产具有资产价值高、地域属性强的特点，线上全面拓客难度较大，在实际执行中，也存在一些现实问题。第一，“形式主义”现象多发。部分房企相关账号仅限于开通，维护力度不够，更新频率低。当前 10 强品牌房企中有 6 家同时使用五大平台（微信公众号、微信视频号、微博、抖音和小红书）（见图 6-1-88），但仅部分房企保持较高的活跃度，例如微博平台中，招商蛇口粉丝总量为 66.8 万个，龙湖为 47.3 万个，账号内容发布频率较高，其他房企微博账号粉丝总量偏少，更新频率较低。第二，部分账号发布内容质量不高，行文偏官方化，创作力不够，粉丝数量少，触达效果差。例如 2023 年抖音房产开发商认证账号中，近五成房企账号粉丝数量小于 500 个。第三，账号私域引流及转化受限，转化路线较长。总体来看，房企媒体矩阵仍有较大发展空间，未来需要更多全方位的探索。

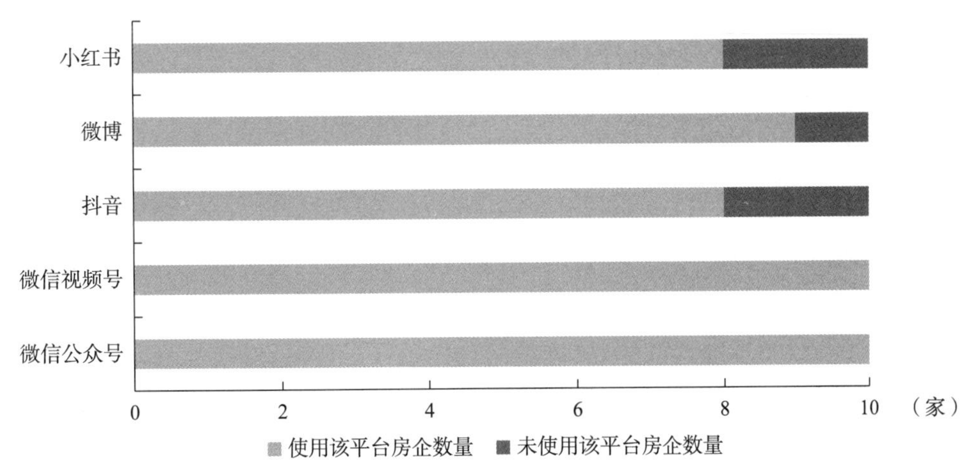

图 6-1-88　2024 年 10 强品牌房企线上平台使用情况

数据来源：上海易居房地产研究院。

（6）品牌趋势分析。

①房企各类风险持续加大，消费者更加关注信用情况。

从 2024 年的消费者调研来看，房企的信用情况依旧受到消费者重点关注。在被问及如果开发商有债务违约等信用及财务风险情况，是否会影响购房决策时，全部消费者认为开发商的信用及财务风险会影响其购房决策。其中，82.76%的消费者认为非常影响，此比例同比上升 20.60 个百分点。不太影响的占比为 3.45%，同比下降 4. 66 个百分点（见图 6-1-89）。2024 年房地产市场继续处在低位调整，置业者对市场的预期走低，置业信心不足观望情绪浓厚，对房企的信用敏感度远胜以往。

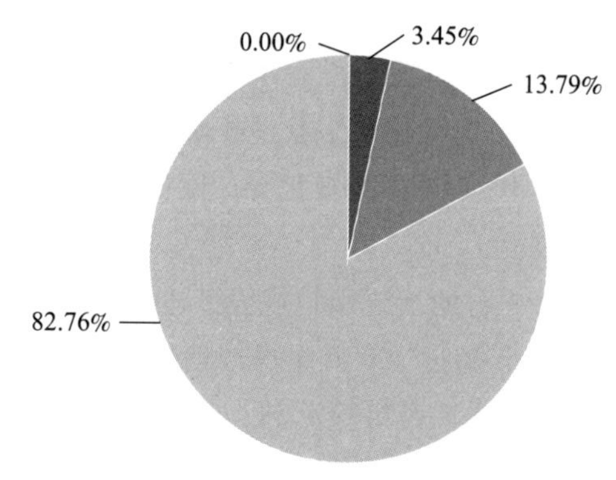

图 6-1-89　2024 年房企信用情况对消费者购房决策影响

数据来源：上海易居房地产研究院房企品牌调研。

2023 年，房地产行业仍是违约事件高发行业，中国房地产信用平台监控数据显示，2023 年共收录全国房地产开发企业各类不良信用信息共计 26 余万条，比修正后的 2022 年数据增加 49. 71%。其中，欠税类型占比最高，共 198288 条案例，占比达到 75. 06%；其次是失信被执行，共 47988 条案例，占比为 18. 16%；行政处罚、经营异常、严重违法失信和重大税收违法，占比分别为 3. 67%、1. 95%、1. 15%和 0. 01%（见图 6-1-90）。

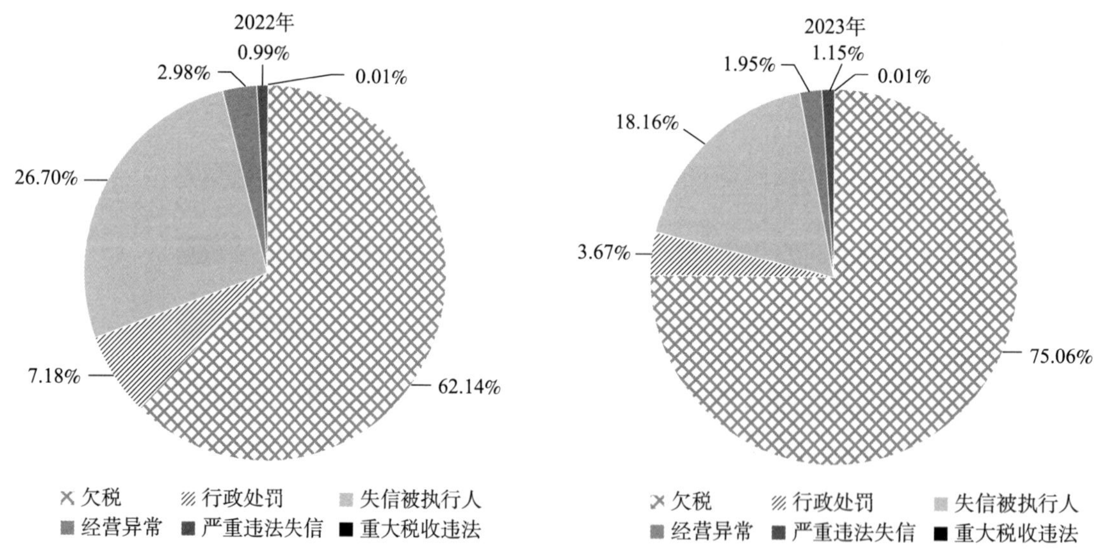

图 6-1-90　2022 年和 2023 年全国开发企业不良信用信息各类型占比情况对比

数据来源：中国房地产开发企业信用信息平台。

从 2023 年开发企业不良信用信息类型的变动情况来看，发生欠税行为的开发企业案例同比增长 65. 20%，失信被执行人和经营异常案例也呈增长趋势，同比增长分别为 24. 86%和 18. 27%；行政处罚和严重违法失信案例数有所下降，同比分别减少 6. 89%和 5. 19%，2023 年重大税收违法案例数共 13 条，同比有所增长。

企业经营方面，2024 年以来房企债券违约事件持续发生，但规模较上年有所下降。Wind 数据显示，2024 年 1—7 月共有 17 只境内信用债违约或展期，同比下降 64. 58%，25 只中资海外债违约或展期，同比下降 21. 88%。2024 年以来，中央及地方出台政策“组合拳”，释放购房需求同时支持房企合理融资。中央层面，央行、金监总局等部门持续推出多项金融举措，例如下调最低首付比、取消房贷利率下限、下调公积金贷款利率、LPR 降息等，旨在减轻居民按揭负担，设立再贷款工具鼓励引导金融机构支持地方国资收储存量商品房，各地推进住房“以旧换新”。地方层面，加速推进房地产融资协调机制，购房限制性政策持续松绑，全国绝大多数二、三线城市已经全面放开住房交易限制。从中央到地方利好新政刺激，对房地产市场起到一定的提振作用，有利于缓解房企流动性压力。但当前地产销售表现持续位于底部，市场对行业及风险企业信心被不断消耗，债券展期转实质违约的风险依然存在。

除信用风险外，随着退市新规的实施，多家房企面临退市风险。2023 年有 15 家房企从 A 股和港股退市，2024 年以来，已有中南建设、世茂股份、泛海控股、迪马股份 4 家房企，由于股价连续 20 个交易日低于 1 元而终止上市。Wind 数据显示，2024 年以来，截至 7 月 31 日收盘，A 股申万房地产开发板块的跌幅为 17.65%，板块中股票股价在 1~2 元的共有 20 只，其中华夏幸福、金科、华远地产等房企股价已多日徘徊在 1 元“警戒线”附近。如果房地产板块行情不能有效好转，这些房企在未来有可能面临“面值退市”的考验。

②保交付工作持续推进，房企重视安全经营。

2024 年，监管部门持续重视保交楼工作，年初住房城乡建设部与金融监管总局牵头建立城市房地产融资协调机制，支持房地产项目合理融资需求。“白名单”项目融资是政策支持的关键一环，截至 2024 年 7 月，多家品牌房企新增融资取得进展，绿地有 18 个“白名单”项目融资申请获得银行批复，总批复金额 37.98 亿元，旭辉有 72 个项目入围房地产项目白名单，45 个项目已获融资支持，新城控股有超过 100 个项目申报“白名单”，通过率过半。在监管和融资的双重推动下，2024 年上半年房企保交付工作稳步推进，多家品牌房企披露上半年交付数据（见表 6-1-30），例如碧桂园累计交付房屋 15.45 万套，累计交付面积 1822 万平方米，部分项目实现提前交付。龙湖共交付 121 个项目，交付 5 万套品质房源，整体交付满意度达到 90%，约 20%的项目实现提前交付。金地总计交付约 4.3 万套新房，交付总面积超过 588 万平方米，部分项目实现提前交付、交房即办证、准现房销售。

表 6-1-30　2024 年上半年典型品牌房企交付数据

企业名称	2024 年上半年交付情况
碧桂园	交付房屋 15.45 万套，累计交付面积 1822 万平方米
龙湖	43 城共计交付 121 个项目，约 5 万套品质住宅
金地	70 余个城市总计交付约 4.3 万套新房，交付总面积超过 588 万平方米
中海	44 城共计交付 83 个项目、73623 套房屋，提前交付超 2.5 万套
融创	52 城交付 81 个项目，约 5.8 万套
万科	总计交付 7.4 万套新房
新希望地产	14 城交付 21 个项目，共计超 17000 套，提前交付超 4000 套新房
金辉	20 城交付 1.6 万套新房
旭辉	38 城 57 个项目交付将近 3 万套新房
弘阳	累计交付 23 批次，8850 套新房，共计交付面积 141.46 万平方米
绿地	完成交付面积 777 万平方米

数据来源：企业公开资料，上海易居房地产研究院。

高质量发展背景之下，除按时交付外，多家品牌房企从风险管控、品质标准、过程管控、服务跟进等多个维度，搭建各自的交付体系，保障交付质量。龙湖持续完善“龙湖智善交付”体系，基于对客户真正需求的深刻洞察，将交付力凝聚为“令人心动的新居所”“充满心意的新家园”“志同心和的新生活”三大价值维度。融创提出“归心交付体系”，交付过程除住房产品外，还通过交付前的贴心服务与交付后的归心服务，向业主交付一个充满生命力的社区生态。保利发展打造“361 精益品质保障体系”，定性定量检验评估，动态校正产品质量，将好产品、好服务、好生活贯彻到每位业主购房、交付、入住等各个阶段。美的置业打造交付品牌“橙意家”，金科推出“心悦交付白皮书”，每家房企的交付体系各有不同，但交付服务体系均贯穿交付前、中、后期的诸多环节，成为项目交付水准的有力保障。交付细节落地方面，在室内空间，品牌房企从用户实际需求出发，在配置材质、人性化设计、收纳空间等方面做出细致考量，为业主打造功能齐全、舒适的居住环境。在公共空间，品牌房企对项目的人性化细节与智能化设施贯穿全局，在入户首层大堂、电梯厅及电梯、地下车库及绿化园林等归家路径中为业主打造美好归家体验。行业下行背景下，房企更加重视购房者的满意度，部分项目交付过程中存在与前期宣传不符的现象，较大程度上影响消费者的满意度。品牌房企有意愿通过提升交付质量形成品牌效应，提升业主复购率和推荐率。

项目交付后的持续服务也是交付力的重要体现。在精装房比例逐步增大的背景下，品牌房企积极兑现保修期内的维修服务承诺，例如大连中海东港项目提供户内维修服务，由客服派单，维修完毕回访，形成服务闭环。深圳华润城润玺二期花园项目除精装部分的维修，还提供其他方面的入户增值维修服务。除基础服务，品牌房企不断拓宽服务广度与深度，龙湖房屋交付后，成立房屋售后服务专项团队，深入关注业主需求，投入专项资金，在“善居计划”中为业主提供环境美化地板保养、除菌除螨等免费服务，传递社区常住常新、便捷生活的服务理念，营造和谐的社区氛围。保利发展苏州保利和光山语项目搭建社群文化，以业主年龄层为分段，成立少年舞龙舞狮队社团、保利社区篮球社、中老年合唱团，关注业主的社交、生活、健康等多维度全场景生活。在“房住不炒”的定位下，产品从设计到施工再到交付，最终目标是服务于消费者。品牌房企重视客户满意度，以客户视角研发产品改进服务，鞭策自身产品力、交付力等方面的提升。在行业整体满意度下滑的大背景下，品牌房企的优质服务带来的品牌效应更容易形成良性循环。

在保交楼政策的加速推进下，多个项目在有序复工中，但也有楼盘进展不顺。2024 年第二季度房地产投诉洞察报告中显示，被投诉的房地产项目中有五成涉及降标减配等质量问题，三成涉及房产证办理问题，两成涉及延期交房问题。南京一个项目停工近两年后，经当地相关部门组织开发商会谈协商，业主可以退房退首付款。在已交付的项目中，也有部分在施工质量、装修标准、公区设计、配套落地等方面存在问题。例如有业主投诉上海某项目自交付后，发现屋顶漏水、瓷砖发霉、消防设备缺失等多处质量问题。浙江一项目在保修期内对业主反映的质量问题消极应对、拖延维修。杭州有项目在装修、绿化等多方面全面减配，且工程存在质量问题，在浙江“民呼我为”平台上投诉超过 200 条。

绿色建筑的交付质量也存在参差不齐的现象，例如某超低能耗住宅项目，因未达到超低能耗住宅验收标准延迟交付。也有项目对外宣传是超低能耗绿色建筑，但其首批进场的空气能热水器，没有国家规定的 3C 认证标识，且安装存在安全隐患。近年来，绿色建筑在快速发展的同时，也出现了节能措施落实不到位、用户缺乏获得感等问题。原因主要在于：第一，绿色建筑设计与建设运行脱节，用户欠缺体验感，部分绿色建筑在设计阶段获得绿色建筑标识，但在运营阶段并未达预期，“图纸上的绿色建筑”问题突出；第二，绿色建筑使用高性能的门窗等材料，在建筑过程中的资金投入高于传统建筑，在前期建造环节存在开发商不愿增加成本投入甚至以次充好的行为；第三，在绿色建筑的建设过程中，存在技术和设施实施不到位的情况，导致最终未能达到预期的绿色建筑效果。

企业经营方面，2024 年房企“销售造血”和“融资输血”都面临下行和不确定性，房企的生存和发展依赖于更为审慎的财务管理和有效的市场策略，是否能稳健经营很大程度上决定房企在复杂环境中的竞争力。多家品牌房企确立以“安全第一”为主的应对战略，先保证稳定经营，再谋求高质量发展，以确定性为先的原则，对客户、员工、社会负责，企业发展规模和现金流安全正在走向新的平衡。如华润、新城、金地、建发等房企在年度经营策略中均提到重视现金流管理，龙湖表示财务安全是公司发展的基石，越秀强调继续保持“三道红线”绿档（见表6-1-31）。2024年第二季度申万房地产板块中，69.31%的房企面临经营性现金流净流出，占比同比上升27.73个百分点，行业整体现金流压力增大。

表6-1-31　典型房企2024年经营策略

企业名称	2024年经营策略
华润	坚持战略引领投资，坚持量入为出，以现金流安全为第一原则，持续跟踪政策、市场变化，灵活科学动态调整投资策略，合理把握投资节奏
新城	坚持稳中求进的总基调，确保公司现金流合理充裕，精细化管理，优化现有土地储备，控制负债规模，提升利润率，强调精准投资、现金回笼
金地	继续坚守稳健的财务政策，加强现金流管理和资金精细化管控。进一步加大销售回款的管理力度，以及做好多元化融资工作，在管理好杠杆水平的同时，争取到更多公司发展所需的资金
建发	继续抓好流动性，保障资金安全性。坚持把资产健康放在首位，紧抓现金流管理，加大竣工库存去化，确保资金的安全性和资产的流动性
龙湖	财务安全是公司发展的基石，持续通过稳步有序地压降负债，优化债务结构，确保底线安全。未来集团将围绕高质量发展的核心战略，坚持稳健的财务管理策略，以正向经营现金流驱动各航道实现内生式增长，利润结构持续优化
越秀	继续保持“三道红线”绿档达标，持续完善经营、财务风险监控体系，做好动态的风险预警和防范。继续加强对资金的流动性风险管理，加强销售回款管理，保持经营性现金流净流入

资料来源：企业公开资料，上海易居房地产研究院。

2024年房企中报业绩披露完成，申万房地产板块中，超四成房企归母净利润亏损，在业绩亏损的原因披露中，多家房企提到房地产市场整体下滑的影响，市场整体下行带来的挑战于房企而言普遍存在。录得亏损的房企中还包括部分央国企，随着调整的持续，房企经营风险已经从民企扩散到央国企，从小规模房企扩散至头部房企。当前品牌房企经营整体以安全为中心，投资态度谨慎，投资方向聚焦于确定性更高的高能级城市核心地块，提升抗风险能力。

③项目品牌渐受重视，助力企业品牌提升。

2024年以来，政策大力提倡“好房子”建设，品牌房企加大创新力度，将高品质项目作为打造自身品牌的关键着力点。在激烈的市场竞争中，品牌房企的产品优势获得相对积极的市场反馈，多个高品质项目受到消费者认可。优质项目的落地使得房企的品牌形象具象化，将房企的品牌愿景高效地传达到消费者，品牌房企与购房者之间建立情感连接，助力房企实现销售市场、品牌效应双丰收。

核心城市的高端品质住宅项目是对房企的投资能力、综合开发能力、产品力与运营力等多维度的综合考验，保利、中海、华润、龙湖等综合实力较强的房企，重视高端改善产品在当前市场行情中的去化优势，积极打造高端项目产品系形成品牌效应。保利发展在最新的《不动产行业白皮书》提到，“品质时代”的关键是牢牢紧扣“用户思维”，以用户为中心，推动整个行业生态向高质量发展。旗下高端产品系列“天字系”，将人文注入品质生活，在全国各地打造系列人居标杆产品，代表着保利的产品力最高标准。如在浙江宁波的海晏天珺项目，以高规格的硬件配置和酒店式服务体系，为新时代的美好生活提供整套生活方案，获得市场的广泛认可。上海世博天悦项目地理位置优越，审美及生活方式与国际接轨，在开盘当日销售金额超过80亿元。广州保利天瑞以中式建筑美学打造新中式高端住宅项目，受到高净值人群关注，项目持续热销。中海“玖系”高端产品线，项目占据城市核心地理位置，结合所在地文化属性定制开发，成为城市价值标杆产品。2024 年 6 月中海玖系项目在北京、上海、深圳三城集中开盘，三个项目销售金额分别达到 62 亿元、66. 38 亿元、100. 2 亿元。华润的“瑞系”产品系，以“先锋、稀缺、极致、境界”为产品精神，产品研发层面重点关注定制户型、灵活结构、生态立面、天际会所等关键模块，以实现极致居住品质追求。龙湖旗下高端住宅产品序列“云河颂”，以“不复制，只创造”为理念，制定“择址城典、大师艺术、精工匠造、圈层奢享”四大标准，打造第四代住宅产品，龙湖重庆云河颂项目首开 80 天售罄，打破近两年重庆高端住宅市场金额、单价、去化率等多项纪录。房企在核心城市核心地段打造的高端产品，除了居住的舒适性和邻里属性受到购房者认可，其资产保值属性同样被购房者重视。影响房产保值力的因素中，地段占据较大权重，其次是开发商的品牌和相应的服务，好品牌和好服务可以为业主的未来生活提供更高品质保障。

当头部规模房企凭借稳定的现金流和较强的盈利能力，在高端改善市场屡创佳绩时，亦有具备穿越周期实力的中小规模房企，凭借硬核的产品实力，或极具特色的产品形象，通过打造单个精品住宅项目并获取购房者青睐，打响项目品牌知名度，同时提升企业品牌知名度，树立企业形象，增强购房者信心，在房地产市场占据属于自己的份额，实现高质量发展。例如宸嘉发展通过独特的操盘逻辑和单盘定制策略，在多个热门城市将嘉佰道项目打造成现象级产品，构建以艺术为核心的社区文化生活，以极致的交付水平和高定服务体系，彰显项目品牌的特色。武汉宸嘉 100 项目自 2021 年入市以来不断刷新价格纪录，成都嘉佰道自 2023 年入市以来，始终是成都单价最高的新项目，2024 年 6 月 3 日上海普陀区长风社区嘉佰道入市，项目开盘 2 小时售罄，销售金额达 61. 78 亿元。万华地产将麓湖项目打造成一张企业名片，麓湖以“一生之城”为愿景，为改善客群在生命的每个阶段、每种生活状态提供相匹配的生活场景，建造客户需要的全周期精致居所。成都麓湖项目是以生态资源为基底，集居住、产业、休闲娱乐、配置于一体的顶级豪宅，连续多年居成都单盘销售榜前列，2024 年上半年，麓湖生态城是成都唯一一个单盘销售金额超过 40 亿元的项目。在购房者置业普遍谨慎的背景下，麓湖项目的品牌特征受到购房者的认可，具备优于同城项目的溢价能力和去化能力。

区域深耕型房企，凭借优质的产品和良好的口碑，在其深耕区域的品牌号召力超过头部规模房企。例如滨江在杭州市场深耕多年，积累的良好口碑使得滨江品牌具有较高的认可度，2023 年在杭州地区的销售操盘金额和权益金额继续领先，其健康的现金流水平受到金融机构认可，2023 年平均融资成本为 4. 2%，较上年末下降 0. 4 个百分点。银丰地产自成立以来深耕山东，以济南为中心，在青岛、淄博、临沂等地精研产品，合理控制规模增速，积累较好的用户口碑。2022 年与 2023 年，银丰玖玺城项目销售金额居济南房地产项目成交金额排行榜榜首。河南金沙置业深耕商丘，靠自有资金零负债经营，以高品质产品、精细化管理、尊享式物业服务，以领先同行的交付实力收获了市场口碑，树立起品牌形象，成为新一代现象级房企。在良好的品牌加持下，金沙的业主复购、老带新，以及全民营销等营销方式均成效显著，在地产行业持续遇冷回归理性的背景下，金沙多个项目依旧成为抢购热门项目。河南冶都集团坚持“为美好而精细”的品牌发展战略，以“实现一千万家庭美好生活”为愿景，用高标准的建筑质量，美观与人性化兼具的园林景观，贴心的物业服务，为业主创造美好生活。把一线城市的美好生活标准做到县城，用自己的标准引领行业，在行业下行阶段，集团年销售金额逆势增长。

房地产从规模化时代过渡到品质时代，行业回归需求本质，向低杠杆、精细化的内生型模式过渡。当前市场购房需求依然存在，项目成交的关键在于产品能否匹配新形势下的市场需求。品牌房企立足置业者需求，通过交付这个通道彰显品牌房企的产品力和公信力。头部规模房企将提升产品力和服务力纳入公司重要战略目标，持续迭代产品系列，打造高口碑项目品牌，聚焦一、二线城市核心地段，在高端改善市场展示头部房企的榜样力量。相较于大型开发商，小规模房企更加关注细分市场，深入了解特定目标用户的需求，搭建高品质社交圈层，精准提炼项目的独特性并在自己的社群传播，形成较强的品牌效应，通过户型创新、社区配套、园林景观、服务体系、情绪价值等多方面赋能产品力的进阶。区域深耕房企，凭借企业在当地的运营优势，实现高品质与低成本的平衡，树立起自己在深耕区域的品牌地位，收获来自市场和客户的回馈。当前行业竞争中，良好的品牌形象对项目去化有较大助力，品牌房企从用户需求出发，在精研产品力过程中，建立特色鲜明的品牌形象，形成企业独特的价值体系，推动房企品牌的良性竞争，为行业实现高质量发展提供动力。

二、2024年房地产开发企业信用状况

（一）房地产开发企业总体情况

截至2024年12月31日，中房网的房地产开发企业信用信息平台（以下简称房地产信用平台）显示，共收录房地产开发企业140086家。

收录的房地产开发企业是指具有房地产开发资质等级信息，或拥有商品房预售许可证、建设用地规划许可证等信息可以证明其实际从事房地产开发经营活动的企业。以下所作统计分析均以这一数字为基准。

1. 区域分布

从房地产开发企业的分布来看，按省级行政区域来划分（包括省、自治区、直辖市，以下简称各省份），广东、山东、江苏和河南四个省份的开发企业数量领先，均超过8000家（见图6-2-1）。

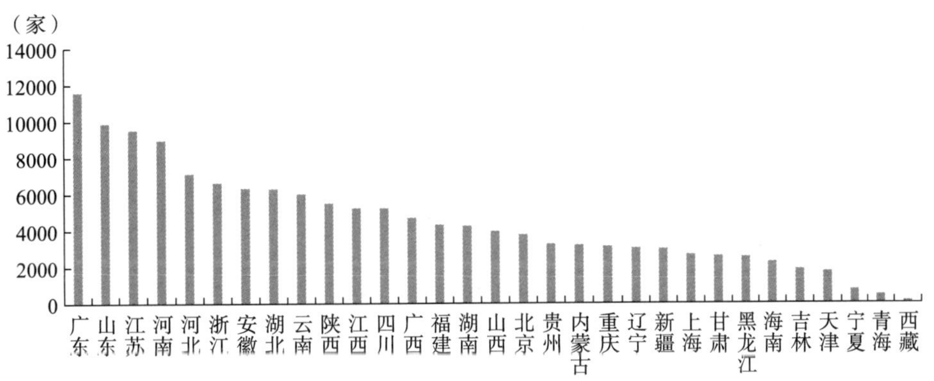

图6-2-1 各省份房地产开发企业数量情况

数据来源：房地产信用平台。

从各省份人口规模和房地产企业数量的对比来看，企业数量和人口规模有一定的相关性，人口较多的省份和地区，开发企业的数量也相对较多（见图6-2-2）。

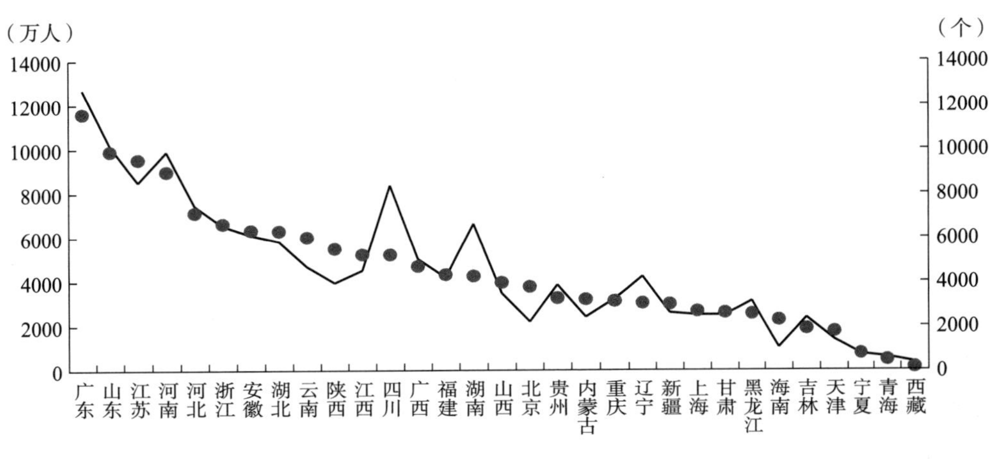

图6-2-2 全国各省份人口和房地产开发企业情况

数据来源：国家统计局、房地产信用平台。

2. 注册资本

从注册资本来看，注册资本在 1000 万～5000 万元（不含）的房地产开发企业数量最多，超过 6.84 万家，占比 49.68%；其次是 1 亿～10 亿元（不含）注册资本的企业，占比 17.09%，超过 2.35 万家（见图 6-2-3）。

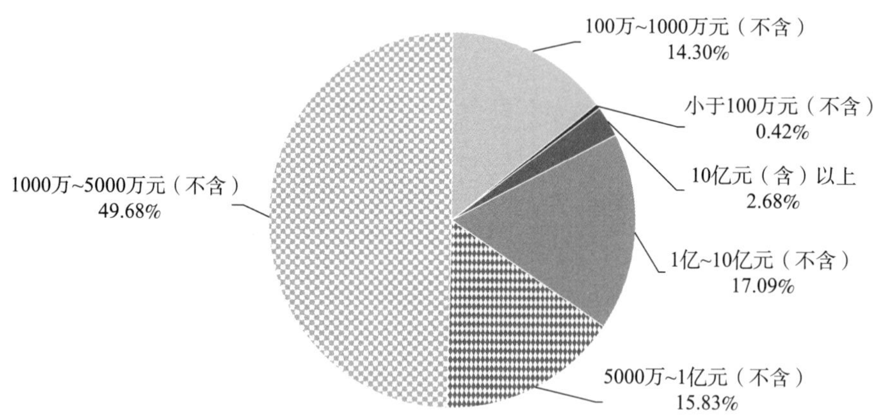

图 6-2-3　全国房地产开发企业注册资本情况

数据来源：房地产信用平台。

（二）行业不良信用信息情况

根据中国房地产信用平台监控数据显示，2024 年收录全国房地产开发企业各类不良信用信息共计 34 余万条，比修正后的 2023 年数据增加 27.41%。

从 2024 年开发企业的不良信用信息总体情况来看，主要分为 6 种情形。其中，欠税类型占比最高，共 293908 条案例，占比 85.95%；其次是失信被执行人，共 32594 条案例，占比 9.53%；行政处罚、经营异常、严重违法失信和重大税收违法，占比分别为 2.30%、1.88%、0.33%和 0.01%（见图 6-2-4）。

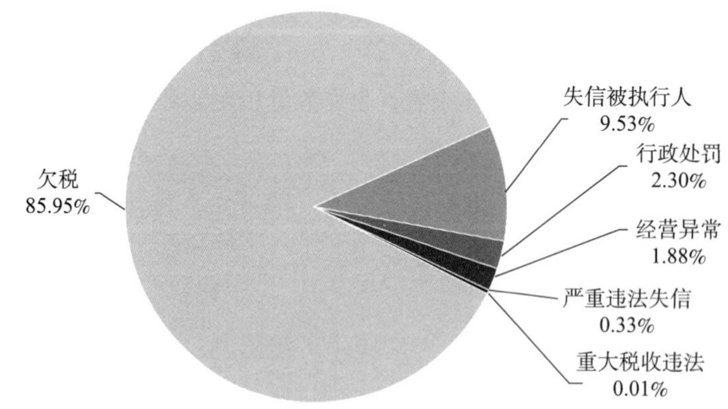

图 6-2-4　2024 年全国不良信用开发企业信息类型情况

数据来源：房地产信用平台。

从 2024 年开发企业不良信用信息类型的变动情况来看，发生欠税行为的开发企业案例同比增长 47.03%，经营异常案例同比增长 22.11%；失信被执行人、行政处罚、严重违法失信和重大税收违法案例数有所下降，同比分别减少 33.07%、20.79%、75.44%和 18%。

从区域分布来看，河南、内蒙古和安徽开发企业发生不良信用信息的总案例数量相对较多（见图 6-2-5）。

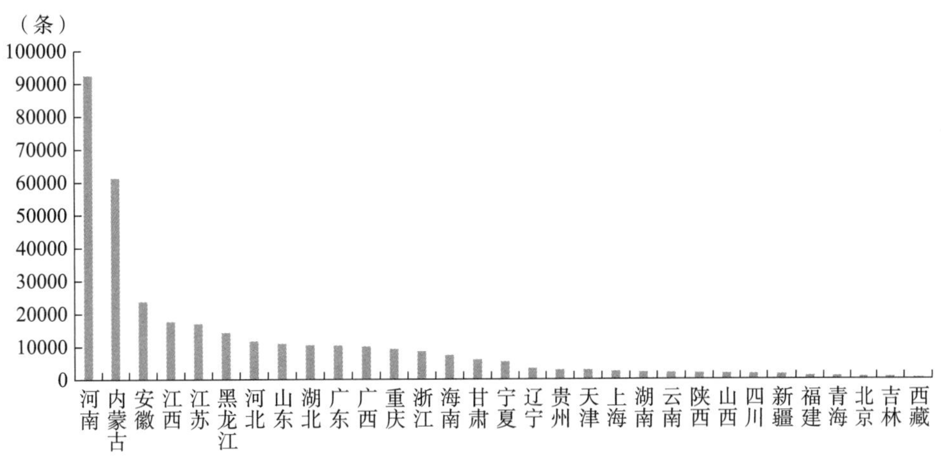

图 6-2-5　2024 年全国各省份开发企业不良信用信息情况

数据来源：房地产信用平台。

1. 行政处罚

根据房地产信用平台统计，2024 年全国被行政处罚的开发企业共 6296 家，同比减少 18.41%，约占全部开发企业的 4.49%，共 7881 条案例（见图 6-2-6）。

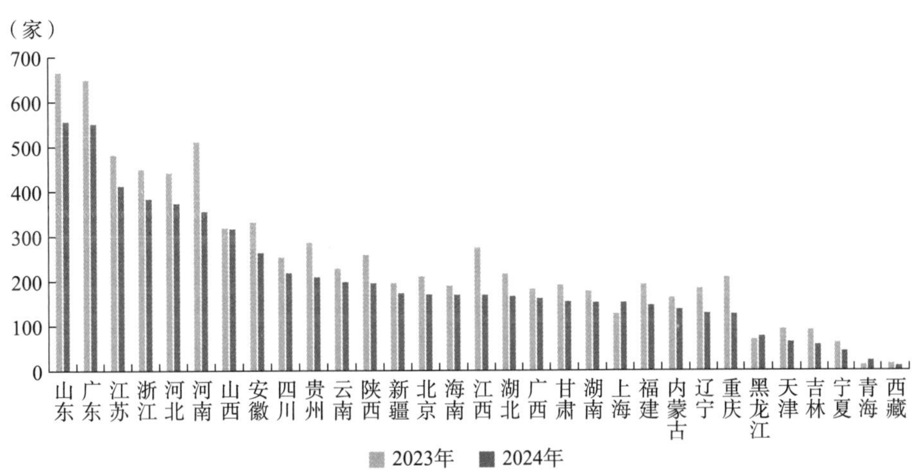

图 6-2-6　2023 年和 2024 年各省份行政处罚开发企业情况

数据来源：房地产信用平台。

从分布上看，山东、广东和江苏被行政处罚的开发企业数量较多，分别有 556 家、551 家和 412 家（见图 6-2-7）。

从被行政处罚开发企业的注册资本情况来看，注册资本在 1000 万~5000 万元（不含）的占比 44.07%，约 2753 家；其次是注册资本在 1 亿~10 亿元（不含）的开发企业，占比 22.81%，约 1425 家（见图 6-2-8）。

从行政处罚的实施机关来看，城管、市场监督、自然资源部门是主要的处罚实施部门。在所有行政处罚信息中，城管部门处罚的数量占比为 18.41%，约 1450 条；市场监督部门处罚的数量占比 17.87%，约 1408 条；自然资源部门处罚的数量占比 7.52%，约 593 条（见图 6-2-9）。

2. 失信被执行人

根据房地产信用平台的统计，2024 年全国共计 9652 家开发企业出现失信被执行人情况，同比减少 3.99%，约占全部开发企业的 6.89%，共 32594 条案例（见图 6-2-10）。

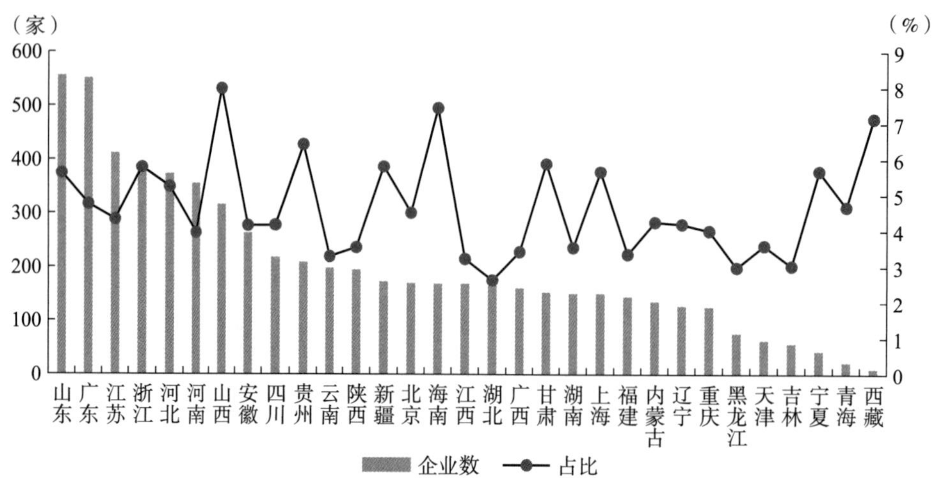

图 6-2-7　2024 年各省份被行政处罚开发企业占比情况

数据来源：房地产信用平台。

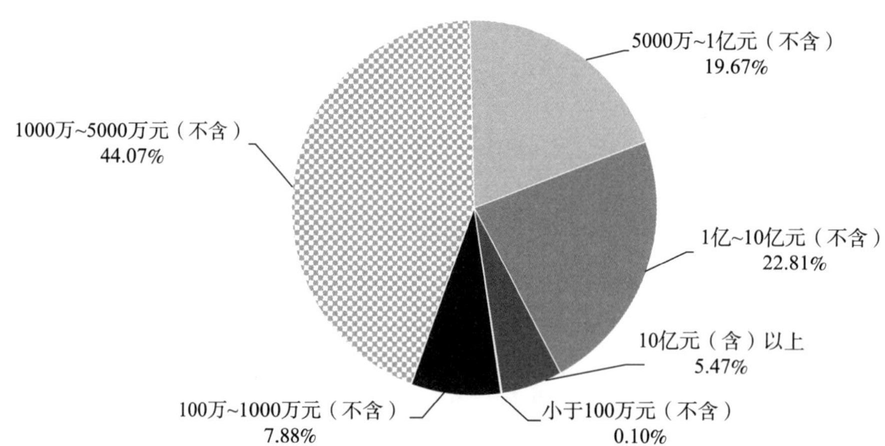

图 6-2-8　2024 年被行政处罚开发企业注册资本情况

数据来源：房地产信用平台。

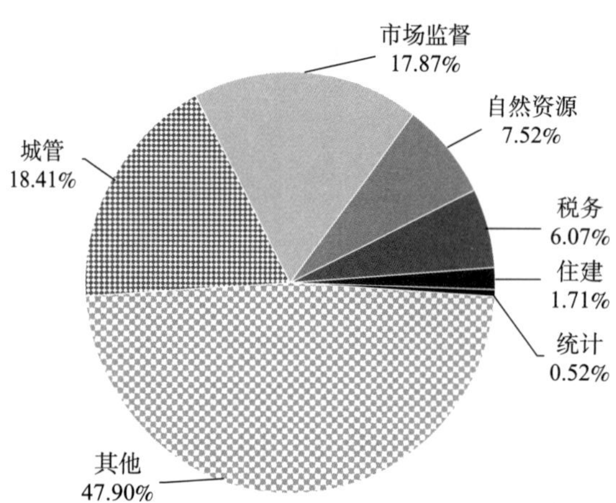

图 6-2-9　2024 年开发企业受行政处罚实施机关类型分布

数据来源：房地产信用平台。

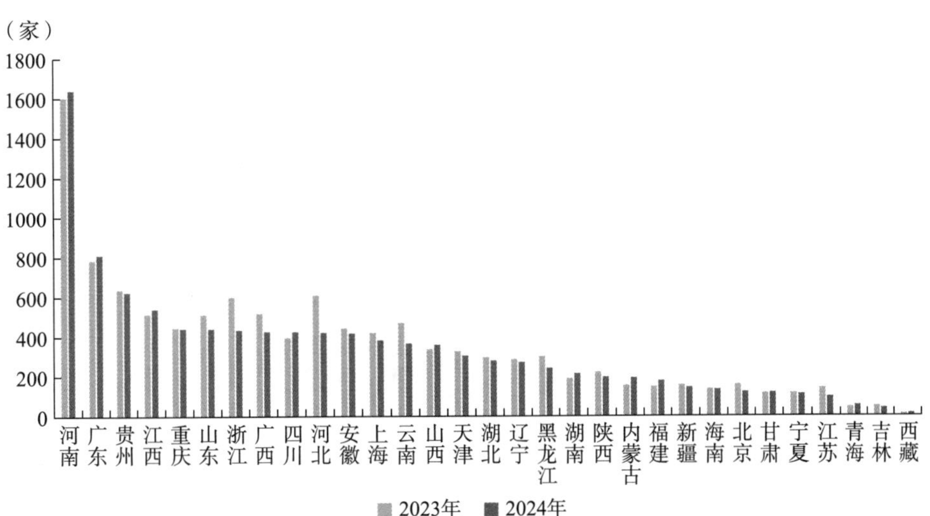

图 6-2-10　2023 年和 2024 年各省份失信被执行人开发企业情况

数据来源：房地产信用平台。

从分布区域看，河南、广东和贵州被列为失信被执行人的开发企业数量居前，分别为 1638 家、810 家和 624 家（见图 6-2-11）。

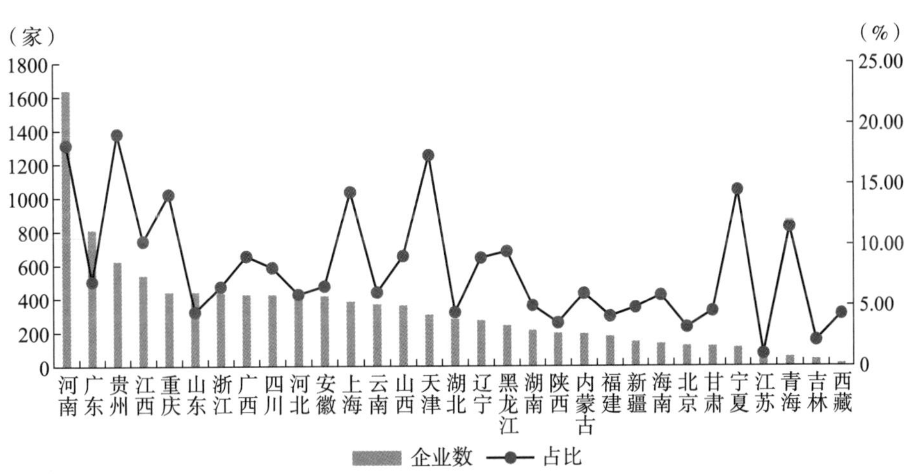

图 6-2-11　2024 年各省份失信被执行人开发企业占比情况

数据来源：房地产信用平台。

从被列为失信被执行人开发企业的注册资本情况来看，注册资本在 1000 万～5000 万元（不含）的占比为 45.68%，约 4380 家；其次是注册资本在 1 亿～10 亿元（不含）的开发企业，占比为 22.28%，约 2137 家（见图 6-2-12）。

从被列为失信被执行人的原因来看，“有履行能力而拒不履行生效法律文书确定义务”的失信被执行人最多，约占 57.62%；其次是“违反财产报告制度”的失信被执行人，约占 31.69%；此外，“其他规避执行”和“被执行人无正当理由拒不履行执行和解协议”等也是被列为失信被执行人的常见类型。

同时，根据房地产信用平台的统计，2024 年平台共收录中国裁判文书网有关房地产开发企业的判决文书约 91088 万例，其中合同纠纷占比超过 75.92%。而在合同纠纷中，有关房屋买卖、预售、销售等涉及房屋交易的纠纷占比超过 54.80%。

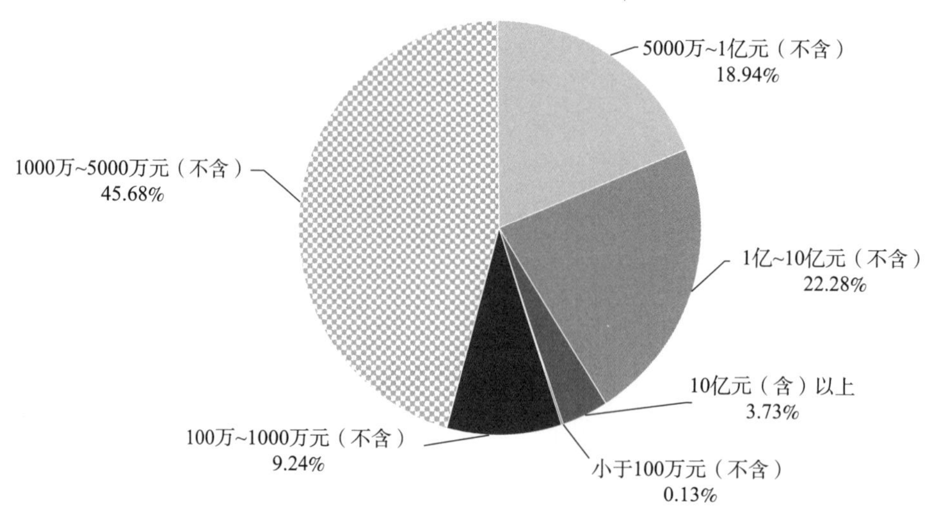

图 6-2-12　2024 年失信被执行人开发企业注册资本情况

数据来源：房地产信用平台。

3. 经营异常

根据房地产信用平台的统计，2024 年全国房地产开发企业中有经营异常情况的企业共 6181 家，同比增加 23. 45%，约占全部开发企业的 4. 41%，共 6433 条案例（见图 6-2-13）。

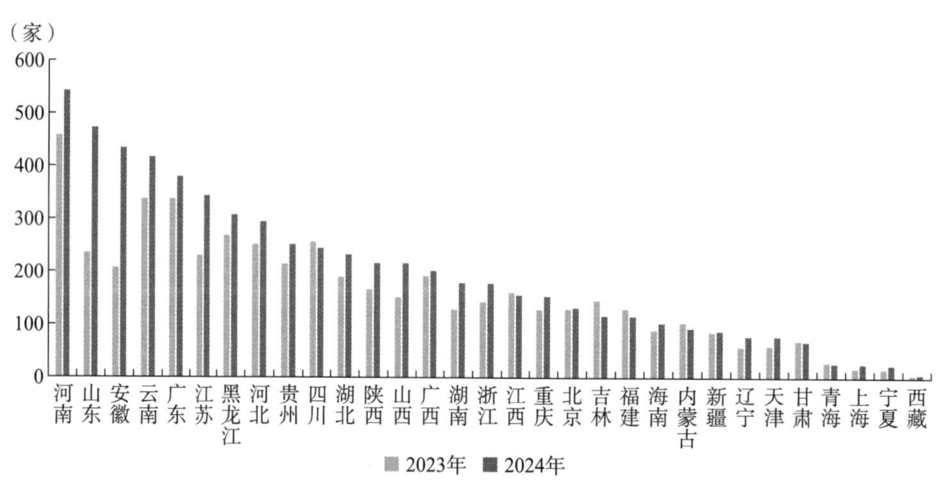

图 6-2-13　2023 年和 2024 年各省份经营异常开发企业情况

数据来源：房地产信用平台

从区域分布看，河南、山东和安徽经营异常情况的开发企业最多，分别为 543 家、473 家和 434 家（见图 6-2-14）。

从经营异常情况的开发企业的注册资本情况来看，注册资本在 1000 万～5000 万元（不含）的占比为 52. 57%，约 3179 家；其次是注册资本在 100 万～1000 万元（不含）的开发企业，占比为 15. 96%，约 965 家（见图 6-2-15）。

从被列入经营异常情况的具体原因来看，“未在规定的期限公示年度报告”的占比 64. 96%，“通过登记的住所或者经营场所无法取得联系”的占比 30. 20%，“公示企业信息隐瞒真实情况、弄虚作假”的占比 2. 18%，这三种是出现经营异常的主要原因。

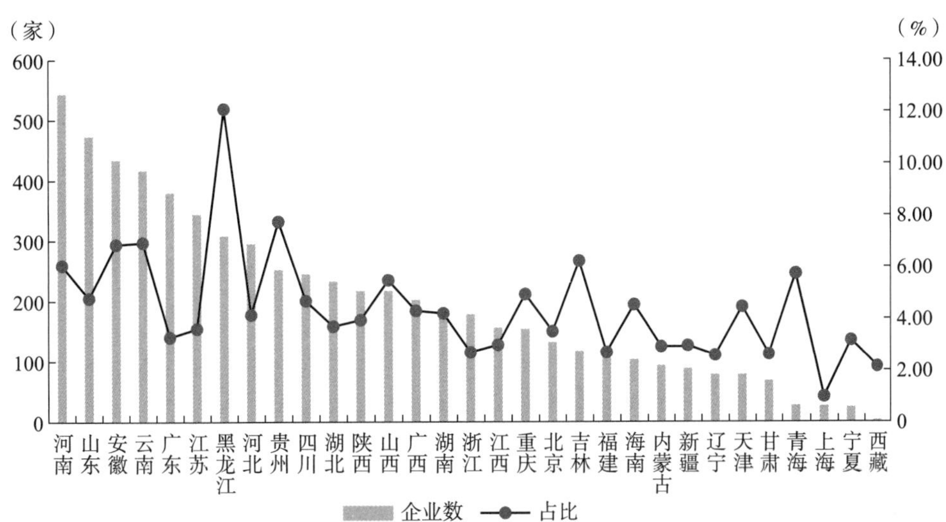

图 6-2-14　2024 年各省份经营异常开发企业占比情况

数据来源：房地产信用平台

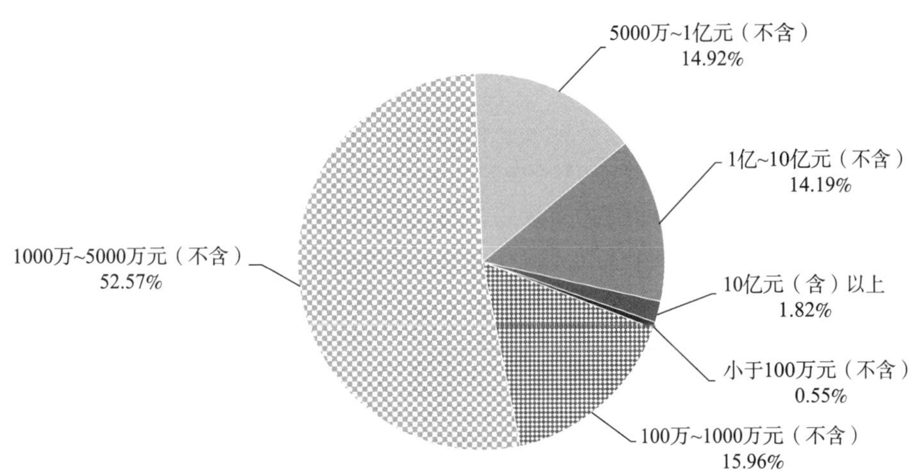

图 6-2-15　2024 年经营异常开发企业注册资本情况

数据来源：房地产信用平台

4. 欠税

根据房地产信用平台的统计，2024 年全国被公布发生欠税行为的房地产开发企业共计 17411 家，约占全部开发企业的 12.42%，同比增长 20.29%，共 198288 条案例，同比增长 47.03%（见图 6-2-16）。

从区域分布来看，河南、广东和江苏被公布欠税开发企业数量最多，分别有 2381 家、2257 家和 1551 家（见图 6-2-17）。

从被公布欠税开发企业的注册资本情况来看，1000 万~5000 万元（不含）注册资本的欠税企业数量最多，占比为 49.80%，约 8588 家；其次是注册资本在 1 亿~10 亿元（不含）的开发企业，占比为 18.65%，约 3216 家（见图 6-2-18）。

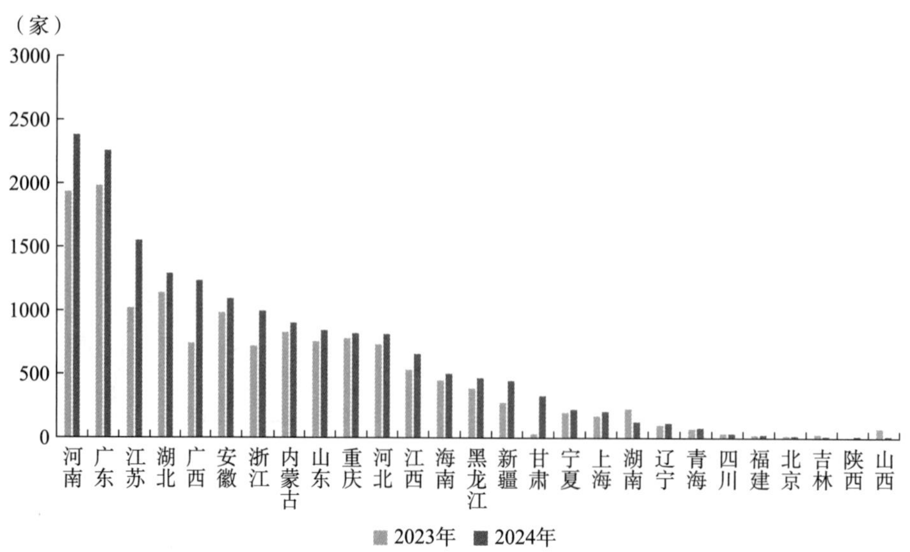

图 6-2-16　2023 年和 2024 年各省份欠税开发企业情况

数据来源：房地产信用平台。

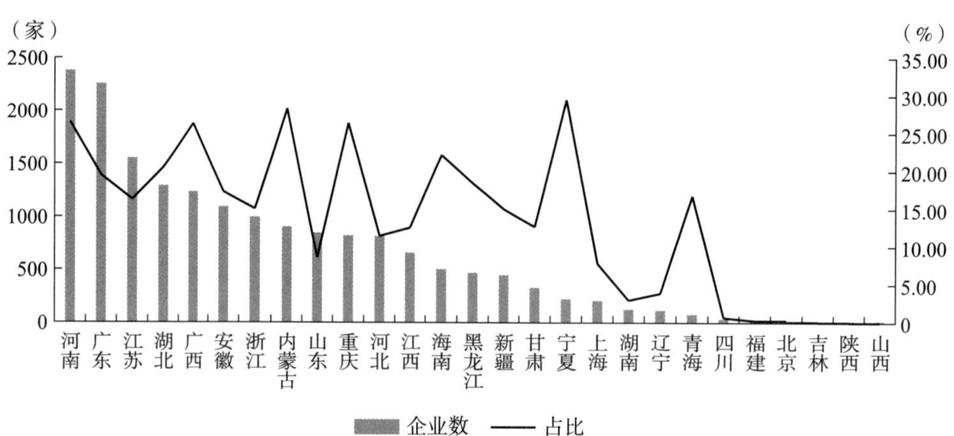

图 6-2-17　2024 年各省份欠税开发企业数及占比情况

数据来源：房地产信用平台。

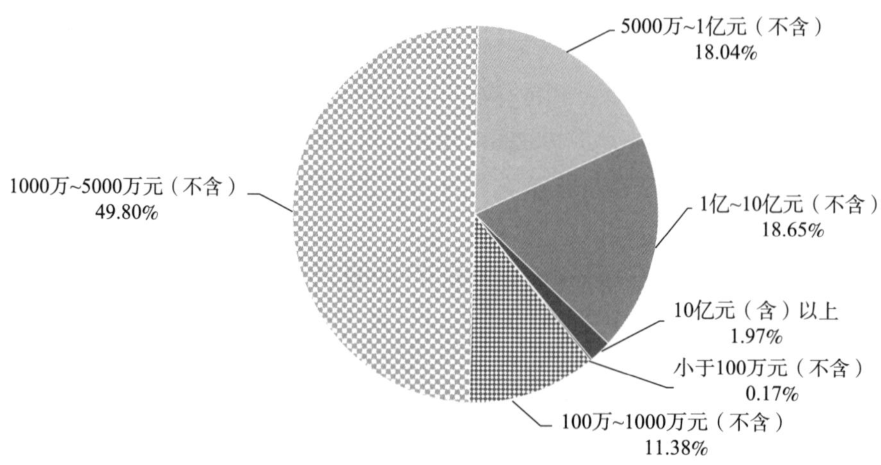

图 6-2-18　2024 年欠税企业注册资本情况

数据来源：房地产信用平台。

从欠税总金额来看，2024 年全国房地产开发企业被公布欠税的总金额达 6782. 86 亿元。其中，城市维护建设税、土地增值税、增值税、城镇土地使用税、印花税是主要的欠税类型。此外，广东、浙江和江苏的开发企业被公布欠税金额最多，分别为 1754. 10 亿元、893. 05 亿元和 820. 92 亿元。2024 年公布的全国开发企业欠税金额前 10 名中，广东企业占 6 家（见表 6-2-1）。

表 6-2-1　2024 年公布的全国开发企业欠税金额前 10 名情况

企业名称	省份	欠税税种	欠税余额/合计（亿元）
深圳莱华置业有限公司	广东	城市维护建设税、增值税、土地增值税、企业所得税	160. 43
深圳半岛城邦房地产开发有限公司	广东	增值税、企业所得税、城市维护建设税、房产税、城镇土地使用税、土地增值税、车船税	139. 38
武汉合富联银置业发展有限公司	湖北	城市维护建设税、土地增值税、增值税、企业所得税、房产税、印花税、城镇土地使用税、契税、教育费附加、地方教育附加	129. 65
深圳市鸿腾投资管理有限公司	广东	增值税、企业所得税、城镇土地使用税、印花税、城市维护建设税、土地增值税、车船税	52. 82
深圳市福中福房地产开发有限公司	广东	土地增值税、城市维护建设税、企业所得税、印花税、增值税	52. 75
新锦安实业发展（深圳）有限公司	广东	土地增值税、增值税、城市维护建设税、企业所得税	44. 47
武汉新世界康居发展有限公司	湖北	企业所得税、增值税、城市维护建设税、土地增值税、教育费附加、地方教育附加	39. 62
青岛凯旋地产有限公司	山东	城市维护建设税、城镇土地使用税、房产税、企业所得税、土地增值税、印花税、增值税	38. 81
上海鑫泰房地产发展有限公司	上海	城市维护建设税、增值税、企业所得税、土地增值税、个人所得税、印花税、营业税、城镇土地使用税	38. 05
宝能地产股份有限公司	广东	土地增值税、增值税、房产税、城市维护建设税、企业所得税、城镇土地使用税、印花税、营业税	36. 12

数据来源：房地产信用平台。

5. 严重违法失信

根据房地产信用平台的统计，2024 年全国发生严重违法失信行为的开发企业共计 363 家，同比减少 55. 02%，约占全部开发企业的 0. 26%，共 1112 条案例，分布在全国 14 个省份。

从区域分布来看，陕西、河南和江苏严重违法失信的开发企业数量居前，分别为 164 家、128 家和 30 家。（见图 6-2-19）。

从严重违法失信开发企业的注册资本情况来看，1000 万～5000 万元（不含）注册资本的开发企业占比最大，达到 56. 70%，有 203 家（见图 6-2-20）。

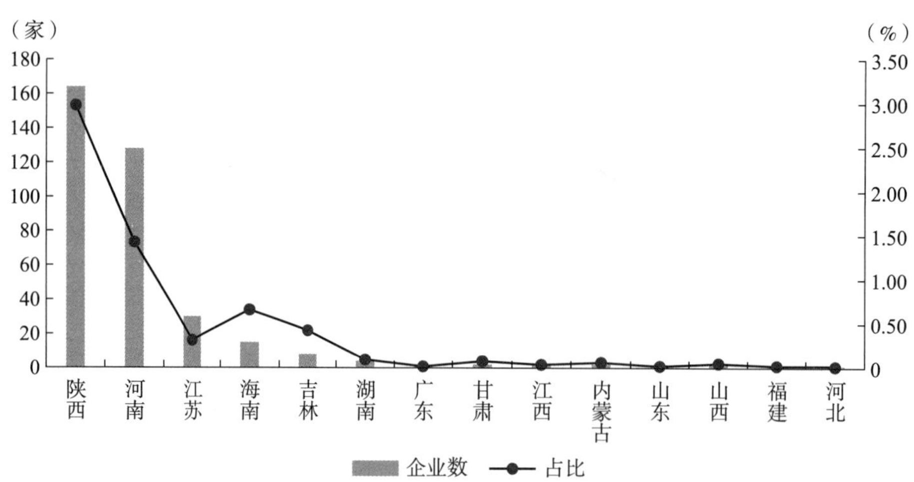

图 6-2-19　2024 年各省份严重违法失信开发企业占比情况

数据来源：房地产信用平台

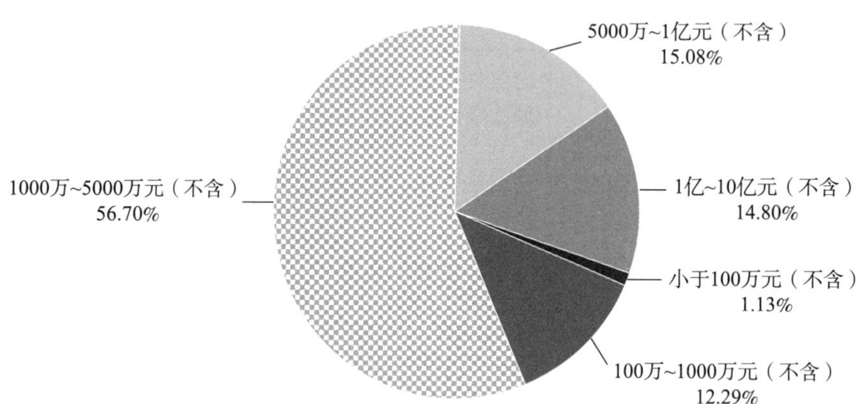

图 6-2-20　2024 年严重违法失信开发企业注册资本情况

数据来源：房地产信用平台。

从严重违法失信的列入原因来看，其他有履行能力而拒不履行生效法律文书确定义务是主要类型，占比达到 49.37%，约 549 条；其次是违反财产报告制度，占比为 24.55%，约 273 条；此外，还有被列入经营异常名录届满 3 年仍未履行相关义务、被执行人无正当理由拒不履行执行和解协议等情形被列入严重违法失信名单的开发企业。

6. 重大税收违法

根据房地产信用平台的收录，2023 年全国重大税收违法开发企业共 41 家，分布在黑龙江、安徽、浙江、广东、贵州等 16 个省份（见表 6-2-2）。

表 6-2-2　2024 年全国重大税收违法开发企业案例

企业名称	省份	案件性质	主要违法事实
成都金鸿荣置业有限公司	四川	虚开增值税普通发票	经国家税务总局四川省税务局稽查局检查，发现其在 2021 年 1 月 1 日至 2021 年 12 月 31 日期间，主要存在以下问题：让他人为自己开具与实际经营业务情况不符的增值税普通发票 145 份，票面金额累计 1558.07 万元

续表

企业名称	省份	案件性质	主要违法事实
黑龙江明达房地产开发有限公司	黑龙江	逃避缴纳税款	经国家税务总局哈尔滨市税务局第二稽查局检查，发现其在检查所属期内，主要存在以下问题：逃避缴纳税款手段
吉林省万翔房地产开发有限公司	吉林	逃避缴纳税款	经国家税务总局长春市税务局第二稽查局检查，发现其在检查所属期内，主要存在以下问题：采取逃避缴纳税款手段，不缴或者少缴应纳税款 2351.68 万元
信宜市宜居乐房地产发展有限公司	广东	虚开增值税普通发票，逃避缴纳税款	经国家税务总局茂名市税务局稽查局检查，发现在 2019 年 5 月至 2020 年 1 月期间，主要存在以下问题：一是让他人为自己开具与实际经营业务情况不符的增值税普通发票 75 份，金额 711.26 万元，税额 21.36 万元；二是采取逃避缴纳税款手段，不缴或者少缴应纳税款 183.15 万元
哈尔滨宏泽房地产开发有限公司	黑龙江	逃避缴纳税款	经国家税务总局哈尔滨市税务局第一稽查局检查，发现其逃避缴纳税款
环嘉集团有限公司	辽宁	走逃（失联）	经国家税务总局大连市税务局第二稽查局检查，发现其在 2014 年 1 月 1 日至 2015 年 12 月 31 日期间，主要存在以下问题：具有偷税或者逃避追缴欠税、骗取出口退税、抗税、虚开发票等行为，不履行税收义务并脱离税务机关监管，经国家税务总局大连市税务局第二稽查局查证确认走逃（失联）
溧阳市万盛置业有限公司	江苏	逃避缴纳税款	经国家税务总局常州市税务局第二稽查局检查，发现其在检查所属期内，主要存在以下问题：采取逃避缴纳税款手段，不缴或者少缴应纳税款 2798.44 万元
青岛嘉亿铂兴置业有限公司	山东	逃避缴纳税款	经国家税务总局青岛市税务局第三稽查局检查，发现其在 2013 年 1 月至 2021 年 12 月期间，主要存在以下问题：采取逃避缴纳税款手段，不缴或者少缴应纳税款 618.98 万元
明水县金升房地产开发有限公司	黑龙江	逃避缴纳税款	经国家税务总局哈尔滨市税务局第三稽查局检查，发现其逃避缴纳税款
四川龙都实业有限公司	四川	逃避缴纳税款	经国家税务总局绵阳市税务局稽查局检查，发现其在 2006 年 1 月 1 日至 2018 年 12 月 31 日期间，主要存在以下问题：采取逃避缴纳税款手段，不缴或者少缴应纳税款 6603.78 万元
清远市源河房地产开发有限公司	广东	逃避缴纳税款，虚开增值税专用发票或者虚开用于骗取出口退税、抵扣税款的其他发票	经国家税务总局清远市税务局第一稽查局检查，发现其在 2018 年 1 月 1 日至 2018 年 12 月 31 日期间，主要存在以下问题：一是采取逃避缴纳税款手段，不缴或者少缴应纳税款 112.27 万元；二是让他人为自己开具与实际经营业务情况不符的增值税专用发票 102 份，金额 975.63 万元，税额 58.54 万元
嘉善百俊房地产开发有限公司	浙江	逃避缴纳税款	经国家税务总局嘉兴市税务局第一稽查局检查，发现其在检查所属期间，主要存在以下问题：采取逃避缴纳税款手段，不缴或者少缴应纳税款 103.12 万元
都匀市赛维房地产开发有限责任公司	贵州	逃避缴纳税款	经国家税务总局黔南布依族苗族自治州税务局稽查局检查，发现其在 2013 年 1 月 1 日至 2020 年 12 月 31 日期间，主要存在以下问题：一是采取逃避缴纳税款手段，不缴或者少缴应纳税款 663.11 万元；二是其他税收违法，不缴或少缴应纳税款 1614.09 万元。以上不缴或者少缴应纳税款共计 2277.20 万元

续表

企业名称	省份	案件性质	主要违法事实
贵州百凯小城镇建设投资开发有限责任公司	贵州	虚开增值税专用发票或者虚开用于骗取出口退税、抵扣税款的其他发票	经国家税务总局贵阳市税务局第三稽查局检查，发现其在检查所属期内，主要存在以下问题：为他人（为自己）开具与实际经营业务情况不符的增值税专用发票 63 份，金额 6195.02 万元，税额 805.35 万元；让他人为自己开具与实际经营业务情况不符的增值税专用发票 68 份，金额 6195.02 万元，税额 805.35 万元
桦南宝东房地产开发有限公司	黑龙江	逃避缴纳税款	经国家税务总局哈尔滨市税务局第三稽查局检查，发现其逃避缴纳税款
临沂儒金置业有限公司	山东	虚开增值税专用发票或者虚开用于骗取出口退税、抵扣税款的其他发票	经国家税务总局临沂市税务局稽查局检查，发现其在 2022 年 4 月 1 日至 2023 年 4 月 30 日期间，主要存在以下问题：让他人为自己开具与实际经营业务情况不符的增值税专用发票 380 份，金额 2852.91 万元，税额 83.34 万元
嘉兴市凯泽置业有限公司	浙江	逃避缴纳税款	经国家税务总局嘉兴市税务局第二稽查局检查，发现其在 2018 年 8 月至 2022 年 5 月期间，主要存在以下问题：采取逃避缴纳税款手段，不缴或者少缴应纳税款 902.18 万元
肇源县宇龙房地产开发有限责任公司	黑龙江	逃避缴纳税款	经国家税务总局大庆市税务局第三稽查局检查，发现其逃避缴纳税款
仙居旭和置业有限公司	浙江	逃避缴纳税款	经国家税务总局台州市税务局第三稽查局检查，发现其在 2019 年 1 月至 2021 年 12 月期间，主要存在以下问题：采取逃避缴纳税款手段，不缴或者少缴应纳税款 1219.47 万元
桂林永福县福祥房地产有限责任公司	广西	逃避缴纳税款	经国家税务总局广西壮族自治区税务局第三稽查局检查，发现其在 2013 年 1 月至 2019 年 12 月期间，主要存在以下问题：采取逃避缴纳税款手段，不缴或者少缴应纳税款 320.08 万元
灵璧中安投资置业有限公司	安徽	逃避缴纳税款	经国家税务总局宿州市税务局第一稽查局检查，发现其在 2018 年 1 月 1 日至 2020 年 12 月 31 日期间，主要存在以下问题：采取逃避缴纳税款手段，不缴或者少缴应纳税款 729.58 万元
英德市荣德房地产开发有限公司	广东	虚开增值税普通发票	经国家税务总局清远市税务局第一稽查局检查，发现其在 2018 年 1 月 1 日至 2019 年 12 月 31 日期间，主要存在以下问题：让他人为自己开具与实际经营业务情况不符的增值税普通发票 5 份，票面金额累计 1192.95 万元
黑龙江禹泰房地产开发有限责任公司	黑龙江	逃避缴纳税款	经国家税务总局哈尔滨市税务局第三稽查局检查，发现其在检查所属期内，主要存在以下问题：逃避缴纳税款
榆林市横山区建新房地产开发有限公司	陕西	虚开增值税普通发票	经国家税务总局榆林市税务局第三稽查局检查，发现其在 2019 年 1 月 1 日至 2021 年 12 月 31 日期间，主要存在以下问题：让他人为自己开具与实际经营业务情况不符的增值税普通发票 75 份，票面金额累计 7056.05 万元
哈尔滨翰盈房地产开发有限责任公司	黑龙江	逃避缴纳税款	经国家税务总局哈尔滨市税务局第三稽查局检查，发现其逃避缴纳税款

续表

企业名称	省份	案件性质	主要违法事实
天象集团有限责任公司	安徽	逃避缴纳税款	经国家税务总局淮北市税务局稽查局检查，发现其在 2008 年 1 月至 2018 年 12 月期间，主要存在以下问题：采取逃避缴纳税款手段，不缴或者少缴应纳税款 1779. 34 万元
山西万基房地产开发有限公司	山西	逃避缴纳税款	经国家税务总局吕梁市税务局第一稽查局检查，发现其在检查所属期内，主要存在以下问题：采取逃避缴纳税款手段，不缴或者少缴应纳税款 368. 23 万元
哈尔滨市北方鸿铭房地产开发有限公司	黑龙江	逃避缴纳税款	经国家税务总局哈尔滨市税务局第三稽查局检查，发现其逃避缴纳税款
哈尔滨天福缘房地产开发有限公司	黑龙江	逃避缴纳税款	经国家税务总局哈尔滨市税务局第一稽查局检查，发现其逃避缴纳税款
玉环新华鸿房地产开发有限公司	浙江	逃避缴纳税款	经国家税务总局台州市税务局第二稽查局检查，发现其在 2015 年 5 月至 2022 年 7 月期间，主要存在以下问题：采取逃避缴纳税款手段，不缴或者少缴应纳税款 1521. 47 万元
石河子市北鑫房地产开发有限公司	新疆	逃避缴纳税款	经国家税务总局石河子税务局稽查局检查，发现其在 2012 年 1 月 1 日至 2021 年 12 月 30 日期间，主要存在以下问题：采取逃避缴纳税款手段，不缴或者少缴应纳税款 796. 11 万元
呼伦贝尔市天顺房地产开发有限公司	内蒙古	偷税	经国家税务总局呼伦贝尔市税务局稽查局检查，发现其在检查所属期内，主要存在以下问题：采取逃避缴纳税款手段，不缴或者少缴应纳税款 1442. 02 万元
安徽凤凰宇宸置业有限公司	安徽	虚开增值税发票	经国家税务总局马鞍山市税务局稽查局检查，发现其在 2018 年 1 月至 2018 年 12 月期间，主要存在以下问题：让他人为自己开具与实际经营业务情况不符的增值税普通发票 6 份，票面金额累计 498. 40 万元
黑龙江农垦博烨房地产开发有限责任公司	黑龙江	逃避缴纳税款	经国家税务总局鹤岗市税务局第一稽查局检查，发现其在检查所属期内，主要存在逃避缴纳税款行为
长春市尚都房地产开发有限公司	吉林	逃避缴纳税款	经国家税务总局长春市税务局稽查局检查，发现其在检查所属期内，主要存在以下问题：采取逃避缴纳税款手段，不缴或者少缴应纳税款 1349. 55 万元
福建江南房地产开发有限公司	福建	虚开增值税专用发票或者虚开用于骗取出口退税、抵扣税款的其他发票	经国家税务总局南平市税务局第一稽查局检查，发现其在 2010 年 3 月至 2022 年 10 月期间，主要存在以下问题：让他人为自己开具与实际经营业务情况不符的增值税专用发票 198 份，金额 3793. 84 万元，税额 113. 81 万元
营口万嘉置业有限公司	辽宁	逃避缴纳税款	经国家税务总局营口市税务局第二稽查局检查，发现其在 2015 年 3 月至 2019 年 12 月期间，主要存在以下问题：采取逃避缴纳税款手段，不缴或者少缴应纳税款 670. 24 万元
嘉善万联置业有限公司	浙江	逃避缴纳税款	经国家税务总局嘉兴市税务局第一稽查局检查，发现其主要存在以下问题：采取逃避缴纳税款手段，不缴或者少缴应纳税款 1450. 94 万元；其他涉税违法行为，涉及税款 3. 08 万元

续表

企业名称	省份	案件性质	主要违法事实
呼伦贝尔市泰丰房地产开发有限责任公司	内蒙古	偷税	经国家税务总局呼伦贝尔市税务局稽查局检查，发现其在2015年1月1日至2021年12月31日期间，主要存在以下问题：采取逃避缴纳税款手段，不缴或者少缴应纳税款264.82万元
信泰（巢湖）房地产开发有限公司	安徽	逃避缴纳税款	经国家税务总局合肥市税务局稽查局检查，发现其在2013年1月1日至2019年12月31日期间，主要存在以下问题：一是采取逃避缴纳税款手段，不缴或者少缴应纳税款174.08万元；二是其他涉税违法问题，涉及税款631.20万元
黄山海天文旅有限公司	安徽	虚开增值税发票	经国家税务总局黄山市税务局稽查局检查，发现其在2019年1月至2022年1月期间，主要存在以下问题：让他人为自己开具与实际经营业务情况不符的增值税普通发票1份，票面金额1000万元

数据来源：房地产信用平台。

（三）涉及不良信用信息的开发企业情况

根据房地产信用平台的统计，2024年全国涉及不良信用信息①的房地产开发企业共计32549家，同比增长6.07%，约占全国房地产开发企业总量的23.23%，共341969条案例。

1. 区域分布

从2024年发生不良信用信息行为的开发企业区域分布来看，河南、广东和江苏分别以3517家、3031家和2129家位居前列（见图6-2-21）。

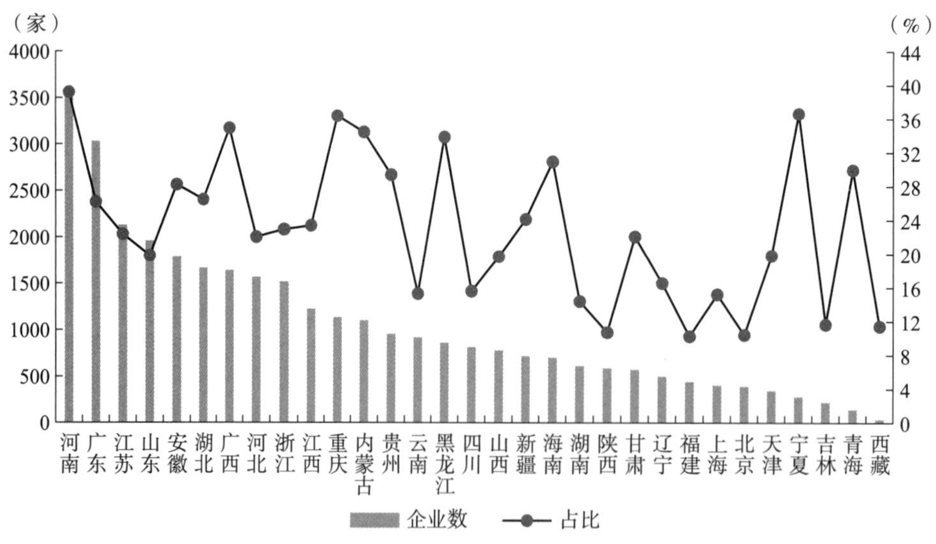

图6-2-21 2024年各省发生不良信用行为开发企业占比情况

数据来源：房地产信用平台。

2. 注册时间分析

在2024年发生不良信用信息的开发企业中，从注册的年份来看，主要集中在2006—2020年，占比达

① 注：不良信用信息与前文定义一致，包括行政处罚、失信被执行、经营异常、欠税、严重违法失信和重大税收违法等6种行为。

78.45%，约25536家开发企业；其次是2001—2005年注册的开发企业，占比为10.34%，有3366家开发企业（见图6-2-22）。

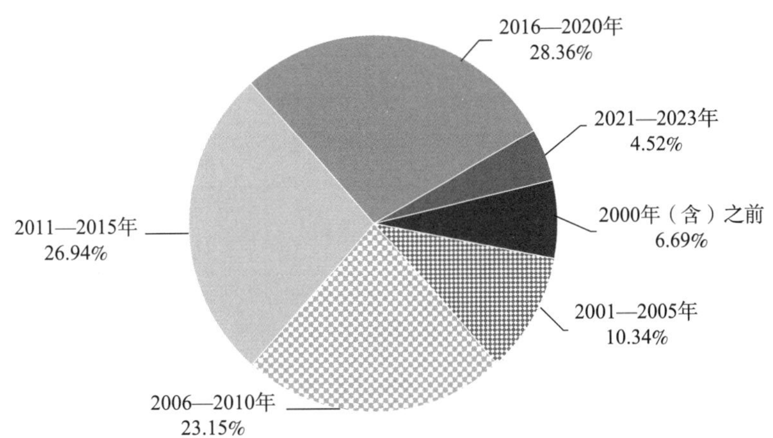

图6-2-22 2024年发生不良信用行为的开发企业注册时间情况

数据来源：房地产信用平台。

3. 注册资本分析

从注册资本来看，2024年发生不良信用信息的开发企业，其注册资本主要集中在1000万~5000万元（不含），占比达到49.14%，约15778家；其次是注册资本在1亿~10亿元（不含）的企业，占比18.90%，约6069家（见图6-2-23）。

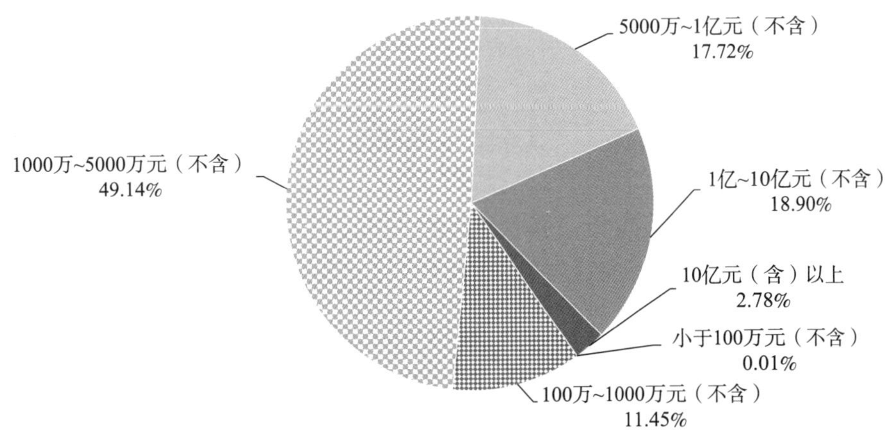

图6-2-23 2024年发生不良信用行为的开发企业注册资本情况

数据来源：房地产信用平台。

（四）房地产开发企业债务违约情况

1. 境内信用债券违约情况

根据房地产信用平台的统计，截至2024年12月31日，2024年全国共有10家房地产债券发行人确认境内信用债券实质违约或触发交叉条款（不包括展期情形），涉及债券17只，同比减少58.53%，违约涉及债券余额211.55亿元，同比减少40.53%。

其中，荣盛房地产发展股份有限公司信用债券违约涉及余额最大，2024年违约涉及债券余额39.43亿元，其次是上海宝龙实业发展（集团）有限公司和远洋控股集团（中国）有限公司，分别是38.48亿元和30亿元

（见表 6-2-3）。

表 6-2-3　房地产开发企业 2024 年境内信用债违约统计（不包括展期情形）

债券代码	债券简称	违约日期	发行人	违约类型	发行规模（亿元）	违约日债券余额（亿元）
082000443. IB	20 阳光城 ABN001 优先 A	2024-10-28	阳光城集团股份有限公司	未按时兑付本金	3. 15	2. 9591
082000444. IB	20 阳光城 ABN001 优先 B	2024-10-27	阳光城集团股份有限公司	未按时兑付本息	2. 55	2. 535
102001416. IB	20 荣盛地产 MTN001	2024-10-23	荣盛房地产发展股份有限公司	未按时兑付本息	10	9. 3
175172. SH	20 幸福 01	2024-9-23	华夏幸福基业控股股份公司	未按时兑付本息	12. 5	12. 49
102001469. IB	20 荣盛地产 MTN002	2024-8-6	荣盛房地产发展股份有限公司	未按时兑付利息	11. 2	10. 416
102101036. IB	21 宝龙 MTN001	2024-7-19	上海宝龙实业发展（集团）有限公司	未按时兑付本息	10	9
102101036. IB	21 宝龙 MTN001	2024-6-7	上海宝龙实业发展（集团）有限公司	未按时兑付本息	10	9
178578. SH	21 迪马 01	2024-4-30	重庆市迪马实业股份有限公司	未按时兑付本息	4. 5	3. 26
149103. SZ	H0 阳城 01	2024-4-24	阳光城集团股份有限公司	未按时兑付本息	12	12
102100601. IB	21 金科地产 MTN001	2024-4-22	金科地产集团股份有限公司	未按时兑付本息	5	5
012103505. IB	21 金科地产 SCP003	2024-4-22	金科地产集团股份有限公司	未按时兑付本息	10	10. 42
178228. SH	H21 新力 1	2024-3-26	新力地产集团有限公司	未按时兑付本息	2. 55	2. 55
102001416. IB	20 荣盛地产 MTN001	2024-3-25	荣盛房地产发展股份有限公司	未按时兑付利息	10	9. 3
169741. SH	HPR01 优	2024-3-18	上海世茂股份有限公司	未按时兑付本息	24. 3	24. 18
151276. SH	19 三盛 02	2024-3-15	上海三盛宏业投资（集团）有限责任公司	未按时兑付本息	21. 5	21. 5
102001469. IB	20 荣盛地产 MTN002	2024-3-6	荣盛房地产发展股份有限公司	未按时兑付利息	11. 2	10. 42
102101036. IB	21 宝龙 MTN001	2024-3-4	上海宝龙实业发展（集团）有限公司	触发交叉违约	10	9
101900860. IB	19 宝龙 MTN002	2024-3-4	上海宝龙实业发展（集团）有限公司	触发交叉违约	5	5

续表

债券代码	债券简称	违约日期	发行人	违约类型	发行规模（亿元）	违约日债券余额（亿元）
102001657. IB	20 宝龙 MTN001	2024-2-27	上海宝龙实业发展（集团）有限公司	未按时兑付本息	10	6. 48
149363. SZ	H1 阳城 01	2024-1-22	阳光城集团股份有限公司	未按时兑付利息	10	10
032100083. IB	21 远洋控股 PPN001	2024-1-21	远洋控股集团（中国）有限公司	未按时兑付本息	30	30

数据来源：Wind 数据、企业公告，房地产信用平台整理。

2. 境外债违约情况

在境外债方面，2024 年有 8 家房地产开发企业出现境外债实质性违约（不包括展期情形），涉及债券 21 只，比 2023 年的 19 家企业 43 只债券违约减少 51. 16%；涉及违约金额共计约 9. 69 亿美元，比 2023 年的 47. 60 亿美元减少 79. 64%；涉及债务余额共计 104. 42 亿美元，比 2023 年的 168. 96 亿美元减少 38. 20%（见表 6-2-4）。

其中，境外债券违约涉及债券余额最大的是广州富力地产股份有限公司，共有 3 只债券违约，涉及债券余额 45. 27 亿美元。

表 6-2-4 房地产开发企业 2024 年境外债违约统计（不包括展期情形）

债券	债券简称	违约日期	信用主体	违约类型	涉及金额（百万美元）	违约日债券余额（百万美元）
XS2502824944	MOLAND 8 12/30/24	2024-12-30	当代置业（中国）有限公司	未按时兑付本息	214. 35752	206. 113
XS2500898486	MOLAND 9 12/30/25	2024-12-30	当代置业（中国）有限公司	未按时兑付利息	15. 617745	347. 061
XS2500899294	MOLAND 9 12/30/26	2024-12-30	当代置业（中国）有限公司	未按时兑付利息	20. 92851	465. 078
XS2737638648	MOLAND 7 12/28/24	2024-12-28	当代置业（中国）有限公司	未按时兑付本息	92. 654235	89. 521
XS2495355674	GZRFPR 6. 5 07/11/25	2024-7-11	广州富力地产股份有限公司	未按时兑付利息	33. 61	1034. 162
XS2495358009	GZRFPR 6. 5 07/11/27	2024-7-11	广州富力地产股份有限公司	未按时兑付利息	62. 46	1921. 827
XS2495359403	GZRFPR 6. 5 07/11/28	2024-7-11	广州富力地产股份有限公司	未按时兑付利息	51. 06	1571. 167
XS2338347003	JINKE 6. 85 05/28/24	2024-5-28	金科地产集团股份有限公司	未按时兑付本息	336. 13125	325
XS2406577911	AGILE 7 11/24/26	2024-5-24	雅居乐集团控股有限公司	未按时兑付利息	10. 8437	309. 82

续表

债券	债券简称	违约日期	信用主体	违约类型	涉及金额（百万美元）	违约日债券余额（百万美元）
XS2194361494	AGILE 5.75 01/02/25	2024-5-14	雅居乐集团控股有限公司	未按时兑付利息	14.375	500
XS2343627712	AGILE 5.5 05/17/26	2024-5-14	雅居乐集团控股有限公司	未按时兑付利息	12.375	450
XS2361426559	AGILE 5.5 04/21/25	2024-4-21	雅居乐集团控股有限公司	未按时兑付利息	8.635	314
XS2243343204	AGILE 6.05 10/13/25	2024-4-13	雅居乐集团控股有限公司	未按时兑付利息	14.61075	483
XS2543125335	LSEAGN 10.75 10/20/24	2024-4-20	朗诗绿色管理有限公司	未按时兑付利息	4.47716	83.296
XS2085883119	CSCHCN 9 04/12/24	2024-2-12	华南城控股有限公司	未按时兑付利息	12.9978	288.84
XS2213954766	PWRLNG 6.25 08/10/24	2024-2-10	宝龙地产控股有限公司	未按时兑付利息	15.625	500
XS2238030162	CSCHCN 9 10/09/24	2024-2-9	华南城控股有限公司	未按时兑付利息	9.1125	202.5
XS2434313016	COGARD 4.95 07/28/26	2024-1-28	碧桂园控股有限公司	未按时兑付利息	12.34431	498.76
XS2500700633	PWRLNG 4 07/12/24	2024-1-15	宝龙地产控股有限公司	未按时兑付利息	3.73918	186.959
XS2500700716	PWRLNG 7.125 01/15/26	2024-1-15	宝龙地产控股有限公司	未按时兑付利息	9.41	264.117
XS2647488878	PWRLNG 6.95 12/06/25	2024-1-6	宝龙地产控股有限公司	未按时兑付利息	13.95	401.485

数据来源：Wind 数据、企业公告，房地产信用平台整理。

（五）社会责任

整体来看，2024 年守信房地产开发企业数量为 107537 家，占全部开发企业的比例约为 76.76%。同时，作为国民经济的支柱行业，房地产行业整体规模庞大，房企经过多年快速发展，创造大量的社会财富，也承担更多的社会责任，在税收上的贡献较为突出。

1. 纳税情况

近年来，房地产市场整体低迷导致房企营业收入持续下滑，盈利空间持续收窄，房企纳税规模呈下滑趋势，典型房企超七成所得税负增长。2024 年，TOP500 房企所得税均值为 1.46 亿元，同比下降 46.89%。税金及附加均值为 2.99 亿元，同比下降 25.94%。

2. 社会责任

当前，“高质量发展”和“可持续发展”成为新时代我国企业发展的关键词，国家、社会公众和企业都十分重视企业社会责任的履行。房地产行业进入“新周期”，房企在追求经济效益同时，也注重社会效益的实现，积极承担社会责任已成为房企高质量发展的共同选择。服务乡村振兴战略是履行社会责任的重要内容之一，多家头部房企围绕教育帮扶、消费帮扶、产业帮扶等方向，多措并举推进乡村振兴事业稳健发展（见表6-2-5）。

表 6-2-5　典型房企乡村振兴案例

房企名称	乡村振兴案例
华润	2024年已参与山东沂蒙、内蒙古阿尔山华润希望小镇建设，累计建成及新建的希望小镇共14座，另有4座在规划中
中海	2024年持续助力甘肃三县乡村振兴，甄选当地优质农产品，深度参与特色农产品品牌创立、包装设计、营销策划、生产加工、质量监测、“海惠万家”活动等全过程打造，累计消费帮扶投入及带动销售逾千万元
万科	继续实施韶关市乳源瑶族自治县多镇连片乡村振兴示范带项目，2024年初全部完工并移交当地使用。同时，万科继续在四川遵道、湖南永顺等地通过专项资金和专业资源导入，帮助学生和教师成长，持续推动乡村地区教育发展
华发	公司响应消费扶贫号召，发动全公司体系内部力量，引入社会力量，联系工会积极开展“以购代捐”“以买代帮”的消费扶贫项目。2024年上半年，公司工会以购代捐形式购买贫困地区的多种特色农副产品，共计787.6万元
招商蛇口	以招商局慈善基金会为统一的专业公益平台，2024年重点助力新疆叶城、莎车县和贵州威宁全面推进乡村振兴。包括支持莎车县特殊教育学校升级教学设备，支持贵州威宁县开展“家庭牧场”项目，提升群众发展养殖产业的热情，支持新疆叶城结合古核桃树资源禀赋，充分发挥比较优势，开展“七仙园”文旅融合项目等
保利发展	参与中国保利集团有限公司对口帮扶山西省河曲县和五台县、云南省宁蒗县、巧家县等地区的文旅产业建设、地区建设、教育项目建设，2024年上半年已投入1210万元。积极响应广东省“百千万工程”部署，与广东省委宣传部结对纵向帮扶揭阳普宁

资料来源：企业公告、上海易居房地产研究院。

（中房网信用房地产组）

三、2025年中国房地产上市公司市值分析报告

市值是上市公司价值的集中体现，市值持续增长是上市公司评价的最好标准，市值管理是上市公司战略管理的核心内容。

2024年4月，“国九条”明确制定上市公司市值管理指引，研究将上市公司市值管理纳入企业内外部考核评价体系。2024年11月，证监会发布《上市公司监管指引第10号市值管理》。2024年12月，国务院国资委发布《关于改进和加强中央企业控股上市公司市值管理工作的若干意见》。至2024年底，已有数百家上市公司制定市值管理制度并披露制定情况。市值管理经历十年的探索和实践，已经成为上市公司重要的管理内容。

中国房地产上市公司是房地产行业的风向标，代表行业的发展现状和趋势。从市值分析与健康发展的视角对上市公司进行深入系统持续的研究，是整个行业研究的重要内容。2021年以来，组织课题组连续5年进行系统研发，并撰写发布专题报告。在此基础上，持续跟踪，对2024年底中国房地产上市公司市值状况进行分析，形成本报告。

（一）中国房地产上市公司市值总量分析

市值是上市公司在资本市场上的价格，市值总量直接反映上市公司的规模和能级。

1. 房地产上市公司概况

截至2024年底，纳入报告分析的中国房地产上市公司共287家，按国民经济行业分类标准，其中房地产

开发经营企业 190 家，占 66.2%；物业管理企业 63 家，占 22.0%；房地产中介服务和房地产租赁经营等其他企业共 34 家，占 11.8%。为便于研究，报告将中介服务、房地产租赁经营和其他房地产企业合并为一类，简称其他类。

2024 年新增上市情况。2024 年有 2 家房地产企业上市，均为物业管理企业，分别为经发物业和泓盈城市服务。

2024 年退市和 ST 情况。2024 年退市公司较 2023 年有所减少，共 7 家，分别为中国地利、华发物业服务、大唐集团控股、佳源国际控股、中南建设、大发地产和祥生控股集团。2024 年 ST 公司减少，共 2 家，分别为金科股份和广汇物流。

房地产上市公司属性。根据中国资本市场上使用较多的 Wind 数据库，依据公司股权结构关系披露的实际控制人性质来判定公司属性，将上市公司属性分为 7 类，分别是中央国有企业、地方国有企业、集体企业、公众企业、民营企业、外资企业、其他企业。以此标准，2024 年中国房地产上市公司，中央国有企业 28 家，占 9.8%；地方国有企业 68 家，占 23.7%；集体企业 1 家，占 0.3%；公众企业 18 家，占 6.3%；民营企业 133 家，占 46.3%；外资企业 30 家，占 10.5%；其他企业 9 家，占 3.1%。

2. 2024 年市值总量及分布

2024 年底，纳入报告研究样本的 287 家中国房地产上市公司市值总量以人民币计 2.11 万亿元（下同，若无特殊说明，均以人民币计算），比上年监测样本减少 0.17 万亿元。其中开发类公司市值共 1.63 万亿元，占 77.2%；物业管理类公司市值为 0.24 万亿元，占 11.4%；其他类公司市值为 0.24 万亿元，占 11.4%。

2024 年是中国房地产上市公司市值持续低迷的一年，其市值规模和平均市值规模出现近年新低。2024 年底中国房地产上市公司平均市值为 73.6 亿元，比上年下降 3%。

2024 年中国房地产上市公司的市值总量主要集中在中央国有企业，市值为 0.70 万亿元，占 33.2%。其次为地方国有企业和民营企业。其中，地方国有企业市值为 0.53 万亿元，占 25.1%，民营企业市值为 0.40 万亿元，占 19.0%。中央国有企业数量少，平均市值最大，为 250 亿元。民营企业市值蒸发明显，且单个公司的平均市值不高，平均仅为 30 亿元，比上年平均蒸发三分之二（见图 6-3-1）。

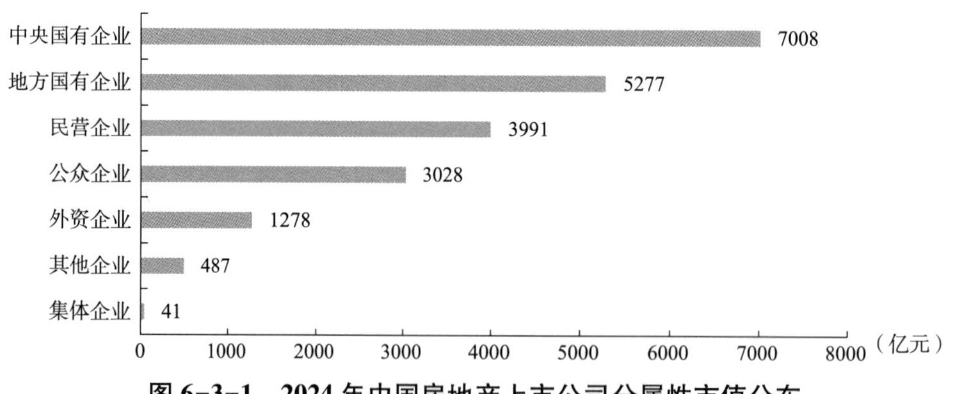

图 6-3-1　2024 年中国房地产上市公司分属性市值分布

数据来源：Wind、上海易居房地产研究院、上海社会科学院市值管理研究中心。

3. 2024 年市值总量排行分析

（1）国有企业市值排行。

中央国有企业 TOP10 中前 3 家公司市值超过 1000 亿元。其中前三名企业分别为华润置地、中国海外发展和保利发展（见图 6-3-2）。

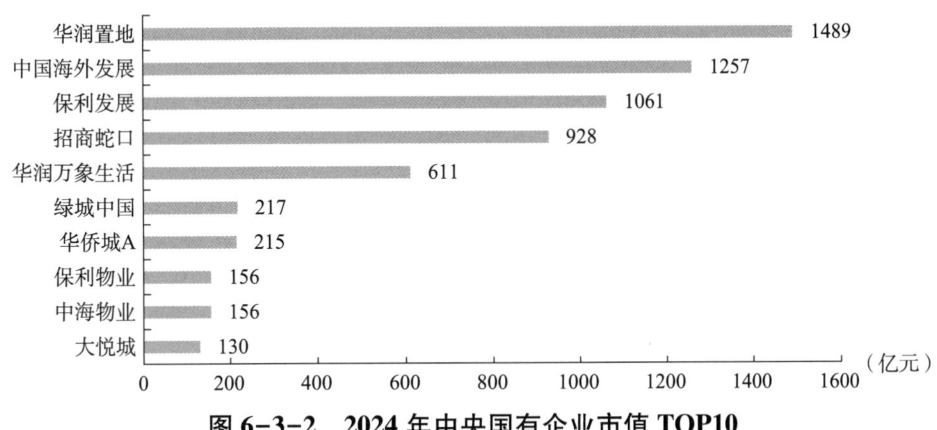

图 6-3-2　2024 年中央国有企业市值 TOP10

数据来源：Wind、上海易居房地产研究院、上海社会科学院市值管理研究中心.

从总量上看，地方国有企业市值总量与中央国有企业还有差距。地方国有企业 TOP10 中有 2 家公司市值超过 400 亿元，有 5 家公司市值超过 200 亿元。其中前三名企业分别为陆家嘴、张江高科和衢州发展（见图 6-3-3）。

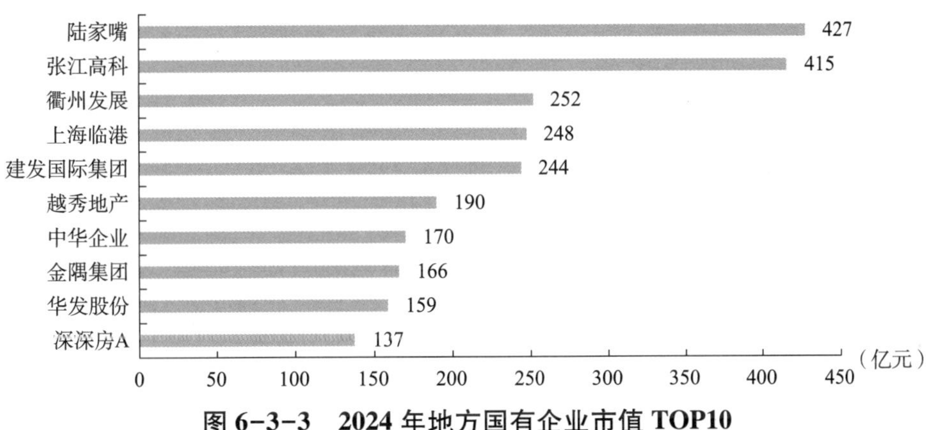

图 6-3-3　2024 年地方国有企业市值 TOP10

数据来源：Wind、上海易居房地产研究院、上海社会科学院市值管理研究中心。

（2）开发企业市值总量 TOP10。

房地产开发类上市公司 TOP10 中前 3 家公司市值仍超过 1000 亿元，但比上年少 1 家。其中前三名企业分别是华润置地、中国海外发展和保利发展。（见图 6-3-4）

开发类房地产上市公司市值排名变化较小。前三名保持稳定，招商蛇口超过万科，升至第四，万科降至第五。

（3）物业管理类上市公司市值总量 TOP10。

从总量上看，物业管理类上市公司市值总量与开发类上市公司还有差距，在 TOP10 中市值超过 500 亿元的只有华润万象生活，其他 9 家在 500 亿元以下（见图 6-3-5）。

与上年排行的对比分析中，除华润万象生活、万物云、碧桂园服务和深赛格外，其他 6 家公司的排名均有变化。保利物业超过中海物业，升至第四。绿城服务超过招商积余，升至第六。特发服务、恒大物业于 2024 年挤入 TOP10，金科服务、融创服务跌出 TOP10。从 2024 年底的市值情况看，华润、万科、保利、中海、招商 5 家开发类上市公司与关联的物业管理类上市公司市值同时进入前十名（见表 6-3-1）。

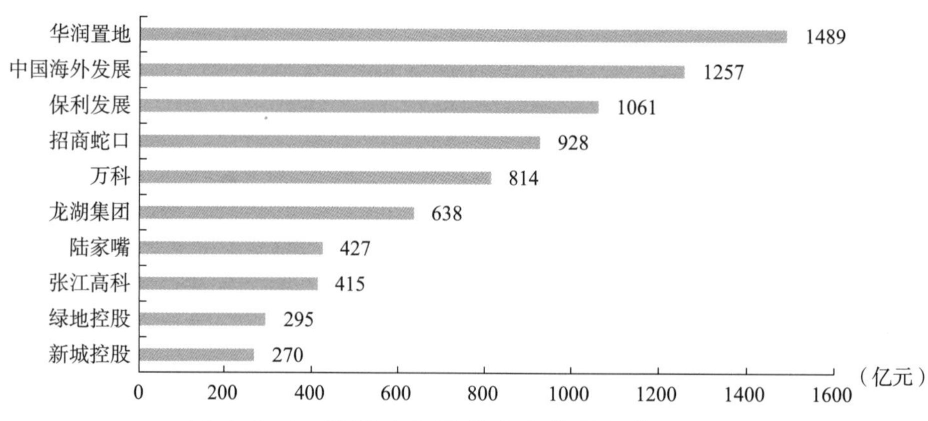

图 6-3-4　2024 年开发类上市公司市值 TOP10

数据来源：Wind、上海易居房地产研究院、上海社会科学院市值管理研究中心。

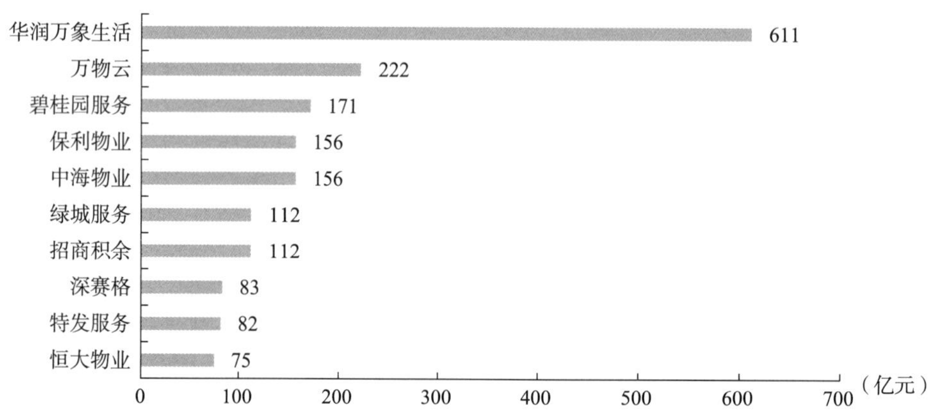

图 6-3-5　2024 年物业管理类上市公司市值 TOP10

数据来源：Wind、上海易居房地产研究院、上海社会科学院市值管理研究中心。

表 6-3-1　2024 年物业管理类上市公司 TOP10 与关联开发类上市公司市值

物业管理公司				对应开发公司		
排名	公司	市值（亿元）	与上年排序比较	排名	公司	市值（亿元）
1	华润万象生活	611	未变	1	华润置地	1489
2	万物云	222	未变	5	万科	814
3	碧桂园服务	171	未变	31	碧桂园	126
4	保利物业	156	↑	3	保利发展	1061
5	中海物业	156	↓	2	中国海外发展	1257
6	绿城服务	112	↑	16	绿城中国	863
7	招商积余	112	↓	4	招商蛇口	928
8	深赛格	83	未变			
9	特发服务	82	新增			
10	恒大物业	75	新增	105	中国恒大	20

数据来源：Wind、上海易居房地产研究院、上海社会科学院市值管理研究中心。

（4）其他类上市公司市值总量 TOP10。

报告将房地产中介服务、房地产租赁经营、其他房地产业共 34 家企业，合并成一类，简称其他类。2024 年，其他类房地产上市公司排名第一位的仍是贝壳，除贝壳外，其他 9 家企业排名均有变化。其他 9 家公司中，有 4 家公司市值排名较 2023 年上升。海宁皮城、世联行于 2024 年挤入 TOP10，小商品城、中国地利跌出 TOP10（见表 6-3-2）。

表 6-3-2　2024 年其他类上市公司市值 TOP10 对比变化

市值排行	公司	市值（亿元）	与上年排序比较
1	贝壳	1591	未变
2	红星美凯龙	128	↑
3	富森美	112	↑
4	我爱我家	72	↑
5	汇通能源	72	↑
6	绿城管理控股	61	↓
7	海宁皮城	60	新增
8	轻纺城	55	↓
9	北京北辰实业股份	55	↓
10	世联行	52	新增

数据来源：Wind、上海易居房地产研究院、上海社会科学院市值管理研究中心。

（二）中国房地产上市公司市值增长分析

市值增长是动态考察上市公司发展状况的关键指标。市值持续增长是上市公司评价的最好标准。在外部不确定的情况下，保持市值稳定增长是企业稳健经营、可持续发展的重要信号。

1. 市值增长概况

（1）市值增长总体分布。

截至 2024 年底，剔除当年上市的公司不计算增长外，2023 年底前上市的 285 家公司中，112 家的市值实现正增长，173 家的市值出现负增长。

从增长量看，2024 年市值变化在 50 亿元以内的占多数，其中市值下降在 50 亿元以内的占比最多，达 58.60%，而增长在 50 亿元以内的占 36.84%。

从增长率看，市值正增长公司中，增长率主要集中在 50%以内，为 85 家，占比 29.83%。市值负增长的公司中，增长率主要集中在-50%以内，为 151 家，占比 52.98%（见表 6-3-3）。

表 6-3-3　2024 年中国房地产上市公司市值增长分段统计

市值增长量（亿元）	公司数（家）	占比（%）	市值增长率	公司数（家）	占比（%）
50~150	7	2.46	50%以上	27	9.47
0~50	105	36.84	0~50%	85	29.83
-50~0	167	58.60	-50%~0	151	52.98
-150~-50	4	1.40	-100%~50%	22	7.72
-150 以下	2	0.70	-100%以下	0	0

数据来源：Wind、上海易居房地产研究院、上海社会科学院市值管理研究中心。

（2）分企业性质市值变化特征。

不同性质企业市值增长差异明显。2024 年，地方国有企业和外资企业市值平均增长率为正，中央国有企业、公众企业、民营企业和其他企业市值平均增长率为负。其中，外资企业市值平均增长率最高，为 5.55%，地方国有企业次之，为 4.16%（见表 6-3-4）。

表 6-3-4　2020—2024 年分企业性质市值平均增长率

（%）

企业性质	2020 年	2021 年	2022 年	2023 年	2024 年
中央国有企业	-17.3	5.9	2.7	-28.6	-2.19
地方国有企业	-5.7	0.8	2.8	-10.6	4.16
公众企业	3.5	-23.3	-30.8	-38.4	-20.13
民营企业	-3.9	-17.3	-47.2	-32.7	-0.55
外资企业	-12.6	-21.2	-78.7	-19.2	5.55
其他企业	-11.6	-16.0	-10.7	-40.4	-7.55

数据来源：Wind、上海易居房地产研究院、上海社会科学院市值管理研究中心。

（3）分行业市值变化特征。

平均来看，开发类企业市值平均下降 1.25%，物业类企业市值平均下降 1.48%，而其他类企业平均增长 6.20%。

2. 2024 年市值增长排行分析

（1）国有企业市值增长排行。

2024 年，中央国有企业 TOP10 平均增量 21.4 亿元。增量超过 50 亿元的仅有招商蛇口，市值增量为 64 亿元。增长在 30 亿~50 亿元的有 3 家，分别是绿城中国、华润万象生活和中国金茂（见图 6-3-6）。

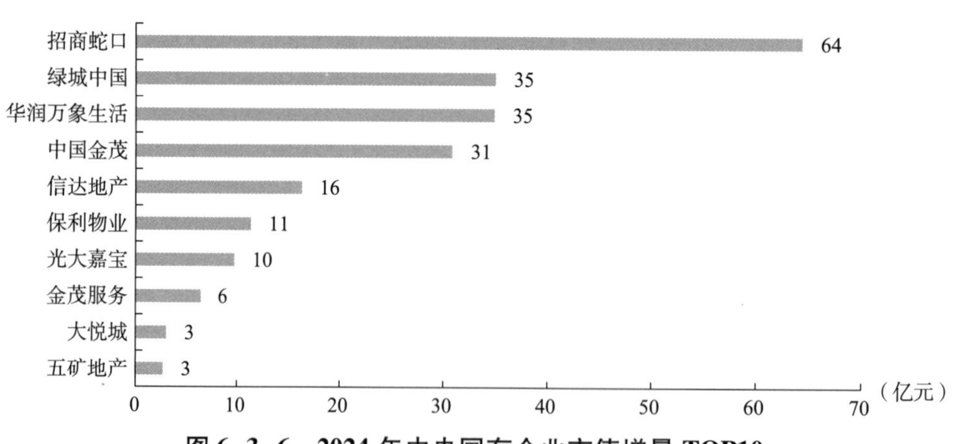

图 6-3-6　2024 年中央国有企业市值增量 TOP10

数据来源：Wind、上海易居房地产研究院、上海社会科学院市值管理研究中心。

2024 年，虽然中央国有企业市值平均增长率为-2.19%，但仍有部分企业逆势增长，增长率排名前十的市值平均增长率为 19%。其中前三名分别为：金茂服务增长 43.06%，中国金茂增长 33.59%，五矿地产增长 29.44%（见表 6-3-5）。

表 6-3-5　2024 年中央国有企业市值增长率 TOP10

排序	公司简称	市值增长率（%）
1	金茂服务	43.06
2	中国金茂	33.59
3	五矿地产	29.44
4	光大嘉宝	25.19
5	绿城中国	19.13
6	信达地产	15.88
7	保利物业	7.86
8	招商蛇口	7.45
9	华润万象生活	6.04
10	大悦城	2.36

2024 年，地方国有企业 TOP10 平均增量 46.6 亿元。市值增量超过 50 亿元的有 3 家，分别为张江高科、陆家嘴和衢州发展。其中，张江高科市值增量超过 100 亿元（见图 6-3-7）。

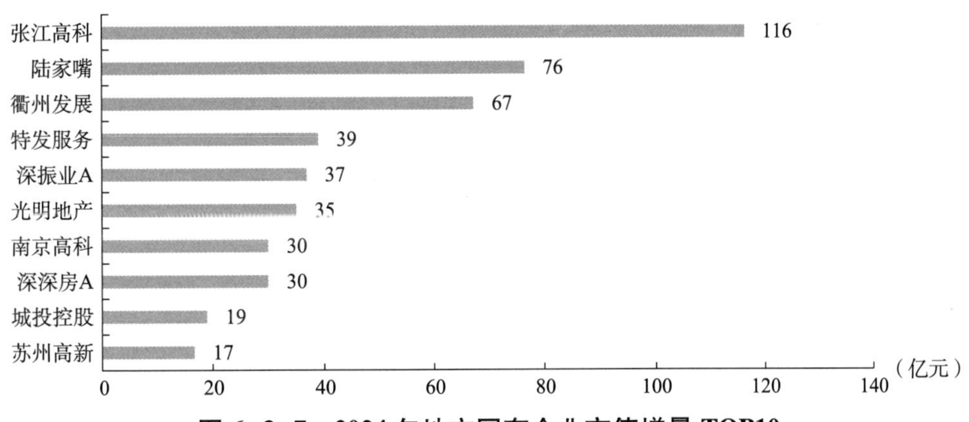

图 6-3-7　2024 年地方国有企业市值增量 TOP10

数据来源：Wind、上海易居房地产研究院、上海社会科学院市值管理研究中心。

2024 年，地方国有企业市值平均增长率为 54.27%。其中前三名分别为：特发服务增长 91.07%，青岛控股增长 83.66%，光明地产增长 73.02%（见表 6-3-6）。

表 6-3-6　2024 年地方国有企业市值增长率 TOP10

排序	公司简称	市值增长率（%）
1	特发服务	91.07
2	青岛控股	83.66
3	光明地产	73.02
4	深振业 A	59.48
5	首创钜大	46.37

续表

排序	公司简称	市值增长率（%）
6	亚通股份	44.78
7	张江高科	38.86
8	华远地产	38.56
9	衢州发展	36.41
10	苏州高新	30.46

（2）开发类公司市值增长 TOP10。

2024 年，开发类上市公司 TOP10 平均增量 61.47 亿元，市值增量超 100 亿元的仅有张江高科，市值增量为 116 亿元。增量在 50 亿~100 亿元的有 5 家，分别是融创中国增长 86 亿元，陆家嘴增长 76 亿元，衢州发展增长 67 亿元，招商蛇口增长 64 亿元，中国国贸增长 51 亿元（见图 6-3-8）。

2024 年，虽然房地产开发类公司市值平均增长率为-1.25%，但仍有部分企业逆势增长，增长率排名前十的市值平均增长率为 122%。其中前三名分别为：国瑞健康增长 225.72%，钧濠集团增长 211.67%，国锐生活增长 152.27%（见表 6-3-7）。

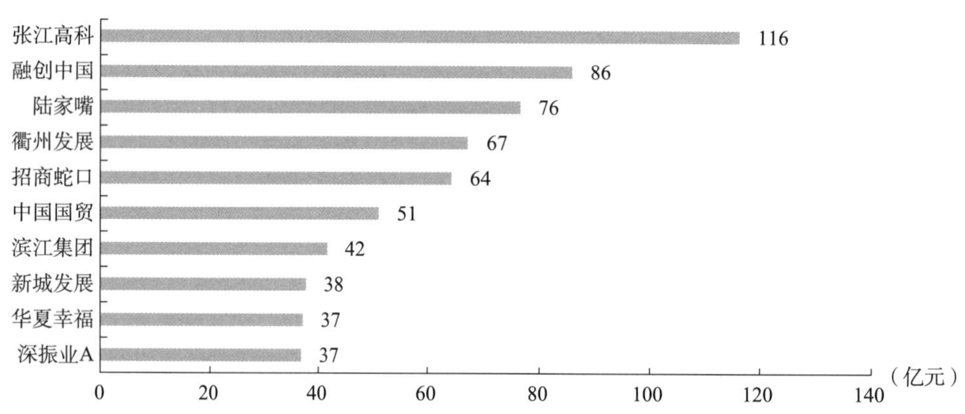

图 6-3-8　2024 年开发类房地产上市公司市值增量 TOP10

数据来源：Wind、上海易居房地产研究院、上海社会科学院市值管理研究中心。

表 6-3-7　2024 年开发类房地产上市公司市值增长率 TOP10

排序	公司简称	市值增长率（%）
1	国瑞健康	225.72
2	钧濠集团	211.67
3	国锐生活	152.27
4	梦东方	106.21
5	融信中国	101.69
6	花样年控股	100.72
7	汤臣集团	92.07
8	龙光集团	79.25

续表

排序	公司简称	市值增长率（%）
9	融创中国	75.25
10	时代中国控股	74.90

数据来源：Wind、上海易居房地产研究院、上海社会科学院市值管理研究中心。

（3）物业管理类公司市值增长 TOP10。

2024 年，物业管理类上市公司 TOP10 平均增量 18.50 亿元。市值增量超 30 亿元的有两家，分别是特发服务增长 39 亿元、华润万象生活增长 35 亿元。市值增量 20 亿~30 亿元的有两家，为绿城服务和恒大物业（见图 6-3-9）。

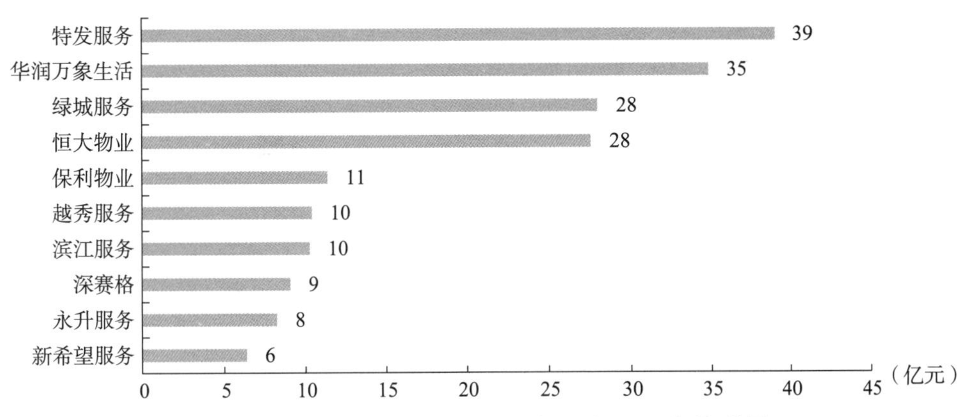

图 6-3-9　2024 年物业管理类房地产上市公司市值增量 TOP10

数据来源：Wind、上海易居房地产研究院、上海社会科学院市值管理研究中心。

2024 年，房地产物业管理类公司市值平均增长率为-1.48%，但仍有部分企业逆势增长，增长率排名前十家的市值平均增长率为 67.32%。前三名分别是佳源服务、领悦服务集团、特发服务，增长率分别是 126.67%、99.66%、91.07%（见表 6-3-8）。

表 6-3-8　2024 年物业管理类房地产上市公司市值增长率 TOP10

排序	公司简称	市值增长率（%）
1	佳源服务	126.67
2	领悦服务集团	99.66
3	特发服务	91.07
4	新希望服务	74.42
5	第一服务控股	59.24
6	恒大物业	58.02
7	佳兆业美好	48.37
8	金茂服务	43.06
9	宋都服务	36.85
10	永升服务	35.80

数据来源：Wind、上海易居房地产研究院、上海社会科学院市值管理研究中心。

（4）其他类公司市值增长 TOP10。

2024 年，其他类上市公司 TOP10 平均增量 21.65 亿元。其中，市值增量超 100 亿元的其他类上市公司仅为贝壳，市值增量为 130 亿元。增长在 10 亿~20 亿元的有 3 家，分别是我爱我家增长 19 亿元，富森美增长 19 亿元，汇通能源增长 14 亿元（见图 6-3-10）。

2024 年，房地产其他类公司市值平均增长率为 6.20%。增长率排名前十的市值平均增长率为 78.95%。其中前三名分别为：皇冠环球集团增长 294.15%，中国唐商增长 158.55%，青岛控股增长 83.66%（见表 6-3-9）。

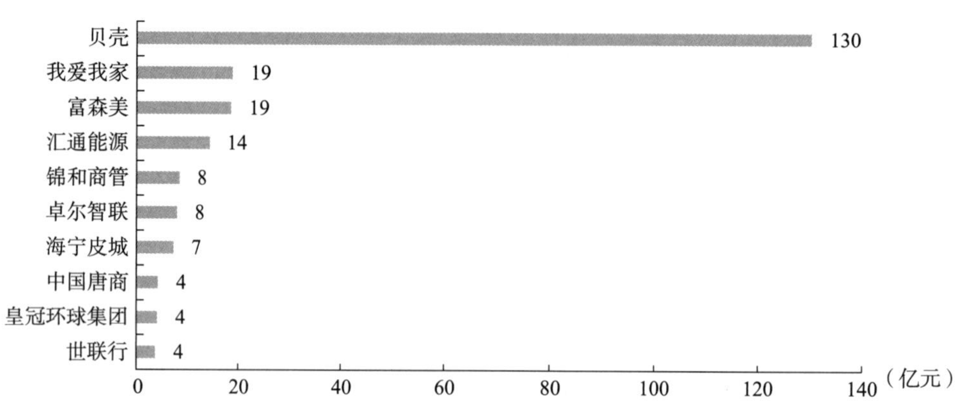

图 6-3-10　2024 年其他类房地产上市公司市值增量 TOP10

数据来源：Wind、上海易居房地产研究院、上海社会科学院市值管理研究中心。

表 6-3-9　2024 年其他房地产上市公司市值增长率 TOP10

排序	公司简称	市值增长率（%）
1	皇冠环球集团	294.15
2	中国唐商	158.55
3	青岛控股	83.66
4	英利国际置业	68.30
5	首创钜大	46.37
6	我爱我家	35.56
7	锦和商管	30.31
8	卓尔智联	27.73
9	汇通能源	24.92
10	富森美	19.90

数据来源：Wind、上海易居房地产研究院、上海社会科学院市值管理研究中心。

（三）中国房地产上市公司主要发展动态

1. 信息公开增信心，优质交付速响应

公开诚信的交付信息披露，不仅能缓解行业下行及深度变革期间企业生存环境中的压力，同时也增强市场、消费者对企业的信心，提升企业的公信力。2024 年，不少企业将交付信息的公开作为企业品牌建设的重点内容。比如远洋集团的“交付看远洋”，几乎占据官微 80%以上的内容，对每次交付进行披露，并择优展示交付项目的特点；旭辉控股集团的“旭辉交付周记”定期发布交付信息、直击交付现场、呈现交付实景图。

自2024年8月住房城乡建设部提出“好房子”理念，交付好房子成为行业风向标。好房子代表着更高品质的交付，交付生活也在要求产品更加全面丰富，企业在交付成绩单中也进行相关展示。华发股份发布“新一代好房子华发科技+产品体系技术标准”并推出新一代好房子新品；越秀地产的交付贯彻“成就美好生活”的品牌使命，从签到服务到入住新家，尽力为业主落地“所见即所得”；新城控股提到从“好房子”到“好生活”积极兑现产品力。

2. 区域深耕降风险，多元业务稳利润

聚焦熟悉地区，开展区域深耕，在当前无疑是一种低风险选择。绿城中国是典型的区域深耕受益者。尽管绿城中国重点布局城市已扩大到10个，大本营杭州的业绩贡献率始终不低于三成。2024年新增的项目也仍有约38.9%来自杭州，整个浙江区域加起来占比达到55.5%。天地源根据“立足于区域深耕，拓展全国”的主业发展思路，聚焦深耕西安大本营，注重对西安的人文及城市生活的深入研究。

业务多元，为房地产企业穿越行业周期提供可能性。2024年，华润置地通过多元化策略锁定“利润王者”头衔。华润置地的购物中心、写字楼和酒店等板块都已经相对成熟，业绩呈现良好增长势头。尤其万象系购物中心已是国内高端商业的领跑者，也是华润置地最重要的增长极。中粮大悦城写字楼及产业地产业务通过精细化运营，保持出租率稳定，并在酒店与长租公寓领域亦有所布局。

3. 结构调整促发展，信号传递成重点

充分利用资本市场调整资本结构，进行适时融资是上市公司实施发展战略，保持市值稳健发展的主要措施，其中最常用的两个手段是股票回购与增发。

股票回购有利于上市公司稳定股价，优化资本结构，增强市场信心。2024年，共有27家房地产上市公司进行股票回购，占9.4%。其中，7家公司股票回购次数达10次以上，股票回购次数最多的公司为越秀服务，为81次（见表6-3-10）。

表6-3-10　2024年股票回购情况

公司简称	回购次数	公司简称	回购次数
越秀服务	81	中电光谷	4
万物云	72	福星股份	3
金科服务	68	衢州发展	3
永升服务	52	香江控股	3
绿城服务	16	中海物业	3
华联控股	12	城建发展	2
上实城市开发	11	黑牡丹	2
德信服务集团	8	浦东金桥	2
新大正	7	招商蛇口	2
万业企业	7	华侨城A	1
星盛商业	5	万通发展	1
保利发展	4	招商积余	1
南都物业	4	中华企业	1
同济科技	4		

数据来源：Wind、上海易居房地产研究院、上海社会科学院市值管理研究中心。

增发有利于公司募集资金，增强未来价值创造能力。2024 年，实施股票增发的有 4 家公司，分别为珠光控股、融创中国、第一服务控股和中国上城。

通过分红派息、股权解押等向市场传递企业重视投资人回报，重视企业可持续发展的积极信号，是增强市场对上市公司信心的重点工作内容。

分红派息手段仍被持续运用。近年来，分红派息已经成为市场上的常态化操作，2024 年有 7 家公司进行分红派息，占房地产上市公司总数的 2.44%。年度累计分红总额最高的前三家公司分别是陆家嘴、富森美和苏宁环球，金额分别为 3.17 亿元、2.99 亿元和 1.82 亿元。分红派息率最高的是富森美，其次是锦和商管（见表 6-3-11）。

表 6-3-11　2024 年分红派息情况

排名	公司简称	年度累计分红总额（亿元）	分红派息率（元/股）
1	陆家嘴	3.17	0.06
2	富森美	2.99	0.40
3	苏宁环球	1.82	0.06
4	锦和商管	1.04	0.22
5	张江高科	0.81	0.05
6	新大正	0.22	0.10
7	亚通股份	0.07	0.02

数据来源：Wind、上海易居房地产研究院、上海社会科学院市值管理研究中心。

股权解除质押行为积极。股权解除质押有利于公司规避资产在市场上的风险，保证股东的控制权，保障市值的动态稳定发展。2024 年，中国房地产上市公司有 19 家公司解除过股权质押，总计股权解押次数达 50 次。其中万通发展和新黄浦股权解押次数最多，为 6 次，其次分别为三湘印象，股权解押次数为 4 次（见表 6-3-12）。

表 6-3-12　2024 年股权解押情况

公司简称	股权解押次数	公司简称	股权解押次数
万通发展	6	大名城	2
新黄浦	6	绿地控股	2
三湘印象	4	南都物业	2
格力地产	3	新城控股	2
衢州发展	3	滨江集团	1
荣安地产	3	华远地产	1
天地源	3	荣丰控股	1
万业企业	3	苏宁环球	1
我爱我家	3	中洲控股	1
渝开发	3		

数据来源：Wind、上海易居房地产研究院、上海社会科学院市值管理研究中心。

4. 高质量发展是关键，上市公司勇做表率

2024 年是中国房地产上市公司加快构建发展新模式，筑底企稳非常重要的一年。房地产企业在穿越周期中积极探索新发展模式，开发保障性租赁住房建设经营，加快好房子建设供应，拓展全价值链服务等，将高质量发展贯穿到新模式的发展中，努力促进房地产业恢复良性发展。房地产上市公司作为行业的标杆性企业作用仍在发挥，多数公司始终将稳健、可持续发展作为首要任务，在做好保交楼基础上，积极开拓新的发展空间，创新房地产业增长新内涵。同时，积极关注资本市场的市值表现，探索市值管理，促进公司市值更好发展。特别是国有企业的市值管理水平稳中有进。行业整体发展与资本市场表现同步向好的态势开始显现。

2024 年是市值管理极富里程碑意义的一年。随着新“国九条”时隔 10 年再次明确提倡市值管理，随着证监会出台“市值管理工作指引”、国务院国资委发布“央企上市公司市值管理工作意见”，长期以来困扰市值管理实践的认知问题宣告解决！2025 年资本市场围绕提升上市公司投资价值与股东回报能力，聚焦市值增长与市值健康的市值管理实践将蔚然成风！然而，已经成为上市公司共同认知的市值与市值管理，并不会一经表态就即刻见效，而是需要扎实有序系统的工作推进，包括董事会层面的系统学习、公司层面的机制建设、操作层面的市值分析，通过市值规划与市值监测，找到影响公司市值的重要因素，在主要业务与股东结构等方面作出主动的改变，这将体现在包括提升估值计划等具体工作上。随着政府重新定调房地产支柱行业的地位，随着国家稳楼市股市政策的不断推出，相信房地产上市公司在理性实践、科学评价的基础上，一定会产生在市值管理实践中取得重要成果的出色公司与经典案例。

（上海易居房地产研究院　上海社会科学院市值管理研究中心）

四、中国房地产企业运营数据

（一）企业及从业人员规模

表 6-4-1　2019—2023 年房地产开发企业个数

单位：个

年　份	企业个数	内资企业	国有	集体	港、澳、台投资企业	外商投资企业
2019	99544	95691	671	230	2664	1189
2020	103262	99150	1133	227	2759	1353
2021	105434	101374	1209	208	2703	1357
2022	102852	99054	1387	185	2550	1248
2023	100111	96929	—	—	2448	734

数据来源：国家统计局。

表 6-4-2　2023 年房地产开发企业个数

单位：个

地　区	企业个数	内资企业	港澳台投资企业	外商投资企业
北　京	1171	1116	27	28

续表

地 区	企业个数			
		内资企业	港澳台投资企业	外商投资企业
天 津	1084	1029	35	20
河 北	3840	3810	20	10
上 海	2528	2209	227	92
江 苏	6922	6378	423	121
浙 江	6142	5957	126	59
福 建	3148	2986	131	31
山 东	7882	7590	219	73
广 东	9603	8902	589	112
海 南	1256	1204	43	9
山 西	2766	2757	6	3
安 徽	3682	3635	36	11
江 西	2853	2790	55	8
河 南	8337	8276	46	15
湖 北	4180	4109	60	11
湖 南	4383	4314	55	14
内蒙古	1696	1695	—	1
广 西	3060	3018	36	6
重 庆	2121	2031	68	22
四 川	4671	4612	43	16
贵 州	2594	2576	12	6
云 南	2808	2780	21	7
西 藏	121	121		
陕 西	2968	2941	18	9
甘 肃	1666	1664	1	1
青 海	306	305	—	1
宁 夏	572	569	2	1
新 疆	2528	2524	4	—
辽 宁	2581	2410	131	40
吉 林	1345	1337	5	3
黑龙江	1297	1284	9	4

数据来源：国家统计局。

表 6-4-3　2019—2023 年房地产开发企业从业人数

单位：人

年　份	平均从业人数	内资企业	国有	集体	港、澳、台投资企业	外商投资企业
2019	2937379	2784130	25129	5018	103746	49503
2020	2901253	2746467	36517	4953	101924	52862
2021	2801571	2657629	35442	4085	92414	51528
2022	2446671	2328044	37407	4521	78151	40476
2023	2002341	1914210	—	—	67184	20947

数据来源：国家统计局。

表 6-4-4　2023 年各地区房地产开发企业从业人数

单位：人

地　区	平均从业人数	内资企业	港澳台投资企业	外商投资企业
北　京	33612	30942	1843	827
天　津	21102	19144	1582	376
河　北	87560	86705	453	402
上　海	43745	33241	7652	2852
江　苏	122415	110195	9102	3118
浙　江	92465	87766	2833	1866
福　建	63262	59355	3358	549
山　东	167833	160578	5812	1443
广　东	198518	177713	16321	4484
海　南	28718	27602	953	163
山　西	52836	52624	77	135
安　徽	70008	68843	981	184
江　西	62190	60711	1362	117
河　南	150121	148753	1039	329
湖　北	103094	100190	2561	343
湖　南	99572	97382	1810	380
内蒙古	26932	26919	—	13
广　西	58157	57106	969	82
重　庆	59184	55791	2290	1103
四　川	116843	115116	1094	633

续表

地　区	平均从业人数	内资企业	港澳台投资企业	外商投资企业
贵　州	48261	48015	185	61
云　南	68996	67895	988	113
西　藏	2343	2343	—	—
陕　西	57892	56962	618	312
甘　肃	32805	32798	6	1
青　海	6229	6209	—	20
宁　夏	12083	11953	113	17
新　疆	39413	39213	200	—
辽　宁	35493	32033	2606	854
吉　林	23414	23147	164	103
黑龙江	17245	16966	212	67

数据来源：国家统计局。

（二）企业整体经营情况

表 6-4-5　2019—2023 年房地产开发企业经营状况

单位：亿元

年　份	主营业务收入	土地转让收入	商品房销售收入	房屋出租收入	其他收入	主营业务税金及附加	营业利润
2019	110239.78	874.14	104126.42	1539.29	3699.94	7420.57	15439.35
2020	118582.08	747.84	112267.54	1504.88	4061.83	6925.34	14022.99
2021	134342.24	769.29	127444.89	1651.80	4476.26	6723.74	11834.02
2022	123051.98	709.12	115936.21	1646.11	4760.53	5607.22	9262.81
2023	143273.58	674.39	135045.71	1896.88	5656.60	5632.14	11047.41

数据来源：国家统计局。

表 6-4-6　2023 年各地区房地产开发企业经营状况

单位：亿元

地　区	主营业务收入	土地转让收入	商品房销售收入	房屋出租收入	其他收入	主营业务税金及附加	营业利润
北　京	4456.62	57.31	3832.15	134.46	432.69	204.94	92.44
天　津	2217.66	16.76	2092.50	30.44	77.96	71.44	-147.61
河　北	3806.58	3.83	3605.64	10.98	186.13	161.67	259.98

续表

地 区	主营业务收入					主营业务税金及附加	营业利润
		土地转让收入	商品房销售收入	房屋出租收入	其他收入		
上 海	6354.99	21.31	5425.49	570.05	338.15	547.46	1044.04
江 苏	17708.28	97.99	17001.92	124.78	483.59	472.15	1436.93
浙 江	16854.40	55.79	16155.34	102.99	540.29	469.55	1442.03
福 建	4967.61	20.90	4462.42	46.79	437.50	131.48	480.02
山 东	11268.75	52.33	10603.36	69.20	543.86	402.13	817.11
广 东	16339.14	25.08	15596.76	338.47	378.82	1053.49	1726.43
海 南	1532.37	27.41	1328.13	8.24	168.59	197.34	170.05
山 西	1864.28	6.83	1782.07	13.36	62.02	62.06	75.11
安 徽	5447.87	21.27	5108.83	28.72	289.05	119.37	384.25
江 西	3504.86	38.13	3311.15	11.93	143.65	83.04	319.82
河 南	6386.04	13.33	6065.54	34.93	272.24	191.93	395.83
湖 北	6202.62	13.19	5929.97	51.12	208.33	251.15	616.29
湖 南	4147.84	64.50	3984.80	26.19	72.36	146.76	295.33
内蒙古	1408.74	3.31	1366.30	6.12	33.02	48.32	115.26
广 西	2331.93	8.57	2235.57	25.93	61.86	61.96	26.48
重 庆	3008.44	29.18	2791.74	63.77	123.74	91.75	268.69
四 川	7653.62	48.42	7256.73	63.99	284.48	317.13	554.62
贵 州	2070.26	2.01	1985.47	13.79	68.99	45.38	141.86
云 南	2592.21	9.02	2476.97	42.08	64.13	148.32	-5.75
西 藏	91.61	0.02	87.78	1.96	1.84	3.03	13.86
陕 西	3363.89	2.20	3124.79	16.17	220.73	108.97	262.17
甘 肃	1160.34	4.82	1098.83	8.88	47.82	27.90	46.49
青 海	253.83	0.20	247.95	1.56	4.12	7.22	8.46
宁 夏	684.33	1.28	669.37	6.02	7.66	21.12	66.85
新 疆	1402.34	1.78	1361.10	16.79	22.67	51.99	19.84
辽 宁	2391.75	24.97	2296.41	17.59	52.78	82.54	22.55
吉 林	977.19	1.15	957.25	4.30	14.48	21.67	49.74
黑龙江	823.20	1.49	803.40	5.25	13.06	28.89	48.23

数据来源：国家统计局。

表 6-4-7　2019—2023 年房地产开发企业资产、负债情况

年　份	实收资本合计（亿元）	资产总计（亿元）	累计折旧（亿元）		负债合计（亿元）	所有者权益（亿元）	资产负债率（%）
				当年折旧			
2019	105248.81	947935.60	4521.18	841.78	762035.19	185900.41	80.4
2020	116652.02	1062327.43	4845.32	842.32	857043.72	205283.71	80.7
2021	127272.18	1133856.73	5216.62	886.40	910483.55	223373.18	80.3
2022	134049.68	1126529.36	5532.21	898.56	891499.10	235030.25	79.1
2023	139206.27	1119129.49	6048.68	991.19	873174.59	245954.90	78.0

数据来源：国家统计局。

表 6-4-8　2023 年各地区房地产开发企业资产、负债情况

地　区	实收资本合计（亿元）	资产总计（亿元）	累计折旧（亿元）		负债合计（亿元）	所有者权益（亿元）	资产负债率（%）
				当年折旧			
北　京	7233.74	52300.06	206.53	22.85	41898.26	10401.80	80.1
天　津	4281.01	25148.31	113.70	17.40	19614.69	5533.62	78.0
河　北	2909.86	30415.82	125.73	21.13	26820.52	3595.29	88.2
上　海	15136.93	80881.24	643.64	80.14	55207.88	25673.37	68.3
江　苏	17929.91	108784.50	600.60	129.31	81500.18	27284.32	74.9
浙　江	12593.29	91323.48	295.00	51.39	69607.14	21716.34	76.2
福　建	5493.82	43087.98	115.38	21.64	31229.83	11858.15	72.5
山　东	8292.39	80576.61	497.65	96.06	64664.32	15912.29	80.3
广　东	18956.27	151413.25	829.01	131.24	117863.01	33550.24	77.8
海　南	2008.93	14401.86	102.09	20.00	11228.86	3173.00	78.0
山　西	1422.01	17274.23	73.38	10.55	15679.30	1594.94	90.8
安　徽	4321.84	36785.23	186.65	34.25	27699.84	9085.39	75.3
江　西	1835.15	21145.03	120.51	23.91	16580.80	4564.23	78.4
河　南	4005.44	50607.55	234.84	36.24	42473.18	8134.37	83.9
湖　北	5120.21	42419.51	241.67	46.28	32088.71	10330.80	75.6
湖　南	2332.87	24825.27	141.75	28.77	20212.22	4613.05	81.4
内蒙古	738.30	9235.94	52.82	8.31	8153.90	1082.04	88.3
广　西	1876.23	22665.64	108.96	16.21	17429.56	5236.09	76.9
重　庆	3647.92	31822.38	182.30	21.23	23220.45	8601.92	73.0
四　川	4959.58	49462.73	304.85	42.62	39265.17	10197.57	79.4
贵　州	2045.04	20514.01	81.41	12.53	16392.90	4121.12	79.9
云　南	2327.36	22759.32	149.80	21.60	19418.98	3340.34	85.3

续表

地　区	实收资本合计（亿元）	资产总计（亿元）	累计折旧（亿元）		负债合计（亿元）	所有者权益（亿元）	资产负债率（%）
				当年折旧			
西　藏	183.04	1320.89	6.51	1.36	890.24	430.65	67.4
陕　西	2891.74	29015.31	97.91	18.81	24555.99	4459.32	84.6
甘　肃	658.69	9641.36	68.01	13.81	8171.56	1469.80	84.8
青　海	162.97	1966.98	17.23	2.86	1741.01	225.96	88.5
宁　夏	363.51	3169.24	48.02	7.00	2662.76	506.48	84.0
新　疆	949.57	9167.32	101.93	12.93	7787.13	1380.19	84.9
辽　宁	3006.55	19668.97	200.02	25.69	15903.53	3765.44	80.9
吉　林	695.42	8092.25	48.67	9.92	6938.34	1153.91	85.7
黑龙江	826.68	9237.23	52.12	5.15	6274.34	2962.89	67.9

数据来源：国家统计局。

（三）开发企业核心经营指标排行情况

表 6-4-9　2020—2024 年中国重点房地产企业商品房销售金额数据

单位：亿元

企业名称	2020 年	2021 年	2022 年	2023 年	2024 年
保利发展	4576.0	4899.7	4116.0	3863.4	2972.0
中海地产	3452.6	3524.5	2807.3	2943.2	2950.7
绿城中国	2892.2	3509.4	3003.2	3010.8	2768.5
华润置地	2428.0	2950.0	2786.0	2809.4	2348.4
万科地产	6920.5	6122.8	4143.4	3504.7	2283.5
招商蛇口	2221.0	2892.0	2635.0	2702.0	2068.0
建发房产	1232.0	1656.1	1673.1	1881.5	1330.0
龙湖集团	2196.2	2608.6	1827.9	1662.6	1045.8
华发股份	1120.6	1172.5	1137.2	1221.1	1036.9
滨江集团	1093.3	1478.4	1400.4	1399.0	979.6
越秀地产	849.3	1147.4	1246.9	926.3	918.0
中国金茂	2002.7	2034.0	1370.7	1301.1	907.5
中国铁建	1120.0	1256.6	1126.7	1069.8	848.2
金地集团	2384.0	2879.5	2101.0	1613.7	836.1
绿地控股	3388.7	2757.9	1330.5	1078.3	615.6
碧桂园	7493.6	7208.8	4410.9	2060.6	574.6
保利置业	479.7	493.7	438.7	467.5	471.0

续表

企业名称	2020 年	2021 年	2022 年	2023 年	2024 年
融创中国	5462.5	5677.2	1607.5	804.3	447.5
中建壹品	—	—	—	266.5	424.1
美的置业	1208.2	1295.3	675.4	599.5	365.9
中国中铁	—	—	—	564.6	351.8
电建地产	492.3	516.5	463.3	385.1	350.5
新城控股	1992.1	1848.6	920.6	599.0	316.9
大华集团	509.2	559.9	362.2	414.6	297.7
旭辉集团	2009.7	2175.8	1088.7	616.1	297.1
伟星房产	—	249.8	311.4	308.6	296.6
卓越集团	832.8	939.2	531.4	481.3	293.5
远洋集团	946.6	1088.1	803.1	404.4	281.3
中国恒大	6964.7	4356.3	450.7	597.2	278.9
世茂集团	2404.2	2160.7	675.9	334.5	265.6
华侨城	558.2	551.9	320.9	427.7	264.8
中建智地	88.5	121.6	121.9	168.7	255.1
首开股份	598.9	696.2	536.3	379.4	251.7
中交房地产	450.1	452.9	285.2	362.0	249.2
象屿地产	—	—	—	269.4	243.4
国贸地产	219.7	342.1	214.3	334.0	238.2
路劲集团	520.4	664.6	507.2	363.0	233.5
建业集团	—	1004.0	356.6	448.9	230.5
仁恒置地	729.9	621.8	712.9	268.7	228.5
星河地产	349.0	406.3	235.5	267.9	222.9
深业集团	131.4	107.6	130.0	218.1	222.5
中建东孚	149.1	139.7	261.7	287.6	222.1
大悦城控股	—	—	—	321.5	218.0
联发集团	329.5	407.4	289.1	374.5	213.5
鸿荣源	139.3	83.0	86.0	134.1	208.7
武汉城建	219.5	187.9	309.2	228.1	193.3
大家房产	171.8	282.9	154.7	188.5	184.2
邦泰集团	111.7	200.9	120.1	139.7	168.9
中南置地	2068.0	1824.1	609.8	379.3	165.5

续表

企业名称	2020 年	2021 年	2022 年	2023 年	2024 年
合生创展	303.1	395.2	245.1	241.5	154.8
阳光城	1918.5	1617.5	364.0	255.9	154.4
金融街	348.5	295.3	244.9	201.3	153.4
厦门轨道	—	—	—	—	151.8
香港置地	191.4	185.2	142.4	139.4	151.3
中洲控股	106.2	66.7	40.5	80.0	147.8
中国绿发	—	—	—	—	141.3
上海城投	108.6	135.7	—	—	140.1
能建城发	—	—	—	220.6	138.3
雅居乐	1049.9	1056.5	397.6	276.4	137.9
瑞安房地产	176.8	243.2	263.5	90.0	136.3
中建信和	113.0	117.5	68.0	135.2	126.9
金辉集团	786.1	670.4	358.7	234.8	123.3
京基集团	76.6	90.5	110.8	101.6	120.9
新世界中国	71.1	182.8	165.4	133.9	120.8
北京城建股份	—	—	—	—	120.5
浦开集团	—	—	—	129.6	115.7
华宇集团	316.8	474.5	211.3	174.9	108.6
中骏集团	753.9	877.6	534.0	250.5	108.2
中梁控股	1215.5	1237.0	450.8	169.9	106.9
浦房集团	—	—	—	—	105.6
新希望地产	548.4	485.6	270.2	153.6	105.2
敏捷集团	495.1	517.3	269.1	164.3	105.0
石榴集团	450.3	407.0	—	142.6	102.2
深铁置业	—	140.8	172.3	99.0	99.0
复地集团	246.2	145.2	192.0	159.0	98.6
中建玖合	—	—	—	165.6	96.6
海信地产	147.8	188.9	105.2	93.7	95.4
星河湾	132.0	192.0	167.7	150.8	95.3
中信泰富	98.8	—	104.2	128.5	95.3
宝龙地产	669.1	835.0	303.0	203.6	94.6
陆家嘴	—	151.4	90.8	155.1	91.8

续表

企业名称	2020 年	2021 年	2022 年	2023 年	2024 年
中旅投资	—	—	—	—	90.6
新鸿基	120.1	58.3	58.9	81.6	88.0
宸嘉发展	—	—	—	—	85.5
金众地产	—	—	—	—	85.4
绿景集团	—	—	—	75.5	85.0
奥园集团	1072.5	981.6	146.7	92.3	84.4
天安投资	—	113.8	175.5	78.4	84.3
荣盛发展	1249.8	1230.3	299.4	150.6	83.9
万达集团	699.0	300.8	560.1	164.9	83.8
金桥集团	—	—	—	115.5	82.0
朗诗绿色地产	411.3	464.5	215.0	184.1	81.2
龙盛集团	—	—	—	—	81.0
龙光集团	1422.2	1588.3	419.2	219.3	80.1
万华投资	—	98.8	66.7	117.8	79.7
中冶置业	252.7	261.2	146.9	129.9	78.6
金隅集团	571.7	388.4	205.3	186.3	77.8
中天美好集团	172.2	189.9	155.6	168.6	77.1
高速地产	—	—	—	—	75.8
金基集团	—	—	164.7	117.5	75.5

数据来源：克而瑞。

注：1. 企业以 2024 年商品房销售金额高低排序；2. “—”表示企业商品房销售金额未进入当年 TOP100 榜单，销售金额数据缺失。

表 6-4-10　2024 年中国重点房地产企业月销售金额数据（累计值）

单位：亿元

企业名称	1 月	1—2 月	1—3 月	1—4 月	1—5 月	1—6 月	1—7 月	1—8 月	1—9 月	1—10 月	1—11 月	1—12 月
保利发展	185.0	327.2	578.7	874.0	1195.0	1577.1	1807.2	2009.0	2203.0	2584.0	2803.0	2972.0
中海地产	99.8	180.5	571.9	779.0	966.2	1408.9	1535.2	1710.0	1888.6	2283.8	2569.1	2950.7
绿城中国	118.7	249.5	532.1	755.2	987.3	1265.1	1475.2	1656.3	1871.9	2149.3	2467.2	2768.5
华润置地	102.6	186.5	456.3	647.6	833.8	1121.6	1261.0	1397.7	1549.7	1828.5	2060.6	2348.4
万科地产	180.1	312.2	541.0	727.7	946.0	1182.6	1367.5	1528.2	1684.4	1882.5	2077.0	2283.5
招商蛇口	113.0	195.6	374.0	547.0	724.0	949.0	1103.0	1231.0	1368.0	1576.0	1785.0	2068.0
建发房产	81.5	158.3	312.5	408.5	543.9	656.9	725.7	773.0	847.9	1034.9	1158.7	1330.0
龙湖集团	76.2	127.1	241.2	331.6	419.9	521.7	597.1	663.4	738.8	858.0	942.1	1045.8

续表

企业名称	1月	1—2月	1—3月	1—4月	1—5月	1—6月	1—7月	1—8月	1—9月	1—10月	1—11月	1—12月
华发股份	63.6	106.1	200.0	244.0	352.1	443.5	526.5	585.5	640.0	749.2	879.0	1036.9
滨江集团	87.0	139.1	235.7	326.9	382.4	501.7	563.1	625.5	692.8	802.4	892.5	979.6
越秀地产	42.9	67.0	141.1	195.0	260.1	360.8	392.6	457.6	535.6	699.0	793.6	918.0
中国金茂	59.9	98.8	168.0	229.7	295.4	422.2	475.5	533.6	596.0	687.0	766.2	907.5
中国铁建	18.8	46.9	114.4	174.7	244.1	347.8	405.9	463.8	523.0	641.6	763.0	848.2
金地集团	61.0	116.0	186.3	258.8	333.8	410.1	487.9	555.9	615.8	686.7	758.3	836.1
绿地控股	42.8	80.8	133.0	178.0	227.4	318.7	357.6	405.1	462.1	507.7	558.2	615.6
碧桂园	72.4	115.6	168.0	214.4	263.9	316.1	357.0	396.4	446.5	501.0	536.2	574.6
保利置业	28.8	40.1	94.2	143.9	182.3	246.0	298.3	321.0	353.2	424.8	453.5	471.0
融创中国	34.4	60.8	94.1	213.8	234.7	248.6	263.0	332.4	345.4	415.6	431.1	447.5
中建壹品	8.8	37.7	43.4	58.7	63.4	195.9	222.7	239.1	275.1	290.6	311.8	424.1
美的置业	31.9	56.4	94.4	123.7	154.0	184.2	211.2	235.8	258.5	304.0	332.2	365.9
中国中铁	7.7	15.8	54.5	67.2	78.9	107.3	119.4	147.2	184.4	204.9	265.4	351.8
电建地产	23.8	35.4	67.6	91.2	104.5	170.1	201.5	212.2	229.9	277.0	303.7	350.5
新城控股	29.3	60.9	94.0	123.8	156.1	185.7	213.6	233.4	251.5	272.1	291.9	316.9
大华集团	10.8	19.4	37.2	59.5	90.5	119.0	138.1	154.7	176.5	204.8	264.7	297.7
旭辉集团	33.3	54.3	89.4	123.6	153.4	177.8	195.2	212.8	230.9	256.1	276.2	297.1
伟星房产	8.6	26.9	43.9	72.5	99.4	128.0	146.2	162.8	179.5	205.0	240.3	296.6
卓越集团	30.6	40.4	74.5	91.4	106.7	123.4	147.5	169.0	189.5	235.9	282.6	293.5
远洋集团	10.0	15.5	33.0	56.4	75.4	92.1	160.2	182.1	194.2	214.7	244.6	281.3
中国恒大	19.3	47.2	68.9	94.3	135.1	165.3	182.5	196.5	207.5	230.4	254.7	278.9
世茂集团	16.6	34.0	64.4	84.8	107.6	133.5	154.7	175.1	198.0	222.2	243.5	265.6
华侨城	15.6	25.0	42.0	57.8	75.1	95.5	118.5	140.4	166.6	198.4	229.8	264.8
中建智地	9.6	12.8	23.5	33.3	47.0	73.1	81.7	101.9	110.6	208.4	214.6	255.1
首开股份	18.6	27.8	45.1	58.1	73.5	98.2	116.7	135.8	166.7	200.5	225.2	251.7
中交房地产	11.0	21.9	41.0	62.6	83.6	106.5	129.3	144.4	161.6	192.4	218.1	249.2
象屿地产	3.9	15.3	33.6	51.0	77.8	118.4	142.3	158.5	178.3	205.4	214.9	243.4
国贸地产	21.4	30.7	45.8	66.0	78.6	101.6	132.8	146.8	159.6	175.4	209.7	238.2
路劲集团	16.4	27.9	44.4	56.0	71.1	105.1	137.0	147.1	155.4	181.4	202.1	233.5
建业集团	20.4	46.4	63.9	76.5	104.0	127.7	143.8	159.2	177.0	188.7	202.5	230.5
仁恒置地	14.9	36.3	46.5	64.0	92.5	112.0	133.6	147.3	156.9	184.1	200.4	228.5
星河地产	12.4	24.7	43.0	60.1	80.4	103.0	119.8	137.7	150.6	175.3	193.6	222.9

续表

企业名称	1月	1—2月	1—3月	1—4月	1—5月	1—6月	1—7月	1—8月	1—9月	1—10月	1—11月	1—12月
深业集团	16.4	20.4	25.3	33.6	39.0	47.5	57.9	68.6	74.6	96.6	124.0	222.5
中建东孚	12.2	29.0	39.7	53.4	61.6	79.9	97.8	110.8	127.9	144.8	183.5	222.1
大悦城控股	16.7	27.6	74.0	79.7	92.9	118.1	128.7	137.8	145.5	149.7	176.5	218.0
联发集团	13.9	32.4	54.6	68.7	78.2	102.9	111.4	123.3	132.0	171.0	187.6	213.5
鸿荣源	6.3	15.2	26.3	44.7	53.1	64.3	75.4	92.8	107.4	132.7	177.0	208.7
武汉城建	6.2	10.9	28.1	40.2	50.4	71.5	80.2	95.1	105.6	119.8	147.5	193.3
大家房产	4.7	—	21.6	32.5	61.7	77.4	95.7	109.7	123.5	132.9	149.3	184.2
邦泰集团	9.9	24.8	36.9	44.8	63.0	74.0	88.9	94.7	101.4	136.0	148.4	168.9
中南置地	14.3	25.8	43.8	60.3	75.2	90.4	101.2	111.8	123.7	141.9	153.6	165.5
合生创展	11.5	22.7	29.1	48.3	59.0	73.8	85.8	103.3	112.1	126.3	139.3	154.8
阳光城	13.6	21.8	32.8	41.2	59.6	72.3	85.2	97.9	106.3	127.5	137.7	154.4
金融街	12.0	18.2	34.5	47.5	64.7	81.4	91.7	97.8	103.4	126.0	136.2	153.4
厦门轨道	—	—	—	—	—	54.5	69.0	80.5	87.4	112.3	137.2	151.8
香港置地	—	—	21.2	32.9	73.2	81.9	92.5	100.1	105.2	117.8	133.1	151.3
中洲控股	—	—	—	22.0	27.2	43.4	57.0	75.9	87.6	99.1	121.9	147.8
中国绿发	—	—	—	—	—	—	—	—	—	—	—	141.3
上海城投	—	—	13.4	—	—	82.3	88.0	89.9	91.8	109.5	111.7	140.1
能建城发	5.5	7.1	17.9	39.1	47.4	63.8	66.9	77.4	86.1	98.5	122.7	138.3
雅居乐	6.9	14.9	27.3	40.6	56.6	95.7	109.4	118.9	125.9	128.1	134.3	137.9
瑞安房地产	—	—	—	—	—	—	—	—	—	128.8	130.3	136.3
中建信和	—	—	—	26.7	33.2	58.1	63.1	70.9	79.1	88.4	107.4	126.9
金辉集团	14.2	20.3	38.1	47.7	59.1	83.6	89.6	94.3	100.1	109.6	117.1	123.3
京基集团	8.8	9.1	19.9	26.6	38.6	47.3	52.2	54.3	56.5	81.8	100.3	120.9
新世界中国	3.9	—	13.5	25.7	36.9	48.6	54.0	57.6	77.0	86.2	97.0	120.8
北京城建股份	—	—	—	—	—	—	—	—	—	—	—	120.5
浦开集团	63.7	64.7	65.1	77.4	78.7	82.8	85.9	87.9	93.9	93.9	106.4	115.7
华宇集团	6.1	10.1	23.9	24.2	33.3	53.5	62.4	71.3	75.5	89.1	98.1	108.6
中骏集团	7.6	15.4	24.9	33.1	41.5	47.7	58.1	72.7	77.6	87.4	96.4	108.2
中梁控股	4.3	12.0	21.1	32.6	41.3	52.0	62.1	70.7	79.7	89.8	97.2	106.9
浦房集团	—	—	—	—	—	—	—	—	—	—	—	105.6
新希望地产	9.2	15.7	24.6	36.2	44.9	53.6	59.6	65.5	72.4	91.3	92.9	105.2

续表

企业名称	1月	1—2月	1—3月	1—4月	1—5月	1—6月	1—7月	1—8月	1—9月	1—10月	1—11月	1—12月
敏捷集团	5.8	11.3	20.6	29.5	39.6	49.5	58.6	62.3	75.4	85.2	92.5	105.0
石榴集团	6.0	9.8	18.5	27.1	37.6	48.2	59.4	63.4	73.8	83.4	91.7	102.2
深铁置业	8.5	17.9	30.5	42.1	57.0	68.8	76.4	81.2	83.6	95.6	97.3	99.0
复地集团	5.4	8.6	15.5	19.5	32.6	39.1	60.5	66.6	80.5	85.3	94.3	98.6
中建玖合	5.4	9.6	16.8	41.0	46.6	54.1	60.3	62.2	64.0	73.5	85.4	96.6
海信地产	—	—	13.8	19.6	25.7	42.2	60.4	65.2	73.6	85.1	92.6	95.4
星河湾	4.6	8.8	14.2	24.3	42.7	52.4	57.3	64.5	72.1	80.2	86.0	95.3
中信泰富	—	—	—	—	—	36.6	42.7	57.4	60.7	65.0	79.7	95.3
宝龙地产	8.3	17.0	28.5	36.9	45.8	54.2	62.0	66.7	71.3	79.6	86.8	94.6
陆家嘴	5.2	7.2	—	—	—	19.8	—	—	—	—	65.0	91.8
中旅投资	—	—	—	—	—	22.2	—	—	50.7	61.6	76.3	90.6
新鸿基	—	—	—	40.4	79.2	82.0	83.9	85.6	86.5	87.5	87.6	88.0
宸嘉发展	—	—	—	—	—	—	65.5	68.3	69.7	71.1	77.4	85.5
金众地产	—	—	—	—	—	—	—	—	—	—	—	85.4
绿景集团	—	—	—	—	23.4	33.2	41.8	48.0	50.5	—	67.9	85.0
奥园集团	5.2	9.2	15.4	19.9	26.0	37.8	42.4	—	50.6	—	70.8	84.4
天安投资	—	—	—	—	—	44.1	49.9	54.0	68.7	70.7	77.9	84.3
荣盛发展	7.2	11.0	17.5	21.4	23.8	34.7	—	58.5	60.2	62.6	68.0	83.9
万达集团	10.0	20.6	30.6	36.3	44.4	50.4	54.7	58.6	65.8	71.4	76.5	83.8
金桥集团	—	22.0	24.2	27.2	33.4	42.4	50.3	56.2	61.3	63.1	66.8	82.0
朗诗绿色地产	10.5	13.2	35.3	38.8	43.2	48.7	55.0	58.4	62.2	66.0	70.0	81.2
龙盛集团	—	—	—	—	—	—	48.2	69.5	70.5	71.0	77.6	81.0
龙光集团	7.6	14.8	18.6	24.8	31.0	45.4	53.0	56.4	61.1	68.2	74.4	80.1
万华投资	6.0	9.4	—	—	26.5	36.4	41.6	49.0	57.9	61.8	65.7	79.7
中冶置业	5.0	9.3	15.6	—	—	29.5	—	46.1	—	57.4	66.0	78.6
金隅集团	—	8.0	13.3	24.1	29.3	36.2	42.1	46.6	51.3	60.7	69.6	77.8
中天美好集团	5.2	7.8	14.9	20.2	24.9	29.4	—	—	—	—	64.9	77.1
高速地产	—	—	—	—	—	8.2	49.6	52.8	54.4	56.9	—	75.8
金基集团	—	—	—	—	—	23.6	—	—	—	—	—	75.5

数据来源：克而瑞。

注：1. 企业以2024年商品房销售金额高低排序；2. “—”表示企业累计销售金额未进入当期TOP100榜单，销售金额数据缺失。

表 6-4-11　2020—2024 年中国重点房地产企业商品房销售面积数据

单位：万平方米

企业名称	2020 年	2021 年	2022 年	2023 年	2024 年
万科地产	4622.8	3752.9	2551.9	2256.4	1679.7
保利发展	3127.8	3037.2	2472.9	2183.2	1631.9
绿城中国	1418.7	1526.6	1360.8	1531.3	1409.2
中海地产	1844.6	1776.7	1289.3	1268.8	1093.9
华润置地	1402.0	1512.0	1296.5	1206.4	1077.3
招商蛇口	1079.0	1345.0	1098.0	1162.0	892.3
龙湖集团	1300.7	1517.7	1134.7	992.5	715.7
碧桂园	8613.3	8411.7	5236.3	2552.0	711.6
中国铁建	746.0	875.8	733.3	660.6	616.5
绿地控股	2660.0	2205.9	1231.4	1017.0	610.3
建发房产	658.1	799.7	790.6	860.3	607.2
金地集团	1165.9	1362.1	942.0	908.9	567.7
中国金茂	998.4	1198.9	714.6	771.2	542.0
新城控股	1859.2	1803.1	933.0	756.9	421.6
华发股份	482.0	446.4	368.0	381.7	359.5
建业集团	—	1429.2	564.3	675.6	356.2
美的置业	1055.7	1136.6	534.9	482.2	325.8
越秀地产	337.2	417.9	424.0	282.5	312.2
中国恒大	7774.1	5337.1	498.9	471.8	264.9
旭辉集团	1325.9	1275.2	741.1	450.6	257.2
远洋集团	493.3	602.1	450.5	245.1	233.9
融创中国	3937.2	3972.5	1216.0	575.3	215.7
世茂集团	1371.1	1227.5	419.0	230.1	208.9
滨江集团	509.8	302.4	276.5	311.4	203.4
中国中铁	—	—	—	361.3	199.1
华侨城	230.5	266.4	150.0	235.7	194.9
中建壹品	—	—	—	91.5	192.1
保利置业	259.9	273.9	211.6	195.4	184.0
中交房地产	292.6	262.9	131.5	181.0	174.5
邦泰集团	143.3	228.0	142.9	158.3	171.6
电建地产	247.0	258.2	231.6	192.5	171.2

续表

企业名称	2020 年	2021 年	2022 年	2023 年	2024 年
大华集团	250.6	271.1	169.0	209.6	163.9
中南置地	1573.9	1351.8	505.7	332.9	152.4
武汉城建	159.5	153.1	219.2	119.8	146.7
伟星房产	—	157.6	140.1	126.9	144.3
首开股份	217.1	239.0	197.7	158.6	129.6
路劲集团	287.5	367.3	280.2	200.6	129.0
星河地产	173.1	164.5	140.6	148.5	127.1
中建信和	124.0	122.0	59.1	114.0	116.1
联发集团	202.7	240.4	149.9	175.7	115.4
雅居乐	780.7	738.6	315.2	201.6	112.1
大悦城控股	—	—	—	141.1	109.8
奥园集团	1023.0	920.6	172.7	94.8	105.9
中骏集团	497.5	550.3	396.9	184.2	102.6
中建东孚	85.7	80.3	118.5	132.9	101.7
国贸地产	87.5	135.8	89.5	133.8	99.0
卓越集团	416.5	495.3	229.8	204.5	97.8
阳光城	1350.3	1011.0	227.6	160.0	96.6
仁恒置地	184.5	194.0	140.3	105.4	96.4
万达集团	529.6	225.4	653.8	205.5	96.1
荣盛发展	1179.0	1092.9	286.2	156.7	95.1
中梁控股	970.0	1053.9	438.9	174.8	91.3
敏捷集团	412.2	365.1	225.4	144.2	88.0
金融街	138.5	149.6	102.2	97.0	87.6
金科集团	1783.6	1636.7	775.0	170.3	85.5
石榴集团	272.2	282.9	—	92.9	85.4
宝龙地产	434.5	528.7	202.0	146.5	85.2
金辉集团	565.7	444.5	238.9	159.1	83.6
大家房产	108.5	143.7	78.7	80.2	80.3
华宇集团	170.0	241.4	101.8	99.6	78.4
首创城发	—	—	118.3	94.5	77.7
能建城发	—	—	—	91.3	70.3
龙光集团	896.6	934.2	265.0	145.3	68.8

续表

企业名称	2020 年	2021 年	2022 年	2023 年	2024 年
中建智地	59.6	57.7	46.4	48.8	62.3
时代中国	641.8	465.9	207.8	71.1	62.2
复地集团	138.6	74.5	105.4	95.4	60.7
象屿地产	—	—	—	77.5	60.2
新希望地产	272.3	216.1	155.9	84.9	58.1
世纪金源	—	52.9	33.8	46.9	56.0
海成集团	—	—	54.8	—	54.0
深业集团	55.3	34.1	44.2	58.3	53.8
中冶置业	123.5	143.9	75.7	64.4	50.4
富力地产	1148.3	934.8	240.6	100.0	49.8
厦门轨道	—	—	—	—	49.8
海信地产	79.1	94.1	62.0	53.0	47.3
合景泰富	399.9	394.7	175.2	106.2	47.0
中天美好集团	111.7	106.1	67.0	77.6	46.0
正荣集团	773.0	667.6	165.8	83.6	44.6
信达地产	99.3	87.7	75.7	77.0	43.9
青特置业	—	—	—	—	43.8
香港置地	89.0	74.9	75.8	51.2	42.8
新世界中国	—	56.9	33.9	31.5	42.8
云星集团	174.3	174.9	114.1	141.0	42.7
北投产城	—	—	39.4	52.2	41.6
荣和集团	77.7	67.5	31.4	62.3	41.1
朗诗绿色地产	230.0	266.6	110.0	96.4	40.8
东原地产	248.2	324.3	115.5	93.5	40.7
星河湾	44.9	64.1	56.2	57.4	39.7
中建七局	—	—	—	22.6	39.4
中旅投资	—	—	—	—	39.1
中信泰富	—	—	29.4	53.5	37.6
东亚新华	—	35.8	26.7	46.4	37.2
鸿荣源	—	—	24.8	22.0	36.9
中国绿发	—	—	—	—	36.6
正商集团	428.5	399.2	147.6	60.4	36.2

续表

企业名称	2020 年	2021 年	2022 年	2023 年	2024 年
绿都地产	69.3	77.8	70.1	62.8	35.8
光明地产	129.2	145.1	74.6	50.8	34.7
德信地产	181.2	220.2	144.2	80.0	33.1
龙翔控股集团	—	—	—	—	33.0
珠江投资	140.9	97.9	112.4	56.9	32.9

数据来源：克而瑞。

注：1. 企业以 2024 年商品房销售面积高低排序；2. “—”表示企业商品房销售面积未进入当年 TOP100 榜单，销售面积数据缺失。

表 6-4-12　2024 年中国重点房地产企业月销售面积数据（累计值）

单位：万平方米

企业名称	1 月	1—2 月	1—3 月	1—4 月	1—5 月	1—6 月	1—7 月	1—8 月	1—9 月	1—10 月	1—11 月	1—12 月
万科地产	118.1	204.7	354.7	477.1	620.3	775.4	896.6	1131.4	1242.0	1382.5	1512.2	1679.7
保利发展	104.4	184.6	326.5	493.1	674.2	889.8	994.9	1111.8	1222.1	1443.1	1551.3	1631.9
绿城中国	57.0	124.3	237.1	344.8	449.8	591.8	704.5	806.3	926.0	1091.0	1256.3	1409.2
中海地产	43.0	77.8	246.6	337.5	418.5	521.7	562.8	624.0	700.8	847.4	970.5	1093.9
华润置地	46.1	87.7	209.3	297.1	382.5	514.5	578.5	641.2	710.9	838.8	945.3	1077.3
招商蛇口	55.0	93.0	173.0	254.1	308.0	405.0	491.0	547.0	610.0	657.0	779.3	892.3
龙湖集团	46.6	95.4	181.0	248.8	315.1	391.5	427.7	480.9	542.7	612.0	663.8	715.7
碧桂园	89.7	143.2	208.0	265.5	326.8	391.4	442.1	491.0	553.0	620.5	664.0	711.6
中国铁建	13.6	41.5	79.5	142.0	187.8	232.8	275.6	335.3	360.2	432.4	521.1	616.5
绿地控股	40.9	74.1	123.5	169.8	213.9	275.7	329.6	375.2	441.7	480.6	557.1	610.3
建发房产	38.1	79.6	143.5	188.1	250.8	297.9	333.5	359.9	396.9	481.1	529.8	607.2
金地集团	35.0	66.3	106.4	147.8	212.3	272.2	324.7	374.3	416.0	467.2	517.5	567.7
中国金茂	36.6	57.9	91.4	122.9	156.4	233.9	259.5	292.0	327.0	382.0	431.1	542.0
新城控股	34.8	84.5	131.9	167.1	210.9	250.9	289.5	312.8	335.9	364.3	392.2	421.6
华发股份	17.9	35.6	67.0	83.0	123.8	162.8	188.0	204.9	222.0	255.5	301.6	359.5
建业集团	31.7	74.5	100.1	126.9	166.9	205.6	230.3	253.4	280.5	296.9	310.4	356.2
美的置业	25.6	47.0	78.6	108.9	136.0	162.7	186.6	208.3	230.2	273.4	295.8	325.8
越秀地产	13.4	23.4	50.8	63.3	88.7	125.4	133.2	158.6	180.8	236.6	256.1	312.2
中国恒大	19.0	49.0	65.5	98.5	132.6	153.5	176.3	186.6	197.1	218.8	242.0	264.9
旭辉集团	26.8	43.8	72.1	99.7	123.7	143.5	167.1	182.6	198.2	218.9	235.3	257.2
远洋集团	8.5	16.0	35.6	59.9	79.8	97.5	132.4	151.6	162.4	178.0	200.1	233.9

续表

企业名称	1月	1—2月	1—3月	1—4月	1—5月	1—6月	1—7月	1—8月	1—9月	1—10月	1—11月	1—12月
融创中国	24.6	43.6	67.5	88.5	120.6	131.6	144.1	157.4	169.3	188.3	202.0	215.7
世茂集团	11.7	24.2	45.8	64.8	82.2	101.9	119.8	135.6	154.4	173.6	191.4	208.9
滨江集团	26.7	36.6	59.9	79.0	86.6	94.1	119.3	131.2	144.6	165.8	185.4	203.4
中国中铁	6.3	12.3	37.5	49.4	59.2	77.0	86.9	101.1	116.1	138.5	164.0	199.1
华侨城	10.2	16.1	27.5	38.2	50.5	76.2	78.6	94.9	119.5	145.5	168.5	194.9
中建壹品	3.0	14.7	17.4	23.9	25.8	76.8	88.6	108.3	125.0	132.0	144.4	192.1
保利置业	11.3	15.8	37.1	56.7	71.8	96.9	113.4	124.7	138.7	169.2	179.7	184.0
中交房地产	5.2	12.3	25.6	39.1	51.7	65.5	85.0	91.7	98.1	121.0	135.7	174.5
邦泰集团	9.4	26.3	37.2	43.8	63.7	77.4	93.2	99.9	114.1	137.7	144.2	171.6
电建地产	15.1	22.6	36.3	47.2	54.0	86.5	102.5	106.1	115.0	135.3	148.3	171.2
大华集团	4.6	9.7	20.1	33.0	48.1	64.7	76.8	87.2	99.3	110.1	144.3	163.9
中南置地	11.7	22.8	37.6	50.7	62.6	75.3	83.5	92.5	103.2	132.8	142.7	152.4
武汉城建	3.3	5.9	18.3	26.0	32.2	47.9	54.2	65.4	72.3	82.0	104.1	146.7
伟星房产	4.5	13.1	24.1	36.5	48.7	63.7	72.6	80.2	88.6	101.5	117.7	144.3
首开股份	8.1	12.3	19.3	24.8	32.3	42.7	50.1	60.5	74.7	95.6	111.2	129.6
路劲集团	9.1	15.4	24.5	31.0	39.3	58.1	75.7	81.3	85.8	100.2	111.7	129.0
星河地产	6.9	14.1	23.9	32.8	44.3	55.6	65.7	75.7	84.6	96.1	112.1	127.1
中建信和	2.1	—	—	28.6	29.1	51.3	54.8	66.2	72.6	81.2	98.7	116.1
联发集团	—	19.1	33.0	41.3	50.4	52.2	57.1	66.0	73.1	96.6	99.2	115.4
雅居乐	6.1	13.3	23.8	34.5	51.8	79.3	89.9	97.5	102.6	104.1	109.1	112.1
大悦城控股	7.8	13.6	23.7	28.1	37.0	49.3	57.9	63.1	66.8	76.0	94.7	109.8
奥园集团	6.5	13.0	19.4	25.7	33.6	49.4	55.1	59.9	64.8	68.3	84.8	105.9
中骏集团	8.2	18.3	28.6	37.0	45.9	52.1	60.3	71.1	76.5	85.5	93.4	102.6
中建东孚	5.0	17.8	23.3	30.1	33.4	40.9	49.0	55.7	64.3	69.6	85.6	101.7
国贸地产	8.7	12.8	19.5	29.4	35.0	44.7	60.6	66.2	72.0	73.3	86.7	99.0
卓越集团	10.4	16.3	26.6	32.7	38.2	43.6	50.7	57.2	65.7	78.5	93.2	97.8
阳光城	8.5	13.7	20.5	25.8	37.3	45.2	53.2	61.2	66.5	79.7	86.1	96.6
仁恒置地	5.8	12.4	17.3	27.0	38.7	49.2	58.0	63.3	67.1	76.6	83.6	96.4
万达集团	14.2	30.4	38.8	45.9	54.1	62.7	67.9	72.6	78.7	84.2	89.2	96.1
荣盛发展	8.7	13.2	20.6	24.2	26.7	38.8	46.2	70.9	72.1	74.9	80.9	95.1
中梁控股	3.8	10.1	18.2	30.0	37.1	45.5	54.5	63.2	71.1	77.5	84.0	91.3
敏捷集团	5.1	9.8	17.9	25.6	34.4	48.5	57.2	61.1	63.2	71.4	77.7	88.0

续表

企业名称	1月	1—2月	1—3月	1—4月	1—5月	1—6月	1—7月	1—8月	1—9月	1—10月	1—11月	1—12月
金融街	5.6	9.0	17.1	24.5	34.0	50.5	55.2	57.0	59.4	71.9	77.8	87.6
金科集团	6.2	14.0	31.5	49.5	60.0	63.5	67.6	70.8	73.9	78.9	82.6	85.5
石榴集团	4.0	6.5	14.9	21.4	29.0	34.4	54.4	55.3	61.7	69.7	76.7	85.4
宝龙地产	5.8	11.9	19.8	25.7	31.9	37.8	58.5	63.2	67.0	73.7	79.4	85.2
金辉集团	9.2	15.5	26.7	33.5	40.4	57.6	60.9	64.0	67.7	73.8	78.6	83.6
大家房产	2.6	—	9.0	14.0	24.6	30.9	36.5	42.1	48.0	53.7	60.0	80.3
华宇集团	3.5	6.0	13.5	13.5	19.1	30.7	35.8	40.9	54.5	64.4	70.8	78.4
首创城发	6.5	10.9	20.3	24.3	30.0	41.2	48.2	52.5	58.2	63.7	67.2	77.7
能建城发	2.7	4.3	10.0	20.6	24.5	32.6	33.7	38.4	42.6	48.7	62.9	70.3
龙光集团	6.0	11.3	14.1	18.9	23.7	34.6	40.4	42.9	46.6	52.0	64.8	68.8
中建智地	3.3	4.4	7.3	11.2	13.0	19.1	23.6	29.3	32.3	47.1	52.4	62.3
时代中国	3.1	5.1	9.2	15.4	21.0	26.5	32.0	36.5	40.2	49.4	54.6	62.2
复地集团	4.4	5.8	14.0	15.2	27.3	32.1	37.8	41.7	44.6	48.0	54.1	60.7
象屿地产	—	6.0	11.1	17.5	24.3	34.8	40.0	45.8	51.1	55.4	55.6	60.2
新希望地产	4.4	7.4	15.9	21.0	24.8	29.6	34.7	36.2	40.0	51.0	52.9	58.1
世纪金源	—	—	—	13.2	15.8	20.5	29.1	29.9	36.1	38.8	45.0	56.0
海成集团	—	—	—	—	—	—	—	—	—	—	—	54.0
深业集团	8.3	9.6	11.2	14.1	16.2	20.3	23.5	26.5	28.3	32.4	38.5	53.8
中冶置业	2.1	4.5	15.2	16.4	17.9	20.4	30.8	35.1	36.8	43.7	45.7	50.4
富力地产	2.9	5.6	9.7	15.1	18.9	27.6	34.8	38.5	40.7	42.5	45.8	49.8
厦门轨道	—	—	—	—	—	22.6	28.3	33.0	37.6	37.9	45.3	49.8
海信地产	—	—	7.0	10.3	14.1	23.6	31.2	34.0	38.8	42.8	45.9	47.3
合景泰富	4.7	8.0	13.6	18.5	22.6	28.4	32.3	35.3	37.7	40.3	43.9	47.0
中天美好集团	3.0	5.0	9.6	13.3	16.5	19.2	22.5	26.9	29.6	33.9	40.3	46.0
正荣集团	2.6	5.3	10.3	15.3	21.3	25.1	28.8	33.1	36.3	37.1	42.1	44.6
信达地产	2.4	4.7	8.4	12.1	16.3	20.6	22.7	25.4	27.8	32.2	37.1	43.9
青特置业	—	—	—	—	—	16.5	21.0	23.7	26.2	34.5	39.4	43.8
香港置地	—	—	—	9.9	15.2	19.9	24.6	27.1	29.1	30.3	35.9	42.8
新世界中国	—	—	—	—	—	11.8	—	—	—	29.9	34.9	42.8
云星集团	5.0	9.4	13.9	17.9	22.7	26.3	30.4	39.5	40.9	41.7	42.2	42.7
北投产城	—	4.3	7.1	—	—	14.9	20.1	24.8	27.1	31.8	37.5	41.6
荣和集团	2.7	4.7	8.5	11.1	13.9	20.1	23.7	26.3	29.4	31.2	34.4	41.1

续表

企业名称	1月	1—2月	1—3月	1—4月	1—5月	1—6月	1—7月	1—8月	1—9月	1—10月	1—11月	1—12月
朗诗绿色地产	5.2	6.8	18.0	20.3	22.9	25.6	28.5	30.4	32.1	34.2	36.4	40.8
东原地产	5.6	10.8	15.0	16.5	19.9	21.8	25.1	27.8	31.9	34.6	37.8	40.7
星河湾	—	—	—	—	15.3	19.0	20.0	21.9	25.2	27.2	36.7	39.7
中建七局	—	—	—	—	—	13.6	—	23.0	24.0	28.2	35.7	39.4
中旅投资	—	—	—	—	—	13.1	—	—	—	27.0	33.0	39.1
中信泰富	—	—	—	—	—	19.5	22.8	30.5	31.8	32.1	32.3	37.6
东亚新华	—	5.2	8.9	11.6	14.2	17.4	19.9	22.2	24.3	28.1	31.0	37.2
鸿荣源	—	—	—	—	—	12.0	—	—	—	—	29.6	36.9
中国绿发	—	—	—	—	—	—	—	—	—	—	—	36.6
正商集团	3.0	6.6	9.1	12.0	15.1	18.1	21.1	24.1	27.2	30.2	33.2	36.2
绿都地产	—	—	6.9	—	—	16.9	18.6	—	—	26.8	—	35.8
光明地产	3.1	5.7	7.9	9.8	12.4	15.4	18.8	23.3	28.1	28.3	32.4	34.7
德信地产	—	—	—	—	—	12.2	—	—	—	—	—	33.1
龙翔控股集团	—	—	—	—	—	—	—	—	—	—	—	33.0
珠江投资	4.1	6.4	12.0	15.5	18.0	20.7	21.9	23.8	26.1	28.8	30.6	32.9

数据来源：克而瑞。

注：1. 企业以 2024 年商品房销售面积高低排序；2. “—”表示企业累计销售面积未进入当期 TOP100 榜单，销售面积数据缺失。

表 6-4-13　2024 年中国房地产企业新增土地货值 TOP100

单位：亿元

企业名称	新增土地货值	企业名称	新增土地货值
中海地产	1544.6	大悦城控股	118.3
华润置地	1469.5	福州左海集团	117.9
保利发展	1310.1	宁乡城发投资控股	116.3
绿城中国	1147.0	高铁新城	112.8
越秀地产	1063.9	陕西空港城市发展集团	110.1
建发房产	901.9	扬子江开发置业	109.6
招商蛇口	781.4	保利置业	104.3
滨江集团	726.5	伟星房产	102.1
中国金茂	549.8	湖南建投	101.7
中建壹品	515.3	中旅投资	100.7

续表

企业名称	新增土地货值	企业名称	新增土地货值
中国铁建	430.5	苏高新集团	97.3
中建智地	396.8	运达集团	96.7
北京城建集团	383.7	中建东孚	94.6
国贸地产	342.9	未来科学城置业	93.8
江山万里置业	287.2	建源建设	92.0
能建城发	262.6	兴耀房产集团	90.9
象屿地产	262.1	福州城投集团	90.5
合肥轨道	261.9	丹阳投资	90.2
石家庄城发投集团	245.3	宸嘉发展	90.0
北京建工	242.1	漳州城投	89.4
万科地产	236.0	盐城交控	88.8
龙湖集团	222.0	涪陵高新技术产业发展集团	88.8
金隅集团	221.1	浙江交控	87.3
深圳地铁	217.3	大华集团	87.2
海开控股	213.6	济南高新控股	86.8
联发集团	205.6	懋源控股	86.4
华发股份	197.6	济南先投产业发展	86.3
宁波城投	184.3	融通控股	85.8
泉州城建	174.6	海安城建	84.7
滨湖集团	165.1	陕建地产	81.0
上海城投	165.0	中冶置业	81.0
湖北科技投资集团	152.9	成都金牛国投	79.4
金坛投资	145.9	新运集团	78.9
恒泰商置	143.0	常熟城投	78.5
武汉城建	140.7	上海建工	77.3
合肥城建	133.5	京能置业	76.8
邦泰集团	131.2	东方新城	76.6
南海控股	130.7	涡河置业	72.9
安徽高速集团	130.5	广州地铁	72.2
中交房地产	130.3	沣西城开集团	71.2
兴创地产	129.5	稳宸置业	69.0
成都东部集团	128.1	永康城投	68.9

续表

企业名称	新增土地货值	企业名称	新增土地货值
秦汉城开集团	126.6	昌洋实业	65.4
广州城投	126.1	华山实业	65.0
合肥城投	126.0	润东建设	64.5
中建玖合	125.0	城建置业	64.1
沣西发展集团	123.5	滕州城建集团	63.3
中建信和	121.8	亭城文旅	62.8
湖北文旅集团	120.8	秦汉产发集团	62.7
宁波轨交	119.3	富德集团	61.3

数据来源：克而瑞。

表 6-4-14　2024 年中国房地产企业运营收入 TOP20

单位：亿元

企业名称	2020 年	2021 年	2022 年	2023 年	2024 年
万达商管	355.0	433.1	464.5	473.2	508.8
华润置地	124.6	180.8	180.7	252.0	287.9
万科地产	51.3	63.8	82.5	119.9	174.2
龙湖集团	80.0	115.0	130.0	143.4	155.4
新城控股	48.0	78.5	91.6	105.0	118.5
招商蛇口	39.2	57.2	57.9	78.5	87.8
中海地产	49.5	55.6	58.0	67.6	77.0
大悦城集团	46.1	48.8	38.3	55.7	52.3
宝龙地产	31.1	38.6	39.1	40.7	45.1
合生创展	33.1	46.3	48.7	47.6	44.9
保利发展	54.5	53.4	29.6	44.2	42.8
陆家嘴	36.6	40.3	35.7	46.7	42.1
世茂集团	29.5	40.2	49.0	38.0	40.0
中国金茂	31.5	33.5	28.3	39.4	34.6
金地集团	—	—	—	24.7	31.0
绿地控股	28.5	33.0	28.8	31.0	28.4
北辰实业	—	—	—	—	25.8
深圳控股	—	—	—	—	25.0
金融街	23.9	23.7	—	—	22.8
浦东金桥	—	—	—	—	21.0

数据来源：克而瑞。

注：1. 企业以 2024 年运营收入高低排序；2. “—”表示企业运营收入未进入当年 TOP20 榜单，运营收入数据缺失。

表 6-4-15 2024 年中国房地产企代建新增规模 TOP30

单位：万平方米

企业名称	新增规模	企业名称	新增规模
绿城管理	3649	建发建管	582
旭辉建管	1588	远洋建管	562
蓝城集团	1570	中国中铁	451
润地管理	1146	国贸地产	313
金地管理	961	中原建业	307
蓝绿双城	906	复地管理	291
招商建管	898	中交建管	244
金科金建管	867	璀璨管理	192
龙湖龙智造	800	朗诗地产	160
凤凰智拓	800	德信绿建集团	148
而今管理	771	滨江集团	113
绿地智慧	737	中天美好集团	106
新城建管	713	久筑共建	105
腾云筑科	708	万科地产	103
东原睿建	606	幸福安基	94

数据来源：克而瑞。

（四）上市房地产经营开发和物业服务企业股价情况

表 6-4-16 沪市房地产经营和开发企业股价（前复权）涨跌幅排行榜

排名	证券代码	证券简称	2023 年收盘价（元）	2024 年收盘价（元）	涨跌幅（%）	最高价（元）	最低价（元）
1	600708. SH	光明地产	2. 15	3. 72	73. 02	4. 82	1. 70
2	900932. SH	陆家 B 股	0. 31	0. 50	62. 68	0. 62	0. 31
3	600340. SH	华夏幸福	1. 74	2. 69	54. 60	4. 15	0. 95
4	600692. SH	亚通股份	6. 21	9. 02	45. 35	10. 50	4. 32
5	600895. SH	张江高科	19. 06	26. 80	40. 60	37. 74	13. 94
6	600743. SH	华远地产	1. 53	2. 12	38. 56	3. 15	1. 00
7	600208. SH	衢州发展	2. 17	2. 96	36. 41	3. 66	1. 55
8	600064. SH	南京高科	5. 76	7. 77	34. 82	8. 77	5. 43
9	600007. SH	中国国贸	18. 32	24. 46	33. 52	30. 34	15. 62
10	600736. SH	苏州高新	4. 73	6. 21	31. 41	7. 72	3. 68
11	600322. SH	津投城开	2. 15	2. 72	26. 51	3. 36	1. 16

续表

排名	证券代码	证券简称	2023 年收盘价（元）	2024 年收盘价（元）	涨跌幅（%）	最高价（元）	最低价（元）
12	600622. SH	光大嘉宝	2. 58	3. 23	25. 19	6. 03	1. 58
13	600094. SH	大名城	2. 97	3. 64	22. 51	5. 15	2. 26
14	600649. SH	城投控股	3. 64	4. 45	22. 33	5. 97	2. 98
15	600162. SH	香江控股	1. 59	1. 92	20. 92	2. 45	1. 17
16	600639. SH	浦东金桥	9. 54	11. 10	16. 35	14. 29	8. 64
17	900940. SH	大名城 B	0. 21	0. 25	16. 13	0. 30	0. 15
18	600657. SH	信达地产	3. 59	4. 16	15. 88	6. 30	2. 69
19	600246. SH	万通发展	6. 49	7. 45	14. 79	14. 98	3. 91
20	600663. SH	陆家嘴	8. 61	9. 84	14. 34	12. 03	7. 57
21	900911. SH	金桥 B 股	0. 74	0. 83	12. 68	0. 98	0. 73
22	900902. SH	市北 B 股	0. 16	0. 18	12. 42	0. 21	0. 10
23	900928. SH	临港 B 股	0. 56	0. 62	10. 76	0. 72	0. 48
24	600266. SH	城建发展	4. 72	5. 10	8. 12	7. 11	3. 34
25	601155. SH	新城控股	11. 41	11. 96	4. 82	16. 70	7. 95
26	600748. SH	上实发展	3. 46	3. 60	3. 93	4. 46	2. 33
27	600239. SH	云南城投	2. 58	2. 67	3. 49	4. 10	1. 81
28	601512. SH	中新集团	7. 44	7. 68	3. 26	9. 20	6. 23
29	600604. SH	市北高新	4. 63	4. 76	2. 81	6. 35	3. 25
30	600716. SH	凤凰股份	3. 68	3. 78	2. 72	4. 62	2. 46
31	600848. SH	上海临港	9. 84	10. 10	2. 69	12. 56	8. 17
32	600515. SH	海南机场	3. 70	3. 78	2. 16	4. 37	2. 96
33	600503. SH	华丽家族	2. 55	2. 60	1. 96	4. 22	1. 64
34	600383. SH	金地集团	4. 34	4. 38	1. 02	6. 76	2. 89
35	600807. SH	济高发展	3. 51	3. 50	-0. 28	5. 97	2. 02
36	600185. SH	格力地产	7. 23	7. 19	-0. 55	9. 18	4. 16
37	600638. SH	新黄浦	5. 13	5. 10	-0. 56	6. 59	3. 52
38	601588. SH	北辰实业	1. 87	1. 86	-0. 69	2. 47	1. 25
39	600773. SH	西藏城投	10. 95	10. 78	-1. 56	15. 05	7. 42
40	600658. SH	电子城	4. 47	4. 38	-2. 01	6. 27	2. 79
41	600684. SH	珠江股份	3. 47	3. 30	-4. 90	4. 03	2. 39
42	600048. SH	保利发展	9. 43	8. 86	-6. 02	12. 13	7. 30

续表

排名	证券代码	证券简称	2023 年收盘价（元）	2024 年收盘价（元）	涨跌幅（%）	最高价（元）	最低价（元）
43	600606. SH	绿地控股	2. 30	2. 10	-8. 70	2. 90	1. 31
44	600675. SH	中华企业	3. 11	2. 81	-9. 76	4. 58	2. 35
45	600510. SH	黑牡丹	5. 47	4. 77	-12. 81	5. 93	3. 31
46	600376. SH	首开股份	3. 04	2. 63	-13. 49	3. 61	1. 94
47	600641. SH	万业企业	17. 17	14. 62	-14. 87	20. 65	9. 11
48	600325. SH	华发股份	6. 81	5. 76	-15. 47	8. 09	5. 06
49	600791. SH	京能置业	4. 86	4. 10	-15. 64	5. 24	2. 72
50	600665. SH	天地源	3. 78	3. 13	-17. 20	4. 02	2. 00
51	600173. SH	卧龙地产	4. 93	3. 96	-19. 66	5. 24	2. 94
52	600533. SH	栖霞建设	2. 93	2. 34	-20. 14	3. 34	1. 67
53	600082. SH	海泰发展	3. 43	2. 74	-20. 14	3. 72	1. 80
54	600683. SH	京投发展	4. 78	3. 80	-20. 50	6. 67	3. 28
55	600159. SH	大龙地产	3. 90	2. 40	-38. 46	3. 96	1. 94
56	600620. SH	天宸股份	9. 38	5. 72	-39. 02	9. 48	3. 78

数据来源：Wind。

表 6-4-17　深市房地产经营和开发企业股价（前复权）涨跌幅排行榜

排名	证券代码	证券简称	2023 年收盘价（元）	2024 年收盘价（元）	涨跌幅（%）	最高价（元）	最低价（元）
1	000886. SZ	海南高速	4. 04	7. 77	92. 28	8. 58	3. 44
2	000006. SZ	深振业 A	4. 59	7. 32	59. 48	10. 41	3. 29
3	000029. SZ	深深房 A	11. 76	15. 06	28. 06	19. 15	9. 51
4	002244. SZ	滨江集团	7. 19	8. 61	19. 74	12. 44	5. 61
5	200029. SZ	深深房 B	2. 43	2. 82	16. 05	3. 28	1. 73
6	000620. SZ	新华联	1. 89	2. 19	15. 87	3. 13	1. 26
7	002208. SZ	合肥城建	6. 29	7. 11	13. 07	10. 76	3. 98
8	001979. SZ	招商蛇口	9. 20	10. 24	11. 26	13. 44	7. 20
9	000897. SZ	津滨发展	2. 16	2. 37	9. 72	2. 97	1. 83
10	200011. SZ	深物业 B	3. 59	3. 82	6. 26	4. 49	3. 33
11	000036. SZ	华联控股	3. 89	4. 08	4. 88	6. 35	2. 63
12	200056. SZ	皇庭 B	1. 24	1. 30	4. 84	1. 65	0. 76
13	000517. SZ	荣安地产	2. 15	2. 23	3. 52	2. 99	1. 64

续表

排名	证券代码	证券简称	2023 年收盘价（元）	2024 年收盘价（元）	涨跌幅（%）	最高价（元）	最低价（元）
14	000011. SZ	深物业 A	8. 52	8. 74	2. 56	10. 97	7. 02
15	000031. SZ	大悦城	2. 97	3. 04	2. 36	4. 22	2. 21
16	000014. SZ	沙河股份	10. 77	10. 99	2. 05	14. 27	7. 64
17	000048. SZ	京基智农	17. 79	18. 00	1. 19	19. 38	12. 32
18	002016. SZ	世荣兆业	6. 23	6. 18	-0. 87	9. 55	3. 90
19	000514. SZ	渝开发	4. 16	4. 11	-1. 12	6. 11	2. 49
20	000863. SZ	三湘印象	3. 95	3. 88	-1. 77	5. 45	2. 48
21	002305. SZ	南国置业	2. 06	1. 99	-3. 40	2. 64	1. 31
22	000965. SZ	天保基建	3. 11	3. 00	-3. 47	3. 97	2. 11
23	002146. SZ	荣盛发展	1. 71	1. 65	-3. 51	2. 67	1. 13
24	000656. SZ	＊ST 金科	1. 81	1. 73	-4. 42	1. 97	1. 00
25	000718. SZ	苏宁环球	2. 50	2. 36	-5. 49	3. 06	1. 50
26	000797. SZ	中国武夷	2. 98	2. 77	-6. 96	3. 70	2. 16
27	000631. SZ	顺发恒业	3. 18	2. 94	-7. 58	3. 69	2. 14
28	000573. SZ	粤宏远 A	3. 30	2. 99	-9. 26	3. 89	1. 95
29	000402. SZ	金融街	3. 63	3. 26	-10. 19	4. 71	1. 95
30	000736. SZ	中交地产	9. 79	8. 60	-12. 16	13. 98	6. 76
31	000909. SZ	ST 数源	6. 49	5. 61	-13. 56	6. 89	2. 70
32	000926. SZ	福星股份	2. 97	2. 55	-14. 02	3. 24	1. 78
33	000069. SZ	华侨城 A	3. 11	2. 67	-14. 15	3. 49	1. 77
34	002314. SZ	南山控股	2. 90	2. 38	-17. 93	3. 11	1. 83
35	000608. SZ	阳光股份	2. 88	2. 25	-21. 88	3. 33	1. 35
36	000042. SZ	中洲控股	5. 74	4. 47	-22. 13	5. 97	2. 93
37	000838. SZ	财信发展	3. 67	2. 77	-24. 52	3. 93	2. 00
38	002133. SZ	广宇集团	3. 41	2. 55	-25. 29	3. 73	1. 95
39	000056. SZ	皇庭国际	3. 70	2. 73	-26. 22	4. 43	1. 61
40	000002. SZ	万科 A	10. 46	7. 26	-30. 59	10. 69	6. 18
41	000668. SZ	荣丰控股	12. 70	6. 43	-49. 37	13. 40	5. 00
42	000609. SZ	＊ST 中迪	6. 62	2. 51	-62. 08	6. 72	1. 15

数据来源：Wind。

表 6-4-18 港市房地产经营和开发企业股价（前复权）涨跌幅排行榜

排名	证券代码	证券简称	2023 年收盘价（港元）	2024 年收盘价（港元）	涨跌幅（%）	最高价（港元）	最低价（港元）
1	0565. HK	锦艺集团控股	0. 33	1. 47	341. 57	1. 89	0. 14
2	2329. HK	国瑞健康	0. 03	0. 10	218. 75	0. 25	0. 02
3	0115. HK	钧濠集团	2. 00	6. 10	205. 00	7. 00	2. 00
4	0674. HK	中国唐商	0. 08	0. 21	153. 01	0. 24	0. 06
5	0108. HK	国锐生活	0. 32	0. 79	146. 88	1. 00	0. 22
6	0193. HK	冠中地产	0. 16	0. 33	99. 39	0. 49	0. 11
7	3301. HK	融信中国	0. 19	0. 38	97. 37	2. 19	0. 09
8	1777. HK	花样年控股	0. 06	0. 11	96. 43	0. 30	0. 02
9	0925. HK	北京建设	0. 03	0. 06	90. 32	0. 09	0. 02
10	0258. HK	汤臣集团	1. 54	2. 92	89. 54	2. 99	1. 33
11	0499. HK	青岛控股	0. 07	0. 13	79. 73	0. 22	0. 07
12	3380. HK	龙光集团	0. 61	1. 07	75. 41	1. 75	0. 46
13	1233. HK	时代中国控股	0. 26	0. 45	71. 15	0. 73	0. 12
14	1232. HK	金轮天地控股	0. 03	0. 06	64. 71	0. 13	0. 02
15	0813. HK	世茂集团	0. 65	1. 03	58. 46	3. 54	0. 29
16	0147. HK	国际商业结算	0. 06	0. 09	57. 14	0. 35	0. 03
17	1918. HK	融创中国	1. 50	2. 32	54. 67	5. 51	0. 87
18	0021. HK	大中华控股	0. 09	0. 14	53. 33	0. 19	0. 05
19	0760. HK	新天地产集团	0. 13	0. 19	46. 97	0. 55	0. 09
20	1030. HK	新城发展	1. 27	1. 82	43. 31	3. 48	0. 89
21	0832. HK	建业地产	0. 08	0. 11	42. 31	0. 25	0. 06
22	0519. HK	实力建业	0. 07	0. 10	40. 00	0. 12	0. 05
23	0817. HK	中国金茂	0. 72	0. 98	36. 89	1. 80	0. 45
24	1168. HK	百仕达控股	0. 09	0. 12	36. 67	0. 17	0. 06
25	0053. HK	国浩集团	53. 94	72. 10	33. 66	93. 45	49. 82
26	0028. HK	天安	3. 34	4. 40	31. 85	4. 51	3. 06
27	0230. HK	五矿地产	0. 30	0. 38	26. 67	0. 74	0. 22
28	3616. HK	恒达集团控股	0. 21	0. 26	25. 00	0. 34	0. 18
29	3900. HK	绿城中国	7. 43	9. 26	24. 61	11. 72	4. 62
30	2310. HK	时代环球集团	0. 02	0. 03	21. 74	0. 12	0. 02
31	2777. HK	富力地产	1. 14	1. 36	19. 30	3. 45	0. 63

续表

排名	证券代码	证券简称	2023 年收盘价（港元）	2024 年收盘价（港元）	涨跌幅（%）	最高价（港元）	最低价（港元）
32	0683. HK	嘉里建设	13. 09	15. 56	18. 90	17. 72	10. 92
33	0009. HK	金奥国际	0. 01	0. 01	18. 18	0. 02	0. 01
34	0898. HK	万事昌国际	0. 77	0. 89	16. 15	1. 02	0. 61
35	1638. HK	佳兆业集团	0. 17	0. 20	14. 45	0. 73	0. 07
36	0884. HK	旭辉控股集团	0. 26	0. 29	11. 76	1. 00	0. 17
37	0588. HK	北京北辰实业股份	0. 70	0. 78	11. 36	1. 02	0. 58
38	0845. HK	恒盛地产	0. 01	0. 01	10. 00	0. 05	0. 01
39	0029. HK	达力集团	9. 11	10. 00	9. 79	10. 84	6. 70
40	1321. HK	中国新城市	0. 73	0. 80	9. 59	0. 86	0. 58
41	3883. HK	中国奥园	0. 20	0. 22	9. 00	0. 90	0. 09
42	2699. HK	新明中国	0. 01	0. 01	8. 33	0. 05	0. 01
43	0010. HK	恒隆集团	9. 67	10. 46	8. 15	11. 68	7. 86
44	1972. HK	太古地产	14. 75	15. 82	7. 22	17. 56	11. 72
45	0012. HK	恒基地产	22. 32	23. 60	5. 75	27. 65	18. 47
46	0262. HK	迪臣发展国际	0. 05	0. 06	5. 66	0. 08	0. 05
47	0593. HK	梦东方	0. 18	0. 19	5. 56	0. 24	0. 16
48	0583. HK	长城环亚控股	0. 25	0. 26	5. 26	0. 36	0. 25
49	0563. HK	上实城市开发	0. 35	0. 37	4. 74	0. 51	0. 29
50	1036. HK	万科海外	1. 20	1. 26	4. 58	2. 44	1. 09
51	0202. HK	润中国际控股	0. 12	0. 12	3. 39	0. 13	0. 10
52	0119. HK	保利置业集团	1. 50	1. 54	2. 61	2. 35	1. 15
53	0207. HK	大悦城地产	0. 20	0. 21	2. 32	0. 33	0. 18
54	0224. HK	建生国际	0. 73	0. 74	1. 37	1. 05	0. 50
55	0131. HK	卓能（集团）	1. 64	1. 65	0. 72	2. 00	1. 48
56	0272. HK	瑞安房地产	0. 67	0. 67	0. 64	0. 95	0. 54
57	0313. HK	裕田中国	0. 20	0. 20	0. 00	0. 34	0. 20
58	0237. HK	安全货仓	1. 90	1. 90	−0. 21	2. 13	1. 72
59	0878. HK	金朝阳集团	5. 44	5. 42	−0. 33	6. 50	5. 11
60	0083. HK	信和置业	7. 91	7. 85	−0. 72	8. 72	7. 08
61	0672. HK	众安集团	0. 11	0. 11	−0. 90	0. 21	0. 09
62	0050. HK	香港小轮（集团）	4. 33	4. 28	−1. 15	4. 57	3. 98

续表

排名	证券代码	证券简称	2023 年收盘价（港元）	2024 年收盘价（港元）	涨跌幅（%）	最高价（港元）	最低价（港元）
63	0535. HK	金地商置	0. 28	0. 28	-1. 38	0. 46	0. 15
64	0456. HK	新城市建设发展	0. 62	0. 61	-1. 61	1. 29	0. 28
65	0127. HK	华人置业	1. 22	1. 20	-1. 64	1. 77	0. 97
66	0173. HK	嘉华国际	1. 81	1. 77	-2. 23	2. 12	1. 58
67	0214. HK	汇汉控股	0. 41	0. 40	-2. 47	0. 50	0. 30
68	0337. HK	绿地香港	0. 31	0. 30	-3. 23	0. 99	0. 11
69	0688. HK	中国海外发展	12. 97	12. 40	-4. 38	18. 58	9. 52
70	0041. HK	鹰君	11. 26	10. 76	-4. 46	12. 90	9. 90
71	2080. HK	奥克斯国际	0. 26	0. 25	-4. 62	0. 36	0. 16
72	0978. HK	招商局置地	0. 28	0. 27	-6. 29	0. 56	0. 21
73	0899. HK	中加国信	0. 10	0. 09	-7. 00	0. 20	0. 08
74	0016. HK	新鸿基地产	80. 62	74. 65	-7. 41	89. 00	63. 10
75	0655. HK	香港华人有限公司	0. 31	0. 29	-7. 87	0. 39	0. 21
76	0846. HK	明发集团	0. 19	0. 17	-7. 98	0. 36	0. 10
77	0410. HK	SOHO 中国	0. 75	0. 69	-8. 00	1. 00	0. 57
78	1278. HK	中国新城镇	0. 07	0. 06	-8. 19	0. 10	0. 05
79	0485. HK	中国华星	0. 17	0. 16	-8. 24	0. 18	0. 09
80	3688. HK	莱蒙国际	0. 54	0. 50	-8. 33	0. 61	0. 26
81	3366. HK	华侨城（亚洲）	0. 26	0. 24	-8. 46	0. 58	0. 15
82	0266. HK	天德地产	2. 12	1. 93	-8. 91	2. 67	1. 75
83	0026. HK	中华汽车	53. 95	49. 00	-9. 18	55. 59	46. 80
84	1966. HK	中骏集团控股	0. 17	0. 16	-9. 83	0. 40	0. 10
85	0747. HK	沈阳公用发展股份	0. 07	0. 06	-11. 43	0. 09	0. 03
86	0497. HK	资本策略地产	0. 10	0. 09	-11. 46	0. 12	0. 07
87	0004. HK	九龙仓集团	24. 71	21. 85	-11. 57	28. 44	18. 08
88	0277. HK	太兴置业	2. 76	2. 41	-12. 90	2. 76	1. 93
89	3383. HK	雅居乐集团	0. 85	0. 74	-12. 94	2. 39	0. 34
90	1124. HK	沿海家园	0. 16	0. 14	-13. 13	0. 38	0. 11
91	1113. HK	长实集团	36. 87	31. 90	-13. 47	37. 25	28. 63
92	8067. HK	东方大学城控股	0. 37	0. 32	-13. 70	0. 46	0. 23
93	0251. HK	爪哇控股	1. 66	1. 43	-13. 92	1. 93	1. 33

续表

排名	证券代码	证券简称	2023 年收盘价（港元）	2024 年收盘价（港元）	涨跌幅（%）	最高价（港元）	最低价（港元）
94	0105. HK	凯联国际酒店	5. 87	5. 03	-14. 35	5. 73	4. 55
95	1109. HK	华润置地	26. 40	22. 55	-14. 57	32. 30	18. 56
96	9909. HK	宝龙商业	2. 79	2. 38	-14. 70	3. 85	2. 18
97	0123. HK	越秀地产	5. 99	5. 09	-15. 03	8. 13	3. 32
98	1908. HK	建发国际集团	15. 43	13. 06	-15. 37	19. 58	10. 06
99	6999. HK	领地控股	0. 20	0. 17	-15. 38	0. 39	0. 11
100	0271. HK	亚证地产	0. 19	0. 16	-15. 43	0. 22	0. 14
101	0488. HK	丽新发展	0. 85	0. 71	-16. 47	0. 98	0. 42
102	0014. HK	希慎兴业	14. 18	11. 84	-16. 52	14. 50	10. 13
103	0225. HK	博富临置业	5. 43	4. 50	-17. 05	5. 69	4. 47
104	1224. HK	中渝置地	1. 44	1. 18	-18. 06	1. 51	1. 05
105	0960. HK	龙湖集团	12. 21	10. 00	-18. 10	20. 15	7. 51
106	1243. HK	宏安地产	0. 04	0. 04	-18. 18	0. 06	0. 03
107	2019. HK	德信中国	0. 10	0. 09	-18. 27	0. 16	0. 03
108	0160. HK	汉国置业	1. 34	1. 09	-18. 76	1. 71	1. 06
109	0604. HK	深圳控股	1. 08	0. 87	-19. 16	1. 33	0. 65
110	0864. HK	永利地产发展	0. 23	0. 18	-19. 65	0. 29	0. 15
111	0194. HK	廖创兴企业	5. 07	4. 06	-19. 98	5. 12	3. 89
112	0059. HK	天誉置业	0. 02	0. 01	-20. 00	0. 03	0. 01
113	0859. HK	中昌国际控股	0. 18	0. 14	-20. 00	0. 18	0. 07
114	0432. HK	盈大地产	0. 24	0. 20	-20. 08	0. 25	0. 16
115	0129. HK	泛海集团	0. 44	0. 35	-20. 45	0. 55	0. 33
116	2286. HK	辰兴发展	0. 34	0. 27	-20. 59	2. 50	0. 12
117	1997. HK	九龙仓置业	25. 02	19. 86	-20. 62	29. 25	17. 48
118	2349. HK	中国城市基础设施	0. 07	0. 05	-20. 90	0. 10	0. 03
119	1098. HK	路劲	1. 45	1. 14	-21. 38	1. 97	0. 77
120	0185. HK	正商实业	0. 22	0. 17	-21. 86	0. 50	0. 13
121	2292. HK	晋安实业	0. 81	0. 63	-22. 22	1. 19	0. 63
122	9993. HK	金辉控股	3. 78	2. 92	-22. 75	5. 64	1. 68
123	0754. HK	合生创展集团	4. 06	3. 11	-23. 40	6. 50	2. 32
124	1996. HK	弘阳地产	0. 09	0. 07	-23. 53	0. 32	0. 04

续表

排名	证券代码	证券简称	2023 年收盘价（港元）	2024 年收盘价（港元）	涨跌幅（%）	最高价（港元）	最低价（港元）
125	0472. HK	新丝路文旅	0. 16	0. 12	-23. 57	0. 21	0. 10
126	0997. HK	普汇中金国际	0. 03	0. 02	-24. 14	0. 05	0. 02
127	2288. HK	宏基资本	0. 23	0. 17	-24. 44	0. 35	0. 09
128	0081. HK	中国海外宏洋集团	2. 39	1. 77	-25. 80	2. 95	1. 33
129	0367. HK	庄士机构国际	0. 45	0. 33	-25. 84	0. 46	0. 31
130	0865. HK	建德国际控股	0. 02	0. 02	-26. 09	0. 03	0. 02
131	0035. HK	远东发展	1. 26	0. 93	-26. 13	1. 27	0. 88
132	1663. HK	汉港控股	0. 14	0. 10	-26. 43	0. 15	0. 09
133	2202. HK	万科企业	7. 22	5. 29	-26. 73	14. 08	3. 63
134	6158. HK	正荣地产	0. 09	0. 07	-27. 17	0. 28	0. 04
135	0369. HK	永泰地产	2. 60	1. 89	-27. 18	2. 72	1. 71
136	0034. HK	九龙建业	5. 21	3. 79	-27. 23	5. 46	3. 00
137	0063. HK	中亚烯谷集团	0. 10	0. 07	-27. 84	0. 14	0. 05
138	1628. HK	禹洲集团	0. 10	0. 07	-28. 16	0. 39	0. 05
139	1813. HK	合景泰富集团	0. 56	0. 40	-28. 57	1. 20	0. 21
140	1560. HK	星星集团	0. 22	0. 15	-28. 84	1. 00	0. 07
141	0163. HK	英皇国际	0. 29	0. 21	-29. 31	0. 35	0. 20
142	0938. HK	民生国际	1. 19	0. 83	-30. 25	1. 38	0. 60
143	3333. HK	中国恒大	0. 24	0. 16	-30. 64	0. 24	0. 16
144	1862. HK	景瑞控股	0. 04	0. 03	-30. 77	0. 29	0. 02
145	2421. HK	嘉创地产	0. 87	0. 60	-31. 18	0. 86	0. 55
146	0216. HK	建业实业	0. 96	0. 65	-32. 52	0. 96	0. 64
147	0089. HK	大生地产	2. 68	1. 79	-33. 09	2. 72	1. 71
148	8532. HK	宝发控股	0. 05	0. 03	-33. 33	0. 07	0. 03
149	0627. HK	日本共生	0. 73	0. 49	-33. 56	1. 97	0. 45
150	2892. HK	万城控股	0. 40	0. 27	-33. 75	0. 85	0. 25
151	0036. HK	远东控股国际	0. 55	0. 37	-33. 89	0. 87	0. 31
152	1396. HK	粤港湾控股	0. 22	0. 14	-34. 05	1. 37	0. 08
153	0242. HK	信德集团	1. 01	0. 66	-34. 65	1. 00	0. 61
154	0798. HK	中电光谷	0. 39	0. 25	-35. 52	0. 38	0. 24
155	0298. HK	庄士中国	0. 15	0. 09	-35. 86	0. 19	0. 09

续表

排名	证券代码	证券简称	2023 年收盘价（港元）	2024 年收盘价（港元）	涨跌幅（%）	最高价（港元）	最低价（港元）
156	0158. HK	万邦投资	94. 57	60. 44	-36. 09	94. 57	56. 08
157	0171. HK	银建国际	0. 14	0. 09	-36. 23	0. 33	0. 09
158	6968. HK	港龙中国地产	0. 20	0. 12	-36. 92	0. 42	0. 10
159	0101. HK	恒隆地产	9. 92	6. 23	-37. 18	10. 03	5. 28
160	0261. HK	GBA 集团	0. 17	0. 11	-37. 21	0. 52	0. 10
161	2007. HK	碧桂园	0. 78	0. 49	-37. 82	0. 81	0. 47
162	1238. HK	宝龙地产	0. 73	0. 45	-39. 04	1. 27	0. 29
163	3990. HK	美的置业	4. 97	3. 00	-39. 62	7. 92	2. 36
164	0191. HK	丽新国际	0. 95	0. 57	-40. 00	0. 96	0. 50
165	1668. HK	华南城	0. 30	0. 18	-40. 00	0. 42	0. 11
166	0480. HK	香港兴业国际	1. 48	0. 88	-40. 54	1. 48	0. 84
167	0287. HK	永发置业	5. 52	3. 25	-41. 17	6. 44	3. 00
168	1218. HK	永义国际	3. 21	1. 86	-42. 06	3. 22	1. 80
169	3377. HK	远洋集团	0. 44	0. 25	-43. 86	0. 75	0. 15
170	1125. HK	丽丰控股	2. 00	1. 11	-44. 50	2. 00	1. 10
171	2330. HK	中国上城	0. 14	0. 08	-44. 75	0. 32	0. 07
172	0124. HK	粤海置地	0. 57	0. 31	-45. 61	0. 58	0. 25
173	1064. HK	中华国际	0. 08	0. 04	-45. 68	0. 08	0. 03
174	1570. HK	伟业控股	2. 18	1. 18	-45. 87	3. 40	0. 85
175	0095. HK	绿景中国地产	0. 78	0. 42	-46. 15	1. 20	0. 41
176	3639. HK	亿达中国	0. 18	0. 10	-47. 28	0. 20	0. 09
177	1222. HK	宏安集团	0. 04	0. 02	-47. 50	0. 04	0. 02
178	6611. HK	三巽集团	0. 16	0. 07	-53. 80	0. 31	0. 05
179	0618. HK	北大资源	0. 40	0. 18	-55. 50	0. 43	0. 12
180	0017. HK	新世界发展	11. 86	5. 16	-56. 48	11. 91	4. 99
181	1176. HK	珠光控股	0. 21	0. 09	-56. 67	0. 40	0. 06
182	6900. HK	上坤地产	0. 03	0. 01	-59. 38	0. 04	0. 01
183	2088. HK	西王置业	0. 07	0. 03	-60. 29	0. 09	0. 02
184	1107. HK	当代置业	0. 05	0. 02	-60. 38	0. 07	0. 02
185	1172. HK	融太集团	0. 05	0. 02	-60. 42	0. 05	0. 02
186	0075. HK	渝太地产	0. 60	0. 23	-62. 50	0. 60	0. 23

续表

排名	证券代码	证券简称	2023 年收盘价（港元）	2024 年收盘价（港元）	涨跌幅（%）	最高价（港元）	最低价（港元）
187	9982. HK	中原建业	0. 31	0. 11	-63. 93	0. 31	0. 09
188	0199. HK	德祥地产	0. 65	0. 22	-66. 31	0. 65	0. 19
189	2772. HK	中梁控股	0. 33	0. 11	-66. 67	0. 56	0. 07
190	9968. HK	汇景控股	0. 05	0. 02	-70. 59	0. 06	0. 01
191	2231. HK	景业名邦集团	1. 03	0. 30	-70. 87	1. 15	0. 26
192	0910. HK	中国三迪	0. 09	0. 02	-74. 19	0. 09	0. 02
193	2608. HK	阳光 100 中国	0. 09	0. 02	-79. 31	0. 10	0. 02
194	3603. HK	信基沙溪	0. 23	0. 05	-79. 56	0. 23	0. 03
195	1622. HK	力高集团	1. 33	0. 20	-84. 81	1. 33	0. 20
196	0989. HK	华音国际控股	3. 30	0. 38	-88. 48	3. 52	0. 32

数据来源：Wind。

表 6-4-19　海外上市内地房地产企业股价（前复权）涨跌幅排行榜

排名	证券代码	证券简称	2023 年收盘价	2024 年收盘价	涨跌幅（%）	最高价	最低价
1	BHD. SG	阳光控股	0. 02	0. 04	45. 83	0. 15	0. 00
2	H78. SG	香港置地	3. 48	4. 45	27. 87	5. 00	2. 78
3	BEKE. N	贝壳	15. 81	18. 42	16. 49	26. 05	12. 14
4	Z25. SG	仁恒置地	0. 58	0. 66	13. 79	0. 87	0. 38
5	XIN. N	鑫苑置业	2. 72	2. 64	-3. 04	7. 05	1. 92
6	BCD. SG	元邦地产	0. 26	0. 15	-40. 39	0. 26	0. 13
7	UK. O	优客工厂	3. 71	1. 18	-68. 33	6. 46	1. 04
8	LEJUY. OO	乐居-ADR	1. 60	0. 04	-97. 49	1. 70	0. 04

数据来源：Wind。

注：证券代码后缀为 . SG 的货币单位为新加坡元；后缀为 . N 和 . O 的货币单位为美元。

表 6-4-20　上市物业管理服务企业股价（前复权）涨跌幅排行榜

排名	证券代码	证券简称	2023 年收盘价	2024 年收盘价	涨跌幅（%）	最高价	最低价
1	1153. HK	佳源服务	0. 28	0. 61	121. 82	0. 69	0. 28
2	8426. HK	雅居投资控股	0. 16	0. 32	96. 18	0. 86	0. 17
3	2165. HK	领悦服务集团	0. 65	1. 27	95. 38	1. 74	0. 57
4	300917. SZ	特发服务	25. 21	48. 38	91. 90	79. 85	17. 44
5	3658. HK	新希望服务	1. 04	1. 98	90. 72	2. 15	0. 93
6	1200. HK	美联集团	0. 49	0. 84	71. 43	1. 24	0. 45

续表

排名	证券代码	证券简称	2023 年收盘价	2024 年收盘价	涨跌幅（%）	最高价	最低价
7	6666. HK	恒大物业	0. 49	0. 75	54. 64	1. 31	0. 36
8	0816. HK	金茂服务	1. 64	2. 52	53. 70	3. 55	1. 26
9	1995. HK	永升服务	1. 29	1. 95	51. 58	3. 06	0. 91
10	2168. HK	佳兆业美好	1. 04	1. 51	45. 19	3. 10	0. 86
11	2869. HK	绿城服务	2. 79	3. 83	37. 47	5. 63	2. 24
12	2107. HK	第一服务控股	0. 20	0. 27	36. 54	0. 42	0. 17
13	3316. HK	滨江服务	14. 77	20. 15	36. 38	21. 55	12. 54
14	000560. SZ	我爱我家	2. 25	3. 05	35. 56	4. 29	1. 42
15	6626. HK	越秀服务	2. 43	3. 28	34. 77	3. 94	2. 19
16	300295. SZ	三六五网	12. 33	16. 61	34. 71	24. 24	6. 29
17	9608. HK	宋都服务	0. 17	0. 23	33. 92	0. 62	0. 09
18	8181. HK	时时服务	0. 07	0. 10	33. 78	0. 19	0. 05
19	2207. HK	融信服务	0. 44	0. 56	28. 74	1. 29	0. 40
20	2098. HK	卓尔智联	0. 25	0. 31	25. 00	0. 48	0. 20
21	6668. HK	星盛商业	1. 07	1. 20	12. 29	1. 50	0. 96
22	2423. HK	贝壳-W	42. 24	47. 40	12. 22	73. 50	31. 61
23	2529. HK	泓盈城市服务	2. 95	3. 31	11. 86	3. 36	2. 16
24	1209. HK	华润万象生活	26. 46	28. 90	9. 22	38. 78	19. 43
25	6049. HK	保利物业	27. 84	30. 40	9. 19	40. 65	22. 53
26	002285. SZ	世联行	2. 41	2. 59	7. 47	4. 16	1. 49
27	1755. HK	新城悦服务	2. 93	3. 08	5. 05	4. 38	2. 05
28	9983. HK	建业新生活	1. 18	1. 22	2. 97	1. 54	0. 58
29	2152. HK	苏新服务	6. 69	6. 82	1. 88	7. 20	4. 07
30	2146. HK	荣万家	1. 78	1. 79	0. 56	1. 95	0. 89
31	2270. HK	德商产投服务	1. 12	1. 12	0. 00	2. 01	1. 06
32	2352. HK	东原仁知服务	6. 72	6. 70	-0. 24	8. 16	4. 68
33	1941. HK	烨星集团	0. 17	0. 17	-0. 60	0. 22	0. 16
34	3662. HK	星悦康旅	0. 48	0. 48	-1. 04	0. 79	0. 34
35	1502. HK	金融街物业	2. 16	2. 10	-2. 68	2. 56	2. 00
36	2340. HK	升柏控股	0. 24	0. 23	-4. 17	0. 27	0. 17
37	2205. HK	康桥悦生活	0. 71	0. 68	-4. 39	0. 89	0. 39
38	2455. HK	润华服务	0. 65	0. 62	-4. 74	1. 13	0. 42

续表

排名	证券代码	证券简称	2023 年收盘价	2024 年收盘价	涨跌幅（%）	最高价	最低价
39	1516. HK	融创服务	1. 75	1. 66	-5. 28	3. 18	1. 38
40	2210. HK	京城佳业	3. 65	3. 39	-7. 17	4. 89	3. 12
41	0755. HK	大方广瑞德	0. 01	0. 01	-9. 09	0. 05	0. 01
42	6958. HK	正荣服务	0. 19	0. 17	-9. 68	0. 40	0. 13
43	2602. HK	万物云	22. 66	20. 45	-9. 75	28. 05	15. 03
44	2669. HK	中海物业	5. 67	5. 12	-9. 75	7. 19	3. 77
45	001914. SZ	招商积余	11. 73	10. 57	-9. 90	13. 33	8. 16
46	1971. HK	弘阳服务	0. 47	0. 42	-10. 64	0. 69	0. 34
47	6989. HK	卓越商企服务	1. 45	1. 28	-11. 56	1. 69	0. 98
48	3699. HK	光大永年	0. 40	0. 36	-12. 15	0. 44	0. 30
49	9928. HK	时代邻里	0. 50	0. 44	-12. 62	0. 86	0. 36
50	6098. HK	碧桂园服务	6. 35	5. 52	-13. 07	8. 39	3. 92
51	6677. HK	远洋服务	0. 70	0. 60	-14. 69	0. 75	0. 29
52	0459. HK	鋑联控股	0. 09	0. 08	-17. 02	0. 11	0. 07
53	3319. HK	雅生活服务	3. 47	2. 85	-17. 89	4. 59	2. 05
54	603506. SH	南都物业	10. 44	8. 51	-18. 52	12. 38	6. 27
55	1895. HK	鑫苑服务	0. 76	0. 61	-20. 13	0. 95	0. 30
56	0873. HK	世茂服务	1. 19	0. 92	-22. 69	1. 82	0. 65
57	0265. HK	港誉智慧城市服务	1. 50	1. 15	-23. 33	2. 55	1. 00
58	2156. HK	建发物业	3. 14	2. 39	-23. 86	3. 52	2. 20
59	002968. SZ	新大正	11. 99	9. 11	-24. 07	12. 59	6. 76
60	1922. HK	瑞森生活服务	1. 86	1. 36	-27. 02	1. 90	1. 20
61	1965. HK	朗诗绿色生活	0. 26	0. 19	-27. 31	0. 28	0. 16
62	9916. HK	兴业物联	0. 50	0. 36	-28. 00	0. 85	0. 30
63	1538. HK	中奥到家	0. 41	0. 30	-28. 17	0. 44	0. 28
64	9978. HK	方圆生活服务	0. 09	0. 06	-29. 07	0. 13	0. 04
65	8360. HK	简朴新生活	0. 85	0. 60	-29. 41	0. 98	0. 48
66	3913. HK	合景悠活	0. 47	0. 33	-30. 85	0. 67	0. 26
67	002188. SZ	中天服务	6. 58	4. 51	-31. 46	6. 74	3. 01
68	9666. HK	金科服务	11. 04	7. 51	-31. 97	11. 06	5. 63
69	2271. HK	众安智慧生活	0. 80	0. 53	-34. 05	1. 43	0. 42
70	2048. HK	易居企业控股	0. 20	0. 13	-36. 95	0. 60	0. 04

续表

排名	证券代码	证券简称	2023 年收盘价	2024 年收盘价	涨跌幅（%）	最高价	最低价
71	2376. HK	鲁商服务	1. 90	1. 14	-40. 00	2. 17	1. 11
72	1778. HK	彩生活	0. 30	0. 17	-41. 02	0. 43	0. 15
73	1417. HK	浦江中国	0. 37	0. 20	-45. 21	0. 45	0. 17
74	6093. HK	和泓服务	2. 55	1. 39	-45. 49	2. 60	1. 30
75	2215. HK	德信服务集团	2. 30	1. 12	-51. 30	2. 45	1. 09
76	0606. HK	中骏商管	0. 52	0. 24	-53. 08	0. 52	0. 19
77	0352. HK	富阳	0. 16	0. 06	-60. 51	0. 16	0. 06
78	0733. HK	合富辉煌	1. 18	0. 39	-66. 95	1. 30	0. 39
79	0106. HK	朗诗绿色管理	0. 07	0. 01	-83. 08	0. 11	0. 01
80	2370. HK	力高健康生活	1. 68	0. 28	-83. 63	1. 68	0. 26

数据来源：Wind。

注：证券代码后缀为 . SZ 和 . SH 的货币单位为元；后缀为 . HK 的货币单位为港元。

表 6-4-21 沪深上市房地产投资信托基金（前复权）涨跌幅排行榜

排名	证券代码	证券简称	2023 年收盘价（元）	2024 年收盘价（元）	涨跌幅（%）	最高价（元）	最低价（元）
1	508068. SH	华夏北京保障房 REIT	2. 45	3. 59	46. 53	3. 60	2. 32
2	508058. SH	中金厦门安居 REIT	2. 52	3. 68	46. 19	3. 80	2. 29
3	508026. SH	嘉实中国电建清洁能源 REIT	2. 62	3. 90	44. 02	3. 96	2. 68
4	180501. SZ	红土创新深圳安居 REIT	2. 38	3. 31	38. 98	3. 37	2. 11
5	180101. SZ	博时蛇口产园 REIT	1. 56	2. 02	29. 80	2. 08	1. 33
6	508077. SH	华夏基金华润有巢 REIT	2. 23	2. 88	29. 18	2. 91	1. 90
7	508006. SH	富国首创水务 REIT	3. 01	3. 84	27. 43	4. 00	2. 85
8	508007. SH	中金山东高速 REIT	5. 96	7. 54	26. 51	7. 71	5. 66
9	508011. SH	嘉实物美消费 REIT	2. 32	2. 95	26. 27	3. 15	2. 14
10	180601. SZ	华夏华润商业 REIT	6. 62	8. 32	25. 57	8. 89	6. 44
11	508008. SH	国金中国铁建 REIT	7. 13	8. 84	23. 97	9. 40	7. 01
12	508096. SH	中航京能光伏 REIT	8. 64	10. 56	22. 11	10. 68	8. 20
13	508031. SH	国泰君安城投宽庭保租房 REIT	2. 99	3. 62	20. 95	3. 99	2. 64
14	508019. SH	中金湖北科投光谷 REIT	2. 01	2. 40	19. 16	2. 45	1. 70
15	180701. SZ	银华绍兴原水水利 REIT	2. 83	3. 93	17. 68	4. 20	3. 30
16	508005. SH	华夏首创奥莱 REIT	2. 45	3. 00	15. 63	3. 25	2. 49
17	508015. SH	中信建投明阳智能新能源 REIT	6. 11	7. 84	15. 01	8. 18	6. 61

续表

排名	证券代码	证券简称	2023 年收盘价（元）	2024 年收盘价（元）	涨跌幅（%）	最高价（元）	最低价（元）
18	180103. SZ	华夏和达高科 REIT	2. 09	2. 40	14. 66	2. 57	1. 77
19	180102. SZ	华夏合肥高新 REIT	1. 67	1. 91	14. 46	2. 01	1. 44
20	180201. SZ	平安广州广河 REIT	8. 06	9. 23	14. 44	9. 67	7. 90
21	180401. SZ	鹏华深圳能源 REIT	5. 56	6. 35	14. 11	6. 37	5. 17
22	508028. SH	中信建投国家电投新能源 REIT	8. 79	10. 02	14. 02	10. 31	8. 43
23	508027. SH	东吴苏园产业 REIT	2. 98	3. 37	13. 19	3. 60	2. 55
24	180202. SZ	华夏越秀高速 REIT	5. 72	6. 37	11. 45	7. 06	5. 60
25	508089. SH	华夏特变电工新能源 REIT	3. 71	5. 05	11. 25	5. 31	4. 27
26	180502. SZ	招商基金蛇口租赁住房 REIT	2. 73	3. 20	9. 34	3. 35	2. 86
27	508022. SH	博时津开产园 REIT	2. 40	2. 63	8. 97	2. 68	2. 36
28	508017. SH	华夏金茂商业 REIT	2. 58	2. 83	8. 87	2. 85	2. 32
29	180603. SZ	华夏大悦城商业 REIT	3. 29	3. 56	8. 14	3. 66	2. 98
30	508088. SH	国泰君安东久新经济 REIT	3. 14	3. 39	7. 92	3. 45	2. 56
31	180801. SZ	中航首钢绿能 REIT	11. 68	12. 60	7. 87	13. 89	10. 82
32	508001. SH	浙商沪杭甬 REIT	6. 57	7. 05	7. 32	7. 30	6. 42
33	180402. SZ	工银蒙能清洁能源 REIT	5. 34	6. 79	6. 85	6. 98	6. 12
34	508097. SH	华泰南京建邺 REIT	2. 56	2. 77	6. 67	3. 00	2. 56
35	508069. SH	华夏南京交通高速公路 REIT	5. 45	5. 81	6. 47	5. 89	5. 41
36	508010. SH	中金重庆两江 REIT	2. 55	2. 70	5. 84	2. 86	2. 46
37	180602. SZ	中金印力消费 REIT	3. 18	3. 35	5. 20	3. 36	3. 06
38	508033. SH	易方达深高速 REIT	6. 09	6. 40	5. 12	6. 51	5. 83
39	508048. SH	华安外高桥 REIT	2. 79	3. 13	3. 68	3. 46	2. 89
40	508000. SH	华安张江产业园 REIT	2. 47	2. 55	3. 40	2. 64	1. 81
41	508056. SH	中金普洛斯 REIT	3. 23	3. 34	3. 31	3. 57	2. 42
42	508099. SH	建信中关村 REIT	2. 06	2. 11	2. 71	2. 52	1. 83
43	180106. SZ	广发成都高投产业园 REIT	3. 13	3. 47	2. 18	3. 50	3. 25
44	508036. SH	平安宁波交投 REIT	8. 09	8. 77	1. 96	9. 04	8. 60
45	508009. SH	中金安徽交控 REIT	6. 59	6. 70	1. 63	7. 77	6. 08
46	508003. SH	中金联东科创 REIT	3. 23	3. 29	1. 35	3. 56	3. 20
47	508066. SH	华泰江苏交控 REIT	5. 86	5. 88	0. 42	6. 43	5. 69
48	508002. SH	华安百联消费 REIT	2. 30	2. 38	-0. 01	2. 39	2. 14

续表

排名	证券代码	证券简称	2023 年收盘价（元）	2024 年收盘价（元）	涨跌幅（%）	最高价（元）	最低价（元）
49	508086. SH	工银河北高速 REIT	5. 27	5. 24	-0. 59	5. 55	5. 01
50	508021. SH	国泰君安临港创新产业园 REIT	4. 34	4. 30	-0. 96	4. 77	3. 60
51	180302. SZ	华夏深国际 REIT	2. 43	2. 40	-1. 08	2. 45	2. 16
52	508018. SH	华夏中国交建 REIT	4. 87	4. 81	-1. 13	5. 36	4. 34
53	180203. SZ	招商高速公路 REIT	6. 56	6. 33	-3. 39	6. 57	6. 08
54	508098. SH	嘉实京东仓储基础设施 REIT	3. 13	3. 01	-3. 83	3. 15	2. 11
55	180303. SZ	华泰宝湾物流 REIT	4. 06	3. 90	-4. 27	4. 08	3. 66
56	180105. SZ	易方达广开产园 REIT	2. 57	2. 36	-8. 16	2. 60	2. 21
57	180301. SZ	红土创新盐田港 REIT	2. 22	2. 04	-8. 53	2. 35	1. 84
58	508086. SH	工银河北高速 REIT	5. 27	5. 24	-0. 59	5. 55	5. 01

数据来源：Wind。

注：部分基金成立日期在 2024 年，其 2023 年收盘价均为发行价。

表 6-4-22　港市上市房地产投资信托股价（前复权）涨跌幅排行榜

排名	证券代码	证券简称	2023 年收盘价（港元）	2024 年收盘价（港元）	涨跌幅（%）	最高价（港元）	最低价（港元）
1	2191. HK	顺丰房托	2. 39	3. 13	31. 03	3. 22	2. 09
2	1503. HK	招商局商业房托	1. 22	1. 22	-0. 30	1. 32	0. 91
3	0808. HK	泓富产业信托	1. 26	1. 24	-1. 65	1. 48	1. 05
4	0435. HK	阳光房地产基金	1. 98	1. 86	-6. 12	2. 13	1. 41
5	0778. HK	置富产业信托	4. 54	3. 99	-12. 09	4. 60	3. 18
6	1426. HK	春泉产业信托	2. 28	1. 87	-17. 98	2. 30	1. 77
7	0823. HK	领展房产基金	40. 42	32. 85	-18. 72	40. 51	27. 79
8	2778. HK	冠君产业信托	2. 24	1. 73	-22. 86	2. 24	1. 35
9	1881. HK	富豪产业信托	0. 61	0. 47	-22. 95	0. 72	0. 41
10	0405. HK	越秀房产信托基金	1. 26	0. 96	-23. 81	1. 26	0. 80
11	87001. HK	汇贤产业信托	0. 90	0. 50	-45. 19	0. 89	0. 48

数据来源：Wind。

Ⅶ. 发展篇

导 读

本篇收录城市更新、康养产业、房地产估价、房地产金融、物业管理、存量住宅局改微装更新实践、城市轨道交通场站综合开发、房地产 REITs 等八篇特约专稿，反映这些领域在 2024 年取得的新进展和新经验。

一、城市更新

2024年12月召开的中央经济工作会议提出：大力实施城市更新。这是继2022年党的二十大报告提出“实施城市更新行动”，到2024年3月两会提出“稳步实施城市更新行动”，再到8月国务院在新型城镇化战略行动计划中提出“深入实施城市更新行动”之后的最新表述。可见，城市更新从“有序推进”到“稳步实施”再到“深入实施”，已进入“大力实施”的阶段。在这一过程中，建立可持续的城市更新模式成为关键，这也是2024年三中全会对城市更新提出的新要求。可以说，大力实施城市更新行动的必要条件就是建立可持续的城市更新模式，建立可持续的发展模式是当前城市更新步入深入实施阶段的必然要求。

（一）城市更新已进入规模化发展的新阶段

中国房地产已经从增量时代进入存量时代，今后城市更新是城市发展的常态，存量时代下城市更新必将进入规模化发展。根据住房城乡建设部数据，当前我国城镇人均住房建筑面积超过40平方米。城镇住房套户比为1.07，其中一线城市为1.01，二线城市为1.09，三、四线城市为1.12。这显示出，当前城镇居民的居住条件的显著改善，套户比超过1说明从总量上看已经实现“户均一套房”。如果中国城镇存量住房按照每年2%的更新速度，那么将带动全国每年7亿平方米左右的城市更新规模，涉及700余万套的房屋。

从全国实施城市更新的情况看，自2023年以来，已实施城市更新项目超过6.6万个，完成投资2.6万亿元。这些项目涵盖既有建筑的改造利用、城镇老旧小区的改造、城中村的改造等多个方面。例如，围绕既有建筑改造利用，已经改造78亿平方米的建筑，显著提升建筑的安全和节能水平。在城镇老旧小区改造方面，2023年新开工改造的城镇老旧小区5.37万个，加装电梯3.6万部。2024年，全国计划新开工改造城镇老旧小区5.4万个。

此外，全国已实施完整社区建设项目2900多个，精准补齐“一老一幼”设施3500多个，更新改造老厂区、老商业街区等2600多个，建设和改造医疗、体育、教育、文化设施近1.5万个，改造城市燃气等各类管道约10万千米，修复城市破损山体4.97万平方米，新建和改造城市绿地3.4万平方米。

2023—2024年，全国共活化利用300多片历史文化街区、1800多个历史建筑，使历史文化和现代生活融为一体、相得益彰。最新数据显示，全国共有历史文化街区1274片，历史建筑6.72万处。其中，保护对象类型持续丰富，92片红色文化型历史文化街区、85片工业遗产型街区、81片民族特色型街区、68片区域文化型街区等一大批承载重要记忆的古建筑、老街区被纳入保护体系。

当前，全国已有400多个城市成立城市更新工作领导小组，84个城市出台管理办法，300多个城市编制城市更新专项规划，城市更新的工作组织机制和制度政策框架日益完善。

围绕城市更新投融资机制，各地创新市场化投融资模式，努力打通实施城市更新的“源头活水”，13个省设立专项资金对城市更新重点领域项目给予奖补，国开行向27省56市的实施主体承诺授信6150亿元、发放贷款1455亿元，25个城市设立城市更新基金，总资金规模4400亿元。

从全国城市更新项目的企业参与情况来看，百强房企中已经有超七成企业涉足城市更新项目，尤其是前50强的房企，其参与度更为显著。截至2023年初，全国百强房企中已有70%以上涉足城市更新，其中10强房企的城市更新项目数量占比超过40%，显示出头部企业强大的资源整合能力和市场占有率。其中，港股企业在城市更新行业中占比较大，如保利发展、佳兆业集团、富力地产、华润置地等上市公司，他们在行业中具有显著影响力。

经过近几年的推进和发展，全国城市更新已进入一个面广量大、多样化、规模化发展的新阶段。

（二）大力实施城市更新关键在于建立可持续的发展模式

当前城市更新进入规模化发展阶段，其面临的挑战和问题较之前些年的起步阶段更为复杂和艰巨，可以说进入“深水区”。在这个阶段，城市更新不再仅仅是单一的解决住房问题或完善基础设施的物质层面，而是需要向城市的可持续发展与整体推进等更深层次的职责转变。从当前各类市场主体参与城市更新的实践中看，还面临着不少问题和挑战。在此，着重从城市更新的模式、机制和政策等三个方面进行探讨。

首先，城市更新模式有待进一步优化。从实践中看，以政府引导、市场运作、公众参与的城市更新可持续模式还有待进一步优化。在住房领域中，如何进一步发挥群众的自主更新意愿，做到群众接受意愿、市场参与动力、财政承受程度三者平衡是关键。例如上海的天山五村和甘泉三村旧住房改造项目均采取“原拆原建”方式进行征询意见，两个项目均没有达到实施的签约率。主要原因包括改造后面积不能扩大、改造后方案满意度不高、居民获得感不强等，实际上城市更新发展到今天，原有部分模式已无法充分满足居民意愿。在浙江杭州出现老旧住宅“自主更新”模式，这一模式是从“要我改”到“我要改”的转变，具有全国推广的可行性。

在非居住领域中，城市更新项目的交易成本、时间成本、商务成本均较高，如何统筹考虑投资回报、运营效益、收益分配、公益性贡献和实施路径。很多城市更新项目的难点在于构建政府和市场成本共担、利益共享模式，推动实现区域平衡、综合平衡、动态平衡。如新一轮城中村改造叫停“一二级联动”的模式，以“净地出让”为主，这一模式在当前地方政府财政压力较大的背景下，将会面临新的挑战，相关模式亟待创新。

其次，城市更新机制有待进一步理顺。主要体现在：系统化的城市更新治理体系尚未形成，缺乏顶层立法保障和指导方针，导致政策制度建设、规划体系衔接和管理体系构建工作复杂且难以把控整体发展方向。精细化的城市更新治理机制亟待完善，在某些领域中，各部门事权划分不清晰，多头管理、缺乏结构性和系统性协同，导致存量空间利用和公共资源投入缺乏统筹。多元化的城市更新利益平衡机制也有待健全，城市更新涉及政府、市场、公众等多元权利主体的不同利益，但目前在有些项目中多元主体的参与途径不清晰，缺乏与基层治理机制的有效衔接。另外，资金困境亟待破局。具体来看，如中央的专项借款不能全部解决前期资金，如何发挥中央专项借款资金的杠杆作用，城市更新基金如何让市场主体积极参与并有效建立实施，城市更新项目进入运营期后如何嫁接金融实现资金的良性循环等。同时，更新试点项目的实施程序复杂，耗时长，特别是控规调整环节，导致更新主体等待时间过长，增加企业的沉没成本，自主更新积极性不高等。

最后，城市更新政策有待进一步完善。当前城市更新的相关政策法规很多要沿用过去增量开发时期的政策，很多并不适用于存量改造。在实践中，地方有待充实城市更新政策工具箱，对于规划、土地、房屋、财政、税收、金融等联动支持政策体系还有待进一步完善。当然也有很多城市也已经建立城市更新的政策体系，如上海已经建立城市更新“1+3+N”的政策，但是很多政策在实施中缺少细则和指导，还存在政策难以落地实施的问题。例如：当前很多大城市的商办类土地即将到期，而关于商办土地到期之后的相关政策法规尚未出台，导致商办物业盘活面临着巨大的不确定性，社会资本对于不到 20 年土地年限的项目参与意愿低，影响商办类城市更新进程。另外，对于增强规划管理适应性，探索功能复合和用途弹性转换新模式，创新融合用地政策等亟待落地；适应城市更新项目的技术标准还需建立，以前增量开发的技术标准往往难以完全适用城市更新项目；城市更新项目由于非标准化特征，审批时间过长；历史风貌街坊里存在着简单的全面保留现象，存在“为保留而保留”，过度保护而增加成本，如何做好风貌价值评估来判断保留的部分与拆除的部分，形成保留与新建相结合的有机模式等，都有待进一步研究，并做好相应的改进和完善工作。

（三）建立可持续发展模式的主要路径在于实战迭代

在当前存量时代下城市更新已进入深化发展的新阶段，建立可持续的城市更新模式成为关键，在这一过程中要重视实战经验，其主要路径也在于实战迭代。为此，企业等市场主体的参与不可或缺，城市更新行动能否大力实施并持续发展的重点，关键在于企业是否有积极性能够深入参与。为此，由上海市房产经济学会、上海市房地产行业协会、上海市房地产经纪行业协会、上海市城市更新研究会、上海易居房地产研究院五家单位联合主办的“2024 城市更新实战优秀案例和优秀企业研究评审活动”连续三年举行，在活动中总结企业参与城市更新的好经验好做法，形成可复制可推广的实战经验，希望推动企业形成创新的城市更新可持续发展实施模式。根据 2024 年评选出的实战优秀案例和优秀企业，总结以下企业的实战经验。

1. 创新科学定位，打造特色内容，这是企业实施城市更新的基础

首先，深入的市场调研和分析是企业形成城市更新项目科学定位的必要条件。了解目标区域的社会经济状况、人口结构、文化背景、历史遗产等，分析该区域的发展需求、居民需求、商业潜力和潜在问题，并思考项目在社区中的站位，在区域中的站位，在全市的站位。如果是居住类城市更新项目，要摒弃过去的传统开发思维和做法，系统思考项目能否通过改造成为“好房子”，是不是通过更新大大改善居民的居住条件，是否提升居民的居住满意度；如果是商业类城市更新项目，要深入研究当前新时代年轻人的消费偏好是什么，兴趣点是什么，把握当代年轻人的消费趋势，这样才能让过剩的商业焕发新的消费活力。

其次，打造有特色的内容是城市更新项目形成科学定位的创新亮点。由于过去房地产增量时代的高速发展，更多的是内容要适应新增空间，但随着当前房地产发展模式发生根本性的变化，存量时代的城市更新，进入空间更新和内容更新并重的阶段，下一阶段将走向内容更新为主导，空间更新服务于内容更新的阶段。所以在城市更新中，产业的迭代升级、商业的消费多元、居住环境的改善都应该成为城市更新项目的必要条件，切忌只有空间更新而没有内容更新，这样只会多一栋过剩的楼宇，低效的土地而已。城市更新项目一般具有一定的历史文化和富有故事性，如何充分挖掘相关历史文化价值，与现代化文化发展能够有机融合，打造有特色内容，提升项目的文化价值和吸引力，企业在城市更新中应全面认识地块，进行全面规划，而非简单的风貌修复或重现，鼓励改造成新的风貌。例如入选 2024 年实战优秀案例的鸿寿坊，项目始建于 1933 年，是由商人潘守仁投资兴建的二层砖木结构石库门里弄住宅，并且小作坊和老字号商铺林立。瑞安对鸿寿坊项目倾注匠心与巧思，围绕周边目标客群进行精准定位，打造有“精致烟火气”的里弄商业，突出品质感、邻里感和新鲜感。其中 FOODIESOCIAL 鸿寿坊食集是瑞安食集 3.0 产品，它承载着“菜场”功能，同时也是一个具有邻里人情味的美食社交空间。项目通过保护修缮和局部整体改造相结合的方式，既保留历史建筑风貌，又赋予项目新的生命力。

在这个过程中，科学定位和特色内容都要体现在设计方案上进行落地应用，让设计方案中融入地方特色和历史元素。例如在鸿寿坊 FOOD IE SOCIAL 设计应用落地的过程中，采用精心挑选的老红砖，将外墙面肌理在室内重现，在致敬历史的同时，也为商业的氛围增添独特的活力。3 号楼外立面同样采用室内的手法，考虑到商业气氛的室内外联系，用镂空的手法增强视觉通透性。同时，内部商铺之间的走道是经过团队多次试验确定，打造一种既不拥挤又有热闹氛围的空间尺度感。

2. 加强公众参与，满足居民需求，这是企业实施城市更新的核心

企业在参与城市更新项目时，加强公众参与和确保项目满足社区及居民的多样需求是至关重要的，这也是城市更新项目相比普通的房地产开发项目更加复杂的原因。参与主体多就需要考虑多方面平衡，这也是城市更新项目周期比较长的原因之一。经过对城市更新实战优秀案例的研究，满足社区和居民的多样化需求有以下方法可以借鉴。

首先，要充分调查和保持沟通，在项目初期，企业需要通过问卷调查、访谈和社区会议等方式，收集居民的意见和需求，在过程中要保持与社区居民的沟通渠道畅通，及时分享项目信息和进展，鼓励居民提出建议和反馈，可以通过定期举行公众咨询会，邀请居民参与讨论项目规划和设计方案，让利益相关者共同参与项目的规划和决策过程。例如 2024 年城市更新实战优秀案例瑞康里项目始终坚持全过程人民民主，如居民一轮征询期间召开 54 场居民圆桌会议、2 场公信人士评议会，充分听取居民意见及诉求，将政策讲透、讲实。签约前期筹备期间完成召开 36 场正式方案宣贯会，集中召开 4 场原地建设房屋咨询答疑会等。针对不同方案，瑞康里项目开发一套信息系统，居民可通过 App 了解各个安置方案间的差异，帮助居民算清经济账，突出“多元选择，由民作主”。

其次，发挥党建作用，在城市更新项目中进行合作交流，共同推进工作进展，例如央企党组织与社区党组织进行党建联动，组织以推进项目工作进展为核心的活动，取得突出的效果，另外在旧住房改造项目中，还可以成立由党员为代表组成的参与小组，参与项目的关键决策和监督工作。

最后，为社区居民或村民创造就业机会，保障利益。例如 2024 年城市更新实战优秀案例红旗村改造项目将原住村民纳入土地增值的主要获益群体之中，不仅以合理安置、公正对待的原则设定安置及补偿标准，村集体还有机会以成本价整体回购地块改造后新建甲级写字楼物业，村民有机会融入中海团队在写字楼招商与运营中学习成长，获得长期造血机制。

同时，在必要或有条件时，企业在城市更新相关项目中，可聘请社区规划师或社区设计师，提供灵活的设计方案，确保项目设计与居民需求相匹配，以适应居民的不同需求和社区的特色。例如不少老旧小区改造项目，提供几十种户型选择，响应每户的不同需求，进行定制化的户型设计，以确保居民满意度。

通过以上方式方法，企业可以让城市更新项目不仅满足居民的当前需求，而且能够适应未来的变化，同时增强社区的凝聚力和活力。

3. 持续精细运营，保持长期活力，这是企业实施城市更新的重点

城市更新不仅仅是一次性的建设活动，企业还需要关注项目的持续运营和服务，确保更新后的区域能够长期保持活力和可持续发展，而且运营和服务水平的提升也是未来城市更新项目保持稳定现金流的前提，是项目未来有机会发行城市更新 REITs 的核心能力。

首先，企业要建立运营前置的理念，将终端用户的需求作为项目前期定位的重要依据，并且制定规划设计方案要紧紧围绕着后期运营为核心，设计灵活且适应性强的空间布局，以适应不同客户和市场变化。如鸿寿坊项目在前期定位阶段是由投资开发团队与招商运营团队共同进行定位方案和设计方案，这就是典型的运营前置。

其次，为终端客户提供情绪价值。以商业类城市更新项目为例，当前商业正在面临着严重过剩，究其原因就是供需不匹配，传统的商业供应无法满足新一代消费人群的需求，因此对新一代消费人群的消费偏好与新形势的商业业态发展结合研究尤为关键，当前中国面临着严重的产能过剩，为情绪付费而不为实用埋单已成为一种趋势，好的运营就是要把这种趋势到项目上应用落地。例如鸿寿坊项目自开业以来，持续举办吸引目标客群的体验活动，已经举办 200 多场活动，吸引大量游客和消费者，持续保持商业“新鲜感”，也为消费者提供情绪价值。

此外，要形成为入驻企业发展赋能的理念。对于办公产业类城市更新项目，当前在实体经济发展面临困境，导致办公楼严重过剩，退租频发，空置率持续上升，在这一背景下，企业除要做好常规性的项目运营外，还要为企业提供高质量的物业管理服务，包括维护、清洁、安全和客户服务，特别是客户服务，要帮助入驻企业减少相关成本费用，例如提供税收、法律、人事、财务等方面的咨询，为入驻企业赋能，用软服务留企业，而并非可替代的办公硬件来吸引，要注重利用现代技术，如智能建筑系统、数据分析等，提高物业服务效率和客户体验。

4. 注重绿色发展，打造低碳建筑，这是企业实施城市更新的趋势

企业在参与城市更新项目的过程中，要持续打造绿色建筑、低碳或近零能耗建筑，突出项目生态效益，实现可持续发展，这也是城市更新优秀案例的发展趋势。第一，企业注重绿色建筑设计，在设计阶段就考虑节能和环保，采用绿色建筑材料，优化建筑布局和结构，提高自然采光和通风，减少能源消耗；对既有建筑进行节能改造，提升建筑的保温隔热性能，更新老旧设备，提高能源使用效率。第二，要注重可再生能源利用，在建筑中集成太阳能光伏、地热能等可再生能源技术，减少对传统能源的依赖；采用雨水收集和循环利用系统，减少用水量，提高水资源的利用效率。第三，安装智能能源管理系统，实时监控和调节能源使用，优化能源分配，在建筑运营阶段实施绿色管理策略，包括垃圾分类、绿化养护、节能教育等。此外，要持续研究和创新绿色建筑技术，探索更高效的节能方案。

例如2024年城市更新实战优秀案例露香园项目在历史风貌住区中引入前沿理念，如将“超低能耗的考量”“智慧城市理念”“未来社区服务规划”等融入项目的建设中，项目高层住宅采用高标准节能建筑做法，采用主动式节能和被动式节能相结合策略，从外墙、屋顶、门窗、设备、遮阳多方面采取节能措施，新兴建筑技术的运用真正将露香园打造成一个面向未来的“智慧低碳社区”。例如上实城开在红星村改造项目中强调可持续发展理念，注重生态环境保护与资源高效利用。通过绿色建筑、节能减排技术的应用，降低能耗和污染排放；通过雨水收集利用、垃圾分类回收等环保措施，实现资源的循环利用。

5. 制定品牌战略，塑造项目品牌，这是企业实施城市更新的形象

城市更新项目一般具有历史文化价值和丰富的特色内涵，特别适合打造项目的品牌形象，但如何将品牌理念广泛地被行业和公众所认知，就需要制定系统的品牌战略，并且久久为功地实践。

这是企业深入实施城市更新行动中不可或缺的企业形象，也是企业软实力的重要体现，必将有助于企业在这一领域中的进一步拓展和可持续发展。企业要形成城市更新品牌并持续做好品牌影响力，首先，明确项目的品牌定位，这是前期定位的重要组成，品牌定位更多侧重于品牌在市场中的位置，传递给目标受众的品牌核心价值等，在品牌定位过程中要充分研究竞品的品牌策略，从而形成差异化的品牌形象。其次，要明确品牌的核心价值和理念，这些价值应该与目标受众的需求和期望相一致，并围绕新一代年轻人对个性的追求，塑造相匹配的形象。最后，制定品牌传播计划，一方面，以针对性终端客群进行圈层进行营销推广传播，借助当前的新业态，如可借助主播影响特定的人群进行精准营销，争取努力实现破圈传播；另一方面，要注重在同行业内进行推广传播，借助专业、权威性第三方平台的力量，如整合行业学界力量、产业界力量和研究界力量的综合平台进行品牌推广，相比企业自身通过媒体或广告推广，将起到事半功倍的效果，这将有利于企业在行业内建立专业的品牌形象，整合相关上下游相关行业资源，为企业专业化发展助力。

此次评选出的城市更新实战优秀案例与优秀企业都十分注重品牌影响力的打造。例如红旗村项目作为上海市中心城区城市更新的示范案例，累计接待全国各省市区政府、政协、城投的城市更新相关考察团110余次；更新案例累计登上《解放日报》《人民日报》等核心媒体10余次。再如华鑫置业所开发的华鑫中心、华鑫天地等系列产品入选上海首届城市空间艺术季案例，成为上海城市更新实践的范例和上海工业用地二次开发的新地标。旗下华鑫物业被评为上海市物业服务企业综合服务能力五星级企业、上海市物业管理行业诚信承诺AAA级企业，荣登“2020全国物业服务企业综合实力500强”。锦和商管2021年获得“2021年度中国城市更新优秀运营商”称号；2022年获得“2022年度中国城市更新优秀运营商”“中国办公运营综合实力TOP20”“中国产业园区运营商50强”“中国产业运营轻资产运营商5强”等称号。

（四）加快推进建立可持续的城市更新模式

首先，建立可持续的城市更新模式是深入推进新型城镇化的重要抓手。2024年国务院发布的《深入实施以人为本的新型城镇化战略五年行动计划》提出：到2029年我国常住人口城镇化率提升至接近70%。城镇化快速发展阶段主要依托增量开发建设，而当前进入城镇化的深化阶段，主要依托就是城市更新，特别是城中村改造将加快推动农业转移人口市民化进程，对城镇化的推动将起到重要作用。其次，建立可持续的城市更新模式是提升人民幸福感的重要路径。这种发展模式是能够平衡政府、企业和个人三方主体的利益，能够在一个区域内共生多元业态，实现职住平衡，能够满足人们的多样化的需求，通过精细化的设计，实现多种更新方式共存，以人为本，不断提升人们幸福感。最后，建立可持续的城市更新模式是加快促进产业升级推动城市经济高质量发展的需要。加快优化产业空间布局，提升产业集聚效应，培育新兴产业，发展新质生产力需要加大力度盘活存量土地与房屋，为城市经济发展注入新的动力。同时，建立可持续的城市更新模式是传承城市文化保护遗产的重要动力。通过保护历史文化遗产、传承中华优秀传统文化、塑造城市特色风貌，增强城市的吸引力和凝聚力。这同时也是推动城市高质量发展、提升城市品质和竞争力的重要举措。那么如何加快建立可持续的城市更新模式，以下提出若干建议。

1. 正确认识房地产与城市更新的关系

建立可持续的城市更新模式首先要准确认识到城市更新与房地产的关系，这样才能在做法和模式上有所突破，形成可持续的发展模式。城市更新与房地产的关系非常密切。城市更新是通过改造提升城市空间、市政基础设施、公共服务设施以及环境品质，实现城市和谐、可持续发展。因此，城市更新与房地产是相互关联的，城市更新为房地产提供新的发展机遇和空间，而房地产则为城市更新提供物质基础和实施手段。在实际操作过程中，两者主要都是对城市空间的打造以创造更大的价值，甚至有些房地产再开发的项目就是城市更新。同时，城市更新和房地产都需要合理规划、科学决策、公平公正、规范操作，保障居民合法权益，促进城市高质量发展。但两者也有很大的区别。新时代下的城市更新可以理解为从整个城市经济与社会发展的视野，对城市中某些相对落后乃至衰退区域或项目进行改造、升级和活化，使其再次活跃起来，主要解决城市可持续发展的问题；房地产更倾向解决城市增量发展的问题。在新的形势下，城市更新的要求更高，约束条件更多，企业做好城市更新项目的难度也更大。如果不能主动认识和把握城市更新和房地产的关系，不仅在企业战略上有可能产生偏差，而且在实践中也容易造成重大的失误。反之，有正确认识的先导，就能有助于企业真正去理解乃至实践城市更新的项目。

两者之间的差异主要概括为以下六个方面：一是从主要目的看，城市更新强调存量焕发新的活力，房地产强调解决城市增量发展需求的问题。二是从内容种类看，城市更新既注重空间更新也强调内容更新，房地产更多强调物理空间上的建设。三是从项目周期看，城市更新周期相对比较长，而房地产以往得以快速发展的核心模式就是追求高周转。四是从运作主体看，城市更新主体多元并需要密切协同，而房地产更多以房地产开发企业为主体。五是从政策要求看，城市更新偏重于一项目一策或一类型一策，房地产政策相对统一，大多是一城一策。六是从操作模式看，城市更新正在建立可持续的发展模式，而房地产当前重点需要探索新发展模式。

房地产经过三十年的发展已经形成标准化的模式路径，相对比较成熟；而城市更新模式路径还没有标准化和统一，操作方式还不成熟，很多企业都在“摸着石头过河”。房地产开发的盈利模式是以散售为主，有金融属性，是以资本来推动的高杠杆、高毛利、高周转的盈利模式；而城市更新的盈利模式主要是以持有经营为主，依靠现金资产管理和运营来提供现金流为主要特征的盈利模式。

城市更新的商业模式很多是由房地产开发模式演变而来，企业积累的相关专业也更多偏向房地产领域。然而，在新的形势下，房企想要参与城市更新，仅凭过去房地产的传统思路是不行的，必须超越自我，思路重构，发挥优势，积极转型，不断提升城市更新领域的专业化水平，才能真正做好城市更新项目，进而在城市更新领域闯出一片新的天地。

2. 支持鼓励社会资本积极参与城市更新

社会资本参与城市更新，或成为缓解土地财政困境的有效途径。通过引入社会资本，能够实现城市更新资金来源的多元化，减轻财政负担，同时借助社会资本的市场化运作机制，提升资源配置效率。通过社会资本的有效引入，城市空间结构得以优化，促进土地资源的合理配置。另外，社会资本在项目管理、成本控制、技术创新等方面具有显著优势，能够推动项目快速落地并高效运行。社会资本的参与有助于引入市场机制，提升城市更新的效率与质量。

一是要在政策上发力，既要确定性，又要灵活性。一方面，要提高城市更新规划、政策、标准等的确定性。通过完善法规政策和技术标准，构建系统的政策框架，明确更新目标体系、规划指引、激励措施及退出机制，保持政策的相对稳定，给企业更多“确定性”“定心丸”，可以增强市场主体的投资信心。特别针对长周期、穿越周期、跨类别、复杂度高、创新要求高的项目，以及民营企业、境外企业等对象，以此减少观望情绪。另一方面，也需要加强政策的灵活性。包括完善、优化、创新土地政策，允许土地年期重新计算、租让并举、先租后让等，论证吸收历史时期毛地批租的科学合理成分，以搭建新形势下适应于城市有机更新的一二三级联动的可持续创新模式可行性，以灵活多样的方式吸引社会资本。这不仅可以降低企业的初期投入成本，还能根据项目实际情况调整用地方式，提高土地利用效率。

二是深化地方国企与其他各类企业的合作机制。不同类型企业具有各自的优劣势，通过建立良性合作机制，可形成优势互补态势，并弥补彼此不足。在实战中，有一些擅长后期运营的企业与地方国企组合开展城市更新的优秀案例，如百空间上海文化商厦在城市更新改造的征程中，首要任务是构建一个高效、协同的合作框架。项目团队深知，单打独斗难以应对复杂多变的城市更新挑战，因此，团队积极寻求与存量不动产资管领域的佼佼者——御沣存量房地产的合作，共同进行项目的开发与运营。久事旅游·平武 space 项目是由锦和商管通过专业服务输出，与上海国企久事旅游旗下交运公司进行合作共同打造。通过民企、国企、央企共同合作，弥补城市更新融资难、归集难、审批难等问题。

三是要建立政企沟通渠道，加强信息对称。加强对企业的宣传与招商，通过多渠道、多形式的宣传手段，提高城市更新项目的知名度和吸引力。可借鉴土地推介模式，召开城市更新项目推介大会，有关部门应主动对接优质企业，确保项目的高标准、高质量推进。建立信息对称的招商平台，为企业提供全面的项目信息和政策解读，促进双方的有效合作。同时，建立健全政府与企业的常态化沟通交流机制，可通过行业协会，定期组织沟通活动，深入了解企业经营情况，及时听取企业诉求，帮助企业解决实际困难。另外，加强对城市更新相关政策的宣传解读，确保企业能够及时了解政策动态，合理调整经营策略。同时，企业应积极参与政策制定和修订过程，确保政策符合市场需求和企业利益。

3. 构建算大账、算总账、算精账的资金平衡机制

建立可持续的城市更新模式中资金平衡不可或缺。在这一过程中，可探索算大账、算总账、算精账的资金平衡机制。例如红旗村改造包含“肥瘦搭配”的“片区更新”思路，即以经济潜在收益较好的地块更新带动经济潜在收益较差的地块改造，以片区“大平衡”代替单一地块的“小平衡”。将公共服务设施配套承载力与片区开发强度进行匹配，对收益率高低不同的项目进行“肥瘦搭配”，“瘦”的地块用于公共配套设施等支出性项目建设，“肥”的地块作为经营性地块，是项目资金平衡的主体。另外，不少城市更新项目不同于大规模开发的资金运作，更注重精细化管理和长期主义，需“算精账”，打造城市更新的资金平衡机制需要各方共同努力，政府部门、国有企业、金融机构和众多市场参与者，通过政策通一点、成本降一点、价值提一点、运营补一点，共同构建资金平衡机制。

从政策通一点来看，城市更新的政策要致力于打通城市更新项目实施过程中的堵点，特别是由于政策的原因导致的项目时间拖延，要制定清晰的城市更新项目自主申报指引，加快项目审批流程，管控要适当放开，建立城市更新项目“负面清单”，从而提升整体社会各类主体对城市更新的大力参与和实施。

从成本降一点来看，以融资成本为例，要探索多元化的投融资模式，例如中央提出要有效发挥城中村改造专项借款作用，企业可积极申请专项借款，为城市更新项目筹集资金。加快推出以城市更新项目为核心的不动产投资信托基金（REITs），努力打造资产优质+收益及现金流稳定+运营能力强的城市更新项目，实现项目的后期退出。当然企业对城市更新项目的投融资及退出需要解决好“远水”与“近渴”的矛盾。发展耐心资本，对于公益性较强的项目，政府财政资金要加大力度支持。另外，要加大力度缩减城市更新项目的实施周期，让时间成本降一点。

从价值提一点来看，合理的空间规划构建城市更新项目价值实现的“基本面”，但当前新时期下的规划编制坚持民生保障、公益优先、补齐短板、修复生态、保护风貌、传承文化，靠项目本身的“空间增容”去实现资金平衡是不现实的。政策要平衡好公共利益与市场价值，而市场主体要更多通过专业能力来提升城市更新项目的价值。

从运营补一点来看，要发展以长期运营现金流为主的盈利模式。例如鸿寿坊项目瑞安引进战略合作伙伴，不仅改善集团资金循环，又实现项目的可持续发展。在鸿寿坊开业 3 个月后，瑞安将鸿寿坊 65%的股权卖给大家保险，出售对应含税价格为人民币 12.06 亿元，折合项目估值对应金额为 25.90 亿元。虽然出售 65%的股份，瑞安仍旧拥有鸿寿坊的运营管理权利，掌握一定的经营主动权。能够做到如此对价，充分说明资金对瑞安运营能力的认可。

另外，上海探索并实践“动态平衡、全区平衡、统筹平衡”的综合平衡机制，动态平衡是从规划、建设、开发、运营长周期的角度考虑平衡；全区平衡，就是尽量实现本地块平衡，对本地块无法实现平衡的，整合全区各类资源，尽可能在全区范围内达到资金平衡；统筹平衡，就是重点聚焦上海地产集团等国企承担的项目，在全市范围内实现资金平衡，旧改地块与资源地块捆绑。通过市区、政企、项目联动，推动“资金、资产、资源”要素统筹和“跨周期、跨区域、跨类别”平衡。

4. 加快建立城市更新的专业服务体系

当前，在新的经济变革及全球竞争的背景下，我国大力培育和发展新质生产力。从整体上看，新质生产力主要是由新制造、新服务、新业态这三个“新”构成。服务成为生产力的重要构成是社会分工深化的结果，而其中必须重视的是生产性服务业。从世界各国尤其是发达国家的情况来看，在他们 GDP 的总量中，生产性服务业比重越来越大，而且他们的核心竞争力中十分重要的构成部分就是生产性的专业服务占有领先地位和引领作用。因此，新质生产力的新制造、新业态都需要有新服务特别是相关的专业服务参与其中。特别是在一些相对复杂的领域，要想高质量发展就必须重视专业服务，并建立专业服务体系，城市更新就是如此。

在我国现代化进程中，要培育新质生产力，就要加快推动中国生产性服务业的高质量发展。可见，在城市更新领域中，要大力实施城市更新，就必须要加快培育和发展高质量的城市更新专业服务业，把跟城市更新强相关的这类生产性服务业增加值搞上去。唯有如此，我国的城市更新才能在新的形势下实现可持续发展。从这个意义上讲，加快推进建立城市更新的专业服务体系，也是在我国现代化进程中，培育和发展新质生产力的重要组成部分。

从我国城市更新发展的实际情况来看，要加快建立高质量的城市更新专业服务体系，做好城市更新的专业服务，特别需要重视以下五个方面：一是政策法规方面的专业服务。城市更新涉及许多政策和法规，需要专业服务团队对相关法规和政策有深入的了解，以便为业主提供准确的咨询和服务。二是项目评估方面的专业服务。在城市更新项目中，业主的需求和期望各不相同，因此需要专业服务团队对业主的更新需求进行充分评估，为其制定合适的更新计划和方案。三是规划设计方面的专业服务。城市更新需要符合城市规划和土地利用总体规划等政策法规的要求，与传统房地产开发相比，又有其特殊的复杂性，往往需要专业方面的支持。四是协商协调方面的专业服务。城市更新需要平衡各方利益，包括政府、开发商、居民、企业等，在这些协调过程中，经常需要专业的法律、财务、谈判等方面的支持。五是防范风险方面的专业服务。在很多城市更新项目中，不乏应对各种风险和挑战的需求，如拆迁安置、环境保护、公共安全等，这些都需要专业的风险评估、应急管理等方面的支持。

例如上海已经建立第一批城市更新专家委员会，同时还建立“三师”联创机制。即责任规划师：负责城市更新的整体规划和设计，确保公共利益和城市更新目标的实现。统筹区域规划实施，提供全流程的规划技术支持和保障。责任建筑师：负责提升建设项目的品质，解决城市更新中的技术难题。提供建设项目全流程的设计咨询服务，包括前期咨询、设计服务、现场指导等。责任评估师：负责城市更新项目的经济效益评估，确保项目的财务可持续性。通过评估来促进资源、资产、资信和资金的有效整合。其目的是强化城市更新设计赋能，加强规划、建筑、评估等多专业的融合和集成创新，发挥专业技术团队对城市更新的全流程统筹支撑作用。这种机制有助于提升城市更新区域的品质，塑造品牌，彰显价值，并实现城市更新的综合成本平衡、区域发展平衡和近远期衔接平衡。

当然，以政府为主导建立的专业服务体系还有待进一步扩大，但更多需要发挥市场的力量，鼓励城市更新专业机构的发展，制定相关政策及优惠条件，重视城市更新专业团队的培育和提升，特别是城市更新实战人才的发现与培养，这样才能构建一个专家、专业机构、实战人才和专业平台共同组成的专业服务体系，从而有效地加快推进建立可持续的发展模式，大力实施城市更新。

（崔霁　上海易居房地产研究院）

二、康养产业

（一）2024 年康养行业发展情况

2024 年，康养市场呈现出一系列令人瞩目的显著变化。养老行业加速洗牌，传统养老床位持续收缩，市场化、品质化床位高速增长；养老需求端迎来转变，入住率触底反弹；企业投资分化加剧，一面是部分企业谨慎投入，另一面是行业整体融资创新高，足见资本对优质康养项目的热捧。当前养老市场存在“有需求无消费”的矛盾，与此同时，长期护理保险正处于加速推进阶段，在此双重背景交织之下，“康养+”多元融合模式以及居家社区养老消费迎来发展新机遇。

1. 行业洗牌，市场化床位快速增长，入住率企稳回升

行业养老床位结构迎来新转变，由扩增量集体转向提品质。2024 年，行业养老床位总计 799.1 万张，呈现-2.56%的下降趋势（见图 7-2-1）。随着老年群体需求的日益多样化与精细化，单纯增加床位数量已难以满足实际需求。养老服务行业开始从追求数量增长向注重质量提升转变，更加关注床位的结构优化与服务品质的提高。

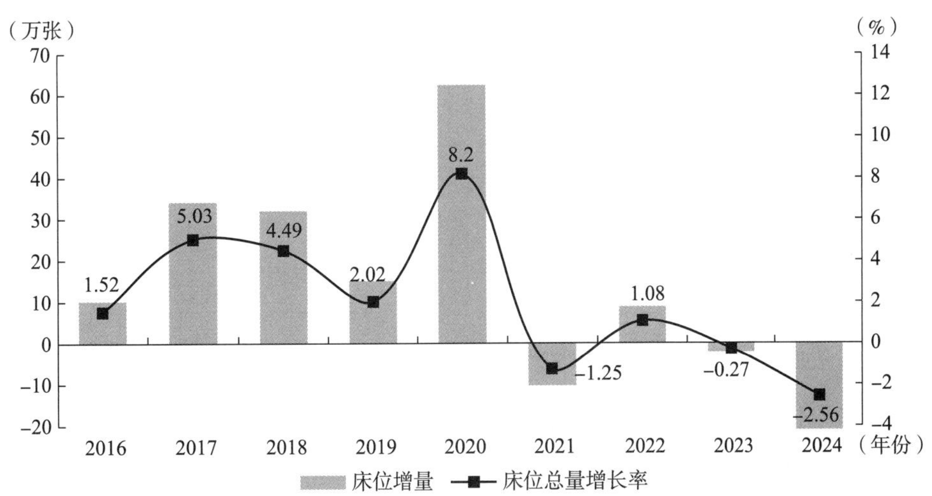

图 7-2-1　2016—2024 年全国养老服务床位增量与增长率

数据来源：CRIC 康养产业数据系统、国民经济和社会发展统计公报。

竞争加剧，行业快速出清。从供给类型来看行业发展状况，机构养老床位曾持续上扬的趋势已被彻底扭转，与社区养老床位一同进入负增长阶段。这一变化直观反映出养老服务行业在供给结构方面正经历深度调整。

2024 年，品质型市场化养老床位增长创新高。克而瑞漾美统计数据显示，2024 年市场化床位新增 8.7 万张，同比增长 10.2%，该增长速度已达历年来最高水平（见图 7-2-2）。从企业投资动向看，企业正快速转变养老床位投资模式，由重向中、轻转变；从企业新增床位结构看，公建民营养老模式正迎来快速扩张，总量占比超过 40%。

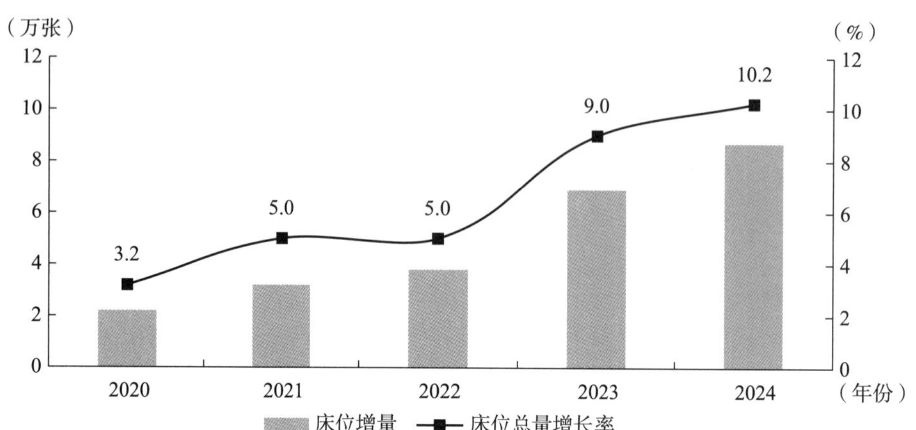

图 7-2-2　2020—2024 年市场化养老床位增量与增长率

数据来源：CRIC 康养产业数据系统。

养老机构床位入住率触底反弹。2024 年民政官方公布的数据显示，全国机构养老入住率为 46.0%，表明养老床位利用率已触底回升，结束此前多年连续下降的局面（见图 7-2-3）。同时北京和上海同步公布数据，入住率分别为 45% 和 51.5%，两城市平均床位入住率“双双回升”。

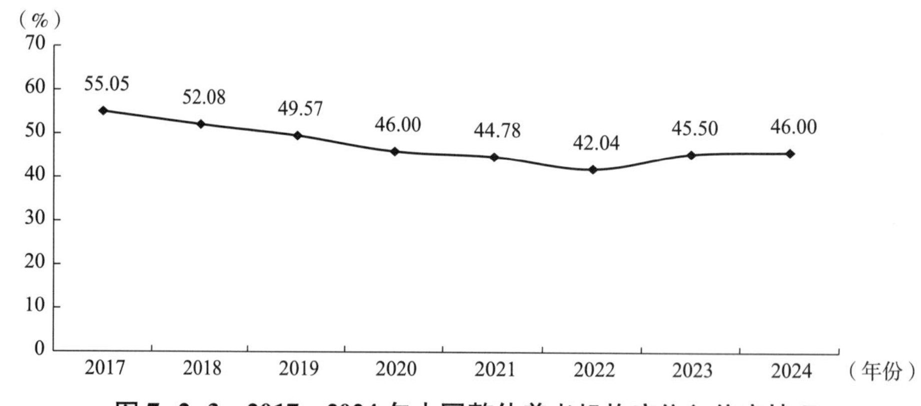

图 7-2-3　2017—2024 年中国整体养老机构床位入住率情况

数据来源：CRIC 康养产业数据系统、民政部门。

2. 投资明显分化，进出“两重天”，融资创新高

多类型企业养老投资持续加码。①央国企平台：2024 年央国企平台康养项目投资数量增长 30.2%；从结构来看，央国企投资项目数量占总项目数量的 44.6%，受益于地方康养平台实质性投资开始落地。②险资企业：投资项目数量增长 12.5%，同时险资企业开始转变投资模式，由重资产向“轻、中”结合转变，自建与合作并行，机构与居家养老共进。③连锁运营企业：2024 年运营商斩获项目同比增长 29.6%，运营方式以公建民营为主，委托运营、联合运营与自建自营为辅。④综合类企业：2024 年 1—10 月综合企业养老投资增长 18.3%，同比增加 4 个百分点，涉及类型有零售、电力、贸易、能源、旅游等。

2024 年，房企投资迎来大幅下降，同比减少 34.7%。克而瑞漾美统计数据显示，2024 年由房企投资运营的新开业项目数据仅 31 个，同比下降 34.7%，降至近七年来新低（见图 7-2-4）。另外，从外资布局的项目看，同步进入投资下降状况。

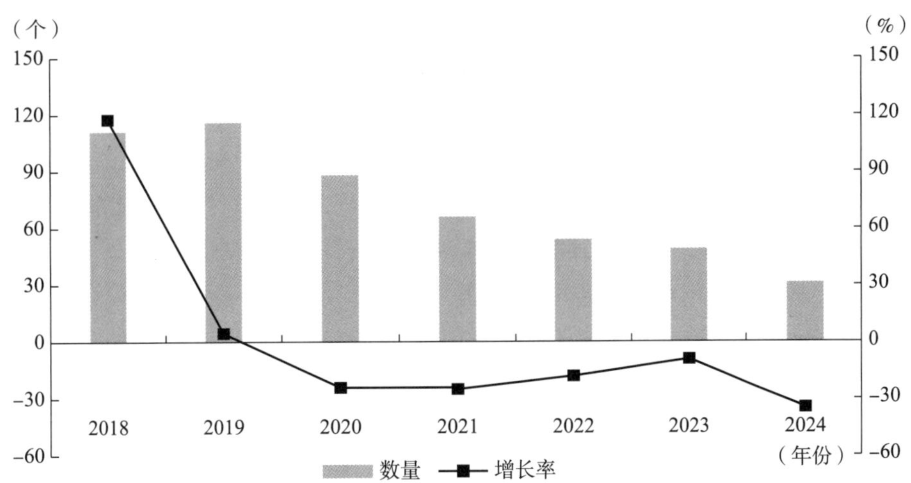

图 7-2-4　2018—2024 年房企新开业项目统计情况

数据来源：CRIC 康养产业数据系统。

养老金融政策开启加速度，养老融资规模均达到历史性新高。①金融政策正式迎来历史性加速周期，2024 年政府陆续发布养老金融多维度行动方案，涉及养老金第三支柱、多渠道养老企业融资，并出台一系列担保、授信、贷款举措。②养老信托发行数量与股权融资规模均达到历史性新高。2024 年养老信托上市数量达 15 个，同比增长 200%，打破历年不瘟不火现象。养老股权融资事件达 27 宗，融资额突破 36.1 亿元，同比增长 106%（见图 7-2-5）。

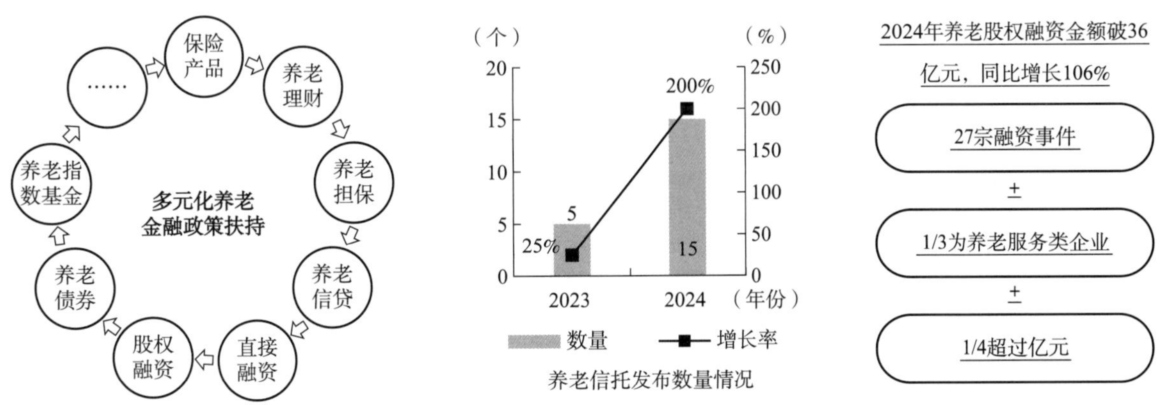

图 7-2-5　养老金融政策与融资情况

数据来源：CRIC 康养产业数据系统。

3. 行业问题：有需求“无消费”

养老需求巨大，但有效需求严重不足。2024 年 60 岁及以上老年人口数量已超过 3 亿人，2035 年老年人口将突破 4 亿人，养老需求巨大。但真正养老需求仅聚焦于失能失智刚性需求的老年人，官方数据显示，全国失能失智的老人数量仅 3500 万人，另外根据北京数据显示，重度失能失智的老人 87%以上的仍选择居家养老，进一步表明有效养老需求严重匮乏。

“有效需求”难以转化为“有效消费”，核心是养老观念错位与支付能力不足。①养老观念难以打破。市场化程度较高的北京与上海，选择入住养老机构的老人不足 1%，99%以上的老人选择居家养老；失能失智老年人有 3500 万人，超过 3000 万人仍选择居家养老。②支付能力较低，无法匹配品质化养老消费。2024 年最新数据显示，全国城镇职工月平均退休金 3700 元/人，城乡居民月平均退休金仅 200 元/人，与此同时市场化品质型养老机构月消费水平在 6000 元/人以上。③居家养老消费供需通道尚未打通。当前全国专业护理人员仅 50 万人，供给缺口大，难以满足居家养老需求供给。

（二）养老土地市场状况与特征

从养老土地宗数看，2024 年，土地市场养老土地成交 124 宗（见图 7-2-6），同比下降 13. 29%，土地类型以社会福利用地为主，占比 98. 2%；从占地面积看，2024 年成交养老土地占地面积 207 万平方米，同比下降 14%，累计 3108. 11 亩；从建筑面积看，按照平均容积率 1. 6 计算，2024 年养老建筑面积 331. 54 万平方米（见图 7-2-7）；从土地成交价格看，2024 年平均楼板价为 1424. 34 元/米^2，同比增长 7. 9%（见图 7-2-8）。

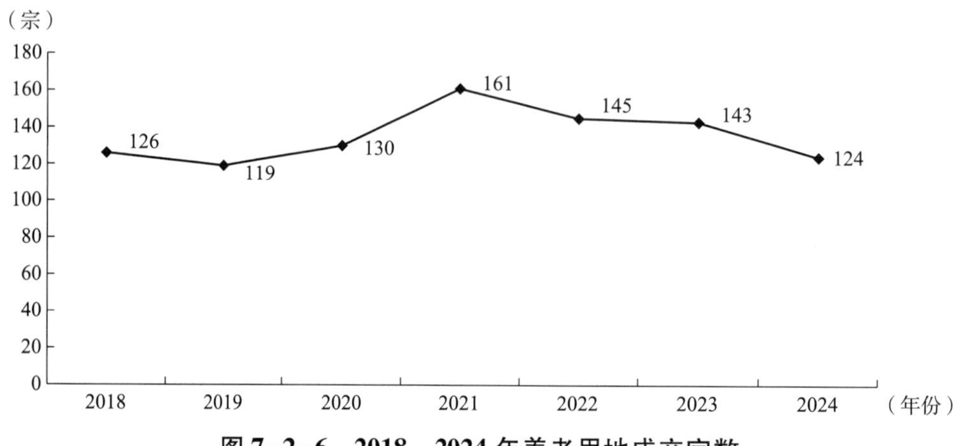

图 7-2-6　2018—2024 年养老用地成交宗数

数据来源：CRIC 康养产业数据系统。

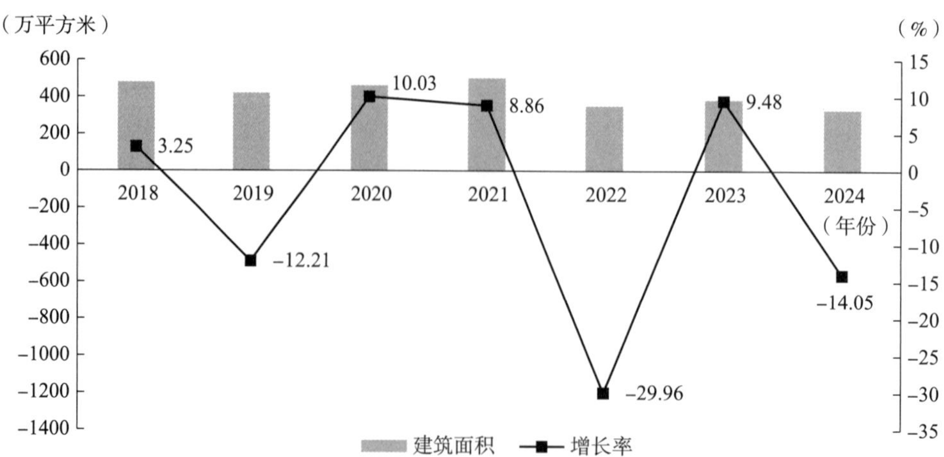

图 7-2-7　2018—2024 年养老用地成交建筑面积

数据来源：CRIC 康养产业数据系统。

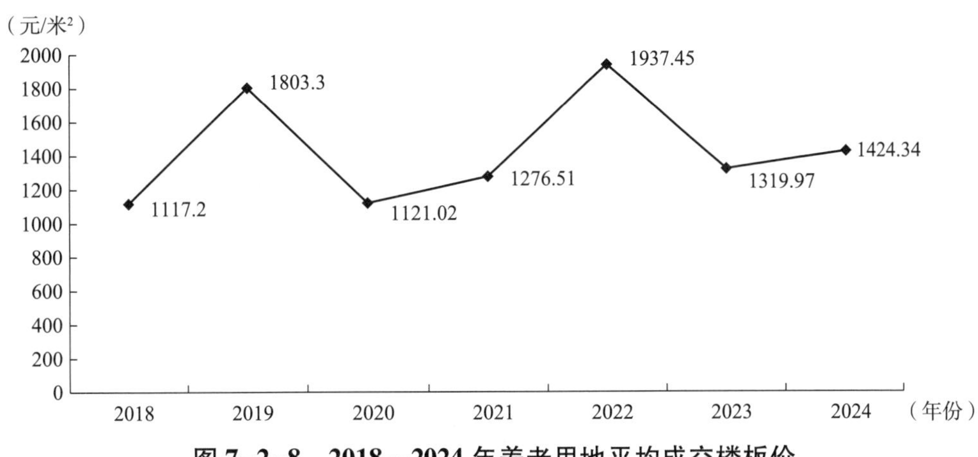

图 7-2-8　2018—2024 年养老用地平均成交楼板价

数据来源：CRIC 康养产业数据系统。

（三）优秀康养项目分析

2024 年，我国养老行业迈入激烈竞争的新阶段。全国养老床位较上年减少 5 万张，然而，市场化养老床位新增 8.7 万张，同比增长 10.2%，整个行业竞争愈发激烈。各养老开发企业在经历快速扩张和实践摸索后，为增强竞争力，提高收益，纷纷由重资产投资转向轻资产或中资产投资，强化市场效益，品质提升与运营强化两手齐抓。

1. 深化医养结合体系建设，是打动客户的核心

入选 CRIC 康养创新示范奖的成都京东方锦城拾光智慧医养社区和上海由由信福养老院，均凭借其深入的医养融合服务体系，打动长者，月均去化 20 床，成为地区养老市场的标杆项目。

（1）成都京东方锦城拾光智慧医养社区打造四重医疗体系，深受客户认可。

成都京东方锦城拾光智慧医养社区是京东方进军康养的首个大型 CCRC 养老社区，于 2024 年 7 月正式运营，到 2024 年底，共入住 120 位长者，月均去化 20 床，入住速度明显高于成都月入住 12 床的平均水平。

锦城拾光设置四重医疗体系，包括社区北侧紧邻的京东方医院（三甲医院）、医院的老年科室直接设置在锦城拾光社区内、社区内设有自助体检的健康小屋、居家设有健康检测设备等。

四重医疗体系中，客户最看重的是医院与社区的无缝衔接。锦城拾光社区与京东方医院已经实现人力、资源和服务等多方面联动。

京东方医院完全按照三甲医院标准进行建设，优势科室包括神经科、内科、骨科、消化科、呼吸科、健管等与长者健康息息相关的学科。医生来自四川省人民医院、华西医院、兰州总医院等，医疗经验十分丰富。锦城拾光与京东方医院实现 his 系统拉通，医院可以随时查看社区长者的健康档案；医生开具的治疗方案上传到云端，家属、社区医生可以随时查看信息；社区能够辅助长者挂号、提供就诊绿通等服务。长者就医的后续流程均可在社区内解决，避免多次跑医院的苦恼。

长者发生紧急情况时，社区紧急将长者送到医院的过程中，医院同时能够做好接诊准备，包括：了解长者的既往病史、用药情况，准备诊断治疗仪器和药品等，迅速做好接诊准备，节约长者黄金抢救时间。

医院和社区的紧密合作显著增强社区的竞争力，满足长者及其子女对于高质量医疗服务的需求，成为打动客户入住的直接原因。

（2）上海由由信福养老院搭建四重医疗服务体系，全方位为长者健康保驾护航。

上海浦东由由信福养老院是上海由由集团投资建设，中信兴业养老运营管理的都市型持续照料养老社区。项目于 2023 年 4 月开业，开业 600 天入住 600 张床，月平均入住 20 人，峰值超过 30 人，远超上海市养老机构的平均去化水平。

由由信福养老院构建的四重医疗服务体系，实现长者小病不出社区、疑难杂症名医治疗、急症重症有快速绿通，全方位为长者健康保驾护航。

第一重：联动周边医疗资源。由由紧邻上海市第九人民医院浦东院区，已与九院开通医疗绿色通道，方便长者配药、陪同就医和紧急救护。由由联动周边 3~5 千米的仁济医院、曙光医院等知名三甲医院，与仁济互联网医院合作，医院老年科专家定期入院巡诊。

第二重：海上名医会客厅。中信养老与“海上名医”战略合作，每年举办不少于 4 次的大型主题科普讲座，邀请沪上三甲主任、副主任医师讲解健康养生知识，项目长者可与名医进行一对一健康咨询，现场解决长者的疑难杂症和健康困惑。

第三重：社区内设医务室。社区内医务室超百平，以中医养生为特色，开设全科、内科、中医科、医学检验科和医学影像科，满足长者打针、配药、推拿、理疗、艾灸、针灸等基本医疗护理需求，并支持本地、异地医保支付结算。

第四重：养老护理院。由由护理院共设置约 470 张床位，规划设立内科、外科、中医科、康复医学科等科室，配置 DR、B 超、心电图、骨密度、心肺检查等先进仪器设备，并设置双层康复大厅，为高龄长者提供丰富多元的专业康复服务。

2. 注重家庭化居住场景搭建，去机构化

居家养老始终是中国长者的执着追求，家庭所带来的温暖与舒适能给予长者充足的安全感。因此，营造惬意的居家生活场景，尊重长者的生活习惯，保持居家的稳定性，不因长者的身体状况变化而搬离；一切生活服务，甚至医疗护理服务均围绕长者的“家”而展开，是保持长者长期稳定居住的根本，也是优秀案例赢得长者认同的关键。

新东苑 · 快乐家园是由上海新东苑国际投资集团开发建设的高品质健康养老综合社区，秉持“海派文化、智慧养老”的发展理念，为长者提供居家养老、机构保障、医疗护理、社区文化等一站式智慧化养老服务。社区以高品质医养服务为基础，以长者需求为导向，以文化养老为切入点，探索多元创新的活力社区建设，创造丰富的精神生活，让长者每日都充满活力，营造能够跨越周期的快乐享老发展路径。

快乐家园倡导“环境加自然、服务加孝心、文化加精神、爱心加放心”的服务理念，提供 50 多项人性化服务，形成“医、康、养、文、教、游”六位一体的服务体系；并提供护理院、康养中心、二级医院、老年大学、适老化剧场等十大综合配套，为社区长者提供一站式、全方位的生活保障。

快乐家园设置温馨、舒适、充满居家氛围的居住环境，并尊重长者的生活习惯，倡导长者居住环境始终保持不变，各类生活服务、医疗照护等围绕居家展开，长者在护理阶段无须搬离，带给长者如家般的安全感。

3. 选址尽量在城市中心发展比较成熟的区域，保证交通便利

养老项目的选址对于项目的成败起着决定性作用。项目所在区域的成熟度，周边的交通条件、医疗资源、环境景观、居住氛围等，对项目的入住率均有至关重要的影响。如今，重视项目选址已经成为养老开发企业的共识。像成都京东方锦城拾光智慧医养社区、太保家园 · 南京国际颐养社区等均因成熟的区域条件加持，取得较好的入住率。

太保家园 · 南京国际颐养社区位于南京栖霞区仙林大学城核心区域，距钟山景区 4 千米，距离地铁 2 号线和 4 号线车站均在 1 千米之内，交通便利，周边配套成熟。社区周边紫金山、栖霞山、青龙山等环绕，区域绿化覆盖率超过 65%，空气质量位居南京市前列；社区紧邻的大浦塘湿地，环境优美；社区距泰康仙林鼓楼医院仅 1. 3 千米，能够为入住长者提供全方位的医疗康养服务。

仙林大学城是南京人才的集中高地，汇聚南京大学、南京师范大学、南京中医医药大学等知名院校，为南京国际颐养社区提供大量的客户资源。社区一期于 2023 年 12 月开业，开业 1 年，已经入住 230 位长者，大部分是本地的高知长者。社区一期即将住满，二期已在筹备建设。

4. 深入细分长者的需求，提供灵活的服务方案

针对目标客户的需求进行深度细分，并提供灵活的服务方案，使产品和服务能够更好地适应市场的需求，成为近年来养老项目发展的崭新亮点。

上海由由信福养老院精准定位高龄自理长者和高龄护理长者，并进一步细分长者的需求，为其提供多样化的养老选择。项目以家庭化生活场景为特色，提供 54 项基础服务和 24 项增值服务。针对有保姆的家庭，长者可带家政保姆或护理阿姨入住（第三人需收费）；长者身体发生变化时，无须离开自理区，可以通过增加护理服务，享受到分时、分日、分月的专业护理服务；针对一位长者自理、另一位长者需要护理的家庭，由由在自理楼内特别设置护理楼层，为护理长者提供专业的护理服务，解放自理长者，使其拥有更舒适的居住体验。由由还为有亲属关系的多位长者提供相邻居住和可变的自理+护理解决方案。

5. 适中的价格，高性价比，更受市场青睐

适中的价格和高性价比往往是撬动长者入住养老机构的核心指标。在医疗保障全面、区域基础成熟、社区品质较好的前提下，更有竞争力的价格更容易获得市场青睐。

锦城拾光采用月费制，押金是 5 万元，综合人均收费为 0.5 万~1.0 万元/（月・人），在成都市场上，属于高性价比项目，月均入住 20 名长者，竞争力很强。

由由信福采用月费制收费模式，押金 15.8 万元，自理区综合月费为 1.86 万~2.26 万元/月（含餐）；护理区 1.1 万~1.3 万元/月（含餐），与浦东近 2 万元/月相比，由由位置好、服务灵活、性价比高，得到长者的认可，到 2024 年 12 月底实现 600 天入住 600 床。

6. 注重服务体系和服务内容建设，提升可持续运营能力

从养老机构的开发建设进程看，项目的综合收益是产品力和运营力共同造就的结果，在开发阶段，产品力堪称项目的灵魂；而在后期运营阶段，服务品质和运营力则决定着项目的存亡。常州路劲金东方玖园与经验丰富的金东方运营团队合作，提供 94 项服务，提升项目持续运营力

路劲金东方玖园是路劲地产为 50 岁以上富裕人群打造的集颐养、休闲、娱乐、生活于一体的高端康养 CLRC 持续生活退休型社区，是路劲地产在长三角地区建设的首个 CLRC 社区，也是近年来常州康养的明星项目，玖园开辟传统地产转型康养地产的新路径。

玖园与拥有十几年养老运营经验的金东方运营团队合作，为社区长者提供九大类 67 项基础康养服务和三大类 27 项个性化定制服务，其中基础康养服务包括健康管理、生活、文化、智慧、环境、运动、活力社团、养教、社区管理；个性化定制服务包含健康管理、生活尊享、医疗+康复+护理支持等。玖园不仅为入住长者提供丰富的服务，也为长者家属提供各类服务，使长者家属喜欢到玖园活动，提升长者及其家属的认可度。大量入住长者认为项目的运营服务内容丰富、深具潜力，对项目的运营满意度高达 95%。

7. 智慧养老是养老品质提升的新路径

利用互联网发展智慧养老，能够促进养老信息交流、丰富服务内容，提升服务品质，是养老机构丰富医养服务、提高安全管理水平的重要途径。

锦城拾光社区整合集成京东方 30 余项智慧物联设备，在健康监测、紧急救助、餐饮服务、运动健康等方面，赋予项目最丰富的智慧科技内核，全面实现无感定位、远程监护和智慧安全等功能。

社区内建设健康小屋，设置许多健康检测设备，帮助长者日常进行自我健康监测；居室内设置健康监测设备，提醒长者随时解自身血糖、血压等状况，定时提醒长辈用药等。

紧急救助方面，锦城拾光设置四重的智慧互联紧急呼叫系统，包括：居室内的紧急拉绳报警、小度音箱报

警、室内跌倒雷达系统和长者随身携带的胸卡。室内做到每一个房间设置一个跌倒监测雷达，包括客厅、卧室、洗手间等，如果长辈跌倒，在几秒内可以迅速报到后台，对长者进行定位，进行救助。

社区引入电子围栏技术以防止长者，尤其是阿尔茨海默病长者走失。长者带着胸卡，一旦超过电子围栏的范围，会自动报警，减少长者走失的风险。

社区餐厅搭载智慧化餐饮服务系统，能够快速实现菜品溯源、营养分析、风险预警、无感结算等服务，让每天营养摄入可视化、科学化，保证长者吃得营养、吃得健康。

纵观全国优秀养老项目开发建设与运营的过程，其成功的因素可概括为以下几点：（1）高度重视医养结合体系的搭建，筑牢养老健康保障，以打动客户；（2）注重家庭化居住场景的搭建，去机构化；（3）尽量选址于城市中心发展比较成熟的区域，医疗和交通保障是要点；（4）深入细分长者需求，提供灵活的服务方案；（5）价格适中，性价比高；（6）注重服务体系和服务内容建设，提升可持续运营能力；（7）智慧养老是提高养老服务品质的新途径。

（李天军　克而瑞漾美）

三、房地产估价

2024 年，面对纷繁复杂的国内外形势以及日趋激烈的市场竞争，房地产估价机构规模持续缩减，但一级机构保持平稳增长态势，注册房地产估价师人数有所增加。为应对外部环境带来的冲击，房地产估价机构从传统业务模式不断向房地产全流程咨询、城市更新、存量资产盘活、乡村振兴等新兴领域拓展，并积极加快数字化转型，运用 AI 提升自身竞争力，实现可持续发展。同时，行业监管力度日益加大，进一步营造公平竞争的市场环境。

（一）2024 年房地产估价行业发展总体情况

2024 年，在外部压力加大、内部困难增多的复杂严峻经济形势下，房地产估价机构规模持续缩减，一级机构保持平稳增长态势。职业资格制度改革后新考取的房地产估价师陆续申请注册，注册房地产估价师人数有所增加。

1. 房地产估价机构情况

（1）估价机构规模持续缩减，一级机构保持增长态势。

截至 2024 年 12 月 31 日，全国房地产估价机构及其分支机构共 5630 家。其中，一级估价机构 1132 家，二级估价机构 2335 家，三级估价机构 1183 家，一级机构分支机构 980 家。

（2）广东、山东、江苏等省机构规模减小。

从区域发展情况来看，全国 14 个省份的估价机构（不包含分支机构）规模有所减少。其中，估价机构规模前三的省份均出现数量下降情况，广东、山东、江苏分别减少 10 家、8 家、2 家，辽宁省估价机构减少数量最多，减少 15 家。

（3）超过一半的省份分支机构规模下降。

为应对外部环境及宏观形势的挑战，估价机构持续调整经营策略，通过适度整合、减少估价师数量、缩小或搬迁办公场地、精简成本支出等措施降本增效、开源节流。2021—2024 年分支机构规模持续下降，年均减少率为 2.6%。从区域分布情况看，2024 年全国 54.8%的省份分支机构规模下降。

（4）超七成估价机构注册估价师人数不足 10 人。

从估价机构注册估价师人数来看，2024 年约 25%的估价机构减少聘用的估价师人数。截至 2024 年底，全国房地产估价机构平均注册房地产估价师人数 9 人，其中，74.1%的估价机构注册估价师不足 10 人，22.2%的估价机构注册估价师人数在 11~20 人，仅有 3.7%的估价机构注册估价师人数在 21 人及以上。

2. 人员情况

（1）考试报名人数及合格人数有所减少。

2023 年为新职业资格制度实施以来的首次全国统一开考，考试报名及合格人数达到高峰。2024 年房地产估价师职业资格考试报名人数、参考人数分别为 32168 人、25618 人，同比分别减少 11.6%、15.3%。其中，考试合格人数为 3455 人，考试合格率 13.5%。

（2）注册房地产估价师人数增加明显。

自 2024 年起，2021 年以后新考取的房地产估价师陆续开始申请注册，注册执业人数显著增加至 2912 人，但仍低于 2021 年以前水平。截至 2024 年底，累计有 7.3 万名房地产估价师注册执业。

（3）行业总体对高学历、年轻人才吸引力不足。

从分布区域来看，江苏、广东、浙江、山东、四川的注册房地产估价师数量位居前五，均超过 3000 人。从学历结构来看，注册房地产估价师本科及以上学历占比为 66.0%，其中，本科、硕士、博士占比分别为 58.8%、6.8%、0.4%。从年龄结构来看，注册房地产估价师平均年龄为 47 岁，44.9%的估价师年龄在 46~55 岁。总体来说，估价行业对高学历、年轻人才吸引力不足。

从 2024 年新注册估价师来看，近一半的房地产估价师（47.4%）选择在一级估价机构注册执业，34.3%的估价师在二级估价机构执业，表明一级、二级估价机构对估价师更具吸引力，一定程度上能够提供更好的职业发展机会和更有竞争力的薪酬待遇。

3. 房地产估价业务情况

（1）估价业务规模有所减少。

2024 年，全国一级房地产估价机构完成的平均估价项目数 2098 个，同比下降 0.8%；平均评估价值 330 亿元，同比下降 14.7%；平均评估建筑面积 328 万平方米，同比下降 3.0%；平均评估土地面积 311 万平方米，同比下降 6.0%。

（2）经营收入同比下降较为明显。

2024 年，全国一级房地产估价机构平均营业收入 1456 万元，同比下降 8.0%；营业收入排名前 10 的房地产估价机构平均营业收入 2.0 亿元，同比下降 9.1%；营业收入排名前 100 的房地产估价机构平均营业收入 6731 万元，同比下降 8.7%。根据 2024 年度全国各等级机构填报的营业收入情况估算，2024 年全国房地产估价机构营业收入总额近 307 亿元。

（3）不同类型业务业绩表现存在较大差异。

2024 年，房地产抵押估价业务占比最高，为 47.5%，评估总价值 16.6 万亿元，同比下降 7.4%；其他目的的房地产估价业务、房地产咨询顾问服务业务的业绩分别位居第二、第三，占比分别 22.3%、21.2%。

（二）2024 年房地产估价行业发展环境

2024 年，与房地产估价行业相关的政策主要集中在绿色低碳发展、城市更新、国有资产管理、司法评估等领域，为房地产估价行业转型升级及高质量发展提供新的机遇。同时，全国和部分省市发布系列技术指引，指导行业规范健康发展。

1. 重大政策机遇推动行业转型升级

（1）绿色低碳估价成为重要发展方向，推动社会可持续发展。

当前，推动经济社会发展绿色化、低碳化是实现高质量发展的关键环节。近年来，党中央高度重视绿色低碳发展，特别是房地产行业作为能耗和碳排放的重要领域需要进行绿色转型。2024 年 3 月 12 日，国家发展改革委、住房城乡建设部印发《加快推动建筑领域节能降碳工作方案》，提出到 2025 年，城镇新建建筑全面执行绿色建筑标准。2024 年 3 月 27 日，中国人民银行等七部门发布《关于进一步强化金融支持绿色低碳发展的指导意见》，提出支持信用评级机构将环境、社会和治理（ESG）因素纳入信用评级方法与模型。2024 年 6 月 19 日，住房城乡建设部对国家标准《绿色建筑评价标准》（GB/T 50378-2019）进行修订，增强绿色建筑低碳效能，强化绿色建筑性能保障。2024 年 11 月 20 日，财政部等十部委印发《企业可持续披露准则——基本准则（试行）》，稳步推进我国可持续披露准则体系建设。2024 年 1 月 31 日，国际评估标准委员会（IVSC）发布最新版《国际评估准则》（IVS），自 2025 年 1 月 31 日生效，明确要求在估值过程中纳入 ESG 相关因素。

在全球碳中和及可持续发展目标引领下，ESG 和绿色低碳相关估价业务正成为估价行业的重要发展方向。越来越多的房地产估价机构开始关注建筑物的能源效率、碳足迹及其环境影响、社会责任、企业治理等因素，并积极开展绿色建筑评估、碳排放评估、能源效率分析、ESG 绩效评价、房地产可持续发展战略咨询等业务。通过将绿色建筑认证、可再生能源使用等可持续发展指标纳入估价体系，可以科学量化绿色低碳因素、ESG 因素等对房地产价值的影响，为投资者提供更为全面、准确的房地产价值评估依据，为推动房地产业和社会经济可持续发展、实现“双碳”目标等提供评估专业支持。

（2）加快参与城市更新，助力构建高质量的专业服务体系。

当前，我国城市发展已经进入城市更新的重要时期。实施城市更新行动，是党中央、国务院作出的重大决策部署。2025 年 1 月 3 日召开的国务院常务会议提出要支持各地因地制宜进行创新探索，建立健全可持续的城市更新机制，推动城市高质量发展。住房城乡建设部统计，2024 年全国各地不断创新完善城市更新工作机制、制度政策和实施模式，共实施城市更新项目 6 万余个，完成投资约 2.9 万亿元，其中包括城镇老旧小区改造、完整社区建设、历史文化保护等多种类型项目。在构建城市更新制度政策框架方面，1 个省 9 个城市出台城市更新条例，92 个城市出台管理办法，150 个城市印发指导性文件，各地共出台土地、规划、财税、金融等支持政策 1000 多个，发布技术标准、操作指南 260 多个。同时，我国建立城市体检与城市更新一体化推进机制，297 个地级及以上城市全面开展城市体检。

稳步实施城市更新，必须加快建立高质量的专业服务体系。房地产估价机构可抓住契机，充分展现自身专业优势，积极参与到新形势下的城市更新全流程中，如开展房地产利用状况调查、城市体检评估、产权摸排、成本测算、可行性研究、资金平衡分析、绩效评估等业务，还可与上下游加强合作，进一步拓展业务领域。2024 年 10 月 17 日，住房城乡建设部部长倪虹宣布新增实施 100 万套城中村改造和危旧房改造。2025 年 3 月 9 日，十四届全国人大三次会议上倪虹表示，把 2000 年以前建成的老旧小区都纳入城市更新改造范围，城中村改造政策支持范围也从最初的 35 个大城市扩围至 300 个地级及以上城市，并主要采取货币化安置的方式，潜力巨大。房地产估价机构应不断提升城市更新估价及相关咨询服务能力，满足城市更新多元主体利益平衡需要，推动盘活低效空间资源，助力建立可持续的城市更新模式。

（3）适应央企国企改革新形势，优化国有资产评估管理。

近年来，随着战略性新兴产业相关的企业并购、前沿性原创性科技成果和知识产权的交易攀增，以及中央企业投资有限合伙企业事项的增多，中央企业对资产估值的需求和实践与日俱增。为推动中央企业布局优化和结构调整，更好适应国资国企改革发展新形势，国务院国资委于 2024 年 1 月 30 日印发《关于优化中央企业资产评估管理有关事项的通知》。通知在现行制度的原则和框架下，明确“中央企业应当通过公开招标、邀请招标、竞争性谈判等方式在本集团评估机构备选库内择优选聘评估机构执业重大资产评估项目。选聘评估机构应当制定选聘文件，明确项目信息、评价要素、评分标准等内容。评价要素至少包括项目团队人员组成及其评估标的相关行业的执业经验、评估工作方案、资源配备、质量控制、费用报价等”。同时，列举八种“可以不对相关标的进行评估”的情况，并提出五种“可以聘请专业机构对相关标的进行估值”的经济行为，明晰中央企业资产评估及估值的范围。通知还将《评估机构职业质量评价表》和《中央企业估值报告审核指引》作为附件，推动评估报告内容规范化，提高估值项目审核质量，这为房地产估价机构参与国有资产评估管理提供新的机遇，同时也提出更高的要求。

（4）规范网络司法拍卖行为，明确委托评估情形。

为进一步规范网络司法拍卖行为，着力提升执行财产处置水平，切实保障当事人的合法权益，2024 年 10 月 29 日，最高人民法院印发《关于进一步规范网络司法拍卖工作的指导意见》，规范适用询价方式。“对于无需由专业人员现场勘验或者鉴定且有大数据交易参考的住宅、机动车等财产，可以选择网络询价方式。当事人、利害关系人认为不应适用网络询价或者网络询价结果明显偏离市场价值，申请适用委托评估的，执行法院经审查可以准许。工业厂房、在建工程、土地使用权、商铺较多的综合市场、装修装饰价值较高的不动产以及股权、采矿权等特殊或者复杂财产，目前尚不具备询价条件，当事人议价不成时，应当适用委托评估”。意见强调司法拍卖中委托评估的作用，对于发挥房地产司法评估的作用提供发展空间。同时，还明确执行法院尽职调查财产现状的责任、严格审查权利负担的真实性、如实披露拍卖财产信息等内容，有利于估价师获取评估需要的财产基本信息，进一步规范涉执房地产处置司法评估行为。

2. 标准体系建设助力行业规范发展

（1）中房学发布《历史建筑经济价值评估指引（试行）》。

为保障历史建筑经济价值评估质量，科学合理反映历史建筑经济价值量，推动历史建筑合理利用，促进城乡历史文化保护传承，在深入调查研究并广泛听取意见建议的基础上，中房学于 2024 年 12 月 20 日发布《历史建筑经济价值评估指引（试行）》，指引分为总则、特殊影响因素、估价对象、估价方法、估价报告、附则等六章三十条，明确历史建筑估价的相关概念、经济价值特殊影响因素、估价对象状况、估价方法选用及估价报告要求等内容。该指引的出台标志着我国历史建筑价值评估体系进入标准化建设阶段，其核心价值在于通过构建科学评估框架，为文化遗产的可持续性传承提供制度保障与技术支撑。房地产估价专业人员在开展历史建筑价值评估工作时，应当系统把握该指引的技术规范要求，特别是深入解析历史建筑价值构成的特殊规律，提升历史建筑经济价值评估的准确性和科学性。

（2）地方相继发布规范估价活动的细则。

为规范房地产相关估价行为，提升估价服务质量，地方主管部门或行业组织相继发布有关估价指引，推动行业规范健康发展。为加强国有资产评估监管，规范上海市国有企业数据资产的评估管理工作，上海市国有资产监督管理委员会发布《国有企业数据资产评估管理工作指引（试行）》，明确“企业应按照相关制度和要求，选聘委托具有相应资质和数据资产评估经验的中介机构，对数据资产评估项目进行评估，并出具数据资产评估项目报告”。为规范上海市住宅物业服务价格评估活动，维护住宅物业服务当事人的合法权益，保证物业服务价格评估结果客观公平，上海市房地产估价师协会印发《上海市住宅物业服务价格评估管理办法》，明确住宅物业服务价格评估的情形、工作流程、评估报告及异议处理等内容。

为进一步规范银行业金融机构和估价机构的业务合作关系，优化合作模式，防范金融风险，重庆市银行业协会和重庆市国土资源房屋评估协会联合发布《关于优化银行业金融机构与房地产土地估价机构业务合作模式的通知》，并于 2025 年 1 月联合举行行业机构规范合作会议。通知提出，银行业金融机构应当通过优化估价机构选用办法、合理合规运用估价报告、提高评估费结算效率等措施，规范合作服务行业发展。各评估机构也应严守执业规范，提高服务质量，坚持有序竞争，营造良好营商环境。此举对规范房地产抵押估价行为，提升估价服务质量，维持房地产估价专业服务形象，遏制低价恶性竞争的不正之风等具有重要作用，也为其他省市做好此项工作提供很好借鉴。

（三）2024 年房地产估价行业发展特点

2024 年，面对纷繁复杂的国内外形势以及日趋激烈的市场竞争，房地产估价行业整体收缩发展，经营收入普遍下降。为应对外部环境带来的冲击，房地产估价机构从传统业务模式不断向房地产全流程咨询、城市更新、存量资产盘活、乡村振兴等新兴领域拓展，并积极加快数字化转型，运用 AI 提升自身竞争力，实现可持续发展。同时，行业监管力度日益加大，进一步营造公平竞争的市场环境。

1. 行业整体发展持续放缓

随着我国经济从高速增长阶段转向高质量发展阶段，房地产市场及房地产业正经历着深刻的调整与转型，房地产估价机构普遍遭遇发展瓶颈，机构规模持续萎缩。2024 年，全国房地产估价机构数量同比下降 1.0%，但降幅同比减少 0.3 个百分点。与此同时，一级估价机构业务量有所下降、经营收入普遍下滑。据中房学数据统计，54.6%的一级估价机构经营收入出现下降，其中 43.2%的机构下降幅度超过 20%。

2. 估价业务领域不断深化与拓展

当前，受房地产估价行业外部及内部多重因素影响，房屋征收、土地使用权出让、房地产抵押等活动的数量不断减少，房地产估价的传统业务量有所下降，收入有所降低。部分房地产估价机构积极进行转型升级，立足新发展阶段，把握新发展趋势，拓展新业务领域，一方面，在传统业务中深挖新的业务增长点，如在房屋征收评估中开展项目前期的可行性研究评估、社会稳定风险评估以及征收后期的资金成本平衡试算等；在银行抵押贷款评估中，开展续贷评估、贷后重估、抵押品处置价值评估等。另一方面，越来越多的估价机构从传统业务模式不断向高质量的咨询顾问、城市更新、工程尽调、ESG 服务、资产管理服务等全链条多元化服务发展，同时针对不同客户群体提供定制化、个性化的估价解决方案，满足社会经济发展进程中日益多样化的估价需求。

3. 行业数字化转型进程加快

随着新一轮科技革命和产业变革深入发展，人工智能（AI）成为发展新质生产力的重要引擎，正深刻改变传统生产模式和经济发展形态，在各行各业的应用日益广泛，而房地产估价行业也因其数据密集、规律复杂、决策依赖性高的特性，成为 AI 技术能够充分发挥作用的领域之一，给估价行业造成一定的冲击。传统的估价方式逐渐被机械化、自动化的估价工具所取代，导致估价成本降低，估价机构收益减少。在此背景下，估价机构迈出数字化转型的重要步伐，通过自行开发、合作开发、外购等方式，积极搭建估价数据平台，研发新型产品，涵盖自动估价、估价报告的一站式生成系统、物业查勘的系统化处理、GIS 领域化以及数据采集与分析的信息化等多方面，逐步实现估价效率和估价质量的提升。但总体来说，尽管行业的数字化发展已取得一定成果，但还处于初级阶段，仍面临业务流程标准化程度较低、数据孤岛现象普遍存在、决策过于依赖人工经验等制约因素。房地产估价机构应积极拥抱这一变革，主动学习和应用新技术，提升自身竞争力，实现可持续发展。

4. 行业监管力度不断加强

近年来，估价机构以恶性压价等不正当手段招揽业务的行为愈演愈烈，不仅无法保证估价基本质量，还加剧估价机构执业风险。同时，受房地产市场调整影响，一些房地产抵押物价格下降，部分估价机构为迎合委托人需求高估抵押价值，扰乱估价市场秩序，加大房地产信贷风险。2024 年 4 月 12 日，国务院印发《关于加强监管防范风险推动资本市场高质量发展的若干意见》，明确“进一步压实发行人第一责任和中介机构‘看门人’责任，建立中介机构‘黑名单’制度。坚持‘申报即担责’，严查欺诈发行等违法违规问题”。2024 年 10 月 28 日，四川省财政厅、四川省自然资源厅、四川省住房和城乡建设厅联合印发《关于推动资产评估行业高质量发展的意见》，这是地方政府首次多部门联合对资产评估行业高质量发展进行全面部署安排，针对行业焦点的收费价格内卷、低价中标的问题，提出“推动评估委托人建立以质量为导向的选聘机制，按照市场自愿原则选择与评估事项能力相当的评估机构”，“严禁擅自设立和提高评估机构依法自由参与评估市场的限制门槛，严禁干预评估专业人员依法独立、客观、公正从事评估业务，严禁评估机构以恶性压价、支付回扣、虚假宣传等不正当手段获取评估业务”。随着行业监管力度不断加大，行业执业环境日趋净化，房地产估价的市场环境将更加公平有序。

（宋梦美　中国房地产估价师与房地产经纪人学会）

四、房地产金融

（一）货币供需及价格

1. 货币供应总量

2024 年底，广义货币供应量 M2 余额为 313.5 万亿元，同比增长 7.3%，增速比上年低 2.4 个百分点。基础货币余额为 36.8 万亿元，同比下降 5.4%，增速比上年低 13.2 个百分点。货币乘数（广义货币/基础货币）为 8.5，上升 1.4（见图 7-4-1）。

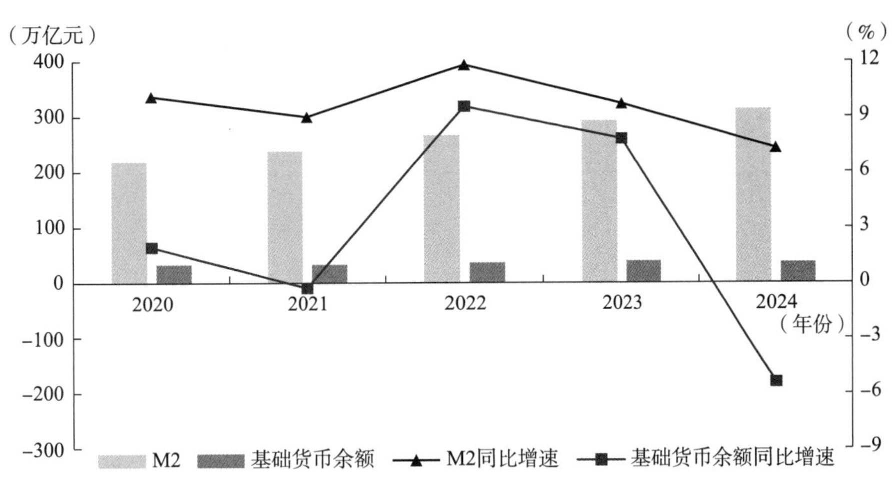

图 7-4-1　2020—2024 年 M2、基础货币及同比增速

数据来源：中国人民银行。

2. 存款

2024 年末，金融机构人民币各项存款余额为 302.3 万亿元，同比增长 6.3%，比年初增加 18.0 万亿元，同比少增 7.6 万亿元。其中境内存款 300.4 万亿元，同比增长 6.4%，比年初增加 14.3 万亿元，同比少增 2.4 万亿元。从存款部门分布看，住户存款、非金融企业存款均未增长，分别同比少增 4.5 万亿元、1.0 万亿元；政府存款增量为 2.6 万亿元，比年初增加 1.0 万亿元；非银行业金融机构存款增量为 16.3 万亿元，比年初少增 0.8 万亿元（见表 7-4-1）。

表 7-4-1　2024 年人民币存款结构

类型	存款余额（万亿元）	同比增速（%）	当年新增额（亿元）	同比多增额（亿元）
人民币各项存款	302.3	6.3	179900	−77505
境内存款	300.4	6.4	142600	−24100
住户存款	151.3	10.4	−2943	−45143
非金融企业存款	78.4	−0.5	−2125	−10049
政府存款	42.6	3.6	25900	9500
非银行业金融机构存款	28.2	10.4	163432	−69792
境外存款	1.9	0.0	16468	−7713

数据来源：中国人民银行。

3. 贷款

2024 年末，金融机构人民币各项贷款余额为 255. 7 万亿元，同比增长 7. 6%，比年初增加 18. 1 万亿元，同比少增 4. 7 万亿元。从贷款部门分布看，住户贷款余额 82. 8 万亿元，同比增长 3. 4%，比年初增加 2. 7 万亿元，同比少增 1. 6 万亿元。其中，个人住房贷款余额 36. 7 万亿元，同比下降 1. 3%，增速比上年末高 0. 3 个百分点。企（事）业单位贷款余额 169. 7 万亿元，同比增长 9. 2%，比年初增加 14. 3 万亿元，同比少增 3. 6 万亿元。非银行业金融机构贷款余额 1. 1 万亿元，同比增长 37. 0%，比年初增长 2855 亿元，同比多增 927 亿元（见表 7-4-2）。

表 7-4-2　2024 年人民币贷款结构

类型	贷款余额（万亿元）	同比增速（%）	当年新增额（亿元）	同比多增额（亿元）
人民币各项贷款	255. 7	7. 6	180900	-46531
境内贷款	253. 6	7. 3	173355	-50973
住户贷款	82. 8	3. 4	27200	-16100
企（事）业单位贷款	169. 7	9. 2	143300	-35800
非银行业金融机构贷款	1. 1	37. 0	2855	927
境外贷款	2. 1	58. 0	7545	4442

数据来源：中国人民银行。

4. 社会融资规模

2024 年末，社会融资规模存量为 408. 3 万亿元，同比增长 8. 0%。其中，人民币贷款余额为 252. 5 万亿元，同比增长 7. 2%；外币贷款折合人民币余额为 1. 3 万亿元，同比下降 22. 2%；委托贷款余额为 11. 2 万亿元，同比下降 0. 5%；信托贷款余额为 4. 3 万亿元，同比增长 10. 2%；未贴现银行承兑汇票余额为 2. 2 万亿元，同比下降 13. 3%；企业债券余额为 32. 3 万亿元，同比增长 3. 8%；政府债券余额为 81. 1 亿元，同比增长 16. 2%；非金融企业境内股票余额为 11. 7 万亿元，同比增长 2. 5%；存款类金融机构资产支持证券余额为 0. 8 万亿元，同比下降 41. 5%；贷款核销余额为 9. 9 万亿元，同比增长 15. 4%（见表 7-4-3）。

表 7-4-3　2024 年社会融资结构

类型	余额（万亿元）	同比增速（%）	当年新增额（亿元）	同比多增额（亿元）
社会融资规模	408. 3	8. 0	28537	-327337
人民币贷款	252. 5	7. 2	8402	-213840
外币贷款	1. 3	-22. 3	-675	1530
委托贷款	11. 2	-0. 5	-20	-219
信托贷款	4. 3	10. 2	151	-1424
未贴现银行承兑汇票	2. 2	-13. 3	-1330	453
企业债券	32. 3	3. 8	-159	-16414
政府债券	81. 1	16. 2	17566	-78479
非金融企业境内股票	11. 7	2. 5	484	-7447
存款类金融机构资产支持证券	0. 8	-41. 5	-117	6162
贷款核销	9. 9	15. 4	2637	-8330

数据来源：中国人民银行。

5. 市场利率

从银行融资看，2024 年 12 月末，3 月期上海银行间同业拆借利率（SHIBOR）为 1. 69%，比上年底的

2.53%下降 84.5 个基点；银行间市场存款类机构以利率债为质押的 7 天期回购利率（DR007）为 1.91%，比上年底的 1.91%上升 7.3 个基点。

从非金融机构融资看，国债可代表当前无风险利率水平，企业债代表企业直融成本，这两个指标利率都是衡量金融市场各类融资利率的标尺。2023 年 12 月末，1 年期国债、1 年期 AAA 企业债、1 年期 AA-企业债到期收益率分别为 1.08%、1.68%、2.71%，较上年年底分别下降 99.5 个基点、89.6 个基点、240.2 个基点（见图 7-4-2）。

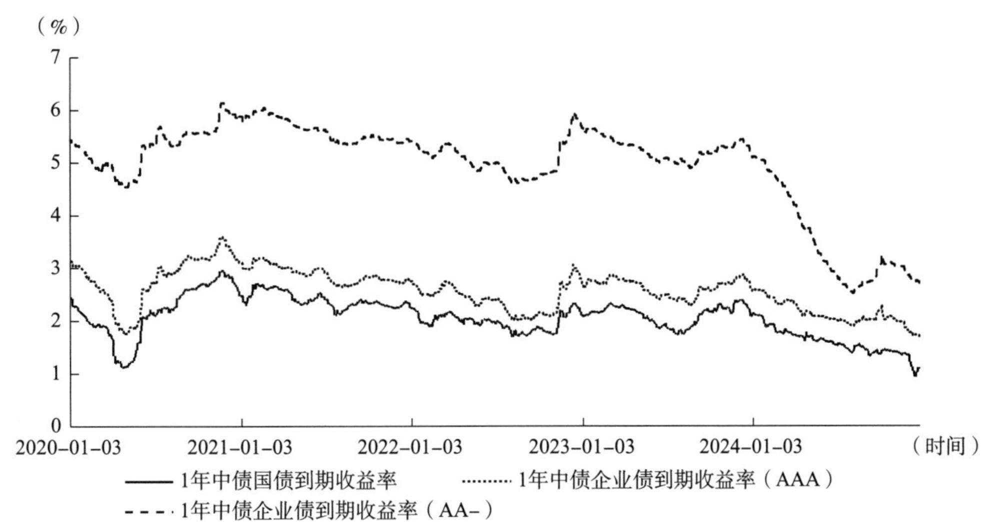

图 7-4-2　2020—2024 年主要融资利率走势

数据来源：中债估值中心。

（二）房地产信贷

1. 房地产信贷总量

2024 年末，人民币房地产贷款余额 52.8 万亿元，同比下降 0.2%，增速比上年高 0.8 个百分点。其中，个人住房贷款余额 37.7 万亿元，同比下降 1.3%，增速比上年高 0.3 个百分点；房地产开发贷款余额 13.6 万亿元，同比增长 3.2%，增速比上年高 1.7 个百分点，全年增加 4125 亿元（见图 7-4-3）。

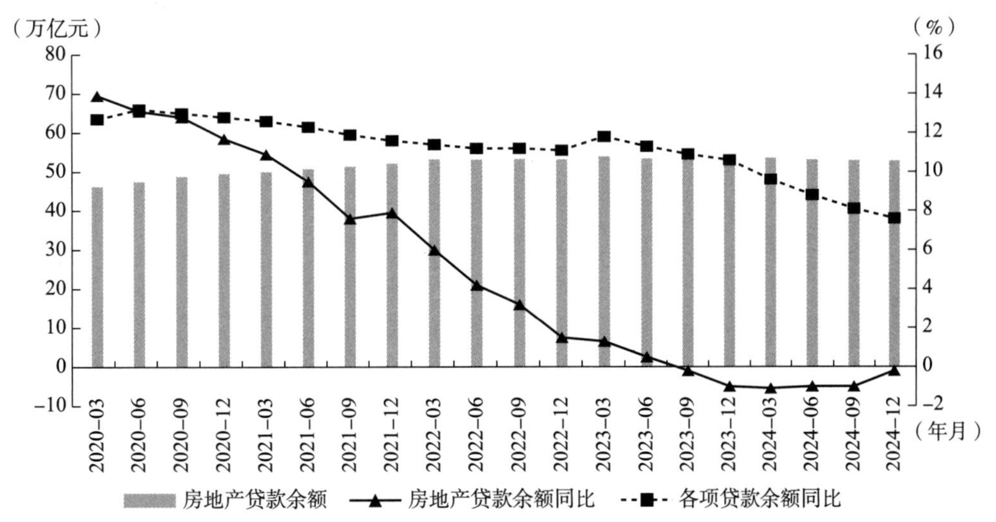

图 7-4-3　2020—2024 年房地产贷款余额及其同比增速

数据来源：中国人民银行。

2. 与其他行业比较

2024 年，房地产贷款增幅自年初缓步回升，但增速仍持续低于工业贷款增速 12.6%（包括重工业和轻工业），且低于服务业贷款同比增速 8.2%（见图 7-4-4）。

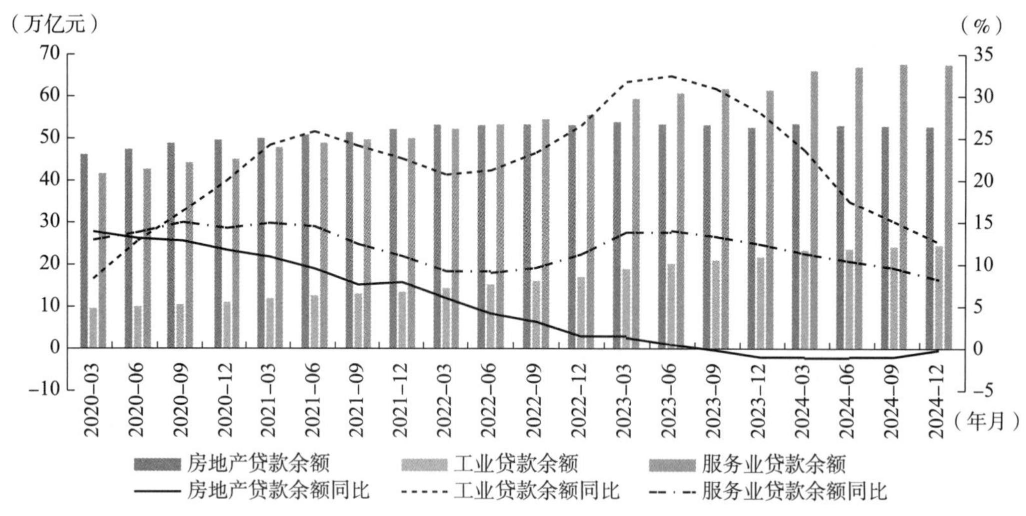

图 7-4-4　2020—2024 年部分行业贷款余额及其增速

数据来源：中国人民银行。

3. 房地产按揭贷款利率

2024 年第四季度末，所有贷款加权平均利率为 3.28%，较上年底下降 55 个基点。其中，个人购房贷款利率加权平均利率为 3.09%，较上年底下降 88 个基点；一般贷款加权平均利率为 3.82%，较上年底下降 53 个基点；企业贷款加权平均利率 3.34%，较上年底下降 41 个基点（见表 7-4-4）。

表 7-4-4　房地产各项贷款利率

（%）

时间	个人购房贷款利率	一般贷款利率	企业贷款利率	所有贷款加权平均利率
2020Q1	5.60	5.48	—	5.08
2020Q2	5.42	5.26	4.64	5.06
2020Q3	5.36	5.31	4.63	5.12
2020Q4	5.34	5.30	4.61	5.03
2021Q1	5.37	5.30	4.63	5.10
2021Q2	5.42	5.20	4.58	4.93
2021Q3	5.54	5.30	4.59	5.00
2021Q4	5.63	5.19	4.57	4.76
2022Q1	5.49	4.98	4.36	4.65
2022Q2	4.62	4.76	4.16	4.41

续表

时间	个人购房贷款利率	一般贷款利率	企业贷款利率	所有贷款加权平均利率
2022Q3	4. 34	4. 65	4. 00	4. 34
2022Q4	4. 26	4. 57	3. 97	4. 14
2023Q1	4. 14	4. 53	3. 95	4. 34
2023Q2	4. 11	4. 48	3. 95	4. 19
2023Q3	4. 02	4. 51	3. 82	4. 14
2023Q4	3. 97	4. 35	3. 75	3. 83
2024Q1	3. 69	4. 27	3. 73	3. 99
2024Q2	3. 45	4. 13	3. 63	3. 68
2024Q3	3. 31	4. 15	3. 51	3. 67
2024Q4	3. 09	3. 82	3. 34	3. 28

数据来源：中国人民银行。

（三）房地产公募基金

选取基金市场类中全部基金作为研究对象，统计公募基金对于房地产板块的配置情况。从持仓市值来看，2024 年房地产板块的基金持仓总市值为 559 亿元，同比下降 0. 2%。占股票投资市值比重（基金持仓行业市值规模/基金配置 A 股市值规模）为 0. 83%，相较上年下降 0. 1 个百分点（见图 7-4-5）。

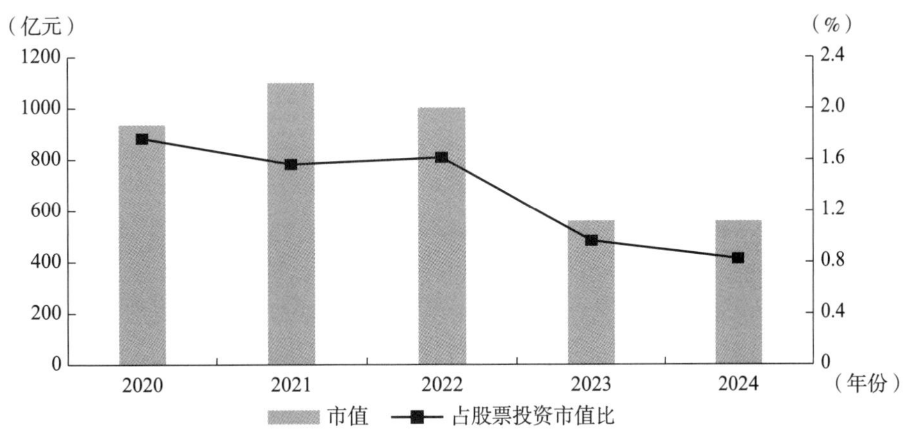

图 7-4-5　2020—2024 年房地产板块的基金持仓市值及占比

数据来源：Wind 数据库。

2024 年，公募基金对于房地产板块的标准行业配置比例（行业自由流通市值/全 A 股自由流通市值）为 1. 38%，相较上年下降 0. 21 个百分点。低配幅度 0. 55%，相较上年回升 0. 1 个百分点（见图 7-4-6）。

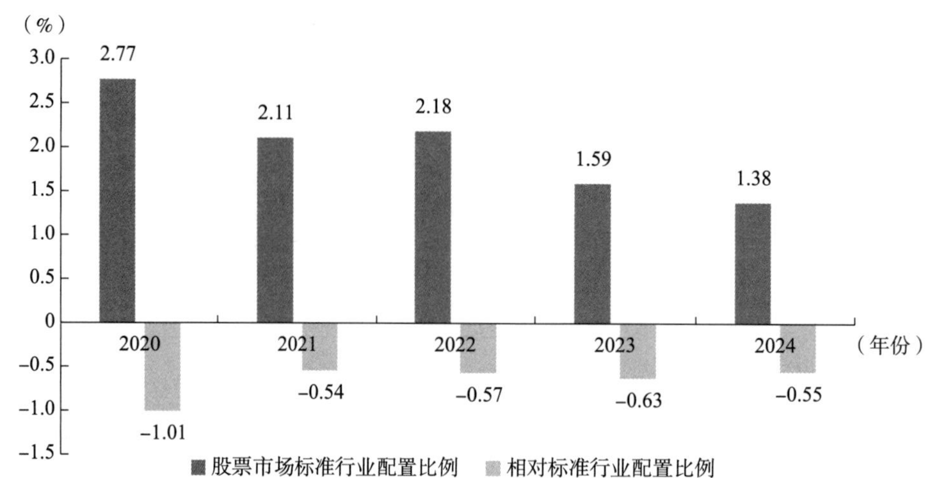

图 7-4-6　2020—2024 年房地产板块标准行业配置比例

数据来源：Wind 数据库。

横向对比全行业配置情况，房地产板块标准行业配置比例、相对配置比例分别排名 9/19、13/19，较 2023 年均保持不变（见图 7-4-7）。

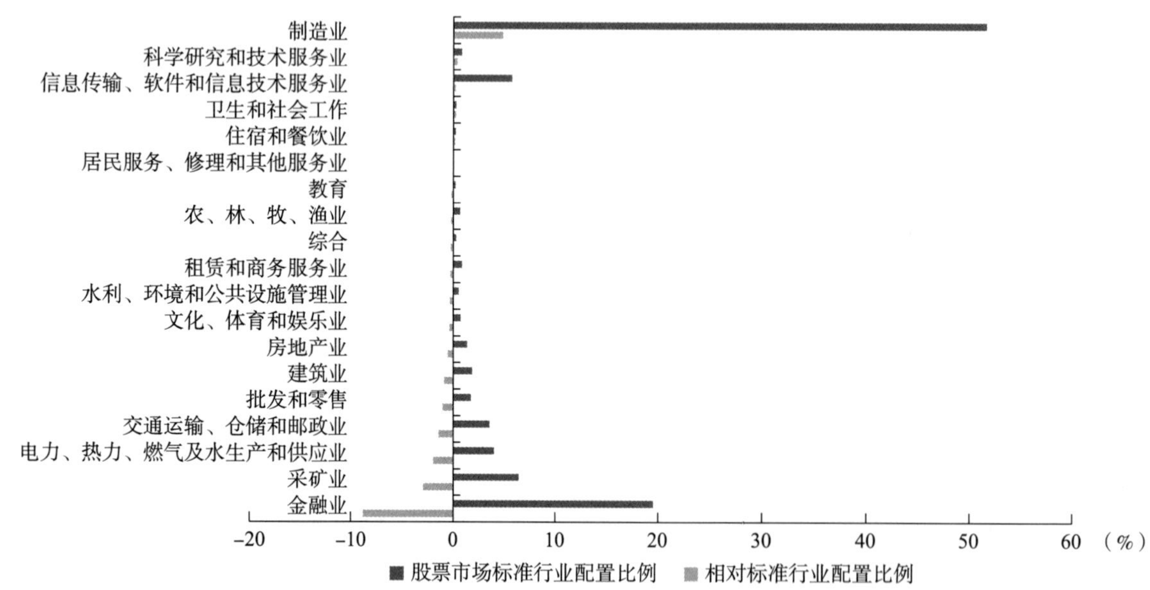

图 7-4-7　2024 年各行业公募基金配置比例

数据来源：Wind 数据库。

（四）房地产私募基金

从募资和投资数据看，2024 年私募股权基金募集金额 11499.8 亿元，同比下降 16.8%。投资金额 4423.4 亿元，同比下降 7.3%（见图 7-4-8）。

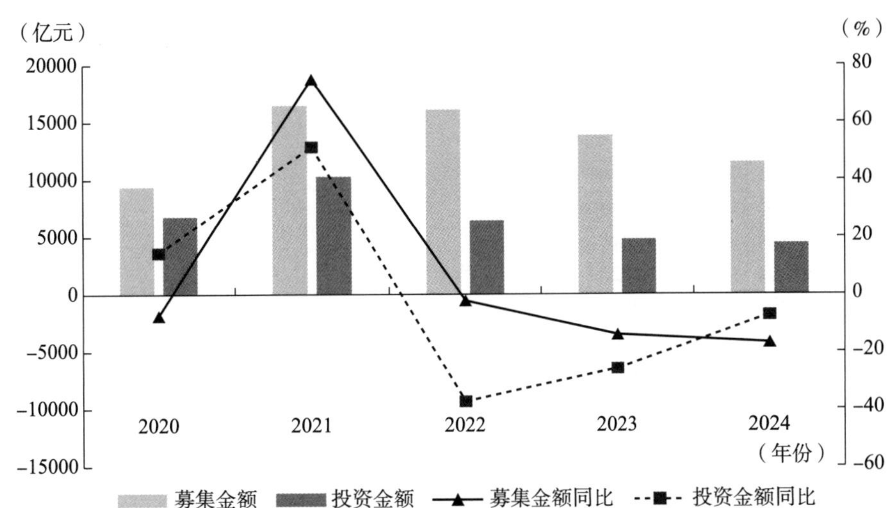

图 7-4-8　2020—2024 年私募股权基金募集及投资金额

数据来源：清科数据库。

从募集情况看，2024 年，房地产基金募集数量 14 只，募集金额为 263.6 亿元，占比为 1.8%（见表 7-4-5）。

表 7-4-5　2024 年新募基金的募集金额及占比

类型	金额（亿元）	占比（%）
成长基金	6430.82	44.5
创业基金	4498.48	31.1
基础设施基金	1498.99	10.4
债转股基金	751.07	5.2
并购基金	608.93	4.2
早期投资基金	340.93	2.4
房地产投资基金	263.57	1.8

数据来源：清科数据库。

从投资情况看，2024 年，私募股权基金在房地产领域的投资案例共有 20 起；投资金额为 66.0 亿元；投资金额名列行业第 14 位（见图 7-4-9）。

（五）境内证券市场融资与偿还

1. 股票融资

2024 年，房地产行业（按照证监会行业划分）股票市场融资规模为 81.6 亿元，同比下降 81.6%。其中地产开发类公司融资规模 60.4 亿元，同比（融资规模为 420.4 亿元）下降 85.6%；物业、服务类公司融资 13.1 亿元，同比（融资规模为 10.5 亿元）增长 24.3%（见表 7-4-6）。

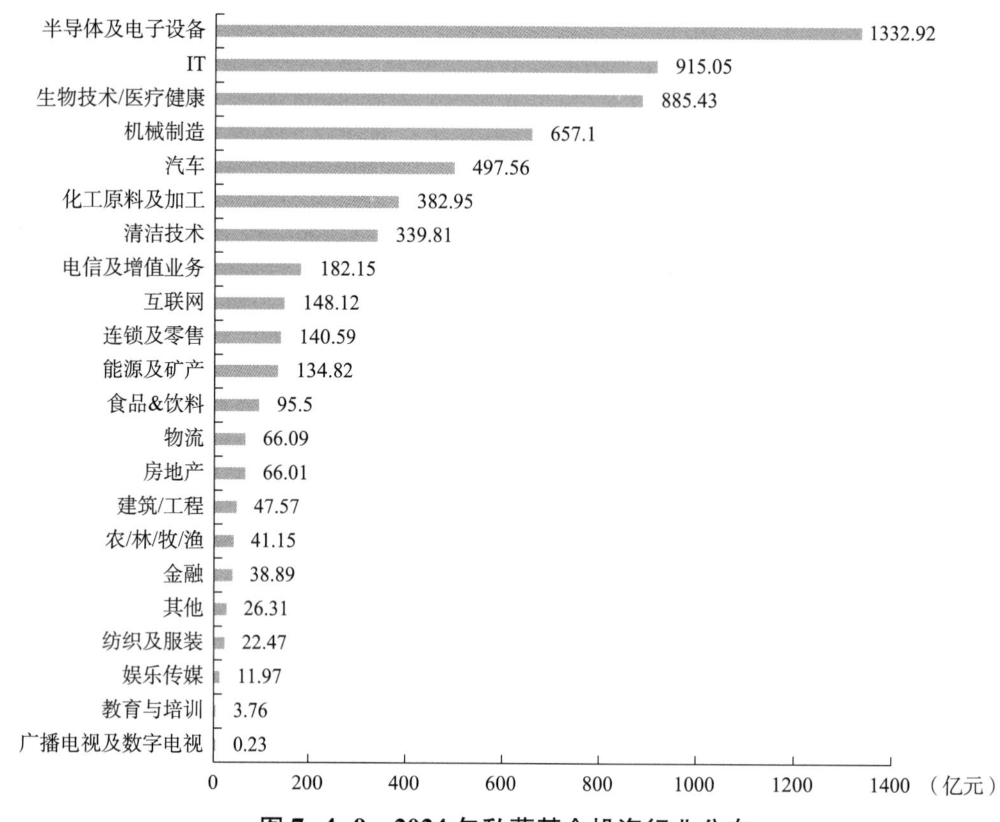

图 7-4-9　2024 年私募基金投资行业分布

数据来源：清科数据库。

表 7-4-6　2024 年房地产企业股市融资情况

类别	公司简称	发行方式	上市日期	上市地点	交易币种	发行规模（亿元）
地产开发类	福星股份	增发	1 月 23 日	深圳	RMB	8.14
	中国上城	配售	3 月 6 日	香港	HKD	0.02
	西藏城投	增发	4 月 2 日	上海	RMB	10.00
	北大资源	配售	5 月 10 日	香港	HKD	0.34
	中加国信	配售	5 月 20 日	香港	HKD	0.20
	粤港湾控股	配售	5 月 28 日	香港	HKD	0.62
	陆家嘴	增发	7 月 5 日	上海	RMB	18.00
	中交地产	增发	7 月 10 日	深圳	RMB	4.44
	中国上城	供股	7 月 24 日	香港	HKD	0.02
	英皇国际	供股	9 月 23 日	香港	HKD	4.60
	粤港湾控股	供股	10 月 29 日	香港	HKD	0.62
	泛海集团	代价发行	10 月 29 日	香港	HKD	—
	珠光控股	配售	10 月 31 日	香港	HKD	3.25
	融创中国	配售	10 月 31 日	香港	HKD	12.05

续表

类别	公司简称	发行方式	上市日期	上市地点	交易币种	发行规模（亿元）
物业、服务类	高山企业	配售	4月17日	香港	HKD	0.42
	泓盈城市服务	认购，配售	5月8日	香港	HKD	1.28
	第一服务控股	代价发行	5月13日	香港	HKD	1.80
	经发物业	认购，配售	6月24日	香港	HKD	1.25
	宝发控股	配售	10月8日	香港	HKD	0.02
	意达利控股	代价发行	10月29日	香港	HKD	1.04
	皇冠环球集团	供股	11月28日	香港	HKD	1.55
	中天服务	增发	12月10日	深圳	RMB	1.67
	易居企业控股	供股	—	香港	HKD	4.83
信托、基金	置富产业信托	代价发行	1月5日	香港	HKD	0.23
	泓富产业信托	代价发行	1月31日	香港	HKD	0.12
	冠君产业信托	代价发行	3月7日	香港	HKD	0.58
	春泉产业信托	代价发行	3月25日	香港	HKD	0.10
	顺丰房托	代价发行	4月9日	香港	HKD	0.13
	置富产业信托	代价发行	4月22日	香港	HKD	0.23
	阳光房地产基金	代价发行	4月25日	香港	HKD	0.12
	阳光房地产基金	代价发行	4月25日	香港	HKD	0.12
	春泉产业信托	代价发行	4月30日	香港	HKD	0.10
	泓富产业信托	代价发行	4月30日	香港	HKD	0.12
	汇贤产业信托	代价发行	6月4日	香港	HKD	0.41
	泓富产业信托	代价发行	7月31日	香港	HKD	0.12
信托、基金	ESR	代价发行	8月13日	香港	HKD	3.74
	春泉产业信托	代价发行	8月16日	香港	HKD	0.10
	越秀房产信托基金	代价发行	9月2日	香港	HKD	0.72
	冠君产业信托	代价发行	9月3日	香港	HKD	0.58
	顺丰房托	代价发行	9月5日	香港	HKD	0.13
	汇贤产业信托	代价发行	9月30日	香港	HKD	0.41
	置富产业信托	代价发行	10月10日	香港	HKD	0.23
	阳光房地产基金	代价发行	10月28日	香港	HKD	0.12
	阳光房地产基金	代价发行	10月28日	香港	HKD	0.12
	春泉产业信托	代价发行	10月31日	香港	HKD	0.10
	泓富产业信托	代价发行	10月31日	香港	HKD	0.12

数据来源：Wind 数据库。

2. 境内债券融资与偿还

（1）融资。

2024年，房地产行业共发行债券435只（不包括资产证券化产品），累计发行金额3717.5亿元，同比下降17.9%；产品以超短期融资债券、定向工具、私募债、短期融资券、公司债、企业债和中期票据为主。从发行面额的占比来看：中期票据（44.3%）、公司债（24.8%）、超短期融资债券（14.8%）、私募债（8.0%）、定向工具（4.04%）、短期融资券（3.95%）、企业债（0.2%）。

从 2024 年各月发行情况看，1、4、9、10、12 月债券融资金额同比增长，其余月份同比下降，主要受房地产行业风险影响（见图 7-4-10）。

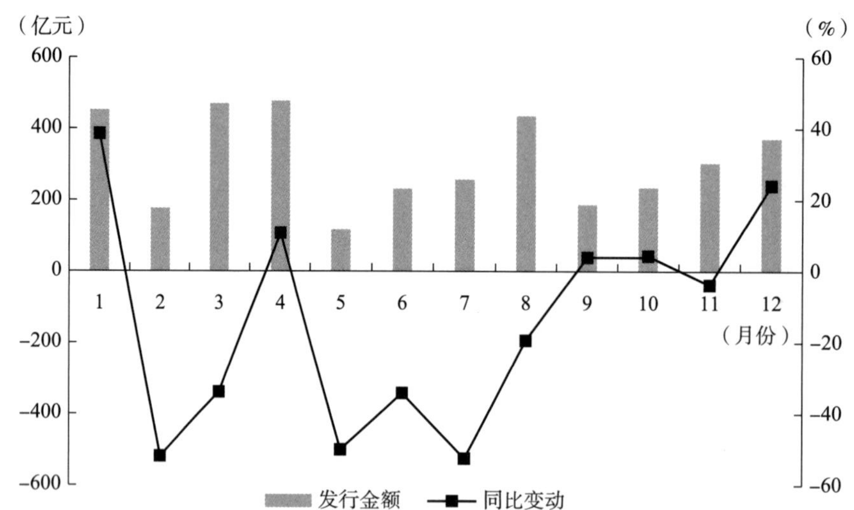

图 7-4-10　2024 年各月房地产行业境内债券融资情况

数据来源：Wind 数据库。

根据克而瑞 2024 年权益销售金额榜单，TOP20 的房地产企业发行债券 1164 亿元，占比为 31.3%。发行主体主要为央国企及优质民企，包括保利、招商蛇口、华润、中海、滨江等企业（见表 7-4-7）。

表 7-4-7　2024 年销售 TOP20 房企发行境内债券情况

发行人	发行日期	发行面额（亿元）	利率（%）	期限（年）	债券类型
中海	1 月 22 日	15.0	3.05	5.0	中期票据
	1 月 22 日	15.0	2.80	3.0	中期票据
	4 月 22 日	30.0	2.68	5.0	公司债
	11 月 26 日	14.0	2.70	10.0	公司债
	11 月 26 日	16.0	2.35	5.0	公司债
保利发展	1 月 12 日	25.0	2.49	0.7	短期融资券
	1 月 22 日	5.0	3.20	5.0	中期票据
	1 月 22 日	20.0	3.00	3.0	中期票据
	1 月 31 日	15.0	2.90	5.0	公司债
	1 月 31 日	25.0	2.43	0.5	短期融资券
	3 月 6 日	19.0	2.78	3.0	中期票据
	3 月 19 日	8.0	3.20	7.0	公司债
	3 月 19 日	12.0	2.99	5.0	公司债
	3 月 25 日	25.0	2.95	3.0	中期票据
	3 月 28 日	10.0	3.20	7.0	公司债
	3 月 28 日	9.0	2.99	5.0	公司债

续表

发行人	发行日期	发行面额（亿元）	利率（%）	期限（年）	债券类型
保利发展	5月28日	20.0	2.52	3.0	中期票据
	6月20日	6.0	2.34	3.0	中期票据
	8月15日	25.0	2.02	0.2	短期融资券
	9月6日	5.0	2.50	7.0	公司债
	9月6日	15.0	2.39	5.0	公司债
	10月23日	5.0	2.65	3.0	中期票据
	10月31日	25.0	2.21	0.2	短期融资券
	12月3日	10.0	2.57	7.0	公司债
	12月3日	5.0	2.27	5.0	公司债
	12月4日	50.0	2.30	3.0	中期票据
	12月12日	15.0	2.49	7.0	公司债
	12月12日	5.0	2.20	5.0	公司债
华润	3月21日	10.0	2.38	0.5	超短期融资债券
	3月21日	10.0	2.38	0.5	超短期融资债券
	3月21日	10.0	2.38	0.5	超短期融资债券
	4月12日	10.0	2.21	0.5	超短期融资债券
	4月12日	10.0	2.21	0.5	超短期融资债券
	4月25日	10.0	1.98	0.5	超短期融资债券
	10月29日	10.0	2.28	0.7	超短期融资债券
	10月29日	20.0	2.28	0.7	超短期融资债券
	11月20日	10.0	2.19	0.7	超短期融资债券
	11月20日	20.0	2.20	0.7	超短期融资债券
	11月22日	10.0	2.95	10.0	公司债
	11月22日	10.0	2.30	3.0	公司债
招商蛇口	1月31日	13.0	2.52	0.2	超短期融资债券
	2月7日	13.0	2.27	0.2	超短期融资债券
	3月26日	10.0	2.09	0.2	超短期融资债券
	3月26日	11.0	2.09	0.2	超短期融资债券
	8月8日	29.0	2.30	5.0	公司债
	8月8日	21.0	2.10	3.0	公司债
招商蛇口	9月3日	15.0	2.35	5.0	公司债
	9月3日	25.0	2.25	3.0	公司债
	10月22日	2.6	2.35	3.0	中期票据
	12月27日	15.0	2.04	3.0	中期票据

续表

发行人	发行日期	发行面额（亿元）	利率（%）	期限（年）	债券类型
绿城	1月19日	10.0	4.38	3.0	中期票据
	3月21日	10.0	4.25	3.0	中期票据
	5月28日	10.0	4.20	3.0	中期票据
	6月24日	10.0	4.13	3.0	中期票据
	8月16日	10.0	3.40	2.0	中期票据
	9月25日	10.0	3.95	3.0	中期票据
	11月19日	10.0	4.12	2.0	中期票据
	12月19日	10.0	3.85	2.0	中期票据
建发	1月18日	10.0	3.44	6.0	中期票据
	3月4日	10.0	2.95	6.0	中期票据
	7月8日	8.6	2.40	6.0	公司债
	9月4日	2.0	2.85	8.0	公司债
	9月4日	6.0	2.53	6.0	公司债
	11月21日	6.0	2.75	6.0	公司债
	12月12日	10.0	2.57	6.0	中期票据
铁建	1月15日	30.0	3.30	5.0	公司债
	2月26日	15.0	3.00	5.0	中期票据
	3月7日	10.0	3.20	5.0	中期票据
	6月5日	5.0	2.53	5.0	中期票据
华发	1月18日	8.5	2.95	0.7	超短期融资债券
	2月1日	7.5	3.80	5.0	私募债
	4月2日	6.1	3.50	5.0	中期票据
	6月18日	5.0	2.80	6.0	私募债
	8月2日	15.0	2.55	5.0	中期票据
	8月23日	11.4	2.80	5.0	中期票据
	9月26日	8.9	2.80	5.0	中期票据
	11月14日	4.5	2.70	0.7	超短期融资债券
越秀	7月10日	10.0	2.75	10.0	公司债
	7月10日	5.0	2.25	5.0	公司债
	8月9日	10.0	2.32	7.0	定向工具
	8月9日	8.0	2.20	5.0	定向工具
	9月12日	8.0	2.78	10.0	公司债
	9月12日	2.0	2.15	6.0	公司债

续表

发行人	发行日期	发行面额（亿元）	利率（%）	期限（年）	债券类型
滨江	2月20日	7.0	3.64	1.0	短期融资券
	3月18日	7.0	3.64	2.0	中期票据
	4月8日	7.0	3.55	1.0	短期融资券
	4月25日	5.0	3.80	2.0	中期票据
	5月24日	7.0	3.60	1.0	短期融资券
	6月20日	5.0	3.60	1.0	短期融资券
	8月5日	6.0	3.90	2.0	中期票据
	8月19日	5.0	3.55	1.0	短期融资券
	9月19日	5.0	3.70	1.0	短期融资券
	11月4日	6.0	4.40	2.0	中期票据
保利置业	6月6日	10.0	2.80	7.0	公司债
	6月6日	5.0	2.50	5.0	公司债
	7月18日	8.0	2.83	7.0	公司债
	7月18日	12.0	2.45	5.0	公司债
	10月14日	15.0	2.98	5.0	公司债
中铁置业	1月15日	30.0	3.30	5.0	公司债
	2月26日	15.0	3.00	5.0	中期票据
	3月7日	10.0	3.20	5.0	中期票据
	6月5日	5.0	2.53	5.0	中期票据

数据来源：Wind 数据库。

（2）偿还。

2024 年，房地产行业共偿还债券 556 只（不包括资产证券化产品），累计偿还金额 3983.2 亿元，同比下降 2.7%。从 2024 年各月偿还情况看，除 1、4、5、11、12 月外，其余月份累计偿还金额同比均为负（见图 7-4-11）。

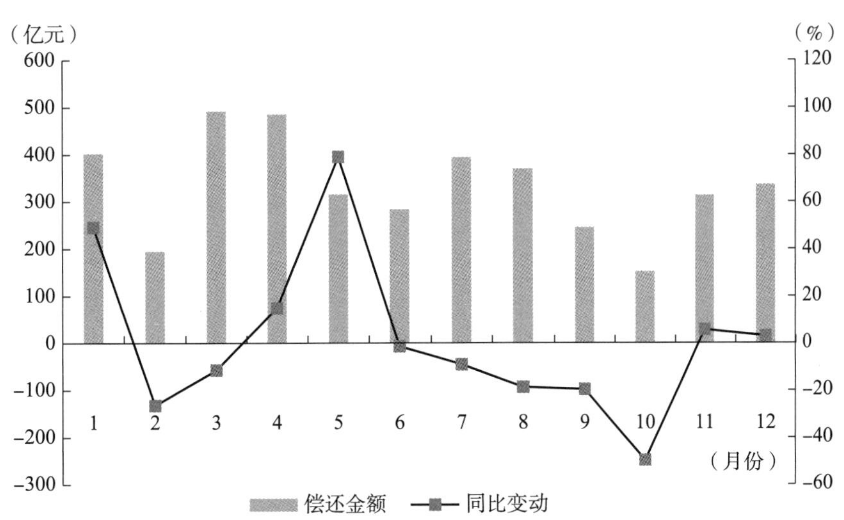

图 7-4-11　2024 年各月房地产行业境内债券偿还情况

数据来源：Wind 数据库。

（3）净融资。

2024 年，房地产行业境内债券市场（不包括资产证券化产品）资金净流出 265.7 亿元。从各月来看，2024 年除 1 月、8 月、10 月、12 月净融资为正外，其余各月份净融资均为负（见图 7-4-12）。

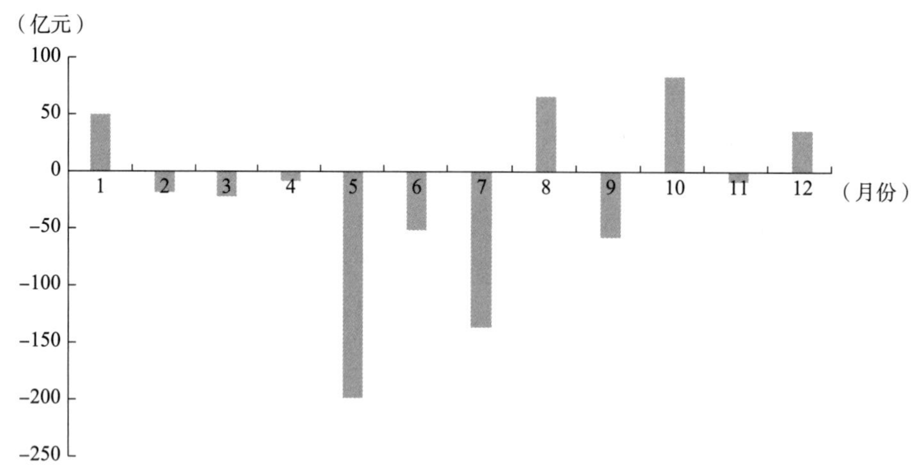

图 7-4-12　2024 年各月房地产行业境内债券净融资情况

数据来源：Wind 数据库。

（六）不动产资产证券化

1. 融资

2024 年，不动产资产证券化产品发行 647.9 亿元，发行笔数 77 笔。其中，供应链应付账款 ABS 发行规模为 240.4 亿元，占比 35.6%；CMBS/CMBN 发行规模为 229.1 亿元，占比 34.0%；类 REITs 发行规模为 95.6 亿元，占比 14.2%；棚改/保障房 ABS 发行规模为 42.5 亿元，占比 6.3%；基础设施 REITs 发行规模为 67.3 亿元，占比 10.0%（见表 7-4-8）。

表 7-4-8　2024 年不动产资产证券化产品发行

类型	发行笔数（笔）	占比（%）	发行规模（亿元）	占比（%）
供应链应付账款 ABS	50	64.9	240.4	35.6
CMBS/CMBN	16	20.8	229.1	34.0
类 REITs	5	6.5	95.6	14.2
基础设施 REITs	3	3.9	67.3	10.0
棚改/保障房 ABS	3	3.9	42.5	6.3
合计	77	100	674.9	100

数据来源：Wind 数据库。

2. 存续

截至 2024 年底，不动产资产证券化产品的存续规模为 2956.1 亿元，存续笔数 550 笔。其中，不动产抵押类资产证券化产品（类 REITs、基础设施 REITs、CMBS/CMBN、棚改/保障房 ABS、保障住房 REITs）存续规模 2272.8 亿元，占存续总额的 76.9%。包括 CMBS/CMBN 存续 107 笔，存续规模 1338.3 亿元；类 REITs 存续 29 笔，存续规模 560.6 亿元；棚改/保障房 ABS 存续 17 笔，存续规模 188.6 亿元；基础设施 REITs 存续 7 笔，存续规模 159.8 亿元；保障住房 REITs 存续 2 笔，存续规模 25.5 亿元。此外，预期收益支持类不动产 ABS 产品

（物业费 ABS、购房尾款 ABS/ABN、供应链金融 ABS）存续规模 683.3 亿元，占据总规模 23.1%。包括供应链应付账款 ABS 存续 350 笔，存续规模 606.0 亿元；购房尾款 ABS 存续 29 笔，存续规模 66.7 亿元；物业费 ABS 存续 9 笔，存续规模 10.5 亿元（见表 7-4-9）。

表 7-4-9　截至 2024 年底不动产资产证券化产品存续规模

类型	存量笔数（笔）	占比（%）	存量规模（亿元）	占比（%）
CMBS/CMBN	107	19.5	1338.3	45.3
供应链应付账款 ABS	350	63.6	606.0	20.5
类 REITs	29	5.3	560.6	19.0
棚改/保障房 ABS	17	3.1	188.6	6.4
基础设施 REITs	7	1.3	159.8	5.4
购房尾款 ABS	29	5.3	66.7	2.3
保障住房 REITs	2	0.4	25.5	0.9
物业费收费收益权 ABS	9	1.6	10.5	0.4
合计	550	100	2956.1	100

数据来源：Wind 数据库。

（七）境外证券市场融资

1. 融资

2024 年，房企共在境外发债 56 只，同比下降 49.6%；实际募资 75.7 亿美元，同比下降 74.7%。受行业风险抬升影响，发行规模持续下降（见图 7-4-13）。

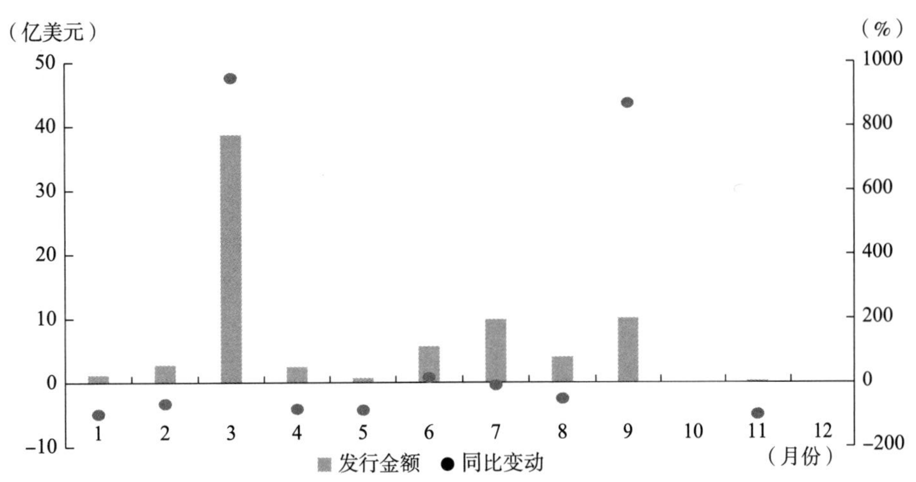

图 7-4-13　2024 年各月房地产行业境外债券融资情况

数据来源：Wind 数据库。

TOP20 的房地产企业仅有越秀一家发行境外债券 16.9 亿元。境外美元债融资渠道有待恢复。

表 7-4-10　2024 年 TOP20 房地产企业境外债券发行情况

发行人	起息日期	发行规模（亿元）	票面利率（%）	上市地点	交易币种
越秀	2024-07-12	16.9	4.1%	香港联交所	CNY

数据来源：Wind 数据库。

2. 偿还

2024 年，房地产行业共偿还境外债券 182 只，累计偿还金额 437.8 亿美元，同比下降 25.9%。从 2024 年各月偿还情况看，除 3 月、5 月、6 月、8 月外，其余月份偿还金额同比增长（见图 7-4-14）。

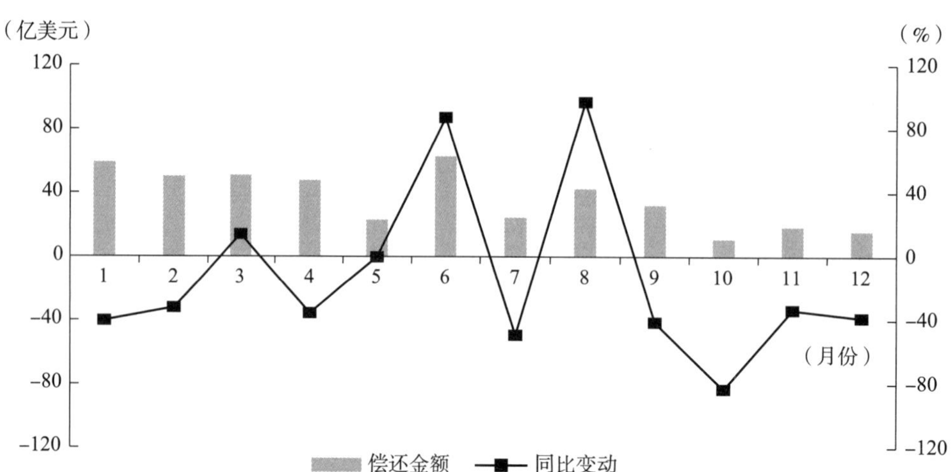

图 7-4-14　2024 年各月房地产行业境外债券偿还情况

数据来源：Wind 数据库。

3. 净融资

2024 年，房地产行业境外债券市场净融资为-362.1 亿美元。全年各月份净融资均为负（见图 7-4-15）。

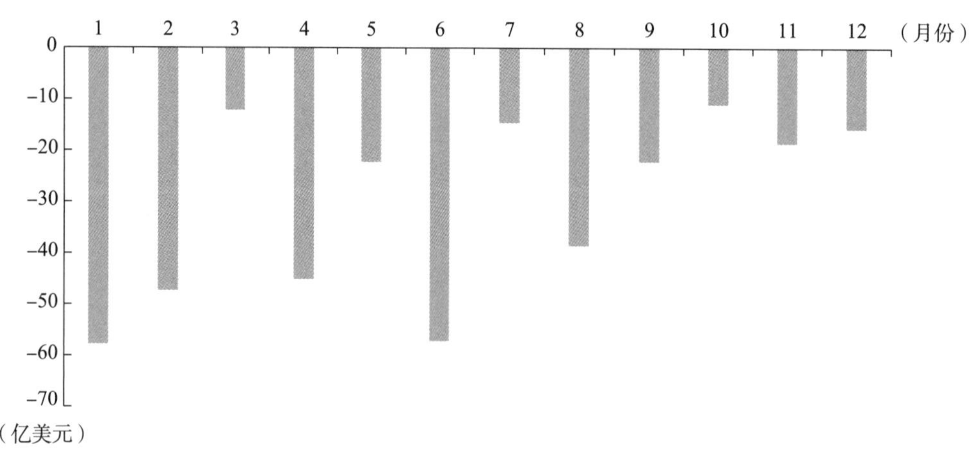

图 7-4-15　2024 年各月房地产行业境外债券净融资情况

数据来源：Wind 数据库。

（于璐源　中国民生银行战略客户部）

五、物业管理

（一）政策动态

1. 行业定位提升，物业服务纳入鼓励类商务服务业

国家发展改革委发布《产业结构调整指导目录（2024年本）》，自2024年2月1日起施行。物业服务纳入“鼓励类——商务服务业”，涉及范围包括：①住宅物业管理：普通住宅、公寓、别墅等物业管理；保障性住房（含保障性租赁住房）物业管理；老旧小区物业管理等。②非住宅物业管理：办公楼、写字楼、学校、医院、场馆、酒店、产业园区、商业综合体等物业管理。该目录的出台标志着行业定位提升，不仅是对物业服务行业价值的深度认可，也为行业的高质量发展奠定坚实的政策基础。

2. “好房子”“好服务”内涵逐渐明晰

“好房子”评判标准为安全、舒适、绿色和智慧。2024年11月，国务院总理李强参观调研中国建筑科技展，着重提及“好房子”的四项标准，即安全、舒适、绿色、智慧。2024年12月，全国住房城乡建设工作会议部署2025年五项重点工作，其中一项工作便是“建设安全、舒适、绿色、智慧的好房子”。

“好服务”涵盖优质的物业服务和生活服务。2024年8月，国新办举行“推动高质量发展”系列主题新闻发布会，住房城乡建设部部长倪虹指出，“好房子”需要好服务，将实施居住服务提升行动，下大力气提高物业服务水平，支持养老、托育、家政等线上线下的生活服务。

3. 国家、行业、团体及地方标准加速落地

2024年，物业管理行业标准化建设加速推进，有关部门发布：1项国家标准——《建筑及居住区数字化技术应用　第3部分：物业管理》；2项行业标准——《环境卫生设施属性数据标准》《垃圾清运工职业技能标准》；34项团体标准，如《写字楼物业服务规范》《住宅物业服务规范》等；15项地方标准，如芜湖市市场监管局发布芜湖市地方标准《医院物业服务物品运送管理规范》等。这些标准的发布，为提升服务质量和效率、推动行业向精细化、专业化方向发展提供重要指导（见表7-5-1）。

表7-5-1　部分2024年发布的国家、行业、团体及地方标准

分类	日期	发布部门	标准名称
国家标准	2024年9月	国家市场监督管理总局、国家标准化管理委员会	《建筑及居住区数字化技术应用　第3部分：物业管理》
行业标准	2024年10月	住房城乡建设部	《环境卫生设施属性数据标准》
	2024年11月	住房城乡建设部	《垃圾清运工职业技能标准》
团体标准	2024年3月	山东省物协	《城市公共汽电车乘务管理员服务规范》
	2024年4月	北京市物协	《物业服务标准体系建设要求》
地方标准	2024年1月	芜湖市市场监管局	芜湖市地方标准《医院物业服务物品运送管理规范》
	2024年4月	深圳市市场监督管理局	深圳市地方标准《智慧物业服务和数据交换规范》

资料来源：公开资料、克而瑞物管整理。

（二）市场现状

1. 资本表现

近年来，物业股的估值持续下滑，并在2022年底触及历史低点8.9倍市盈率。2023年，物业股估值整体处于盘整阶段，进入2024年后，在政策推动下，5月和10月物业股估值年内出现两次显著的反弹。其中10月

达到近两年来的最高点，市盈率均值升至 15. 2 倍。但随着政策影响力的减弱，物业股的估值再度滑落。截至 2024 年末，上市物企的平均市盈率回落到 13. 2 倍，全年平均市盈率为 11. 9 倍（见图 7-5-1）。

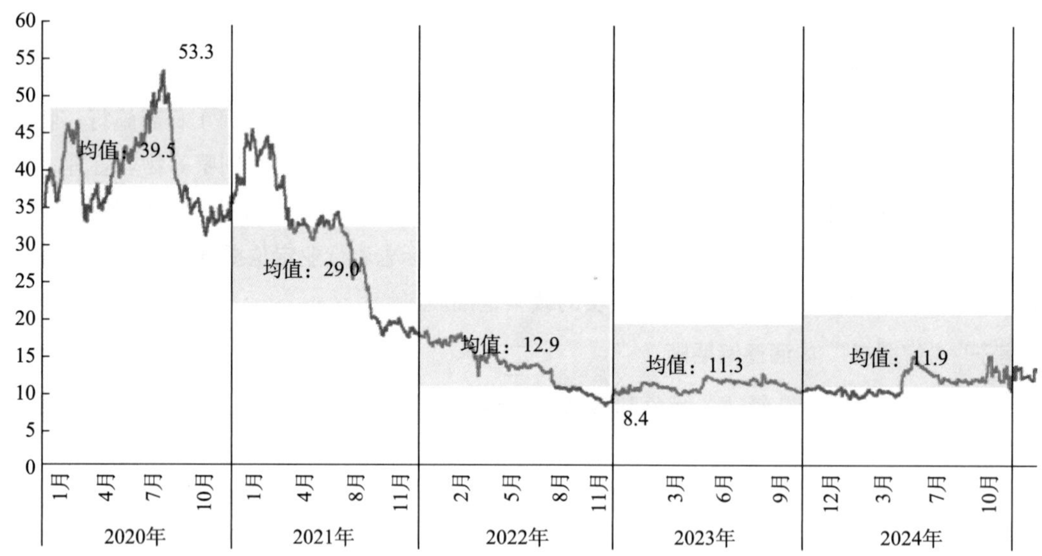

图 7-5-1　2020—2024 年 12 月上市物企 PE 均值

数据来源：Choice、克而瑞物管整理。

2. 管理规模

完整披露相关面积数据的 53 家上市物企的总在管面积由 2020 年的 38. 5 亿平方米增长至 2024 年的 76. 6 亿平方米，五年复合增长率为 18. 7%；从增速走势来看，年内同比增长 6. 3%，较上年同期下滑 6. 1 个百分点（见图 7-5-2）。

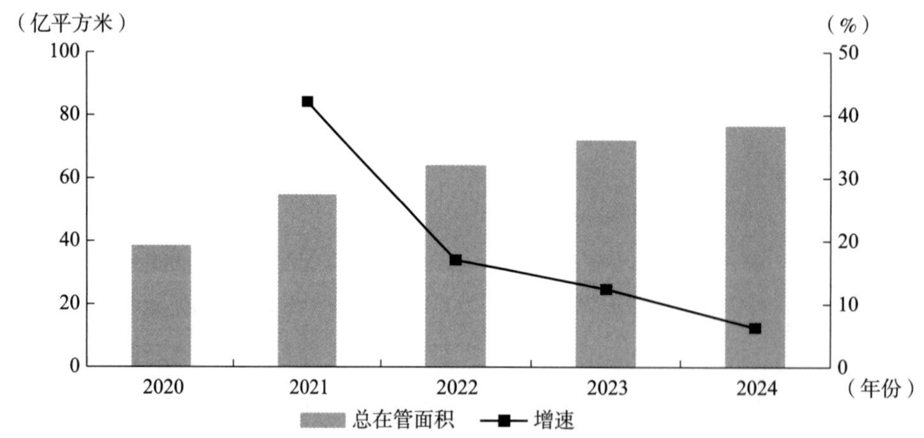

图 7-5-2　2020—2024 年上市物企在管面积及增速

数据来源：上市物企年报、克而瑞物管整理。

3. 营业收入

2024 年，60 家上市物企的营收总额由 2020 年的 1512. 0 亿元增长至 2024 年的 2858. 1 亿元，五年复合增长率为 17. 3%；从增速走势来看，年内同比增长 3. 9%，较上年同期下滑 3. 6 个百分点（见图 7-5-3）。

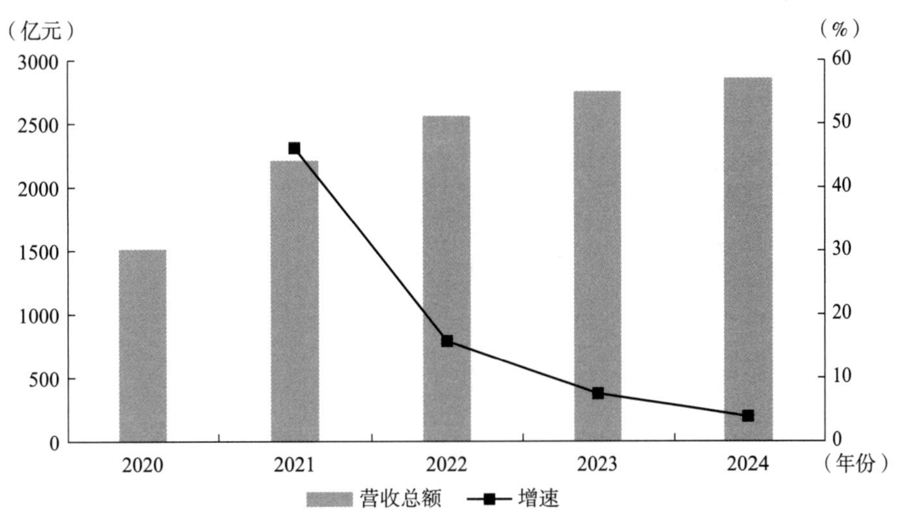

图 7-5-3　2020—2024 年上市物企营收及增速

数据来源：上市物企年报、克而瑞物管整理。

4. 从业人员

作为劳动密集型行业，物业服务企业一直是落实稳就业的重要力量之一。2024 年，披露相关数据的 52 家上市物企共吸纳就业人数 101.6 万人，同比下降 2.6%；平均每家企业吸纳就业人数约 19530 人。企业员工总数超过 1 万人的企业有 21 家，占总人数的比重为 86.8%（见图 7-5-4）。

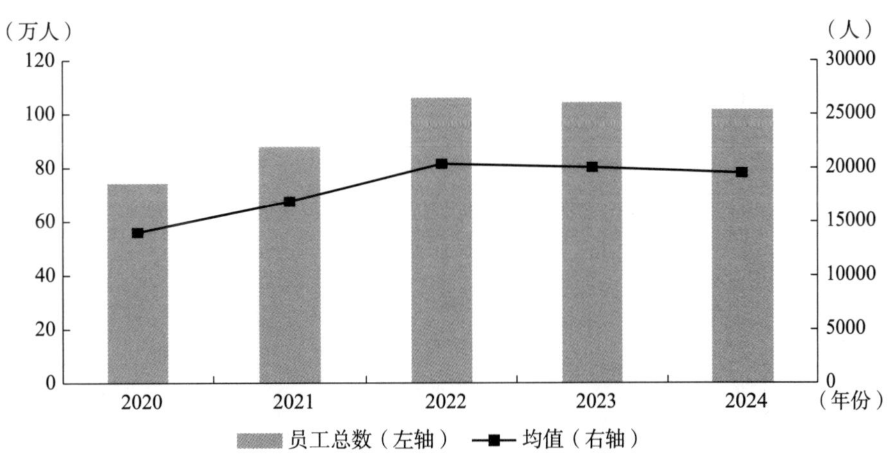

图 7-5-4　2020—2024 年上市物企员工总数及均值

数据来源：上市物企年报、克而瑞物管整理。

5. 市场结构

根据克而瑞物管细分业态市场规模测算数据统计，2024 年全国基础物业服务营收规模达到 2.33 万亿元（未包含城市服务）。在各类业态中，住宅物业以 7882 亿元的市场规模居首位，占总营收的 33.8%；而非住宅业态中，产业园市场规模最大，为 7317 亿元，占比 31.4%。与 2023 年相比，住宅业态的市场占比略有下降，减少 0.3 个百分点（2023 年占比为 34.1%）（见图 7-5-5）。

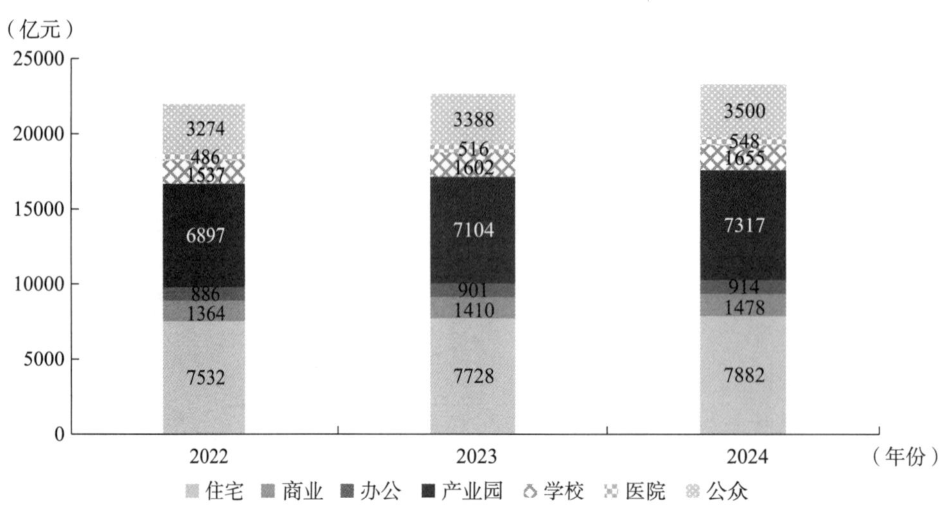

图 7-5-5　2022—2024 年全国各业态营收规模

数据来源：公开资料、克而瑞物管测算。

6. 住宅市场

（1）4 城百余个项目降价，物业换手率升至 3.3%。

2024 年，重庆、银川、青岛和武汉 4 城再公示物业费标准，引发降价舆情。公开资料显示，2024 年上述 4 城百余个项目实现物业费的下调，降幅在 20%~30%。

2024 年 3—8 月，克而瑞物管选取 20 个典型城市，调研统计数千个小区 2021 年、2024 年物业更换情况发现，2021—2024 年，全国住宅物业换手率由 1.7%持续提升至 3.3%，净增长 1.6 个百分点，意味着每年约有 2 万个住宅小区更换物业公司（见图 7-5-6）。

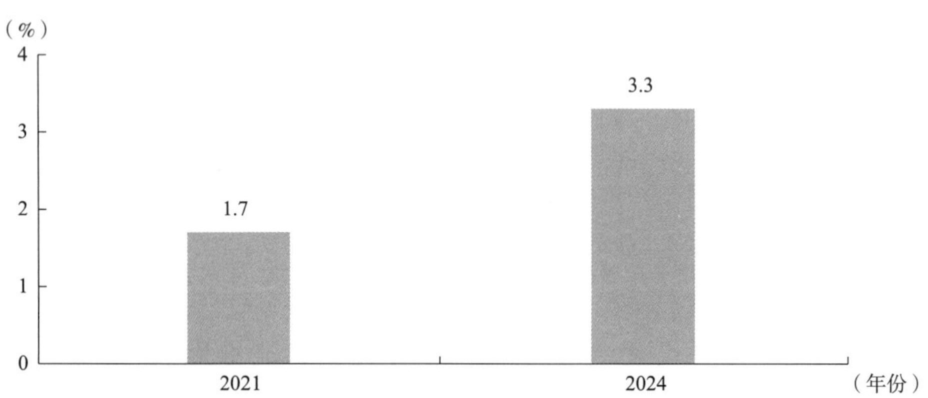

图 7-5-6　2011 年、2024 年住宅物业换手率

数据来源：克而瑞物管整理。

注：物业换手率=合同到期项目占比×业委会及物管会成立率×业主/物业更换意愿率。

（2）房屋老龄化，物业管理困境凸显。

截至 2024 年底，全国约 43%的住宅房龄超过 20 年，房屋老龄化加剧物业维修困境。以上海为例，70%的 20 世纪 90 年代小区维修资金接近枯竭，而根据规定，动用维修资金需 2/3 业主参与表决且过半数同意，实际操作中因业主参与度低及利益分歧，导致维修资金的使用和续筹极为困难。

7. 非住市场

（1）商写园：租金下滑，空置率提升，甲方经营压力传导至物业。

受限于实体经济萎靡不振，商办项目招租压力不断加大，租金持续下滑。以一线城市为例，2024 年购物中心首层平均租金同比跌幅皆超过 15%，甲级办公楼平均租金同比跌幅都在 10%附近。

甲级办公楼空置率持续上升。以一线城市为例，2024 年，北京、上海和广州甲级办公楼空置率都在 20%左右，较 2023 年均有不同程度的增长，深圳空置率提升 2. 4 个百分点至 29. 1%（见图 7-5-7）。

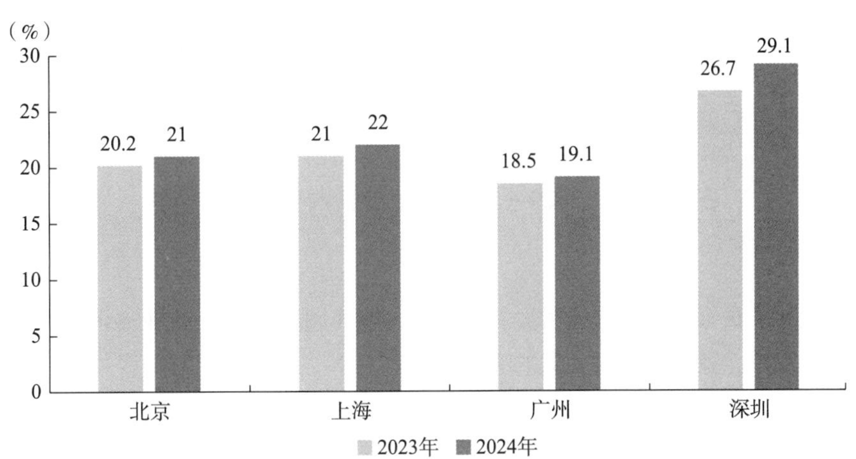

图 7-5-7　2023 年、2024 年一线城市甲级办公楼空置率

数据来源：克而瑞。

产业园不仅租金下行，而且空置率持续上升。2024 年，工业厂房租金同比下降 16. 2%，空置率升至 19. 8%，同比提升 2. 6 个百分点；研发办公楼租金同比下降 33%，空置率高达 30. 1%，同比提升 6. 5 个百分点。

在租金下滑和空置率攀升的压力下，甲方对物企的要求增多且变严，如邀标书细化、建立 COE 团队监管。同时，低价中标现象增多，导致服务质量下降、投诉增加。

（2）学校、医院：优质项目竞争加剧。

数据显示，2023 年双一流高校数量占比低至 6%，但双一流高校预算则是其他普通高校的 6. 2 倍；2023 年三级医院数量占比约 10%，预算占比却达到 30%。受此影响，物企投拓将重点聚焦双一流高校、三级医院这类优质项目，致使竞争愈加激烈。

（3）公建：账期拉长。

主要涉及以下两方面内容：

其一，政府采购金额下降 8%，低价中标渐成主流。2020—2023 年，政府采购金额由 3. 7 万亿元缓步下滑至 3. 4 万亿元，累计降幅达 8%（见图 7-5-8）。一方面，为控制政府采购成本，更多公建物业项目鼓励低价中标；另一方面，部分物企积极打造标杆项目，采用较激进的价格策略，甚至以牺牲利润为代价，进一步加剧公建物业低价竞争的局面。

其二，公建物业账期拉长，回款难成挑战。公建物业账期由 2023 年的 3 个月拉长至 2024 年的 10 个月，明显高于 6 个月的警戒线。回款难已然成为公建物业面临的最大挑战，随着回款周期的延长，导致物企资金周转压力加大，一定程度上影响企业的日常运营和新项目的拓展。

（三）企业策略

1. 优化现金流管理，加大“催缴”力度

针对应收账款高企、账期拉长等问题，物企制定并实施多种更有针对性的催缴策略：

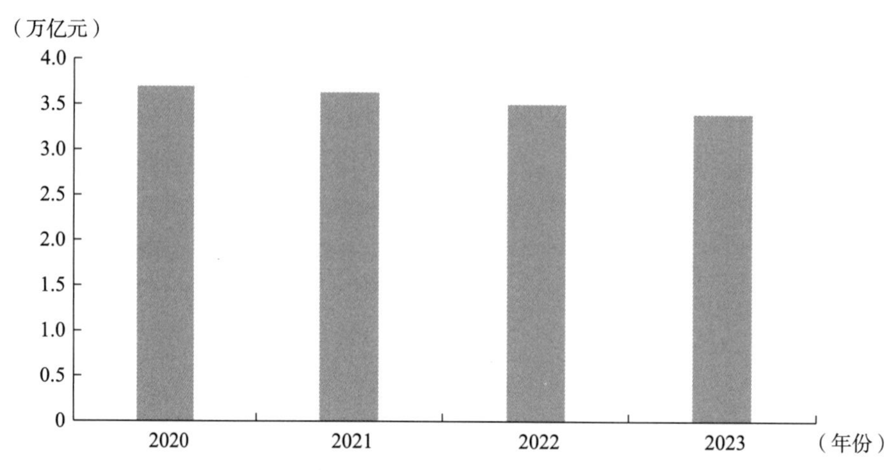

图 7-5-8　2020—2023 年政府采购物业服务金额

数据来源：克而瑞物管整理。

其一，成立欠款追讨委员会。为提升追讨欠款的效率，碧桂园服务首开行业先河，成立追讨欠款委员会，并由总裁徐彬淮挂帅，反映企业积极追讨欠款的决心和行动力。

其二，聚焦优质项目、退出低质项目。如万物云，2024 年上半年蝶城底盘数量增长至 642 个，蝶城内住宅项目中标率达 75%，并退出 17 个住宅物业项目。

其三，住宅业主“花式”催收。具体措施包括催收奖励提升、激励政策提升、“一户一策”攻坚克难等。如开展缴费抽奖活动，提前预缴物业费的业主即可参与抽奖；又如项目成立催收执行小组，每天制定详细的催收计划和目标，并及时奖励当天催费有收获的员工。

其四，开发商以资抵债。不完全统计显示，2024 年，万物云、融创服务、金科服务等 8 家上市物企与关联房企开展 10 余笔以资抵债交易，合计抵消应收账款超过 26 亿元。其中，万物云与万科开展 6 笔以资抵债交易，共计抵消应收账款超过 12 亿元。

2. 提升降本增效水平，科技应用更趋成熟

面对人力成本上涨但物业费难以同步上调的挑战，物企通过精益管理和科技赋能实现降本增效。在组织精简方面，世茂服务通过“职能一线下沉、业务区域化管理”模式，2024 年上半年员工成本下降 6. 9%，人均效能提升至 9. 2 万元。远洋服务试行职能共享中心，人均在管面积和核心净利润分别提升 6. 4%和 8. 1%。科技赋能上，中海物业利用无人机检测外墙瓷砖，效率提升约 90%，费用节省 30%。万物云的飞鸽工单系统优化调度流程，试点项目人工有效作业时间从 7. 4 小时提升至 9. 1 小时，效率提高 18. 7%。这些措施有效提升物企的盈利能力和服务水平。

从长远发展的角度来看，物业服务企业必须坚守服务初衷，始终以提供卓越服务为核心。万物云在十周年推出“智选”产品和“灵石”系统。“智选”实现住宅“弹性定价”，将服务选项和定价权交给业主，必选与自选服务灵活配置。“灵石”系统作为智能决策核心，构建泛在实时的物联感知体系，提升资产管理效率。其代表着万物云在资产管理领域率先构建一个泛在实时、全域覆盖的物联感知体系，打造“云调度、边计算、端智群”的先进数据架构。

3. 基础服务越来越“卷”“底限”与“上限”同步提升

2024 年，住宅市场压力加剧，收缴率、满意度呈现下滑趋势，物业换手率则呈现上升势头。与此同时，众多住宅小区的设施设备逐步老化，引发部分业主的忧虑和不满。为应对挑战，物企通过服务创新与升级提升竞争力。

基础安全服务方面，招商积余加强窨井安全措施，中海物业试点电梯维修保险，碧桂园服务启动“乘梯无忧”活动，万物云实现 AED 设备全覆盖并培训员工，有效提升社区安全。个性化服务上，部分物企推行“一户一策”，如新城悦服务针对空置房管理，招商积余设立多功能“小招服务站”，永威物业提供退租验收服务，旨在精准提升服务质量，增强业主满意度和忠诚度（见图 7-5-9）。

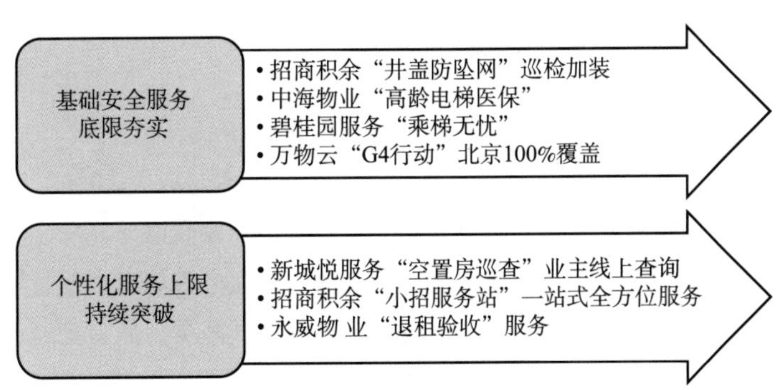

图 7-5-9　典型物企持续夯实服务品质举措

数据来源：公开资料、克而瑞物管整理。

4. 地物协同更进一步，服务前置更加凸显

随着住房回归居住属性，地产开发与物业管理的联系日益紧密。物业服务企业通过创新服务和精细化管理提升居住体验。从规划设计到日常运营，集团企业推进地物协同发展战略，打造全链条服务体系。在规划设计阶段，保利物业发布《品质回顾手册》，并通过“五审两验一评估”的八维嵌入式服务，助力地产项目在各阶段品质提升（见图 7-5-10）。

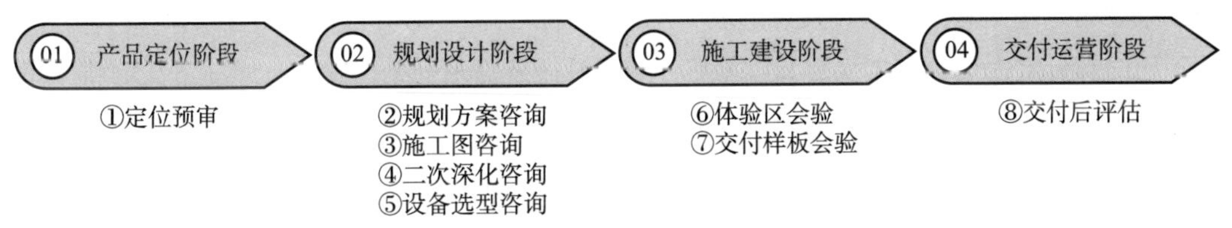

图 7-5-10　保利物业“五审两验一评估”

数据来源：保利物业微信公众号。

案场营销阶段，招商积余和华发物业提前运营会所，提供高端服务功能，如武汉招商·武昌序的序 Club 小程序和珠海湾玺壹的湾玺荟 CLUB，增强准业主的服务体验。

承接查验阶段，金地集团采用联合预验收模式，多轮验房确保交付品质。

日常运营中，保利地产与保利物业每季度召开联席会议，围绕满意度、维修、交付等维度优化流程，全方位提升客户体验。

5. 服务体系持续升级，个性化、高端化显现

逐步优化和提升服务体系已成为众多物业企业的共识。这些企业不仅在服务内容上推陈出新，更在服务方式上愈加注重科技应用，致力于提升服务品质和优化客户体验，以敏锐应对市场动态和客户需求的变迁，推动企业持续发展。

2024 年，中高端住宅成为主导力量的环境下，针对高端服务领域的体系发布与更新更为显著，更加聚焦于提升服务品质和满足精英消费群体的需求。保利物业焕新发布“东方礼遇”服务体系，通过“不断线”的极致响应，“不断点”的房产维养，“不断代”的科技兑现服务，为客户提供真诚服务。金茂服务升级 MOCO 服务体系 2.0，创新提出以“服务美学”为引领的高端住宅物业服务体系，推出《金茂服务“金玉满堂”服务产品价值体系》。宸嘉物业发布“CARE”服务体系，以隐藏式服务诠释高端服务精髓。

（张兆娟　何俊峰　克而瑞物管）

六、存量住宅局改微装更新实践

（一）住宅室内装饰领域“增量”与“存量”的分野

住宅室内装饰存在“增量”和“存量”之分。所谓增量，是指住宅从毛坯状态经过整体装修而形成的完整且崭新的室内装饰。毛坯状态的住宅来源于两个方面，一方面是开发商以毛坯状态交付的新建住宅，另一方面是原有室内装饰被全部拆除至毛坯状态后的存量住宅。前者伴随住宅市场里存量住宅越来越占据绝对主体地位，且占比越来越少的新增住宅精装交付比例越来越高的趋势而逐渐减少，后者已经成为毛坯状态住宅的绝对主体。所谓存量，是一个与增量相对应的概念，所有增量一旦形成，立刻就进入存量范畴。从时间维度来看，一次整体装修到下一次整体装修之间的时段内，无论是几年、十几年乃至几十年，住宅室内装饰都处于存量状态。

与增量室内装饰相关联的装修服务是整体装修服务，与存量室内装饰的维修和保养相关联的装修服务是局改微装。在过去十几年乃至二十多年里，增量室内装饰以及与其相关的整体装修服务快速发展，而存量室内装饰保养和维修以及与其相关的局改微装服务发展滞后。究其原因，主要有二：一是新增住宅的大量涌入，激发整体装修市场的繁荣；二是居民收入增长较快，二手房市场交易活跃，很多居民每隔五到十年就会更换一次住宅，如果他们新购买的是毛坯状态的新房，他们就会启动整体装修。如果他们购买的是已经装修好的二手房，很多也会因为原有装修老旧而全部拆除，再次启动整体装修。因此，为存量室内装饰提供保养和维修的局改微装服务长期以来处于“边角料”地位，没有形成一定规模。

近年来，面向存量室内装饰开展保养和维修服务的局改微装需求开始爆发，有望在不久的将来形成与过去占据绝对主导地位的整体装修分庭抗礼的地位。究其原因，主要有四：其一，在整个住宅总量里，新增住宅占比越来越小。在新增住宅总量里，毛坯交付占比越来越小。在二手房领域，交易活跃度显著下降，居民买卖住宅的频率显著降低。因此，由新旧住宅交易拉动的整体装修需求明显下降。其二，伴随住宅置换频率的降低，居民在同一套住宅里居住的时间在变长，就有更多机会经历该套住宅一次整体装修到下一次整体装修之间为期十几年乃至二三十年之久的室内装饰的全生命周期。而贯穿这一全生命周期的活动就是对存量室内装饰不断地保养和维修，亦即局改微装。其三，伴随居民收入由快速增长进入稳步增长的新常态，消费行为趋于理性，过去那种攀比、炫富、浪费型的消费行为在减少，装修领域也一样，“能小修，就不大修，能修理，就不更换”已经成为越来越居民的行为准则，他们开始从室内装饰的全生命周期视角，通过不断地保养和维修活动，实现室内装饰的“物尽其用”。其四，智能化、适老化、“售前美化”等新需求迸发，也推动室内装饰的局改微装。平均而言，居民一次整体装修到下一次整体装修中间会相隔二十多年，在这二十多年里，智能化产品层出不穷，就需要通过局改微装的方式，把新的智能化产品添加到原有的室内装饰之中。伴随老龄化程度的加深，适老化产品也需要通过局改微装的方式添加到原有室内装饰之中。伴随二手房市场供需结构的改变，二手房出手越来越难，“售前美化”即二手房的房东在挂牌之前对房屋室内装饰进行美化的需求开始出现，也增加局改微装的市场需求。综上，作为城市存量更新的重要微观实践，局改微装已经成为装修领域一个不可忽视的重要细分领域。

（二）由设计主导权向产品（材料）主导权和施工主导权过渡

当住宅装修由“增量”时代步入“存量”时代之后，对存量室内装饰进行保养和维修的局改微装服务就会逐步取代整体装修服务而成为住宅装修服务的主体服务类型。局改微装与整体装修对于服务商的能力要求完全不同。对于整体装修而言，顾名思义，是对房屋室内空间进行整体装饰，因此，设计的作用就非常大。据此，业内人士提出从事整体装修的服务商具有“设计主导权”。从事整体装修的服务商凭借设计主导权，整合产品方和施工方，从而占据住宅装修产业链的“链主”地位。但是，局改微装不同。顾名思义，局改微装是对室内装饰开展的局部改造和细微翻新，例如墙面刷新、地板换新、家具保养和维修、厨卫改造、门窗改造、水电改造，等等。局改微装并不像整体装修那样倚重于设计，因此设计在局改微装中丧失主导地位。换言之，对于局改微装而言，不存在所谓“设计主导权”，产品（材料）方和施工方取代设计方，成为新的主导力量，从而形成“产品（材料）主导权”和“施工主导权”。

产品（材料）主导权是产品（材料）的生产商或经销商在装修服务产业链中充当“链主”角色，整合施工方和设计方，形成服务业主的一体化能力。典型代表包括立邦刷新、多乐士焕新、欧派大家居、方太厨房改造、兔宝宝全屋定制、欧琳厨卫改造等，他们作为装修行业的产品（材料）生产商或经销商，由过去 B2B2C 模式，即主要通过从事整体装修业务的装修企业把自己的产品（材料）销售给终端消费者，演进成为目前既发展 B2B2C 模式，同时又孵化和培养 B2C 模式，即亲自下场，通过直接为终端消费者提供装修服务尤其是局改微装服务来销售自己的产品（材料），形成以产品（材料）主导权为特征的装修模式。与 B2B2C 模式相比，B2C 模式显然更复杂，体现为产品（材料）方需要具备更全面的能力，涉及的服务环节更多，由过去的装修行业“配套服务商”转变为“资源整合者”。以全屋定制起家的欧派打出“大家居”概念，突破全屋定制的范畴，直接挺进整体装修市场；以水槽、厨电、橱柜等业务起家的欧琳拉起“厨卫改造”的大旗；以厨电起家的方太开启“厨房改造”社区店，如此等等，不一而足。无论是欧派，还是欧琳，方太等，都在走“大而全”或“小而全”的道路。抛开“大”与“小”的区别，他们共同的方向是都往“全”的方向走，这就注定他们不得不走上多元化道路，从他们最擅长的领域出发，进行相关多元化拓展。那么，相关多元化拓展的合理边界在哪里，就成他们绕不开且至关重要的问题。有的厨电生产商将业务延伸到厨柜、卫浴领域；有的板材生产商，将业务延伸到全屋定制领域；有的全屋定制企业将业务延伸到整体装修领域，各式各样，模式繁多。产品（材料）生产商或经销商最初擅长的业务是相对单一的，而居民装修的需求是相对多元的，居民希望找到一家企业负责解决其多元化装修需求的愿望与产品（材料）生产商或经销商业务的相对单一性存在着矛盾。产品（材料）生产商或经销商如果坚持其相对单一的业务，则会因为不能解决客户多元化的装修需求而获得不足够的业务。相反，如果他们迎合客户多元化的装修需求，通过自营或者外包的方式开启多元化的业务版图，又将面临多元化经营带来的风险。这种两难选择在过去以整体装修为主的时代是不存在的，因为在那个时代，产品（材料）生产商或经销商仅仅是整体装修公司的供应商，它仅仅是整个装修产业链条上的一员，而不是“链主”。

施工主导权是施工企业在装修服务产业链中充当“链主”角色，整合产品方和设计方，形成服务业主的一体化能力。典型代表是罗卡角投资旗下的中城旧房改造。无论对于整体装修，还是对于局改微装，施工都是装修过程中一个重要环节。但是，与施工在整体装修中的地位和作用相比，施工在局改微装中的地位和作用存在三方面的显著不同。第一，对于局改微装来说，往往不存在“设计主导权”。伴随设计地位的相对降低，施工的地位相对上升，甚至取代设计，占据主导地位，形成“施工主导权”。从事整体装修业务的公司是以设计师为绝对主体的，辅之以一些项目管理人员，基本没有施工人员。相反，以从事局改微装业务的中城旧房改造为例，其团队成员以施工人员为绝对主体，辅之以一些项目管理人员和设计师。第二，在整体装修中，施工人员面对的是处于毛坯状态的新房，或者是原有室内装饰被全部拆除清理后的旧房，施工人员可以大刀阔斧地作业。而局改微装不同，客户是在保留原有室内装饰的前提下，仅对部分内容进行局部改造和细微翻新。施工人员需要“螺蛳壳里做道场”，一方面要做好对原有室内装饰的保护，另一方面还要在不影响客户日常生活的前提下施工，难度可想而知。为施工可以顺利进行，就需要服务商具备强大的配套服务能力。以中城旧房改造为例，它能为客户提供施工期间的家居物品收纳、拆装、搬运、仓储服务，彻底扫清局改微装的施工障碍。考虑到局改微装工程量往往很小的现实情况，一个工地经常消化不掉一个工人一天的工作量，中城旧房改造建立强大的物流配送和人员机动转场能力，如此则可以做到由两个甚至多个工地消化一个工人一天的工作量，从而极大地降低客户需要支付的工费，让更多客户用得起局改微装服务。第三，与整体装修不同，局改微装需要大量的修复工作，修复是局改微装的核心。从事整装业务的传统装修公司基本没有对存量室内装饰进行修复和保养的服务能力。局改微装企业不同，以中城旧房改造为例，其不仅具备水、电、木、瓦、油等传统装修工种，而且拥有木质家具物品、皮质家具物品、布艺家具物品、大理石、石英石、瓷砖等各类家具物品的修复和保养服务能力。

综上所述，局改微装的兴起，使得“产品（材料）主导权”和“施工主导权”取代“设计主导权”，产品（材料）生产商或经销商和施工企业成为局改微装服务链的“链主”，塑造出迥异于整体装修的产业发展模式。

（三）服务方式演进：营销和施工组织模式的变革

无论多么复杂的商业模式，都可以分解为“接单”和“做单”两个方面。住宅装修行业也不例外。局改微装在“接单”和“做单”两个方面都与整体装修显著不同，体现为营销模式和施工组织模式上大相径庭。

在营销方面，局改微装与整体装修存在以下三点不同：第一，面向终端消费者开展营销工作的主体不同。谁是装修服务链的“链主”，谁就承担着面向终端消费者的营销责任。对于整体装修来说，“设计主导权”决定拥有设计师的传统装修公司承担面向终端消费者的营销责任，他们面向终端消费者去接单，施工方和产品（材料）方再从传统装修公司那里接单。对于局改微装来说，如果是产品（材料）方做“链主”，则由其面向终端消费者开展营销并接单。如果是施工方做“链主”，则由其面向终端消费者开展营销并接单。第二，终端消费者的消费特征不同。整体装修是极低频消费，平均而言，居民十几年甚至二三十年才会整体装修一次。对于从事整体装修业务的装修公司来说，其与客户往往是单次博弈。因此，“低价接单，现场增项，高价结算”几乎成为行业通病，装修行业也因此成为客户投诉较为严重的行业之一。而局改微装是一种复购率较高的消费，居民会不断产生墙面刷新、地板翻新、家具物品维修、厨卫改造等各种各样“小修小补”的需求。只要客户获得很好的体验感的话，当他产生新的局改微装需求，就会首先想到他心仪的服务商。局改微装服务商像理财顾问、法律顾问、健康管家一样，有望成为一个家庭甚至一个家庭几代人乃至他们的亲戚、朋友、同事、邻居的室内装饰保养和维修的常用服务商。第三，营销风格不同。从事整体装修业务的传统装修公司往往普遍沿着“大门店、大气派、大客单价、大营销投入”的路数展开营销工作。而局改微装的客单价普遍较低，客户的需求往往更加明确，服务周期往往更短，服务商往往是以产品（材料）的品牌影响力或可靠的施工能力作为营销抓手来开展营销工作。

在施工组织模式方面，从事整体装修的传统装修公司普遍采取的是发包模式，即装修公司从终端消费者那里接单之后，扣除合同总收入的30%左右作为留归自己的收入，再将剩余部分作为发包价，把整个工程转包给施工方。施工方可能是一家企业，或者是一个包工头，其再组织施工人员完成工程。由此可见，对于整体装修来说，施工组织模式的一个重要特征就是“层层转包”，由装修公司转包给施工方，由施工方再转包给施工人员。这种施工组织模式完全不适合局改微装，因为局改微装的客单价普遍较低，根本无法支撑“层层转包”的利益分配方式。不仅如此，与整体装修相比，局改微装呈现出较大的“非标化”特征，即使采取发包模式，发包价很难标准化处理。正因如此，局改微装服务商必须自建施工团队，直接组织施工，除非是那些更换水槽、更换马桶等极其简单的局改微装需求，产品（材料）方可能通过外包模式整合施工方来帮助其完成项目落地。

在存量为主的时代，城市更新成为时代强音。片区改造、旧房改造固然是城市更新的重要内容。同时，千家万户室内装饰的更新也是城市更新的重要方面，具体来说，是城市更新在微观层面的重要实践。室内装饰更新就是局改微装，局改微装与整体装修虽然同属室内装饰范畴，但是具有迥异于整体装修的很多特征。深刻认识局改微装的独特性，并按照其独特规律开展工作，才能顺利推进室内装饰更新事业的发展和壮大，进一步丰富城市存量更新的内涵。

（周建成　上海家装测评中心）

七、城市轨道交通场站综合开发

（一）建设运营情况

2024 年，内地城轨交通运营规模持续扩大，网络覆盖与城市辐射能力进一步增强。截至 2024 年 12 月 31 日，内地累计有 58 个城市投运城轨交通线路 362 条，线路长度累计 12168.77 千米。其中，地铁运营线路长度 9281.37 千米，占比 76.27%。2024 年新增城轨交通运营线路 953.04 千米，核减运营线路 8.81 千米。尽管 2024 年无新增城轨交通运营城市，但有 25 个城市开通新线、新段或延长线，分别为北京、上海、天津、广州、深圳、武汉、南京、沈阳、长春、成都、西安、哈尔滨、苏州、郑州、佛山、长沙、宁波、无锡、青岛、合肥、贵阳、济南、徐州、绍兴、宜宾等城市。西安、苏州和郑州以超过 100 千米的新增运营线路，位列 2024 年度新增运营线路长度前三位（见表 7-7-1）。

表 7-7-1　2024 年内地已开通城轨交通运营线路长度统计汇总

单位：千米

序号	城市	截至 2024 年 12 月 31 日运营线路长度	2024 年新增运营线路长度
1	上海	1032.65	65.53
2	北京	952.38	45.30
3	成都	784.35	88.43
4	广州	707.14	53.80
5	深圳	603.57	27.95
6	武汉	588.00	31.61
7	重庆	538.20	—
8	杭州	516.00	—
9	南京	500.31	23.88
10	郑州	458.53	104.99
11	西安	446.93	109.40
12	苏州	406.44	105.90
13	青岛	360.91	34.64
14	天津	331.55	25.39
15	沈阳	285.65	23.45
16	大连	260.47	—
17	长沙	244.61	9.88

续表

序号	城市	截至 2024 年 12 月 31 日运营线路长度	2024 年新增运营线路长度
18	合肥	233. 46	36. 47
19	宁波	199. 46	9. 32
20	昆明	165. 85	—
21	长春	158. 31	29. 60
22	贵阳	147. 23	30. 32
23	无锡	141. 17	30. 40
24	佛山	139. 41	24. 01
25	福州	138. 94	—
26	南昌	128. 45	—
27	南宁	124. 96	—
28	温州	115. 45	—
29	哈尔滨	109. 77	9. 44
30	金华	98. 95	—
31	厦门	98. 40	—
32	济南	96. 70	12. 60
33	兰州	94. 46	—
34	宜宾	76. 59	8. 50
35	石家庄	74. 28	—
36	徐州	72. 22	8. 13
37	绍兴	61. 40	4. 10
38	嘉兴	60. 12	—
39	南通	58. 78	—
40	常州	54. 03	—
41	台州	52. 40	—
42	呼和浩特	49. 03	—
43	芜湖	46. 20	—
44	滁州	44. 83	—
45	洛阳	42. 46	—
46	东莞	37. 79	—
47	许昌	33. 70	—

续表

序号	城市	截至 2024 年 12 月 31 日运营线路长度	2024 年新增运营线路长度
48	黄石	26.88	—
49	乌鲁木齐	26.80	—
50	南平	26.17	—
51	太原	23.28	—
52	淮安	20.07	—
53	株洲	17.00	—
54	文山州	13.40	—
55	红河州	13.40	—
56	盐城	13.00	—
57	天水	12.93	—
58	三亚	8.37	—
合计		12168.77	953.04

数据来源：中国城市轨道交通协会、上海易居房地产研究院。

2024 年，新增城轨交通运营线路同比增加 7.7%（见图 7-7-1）。随着城市交通需求的增长与城市建设的推进，2025 年中国内地新开通城轨交通运营线路长度有望再超 1000 千米。至“十四五”期末，城轨交通运营线路总长度将达到 13200 千米左右，“十四五”五年间，年均新投入运营线路长度将超过 1000 千米。

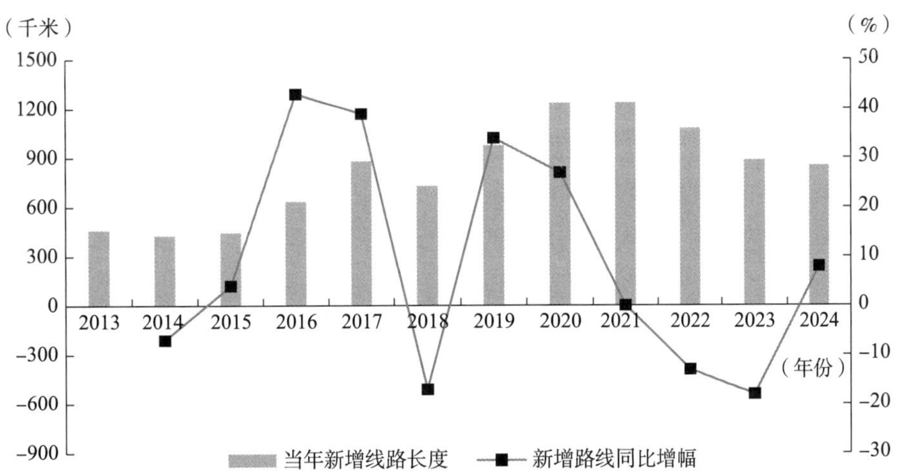

图 7-7-1　2013—2024 年当年新增运营线路长度及同比增幅

数据来源：中国城市轨道交通协会、上海易居房地产研究院。

（二）政策年度新变化

1. 中央层面

（1）城轨 TOD 领域标准建设持续推进。

自 2023 年中国城市轨道交通协会发布首个全国层面 TOD 领域的政策文件后，2024 年城轨 TOD 领域标准建设再获进展。9 月 29 日，由中国城市轨道交通协会资源经营专委会提出、由上海市隧道工程轨道交通设计研究院组织有关单位编写的《城市轨道交通场站及周边土地综合开发评价》（征求意见稿）团体标准公开征求意见。该标准对城市轨道交通场站及周边土地综合开发的多个环节，作出详细的技术规范。不仅适用于新（扩）建的城市轨道交通场站及其上盖建筑，以及城市轨道交通车站及车站毗邻建筑的规划与设计；对于改建项目也具有重要的参照价值。这一标准的出台，将为城市轨道交通场站及周边综合开发评价，提供普适性的指导，有力推动土地综合开发利用与管理能力的提升。

（2）国务院公布城市公交条例保障设施用地。

10 月 23 日，国务院公布《城市公共交通条例》，自 2024 年 12 月 1 日起施行。该条例旨在推动城市公共交通高质量发展，其中第十二条规定，城市人民政府应当依法保障城市公共交通基础设施用地。城市公共交通基础设施用地符合规定条件的，可以以划拨、协议出让等方式供给。在符合国土空间规划和用途管制要求且不影响城市公共交通功能和规模的前提下，对城市公共交通基础设施用地可以按照国家有关规定实施综合开发，支持城市公共交通发展。

（3）土地政策多维度助力 TOD 综合开发落地。

6 月 25 日，自然资源部办公厅发布《节地技术和节地模式推荐目录（第四批）》，收录 38 个节地技术与节地模式典型案例。其中，15 个案例是围绕“用地下换地上”开展的实践。主要是通过城市交通系统互联互通、站城一体化建设、地上地下空间综合开发，构建铁路、机场交通枢纽综合体；通过合理开发利用地下空间，布设停车场、市政管线、学校风雨操场、污水处理厂等公共服务设施，支撑“平急两用”公共基础设施建设；通过立体划分市政道路空间，建设架空连廊、地面道路、地下通道，加强区域联通，缓解区域交通压力等。

7 月 31 日，自然资源部印发《关于探索推进城市地下空间开发利用的指导意见》，从强化规划统筹引领、健全用地供应政策体系、规范建设项目规划管理、完善产权管理等四个方面提出政策措施。计划用 5 年左右的时间，推动具备地下空间开发利用自然条件，且开发利用需求较大、管理水平较高的重点城市地下空间规划体系更加完善，开发利用政策体系更加完备，开发利用规模持续扩大，开发利用过程更加安全，国土空间保障能力不断提升，为经济社会高质量发展和高水平安全提供更好的要素保障。

10 月 23 日，自然资源部网站发布《关于加强自然资源要素保障促进现代物流高质量发展的通知》，鼓励地方政府与铁路部门优先利用既有铁路场站，整合毗邻区域土地综合开发利用需求，共同推进铁路物流园区建设。探索通过自主改造、土地置换、引入第三方投资等方式，推动铁路货运场站布局调整或升级改造。该通知还提出，增加混合用地供给，鼓励兼容物流功能。推进铁路物流场站设施用地分层立体开发，在符合规划的前提下，可兼容一定比例其他功能，并可分层设立建设用地使用权。

11 月 21 日，自然资源部办公厅印发《支持城市更新的规划与土地政策指引（2023 版）》，推动支持城市更新的相关规划工作规范开展。该政策提出在轨道交通站点周边、公共空间周边、各级公共活动中心、重要滨水活动区、历史文化保护区等区域，鼓励土地混合使用，通过多功能复合吸引人口集聚，促进地区活力提升。

（4）多领域政策为 TOD 模式注入新活力。

6 月 24 日，国家发展改革委等部门印发《关于打造消费新场景培育消费新增长点的措施》。提出推动购物消费多元融合发展。鼓励有条件的地方科学制定以公共交通为导向（TOD）的模式，优化城市公共交通场站地上地下空间综合开发，推进汽车客运站综合开发利用。

7 月 31 日，国务院发布《深入实施以人为本的新型城镇化战略五年行动计划》，提出实施现代都市圈培育行动。加快转变超大特大城市发展方式，依托中心城市辐射带动周边市县共同发展，培育一批同城化程度高的现代化都市圈，推动通勤便捷高效、产业梯次配套、生活便利共享，引导大中小城市和小城镇协调发展、集约紧凑布局。轨道交通是现代化都市圈发展不可或缺的基础设施，推进都市圈轨道交通网络建设，对于促进区域经济协调发展、提升居民生活质量、实现可持续发展具有重要意义。在这一过程中，围绕着都市圈轨道交通站点进行的综合开发将大有可为。

2. 地方层面

（1）省级层面发布铁路综合开发相关政策。

5月7日，广东省人民政府办公厅印发《关于支持铁路建设可持续运营推进土地综合开发若干政策措施》，有效期5年。该措施就推进铁路（含国铁干线，城际、市域、市郊、疏港铁路等和修建复线、铁路改造等）项目站场及毗邻区域土地综合开发提出以下八个方面的政策措施，包括保障综合开发用地需求、加强规划编制和衔接、促进土地复合开发利用、明确供地方式、合理确定用地成本、建立综合保障机制和建立省市监督及协调机制。在铁路项目规划选址阶段，要将土地综合开发需求作为项目选线和站场选址的重要因素统筹考虑，沿线市、县人民政府应及时对以站点为中心、半径800米范围内用地实施规划控制，并结合国土空间规划和城市路网等实际情况，确定站场中心点向外半径800米左右范围内的土地作为综合开发备选用地。扣除站场用地后，同一铁路项目的综合开发用地总量按站场平均规模不超过50公顷控制，单个站场综合开发用地规模不超过100公顷。

（2）核心城市持续完善TOD相关政策。

1月24日，重庆市住房城乡建委组织编制《轨道交通TOD综合开发一体化设计导则》，以提高重庆市轨道交通TOD综合开发一体化设计质量和建设水平。该导则对轨道交通TOD综合开发项目一体化设计、轨道交通工程和城市开发工程关联部分设计等提出技术指导，对《主城都市区城市轨道交通TOD综合开发规划设计导则》进行补充，以实现高质量城市综合开发。重庆自2020年全面启动轨道交通TOD综合开发工作，已经陆续出台实施意见、用地管理办法等多项政策文件，TOD政策体系不断完善，TOD相关工作有序推进。

5月21日，珠海市人民政府办公室印发《关于推进珠海市铁路沿线综合开发的实施意见（试行）》，明确基本原则、保障综合开发用地、加强规划编制和衔接、促进土地复合开发利用以及保障措施等方面的具体内容。珠海支持铁路（含干线铁路、城际铁路）建设与新型城镇化相结合；政府引导与市场自主开发相结合；盘活存量铁路用地与综合开发新老站场用地相结合。保障综合开发用地方面，在铁路项目规划选址阶段，及时对以站点为中心、半径800米范围内用地实施规划控制，并结合城市、镇规划和城市路网等实际情况，确定站场中心点向外半径800米左右范围内的可开发土地作为开发备选用地。促进土地复合开发利用方面，在铁路项目规划选址阶段，支持将铁路站场城市交通配套设施用地、与主体工程密不可分的综合开发预留工程用地等与铁路项目同步立项、规划设计、选址预审、建设实施。铁路综合开发用地根据项目实际功能用途，可采用分层、分类供地方式，满足不同用地需求。支持探索对土地综合开发用地采取“成片提供，分期供应”的方式办理用地相关手续。

6月16日，中山市人民政府发布《关于加快推进南中城际中山段场站综合开发的实施意见》，旨在贯彻TOD引导城市发展的理念，建立符合中山市发展实际的轨道交通场站及周边土地综合开发利用模式。该意见包含南中城际中山段TOD的总体要求、工作推进机制、保障措施及其他四个部分，提出以南中城际高质量可持续发展需求为导向，坚持站城融合、协同发展的要求，依托“统一规划、统一筹资、统筹开发、做优做强”，构建中山TOD创新模式。政策出台的背景主要基于南中城际于2023年3月30日正式动工，岐江新城站、香山站等一批重点站场TOD工作全面铺开，亟须搭建好政策体系。政策核心内容包括明确TOD综合开发的目标定位、科学划定综合开发用地范围、创新规划管控的灵活性、优化土地供应方式以及支持市属国企做优做强。

8月14日，广州市发展和改革委员会发布《广州市轨道交通场站综合体建设及周边土地综合开发实施细则（征求意见稿）》公开征求意见。该文件共九章三十二条，标志着广州开启新一轮TOD综合开发。与穗府办规〔2017〕3号文相比，新版征求意见稿在流程规范性和支持力度上有显著提升，显示出广州市在TOD领域的持续探索和创新实践。与上海 TOD 政策相比，广州 TOD 政策适用范围更为广泛，用地范围界定更为细致，土地供应方式也更为灵活，反映出这两个城市对于 TOD 模式理解和实践上的差异，也映射出超大特大城市 TOD 发展的新趋势。2025 年 2 月 5 日，广州市人民政府办公厅正式印发《广州市轨道交通场站综合体建设及周边土地综合开发实施细则》（见表 7-7-2）。

表 7-7-2　2024 年地方层面出台的专门 TOD 相关政策一览表

序号	发布时间	发布机构	政策名称
1	1 月 24 日	重庆市住房城乡建委	《轨道交通 TOD 综合开发一体化设计导则》
2	5 月 7 日	广东省人民政府办公厅	《关于支持铁路建设可持续运营推进土地综合开发若干政策措施》
3	5 月 21 日	珠海市人民政府办公室	《关于推进珠海市铁路沿线综合开发的实施意见（试行）》
4	6 月 16 日	中山市人民政府	《关于加快推进南中城际中山段场站综合开发的实施意见》
5	8 月 14 日	广州市发展和改革委员会	《广州市轨道交通场站综合体建设及周边土地综合开发实施细则（征求意见稿）》

数据来源：上海易居房地产研究院。

（三）行业年度新进展

1. TOD 成为推动区域协同发展的关键引擎

区域协同战略驱动下，TOD 模式凭借完善交通基建、整合区域资源，成为推动区域协同发展的关键引擎。2024 年，长三角地区全力打造“轨道上的长三角”，不仅建成沪苏湖铁路、机场联络线等重大项目，还积极推进沪通铁路二期上海段等多个铁路和市域铁路项目建设。同时，建立长三角城际（市域）铁路一体化运营项目推进机制，组建长三角轨道交通运营公司。此外，长三角一体化示范区积极推介重点 TOD 地块，如青浦区朱家角镇依托上海轨交 17 号线朱家角站，打造工业、研发融合的科技型产业社区；吴江区黎里镇围绕苏州南站科创新城，发展创新研发和商务服务功能，进一步强化区域产业协同与资源共享。

大湾区同样围绕 TOD 模式加速区域协同。2024 年，广东省管铁路建设计划投资 1200 亿元，新开工、续建多个铁路项目，加快广州、深圳国际交通枢纽和珠海、汕头、湛江国家级交通枢纽等规划建设。2 月 28 日，西丽高铁枢纽及相关工程土地整备项目房屋拆除工作正式启动，建成后将成为国内最大的高铁、城际与城市轨道交通换乘站。5 月，广州南站区域地下空间及市政配套设施工程项目顺利完成竣工验收，建成后有望成为大湾区与华南地区交会客流量最大的高铁交通枢纽上首个大型商圈。

2. TOD 开发模式创新助力城市与轨道深度融合

众多城市积极创新 TOD 开发模式，推动城市与轨道深度融合。2024 年，成都轨道集团首创“运营前置、TOD 前置、资源开发前置、市政配套前置”的“四前置”工作理念，将乘客优先贯穿轨道交通建设规划全过程。通过推动车站、车辆段与 TOD 综合开发项目融合，以及商业设施与基础设施共建互融，不仅提升轨道项目品质，还实现全生命周期综合效益最大化。在这一理念指导下，成都高品质打造陆肖站 TOD 综合开发示范样板，全速推进 24 个 TOD 项目建设，并积极丰富“地铁通勤场景”，上线轨道智慧生活服务平台，极大提升市民的交通出行和生活体验。此外，天津轨道交通集团积极推动城市更新型 TOD 项目建设，河东区津龙湾城市更新项目 TOD 文化广场向市民开放，改善城市环境，提升居民生活质量。

3. TOD 高溢价地块涌现，市场信心回升

2024 年，在 TOD 土地市场，轨道公司和城投公司拿地面积占八成，房企单独拿地以及联合轨道公司拿地均占约一成。全国 TOD 土地市场中，招商蛇口、滨江集团、万科、中铁等房企较为活跃。尽管房地产市场整体仍处于调整阶段，但 TOD 地块凭借其独特优势，吸引实力企业参与竞拍，部分优质地块出现高溢价成交。1 月 10 日，招商蛇口竞得上海松江泗泾 TOD 地块，溢价率 9.33%。3 月 29 日，杭州滨江房产集团股份有限公司竞得星民路 TOD，溢价率 23.63%。12 月 19 日，合肥轨道竞得蜀山区 SS202408 号住宅地块，溢价 40.76%，刷新合肥楼面价和土地单价纪录。这表明企业对 TOD 项目的投资价值与发展前景充满信心。

4. TOD 项目类型多元，绿色低碳成趋势

2024 年，TOD 项目类型更加丰富，涵盖综合交通枢纽型、城市更新型、保障性住房型等多种类型，有效满足城市发展和居民生活的多样化需求。在保障性住房型 TOD 项目方面，天津滨海新区轨道交通 Z4 线泰达站上盖项目、杭州九堡中心单元项目等推进建设，为解决城市住房问题发挥积极作用。在市场销售方面，多个 TOD 项目在房地产市场下行环境下表现亮眼。例如广州海珠区琶洲南 TOD 项目以 81.37 亿元的成交金额占据广州 2024 年 1—11 月销售榜单首位，招商蛇口在上海的多个 TOD 项目也取得良好的销售业绩。此外，在绿色发展理念引领下，TOD 项目更加注重绿色低碳建设。2024 年，广州地铁发布《2024 轨道交通可持续发展报告》，其 3 号线东延段广州新城停车场和维修运转楼以"生态智慧零碳园区"理念打造，通过安装太阳能光伏板等综合技术，实现全年发电量 10.8 万千瓦时，成为轨道交通行业首个全生命期低碳运作的车辆基地和综合运转楼项目。济南新旧动能转换起步区则通过优化城市绿道体系、提升交通设施绿色智能化水平，以及打造黄河生态风貌带示范段等举措，推动 TOD 项目的绿色低碳发展，营造宜居宜业的城市环境。

5. TOD 融资取得突破，开辟资本运作路径

2024 年 4 月 30 日，中金印力消费基础设施封闭式基础设施证券投资基金在深圳证券交易所上市，发行规模为 32.6 亿元。该 REIT 得到大股东深圳地铁和国内领先金融机构的支持，其中万科大股东深铁集团作为初始战略投资人，认购份额近 30%，金额约 10 亿元，是当前国内国资体系对消费类 REITs 认购金额最大的一笔投资。其底层资产为杭州西溪印象城，该购物中心作为杭州城西单体总建筑面积最大的 TOD 购物中心，凭借稳健运营实现业绩显著增长。中金印力消费 REIT 的成功上市，为 TOD 项目融资提供新途径。

（四）TOD 地块出让情况

2024 年，全国 22 个城市成交 TOD 地块 51 幅，地块幅数同比增加 16%；成交土地面积 226 万平方米，同比减少 23%；成交总价 548 亿元，同比减少 28%，主要受房地产市场下行等因素影响。从城市来看，合肥位居 TOD 成交面积和成交总价首位，2024 年成交 TOD 地块达到 8 幅，用地面积超过 56 万平方米，成交总价达到 128 亿元。从拿地企业来看，TOD 地块仍然以轨道公司底价拿地为主，广州、杭州等核心城市出现轨道公司和房企联合拿地以及房企单独拿地情况（见表 7-7-3）。

表 7-7-3　2024 年全国主要城市 TOD 土地成交情况汇总

城市	TOD 地块成交幅数（幅）	TOD 地块成交用地面积（平方米）	TOD 地块成交总价（万元）
合肥	8	565392	1286961
广州	5	368554	574778
深圳	2	200779	890000
杭州	9	175900	790967
上海	2	172427	574983
昆明	5	156524	46958
北京	2	110615	446500

续表

城市	TOD 地块成交幅数（幅）	TOD 地块成交用地面积（平方米）	TOD 地块成交总价（万元）
济南	1	76028	16605
徐州	1	70841	49241
苏州	1	51844	124426
嘉兴	1	46726	6308
宁波	1	41765	262785
郑州	2	41507	65756
重庆	3	39139	38931
福州	1	33336	66400
厦门	1	27860	183000
温州	1	20703	18215
石家庄	1	19585	2400
南昌	1	18595	12217
绍兴	1	10858	8750
天津	1	8895	12900
青岛	1	1723	3128
总计	51	2259596	5482210

数据来源：上海易居房地产研究院。

（姚　腊　上海易居房地产研究院）

八、房地产 REITs

2020 年 4 月，我国基础设施领域不动产投资信托基金（REITs）（以下简称“公募 REITs”）试点工作正式启动。2021 年 6 月，首批 9 个试点项目挂牌上市。2024 年 7 月，国家发展改革委印发《关于全面推动基础设施领域不动产投资信托基金（REITs）项目常态化发行的通知》（以下简称“1014 号文”），部署推进公募 REITs 常态化发行工作，这是深化投融资体制机制改革和多层次资本市场建设的重要举措，标志着具有中国特色的公募 REITs 正式迈入常态化发行的新阶段。与此同时，历经数年调整，房地产市场的租赁现金流已基本回归至可持续的合理区间。2024 年，以租赁住房、购物中心为代表的房地产 REITs 备受投资者关注，二级市场表现优异，房地产 REITs 快速发展的市场时机已经基本成熟。

（一）公募 REITs 整体情况

1. 发行节奏提速规模持续扩大

公募 REITs 试点四年来，制度规则持续完善，发行规模稳步增长，资产类型不断丰富，市场表现总体稳健，各方面参与积极性不断提升，已正式进入常态化发行阶段。2024 年，公募 REITs 发行数量和规模均大幅跃升，全年首次公开发行 29 只，为试点三年的发行数量之和；发行规模 655 亿元，超过沪深交易所首次公开发行募股规模（622 亿元）（见图 7-8-1）。截至 2024 年 12 月 31 日，沪深交所上市 58 只公募 REITs，发行总规模 1609 亿元。从底层资产类型来看，交通基础设施类发行规模最大，为 687.71 亿元；园区基础设施类发行规模次之，为 259.26 亿元（见图 7-8-2）。

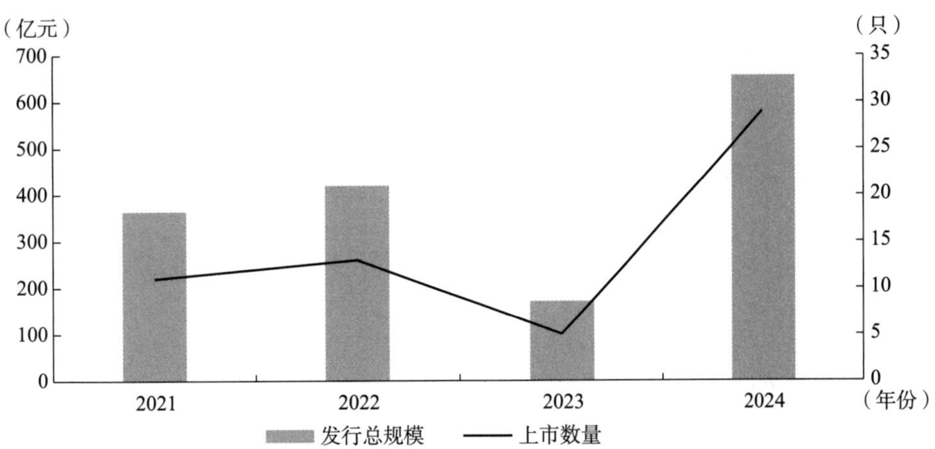

图 7-8-1　2021—2024 年公募 REITs 上市数量和发行规模

数据来源：Wind 数据库。

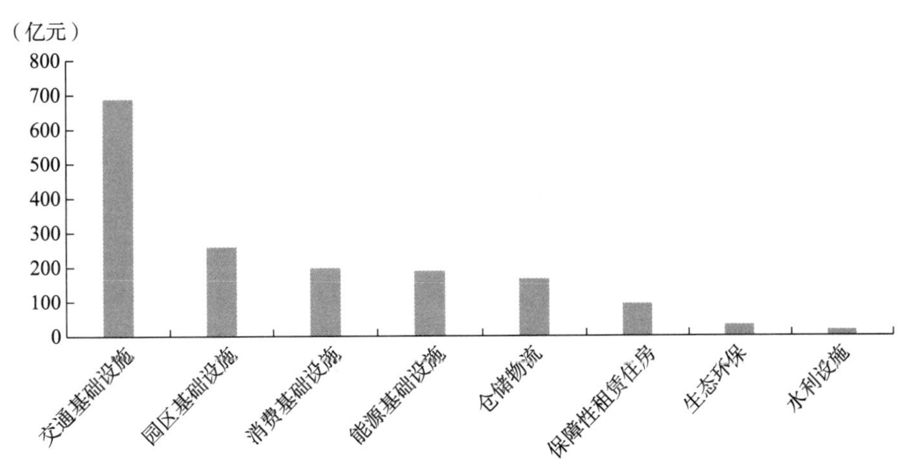

图 7-8-2　不同底层资产类型 REITs 发行规模

数据来源：Wind 数据库。

2. 二级市场整体表现良好配置价值进一步显现

公募 REITs 的投资收益主要来源于二级市场股价上涨的资本利得以及底层资产稳定的高比例分红，兼具股债的部分优势，拥有流动性较高、收益相对稳定、安全性较强等特点。“1014 号文”申报项目新增市场化租赁住房、购物中心、商业街区、家居建材市场、养老设施等资产类型，适当放宽部分资产的规模要求、净回收资金用于再投资的比例上限等。证监会先后出台《监管规则适用指引——会计类第 4 号》和对港合作措施，在制度层面明确基础设施 REITs 的权益属性，并将公募 REITs 纳入沪深港通。

得益于政策的持续完善，2024 年，公募 REITs 二级市场整体表现良好，中证 REITs 全收益指数上涨 106.1 点，同比长 12.31%，首次公开发行的 29 只公募 REITs 中，有 26 只二级市场价格上涨。投资者对 REITs 的关注度不断增加，其作为长期资产的配置价值逐步凸显（见图 7-8-3）。

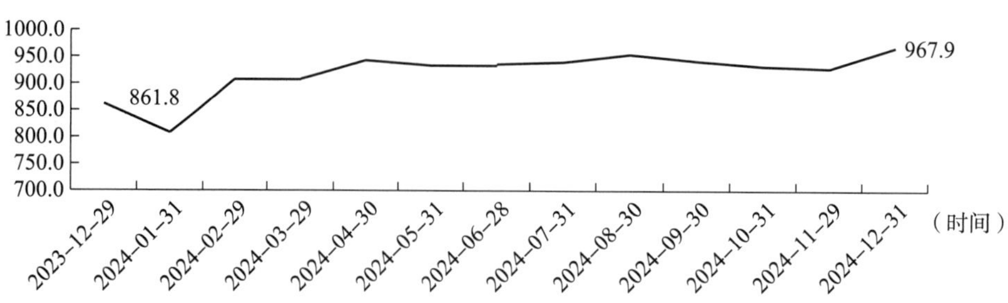

图 7-8-3　中证 REITs 全收益指数情况

数据来源：Wind 数据库。

（二）房地产 REITs 情况

1. 房地产 REITs 发行占比低但市场表现优异

房地产 REITs 以商业地产项目为主，符合公募 REITs 申报条件的底层资产主要包括产业园办公用房、租赁住房、购物中心、商业综合体及配套酒店与办公用房、旅游景区及配套酒店等。从房企参与的公募 REITs 的类型来看，主要在商业消费和租赁住房领域，合计发行的数量和规模占比都较低，分别为 22%和 17.8%。截至 2024 年 12 月 31 日，租赁住房 REITs 上市 6 只，底层资产均为保障性租赁住房项目。市场化长租公寓在“1014 号文”后可以申报，但还没有产品上市。商业消费 REITs 上市 7 只，底层资产均为核心城市的购物中心。

房企参与公募 REITs 程度较低，但房地产 REITs 二级市场表现优异，2024 年，公募 REITs 二级市场价格上涨约 16%，13 只房地产 REITs 平均涨幅 26%，华夏北京保障房 REIT 涨幅 46.53%、中金厦门安居 REIT 涨幅 46.19%。

（1）租赁住房 REITs。

2024 年，中央与地方政府持续出台保障性租赁住房方面的支持政策，涵盖信贷创新、资金管理、项目推进、收购存量房等方面，并取得积极成效。已经发行的 6 只租赁住房 REITs 底层资产均为保障性租赁住房，相关政策为保障性租赁住房的发展奠定坚实基础。此外，租赁住房行业与区域人口流动性、房价等因素密切相关，人口持续流入的大城市，其租赁住房需求的稳定性较强。6 只 REITs 均位于北京、上海、深圳、厦门等经济发达城市，区位优势明显，叠加项目公司较强的运营能力，租金收入稳定性好，资产抗周期性的特征明显。2024 年，6 只 REITs 基金层面收入 4.92 亿元（见表 7-8-1）。

表 7-8-1　2024 年租赁住房 REITs 业绩表现

证券简称	REITs 上市日期	发行总规模（亿元）	基金 EBITDA（万元）	基金年度收入（万元）
红土创新深圳安居 REIT	2022-8-31	12.4	4550.19	5438.89
中金厦门安居 REIT	2022-8-31	13.0	6146.06	7929.78
华夏北京保障房 REIT	2022-8-31	12.6	5487.64	7227.23
华夏基金华润有巢 REIT	2022-12-9	12.1	5003.99	7907.69
国泰君安城投宽庭保租房 REIT	2024-1-12	30.5	12750.95	18000.23
招商基金蛇口租赁住房 REIT	2024-10-23	13.6	1908.13	2686.87

数据来源：Wind 数据库。

（2）商业消费 REITs。

2024 年，7 只商业消费 REITs 成功上市，其底层资产均是位于北京、上海、青岛等经济发达城市核心商圈的购物中心，区位优势明显。我国购物中心行业正逐步迈向成熟稳定发展阶段，项目层面的运营机构较强的运营、品牌、服务等能力，为 REITs 的良好运作提供有力保障。2024 年 11 月中央经济工作会议将“大力提振消费，提高投资效益，全方位扩大国内需求”列为2025年经济工作的首要任务，并明确提出实施提振消费专项行动。在“扩内需、促消费”政策导向下，商业消费REITs依靠稳定租金收益与资产增值潜力，将成为链接消费市场和资本市场的关键纽带。2024年，7只REITs募集资金198亿元，基金层面收入约13.89亿元（见表7-8-2）。

表7-8-2　2024年商业消费REITs业绩表现

证券简称	REITs上市日期	发行总规模（亿元）	基金EBITDA（万元）	基金年度收入（万元）
嘉实物美消费REIT	2024-3-12	9.53	8003.40	10845.58
华夏金茂商业REIT	2024-3-12	10.68	4653.49	8422.43
华夏华润商业REIT	2024-3-14	69.02	35120.61	64198.59
中金印力消费REIT	2024-4-30	32.60	15520.45	24824.63
华安百联消费REIT	2024-8-16	23.32	6025.19	10324.68
华夏首创奥莱REIT	2024-8-28	19.74	5318.76	9721.15
华夏大悦城商业REIT	2024-9-20	33.23	5087.03	10608.60

数据来源：Wind数据库。

2. 现阶段发展房地产REITs具有战略意义

整体来看，房地产市场的租赁现金流已经到达可持续的合理区间。在行业已经发生重大结构性变革的背景下，大力推动房地产REITs发展，可以实现多重战略价值。一是有利于盘活资产，根据住房需求变化调整产品供给类别，将闲置存量转化为长租公寓、养老公寓和旅居公寓。二是通过改变资产用途，可以更好地满足城市居民对居住多样化、多元化的需求，解决供需结构性失衡的矛盾。三是有效补充房企流动性，助力解决去库存最重要的资金来源问题。

（赵　洋　中国房地产业协会）

Ⅷ.大事记

2024年中国房地产大事记

1. 中国人民银行、国家金融监管总局发布住房租赁“金融17条”

1月5日，中国人民银行、国家金融监管总局联合发布《关于金融支持住房租赁市场发展的意见》，从加强住房租赁信贷产品和服务模式创新、拓宽住房租赁市场多元化投融资渠道、加强和完善住房租赁金融管理等方面，为租赁住房的投资、开发、运营和管理提供多元化、多层次、全周期的金融产品和金融服务体系。

2. 地级及以上城市建立城市房地产融资协调机制

1月12日，住房城乡建设部、国家金融监管总局联合发布《关于建立城市房地产融资协调机制的通知》，提出指导各地级及以上城市建立由城市政府分管住房城乡建设的负责同志担任组长，属地住房城乡建设部门、金融监管总局派出机构等为成员单位的房地产融资协调机制，协调机制根据房地产项目的开发建设情况及项目开发企业资质、信用、财务等情况，提出可以给予融资支持的房地产项目名单，向本行政区域内金融机构推送。截至3月底，全国所有地级及以上城市已建立房地产融资协调机制。

3. 香港宣布撤销所有楼市“辣招”

2月28日，香港特区政府财政司司长陈茂波在公布2024/2025财政年度特区政府财政预算案时，宣布撤销所有楼市“辣招”，即所有住宅物业交易无须再缴付额外印花税、买家印花税和新住宅印花税。香港楼市相隔14年再次进入“零辣招”时代。

4. 2024年政府工作报告定调：标本兼治化解房地产风险，加快构建房地产发展新模式

3月5日，政府工作报告指出，在房地产方面，要标本兼治化解房地产、地方债务、中小金融机构等风险；优化房地产政策，对不同所有制房地产企业合理融资需求要一视同仁给予支持，促进房地产市场平稳健康发展；适应新型城镇化发展趋势和房地产市场供求关系变化，加快构建房地产发展新模式；加大保障性住房建设和供给，完善商品房相关基础性制度，满足居民刚性住房需求和多样化改善性住房需求。

5. 2024中国房地产开发企业综合实力TOP500测评成果发布

3月20日，2024房地产开发企业综合实力测评成果正式发布。测评报告显示，2024房地产开发企业综合实力TOP500前三位由保利发展、中海、万科占据。较上年，保利发展超越中海、万科，升至第一，华润保持第四，招商蛇口、龙湖、绿城、建发、越秀、新城分列第五至第十位。

6. 中国房地产业协会公布第十一届（2023—2024年度）“广厦奖”获奖项目

4月9日，中国房地产业协会发布通报，经“广厦奖”专家组严格评审、评审委员会审定、公示等程序，共141个项目符合“广厦奖”标准，决定授予第十一届（2023—2024年度）“广厦奖”，并颁发奖杯和证书。对在规划与建筑设计、工程质量、产业化技术应用、公共配套与物业服务（公共配套与运营服务）四个方面表现突出的项目授予单项优秀奖，并颁发证书。

7. 浙江省出台全国首个推进城镇老旧小区自主更新的指导意见

4 月 11 日，浙江省建设厅等部门联合印发《关于稳步推进城镇老旧小区自主更新试点工作的指导意见（试行）》，明确住宅小区可成立业主自主更新委员会或授权业主委员会作为自主更新实施主体，在广泛征求业主意见基础上自愿提交更新申请；申请经所在地地方政府审核通过后，业主自主更新委员会根据当地政策和条件，组织编制更新方案，包括建设方案、资金筹措、产权处置、项目设计等内容，并由业主共同作出实施决定。这是全国首个推进城镇老旧小区自主更新的指导意见。

8. 首届中国房地产代建峰会在深圳召开

4 月 18 日至 19 日，首届中国房地产代建峰会在深圳隆重召开。此次峰会由中国房地产业协会主办，金地管理、中国房协代建分会承办，广东省房地产行业协会支持。会议以“和合代建”为主题，旨在深入探讨代建行业在新形势下面临的新挑战、新趋势与新机遇，共同描绘代建行业高质量发展的新蓝图。

9. 2024 房地产技术创新大会在临朐召开

4 月 19 日，2024 房地产技术创新大会暨 2023 年度“中国房地产业协会科学技术奖”颁奖大会在山东临朐顺利召开。此次大会由中国房地产业协会主办，全国各省市县住建部门和房协、开发协会、会员单位以及房地产产业链企业等 400 余人参加会议。经过专业组、评审委员会和奖励委员会三级评审，共评出授奖项目 48 项，其中一等奖 6 项、二等奖 6 项、三等奖 15 项、高品质住宅奖 21 项。

10. 中共中央政治局会议提出统筹研究消化存量房产和优化增量住房的政策措施

4 月 30 日，中共中央政治局会议提出，继续坚持因城施策，压实地方政府、房地产企业、金融机构各方责任，切实做好保交房工作，保障购房人合法权益；要结合房地产市场供求关系的新变化、人民群众对优质住房的新期待，统筹研究消化存量房产和优化增量住房的政策措施；抓紧构建房地产发展新模式，促进房地产高质量发展。

11. 中国人民银行宣布取消全国层面首套及二套住房商业性个人住房贷款利率下限

5 月 17 日，中国人民银行发布《关于调整商业性个人住房贷款利率政策的通知》，明确取消全国层面首套住房和二套住房商业性个人住房贷款利率政策下限，支持地方因城施策，自主确定是否设定辖区内各城市商业性个人住房贷款利率下限及下限水平。

12. 中国人民银行、国家金融监督管理总局年内两次调整个人住房贷款最低首付比例

5 月 17 日，中国人民银行、国家金融监督管理总局联合发布《关于调整个人住房贷款最低首付款比例政策的通知》，将首套住房商业性个人住房贷款最低首付比例调整为不低于 15%，二套住房商业性个人住房贷款最低首付比例调整为不低于 25%。9 月 24 日，中国人民银行、金融监管总局联合发布《关于优化个人住房贷款最低首付款比例政策的通知》，明确商业性个人住房贷款不再区分首套、二套住房，最低首付款比例统一为不低于 15%。

13. 中国人民银行宣布设立 3000 亿元保障性住房再贷款

5 月 17 日，中国人民银行明确将新设立保障性住房再贷款，规模 3000 亿元，利率 1.75%，期限 1 年，可以展期 4 次。保障性住房再贷款发放对象包括国家开发银行、政策性银行、国有商业银行、邮政储蓄银行、股份制商业银行等 21 家全国性银行；银行按照自主决策、风险自担原则发放贷款。中国人民银行按照贷款本金的 60% 发放再贷款，可带动银行贷款 5000 亿元。

14. 2024 中国房地产上市公司测评研究成果发布

5 月 22 日，由中国房地产业协会指导、上海易居房地产研究院主办的“2024 房地产及物业上市公司测评成果发布会”在深圳举行。经过对上市房地产企业的综合测评，华润、保利发展、中海位列前三，万科、招商蛇口、龙湖、绿城、建发、越秀和新城分列第四至第十位。

15. 上海、深圳取消地价限制，北京政策松动

6月7日，上海市公布2024年第三批次集中供地名单，明确自该批次起取消商品住房用地溢价率10%的上限要求，成交地价由市场化竞价确定。8月28日，深圳挂牌宝安新安街道A001-0219地块，明确出让宗地按照“价高者得”原则确定竞得人，自2016年土拍实施地价限价政策后首次取消地价限制。截至2024年末，仅北京尚未完全解除地价溢价限制，但也陆续推出多宗不设置上限价的地块。

16. 芜湖探索开发商与购房人共有产权卖房新方式

6月7日，安徽省芜湖市发布《关于优化芜湖市房地产市场平稳健康发展政策措施的通知》，其中提出，鼓励房地产开发企业探索购买部分产权的销售方式，通过合同约定，购房人可以先购买房屋部分产权，剩余产权继续由房地产开发企业持有，购房人可租赁使用，购房人购买剩余产权时已支付的租金可抵扣购房款。

17. 住房城乡建设部推动县级及以上城市有序开展收购存量房用作保障性住房工作

6月20日，住房城乡建设部召开收购已建成存量商品房用作保障性住房工作视频会议明确表示，各地要推动县级以上城市有力有序有效开展收购已建成存量商品房用作保障性住房工作，按照“政府主导、市场化运营”的思路，自主决策、自愿参与，坚持以需定购、规范实施。

18. 自然资源部出台18条新政盘活闲置存量土地

6月24日，自然资源部开展贯彻落实做好保交房工作视频培训，针对当前盘活房地产存量土地存在的利用难、转让难、收回难等问题，自然资源部会同国家发展改革委等部门结合各地实践探索，围绕“鼓励开发”“促进转让”“规范收购收回”3个方面研究出台18条政策措施。其中提到，充分发挥土地二级市场作用，推进房地产用地“带押过户”；对于协商收回的，可采取等价置换等方式，收回收购土地用于保障性住房的，可通过地方政府专项债券等资金予以支持，但要量力而行，坚决避免新增地方政府隐性债务。

19. 国务院发布以人为本的新型城镇化战略五年行动计划

7月31日，国务院印发《深入实施以人为本的新型城镇化战略五年行动计划》，提出实施新一轮农业转移人口市民化行动、实施潜力地区城镇化水平提升行动、实施现代化都市圈培育行动、实施城市更新和安全韧性提升行动等4项重大行动，并明确具体19项重点任务及有关政策措施。

20. 中共二十届三中全会审议通过《中共中央关于进一步全面深化改革、推进中国式现代化的决定》

7月15日至18日，中国共产党第二十届中央委员会第三次全体会议在北京召开。会议审议通过了《中共中央关于进一步全面深化改革、推进中国式现代化的决定》（以下简称《决定》）。在房地产方面，《决定》提出，加快建立租购并举的住房制度，加快构建房地产发展新模式；加大保障性住房建设和供给，满足工薪群体刚性住房需求，支持城乡居民多样化改善性住房需求；充分赋予各城市政府房地产市场调控自主权，因城施策，允许有关城市取消或调减住房限购政策、取消普通住宅和非普通住宅标准；改革房地产开发融资方式和商品房预售制度，完善房地产税收制度。

21. 3家房企跻身2024年《财富》世界500强

8月6日，2024年《财富》世界500强排行榜发布，中国3家房地产企业上榜，分别是保利发展（第173位）、万科（第206位）、绿地（第291位）。上榜房企较2023年减少2家，保利发展排名上升，万科、绿地排名下降。

22. 中国房地产业协会第九次全员代表大会在北京召开

8月23日，中国房地产业协会第九次全员代表大会在北京召开。大会审议并通过《第八届理事会工作报告》《第八届理事会财务工作报告》《第八届理事会监事会工作报告》《中国房地产业协会章程》《中国房地产业协会会费管理办法》《中国房地产业协会发展规划（2024—2028）》《中国房地产业协会会员矛盾解决办法》《中国房地产业协会调解指导委员会组成人员建议》等决议，通过中国房地产业协会理事、常务理事、负责人、监事的产生办法，并选举第九届理事会理事、第九届监事会监事，陈宜明当选中国房地产业协会第九届理事会会长。

23. 住房城乡建设部提出研究建立房屋体检、房屋养老金和房屋保险三项制度

8 月 23 日，住房城乡建设部副部长董建国在“推动高质量发展”系列主题新闻发布会上表示，住房城乡建设部正在研究建立房屋体检、房屋养老金、房屋保险制度，构建全生命周期房屋安全管理长效机制。上海、北京、广州、深圳、杭州、南京、苏州、成都、重庆、武汉、天津、青岛、长沙、郑州、西安、沈阳、合肥、福州、厦门、济南、宁波、无锡等 22 个城市已开展试点工作。

24. 2024 房地产企业品牌价值测评成果发布

9 月 20 日，在中国房地产业协会指导下，上海易居房地产研究院和克而瑞集团共同主持开展房地产企业品牌价值测评研究工作，并连续第 14 年发布测评研究成果。品牌价值榜单前三由中海、保利发展和华润占据，万科、龙湖、招商蛇口、绿城、建发、金茂、越秀分列第 4 至第 10 位。

25. 中共中央政治局会议首次提出“促进房地产市场止跌回稳”

9 月 26 日，中共中央政治局召开会议，分析研究当前经济形势，部署下一步经济工作。会议强调，要促进房地产市场止跌回稳，对商品房建设要严控增量、优化存量、提高质量，加大“白名单”项目贷款投放力度，支持盘活存量闲置土地；要回应群众关切，调整住房限购政策，降低存量房贷利率，抓紧完善土地、财税、金融等政策，推动构建房地产发展新模式。

26. 中国人民银行推动降低存量房贷利率

9 月 29 日，中国人民银行发布公告，完善商业性个人住房贷款利率定价机制，允许满足一定条件的存量房贷重新约定加点幅度，促进降低存量房贷利率；各家商业银行原则上应在 2024 年 10 月 31 日前对符合条件的存量房贷开展批量调整，对于加点幅度高于-30 基点的存量房贷利率，将统一调整到不低于-30 个基点，且不低于所在城市目前执行的新发放房贷加点下限（如有）。

27. 中国房地产业协会发出开展“百城商品房促销活动”倡议书

9 月 29 日，中国房地产业协会向全行业发出开展“百城商品房促销活动”倡议书。倡议书内容主要包括三个方面：一是各地房地产业协会及相关社会组织应立即行动起来，集中力量在 2024 年 10 月联合有关的社会组织机构，动员支持 100 个以上城市参与商品房促销活动；二是采取线上线下相结合的方式举办房展会、推介会等多样促销活动，做到线上线下联动，延长活动时限，扩大活动影响；三是各地房地产业协会及相关社会组织，应当通过实地调研、召开座谈会、走访房地产企业等多种方式，密切关注行业发展变化趋势，梳理问题，分析原因，辨明市场动向。

28. 住房城乡建设部等四部门打出“四个取消、四个降低、两个增加”政策组合拳

10 月 17 日，住房城乡建设部、财政部、自然资源部、中国人民银行、国家金融监管总局等相关负责人在国新办新闻发布会介绍促进房地产市场平稳健康发展有关情况。会上介绍，住房城乡建设部会同有关部门，抓存量政策落实，抓增量政策出台，打出一套“四个取消、四个降低、两个增加”政策组合拳，推动市场止跌回稳。其中，“四个取消”，主要包括取消限购、取消限售、取消限价、取消普通住宅和非普通住宅标准；“四个降低”，主要包括降低住房公积金贷款利率、降低首付比例、降低存量贷款利率、降低换购住房税费负担；“两个增加”，主要包括新增实施 100 万套城中村和危旧房改造，年底前将“白名单”项目的信贷规模增加到 4 万亿元。

29. 全国多地首套增量房贷利率步入“2”时代

10 月 20 日，中国人民银行授权全国银行间同业拆借中心公布贷款市场报价利率（LPR）为：1 年期 LPR 为 3.1%，5 年期以上 LPR 为 3.6%，均较此前下降 0.25 个百分点。在此基础上，全国多地商业银行首套增量房贷利率步入“2”时代，如：广州部分商业银行首套房贷利率一度降至 2.6%，南京首套房贷利率降至 2.7%，青岛、杭州等多地首套房贷利率降至 2.9%等。由于部分商业银行首套房贷利率甚至低于同期住房公积金贷款利率，多地金融监管部门发文明确，首套房商业贷款利率不得低于 2.95%。

30. 自然资源部发文支持运用地方政府专项债券资金收回收购存量闲置土地

11 月 7 日，自然资源部发布《关于运用地方政府专项债券资金收回收购存量闲置土地的通知》提出，积极运用地方政府专项债券资金加大收回收购存量闲置土地力度，优先收回收购开发企业无力或无意愿继续开发、已供应未动工的住宅用地和商服用地；其他用途的土地，进入司法或破产拍卖、变卖程序的土地，因低效用地再开发或基础设施建设等需要收回的土地，以及已动工地块中规划可分割暂未建设的部分，也可以纳入收回收购范围；收回收购的土地原则上当年不再供应用于房地产开发。

31. 十四届全国人大常委会表决通过 10 万亿元化债方案

11 月 8 日，十四届全国人大常委会表决通过《国务院关于提请审议增加地方政府债务限额置换存量隐性债务的议案》。议案提出，增加 6 万亿元地方政府债务限额置换存量隐性债务，2024—2026 年每年 2 万亿元；从 2024 年开始，连续 5 年每年从新增地方政府专项债券中安排 8000 亿元，补充政府性基金财力，专门用于化债，累计可置换隐性债务 4 万亿元；同时明确，2029 年及以后年度到期的棚户区改造隐性债务 2 万亿元，仍按原合同偿还。

32. 城中村改造政策支持扩围至近 300 个地级及以上城市

11 月 15 日，住房城乡建设部、财政部联合印发通知，部署各地进一步做好城中村改造工作：一是将城中村改造政策支持范围扩大至近 300 个地级及以上城市；二是将城中村改造纳入地方政府专项债券支持范围，推进城中村改造货币化安置；三是将城中村改造作为城市更新的重要内容有力有序有效推进，严格落实“一项目两方案”。

33. 财政部、税务总局、住房城乡建设部等部门促进住房交易全面降税

11 月 13 日，财政部、税务总局、住房城乡建设部发布《关于促进房地产市场平稳健康发展有关税收政策的公告》，对涉房契税、增值税等进行优化调整。其中明确，将现行享受 1%低税率优惠的面积标准由 90 平方米提高到 140 平方米，并明确北京、上海、广州、深圳 4 个城市可以与其他地区统一适用家庭第二套住房契税优惠政策；面积为 140 平方米以上的，首套住房减按 1.5%的税率征收契税、第二套住房减按 2%的税率征收契税；对个人销售已购买 2 年以上（含 2 年）住房一律免征增值税。

34. 北京、上海、深圳、广州接连取消普通住房和非普通住房标准

11 月 18 日，北京、上海印发《关于取消普通住房标准有关事项的通知》，明确自 12 月 1 日起取消普通住房和非普通住房标准，并落实相关税收优惠政策。11 月 19 日，深圳宣布自 12 月 1 日起取消普通住房和非普通住房标准，并对相关征税问题予以明确。11 月 22 日，广州宣布取消普通住宅和非普通住宅标准，自 12 月 1 日起施行。

35. 中央推动加快研究编制“好房子”建设标准

11 月 18 日，中共中央政治局常委、国务院总理李强在参观调研中国建筑科技展时强调，“好房子”应当符合四项标准：安全、舒适、绿色、智慧。目前住房城乡建设部正在组织研究编制《住宅项目规范》，从建筑层高、电梯、隔音、绿色、智能、无障碍等方面提高标准。与此同时，北京、湖北、山东、河北、重庆等地已经发布了高品质住宅的相关标准。

36. 全国 65 个城市配售型保障房项目加速落地

11 月 26 日，自然资源部披露数据，全国 65 个城市的配售型保障性住房项目正加速落地。35 个试点城市和 30 个扩围城市的建设任务已落实到全部 270 宗土地。其中，35 个试点城市首批建设任务涉及土地面积约 7258 亩、可建住房 11.04 万套，已经确定建设单位的土地面积占 87%；第二批任务涉及土地面积约 3169 亩、可建住房 3.89 万套，已经确定建设单位的土地面积占 78%。30 个扩围城市建设任务涉及土地面积约 2723 亩、可建住房 2.3 万套，已经确定建设单位的土地面积占 84%。

37. 中央经济工作会议要求持续用力推动房地产市场止跌回稳

12 月 11 日至 12 日，中央经济工作会议在北京举行。会议提出，持续用力推动房地产市场止跌回稳；加力实施城中村和危旧房改造，充分释放刚性和改善性住房需求潜力；合理控制新增房地产用地供应，盘活存量用地和商办用房，推进处置存量商品房工作；推动构建房地产发展新模式，有序搭建相关基础性制度。

38. 第十五届中国房地产科学发展论坛在北京召开

12 月 16 日至 18 日，由中国房地产业协会主办的“第十五届中国房地产科学发展论坛”在北京召开。此次论坛以“主动变革　转型发展”为主题，吸引众多业内人士、专家学者及相关企业代表齐聚一堂，共同探讨和交流房地产行业的未来发展之路，旨在促进房地产市场止跌回稳，引导行业企业转型升级。

39. 全国住房和城乡建设工作会议部署 2025 年住房建设重点工作

12 月 24 日至 25 日，全国住房和城乡建设工作会议在北京召开。会议指出，2025 年，要重点抓好持续用力推动房地产市场止跌回稳、推动构建房地产发展新模式、大力实施城市更新、打造“中国建造”升级版等四个方面工作。

40. 现房销售正在成为住房销售制度改革的重点

12 月 24 日至 25 日，全国住房和城乡建设工作会议提出，大力推进商品住房销售制度改革，有力有序推行现房销售。据不完全统计，2024 年，全国超过 30 个省市发布了推进现房销售的相关政策或细则，如：银川要求新出让土地项目按照不少于 30% 建筑面积实行现房销售；湘潭提高预售许可审批形象进度节点（封顶以上），有序向现房销售转变；营口对 2025 年 1 月 1 日起新挂牌土地的项目、已供地未办理施工许可的项目，全部实行现房销售。

41. 2024 年全国保障房建设 172 万套（间）

12 月 25 日，住房城乡建设部披露，2024 年全国共计建设筹集配售型保障性住房、保障性租赁住房、公租房 172 万套（间），一大批新市民、青年人等群体住房问题得到解决。与此同时，全国共计实施城中村改造项目 1790 个，建设筹集安置住房 161.7 万套，改造危旧房 7.4 万套（间）。

42. “丁祖昱评楼市 2025 年度发布会”在上海举行

12 月 31 日，“丁祖昱评楼市 2025 年度发布会”在上海举行。此次发布会以“向新而行”为主题，分为上、下半场。其中，上半场从市场、城市、土地、企业、物业、不动产运营等多个维度，用大量客观翔实的数据完整地呈现 2024 年房地产行业变化，下半场通过住宅和非住宅领域 14 个典型的标杆案例分享，记录下 2024 年中国房地产行业的创新实践。

43. 一线城市二手住宅成交量齐创新高

12 月，北京、上海、广州、深圳二手住宅成交量齐创新高。其中，北京二手住宅网签 2.1 万套，环比增长

15%，同比增长 66%，创近 21 个月新高；广州二手住宅网签 1.1 万套，环比增长 0.7%，同比增长 17.3%，创 2024 年新高；深圳二手住宅网签 6769 套，为近四年以来第二高水平；上海二手住宅（含住宅、商业、写字楼、车位等）成交 2.6 万套，创近 42 个月新高。

44. 第四季度土地市场“地王”频出

第四季度，土地市场出现“翘尾”行情，高总价、高溢价率的“地王”频出，如：11 月 29 日，中海地产以 153.32 亿元拿下北京市朝阳区出让的由酒仙桥旧改项目、小红门项目、十八里店项目三部分组成的组合地块，刷新北京单笔土地出让金的最高纪录；12 月 2 日，华润置地与中海地产联合体以 185.12 亿元、溢价率 46.3%拿下深圳南山区粤海街道的一宗商住用地，刷新深圳涉宅地块成交总价历史纪录；12 月 20 日，海南亿和金盛实业有限公司以 16.17 亿元、溢价率 59.1%竞得海坡片区 HP04-07-01/02/03A 地块，楼面价 19785 元/平方米，成为三亚楼面单价新“地王”。

45. 公募 REITs 发行规模、发行单数均创历史新高

2024 年，公募 REITs 发行 29 只，发行项目规模 655 亿元，均创历史新高。截至 2024 年 12 月底，公募 REITs 累计发行 58 只，发行项目规模 1609 亿元，其中，保障性租赁住房类发行 6 只，发行项目规模 94 亿元。

46. 房企“退地”现象增多

2024 年，房企“退地”现象增多，覆盖广州、北京、深圳、成都、宁波等各能级城市。如 7 月，华润置地申请退还福州斗池路综合体的未开发部分；8 月底，越秀地产退地 4 宗，涉及金额超 120 亿元；9 月，鹿城城发退还温州市仰双片区中央涂单元 C-17 地块；11 月，华侨城退还武汉市杨春湖高铁商务区一地块。对此，地方政府一方面通过调整土地用途、降低开发要求等方式“解套”，另一方面加紧推动土地再上市，以吸引开发商重新入场。

47. 多城鼓励收购存量房用作保障性住房，但落地进展较慢

2024 年，存量房收购成为地方去库存、稳楼市的重要手段。据不完全统计，年内超过 80 座城市宣布支持国有平台企业等收购存量房用作保障性住房，超过 40 座城发布了征集房源公告，但大部分城市“收储”仍处于前期摸排需求阶段，总体进展较慢。截至 2024 年 9 月末，中国人民银行推出的 3000 亿元保障性住房再贷款已使用额度约 162 亿元，使用率仅约 5.4%。

48. 房地产行业市值规模持续下滑，千亿市值房企减少至 6 家

据易居研究院监测统计，截至 2024 年底，纳入研究样本的 287 家中国房地产上市公司市值总和约 2.11 万亿元，较 2023 年底减少约 0.17 万亿元。其中，开发类公司市值共 1.63 万亿元，占 77.2%；物业管理类公司市值为 0.24 万亿元，占 11.4%；其他类公司市值为 0.24 万亿元，占 11.4%。开发类公司中，市值超过千亿元的仅有 6 家，分别为新鸿基地产、华润置地、中国海外发展、长江实业集团、保利发展、恒基地产。

49. 2024 年“保交楼”完成既定目标

自 2022 年 7 月中央政治局会议首次提出“保交楼”工作任务以来，“保交楼”便成为各地稳楼市的重点任务。12 月 24 日至 25 日召开的全国住房城乡建设工作会议指出，2024 年，我国持续打好保交房攻坚战，已交付住房 338 万套，完成既定目标。

50. 住房限购政策加速退出房地产市场

2024 年，广州、西安、天津、杭州、成都等核心一、二线城市纷纷宣布取消限购，全国执行住房限购政策的仅剩北京、上海、深圳和海南省部分地区，且北京、上海、深圳住房限购政策年内均经历多次优化调整。住房限购政策加速退出中国房地产市场。

51. 房地产行业融资规模和融资成本延续下降

2024 年，房地产行业实现债券融资 5653.1 亿元，同比下降 18.4%。其中，信用债发行规模 3448.5 亿元，同比下降 18.5%；海外债发行规模 69.0 亿元，同比下降 69.5%；ABS 融资规模 2137.6 亿元，同比下降 13.6%。行业债券平均利率 2.95%，同比下降 0.72 个百分点。其中，信用债平均利率 2.86%，同比下降 0.71 个百分点；海外债平均利率 5.22%，同比下降 1.17 个百分点；ABS 平均利率 3.01%，同比下降 0.59 个百分点。

52. 多家上市房企剥离或出售房地产业务

2024 年，多家上市房企将房地产业务剥离或出售，如：美的置业将全资持有的房地产开发业务产权线从上市公司重组至控股股东；格力地产拟置出所持有的上海、重庆、三亚等地相关房地产开发业务对应的资产负债及上市公司相关对外债务；华远地产拟将公司持有的房地产开发业务相关资产及负债转让至控股股东北京市华远集团有限公司；冠城大通拟将持有的房地产开发业务相关资产及负债转让至公司控股股东。

53. 10 家上市房企被强制退市

2024 年，泛海控股、世茂股份、中南建设、迪马股份、深圳天地、佳源国际、大发地产、大唐地产、祥生控股、上置集团等 10 家上市房企被强制摘牌退市，原因主要为“连续 20 个交易日收盘价均低于 1 元”或“主板公司的证券连续停牌 18 个月”。

54. 贝壳频频下场拿地，介入地产开发业务

2024 年，中国房地产行业中介巨头——贝壳频繁现身土拍市场并拿下多宗地块。如：7 月 30 日，以 1.338 亿元拿下西安未央区 WY10-9-177-1、WY10-9-177-2 两宗商住用地，首次在土拍市场成功拿地；9 月 20 日，以 10.76 亿元拿下成都锦江区金融城三期 H12 地块；12 月 31 日，以 6.97 亿元拿下上海奉贤新城 10 单元 17-02 地块；同日，联合滨江集团、兴耀房产，以 6.23 亿元拿下杭州钱塘区下沙单元 QT0102-14 地块。

55. 多地逐步推进“取消公摊”，住房销售按套内面积计价

2024 年以来，全国多地逐步开始“取消公摊”。如：肇庆明确从 2024 年 5 月 1 日起，实行按住房套内面积计价宣传销售；张家口 12 月 17 日发布政策，鼓励实行“现房销售”，逐步推进“取消公摊”；湘潭 9 月 4 日发布政策提出，允许房地产开发商按住房套内面积进行销售宣传；衡阳明确自 2025 年 1 月 1 日起，商品房销售实行套内建筑面积计价。此外，广州、杭州、长沙、厦门等地，虽未明确取消公摊，但也通过放宽对赠送面积限制、优化阳台等空间面积计算规则等方式，提高购房者实际得房率。

56. LPR 年内三次下调

2024 年，LPR 经历三次下调，分别为：2 月，5 年期以上 LPR 下降 25 个基点至 3.95%，1 年期 LPR 维持 3.45%；7 月，1 年期和 5 年期以上 LPR 分别下降 10 个基点至 3.35%、3.85%；10 月，1 年期和 5 年期以上 LPR 分别下降 25 个基点至 3.10%、3.60%。

57. 全国法拍房累计挂拍 76.8 万套、成交 17.6 万套

2024 年，全国法拍房累计挂拍 76.8 万套，同比减少 0.9%；累计成交 17.6 万套，同比增长 4.1%；总成交金额 3308 亿元，同比减少 6.7%。其中，住宅挂拍 36.6 万套，成交 11.7 万套，总成交金额 1635.9 亿元。

58. 百强房企销售门槛值继续下移，千亿规模房企数量减少至 11 家

据克而瑞统计，2024 年，百强房企销售门槛值继续下移，其中，TOP10 房企销售操盘金额门槛同比降低 39.3%至 979.6 亿元，TOP30 和 TOP50 房企门槛也分别同比降低 30%和 34.1%至 265.6 亿元和 154.8 亿元，TOP100 房企的销售操盘金额门槛则降低 31.6%至 75.5 亿元。此外，2024 年全口径千亿房企数量进一步减少至 11 家，回到 2016 年水平。

59. 住房“以旧换新”持续升温

2024年，超过150个城市推出了住房“以旧换新”政策，鼓励居民通过置换旧房来购买新房，促进住房消费升级。主要模式有两种：一是中介优先售房，在约定周期内售出旧房，则新房认购协议生效；二是开发商直接收购旧房，售房款用于购买指定新房项目。与此同时，多地对住房“以旧换新”政策进行了升级，如无锡梁溪城发实行的异地收购、漳州的“兜底”机制、华发在珠海实行的“直购+帮卖”并行方式等。

60. 多地密集推进房票安置政策

2024年，超过90个城市鼓励采用房票安置方式实施城中村和危旧房改造安置，且出台房票安置政策的城市能级较往年提升，广州、上海、北京、厦门、西安等核心一、二线城市均有发布房票安置相关政策。其中，广州于2024年1月审议通过《广州市房票安置实施方案》，并于1月5日开出首张房票；上海于8月20日发放并使用首张房票。

61. 优化住房公积金政策和发放购房补贴成为二、三线城市稳楼市的重要举措

2024年，超250个城市对住房公积金政策进行了优化，内容主要涉及上调最高贷款额度、下调最低首付比例、放宽贷款准入门槛、减少提取限制等；超过200个城市发布购房补贴政策，其中重点聚焦新市民、农民工、引进人才、多孩家庭等群体刚性和改善性住房需求。

62. 多个核心城市支持购房、租房落户

2024年，多个核心二线城市出台落户新规，放宽落户条件。其中，南京时隔6年重启购房落户政策，提出“在本市拥有合法稳定住所且实际居住的非南京户籍人员，可以直接办理落户”；苏州、佛山、合肥、厦门等地推行“买房即可申请落户”，并允许配偶、未成年子女等随迁；武汉进一步优化购房落户手续，因房屋尚未交付而无法直接办理落户的外地购房者，可凭经备案的《商品房买卖合同》及缴费凭证等申请提前办理购房落户手续等。此外，沈阳、佛山等地将门槛进一步放宽至“租房即可落户”。

63. 房地产代建保持强劲增势

据克而瑞统计，2024年，全国新增代建规模30强企业总计获得委托项目达到2.05亿平方米，同比增长17%，创下历史新高。其中，绿城管理、旭辉建管、蓝城集团和润地管理4家企业新拓规模均超过1000万平方米。与此同时，部分央国企代建布局提速，如招商建管2024年新拓代建面积接近900万平方米，远洋建管代建项目拓展同比增速达到218%等。

64. 全年各地出台房地产政策754条

据中房研协测评研究中心监测统计，2024年，地方累计出台房地产调控政策754条，居历史高位。其中，宽松性政策683条，占比超过90%。全国大部分城市行政限制性措施基本取消，房地产政策环境已处于历史最宽松区间。

65. 2024年全国商品房销售面积与销售金额双双跌破“10万亿”

据国家统计局数据，2024年，全国新建商品房销售面积约97385万平方米，比上年下降12.9%，其中住宅销售面积下降14.1%，新建商品房销售面积自2010年以来首次跌破10万亿平方米；新建商品房销售金额约96750亿元，比上年下降17.1%，其中住宅销售额下降17.6%，新建商品住宅销售金额自2016年以来首次跌破10万亿元。

机构形象展示

（详见彩页）

绿城中国控股有限公司

龙湖集团控股有限公司

新城控股集团股份有限公司

上海中建东孚投资发展有限公司

联发集团有限公司

杭州市城市开发集团（大家房产）

上海建工房产有限公司

上海城投控股股份有限公司

上海城建置业发展有限公司

北京金隅地产开发集团有限公司

江苏华建地产集团有限公司

上海嘉定新城发展有限公司

上海易居房地产研究院

丁祖昱评楼市

中国房地产业协会

美丽建筑 美好生活

绿城中国简介

绿城中国控股有限公司(股票代码03900.HK)，1995年成立于杭州，是中国领先的优质房产品开发及生活综合服务供应商。

绿城中国坚持“品质为先”的理念,先后引入九龙仓集团、中交集团作为战略性股东，以打造“TOP10中的品质标杆”为核心目标,布局三大板块。

绿城中国致力于实现全品质、高质量的发展，并将始终以精诚之道、精深之术、精湛之为,不断满足人们对理想生活的追求，营造美丽建筑，创造美好生活。

ACHIEVE THE DREAM OF HUMAN HABITATION

专攻建筑经典 成就人居梦想

加快建设世界一流建筑全生命周期服务商

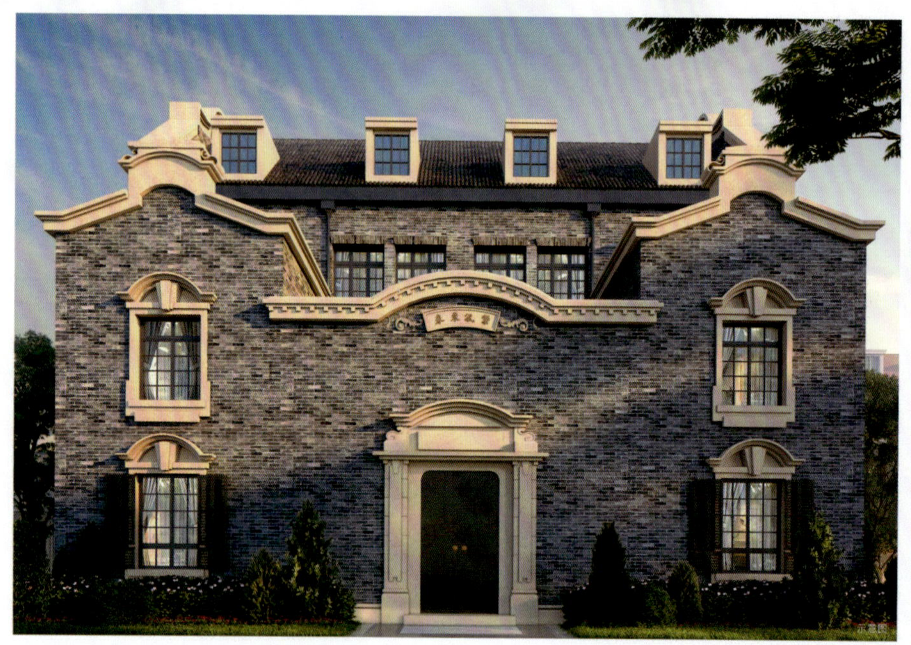

上海建工房产有限公司成立于1998年，是上海建工集团股份有限公司核心成员企业，具备**国内一级房地产开发资质**，下辖子公司、合资公司60余家。

上海建工房产坚持以用户为本，以市场需求为导向，经过27年发展，公司市场布局**从深耕上海到开拓全国，先后进入徐州、苏州、南京、南昌、天津及海南**等城市和区域，产品已涵盖住宅、商业、办公、酒店、酒店式公寓、产业园区等；业务领域重点向“城中村”改造、城市更新、产城融合方向延伸，经营模式由单一开发销售转为住宅开发销售、物业服务和资产运营等多元化模式转型。

在上海建工集团“和谐为本，追求卓越”的文化理念引领下，上海建工房产以**“专攻建筑经典，成就人居梦想”**为使命，用心规划、精心建设、尽心服务，不懈追求“建筑、艺术、生活”的和谐相融，实现**“放心房、买放心”**的品牌境界。

公司先后**荣获“上海市‘五一’劳动奖状”、“全国住房城乡建设系统先进集体”等荣誉称号**。公司开发的楼盘获“鲁班奖”、“詹天佑奖”、“白玉兰”奖、上海市优秀住宅综合金奖等殊荣。

上海城投
SHANGHAI CHENGTOU
城投控股
HOLDING
让城市生活更美好
城投控股
CHENGTOU HOLDING

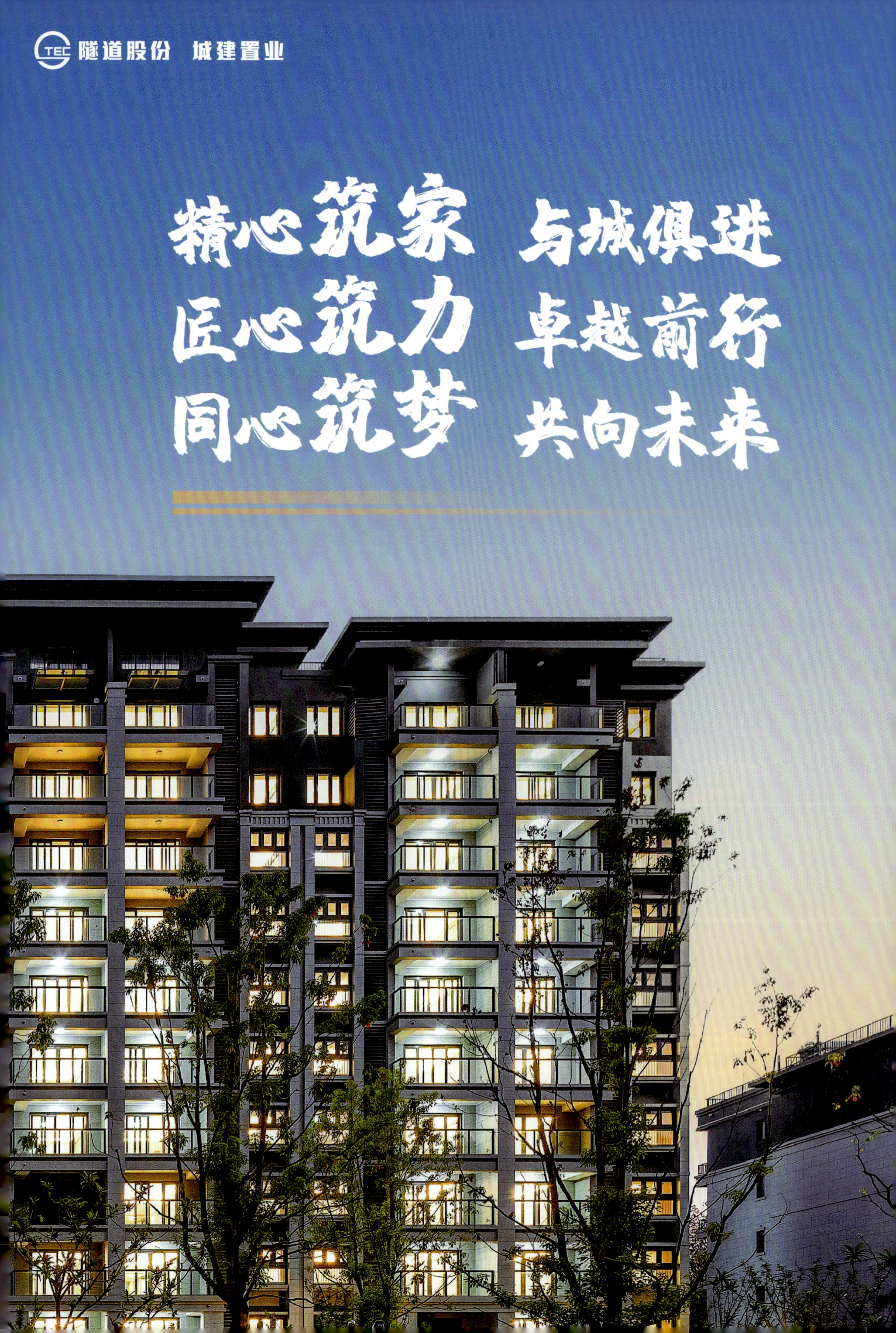
隧道股份 城建置业
精心筑家 与城俱进
匠心筑力 卓越前行
同心筑梦 共向未来

JDNC 嘉定新城
JIA DING NEW CITY
HYATT REGENCY

中国房协部分团体标准（指数）完成单位联系方式

1 《房地产开发企业信用评价标准》
中国房协发展部　联系人：彭春芳 010-68352045

2 长租房发展指数
中国房协长租房分会　联系人：肖晓 13720028678　刘颖 18701681128

3 《绿色低碳住宅标准》
中国房协人居环境分会　联系人：罗爱梅 18612251393　刘娟 18701653533

4 《高品质住宅测评规程》
《房地产企业环境社会治理（ESG）评价标准》
中国房协技术工作委员会　联系人：朱超飞 18611706095

5 《银发公寓建筑设计与配套服务标准》
中国房协康养分会　联系人：余海燕 18911285870　王鑫 18911701480

6 《房地产企业数字化综合实力测评标准》
数字版《商品住宅使用说明书技术导则》
中国房协数字化分会　联系人：李君 13552287299　李波 18600660086

7 《建筑工程质量潜在缺陷保险风险管理技术标准》
中国房协保险分会　联系人：王璨琳 010-68411709（微信 15600671961）